Riga
Memel
see
REICHSKOMMISSARIAT OSTLAND
Kaunas
Tilsit
Wilna
Dnjepr
Königsberg
Minsk
tenhafen
Stutthof
Danzig
Ostpreußen
Elbing
Danzig-West-preußen
Bezirk Bialystok
Łomża
Białystok
Bromberg
Thorn
Regierungs-bezirk Zichenau
Bug
Treblinka
Pinsk
Pripjetsümpfe
Pripjet
Weichsel
Brest-Litowsk
Reichsgau Wartheland
Warschau
Kulmhof
Warthe
Sobibor
Litzmannstadt (Łódź)
Lublin
Radom
REICHSKOMMISSARIAT UKRAINE
Majdanek
Schitomir
Wolhynien
Kielce
Zamość
eslau
Belzec
Tschenstochau
Generalgouvernement
Kattowitz
Krakau
Lemberg
Gleiwitz
Plaszow
Tarnopol
Ober-schlesien
Auschwitz-Birkenau
Przemyśl
Ostrau
Olmütz
SLOWAKEI
Brünn
Bratislava
Theiß
Budapest
UNGARN
Donau
RUMÄNIEN
West banat
Grenze des Großdeutschen Reiches 1944
Vernichtungslager
Konzentrationslager

Verfolgung und Ermordung der Juden 1933–1945

Die Verfolgung und Ermordung der europäischen Juden durch das nationalsozialistische Deutschland 1933–1945

Herausgegeben im Auftrag des Bundesarchivs, des Instituts für Zeitgeschichte, des Lehrstuhls für Neuere und Neueste Geschichte an der Albert-Ludwigs-Universität Freiburg von

Susanne Heim, Ulrich Herbert, Michael Hollmann, Horst Möller, Dieter Pohl, Sybille Steinbacher, Simone Walther-von Jena und Andreas Wirsching

Die Verfolgung und Ermordung der europäischen Juden durch das nationalsozialistische Deutschland 1933–1945

Band 11

Deutsches Reich und Protektorat Böhmen und Mähren April 1943–1945

Bearbeitet von Lisa Hauff

DE GRUYTER
OLDENBOURG

ISBN 978-3-11-036499-6
e-ISBN (PDF) 978-3-11-041265-9
e-ISBN (EPUB) 978-3-11-041267-3

Library of Congress Control Number: 2019954159

Bibliografische Information der Deutschen Nationalbibliothek
Die Deutsche Nationalbibliothek verzeichnet diese Publikation in der Deutschen Nationalbibliografie; detaillierte bibliografische Daten sind im Internet über http://dnb.dnb.de abrufbar.

Endredaktion: Stephan Lahrem, Berlin
Karten: Peter Palm, Berlin
Einband und Schutzumschlag: Frank Ortmann und Martin Z. Schröder, Berlin
Satz: Meta Systems Publishing & Printservices GmbH, Wustermark
Druck & Bindung: Hubert & Co. GmbH & Co. KG, Göttingen

MIX
Papier aus verantwortungsvollen Quellen
FSC® C016439

www.degruyter.com

Inhalt

Vorwort der Herausgeber

Die Edition „Die Verfolgung und Ermordung der europäischen Juden durch das nationalsozialistische Deutschland 1933–1945“ ist auf insgesamt 16 Bände angelegt, die bis 2020 erscheinen werden. In ihnen wird eine thematisch umfassende, wissenschaftlich fundierte Auswahl von Quellen publiziert. Der Schwerpunkt liegt auf den Regionen, in denen vor Kriegsbeginn die meisten Juden gelebt haben: insbesondere auf Polen und den besetzten Teilen der Sowjetunion. Der vorliegende elfte Band der Edition dokumentiert die Situation der Juden im Deutschen Reich und im Protektorat Böhmen und Mähren in den beiden letzten Kriegsjahren – von April 1943 bis zum Mai 1945. Die vorangegangenen Jahre sind Thema der Bände 1–3 und 6.

Im Vorwort zum ersten Band der Edition sind die Kriterien der Dokumentenauswahl detailliert dargelegt. Die wichtigsten werden im Folgenden noch einmal zusammengefasst: Quellen im Sinne der Edition sind Schrift- und gelegentlich auch Tondokumente aus den Jahren 1933 bis 1945. Fotografien wurden nicht einbezogen, vor allem weil sich die Umstände ihrer Entstehung oft nur schwer zurückverfolgen lassen. Auch Lebenserinnerungen, Berichte und juristische Unterlagen, die nach Ende des Zweiten Weltkriegs entstanden sind, wurden aus quellenkritischen Gründen nicht in die Edition aufgenommen. Allerdings wird von ihnen in der Kommentierung vielfältig Gebrauch gemacht. Dokumentiert werden die Aktivitäten und Reaktionen von Menschen mit unterschiedlichen Lebenserfahrungen, Überzeugungen und Absichten, an verschiedenen Orten, mit jeweils begrenzten Horizonten und Handlungsspielräumen – Behördenschreiben ebenso wie private Briefe und Tagebuchaufzeichnungen, Zeitungsartikel und die Berichte ausländischer Beobachter.

Die Dokumentation wechselt von einem statistischen Bericht der SS, in dem der Stand des Judenmords in ganz Europa dargelegt wird, über den Brief eines in Berlin untergetauchten Juden, der seinen emigrierten Kindern von der Deportation ihrer Mutter berichtet, zu den Protesten der Kirchen gegen die Verfolgung der in „Mischehe“ lebenden Juden. Der Tagebucheintrag eines niederländischen Juden im Lager Bergen-Belsen über seine Hungerphantasien steht neben den Schilderungen eines Mitarbeiters des Jüdischen Weltkongresses über Verhandlungen mit Himmler im Frühjahr 1945 zur Rettung von Juden. Der häufige Perspektivenwechsel ist gewollt. Ein Sachgruppenindex soll die thematische Zuordnung der Dokumente erleichtern und Zusammenhänge verdeutlichen.

Die Herausgeber danken der Deutschen Forschungsgemeinschaft für die großzügige Förderung des Editionsprojekts. Ferner schulden sie einer großen Zahl von Fachleuten und Privatpersonen Dank, die durch Quellenhinweise, biographische Informationen über die in den Dokumenten erwähnten Personen und Auskünfte zur Kommentierung die Arbeit unterstützt oder Teile des Manuskripts kritisch gelesen haben. Erste Vorarbeiten für den vorliegenden Band in Form von Archivrecherchen und einer ersten Dokumentenauswahl erledigte Dr. Andrea Löw.

Die tschechischsprachigen Dokumente haben Ines Koeltzsch und Miloslav Szabó ins Deutsche übertragen, die englischsprachigen Theo Bruns, Dr. Britta Grell und Niels Kadritzke. Die französischen Dokumente hat Inga Frohn, die italienischen Walter

Kögler und die norwegischen Jana Eder übersetzt. Aus dem Polnischen übersetzte Dr. Andrea Rudorff, aus dem Ungarischen Magda Tothova. Die Übersetzung aus dem Hebräischen haben Doron Oberhand und Gil Shohat angefertigt. Das Übersetzungslektorat besorgte Ulrike Baureithel, und die Recherche im Central Zionist Archive übernahm Anne Lepper.

Als studentische oder wissenschaftliche Hilfskräfte haben an diesem Band mitgearbeitet: Johannes Breit und Bernhard Lück, als wissenschaftliche Mitarbeiter Romina Becker, Johannes Gamm, Stefanie Haupt, Sonja Knopp, Dr. Ingo Loose, Julian Nordhues, Carolin Raabe, Sonja Schilcher und Maria Wilke.

Sollten sich trotz aller Sorgfalt an einzelnen Stellen Ungenauigkeiten ergeben haben, sind die Herausgeber für entsprechende Mitteilungen dankbar.

Die Adresse des Herausgeberkreises lautet: Institut für Zeitgeschichte, Edition Judenverfolgung, Finckensteinallee 85/87, D-12205 Berlin oder vej@ifz-muenchen.de.

Berlin, München, Freiburg i. Br., Klagenfurt, Frankfurt a. M. im Januar 2020

Editorische Vorbemerkung

Die Quellenedition zur Verfolgung und Ermordung der europäischen Juden soll in der wissenschaftlichen Literatur als VEJ abgekürzt zitiert werden. Das geschieht im Fall von Querverweisen zwischen den einzelnen Bänden auch in dem Werk selbst. Die Dokumente sind – mit jedem Band neu beginnend – fortlaufend nummeriert. Demnach bedeutet „VEJ 1/200" Dokument Nummer 200 in Band 1 dieser Edition. Die Drucklegung der einzelnen Schriftzeugnisse folgt dem Schema: Überschrift, Kopfzeile, Dokument, Anmerkungen.

Die halbfett gesetzte, von der Bearbeiterin des vorliegenden Bandes formulierte Überschrift gibt Auskunft über das Entstehungsdatum des folgenden Schriftstücks, dessen Kernbotschaft, Verfasser und Adressaten. Die darunter platzierte Kopfzeile ist Teil des Dokuments. Sie enthält Angaben über die Gattung der Quelle (Brief, Gesetzentwurf, Protokoll usw.), den Namen des Verfassers, den Entstehungsort, gegebenenfalls Aktenzeichen, Geheimhaltungsvermerke und andere Besonderheiten. Die in Berlin seinerzeit ansässigen Ministerien und zentralen Behörden, etwa das Reichssicherheitshauptamt oder die Kanzlei des Führers, bleiben ohne Ortsangabe. Die Kopfzeile enthält ferner Angaben über den Adressaten, gegebenenfalls das Datum des Eingangsstempels, sie endet mit dem Entstehungsdatum und Hinweisen auf Bearbeitungsstufen der überlieferten Quelle, etwa „Entwurf", „Durchschlag" oder „Abschrift".

Dem schließt sich der Text an. In der Regel wird er vollständig ediert. Anrede- und Grußformeln werden mitgedruckt, Unterschriften jedoch nur einmal in die Kopfzeile aufgenommen. Hervorhebungen der Verfasser in den Originaltexten werden übernommen. Sie erscheinen unabhängig von der in der Vorlage verwendeten Hervorhebungsart im Druck immer kursiv. Fallweise erforderliche Zusatzangaben finden sich im Anmerkungsapparat.

Während die von den Editoren formulierten Überschriften und Fußnoten sowie die Übersetzung fremdsprachiger Dokumente der heutigen Rechtschreibung folgen, gilt für die Quellen die zeitgenössische. Offensichtliche Tippfehler in der Vorlage und kleinere Nachlässigkeiten werden stillschweigend korrigiert, widersprüchliche Schreibweisen und Zeichensetzungen innerhalb eines Dokuments vereinheitlicht. Dokumente, die von Schweizer Autoren stammen bzw. in der Schweiz verfasst wurden, werden nach Schweizer Schreibweise (ohne ß) wiedergegeben. Die sprachlichen Eigenheiten deutscher Texte, die von Nicht-Muttersprachlern verfasst wurden, werden beibehalten. Versehentlich ausgelassene Wörter oder Ergänzungen infolge unlesbarer Textstellen fügen die Editoren in eckigen Klammern ein. Bilden jedoch bestimmte orthographische und grammatikalische Eigenheiten ein Charakteristikum der Quelle, vermerken sie „Grammatik und Rechtschreibung wie im Original". Abkürzungen, auch unterschiedliche (z. B. NSDAP, N. S. D. A. P. und NSDAP.), werden im Dokument nicht vereinheitlicht. Sie werden im Abkürzungsverzeichnis erklärt. Ungebräuchliche Abkürzungen, vor allem in privaten Briefen, werden bei der ersten Nennung in eckigen Klammern aufgelöst.

Handschriftliche Zusätze in maschinenschriftlichen Originalen übernehmen die Editoren ohne weitere Kennzeichnung, sofern es sich um formale Korrekturen und um Einfügungen handelt, die sicher oder mit hoher Wahrscheinlichkeit vom Verfasser stammen.

Verändern sie die Aussage in beachtlicher Weise – schwächen sie ab oder radikalisieren sie –, wird das in den Fußnoten vermerkt und, soweit feststellbar, der Urheber mitgeteilt. Auf die in den Originalen häufigen, von den Empfängern oder auch von späteren Lesern vorgenommenen Unterstreichungen mit Blei- oder Farbstift wird im Allgemeinen pauschal, in interessanten Einzelfällen speziell in der Fußnote hingewiesen.
In der Regel werden die Dokumente im vollen Wortlaut abgedruckt. Lediglich in Ausnahmefällen, sofern einzelne Dokumente sehr umfangreich sind, wie etwa antisemitische Kampfschriften, erfolgt der Abdruck nur teilweise. Dasselbe gilt für Sitzungsprotokolle, die nicht insgesamt, sondern nur in einem abgeschlossenen Teil von der nationalsozialistischen Judenpolitik oder den damit verbundenen Reaktionen handeln. Solche Kürzungen sind mit eckigen Auslassungsklammern gekennzeichnet; der Inhalt wird in der Fußnote skizziert. Undatierte Monats- oder Jahresberichte erscheinen am Ende des jeweiligen Zeitraums. Von der Einordnung der Dokumente nach ihrer Entstehungszeit wird nur in wenigen Ausnahmen abgewichen. So wird unter Umständen ein Bericht über ein zurückliegendes Ereignis unter dem Datum des Ereignisses abgedruckt, das Entstehungsdatum aber in der Kopfzeile vermerkt.
In der ersten, der Überschrift angehängten Fußnote stehen der Fundort, sofern er ein Archiv bezeichnet, auch die Aktensignatur und, falls vorhanden, die Blattnummer. Hinweise auf Kopien von Archivdokumenten werden immer dann verzeichnet, wenn die an den ursprünglichen Fundorten befindlichen Originale dort nicht eingesehen wurden. Handelt es sich um gedruckte Quellen, etwa Zeitungsartikel oder Gesetzestexte, finden sich in dieser Fußnote die üblichen bibliographischen Angaben. Wurde eine Quelle schon einmal in einer Dokumentation zum Nationalsozialismus bzw. zur Judenverfolgung veröffentlicht, wird sie nach dem Original ediert, doch wird neben dem ursprünglichen Fundort auch auf die Erstveröffentlichung verwiesen. In einer weiteren Fußnote werden die Entstehungsumstände des Dokuments erläutert, gegebenenfalls damit verbundene Diskussionen, die besondere Rolle von Verfassern und Adressaten, begleitende oder sich unmittelbar anschließende Aktivitäten.
Die dann folgenden Fußnoten erläutern sachliche und personelle Zusammenhänge. Sie verweisen auf andere – unveröffentlichte, andernorts oder in der Edition publizierte – Dokumente, sofern das für die geschichtliche Einordnung hilfreich erscheint. Weiterhin finden sich in den Fußnoten Erläuterungen zu Details, etwa zu handschriftlichen Randnotizen, Unterstreichungen, Streichungen. Bearbeitungsvermerke und Vorlageverfügungen werden entweder in der weiteren Fußnote als vorhanden erwähnt oder aber in den späteren Fußnoten entschlüsselt, sofern sie nach Ansicht der Editoren wesentliche Aussagen enthalten. Für die im Quellentext genannten Abkommen, Gesetze und Erlasse werden die Fundorte nach Möglichkeit in den Fußnoten angegeben, Bezugsdokumente mit ihrer Archivsignatur. Konnten diese nicht ermittelt werden, wird das angemerkt.
Für die in den Schriftstücken angeführten Absender und Adressaten wurden, soweit möglich, die biographischen Daten ermittelt und angegeben. Dasselbe gilt für die im Text erwähnten Personen, sofern sie als handelnde Personen eingestuft werden. Die Angaben stehen in der Regel in der Fußnote zur jeweils ersten Nennung des Namens innerhalb eines Bandes und lassen sich so über den Personenindex leicht auffinden.
Die Kurzbiographien beruhen auf Angaben, die sich in Nachschlagewerken, in der Fachliteratur und in speziellen, auf die NS-Zeit bezogenen Datenbanken, Personenkarteien und -dossiers einschlägiger Archive finden. In vielen Fällen wurden im In- und Ausland

Personalakten und -karteien eingesehen, Stadt- und Firmenarchive aufgesucht, Standesämter und Spezialisten befragt.
Trotz aller Mühen gelang es nicht immer, die biographischen Daten vollständig zu ermitteln. In solchen Fällen enthält die jeweilige Fußnote nur die gesicherten Angaben, wie z. B. das Geburtsjahr. Waren Personen nicht zu identifizieren, wird auf eine entsprechende Anmerkung verzichtet; desgleichen bei allseits bekannten Personen wie Adolf Hitler oder Heinrich Himmler.
In der Regel setzen die Editoren die zeitüblichen Begriffe des nationalsozialistischen Deutschlands nicht in Anführungszeichen. Dazu gehören Wörter wie Führer, Judenfrage, Judenrat, aber auch Judenkommissar, Judenberater etc. Der Kontext macht deutlich, dass keines der Wörter affirmativ gebraucht wird. Die Begriffe Jude, Jüdin, jüdisch werden folglich, den Umständen der Zeit entsprechend, auch für Menschen verwandt, die sich nicht als jüdisch verstanden haben, aber aufgrund der Nürnberger bzw. in den Ländern eigens eingeführten Rassengesetze so definiert wurden und daher der Verfolgung ausgesetzt waren. Begriffe wie „Mischling", „Mischehe" oder „Arisierung", die eigentlich auch Termini technici der Zeit waren, werden in Anführungszeichen gesetzt. Ein solcher nicht klar zu definierender Gebrauch der Anführungszeichen lässt sich nicht systematisch begründen. Er bildet einen gewiss anfechtbaren Kompromiss zwischen historiographischer Strenge und dem Bedürfnis, wenigstens gelegentlich ein Distanzsignal zu setzen.
Ein Teil der Dokumente wurde aus Fremdsprachen übersetzt. Dabei sind Straßennamen gegebenenfalls durch den Zusatz „-Straße", „-Gasse" oder „-Platz" ergänzt worden. Aufgrund von Besatzung oder Gebietsverschiebungen nach dem Krieg änderten viele Orte mehrfach ihren Namen.
Die Ortsnamen werden im Teil über das Protektorat Böhmen und Mähren in Titel- und Kopfzeilen sowie in übersetzten Dokumenten in deutscher Bezeichnung verwendet. Deutsche und tschechische Varianten wurden in diesen Gebieten teilweise über Jahrhunderte nebeneinander benutzt. Die deutschen Bezeichnungen sind also seit alters gebräuchlich, auch wenn mit dem Aufkommen des tschechischen Nationalismus im 19. Jahrhundert diese Frage bedeutsam wurde. Im Register, das zugleich als Konkordanz der deutschen und tschechischen Ortsnamensformen dient, werden alle Orte in beiden Schreibweisen aufgeführt.
Bei den Frauen, die in den Dokumenten zum Protektorat nur mit Vornamen oder Funktion genannt werden, ließ sich nicht immer einwandfrei ermitteln, ob sie ihren Nachnamen in der tschechischen Form, also mit der Endung -ová, führten oder nicht; bisweilen wurden auch beide Formen verwendet. In Titelzeilen und Anmerkungen wird daher bei Frauen mit tschechischer Mutter- oder Erstsprache die tschechische Namensform benutzt.
In den deutschen Dokumenten werden tschechische Namen und Begriffe häufig ohne Sonderzeichen verwendet. Solche falschen Schreibweisen werden, falls zum Verständnis erforderlich, in der Fußnote verbessert. Hebräische und andere erklärungsbedürftige Begriffe werden in einer Fußnote, bei Mehrfachnennung im Glossar erläutert.
Die Landkarten sollen das Auffinden der im Band erwähnten Orte und Lager erleichtern. Aus diesem Grund sind in den Karten nicht alle seinerzeit bestehenden Lager aufgeführt, sondern nur diejenigen, die im Band erwähnt sind und nicht mit einem ohnehin auf der Karte verzeichneten Ort identisch sind.

Ein besonderes Problem bildet die wechselnde Schreibweise des Begriffs Getto bzw. Ghetto. Im Deutschen waren damals beide Formen gebräuchlich. Sie werden daher wie im Original belassen. In übersetzten Dokumenten wird die Schreibweise Getto benutzt, desgleichen in der Einleitung und im Kommentierungstext.

Einleitung

Die Lage der deutschen Juden war Anfang 1943 hoffnungslos, erzählte die Ehefrau des Vorsitzenden der Berliner Jüdischen Gemeinde Hildegard Henschel nach dem Krieg: „Es gab kaum noch einen Menschen, der nicht einen ihm Nahestehenden durch die Evakuierung verloren hatte, außerdem wußte man, daß die Militärbehörde im Begriff war, sich mit der Gestapo zu einigen, und jüdische Arbeiter nicht mehr reklamieren wollte, daß das das Ende für fast alle war, stand außerhalb jeder Diskussion."[1] Als die Gestapo Ende Februar 1943 viele der bis dahin verschonten deutschen Juden während der sogenannten Fabrik-Aktion direkt an ihren Arbeitsplätzen in der Rüstungsindustrie verhaftete, war tatsächlich das Ende für die meisten noch im Reich lebenden Juden gekommen. In nur wenigen Wochen wurden sie beinahe ausnahmslos nach Auschwitz oder Theresienstadt deportiert. Im Juni 1943 lösten die deutschen Behörden die jüdischen Gemeinden und Interessenvertretungen auf, und der Berliner Gauleiter Joseph Goebbels erklärte die Reichshauptstadt für „judenfrei" (Dok. 11). Allerdings lebte weiterhin eine nicht unbedeutende Zahl von Deutschen im Reich, die von den Nürnberger Rassegesetzen zwar als jüdisch klassifiziert worden waren, von denen sich aber kaum einer als jüdisch verstand. Es waren Christen jüdischer Herkunft, die durch ihre Ehe mit Nichtjuden geschützt waren, und ihre Kinder. Hinzu kam eine kleine Gruppe von untergetauchten Juden.

Der vorliegende Band 11 des Editionsprojekts setzt im Frühjahr 1943 ein und dokumentiert im ersten Teil die Judenverfolgung im Deutschen Reich bis zum Ende des Krieges im Mai 1945. Hier ergeben sich mehrere Schwerpunkte: erstens die Entwicklung der in Berlin koordinierten Politik der Judenverfolgung in Europa angesichts der sich für die Deutschen immer weiter verschlechternden Kriegslage; zweitens die Situation der noch im Reich lebenden Juden, vor allem derjenigen, die in „Mischehe" lebten, und ihrer Kinder sowie der Untergetauchten; drittens der Einsatz von Juden als Zwangsarbeiter im Reich seit dem Frühjahr 1944, insbesondere im Rahmen der großen Untertageverlagerungen der deutschen Rüstungsproduktion; viertens wird dokumentiert, was und in welchem Umfang die deutsche Bevölkerung vom Massenmord an den Juden gewusst hat und welchen Einfluss die drohende Niederlage auf ihre Haltung hatte. Schließlich werden auch die internationalen Reaktionen auf das öffentliche Bekanntwerden der Verbrechen nachgezeichnet und die Versuche Himmlers in der letzten Kriegsphase, die Juden als Faustpfand für Friedensverhandlungen zu nutzen.

Wie im Reich waren auch im Protektorat Böhmen und Mähren im Sommer 1943 nur wenige, durch ihre Ehe geschützte Juden außerhalb des Gettos Theresienstadt zurückgeblieben. Ihr Schicksal wie auch die antijüdische Politik der deutschen Behörden im Protektorat bis Mai 1945 werden in einem weiteren Teil dargestellt. Einen Schwerpunkt bilden dabei die Ereignisse in Theresienstadt, das in den letzten beiden Kriegsjahren als Durchgangsstation auf dem Weg nach Auschwitz diente, von den Nationalsozialisten aber auch als propagandistisches Vorzeigegetto genutzt wurde, um die internationale

1 Hildegard Henschel, Aus der Arbeit der Jüdischen Gemeinde Berlin während der Jahre 1941–1943, YVA, O.1/52, S. 8.

Öffentlichkeit zu täuschen, und das am Ende ein Sterbelager für Zehntausende tschechischer, deutscher und österreichischer Juden war.[2]

Die antijüdische Politik des NS-Regimes in Europa seit Frühjahr 1943

Mitte April 1943 erhielt Hitler einen statistischen Bericht über „Die Endlösung der europäischen Judenfrage“, den Reichsführer SS Heinrich Himmler als Zusammenfassung der bisherigen Mordaktionen in Auftrag gegeben hatte. Laut Bilanz seines Mitarbeiters Richard Korherr seien bis zum Jahresende 1942 rund 4,5 Millionen Juden vertrieben oder ermordet worden (Dok. 12).[3] Diese Statistik gab trotz der zum Teil gravierenden Ungenauigkeiten – fehlerhaft waren vor allem die Zahlen zur Ermordung der Juden in der besetzten Sowjetunion – erstmals einen Überblick über den Status quo der mittlerweile zehn Jahre währenden Verfolgungs- und Vernichtungspolitik.

Nachdem die systematischen Deportationen in den besetzten Ländern Europas im Sommer 1942 auf dem Höhepunkt der deutschen Machtausdehnung begonnen hatten, ging die militärische Initiative bald zunehmend auf die Alliierten über.[4] Im Spätherbst des Jahres 1942 landeten britische und amerikanische Truppen in Nordafrika. Und nachdem bereits Ende 1941 der geplante Blitzkrieg gegen die Sowjetunion vor Moskau ins Stocken geraten war, begann ein Jahr später der Vormarsch der Roten Armee. Die 6. deutsche Armee unter General Paulus wurde in Stalingrad eingekesselt und Anfang 1943 vernichtend geschlagen. 150 000 deutsche Soldaten fielen, und rund 90 000 gerieten in sowjetische Kriegsgefangenschaft. Im Mai 1943 kapitulierte das deutsch-italienische Afrikakorps unter Generalfeldmarschall Erwin Rommel, 250 000 Soldaten der Achsenmächte, davon die Hälfte Deutsche, gerieten in Gefangenschaft. Im Atlantik stellte die deutsche Marine den U-Boot-Krieg um die umkämpften Versorgungswege der Alliierten nach schweren Verlusten ein. Die massiven britischen Luftangriffe auf das Ruhrgebiet im Frühjahr zerstörten große Teile der Industrieanlagen und führten zu nachhaltigen Produktionsausfällen in der Rüstung. Im Sommer 1943 unternahm Hitler dann einen letzten großen Versuch, die militärische Initiative an der Ostfront zurückzugewinnen. Während die deutsche Offensive bei Kursk im Juli scheiterte, landeten die Alliierten auf Sizilien. Nach dem Sturz Mussolinis kapitulierte am 8. September 1943 die neue italienische Regierung unter General Pietro Badoglio.

Während der folgenden Monate rückte die Rote Armee unaufhaltsam vor, so dass sich die Wehrmacht entlang der gesamten Frontlinie auf dem Rückzug befand. Im März 1944 besetzten deutsche Truppen das verbündete Ungarn, um einen von Staatsoberhaupt Miklós Horthy geplanten Separatfrieden mit den Alliierten zu verhindern. Im Juni landeten die Alliierten in der Normandie, eröffneten eine dritte Front und befreiten im August Paris.

2 Die Verfolgung der Juden im Deutschen Reich und im Protektorat bis Frühjahr 1943 ist in den Bänden 1, 2, 3 und 6 der Edition dokumentiert.

3 Die längere erste Fassung des Berichts über die „Endlösung der Judenfrage“ wurde von Korherr bereits am 23.3.1943 vorgelegt; siehe VEJ 6/239.

4 Zur Entwicklung des Krieges zwischen 1943 und 1945 siehe Gerhard L. Weinberg, Eine Welt in Waffen. Die globale Geschichte des Zweiten Weltkriegs, Stuttgart 1995, S. 628–742 und 789–863; Ulrich Herbert, Geschichte Deutschlands im 20. Jahrhundert, München 2014, S. 511–546.

Zeitgleich besetzte die Rote Armee weite Teile Ostpolens und das Baltikum. Die Verbündeten Rumänien, Bulgarien und Finnland kapitulierten im August und September. Nach dem Zusammenbruch der Heeresgruppe Mitte im Sommer 1944 in der Kesselschlacht von Minsk verlagerte sich die Ostfront nach Ostpolen. Die Rückzugsgefechte forderten Hunderttausende Tote. Ermutigt durch das Vorrücken der sowjetischen Truppen, erhob sich die polnische Heimatarmee im August 1944 in Warschau gegen die deutschen Besatzer, die den Aufstand Anfang Oktober niederschlagen konnten. Ende August erklärte die neue rumänische Regierung Deutschland den Krieg, und die Rote Armee rückte bis an die Grenzen Ungarns vor. Während des Slowakischen Nationalaufstands im Spätsommer 1944, der durch den Versuch des slowakischen Militärs ausgelöst worden war, die deutsche Marionettenregierung unter Jozef Tiso zu stürzen, besetzten Wehrmachtstruppen das Land. Im Herbst 1944 begann der Bau des Südostwalls, der sich jedoch als wirkungslos erwies. Gleichzeitig zeigte die Aufstellung des Volkssturms deutlich, dass die personellen deutschen Ressourcen erschöpft waren. Aufgeboten wurden notdürftig bewaffnete Jugendliche und ältere Männer. Im September 1944 überschritten US-Truppen die westliche Reichsgrenze bei Aachen, die Rote Armee nahm im Januar 1945 Königsberg ein.

Für diese letzte, von militärischen Rückschlägen geprägte Kriegsphase stellt sich die Frage, welche Auswirkungen die sich abzeichnende deutsche Niederlage auf die Politik des NS-Regimes gegenüber den Juden besaß.

Die Situation in den einzelnen Ländern

Seit Himmler im Juli 1942 die restlose Vernichtung der polnischen Juden angeordnet hatte, waren Hunderttausende aus den Lagern und Gettos des Generalgouvernements in den Tötungszentren der „Aktion Reinhardt"– Treblinka, Belzec und Sobibor – ermordet worden.[5] Anfang 1943 lebten von den einst drei Millionen polnischen Juden nur noch schätzungsweise 500 000, die für kriegswichtige Arbeiten zurückgestellt worden waren.[6] Im März löste die SS das Krakauer Getto auf und deportierte seine Bewohner nach Auschwitz oder zur Zwangsarbeit in das Konzentrationslager Plaszow. Als deutsche Polizeieinheiten am 19. April 1943 das Warschauer Getto betraten, um die letzten verbliebenen Juden zu deportieren, begann der bewaffnete Aufstand. Mittlerweile glaubten nämlich die eingesperrten Juden die seit Monaten kursierenden Gerüchte über das endgültige Schicksal, das ihnen bevorstand. Soweit dies überhaupt möglich war,

5 Schätzungen zufolge wurden während der „Aktion Reinhardt" rund 1 430 000 polnische, aber auch aus anderen Staaten stammende Juden ermordet; siehe VEJ 9, S. 38. Zur „Aktion Reinhardt" siehe Bogdan Musial (Hrsg.), „Aktion Reinhardt". Der Völkermord an den Juden im Generalgouvernement 1941–1944, Osnabrück 2004; Stephan Lehnstaedt, Der Kern des Holocaust. Belzec, Sobibor, Treblinka und die Aktion Reinhardt, München 2017.

6 Befehl Himmlers vom 19.7.1942 über den Abschluss der Deportationen im Generalgouvernement, BArch, NS 19/1757, faksimilierter Abdruck in: Topographie des Terrors. Gestapo, SS und Reichssicherheitshauptamt in der Wilhelm- und Prinz-Albrecht-Straße. Eine Dokumentation, Berlin 2010, S. 303. Die Zahl von drei Millionen bezieht sich auf polnische Juden aus dem Generalgouvernement und den eingegliederten Gebieten; siehe Frank Golczewski, Polen, in: Wolfgang Benz (Hrsg.), Dimensionen des Völkermords. Die Zahl der jüdischen Opfer des Nationalsozialismus, München 1991, S. 411–497, hier S. 472.

versuchten sie sich zu retten. Einige bauten Verstecke oder flohen, andere verschanzten oder bewaffneten sich.

Die Gegenwehr der Juden löste bei der Besatzungsverwaltung und in Berlin Besorgnis aus und beschleunigte das weitere Vorgehen bei der Vernichtung. So entschied Hitler im Juni 1943, „daß die Evakuierung der Juden trotz der dadurch in den nächsten 3 bis 4 Monaten noch entstehenden Unruhen radikal durchzuführen sei und durchgestanden werden müßte" (Dok. 44).[7] Im Laufe des Jahres 1943 wurden die Vernichtungslager der „Aktion Reinhardt" aufgelöst, nicht zuletzt nachdem sich in Treblinka und Sobibor die Häftlinge in dem verzweifelten Versuch erhoben hatten, ihr Leben zu retten. Nun entwickelte sich Auschwitz zum neuen Zentrum des Massenmords.[8]

Die letzte Massenmordaktion im Generalgouvernement betraf die Zwangsarbeitslager im Distrikt Lublin. SS und Polizei erschossen Anfang November 1943 etwa 43 000 als arbeitsfähig eingestufte Juden. Weitere mindestens 6000 jüdische Zwangsarbeiter wurden bis Mitte November in Ostgalizien, das seit 1941 zum Generalgouvernement gehörte, getötet.[9] Damit hatte sich die Drohung Himmlers, der kurz zuvor vor SS-Offizieren und Reichs- und Gauleitern in Posen erstmals offen über die „Ausrottung des jüdischen Volkes" gesprochen und die Vollstreckung der „Endlösung" in den besetzten Gebieten bis Jahresende angekündigt hatte (Dok. 86), für das Generalgouvernement bewahrheitet. Nur einige Zehntausend jüdische Häftlinge waren vom Massaker verschont geblieben und fristeten ihr Leben in Zwangsarbeitslagern, insbesondere in den Distrikten Radom und Krakau.[10] Eine nur schwer zu beziffernde Zahl von Juden war untergetaucht. Sie schlossen sich den Partisanen an oder versteckten sich in den größeren Städten.

Auch in den vom Reich 1939 annektierten Teilen Nord- und Westpolens begann 1943 die letzte Phase des Massenmords. Wie im Generalgouvernement räumten die Deutschen die Gettos und Lager und töteten die dort noch lebenden Juden mit wenigen Ausnahmen. Auch hier gab es Aufstände, die von den deutschen Truppen niedergeschlagen wurden. Lediglich das Getto Litzmannstadt im Warthegau bestand noch bis zum August 1944. Dort hatten sich Heeresverwaltung und deutsche Rüstungsunternehmen erfolgreich für den Erhalt der zahlreichen für die Wehrmacht produzierenden Textilbetriebe eingesetzt. Wegen des raschen Vormarsches der Roten Armee wurde aber auch dieses Getto schließlich im Sommer 1944 aufgelöst, seine Bewohner im wiedereröffneten Vernichtungslager Kulmhof und in Auschwitz ermordet.[11] Insbesondere in Ostoberschlesien hatte die SS aufgrund der dort ansässigen Schwerindustrie ein umfängliches Lagersystem errichtet, in dem die jüdische Bevölkerung zur Zwangsarbeit

7 Peter Longerich, Politik der Vernichtung. Eine Gesamtdarstellung der nationalsozialistischen Judenverfolgung, München/Zürich 1998.

8 Siehe VEJ 9, S. 47, sowie VEJ 9/259, 261, 274.

9 Dieter Pohl, Nationalsozialistische Judenverfolgung in Ostgalizien 1941–1944. Organisation und Durchführung eines staatlichen Massenverbrechens, München 1997, S. 359–360.

10 Golczewski, Polen (wie Anm. 6), S. 481; Jacek Andrzej Młynarczyk, Judenmord in Zentralpolen. Der Distrikt Radom im Generalgouvernement 1939–1945, Darmstadt 2007, S. 341 f.; Lehnstaedt, Aktion Reinhardt (wie Anm. 5), S. 144.

11 Sascha Feuchert/Erwin Leibfried/Jörg Riecke (Hrsg.), Die Chronik des Gettos Lodz/Litzmannstadt: 1944, Göttingen 2007, S. 7–11.

eingesetzt wurde.[12] Regelmäßig wurden die als nicht mehr arbeitsfähig eingestuften Juden in Auschwitz ermordet. Das gleiche Schicksal erlitten die jüdischen Zwangsarbeiter im Reichskommissariat Ukraine, die an der sogenannten Durchgangsstraße IV, einer Fernverkehrsstrecke von Berlin in den Kaukasus, eingesetzt waren. Ab 1943 wurden die Häftlinge, sobald die einzelnen Projektabschnitte fertiggestellt waren, ermordet. Bis Jahresende lebten auf dem Gebiet des Reichskommissariats Ukraine fast keine Juden mehr.[13]

Angesichts der in den besetzten Gebieten zunehmenden Angriffe der Partisanen, die den deutschen Truppen schwere Verluste beibrachten, beschleunigten Hitler und Himmler ihr Vorhaben, die Ermordung der europäischen Juden, die sich in ihrer Gewalt befanden, bis zum Jahresende abzuschließen. Hitler entschied, den als „Bandenkampf" bezeichneten Krieg gegen Partisanen und Juden, die seit Beginn des Ostfeldzugs als potentielle Partisanen betrachtet wurden, verstärkt fortzusetzen (Dok. 44).[14] So wurden von Sommer 1943 an ebenfalls die letzten Gettos mit jüdischen Zwangsarbeitern im Reichskommissariat Ostland, das das Baltikum und Teile Weißrusslands umfasste, aufgelöst (Dok. 45). Die noch als arbeitsfähig angesehenen baltischen Juden wurden in die zur Zwangsarbeit umfunktionierten Gettos in Riga und Kaunas gebracht, die übrigen ermordet.[15] In Minsk tötete die SS bis Oktober 1943 die letzten Gettobewohner, unter ihnen auch zahlreiche deutsche und österreichische Juden. Insgesamt fielen den deutschen Mordkommandos mindestens 2,5 Millionen Juden, die auf sowjetischem Territorium (in den Grenzen von 1941) gelebt hatten, zum Opfer – die große Mehrheit bereits bis Ende 1942.[16]

In den besetzten westeuropäischen Staaten begannen die systematischen Deportationen der Juden im Sommer 1942 fast gleichzeitig. Darauf hatten sich die zuständigen Judenreferenten für Frankreich, Belgien und die Niederlande am 11. Juni bei einem Treffen unter dem Vorsitz von Adolf Eichmann in Berlin geeinigt.[17] Vom Frühjahr 1943 an erfolgten die Deportationen in den einzelnen Ländern in unterschiedlichem Tempo.

In den Niederlanden sammelten die deutschen Behörden die Juden weiterhin im Durchgangslager Westerbork und brachten sie von dort nach Auschwitz. Zu diesem Zeitpunkt war bereits ein Drittel der einstmals 140 000 niederländischen Juden deportiert worden, und die Transporte gingen regelmäßig weiter. Zwischen März und August 1943 wurden weitere 31 300 Juden deportiert und fast alle in Sobibor ermordet. Lediglich 18 von ihnen überlebten den Krieg. Die letzte große Razzia der deutschen Polizei im September 1943 konzentrierte sich auf die verbliebenen Juden Amsterdams, unter ihnen auch die Angehörigen des Jüdischen Rats, einer jüdischen Zwangsorganisation zur Umsetzung deutscher Maßnahmen. Wie in vielen deutsch besetzten Ländern Europas blieben außerhalb der Zwangsarbeits- und Durchgangslager nur Untergetauchte zurück. Im Laufe des

12 Sybille Steinbacher, Musterstadt Auschwitz. Germanisierungspolitik und Judenmord in Ostoberschlesien, München 2000, S. 138–149.

13 Dieter Pohl, Schauplatz Ukraine. Der Massenmord an den Juden im Militärverwaltungsgebiet und im Reichskommissariat 1941–1943, in: Christian Hartmann u. a. (Hrsg.), Der Deutsche Krieg im Osten 1941–1944, München 2009, S. 155–196, hier S. 185; VEJ 8, S. 39.

14 VEJ 7, S. 33 f., sowie VEJ 8, S. 29 f. und 39 f.

15 VEJ 7, S. 60.

16 VEJ 8, S. 67.

17 VEJ 5, S. 13; VEJ 6, S. 167 f.

Jahres 1944 deportierte die SS die in Westerbork inhaftierten Juden nach Auschwitz, Theresienstadt und Bergen-Belsen. Gleichzeitig suchten die deutschen Behörden weiter unter Hochdruck nach versteckten Juden. Mit dem allerletzten Transport nach Auschwitz musste auch Anne Frank mit ihrer Familie Anfang September 1944 die Niederlande verlassen. Bis Kriegsende wurden 107 000 Juden aus den Niederlanden deportiert, von denen lediglich etwas mehr als 5000 überlebten.[18]

In Frankreich dagegen wurden die Deportationen Ende März 1943 vorübergehend ausgesetzt. Anders als in den Niederlanden hatten es die deutschen Besatzer mit einer Kollaborationsregierung zu tun, die durch langwierige Verhandlungen über Umfang und Art der Deportationen letztlich einen Teil der französischen Juden vor der Deportation und Ermordung bewahrte. Solange die Deutschen auf die Kooperation mit der einheimischen Verwaltung angewiesen waren, lieferte diese immer zuerst die im Land ansässigen ausländischen Juden aus. Insgesamt besaßen zwei Drittel der aus Frankreich deportierten Juden, die vor der Besatzung im Land gelebt hatten, keine französische Staatsbürgerschaft. Als die von den Deutschen verlangten Quoten auf diese Weise nicht mehr erfüllt werden konnten, dehnte die Vichy-Regierung die Verhaftungen auch auf französische Juden aus. Bis Mitte 1943 waren von den 50 000 aus Frankreich deportierten Juden lediglich 6000 französische Staatsbürger gewesen. Im Juni erhöhten die Deutschen dann das Deportationstempo, so dass bis zur Befreiung von Paris im August 1944 noch weitere rund 24 000 Juden nach Auschwitz gebracht wurden, diesmal auch viele französische Juden.[19] Insgesamt wurden aus Frankreich bis Kriegsende 73 853 Juden deportiert, von denen 56 500 keine französische Staatsbürgerschaft besaßen.[20]

Wie in Frankreich fielen auch in Belgien zunächst die ausländischen Juden, Emigranten und Flüchtlinge, die mehr als 90 Prozent der jüdischen Bevölkerung Belgiens ausmachten, den Deportationen zum Opfer. Entgegen allen Zusicherungen gerieten im Sommer 1943 aber auch die belgischen Juden in das Visier der Deutschen.[21] Nach einem regelrechten Tauziehen über Art und Umfang der antijüdischen Verfolgung zwischen deutscher Militärverwaltung und belgischer Ministerialbürokratie, die seit der Besatzung des Landes eine Politik des kleineren Übels verfolgte und zumindest die Deportation der Juden mit belgischer Staatsangehörigkeit zu verhindern suchte, gab der Militärbefehlshaber schließlich grünes Licht. Von September 1943 an wurden nun auch belgische Juden nach Auschwitz deportiert. Gleichzeitig aber hatten die Aussicht auf ein vermeintlich baldiges Kriegsende wie auch die Einführung einer Zwangsarbeitspflicht in Belgien und den Niederlanden die Stimmung gegen die Besatzer im Laufe des Jahres 1943 aufgeheizt. Das steigerte die Bereitschaft der einheimischen Bevölkerung, Juden auf ihrer

18 Schätzungen zufolge gelang es zwischen Mai 1942 und dem Ende der deutschen Besatzung zwischen 25 000 und 28 000 Juden, in den Niederlanden unterzutauchen; Peter Romijn, Der lange Krieg der Niederlande. Besatzung, Gewalt und Neuorientierung, Göttingen 2017, S. 99; Katja Happe, Viele falsche Hoffnungen. Judenverfolgung in den Niederlanden 1940–1945, Paderborn 2017, S. 144. Über 8000 Juden, die in „Mischehe" lebten, galten aufgrund ihres Alters als unfruchtbar oder ließen sich unter Zwang sterilisieren und wurden damit von der Deportation verschont; VEJ 12, S. 41 und 44.

19 VEJ 12, S. 79; Götz Aly, Europa gegen die Juden 1880–1945, Frankfurt a. M. 2017, S. 324.

20 VEJ 12, S. 80.

21 VEJ 12, S. 56 f.

Flucht zu unterstützen oder sie zu verstecken.[22] Aus Luxemburg erreichte der letzte größere Transport mit 99 Juden im April 1943 Theresienstadt.

In den skandinavischen Ländern konnten die Deutschen ihre Judenpolitik nicht so reibungslos durchführen wie in den Niederlanden. Etwa die Hälfte der kleinen jüdischen Minderheit in Norwegen überlebte den Krieg, indem sie mit Hilfe von Einheimischen ins neutrale Schweden floh. Die anderen waren bereits 1942 mit Zustimmung der faschistischen Quisling-Regierung deportiert worden.[23] Als im Oktober 1944 Gerüchte über die Deportation der in „Mischehe" lebenden Juden aufkamen, intervenierte das schwedische Außenministerium erfolgreich bei der deutschen Regierung gegen diese Maßnahme, so dass noch im April 1945 „Mischehepartner" nach Schweden ausreisen konnten. In Schweden fand auch die überwiegende Mehrheit der dänischen Juden 1943 Aufnahme. Die Weigerung der dänischen Regierung, eine Judengesetzgebung einzuführen bzw. zu unterstützen, und die Zurückhaltung der deutschen Besatzungsverwaltung hatten den dänischen Juden zunächst relative Sicherheit geboten. Die militärischen Rückschläge der Wehrmacht in der Sowjetunion und in Italien mobilisierten den Widerstand im Land, der sich im August 1943 zu einer Streikwelle formierte. Der deutsche Reichsbevollmächtigte Werner Best verhängte den Ausnahmezustand, und Hitler ordnete die Deportation der dänischen Juden an.[24] In einer beispiellosen Solidaritätsaktion ermöglichten dänische Helfer daraufhin rund 5500 Juden die Flucht über den Öresund nach Schweden. Die Finnen, die sich dem Deutschen Reich 1941 im Krieg gegen die Sowjetunion angeschlossen hatten, um sich des aggressiven sowjetischen Gebietsanspruchs – wie er im Winterkrieg 1939/40 manifest geworden war – zu erwehren, die aber die nationalsozialistische Weltanschauung nicht teilten, weigerten sich trotz Drängens Himmlers, ihre jüdischen Mitbürger auszuliefern.[25]

In den Ländern Südosteuropas war die Politik gegenüber den Juden stark von der jeweiligen Besatzungsmacht beeinflusst.[26] 1941 hatten italienische und deutsche Truppen Jugoslawien und Griechenland besetzt und die Länder gemeinsam mit den Verbündeten Bulgarien und Ungarn in Besatzungszonen unter sich aufgeteilt. Das kollaborierende Ustascha-Regime in Kroatien ermordete zunächst selbständig Juden. Erst als im Sommer 1942 die Deutschen mit der systematischen Deportation der europäischen Juden begannen, schickte das Reichssicherheitshauptamt einen seiner Judenberater, einen Fachmann für Beraubung und Deportation, nach Kroatien, der den Abtransport der noch verbliebenen Juden forcierte. In Zusammenarbeit von deutschen und kroatischen Behörden wurden seit Mai 1943 noch rund 7000 Juden verhaftet und die meisten in Auschwitz ermordet, im April 1944 galt Kroatien als „judenfrei".[27] In Serbien hatten Wehrmachtseinheiten die meisten jüdischen Männer bereits im Herbst 1941 unter dem

22 In Belgien wurde die allgemeine Zwangsarbeitspflicht im Oktober 1942 eingeführt, in den Niederlanden rekrutierten die Behörden seit dem Frühjahr 1943 ehemalige Kriegsgefangene, damit sie in Deutschland Zwangsarbeit verrichteten; VEJ 12, S. 39 und 53.

23 Christian Gerlach, Der Mord an den europäischen Juden. Ursachen, Ereignisse, Dimensionen, München 2017, S. 112.

24 VEJ 12, S. 18 f.

25 Leni Yahil, Die Shoah. Überlebenskampf und Vernichtung der europäischen Juden, München 1998, S. 777 f.

26 VEJ 14, S. 14.

27 VEJ 14, S. 49 f.

Vorwand von „Sühnemaßnahmen" getötet. Zwischen März und Mai 1942 ermordete die SS in einem Gaswagen auch die im Lager Semlin inhaftierten jüdischen Frauen, Kinder und Alten.[28] West-Makedonien geriet 1941 unter bulgarische Verwaltung, die angesichts des zunehmenden Drucks der deutschen Regierung im März 1943 mehr als 7000 Juden an die Deutschen auslieferte. Insgesamt waren bei Kriegsende 60 000 jugoslawische Juden ermordet worden, das entsprach 75 bis 80 Prozent der jüdischen Vorkriegspopulation. In dem 1939 von Italien annektierten Albanien konnte die Verfolgung der Juden dagegen nicht umgesetzt werden – das betraf auch ausländische Juden, die sich im Land aufhielten; insbesondere deutsche und österreichische, aber auch tschechoslowakische Juden hatten seit 1938 die moderaten albanischen Einreisebestimmungen genutzt. Die Politik der italienischen Besatzungsmacht verzögerte die Ermordung der Juden, und als im September 1943 die Wehrmacht das Land besetzte und die Deutschen eine albanische Marionettenregierung installierten, widersetzten sich ähnlich wie in Dänemark weite Teile der albanischen Bevölkerung den Deportationsmaßnahmen. So lebten dort am Ende des Krieges mehr Juden als 1939.[29]

Ähnlich wie Jugoslawien zerfiel auch Griechenland 1941 in verschiedene Besatzungszonen. Westgriechenland, der Peloponnes und Athen gerieten unter italienische, Nordgriechenland und Thessaloniki unter deutsche und Teile Makedoniens und Thrakiens unter bulgarische Herrschaft. Deutlich später als in anderen besetzten Ländern in Europa begannen die Deportationen der Juden Thessalonikis erst im März 1943. In der Nähe des Bahnhofs errichteten die deutschen Besatzer ein Durchgangslager, in dem sie die Juden der Stadt unter erbärmlichen Bedingungen oft wochenlang bis zu ihrer Abfahrt einsperrten. Bis August waren 48 533 Juden nach Auschwitz deportiert und dort ermordet worden.[30] Mit der Kapitulation Italiens im September und der nachfolgenden Besetzung des Landes durch die deutsche Wehrmacht verloren auch die 12 000 Juden im westlichen Griechenland ihren Schutz. Vorgewarnt durch das Schicksal der Juden Thessalonikis, folgten viele dem deutschen Aufruf zur Registrierung nicht. Mehrere Tausend Juden flohen über die Türkei nach Palästina oder tauchten mit Hilfe der Bevölkerung und der Kirche unter. Dennoch wurden mehrere Tausend nach Auschwitz gebracht. Insgesamt überlebten nur knapp 15 Prozent der jüdischen Vorkriegsbevölkerung Griechenlands den Krieg.[31] Die Juden Thessalonikis wurden nahezu ausnahmslos ermordet.

Mit den zunehmenden Rückschlägen der Wehrmacht an der Ostfront und in Nordafrika änderte sich die Haltung der mit dem Reich verbündeten Länder. Eberhard von Thadden, Judenreferent im Auswärtigen Amt, beschrieb die Situation nach dem Krieg so: „Je ungünstiger die militärische Lage war, insbesondere nach Stalingrad, desto weniger waren die uns befreundeten Länder bereit, die ursprünglich eingeschlagene Judenpolitik weiter zu verfolgen."[32]

28 VEJ 14, S. 45 und VEJ 14/126.

29 VEJ 14, S. 78.

30 Yahil, Shoah (wie Anm. 25), S. 563 f.

31 VEJ 14, S. 78.

32 Vernehmung Eberhard von Thaddens, 12.6.1947, zit. nach: Sebastian Weitkamp, Braune Diplomaten. Horst Wagner und Eberhard von Thadden als Funktionäre der „Endlösung", Bonn 2008, S. 151.

Eine Ausnahme bildete jedoch der einst wichtige Achsenpartner Italien, der sich trotz seiner eindeutig rassistischen Ausrichtung von Beginn an geweigert hatte, die italienischen Juden den Deutschen auszuliefern. Erst als nach der Landung der Alliierten auf Sizilien im Juli 1943 und dem Sturz Mussolinis die Wehrmacht im September Nord- und Mittelitalien besetzte, begann ein Judenberater des Reichssicherheitshauptamts mit der Organisation der Deportationen. Wie bereits erwähnt, entfiel der Schutz nun auch in den ehemaligen italienischen Besatzungszonen in Griechenland, im Südosten Frankreichs und in Jugoslawien. Allein im Raum Nizza wurden umgehend mehr als 1800 Juden verhaftet.[33] Das Innenministerium der faschistischen Marionettenregierung in Norditalien unterstützte die Pläne der deutschen Besatzer, als es Ende November 1943 anordnete, alle italienischen Juden zu verhaften. In Zusammenarbeit mit der italienischen Polizei deportierten die Deutschen bis Kriegsende noch rund 7500 Juden aus Italien. Der großen Mehrzahl der italienischen Juden gelang jedoch die Flucht, so dass über 80 Prozent der 1938 in Italien wohnhaften 45 000 Juden überlebten.[34]

Die bulgarische Regierung zögerte, sich der deutschen Vernichtungspolitik anzuschließen.[35] Zwar führte sie diskriminierende Maßnahmen ein und verpflichtete jüdische Männer zur Zwangsarbeit, lieferte aber die innerhalb Bulgariens lebenden Juden nicht an die Deutschen aus. Ganz anders verhielt es sich mit den Juden in den bulgarischen Besatzungszonen Thrakien und Makedonien. Im Frühjahr 1943 übergaben die bulgarischen Behörden den deutschen Verbündeten 11 343 Juden aus diesen Gebieten, die über Wien in das Vernichtungslager Treblinka gebracht wurden.[36] Spätestens im Herbst 1943 war die bulgarische Regierung dann angesichts der militärischen Situation um Kontaktaufnahme mit den Alliierten bemüht, was weitere Zugeständnisse an die deutsche Vernichtungspolitik ausschloss.

Im verbündeten Rumänien agierten die Behörden in den neu besetzten und den altrumänischen Gebieten sehr unterschiedlich. In den von den Rumänen besetzten und annektierten Gebieten Bessarabien und der Bukowina gingen sie äußerst brutal vor. Zehntausende Juden starben an Verwahrlosung und Unterernährung oder wurden regelrecht abgeschlachtet. Planungen zur Deportation der Juden Altrumäniens, jener Gebiete also, die bereits vor dem Ersten Weltkrieg zum Land gehört hatten, hatte Staatschef Antonescu hingegen bereits im Oktober 1942 gestoppt. Seit 1943 bemühte er sich dann mit Blick auf die Alliierten um die Rückführung der nach Transnistrien verschleppten Juden. Bis zur Kapitulation Rumäniens im Sommer 1944 fielen Schätzungen zufolge zwischen 280 000 und 380 000 Juden auf rumänischem Gebiet der Verfolgung zum Opfer, davon allein bis zu 180 000 auf dem Weg nach oder in Transnistrien.[37] Hinzu kamen zwischen 115 000 und 180 000 vormals ukrainische Juden aus Transnistrien.[38]

Anders als Bulgarien und Rumänien lieferte die slowakische Marionettenregierung ihre Juden ohne Zögern an die Deutschen aus. 1942 wurden rund 57 600 slowakische Juden deportiert. Im Oktober des Jahres wurden die Maßnahmen jedoch eingestellt, da sich

33 VEJ 12, S. 77 f.
34 VEJ 14, S. 29.
35 VEJ 13, S. 85–87 und VEJ 13/308.
36 VEJ 13, S. 88 und VEJ 13/321.
37 VEJ 13, S. 73.
38 VEJ 7, S. 69.

ein deutlicher Stimmungsumschwung in der Bevölkerung abzeichnete, den nicht zuletzt Proteste der katholischen Kirche befördert hatten. 1943 und 1944 drängte die deutsche Regierung vergeblich auf die Wiederaufnahme der Deportationen. Erst als die Wehrmacht im August 1944 das Land infolge des Slowakischen Nationalaufstands besetzte, begann die Jagd auf die Juden erneut. In den folgenden Monaten wurden mehr als 12 000 von ihnen festgenommen und nach Auschwitz, Theresienstadt, Ravensbrück und Sachsenhausen deportiert.

Ungarn war ein Sonderfall. Obwohl die jüdische Bevölkerung seit 1938 zunehmenden Diskriminierungen ausgesetzt war, weigerte sich die Regierung des Reichsverwesers Horthy trotz ausdrücklicher Aufforderung Hitlers, die Juden aus Ungarn auszuliefern (Dok. 10). Dies galt bis auf wenige Ausnahmen auch für die Juden in den ungarisch besetzten Gebieten. Zwar wurden 1941 weit über 10 000 Juden ins deutsche Besatzungsgebiet in der Ukraine abgeschoben und dort von der SS ermordet. Als aber 1942 ungarische Militärs in der Batschka ein Massaker an Mitgliedern der Jüdischen Gemeinde von Novi Sad begingen, wurden die Täter Ende 1943 nach heftigen Protesten zu hohen Freiheitsstrafen verurteilt. Erst mit der deutschen Besetzung Ungarns trat dann ein grundlegender Wandel ein. Als die Rote Armee im Frühjahr 1944 bis zur ungarischen Grenze vorrückte, befürchtete die deutsche Führung, die Ungarn könnten dem Vorbild Italiens folgen und einen Separatfrieden mit den Alliierten schließen. Am 19. März 1944 marschierte die Wehrmacht in Ungarn ein und besetzte das Land. Damit geriet die letzte große jüdische Gemeinschaft in Europa mit rund 765 000 Juden in deutsche Gewalt. Adolf Eichmann richtete sich umgehend mit einem ganzen Stab erprobter Judenberater in Budapest ein, um die Deportationen zu organisieren. Die Durchführung übernahmen ungarische Stellen. Obwohl sich das Reich zu diesem Zeitpunkt bereits in einer prekären militärischen Situation befand, wurde kein Aufwand gescheut, um möglichst viele Juden Ungarns rasch zu ermorden.[39] Im Juli 1944 stoppte Reichsverweser Horthy unter dem massiven Druck der Alliierten vorübergehend die Deportationen, nachdem bis dato schon etwa 430 000 ungarische Juden nach Auschwitz deportiert worden waren.[40] Als die faschistischen Pfeilkreuzler im Oktober putschten und die Regierung übernahmen, begannen die berüchtigten Todesmärsche der Budapester Juden nach Österreich. Im Getto von Budapest ermordeten die Pfeilkreuzler noch Tausende Menschen, bis Mitte Januar 1945 die Rote Armee die Stadt einnahm.

Die Haltung der Alliierten, der neutralen Länder und internationaler Organisationen

Mit Beginn der Offensive der Roten Armee in Stalingrad und im Kaukasus waren die sowjetischen Truppen 1943 auf das bis dahin von der Wehrmacht besetzte Gebiet vorgerückt. Damit drohte die Entdeckung der Massengräber, die von den Gräueltaten der

39 Götz Aly/Christian Gerlach, Das letzte Kapitel. Realpolitik, Ideologie und der Mord an den ungarischen Juden 1944/1945, Stuttgart 2002; Yaron Pasher, Holocaust versus Wehrmacht. How Hitler's „Final Solution" Undermined the German War Effort, Kansas 2014, S. 224–229.

40 Aly/Gerlach, Das letzte Kapitel (wie Anm. 39), S. 274.

Deutschen zeugten.[41] Die deutsche Führung war deshalb eiligst bemüht, die Spuren der Verbrechen zu verwischen. Auf Anordnung Himmlers öffneten Sonderkommandos, die mehrheitlich aus jüdischen Häftlingen bestanden, im Rahmen der sogenannten Aktion 1005[42] zahlreiche Massengräber und verbrannten die exhumierten Opfer auf Scheiterhaufen und in Gruben. Der rasche Vormarsch der Roten Armee verhinderte aber eine vollständige Beseitigung der Spuren. Spätestens mit der Befreiung des Vernichtungslagers Majdanek im Juli 1944 wurde die Geheimhaltungspolitik gegenüber der internationalen Öffentlichkeit obsolet.

Aber so weit war es noch nicht, als sich im Westen in der zweiten Jahreshälfte 1942 die Berichte über den Mord an den Juden häuften. Die Alliierten informierten im Dezember erstmals offiziell über die deutschen Massenverbrechen und kündigten an, alle Verantwortlichen bestrafen zu wollen.[43] Konkrete Rettungsmaßnahmen blieben aber aus. Solange sich das Deutsche Reich auf dem Höhepunkt seiner Macht befand, war der Handlungsspielraum für Rettungsinitiativen in der Tat begrenzt. Aber auch nach der militärischen Wende des Krieges ergriffen die Alliierten keine energischen Maßnahmen gegen die Vernichtung der europäischen Juden.

Im April 1943 trafen sich Vertreter Großbritanniens und der USA auf den Bermudainseln, um über eine Soforthilfe für Flüchtlinge zu beraten (Dok. 18).[44] Die Ergebnisse waren enttäuschend. Die Gespräche blieben so allgemein, dass die spezielle Frage der jüdischen Flüchtlinge im Abschlusskommuniqué nicht einmal Erwähnung fand.[45] Statt also eine Lösung für die drängende Problematik zu finden, einigten sich die britischen und US-amerikanischen Repräsentanten stillschweigend darauf, die jeweils nationalen Interessen des anderen zu wahren. Die Briten lehnten jede Einmischung in ihre Palästinapolitik ab, die Amerikaner wollten jede Diskussion über ihre strenge Einwanderungspolitik unterbinden. Beide Staaten teilten die Befürchtung eventueller Nachkriegsverpflichtungen gegenüber Flüchtlingen, die in neutralen Ländern Aufnahme gefunden hatten.[46]

Antisemitische Ressentiments und ökonomische Bedenken hemmten die Flüchtlingspolitik zusätzlich. Dabei zogen sich die westlichen Alliierten auf einen Standpunkt zurück, dessen Grundprinzip lautete: Wir helfen den europäischen Juden am besten,

41 Jens Hoffmann, „Das kann man nicht erzählen". „Aktion 1005" – Wie die Nazis die Spuren ihrer Massenmorde in Osteuropa beseitigten, Hamburg 2008; Andrej Angrick, „Aktion 1005". Spurenbeseitigung von NS-Massenverbrechen 1942–1945, Göttingen 2018.

42 Der Name der Operation ging auf ein entsprechendes Aktenzeichen im Reichssicherheitshauptamt zurück.

43 VEJ 6/202.

44 Monty N. Penkower, The Bermuda Conference and Its Aftermath. An Allied Quest for „Refuge" During the Holocaust, in: Michael Robert Marrus (Hrsg.), The Nazi Holocaust. Bystanders to the Holocaust, Teil 8, Bd. 1, Westport/London 1989, S. 413–431.

45 PM Daily, 30.4.1943, S. 8.

46 Henry L. Feingold, Politics of Rescue. The Roosevelt Administration and the Holocaust, 1938–1945, New Brunswick 1970, S. 197–207; Bernard Wasserstein, Britain and the Jews of Europe 1939–1945, Oxford 1979, S. 188–191; David S. Wyman, Das unerwünschte Volk. Amerika und die Vernichtung der europäischen Juden, München 1986, S. 171; Richard Breitman, Staatsgeheimnisse. Die Verbrechen der Nazis – von den Alliierten toleriert, München 1999, S. 250 f.; Günter Schubert, Der Fleck auf Uncle Sams weißer Weste. Amerika und die jüdischen Flüchtlinge 1938–1945, Frankfurt a. M. 2003, S. 184–188; Richard Breitman/Allan Lichtman, FDR and the Jews, Cambridge 2013, S. 215 f.

indem wir schnellstmöglich den Krieg gewinnen.[47] Im Umkehrschluss bedeutete dieser Grundsatz, dass alle gesonderten Maßnahmen zur Rettung von Juden die Kriegsanstrengungen der Alliierten behinderten und daher nicht erwünscht waren. Dennoch ebnete der wachsende innenpolitische Druck liberaler und jüdischer Kräfte auf US-Präsident Roosevelt schließlich den Weg zur Errichtung einer unabhängigen Flüchtlingsbehörde. Während die britische Regierung weiter an dem unbedingten Vorrang der Kriegsanstrengungen vor humanitärer Intervention festhielt, gründete die US-Regierung im Januar 1944 das War Refugee Board (Dok. 105).[48] Doch obwohl die neue Flüchtlingsbehörde durchaus weitreichende Kompetenzen besaß, erwies sich ihr Einfluss als gering.

In der UdSSR erhielt das Politbüro erste Berichte über die deutschen Massenmorde an Juden auf sowjetischem Territorium bereits wenige Wochen nach dem Überfall der Wehrmacht im Sommer 1941.[49] Im folgenden Winter unterstützte die sowjetische Propagandaabteilung die Gründung des Jüdischen Antifaschistischen Komitees mit dem Ziel, finanzielle Mittel aus dem Ausland, vornehmlich amerikanischer Juden, einzuwerben, um die sowjetischen Kriegsanstrengungen zu unterstützen.[50] Über die Aktivitäten des Komitees, das immer wieder den Mord an den sowjetischen Juden thematisierte, berichteten die staatlich gelenkte Presse und der Rundfunk, wenn auch selten an prominenter Stelle und häufig unvollständig. Konkrete Hilfe konnte das Komitee erst nach der Rückeroberung der besetzten Gebiete durch die Rote Armee leisten. Bis Kriegsende intensivierte es Repatriierungsmaßnahmen und Unterstützung für Überlebende, pflegte Kontakte zu den internationalen jüdischen Organisationen und sammelte Dokumente und Zeugnisse über die Ermordung der sowjetischen Juden.[51]

Seit 1943 verstärkte sich in der Sowjetunion die Tendenz, die spezifisch antijüdischen Aspekte der Verbrechen zu beschweigen.[52] Zwar berichteten die Medien weiter über deutsche Massaker an der Zivilbevölkerung, fast nie wurde aber darauf hingewiesen, dass es sich in vielen Fällen um jüdische Opfer handelte. Die sowjetischen Juden wurden als „friedliche Sowjetbürger" ausgegeben und vereinnahmt, um zu betonen, dass der deutsche Angriff der Vernichtung der Völker der Sowjetunion gelte.[53]

47 Shlomo Aronson, Hitler, the Allies and the Jews, Cambridge 2006, S. 62.

48 Monty N. Penkower, Jewish Organizations and the Creation of the U. S. War Refugee Board, in: Marrus (Hrsg.), The Nazi Holocaust (wie Anm. 44), Teil 8, Bd. 2, S. 905–922; Breitman/Lichtman, FDR and the Jews (wie Anm. 46), S. 262–275.

49 Karel Berkhoff, Motherland in Danger. Soviet Propaganda during World War II, Cambridge 2012, S. 136.

50 Zum Jüdischen Antifaschistischen Komitee siehe VEJ 7, S. 86.

51 Shimon Redlich, Propaganda and Nationalism in Wartime Russia. The Jewish Antifascist Comittee in the USSR 1941–1948, Boulder 1982, S. 126–133; Arno Lustiger, Rotbuch: Stalin und die Juden. Die tragische Geschichte des Jüdischen Antifaschistischen Komitees und der sowjetischen Juden, Berlin 1998, S. 137–140; zur Materialsammlung des Jüdischen-Antifaschistischen Komitees siehe Wassili Grossman/Ilja Ehrenburg/Arno Lustiger (Hrsg.), Das Schwarzbuch. Der Genozid an den sowjetischen Juden, Reinbek 1994.

52 Berkhoff, Motherland (wie Anm. 49), S. 153.

53 Yitshak Arad, The Holocaust as Reflected in the Soviet Russian Language Newspapers in the Years 1941–1945, in: Robert Moses Shapiro (Hrsg.), Why Didn't the Press Shout? American & International Journalism During the Holocaust, New York 2003, S. 199–220, hier S. 201.

In Anbetracht der alliierten Untätigkeit blieben die internationalen jüdischen Hilfsorganisationen und die Jewish Agency for Palestine die größte Hoffnung für die verfolgten Juden. Allerdings waren den in den USA ansässigen jüdischen Interessenvertretungen Schranken gesetzt. Der 1936 gegründete Jüdische Weltkongress betrachtete sich als weltweite politische Organisation zur Verteidigung der Rechte von Juden, als Staatssurrogat sozusagen, wohingegen sich der Joint als philanthropische Hilfsorganisation verstand. Das jüdische Establishment in den USA war darauf bedacht, die amerikanische Politik strikt zu befolgen, hoffte es doch, durch loyales Verhalten die Unterstützung der Vereinigten Staaten und auch Großbritanniens für die Errichtung eines jüdischen Staats nach dem Krieg gewinnen zu können.[54] So betonte der Präsident des Jüdischen Weltkongresses, Stephen Wise,bei der American Jewish Conference im August 1943 in New York (Dok. 75) die Loyalität der amerikanischen Juden gegenüber der US-Regierung und unterstützte damit die alliierte Politik des Primats des Krieges vor der Rettung der Juden.[55] Die Ermordung der europäischen Juden wurde zu diesem Zeitpunkt bereits als unabänderliche Tatsache angesehen, deshalb sei nunmehr, so der Tenor der gesamten Konferenz, dem Ziel der jüdischen Staatsgründung absolute Priorität einzuräumen.[56]
Die Möglichkeiten der Jewish Agency als faktische Vertretung der kleinen jüdischen Gemeinde in Palästina, des Jischuw, waren begrenzt.[57] Die Führungsriege um David Ben-Gurion war angesichts der Lethargie der Alliierten und der jüdischen Organisationen desillusioniert, aber stets um ein friedliches Verhältnis zur britischen Mandatsmacht bemüht. Seit Kriegsbeginn unterhielt der Jischuw in Genf, seit Ende 1942 auch in Istanbul Büros, um den Kontakt zu den jüdischen Gemeinden in Europa zu halten, sie mit finanziellen Mitteln zu versorgen und untergetauchte Juden nach Palästina zu schmuggeln. Vorrangig waren dabei die Besiedlung des Landes und die Sorge um die ersehnte Staatsgründung.[58] Gleichzeitig wurden seit 1943 insbesondere im Umfeld der Jewish Agency Stimmen laut, die eine Entschädigung jüdischer Opfer nach dem Krieg forderten. Angesichts der deutlich werdenden totalen Zerstörung jüdischen Lebens in Europa nahmen – zusätzlich zu individuellen Ansprüchen – auch Forderungen nach einer

54 Susanne Heim, Widersprüchliche Loyalitäten. Die Reaktion internationaler jüdischer Hilfsorganisationen auf die Situation der deutschen Juden, in: Doris Bergen/Andrea Löw/Anna Hajková (Hrsg.), Alltag im Holocaust. Jüdisches Leben im Großdeutschen Reich 1941–1945, München 2013, S. 237–252, hier S. 238.

55 Zur Problematik und Vorgeschichte der American Jewish Conference siehe David S. Wyman, Das unerwünschte Volk. Amerika und die Vernichtung der europäischen Juden, München 1986, S. 234–237.

56 Zohar Segev, The World Jewish Congress during the Holocaust. Between Activism and Restraint, Berlin/Boston 2014, S. 91–93.

57 Zur Diskussion um das Engagement der Jewish Agency zur Rettung der europäischen Juden siehe Dina Porat, Palestinian Jewry and the Jewish Agency: Public Response to the Holocaust, in: Marrus (Hrsg.), The Nazi Holocaust (wie Anm. 48), Teil 8, Bd. 2, S. 601–628, hier S. 616–618; Tom Segev, Die siebte Million. Der Holocaust und Israels Politik der Erinnerung, Reinbek 1995, S. 105–114; Shabtai Teveth, Ben-Gurion and the Holocaust, New York 1996, S. 102–111.

58 Bela Vago, Some Aspects of the Yishuv Leadership's Activities during the Holocaust, in: Marrus (Hrsg.), The Nazi Holocaust (wie Anm. 48), Teil 8, Bd. 2, S. 580–600, hier S. 595; Porat, Palestinian Jewry (wie Anm. 57), S. 619–623; Dina Porat, The Allies, Herzl's Testament, the Holocaust and Limitations of Jewish Policies, July 1944, in: Holocaust and Genocide Studies, Bd. 6, Nr. 3 (1991), S. 269–282, hier S. 272.

kollektiven Entschädigung Gestalt an (Dok. 185 und Dok. 187).[59] Die Alliierten wandten sich ebenfalls der Nachkriegszeit zu: Im Oktober 1943 gründeten mehrere alliierte Staaten die United Nations War Crimes Commission, die Beweise für die während des Krieges begangenen Verbrechen sammelte und ihre strafrechtliche Ahndung vorzubereiten half.

Anders als die Zentralen der internationalen jüdischen Organisationen verhielten sich ihre europäischen Repräsentanten, die in den letzten zwei Kriegsjahren vorwiegend von der Schweiz aus operierten. Mit der Not der Verfolgten unmittelbar konfrontiert, schreckten sie weder vor illegaler Fluchthilfe zurück noch davor, die vorgeschriebene Wirtschaftsblockade zu unterlaufen. Gerhart Riegner vom Jüdischen Weltkongress, der 1942 als einer der Ersten die westlichen Regierungen über die Massenvernichtung informiert hatte, berichtete weiter mit Nachdruck über Deportationen und Tötungen.[60] Über seine persönlichen Kontakte zu führenden Funktionären des Internationalen Roten Kreuzes bemühte er sich um eine Verbesserung der Zustände in den Gettos und Lagern (Dok. 24). Aber auch Vertreter anderer Organisationen wie Abraham Silberschein (RELICO) oder Richard Lichtheim (Zionistische Weltorganisation) engagierten sich unermüdlich für die verfolgten Juden.[61] Ebenfalls von Genf aus operierten Saly Mayer, langjähriger Vorsitzender des Schweizerischen Israelitischen Gemeindebunds und Vertreter des Joint, sowie Nathan Schwalb vom Verband zionistischer Jugendorganisationen Hechaluz. Immer wieder setzten sie sich über die Direktiven ihrer Zentralen hinweg, indem sie Lebensmittel- und Medikamentensendungen in die Konzentrationslager und Gettos schickten und untergetauchte Juden mit Geld und Papieren versorgten (Dok. 174). Im April 1944 beispielsweise erreichte ein großer Geldbetrag von Schwalb – überbracht durch einen Schweizer Kurier – die zionistische Jugendgruppe Chug Chaluzi in Berlin.[62] Das Geld wurde für falsche Pässe, Bestechung der Gestapo und den Unterhalt der Mitglieder verwendet. Da die Alliierten die dringend benötigten finanziellen Mittel nicht in ausreichendem Maße bereitstellten, war man für die Finanzierung der Maßnahmen ausschließlich auf Spenden angewiesen. Um die strenge Devisenblockade der US-Regierung zu umgehen, überwies der Joint auf Vorschlag Mayers große Summen an die Vertretung der Schweizer Juden. Zusammen mit dem Spendenaufkommen ihrer Mitglieder wurden diese Gelder für Hilfsaktionen im besetzten Europa genutzt.[63]

Im Frühjahr 1944 startete die US-Regierung in Reaktion auf den Einmarsch der Wehrmacht in Ungarn eine Informationskampagne über das Schicksal, das die dort ansässi-

59 Constantin Goschler, Schuld und Schulden. Die Politik der Wiedergutmachung für NS-Verfolgte seit 1945, Göttingen 2005, S. 41.

60 Siehe unten, S. 82, und VEJ 6/148.

61 Raya Cohen, Confronting the Reality of the Holocaust: Richard Lichtheim 1939–1942, in: Yad Vashem Studies XXIII (1993), S. 335–368; Andrea Kirchner, Wie Noah auf dem Berg Ararat. Richard Lichtheim in Genf, 1939–1946, in: Der Holocaust. Neue Studien zu Tathergängen, Reaktionen und Aufarbeitungen, hrsg. von Jörg Osterloh und Katharina Rauschenberger, Frankfurt a. M. 2017, S. 41–59.

62 Ferdinand Kroh, David kämpft. Vom jüdischen Widerstand gegen Hitler, Reinbek 1988, S. 151 f.

63 Yehuda Bauer, American Jewry and the Holocaust. The American Jewish Joint Distribution Committee 1939–1945, Detroit 1981, S. 222 und 231; Hanna Zweig-Strauss, Saly Mayer (1882–1950). Ein Retter jüdischen Lebens während des Holocaust, Köln 2007, S. 186–188.

gen Juden erwartete, und drohte fortan regelmäßig, alle an den Verbrechen Beteiligten für ihre Taten bestrafen zu wollen (Dok. 123). Währenddessen mehrten sich konkrete Hinweise auf die Vernichtungslager und ihre Funktionsweise, die nicht mehr länger als Gerüchte aus unzuverlässigen Quellen abgetan werden konnten.[64] Angesichts der Ermordung der letzten großen jüdischen Gemeinde in Europa – zwischen Mai und Juli 1944 wurden rund 430 000 Juden aus Ungarn nach Auschwitz deportiert – stand nun auch das Vorhaben zur Diskussion, die Eisenbahnstrecke nach Auschwitz oder die Vernichtungseinrichtungen selbst zu bombardieren, um weitere Morde zu verhindern.[65] Dieses vom War Refugee Board und der Jewish Agency nachdrücklich geforderte Vorgehen scheiterte an der alliierten Devise, keine militärischen Mittel freizugeben, um Verfolgte des Regimes zu retten.[66] Dennoch bombardierten die Alliierten im August 1944 Auschwitz-Monowitz – statt jedoch Anlagen zu zerstören, die der Vernichtung von Menschen dienten, konzentrierten sich die alliierten Streitkräfte auf kriegswichtige Industrieanlagen.[67]

Die Rolle der neutralen Länder in Europa war ambivalent.[68] Schweden und die Schweiz waren darauf bedacht, ihre Neutralität zu wahren und eine deutsche Besatzung zu verhindern; zwischen Spanien und dem Deutschen Reich bestanden freundschaftliche Beziehungen; Portugal verhielt sich bis 1943 neutral, als es den Alliierten schließlich die Errichtung von Militärbasen auf den Azoren gestattete. Die Schweiz weckte als traditionelles Asylland bei den Verfolgten die Hoffnung, Aufnahme zu finden. Die eidgenössische Flüchtlingspolitik war jedoch geprägt von innenpolitischen Diskussionen darüber, wie ein Ausgleich zwischen eigener Sicherheit und Abschirmung nach außen einerseits und der humanitären Verpflichtung andererseits zu finden sei.[69] Gleichzeitig profitierte das Land nicht unerheblich vom Export von Rüstungsgütern nach Deutschland. Die meisten jüdischen Flüchtlinge wurden abgewiesen. Lediglich 21 304 Juden gewährte die Schweiz während des Krieges Asyl, während sie gleichzeitig rund 104 000 Militärflüchtlinge und 51 000 Zivilpersonen aufnahm.[70]

Weder das Internationale Rote Kreuz in Genf noch der Vatikan, die beide relativ genau über die deutschen Verbrechen informiert waren, konnten sich zu einem öffentlichen Appell gegen die Vernichtungspolitik durchringen. Die vordringliche Sorge der Rot-Kreuz-Funktionäre galt der Einhaltung der Genfer Konvention. Damit beschränkte sich die Hilfe auf Lebensmittel- und Medikamentensendungen in die Lager und Gettos, deren Umfang allerdings aufgrund des alliierten Verbots der Einfuhr von Waren ins

64 Breitman, Staatsgeheimnisse (wie Anm. 46), S. 285.

65 Saul Friedländer, Die Jahre der Vernichtung. Das Dritte Reich und die Juden 1939–1945, München 2006, S. 655–657; VEJ 16, S. 53 f.

66 Schubert, Der Fleck (wie Anm. 46), S. 241.

67 Martin Gilbert, Auschwitz und die Alliierten, München 1982, S. 360 f.; Breitman, Staatsgeheimnisse (wie Anm. 46), S. 284–290.

68 Corry Guttstadt u. a. (Hrsg.), Bystanders, Rescuers or Perpetrators? The Neutral Countries and the Shoah, Berlin 2016.

69 Yahil, Shoah (wie Anm. 25), S. 804; Salomé Lienert, Swiss Immigration Policies 1933–1939, in: Guttstadt u. a. (Hrsg.), Bystanders? (wie Anm. 68), S. 41–51.

70 Die Schweiz und die Flüchtlinge zur Zeit des Nationalsozialismus, hrsg. von der Unabhängigen Expertenkommission der Schweiz – Zweiter Weltkrieg, Bd. 17, Zürich 2001, S. 22, 24 und 278; Walther Hofer/Herbert R. Reginbogin: Hitler, der Westen und die Schweiz: 1936–1945, Zürich 2002; Georg Kreis, Die Schweiz im Zweiten Weltkrieg, Innsbruck 2011.

deutsch beherrschte Europa beschränkt war. Papst Pius XII. delegierte die Entscheidung, gegen die Verbrechen zu protestieren, an die regionalen Würdenträger (Dok. 16) und konnte sich nicht entschließen, seine moralische Autorität auszuspielen und den Massenmord anzuprangern. Ob und inwieweit der Vatikan konkrete Rettungsinitiativen unternommen hat, ist bis heute umstritten.[71]

Betrachtet man die Rettungsmaßnahmen und den Widerstand gegen die Vernichtung, die staatlicherseits im deutsch besetzten Europa geleistet wurden, so fällt die Bilanz mager aus. Lediglich in einzelnen Ländern, wie Dänemark, Italien und Albanien, weigerten sich die Regierungen, ihre jüdische Bevölkerung auszuliefern, oder schützten wie in Rumänien und Bulgarien zumindest ihre alteingesessene jüdische Bevölkerung vor der Deportation. In der letzten Kriegsphase sträubten sich die Verbündeten angesichts der militärischen Rückschläge der Deutschen mit Blick auf die Alliierten nach und nach, die Mordpolitik weiter mitzutragen, indem sie kapitulierten oder wie in Ungarn – zumindest vorübergehend – die Deportationen stoppten. Im Wesentlichen aber wurde die Vernichtungspolitik nahezu ungestört fortgesetzt. Die Alliierten, die Neutralen und die jüdischen Organisationen verfolgten vor allem ihre eigenen politischen Interessen. Im Vordergrund stand hier das Ziel, den Krieg möglichst rasch zu gewinnen, nicht in den Krieg hineingezogen zu werden und Flüchtlinge fernzuhalten oder den langgehegten Wunsch nach eigener staatlicher Souveränität zu verwirklichen.

Zur Lage der Juden im Deutschen Reich seit 1943

Insbesondere die Niederlage der Wehrmacht in Stalingrad bewirkte eine tiefgreifende Zäsur im Bewusstsein der Deutschen. Die Siegeszuversicht der vorangegangenen Jahre wich der Erkenntnis, dass durchaus mit einer Niederlage zu rechnen sei. Im Innern des Reichs nahm nun auch der Terror gegen die eigene Bevölkerung wieder zu. Der von Goebbels während seiner Sportpalastrede im Februar 1943 propagierte „totale Krieg", für den die letzten personellen und wirtschaftlichen Ressourcen mobilisiert werden mussten, erforderte unpopuläre Maßnahmen wie eine Steigerung der Frauenerwerbstätigkeit und die Schließung kleiner und mittelständischer Betriebe.[72]
Die Begleiterscheinungen dieser „Totalisierung", vor allem aber die Belastungen durch den Luftkrieg, der seit dem Frühjahr mit verstärkter Intensität geführt wurde, zermürbten die deutsche Bevölkerung. Auf der Konferenz von Casablanca im Januar 1943 hatten sich die westlichen Alliierten auf eine kombinierte Bomberoffensive verständigt, mit der der militärische Druck auf das Deutsche Reich erhöht werden sollte. Im Frühjahr 1943 begannen die „Round the Clock"-Bombardements, die sich gegen militärische, industri-

71 Saul Friedländer, Pius XII. und das Dritte Reich. Eine Dokumentation, Reinbek 1965; Randolph L. Braham (Hrsg.), The Vatican and the Holocaust. The Catholic church and the Jews during the Nazi era, New York 2000; Giovanni Miccoli, Les Dilemmes et les silences de Pie XII.: Vatican, Seconde Guerre mondiale et Shoah, Bruxelles 2005; Dietmar Päschel, Vatikan und Shoa. Die Haltung des Heiligen Stuhls zu den Juden von der Zeit des Nationalsozialismus bis zum Heiligen Jahr 2000, Frankfurt a. M. 2007.

72 Herbert, Geschichte Deutschlands (wie Anm. 4), S. 516–518.

elle, wirtschaftliche und zivile Ziele richteten und den Durchhaltewillen der Bevölkerung schwächen sollten. Allein im Juli und August 1943 starben in Hamburg innerhalb weniger Tage mehr als 30 000 Menschen.[73] Infolge der massierten Angriffe auf das Ruhrgebiet im Frühjahr 1943 stagnierte die deutsche Rüstungsproduktion.

Die kriegswirtschaftliche Mobilisierung verknüpfte das NS-Regime mit einer neuen Ausrichtung der Propaganda, die für den Fall einer Niederlage gegen die Sowjetunion ein Angst schürendes Szenario entwarf; das Hauptaugenmerk sei auf den „europäischen Abwehrkampf" gegen den Bolschewismus zu richten. Die Auseinandersetzungen mit den Westalliierten schrumpften dagegen zu „Familienstreitigkeiten".

Die Menschen im Reich beschäftigten in den beiden letzten Kriegsjahren allerdings Probleme ganz anderer Art: Zerstörte Lebensräume, insbesondere in den Städten, unzureichende Lebensmittelzuteilungen und die Sorge um Angehörige an der Front prägten den Alltag. Die Verfolgung der Juden spielte im Bewusstsein der Deutschen in dieser sich krisenhaft zuspitzenden Situation eine eher unbedeutende Rolle. Während die Gestapo im Frühjahr 1943 die meisten der bislang noch verbliebenen Juden aus dem Reich deportierte und damit auch letzte mögliche Berührungspunkte entfielen, intensivierte das Regime seine antijüdische Propaganda, um das Volk für den „Endkampf" zu aktivieren.

Die Auflösung der jüdischen Gemeinden

Am Vormittag des 10. Juni 1943 stattete die Berliner Gestapo der Jüdischen Gemeinde in der Oranienburger Straße und der Reichsvereinigung der Juden in Deutschland in der Kantstraße einen Besuch ab. Die anwesenden jüdischen Mitarbeiter waren nicht sonderlich überrascht, als man ihnen erklärte, dass die Einrichtungen offiziell aufgelöst seien.

Diese Entwicklung hatte sich bereits seit mehreren Monaten abgezeichnet. Zunächst waren im Januar leitende Mitglieder der Gemeinden in Berlin, Wien und Prag nach Theresienstadt deportiert worden. Dann hatte die Gestapo Ende Februar während der „Fabrik-Aktion" mehrere Tausend Juden verhaftet, die bis dahin durch ihre Arbeit in der Rüstungsproduktion verschont geblieben waren. In den folgenden Wochen waren sie gemeinsam mit weiteren Mitarbeitern der Reichsvereinigung der Juden nach Auschwitz oder Theresienstadt deportiert worden.[74]

Nun wurden also sämtliche Mitarbeiter, die nicht durch eine „Mischehe" geschützt waren, unter ihnen der letzte Leiter der Jüdischen Gemeinde Berlin Moritz Henschel und seine Frau, verhaftet und eine knappe Woche bis zu ihrem Abtransport im Sammellager

73 Ludolf Herbst, Das nationalsozialistische Deutschland 1933–1945. Die Entfesselung der Gewalt: Rassismus und Krieg, Frankfurt a. M. 1996, S. 431; Armin Nolzen, „Sozialismus der Tat?" Die Nationalsozialistische Volkswohlfahrt (NSV) und der alliierte Luftkrieg gegen das Deutsche Reich, in: Dietmar Süss (Hrsg.), Deutschland im Luftkrieg. Geschichte und Erinnerung, München 2007, S. 57–69, hier S. 65.

74 Beate Meyer, Tödliche Gratwanderung. Die Reichsvereinigung der Juden in Deutschland zwischen Hoffnung, Zwang, Selbstbehauptung und Verstrickung (1939–1945), Göttingen 2011, S. 218; Akim Jah, Die Deportationen der Juden aus Berlin. Die nationalsozialistische Vernichtungspolitik und das Sammellager Große Hamburger Straße, Berlin 2013, S. 458–463.

in der Großen Hamburger Straße festgehalten.[75] Gemeinsam mit rund 300 schwerkranken Patienten aus dem Jüdischen Krankenhaus bestiegen sie am Abend des 16. Juni 1943 den Zug nach Theresienstadt. Schon am Tag zuvor hatte die Gestapo die Mitarbeiter der Jüdischen Gemeinde aus Breslau deportiert, unter ihnen den Vorsitzenden Georg Kohn mit seiner Familie. In Hamburg mussten am 23. Juni 1943 die restlichen ehemaligen Gemeindeangestellten die Stadt Richtung Theresienstadt verlassen. In Stuttgart wurden die Räume und das Mobiliar der Jüdischen Kultusvereinigung Württemberg beschlagnahmt; kurz zuvor hatte sich der letzte jüdische Theologe, Dr. Josef Wochenmark, das Leben genommen. Seine Ehefrau wurde nach Theresienstadt gebracht und starb 1944 in Auschwitz.[76]

Nun war vollzogen, was Ernst Kaltenbrunner, der neue Chef des Reichssicherheitshauptamts, am 21. Mai 1943 im Auftrag Himmlers angeordnet hatte: alle noch im Reich verbliebenen Juden bis zum 30. Juni zu deportieren (Dok. 29). Damit, so das Reichssicherheitshauptamt, sei die Reichsvereinigung der Juden als Interessenvertretung „praktisch aufgelöst".[77] Allerdings handelte es sich eher um eine Umstrukturierung. Ausgenommen von der Anordnung Kaltenbrunners waren nämlich die in „Mischehe" lebenden Juden und ihre Kinder, die sogenannten Mischlinge. Eine endgültige Entscheidung über ihr Schicksal war im Frühjahr 1943 noch immer nicht gefallen, so dass sie, wie die Gestapo Breslau verlauten ließ, in der „sogenannten ‚Restvereinigung der Juden'" erfasst wurden (Dok. 69). Diese Nachfolgeorganisation der Reichsvereinigung der Juden nahm im Juni 1943 ihre Arbeit auf.

Nach den letzten Massendeportationen lebten bis auf wenige Ausnahmen im Reich fortan nur noch diejenigen Juden, die durch ihre Ehe mit einem „Arier" geschützt oder untergetaucht waren. Während sich im April 1943 noch etwa 32 000 Juden im Altreich befanden, von denen etwas mehr als die Hälfte in einer „Mischehe" lebte, verringerte sich die Zahl der nicht geschützten Juden bis zum Juni 1943 drastisch.[78] Ähnlich stellte sich die Situation in Österreich zum Stichtag 1. Januar 1943 dar: Von den 8100 verbliebenen Juden waren 4800 durch ihre Ehe vorläufig von den Deportationen ausgenommen.[79]

Die umstrukturierte Reichsvereinigung zog in das Gebäude des Jüdischen Krankenhauses im Berliner Wedding, neuer Leiter wurde der in „Mischehe" lebende Arzt Walter Lustig.[80] Nach wie vor unterstand die nun wesentlich verkleinerte Verwaltung der

75 Henschel, Aus der Arbeit der Jüdischen Gemeinde (wie Anm. 1), S. 13.

76 Vortrag von Max Plaut, Die Gemeinde Hamburg von 1933–1943, am 26.12.1946 in Tel-Aviv, YVA, O.1, File 54, S. 8; Maria Zelzer, Weg und Schicksal der Stuttgarter Juden. Ein Gedenkbuch, Stuttgart 1964, S. 229; Katharina Friedla, Juden in Breslau/Wrocław 1933–1949. Überlebensstrategien, Selbstbehauptung und Verfolgungserfahrungen, Köln 2015, S. 296 f.

77 Siehe Dok. 29 vom 21.5.1943.

78 Siehe Dok. 12 vom 19.4.1943, S. 5. In den Statistiken der Reichsvereinigung der Juden in Deutschland fehlen häufig Angaben zu verschiedenen Bezirken im Deutschen Reich, so dass exakte Zahlenangaben nicht möglich sind. Am 1.9.1944 befanden sich einschließlich der sog. Geltungsjuden 15 160 Juden im Reich, von denen lediglich 230 als sog. Volljuden galten; siehe BArch R 8150/32.

79 Ebd. Im Tätigkeitsbericht des Ältestenrats der Juden in Wien im Jahr 1943 werden 7989 Juden zu Beginn des Jahres und 6259 am Ende ausgewiesen. Von diesen lebten 5094 in „Mischehe", und 1080 waren „Geltungsjuden", hinzu kamen 85 ausländische Juden; siehe YVA, O30/13, Bl. 38.

80 Zu Lustig siehe ausführlich Dok. 80 vom 23.9.1943, Anm. 2 und Gideon Botsch, Dr. Dr. Walter Lustig – vom preußischen Medizinalbeamten zum „Ein-Mann-Judenrat", in: Jüdische Ärztinnen und Ärzte im Nationalsozialismus. Entrechtung, Vertreibung, Ermordung, hrsg. von Thomas

Reichsvereinigung dem „Judenreferat" im Reichssicherheitshauptamt. Angesichts der Verarmung ihrer Mitglieder und der Zerstörung deutscher Städte durch den Luftkrieg veränderte sich das Tätigkeitsfeld der Reichsvereinigung deutlich. Bis zum Emigrationsverbot im Herbst 1941 hatte sich die jüdische Vertretung intensiv mit der Auswanderung befasst, bevor sie in die administrative Abwicklung der Deportationen einbezogen wurde. Seit dem Frühjahr 1943 traten die Bereiche Gesundheit und Fürsorge in den Vordergrund.[81]

In der Zentrale der Reichsvereinigung gingen Gesuche um Unterstützungen zum Lebensunterhalt, um Beihilfe zu Wohnungsumzügen (Dok. 110), um ärztliche Betreuung in Arbeitslagern (Dok. 133) oder um Erstattung von Arztkosten sowie Hilferufe nach dem Verlust der Habe aufgrund von Bombenangriffen ein (Dok. 139). Immer wieder baten die Vertrauensmänner, jüdische Waisen oder Pflegebedürftige im Jüdischen Krankenhaus aufzunehmen, für die es keine anderen Unterbringungsmöglichkeiten mehr gab (Dok. 96 und 153). Auch Juden, die aus allen Teilen des Reichs zur Zwangsarbeit nach Berlin geholt worden waren, kamen dort unter. Des Weiteren betreute die Reichsvereinigung das letzte verbliebene Berliner Sammellager in der Großen Hamburger Straße.[82] Dorthin wurden nun auch vermehrt Juden aus anderen deutschen Städten gebracht, bevor sie in Gemeinschaftstransporten nach Theresienstadt oder Auschwitz deportiert wurden. Im März 1944 verlegte die Gestapo das Sammellager schließlich an den Sitz der Reichsvereinigung im Jüdischen Krankenhaus. Bis Kriegsende wurden von dort aus noch 784 Juden deportiert.[83]

Auch in Wien wurde die Zahl der Mitarbeiter der Israelitischen Kultusgemeinde drastisch reduziert. Die letzten großen Transporte aus Wien hatten, anders als im Altreich, bereits im Sommer und Herbst 1942 stattgefunden. Allein im Oktober 1942 waren rund 1500 Mitarbeiter der Kultusgemeinde mit ihren Familien deportiert worden.[84] Am 1. November 1942 wurde die Israelitische Kultusgemeinde Wien zum sogenannten Ältestenrat der Juden Wiens umfunktioniert, in Parallele zu den in den besetzten Gebieten Osteuropas installierten Judenräten.[85] Anders als seine Kollegen aus Berlin und Prag, die nach Theresienstadt deportiert wurden, blieb der Leiter der Wiener Gemeinde Josef Löwenherz im Amt. Wie in Berlin gab es auch in Wien bis zum Kriegsende eine jüdische Zwangsadministration. Solange über das Schicksal der noch geduldeten Juden, die in „Mischehe" lebten oder aus einer solchen stammten, nicht entschieden war, nahm die deutsche Führung Rücksicht auf das nichtjüdische Umfeld. Die verbliebenen Juden

Beddies u. a., Berlin/Boston 2014, S. 103–116; Meyer, Gratwanderung (wie Anm. 74), S. 357–363. Zum jüdischen Krankenhaus in Berlin siehe Rivka Elkin, Das jüdische Krankenhaus in Berlin zwischen 1938 und 1945, Berlin 1993; Daniel Silver, Überleben in der Hölle. Das Berliner jüdische Krankenhaus im „Dritten Reich", Berlin 2006.

81 Meyer, Gratwanderung (wie Anm. 74), S. 353.

82 Ebd., S. 351; Jah, Deportationen (wie Anm. 74), S. 481–490.

83 Zahlen nach Alfred Gottwaldt/Diana Schulle, Die „Judendeportationen" aus dem Deutschen Reich 1941–1945, Wiesbaden 2005, S. 463–467.

84 Herbert Rosenkranz, Verfolgung und Selbstbehauptung. Die Juden in Österreich 1938–1945, Wien 1978, S. 293; Doron Rabinovici, Instanzen der Ohnmacht. Wien 1938–1945. Der Weg zum Judenrat, Frankfurt a. M. 2000, S. 271–275.

85 Rosenkranz, Verfolgung und Selbstbehauptung (wie Anm. 84), S. 293; Rabinovici, Instanzen (wie Anm. 89), S. 259 f.; Gabriele Anderl/Dirk Rupnow, Die Zentralstelle für jüdische Auswanderung als Beraubungsinstitution, München 2004, S. 294 f.

wurden weiterhin betreut, aber streng von ihrer Umwelt getrennt. Der Ältestenrat musste alle Bereiche der Fürsorge übernehmen, aber auch die Melderegister führen, die die fortwährende Überwachung ermöglichten.

Jüdische Reaktionen

In der letzten Ausgabe vom 4. Juni 1943 wies das Jüdische Nachrichtenblatt seine stark geschrumpfte Leserschaft darauf hin, dass jede Veränderung des Aufenthaltsorts – und sei es nur zu Besuchszwecken – unverzüglich polizeilich gemeldet werden müsse. Mit dieser Anordnung zielte das Berliner Innenministerium auf die lückenlose Kontrolle der noch verbliebenen Juden, auch um deren Abtauchen in den Untergrund zu verhindern.[86] Gleichzeitig wurde all jenen mit scharfen Maßnahmen gedroht, die „nicht ordnungsgemäß gemeldete Juden" aufnahmen (Dok. 57). Die Behörden reagierten damit auf die große Fluchtbewegung, die die „Fabrik-Aktion" im Februar 1943 bei den noch in Berlin lebenden Juden ausgelöst hatte (Dok. 27 und Dok. 28). Nach vorsichtigen Schätzungen tauchten während der Kriegsjahre in Berlin insgesamt etwa 5000 bis 7000 Juden unter, die Mehrzahl erst von 1943 an. Vermutlich haben etwa 1700 von ihnen überlebt.[87]

Goebbels notierte Mitte März 1943 über die „Fabrik-Aktion" verärgert in sein Tagebuch: „Im ganzen sind wir 4000 Juden dabei nicht habhaft geworden. Sie treiben sich jetzt wohnungs- und anmeldungslos in Berlin herum und bilden natürlich für die Öffentlichkeit eine große Gefahr."[88] Um die Untergetauchten aufzuspüren, richtete die Gestapo in Berlin den sogenannten Jüdischen Fahndungsdienst ein. Vorbild war die bereits 1942 in Wien geschaffene sogenannte Judenpolizei, kurz Jupo, die beim Abholen von Juden aus ihren Wohnungen half und nach geflohenen Juden suchte.[89] In der Regel wurden die

86 Ministerial-Blatt des Reichs- und Preußischen Ministeriums des Innern, hrsg. vom Reichsministerium des Innern (MBliV), Nr. 8, 1943, S. 814.

87 Claudia Schoppmann, Die „Fabrikaktion" in Berlin: Hilfe für untergetauchte Juden als Form humanitären Widerstands, in: Zeitschrift für Geschichtswissenschaft, (2005) 2, S. 138–148, hier S. 141 f. Zu den Zahlen siehe auch Stefi Jersch-Wenzel, 300 Jahre jüdische Gemeinde zu Berlin, in: Irmgard Wirth (Hrsg.), Leistung und Schicksal. 300 Jahre Jüdische Gemeinde zu Berlin. Dokumente, Gemälde, Druckgraphik, Handzeichnungen, Plastik. Ausstellung vom 10. Sept. bis 10. Nov. im Berlin-Museum, Berlin 1971, S. 25; Konrad Kwiet, The Ultimate Refuge. Suicide in the Jewish Community under the Nazis, in: Leo Baeck Institute Yearbook, 29 (1984), S. 135–168, hier S. 157. Wolfgang Benz nimmt für das Deutsche Reich insgesamt annähernd 10 000 untergetauchte Juden an; siehe Wolfgang Benz, Überleben im Untergrund 1943–1945, in: ders. (Hrsg.), Die Juden in Deutschland 1933–1945. Leben unter nationalsozialistischer Herrschaft, München 1993, S. 660–700, hier S. 660; Gedenkstätte Stille Helden (Hrsg.), Widerstand gegen die Judenverfolgung 1933 bis 1945, Berlin 2018, S. 6 f.; siehe auch VEJ 6, S. 78.

88 Die Tagebücher von Joseph Goebbels, hrsg. im Auftrag des Instituts für Zeitgeschichte von Elke Fröhlich, Teil II: Diktate 1941–1945, Bd. 7: Januar–März 1943, München u. a. 1993, S. 528, Eintrag vom 11.3.1943.

89 Zur Wiener Judenpolizei siehe Rosenkranz, Verfolgung und Selbstbehauptung (wie Anm. 84), S. 299; Rabinovici, Instanzen (wie Anm. 89), S. 287 f.; Doris Tausendfreund, Erzwungener Verrat. Jüdische „Greifer" im Dienst der Gestapo 1943–1945, Berlin 2006. Beate Meyer weist darauf hin, dass neben Berlin und Wien auch in Frankfurt am Main Juden als Gestapospitzel gearbeitet haben; siehe Meyer, Gratwanderung (wie Anm. 74), S. 283.

als „Greifer“ bezeichneten jüdischen Mitglieder des Fahndungsdienstes mit dem Versprechen geködert und erpresst, ihnen und ihren Angehörigen Schutz vor der Deportation zu gewähren. Spürte die Gestapo untergetauchte Juden auf, wurden diese umgehend deportiert.

Der Gang in die Illegalität war für viele Juden allerdings nur schwer vorstellbar. Der jüdische Lehrer Jizchak Schwersenz schrieb nach dem Krieg: „Ich wehrte diesen Gedanken zunächst entschieden ab, denn es war mir – einem nach preußischen Grundsätzen erzogenen Juden – völlig undenkbar, mit falschen Papieren herumzulaufen, mich zu verstecken und mit ‚Lug und Trug‘ zu leben.“[90] Überdies war ein Leben im Untergrund zumeist nur mit der Hilfe von Nichtjuden möglich, deren Beweggründe nicht immer eindeutig waren. Während einige Helfer ganz spontan aus humanitärer Nächstenliebe handelten, motivierte andere die Aussicht auf ökonomische oder sexuelle Gegenleistung. Maria von Maltzan, die in ihrer kleinen Berliner Wohnung neben ihrem jüdischen Lebensgefährten noch zwei weitere Juden versteckte, schilderte ihre permanente psychische Anspannung. Sie fürchtete, verhaftet und hingerichtet zu werden, verzweifelte an der Aufgabe, vier Menschen mit einer einzigen Lebensmittelkarte zu versorgen, und litt unter der Enge in ihrer Wohnung (Dok. 91). Dennoch versteckte sie immer wieder jüdische Verfolgte.[91] Marie Jalowicz tauchte im Winter 1942 als 20-Jährige in Berlin unter.[92] Bis Kriegsende wurde sie von den verschiedensten Menschen aus den unterschiedlichsten Milieus unterstützt – von einem Juden, der durch seine Ehe geschützt war, von kommunistischen Widerstandskämpfern und einem niederländischen Fremdarbeiter. Gelegentlich wurden von ihr sexuelle „Gefälligkeitsdienste“ verlangt, wie sie offen berichtete. Über den unmittelbaren Kreis der Helfer hinaus wussten oder ahnten viele Leute in ihrem Umfeld, dass sie Jüdin war, ohne sie zu denunzieren – unter ihnen selbst überzeugte Nationalsozialisten, die sich für eine Kriegsniederlage rückzuversichern gedachten.[93] Aber auch organisierte Gruppen von Unangepassten beteiligten sich an der Versorgung der „U-Boote“, wie die Untergetauchten genannt wurden, mit Papieren, Lebensmittelkarten und an der Quartierssuche.[94] In Stuttgart baute ein Pfarrer seit 1943 ein systematisches Hilfsnetz in Baden-Württemberg zur Unterbringung jüdischer Untergetauchter auf und rettete vielen das Leben.[95] In Berlin zahlten fast alle Mitglieder

90 Zit. nach: Marion Kaplan (Hrsg.), Geschichte des jüdischen Alltags in Deutschland. Vom 17. Jahrhundert bis 1945, München 2003, S. 463.

91 Maria Gräfin von Maltzan, Schlage die Trommel und fürchte Dich nicht, Berlin 1986, S. 141–143.

92 Marie Jalowicz-Simon, Untergetaucht. Eine junge Frau überlebt in Berlin 1940–1945, Frankfurt a. M. 2014.

93 Ebd., S. 258.

94 Exemplarisch hierzu Ruth Andreas-Friedrich, Der Schattenmann. Tagebuchaufzeichnungen 1938–1945, Berlin 1983; Karin Friedrich, „Er ist gemein zu unseren Freunden …“. Das Retternetz der Gruppe „Onkel Emil“, in: Wolfgang Benz (Hrsg.), Überleben im Dritten Reich. Juden im Untergrund und ihre Helfer, München 2003, S. 97–109; Hans-Rainer Sandvoß, Die „andere“ Reichshauptstadt. Widerstand aus der Arbeiterbewegung in Berlin 1933 bis 1945, Berlin 2007, S. 241–254.

95 Eberhard Röhm/Jörg Thierfelder, Juden – Christen – Deutsche, Bd. 4/I: 1941–1945, Vernichtet, Stuttgart 2004, S. 182–212; Bernd Florath, Die Europäische Union, in: Johannes Tuchel (Hrsg.), Der vergessene Widerstand – Zu Realgeschichte und Wahrnehmung von Opposition und Widerstand gegen den Nationalsozialismus, Göttingen 2005, S. 114–139; zahlreiche Einzelschicksale bei Susanne Schrafstetter, Flucht und Versteck. Untergetauchte Juden in München – Verfolgungserfahrung und Nachkriegsalltag, Göttingen 2015.

der Widerstandsgruppe „Europäische Union" für ihr Engagement für Juden mit dem Leben (Dok. 100).

Grenzüberschreitende Fluchten gelangen zu diesem Zeitpunkt nur noch ganz vereinzelt. Bis auf die Schweiz waren alle Anrainerstaaten deutsch besetzt. Bereits die Fahrt an die Grenze mit dem Zug barg aufgrund der ständigen Kontrollen große Risiken. Im stark bewachten Grenzbereich waren die Flüchtenden dann auf Helfer mit Ortskenntnissen angewiesen, die mit detaillierten Wegbeschreibungen den Übertritt über die grüne Grenze überhaupt erst ermöglichten (Dok. 49 und Dok. 121). Die Berliner Jüdin Mathilde Bing, deren Söhne nach England emigriert waren, gelangte Anfang 1943 auf ihrem Weg nach Schweden bis nach Rostock. Dort denunzierte sie ihr Kontaktmann, ein Lademeister, bei der Gestapo. Sie wurde verhaftet und schließlich wenige Monate danach in Auschwitz ermordet. Dem als Mitarbeiter der Reichsbahn verkleideten Kurt Lindenberg hingegen gelang die Flucht mit einem Güterwaggon zunächst bis nach Warnemünde. Von dort erreichte er mit der Fähre Dänemark und schließlich mit großer dänischer Hilfsbereitschaft die Weiterreise über den Öresund nach Schweden.[96]

Die Anonymität Berlins bot allerdings auch relativ gute Möglichkeiten, in der Illegalität zu überleben. In keiner anderen deutschen Stadt erlebten mehr als 50 Untergetauchte das Kriegsende.[97] In Hamburg fehlten bis zum Herbst 1943 rund 200 Juden, die untergetaucht waren, in der Personenkartei der Bezirksstelle Nordwest der Reichsvereinigung der Juden. Überlebt haben Schätzungen zufolge aber nur etwa 50.[98] In Österreich wurden circa 600 „U-Boote" befreit, die meisten von ihnen in Wien.[99] Erschwert wurde das Leben im Untergrund durch den Luftkrieg, der die ohnehin schwierige Quartierssuche in den ausgebombten Städten zusätzlich behinderte. Viele der Untergetauchten starben während der Angriffe, da sie die Luftschutzräume nicht aufsuchen konnten. Gleichzeitig boten verbrannte Melderegistraturen, zerstörte Straßenzüge und allgemeines Chaos Möglichkeiten, falsche Papiere zu beschaffen und fremde Identitäten anzunehmen.

Es gab sogar einzelne Fälle, in denen ganze Familien in der Illegalität überlebten. Nach der „Fabrik-Aktion" entschloss sich beispielsweise das Ehepaar Frankenstein, mit ihrem nur wenige Wochen alten Säugling unterzutauchen. Im Untergrund bekam Leonie Frankenstein im September 1944 noch ein weiteres Kind.[100] Neben der ständigen Sorge um alle praktischen Aspekte des Überlebens beherrschte das Gefühl der Einsamkeit den Alltag. Als Elfriede Gerstl als 14-Jährige im Sommer 1942 gemeinsam mit ihrer Mutter aus Wien deportiert werden sollte, tauchten beide unter. Mehrmals wechselten sie das Quartier. Später erinnerte sie sich: „Wir sind ja faktisch die ganze Zeit im Bett gelegen.

96 Kurt Lindenberg, Eyewitness account, Wiener Library, Doc 1656/3/4/83.

97 Kwiet, The Ultimate Refuge (wie Anm. 87), S. 157; Maximilian Strnad, Zwischenstation „Judensiedlung". Verfolgung und Deportation der jüdischen Münchner 1941–1945, München 2011, S. 148.

98 Beate Meyer, „Jüdische Mischlinge". Rassenpolitik und Verfolgungserfahrung 1933–1945, Hamburg 1999, S. 54 f.; Beate Meyer, Das unausweichliche Dilemma: Die Reichsvereinigung der Juden in Deutschland, die Deportationen und die untergetauchten Juden, in: Beate Kosmala/Claudia Schoppmann (Hrsg.), Solidarität und Hilfe für Juden während der NS-Zeit, Bd. 5: Überleben im Untergrund. Hilfe für Juden in Deutschland 1941–1945, Berlin 2002, S. 273–296, hier S. 291.

99 Brigitte Ungar-Klein, Leben im Verborgenen – Schicksal der „U-Boote", in: Erzählte Geschichte. Berichte von Widerstandskämpfern und Verfolgten, Bd. 3: Jüdische Schicksale, hrsg. vom Dokumentationsarchiv des österreichischen Widerstandes, Wien 1992, S. 604–609, hier S. 604.

100 Klaus Hillenbrand, Nicht mit uns. Das Leben von Leonie und Walter Frankenstein, Frankfurt a. M. 2008, S. 116.

Man durfte keinen Lärm machen, man sollte sich nicht am Fenster zeigen."[101] In einer anderen Unterkunft waren zudem die Verdunklungsrollos ständig heruntergezogen, so dass die Versteckten auch noch zum absoluten Nichtstun verdammt waren. Ähnlich erging es dem späteren Entertainer Hans Rosenthal in seinem Berliner Schrebergartenversteck. Die Langeweile war so groß, wie er sich erinnerte, dass nicht nur die Tage, sondern sogar die Stunden regelrecht dahinkrochen.[102]

Diejenigen, die sich zu einem Leben in der Illegalität entschlossen, benötigten Mut, Ausdauer, Glück und einen unbedingten Überlebenswillen. Die Gefahren und Einschränkungen, die Vereinsamung, die Todesangst, die existentielle Not und die Trostlosigkeit waren groß. War der Überlebenswille nicht mehr stark genug, wählten viele der Verfolgten die Selbsttötung als letztes Mittel der Selbstbestimmung. So bemerkte die Kölner Jüdin Bertha Emilie Kuckertz nüchtern: „Ich habe jedenfalls rasch gelernt, im Selbstmord eine letzte freie Entscheidung von schon völlig unfreien, wehrlosen Menschen zu sehen."[103] Als bevorzugtes Mittel, um aus dem Leben zu scheiden, galt das Barbiturat Veronal (Dok. 117). Häufig waren es ältere Juden, deren Familienbande vielfach bereits aufgelöst waren, die sich zu diesem Schritt entschlossen. Immer wieder aber wählten auch Juden aus „Mischehen" den Freitod, um ihren Familienangehörigen weitere Diskriminierungen zu ersparen. Der jüdische Arzt Hermann Pineas beschrieb das Dilemma der Mediziner im Krankenhaus angesichts der wegen versuchter Selbsttötung eingelieferten Patienten: „Die Kollegen der Inneren Abteilung waren geteilter Meinung, ob es besser sei, die Kranken dieser Art zu retten oder sie ruhig einschlafen zu lassen. Die Mortalität war jedenfalls riesengroß."[104] Im Juni 1943 wurde Martin Riesenburger, seit den 1930er-Jahren Rabbiner in Berlin und in „Mischehe" lebend, von der Reichsvereinigung der Juden als Verwalter und Seelsorger des Jüdischen Friedhofs Weißensee eingesetzt. Dort – so erinnerte er sich später – gab es allein im ersten Jahr seiner Tätigkeit 214 Beerdigungen von Juden, die den Freitod der Verfolgung vorgezogen hatten. Der Höhepunkt der Selbstmorde unter der jüdischen Bevölkerung Berlins war schon 1942, im Jahr der großen Deportationen, mit über 800 Toten erreicht.[105]

Repressionen gegen „Mischehen" und „Mischlinge"

Im Juni 1943 galt das Reich bis auf wenige Ausnahmen als „judenfrei". Nun richtete sich das Augenmerk der NS-Führung erneut auf die bislang durch ihre Familie geschützten Juden und ihre nichtjüdischen Familienmitglieder. Ihre Verfolgung verschärfte sich

101 Erzählte Geschichte (wie Anm. 99), Bd. 3, S. 646.

102 Vgl. Hans Rosenthal, Zwei Leben in Deutschland, Bergisch Gladbach 1980, S. 64.

103 Erinnerungen von Berta Emilie Kuckertz 1941–1943, LBI, ME 289, MM 46; zu den Selbsttötungen von Juden während der Verfolgung siehe auch Anna Fischer, Erzwungener Freitod. Spuren und Zeugnisse in den Freitod getriebener Juden der Jahre 1938–1945 in Berlin, Berlin 2007.

104 Zit. nach: Monika Richarz, Jüdisches Leben in Deutschland. Selbstzeugnisse zur Sozialgeschichte 1918–1945, Stuttgart 1982, S. 433.

105 Martin Riesenburger, Das Licht verlöschte nicht. Ein Zeugnis aus der Nacht des Faschismus, Teetz 2003, S. 76.

spürbar.[106] Die Kategorisierung in „Mischehe"-Juden, „Mischlinge" oder sogenannte Geltungsjuden war für ihr künftiges Schicksal von großer Bedeutung.[107] Während „Geltungsjuden" den Verfolgungsmaßnahmen in vollem Umfang ausgesetzt waren, blieben „Mischlinge" und Juden, die in „Mischehe" lebten, zunächst von der Deportation verschont. Zum ganz überwiegenden Teil gehörten sie einer der christlichen Kirchen an und empfanden sich keineswegs als jüdisch.[108] Vom Staat diskriminiert und von der eigenen Kirche häufig im Stich gelassen, lebten sie ohne institutionelle Anbindung an eine Interessenvertretung zumeist isoliert.

Die Frage der „Mischlinge" und der in „Mischehe" Lebenden beschäftigte die NS-Führung schon seit geraumer Zeit, da in Partei und Verwaltung verschiedene Auffassungen über ihr Schicksal bestanden. Während die Partei die Deportation auch dieser Menschen verlangte, zögerten Innen- und Justizministerium, so dass die Frage bis Kriegsende ungelöst blieb. Allerdings erließ die staatliche Bürokratie in den beiden letzten Kriegsjahren weitere antijüdische Repressionsmaßnahmen. So wurden die Ausbildungsmöglichkeiten für „Mischlinge" beschränkt (Dok. 1), die Eheschließung von Beamten mit Personen verboten, die bereits mit einem Juden verheiratet gewesen waren,[109] und die Zwangsarbeitspflicht für „Mischlinge" und „jüdisch Versippte" eingeführt (Dok. 171). Das Rasse- und Siedlungshauptamt der SS drängte auf radikalere Maßnahmen, da dort die Meinung vorherrschte, die „Mischlinge" stünden der „Reinheit des deutschen Volkskörpers" entgegen.[110] In verschiedenen rassebiologistischen Gutachten bemühte sich das Hauptamt, den „deutschblütigen" Anteil der „Mischlinge" herunterzurechnen (Dok. 101), konnte aber seine Vorstellungen nicht durchsetzen.[111]

Das galt auch für die Befürworter von Zwangsscheidungen von „Mischehen". Über die Art der Auflösung dieser Ehen, den rechtlichen Charakter und die Sorgerechtsbestimmungen war schon lange kontrovers diskutiert worden, als das Reichsinnenministerium im Frühjahr 1943 mit der detaillierten Ausarbeitung einer entsprechenden Gesetzesvor-

106 Wolf Gruner, Die Fabrik-Aktion und die Ereignisse in der Berliner Rosenstraße. Fakten und Fiktionen um den 27. Februar 1943, in: Wolfgang Benz (Hrsg.), Jahrbuch für Antisemitismus-Forschung 11, Berlin 2002, S. 172.

107 Von den am 1.8.1943 von der Reichsvereinigung der Juden registrierten 9529 Juden waren 302 ohne nichtjüdischen Ehepartner im Reich verblieben; Herbert A. Strauß, Jewish Emigration from Germany. Nazi Policies and Jewish Responses (I), in: Leo Baeck Institute Yearbook, 25 (1980), S. 313–358, hier S. 317.

108 Sigrid Lekebusch, Not und Verfolgung der Christen jüdischer Herkunft im Rheinland 1933–1945. Darstellung und Dokumentation, Köln 1995; Ursula Büttner/Martin Greschat, Die verlassenen Kinder der Kirche. Der Umgang mit Christen jüdischer Herkunft im „Dritten Reich", Göttingen 1998; Jana Leichsenring, Die Katholische Kirche und „ihre Juden". Das „Hilfswerk beim bischöflichen Ordinariat Berlin" 1938–1945, Berlin 2007; Gerlind Lachenicht u. a., Der Stern im Taufbecken. Berliner Christen jüdischer Herkunft und Evangelische Kirche im Nationalsozialismus, Berlin 2013.

109 BArch, R 43II/425a, Bl. 123 f.

110 Isabel Heinemann, „Rasse, Siedlung, deutsches Blut". Das Rasse- und Siedlungshauptamt der SS und die rassenpolitische Neuordnung Europas, Göttingen 2003, S. 559 f.

111 Dass die Partei wesentlich radikalere Vorstellungen vertrat, spiegelt sich auch im Begriff „Judenmischling" wider. So wurden „Mischlinge" von der NSDAP in weitaus differenziertere Gradabstufungen untergliedert, als von den Nürnberger Gesetzen vorgeschrieben; siehe „Behandlung von Mischlingsangelegenheiten" in: BArch, NS 19/199, S. 14.

lage begann.[112] Der Entwurf, der dem nichtjüdischen Partner das Recht einräumte, sich auf Wunsch kurzfristig scheiden zu lassen, wurde aber von Hitler nie genehmigt, obwohl die Auflösung der „Mischehe“ als Voraussetzung für die Deportation des jüdischen Partners galt.[113] Das Zögern Hitlers, eine Entscheidung zugunsten der Zwangsscheidung zu treffen, beruhte auf der Sorge, ein solches Vorgehen könne zu verstärkter Unruhe bei der nichtjüdischen Verwandtschaft führen, in die Öffentlichkeit getragen werden und nicht zuletzt die Geheimhaltung der Vernichtung gefährden.[114] Zudem mobilisierte die Frage der Zwangsscheidung die Kirchen, die das Sakrament der Ehe bedroht sahen und eine Stellungnahme der Reichsregierung verlangten (Dok. 56).[115] Die spärlichen Eingaben einzelner kirchlicher Würdenträger verfehlten ihre Wirkung jedoch, da sie von den Kirchenleitungen nicht unterstützt wurden und den Gläubigen unbekannt blieben. Der Papst lehnte eine öffentliche Stellungnahme außer einem verklausulierten Hinweis rundweg ab (Dok. 16), und einige evangelische Landeskirchen sprachen Protestanten jüdischer Herkunft die Zugehörigkeit zu ihrer Kirche generell ab.[116] Anfang Oktober 1943 wurde die Frage der Zwangsscheidung dann endgültig auf die Nachkriegszeit vertagt, und auch Himmler blieb bei diesem Thema sehr vage: „Die Frage der mit nichtjüdischen Teilen verheirateten Juden und die Frage der Halbjuden werden sinngemäß und vernünftig untersucht, entschieden und dann gelöst“, sagte er auf der Tagung der Gauleiter in Posen (Dok. 86). Diese Aussage ließ die Unentschlossenheit des Regimes in der Behandlung der „Mischehen“ aufscheinen, galt aber bis Kriegsende als Direktive für die Gaue.[117]

Auch ohne gesetzliche Grundlage versuchte die Gestapo, nichtjüdische Partner aus „Mischehen“ zur Scheidung zu überreden.[118] Nach der Scheidung – so das Argument – würde der jüdische Ehepartner lediglich nach Theresienstadt gebracht, um dort das Ende des Krieges abzuwarten.[119] Gleichzeitig sahen sich die in „Mischehe“ lebenden Juden bedrängt, seit sie durch die 13. Verordnung zum Reichsbürgergesetz vom Juli 1943 (Dok. 50) direkt der Polizeigewalt unterstellt wurden. Jeder kleinste tatsächliche oder vermeintliche Verstoß gegen eine der unzähligen antijüdischen Bestimmungen konnte

112 Jeremy Noakes, The Development of Nazi Policy towards the German-Jewish „Mischlinge“ 1933–1945, in: Leo Baeck Institute Yearbook, 34,1 (1989), S. 291–354, hier S. 348; Uwe Dietrich Adam, Judenpolitik im Dritten Reich, Düsseldorf 2003, S. 231.

113 Cornelia Essner, Die „Nürnberger Gesetze“ oder Die Verwaltung des Rassenwahns 1933–1945, Paderborn 2002, S. 403 f.; Adam, Judenpolitik (wie Anm. 112), S. 232; Wolf Gruner, Widerstand in der Rosenstraße. Die Fabrik-Aktion und die Verfolgung der „Mischehen“ 1943, Frankfurt a. M. 2005, S. 179.

114 Adam, Judenpolitik (wie Anm. 112), S. 232.

115 Raul Hilberg, Die Vernichtung der europäischen Juden, Frankfurt a. M. 2007, S. 447.

116 Siehe Bekanntmachung über die kirchliche Stellung evangelischer Juden, in: Gesetz- und Verordnungsblatt der Evangelischen Landeskirche Nassau-Hessen, Frankfurt a. M. 1942, S. 4; VEJ 6/54.

117 Meyer, „Jüdische Mischlinge“ (wie Anm. 98), S. 93 f. Meyer sieht den Grund für die Unentschlossenheit darin, dass bei der Ermordung der Halbjuden zugleich „arisches Blut“ vernichtet worden wäre.

118 Schätzungen zufolge lag der Prozentsatz der freiwilligen und unfreiwilligen Scheidungen im Deutschen Reich bei sieben bis zehn Prozent, in Hamburg bei zwanzig und in Wien bei sieben Prozent; siehe Michaela Raggam-Blesch, „Mischlinge“ und „Geltungsjuden“. Alltag und Verfolgungserfahrungen von Frauen und Männern halbjüdischer Herkunft in Wien 1938–1945, in: Bergen u. a. (Hrsg.), Alltag im Holocaust (wie Anm. 54), S. 81–97, hier S. 84.

119 Meyer, „Jüdische Mischlinge“ (wie Anm. 98), S. 88–91.

sofort zur Verhaftung führen, bedeutete in der Regel die Einweisung in ein Gefängnis oder Lager und endete meist in Auschwitz. Diese Verordnung verstanden die Juden als Ersatz für den gescheiterten Gesetzesentwurf zur Zwangsscheidung, um auf „kaltem Wege zum gleichen Ziel zu gelangen" (Dok. 50).[120] Die Ärztin Lilli Jahn, die seit einem Jahr von ihrem Mann geschieden war und mit den gemeinsamen Kindern in Kassel lebte, wurde im Sommer 1943 denunziert. Sie hatte ihren Zwangsvornamen Sara nicht auf dem Türschild angegeben. Nach ihrer Verhaftung brachte die Gestapo sie in das Arbeitserziehungslager Breitenau, wo sie mehrere Monate Zwangsarbeit leisten musste, bevor sie im März 1944 nach Auschwitz deportiert und ermordet wurde (Dok. 120).[121]
Die bedeutendste Veränderung für die in „Mischehe" lebenden Paare und ihre Kinder brachte die Reorganisation der Zwangsarbeit im Frühjahr 1943 mit sich. Parallel zur Deportation der sogenannten Rüstungsjuden ordnete das Reichssicherheitshauptamt den Zwangseinsatz der „nicht evakuierungs-umsiedlungsfähigen Juden", also der Juden in „Mischehe", neu. Auch sie sollten nicht länger in der Rüstungsindustrie arbeiten, sondern in den „geschlossenen Arbeitseinsatz" überführt werden.[122] Die Betroffenen wurden in Abrissfirmen, zur Reichsbahn oder zur Müllabfuhr vermittelt (Dok. 115). Im Juli 1943 veröffentlichte der Sonderdienst der Reichspropagandaleitung die Information, dass nun auch „Mischlinge" und mit Jüdinnen verheiratete Männer als „Wehrunwürdige" einen Beitrag zu den Kriegsanstrengungen leisten müssten. Allerdings würden sie nicht zum Kriegsdienst, sondern in Bauarbeitsbataillonen zusammengefasst und dort insbesondere zur Trümmerbeseitigung eingesetzt werden.[123] Auf Befehl Hitlers wurden die Betroffenen der Organisation Todt (OT) zugewiesen, der zentralen Institution zur Durchführung von baulichen Rüstungs- und Infrastrukturmaßnahmen im deutschen Machtbereich. Sie setzte neben Kriegsgefangenen und ausländischen Zwangsarbeitern auch Juden für ihre Bauprojekte wie den Atlantikwall, den Ausbau unterirdischer Flugzeug- und Treibstoffwerke und schließlich den Südostwall ein.
In verschiedenen Teilen des Reichs und in Wien mussten sich in den folgenden Wochen „Mischlinge" und „jüdisch Versippte", also mit Juden Verheiratete, zum Arbeitseinsatz bei der Organisation Todt registrieren lassen. Die Abberufung von ihren bisherigen Arbeitsstätten wurde allerdings sehr uneinheitlich gehandhabt – während aus Berlin und dem Rheinland dann im Frühjahr 1944 jüdische Zwangsarbeiter zum Bau des Atlantikwalls nach Frankreich gebracht wurden, begann die Sammlung in Wien erst Ende des Jahres. Viele Betriebe wehrten sich gegen die Einberufung ihrer Arbeitskräfte, weil die Aussicht auf Ersatzarbeitskräfte sehr gering war. Unterdessen übernahm die Organisation Todt auch Bauprojekte im Reichsgebiet, für die neuartige Lager entstanden, in denen „Misch-

120 Brief Erich Alenfelds an seine Ehefrau am 15.7.1943, in: Irène Alenfeld, Warum seid Ihr nicht ausgewandert? Überleben in Berlin 1933 bis 1945, Berlin 2012, S. 222.
121 Martin Doerry, „Mein verwundetes Herz". Das Leben der Lilli Jahn 1900–1944, München 2002.
122 Wolf Gruner, Der Geschlossene Arbeitseinsatz deutscher Juden. Zur Zwangsarbeit als Element der Verfolgung 1938–1943, Berlin 1997, S. 322–326; Wolf Gruner, Jewish Forced Labor Under the Nazis. Economic Needs and Racial Aims 1938–1944, New York 2006, S. 89–91.
123 Sonderdienst der Reichspropagandaleitung, Ausgabe B, Folge 3, vom 27.7.1943, S. 1. BArch, NS 51/83, Bl. 75; Karola Fings, Krieg, Gesellschaft und KZ: Himmlers SS-Baubrigaden, Paderborn u. a. 2005, S. 127 f.

linge“ untergebracht waren.[124] Die ausdrücklich angeordnete Kasernierung konnte allerdings nicht flächendeckend umgesetzt werden. In Hamburg beispielsweise waren die für den „Sondereinsatz J“ vorgesehenen Lagerareale durch Bombenangriffe zerstört, so dass die meisten Hamburger Juden und „Mischlinge“ zu Hause wohnen konnten.[125] In Berlin waren die auswärtigen Mitglieder der Arbeitskommandos im Sammellager inhaftiert, während einige der Berliner Juden weiterhin bei ihren Familien lebten. Dies betraf die jüdischen Zwangsarbeiter, die am Dienstsitz des Eichmann-Referats Bunkeranlagen bauten, genauso wie diejenigen, die die zusammengeraubte jüdische Bibliothek des weltanschaulichen Forschungsreferats des Reichssicherheitshauptamts katalogisieren und sie nach der Zerstörung des Gebäudes im November 1943 einpacken und verlagern mussten.[126]

Im Sommer und Herbst 1944 intensivierten die deutschen Behörden die Verfolgungsmaßnahmen erneut. Auslöser war nicht zuletzt das gescheiterte Attentat auf Hitler am 20. Juli 1944.[127] Nur wenige Tage nach dem Anschlagsversuch ernannte Hitler seinen Propagandaminister zum „Reichsbevollmächtigten für den totalen Kriegseinsatz“ und Himmler zum Chef des Ersatzheeres.[128] Diese Reaktion zeigte unmissverständlich, wie wenig er noch der Wehrmacht vertraute. Gleichzeitig mussten erneut die „Volks- und Rassefeinde“ zur inneren Staatssicherung herhalten.[129] Die Überwachung der „Ostarbeiter“ verschärfte sich zusehends, und gegenüber den „Mischlingen“ und „jüdisch Versippten“ intensivierte Himmler Anfang Oktober 1944 die Zwangsmaßnahmen, als er in einer zweiten „Fabrik-Aktion“ alle bis dahin genehmigten Rückstellungen restlos aufhob und die Betroffenen in Lager der Organisation Todt einweisen ließ (Dok. 171).[130] Auch die mit Juden verheirateten Frauen waren der Verfolgung ausgesetzt. In Berlin bestellte die Gestapo sie im November 1944 in der sogenannten Mi-Aktion[131] zum Zwangsarbeitseinsatz. Anni-Ruth Misch beispielsweise, Ehefrau des jüdischen Musikkritikers Ludwig Misch, arbeitete fortan in der Packerei des Deutschen Verlags, vormals Ullsteinverlag,

124 Ulrich Herbert, Arbeit und Vernichtung. Ökonomisches Interesse und Primat der „Weltanschauung“ im Nationalsozialismus, in: Dan Diner (Hrsg.), Ist der Nationalsozialismus Geschichte? Zu Historisierung und Historikerstreit, Frankfurt a. M. 1987, S. 198–236, hier S. 223; Franz W. Seidler, Die Organisation Todt. Bauen für Staat und Wehrmacht 1938–1945, Koblenz 1987, S. 131 f.; Dieter Maier, Arbeitseinsatz und Deportation. Das Mitwirken der Arbeitsverwaltung bei der nationalsozialistischen Judenverfolgung in den Jahren 1938–1945, Berlin 1994, S. 217, 221; Meyer, „Jüdische Mischlinge“ (wie Anm. 98), S. 238 f. Eine Gesamtdarstellung der sogenannten Mischlingslager fehlt bislang, einige Hinweise liefert aber Gruner, Jewish Forced Labor (wie Anm. 122), S. 93–101.

125 Meyer, „Jüdische Mischlinge“ (wie Anm. 98), S. 240.

126 Bruno Blau, in: Monika Richarz (Hrsg.), Jüdisches Leben in Deutschland. Selbstzeugnisse zur Sozialgeschichte 1918–1945, Stuttgart 1982, S. 459–475, hier S. 468.

127 Peter Steinbach/Johannes Tuchel (Hrsg.), Lexikon des Widerstandes 1933–1945, München 1998; Hans Mommsen, Alternative zu Hitler. Studien zur Geschichte des deutschen Widerstandes, München 2000; Ulrich Heinemann, Der militärische Widerstand und der Krieg, in: Das Deutsche Reich und der Zweite Weltkrieg, Bd. 9.1, hrsg. von Ralf Blank und Jörg Echternkamp, München 2004, S. 743–892.

128 Erlass des Führers über den totalen Kriegseinsatz, 25.7.1944, in: RGBl., 1944 I, S. 161 f.

129 Sven Keller, Volksgemeinschaft am Ende. Gesellschaft und Gewalt 1944/45, München 2013, S. 217–227.

130 Wolf Gruner, Judenverfolgung in Berlin. Eine Chronologie der Behördenmaßnahmen in der Reichshauptstadt, Berlin 1996, S. 90.

131 „Mischehe-Aktion“.

in Tempelhof. Dort verrichteten sie und weitere Frauen gemeinsam mit französischen und italienischen Kriegsgefangenen Schwerarbeit. „Nur die ständige Lebensgefahr unserer Männer", erklärte sie nach dem Krieg, „war der Grund, weswegen wir Frauen der ‚Mi-Aktion', nachdem wir jahrelang alle möglichen Schikanen erlitten hatten, gegen die Ungesetzlichkeit unserer Zwangsarbeit keinen Protest wagten."[132]

In Österreich bestimmten Gestapo und Arbeitsverwaltung den Zwangseinsatz der verbliebenen Juden und „Mischlinge" in den letzten beiden Kriegsjahren. Anders als im Altreich waren die österreichischen Juden selten in der Rüstungsindustrie eingesetzt worden, so dass ihre Herauslösung aus den kriegswichtigen Betrieben wenig Protest hervorrief. Allerdings dehnten die zuständigen Behörden auch dort im Laufe des Jahres die Zwangsarbeit gezielt auf bislang nicht Betroffene aus, wovon insbesondere die Wehrmacht profitierte.[133] In der Leergutsammelstelle, einem Versorgungsbetrieb des Oberkommandos der Wehrmacht im 2. Wiener Gemeindebezirk, arbeitete der „Geltungsjude" Karl Jelinek: „Es ist bei der Leergutsammlung besser gewesen als im Konzentrationslager, nicht, und ich hab' auch den Vorteil gehabt, daß wir jeden Tag nach Hause gehen konnten, [...] wer irgendwie opponiert hat, ist einfach angezeigt worden bei der Gestapo und war weg, futsch."[134] Ende 1944 befanden sich von den 5799 noch lebenden Wiener Juden 4100 im Arbeitseinsatz.[135]

Die Lage der „Mischlinge" und der in „Mischehe" lebenden Juden war bedrohlich. Jederzeit mussten sie damit rechnen, noch deportiert zu werden, von der deutschen Gesellschaft waren sie bereits weitgehend isoliert. Ihre jüdischen Verwandten waren schon fortgebracht worden, nichtjüdische Freunde und Bekannte hatten sich nicht selten abgewandt. Der „soziale Tod", die nahezu vollständige Ausgrenzung aus der Gesellschaft, verhinderte, dass die durch die Deportation ihrer jüdischen Verwandten hervorgerufenen Ängste und Mutmaßungen in der deutschen Öffentlichkeit wahrgenommen wurden. Die meisten von ihnen waren Christen, zum ganz überwiegenden Teil Protestanten. Die Kirchen verhielten sich angesichts der Verfolgung ihrer Mitglieder jüdischer Herkunft ambivalent. Vereinzelt gab es Versuche, zu helfen und eine gewisse Form von sozialem Zusammenhalt zu bieten, sei es über die Betreuung jugendlicher „Mischlinge" oder die keineswegs selbstverständliche Bereitschaft einzelner Pfarrer, Christen jüdischer Herkunft an den Gottesdiensten teilnehmen zu lassen.[136] In der Regel aber waren Ressentiments gegen Juden in den Kirchengemeinden so stark verbreitet, dass auch die Taufe an dem Gefühl der Fremdheit nichts änderte.[137] So hofften die meisten Betroffenen vergeblich auf Unterstützung der Kirche.

Ende 1943 ordnete das Reichssicherheitshauptamt an, alle Juden aus nicht mehr bestehenden „Mischehen" nach Theresienstadt zu deportieren (Dok. 103). Unverzüglich wurden

132 LBI, Ludwig Misch Collection, AR 2073/MF 1084.

133 Wolf Gruner, Zwangsarbeit und Verfolgung. Österreichische Juden im NS-Staat 1938-1945, Innsbruck 2000, S. 273.

134 Erzählte Geschichte (wie Anm. 99), Bd. 3, S. 228. Karl Jelinek ist ein Pseudonym.

135 Gruner, Zwangsarbeit und Verfolgung (wie Anm. 133), S. 280 und 283.

136 Raggam-Blesch, „Mischlinge" und „Geltungsjuden" (wie Anm. 118), S. 90 f. In Wien unterhielt die „Erzbischöfliche Hilfsstelle für nichtarische Katholiken" eine Mädchengruppe, in der sich sogenannte Geltungsjüdinnen trafen und ihre Freizeit miteinander verbrachten.

137 Büttner/Greschat, Verlassene Kinder der Kirche (wie Anm. 108), S. 65.

die Gestapostellen im Reich aktiv, um verwitwete oder geschiedene Juden zu inhaftieren. Ein erster Transport mit 352 Juden, von denen nahezu alle aus aufgelösten „Mischehen" kamen, verließ Berlin am 10. Januar 1944 nach Theresienstadt.[138] In regelmäßigen Abständen erfolgten nun Transporte, auch nach Auschwitz. Aus Frankfurt am Main deportierte die Gestapo im Laufe des Jahres 1944 insgesamt 80 verwitwete oder geschiedene Juden nach Theresienstadt.[139] Nach dem Ende der großen Deportationen verließen seit dem Sommer 1943 nur noch kleine, höchstens 100 Personen umfassende Transporte, die zumeist an reguläre Züge angehängt wurden, die Sammellager.

Antisemitische Kriegspropaganda und die Haltung der Bevölkerung

Im Frühjahr 1943 initiierten Hitler und Goebbels angesichts der militärischen Rückschläge eine neue antisemitische Propagandakampagne. Willkommene Gelegenheit bildeten die Leichenfunde von Katyń.[140] Im Frühjahr 1940 hatte die sowjetische Geheimpolizei auf Befehl Stalins rund 21 000 polnische Kriegsgefangene bei Katyń in der Nähe von Smolensk sowie in Kalinin und Charkow erschossen. Eher zufällig stießen Angehörige der Heeresgruppe Mitte Anfang 1943 auf die Massengräber und ließen sie nach Abklingen des Frostes im März 1943 öffnen. Dieser Beweis sowjetischer Kriegsverbrechen kam der deutschen Propaganda mehr als gelegen. Zwar hatten deutsche Truppen bereits zu Beginn des Feldzugs gegen die Sowjetunion Spuren stalinistischer Gräueltaten entdeckt, diese aber nicht für größere Propagandaaktionen genutzt. Als die Rote Armee dann aber seit Anfang 1943 bei ihrem Vormarsch Massengräber von Opfern deutscher Verbrechen fand und die sowjetische Presse regelmäßig Berichte über die von Deutschen im Kaukasus verübten Massenmorde veröffentlichte,[141] nutzte Goebbels die Gelegenheit und stellte Katyń in den Mittelpunkt einer antibolschewistisch-antisemitischen Kampagne. Zeitungen und Rundfunk berichteten pausenlos über die „jüdisch kommunistischen Massenmörder" (Dok. 7).[142] Und nachdem die britische Luftwaffe Mitte Mai zwei deutsche Talsperren zerstört hatte und viele Zivilisten in ihren Kellern ertrunken waren, verbreitete das Propagandaministerium, die Pläne seien von einem jüdischen Wissenschaftler ausgearbeitet worden (Dok. 26). Eingebettet in Berichte von tagesaktuellen Ereignissen verdichtete die Goebbels'sche Propaganda ihre altbekannten Kernaussagen: Die Juden seien die Verursacher des Krieges, bei dem es sich um einen „Rassenkrieg" handele. Sie müssten mit allen Mitteln bekämpft werden, da ihr Ziel die Vernichtung des deutschen Volks sei. Das von Goebbels entworfene Angstszenario stieß

138 Gottwaldt/Schulle, „Judendeportationen" (wie Anm. 83), S. 461; Jah, Deportationen (wie Anm. 74), S. 531.

139 Monica Kingreen, Gewaltsam verschleppt aus Frankfurt. Die Deportationen in den Jahren 1941–1945, in: Monica Kingreen (Hrsg.), „Nach der Kristallnacht". Jüdisches Leben und antijüdische Politik in Frankfurt am Main 1938–1945, Frankfurt a. M. 1999, S. 357–402, hier S. 388.

140 Thomas Urban, Katyn 1940. Geschichte eines Verbrechens, München 2015.

141 Dieter Pohl, Die Herrschaft der Wehrmacht. Deutsche Militärbesatzung und einheimische Bevölkerung in der Sowjetunion 1941–1944, München 2008, S. 136 f.

142 Jeffrey Herf, The Jewish Enemy. Nazi Propaganda During World War II and the Holocaust, Cambridge 2006, S. 201–209.

in der deutschen Bevölkerung auf geteilte Resonanz.[143] So registrierten die SD-Mitarbeiter, die Informationen über die Stimmung im Reich beschafften, dass gerade die vom Regime zur Schau gestellte Empörung über das Massaker von Katyń als scheinheilig empfunden wurde. Doch gab es auch große Zustimmung für die antisemitische Agitation. In zahlreichen Zuschriften wandten sich Bürger an das Propagandaministerium und unterbreiteten Vorschläge, wie man die Juden für die Kriegsgräuel zur Rechenschaft ziehen könne (Dok. 128).[144] Und auch bei den Soldaten verfehlte die Propaganda ihr Ziel nicht, wie ein Obergefreiter resigniert nach Hause schrieb: „Es ist richtig, wir müssen den Krieg gewinnen, um nicht der Rache der Juden ausgeliefert zu werden, aber die Träume von einer Weltherrschaft sind dahin."[145]

Mit Hilfe dieser antisemitischen Kampagne verfolgte die NS-Führung nicht nur eine Furcht-Strategie, die drastische persönliche Konsequenzen bei einer Niederlage beschwor, sondern auch außenpolitische Ziele. Immerhin führte die deutsche Katyń-Propaganda schließlich zum Bruch zwischen der Sowjetunion und der polnischen Exilregierung. Außerdem notierte Goebbels Mitte April in sein Tagebuch: „Es muß soweit kommen, daß auch ein feindlicher Staatsmann sich an der Seite eines Juden gar nicht mehr zeigen darf, ohne sofort auch bei seinem eigenen Volke in den Geruch zu kommen, ein Judendiener zu sein."[146] Die Idee, den Antisemitismus in die Länder der westlichen Alliierten zu exportieren, war nicht neu.[147] Angesichts der sich abzeichnenden Übermacht der feindlichen Koalition versuchte das NS-Regime nun verstärkt, antisemitische Ressentiments im gegnerischen Lager zu fördern, und hoffte, so einen Keil in das alliierte Bündnis treiben und die Stimmung in der Bevölkerung der Feindstaaten gegen die eigenen Regierungen mobilisieren zu können (Dok. 107). Nicht zuletzt sollte innen- wie außenpolitisch Verständnis für die Notwendigkeit der antisemitischen deutschen Verbrechen gefördert werden. Dafür wurden selbst abenteuerliche Thesen von jüdischen Ritualmorden aufgeboten (Dok. 33).

Insgesamt erwies sich die antisemitische Propagandakampagne des Frühjahrs 1943 jedoch als Fehlschlag. Statt den Durchhaltewillen zu mobilisieren, schürte sie eher Resignation und Zweifel bei der deutschen Bevölkerung und führte zu einem unkontrollierbaren Anstieg der Gerüchte, von denen nicht wenige besagten, die an den Juden begangenen Verbrechen seien ein Fehler gewesen.[148] Daraufhin versuchte die Partei-Kanzlei im Juli 1943 jede weitere öffentliche Diskussion über die „Judenfrage" zu unterbinden (Dok. 54). Die Tabuisierung fand ihren Niederschlag auch im Anstieg der Verurteilungen wegen Heimtücke. Die deutschen Gerichte verhandelten zunehmend über

143 Otto Dov Kulka/Eberhard Jäckel (Hrsg.), Die Juden in den geheimen NS-Stimmungsberichten 1933–1945, Düsseldorf 2004; Peter Longerich, Goebbels. Biographie, München 2010, S. 575 f.

144 Robert Gellately, Hingeschaut und Weggesehen. Hitler und sein Volk, München 2004, S. 350 f.

145 Ortwin Buchbender/Reinhold Sterz (Hrsg.), Das andere Gesicht des Krieges. Deutsche Feldpostbriefe 1939–1945, München 1983, Brief 216, S. 117 f.

146 Goebbels, Tagebücher (wie Anm. 88), Bd. 8: April–Juni 1943, S. 115, Eintrag vom 17.4.1943.

147 Erich Goldhagen, Weltanschauung und Endlösung. Zum Antisemitismus der nationalsozialistischen Führungsschicht, in: VfZ, 24 (1976), Heft 4, S. 379–405, hier S. 390–392.

148 Peter Longerich, „Davon haben wir nichts gewußt!". Die Deutschen und die Judenverfolgung 1933–1945, München 2006, S. 286 f.

öffentlich geäußerte Mitleidsbekundungen mit Juden oder Schuldeingeständnisse angesichts ihrer Ermordung (Dok. 76).[149]

Die kursierenden Gerüchte über die Ermordung der Juden waren nicht selten begleitet von Vergeltungsängsten (Dok. 124 und Dok. 104). In der deutschen Bevölkerung wurden Verbindungen zwischen Kriegsverlauf und Judenverfolgung hergestellt, die sich in paradoxen Schuldeingeständnissen verdichteten, wie: „Wißt Ihr überhaupt, warum unsere Städte bombardiert werden? Weil wir die Juden abgemurkst haben."[150] Nun, da die Deutschen um ihre eigene Haut fürchteten, hinterfragten sie mitunter die Radikalität der Verfolgung, nicht aber den generellen antisemitischen Kurs des Regimes. So waren Überlegungen, man hätte die Juden als Geiseln in den Städten lassen und damit eine Bombardierung verhindern sollen, statt sie zu ermorden, durchaus verbreitet. Vermehrt ließen sich nun auch kritische Stimmen vernehmen, die den Holocaust zum „offenen Geheimnis" machten.[151]

Neben der nationalsozialistischen Presse, die unverhohlen über „Ausrottung" und „Vernichtung" berichtete (Dok. 137), und öffentlichen Äußerungen hoher Regimefunktionäre (Dok. 19) trugen auch Soldaten zum Bekanntwerden der Verbrechen bei. Immer wieder erzählten Wehrmachtsangehörige während ihres Fronturlaubs von den Tötungen oder zeigten sogar Bilder von Erschießungen (Dok. 47). Die westlichen Alliierten, die seit 1941 den deutschen Funkverkehr abhörten, waren früh über das Geschehen im Osten unterrichtet. Und obwohl diese Erkenntnisse zunächst zurückgehalten wurden, um die Wehrmacht nicht auf die Infiltrierung ihres Funkverkehrs aufmerksam zu machen, berichtete vor allem die BBC seit 1942 in ihren deutschen Auslandsprogrammen regelmäßig über den Judenmord. Auch auf diesem Weg gelangten Hinweise ins Reich, so dass jeder Bürger relativ genau informiert sein konnte, wenn er denn wollte (Dok. 7).[152]

Noch besser im Bilde waren viele Parteifunktionäre, Ministerialbeamte und Wehrmachtsangehörige – sei es über die laufenden SD-Berichte, die Geheimansprachen der Spitzenfunktionäre oder die unmittelbare Beteiligung an Beraubung, Verfolgung und Mord. Auch in den Kirchen waren viele unterrichtet, wie aus sporadischen Protesten ersichtlich ist (Dok. 15, Dok. 16, Dok. 56 und Dok. 72).

Die wenigen noch im Reich lebenden Juden zogen ambivalente Schlüsse aus den Gerüchten. Das Ausbleiben von Nachrichten ihrer bereits deportierten Verwandten oder Freunde legte die Vermutung nahe, dass alle Deportierten der Tod erwarte. Andererseits überstieg das Ausmaß der Verbrechen die Vorstellungskraft des Einzelnen. Der mit einer Jüdin verheiratete Antiquar Albert Zimmermann schilderte das Nicht-wissen-Wollen so: „Wir haben in zunehmendem Maße 1943 von den Formen dieser Ausrottung gehört

149 Bernward Dörner, „Heimtücke": das Gesetz als Waffe. Kontrolle, Abschreckung und Verfolgung in Deutschland 1933–1945, Paderborn/München 1998, S. 312.

150 Ebd., S. 238.

151 David Bankier, Die öffentliche Meinung im Hitler-Staat. Die „Endlösung" und die Deutschen. Eine Berichtigung, Berlin 1995; Gellately, Hingeschaut und weggesehen (wie Anm. 144); Longerich, „Davon haben wir nichts gewußt!" (wie Anm. 148); Frank Bajohr/Dieter Pohl, Der Holocaust als offenes Geheimnis. Die Deutschen, die NS-Führung und die Alliierten, München 2006; Bernward Dörner, Die Deutschen und der Holocaust. Was niemand wissen wollte, aber jeder wissen konnte, Berlin 2007.

152 Bajohr/Pohl, Holocaust als offenes Geheimnis (wie Anm. 151), S. 59 f.

und nicht gewagt, daran zu glauben."[153] Der ehemalige Berliner Jurist Siegfried Rosenfeld, der 1939 nach Großbritannien hatte emigrieren können, machte sich im Sommer 1943 große Sorgen um seine im Reich zurückgelassene Ehefrau – nicht jedoch wegen der Deportationen, sondern vielmehr wegen der starken Luftangriffe auf Berlin (Dok. 73). Aber selbst demjenigen, der etwas wusste, fehlten häufig schlichtweg die Worte. Martin Vogel, ein Wiener „Mischling", schilderte das Unvermögen, sich der Realität zu stellen: „Es war ganz komisch, man sprach über die Kriegsereignisse, aber BBC hat ja damals zum Teil auch schon berichtet, was mit den Juden geschieht, darüber hat man einfach nicht gesprochen. Damit mußte jeder irgendwie fertigwerden."[154] Gleichwohl waren manche, wie der Romanist Victor Klemperer in Dresden oder der Berliner Kurt Lindenberg, der während der „Fabrik-Aktion" untergetaucht war und später nach Schweden fliehen konnte, in der Lage, trotz ihrer Isolation und Abgeschnittenheit die Einzelinformationen der umlaufenden Berichte und Gerüchte zusammenzusetzen und zu erkennen, was wirklich geschah: dass die Juden im Osten umgebracht wurden.[155]

Jüdische Zwangsarbeit im Reich

Noch im Februar 1943 während der „Fabrik-Aktion" war die Deportation der in kriegswichtigen Betrieben in Berlin beschäftigten Juden damit begründet worden, es stünden schließlich genug polnische und ukrainische Zwangsarbeiter als Ersatz zur Verfügung. Zu diesem Zeitpunkt waren im Reich etwa 6,5 Millionen ausländische Zivilarbeiter und Kriegsgefangene zur Zwangsarbeit eingesetzt; bis zum Herbst 1944 stieg ihre Zahl auf 7,6 Millionen. Allein rund 650 000 sogenannte italienische Militärinternierte waren nach der Kapitulation Italiens im September 1943 zur Zwangsarbeit nach Deutschland und in die besetzten Gebiete gebracht worden. Anfang 1944 versprach der Generalbevollmächtigte für den Arbeitseinsatz Fritz Sauckel unter Druck Hitlers, die dringend benötigten weiteren vier Millionen Arbeitskräfte vor allem aus Westeuropa zu beschaffen. Auf die Zwangsarbeit der Juden, so schien es, war das NS-Regime nicht angewiesen.[156]

Schnell wurde deutlich, dass Sauckels Zahlen völlig unrealistisch waren. Rüstungsminister Speer forderte daher, mehr KZ-Häftlinge in der Rüstungsindustrie einzusetzen, nicht zuletzt weil die deutsche Führung nach der Bombardierung großer Teile der deutschen Luftwaffenfertigung durch US-Streitkräfte die Dezentralisierung der Flugzeugproduktion und ihre Verlagerung in unterirdische Fabrikationsstätten plante. Bereits im August 1943 nach einem Großangriff auf das Raketenentwicklungsgelände Peenemünde hatte die Führungsspitze des Regimes beschlossen, die V2-Rakete, eine der sogenannten Vergeltungswaffen, mit Hilfe von KZ-Häftlingen in unterirdischer Produktion herzustellen.[157]

153 Albert Zimmermann, Eyewitness account, Wiener Library, Doc 1656/3/5/495, S. 3 f.
154 Erzählte Geschichte (wie Anm. 99), Bd. 3, S. 300.
155 Victor Klemperer, Ich will Zeugnis ablegen bis zum letzten. Tagebücher 1933–1945, Berlin 1995, Bd. 1, S. 335, Eintrag vom 27.2.1943; Lindenberg, Eyewitness account (wie Anm. 96), S. 5.
156 Ulrich Herbert, Politik und Praxis des „Ausländer-Einsatzes" in der Kriegswirtschaft des Dritten Reiches, Bonn 1999, S. 271; Aly/Gerlach, Das letzte Kapitel (wie Anm. 39), S. 158.
157 Siehe Protokoll der Führer-Besprechung vom 19.–22.8.1943, BArch, R 3/1508, Bl. 35–44, hier Bl. 43; Herbert, Arbeit und Vernichtung (wie Anm. 124).

Im Winter 1943/44 wurde nun überall in Deutschland damit begonnen, rüstungswichtige Fertigungen in Untertagefabriken – Höhlen, Bergstollen oder Eisenbahntunnel – zu verlagern, wo sie vor Bombenangriffen geschützt waren. Vorhaben dieser Art, für die Zehntausende, ja Hunderttausende von Arbeitskräften gebraucht wurden, waren nur unter Hinzuziehung von KZ-Häftlingen zu verwirklichen, denn allein die SS verfügte noch über Arbeitskraftreserven in solchen Größenordnungen. Gerade in der Anfangsphase der Untertageproduktion waren die Todeszahlen immens hoch. Leichte Ersetzbarkeit der Häftlinge bei technisch überwiegend einfachen, aber körperlich schweren Arbeiten, hoher Zeitdruck, mangelnde Ernährung und denkbar schlechte Lebensbedingungen waren die Ursachen für die hohen Todesraten, die erst zu sinken begannen, als die Wohnlager fertiggestellt waren und die Produktion aufgenommen worden war. Bis dahin jedoch waren unzählige Häftlinge schon wenige Wochen nach ihrem Eintreffen „abgearbeitet".[158]

Aber auch Zehntausende von KZ-Häftlingen reichten zur Bewältigung der gestellten Aufgaben bald nicht mehr aus, so dass die deutsche Führung im Frühjahr 1944 den Arbeitseinsatz von Juden diskutierte. Bis dahin war ihre Beschäftigung innerhalb des Reichs explizit verboten gewesen, schließlich galt es als Erfolg des Reichssicherheitshauptamts, das Reich „judenfrei" gemacht zu haben. Nun aber änderte sich dies. Hitler ordnete an, für die Untertageverlagerungen „die erforderlichen etwa 100 000 Mann durch Bereitstellung entsprechender Judenkontingente" aus Ungarn sicherzustellen (Dok. 127), und Heinrich Himmler verblüffte am 24. Mai 1944 die anwesenden Wehrmachtsgeneräle bei einem Vortrag in Sonthofen mit der Nachricht, dass in den folgenden Wochen rund 200 000 Juden aus Ungarn zum Bau unterirdischer Fabrikationsstätten ins Reich gebracht werden würden.[159]

Von den im Frühjahr 1944 nach Auschwitz deportierten etwa 430 000 ungarischen Juden wurden die meisten sofort in den Gaskammern erstickt. Etwa 100 000 als arbeitsfähig klassifizierte Personen wurden jedoch für den Arbeitseinsatz im Reich ausgesucht.[160] Nachdem kaum noch neue ausländische Zivilarbeiter zu bekommen waren, hatten immer mehr deutsche Firmen bei den Arbeitsämtern, zum Teil auch direkt bei den Konzentrationslagern, Häftlinge angefordert, und auf Rückfrage waren sie nun auch einverstanden, jüdische Zwangsarbeiter aus der „Ungarn-Aktion" zu beschäftigen. Die aus Auschwitz kommenden Häftlinge, darunter sehr viele Frauen, wurden nun in die Konzentrationslager im Reich und deren Außenlager eingeliefert und von der SS an die Firmen, die KZ-Arbeiter angefordert hatten, „vermietet". Die Zahl der Arbeitskommandos

158 Florian Freund, „Arbeitslager Zement". Das Konzentrationslager Ebensee und die Raketenrüstung, Wien 1989; Bertrand Perz: Projekt Quarz. Steyr-Daimler-Puch und das Konzentrationslager Melk, Wien 1991; Reiner Fröbe, Der Arbeitseinsatz von KZ-Häftlingen und die Perspektive der Industrie 1943–1945, in: Ulrich Herbert (Hrsg.), Europa und der „Reichseinsatz". Ausländische Zivilarbeiter, Kriegsgefangene und KZ-Häftlinge in Deutschland 1938–1945, Essen 1991, S. 351–383; Marc Buggeln: Arbeit und Gewalt. Das Außenlagersystem des KZ Neuengamme, Göttingen 2009.

159 Heinrich Himmler, Geheimreden 1933–1945 und andere Ansprachen, hrsg. von Bradley F. Smith und Agnes F. Peterson, Frankfurt a. M. u. a. 1974, S. 203.

160 Randolph L. Braham, The Destruction of Hungarian Jewry. A Documentary Account, New York 1963; Aly/Gerlach, Das letzte Kapitel (wie Anm. 39), S. 254. Die beiden ersten Deportationszüge nach Auschwitz verließen Ungarn am 29. und 30. 4. 1945; PAAA, R 100 891, Bl. 218.

der KZ-Stammlager wuchs seit dem Frühjahr 1944 rapide an. Am Ende des Krieges existierten auf Reichsgebiet etwa 660 Außenlager; die Liste der deutschen Unternehmen, die solche KZ-Außenlager einrichteten und KZ-Häftlinge einsetzten, wurde immer länger und umfasste Hunderte von renommierten Firmen.[161]

Die Arbeits- und Lebensbedingungen der Häftlinge waren in den verschiedenen Firmen sehr unterschiedlich. Insgesamt kann man – mit aller Vorsicht – jedoch davon ausgehen, dass diejenigen, die in der Rüstungsproduktion selbst beschäftigt wurden, erheblich größere Überlebenschancen besaßen als diejenigen Häftlinge, die in den großen Bauvorhaben, speziell beim Ausbau unterirdischer Produktionsstätten, sowie bei der Fertigung in den Höhlen und Stollen nach der Betriebsverlagerung eingesetzt wurden. Deren Alltag war geprägt von Schikanen, Hunger, Krankheit und schwerster Arbeit (Dok. 183) und forderte unzählige Todesopfer.

Besondere Bedeutung gewann dabei der Lagerkomplex Mittelbau-Dora im Harz, ein Außenlager des KZ Buchenwald und größte unterirdische Rüstungsfabrik des Zweiten Weltkriegs, wo die in Peenemünde entwickelten Raketen, die sogenannten Wunderwaffen V 1 und 2, produziert wurden. Zu diesem Zweck hatten Zehntausende von Häftlingen einen fast zwei Kilometer langen Höhlenkomplex im Kohnstein mit Produktionsstätten errichten müssen. Jeder Dritte von ihnen kam bereits beim Ausbau der Höhlen, also noch vor Beginn der Produktion im Frühjahr 1944, aufgrund der mörderischen Arbeits- und Lebensbedingungen zu Tode. Der Anteil der jüdischen Häftlinge war in Dora zunächst relativ gering; von Mai bis Dezember 1944 waren es dort etwa 2500; im Januar 1945 kamen dann mehrere Tausend Juden mit den Räumungstransporten aus Auschwitz und Groß-Rosen in das KZ Mittelbau-Dora.[162] Seit Beginn der Produktion arbeiteten etwa 5000 Menschen untertage. Die meisten der rund 60 000 Häftlinge wurden aber bei der Erweiterung der unterirdischen Fabriken und in den mehr als 40 Außenlagern des KZ eingesetzt. Bis Kriegsende starben mindestens 20 000 von ihnen.

Die nicht mehr arbeitsfähigen Häftlinge der Arbeitskommandos wurden selektiert und nach Auschwitz überstellt. Im KZ Mittelbau-Dora diente das Außenlager Boelcke-Kaserne in Nordhausen als Sterbelager, in dem die Häftlinge nicht mehr medizinisch versorgt wurden und vielfach verhungerten. Ähnliche Lager gab es in Mauthausen und Dachau.[163]

Insgesamt wurden im letzten Kriegsjahr etwa 200 000 ungarische Juden im Reichsgebiet zur Zwangsarbeit eingesetzt. Knapp die Hälfte von ihnen war nicht aus Auschwitz, sondern direkt aus der ungarischen Provinz ins Reich gebracht worden. So erreichten Ende Juni 1944 etwa 15 000 ungarische Juden, oft ganze Familien, das Durchgangslager Strasshof an der Nordbahn bei Wien (Dok. 141). Franziska Löw, die als Fürsorgerin beim Ältestenrat der Juden arbeitete, schilderte ihren ersten Eindruck: „Man kann sich keine Vor-

161 Martin Weinmann, Das nationalsozialistische Lagersystem, Frankfurt a. M. 1990; siehe als Fallbeispiel Ulrich Herbert, Von Auschwitz nach Essen. Die Geschichte des KZ-Außenlagers Humboldtstraße, in: Sklavenarbeit im KZ (Dachauer-Hefte, Bd. 2), Dachau 1986, S. 13–34.

162 Jens-Christian Wagner, Produktion des Todes. Das KZ Mittelbau-Dora, Göttingen 2015, S. 373–375.

163 Edith Raim, Kaufering, in: Wolfgang Benz/Barbara Distel (Hrsg.), Der Ort des Terrors. Geschichte der nationalsozialistischen Konzentrationslager, Bd. 2, München 2005, S. 360–373, hier S. 366; Sabine Schalm, Überleben durch Arbeit? Außenkommandos und Außenlager des KZ Dachau 1933–1945, Berlin 2009, S. 293–298.

stellungen machen, wie die Leute in den Waggons zusammengepfercht waren. Einige haben wir tot aus den Waggons gezogen, andere wieder sind noch bei der Ankunft im Waggon gestorben. In Wien wurden die Ungarn in mehr als 40 Lagern untergebracht."[164]
In Strasshof fanden keine Selektionen statt, die Familien blieben zusammen und wurden gemeinsam auf die verschiedenen Lager und Betriebsstätten aufgeteilt. Während die Unterbringung in größeren Orten und Städten in Lagern erfolgte (Dok. 163), mussten die jüdischen Zwangsarbeiter in den ländlichen Regionen häufig in provisorisch errichteten Unterkünften wie Ställen oder Baracken – zumeist ohne sanitäre Einrichtung – einquartiert werden (Dok. 205).
Im Herbst 1944 begannen angesichts der näher rückenden Roten Armee forcierte Bauarbeiten am sogenannten Südostwall, einer deutschen Verteidigungslinie, die zwischen Bratislava und Radkersburg, südöstlich von Graz, entstand. Die Verantwortung hatte Hitler den Gauleitern von Wien, Niederdonau und der Steiermark übertragen.[165] Neben nichtjüdischen Zwangsarbeitern, Kriegsgefangenen und der ansässigen Bevölkerung wurden rund 35 000 Jüdinnen und Juden aus Ungarn zu den Schanzarbeiten abgestellt (Dok. 186). Ab November 1944 übergab die ungarische Kollaborationsregierung unter Ferenc Szálasi etwa 76 000 Juden aus Budapest und ehemalige jüdische Arbeitsdienstler der ungarischen Armee an das Deutsche Reich.[166] Sie wurden in Fußmärschen ohne Verpflegung zur österreichisch-ungarischen Grenze getrieben und von dort entweder weiter in das Reichsinnere zur Zwangsarbeit gebracht oder zu Schanzarbeiten abkommandiert.
Insgesamt überlebte von den ungarisch-jüdischen Zwangsarbeitern vermutlich etwa ein Drittel den Krieg nicht.[167]

„Austauschjuden"

Die sich seit dem Frühjahr 1943 stetig verschlechternde militärische Situation des Reichs änderte vorerst nichts an dem unverminderten Willen der deutschen Führung, die Vernichtung der europäischen Juden fortzusetzen. Allerdings ließen kriegswirtschaftliche Erwägungen und Rückversicherungsbedürfnisse für den Fall einer Niederlage zunehmend eine gewisse Konzessionsbereitschaft erkennen. Ein solches Zugeständnis betraf eine kleine, ausgewählte Gruppe von Juden, die nach Plänen des Auswärtigen Amts und

164 Erzählte Geschichte (wie Anm. 99), Bd. 3, S. 195. Aus den Matriken der IKG Wien geht eine deutlich erhöhte Sterberate für den Juli 1944 hervor; siehe Eleonore Lappin-Eppel, Erinnerungszeichen an die Opfer des Zwangsarbeitseinsatzes ungarischer Juden und Jüdinnen in Niederösterreich 1944/45, in: Heinz Arnberger/Claudia Kuretsidis-Haider (Hrsg.), Gedenken und Mahnen in Niederösterreich. Erinnerungszeichen zu Widerstand, Verfolgung, Exil und Befreiung, Wien 2011, S. 60–86, hier S. 64; siehe auch Dok. 141 vom 1.6.1944.

165 Führerbefehl vom 1.9.1944, BArch, NS 6/78, Bl. 46; siehe Eleonore Lappin-Eppel, Ungarisch-jüdische Zwangsarbeiter und Zwangsarbeiterinnen in Österreich 1944/45. Arbeitseinsatz – Todesmärsche – Folgen, Wien 2010, S. 205.

166 Szabolcs Szita, Verschleppt, verhungert, vernichtet. Die Deportation von ungarischen Juden auf das Gebiet des annektierten Österreich 1944–1945, Wien 1999, S. 194; die Zahlen sind nicht eindeutig belegt; siehe Aly/Gerlach, Das letzte Kapitel (wie Anm. 39), S. 359.

167 Ebd., S. 409.

des Reichssicherheitshauptamts zunächst nicht deportiert werden, sondern für Austauschzwecke zur Verfügung stehen sollte. Die Idee war nicht neu. Bereits 1938 hatte Himmler mit dem Gedanken gespielt, Juden als Geiseln zu benutzen.[168] Je deutlicher sich die deutsche Niederlage abzeichnete, desto mehr gewannen die Austauschvorhaben an Bedeutung. Dabei spielte das im Frühjahr 1943 errichtete sogenannte Aufenthaltslager Bergen-Belsen eine wichtige Rolle.

Zur Vorgeschichte Bergen-Belsens gehört die Vertreibung der ausländischen Juden aus dem deutschen Machtbereich. Anfang März 1943 veranlasste der Chef des Reichssicherheitshauptamts, Ernst Kaltenbrunner, dass ausländische Juden, die nicht in ihren Heimatländern, sondern auf deutschem oder deutsch besetztem Territorium lebten, sowie staatenlose Juden fortan in die Deportation einbezogen werden sollten.[169] Eine Ausnahme bildeten alle Juden aus neutralen oder verbündeten Ländern, die vorläufig auf Drängen des Auswärtigen Amts zurückgestellt wurden. Ihr Aufenthalt im Reich war zwar unerwünscht, die außenpolitische Rücksichtnahme erforderte aber ihre Duldung bis zur Repatriierung. Während insbesondere Schweden, aber auch die Schweiz bereit waren, ihre jüdischen Staatsbürger zurückzuholen, zeigten sich Portugal, Spanien und die Türkei mehr als zögerlich. Zwar konnten schließlich auch in diese Staaten Juden zurückkehren, allerdings nur in geringer Zahl und nach wiederholter Verlängerung des deutschen Ultimatums.[170] Das Interesse der mit dem Reich verbündeten Staaten war eher reserviert. Nach einer wiederholten Fristverlängerung bis zum Oktober 1943 deportierte die Gestapo die verbliebenen ausländischen Juden schließlich nach Buchenwald und Ravensbrück (Dok. 251).

Dennoch blieb der Austausch von Juden eine wichtige Option der deutschen Politik. Der übliche Zivilgefangenenaustausch stockte, weil sich wesentlich mehr Deutsche in alliiertem Gewahrsam befanden als umgekehrt. So entstand in den „Judenreferaten" von Auswärtigem Amt und Reichssicherheitshauptamt – wenn auch bei Eichmann eher verhalten – die Idee, den Bedarf an Austauschpersonen mit Juden zu decken. Für diesen Zweck sollten rund 30 000 Juden, die ausländische Papiere besaßen, verwandtschaftliche Beziehungen ins Ausland hatten oder als politisches bzw. wirtschaftliches Faustpfand geeignet schienen, gezielt inhaftiert, interniert und bei passender Gelegenheit ausgetauscht werden.[171]

168 Peter Longerich, Heinrich Himmler. Biographie, Berlin 2008, S. 728.

169 Schreiben des Chefs der Sicherheitspolizei, IV B4b-2314/43g (82), gez. Kaltenbrunner, an die Befehlshaber der Sicherheitspolizei vom 5.3.1943, betr.: Behandlung von Juden ausländischer Staatsangehörigkeit im Generalgouvernement und in den besetzten Ostgebieten, Abdruck in: Wolfgang Benz/Konrad Kwiet/Jürgen Matthäus (Hrsg.), Einsatz im „Reichskommissariat Ostland". Dokumente zum Völkermord im Baltikum und in Weißrussland 1941–1944, Berlin 1998, S. 63 f.; siehe auch VEJ 6/217 und VEJ 7/268; Alexandra-Eileen Wenck, Zwischen Menschenhandel und „Endlösung". Das Konzentrationslager Bergen-Belsen, Paderborn 2000, S. 83–89; Christopher Browning, Die „Endlösung" und das Auswärtige Amt. Das Referat D III der Abteilung Deutschland 1940–1943, Darmstadt 2010, S. 197–202; Eckart Conze/Norbert Frei/Peter Hayes/Moshe Zimmermann, Das Amt und die Vergangenheit. Deutsche Diplomaten im Dritten Reich und in der Bundesrepublik, München 2010, S. 294.

170 Bernd Rother, Discussion of the Third Panel, in: Guttstadt u. a. (Hrsg.), Bystanders (wie Anm. 68), S. 179–182.

171 „Richtlinien", abgedruckt in: Konzentrationslager Bergen-Belsen. Berichte und Dokumente, Göttingen 1995, S. 35–37; Eberhard Kolb, Bergen-Belsen 1943 bis 1945, Göttingen 1996, S. 132 f.

Als „Aufenthaltslager" wurde in der Lüneburger Heide ein passender Ort gefunden: das Kriegsgefangenenlager Stalag XI C/311, kurz Bergen-Belsen. Von den seit dem Angriff auf die Sowjetunion im Sommer 1941 in Bergen-Belsen inhaftierten rund 20 000 sowjetischen Kriegsgefangenen waren bis Anfang 1943 etwa 90 Prozent tot.[172] Im Frühjahr begann ein Häftlingskommando mit dem Aufbau des „Aufenthaltslagers", das in das KZ-System des Wirtschafts-Verwaltungshauptamts der SS eingegliedert wurde. Die ersten „Austauschjuden" kamen aus Polen und erreichten Bergen-Belsen im Juli 1943. Allerdings blieben sie nur kurz, denn nach gründlicher Überprüfung ihrer Papiere – zumeist handelte es sich um sogenannte Gefälligkeitspässe lateinamerikanischer Länder, die lediglich halboffiziellen Charakter hatten, oder schlichtweg um Fälschungen – wurden 1800 von ihnen im Oktober 1943 unter dem Vorwand der Verlegung in ein Lager bei Dresden nach Auschwitz deportiert und ermordet.[173] Zu Beginn des Jahres 1944 wurden weitere 350 Personen dieser ersten Austauschgruppe deportiert. Die Anerkennung der Dokumente wurde zwischen dem Auswärtigen Amt und dem Reichssicherheitshauptamt kontrovers diskutiert. Während die SS kaum Bereitschaft zeigte, Juden auszutauschen, verwies das Auswärtige Amt auf die gewünschte Rückführung der Auslandsdeutschen. Das Zögern der südamerikanischen Länder, die Papiere anzuerkennen, erschwerte das Vorhaben zusätzlich.

Nach und nach trafen in Bergen-Belsen Juden aus den besetzten Gebieten ein, die die genannten Austauschkriterien erfüllten. Im August beispielsweise erreichte eine größere Gruppe Spagniolen – Nachfahren der Sephardim, die seit Jahrhunderten in Thessaloniki lebten – gemeinsam mit „prominenten" griechischen Juden das Lager. Die Spagniolen konnten nach monatelangem Warten tatsächlich ausreisen.[174] Die größte Gruppe von „Austauschjuden" kam aus den Niederlanden. In den ersten neun Monaten des Jahres 1944 wurden insgesamt 2762 potentiell auszutauschende niederländische Juden – oft handelte es sich um ganze Familien – im sogenannten Sternlager interniert (Dok. 119).[175] Hinzu kamen kleinere Gruppen von Juden aus Frankreich, Jugoslawien, Albanien und in Italien internierten nordafrikanischen Juden mit britischem Pass.[176] Schließlich wurde im Juli 1944 das Ungarn-Lager eingerichtet, in dem 1684 ungarische Juden aus den „Blut gegen Ware"-Verhandlungen Reszö Kasztners mit Eichmann auf ihre Freiheit warteten. Der ungarische Jurist und Journalist hatte als wichtiger jüdischer Verhandlungsführer den Freikauf ungarischer Juden vorangetrieben, sie sollten gegen hohe Geldbeträge und kriegswichtige Güter wie Lastwagen eingetauscht werden.[177] Statt der avisierten Ausreise in ein neutrales Land gelangten die freigekauften Juden aber zunächst nach Bergen-Belsen.

172 Kolb, Bergen-Belsen 1943 bis 1945 (wie Anm. 171), S. 24.

173 Eberhard Kolb, Bergen-Belsen. Geschichte des „Aufenthaltslagers", Münster 2011 (Nachdruck), S. 47.

174 Yahil, Shoah (wie Anm. 25), S. 568–570; Bernd Rother, Franco und die deutsche Judenverfolgung, in: VfZ, 46 (1998), Heft 2, S. 189–220, hier S. 213 f.; Weitkamp, Braune Diplomaten (wie Anm. 32), S. 242 f.

175 Kolb, Bergen-Belsen. Geschichte des „Aufenthaltslagers" (wie Anm. 173), S. 61.

176 Ebd., S. 29 f.; Wenck, Zwischen Menschenhandel und „Endlösung" (wie Anm. 169), S. 218–220.

177 Yehuda Bauer, Freikauf von Juden? Verhandlungen zwischen dem nationalsozialistischen Deutschland und jüdischen Repräsentanten von 1933 bis 1945, Frankfurt a. M. 1996, S. 231–394; Ladislaus Löb, Geschäfte mit dem Teufel. Die Tragödie des Judenretters Rezső Kasztner, Köln 2010.

Die Behandlung der Häftlinge unterschied sich zunächst stark von der in den übrigen Konzentrationslagern. Um den Zweck ihrer Internierung zu erfüllen, mussten die „Geiseln" einigermaßen gesund bleiben und sollten möglichst wenig mit dem gewöhnlichen Grauen und Terror der Lager konfrontiert werden – um bei einem möglichen Austausch der feindlichen Propaganda keinen Auftrieb zu geben (Dok. 62). So durften die „Austauschjuden" ihr Gepäck behalten, Zivilkleider tragen (allerdings durch einen Stern gekennzeichnet), und Familien konnten sich regelmäßig sehen. Die vergleichsweise besten Bedingungen herrschten im Sonder- und Neutralenlager. Im Gegensatz zum Sternlager mussten die Häftlinge dort nicht arbeiten.

Im Laufe des Jahres 1944 veränderte sich der Charakter Bergen-Belsens jedoch deutlich. Um dem Lager eine Funktion zu geben, die über die Kasernierung von „Austauschjuden" hinausging, bestimmte das Wirtschaftsverwaltungshauptamt Bergen-Belsen zum Sterbelager. Immer mehr kranke und nicht mehr arbeitsfähige Häftlinge anderer Konzentrationslager wurden seit März dort eingewiesen. Angesichts der zunehmenden Überfüllung entstand im Sommer ein aus Zelten bestehendes Frauenlager, in dem zunächst Tausende von polnischen Zwangsarbeiterinnen auf ihre Verteilung auf die neu entstehenden Arbeitskommandos warten mussten.[178] Im Herbst kamen die ersten Evakuierungstransporte aus Auschwitz hinzu. Die Lebensbedingungen verschlechterten sich nun rapide (Dok. 203). Die Menschen verhungerten oder starben an Seuchen. Der Kölner Kaufmann Josef Weiss, der im Januar 1944 aus Westerbork nach Bergen-Belsen gekommen war und letzter Judenältester des Lagers wurde, erinnerte sich an die Unterschiede: „Das Essen in Bergen-Belsen war zuerst relativ gut. […] Zuerst schlief man maximal mit 156 Leuten in einem Schlafsaal. Zum Schluss standen in so einem Saal 2000 Leute."[179] Auch dem seit Februar 1944 in Bergen-Belsen inhaftierten Walter Guttmann hat sich der Hunger eingeprägt: „Ab Oktober bekamen wir immer weniger zu essen, und im Dezember fing der große Hunger und das große Sterben an. Da bekamen wir wirklich kaum mehr etwas zu essen."[180]

Die letzten Privilegien verloren die noch rund 6000 „Austauschjuden" mit dem Amtsantritt Josef Kramers als Lagerkommandant Anfang Dezember 1944. Kramer, unter dessen Leitung zuvor in Auschwitz-Birkenau die ungarischen Juden ermordet worden waren, verwandelte Bergen-Belsen endgültig in ein Konzentrationslager – jegliche Sonderbedingungen für „Austauschjuden" verloren ihre Geltung. Unterdessen stiegen die Häftlingszahlen aufgrund der ankommenden Räumungstransporte weiter dramatisch an. Infolge der starken Überbelegung des Lagers und der völlig unzureichenden Versorgung der Häftlinge entwickelte sich Bergen-Belsen zu einem Ort des Massensterbens.

Nur die wenigsten der zu diesem Zweck ins Lager gebrachten Juden wurden tatsächlich ausgetauscht. Am 30. Juni 1944 verließ ein Transport mit 222 jüdischen Häftlingen, die eine Einreiseerlaubnis nach Palästina besaßen, Bergen-Belsen Richtung Wien. Dort trafen sie mit 50 weiteren „Austauschjuden" aus dem Lager Vittel in Lothringen (Dok. 162)

178 Die Polinnen waren überwiegend im Zusammenhang mit dem Warschauer Aufstand und der Auflösung von Zwangsarbeitslagern nach Bergen-Belsen verschleppt worden.

179 Hans-Dieter Arntz, Der letzte Judenälteste von Bergen-Belsen. Josef Weiss – würdig in einer unwürdigen Umgebung, Aachen 2012, S. 204.

180 Ich wollte es so normal wie andere auch: Walter Guttmann erzählt sein Leben, hrsg. von Michael Bochow und Andreas Pretzel, Hamburg 2011, S. 56.

und elf Personen aus dem Zivilinterniertenlager Laufen in Bayern zusammen. An der türkisch-syrischen Grenze wurde die Gruppe gegen 150 Palästina-Deutsche, Nachfahren der seit dem 19. Jahrhundert dort ansässigen Templer, ausgetauscht, bevor sie schließlich Haifa erreichte.[181] Zur selben Zeit traf in Bergen-Belsen die Gruppe der sogenannten Kasztner-Juden ein, die bei dem Geschäft als Faustpfand Eichmanns dienten. Im August und Dezember reisten die Kasztner-Juden in zwei Gruppen in die Schweiz aus, während die Verhandlungen zwischen der SS, einem Vertreter des Joint und Kasztner auf Hochtouren liefen.[182] Kleinere Häftlingsgruppen aus Bergen-Belsen verschob das Reichssicherheitshauptamt noch im Laufe des Winters 1944/45 in süddeutsche Zivilinterniertenlager.[183] Von dort konnten noch einige der „Austauschjuden" im Januar und März 1945 in die Schweiz bzw. nach Schweden ausreisen.

Als die deutsche Niederlage mit dem Beginn der sowjetischen Offensive im Sommer 1944 immer wahrscheinlicher wurde, unternahm Himmler erste vorsichtige Annäherungsversuche an die westlichen Alliierten. Dazu gehörten die bereits erwähnten Verhandlungen über die Freilassung der sogenannten Kasztner-Juden, in die der Schweizer Saly Mayer als Unterhändler eingebunden war. Angesichts der klaren Vorgaben der Amerikaner – keine Waren und kein Geld für den Freikauf von Juden – glichen die Treffen mit den Deutschen einem ungewollten Hinhaltemanöver. Mayers vorgetäuschter Einfluss wurde von den Nationalsozialisten weit überschätzt.[184] Im Januar 1945 traf Himmler zum zweiten Mal mit dem Schweizer Altbundespräsidenten Jean-Marie Musy zusammen und genehmigte den Transport von 1200 Juden aus Theresienstadt in die Schweiz (Dok. 280). Schließlich nahm er im März Kontakt mit dem Schwedischen Roten Kreuz auf.[185] Kurz darauf folgte die größte Einzelaktion, als Himmler die Ausreise von 7800 skandinavischen Häftlingen aus Konzentrationslagern – unter ihnen befanden sich auch die dänischen Juden aus Theresienstadt – genehmigte (Dok. 293 und Dok. 297). Hinzu kamen 7000 weibliche Häftlinge aus Ravensbrück, unter ihnen über 1000 Jüdinnen (Dok. 224). Himmlers Plan, über Freilassungen von Juden einen Separatfrieden mit den westlichen Alliierten zu erreichen, ging nicht auf. Stattdessen fiel er ganz zuletzt bei Hitler in Ungnade und wurde seiner Ämter enthoben (Dok. 228).
Austauschüberlegungen wurden auch im Umfeld der verschiedenen Exilregierungen diskutiert. Zwei jüdische Vertreter der tschechoslowakischen Exilregierung in London entwickelten 1944 den Plan, deutsche Nationalisten mit tschechischer Staatsbürger-

181 Simon Heinrich Herrmann, Austauschlager Bergen-Belsen. Geschichte eines Austauschtransportes, Tel Aviv 1944; Wenck, Zwischen Menschenhandel und „Endlösung" (wie Anm. 169), S. 220–228.

182 Der vermeintliche Joint-Vertreter war der Schweizer Staatsbürger Saly Mayer, der zwar für den Joint arbeitete, von diesem aber für Verhandlungen mit der SS nicht legitimiert war. Dies war den Deutschen allerdings unbekannt.

183 Wenck, Zwischen Menschenhandel und „Endlösung" (wie Anm. 169), S. 244. Es handelt sich um die Zivilinterniertenlager Wurzach, Biberach-Liebenau und Ravensburg.

184 Yehuda Bauer, „Onkel Saly" – Die Verhandlungen des Saly Mayer zur Rettung der Juden 1944/45, in: VfZ, 25 (1977), Heft 2, S. 188–219; Bauer, American Jewry and the Holocaust (wie Anm. 63), S. 408–434; Zweig-Strauss, Saly Mayer (wie Anm. 63), S. 225–232.

185 Folke Bernadotte, Das Ende. Meine Verhandlungen in Deutschland im Frühjahr 1945 und ihre politischen Folgen, Zürich/New York 1945, insbes. S. 60–85; H. G. Adler, Theresienstadt 1941–1945. Das Antlitz einer Zwangsgemeinschaft, Göttingen 2005, S. 204.

schaft, die sich in alliiertem Gewahrsam befanden, gegen tschechische Juden aus dem Getto Theresienstadt auszutauschen.[186] Abgesehen von dem Umstand, dass führende Vertreter der Exilregierung die Rückkehr von politisch „unzuverlässigen Subjekten" generell ausschlossen, verfügten sie über keinerlei potentielle Austauschpersonen. Da auch die britische und die US-amerikanische Regierung nicht bereit waren, Juden mit fremder Staatsangehörigkeit gegen inhaftierte Deutsche auszutauschen, war über den Weg des Austausches keine Rettung für die vom Tode bedrohten tschechischen Juden zu erwarten.

Die Lage der Juden im Protektorat Böhmen und Mähren seit 1943

Im Protektorat Böhmen und Mähren war das Jahr 1943 ebenfalls geprägt von der Deportation der letzten ungeschützten Juden nach Theresienstadt, der Auflösung der jüdischen Gemeinden und der Ausdehnung der Zwangsarbeit auf die nichtjüdischen Partner aus „Mischehen". Im Zuge der großen Deportationen 1942 waren 57 527 Juden in das Getto Theresienstadt gebracht worden, so dass die jüdischen Gemeinden im Protektorat Anfang 1943 nur noch 16 661 Mitglieder umfassten. Bis Jahresende deportierten die deutschen Behörden weitere 7875 Juden.[187] Zugleich war der neu formierte Ältestenrat der Juden in Prag mit „Abbrucharbeiten" beschäftigt, dem sukzessiven Abbau von Personal und der Auflösung seiner institutionellen Strukturen.[188] Allein im Juli gelangten drei Transporte mit ehemaligen Mitarbeitern der Prager Gemeinde nach Theresienstadt. Die Nachfolge der Ende Januar 1943 deportierten Funktionäre trat vorübergehend Salo Krämer an, der Leiter der Treuhandstelle, einer beim Ältestenrat angesiedelten, aber der SS unterstellten Verwertungsstelle für geraubtes jüdisches Eigentum. Als man auch ihn dann im Juli nach Theresienstadt schickte, übernahmen bis Kriegsende zwei in „Mischehe" lebende Juden, František Friedmann und Erich Kraus, die Leitung der Rumpfgemeinde.[189]
So befanden sich Ende 1943 außerhalb Theresienstadts noch 8485 Juden im Protektorat Böhmen und Mähren; das entspricht sieben Prozent des Stands bei der Annexion der Tschechoslowakei im März 1939. Alle übrigen Juden waren emigriert, eines natürlichen Todes gestorben oder – die meisten – deportiert worden.[190] Von den verbliebenen Juden waren nahezu 90 Prozent „arisch versippt". Schätzungen zufolge kamen noch etwa 13 000 „Mischlinge ersten Grades" und 34 000 „Mischlinge zweiten Grades" hinzu.[191]

186 Jan Láníček, The Czechoslovak Government-in-Exile and the Jews during World War 2 (1938–1948), Southampton 2010, S. 169–171.
187 Ältestenrat der Juden in Prag, Bericht über das Jahr 1943, YVA, O.7.cz/63, Bl. 11.
188 Ebd., Bl. 3.
189 Avigdor Dagan/Gertrude Hirschler/Lewis Weiner (Hrsg.), The Jews of Czechoslovakia. Historical Studies and Surveys, Bd. III, Philadelphia/New York 1984, S. 50; Livia Rothkirchen, The Jews of Bohemia & Moravia. Facing the Holocaust, Lincoln/Jerusalem 2005, S. 130.
190 Insgesamt war die jüdische Bevölkerung im Protektorat, die zum Stichtag 15.3.1939 118 310 Personen betrug, bis Ende 1943 um 92,8 Prozent zurückgegangen. Von diesen waren rund 30 Prozent emigriert oder gestorben, rund 70 Prozent deportiert worden.
191 Ältestenrat der Juden in Prag, Bericht über das Jahr 1943, YVA, O.7.cz/63, Bl. 10–15.

Die Verfolgung der tschechischen Juden außerhalb Theresienstadts

Die administrative Umstrukturierung des Jahres 1943 erfüllte alle Kriterien eines Auflösungsprozesses. Jüdische Altersheime, medizinische Versorgungsabteilungen und Waisenhäuser wurden zusammengelegt oder aufgelöst, die Abteilungen des Ältestenrats rationalisiert.[192] Gleichzeitig schickte der Ältestenrat durch die Auflösung frei gewordenes Institutions- und Werkstattmobiliar sowie Büromaterial und Hausrat nach Theresienstadt zur Versorgung des Gettos und zur Aufrechterhaltung der administrativen Tätigkeiten.[193] Schließlich mussten auf deutsche Anordnung hin die meisten noch im Besitz der Gemeinde befindlichen Gebäude geräumt und dem Zentralamt für die Regelung der Judenfrage übergeben werden.[194] Diese Außenstelle des „Judenreferats" im Reichssicherheitshauptamt, die seit 1941 für alle jüdischen Angelegenheiten im Protektorat, so auch für das Getto Theresienstadt, zuständig war, unterstand SS-Sturmbannführer Hans Günther, dessen Bruder Rolf Adolf Eichmanns rechte Hand in Berlin war. Die Behörde war zuständig für die Konzentrierung, Ausbeutung und Deportation der Juden im Protektorat Böhmen und Mähren.[195] Wie in Prag ersetzte der Ältestenrat der Juden auch in seinen böhmischen und mährischen Außenstellen die ehemaligen, nun deportierten Funktionäre durch geschützte Juden aus „Mischehen".

Personelle Umbesetzungen in der deutschen Protektoratspolitik wirkten sich ebenfalls auf die verbliebenen Juden aus. Das Amt des Reichsprotektors hatte nach dem Attentat auf Reinhard Heydrich Ende Mai 1942, der die Geschäfte als stellvertretender Reichsprotektor unbarmherzig geführt hatte, stark an Einfluss eingebüßt und im Sommer 1943 einen eher repräsentativen Charakter angenommen. Im August ernannte Hitler Wilhelm Frick, der kurz zuvor die Leitung des Reichsinnenministeriums an Himmler hatte abtreten müssen, zum neuen Reichsprotektor und den damaligen Staatssekretär Karl Hermann Frank zum Deutschen Staatsminister für Böhmen und Mähren. Himmler hatte in der sich zuspitzenden militärischen Lage den Zenit seiner innenpolitischen Macht erreicht, wovon Frank als sein Protegé profitierte.[196] Das neu geschaffene Amt des Staatsministers, das Frank nun in Personalunion mit dem Posten des Höheren SS- und Polizeiführers ausübte, konsolidierte seinen Machtanspruch und führte dazu, dass er und nicht Frick die wichtigen Entscheidungen traf.[197] Außerdem errichtete er am 1. Juni

192 Ebd., Bl. 4–7.

193 Ebd., Bl. 7; Adler, Theresienstadt (wie Anm. 185), S. 152 f.

194 Ältestenrat der Juden in Prag, Bericht über das Jahr 1943, YVA, O.7.cz/63, Bl. 26–28. Bis Ende 1943 erzwangen die Behörden die Übertragung von rund 9900 Häusern aus jüdischem Besitz an den Auswanderungsfonds für Böhmen und Mähren, das entsprach einem Viertel des gesamten Häuserbestandes, jüdisch und nichtjüdisch, in Prag (Bl. 27).

195 Adler, Theresienstadt (wie Anm. 185), S. 6.

196 René Küpper, Karl Hermann Frank als Deutscher Staatsminister, in: Monika Glettler/Lubomír Lipták/Alena Míšková (Hrsg.), Geteilt, besetzt, beherrscht. Die Tschechoslowakei 1938–1945. Reichsgau Sudetenland, Protektorat Böhmen und Mähren, Slowakei, Düsseldorf 2004, S. 31–52, hier S. 32 f.

197 Wolf Gruner, Protektorat Böhmen und Mähren, in: Wolf Gruner/Jörg Osterloh (Hrsg.), Das „Großdeutsche Reich" und die Juden. Nationalsozialistische Verfolgung in den „angegliederten" Gebieten, Frankfurt a. M. 2010, S. 139–173, hier S. 171; Wolf Gruner, Die Judenverfolgung im Protektorat Böhmen und Mähren. Lokale Initiativen, zentrale Entscheidungen, jüdische Antworten 1939–1945, Göttingen 2016, S. 289.

1943 das Sippenamt für Böhmen und Mähren, das über die „rassemäßige Einordnung von Protektoratsangehörigen" zu entscheiden hatte und damit relativ großen Einfluss auf die Behandlung der „Mischehen" und „Mischlinge" besaß. Bereits 1942 ordnete die Zentrale des Rasse- und Siedlungshauptamts eine Überprüfung der als volksdeutsch anerkannten „Mischlinge" an, da die laxe Handhabung durch die mit der Feststellung beauftragten Gesundheitsämter und Kreisleitungen kritisiert wurde. Genauso entzogen die Behörden Personen, die eine Scheidung von ihrem jüdischen Partner ablehnten, kurzerhand ihre deutsche Volkszugehörigkeit.[198] Im Sommer 1944 erhielt Frank zudem die alleinige administrative Zuständigkeit für das jüdische Vermögen im Protektorat.[199]
Wie im Altreich und in Österreich waren die Juden in „Mischehe" zwar zunächst vor der Deportation geschützt, nicht jedoch vor der Zwangsarbeit. Eine wichtige Rolle spielte hierbei die Treuhandstelle beim Ältestenrat der Juden in Prag. Im Auftrag des Zentralamts für die Regelung der Judenfrage war die Treuhandstelle im gesamten Protektorat verantwortlich für die Erfassung, Verpackung und den Abtransport der von den deportierten Juden zurückgelassenen Möbel in die Verkaufshallen und Depots. In Klattau beispielsweise übernahm der mit einer Nichtjüdin verheiratete Unternehmer und Musiker Erich Adler im August 1943 die Leitung der dortigen Treuhandstelle, bis er ein Jahr später dem Lager Hagibor in Prag zur Zwangsarbeit zugewiesen wurde.[200]
Die jüdischen Zwangsarbeiter der Treuhandstelle bzw. des Zentralamts räumten, renovierten und möblierten die Wohnungen, nachdem deren jüdische Bewohner abtransportiert worden waren. Anschließend zogen bombengeschädigte Familien aus dem Reich oder NS-Funktionäre dort ein.[201] Berta Landré, eine österreichische Jüdin, die in „Mischehe" lebte und 1937 aus Köln nach Prag geflohen war, erinnerte sich an den zynischen Perfektionismus, mit dem die Herrichtung der Wohnungen betrieben wurde: In den Badezimmern mussten sogar Waschlappen aufgehängt werden.[202] Der ständige Druck, der auf den Funktionären des Ältestenrats lastete, war groß. So drohte Hans Günther vom Zentralamt dem jüdischen Leiter der Treuhandstelle Ernst Recht: „Recht, wenn Sie nicht in Ordnung gehen, gehen Sie ins Konzentrationslager und ich lasse Sie erschießen."[203] Im Auftrag Günthers war die Treuhandstelle angehalten, wertvolle, insbesondere rituelle Gegenstände, soweit sie nicht in die Depots wanderten, auszusortieren, um sie an das Jüdische Zentralmuseum zu übergeben.[204] Während im Reich die

198 H. G. Adler, Der verwaltete Mensch. Studien zur Deportation der Juden aus Deutschland, Tübingen 1974, S. 303 f.; Isabel Heinemann, „Rasse, Siedlung, deutsches Blut" (wie Anm. 109), S. 555 f.

199 H. G. Adler, Die verheimlichte Wahrheit, Theresienstädter Studien und Dokumente, Tübingen 1958, S. 90; René Küpper, Karl Hermann Frank (1898–1946), München 2010, S. 186 f.

200 Rudolf M. Wlaschek, Juden in Böhmen. Beiträge zur Geschichte des europäischen Judentums im 19. und 20. Jahrhundert, München 1990, S. 200.

201 Adler, Die verheimlichte Wahrheit (wie Anm. 199), S. 77–81; Adler, Der verwaltete Mensch (wie Anm. 198), S. 536–538; Monika Sedláková, Die Rolle der sogenannten „Einsatzstäbe" bei der Enteignung jüdischen Vermögens, in: TSD, 10 (2003), S. 275–305, hier S. 279.

202 Berta Landré, Jüdische Zwangsarbeit in Prag, in: Zeitgeschichte, 9. Jg., 1982, Heft 11/2, S. 365–377, hier S. 367.

203 Aussage von Ernst Recht beim Eichmann-Prozess in Jerusalem am 18.5.1961, auszugsweise abgedruckt in: Norbert Kampe/Andreas Nachama/Uwe Neumärker (Hrsg.), Der Prozess – Adolf Eichmann vor Gericht, Berlin 2011, S. 162.

204 Jan Björn Potthast, Das Jüdische Zentralmuseum der SS in Prag. Gegnerforschung und Völkermord im Nationalsozialismus, Frankfurt a. M. 2002, S. 372.

jüdischen Friedhöfe aufgelöst und die Grundstücke veräußert wurden, da keiner mit der Rückkehr der deportierten Juden rechnete (Dok. 148), errichtete die SS in Prag ein Jüdisches Museum, das künftig die Erinnerung an eine „ausgestorbene Rasse" wachhalten sollte. Zur gleichen Zeit, da Himmler im Oktober 1943 in Posen die „Endlösung" als abgeschlossen bezeichnete, begann Günther in Prag bereits mit der „Musealisierung" der Juden.[205]

Im Laufe des Jahres 1943 verdichteten sich Gerüchte über die Errichtung von „Sonderlagern für Mischlinge und jüdisch Versippte" im Protektorat und im Sudetenland.[206] Das größte Lager entstand im Herbst auf dem SS-Truppenübungsplatz in Bistritz (Bystřice) bei Beneschau. Für den Ausbau des Militärgeländes, auf dem das Lager für „jüdisch versippte Arier und Mischlinge" entstand, wurden bis Ende 1943 rund 37 000 dort ansässige Tschechen vertrieben.[207] Im „Sonderlager" waren insgesamt rund 1000 deutsche und tschechische „Mischlinge" sowie nichtjüdische Männer untergebracht, die einer Scheidung von ihrer jüdischen Frau nicht zugestimmt hatten (Dok. 271).[208] Die Häftlinge waren beim Straßen- und Eisenbahnbau, im Steinbruch oder beim Munitionstransport eingesetzt.[209] Auch die Prager Einsatzgruppe VII der Organisation Todt beschäftigte Zwangsarbeiter und KZ-Häftlinge auf den Baustellen im Protektorat, unter ihnen viele Juden.[210] Im September 1944 befahl Hans Günther dem Ältestenrat, alle arbeitsfähigen Juden nach Prag zu holen.[211] Nachdem vier Monate zuvor die „Abteilung für Nichtarier" beim Arbeitsamt Prag aufgelöst worden war, ging die Zuständigkeit für den jüdischen Arbeitseinsatz auf den Befehlshaber der Sicherheitspolizei und das Zentralamt über, die wiederum mit der Abwicklung den Ältestenrat der Juden beauftragten.[212]

Nun wurden die letzten verbliebenen Juden bis auf wenige Ausnahmen in Prag konzentriert, wo sie bei Luftschutzarbeiten eingesetzt wurden oder im Lager Hagibor kriegswichtigen Glimmer spalten mussten. Lediglich im ehemaligen Umschulungslager Linden und im Zwangsarbeitslager Oslawan bei der Kohlengrube Kukla verblieben zwei Gruppen von Juden im „geschlossenen Arbeitseinsatz" (Dok. 239).[213]

205 Dirk Rupnow, „Ihr müsst sein, auch wenn ihr nicht mehr seid ...". Das „Jüdische Zentralmuseum" in Prag 1942–1945, in: TSD, 7 (2000), S. 192–214, hier S. 200; Magda Veselska, „The Museum of an Extinct Race". Fact vs. Legend. A Contribution to the Topic of the So-Called Jewish Councils in Central Europe, in: Judaica Bohemiae 51/2, 2016, S. 41–85. Eine solche „Musealisierung" war auch an anderen Orten, wie dem burgenländischen Eisenstadt, geplant; siehe Dok. 132 vom 2.5.1944.

206 Wlaschek, Juden in Böhmen (wie Anm. 200), S. 195 f.; Jiří Kavena, Sonderlager pro židovské míšence v Bystřici u Benešova, in: Terezínské listy 28 (2000), S. 51–60.

207 Detlev Brandes, Die Tschechen unter deutschem Protektorat, Teil II: Besatzungspolitik, Kollaboration und Widerstand im Protektorat Böhmen und Mähren von Heydrichs Tod bis zum Prager Aufstand, München/Wien 1975, S. 35; Küpper, Karl Hermann Frank (wie Anm. 199), S. 253 f.

208 Wlaschek, Juden in Böhmen (wie Anm. 200), S. 196; Alfons Adam, „Die Arbeiterfrage soll mit Hilfe von KZ-Häftlingen gelöst werden". Zwangsarbeit in KZ-Außenlagern auf dem Gebiet der heutigen Tschechischen Republik, Berlin 2013, S. 62.

209 Wlaschek, Juden in Böhmen (wie Anm. 200), S. 197.

210 Adam, Arbeiterfrage (wie Anm. 208), S. 100 ff., insbes. S. 102.

211 Bericht des Ältestenrats der Juden in Prag 1944, YVA, O.7/64, Bl. 4.

212 Aktenvermerk František Friedmanns über die Neuregelung des Arbeitseinsatzes der Juden vom 8.5.1955, YVA, O.7.cz/87, Bl. 250 f.; Bericht des Ältestenrats der Juden in Prag 1944, YVA, O.7/64, Bl. 65; Wlaschek, Juden in Böhmen (wie Anm. 200), S. 100.

213 Bericht des Ältestenrats der Juden in Prag 1944, YVA, O.7/64, Bl. 3.

Im Sommer 1944 begannen jüdisch-tschechische Zwangsarbeiter mit der Errichtung von Arbeits- und Wohnbaracken auf dem Hagibor, dem ehemaligen Gelände des gleichnamigen jüdischen Sportvereins in Prag.[214] Bis Ende des Jahres waren dort rund 1300 Juden, insbesondere Frauen aus „Mischehen", interniert, um in der Glimmerspalterei zu arbeiten.[215] So auch Anna Novotná, die Anfang der 1920er-Jahre einen katholischen Anwalt aus Brünn geheiratet hatte.[216] Bevor sie sich Mitte Oktober 1944 zum Arbeitseinsatz im Lager Hagibor einfinden musste, hatte sie bereits Zwangsarbeit in einer Reinigungskolonne, einer Ziegel- und einer Textilfabrik geleistet. Gemeinsam mit den letzten Juden aus „Mischehen" siedelte das Zentralamt für die Regelung der Judenfrage Ende Januar 1945 die Glimmerproduktion ins Getto um (Dok. 291).

Auch während der letzten beiden Kriegsjahre wurden in regelmäßigen Abständen kleinere Gruppen von ehemals „geschützten" Juden nach Theresienstadt deportiert. Von diesen Maßnahmen betroffen waren Angestellte des Ältestenrats, Juden, deren „Mischehe" durch Scheidung oder Tod des Partners nicht mehr existierte, oder „Geltungsjuden", die die Altersbegrenzung von 14 Jahren erreicht hatten und somit nicht mehr unter dem Schutz des nichtjüdischen Elternteils standen.[217] Abgewickelt wurden diese letzten Deportationen vom Zentralamt für die Regelung der Judenfrage, das die Betroffenen sammelte, in ihre Pässe das Urteil „ghettoisiert" stempelte und sie schließlich abtransportierte.[218] Insgesamt wurden zwischen April 1943 und Kriegsende noch 7101 Juden aus dem Protektorat in 40 Transporten nach Theresienstadt deportiert, rund die Hälfte von ihnen erst Anfang 1945.[219]

Auf Unterstützung hofften die Juden im Protektorat Böhmen und Mähren zumeist vergeblich. Die tschechoslowakische Exilregierung in London verhielt sich weitgehend passiv.[220] Zumeist blieb es bei deklarativen Äußerungen, insbesondere von Außenminister Jan Masaryk, denen aber kaum konkrete Taten folgten. Eine Ausnahme bildete das einzige jüdische Mitglied des Staatsrats, des Parlaments der tschechoslowakischen Exilregierung in London, Arnošt Frischer. Angesichts des überaus begrenzten Handlungsspielraums für Rettungsinitiativen konzentrierten sich seine Bemühungen seit Ende 1942 auf die verbesserte Versorgung der inhaftierten Juden, vor allem in Theresienstadt.[221] In den folgenden Monaten schickte die tschechoslowakische Exilregierung 70 000 Päckchen, die vor allem Sardinen enthielten, von Lissabon nach Theresienstadt (Dok. 253).

214 Ebd., Bl. 54; Wlaschek, Juden in Böhmen (wie Anm. 200), S. 200–202.

215 Bericht des Ältestenrats der Juden in Prag 1944, YVA, O.7/64, Bl. 54.

216 Anna Tučková, Ich war Mischling ersten Grades, in: TSD, 6 (1999), S. 168–179, hier S. 169.

217 Bericht des Ältestenrats der Juden in Prag 1944, YVA, O.7/64, Bl. 48 f. und 63 f.

218 Bericht des Ältestenrats der Juden in Prag über die Auswanderung und Transporte aus dem Protektorate Böhmen und Mähren vom 19.6.1944, YVA, O.7.cz/90, Bl. 4.

219 Wlaschek, Juden in Böhmen (wie Anm. 200), S. 58; Dagan u. a. (Hrsg.), The Jews of Czechoslovakia (wie Anm. 189), S. 57 f.

220 Avigdor Dagan, The Czechoslovak Government-in-Exile and the Jews, in: Dagan u. a. (Hrsg.), The Jews of Czechoslovakia (wie Anm. 189), S. 449–495, hier. S. 469 f.; Jan Němeček, Das tschechoslowakische politische Exil in London und die „jüdische Frage", in: TSD, 9 (2002), S. 347–366, hier S. 347 f.; Láníček, The Czechoslovak Government-in-Exile and the Jews (wie Anm. 186), S. 168.

221 Jan Láníček, Arnošt Frischer und seine Hilfe für Juden im besetzten Europa (1941–1945), in: TSD, 14 (2007), S. 11–91, hier S. 31–47; Jan Láníček, Arnošt Frischer and the Jewish Politics of Early 20th-Century Europe, London/New York 2017.

Nur elf Prozent erreichten die Hilfebedürftigen, der Rest ging verloren oder wurde unterschlagen.[222]

Die Erinnerungen an die Haltung der nichtjüdischen Bevölkerung im Protektorat gegenüber der fortgesetzten Verfolgung der Juden sind sehr unterschiedlich. Schätzungen zufolge sollen lediglich 424 Juden im Protektorat den Krieg im Untergrund überlebt haben.[223] Hilfe von Nichtjuden war eher selten.[224] Immer wieder kam es zu Denunziationen (Dok. 236). Im Sommer 1942 hatte Kurt Daluege, Nachfolger Reinhard Heydrichs als stellvertretender Reichsprotektor, einen Erlass über die „Abwehr der Unterstützung reichsfeindlicher Handlungen" verkündet, der die Todesstrafe für die „Unterstützung von Verrätern" vorsah.[225] So verurteilte das Sondergericht Prag am 18. Mai 1943 Marianne Golz-Goldlust aufgrund ebenjenes Erlasses zum Tode.[226] Die Opernsängerin, deren jüdischer Ehemann bereits 1939 nach Großbritannien geflohen war, hatte untergetauchten Juden in Prag falsche Papiere verschafft und war ihnen bei der Transferierung ihres Barvermögens ins Ausland behilflich gewesen. Nach einer Denunziation wurde sie im November 1942 verhaftet und ins Prager Gefängnis Pankratz gebracht (Dok. 244). Die Richter urteilten: „Der flüchtige Jude kann Hilfeleistung nur von Elementen erwarten, die auch ihrerseits staatsfeindlich ausgerichtet sind."[227]

Da die Zahl der Verurteilungen des Prager Sondergerichts seit 1943 stark anstieg, war das Gefängnis Pankratz derart ausgelastet, dass die Prager Gestapo vermehrt Häftlinge in das Polizeigefängnis Theresienstadt überstellte.[228] Trotz der Nachbarschaft zum Getto waren Verwaltung und Befehlsgewalt strikt getrennt. In der sogenannten Kleinen Festung (Malá pevnost) inhaftierte die Gestapo überwiegend tschechische politische Gefangene, zumeist Widerstandskämpfer, aber auch sowjetische Kriegsgefangene und Juden.[229]

Für die meisten Tschechen, die eingeliefert wurden, war die Kleine Festung ein Arbeitserziehungslager oder eine Durchgangsstation auf dem Weg in andere Zuchthäuser oder Lager im Reich. Hingegen konnten von den Juden, die die Kleine Festung betraten, nur die wenigsten diese wieder lebend verlassen. Viele der jüdischen Häftlinge starben bereits bei ihrer Einlieferung, die häufig mit brutalen Spießrutenläufen einherging. Immer wieder überstellte auch die Lagerkommandantur des Gettos Häftlinge, die sich ein Vergehen gegen die strenge Lagerordnung hatten zuschulden kommen lassen. Besonders

222 Němeček, Das tschechoslowakische politische Exil (wie Anm. 220), S. 351; Láníček, Arnošt Frischer und seine Hilfe (wie Anm. 221), S. 45.

223 Adler, Theresienstadt (wie Anm. 185), S. 15; Chad Bryant, Prague in Black. Nazi Rule and Czech Nationalism, Cambridge/London 2007, S. 151; Gruner, Protektorat Böhmen und Mähren (wie Anm. 197), S. 172.

224 Adler, Theresienstadt (wie Anm. 185), S. 15.

225 Verordnung zur Abwehr der Unterstützung reichsfeindlicher Handlungen, VOBl., Nr. 27, 30.7.1942, S. 181 f.

226 Marianne Golz-Goldlust, Der große Tag. Die Briefe und Kassiber der „Volksfeindin" Marianne Golz-Goldlust 1943 in einem Prager Gefängnis, Stuttgart 1988, S. 28; Ronnie Golz (Hrsg.), Ich war glücklich bis zur letzten Stunde. Marianne Golz-Goldlust 1895–1943, Berlin 2004.

227 Golz-Goldlust, Der große Tag (wie Anm. 226), S. 21.

228 Siehe Todesurteile der Sondergerichte Dresden und Prag im Vergleich (1940–1944), Stiftung Sächsische Gedenkstätten: https://www.stsg.de/cms/todesurteile-des-sondergerichts-prag.

229 Miroslava Benešová/Vojtěch Blodig/Marek Poloncarz (Hrsg.), Die Kleine Festung Theresienstadt 1940–1945, Theresienstadt 1996, S. 19.

dramatisch war die Ankunft eines Transports mit Kölner Juden Anfang Oktober 1944, der irrtümlicherweise die Kleine Festung und nicht das Getto erreichte. Der Häftling Bohumil Dohnálek schilderte nach dem Krieg, welcher Tortur die Juden nach ihrer Ankunft ausgesetzt waren: „Sie mußten sich mit der Stirn zur Wand stellen und dann fing es an. Die drei Anwesenden begannen sie mit allem zu schlagen, was zur Hand war – Stöcken, Fäusten und auch Ketten." Alle 24 Männer wurden bis Ende des Jahres ermordet. Von den 50 registrierten weiblichen Häftlingen des Kölner Transports starben 11 ebenfalls in der Kleinen Festung, nur wenige überlebten bis zum Frühjahr 1945.[230]

In der letzten Kriegsphase erwarteten die Gestapo und Staatsminister Frank einen tschechischen Aufstand und wollten angesichts der prekären sicherheitspolitischen Lage möglichst viele der „gefährlichsten", also der politischen Häftlinge töten.[231] Einen am 27. April 1945 von Ernst Kaltenbrunner in Theresienstadt ausgegebenen Befehl, die Tötung von Häftlingen einzustellen, ignorierten die Aufseher der Kleinen Festung schlichtweg.[232] Am 2. Mai 1945 kam es dort auf Befehl Karl Hermann Franks zu einer Massenhinrichtung politischer Gefangener, während im benachbarten Getto bereits der Delegierte des Internationalen Roten Kreuzes, Paul Dunant, die Leitung übernahm.[233]

Am 5. Mai brach in Prag der Aufstand aus. Gleichzeitig begann die Gestapo mit der Räumung der Kleinen Festung. Die leitenden SS-Leute bekamen falsche Ausweise, die Akten wurden verbrannt, die Familien nach Österreich geschickt. Am selben Abend flüchteten die hochrangigen SS-Offiziere. Unter ihnen war auch der Leiter des Zentralamts für die Regelung der Judenfrage, Hans Günther. Er wurde von einer tschechischen Revolutionsgarde gestoppt und erschossen.[234]

Zu einer einzigartigen Hilfsaktion durch die tschechische Bevölkerung kam es noch kurz vor Kriegsende, als ein rund 4000 Häftlinge umfassender Evakuierungstransport das KZ Leitmeritz Richtung Mauthausen verließ. Immer wieder musste der Zug an Bahnhöfen im Protektorat halten, manchmal mehrere Stunden, manchmal mehrere Tage. Die Tschechen versorgten die Häftlinge unter Lebensgefahr mit Nahrung und Kleidung. Im Bahnhof Prag-Bubny kam es durch aktive Hilfe der Bevölkerung zu einer Massenflucht. Am 8. Mai 1945 wurde der Zug schließlich in der Nähe von Budweis befreit. Am selben Tag tauchte die aus Mähren stammende jüdische Familie Wolf aus dem Untergrund auf (Dok. 301). Drei Jahre hatten sie die Verfolgung in verschiedenen Verstecken in der kleinen Ortschaft Tršice und den umgebenden Wäldern mit Hilfe der einheimischen Bevölkerung überlebt.[235] Nur der 17-jährige Sohn Otto nicht, den die Gestapo nur drei Wochen zuvor erschossen hatte.

230 Wolfgang Benz, Theresienstadt. Eine Geschichte von Täuschung und Vernichtung, München 2013, S. 24; Zitat: Dokumente über das Schicksal der jüdischen Häftlinge in der Theresienstädter Kleinen Festung, in: TSD, 7 (2000), S. 27–65, hier S. 51.

231 Küpper, Karl Hermann Frank (wie Anm. 199), S. 376.

232 BArch, DP 3/1597, Bl. 153 f.

233 Küpper, Karl Hermann Frank als Deutscher Staatsminister (wie Anm. 196), S. 49.

234 Potthast, Das Jüdische Zentralmuseum (wie Anm. 204), S. 380 f.

235 Ludvík Václavek, Otto Wolfs Tagebuch aus den Jahren 1942–1945, in: Miroslav Kárný/Vojtěch Blodig/Margita Kárná (Hrsg.), Theresienstadt in der „Endlösung der Judenfrage", Prag 1992, S. 195–201; Jiří Daníček (Hrsg.), Deník Otty Wolfa: 1942–1945, Prag 1997; Alexandra Zapruder, Salvaged Pages. Writer's Diaries of the Holocaust, New Haven/London 2002, S. 122–159.

Insgesamt fielen von den zum Zeitpunkt der Annexion im Protektorat Böhmen und Mähren lebenden 118 310 Juden etwa 80 000 der nationalsozialistischen Vernichtungspolitik zum Opfer. Ungefähr 26 000 hatten bis Oktober 1941 – dem Emigrationsverbot Himmlers – auswandern können. Nur 14 000 überlebten den Krieg.[236]

Theresienstadt

Im Herbst 1941 war auf Anregung des stellvertretenden Reichsprotektors und Chefs des Reichssicherheitshauptamts Reinhard Heydrich die Entscheidung gefallen, die ehemalige Festungsanlage Theresienstadt als Sammellager für die Juden Böhmens und Mährens zu nutzen.[237] Tatsächlich erfüllte das nördlich von Prag gelegene Getto vor allem die Funktion eines Durchgangslagers, gleichzeitig diente es der Täuschung der deutschen und internationalen Öffentlichkeit, der vorgegaukelt wurde, dass die Juden dort ihren Lebensabend würden verbringen können.

Als leitende jüdische Funktionäre aus Berlin und Wien Ende Januar 1943 in Theresienstadt eintrafen, ordnete die Lagerkommandantur einen Wechsel in der jüdischen Gettoverwaltung an, die auf Befehl und unter strenger Aufsicht der Kommandantur das Leben im Getto organisieren musste. Judenältester war nun der Berliner Paul Eppstein. Sein Vorgänger, der Tscheche Jakob Edelstein, wurde degradiert und gemeinsam mit Benjamin Murmelstein aus Wien dessen Stellvertreter. Auch die übrigen Abteilungen waren fortan paritätisch mit deutschen und tschechischen Juden besetzt.

Zwar blieben die tschechischen Juden bis Kriegsende in der Überzahl, ihre absolute Mehrheitsstellung der Anfangszeit verloren sie jedoch allmählich, wodurch eine aus Sicht der deutschen Behörden erwünschte Spannung entstand.[238]

Mit den deutschen und österreichischen jüdischen Funktionären war auch die „führende Persönlichkeit des deutschen Judentums", der Rabbiner Leo Baeck, nach Theresienstadt deportiert worden, wie die jüdische Emigrantenzeitung Aufbau am 2. April 1943 berichtete.[239] Nach seiner Ankunft in Theresienstadt musste der fast 70-Jährige eine Transportkarre für Abfälle ziehen, bis er nach einigen Wochen von der körperlichen Arbeit freigestellt wurde.[240] Fortan widmete Baeck sich seinen seelsorgerischen Aufgaben, die stets auf die Verständigung zwischen deutschen und tschechischen Juden ausgerichtet waren. Obwohl er eine offizielle Funktion im Theresienstädter Ältestenrat

236 Wolfgang Benz (Hrsg.), Dimensionen des Völkermords. Die Zahl der jüdischen Opfer des Nationalsozialismus, München 1991, S. 368; Gruner, Judenverfolgung im Protektorat (wie Anm. 197), S. 289.

237 Zur Entstehungsgeschichte von Theresienstadt siehe VEJ 6, S. 54–60.

238 Im April 1945 befanden sich 7000 tschechische, 5487 deutsche und 1294 österreichische Juden in Theresienstadt. Während der Anteil der weiterdeportierten Juden unter den Tschechen sehr groß war, war die Sterblichkeit bei den deutschen Juden aufgrund ihres zumeist hohen Alters besonders hoch; Robert Prochnik, Juden in Theresienstadt. Ein statistischer Bericht, Theresienstadt 1945, Bl. 15, in: JMP, T 082.

239 Leo Baeck wollte sich nicht retten, in: Aufbau, 14, 2.4.1943, S. 1.

240 Fritz Backhaus, „Ein Experiment des Willens zum Bösen" – Überleben in Theresienstadt, in: Georg Heuberger/Fritz Backhaus (Hrsg.), Leo Baeck 1873–1956. Aus dem Stamme von Rabbinern, Frankfurt a. M. 2001, S. 111–128, hier S. 114 f.

ablehnte, wurde er aufgrund seiner langjährigen verdienstvollen Tätigkeit in der Reichsvertretung der deutschen Juden „Ehrenmitglied“.[241]

Zwischen Januar 1942 und Anfang Februar 1943 waren annähernd 50 000 Juden aus Theresienstadt in die osteuropäischen Gettos und Lager weiterdeportiert worden.[242] Im Frühjahr 1943 konsolidierten sich die Verhältnisse für einige Zeit infolge einer mehrmonatigen Transportpause.[243] Zwar war die unmittelbare Gefahr der Deportation in dieser Phase vorübergehend gebannt, die Lebensbedingungen blieben gleichwohl hart: Völlig unzureichende Lebensmittelversorgung, Überbelegung der ohnehin notdürftigen Unterkünfte, Ungezieferplagen und Krankheiten machten das Leben in Theresienstadt zur Qual (Dok. 235 und Dok. 237). Im September 1943 hatte die scheinbare Ruhe ein Ende. Als „Arbeitseinsatztransport“ getarnt, gingen zwei Züge mit insgesamt 5000 vornehmlich jungen tschechischen Juden, bei denen eine Bereitschaft zum Widerstand vermutet wurde, von dem neu errichten Anschlussgleis in Theresienstadt nach Auschwitz. Bislang geschützte Juden, wie die Mitglieder der Gettowache und des Aufbaukommandos, die Ende 1941 das Getto eingerichtet hatten, wurden in die Transporte eingereiht – zumeist zusammen mit ihren Frauen und Kindern. In Auschwitz brachte die SS die Deportierten ohne Selektion gemeinsam in einem separaten Lagerteil unter, dem sogenannten Theresienstädter Familienlager (Dok. 250).[244] Nach einem halben Jahr ermordete die SS drei Viertel der Menschen aus den Septembertransporten in den Gaskammern.

In diesen sechs Monaten schrieben die Theresienstädter Karten in die Heimat und ins Getto, in denen sie von vergleichbar moderaten Bedingungen in Birkenau berichteten und so zur Beruhigung der Zurückgebliebenen – und der internationalen Öffentlichkeit – beitrugen. Denn nicht zuletzt die Ankunft von über 1000 kleinen Kindern aus dem Getto von Bialystok, das Mitte August geräumt worden war, hatte in Theresienstadt böse Ahnungen hervorgerufen. Die Kinder waren unbegleitet, ihre Eltern und älteren Geschwister hatte die SS erschossen. In Theresienstadt wurden sie strikt isoliert.[245] Die Gerüchteküche brodelte, als die Kinder sich panisch weigerten zu duschen. Sie waren von ihren Eltern gewarnt worden. „Baden bedeutete den Tod“, erinnerte sich die Krankenschwester Ruth Weisz an die Worte der Kinder. „Aus den Brausen käme kein Wasser, sondern Gas.“[246] Die ursprünglich als Austauschgeiseln vorgesehenen Kinder wurden Anfang Oktober nach Auschwitz gebracht und dort getötet.[247] Im Dezember folgten zwei weitere Transporte mit 5000 Menschen in das Familienlager, unter ihnen der ehe-

241 Albert H. Friedländer, Leo Baeck in Theresienstadt, in: Kárný u. a. (Hrsg.), Theresienstadt in der „Endlösung der Judenfrage“ (wie Anm. 235), S. 119–130, hier S. 121.

242 Gottwaldt/Schulle, „Judendeportationen“ (wie Anm. 83), S. 445–456. Die Transporte gingen überwiegend in das Generalgouvernement, vereinzelt auch in das Reichskommissariat Ostland, nach Riga und Estland.

243 Adler, Theresienstadt (wie Anm. 185), S. 129.

244 Miroslav Kárný, Fragen zum 8. März 1944, in: TSD, 6 (1999), S. 9–42, hier S. 11.

245 Adler, Theresienstadt (wie Anm. 185), S. 154–157; Bronka Klibanski, Kinder aus dem Ghetto Bialystok in Theresienstadt, in: TSD, 2 (1995), S. 93–106, hier S. 93 f.

246 Ruth Weisz, Und es war keine Lüge, in: Theresienstadt. Aufzeichnungen von Federica Spitzer und Ruth Weisz, Berlin 1997, S. 98–157, hier S. 107 f. Im März 1943 war der aus Treblinka geflohene Abraham Broide nach Bialystok gekommen und hatte Mitglieder des jüdischen Untergrunds über die Vernichtung informiert.

247 Katrin Stoll, Die Herstellung der Wahrheit. Strafverfahren gegen ehemalige Angehörige der Sicherheitspolizei für den Bezirk Białystok, Berlin/Boston 2012, S. 184.

malige Judenälteste Jakob Edelstein.[248] Im Juli 1944 löste die SS das Theresienstädter Familienlager auf. Von den rund 10 000 Häftlingen wurde rund ein Drittel zur Zwangsarbeit ausgesucht, die Übrigen wurden sofort ermordet.

Das Ende der Transportpause fiel bereits in die Zuständigkeit des neuen Gettokommandanten Anton Burger. Der Österreicher hatte seine Brutalität und Effizienz während der Deportation der slowakischen Juden im Frühjahr 1943 bewiesen – Eigenschaften, die er auch in Theresienstadt voll entfaltete. Als er kleinere Unregelmäßigkeiten in der Evidenzkartei feststellte – rund 50 Personen fehlten –, ließ er nicht nur Edelstein verhaften, sondern ordnete eine „Volkszählung" im Bauschowitzer Kessel an, einer Senke außerhalb des Gettos.[249] Neben der Korrektur der Häftlingszahlen diente die erneute Registrierung aller Gettobewohner auch als Bestrafung für die Abwesenheit der Fehlenden. In der Nacht vom 10. auf den 11. November 1943 wurden in sämtlichen Quartieren Theresienstadts Menschen gezählt. In den frühen Morgenstunden des folgenden Tages zwang die SS die Bewohner, gruppenweise aus dem Getto zu marschieren und sich auf einem von tschechischer Gendarmerie umstellten Feld in unmittelbarer Nähe aufzustellen. Voller Sorge über das ihnen zugedachte Schicksal verbrachten die Gettoinsassen furchtbare Stunden im Bauschowitzer Kessel (Dok. 255). Die wenigsten glaubten an eine Rückkehr. Die Zählung brachte kein Ergebnis, da sich die SS ständig verrechnete und schließlich aufgab. Am späten Abend kehrten die Menschen in ihre Unterkünfte zurück. Die „Volkszählung" demonstrierte erneut die Willkür, der die Eingesperrten ständig ausgesetzt waren. Sie waren, wie Ruth Klüger später in ihren Erinnerungen schilderte, „mit Haut und Haar einem anonymen Willen ausgeliefert, durch den man jederzeit in ein unklar wahrgenommenes Schreckenslager weiter verschickt werden konnte. Denn Theresienstadt, das bedeutete die Transporte nach dem Osten, die sich unberechenbar wie Naturkatastrophen in Abständen ereigneten."[250]

Im Frühjahr 1943 begann das „Judenreferat" Eichmanns in Berlin die „Normalisierung" des Gettoalltags zu inszenieren, denn die sich rasch verbreitenden Informationen über das Schicksal der europäischen Juden störten die Geheimhaltung der deutschen Mordpolitik. So startete die deutsche Führung eine Täuschungskampagne. Den Anfang machte die Umbenennung des „Ghettos" Theresienstadt, das fortan euphemistisch als „Jüdisches Siedlungsgebiet" bezeichnet wurde.[251] Die Kommandantur nannte sich nun Dienststelle, im Getto wurde eine Bank errichtet, die mit wertlosen Geldscheinen arbeitete, und die Straßennamen erhielten alltägliche Bezeichnungen wie Haupt- oder Bahnhofsstraße statt der früheren, militärisch anmutenden Buchstabenfolgen.[252] Gelegen kamen auch die vermehrt eintreffenden Pakete, die von Verwandten, Freunden oder internationalen Hilfsorganisationen stammten und die zumindest die Not einiger Insassen lindern halfen (Dok. 3 und Dok. 245). Insbesondere die dänische Regierung, die sich um das Schicksal ihrer seit Oktober 1943 in Theresienstadt inhaftierten jüdischen Staatsbürger sorgte, intervenierte fortwährend beim Auswärtigen Amt und drängte auf

248 Edelstein, seine Frau und der gemeinsame Sohn wurden im Juni 1944 in Auschwitz erschossen.
249 Adler, Theresienstadt (wie Anm. 185), S. 158 f.
250 Ruth Klüger, Weiter leben. Eine Jugend, Göttingen 1992, S. 86.
251 Die offizielle Umbenennung erfolgte am 1.5.1943.
252 Adler, Theresienstadt (wie Anm. 185), S. 147.

eine Besichtigung des Lagers durch Vertreter des Roten Kreuzes.[253] Bereits Ende Juni 1943 hatten zwei Mitarbeiter des Deutschen Roten Kreuzes in Begleitung von Adolf Eichmann und Eberhard von Thadden vom Auswärtigen Amt Theresienstadt inspiziert und einen ernüchternden Bericht über die dortigen Zustände verfasst (Dok. 243).[254] Die dänische Intervention lieferte schließlich den Anstoß, Theresienstadt so vorzeigbar zu machen, dass die Besichtigung durch ausländische Delegationen dem Reich seine vermeintlich anständige Behandlung der Juden bescheinigen würde.

Anfang 1944 begann die sogenannte Stadtverschönerung, die – wie sich schnell herausstellte – lediglich auf den Aufbau von Kulissen abzielte. Zu diesem Zweck schickte Hans Günther vom Zentralamt für die Regelung der Judenfrage einen seiner bewährten Mitarbeiter. SS-Obersturmführer Karl Rahm löste im Februar 1944 Anton Burger als Kommandant ab. Auf Seiten der jüdischen Gettoverwaltung musste Benjamin Murmelstein die Verantwortung für das Gelingen der „Verschönerungsaktion" übernehmen. In den folgenden Wochen wurde das Getto hergerichtet: Blumen gepflanzt, Fassaden gestrichen, ausgewählte Wohnungen renoviert und gemütlich eingerichtet, Kinderspielplätze geschaffen, Wegweiser aufgestellt und Straßen und Plätze gesäubert (Dok. 268). Während auf dem Stadtplatz noch bis Ende 1943 Kisten für die Wehrmacht produziert worden waren, entstand dort wenige Wochen später ein kurparkähnliches Areal mit Musikpavillon.[255] Um die Illusion perfekt zu machen, wurde in dem völlig überfüllten Getto Platz geschaffen: Im Mai 1944 gingen drei Transporte mit rund 7500 Personen nach Auschwitz ab (Dok. 265). Dies bot die Gelegenheit, sich auch unerwünschter Personen zu entledigen wie beispielsweise der Typhuskranken, die die Lebensqualität im Getto hätten fraglich erscheinen lassen, oder Waisen, um missliebige Fragen nach dem Verbleib ihrer Eltern zu verhindern.[256]

Am 23. Juni 1944 schließlich traf in Theresienstadt eine Delegation des Internationalen Roten Kreuzes ein, der zwei Dänen, ein Deutscher und der Schweizer Maurice Rossel angehörten. Die anderen Teilnehmer waren allesamt hochrangige Nationalsozialisten.[257] Paul Eppstein wurde als Bürgermeister vorgestellt und musste die Delegation begleiten. Otto Pollak, ein ehemaliger Wiener Kaffeehausbesitzer, notierte in seinem Tagebuch: „Die Besichtigung erfolgt nach vorgefasstem Plan. Protektoratsgendarmerie verschwindet aus dem Stadtbild und vor der Post. Der Wolf im Schafspelz. Die meisten SS in Zivil. Wir wurden tags vorher instruiert. 10 Gebote des Verhaltens – nicht strammstehen …"[258]

253 Weitkamp, Braune Diplomaten (wie Anm. 32), S. 189–192.

254 Im Gegensatz zu dem internen Bericht an das Internationale Rote Kreuz wird Theresienstadt in einer Aktennotiz des Deutschen Roten Kreuzes vom 30.6.1943 geradezu euphorisch als gut funktionierendes Stadtgebilde mit allen notwendigen Einrichtungen geschildert; siehe BArch, R 58/89, Bl. 8 f.; Gerhart M. Riegner, Die Beziehung des Roten Kreuzes zu Theresienstadt in der Endphase des Krieges, in: TSD, 3 (1996), S. 19–30, hier S. 24; Adler, Theresienstadt (wie Anm. 185), S. 147; Weitkamp, Braune Diplomaten (wie Anm. 32), S. 189.

255 Adler, Theresienstadt (wie Anm. 185), S. 168.

256 Benjamin Murmelstein, Theresienstadt. Eichmanns Vorzeige-Ghetto, Wien 2014, S. 139.

257 Zu ihnen gehörten der Befehlshaber der Sicherheitspolizei im Protektorat Erwin Weinmann, Eichmanns Berliner Stellvertreter Rolf Günther und sein Bruder Hans Günther vom Zentralamt für die Regelung der Judenfrage in Prag sowie der Judenreferent im Auswärtigen Amt Eberhard von Thadden und Gettokommandant Karl Rahm; siehe auch VEJ 12/26.

258 Helga Pollak-Kinsky, Mein Theresienstädter Tagebuch 1943–1944 und die Aufzeichnungen meines Vaters Otto Pollak, Berlin 2014, S. 221 f., Eintrag vom 23.6.1944.

Käthe Starke schilderte später die Hoffnungen der Gettobewohner, trotz der Staffagen Hilfe von außen zu erhalten: „Es gab keinen Zweifel für uns, daß jeder Mensch mit common sense durch die Plumpheit der Vorkehrungen darauf hingewiesen würde, hier wohne er der Einstudierung einer Farce bei."[259]
Das wichtigste Delegationsmitglied, der Schweizer Abgesandte des Internationalen Roten Kreuzes, der Arzt Maurice Rossel, enttäuschte die Hoffnungen der Theresienstädter und bestätigte die SS in ihrem „Verschönerungsprojekt". Er ließ sich täuschen – wahrscheinlich mischte sich hier Naivität mit antisemitischen Ressentiments.[260] Sein Bericht, in dem er in geradezu bestürzender Weise verharmlosend und fehlerhaft über die Situation in Theresienstadt Auskunft gab, gelangte auch nach Berlin (Dok. 267).[261] Besonders folgenreich war die Bestätigung Rossels, bei Theresienstadt handele es sich um ein „Endlager". Nur wenige Tage später wurden das Theresienstädter Familienlager in Auschwitz aufgelöst und die Insassen ermordet. Mit möglichen Fragen nach dem Verbleib der Deportierten rechnete man nun nicht mehr.[262]
Angesichts des gelungenen Täuschungsmanövers forcierte die SS ihren Plan, einen Propagandafilm über Theresienstadt zu drehen. Inmitten der Kulissen der „verschönerten" Stadt musste der bekannte Berliner Schauspieler und Regisseur Kurt Gerron im August und September 1944 auf Befehl der SS den Film „Theresienstadt. Ein Dokumentarfilm aus dem jüdischen Siedlungsgebiet" inszenieren, der später unter dem Titel „Der Führer schenkt den Juden eine Stadt" bekannt wurde.[263] Bis auf das tschechische Kamerateam aus Prag waren alle Mitwirkende Häftlinge des Gettos, die man zwang, eine irreführende Lebenswirklichkeit vorzuspielen. Zu Propagandazwecken taugte der Film jedoch kaum noch, da er erst im März 1945 fertiggestellt wurde. Im April 1945 zeigte Eichmann ihn in Anwesenheit von NS-Funktionären aus Berlin und Prag einer neuerlichen Delegation des Internationalen Roten Kreuzes und wenige Tage später auch Benoît Musy, der gemeinsam mit seinem Vater einen Austauschtransport in die Schweiz ermöglicht hatte, und dem ungarisch-jüdischen Verhandlungsführer Reszö Kasztner.[264] Ihnen sollte eine „ländliche Sommerfrische" gezeigt werden, wie sich der ebenfalls anwesende Judenälteste Murmelstein erinnerte, „in der sich sportlustige Jugend und ein unterhaltungssüchtiger Mittelstand" herumtrieben.[265]

259 Käthe Starke, Der Führer schenkt den Juden eine Stadt. Bilder – Impressionen – Reportagen – Dokumente, Berlin 1975, S. 131.

260 Wolfgang Benz verweist auf das Interview, das Claude Lanzmann mit Rossel 1979 geführt hat und in dem Rossel noch immer darauf beharrte, Theresienstadt sei ein Ort für „bedeutende Israeliten [gewesen], die genug Geld dafür hatten, um es sich leisten zu können, dort zu überleben"; siehe Benz, Theresienstadt (wie Anm. 230), S. 190.

261 Miroslav Kárný, Besuch im Ghetto. Geschichte eines fatalen Berichtes, in: Karsten Linne/Thomas Wohlleben (Hrsg.), Patient Geschichte, Frankfurt a. M. 1993, S. 280–296, hier S. 289.

262 Ebd., S. 296.

263 Karel Margry, Der Nazi-Film über Theresienstadt, in: Kárný u. a. (Hrsg.), Theresienstadt in der „Endlösung der Judenfrage" (wie Anm. 235), S. 285–306, hier S. 286; Eva Strusková, Film Ghetto Theresienstadt: Die Suche nach Zusammenhängen, in: Ronny Loewy/Katharina Rauschenberger (Hrsg.), „Der letzte der Ungerechten". Der „Judenälteste" Benjamin Murmelstein in Filmen 1942–1975, Frankfurt a. M. 2011, S. 125–157.

264 Murmelstein, Vorzeige-Ghetto (wie Anm. 256), S. 258.

265 Karel Margary, Der Nazi-Propagandafilm „Theresienstadt", in: Rauschenberger (Hrsg.), „Der letzte der Ungerechten" (wie Anm. 263), S. 159–171, hier S. 165.

Dennoch hatten die Stadtverschönerung, der Besuch der internationalen Kommission und auch die Dreharbeiten zum Theresienstadt-Film bei den Gettobewohnern gewisse Hoffnungen geschürt, die Deutschen könnten angesichts der militärischen Situation und des Drucks der Weltöffentlichkeit ihre verbrecherischen Maßnahmen einstellen. Der inzwischen regelmäßig wiederkehrende Fliegeralarm machte die Menschen im Getto glücklich, geradezu euphorisch, wie Eva Mändl in ihrem Tagebuch schrieb.[266] Die Hochstimmung aber hielt nur an, bis erste Gerüchte über die Wiederaufnahme von Transporten die Runde machten. Paul Eppstein warnte in seiner Ansprache zum Jüdischen Neujahr 1944 vor unüberlegten Handlungen und beschwor seine Zuhörerschaft, ihm zu vertrauen.[267] Wenige Tage später ließ Kommandant Rahm Eppstein unter einem fadenscheinigen Vorwand verhaften und in der Kleinen Festung erschießen. Dann „bestätigt[e] sich das Gerücht, daß zu den jüdischen Feiertagen 5000 jüdische Männer im Alter von 18–50 Jahren in zwei Transporten nach D.[eutschland] abgehen", notierte Otto Pollak in sein Tagebuch und fragte sich: „Wie wird das Ghetto aufrechterhalten werden, wenn fast alle arbeitsfähigen Männer fort müssen? Was sind die Hintergründe dieser Maßnahme?" (Dok. 276)[268] In insgesamt elf Transporten wurden im Herbst 1944 etwa zwei Drittel der gesamten Gettobevölkerung nach Auschwitz deportiert – rund 18 000 Menschen (Dok. 274, Dok. 277, Dok. 278 und Dok. 279). Auch Kurt Gerron und fast alle Mitwirkenden an dem Film wurden nach Auschwitz gebracht und dort getötet. Viele Frauen meldeten sich freiwillig, um ihren bereits deportierten Männern und Freunden zu folgen. Mit den ersten Transporten ließ die Kommandantur auf Anweisungen des Reichssicherheitshauptamts erneut junge Tschechen deportieren, die den von deutscher Seite täglich erwarteten tschechischen Aufstand möglicherweise als Signal betrachtet hätten, um auch im Getto zu rebellieren.[269] Außerdem dienten die arbeitsfähigen Theresienstädter Juden fortan als Zwangsarbeiterreservoir für den kriegswichtigen Arbeitseinsatz im Reich.[270]

Nach den ersten drei Transporten wurden die Kriterien, wer für die Deportationen ausgewählt werden konnte, stark ausgedehnt. Zuvor geschützte jüdische Kriegsversehrte, „arisch Versippte" oder für die Funktion des Gettos wichtige Mitarbeiter bekamen nun den Befehl, sich in der Schleuse einzufinden. Mit jedem weiteren Transport, der das Getto verließ, wuchs die Sorge, die restlose Räumung stünde kurz bevor. Noch wenige Tage bevor der letzte Zug Theresienstadt verließ, versicherte die Kommandantur, dass mehrere Tausend Juden bleiben sollten.[271] Die berüchtigten Herbstdeportationen aus Theresienstadt endeten am 28. Oktober 1944 – kurz darauf ließ Himmler in Auschwitz

266 Eva Mändl Roubíčková, „Langsam gewöhnen wir uns an das Ghettoleben". Ein Tagebuch aus Theresienstadt, Hamburg 2007, S. 193 f.

267 Miroslav Kárný, Die Theresienstädter Herbsttransporte 1944, in: TSD, 2 (1995), S. 7–37, hier S. 8. Der Inhalt der Rede ist nur aus zeitgenössischen Aufzeichnungen der Anwesenden überliefert, z. B. bei Mändl Roubíčková, „Langsam gewöhnen wir uns an das Ghettoleben" (wie Anm. 266), S. 194, und in den Tagebucheinträgen von Willy Mahler; siehe Miroslav Kryl, Die Deportationen aus Theresienstadt nach dem Osten im Spiegel des Tagebuchs Willy Mahlers, in: TSD, 2 (1995), S. 69–91, hier S. 82.

268 Pollak-Kinsky, Mein Theresienstädter Tagebuch (wie Anm. 258), S. 234.

269 Kárný, Herbsttransporte (wie Anm. 267), S. 18 f.

270 Ebd., S. 24–28.

271 Adler, Theresienstadt (wie Anm. 185), S. 193; Kárný, Herbsttransporte (wie Anm. 267), S. 17 f.; Murmelstein, Vorzeige-Ghetto (wie Anm. 256), S. 181.

die Gaskammern abbauen. Für den letzten Transport mit über 2000 Menschen kam der Befehl zur Einstellung des Massenmords in Auschwitz zu spät. Weniger als 150 von ihnen überlebten den Krieg.[272]

Die sich für die Deutschen krisenhaft zuspitzende Lage an allen Fronten führte zu einer Spaltung innerhalb der Führung der deutschen Sicherheitspolizei. Während Kaltenbrunner, Pohl und Eichmann weiterhin an der unbedingten Vernichtungsabsicht festhielten, beabsichtigten Himmler und Schellenberg, der Chef des Auslandsnachrichtendiensts des SD, die Juden als „Verhandlungsmasse" zu nutzen und sich so gewisse Spielräume zu verschaffen.[273] Bereits seit Monaten verhandelte Himmler über seine Untergebenen mit ausländischen Organisationen. Die ursprünglich für einen Austausch in Bergen-Belsen inhaftierten Juden waren – wie das gesamte Lager im Winter 1944/45 – mittlerweile in einem derart desolaten Zustand, dass die Vorteile, die Theresienstadt für Verhandlungszwecke bot, offensichtlich waren. Immerhin lebten noch rund 11 000 einigermaßen „vorzeigbare" Juden dort. Die Bedeutung Theresienstadts für die Propaganda und die Verhandlungen mit ausländischen Organisationen gab vermutlich den Ausschlag, dass Himmler sich mit seiner Forderung nach Erhalt des Gettos durchsetzte. Die Position Eichmanns in diesem Konflikt erläuterte der deutsche Vertreter des Roten Kreuzes Otto Lehner: „Was das Gesamtjudenproblem betrifft, äußerte sich Eichmann dahin, daß Himmler gegenwärtig für humane Methoden einträte. Er persönlich sei mit diesen Methoden nicht ganz einverstanden, aber als guter Soldat folge er natürlich mit blindem Gehorsam den Befehlen des Reichsführers."[274] So kam es im Februar 1945 zu der bereits erwähnten Abreise von 1200 jüdischen Häftlingen aus Theresienstadt in die Schweiz (Dok. 290).[275] Die Ankündigung dieses Transports verunsicherte die Gettobewohner zutiefst, die noch immer unter dem Eindruck der Massendeportationen des vorangegangenen Herbstes standen und nicht wussten, ob das Ganze womöglich nur eine Täuschung war. Erstmals konnten die Menschen selbst entscheiden, ob sie an dem Transport teilnehmen wollten oder nicht; letztlich fanden sich genügend Menschen, die das Risiko eingingen und wirklich am 5. Februar 1945 die Schweiz erreichten.[276]

Der neue Judenälteste Benjamin Murmelstein, der Ende September die Nachfolge Eppsteins angetreten hatte, führte ein eisernes Regiment. Um dem Arbeitskräftemangel zu begegnen, ordnete er die 70-stündige Arbeitswoche auch für Kinder ab zehn Jahren an und pochte auf unbedingten Gehorsam gegenüber der SS (Dok. 289). Infolgedessen stellte sich im Getto angesichts der Umstände eine geradezu traurige Verbesserung der Lebensverhältnisse ein. Die Überbelegung der Quartiere ging zurück, und die Essensrationen stiegen durch die nach wie vor in Theresienstadt eintreffenden Pakete, die nun

272 Kárný, Herbsttransporte (wie Anm. 267), S. 21.

273 Adler, Theresienstadt (wie Anm. 185), S. 185 f.; Vojtěch Blodig, Die letzte Phase der Entwicklung des Ghettos Theresienstadt, in: Kárný u. a. (Hrsg.), Theresienstadt in der „Endlösung der Judenfrage" (wie Anm. 235), S. 267–278, hier S. 267 f.

274 Bericht über die Tätigkeit der Delegation des IKRK in Berlin, 22.4.1945; zit. nach: Jean-Claude Favez, Das Internationale Rote Kreuz und das Dritte Reich. War der Holocaust aufzuhalten?, Zürich 1989, S. 499.

275 Siehe oben, S. 51; Adler, Theresienstadt (wie Anm. 185), S. 200.

276 Blodig, Die letzte Phase (wie Anm. 273), S. 272; Adler, Theresienstadt (wie Anm. 185), S. 199 f.; Murmelstein, Vorzeige-Ghetto (wie Anm. 256), S. 218–225.

der Allgemeinheit zugutekamen.[277] Oberflächlich betrachtet entstand durch gemeinsame Anstrengungen der Zurückgebliebenen ein Anschein von Normalität, doch die Rückkehr zu einem erträglichen Alltagsleben gelang nicht. „Die leeren Häuser und die verlassenen Kasernen", so Murmelstein, „hielten die Erinnerungen wach und erlaubten nicht, dass die Wunden verheilten."[278] Viele Menschen blieben allein zurück, Freunde und Verwandte waren deportiert. Es lag eine Lethargie über dem Getto, trotz der mit Arbeit angefüllten Tage, wie sich Eva Mändl erinnerte: „Ich arbeitete weiterhin in der Landwirtschaft. Sie behaupteten dort, mich zu brauchen. Also habe ich gearbeitet, ohne jede Lust zum Weiterleben."[279] Außerdem blieb die Angst vor der endgültigen Räumung des Gettos.

Keine Woche nach dem Abgang des letzten Transports im Herbst 1944 befahl Karl Rahm, den Urnenhain, Kolumbarium genannt, in dem die Asche der Verstorbenen in kleinen Papierbeuteln aufbewahrt wurde, aufzulösen. Ein Großteil der Asche wurde in die nahe gelegene Eger (Ohře) geschüttet. Auch in Theresienstadt sollten die Spuren der Verbrechen verwischt werden; im April 1945 wurden die Akten der Lagerkommandantur verbrannt, ebenso wie die seit August 1943 nach Theresienstadt ausgelagerten Bestände des Reichssicherheitshauptamts.[280]

Nach den Herbstdeportationen hatte sich auch die Bevölkerungsstruktur in Theresienstadt stark verschoben. Der Altersdurchschnitt stieg beträchtlich, der Frauenanteil erhöhte sich ebenso wie die Zahl der deutschen und österreichischen Juden. Entscheidend für die Stimmung im Getto war aber, dass der Anteil von getauften Juden in Theresienstadt im Winter 1944/45 durch die Deportation der in „Mischehe" Lebenden stark zugenommen hatte (Dok. 197 und Dok. 199). Die Beziehung zwischen ihnen und den alteingesessenen Juden war geprägt von „Misstrauen und Fremdheit", wie die Frauenrechtlerin und WIZO-Mitarbeiterin Klara Caro später schrieb.[281] Nicht selten kam es zu antisemitischen Vorfällen, bei denen Häftlinge, die „arisch versippt" und zumeist Christen waren, die ihnen von den Nationalsozialisten übergestülpte rassische Einordnung strikt ablehnten und sich über ihre Mitgefangenen stellten (Dok. 272).[282] Die Gegensätze verschärften sich, als im Februar und März 1945 nach einem Erlass des Reichssicherheitshauptamts sämtliche jüdische Partner aus „Mischehen" aus dem Reich und dem Protektorat nach Theresienstadt gebracht wurden (Dok. 196 und Dok. 199). Zudem

277 Adler, Theresienstadt (wie Anm. 185), S. 195.

278 Murmelstein, Vorzeige-Ghetto (wie Anm. 256), S. 196.

279 Eva Roubíčková, „Die ersten Vertriebenen waren wir", in: Helena Srubar, Eine schreckliche Zeit. Tschechisch-jüdische Überlebensgeschichten 1939–1945, Konstanz 2001, S. 146–158, hier S. 155.

280 Adler, Theresienstadt (wie Anm. 185), S. 198 f. Nach den verheerenden Luftangriffen der „Operation Gomorrah" auf Hamburg im Juli 1943 begann die Auslagerung wichtiger Aktenbestände aus Berlin. Neben Teilen der umfangreichen Bibliothek der Abteilung VII sollten in Theresienstadt auch die Archive der Abteilung IV A 6a – Konzentrationslagerpapiere ausgelagert werden. Man hoffte, die Gettoinsassen als Schutzschilde nutzen zu können.

281 Bericht von Klara Caro über „Die Befreiung der Zwölfhundert Theresienstädter in die Schweiz", YVA, O.1/289, Bl. 2.

282 Mändl Roubíčková, „Langsam gewöhnen wir uns an das Ghettoleben" (wie Anm. 266), S. 201; Adler, Theresienstadt (wie Anm. 185), S. 733, zitiert das Tagebuch des niederländischen Juden Maurice/Maurits Frankenhuis, der in seinen Einträgen vom 25.2. und 1.3.1945 über die antisemitische Einstellung der „arisch versippten" Neuankömmlinge berichtet; siehe auch Murmelstein, Vorzeige-Ghetto (wie Anm. 256), S. 211 f.

trafen seit dem 20. April zahlreiche Evakuierungstransporte aus den geräumten Konzentrationslagern mit etwa 15 000 Menschen ein. Unter den Ankommenden waren fast alle europäischen Nationalitäten vertreten, am stärksten aber ungarische, polnische und tschechische Juden.[283] Der jämmerliche Anblick der Eintreffenden, die zerlumpt, ausgezehrt und krank waren, war für die Gettoinsassen kaum zu ertragen und ließ das Schicksal ihrer Freunde und Familien, die Theresienstadt hatten verlassen müssen, in neuem Licht erscheinen (Dok. 296 und Dok. 300). Auch ehemalige Gettobewohner kehrten so nach Theresienstadt zurück. Marta Navrátilová schilderte, wie sie mit einem aus Dresden kommenden Evakuierungstransport, der kranke jüdische Zwangsarbeiterinnen beförderte, in Theresienstadt mit gewissen Skrupeln ankam: „Wir schleppten mit dem Flecktyphus ein großes Unglück ins Lager ein, weil wir die Menschen, die dort den Krieg bis jetzt überlebt hatten, ansteckten, so daß viele von ihnen nun noch in den letzten Kriegstagen starben."[284]

Beide Optionen, Liquidierung oder Erhalt des Gettos, blieben bis in den März hinein bestehen. Anfang Februar begannen Arbeiten an einem vermeintlichen Gemüselager und einer Geflügelfarm im Ravelin, dem Wallschild der Festungsanlage.[285] Als eine luftdichte Tür bestellt wurde, verbreitete sich die Befürchtung, man errichte eine Gaskammer. Gleichzeitig war die Idee, das Getto weiterhin zu Propagandazwecken zu nutzen, nicht aufgegeben worden. In Genf hatten sich Befürchtungen breitgemacht, die Lager würden in den letzten Tagen des Reichs aufgelöst und die Häftlinge ermordet werden, und so drängte das Internationale Rote Kreuz auf eine weitere Inspektion.[286] Eichmann selbst überzeugte sich vor Ort von der Zweckmäßigkeit, und das Reichssicherheitshauptamt erklärte sich schließlich mit einer weiteren Besichtigung Theresienstadts einverstanden. Die Arbeiten an den Tötungsvorrichtungen wurden heimlich eingestellt. Adolf Eichmann zeigte den Rot-Kreuz-Delegierten am 6. April 1945 das Getto und den Propagandafilm. Die Genfer Vertreter zeigten sich positiv beeindruckt vom „kleinen Judenstaat".[287] Wieder war der SS die Täuschung gelungen. Das Kommissionsmitglied Paul Dunant bemühte sich in den folgenden Wochen von Prag aus um humanitäre Hilfe, bis es ihm gelang, das Getto am 5. Mai unter den Schutz des Internationalen Roten Kreuzes zu stellen. Der Judenälteste Murmelstein legte sein Amt nieder, und die SS verließ Theresienstadt. Ungläubig schrieb Eva Mändl in ihr Tagebuch: „Ist es möglich, dass wirklich Schluss ist? Einfach unglaublich. Die Deutschen sind angeblich schon weg von hier, niemand weiß etwas, verrückte Stimmung, alles in Erwartung …", und ergänzte: „Schluss! Konec!"[288] Am 8. Mai 1945 befreite die Rote Armee das Getto.

283 Marek Poloncarz, Evakuierungstransporte nach Theresienstadt (April–Mai 1945), in: TSD, 6 (1999), S. 242–262, hier S. 252.

284 Marta Navrátilová, „Begräbnis für mehrere Generationen im voraus!", in: Srubar, Eine schreckliche Zeit (wie Anm. 279), S. 57–78, hier S. 73.

285 Blodig, Die letzte Phase (wie Anm. 273), S. 272.

286 Riegner, Die Beziehung des Roten Kreuzes (wie Anm. 254), S. 27.

287 Adler, Die verheimlichte Wahrheit (wie Anm. 199), S. 356.

288 Mändl Roubíčková, „Langsam gewöhnen wir uns an das Ghettoleben", (wie Anm. 266), S. 207.

1945: Das Ende des Kriegs

Einige Monate vor der Befreiung Theresienstadts hatte im Winter 1944/45 der endgültige Zerfall des Deutschen Reichs begonnen. Mitte Dezember versuchte die deutsche Führung mit der Ardennenoffensive, den Vormarsch der Alliierten im Westen zu stoppen. Seit Mitte Januar setzte die Rote Armee zum entscheidenden Großangriff auf das Reich an. Sie befreite auf ihrem Weg nach Westen Auschwitz, belagerte Königsberg, besetzte Ostoberschlesien und erreichte Ende Januar die Oder. Der rasche Zusammenbruch der deutschen Front im Osten lag nicht zuletzt daran, dass Hitler die letzten Panzerreserven nach Ungarn kommandiert hatte, um die dortigen Ölreserven zu sichern. Budapest fiel Mitte Februar, zwei Monate später eroberte die Rote Armee Wien. Die Truppenverbände der Westalliierten überquerten im März den Rhein. Während US-amerikanische Einheiten das Ruhrgebiet einkreisten und Richtung Mittel- und Süddeutschland marschierten, wandte sich die britisch-kanadische Heeresgruppe nach Norddeutschland. Am 25. April trafen sich amerikanische und sowjetische Soldaten an der Elbe zu einem symbolischen Handschlag, während sich der Belagerungsring um Berlin schloss.

Am 16. April begann der zweiwöchige Endkampf um Berlin. Nachdem die letzte deutsche Verteidigungslinie auf den Seelower Höhen bei Frankfurt (Oder) durchbrochen war, eroberte die Rote Armee die Reichshauptstadt in einem verlustreichen Häuser- und Straßenkampf. Am 8. Mai 1945 war der Krieg beendet. Die Opferzahlen des „Endkampfes" waren enorm: Allein in den letzten vier Monaten starb ein Drittel der während des gesamten Kriegsverlaufs getöteten deutschen Soldaten.[289]

In dieser Phase des Krieges war nun die deutsche Bevölkerung in besonderem Maße von der entfesselten Gewalt betroffen. Unablässig bombardierten die Alliierten deutsche Städte, die Lebensmittelzuteilungen sanken auf einen Tiefstand, und große Teile der Infrastruktur waren zerstört. In den östlichen Reichsgebieten löste der Vormarsch sowjetischer Truppen panikartige Fluchten aus. Der Vernichtungskrieg gegen die Sowjetunion schlug jetzt auf die deutsche Zivilbevölkerung zurück, die Opfer von Erschießungen, Massenvergewaltigungen und Plünderungen wurde.[290] Der nicht mehr zu verleugnende militärische Zusammenbruch rief eine Vertrauenskrise zwischen Führung und Volk hervor.[291] Daraufhin verschärfte das Regime den Terror gegen die eigene Bevölkerung. Zugleich begünstigten die sich im Chaos der letzten Kriegsphase zunehmend auflösenden Herrschaftsstrukturen die gegen „Volks- und Rassefeinde" gerichteten Gewaltexzesse.[292] Der später als „Verbrechen der Endphase" bezeichnete Terror betraf Kriegsgefangene, ausländische Zwangsarbeiter und Gefängnisinsassen genauso wie Deserteure oder „Defätisten" und ebenso Juden.[293]

289 Rüdiger Overmans, Deutsche militärische Verluste im Zweiten Weltkrieg, München 1999, S. 238 f.

290 Herbert, Geschichte Deutschlands (wie Anm. 4), S. 534.

291 Bajohr/Pohl, Holocaust als offenes Geheimnis (wie Anm. 151), S. 78; Ian Kershaw, Das Ende. Kampf bis in den Untergang. NS-Deutschland 1944/45, München 2011, S. 527 f.

292 Herbert, Geschichte Deutschlands (wie Anm. 4), S. 539.

293 Sven Keller, Verbrechen in der Endphase des Zweiten Weltkrieges. Überlegungen zu Abgrenzungen, Methodik und Quellenkritik, in: Cord Arendes/Edgar Wolfrum/Jörg Zedler (Hrsg.), Terror nach innen. Verbrechen am Ende des Zweiten Weltkrieges, Göttingen 2006, S. 25–50, hier S. 28.

Auch wenn im Reich keine konzertierte Widerstandsaktion gegen den „Endkampf" zu erwarten war, verstummte doch der Endsieg-Optimismus.[294] „Die Moral", so Goebbels Anfang April, sei „sowohl bei der Bevölkerung als auch bei der Truppe außerordentlich abgesunken".[295] Das Schwarze Korps, das Kampforgan der SS, warnte die deutsche Zivilbevölkerung davor, sich den Alliierten als Unschuldige anzubiedern, schließlich habe doch fast jeder Deutsche von der Arisierung jüdischer Geschäfte profitiert.[296] Die bereits im Osten begonnene Beseitigung von Spuren und Zeugnissen der Verbrechen wurde nun auch im Reich fortgesetzt. Zu den Maßnahmen gehörte die Vernichtung belastenden Aktenmaterials genauso wie die Räumung der Gefängnisse und Lager (Dok. 204). Besonders brisante Zeugen wurden ermordet. Zu ihnen gehörten 20 jüdische Kinder, die im Lager Neuengamme zu medizinischen Experimenten missbraucht worden waren, und auch politisch unerwünschte Häftlinge, etwa die bis dahin noch nicht hingerichteten deutschen Widerstandskämpfer (Dok. 215).[297]

Dass solche Vertuschungsaktionen keinesfalls ausreichen würden, war den an den Verbrechen Beteiligten durchaus klar. Manche bereiteten sich schon seit Wochen auf ihre Flucht vor. Im Reichssicherheitshauptamt gab es einen eigens dafür abgestellten Referenten, der sich ausschließlich mit der Herstellung falscher Papiere und Identitäten beschäftigte.[298] Während also ein Teil der NS-Funktionäre zu gegebener Zeit untertauchte, wählten andere – so wie mehrere Tausend deutsche Zivilisten aus Angst vor den sowjetischen Besatzungstruppen – den Selbstmord als Ausweg.[299]

Bereits bei Beginn des Rückzugs der Wehrmacht aus der Sowjetunion hatte Hitler befohlen, dort nur „verbrannte Erde" zu hinterlassen. Dieses zerstörerische Prinzip sollte angesichts der im Land stehenden alliierten Streitkräfte nun auch im Reich umgesetzt werden. Enttäuscht vom deutschen Volk, das sich in seinen Augen als zu schwach erwiesen hatte, verlangte Hitler mit dem sogenannten Nero-Befehl vom 19. März 1945, die gesamte deutsche Infrastruktur zu vernichten und damit der deutschen Bevölkerung die Lebensgrundlage zu entziehen.[300] Auch wenn dieser Befehl aufgrund der chaotischen Verhältnisse im Reich nicht ausgeführt werden konnte, demonstrierte er unmissverständlich die von Hitler inszenierte Selbstvernichtungsstrategie, sobald der Krieg verloren war. Eine Kapitulation schloss Hitler kategorisch aus. „Wir können untergehen. Aber

294 Klemperer, Tagebücher (wie Anm. 155), Bd. 2, S. 724, Eintrag vom 15.4.1945.

295 Goebbels, Tagebücher (wie Anm. 88), Bd. 15: Januar–April 1945, S. 654, Eintrag vom 1.4.1945.

296 Das Schwarze Korps, Zeitung der Schutzstaffel der NSDAP, 4. Folge, 11. Jg., vom 25.1.1945, S. 5.

297 Günther Schwarberg, Meine zwanzig Kinder, Göttingen 1996; Iris Groschek/Kristina Vagt, „... dass du weißt, was hier passiert ist" – Medizinische Experimente im KZ Neuengamme und die Morde am Bullenhuser Damm, Bremen 2012.

298 David Cesarani, Adolf Eichmann. Bürokrat und Massenmörder, Biografie, Berlin 2004, S. 277.

299 Stephan Link, „Festung Nord" und „Alpenfestung". Das Ende des NS-Sicherheitsapparates, in: Gerhard Paul/Klaus-Michael Mallmann (Hrsg.), Die Gestapo im Zweiten Weltkrieg. „Heimatfront" und besetztes Europa, Darmstadt 2000, S. 569–595, insbes. S. 591–595; Florian Huber, Kind, versprich mir, dass du dich erschießt. Der Untergang der kleinen Leute 1945, Berlin 2015. Eine genaue Gesamtzahl der Deutschen, die im Frühjahr 1945 Selbstmord begingen, liegt nicht vor, Schätzungen Hubers zufolge handelt es sich um mindestens 10 000 Fälle, vermutlich weit mehr; siehe ebd., S. 138.

300 Abgedruckt in: Gerd Ueberschär/Rolf-Dieter Müller (Hrsg.), 1945. Das Ende des Krieges, Darmstadt 2005, Dok. 5, S. 165 f.

wir werden eine Welt mitnehmen“, hatte er bereits nach der gescheiterten Ardennenoffensive Ende Dezember 1944 erklärt.[301] Am 30. April 1945 erschoss sich Adolf Hitler im Bunker der Reichskanzlei. Tags zuvor hatte er sein politisches Testament verfasst, in dem er ein letztes Mal die Juden für die Katastrophe des Krieges verantwortlich machte. Im Januar 1945 befanden sich rund 714 000 Häftlinge in deutschen Konzentrationslagern, unter ihnen etwa 250 000 Juden.[302] Je nach Frontverlauf wurden die Lager geräumt und die Insassen mit dem Zug oder zu Fuß in rückwärtiges Gebiet, also ins Reich, gebracht. Ziel der aus Auschwitz evakuierten Häftlinge war zunächst das schlesische Konzentrationslager Groß-Rosen, in dem aufgrund der unbeschreiblichen Überfüllung katastrophale Zustände herrschten. Viele der ankommenden Häftlinge wurden nach wenigen Tagen weitertransportiert. Im tiefsten Winter, kaum verpflegt und dem ungezügelten Terror des Wachpersonals ausgesetzt, mussten die Häftlinge westwärts marschieren oder auf offenen Eisenbahnwaggons ausharren. Viele starben an den Strapazen oder wurden erschossen. Immer wieder kam es zu regelrechten Massentötungen, weil die rechtzeitige Evakuierung nicht mehr möglich erschien oder die Begleitmannschaften nicht mehr wussten, wohin sie die Häftlinge bringen sollten. Außerdem zogen Heeresstreifen durch das Reich auf der Suche nach Deserteuren. Dies wurde auch dem Düsseldorfer Moritz Sommer zum Verhängnis, der sich allen Verfolgungen als „Mischling“ bislang erfolgreich entzogen hatte. Nur wenige Stunden vor dem Einmarsch der US-Truppen wurde er von Mitgliedern einer Heeresstreife öffentlich erhängt.[303] In Wien holte ein SS-Kommando neun Juden aus einem Luftschutzkeller und erschoss sie, wenige Stunden bevor die Rote Armee den Ort erreichte (Dok. 217).

Das deutsche Vorgehen gegenüber den Juden war in diesen letzten Wochen uneinheitlich. Ihre Arbeitskraft wurde weiterhin für wirtschaftliche und militärische Zwecke ausgebeutet, zudem sollten kleinere Gruppen von Juden für Tauschgeschäfte zurückgehalten werden. Gleichzeitig mordeten SS-Wachmannschaften ungehemmt bei der Räumung der Lager.[304] Die Stimmung der verbliebenen in „Mischehe“ lebenden Juden und der „Mischlinge“ schwankte zwischen Freude über das bevorstehende Kriegsende und der Furcht, doch noch dem Mordwahn zum Opfer zu fallen. Zugleich teilten sie die Sorgen und Nöte der nichtjüdischen Zivilbevölkerung vor den Bombenangriffen, den alliierten Besatzungstruppen und der sich verschlechternden Lebensmittelversorgung (Dok. 208). Dann aber befahl das Reichssicherheitshauptamt im Januar 1945 doch noch die Deportation der geschützten Juden (Dok. 199). Die im bayerischen Oberstdorf lebende Jüdin Eva Noack-Mosse erhielt Ende Februar ihren Deportationsbescheid. Von

301 Richard J. Evans, Das Dritte Reich. Krieg, Bd. 3, München 2009, S. 898; Zitat in: Nicolaus von Below, Als Hitlers Adjutant 1937–45, Frankfurt a. M. 1980, S. 398.

302 Siehe VEJ 16, S. 57. Meldung des Wirtschafts- und Verwaltungshauptamts vom 15.1.1945, BArch, NS 3/439; Herbert, Geschichte Deutschlands (wie Anm. 4), S. 541; Falk Pingel, Häftlinge unter SS-Herrschaft. Widerstand, Selbstbehauptung und Vernichtung im Konzentrationslager, Hamburg 1978, S. 130.

303 Volker Zimmermann, In Schutt und Asche. Das Ende des Zweiten Weltkriegs in Düsseldorf, Düsseldorf 2006, S. 67 f.

304 Daniel Blatmann, Die Todesmärsche – Entscheidungsträger, Mörder und Opfer, in: Die nationalsozialistischen Konzentrationslager. Entwicklung und Struktur, Bd. II, hrsg. von Ulrich Herbert, Karin Orth und Christoph Dieckmann, Göttingen 1998, S. 1063–1092, hier S. 1067.

Augsburg aus deportierte die Gestapo sie mit einer kleinen Gruppe anderer „arisch Versippter“ nach Theresienstadt. Bis zuletzt wollte sie es nicht wahrhaben: „Allmählich merkten wir nun doch alle, daß wir in die Gegend von Theresienstadt kommen würden. Aber immer nahmen wir an, da wir ja mit sogenannten ‚Ariern‘ verheiratet waren, daß wir nicht ins Ghetto selbst kommen würden.“[305]

Auch wenn die Deportationen im Februar und März 1945 die umfangreichsten seit der Auflösung der jüdischen Gemeinden Deutschlands waren – aus dem Reich und Wien wurden rund 2600 Menschen nach Theresienstadt deportiert, aus dem Protektorat ungefähr 3600 Juden und „Mischlinge“ –, verhinderten die allgemeinen Auflösungserscheinungen, dass diese Maßnahmen auch vollumfänglich durchgeführt wurden.[306] Neben zunehmenden Transportschwierigkeiten fassten viele der einbestellten Juden neuen Mut und wagten angesichts der bevorstehenden Befreiung doch noch den Schritt in den Untergrund (Dok. 206). In einigen Fällen halfen ihnen auch kooperative Gestapobeamte, die auf eine Rückversicherung für die Zeit nach dem Krieg hofften.[307] Die wenigen verbliebenen deutschen Juden trafen in diesen letzten Kriegswochen Vorbereitungen für die Zeit nach der Befreiung. Victor Klemperer, der mit seiner nichtjüdischen Ehefrau Eva während des verheerenden Bombenangriffs auf Dresden im Februar 1945 untergetaucht war, notierte Anfang April in sein Tagebuch: „Während wir das Tagebuch deponieren, behalten wir – wieder Evas Entscheidung – trotz der Gefahr einer Gepäckdurchsuchung unsere Pässe und einen J-Stern bei uns, weil wir diese Alibi-Zeugnisse für unsere Rettung ebenso nötig haben werden wie die arische Kleinpeterei.“[308]

Die nun noch verbliebenen Juden erlebten das Kriegsende in Konzentrationslagern, auf Todesmärschen, in Lagern der Organisation Todt, in ihren Verstecken oder ganz wenige in Judenhäusern ihrer Heimatstädte. Während die Befreiung der Juden im Westen in der Regel problemlos verlief, mussten die Juden in den östlichen Landesteilen in etlichen Fällen zunächst beweisen, dass sie Juden waren. Viele Soldaten der Roten Armee waren nach dem Durchmarsch durch zahlreiche Orte, in denen Massenliquidierungen der jüdischen Bevölkerung stattgefunden hatten, überzeugt, dass kein Jude überlebt haben konnte. Der damals 17-jährige Michael Wieck schilderte sein Zusammentreffen mit einem Sowjetsoldaten in seiner Heimatstadt Königsberg, der ihn der Kollaboration bezichtigte: „Unsere Vorlage der jüdischen Kennkarten quittierte er mit zwei Sätzen: ‚Wir wissen, daß alle Juden von Hitler umgebracht wurden. Wenn Sie trotzdem am Leben sind, müssen Sie für die Nazis gearbeitet haben.‘“[309]

305 Eva Noack-Mosse, Theresienstädter Tagebuch, LBI ME 476. MM 59, S. 21.

306 Gruner, Widerstand in der Rosenstraße (wie Anm. 113), S. 188; Gottwaldt/Schulle, „Judendeportationen“ (wie Anm. 83), S. 366 und 467; Wolf Gruner, Von der Kollektivausweisung zur Deportation der Juden aus Deutschland (1938–1945). Neue Perspektiven und Dokumente, in: Birthe Kundrus/Beate Meyer (Hrsg.), Die Deportation der Juden aus Deutschland. Pläne, Praxis, Reaktionen 1938–1945, Göttingen 2004, S. 59.

307 Gruner, Geschlossener Arbeitseinsatz (wie Anm. 122), S. 328; Meyer, Gratwanderung (wie Anm. 74), S. 388–390.

308 Klemperer, Tagebücher (wie Anm. 155), Bd. 2, S. 714, Eintrag vom 2.4.1945. Klemperers hatten sich zeitweise als Ehepaar Kleinpeter ausgegeben. Eine unleserliche Handschrift führte zur Modifizierung des Nachnamens.

309 Michael Wieck, Zeugnis vom Untergang Königsbergs. Ein „Geltungsjude“ berichtet, Heidelberg 1988, S. 234.

In allen Lagern des Reichs bot sich im Frühjahr 1945 das gleiche Bild. Die Evakuierungstransporte brachten Abertausende von Häftlingen, die Versorgungslage war katastrophal, die hygienischen Bedingungen verschlechterten sich derart, dass es zu Epidemien kam und die bereits hohen Todesraten ins Unermessliche stiegen. Als britische Truppen Mitte April das Konzentrationslager Bergen-Belsen betraten, gingen die Aufnahmen der Leichenberge um die Welt (Dok. 220, Dok. 221 und Dok. 222). Nachdem US-amerikanische Truppen Buchenwald befreit hatten, zwangen sie einen Teil der Weimarer Bürger, das Lager zu besichtigen, und konfrontierten sie mit den Verbrechen. Die Reaktion der Lager-Anrainer „Wir haben nichts gewußt!“ wurde zur „deutschen National-Hymne“ der Nachkriegszeit.[310]
Insgesamt kamen nach dem derzeitigen Kenntnisstand etwa 5,7 Millionen Juden in Europa während des Krieges gewaltsam zu Tode. Die größten Verluste erlitten die mittel- und osteuropäischen Juden. Allein in Polen wurden über 85 Prozent der jüdischen Bevölkerung während des Holocaust getötet. Von den rund 238 823 bei der Volkszählung des Jahres 1939 in Deutschland registrierten Juden (einschließlich der sogenannten Geltungsjuden) wurden etwa 131 000 aus dem Altreich deportiert und ermordet. Von den zwischen 1933 und 1941 schätzungsweise 330 000 aus dem Deutschen Reich emigrierten bzw. geflohenen Juden starben in den Vernichtungslagern oder im Emigrationsland verfolgungsbedingt etwa 23 000. Hinzu kommen mindestens weitere 23 000 Tote, die durch Abschiebung, Folter, unmenschliche Haftbedingungen in deutschen Gefängnissen, „Euthanasie“ oder Freitod ihr Leben verloren.[311] Schätzungen zufolge tauchten zwischen 10 000 und 15 000 Juden im Deutschen Reich unter. In und um Berlin überlebten von 5000 bis 7000 untergetauchten Juden ungefähr 1700.[312] Wie viele der im September 1944 knapp 13 000 durch ihre „Mischehe“ geschützten Juden das Kriegsende erlebten, bleibt offen.[313] In Österreich erlebten von den 1938 dort lebenden rund 180 000 bis 200 000 „Volljuden“ etwa 5800 die Befreiung.[314]

Das unvorstellbare Leid, das die Deutschen über die europäische Judenheit gebracht haben, bestimmte deren Leben auch nach dem Ende des Krieges. Viele der Überlebenden starben in den Tagen und Wochen nach der Befreiung an den Folgen von Ausbeutung, Misshandlung, Unterernährung und Krankheit. Allein in Bergen-Belsen fanden zwischen Mitte April und Juni 1945 noch etwa 14 000 der Befreiten den Tod. Vielfach bis an ihr Lebensende litten die Verfolgten an physischen und psychischen Folgeschäden, die das Weiterleben oft nur schwer erträglich machten. Nicht selten nahmen sich Überlebende noch Jahre, ja Jahrzehnte nach dem Ende des Holocaust das Leben. Die jüdische Kultur in Europa war weitgehend zerstört. Die Leere und Mutlosigkeit, die die

310 Margaret Bourke-White, Deutschland April 1945. „Dear Fatherland Rest Quietly“, München 1979, S. 90.

311 Nicolai M. Zimmermann, Was geschah mit den Juden in Deutschland zwischen 1933 und 1945? Eine Dokumentation des Bundesarchivs, in: Zeitschrift für Geschichtswissenschaft, 64. Jg., 2016, Heft 12, S. 1045–1058, hier S. 1048.

312 Gedenkstätte Stille Helden (Hrsg.), Widerstand (wie Anm. 87), S. 6 f.

313 Statistik der Reichsvereinigung der Juden für Sept. 1944, in: BArch, R 8150/32, Bl. 36.

314 Siehe VEJ 2, S. 27; Jonny Moser, Die Demographie der jüdischen Bevölkerung Österreichs 1938–1945, Wien 1999, S. 16 f. Der Korherr-Bericht nimmt eine zu hohe Zahl von 200 000 Juden zum Stichtag 13.3.1938 an; siehe Dok. 12 vom 19.4.1943.

unfassbaren Verbrechen des Judenmords zurückließen, hat die Journalistin Lili Hahn, die den Krieg als „Mischling“ in Frankfurt am Main überlebt hat, in Worte gefasst: „Die Nazis sind fort und haben meine Jugend mitgenommen, haben zwölf Jahre meines Lebens gestohlen, meine Gesundheit ruiniert und einen sehr anderen Menschen aus mir gemacht als den, der ich wohl ursprünglich werden sollte. Ich persönlich habe den Krieg gewonnen, aber den Frieden verloren, denn ich kann mir keine Zukunft mehr vorstellen, weiß nicht, worauf ich mich freuen soll. Ich habe kein Ziel und bin ausgebrannt.“[315]

315 Lili Hahn, Bis alles in Scherben fällt. Tagebuchblätter 1933–45, Hamburg 2007, S. 509.

Dokumentenverzeichnis

Teil 1 Deutsches Reich

35 Herbert Gündel vom Reichsfinanzministerium äußert sich am 3. Juni 1943 skeptisch zum Vorschlag, der Stadt Wien „arisierte“ Grundstücke zur treuhänderischen Verwaltung zu übergeben

36 Cläre von Mettenheim schildert in ihrem Tagebuch am 4. Juni 1943, wie unsicher ihr Leben angesichts der Deportation jüdischer „Mischehepartner“ in Hessen sei

37 Martin Gerson beendet am 8. Juni 1943 einen Abschiedsbrief an seinen Bruder in Palästina, in dem er von seiner früheren Arbeit für die jüdische Umschulung schwärmt

38 Das Reichsinnenministerium informiert am 9. Juni 1943 über das Vorhaben, Beamten die Eheschließung mit Personen zu verbieten, die bereits mit einem Juden verheiratet waren

39 Die Gestapo Düsseldorf weist einige ihrer Außendienststellen am 11. Juni 1943 an, gewisse Vorsichtsmaßnahmen bei der Deportation von Juden zu treffen

40 Erwin Garvens vermerkt in seinem Tagebuch am 12. Juni 1943, dass sich das Ehepaar Lippmann in Hamburg das Leben genommen hat

41 Willy Meyer beantragt am 12. Juni 1943 bei der Staatsanwaltschaft Berlin, seine Ehefrau Clara als „Mischling ersten Grades“ anzuerkennen

42 Luise Solmitz beschreibt in ihrem Tagebuch am 16. Juni 1943 den psychischen Druck, den die NS-Rassenpolitik auf ihre „Mischehe“ ausübt

43 Bernhard Kolb hält in seinen Tagebucheinträgen vom 9. bis 17. Juni 1943 seine Verhaftung in Nürnberg fest

44 Hitler bekräftigt am 19. Juni 1943 auf dem Obersalzberg gegenüber Himmler, dass die Deportation der Juden weiterhin radikal durchzuführen sei

45 Heinrich Himmler befiehlt am 21. Juni 1943 die Auflösung der Gettos im Reichskommissariat Ostland

46 Einen Tag vor ihrer Deportation nach Auschwitz verspricht Mathilde Bing am 27. Juni 1943 ihren beiden Söhnen, dass sie versuchen wird zu überleben

47 Die NSDAP-Kreisleitung Lippe ermahnt Karl Bösch am 29. Juni 1943, künftig keine Fotos mehr von Erschießungen von Juden zu zeigen

48 Der Oberfinanzpräsident in Linz beklagt am 29. Juni 1943, dass ihm der Ankauf von Möbeln aus dem Vermögen deportierter Juden nicht genehmigt wurde

49 Herbert Strauss erhält im Juni 1943 von einem Fluchthelfer detaillierte Anweisungen, wie er bei Singen illegal die Grenze in die Schweiz überqueren kann

50 Die 13. Verordnung zum Reichsbürgergesetz legt am 1. Juli 1943 fest, dass strafbare Handlungen von Juden nur noch durch die Polizei geahndet werden

51 In einer Notiz der Reichsvereinigung vom 3. Juli 1943 ist vermerkt, wie viel Juden im Berliner Sammellager Große Hamburger Straße für ihren Aufenthalt bezahlen sollen

52 Der Historiker Arnold Berney schreibt am 4. Juli 1943 in seinem Tagebuch über die Deportationen deutscher Juden nach Theresienstadt und über die kulturellen Anpassungsschwierigkeiten in Palästina

Teil 2 Protektorat Böhmen und Mähren

286 [illegible] enthält die Bevölkerung [illegible] Januar 1943, die Disziplin und die geltenden Vorschriften einzuhalten

290 Vilma Cohn Levy [illegible] Antrag [illegible] 1945 ihren Transport aus Theresienstadt in die Schweiz [illegible]

291 Der Ältestenrat der Juden in Prag berichtet dem Zentralamt für die Regelung der Judenfrage am 9. Februar 1945 über die ordnungsgemäß abgewickelten Deportationen nach Theresienstadt

292 Erich Kessler beschreibt am [illegible] Februar 1945 die Schwierigkeiten seiner [illegible] [illegible] vor der angedrohten Deportation nach Theresienstadt zu bewahren

293 [illegible] Artikel vom 16. Februar 1945 stellt Kurt Grossmann Vermutungen über die Gründe für die Freilassung von Theresienstädter Häftlingen an die Schweiz an

294 [illegible] am [illegible] 1945 mit, dass der [illegible] Anton Moravec zum [illegible] geschlossenen Arbeitseinsatz herangezogen wird

295 [illegible] in ihrem Tagebuch [illegible] April 1945 die [illegible] [illegible] Theresienstadt

296 [illegible]

297 [illegible] April 1945 [illegible] Theresienstadt über [illegible]

298 [illegible]

299 [illegible]

300 [illegible]

301 [illegible]

DOKUMENTE

Teil 1
Deutsches Reich

DOK. 1
Der Schriftsteller Robert Brendel berichtet seiner Schwester Hilde am 3. April 1943, wie aussichtslos die beruflichen Perspektiven seiner Kinder aufgrund ihrer Herkunft seien[1]

Brief von Robert Brendel,[2] Hamburg-Fuhlsbüttel, Buschkamp 4, an seine Schwester Hilde Apel,[3] Springe, vom 3.4.1943 (Typoskript)

Liebe Hilde,
seit Deiner lieben Karte, in der Du uns über Lieschen[4] beruhigtest, haben wir auch direkt von ihr Nachricht erhalten und freuen uns, daß sie und Lieselotte[5] wohlauf sind. Sind sie nun inzwischen bei Dir eingetroffen? Die Ruhe bei Euch auf dem Lande wird ihnen gewiß guttun. Aber man kommt doch nicht aus der Unruhe heraus. Jetzt sorgen wir uns wieder um Lene, die ja, wie Lieschen schreibt, nach Neapel zu Armin gefahren ist.[6] Ein bekannter Flieger, der augenblicklich aus Italien hier ist, erzählte uns, daß Neapel sehr unter Fliegerangriffen zu leiden hätte, vor einiger Zeit, ich glaube vorige Woche, das Hauptmunitionsdepot in die Luft geflogen sei, was viel Opfer gekostet hätte. Hast Du etwas von Lene gehört? Wir schrieben ihr vor einiger Zeit noch nach Gevelsberg, aber haben keine Antwort erhalten. Solltest Du etwas hören, gib doch bitte gleich Nachricht. Ja, es ist eine böse Zeit. Auch um Gisela[7] sind wir in der letzten Woche sehr besorgt gewesen, als die schweren Angriffe in Berlin waren. Gott sei Dank ist aber Potsdam, wo sie wohnt, bis jetzt verschont geblieben, und wir haben immer die gute und schnelle Möglichkeit, uns telefonisch sofort nach ihrem Wohlsein erkundigen zu können. Ich finde es überhaupt richtig, wenn wir alle uns für alle Fälle eine Telefonnummer geben, unter der wir im Notfall erreichbar sind. Meine Nummer habe ich oben am Briefkopf angegeben. Vielleicht gibst Du sie auch Lieschen, wenn sie noch bei Euch sein sollte, und Du schreibst mir gelegentlich auch eine bei Euch, in der Sparkasse oder bei einem Nachbarn, unter der ihr erreichbar seid. Denn es ist doch wirklich so, daß man heute beständig zwischen Leben und Tod schwebt.

1 Original in Privatbesitz, Kopie: IfZArch, F 601. Abdruck in: Ursula Büttner, Die Not der Juden teilen. Christlich-jüdische Familien im Dritten Reich. Beispiel und Zeugnis des Schriftstellers Robert Brendel, Hamburg 1988, S. 173–175.

2 Dr. Robert Brendel (1889–1947), Lehrer und Schriftsteller; 1918 heiratete er die Jüdin Dr. Xenia Bernstein (1888–1987); 1919–1933 Lehrer in Lüneburg, seit 1934 in Wesermünde; 1936 Zwangspensionierung, 1938 Ausschluss aus der Reichsschrifttumskammer, Okt. 1944 Aufruf zum Zwangseinsatz bei der OT, für dienstuntauglich erklärt; Autor von „Die Heimkehr“ (1946).

3 Hilde Apel, geb. Brendel (*1898); Leiterin der NS-Frauenschaft in ihrem Wohnort Springe am Deister (bei Hannover); verheiratet mit dem Sparkassenbeamten und SS-Mitglied Rolf Apel, der nach Kriegsende in Neuengamme inhaftiert wurde.

4 Luise Büttner, genannt Lieschen, geb. Brendel (*1887); älteste Schwester von Robert Brendel; wohnte in Essen.

5 Lieselotte Büttner, später verheiratete Premer, Tochter von Luise Büttner.

6 Helene R., geb. Brendel (*1891); Schwester von Robert Brendel; Armin ist ihr Sohn.

7 Dr. Gisela Distler-Brendel, geb. Brendel (*1919), Musikwissenschaftlerin; Tochter von Robert Brendel; von 1942 an Tätigkeit in einer Marmeladenfabrik bei Berlin; nach dem Krieg am musikpädagogischen Seminar der Universität Gießen.

Angesichts all dieser Dinge sind die persönlichen Unannehmlichkeiten, die man durchmachen muß, fast nebensächlich, so schmerzlich sie sich auch gerade auf unsere Kinder auswirken, die doch noch nicht zu der Resignation „gereift“ sind wie wir älteren Menschen. Das erlebten wir in der vorigen Woche, als es mit Irenes[8] befohlenem Abgang von der Schule ernst wurde. Mit einem Zeugnis, das sieben Einsen in den wichtigsten Fächern: Deutsch, Geschichte, Mathematik, Englisch, Biologie, Chemie etc. und sonst lauter Zweien enthielt, dazu eine außergewöhnliche Charakteristik über ihre menschlichen und moralischen Eigenschaften, ihre hervorragend die Arbeit in der Klasse anregende Gemeinschaftsarbeit, mit einem solchen Zeugnis wird das Kind aus einer Gemeinschaft ausgestoßen, die sie ausdrücklich und ostentativ als zu sich gehörig anerkennt und gar nicht einsieht, wieso und warum das alles geschieht: Lehrer erbieten sich, ihr unentgeltlich weiter Privatunterricht zu geben, die Mitschülerinnen betonen nachdrücklicher als je ihre Freundschaft etc. Und Irene verließ die Schule wenigstens noch mit der Hoffnung, in einer Fremdsprachenschule, die sie nach den rechtlichen Bestimmungen im Herbst aufgenommen hatte, weiterarbeiten zu können. Aber – da kommt von der Schule die kurze und bündige Nachricht, „es sei ihr von maßgebender Stelle nahegelegt worden, Halbarier nicht mehr zu Ostern aufzunehmen. Sie zögen darum die Aufnahme zurück.“[9] Was also bleibt übrig? Gar nichts! Kaufmännische Tätigkeit? Aber wie ist es damit? Einem jungen bekannten Halbarier, der in der Elektrobranche seine dreijährige Lehrlingszeit durchgemacht hat und seine Gesellenprüfung mit gut bestanden hat, wird vom Obermeister der Innung unter irgendeinem Vorwand seine Bescheinigung über die Lehrlingszeit und sein Gesellenzeugnis abgefordert, und nun behauptet man kurzweg, er habe das alles gar nicht gemacht, er sei lediglich als Aushilfskraft beschäftigt gewesen, und der Chef und alle anderen wagen angstschlotternd nicht, die Wahrheit zu sagen. Wir selbst nehmen diese Dinge mit verhältnismäßigem Gleichmut hin, denn wir wissen, die inneren Werte lassen sich durch solche Dinge nicht töten. Aber für die jungen Menschen ist es schlimm, nicht wegen der praktischen Folgen solcher Entrechtung, sondern wegen all der inneren Zerstörung an Glauben an Recht und Gerechtigkeit, die in ihnen angerichtet wird, ein Weltbild wird ihnen aufgezwungen, das den Menschen und die Motive seines Handelns in schwärzester Schwärze zeigt. Jedenfalls fordert es von uns, den Eltern, die äußerste und ernsteste Anstrengung, in unseren Kindern trotz der von ihnen gemachten üblen Erfahrungen den Glauben an das Gute lebendig zu erhalten, zu verhindern, daß sie nicht ebenso skrupellos werden aus Selbsterhaltungstrieb wie ihre Peiniger. Und eben diese fortgesetzte verantwortungsschwere Bemühung gibt uns Älteren die Kraft, alles das zu ertragen. Und es ist eine immer wieder erfahrene Freude für uns zu sehen und zu fühlen, wie das Gute dennoch stärker ist als das Brutale u. Ungerechte.

Sonst, liebe Hilde, habe ich diese ganze Woche mit einer fieberhaften Grippe im Bett gelegen und bin auch jetzt noch recht zerschlagen. Im übrigen warte ich auf meinen Arbeitseinsatz. Habe in der vorigen Woche den Garten weiter zurechtgemacht und freue

8 Dr. Irene Brendel, später verheiratete Schmidt (*1927); wurde im März 1943 von der Schule ausgeschlossen, anschließend vom Vater weiter unterrichtet, danach hauswirtschaftliches Pflichtjahr.

9 Nach einer gedankenlosen Anspielung auf Informationen aus einer ausländischen Radiosendung bekam Irene Brendel einen Verweis, weil sie einen „Feindsender“ gehört habe. Vermutlich stand die Entlassung aus der Schule im Zusammenhang damit.

mich, daß die frisch gepflanzten Beerensträucher und das Buschobst schön kommen und dicke Knospentriebe haben. Auch meine Vortragsreihe über deutsche Literatur vom Barock bis Goethe habe ich nun abgeschlossen. Und so bin ich, da ich wegen des Arbeitseinsatzes nichts Neues anzufangen wage, augenblicklich etwas freier von Arbeit und lese viel. Einmal in der Woche arbeite ich noch mit Bettina[10] und einer Freundin von ihr über griechische Literatur und Philosophie, Irene nimmt jetzt auch daran teil. Es macht uns viel Freude. Und nach Ostern werde ich Irene in Deutsch, Geschichte und Spanisch weiter unterrichten. Denn das Mädchen ist äußerst wißbegierig und arbeitslustig.

Damit, liebe Hilde, will ich schließen. Also gib uns, sobald Du etwas von Lene gehört hast, Nachricht. Grüße Rolf herzlich von uns. Und wenn die Essener noch da sind, bestelle auch ihnen viele schöne Grüße.

Hoffentlich geht es Euch allen gut. Das wünscht Dir herzlichst

Dein Bruder

DOK. 2

Das Staatssekretariat des Vatikans skizziert am 8. April 1943 die Situation der Juden und „Mischlinge" in Deutschland[1]

Aktennotiz des Staatssekretariats des Vatikans, Vatikanstadt, vom 8.4.1943

Überblick über die Situation der Nichtarier in Deutschland und Plan für eine Intervention Mussolinis[2] bei der deutschen Regierung zugunsten der Juden.

Doktor Gerhard Lehfeldt,[3] wohnhaft in Berlin, hat an den Heiligen Vater eine Bittschrift[4] geschickt, in der er den Heiligen Vater anfleht, er möge den Chef der italienischen Regierung drängen, sich bei den deutschen Behörden für die „Mischlinge" ersten Grades einzusetzen.

10 Bettina Brendel (*1922); Tochter von Robert Brendel; Ausbildung an einer privaten Hamburger Kunstschule, arbeitete als technische Zeichnerin für den Kriegsschiffbau.

1 A. S. V., A. E. S. 2649/43. Das Original konnte nicht eingesehen werden. Abdruck in: Actes et Documents du Saint Siège relativs à la Seconde Guerre Mondiale, hrsg. von Pierre Blet u. a., Bd. 9: Le Saint Siège et les Victimes de la Guerre. Janvier–Décembre 1943, Città del Vaticano 1975, Dok. 140, S. 240–242. Das Dokument wurde aus dem Italienischen übersetzt.

2 Benito Mussolini (1883–1945), Grundschullehrer; 1901–1914 Mitglied der Sozialistischen Partei Italiens, 1919 Mitbegründer der faschistischen Kampftruppe, 1921–1945 Gründer und Führer des Partito Nazionale Fascista; 1922–1943 italien. Ministerpräsident, 1943–1945 Ministerpräsident der Republik von Saló im deutsch besetzten Norditalien; im April 1945 von italien. Partisanen gefangen genommen und erschossen.

3 Dr. Gerhard Lehfeldt (1897–1976), Jurist; Leutnant im Ersten Weltkrieg, schwer verwundet; 1921–1926 in verschiedenen Gerichtsbezirken tätig, 1929 Entlassung aus dem Staatsdienst, in den 1930er-Jahren u. a. Versicherungsdirektor in Magdeburg; er galt nach den Rassegesetzen als „Halbjude" und lebte in sog. Mischehe; 1943 Syndicus in Berlin; nach Kriegsende Chef der Zivilverwaltung Magdeburgs.

4 Siehe VEJ 6/236.

I. Bisher werden die Juden in fünf Kategorien unterteilt:

1. „Volljuden" (vollständig jüdischer Rasse) ohne Rücksicht auf ihre Religionszugehörigkeit, die mit einem Juden verheiratet sind, der ebenfalls „Volljude" ist;
2. „Volljuden", Christen, die mit einem Arier verheiratet und kinderlos sind;
3. „Volljuden", Christen, die mit einem Arier verheiratet sind und Kinder haben;
4. „Mischlinge" ersten Grades (gemischter Rasse, d. h. die von einem jüdischen und einem arischen Elternteil abstammen), die christlich erzogen sind;
5. Sonstige „Mischlinge", die von einem jüdischen und einem arischen Elternteil abstammen, aber in der jüdischen Religion erzogen sind. Diese sind „Volljuden" gleichgestellt.

II. Die „Mischlinge" ersten Grades sind den Ariern gleichgestellt und besitzen die deutsche Staatsbürgerschaft. Ihre Zahl wird auf 300 000 geschätzt.

Wie oben angedeutet, bestand in Deutschland bis zum Ausbruch des derzeitigen Krieges ein Verein für den Schutz der Rechte der „Mischlinge" ersten Grades.[5] Dieser Verein wurde aufgelöst, weil – wie es hieß – „es keinen Grund für sein Bestehen gab, da Mischlinge ersten Grades den Ariern gleichgestellt sind". In Wirklichkeit aber wollte man diese Kategorie von Juden jeden Schutzes sowohl vor der Verletzung geltender Rechtsvorschriften als auch vor einer möglichen Anwendung der Rassengesetze berauben.

III. Führende Kreise des Reichs scheinen sich nicht darüber einig zu sein, welche Haltung gegenüber den „Mischlingen" ersten Grades einzunehmen sei. Es gibt eine radikale Strömung, die von Dr. Goebbels unterstützt wird, und eine gemäßigte, die von den obersten Militärbehörden vertreten wird.[6]

IV. Es wird nun die Verabschiedung eines Gesetzes befürchtet, das die „Mischlinge" ersten Grades den „Volljuden" gleichstellt, mit allen vorhersehbaren Konsequenzen, insbesondere in Hinblick auf die Deportation, die den fast sicheren Tod bedeutet.

Denn nach der vollständigen Deportation der Juden der ersten Kategorie, die gegen Ende des Jahres 1942 abgeschlossen war, hat man bereits mit der – wenn auch nicht massenhaften – Deportation der Juden der zweiten und dritten Kategorie begonnen.[7]

V. Der Unterzeichner bittet um eine Intervention des Heiligen Vaters beim italienischen Regierungschef, dem Einzigen, der in der gegebenen Situation bei den obersten Behörden des Reichs Gehör finden kann.

5 Gemeint ist der Reichsverband christlich-deutscher Staatsbürger nichtarischer oder nicht rein arischer Abstammung e. V., der 1933 als Zweckverband kath. und evang. Christen jüdischer Abstammung gegründet wurde. 1936 wurde der Verband zunächst in Paulusbund – Vereinigung nichtarischer Christen e. V. umbenannt, bevor er sich im März 1937 in die Vereinigung 1937 (jüdische „Mischlinge") und das Büro Heinrich Spiero („Volljuden") teilte. Die Vereinigung 1937 wurde am 11. 8. 1939 durch die Gestapo aufgelöst.

6 Hinsichtlich der Frage, ob „Mischlinge ersten Grades" in der Wehrmacht dienen durften, bestand ein Konflikt zwischen der NSDAP und dem OKW. Während die Partei-Kanzlei der NSDAP auch gegenüber der Ministerialbürokratie stets den radikalen Standpunkt vertrat, war die Wehrmacht angesichts der seit 1941 zunehmenden Personalnot an der Integration der „Mischlinge" interessiert, die seit dem 8. 4. 1940 vom Wehrdienst ausgeschlossen waren. Am 12. 10. 1942 wurden schließlich auch die wenigen, die aufgrund besonderer Verdienste und persönlicher Entscheidung Hitlers in der Wehrmacht verblieben waren, entlassen.

7 Die Deportation der „Volljuden" war erst im Frühjahr 1943 weitgehend abgeschlossen, und der überwiegende Teil der in „Mischehe" lebenden Juden war vor der Deportation bis Febr. 1945 geschützt.

Kardinal Faulhaber[8] soll in einer diesem Herrn[9] kürzlich gestatteten Audienz geäußert haben, nur der Heilige Vater könne seinerseits wirkungsvoll beim italienischen Regierungschef intervenieren.
Mittlerweile hat der Kardinal von Breslau[10] wegen der zwangsweisen Trennung der Eheleute protestiert, die angesichts der Deportation des jüdischen Ehepartners naturgemäß im Zusammenhang mit der zweiten und dritten Kategorie stattfindet.[11]
Aus der Bittschrift und dem anhängenden Bericht[12] lässt sich nicht ableiten, dass die dort zum Ausdruck gebrachten Befürchtungen hinsichtlich einer baldigen Anwendung der Rassenmaßnahmen zulasten der „Mischlinge" ersten Grades gänzlich begründet sind.
Es handelt sich einerseits doch um eine sehr erhebliche Anzahl christlicher Juden (300 000), die davon betroffen sein könnten, und andererseits sind diese zum Teil arischen Geschlechts.[13] Sollte man in Anbetracht dessen vielleicht versuchen, über Pater Tacchi Venturi[14] beim Chef der italienischen Regierung ein Wort einzulegen, damit dieser sich gegenüber der deutschen Regierung für sie einsetzt?
Allerdings darf man diesbezüglich, da er sich den Deportationen der Juden aus von italienischen Truppen besetztem französischem Gebiet und anderswo widersetzt hat,[15] auch nicht außer Acht lassen, dass dies nicht gerade ein günstiger Augenblick für eine Bemühung des italienischen Regierungschefs im gewünschten Sinne wäre.
Anmerkung von Kardinal Maglione:[16]
Zumindest vorerst kann man nichts machen. 10.4.43

8 Dr. Michael Kardinal von Faulhaber (1869–1952), kath. Theologe; 1911 Einsetzung zum Bischof von Speyer, 1915/16 reiste er als Feldpropst an die Westfront, 1917–1952 Erzbischof von München und Freising, 1921 zum Kardinal ernannt; 1937 verfasste er den ersten Entwurf der Enzyklika „Mit brennender Sorge", in der die Politik und Ideologie des Nationalsozialismus kritisiert wurde.
9 Gemeint ist Gerhard Lehfeldt.
10 Adolf Bertram (1859–1945), kath. Theologe; 1906–1914 Bischof von Hildesheim, von 1914 an Fürstbischof von Breslau, 1916 zum Kardinal bestimmt und 1919 öffentlich ernannt, 1919–1945 Vorsitzender der Fuldaer Bischofskonferenz, 1930–1945 Erzbischof von Breslau.
11 Am 2.3.1943 hatte Bertram an Mitglieder der Reichsregierung geschrieben und die massenhaften Verhaftungen von Juden im Rahmen der sog. Fabrik-Aktion verurteilt sowie insbesondere den Schutz für die in „Mischehe" lebenden kath. Christen eingefordert; Abdruck des Schreibens in: Ludwig Volk u. a., Akten deutscher Bischöfe über die Lage der Kirche 1933–1945, Bd. VI: 1943–1945, Mainz 1985, S. 21–23.
12 Gemeint ist der Lehfeldt-Bericht; siehe VEJ 6/236.
13 Vermutlich wird hier unterschieden zwischen Juden, die konvertiert waren, und Kindern aus „Mischehen".
14 Pietro Tacchi Venturi (1861–1956), Priester und Historiker; Beichtvater Mussolinis und somit die inoffizielle Verbindung zwischen diesem und Pius XII.
15 Am 20.3.1943 hatte Mussolini gegenüber den deutschen Behörden seine Bereitschaft geäußert, gegen die Juden auf von Italien besetztem französischem Gebiet schärfer vorzugehen; siehe VEJ 12/296.
16 Dr. Luigi Maglione (1877–1944), kath. Theologe; 1918 vorläufiger Päpstlicher Repräsentant beim Völkerbund und Gesandter in der Schweiz, von 1920 an Apostolischer Nuntius u. a. in Frankreich, 1935 Kardinal, 1938 Präfekt der Konzilskongregation, 1939–1944 Kardinalstaatssekretär.

DOK. 3
Die Reichsvereinigung der Juden in Stuttgart informiert die jüdische Bevölkerung am 8. April 1943 über die Modalitäten des Postverkehrs mit Theresienstadt[1]

Rundschreiben Nr. 8 der Reichsvereinigung der Juden in Deutschland für Stuttgart, gez. Benno Ostertag,[2] Stuttgart, Eberhardstr. 1/II, vom 8.4.1943

1. Betr. Postverkehr mit Einwohnern von Theresienstadt teile ich weisungsgemäß folgendes mit:
a) Es kann höchstens *dreimal* im Monat eine Postkarte in deutscher Sprache und in deutlicher Schrift, möglichst Block- oder Maschinenschrift, geschrieben werden.
b) Die Postkarte ist mit der genauen Anschrift des Empfängers in Theresienstadt, wie sie auf seinem Schreiben angegeben ist, zu versehen und *unfrankiert* in einen Briefumschlag zu legen, der mit der Anschrift
Reichsvereinigung der Juden in Deutschland
Berlin-Charlottenburg 2, Kantstr. 158
– zu dem Aktenzeichen VII Pr. –, bei der Post frankiert einzuwerfen ist. Die Weiterleitung erfolgt alsdann durch die Reichsvereinigung.
c) Außerdem ist *einmal* monatlich die Zusendung eines Liebesgabenpakets in der Größe eines Feldpostpäckchens, jedoch nur bis zum Höchstgewicht von 1 kg., *ohne* schriftliche Mitteilungen zulässig. Es ist mit der Anschrift des Empfängers in Theresienstadt versehen unmittelbar an diesen durch die Post zu senden.
d) Postkarte und Päckchen dürfen erst gesandt werden, nachdem der Einwohner von Theresienstadt seine Anschrift persönlich mitgeteilt hat. Anfragen nach den Anschriften bei Dienststellen sind zu unterlassen. Zu bemerken ist noch, daß, sobald die Anschrift des Empfängers in Theresienstadt bekannt ist, an ihn auch von solchen Personen geschrieben werden kann, denen der Empfänger in Theresienstadt seine Anschrift nicht unmittelbar mitgeteilt hat. Entsprechendes gilt auch für die Versendung von Päckchen. Von dieser Möglichkeit sollte jedoch nur in beschränktem Umfange Gebrauch gemacht werden, damit nicht durch eine unverhältnismäßige Häufung von Postsachen die Abwicklung beeinträchtigt oder erheblich verzögert wird. Genaueste Beachtung ist erforderlich, da Zuwiderhandlungen die Gefahr der Einstellung des Postverkehrs zur Folge haben.
2. Ich wiederhole die Mitteilung aus Rundschreiben Nr. 2,[3] daß jede Geschenksendung an Abgewanderte, die sich nicht in Theresienstadt befinden (auch in Briefen oder Muster ohne Wertsendung), unzulässig ist.

1 StadtA Ulm, Nachlass Keil, Nr. 1/6.
2 Dr. Benno Ostertag (1892–1956), Jurist; 1921–1938 Rechtsanwalt in Stuttgart, 1938 Verlust der Zulassung, dann Tätigkeit als sog. Rechtskonsulent, 1945 tauchte er bis zur Befreiung unter; seit 1945 bemühte er sich um die Wiedergutmachung und war am Wiederaufbau der jüdischen Organisationen beteiligt, wieder als Anwalt in Stuttgart tätig; 1952 Großes Verdienstkreuz der Bundesrepublik Deutschland.
3 Nicht ermittelt.

3. Jede Veränderung des Arbeitsplatzes ist unverzüglich mir oder der Jüdischen Mittelstelle[4] zu melden. Die bei mir eingegangenen Meldungen gebe ich der Jüdischen Mittelstelle weiter, da diese die Arbeitseinsatz-Liste führt und die behördliche Meldung für alle Juden hinsichtlich des Arbeitseinsatzes zu erstatten hat.
4. Es wird nochmals darauf hingewiesen, daß der zusätzliche Vorname bei jeder Gelegenheit zu führen ist, wo es im Rechts- und Geschäftsverkehr üblich ist, den Namen anzugeben.[5] Hiernach ist es z. B. auch erforderlich, bei der Angabe eines Absenders auf Postsendungen die entsprechenden Vornamen anzugeben.
5. Die Kinder (Mischlinge) sind zu belehren, daß sie bei Fragen nach ihrer Abstammung antworten: „Mischling I. Grades“. Es kam vor, daß Kinder z. B. bei der Musterung zum Reichsarbeitsdienst angaben „arisch“, andere gaben an „halbarisch“. Da die Antwort öfters schüchtern herauskommt, wird das „halb“ überhört. Es entsteht dadurch Mehrarbeit, und es kann leicht zu Unannehmlichkeiten führen. Auch in der Schule muß eine korrekte Antwort gegeben werden.
6. Juden, die das Kennzeichen tragen müssen, ist bekanntlich die Inanspruchnahme von deutschen Friseuren verboten.[6] Es steht z. Zt. kein jüdischer Friseur zur Verfügung. Sofern sich unter den in privilegierter Mischehe lebenden Juden jemand befindet, der nebenberuflich diese Tätigkeit ausüben kann, bitte ich um Meldung. Die Einnahme des bisherigen, auch nebenberuflich tätigen jüdischen Friseurs war recht einträglich.
7. Es wird nochmals darauf hingewiesen, daß das Ausgehverbot in der Zeit vom 1.4. bis 30.9. auf die Zeit von 21 Uhr abends bis 5 Uhr früh festgelegt ist.
8. Es wird daran erinnert, daß zur Weiterführung der Fragebogen jede Veränderung des Personenstandes, und zwar von jedem einzelnen Familienmitglied, sowie Änderung der Wohnung und des Arbeitsplatzes zu melden ist, also auch z. B., wenn Kinder aus der Schule austreten und eine Lehrstelle annehmen.

4 Die Jüdische Mittelstelle, ursprünglich die Zentralstelle für das Jüdische Vereins- und Veranstaltungswesen, organisierte zunächst als Außenstelle der Reichsvereinigung der Juden in Deutschland die Auswanderung der Stuttgarter Juden und stand unter strenger Aufsicht von Gestapo und SD. Mit Beginn der Deportationen der Stuttgarter Juden 1941 wurde die Jüdische Mittelstelle zur Mitarbeit an der Abwicklung der Transporte gezwungen.

5 Gemeint ist der zusätzliche Zwangsvorname Israel für Männer und Sara für Frauen; siehe VEJ 2/84 und 90.

6 Anordnung über die Inanspruchnahme von Friseuren durch Juden, in: Jüdisches Nachrichtenblatt vom 29.5.1942.

DOK. 4

Cläre von Mettenheim beklagt in ihrem Tagebuch am 13. April 1943, dass die evangelische Kirche ihren Mitgliedern jüdischer Herkunft das Abendmahl verweigert[1]

Handschriftl. Tagebuch von Cläre von Mettenheim,[2] Eintrag vom 13.4.1943[3]

6.4.43 Das war vor 1 Woche. 13.4. u. da konnte ich nicht schreiben, denn bei jedem neuen Schlag dauert es eine Zeit, bis ich das Gleichgewicht wiedergefunden habe. Heute ist ein wundervoller Frühlingsabend, die Bäume blühen im Garten gegenüber, u. ich muß dankbar sein, daß ich das habe. Das u. daß unser Haus noch unversehrt ist. Beim letzten Angriff war Dieter[4] im Haus u. ich blieb ruhig im Bett. In meiner Lage wäre ein solcher „Kriegstod" eine Lösung. Der Familie wäre es unbedingt leichter. Was sich auch nach dem Tod von Frau Hessenbergs Onkel Steinthal herausgestellt hat: er hat das Richtige getan, die Familie lebt auf, unbehelligt.
Hans Jörg ist in Rußland gefallen u. nicht begraben, sie mußten ihn beim Rückzug liegenlassen. Wenn der Gedanke auch schauerlich ist, so habe ich mir überlegt, daß schließlich […][5] u. all die Tausende Juden auch nur in ein Loch geworfen wurden, nachdem sie ausgeraubt waren. Schlimmer werden's die Russen auch nicht machen. – Aber nun will ich Dir doch von meinem Kummer erzählen, der mich am 6. am Schreiben hinderte. Wir hatten besprochen, wann wir das Abendmahl nehmen u. – da es von der Kirche verboten (aber geheim verboten) war, daß Rassejuden es nehmen dürfen[6] – ob

1 IfS Frankfurt a. M., Nachlass Mettenheim, S1/273/1319. Teilweise abgedruckt in: Amelis von Mettenheim, Die zwölf langen Jahre. Eine Familiengeschichte im Dritten Reich, in: Archiv für Frankfurts Geschichte und Kunst, hrsg. von Dieter Rebentisch, Heft 65, Frankfurt a. M. 1999, S. 249.

2 Cläre (Clara) von Mettenheim, geb. Hirschhorn (1884–1980); stammte aus einer Tabakhändlerfamilie in Mannheim; Mitglied der DNVP und der Bekennenden Kirche; sie hatte aus erster Ehe vier, aus der zweiten mit dem Kinderarzt Prof. Dr. med. Heinrich von Mettenheim (1867–1944) zwei weitere Kinder; nach dem Tod ihres Mannes im Jan. 1944 verlor sie den Schutz der „privilegierten Mischehe", überlebte versteckt auf einem Gut in Silmersdorf bei Sybille Dierke (1902–1980); kehrte am 12.10.1945 nach Frankfurt zurück.

3 Cläre von Mettenheim schrieb regelmäßig sog. Dauerbriefe, zunächst als Briefe an ihre in Großbritannien lebende Tochter Hildegart (1910–1982) und später in Form eines Tagebuchs; siehe auch VEJ 6/32 und 68.

4 Dieter Fischer (1916–2002), Elektrotechniker; jüngster Sohn von Cläre von Mettenheim und ihrem ersten Ehemann Erwin Fischer; im Krieg Sanitäter, wurde Mitte 1944 aufgrund seiner jüdischen Abstammung entlassen, arbeitete danach als Mechaniker in einer orthopädischen Werkstatt; 1944/45 nach einem Luftangriff auf Frankfurt untergetaucht und dort im März 1945 befreit.

5 Vermutlich: Mé, d. i. Meta Luise Salomon, geb. Eichengrün (1869–1942); eine Cousine Cläre von Mettenheims; sie wurde im Sommer 1942 von Frankfurt a. M. nach Ravensbrück deportiert und starb dort.

6 Am 17.12.1941 veröffentlichten verschiedene evang. Landeskirchenleitungen im Deutschen Reich die „Bekanntmachung über die kirchliche Stellung evangelischer Juden", in der „jegliche Gemeinschaft mit Judenchristen aufgehoben" wurde; siehe Gesetz- und Verordnungsblatt der evangelischen Landeskirche Nassau Hessen 1942, Frankfurt a. M. 1942, S. 4.

wir unter den augenblicklichen Umständen Veidt[7] in Verlegenheit bringen könnten damit. Vater trifft an dem Abend in einem Konzert Veidt u. sagt ihm von unseren Erwägungen. Veidt wird nachdenklich, will sich's mal überlegen – wir könnten es ja in der Wohnung nehmen (!) –, hat aber bis heute noch nichts von sich hören lassen. Nun – ich würde ja unter diesen Umständen danken, denn wenn ich nicht in die Gemeinde gehöre – was bleibt dann von Kirche, Taufe, Sakrament u. Bibel? Damit ist doch alles hinfällig. Aber ich wußte doch trotz des Kummers – u. der Wut –, daß das eben Menschenschwächen sind u. die Angst mächtiger ist als Christi Macht in den Herzen. Ich halte mich an ihn u. nicht an Veidt u. Maas[8] und all die armen Geschöpfe.
– Das O. K. W. – auch Angst und arm – hat geantwortet, die Entscheidung dauere noch eine Zeit, weil die Dienststellen des zivilen Sektors (sprich Partei und Staatspolizei) gehört werden müssen.[9] Arme Wehrmacht, arme Kirche. – Und an einem so schönen Frühlingsabend tut es doch weh, Mann u. Sohn allein weggehen zu lassen – man möchte einmal auch fort u. einmal nicht gezeichnet sein. Die „Aktion"[10] scheint seit bald zwei Wochen stillzustehen. Aber man weiß einfach nicht mehr, was einen gefährdet, was nicht. Manche behaupten, man darf die „Grünanlagen" nicht mehr betreten, nicht zum Friseur gehen – reisen sicher nicht. Unser Zimmer in Kreuznach haben wir abgesagt. Und all den Zwang, die Ungewißheit, die Angst los sein – schön wäre das. Wenn ich auch übermorgen mein 60. Lebensjahr beginne, so fühle ich mich noch nicht so alt – trotz allem. –

7 Karl Veidt (1879–1946), evang. Theologe; 1905–1944 Pfarrer in Frankfurt a. M., seit 1918 in der Frankfurter Paulskirche, 1919–1924 MdR für die DNVP; Mitglied im Pfarrernotbund und der Bekennenden Kirche, von 1935 an wiederholt Redeverbot, 1941 mehrwöchige Gestapohaft, seit 1944 Pfarrer in Wiesbaden.

8 Dr. Hermann Ludwig Maas (1877–1970), evang. Theologe; 1915–1943 Pfarrer in Heidelberg bis zu seiner Zwangspensionierung; 1933–1945 erhielt er mehrfach Rede-, Schreib- und Berufsverbote; 1946–1965 Kreisdiakon in Nordbaden, 1954 Großes Bundesverdienstkreuz; 1966 von der Gedenkstätte Yad Vashem als Gerechter unter den Völkern geehrt.

9 Heinrich von Mettenheim hatte sich an das OKW mit der Bitte gewandt, seine Frau als Mutter eines in der Sowjetunion gefallenen (Eberhart Fischer) und eines schwer verwundeten Sohnes (Dieter Fischer) von den antijüdischen Beschränkungen auszunehmen. Die Bitte wurde Ende 1943 abgelehnt.

10 Seit Beginn des Jahres 1943 häuften sich in Frankfurt a. M. Verhaftungen von Juden aus „Mischehen" unter falschen Anschuldigungen. Zumeist wurden die Betroffenen zunächst im Polizeigefängnis Klappergasse inhaftiert und von dort nach Auschwitz deportiert.

DOK. 5

Das Außenministerium der Schweiz informiert den Geschäftsträger in Athen am 14. April 1943 über die Gefahr, der Schweizer Juden unter deutscher Herrschaft ausgesetzt sind[1]

Schreiben des Eidgenössischen Politischen Departements, der Chef der Abt. für Auswärtiges,[2] gez. i. V. Unterschrift unleserlich, B.51.334.20. – NH., ad A 1/9 W., Bern, an den Geschäftsträger der Schweizerischen Gesandtschaft in Athen[3] (Eing. 13.5.1943) vom 14.4.1943

Herr Geschäftsträger,
wir beehren uns, den Empfang Ihres Schreibens vom 29. v. M.[4] betreffend die Behandlung der Schweizerjuden in Griechenland durch die deutschen Behörden zu bestätigen. Von Ihren Ausführungen haben wir mit Interesse Kenntnis genommen und bitten Sie, uns in dieser Angelegenheit weiterhin unterrichtet zu halten.
Mit unserem Brief vom 12.v. M.,[5] der sich mit Ihrem Schreiben gekreuzt hat, haben wir Ihnen bekanntgegeben, dass nach einer amtlichen deutschen Verlautbarung die Judenmassnahmen im Reich und in den von Deutschland besetzten Gebieten vom 1. d. M. an auch auf ausländische – d. h. auch auf schweizerische – Personen jüdischer Abstammung angewendet werden sollen.[6] Wir mussten uns, wie wir Sie weiter wissen liessen, entschliessen, den betroffenen Schweizerbürgern die Rückkehr in ihre Heimat nahezulegen. Eine sehr einlässliche Prüfung der ganzen Frage hat nämlich ergeben, dass wir uns auf keine allgemein anerkannten Normen des Völkerrechts berufen könnten, welche die Anwendung der Judenmassnahmen auf unsere Landsleute als unzulässig erscheinen liessen. Einzig von der rumänischen Regierung konnte eine Erklärung erwirkt werden, derzufolge die in Rumänien niedergelassenen Schweizerbürger unter sich gleich behandelt, d. h. die Schweizerjuden keinen Ausnahmebestimmungen unterworfen werden sollen.[7]
Die Hauptschwierigkeiten, mit denen wir bisher zu tun hatten, betrafen vermögensrechtliche Fragen. In Frankreich, und zwar sowohl im besetzten wie auch im unbesetz-

1 BAR, E2001D#1968-74#358. Abdruck in: Diplomatische Dokumente der Schweiz 1848–1945, hrsg. von der Nationalen Kommission für die Veröffentlichung diplomatischer Dokumente der Schweiz, Bd. 14 (1941–1943), Bern 1997, S. 1094–1096.

2 Pierre Bonna (1891–1945), Jurist; 1913–1917 Anwalt, von 1931 an Mitarbeiter im EPD, seit 1935 Botschafter und Leiter der Abt. für Auswärtiges, Anfang 1945 Schweizer Botschafter in Athen.

3 Charles-Edouard de Bavier (1893–1975), Diplomat; von 1930 an im diplomatischen Dienst der Schweiz u. a. in Rom, Istanbul, Paris und Mailand, 1942–1944 Geschäftsträger in Athen, Winter 1944/45 Leiter der Abt. Schutzmacht in Berlin; 1951–1958 Botschafter in Mexiko.

4 Anlage I, wie Anm. 1. Abdruck in: Diplomatische Dokumente der Schweiz 1848–1945 (wie Anm. 1), S. 1096. Bavier berichtete der Abt. für Auswärtiges, dass sich die antisemitischen Verfolgungsmaßnahmen in Thessaloniki zuspitzten und umfassende Deportationen stattfänden, die ansässigen Schweizer Juden aber von den Maßnahmen verschont geblieben seien. In diesem Zusammenhang erkundigte sich Bavier nach dem Schicksal derjenigen Schweizer Juden, die in den übrigen besetzten Ländern lebten.

5 BAR, E2001D#3-458.

6 Diese Maßnahme wurde der Schweizer Regierung erstmals Anfang 1943 mitgeteilt; siehe auch Dok. 53 vom 5.7.1943.

7 Siehe VEJ 13/217.

ten Gebiet, müssen die schweizerischen Juden gehörenden Geschäftsunternehmungen und Geschäftsbetriebe arisiert werden. Bulgarien ging noch weiter und wandte auf unsere jüdischen Landsleute seine Gesetzgebung an, die Abgaben konfiskatorischen Charakters auf dem jüdischen Eigentum vorsieht.[8] In einem wichtigen Fall, in dem das Bankguthaben einer Schweizerjuden gehörenden Aktiengesellschaft in Höhe von ungefähr 30 Millionen Lewa teilweise beschlagnahmt zu werden droht, bemüht sich die Schweizerische Gesandtschaft in Sofia darum, eine annehmbare Lösung zu erzielen.
Im Zuge der in Deutschland nach dem Fall von Stalingrad verfügten Intensivierung der Kriegsanstrengungen sind auch die Judenmassnahmen verschärft worden. Die Tendenz geht offenbar dahin, das jüdische Element aus den im deutschen Machtbereich stehenden Gebieten vollständig auszuschalten. Darauf ist es auch zurückzuführen, dass die Zahl, insbesondere der französischen Juden, die, um der Deportation zu entgehen, in die Schweiz geflüchtet sind, in den letzten Monaten sehr stark zugenommen hat.[9] Den schweizerischen Israeliten wurde, wie wir oben schon sagten, Gelegenheit geboten, Deutschland und die besetzten Gebiete zu verlassen, ohne vorher persönlichen Beeinträchtigungen, wie sie z. B. die Kennzeichnung durch den Judenstern bedeutet hätte, ausgesetzt zu sein. Da die schweizerischen Israeliten in Deutschland schon seit längerer Zeit in ihrer wirtschaftlichen Betätigungsmöglichkeit stark eingeschränkt waren, sind allerdings die meisten unserer jüdischen Mitbürger, die in Deutschland niedergelassen waren, schon früher in die Schweiz zurückgekehrt. Aus dem besetzten Gebiete Frankreichs mussten dagegen einige hundert Landsleute heimgeschafft werden, und es ist damit zu rechnen, dass eine ähnliche Anzahl aus dem früher unbesetzten Teile Frankreichs, der verwaltungsmässig immer noch den französischen Behörden untersteht, folgen wird.
Für uns war von besonderem Interesse, Ihrem Schreiben zu entnehmen, dass sich die Italienische Gesandtschaft für Jüdinnen italienischer Abstammung, die ihre italienische Staatsangehörigkeit durch Heirat mit griechischen Bürgern verloren haben, mit Erfolg eingesetzt hat. Diese interessanten Präzedenzfälle wird man sich zur gelegentlichen Verwendung merken müssen, und wir geben deshalb auch der Schweizerischen Gesandtschaft in Berlin von Ihren Ausführungen Kenntnis.
Genehmigen Sie, Herr Geschäftsträger, die Versicherung unserer vorzüglichsten Hochachtung.

8 Grundlage dieses Vorgehens bildete das 1941 in Kraft getretene Gesetz zum Schutz der Nation, das die Entrechtung, Ausgrenzung und Ausbeutung der Juden in Bulgarien ermöglichte; siehe VEJ 13/286.
9 Die Grenzübertritte franz. Juden in die Schweiz häuften sich seit Nov. 1942, nachdem die deutsche Wehrmacht auch in die bislang unbesetzte Südzone Frankreichs einmarschiert war.

DOK. 6

Ein Memorandum der Jewish Agency vom 14. April 1943 empfiehlt die Rettung der verfolgten Juden und ihre Ansiedlung in Palästina[1]

Memorandum der Jewish Agency for Palestine[2] für die Bermuda-Konferenz,[3] weitergeleitet von Chaim Weizmann[4] an den brit. Botschafter in Washington Viscount Halifax[5] vom 14.4.1943

Memorandum

Vorgelegt bei der Bermuda-Konferenz über Flüchtlingsfragen von der Jewish Agency for Palestine

April 1943

1. Mit der Vorlage dieses Memorandums im Namen der Jewish Agency for Palestine wollen wir zunächst einige Betrachtungen zum Gegenstand und Charakter der Bermuda-Konferenz vortragen.

2. Angesichts der unermesslichen Tragödie, die den mehr als vier Millionen Juden bevorsteht, die Schätzungen zufolge in den von den Nazis besetzten Ländern noch am Leben sind, gab es die Hoffnung, dass die Regierungen Großbritanniens, der Vereinigten Staaten und anderer Mitgliedsländer der Vereinten Nationen[6] bereit sein würden, praktische Schritte zu unternehmen, die der ungeheuren Tragweite des Problems angemessen sind. Leider geben die Erklärungen von Außenminister Anthony Eden[7] und US-Außenminister Cordell Hull[8] wenig Anlass für solche Hoffnung. Die Themenstellung der Bermuda-Konferenz ist derart eng gefasst, dass sie sich offenbar nur mit Randfragen des Problems befassen soll statt mit dem Problem selbst. Zwar ist die Jewish Agency for Palestine für alle Maßnahmen dankbar, die darauf abzielen, die Leben von wenigstens einigen europäischen Juden zu retten, aber sie würde ihre elementarste Pflicht versäumen, wenn sie nicht auf eine Situation aufmerksam machen würde, die jenseits aller üblichen politischen Abwägungen nach einem möglichst breit angelegten Plan für die

1 Courtesy of Yad Chaim Weizmann, The Weizmann Archives, Rehovot, Israel, 2–2437. Abdruck in: The Letters and Papers of Chaim Weizmann, Vol. XXI, Series A, January 1943–May 1945, hrsg. von Michael J. Cohen und Barnett Litvinoff, London 1979, S. 23–28. Das Dokument wurde aus dem Englischen übersetzt.

2 Die Jewish Agency wurde 1929 auf dem 19. Zionistenkongress als Vertretung der Juden gegenüber der brit. Mandatsmacht in Palästina gegründet.

3 Auf der Bermuda-Konferenz vom 19. bis 29.4.1943 trafen sich Delegierte der USA und Großbritanniens, um Vorschläge zur Lösung des Flüchtlingsproblems zu erarbeiten.

4 Chaim Weizmann (1874–1952), Chemiker und Politiker; 1920–1930 und 1935–1946 Präsident der Zionistischen Weltorganisation, von 1929 an Präsident der Jewish Agency; 1948–1952 Staatspräsident Israels.

5 Edward Wood, 1st Earl of Halifax (1881–1959), Politiker; 1938–1940 Außenminister Großbritanniens, 1941–1946 Botschafter in den USA.

6 26 Staaten der Anti-Hitler-Koalition unterzeichneten am 1.1.1942 die Deklaration der Vereinten Nationen. Sie bekräftigte die Atlantik-Charta vom Aug. 1941, mit der Roosevelt und Churchill gemeinsame Grundsätze ihrer Außenpolitik formuliert hatten.

7 Anthony Eden (1897–1977), Orientalist, Politiker; 1923 Abgeordneter der Konservativen im brit. Unterhaus, 1931 StS im Außenministerium, 1935–1938 Außenminister, von 1940 an Kriegs-, 1940–1945 und 1951–1955 Außenminister, 1955–1957 Premierminister Großbritanniens.

8 Cordell Hull (1871–1955), Jurist, Politiker; 1907–1931 Abgeordneter im US-Kongress, 1931–1933 Senator, 1933–1944 US-Außenminister; 1945 erhielt er den Friedensnobelpreis.

Rettung dieser vier Millionen Juden verlangt, denen unmittelbar die physische Vernichtung droht.

3. Die Jewish Agency for Palestine ist sich der Tatsache zutiefst bewusst, dass die durch den Krieg verursachten Leiden zu der Bürde gehören, die jedes Volk zu tragen hat, und dass die Juden nicht das einzige Volk sind, das solchen Leiden ausgesetzt ist. Aber man darf auch nicht vergessen, dass allein die Juden vom Feind für die endgültige und vollständige Vernichtung ausgewählt wurden. Sollte die angekündigte Politik des Feindes ungehindert weitergehen, ist es nicht ausgeschlossen, dass bis zu dem Zeitpunkt, da der Krieg gewonnen sein wird, auch der größte Teil der jüdischen Bevölkerung Europas ausgerottet sein wird. Unter diesen Umständen ist es unvorstellbar, dass die Demokratien, die ja für die Befreiung der Welt kämpfen, außerstande sein sollten, die extreme Notlage, in der sich die Juden in den von den Nazis besetzten Ländern befinden, in vollstem Umfang zur Kenntnis zu nehmen.

4. Die Jewish Agency for Palestin e ist sich über die enormen – militärischen und sonstigen – Schwierigkeiten, die mit diesem Problem zusammenhängen, völlig im Klaren. Und dennoch wagt sie zu hoffen, dass weitsichtiges staatsmännisches Handeln seitens der Vereinten Nationen einen Weg weisen wird, um dieses Problem anzugehen, ohne die Fortführung des Kriegs gegen den Feind in irgendeiner Weise zu beeinträchtigen.

5. Die Memoranden, die der Bermuda-Konferenz über Flüchtlingsfragen vom American Joint Emergency Committee über die Lage der europäischen Juden sowie vom British Joint Emergency Consultative Committee vorgelegt wurden, enthalten eine Reihe von Vorschlägen zur Behandlung verschiedener Aspekte des Problems.[9] Mit dem hier vorgelegten Memorandum verweisen wir auf die große Chance, die Palästina für die Rettung und soziale Eingliederung der Juden bedeutet. Wir tun dies in dem Glauben, dass Palästina in allen Plänen, die zur Bewältigung dieser Situation verabschiedet werden dürften, einen bedeutsamen Beitrag leisten kann und sollte.

6. In dem Memorandum, das die Jewish Agency for Palestine der Regierungskonferenz über das Flüchtlingsproblem übergeben hat, die im Juli 1938 auf Einladung von Präsident Roosevelt[10] in Evian stattfand, wurden die Möglichkeiten hervorgehoben, die Palästina für eine umfassende Neubesiedlung durch jüdische Flüchtlinge bietet.[11] Dabei wurde dargelegt, dass die Aufnahmefähigkeit Palästinas für neue Einwanderer nicht eine Sache der Spekulation ist, sondern auf den Erfahrungen einer mehrere Jahrzehnte dauernden Kolonisierung beruht und auf der nachweislich rasch sich entwickelnden Wirtschaft. Wie außerdem betont wurde, ist Palästina unter den Ländern, die für eine jüdische Einwanderung in Frage kommen, insofern einmalig, als es das einzige Land ist, in das Juden – mit internationaler Billigung – „von Rechts wegen und nicht aufgrund von

9 Richtig: American Joint Emergency Committee for European Jewish Affairs, Rettungskomitee des Joint. Das British Joint Emergency Consultative Committee setzte sich zusammen aus Vertretern des Joint Foreign Committee of the Board of Deputies of British Jews, der British Section of the World Jewish Congress, der Jewish Agency for Palestine und der World Orthodox Agudas Israel Organization. Beide Memoranden befassten sich mit praktischen Vorschlägen zur Rettung der verfolgten Juden.

10 Franklin D. Roosevelt (1882–1945), 1933–1945 Präsident der Vereinigten Staaten von Amerika.

11 Das Memorandum ist abgedruckt in: Arieh Tartakower/Kurt R. Grossmann, The Jewish Refugee, New York 1944, S. 538–545.

Duldung“ kommen. Als Jüdische Nationale Heimstätte ist es vor allem das Land, für das Juden das Recht auf Zuwanderung beanspruchen können.[12]

7. Die Lage der Juden in Europa hat sich in den letzten Jahren dramatisch verschlechtert und zeigt sich heute als permanentes Grauen. Unglückseligerweise gibt es aus politischen und anderen Gründen kaum eine Chance für größere Rettungsaktionen – durch Emigration und Aufnahme in anderen Ländern als Palästina. Die Annahme, dass die Welt sich einteilen lässt in Länder, in denen die Juden nicht leben können, und Länder, in die sie nicht einreisen dürfen, hat sich als nur allzu richtig erwiesen.

Anders im Fall Palästina, wo sich trotz großer Hindernisse, trotz Kriegsausbruch und Abriegelung des Mittelmeers die Dinge kontinuierlich und zügig entwickelt haben und wo abermals eine beträchtliche Anzahl von Einwanderern aufgenommen wurde. Die jüdische Bevölkerung, die am Ende des letzten Krieges 65 000 Menschen ausmachte, ist heute auf etwa 550 000 angewachsen; und in den Jahren seit Hitlers Machtübernahme hat Palästina mehr Einwanderer aus Deutschland und den von Deutschland besetzten Gebieten Europas aufgenommen als jedes andere Land. Palästina sollte unbedingt sowohl als erste Anlaufstation für jüdische Flüchtlinge in Betracht gezogen werden, wo man sie fürs Erste unterbringen und ernähren könnte, als auch als ein Ort, an dem die Flüchtlinge längerfristig in das Wirtschaftsleben integriert werden könnten. Und zwar aus folgenden Gründen:

a) Als Juden, die in der Jüdischen Nationalen Heimstätte ankommen, würden diese Flüchtlinge von der dortigen jüdischen Bevölkerung in jeder erdenklichen Weise willkommen geheißen. Den Geist, der die jüdische Gemeinschaft in Palästina beseelt, drückt ein kürzlich verfasstes Manifest aus, in dem es hieß: „Die Juden Palästinas erklären feierlich ihren Willen und ihre Bereitschaft, allen Juden, die besetzte Gebiete verlassen müssen oder schon verlassen haben, Zuflucht zu gewähren, ihr tägliches Brot mit ihnen zu teilen, ihnen ihre Häuser zu öffnen und ihnen mit Kleidung und allen anderen Dingen auszuhelfen, damit ihren Brüdern und Schwestern, ihren Vätern und Müttern erspart bleibt, wie Schafe zur Schlachtbank geführt zu werden.“ So würden sich die Flüchtlinge nicht wie Exilierte, sondern wie Heimkehrer fühlen. Das wäre zugleich der erste Schritt zu ihrer psychologischen Stabilisierung.

b) Palästina hat aufgrund seiner geographischen Lage, der Nähe zu den Balkanländern, auch ganz praktische Vorteile. Aus Südosteuropa könnte der Transport über Land oder über eine relativ kurze Seeroute erfolgen, was einen Massentransport per Schiff unnötig machen, das Transportproblem also erheblich vereinfachen würde.

c) Sind diese Flüchtlinge erst einmal in Palästina angelangt, könnte ihre schrittweise Aufnahme und Integration in das wirtschaftliche Leben des Landes zu gegebener Zeit vollzogen werden. Schätzungsweise 50 000 von ihnen könnten sofort in die vorhandene Wirtschaftsstruktur integriert werden. Die palästinensische Landwirtschaft und Industrie sind seit Kriegsausbruch sehr stark gewachsen, was zusammen mit der Tatsache, dass heute 30 000 palästinensische Juden in den Streitkräften der Vereinten Nationen

12 Mit der Balfour-Deklaration von 1917 garantierte Großbritannien der zionistischen Bewegung die Gründung einer „nationalen Heimstätte“ für das jüdische Volk in Palästina. Die Deklaration wurde 1922 in das an Großbritannien übertragene Völkerbundmandat für Palästina aufgenommen. Die zunehmende Einwanderung führte zu Konflikten mit der arab. Bevölkerung, so dass die brit. Mandatsregierung die Immigrationsquote im Mai 1939 mit ihrem Weißbuch strikt einschränkte.

dienen, einen akuten Arbeitskräftemangel verursacht hat, der durch die aktuelle Einwanderung auch nicht annähernd ausgeglichen wird. Zur Frage der endgültigen Aufnahme einer weit größeren Zahl ist als Anlage A ein Aide-Mémoire mit Datum vom 1. Februar 1943 angefügt, das zuvor schon dem Botschafter Großbritanniens in Washington und dem Außenministerium der Vereinigten Staaten zugeleitet wurde.[13] Zweifellos werden sehr viele der Flüchtlinge nach allem, was sie durchgemacht haben, nur ungern in ihre Herkunftsländer zurückkehren wollen. Es kann wohl kaum die Absicht sein, sie gegen ihren Willen dorthin zurückzuschicken, wenn eine Alternative besteht; und in ihrer großen Mehrheit werden sie sicherlich in Palästina bleiben und sich dort ansiedeln wollen. Wenn man sie also zunächst nach Palästina bringt, erspart man sich damit nicht nur eine zweite und Ressourcen bindende Überführung, sondern der Flüchtling befindet sich auch sofort auf dem Weg zu einer dauerhaften Lösung seines Problems.

8. An dieser Stelle wollen wir darauf verweisen, dass die Regierung Seiner Majestät am 3. Februar 1943 ihre Absicht bekundet hat, 29 000 Einwanderungszertifikate für Palästina auszugeben, vorrangig für Flüchtlingskinder aus den Balkanländern.[14] Das Bemühen der Regierung Seiner Majestät, Evakuierung und Transport dieser Kinder nach Palästina zu organisieren, begrüßen wir außerordentlich, und wir hoffen inständig, dass alles getan wird, um diese Bemühungen mit Hochdruck voranzubringen.

In diesem Zusammenhang möchten wir allerdings auf die Notwendigkeit verweisen, den Anteil von Erwachsenen zu erhöhen, da die Auswanderung für Kinder allein zweifellos sehr viel schwerer zu organisieren wäre als die von Kindern mitsamt Eltern.

Zudem bringt das Wissen, dass Erwachsene nahezu von solchen Evakuierungsplänen ausgeschlossen sind, diese Leute noch viel mehr in Gefahr, als es ansonsten der Fall wäre, wie die Ereignisse, selbst in den Balkanländern, bereits gezeigt haben.

Hinzuzufügen ist, dass die erwogene Einwanderung und Betreuung derart vieler Kinder erhebliche Geldsummen erfordern würde, was im Rahmen eines von den beteiligten Regierungen aufzulegenden allgemeinen Finanzierungsprogramms für die Migration von Flüchtlingen zu berücksichtigen wäre.

9. Der im Vorstehenden dargelegte Gesamtvorschlag für eine großangelegte Überführung von Juden nach Palästina setzt natürlich voraus, dass jene Politik aufgegeben wird, die die britische Regierung in ihrem Weißbuch vom Mai 1939 umrissen hat, wonach die Einwanderung von Juden nach Palästina auf weitere etwa 30 000 Menschen begrenzt und nach dem April 1944 ganz eingestellt wird.

Diese Politik gehörte zu und entsprach dem inzwischen verworfenen Appeasement-Programm in den internationalen Beziehungen, das die unmittelbare Vorkriegsperiode gekennzeichnet hat. Über diese Politik des Weißbuchs hat die Ständige Mandatskommission [des Völkerbunds] inzwischen befunden, dass sie sich nicht mit den Verpflichtungen verträgt, die mit der Balfour-Deklaration und dem Völkerbundmandat für Palästina von Großbritannien übernommen und international gebilligt wurden. Die Weißbuch-Politik ist sowohl überholt als auch mit der Gerechtigkeit unvereinbar und sollte deshalb unverzüglich aufgegeben werden.

13 Liegt nicht in der Akte.

14 Am 3.2.1943 gab der Minister für die brit. Kolonien, Colonel Oliver Stanley, vor dem Unterhaus die Entscheidung der Regierung bekannt, dem Weißbuch von 1939 gemäß bis März 1944 rund 29 000 jüdische Flüchtlinge, überwiegend Kinder, nach Palästina einreisen zu lassen.

10. In dieser Stunde, in der das jüdische Volks eine bittere Tragödie durchleidet, beten wir inständig, dass die großen demokratischen Staaten, deren Gewissen selbst inmitten eines schrecklichen Krieges durch die Leiden des jüdischen Volkes in Europa aufgerüttelt worden ist, bestrebt sein werden, zu den Wurzeln des Problems vorzudringen, das sich heute für das europäische Judentum stellt.
Dieses Problem ist im Wesentlichen das der Heimatlosigkeit eines Volkes. Vor 25 Jahren, ebenfalls inmitten eines Krieges, hat man den europäischen Juden erstmals Rettung versprochen, indem man ihnen eine eigene Heimstätte zurückgibt.[15] Heutzutage kann es keinen größeren Beitrag zur Lösung dieses Problems geben, als alles Menschenmögliche zu tun, um diesem historischen Versprechen praktische Wirkung zu verleihen.

DOK. 7

Daniel Lotter setzt in seinem Tagebuch am 15. April 1943 die Propaganda über Katyń in einen Zusammenhang mit der Ermordung von Psychiatriepatienten und Juden[1]

Handschriftl. Tagebuch von Daniel Lotter,[2] Fürth, Eintrag vom 15.4.1943

Die neueste Sensation ist das Auffinden ungeheurer Massengräber in einem Walde nahe bei Smolensk. Die genaue, in Anwesenheit einer Anzahl nur auswärtiger und polnischer Staatsangehöriger von deutschen Militärs und Sachverständigen vorgenommene Untersuchung hat ergeben, daß die Gräber 10–12 000 von den Russen durch Genickschuß ermordete polnische Offiziere bergen. Das Radio und die Nachrichten des Deutschen Telegraphenbüros können sich nicht genug tun, die Einzelheiten dieser ungeheuren Freveltat bekannt zu machen und in schlafmordender Weise auszumalen. Selbstverständlich schiebt man auch diese Untat den Juden als den angeblichen Henkersknechten Stalins in die Schuhe.[3]
Wahrscheinlich will man dadurch vergessen machen, daß die kulturell so hochstehenden Deutschen auch die Rolle von „Henkersknechten" spielten, als sie Hunderte Insassen von Heil- und Pflegeanstalten und Tausende von Juden – darunter auch Frauen und Kinder – ermordeten. Meine Feder sträubt sich ja, dies niederzuschreiben. Ich habe es aber so oft und von so glaubwürdiger Seite versichert bekommen, daß ich leider nicht mehr daran zweifeln kann. Zudem hat ja Hitler vor der Welt erklärt, daß die Ausrottung der Juden in Europa das Ergebnis dieses Krieges sein wird.
Die Luftangriffe der Engländer und die Zerstörung unserer schönen deutschen Städte nehmen ihren erbarmungslosen Fortgang. Auf Essen folgte Frankfurt und vergangene

15 Gemeint ist die Balfour-Deklaration; wie Anm. 12.

1 Original in Privatbesitz, Kopie: IfZArch, F 601, abgetippte Fassung im Deutschen Tagebucharchiv Emmendingen.

2 Daniel Lotter (1873–1953), Lebküchner; übernahm 1897 die elterliche Lebküchnerei in Fürth; trat 1901 der Freimaurerloge Zur Wahrheit und Freundschaft in Fürth bei; Aufsichtsrat einer Fürther Einkaufsgenossenschaft, von 1929 an Mitglied der Kirchenverwaltung der evang.-lutherischen Pfarrei St. Michael.

3 Gemeint ist die Ermordung von rund 25 000 poln. Kriegsgefangenen durch die sowjet. Geheimpolizei bei Katyń und an weiteren Orten. Die deutsche Propaganda stellte den Fall Katyń als Beleg für eine Verbindung zwischen Bolschewismus und Judentum dar; siehe Einleitung, S. 41 f.

Nacht Stuttgart. Gestern nachmittag war am Tage zweimal Alarm. Die Bangigkeit der Nürnberger und Fürther ist deshalb so groß, weil beim letzten Luftangriff Flugblätter abgeworfen wurden, laut denen bis zum Geburtstag Hitlers am 20. April Nürnberg vollends zerstört werden soll. Selbstverständlich soll durch derartige Flugblätter lediglich eine Schockwirkung hervorgebracht werden, aber das Entsetzen vom letzten Angriff Anfang März liegt noch vielen in den Gliedern. Eine spätere Generation wird in wiedergekommenen friedensseligen Zeiten schwer begreifen können, wie man unter Verhältnissen wie den heutigen überhaupt leben kann. Und doch gewöhnt man sich an die Gefahr, und die Parabel vom „Mann aus Syrierland"[4] wird handgreifliche Wirklichkeit. Das Leben geht seinen Gang weiter.
Meine liebe Frau und ich erlebten das Glück, am 3.4. ein liebes kleines Enkelkind, unsere nette Friederike, begrüßen zu dürfen, die uns unter glücklichen Umständen unser Käthchen geschenkt hat.

DOK. 8
Ein NSDAP-Funktionär fordert das Ehepaar Ludwig und Anni Misch am 15. April 1943 auf, sich aus dem gemeinsamen Luftschutzraum zurückzuziehen[1]

Schreiben der NSDAP-Ortsgruppe Hohenzollernplatz, Zelle 09, gez. Marschalk,[2] an Familie Ludwig[3] und Anni Misch,[4] Berlin-Wilmersdorf, Motzstr. 82, vom 15.4.1943

Ich habe Ihnen folgendes mitzuteilen:
1. Sie haben ohne mein Wissen Ihre beiden Liegestühle unter Beiseiterücken meines Liegestuhles im vorderen Teil des Luftschutzraums aufgestellt, und zwar so, daß ich keine Möglichkeit habe, meine Sitzgelegenheit zu benutzen.
2. Dulde ich als Hoheitsträger der NSDAP keine Nichtarier in meiner unmittelbaren Nähe.
3. Sind Nichtarier gesondert von der arischen Hausgemeinschaft im Schutzraum unterzubringen, keinesfalls aber inmitten derselben, auch wenn kein gesonderter Raum zur Verfügung steht.
Ich ersuche Sie daher, Ihre Plätze neben mir sofort zu räumen. Entweder Sie verfügen sich in eine abgesonderte Ecke des hinteren dritten Raumes, oder Sie nehmen, was ich Ihnen zur Vermeidung evtl. weiterer Auseinandersetzungen mit der arischen Hausgemeinschaft anraten möchte, Ihren Aufenthalt in Ihrem zu Ihrer Wohnung gehörigen Keller.

4 Richtig: Es ging ein Mann im Syrerland (1820), Parabel des deutschen Dichters und Orientalisten Friedrich Rückert (1788–1866). Das Gedicht beschreibt einen Mann, dem es zur Gewohnheit wird, mit den Gefahren, die ihn von allen Seiten bedrohen, zu leben.

1 LBI, AR 2073, Box 1, Fol. 2.
2 Vermutlich: Wilhelm Marschalk (*1889); SS-Hauptsturmführer.
3 Dr. Ludwig Misch (1887–1967), Musikwissenschaftler; 1913–1933 als Theaterkapellmeister, Dozent und Musikkritiker tätig; im März 1943 zur Zwangsarbeit in der Bibliothek des RSHA, Amt VII, verpflichtet; 1947 Emigration in die USA.
4 Anni-Ruth Misch (1893–1975); von Nov. 1944 bis Kriegsende leistete sie Zwangsarbeit beim Deutschen Verlag; 1947 Emigration in die USA.

DOK. 9

Aufbau: Artikel vom 16. April 1943 über die fortschreitende Vernichtung der Juden in Europa und die ausbleibenden Rettungsmaßnahmen[1]

Die Ausrottung rast weiter

Während die Vorbereitungen zur Rettung der Juden Europas noch keinerlei konkrete Gestaltung anzunehmen scheinen, läuft der Ausrottungsprozeß gegen die Juden im rasenden Tempo weiter. An allen Grenzen des Dritten Reiches wird eine erbarmungslose Jagd auf jüdische Menschen betrieben, um jedes Entweichen aus der Hölle zu verhindern. In Aachen wurden vor kurzem Arier schwer bestraft, weil sie Juden geholfen haben, über die belgische Grenze zu entkommen.

Im Krakauer Ghetto wurden wieder Tausende von Juden hingeschlachtet. Während im Podgorze-Viertel[2] Gestapo-Banden blindlings auf Gruppen von Juden geschossen haben, wurden andere Gruppen von Juden nach Oswiecim[3] transportiert, das ein Camp mit neuen besonderen Einrichtungen für Massenexekutionen bekommen hat. Aus Lodz gehen Transporte nach dem Dorf Ozorkov.[4] Im ganzen vollzieht sich in einem Turnus immer wieder die Räumung ganzer Ghettos durch Massenmord. Diese Ghettos werden dann sofort wieder mit Juden aus den kleineren Sammelplätzen aufgefüllt. In Lublin, Auschwitz und Birkenau sind große Arbeitslager errichtet worden, in denen die Menschen mangels Ernährung und Verpflegung hinsiechen.[5] Die größte Sterblichkeit hat Birkenau. Die Berichte aus Ost-Galizien sind voll von Schreckensbildern.

Die Deportierung aus Holland wird in Utrecht und anderen Orten von Nord- und Süd-Holland vorbereitet. Die Gesamtzahl der aus Frankreich *zwangs*verschleppten Juden wird jetzt mit 53 000 beziffert. Aus Griechenland sind die ersten Transporte in Lwow in Polen mit 5000 Unglücklichen eingetroffen.[6] Die jüdische Bevölkerung in Rumänien, die vor Kriegsausbruch 750 000 zählte, ist nach Meldung der schwedischen Zeitung „Aftontitningen“ auf 300 000 reduziert, von denen über 100 000 in Transsylvanien leben, das von den Ungarn annektiert wurde. Die ermordeten rumänischen Juden werden mit

1 Aufbau, Jg. 9, Nr. 16 vom 16.4.1943, S. 3. Die deutschsprachige Zeitschrift Aufbau erschien von Dez. 1934 an in New York und wurde vom German-Jewish Club, seit Ende 1940 vom New World Club, bis 1939 14-tägig, danach wöchentlich herausgegeben. Die Auflage stieg von 500 Exemplaren auf 8000 im Jahr 1938 und betrug 1943 rund 26 000 Exemplare.

2 Podgórze ist der Stadtteil Krakaus, in dem sich zwischen 1941 und seiner Auflösung im März 1943 das Getto befand.

3 Auschwitz.

4 Es gab keine Deportationen aus dem Getto Litzmannstadt nach Ozorków. Allerdings liegt Ozorków an der Bahnstrecke zwischen Lodz/Getto Litzmannstadt und der Station Kolo/Warthbrücken, dem Zielbahnhof für die Transporte in das Vernichtungslager Kulmhof. Der letzte Transport aus Litzmannstadt nach Kulmhof fand bereits Mitte Sept. 1942, einen Monat nach Auflösung des Gettos Ozorków, statt. Bis zum März 1943 wurden nur noch Juden aus anderen Teilen des Warthegaus nach Kulmhof deportiert. Zu diesem Zeitpunkt war das Getto in Ozorków bereits aufgelöst (Aug. 1942).

5 Der Grund für die hohe Sterblichkeit lag vor allem darin, dass in den Lagern Auschwitz-Birkenau (seit Ende 1941 bzw. Frühjahr 1942) und Majdanek bei Lublin (seit Sept. 1942) Häftlinge massenhaft in Gaskammern ermordet wurden.

6 Die Deportationen aus Thessaloniki begannen am 15.3.1943 und gingen ausschließlich nach Auschwitz. Lediglich der Transport vom 2.8.1943 führte in das sog. Austauschlager Bergen-Belsen.

126 000 angegeben.[7] Nach einer Anordnung des Innenministers von Bulgarien haben sich sämtliche Juden auf die Deportierung vorzubereiten.[8] Es ist noch nicht bekannt, wohin sie deportiert werden sollen, aber alle haben das Land verlassen.

DOK. 10

Hitler und Außenminister Ribbentrop empfehlen dem ungarischen Reichsverweser Horthy am 17. April 1943, die Juden nach deutschem Vorbild zu vernichten[1]

Aufzeichnung (Geheime Reichssache) über die Unterredung zwischen Adolf Hitler und dem ungarischen Reichsverweser Horthy[2] in Schloss Kleßheim am 17.4.1943 vormittags, gez. Schmidt,[3] Salzburg, vom 18.4.1943

Die Unterhaltung, die mehr im Konversationston geführt wurde, begann mit einigen Erläuterungen des Führers über die Luftangriffe, die die Engländer in der vergangenen Nacht auf deutsches Gebiet ausgeführt hatten und in deren Verlauf auch in der Gegend von Salzburg 2 deutlich hörbare englische Flugzeuge aufgetaucht wären und Flieger-alarm verursacht hätten. Der Führer teilte Horthy mit, daß bisher 51 englische Flugzeuge abgeschossen worden seien, und machte dann einige allgemeine Ausführungen zur englischen Luftangriffstaktik. Es seien Dokumente aufgefunden worden, in denen z. B. hinsichtlich eines Angriffs auf Frankfurt den englischen Piloten erklärt wurde, daß kein besonderer Wert auf industrielle Kriegsziele gelegt werde und daß die Bomben ruhig auf die Wohnviertel abgeworfen werden könnten. In englischen Fliegerkreisen würde gegen derartige Auffassungen Protest erhoben. Die Angriffe selbst seien zwar störend, aber gänzlich belanglos. Die Verluste, die den Feinden durch Abschuß bei Luftangriffen entstünden, seien personell höher zu bewerten als die normalen Verluste bei anderen Kriegsoperationen, da bei Luftkämpfen stets die Tapfersten und Mutigsten den Tod fänden, während in dieser Hinsicht bei den Kämpfen zu Lande oder zur See der Verlust mehr ein Durchschnitt zwischen Tapferen und weniger Tapferen sei. Deutschland würde im übrigen mit seinen Gegenangriffen warten, bis seine neuen Flugzeugmodelle, die allen anderen Maschinen weit überlegen seien, in größerer Zahl zur Verfügung stünden, und würde sich innerhalb von 2–3 Monaten so wehren können, daß die Engländer dann nicht mehr viel ausrichten könnten.

7 Insgesamt wurden im rumän. Herrschaftsbereich mindestens 250 000 Juden ermordet; siehe VEJ 7, S. 70.

8 Siehe VEJ 13/316; auch Mitteilung der Jewish Telegraphic Agency vom 13.4.1943: „All Jews in Bulgaria Ordered to Prepare Expulsion“, und Artikel in der Donauzeitung vom 6.4.1943: „Wie Bulgarien die Judenfrage löste“.

1 PAAA, R 99 336. Abdruck in: Andreas Hillgruber (Hrsg.), Staatsmänner und Diplomaten bei Hitler, 2. Teil: Vertrauliche Aufzeichnungen über Unterredungen mit Vertretern des Auslands 1942–1944, Frankfurt a. M. 1970, S. 255–259.

2 Miklós Horthy (1868–1957); 1918 Konteradmiral und Oberbefehlshaber der österreich.-ungar. Flotte; 1920 bis Okt. 1944 Staatsoberhaupt Ungarns, danach bis 1.5.1945 in Deutschland interniert; 1945–1957 Exil in der Schweiz, dann in Portugal.

3 Paul Schmidt (1899–1970), Dolmetscher; von 1924 an als Chefdolmetscher im AA, seit 1935 offizieller Dolmetscher Hitlers; 1942 NSDAP-Eintritt; 1945–1948 Internierung und als Zeuge beim Nürnberger Prozess; seit 1952 Leiter einer Dolmetscher- und Sprachschule in München.

Zum Durchhalten derartiger Belastungsproben sei eine einheitliche Front im Innern unentbehrlich. Außerdem würden gegen asoziale Elemente, wie Diebe, Saboteure und besonders gegen Verbrechen, die während der Verdunkelung vorkämen, drakonische Maßnahmen ergriffen.[4] In Deutschland würden alle diese Verbrechen rücksichtslos mit dem Tode bestraft. Das Ergebnis sei, daß bei Luftangriffen nichts mehr gestohlen würde. Im übrigen würden die Verbrechen zu 99 % von ausländischen Arbeitern begangen – Horthy bemerkte dazu, daß auch in Ungarn sehr energische Maßnahmen gegen derartige Dinge getroffen seien, daß aber merkwürdigerweise diese Art Verbrechen in Ungarn immer noch nicht zurückgegangen wären. – Der Führer erwiderte dazu, man müsse sich sehr vorsehen, daß die asozialen Elemente der Regierung nicht über den Kopf wüchsen, wie dies im Weltkrieg geschehen sei. Dann sei nichts mehr zu machen. Damals habe man eben das Verbrechergesindel zu nachsichtig behandelt, so daß die guten Elemente an der Front fielen, die schlechten aber erhalten wurden und sich das Übergewicht immer mehr zu ihren Gunsten verschob.
Der Führer beschrieb sodann Horthy die deutschen Rationierungsmaßnahmen, die in voller Ordnung durchgeführt würden. Es gäbe in Deutschland keinen schwarzen Markt,[5] und die Bauern lieferten willig die für sie festgesetzten Quoten ab. Von Erzeugnissen, die sie über diese Quoten hinaus der Regierung zur Verfügung stellten, würden ihnen erheblich höhere Preise von den Regierungsstellen, zum Teil sogar das Doppelte, bezahlt, so daß auch für die Bauern eine Möglichkeit bestünde, auf diese Weise zu Geld zu kommen. – Horthy bemerkte dazu, daß diese Probleme für Ungarn sehr schwierig seien. Er habe bisher des schwarzen Marktes nicht Herr werden können. – Der Führer erwiderte, daß daran die Juden schuld seien, die auch im Weltkrieg das Hamstern und Schieben als eines ihrer Haupttätigkeitsgebiete betrachtet hätten, genau so wie jetzt in England Verurteilungen wegen Rationierungsvergehen und dergleichen hauptsächlich Juden beträfen. – Auf die Gegenfrage Horthys, was er denn mit den Juden machen solle, nachdem er ihnen so ziemlich alle Lebensmöglichkeiten entzogen habe – erschlagen könne er sie doch nicht –, erklärte der RAM,[6] daß die Juden entweder vernichtet oder in Konzentrationslager gebracht werden müßten. Eine andere Möglichkeit gäbe es nicht. – Auf die Bemerkung Horthys, daß Deutschland es in dieser Hinsicht leichter habe, da es nicht so viele Juden besessen habe, gab der Führer Zahlen an, aus denen sich die außerordentlich starke Verjudung gewisser Berufe ergab. – Horthy erwiderte, daß er das gar nicht gewußt habe.
Im Anschluß hieran kam der Führer auf die Stadt Nürnberg zu sprechen, die 400 Jahre lang keine Juden bei sich geduldet hätte, während Fürth die Juden bei sich aufgenommen hätte.[7] Das Ergebnis sei eine große Blüte Nürnbergs und ein völliger Niedergang Fürths gewesen. Die Juden hätten eben nicht einmal einen organisatorischen Wert. Entgegen den Befürchtungen, die er (der Führer) auch wiederholt in Deutschland zu hören

4 Als rechtliche Grundlage diente u. a. die Volksschädlingsverordnung vom 5.9.1939 (RGBl., 1939 I, S. 1679).

5 Mit der Zunahme alliierter Luftangriffe auf Deutschland und der sich verschlechternden Versorgungslage weitete sich der Schwarzmarkthandel aus, obwohl er laut VO vom 4.9.1939 als Kriegswirtschaftsverbrechen geahndet wurde; RGBl., 1939 I, S. 1609–1613.

6 Joachim von Ribbentrop (1893–1946), Kaufmann; 1932 NSDAP- und 1933 SS-Eintritt; von 1934 an außenpolitischer Berater Hitlers (Dienststelle Ribbentrop), 1936–1938 Botschafter in London, von 1938 an RAM; 1945 verhaftet, im Nürnberger Prozess zum Tode verurteilt und hingerichtet.

bekommen habe, ginge alles auch ohne die Juden seinen Gang weiter. Wo die Juden sich selbst überlassen wären, wie z. B. in Polen, herrsche grausamstes Elend und Verkommenheit. Sie seien eben reine Parasiten. Mit diesen Zuständen habe man in Polen gründlich aufgeräumt. Wenn die Juden dort nicht arbeiten wollten, würden sie erschossen. Wenn sie nicht arbeiten könnten, müßten sie verkommen. Sie wären wie Tuberkelbazillen zu behandeln, an denen sich ein gesunder Körper anstecken könne. Das wäre nicht grausam, wenn man bedenke, daß sogar unschuldige Naturgeschöpfe wie Hasen und Rehe getötet werden müßten, damit kein Schaden entstehe. Weshalb sollte man die Bestien, die uns den Bolschewismus bringen wollten, mehr schonen? Völker, die sich der Juden nicht erwehrten, verkämen. Eins der berühmtesten Beispiele dafür sei das Absinken des einst so stolzen Volkes der Perser, die jetzt als Armenier ein klägliches Dasein führten.

Zu Erziehungsfragen übergehend, bemerkte der Führer, daß er in Deutschland eine führende Gesellschaftsschicht habe, von der man nicht erwarten könnte, daß sie ihre Kinder Handwerker und Arbeiter werden ließe. Diese führende Schicht versuche natürlich, ihre Kinder in führende Stellungen hineinzubringen. Der Nationalsozialismus nehme sich jedoch vor allem der Kinder aus der großen Masse an, für die sich bisher nur die katholische Kirche zur Verjüngung ihrer Priesterschaft interessiert habe. Die Fürsorge, die den talentierten Kindern im heutigen Deutschland zuteil werde, ermögliche es ihnen, in die von den Juden freigemachten Stellen einzurücken, während früher Kinder des deutschen Bürgertums nach Absolvierung ihres Studiums wegen der Überfüllung der Berufe mit Juden die einfachste Handwerkertätigkeit ausüben mußten.

In Erwiderung auf diese Ausführungen schilderte Horthy das ungarische Ausbildungswesen für zukünftige Beamte. – Der Führer unterrichtete ihn darauf im einzelnen über das deutsche Erziehungswesen, das sich auf den Grundpfeilern Schule und Hitlerjugend aufbaue und über die Napolas[8] und Adolf-Hitler-Schulen, die es in jedem Gau gäbe und in denen eine ausgesuchte Jugend eine besonders gute körperliche, gesellschaftliche und wissenschaftliche Erziehung genösse, um später als Offiziere oder Beamte oder in der Partei dem Vaterland zu dienen, in den Ordensburgen[9] gipfele, wo die spätere Führergeneration einer harten, aber hervorragenden Erziehung unterworfen würde.

Im Anschluß daran mußte sich der Führer zur Lagebesprechung begeben, während der RAM noch mit Horthy zusammenblieb und ihn über die in der ersten Besprechung vorgebrachten Klagepunkte durch eine zusammenfassende schriftliche Darstellung informierte.[10] Er betonte dabei noch einmal, daß es sich um keine Agentenmeldungen

7 1499 wurden die Juden aus Nürnberg vertrieben. Gegen die Zahlung von Schutzgeldern durften sie sich im benachbarten Fürth ansiedeln. Erst 1850 durften sich Juden wieder in Nürnberg niederlassen.

8 Nationalpolitische Erziehungsanstalten waren Internate, an denen das Abitur erworben wurde und die als Eliteschulen den nationalsozialistischen Führernachwuchs ausbilden sollten.

9 Insgesamt wurden in Deutschland zwischen 1934 und 1936 drei NS-Ordensburgen gebaut, die als ideologische Ausbildungsstätten für junge Männer dienten.

10 Während der Besprechung am 16.4.1943 hatte sich Hitler bei Horthy darüber beklagt, dass verschiedene ungar. Politiker, insbesondere aber Ministerpräsident Miklós Kállay, die deutschfreundliche Politik Horthys durch Kontakte zu den Türken und Briten zu sabotieren suchten; siehe Aufzeichnung über die Unterredung zwischen dem Führer und dem ungar. Reichsverweser Admiral Horthy in Kleßheim am 16.4.1943; wie Anm. 1, S. 234–254.

handele, sondern um aufgefangene dechiffrierte Telegramme fremder Missionen oder um Originalmaterial, das auf Sonderwegen in die Hand des Auswärtigen Amtes gelangt sei. Zum Beginn zeigte der RAM dem Reichsverweser einige Entzifferungen von Originaltelegrammen und las ihm Stellen aus anderen vor. Dabei kam auch die Sprache auf Ullein Revicky.[11] Der Reichsverweser gab zu, daß auch ihm Ullein Revicky in einem etwas zweifelhaften Lichte erscheine und er ihn persönlich nicht möge. Andererseits setzte sich der Reichsverweser, wie am Vortage, sehr stark für Kallay[12] ein. Er bezeichnete es als absolut undenkbar, daß dieser irgend etwas unternähme, was nicht im Einklang mit seiner (Horthys) politischen Linie stünde. Gerade weil er Kallay als Ehrenmann kenne und ihn schon immer sehr geschätzt habe, habe er ihn auf diesen Posten berufen. Er könne sich auch nicht vorstellen, daß ihm Kallay irgend etwas verschwiegen habe, da er (Horthy) die ganze Zeit über in Budapest gewesen sei und Kallay ihm regelmäßig Vortrag gehalten habe. Trotzdem mußte der Reichsverweser zugeben, daß er z. B. von der Antwort Kallays an die Türken nichts gewußt habe.[13]

An Hand des entzifferten Telegrammaterials stellte der RAM noch einmal fest, daß Kallay auf die Anregung der Türken, einen Balkanbund zu schaffen, allzu bereitwillig eingegangen sei, obwohl er gewußt habe, daß diese Anregung letzten Endes von England, d. h. dem Erzfeind Deutschlands und seiner Verbündeten, ausgegangen sei. Er habe, wie sich aus dem Telegramm ergebe, Professor Szentyörgy[14] nach der Türkei entsandt, um in diesen Angelegenheiten die Fühlung aufzunehmen. Dem Vernehmen nach sollte der Professor sogar eine weitere Reise dorthin unternehmen. Unter Hinweis auf die Worte des Führers in der ersten Unterredung betonte der RAM, daß durch derartige Kniffe keine Lösung des jetzigen Weltkonflikts zu erzielen sei, sondern daß die Entscheidung lediglich auf militärischem Gebiet fallen könne. Ein Verfahren, wie das von Kallay gebilligte, würde, wie der Führer dies bereits ausgeführt habe, von der Gegenseite nur als Schwäche ausgelegt und als Ermutigung aufgefaßt werden, einzelne Bundesgenossen aus dem Verband des Dreierpakts[15] herauszubrechen. Dies sei für die Feinde die einzige Siegeshoffnung, da sie militärisch niemals den Krieg gewinnen könnten.

Daß bei derartigen diplomatischen Manövern nichts herauskommen könne, zeige sich auch daran, daß nach dem vorliegenden Telegrammaterial der englische Botschafter in Ankara[16] erklärt habe, daß er mit den Ungarn keinerlei Fühlung aufnehmen würde und

11 Richtig: Dr. Antal Ullein-Reviczky (1894–1955), Jurist und Diplomat; 1919 Eintritt in den diplomatischen Dienst Ungarns, seit 1938 Pressechef des Außenministeriums, 1943 Botschafter in Schweden; 1945 Emigration nach Großbritannien.

12 Dr. Miklós Kállay von Nagy-Kálló (1887–1967), Jurist; 1932–1935 ungar. Landwirtschaftsminister, 1942 bis März 1944 Premierminister Ungarns; im Nov. 1944 Verhaftung und Inhaftierung in den Konzentrationslagern Dachau und Mauthausen; 1951 Emigration in die USA.

13 Der von den Deutschen abgefangene Telegrammwechsel zwischen der ungar. Regierung und der Türkei legte die Vermutung nahe, dass Ungarn aus dem Dreimächtepakt auszutreten beabsichtigte; siehe Anm. 15.

14 Richtig: Dr. Albert Szent-Györgyi (1893–1986), Chemiker; 1930 Professor in Szeged; 1937 Nobelpreis für Medizin; 1947 Emigration in die USA.

15 Gemeint ist der Dreimächtepakt vom 27.9.1940, in dem sich Deutschland, Japan und Italien zu militärischer Kooperation verpflichteten. Im Herbst 1940 wurde der Dreimächtepakt um Ungarn, Rumänien und die Slowakei sowie 1941 um Bulgarien und den Unabhängigen Staat Kroatien erweitert.

16 Hughe Knatchbull-Hugessen (1886–1971).

daß andere ungarische Vertreter, die Annäherungsversuche machen würden, ebenso kühl behandelt werden sollten, denn Ungarn sei als Feindmacht zu betrachten.

Der RAM stellte sodann an Hand des vorliegenden Materials noch einmal den Gang der Ereignisse in der Angelegenheit des türkischen Vorschlags zur Bildung eines gegen die Sowjets gerichteten Balkanbundes fest.[17] Die Anregung sei von Churchill auf der Konferenz von Adana[18] gemacht worden und sei von den Türken angesichts des damals noch im Gange befindlichen Vormarsches der Russen positiv aufgenommen worden. Die Ungarn hätten von der türkischen Initiative Mitteilung gemacht, hätten aber trotz der Bitte der Reichsregierung, ihre Stellungnahme zunächst noch aufzuschieben und die Erwägungen Berlins darüber abzuwarten, doch sofort ihre Zustimmung zu der Angelegenheit erklärt. Diese sei jedoch in einem Augenblick erfolgt, als die Türken ihrerseits infolge des Vordringens der deutschen Gegenoffensive und des Zurückdrängens der Russen um 200 km bei Charkow das Interesse an der ganzen Angelegenheit verloren hätten, so daß sich die Ungarn infolge ihrer übereilten Zustimmung in einer reichlich peinlichen Situation befunden hätten.

Der Reichsverweser zeigte sich über diese Vorgänge zumeist uninformiert. Nach seiner Version habe der türkische Außenminister[19] lediglich bei Churchill angeregt, daß auch Ungarn an dem geplanten Balkanbund teilnehmen solle, um die Reaktion Churchills auf diesen Vorschlag festzustellen. Churchill habe überhaupt nicht geantwortet.

Als der RAM erneut abschließend feststellte, daß man den jetzigen Konflikt nicht durch diplomatische Kniffe lösen könnte, erwiderte Horthy, daß er sich dessen nicht so sicher sei, kam allerdings nicht mehr zur Begründung dieser Ansicht, da er in diesem Augenblick von Staatssekretär Meissner[20] zur Teilnahme an der militärischen Lagebesprechung abgeholt wurde.

17 Nach der erfolgreichen sowjet. Winteroffensive sondierte die Türkei im Febr. und März 1943 Möglichkeiten, einen neuen Balkanbund zwischen Rumänien, Ungarn, Griechenland, Jugoslawien und der Türkei gegen eine sowjet. Invasion im Falle einer deutschen Niederlage zu errichten.

18 Am 30./31.1.1943 fand im türk. Adana ein Treffen zwischen Winston Churchill und dem türk. Staatspräsidenten İsmet İnönü statt.

19 Numan Menemencioğlu (1891–1958), Politiker und Diplomat; 1914–1928 an den türk. Botschaften in Wien, Bern, Bukarest und Beirut tätig, zuletzt als Generalkonsul; Versetzung in das türk. Außenministerium in Ankara, 1942–1944 türkischer Außenminister, von Nov. 1944 bis zu seiner Pensionierung 1956 war er Botschafter in Paris und Lissabon.

20 Otto Meissner (1880–1953).

DOK. 11

Joseph Goebbels rühmt sich in seinem Tagebuch am 18. April 1943 der Vertreibung der Juden aus Berlin[1]

Tagebuch von Joseph Goebbels, Eintrag vom 18.4.1943 (Typoskript)[2]

18. April 1943 (Sonntag)
[…][3]
Daß wir, einer Anordnung des Führers gemäß, das Judenproblem in die Debatte geworfen haben, wirkt sich außerordentlich gut aus. Der Antisemitismus ist selbst in den Feindstaaten in rapidem Wachsen begriffen. Vor allem kommen solche Meldungen aus England. Wenn wir die antisemitische Frage mit Hochdruck weiter bearbeiten, so werden die Juden auf die Dauer arg in Mißkredit geraten. Man muß hier nur Zähigkeit und Beständigkeit bewahren; denn das Judenproblem ist so festgefroren, daß es sehr schwer ist, es wieder in Fluß zu bringen.
Aus einem Geheimbericht des Forschungsamtes[4] entnehme ich, daß die schwedischen Zeitungen sich mit Händen und Füßen dagegen gesträubt haben, die Berichte ihrer in Berlin tätigen Journalisten überhaupt zu veröffentlichen. Man sieht daran wieder, wie wenig neutral Schweden eigentlich ist. Auch hier sind die Juden am Werke, und die schwedischen Spießer tun das, was ihnen von den Juden empfohlen oder befohlen wird. Man wünschte ihnen manchmal selbst einen gelegentlichen Aufenthalt im bolschewistischen Massengrab; auf andere Weise können die Spießer in den neutralen Staaten nicht zur Vernunft gebracht werden.
Im Laufe des Nachmittags kommt ein erstes Antworttelegramm vom Roten Kreuz in Genf. Diese Antwort ist noch hinhaltend.[5] Das Rote Kreuz versucht sich danach zu drücken und stellt seine Mithilfe nur unter der Bedingung zur Verfügung, daß alle Beteiligten darum ersuchten. Allerdings ist das keine endgültige Absage; denn die Sowjetunion gehört ja nicht zum Roten Kreuz und kann deshalb auch das Rote Kreuz nicht um seine amtliche Stellungnahme ersuchen.
Die polnische Widerstandsbewegung setzt alle Hebel in Bewegung, um die Aufklärung des polnischen Volkes über die Greueltaten in Katyń abzustoppen. Die Mitglieder der polnischen Kommission,[6] die in Katyń selbst gewesen sind, werden von der Wider-

1 Hoover Institution Archives, Joseph Goebbels Collection, Box 5, Fol. 2. Abdruck in: Die Tagebücher von Joseph Goebbels, hrsg. im Auftrag des Insituts für Zeitgeschichte von Elke Fröhlich, Teil II: Diktate 1941–1945, Bd. 8: April bis Juni 1943, München 1993, S. 120–127.
2 Von Mitte 1941 an begann Goebbels seine Tagebucheinträge einem Mitarbeiter seines Ministeriums zu diktieren.
3 Im ersten Teil des Tagebucheintrags berichtet Goebbels über die militärische Lage in Europa und die internationalen Reaktionen auf das Massaker von Katyń, das nun aufgrund der deutschen Propagandatätigkeit überall bekannt sei.
4 Als Forschungsamt der Luftwaffe getarnte Nachrichtensammelzentrale Hermann Görings.
5 Die deutsche Regierung hatte das IKRK aufgefordert, eine Kommission einzusetzen, die die Vorgänge in Katyń untersuchen sollte. Diese kam nicht zustande, da das IKRK in einem Memorandum an die kriegsführenden Länder im Sept. 1939 festgelegt hatte, dass derartige Ersuchen von verschiedenen Parteien gestellt werden müssten, also auch von der Sowjetunion, die aber selbstredend nicht interessiert war; siehe Dok. 6 vom 15.4.1943, Anm. 6, und Einleitung S. 41 f.

standsbewegung durch anonyme Todesurteile bedroht. Ich veranlasse, daß sie unter polizeilichen Schutz genommen werden.
Am Abend werden mir Fotos von Katyń vorgelegt. Sie sind so entsetzlich, daß sie sich nur zum Teil für eine Veröffentlichung eignen. Die dokumentarischen Unterlagen, die hier in fotografischen Wiedergaben vorgelegt werden, sind drastische Beweise für die Blutschuld der Bolschewisten, die jetzt gar nicht mehr abgeleugnet werden kann.
Der Besuch Horthys auf dem Obersalzberg ist zu Ende gegangen.[7] Er vollzog sich am ersten Tag in einer sehr hitzigen Atmosphäre. Der Führer hat kein Blatt vor den Mund genommen und vor allem Horthy die Verfehltheit seiner Politik im großen gesehen wie speziell der allgemeinen Kriegführung und der Judenfrage klargemacht. Der Führer ist dabei sehr deutlich geworden; vor allem hat er den Ungarn zum Vorwurf gemacht, daß sie über Spanien und Portugal Verbindung mit dem Feind aufzunehmen versuchten. Horthy hat das zwar abgestritten; aber das nutzte ihm nicht viel. Am zweiten Tag sind dann die Besprechungen in geregeltere Bahnen hineingegangen. Es wurde ein Kommuniqué aufgesetzt, das dem der Besprechung mit Antonescu[8] entsprach; nur wurde auf Wunsch der Ungarn unsere Kampfstellung gegen die westlichen Plutokratien gestrichen. Vermutlich sind die Ungarn der Meinung, daß man im Hause des Gehängten nicht vom Strick sprechen soll.
Es kommen Meldungen aus Bukarest, daß Mihai Antonescu[9] etwas schwach auf der Brust ist. Es war ein kleiner Konflikt zwischen dem Königshaus und dem Marschall Antonescu ausgebrochen.[10] Dieser Konflikt ist bei einem Essen beigelegt worden. Aber der Leidtragende dabei scheint Mihai Antonescu zu sein. Er soll durch einen Vertreter aus dem Maniu Lager[11] ersetzt werden. Aber das sind vorläufig noch unsubstantiierte Angaben, die sich zuerst einmal näher bestätigen müssen.

6 Gemeint ist die sog. Technische Kommission des Polnischen Roten Kreuzes, die vom Reichspropagandaministerium nach Katyń geschickt wurde, um begleitend zur Internationalen Expertenkommission Untersuchungen vorzunehmen. Die Technische Kommission bestand aus Beamten und Ärzten aus Polen sowie einem poln. Geistlichen und einem Journalisten. Die Ergebnisse der Kommission wurden im Juni 1943 vom Generalsekretär des Polnischen Roten Kreuzes in einem geheimen Bericht zusammengefasst.

7 Wenn Hitler sich auf dem Obersalzberg aufhielt, nutzte er Schloss Kleßheim für Staatsempfänge und Arbeitstreffen. Der ungar. Reichsverweser Horthy hatte Hitler dort am 16. und 17.4.1943 getroffen; siehe Dok. 10 vom 17.4.1943.

8 Ion Antonescu (1882–1946), Berufsoffizier; von 1933 an Generalstabschef, 1937/38 Kriegsminister, 1940–1944 rumän. Staatsführer mit diktatorischen Vollmachten; 1944 in sowjet. Internierung, 1946 vom rumän. Volksgerichtshof zum Tode verurteilt und hingerichtet. Am 12. und 13.4.1943 traf sich Hitler mit Marschall Antonescu ebenfalls in Schloss Kleßheim, um ihn vor einem möglichen Ausscheiden Rumäniens aus dem Achsenbündnis zu warnen.

9 Mihai Antonescu (1904–1946), Rechtsanwalt und Politiker; 1940 Justizminister in der Regierung Ion Antonescu, 1941 stellv. Ministerpräsident und Minister für Äußeres und Propaganda; 1944 wurde er nach dem Staatsstreich verhaftet und an die Sowjetunion ausgeliefert; 1946 in Rumänien hingerichtet.

10 Ion Antonescu beorderte Ende Febr. 1943 den Berater des rumän. Königs, Ionel Mocsonyi-Styrcea, an die Front, um dessen Einfluss auf den König zu unterbinden. Mocsonyi-Styrcea, der zu Verhandlungen mit den Alliierten geraten hatte, entzog sich der Abkommandierung, indem er im Königspalast Zuflucht suchte. Anfang April lenkte Antonescu ein und bat den König, sich nicht in politische Angelegenheiten einzumischen.

11 Nationale Bauernpartei Rumäniens (Partidul Național-Țărănesc), deren Vorsitzender der Anwalt Iuliu Maniu (1873–1953) war.

Das Wetter ist sommerlich schön, geradezu einladend für feindliche Luftangriffe. Aber die Engländer und Amerikaner haben, wie ich schon betonte, so schwere Verluste zu verzeichnen, daß sie wahrscheinlich die Luftkriegsführung, wie sie sie bisher betreiben, nicht lange mehr aufrechterhalten können.
Ich veranlasse, daß in Berlin für den 19., 20. und 21. April bei Gelegenheit des Geburtstages des Führers eine ziemlich ausgiebige Vorbereitung für eventuelle feindliche Luftangriffe getroffen wird. U. a. soll eine Urlaubssperre für sämtliche Berliner Truppenverbände durchgeführt werden. Es wird das zwar einige Aufregung geben; aber ich kann diese der Berliner Bevölkerung in ihrem eigenen Interesse nicht ersparen.
Es ergeben sich bei der Einschaltung der Frauen in den Arbeitsprozeß eine ganze Reihe von psychologischen Schwierigkeiten. Ich bekomme darüber Berichte aus den Betrieben, die nicht sehr erfreulich sind. Aber ich nehme an, es handelt sich hier um Übergangserscheinungen; in einigen Wochen werden wir von diesen Schwierigkeiten kaum noch sprechen.
Die Figur des „Kohlenklau"[12] hat sich in der inneren Propaganda als außerordentlich erfolgreich erwiesen. Wir führen jetzt auf meine Veranlassung zwei Frauenfiguren in die innere Propaganda ein, Frau Unverdrossen und Frau Knöterich. Frau Unverdrossen tritt für die Staatspolitik ein, Frau Knöterich ist diejenige welche, d. h. die unentwegt meckert und kritisiert. Wenn es uns gelingt, auch diese beiden Figuren besonders populär zu machen – die vorhandenen zeichnerischen Unterlagen geben mir einen Anlaß zu dieser Hoffnung –, dann, glaube ich, haben wir die innere Debatte mehr auf eine etwas lockerere Atmosphäre übergelenkt, was ihr zweifellos sehr zustatten kommen wird.[13]
Die Judenfrage in Berlin ist immer noch nicht ganz gelöst. Es befinden sich noch eine ganze Reihe von sogenannten „Geltungsjuden", von Juden aus privilegierten Mischehen und auch von Juden aus Mischehen, die nicht privilegiert sind, in Berlin. Daraus entsteht eine Unmenge von außerordentlich schwerwiegenden Problemen. Jedenfalls veranlasse ich, daß alle Juden, die sich jetzt noch in Berlin befinden, einer erneuten Prüfung unterzogen werden. Ich möchte nicht, daß Juden noch mit dem Judenstern in der Reichshauptstadt herumlaufen. Entweder muß man ihnen den Judenstern nehmen und sie privilegieren oder sie im anderen Falle endgültig aus der Reichshauptstadt evakuieren. Ich bin der Überzeugung, daß ich mit der Befreiung Berlins von den Juden eine meiner größten politischen Leistungen vollbracht habe. Wenn ich mir vorstelle, wie Berlin im Jahre 1926 aussah, als ich hierherkam, und wie es im Jahre 1943 aussieht, nachdem die Juden endgültig evakuiert werden, dann kann ich erst ermessen, was auf diesem Gebiet geleistet worden ist.
[…][14]

12 Karikatur eines Kohlendiebs, die von der nationalsozialistischen Propaganda genutzt wurde, um Energieverschwendung als Raub an der Volksgemeinschaft anzuprangern.

13 Die seit 1942 intensivierten Flächenbombardements der Alliierten auf deutsche Städte und die Niederlage von Stalingrad führten zu einer innenpolitischen Krise im Deutschen Reich, die das Propagandaministerium einzudämmen versuchte.

14 Goebbels schließt den Eintrag mit der Bemerkung, dass die Stimmung der deutschen Bevölkerung wieder zuversichtlicher sei, und betont erneut, wie wirkungsvoll die Ereignisse von Katyń für die antibolschewistische Propaganda genutzt werden könnten.

DOK. 12
Richard Korherr übersendet am 19. April 1943 die zweite, auf Wunsch Himmlers überarbeitete Fassung seines statistischen Berichts über die „Endlösung der europäischen Judenfrage"[1]

Zweiter Bericht (Geheime Reichssache) des Inspekteurs für Statistik,[2] Mitte April 1943[3]

Die Endlösung der europäischen Judenfrage
Statistischer Bericht
Notwendige Vorbemerkung. Judenstatistiken sind immer mit Vorbehalt aufzunehmen, da bei der zahlenmäßigen Erfassung des Judentums stets mit besonderen Fehlern zu rechnen ist. Fehlerquellen liegen u. a. in Wesen und Entwicklung des Judentums, seiner Abgrenzung, seiner mehrtausendjährigen ruhelosen Wanderschaft, den zahllosen Aufnahmen und Austritten, den Angleichungsbestrebungen, der Vermischung mit den Wirtsvölkern, vor allem aber im Bemühen des Juden, sich der Erfassung zu entziehen. Schließlich hat die Statistik teils als Notbehelf, teils wegen der weitgehenden Übereinstimmung zwischen jüdischer Rasse und jüdischem Glauben, teils im konfessionellen Denken des letzten Jahrhunderts befangen, bis zuletzt die Juden nicht nach ihrer Rasse, sondern nach ihrem religiösen Bekenntnis erfasst. Die Erfassung der Juden nach der Rasse gestaltet sich auch – vor allem durch die äußerliche Verkleinerung des Judentums infolge Austritt, Übertritt, weiter zurückliegender rassischer Vermischung und durch Tarnung – sehr schwierig, wie die mißlungene Erfassung der Rassejuden in Österreich 1923 und die Erhebung der Voll-, Halb- und Vierteljuden bei der deutschen Volkszählung 1939 zeigen.[4] Jüdische Bestandszahlen sind im allgemeinen nur als Mindestzahlen zu werten, wobei der Fehler mit geringerem jüdischem Blutanteil immer größer wird. Fast unüberwindliche Schwierigkeiten bereitet die Erstellung einer einigermaßen zuverlässigen Statistik über Bestand und Bewegung des Judentums in den gesamten Ostgebieten seit Beginn des zweiten Weltkrieges, der unkontrollierbare Massen von Juden in Bewegung gebracht hat.

Bilanz des Judentums
Welt. Die Gesamtzahl der Juden auf der Erde schätzte man im letzten Jahrzehnt auf 15 bis 18 Millionen, zuweilen auch auf weit über 20 Millionen. Das Statistische Reichsamt gab für das Jahr 1937 die Zahl mit *17 Millionen* an.

1 BArch, NS 19/1570, Bl. 4–10. Abdruck in: Léon Poliakov/Joseph Wulf, Das Dritte Reich und die Juden, Berlin 1955, S. 243–248.
2 Dr. Richard Korherr (1903–1989), Volkswirt; bis 1930 Mitarbeiter des Statistischen Reichsamts, ab 1935 Direktor des Statistischen Amtes der Stadt Würzburg; 1937 NSDAP-Eintritt; von 1940 an Leiter der Statistischen Abt. im SS-Hauptamt und Inspekteur für Statistik beim RFSS; 1945/46 kurzzeitige Inhaftierung, seit 1950 Min.Rat im Bundesfinanzministerium, wurde 1961 entlassen, nachdem seine Funktion als Statistiker Himmlers öffentlich bekannt geworden war.
3 Der zweite von Heinrich Himmler am 1.4.1943 in Auftrag gegebene gekürzte Bericht von Korherr muss Mitte April 1943 fertiggestellt worden sein. Das Begleitschreiben an Himmlers persönlichen Referenten Rudolf Brandt zur Übersendung des neuen Berichts stammt vom 19.4.1943. Die Langfassung vom 23.3.1943 ist abgedruckt als VEJ 6/239.
4 Zur Erfassung der Juden in der Volkszählung von 1939 siehe VEJ 2, S. 48 f., und VEJ 2/36.

Europa. Davon leben um 1937 etwa *10,3 Millionen (60 vH) in Europa* und 5,1 Millionen (30 vH) in Amerika. Um 1880 hatte der europäische Anteil noch 88 vH, der amerikanische erst gut 3 vH betragen.

In Europa häufen bzw. häuften sich die Juden vor allem in den nunmehr von Deutschland besetzten früheren polnisch-russischen und baltischen Gebieten zwischen Ostsee und Finnischem Meerbusen und dem Schwarzen und Asowschen Meer, daneben in den Handelsmittelpunkten Mittel- und Westeuropas, im Rheingebiet und an den Küsten des Mittelmeers.

Deutschland. Die Judenbilanz des Reiches ist an die verschiedenen großen Zeiträume seit der jeweiligen Machtübernahme in seinen Teilgebieten gebunden. Erst von diesen Zeitpunkten an beginnt das Abfluten der Juden in großem Stil. Vorher gab es in manchen Gebieten sogar eine Zunahme der Juden als Folge des Abflusses aus Gebieten, die zum Reiche kamen.

Zur Zeit der jeweiligen Machtübernahme und am 31.12.1942 betrug die Zahl der Juden in

		Zahl der Juden	
Gebiet	Zeitpunkt der Machtübernahme	vor der Machtübernahme	am 31.12.1942
Altreich	30.1.1933	561 000	51 327
Sudetenland	29.9.1938	30 000	
Ostmark	13.3.1938	220 000	8 102
Böhmen und Mähren	16.3.1939	118 000	15 550
Ostgebiete[5] (mit Bialystok)	Sept. 1939 (Juni 1940)[6]	790 000	233 210
Generalgouv.[7] (mit Lemberg)[8]	Sept. 1939 (Juni 1940)[9]	2 000 000	297 914
Zusammen		*3 719 000*	*606 103*

Zu den Zahlen vor der jeweiligen Machtübernahme ist ergänzend zu bemerken, daß sie z. T. ineinanderfließen. So strömte der Großteil der 30 000 Juden des Sudetenlandes (27 000 Glaubensjuden) vor der Vereinigung mit dem Reich ohne Überschreitung einer Staatsgrenze und ohne Vermögensverluste rasch ins Protektorat ab, ist also in den Zahlen für Böhmen und Mähren von 1939 zu einem Teil wieder enthalten. Das Sudetenland zählte am 17.5.1939 nur mehr 2649 Juden.

Für die Zeit kurz vor dem zweiten Weltkrieg läßt sich die Zahl der Juden im Reichsgebiet mit Protektorat und Generalgouvernement für einen festen Zeitpunkt angeben bzw. abschätzen. Sie beträgt um den 17.5.1939 in

5 Im Okt. 1939 annektierte Gebiete im Westen und Norden Polens.

6 Im Zuge des deutsch-sowjet. Nichtangriffspakts besetzte die Wehrmacht erst nach dem Überfall auf die Sowjetunion im Juni 1941 die östlichen Gebiete Polens. Vermutlich lagen Korherr nur Zahlen vom Juni 1940 vor.

7 Das Generalgouvernement existierte zu diesem Zeitpunkt noch nicht, gemeint ist das Territorium des späteren Generalgouvernements.

8 Gemeint ist der Distrikt Galizien.

9 Wie Anm. 6.

		Zum Vergleich: am 31.12.1942
Altreich	233 973	51 327
Sudetenland	2 649	
Ostmark	94 270	8 102
Böhmen und Mähren	110 000	15 550
Ostgebiete[10]	rd. 790 000	233 210
Generalgouvernemt	rd. 2 000 000	297 914
Zusammen	*3 120 892*[11]	*606 103*

Altreich und Ostmark hatten bis zum Kriege weit über die Hälfte ihres – zivilisierten und sterilen – Judenbestandes[12] bereits abgegeben, vor allem durch Auswanderung, während im Osten der Zusammenbruch der für die Zukunft gefährlichen fruchtbaren Judenmassen überwiegend erst im Kriege und besonders seit den Evakuierungsmaßnahmen von 1942 deutlich wird.

Das Judentum hat sich damit von 1933 bis 1943 innerhalb des erweiterten Reichsgebietes, also im zeitlich-räumlichen Bereich der nationalsozialistischen Staatsführung, um rund 3,1 Millionen Köpfe vermindert. Im Altreich sank der Bestand auf fast 1/12, in der Ostmark gar auf 1/27, im Generalgouvernement und in Böhmen und Mähren auf etwa 1/7, in den Ostgebieten auf 1/3 bis 1/4.

Auswanderung, Sterbeüberschuß und Evakuierung. Dieser Rückgang ist das Ergebnis des Zusammenwirkens von Auswanderung, Sterbeüberschuß und Evakuierung, wozu noch geringfügige sonstige Veränderungen kommen (z. B. genehmigte Austritte, Anerkennung als Mischling I. Grades, Neuerfassung, Karteibereinigung), worüber die folgende Tabelle Aufschluß gibt:

Gebiete	Zeitraum vom … bis 31.12.1942	Abnahme (–) oder Zunahme der Juden durch *Auswanderung*	*Sterbeüberschuß*	*Evakuierung*	*Sonstige Veränderungen*	*Insgesamt*
Altreich (mit Sudetenland)	30.1.33 (29.9.38)	–382 534	–61 193	–100 516	+4 570	–539 673
Ostmark	15.3.38	–149 124	–14 509	–47 555	–710	–211 898
Böhmen und Mähren	16.3.39	–25 699	–7 074	–69 677	--	–102 450
Ostgebiete (mit Bialystok)	Sept. 39 (Juni 40)[13]	–334 673		–222 117	--	–556 790
Generalgouv. (mit Lemberg)	Sept. 39 (Juni 40)[14]	–427 920		–1 274 166		–1 702 086
Zusammen		–1 402 726		–1 714 031	+3 860	–3 112 897

10 Wie Anm. 6.

11 Die Zahlen wurden falsch addiert. Die korrekte Summe wäre 3 230 892.

12 Gemeint sind vermutlich v. a. ältere Juden, die keine Kinder mehr bekommen konnten.

13 Wie Anm. 6.

14 Wie Anm. 6.

Die Bilanz für *Altreich, Ostmark und Böhmen und Mähren* zusammen sieht folgendermaßen aus:

Anfangsbestand der Juden bei jeweiliger Machtübernahme:	*929 000*
Veränderungen durch:	
Auswanderung	–557 357
Sterbeüberschuß	–82 776
Evakuierung	–217 748
Neuerfassung usw.	+3 860
	–854 021
Bestand am 31.12.1942	*74 979*

Der außerordentliche Sterbeüberschuß der Juden z. B. im Altreich ist infolge der anormalen Überalterung und Lebensschwäche des Judentums ebenso auf Geburtenarmut wie auf hohe Sterblichkeit zurückzuführen: im 1. Viertel 1943 zählte man 22 Geburten, 1113 Sterbefälle. Die Zahlen über Auswanderung und Sterbeüberschuß (Kriegswirren!) der Ostgebiete und des Generalgouvernements sind nicht nachprüfbar. Sie sind das berechnete Ergebnis aus Anfangs- und Endbestand und Evakuierungen der Juden.

Vom 1.1.1943 bis 31.3.1943 fand aus dem Reichsgebiet mit Böhmen und Mähren, neuen Ostgebieten und Bezirk Bialystok wieder die Evakuierung von 113 015 Juden nach dem Osten statt, ebenso die Wohnsitzverlegung von 8025 Juden ins Altersghetto Theresienstadt. Die Judenzahl in Deutschland, namentlich in den Ostgebieten, wurde dadurch neuerdings stark herabgesetzt.

Mischehen. Die Zahl der Juden im Reichsgebiet von 1939 enthält am 31.12.1942 einen nicht geringen Teil von Juden in Mischehen:

	Juden am 31.12.1942	davon in Mischehe	Rest
Altreich	51 327	16 760	34 567
Ostmark	8 102	4 803	3 299
Böhmen und Mähren	15 550	6 211	9 339
Zusammen	*74 979*	*27 774*	*47 205*

Die Judenzahl des Altreichs hat sich inzwischen weiter von 51 327 am 31.12.1942 auf *31 910 am 1.4.1943* vermindert.[15] Unter diesen 31 910 Juden leben über die Hälfte, nämlich 16 668, in Mischehe, davon 12 117 in privilegierter und 4551 in nicht privilegierter Mischehe. Außerdem dürfte in der Aufstellung noch eine größere Anzahl von Juden mitgezählt sein, die schließlich als unauffindbar abgeschrieben werden müssen, wie es auch bei jedem Einwohnerkataster immer wieder vorkommt. Der Bestand der Juden im alten Reichsgebiet (ohne Ostgebiete) nähert sich seinem Ende.

Arbeitseinsatz. Von den im Reichsgebiet lebenden Juden befanden sich zu Beginn des Jahres 1943 21 659 in kriegswichtigem Arbeitseinsatz. Dazu kommen in kriegswichtigem Arbeitseinsatz 18 435 sowjetrussische Juden im Inspekteur-Bereich Königsberg,

15 Grund für diesen Rückgang waren die Verhaftungen im Rahmen der sog. Fabrik-Aktion Ende Febr. 1943; siehe VEJ 6, S. 75–79.

50 570 staatenlose und ausländische Juden im Lagereinsatz Schmelt (Breslau)[16] und 95 112 ehem. polnische Juden im Ghetto- und Lagereinsatz im Inspekteur-Bereich Posen.

Konzentrationslager. In Konzentrationslagern befanden sich am 31.12.1942 insgesamt *9127 Juden*, in Justizvollzugsanstalten 458 Juden. Die Belegstärke der Konzentrationslager mit Juden war folgende:[17]

		Mauthausen/Gusen	79
Lublin	7324	Sachsenhausen	46
Auschwitz	1412	Stutthof	18
Buchenwald	227	Ravensbrück	3

Altersghetto. Im einzigen Altersghetto Theresienstadt gab es Anfang 1943 zusammen *49 392 Juden*, die von den Bestandszahlen abgeschrieben sind.

Evakuierung aus anderen europäischen Ländern. Im deutschen Macht- und Einflußbereich außerhalb der Reichsgrenzen fanden folgende Evakuierungen von Juden statt:

Länder	bis 31.12.1942	im 1. Vierteljahr 1943
Frankreich (soweit vor dem 10.11.1942 besetzt)	41 911	7 995
Niederlande	38 571	13 832
Belgien	16 886	1 616
Norwegen	532	158
Griechenland	–	13 435
Slowakei	56 691	854
Kroatien	4 927	–
Bulgarien	–	11 364
Außerdem in den russischen Gebieten einschl. der früheren baltischen Länder seit Beginn des Ostfeldzuges	633 300[18]	–
Zusammen	*792 818*	*49 254*

Europäische Judenbilanz. Die Verminderung des Judentums in Europa dürfte damit bereits an *4 Millionen* Köpfe betragen. Höhere Judenbestände zählen auf dem europ. Kontinent (neben Rußland mit etwa 4 Mill.)[19] nur noch Ungarn (750 000)[20] und Rumänien (302 000), vielleicht noch Frankreich. Berücksichtigt man neben dem angeführten

16 SS-Brigadeführer Albrecht Schmelt organisierte zwischen Aug. 1940 und Sommer 1943 die Zwangsarbeit von Juden vornehmlich in Oberschlesien, aber auch in Niederschlesien und dem Sudentenland. Die Organisation Schmelt verwaltete bis zu ihrer Auflösung im Herbst 1943 insgesamt 177 Lager und Tausende jüdische Zwangsarbeiter; siehe VEJ 4, S. 45, VEJ 4/198.

17 In der Langfassung des Korherr-Berichts wird darauf hingewiesen, dass die im Zuge der Deportationen nach Lublin/Majdanek und Auschwitz gebrachten Juden nicht in die Statistik aufgenommen wurden; siehe VEJ 6/239.

18 Da Korherr die Zahlen nach eigenen Angaben direkt vom RSHA bezog, das erst im Juli 1942 die monatliche Meldepflicht von Exekutionen eingeführt hatte, sind die Zahlen hier unvollständig; wie Anm. 1.

19 In der Sowjetunion befanden sich noch etwas über zwei Millionen Juden.

20 Ungarn samt seiner 1938/40 annektierten Gebiete.

Rückgang die jüdische Auswanderung und den jüdischen Sterbeüberschuß in den außerdeutschen Staaten Mittel- und Westeuropas, aber auch die unbedingt vorkommenden Doppelzählungen infolge der jüdischen Fluktuation, dann dürfte die Verminderung des Judentums in Europa von 1937 bis Anfang 1943 auf 4 ½ Millionen zu schätzen sein. Dabei konnte von den Todesfällen der sowjetrussischen Juden in den besetzten Ostgebieten nur ein Teil erfaßt werden, während diejenigen im übrigen europäischen Rußland und an der Front überhaupt nicht enthalten sind. Dazu kommen die Wanderungsströme der Juden innerhalb Rußlands in den asiatischen Bereich hinüber.[21] Auch der Wanderungsstrom der Juden aus den europäischen Ländern außerhalb des deutschen Einflußbereichs nach Übersee ist eine weitgehend unbekannte Größe.
Insgesamt dürfte das europäische Judentum seit 1933, also im ersten Jahrzehnt der nationalsozialistischen Machtentfaltung, bald die Hälfte seines Bestandes verloren haben. Davon ist wieder nur etwa die Hälfte, also ein Viertel des europäischen Gesamtbestandes von 1937, den anderen Erdteilen zugeflossen.

DOK. 13
Das Rassenpolitische Amt im Gau Köln-Aachen fordert am 19. April 1943, gegen Herta Rückersberg und ihren nichtjüdischen Geliebten vorzugehen[1]

Schreiben (Persönlich!) des Rassenpolitischen Amts der NSDAP, Kreisbeauftragter des Kreises Köln (RPA. 29/41 M.), gez. Kreishauptstellenleiter Marx,[2] Gereonskloster 12, an die Kreisleitung der NSDAP, Kreis Hansestadt Köln, Kreisleiter Pg. Alfons Schaller,[3] Köln, Josefstr. 37 (Eing. 24.4.1943), vom 19.4.1943[4]

Betr.: Halbjüdin *Herta Rückersberg*,[5] geb. 20.11.1907 in Plettenberg als Mätresse des Vg. Wilhelm Bleienheuft,[6] Köln, Wallrafplatz 2.
Die oben genannte Halbjüdin (Mischling I. Grades) ist die Tochter des Volljuden Emil Israel Rückersberg[7] und der Deutschblütigen Maria Stumpf,[8] beide wohnhaft Köln, Weißenburgstraße 32. Dieselbe wohnte bis vor ca. 2 Jahren bei ihren Eltern, Weißenburgstraße 32, und ist auch *heute noch* (gem. Angabe des zuständigen Polizei-Reviers)

21 Es handelt sich um Zwangsumsiedlungen insbesondere nach Taschkent.

1 Staatsarchiv Nürnberg, E 39/2038.
2 Walter Marx, Journalist; von 1931 an Mitglied der Gauleitung Köln-Aachen, 1933 Verlagsdirektor der NSDAP-Zeitung Westdeutscher Beobachter, Vorsitzender des Untersuchungs- und Schlichtungsausschusses der NSDAP und Leiter des Gauarchivs.
3 Alfons Schaller (1909–1968), Handelsreisender; 1931 NSDAP- und SA-Eintritt; 1935 Gaupropagandaleiter im Gau Köln-Aachen; 1935–1942 Ratsherr der Stadt Köln; von 1942 an NSDAP-Kreisleiter in Köln; 1945–1948 Internierungshaft; nach 1952 im Lederwarengroßhandel tätig.
4 Im Original handschriftl. Bearbeitungsvermerke; das Schreiben ging zur Kenntnisnahme auch an den Oberbereichsleiter des Rassenpolitischen Amts der Gauleitung Köln-Aachen Toni Merzenich.
5 Herta Rückersberg (1907–1995), Kontoristin; 1939–1943 Verkäuferin im Uhrengeschäft Bleienheuft in Köln; 1943 tauchte sie unter; 1949 Sekretärin bei den Buderusschen Eisenwerken in Wetzlar, 1954 wurde ihr Wiedergutmachungsantrag durch das Landgericht Köln zurückgewiesen.
6 Wilhelm Bleienheuft (1876–1953), Kaufmann; Inhaber des 1825 in Köln gegründeten Familiengeschäfts C. J. Bleienheuft Uhren- und Luxuswaren.

dort gemeldet. Am 1.10.1942 gebar diese Herta Rückersberg ein Kind: Gisela Margarethe.[9]
Ich habe mich des öfteren schon mit der Judenfamilie Rückersberg beschäftigen müssen; vor Jahren hatte der Bruder dieser Herta R. ein Verhältnis mit einem deutschblütigen Mädel, welches durch mich zur Auflösung kam. Heute soll dieser Dr. Wilhelm Rückersberg,[10] welcher, wie sich nunmehr herausgestellt hat, bei der Firma Hirth, Motorenfabrik G. m. b. H. in Stuttgart-Zuffenhausen in Stellung ist, inzwischen geheiratet haben.[11] Dieser Fall Dr. Wilhelm Rückersberg wird von mir zur Zeit getrennt von dem Fall *Herta* Rückersberg bearbeitet.
Durch die Geburt des Kindes der Herta R. wurde ich erneut auf diese aufmerksam und veranlaßte dieselbe, bei einer Rücksprache auf Vorladung im Amt, mir den Vater resp. Erzeuger ihres Kindes zu nennen. Als dieselbe sich weigerte, mir den Namen des Erzeugers zu nennen, machte ich derselben klar, daß mir Mittel und Wege zur Verfügung ständen, den Namen zu erfahren. Daraufhin nannte sie mir als Vater einen Friedrich Wilhelm Bleienheuft, geb. 4.9.1876 Rodenkirchen, Hauptstraße 15. Bei meinen Ermittlungen in dieser Richtung hin mußte ich nun feststellen, daß es sich hier um den Inhaber des stadtbekannten Geschäftes Uhren-Gold & Luxuswaren C. J. Bleienheuft, Köln, Wallrafplatz 2 handelt. Derselbe bewohnt in Rodenkirchen, Hauptstraße 15 die Villa „Tuskulum". Dieser Bleienheuft ist heute 67 Jahre alt und zum vierten Male verheiratet und ist dessen vierte Frau auch wieder schwer leidend.[12] Soviel ich feststellen konnte, beabsichtigte dieser Bleienheuft, sich von seiner jetzigen Frau scheiden zu lassen, um seine Geliebte, die Herta Rückersberg, zu ehelichen. Nachdem er eingesehen hat, daß dies nicht geht, da die R. jüdischer Mischling I. Grades ist, so hat der Herr einen anderen Weg gefunden. Er ließ vor jetzt ca. 2 Jahren in seinem Hause Wallrafplatz 2 eine Wohnung im vierten Stock in Stand setzen, unter der Angabe, er wolle diese den Inhabern eines im Hause befindlichen Mode-Salons vermieten, wie er den Leuten auch versprochen hatte. Nach Fertigstellung zog er sein Versprechen zurück, möblierte die Wohnung (4 Räume) aufs beste und ließ alsdann seine Geliebte, die Rückersberg, dort einziehen, ohne dieselbe jedoch polizeilich zu melden. Die Rückersberg ist nach wie vor polizeilich bei ihren Eltern, Weißenburgstraße 32 gemeldet. Bei der Bezirksstelle 35 (Juden), wohin dieselbe als *alleinstehender* jüdischer Mischling I. Grades mit ihrem Kind überhaupt nicht hingehört, hat dieselbe sich auf Siebengebirgsallee 179 angemeldet, woselbst sie jedoch polizeilich *nicht* gemeldet ist. Dies hat sie getan, um getarnt an ihre Lebensmittelkarten zu kommen, welche von ihrer Mutter, als dem deutschblütigen Teil der privilegierten Ehe mit dem Juden Rückersberg, auf der Bezirksstelle 35 (Juden) abgeholt

7 Emil Rückersberg (1882–1972), Prozessagent; 1933 Entzug der Zulassung, dann verschiedene Hilfstätigkeiten, 1944 Verhaftung in Köln und Deportation in das Zwangsarbeitslager Sitzendorf (Unterweißbach/Thür.); 1945 dort befreit und im Juni von der US-Militärbehörde zum Bürgermeister von Haiger bestellt, 1946–1948 Bürgermeister von Herborn.

8 Richtig: Maria Rückersberg, geb. Stumpf (1887–1949).

9 Gisela Margarethe Rückersberg (1942–1992).

10 Dr. Wilhelm Rückersberg (1909–1990).

11 Am Rand die handschriftl. Bemerkung: „Nein! Jetzt in Kornwestheim. Ledig!" Wilhelm Rückersberg heiratete am 23.5.1945 in Stuttgart.

12 So im Original.

werden. In Wirklichkeit wohnt also diese Halbjüdin Rückersberg unangemeldet auf der 4-Zimmer-Wohnung Wallrafplatz 2, IV. Stock.
Es ist daher sofort:
1) durch die Wohnungsfürsorge, Köln, Hahnenstraße die Wohnung Wallrafplatz 2, IV. Stock zu beschlagnahmen, da dieselbe von der Rückersberg, als polizeilich Weißenburgstraße 32 gemeldet, unberechtigt und unangemeldet bewohnt wird,
2) Bleienheuft durch das Wohnungsfürsorgeamt wegen unberechtigter Zuweisung einer 4-Zimmer-Wohnung an seine Mätresse unter Anklage zu stellen,
3) durch die Staatsanwaltschaft feststellen zu lassen, woran und unter welchen Umständen die bereits verstorbenen 3 Frauen des Bleienheuft gestorben sind und woran die vierte Frau zur Zeit leidet.
Ich werde die Geheime Staatspolizei veranlassen, daß die Halbjüdin Rückersberg festgenommen wird und deren Kind dem Waisenhaus überwiesen wird.

Heil Hitler!

DOK. 14
Watson Thomson von der Universität Manitoba beklagt am 25. April 1943 im kanadischen Rundfunk die allgemeine Untätigkeit angesichts der Ermordung der europäischen Juden[1]

Rundfunksendung von Watson Thomson,[2] Direktor der Abt. für Erwachsenenbildung, Universität von Manitoba, verbreitet über das Netz der Kanadischen Rundfunkgesellschaft[3] am 25.4.1943 (Transkript)

Die Juden in Europa

Heute haben viele von uns an einem der großen christlichen Feiertage[4] teilgenommen, der die Mysterien der Kreuzigung und der Wiederauferstehung zum Thema hat. Angesichts dessen sollten wir für einige wenige Minuten innehalten, um unsere Augen auf ein Geschehen zu richten, das in unserer Zeit passiert und das nichts Geringeres ist als die Kreuzigung eines ganzen Volkes – der Juden in Europa. Der schrecklichste Akt in dem langen Drama der Unmenschlichkeit des Menschen gegenüber dem Menschen wird unter unseren Augen gegeben – wir müssen nur hinschauen. Und, zweifelt daran nicht, im Wesentlichen ist diese Geschichte unabweisbar, verbürgt, bestätigt, immer und

1 University of British Columbia Archives, Watson Thomson fonds, Box 5, Fol. 1. Das Dokument wurde aus dem Englischen übersetzt.
2 Watson Thomson (1899–1969), Lehrer; bis 1931 als Lehrer in Schottland und Nigeria; 1931–1937 stellv. Herausgeber der Wochenzeitschrift New Britain, von 1937 an Lehraufträge an der Universität Alberta Extension und an der Universität von Manitoba/Kanada; 1948–1960 Professor an der University of British Columbia.
3 Canada Broadcasting Cooperation (CBC), gegründet 1932 als Canadian Radio Broadcasting Commission (CRBC).
4 Die Sendung wurde am Ostersonntag ausgestrahlt.

immer wieder. Ihr könnt sie nicht leugnen – aber ihr könnt weiterhin tun, was wir schon die ganze Zeit getan haben: uns selbst entschuldigen und die Straßenseite wechseln.

Es begann – wie vielleicht die meisten Dinge, die uns zu der gegenwärtigen ungeheuren Weltkatastrophe und Tragödie geführt haben – vor geraumer Zeit und in kleinen Schritten, mit Dingen, die auch uns vertraut sind. In Berlin existierte – wie in so mancher kanadischen Stadt auch – bereits lange vor Hitler diese vage, unklare Sache, die man Antisemitismus nennt. Psychologen fällt es nicht schwer, ihre Ursprünge zu bestimmen – das Bedürfnis nach nationaler Selbstbestätigung (speziell bei den frustriertesten Wichtigtuern einer jeden nationalen Gruppe), indem man eine andere Gruppe als minderwertig einstuft; der Neid auf den Erfolg einiger Mitglieder dieser „minderwertigen" Gruppe bei einer Tätigkeit, bei der man selbst gern erfolgreich gewesen wäre, z. B. beim Geldverdienen; das Auswählen gerade der hilflosesten Minderheit zum Sündenbock, der Staatenlosen, der Juden.

Gewiss gab und gibt es Dinge bei den Juden, die all das begünstigt haben. Sie neigten dazu, Verfolgung zu erwarten und ihr Märtyrerschicksal mit einer befremdlichen, tief verwurzelten Selbstgerechtigkeit zu betrachten – aber würden wir nicht das Gleiche tun, wenn wir wie sie Jahrhunderte von Pogromen und feindseliger Diskriminierung erlebt hätten und zudem über ihre große religiöse Tradition verfügten. Sie waren oft arm, ungehobelt (nach unseren Maßstäben), habgierig und ängstlich auf ihren Selbsterhalt bedacht – aber ging das anderen Menschengruppen nicht genauso (möglicherweise einschließlich unserer Vorfahren), wenn sie erstmals einen Ausweg aus schlimmstem Elend, Unterdrückung und Missachtung gefunden hatten? Wie kann man angesichts der wechselseitigen Abhängigkeit allen menschlichen Geschicks auf eine Gruppe zeigen und sagen: „Bei ihnen liegt alle Schuld, bei ihnen liegt alles Übel."

Bis vor kurzem war dies die Situation in Berlin – gar nicht so verschieden von der in Kanada heutzutage. Aber dann kam Hitler an die Macht, und mit diesem Ereignis wurden die niedersten Instinkte zu einem festen Bestandteil der Politik des deutschen Staates. Der Brutalität der SA-Männer wurde bei der Verfolgung der Juden freien Lauf gelassen. Man schmeichelte der nationalen Eitelkeit durch die absichtlich geschürte Verachtung der Juden. Nationale Kränkungen wurden umgelenkt, nationale Enttäuschungen überspielt, indem man sich immer stärker darauf konzentrierte, blutige Rache an den Söhnen und Töchtern Israels zu nehmen.

Dann wurde vor neun Monaten der Befehl ausgegeben: „Das jüdische Problem muss ein für alle Mal durch die Vernichtung der jüdischen Rasse gelöst werden."[5] Es hat keinen Zweck, darüber nachzudenken, wie man so etwas überhaupt nur sagen kann. Womit wir uns auseinandersetzen müssen, ist die Tatsache, dass sie es genauso meinen und genau danach gehandelt haben. Wir sind mit grässlichen Taten konfrontiert.

Und hier muss ich für einen Moment innehalten. Die gesamte letzte Woche habe ich Berichte über diese unglaublichen, unaussprechlichen Geschehnisse in Europa gelesen, so dass ich mit Macbeth sagen kann: „Ich hab mich vollgeschluckt mit so viel

5 Im Sommer 1942 radikalisierten die deutschen Behörden die Vernichtung der Juden. Thomson bezieht sich hier vermutlich auf die den alliierten Regierungen seitdem verstärkt zugetragenen Informationen zum Massenmord, die schließlich im Dez. 1942 in der Interalliierten Erklärung zur Vernichtung der Juden mündeten; siehe VEJ 6/202.

Grauen."[6] Aber wie soll ich Ihnen davon berichten, ohne dass Sie völlig schockiert sind (das ist angesichts der Tatsachen, die einem zur Verfügung stehen, vergleichsweise einfach), sondern so, dass Sie und ich aufgewühlt und geschockt sind, aber zugleich auch angestachelt, etwas zu tun – das ist eine furchtbar schwere Aufgabe, die vielleicht meine Fähigkeiten übersteigt.

Einige meiner Freunde sagen: „Lass die Fakten für sich selbst sprechen." Aber Fakten sprechen nicht für sich selbst; sie bekommen nur dann eine Bedeutung, wenn sie mit etwas in unserem eigenen Leben verknüpft sind, wenn wir von ihnen berührt werden. Was ist mit Ihnen? Haben Sie auch nur einen einzigen Mörder gesehen? Haben Sie menschliche Wesen gesehen, die langsam an Hunger zugrunde gehen? Haben Sie jemals erlebt, wie ein Mitmensch gefoltert wurde? Haben Sie erlebt, wie Ihr Gatte oder Ihre Frau von Ihnen weggerissen und an einen unbekannten Bestimmungsort verschickt wurde, von dem Sie nur wussten, dass er entweder Sklaverei oder Tod bedeutete? Haben Sie erlebt, wie Ihre Kinder in einen Zug geworfen wurden, während Sie in einen anderen gestoßen wurden, um getrennt voneinander verschleppt zu werden?

Kehren wir zu den nackten Tatsachen zurück. Seit der Nazi-Terror begonnen hat, sind zwei Millionen von sieben Millionen Juden in Europa gestorben, und das Morden geht weiter.[7] Einige sind an Hunger oder Krankheiten gestorben, die anderen wurden auf jede nur erdenkliche Art ermordet: in großen Gruppen niedergemäht von Maschinengewehren; vergast in speziell vorbereiteten Vernichtungszentren; in Massen durch Strom getötet;[8] durch die Injektion von Luft in die Blutbahnen zu Hunderten in einer Stunde umgebracht;[9] in Holzbaracken zusammengepfercht und bei lebendigem Leibe verbrannt; siebenhundert Menschen im Haus eines Rabbis eingeschlossen und von einem Tiefflieger bombardiert. Seit Monaten werden aus dem Warschauer Getto täglich 7000 Juden deportiert, die Jungen und Gesunden zur Zwangsarbeit, die meisten der Alten, Kinder und Kranken in den sofortigen Tod. Die Zurückgebliebenen und die Juden in den anderen Gettos Osteuropas werden einem langsamen Verhungern in ständiger Gegenwart des Todes und der Todesangst überlassen. Die bewaffneten Wachen, die um die Gettomauern herum postiert sind, erheben eine Standardgebühr von einhundert Zlotys – dafür gewähren sie einem Juden das Privileg, auf eigenes Verlangen erschossen zu werden.[10]

Das sind nur die groben Umrisse der Geschichte. Ich überlasse es Ihrem eigenen Herzen und Ihrer Vorstellungskraft, sich den Rest auszumalen. Kommen wir nun zu der wirklich wichtigen Frage: Was tun wir dagegen? Lassen Sie uns darüber zunächst ganz einfach als ein praktisches, politisches Problem von Flüchtlingen, Einwanderungsquoten

6 William Shakespeares Tragödie „Macbeth" schildert den Aufstieg des Heerführers Macbeth zum schottischen König und seinen Wandel zum Tyrannen. Das Zitat bringt die Seelenqual über das erlebte bzw. durchgeführte Grauen zum Ausdruck.

7 Im Frühjahr 1943 waren rund vier von elf Millionen Juden in Europa ermordet; siehe Dok. 12 vom 19.4.1943.

8 Massentötungen durch Strom sind nicht bekannt.

9 Im Häftlingskrankenbau von Auschwitz wurden Phenolinjektionen als Massenmordart verwendet, bekannt sind auch Injektionen von Fleckfiebererregern im KZ Buchenwald. Injektionen von Luft sind nicht nachgewiesen; siehe VEJ 16/36, 91 und 140.

10 Diese Information wurde in einem Artikel der österreich. Exilzeitschrift Zeitspiegel. Eine Wochenschau vom 19.12.1942 verbreitet. Die Zeitung erschien zwischen 1939 und 1945 in London.

etc. nachdenken. Was haben die großen Demokratien in dieser Hinsicht durch ihre offiziellen Repräsentanten und Regierungen getan, gesagt oder vorgeschlagen?

Was das Erste angeht – was wir offiziell getan haben –, lautet die Antwort, soweit es diesen Kontinent betrifft: schlicht und einfach gar nichts.

Aber unsere Repräsentanten und Sprecher haben einige wenige Dinge gesagt, und wir sollten sie zur Kenntnis nehmen. Sowohl Präsident Roosevelt als auch Anthony Eden haben in bewegender Weise ihrem Entsetzen und ihrer Sympathie Ausdruck verliehen. Dann gibt es noch die Erklärung der Vereinten Nationen, die mit den Worten endet: „Die oben genannten Regierungen und das Französische Nationalkomitee[11] verurteilen auf das Schärfste diese bestialische Politik der kaltblütigen Vernichtung. Sie erklären, dass die Entschlossenheit der freiheitsliebenden Völker, die unmenschliche Tyrannei von Hitler zu beenden, durch diese Ereignisse nur noch bestärkt wird. Sie erneuern ihren Schwur, dafür zu sorgen, dass sich diejenigen, die für diese Verbrechen verantwortlich sind, nicht der Vergeltung werden entziehen können, und dass die zu diesem Zweck benötigten Maßnahmen vorangetrieben werden."[12]

Das ist der Tenor all dieser offiziellen Verlautbarungen, und sie alle haben etwas Eigenartiges gemeinsam: Alle sprechen leidenschaftlich von der Vergeltung, die die Verbrecher zu gewärtigen haben – und sagen nichts über sofortige Aktionen zur Rettung der verbliebenen Opfer. Warum ist dem so? Ist es so, weil wir nichts tun können? Dem ist offensichtlich nicht so. Wie wir gleich sehen werden, gibt es eine ganze Reihe von Dingen, die wir tun können. Ist es so, weil wir uns mehr darum kümmern, die Nazis zu besiegen und zu bestrafen, als jüdische Leben zu retten? Ich denke, dem ist so. Es ist befremdlich, dass unsere Regierungen, die Regierungen christlicher Demokratien, so viel Nachdruck auf die alttestamentarischen Werte der Gerechtigkeit und der Vergeltung legen und so wenig auf die neutestamentlichen Tugenden einer Liebe, die die Vernunft, und einer Barmherzigkeit, die die Gerechtigkeit übersteigen.

Sie werden vielleicht fragen, was wir denn wirklich tun können. Nun, ich werde es Ihnen sagen. Es liegt auf der Hand und ist ganz einfach, und wenn unsere Regierungen es nicht tun, liegt es daran, dass sie nicht glauben, dass die Bevölkerung sie unterstützen wird – und das meint Sie und mich.

Immer noch können Juden aus Europa herausgebracht werden, auch aus dem besetzten Europa. Sie können in eines der neutralen Länder gelangen – die Schweiz, Spanien, Portugal, Schweden oder die Türkei. Das Einzige, was ihre Akzeptanz in diesen Ländern verhindert, ist die Ungewissheit, ob diese neutralen Länder dann auf immer für sie verantwortlich sein werden oder nicht. Mit anderen Worten: Wir haben nie zugesichert, sie mit Lebensmitteln zu versorgen, ihre Weiterreise in ein anderes Land zu bezahlen, Schiffe für ihre Beförderung zur Verfügung zu stellen und ihnen beim Start in ein neues Leben Hilfe zu gewähren. Vor allem aber haben wir nie gesagt, dass wir sie selbst aufnehmen wollen. Weder Kanada noch die Vereinigten Staaten haben auch nur die leiseste Bereitschaft erkennen lassen, angesichts dieser unerträglichen menschlichen Tragödie den rigiden Ausschließungscharakter ihrer Einwanderungsgesetze zu verändern. Ein

11 Im Sept. von Charles de Gaulle gegründete Exilregierung des Freien Frankreich.

12 Gemeint ist die Interalliierte Erklärung zur Vernichtung der Juden vom 17.12.1942; wie Anm. 5.

paar Kinder wurden aufgenommen, aber selbst das war mit so vielen Einschränkungen und Schikanen verbunden, dass es letztlich nur in einem menschenunwürdigen Desaster endete.

All dies sind Dinge, die zu tun in unserer Macht steht. Es sind Dinge, die sofort getan werden müssen, um Hunderte von Leben zu retten. Genau in diesem Moment findet in Bermuda eine zwischenstaatliche Konferenz statt, auf der all diese Fragen diskutiert werden.[13] Sie können Ihren politischen Vertretern schreiben oder telegraphieren – dem Premierminister, dem Außenministerium oder Ihrem Parlamentsabgeordneten – und von ihnen im skizzierten Sinne einen sofortigen Wandel in der Politik in Bezug auf jüdische Flüchtlinge und Einwanderung verlangen.

Übrigens – und bezeichnenderweise – hat die Bermuda-Konferenz offiziell nur Informationscharakter. Mit anderen Worten: Erwarten Sie keinerlei Entscheidungen im Sinne sofortigen Handelns. Die wird es nur geben, wenn Sie und ich und andere einfache Staatsbürger unserer Demokratien anfangen, unmissverständlichen Druck auf unsere Regierungen auszuüben, unsere Forderungen umzusetzen.

Aber vielleicht geht es Ihnen wie Herbert Morrison, der im britischen Unterhaus sagte, dass keine Veränderung in der Politik einen substanziellen Effekt haben würde. Ich frage mich, wie viele gerettete jüdische Leben als substanzieller Effekt gelten würden. Haben wir vergessen, dass ein einziges menschliches Leben, ja, ein einziges jüdisches menschliches Leben unwägbar kostbar sein kann? Schließlich kann ein jüdisches Leben einen Einstein bedeuten, einen Spinoza – oder einen Jesus.

An Ostern erinnern wir uns daran, dass vor vielen Jahrhunderten ein Mensch, der gepriesen wurde für die Idee Gottes, die er in seinem Innersten fühlte, gekreuzigt wurde, während andere Menschen zuschauten und niemand einen Finger rührte, um ihn zu retten. Selbst seine Freunde schwiegen und ängstigten sich. Muss all das wiederholt werden, nun, da ein ganzes Volk gekreuzigt wird, ein Volk, ebenfalls gepriesen unter den Völkern für seine Idee Gottes und seine Rechtschaffenheit, die in ihren Seelen geboren und der gesamten Menschheit als Geschenk gegeben wurde?

Warum stellen wir uns dem nicht? Ist es so, weil wir in unserem tiefsten Herzen die Nazi-Politik stillschweigend hinnehmen, weil auch wir glauben, dass die Juden ein Problem sind und das Beste, was mit einem Problem geschehen kann, ist, dass es vom Angesicht der Erde verschwindet – besonders wenn jemand anderes für uns die Drecksarbeit erledigt, dieses Verschwinden herbeizuführen?

Was mich angeht, möchte ich gern klarstellen, wo ich stehe. Ich glaube, dass es tatsächlich etwas Wichtigeres gibt, als diesen Krieg zu gewinnen. Und das besteht darin, in uns über etwas zu verfügen – nämlich Mitmenschlichkeit und mutige Taten in Übereinstimmung damit –, durch das wir allererst verdienen, diesen Krieg zu gewinnen. Um diesen Test zu bestehen, sind wir in unserem Denken und Handeln gegenüber kranken, alten und armen Menschen in unserer Mitte gefordert – und in unserem Denken und Handeln gegenüber so misshandelten Völkern wie den Negern, den Indianern, den Juden. Vergeltung gegenüber den Nazi-Verbrechern reicht sicherlich nicht aus: Jeder Heide, jeder SA-Mann kann das erledigen. Wir haben eine höhere und schwerere Verpflichtung. Die Juden nicht zu bemitleiden, nicht rührselig über sie zu reden, nicht Resolutio-

13 Wie Dok. 6 vom 14.4.1943, Anm. 3, und Einleitung, S. 23.

nen über sie zu verabschieden. Sondern aufzustehen und mit aller Leidenschaft eines klaren menschlichen Gewissens zu handeln und jüdische Leben zu retten. Sie zu retten – nicht indem man sie nach Eritrea oder Madagaskar schickt, sondern selbst mit ihnen zusammenzuleben. Wir müssen lernen, zu sagen, was uns an ihnen gefällt und was uns an ihnen nicht gefällt, um zu wechselseitigem Verständnis und zur Versöhnung zu gelangen. Wir müssen lernen, uns ihre seit alters her vorgebrachten Klagen gegen uns anzuhören. So dass die Vergangenheit zugunsten einer toleranten Gegenwart aufgezehrt werden und in eine schöpferische Zukunft des Zusammenlebens münden möge.
Gott hat uns mit der Gnade ausgestattet, so zu handeln. Und wir müssen sofort handeln oder uns mit der schrecklichen Anklage dieser Verszeilen konfrontieren, die eine jüdische Frau an einen christlichen Freund geschrieben hat:

Es steht nun etwas zwischen uns:
Der Schrei, der nicht aus deinem Munde kam.

Du hast deine Hände wieder in Unschuld gewaschen.
Setze den Krug ab.
Dieses Wasser wird zwischen uns fließen.

Gib mir Jesus zurück;
Er ist mein Bruder.
Er wird mit mir gehen.
Hinter die graue Gettomauer
In das Schlachthaus.
Ich werde ihn in die Todeskammer führen;
Er wird sich auf den vergifteten Boden legen;
Die kleinen Kinder, gemordet von der Todesspritze,
Werden zu ihm kommen.

Gebt ihm den gelben Fleck zurück.
Gebt mir Jesus zurück;
Er ist nicht euer.

DOK. 15
Pfarrer Hermann Diem fordert zu Ostern 1943 vom bayerischen Landesbischof, öffentlich gegen die Judenverfolgung Stellung zu beziehen[1]

Schreiben, ungez.,[2] München, an den bayerischen Landesbischof Hans Meiser,[3] Ostern 1943[4]

Hochwürdiger Herr Landesbischof,
als Christen können wir es nicht mehr länger ertragen, daß die Kirche in Deutschland zu den Judenverfolgungen schweigt. In der Kirche des Evangeliums sind alle Gemeindeglieder mitverantwortlich für die rechte Ausübung des Predigtamtes. Wir wissen uns deshalb auch für sein Versagen in dieser Sache mitschuldig. Der zur Zeit drohende nächste Schritt: die Einbeziehung der sog. „privilegierten" Juden in diese Verfolgung unter Aufhebung der nach Gottes Gebot gültigen Ehen[5] mag der Kirche die Veranlassung geben, das durch Gottes Wort von ihr geforderte Zeugnis abzulegen gegen diese Verletzung des 5., 6., 7., 8., 9. und 10. Gebotes und damit endlich das zu tun, was sie längst hätte tun müssen.
Was uns treibt, ist zunächst das einfache Gebot der *Nächstenliebe*, wie es Jesus im Gleichnis vom barmherzigen Samariter[6] ausgelegt und dabei ausdrücklich jede Einschränkung auf den Glaubens-, Rassen- oder Volksgenossen abgewehrt hat. Jeder „Nichtarier", ob Jude oder Christ, ist heute in Deutschland der „unter die Mörder Gefallene", und wir sind gefragt, ob wir ihm wie der Priester und Levit oder wie der Samariter begegnen. Von dieser Entscheidung kann uns keine „*Judenfrage*" entbinden. Vielmehr hat die Kirche bei diesem Anlaß zugleich zu bezeugen, daß die Judenfrage primär eine evangelische und keine politische Frage ist. Das politisch irreguläre und singuläre Dasein und Sosein der Juden hat nach der Heiligen Schrift seinen alleinigen Grund darin, daß dieses Volk von Gott als Werkzeug seiner Offenbarung in Beschlag genommen ist.
Die Kirche hat daher allen *Juden* unermüdlich zu bezeugen, so wie es die ersten Apostel – *nach* Golgatha! – getan haben: „Euch *zuvörderst* hat Gott auferweckt seinen Knecht Jesus und hat ihn zu euch gesandt, euch zu segnen, daß ein jeglicher sich bekehre von

1 LKA Stuttgart, D1 (Nachlass Wurm), Bd. 108. Abdruck in: Hermann Diem, Sine vi – sed verbo. Aufsätze, Vorträge, Voten, hrsg. von Wolf Uvo Andreas, München 1965, S. 108–111.

2 Hermann Diem (1900–1945), evang. Theologe; seit 1936 Vorsitzender der württemberg. Kirchlich-Theologischen Sozietät (Bekennende Kirche); verweigerte 1938 den vorgeschriebenen Treueeid auf Hitler, unterstützte verfolgte Juden; 1957 Professor in Tübingen und Rektor der Universität.

3 Hans Meiser (1881–1956), evang. Theologe; als Feldlazarettgeistlicher im Ersten Weltkrieg; von 1915 an Pfarrer in München, seit 1922 Direktor des Predigerseminars der bayer. Landeskirche, 1928 Oberkirchenrat von München, 1933–1955 Bischof der Bayerischen Landeskirche; 1945 Mitunterzeichner des Stuttgarter Schuldbekenntnisses.

4 Handschriftl. Bearbeitungsvermerke in der Vorlage. Landesbischof Meiser erhielt das Schreiben an Ostern (25./26.4.) 1943 durch Angehörige des sog. Lempp'schen Kreises, ein ursprünglich biblisch-theologischer Gesprächskreis, dessen Mitglieder verfolgte Juden versteckten. Das Original ist nicht überliefert. Im LKA Stuttgart befindet sich eine Ausfertigung des Laienbriefes, den Landesbischof Meiser an seinen Amtskollegen in Württemberg Theophil Wurm schickte.

5 Siehe Einleitung, S. 36–38, und Dok. 21 vom 12.5.1943, Anm. 7.

6 Im Gleichnis vom barmherzigen Samariter wird ein Mann auf seinem Weg von Jerusalem nach Jericho von Räubern ausgeplündert und schwer verletzt. Weder der vorbeikommende Priester noch ein Levit ein Angehöriger einer der zwölf Stämme Israels, helfen ihm. Erst ein Samaritaner, diese galten bei den Juden als Heiden, kommt dem Gebot der Nächstenliebe nach und hilft.

seiner Bosheit" (Apostelg. 3,26). Dieses Zeugnis kann die Kirche nur dann für Israel glaubwürdig ausrichten, wenn sie sich zugleich der „unter die Mörder gefallenen" Juden annimmt.

Sie hat dabei insbesondere jenem „christlichen" Antisemitismus in der *Gemeinde* selbst zu widerstehen, der das Vorgehen der nicht-christlichen Welt gegen die Juden bezw. die Passivität der Kirche in dieser Sache mit dem „verdienten" Fluch über Israel entschuldigt und die Mahnung des Apostels an uns Heidenchristen vergißt: „Sei nicht stolz, sondern fürchte dich. Hat Gott die natürlichen Zweige nicht verschont, daß er vielleicht dich auch nicht verschone." (Römer 11,20 f.)

Dem *Staat* gegenüber hat die Kirche diese heilsgeschichtliche Bedeutung Israels zu bezeugen und jedem Versuch, die Judenfrage nach einem selbstgemachten politischen Evangelium zu „lösen", d. h. das Judentum zu vernichten, aufs äußerste zu widerstehen als einem Versuch, den Gott des 1. Gebotes zu bekämpfen. Die Kirche muß bekennen, daß sie als das wahre Israel in Schuld und Verheißung unlösbar mit dem Judentum verknüpft ist. Sie darf nicht länger versuchen, vor dem gegen Israel gerichteten Angriff sich selbst in Sicherheit zu bringen. Sie muß vielmehr bezeugen, daß mit Israel sie und ihr Herr Jesus Christus selbst bekämpft wird.

Das Zeugnis, das der Kirche durch das Gleichnis vom barmherzigen Samariter geboten ist, wird also durch die „Judenfrage" nicht etwa suspendiert. Das Phänomen der Juden, an denen sich die prophetische Weissagung erfüllt, „daß sie sollen zum Fluch, zum Wunder, zum Hohn und zum Spott unter allen Völkern werden" (Jer. 29,18), bezeugt aller Welt den Gott des 1. Gebotes, der durch sein Handeln an Israel seinen Herrschaftsanspruch an die Völker kundtut. Dieses Phänomen hat die Kirche zu interpretieren. Sie hat also durch ihre Verkündigung dafür zu sorgen, daß die Regierenden diesem Zeugnis nicht auszuweichen versuchen durch Beseitigung dieses Phänomens. Das tut sie durch die Verkündigung des Evangeliums von dem Gott, der Israel und uns „aus Ägyptenland, aus dem Diensthause geführt hat" (2. Mose 20,2) und trotz aller Untreue der von ihm aus Juden und Heiden Erwählten seinem Bund treu bleibt. Sie bezeugt damit den Regierenden, daß diese allein durch den Glauben an Jesus Christus frei werden können von der Dämonie ihres politischen „Evangeliums", das sie in ihrer durch kein Gesetz Gottes begrenzten Besessenheit verwirklichen wollen. Die Kirche hat also den Regierenden für ihr Verhalten gegen Israel nicht nur die Gebote der 2. Tafel zu predigen, sondern *zugleich* zu bezeugen, daß diese Predigt durch das 1. Gebot gefordert ist und daß die Regierenden nur im Gehorsam gegen den Gott des 1. Gebotes ihr Amt recht ausrichten, d. h. das Gesetz recht handhaben können.

Das Zeugnis der Kirche gegen die Judenverfolgung in Deutschland wird so zu einem mit besonderem Gewicht ausgestatteten Sonderfall des der Kirche gebotenen Zeugnisses gegen alle Verletzung der 10 Gebote durch die staatliche Obrigkeit. Sie hat *im Namen Gottes* – also *nicht* mit politischen Argumenten, wie das ab und zu schon geschehen ist – den Staat davor zu warnen, daß er „den Fremdlingen, Witwen und Waisen keine Gewalt tut" (Jer. 7,6), und ihn zu erinnern an seine Aufgabe einer gerechten Rechtsprechung in einem ordentlichen und öffentlichen Rechtsverfahren auf Grund humaner Gesetze, an das Gebot der Billigkeit im Strafmaß und im Strafvollzug, an seinen Rechtsschutz für die Unterdrückten, an die Respektierung gewisser „Grundrechte" seiner Untertanen usw.

Dieses Zeugnis der Kirche muß *öffentlich* geschehen, sei es in der Predigt, sei es in einem besonderen Wort des bischöflichen Hirten- und Wächteramtes. Nur so kann es seine

Aufgabe erfüllen, allen denen, die legislativ oder exekutiv an dieser Verfolgung mitwirken, und zugleich den betroffenen Juden und der in ihrem Glauben angefochtenen christlichen Gemeinde die schuldige Unterweisung der Gewissen zu geben. Alles, was bisher von der Kirche in Deutschland in dieser Sache getan wurde, kann nicht als ein solches Zeugnis gelten, da es weder öffentlich geschah noch inhaltlich der Aufgabe des Predigtamtes in dieser Sache gerecht wurde.
Wenn wir uns an Sie wenden, hochwürdiger Herr Landesbischof, damit Sie das der Kirche gebotene Zeugnis veranlassen, so bitten wir Sie dringend: Sehen Sie in unserem Schritt nicht nur eine jener Mahnungen zu kräftigerem Reden, denen Sie auf Grund der größeren Übersicht, die Sie durch Ihr hohes Amt haben, allerlei Erwägungen der Zweckmäßigkeit eines solchen Schrittes im Blick auf die möglichen Folgen, nicht nur für die Kirche, sondern auch für die betroffenen Juden selbst entgegenstellen könnten. Es geht uns nicht um Komparative. Wir meinen auch, jene Folgen schon selbst soweit bedacht zu haben, als dies erlaubt und geboten ist. Aber es geht uns um etwas anderes: Als lutherische Christen wissen wir mit Art. V des Augsburgischen Glaubensbekenntnisses,[7] daß wir ohne das Predigtamt der Kirche nicht zum Glauben kommen können. Darum treibt uns neben dem Mitleid für die Verfolgten die Angst, das Predigtamt unserer Kirche könne durch sein Schweigen sein Dasein sichern wollen um den Preis, daß es dafür seine Vollmacht und Glaubwürdigkeit zu binden und zu lösen verliert. Und damit wäre alles verloren – mit der Kirche wäre auch unser Volk verloren.[8]

DOK. 16

Papst Pius XII. erklärt dem Bischof von Berlin am 30. April 1943, warum er nicht öffentlich gegen die Judenverfolgung predigt[1]

Schreiben von Papst Pius XII.,[2] persönl. gezeichnet, an den Bischof von Berlin, Konrad von Preysing,[3] vom 30.4.1943 (Typoskript)

Unserem ehrwürdigen Bruder
Konrad von Preysing
Bischof von Berlin
Zunächst sprechen Wir dir, ehrwürdiger Bruder, innigsten Dank aus für die guten Wünsche, die du persönlich wie im Namen des Klerus und deiner Diözesanen Uns bei verschiedenen Gelegenheiten, noch im Dezember zu den hl. Festen um die Jahreswende und zuletzt zum Jahrestag Unserer Wahl zum Obersten Hirten der Kirche, ausgespro-

7 Art. V des Augsburger Glaubensbekenntnisses von 1530 stellt fest, dass Gott das Predigtamt eingesetzt hat, um den Glauben zu vermitteln.

8 Meiser weigerte sich, den Laienbrief zu veröffentlichen, mit dem Argument, die Verantwortung für die Landeskirche verhindere eine öffentliche Stellungnahme. Allerdings publizierte der Schweizerische Evangelische Pressedienst die Denkschrift Mitte Juli 1943. In Wuppertal-Elberfeld verlas der Pfarrer Helmut Hesse Anfang Juni den Münchner Appell im Gottesdienst, woraufhin er verhaftet wurde und wenige Monate später im KZ Dachau starb.

1 DAB, V/16-4. Abdruck in: Burkhart Schneider (Hrsg.), Die Briefe Pius' XII. an die deutschen Bischöfe 1939–1944, Mainz 1966, Dok. 105, S. 235–242.

chen hast. Wir wissen, aus welch treuem und von Glaubensgeist erfüllten Herzen sie kommen. Wir danken dir und deiner Herde besonders für euer frommes Gebet. In deinem Schreiben von 27. Februar d. J. versicherst du Uns eurer inständigen Fürbitte aus dem Bewußtsein heraus, „daß wohl selten im Anfang eines Pontifikats einem Papste eine so schwere Last von Gott aufgebürdet worden ist" wie Uns „durch den furchtbaren Weltkrieg und all das, was er an Schmerzlichem und Sündhaftem im Gefolge hat".[4] Es ist immer Vorsicht geboten, wenn man die Gegenwart mit der Vergangenheit vergleichen will, und es liegt Uns fern, die Sorgen und Nöte, die auf die Schultern Unserer Vorgänger gedrückt haben, zu unterschätzen. Aber sicher ist der ehrliche Wille der Päpste, in weittragenden und erschütternden Auseinandersetzungen unter den Mächten dieser Erde allen mit voller Unparteilichkeit zu begegnen, gleichzeitig aber auch die Belange der hl. Kirche sorgsam zu wahren, selten einer Belastungsprobe ausgesetzt gewesen, wie der Hl. Stuhl sie gegenwärtig zu bestehen hat. Was indes noch mehr bedrückt, ist, wie du richtig sagst, „all das, was der Krieg an Schmerzlichem und Sündhaftem im Gefolge hat". Die hemmungslos steigende sachliche Grausamkeit der Kriegstechnik macht den Gedanken an eine noch lange Dauer des gegenseitigen Mordens unerträglich; was Uns seit Jahr und Tag an Unmenschlichkeiten zu Ohren kommt, die ganz und gar außerhalb der ernsthaften Kriegsnotwendigkeiten liegen, wirkt nachgerade lähmend und schaudererregend. Die Flucht in das Gebet, zum allwissenden Gott und zu dem Erlöser im Tabernakel[5] geben allein die sittliche Kraft, dem Eindruck solchen Geschehens seelisch zu widerstehen.

Auch ihr habt die Schrecken des Krieges in der unsagbar schweren Form der Luftangriffe erfahren müssen. Wir sprechen dir und deinen Diözesanen nochmals Unser teilnehmendes tiefes Bedauern zum Einsturz der Hedwigskathedrale infolge des letzten Angriffs auf Berlin aus.[6] Die Gläubigen sollen wissen, daß Wir täglich im besonderen für die beten und Unseren Segen spenden, die an diesem Tage auf der einen oder anderen Seite von Luftangriffen heimgesucht werden. Wir tun zur Minderung der Kriegsleiden, was in Unseren Kräften steht, und haben, ohne Uns von der geringen Aussicht auf Erfolg abhalten zu lassen, Uns immer wieder für möglichste Schonung der Zivilbevölkerung eingesetzt. Es ist nicht Unsere Schuld, daß eine nach allen Seiten gleichmäßige Behandlung der Kriegsfragen Uns nötigt, jetzt, wo Deutschland der unter den Luftangriffen am stärksten leidende Teil geworden ist, bei Vermittlungen umsichtig zu Werke zu gehen – ganz abgesehen davon, daß deutsche amtliche Stellen anläßlich der Anwesenheit des

2 Dr. Eugenio Pacelli (1876–1958), kath. Theologe, Jurist; 1901 Eintritt ins päpstliche Staatssekretariat, 1909–1914 Professor an der Diplomatenakademie des Vatikans; 1917 Titularbischof und päpstlicher Nuntius in München, 1920–1929 Nuntius für das Deutsche Reich, 1929 Kardinal, 1930 Kardinalstaatssekretär, im März 1939 zum Papst gewählt.

3 Dr. Konrad Kardinal von Preysing (1880–1950), kath. Theologe und Jurist; zunächst Pfarrer in München, dort Bekanntschaft mit Eugenio Pacelli; 1932 Bischof von Eichstätt, 1935 Bischof von Berlin, 1938 gründete er das „Hilfswerk beim Bischöflichen Ordinariat Berlin", das die kath. Hilfe für rassisch Verfolgte koordinierte; 1946 Ernennung zum Kardinal.

4 Das Schreiben vom 27.2.1943, in dem Konrad von Preysing Pius XII. vermutlich zum Jahrestag der Papstwahl gratulierte, befindet sich als behändigte Ausfertigung im Vatikanischen Geheimarchiv.

5 In der kath. Kirche wird der Leib Christi in Gestalt der Hostie im Tabernakel – dem Zelt Gottes – gehütet und verehrt.

6 Die St.-Hedwigs-Kathedrale in Berlin-Mitte wurde bei einem alliierten Luftangriff in der Nacht zum 2.3.1943 schwer beschädigt und brannte völlig aus.

Erzbischofs von New York[7] in Rom, oder besser anläßlich der Gerüchte, die um seinen Rombesuch gingen, die Öffentlichkeit haben wissen lassen, Deutschland sei an Bemühungen des Papstes um eine Humanisierung des Krieges nicht interessiert. Unsere Schritte für Menschlichkeit im Kriege gelten in gleicher Sorge allen Kriegsopfern, allen materiell oder seelisch unter der Kriegsnot Leidenden – und diese hoffen in Deutschland ebenso auf Unsere Hilfe wie in der übrigen Welt.

Auch Unseren Nachrichtendienst für Kriegsgefangene[8] hätten Wir sehr gerne Deutschland ebenso zugute kommen lassen wie anderen Ländern. Der Nachrichtendienst hat sich aus den an den Heiligen Stuhl herantretenden Anfragen und Bitten um Vermittlung, denen vielfach von anderen Stellen gar nicht hätte entsprochen werden können, ganz von selbst zu dem entwickelt, was er jetzt ist. Zusammen mit Unserer übrigen Kriegshilfe hat er – Wir sagen das mit tiefem Dank gegen Gott – viel und umfassend Gutes schaffen können. Es ist Uns unerfindlich, welche sachlichen Gründe die deutschen Behörden veranlasst haben könnten, dem Päpstlichen Hilfswerk den Eingang nach Deutschland zu sperren. Auch die im Schreiben des Kommissariats der Fuldaer Bischofskonferenz vom 12. März 1942 gemachte Andeutung ist Uns nicht verständlich.[9] Wenn die staatlichen Stellen unberechtigterweise glaubten, vor dem Päpstlichen Nachrichtendienst für Kriegsopfer warnen zu sollen, so konnte man es füglich ihnen selbst überlassen, eine dahingehende Mitteilung an die Bischöfe zu machen. Die deutsche Sperre für Gefangenennachrichten von hier hat sich u. a. fühlbar gemacht, als es sich darum handelte, einige tausend Meldungen von deutschen Kriegsgefangenen, die Unserem Nachrichtendienst zugegangen waren, an die Angehörigen in Deutschland weiterzuleiten. Es ist schließlich gelungen, aber nur auf Umwegen und mit größten Schwierigkeiten. Seit Herbst 1942 kommen aus Deutschland, und zwar in immer steigender Zahl, Anfragen über Vermißte oder Gefangene, deren letzter Standort an der russischen Front, meistens bei Stalingrad war. Es spricht eine erschütternde Not aus diesen Anfragen. Von Unserer Seite wird jeder nur mögliche Versuch gemacht, um Mitteilungen über die in Rußland lebenden Kriegsgefangenen zu erhalten, bis jetzt leider ohne Erfolg.

Wir sind dir, ehrwürdiger Bruder, dankbar für die klaren und offenen Worte, die du bei verschiedenen Gelegenheiten an deine Gläubigen und damit an die Öffentlichkeit gerichtet hast; Wir denken u. a. an deine Ausführungen vom 28. Juni 1942 über die christliche Rechtsauffassung; vom Totensonntag im vergangenen November über das Recht auf Leben und Liebe, das jedem Menschen zusteht; Wir denken besonders an deinen Adventshirtenbrief, der ja auch für die westdeutschen Kirchenprovinzen be-

7 Francis Joseph Kardinal Spellman (1889–1967), Erzbischof von New York und Militärerzbischof der USA.

8 Im Januar 1940 gründete Pius XII. das Ufficio Informazioni, das päpstliche Nachrichtenbüro zur Suche nach Kriegsgefangenen, Vermissten und Flüchtlingen. Die Suchaufrufe wurden von Radio Vatikan ausgestrahlt.

9 In dem Schreiben wurden die Ordinariate im Deutschen Reich über die Anordnung des Reichskirchenministeriums informiert, dass das päpstliche Auskunftsbüro für Kriegsgefangene und Vermisste nicht von der deutschen Bevölkerung in Anspruch genommen werden dürfe. Das Schreiben ist auszugsweise abgedruckt in: Ludwig Volk u. a., Akten deutscher Bischöfe über die Lage der Kirche 1933–1945, Bd. V: 1940–1942, Mainz 1983, Dok. 749, S. 698.

stimmt war, über die Herrschaftsrechte Gottes, die Rechte des Einzelnen und der Familie; auch in der schließlich zur Verlesung gekommenen Fassung war er immer noch sehr eindrucksvoll.[10]

Man wende nicht ein, daß bischöfliche Kundgebungen, die mutvoll der eigenen Regierung gegenüber für die Rechte der Religion, der Kirche, der menschlichen Persönlichkeit, für Schutzlose, von der öffentlichen Macht Vergewaltigte eintreten, gleichviel ob die Betroffenen Kinder der Kirche oder Außenstehende sind – daß solche Kundgebungen eurem Vaterland in der Weltöffentlichkeit schaden. Jenes mutvolle Eintreten für Recht und Menschlichkeit stellt euer Vaterland nicht bloß, wird euch und ihm vielmehr in der Weltöffentlichkeit Achtung schaffen und kann sich in Zukunft sehr zu seinem Besten auswirken.

Als oberster Hirt der Gläubigen sorgen Wir Uns auch darum, daß eure Katholiken ihre Überzeugungen und deren Bekenntnis rein halten von einem Sichabfinden mit Grundsätzen und Taten, die dem Gesetz Gottes und dem Geiste Christi widerstreiten, ja ihnen mehr als einmal Hohn sprechen. Es hat Uns, um ein naheliegendes Beispiel zu nehmen, getröstet zu hören, daß die Katholiken, gerade auch die Berliner Katholiken, den sogenannten Nichtariern in ihrer Bedrängnis viel Liebe entgegengebracht haben, und Wir sagen in diesem Zusammenhang ein besonderes Wort väterlicher Anerkennung wie innigen Mitgefühls dem in Gefangenschaft befindlichen Prälaten Lichtenberg.[11] – Aber schon der Gedanke, es könnten allmählich, vielleicht fast unvermerkt, jene Auffassungen durch die Macht der Gewöhnung und unter der Wirkung ihrer unaufhörlichen Verbreitung Eingang auch in die Gedankenwelt der Katholiken, besonders ihrer jungen Generation finden, schon dieser Gedanke schmerzt Uns. Du weißt, daß der Heilige Stuhl die Vorgänge bei euch auf liturgischem Gebiet für wichtig genug gehalten hat, um sich mit ihnen zu befassen. Wir gestehen aber, daß Uns die Reinerhaltung der christlichen Überzeugung von aller ihr drohenden Vergiftung noch ungleich mehr am Herzen liegt als jene liturgischen Fragen. Was würde ein noch so schöner Gottesdienst im Kirchenraum bedeuten, wenn draußen im Leben Denken und Tun der Gläubigen dem Gesetz und der Liebe Christi entfremdet wären!

Den an Ort und Stelle tätigen Oberhirten überlassen Wir es abzuwägen, ob und bis zu welchem Grade die Gefahr von Vergeltungsmaßnahmen und Druckmitteln im Falle bischöflicher Kundgebungen sowie andere vielleicht durch die Länge und Psychologie des Krieges verursachten Umstände es ratsam erscheinen lassen, trotz der angeführten Beweggründe, ad maiora mala vitanda,[12] Zurückhaltung zu üben. Hier liegt einer der Gründe, warum Wir selber Uns in Unseren Kundgebungen Beschränkung auferlegen; die Erfahrung, die Wir im Jahre 1942 mit päpstlichen, von Uns aus für die Weitergabe

10 Das Hirtenwort vom 12./13.12.1942, in dem die staatlichen Rechtsbrüche angeklagt wurden und die Einhaltung der Menschenrechte gefordert wurde, war von Preysing im Auftrag der Kevelaer Bischofskonferenz verfasst und vom Erzbistum Köln überarbeitet worden.

11 Bernhard Lichtenberg (1875–1943), kath. Theologe; 1930–1942 Dompfarrer und -probst der St.-Hedwigs-Kathedrale in Berlin, trat öffentlich für die Verfolgten der NS-Diktatur ein und wurde 1942 zu einer Haftstrafe verurteilt; auf dem Weg aus dem Gefängnis in das KZ Dachau starb Lichtenberg in Hof; 1996 von Papst Johannes Paul II. selig gesprochen; siehe VEJ 6/21.

12 Lat.: um größeres Unglück zu verhindern.

an die Gläubigen freigestellten Schriftstücken gemacht haben, rechtfertigt, soweit Wir sehen, Unsere Haltung.[13]

Wir haben diese Fragen ausführlicher mit dir besprochen, nicht als ob du Unserer Ermunterung zum Handeln bedürftest, sondern im Gegenteil, weil Wir einerseits dein starkes Empfinden für die Ehre der hl. Kirche und deinen Mut kennen, andererseits wissen, daß du die Gesamtlage mit umsichtiger Nüchternheit beurteilst. Für den Stellvertreter Christi wird der Pfad, den er gehen muß, um zwischen den sich widerstreitenden Forderungen Seines Hirtenamts den richtigen Ausgleich zu finden, immer verschlungener und dornenvoller.

Wir haben die gegen die Kirche gerichteten Maßnahmen vor Augen, von denen deine Schreiben Uns Mitteilung machten: Einziehung von Kirchengut, Wegnahme deines Bischöflichen Seminars Hedwigshöhe,[14] Einschränkung oder Unterbindung der Seelsorge an den nach Deutschland verbrachten Polen, auch des Religionsunterrichts für polnische Kinder, Eheverbot für die Polen u. s. w.,[15] alles immer wieder nur Teilstücke aus dem größeren Rahmen und umfassenderen Plan einer Drosselung der kirchlichen Lebenskraft im deutschen Machtraum. Am härtesten getroffen ist, wie du weißt, die katholische Kirche im Warthegau. Wir leiden schwer unter der namenlosen Not der Gläubigen dortselbst, um so mehr, als jeder Versuch, für sie bei den Regierungsstellen zu vermitteln, auf schroffste Ablehnung gestoßen ist. Die Rücksichtnahmen, von denen weiter oben die Rede war, im Sonderfall des Warthegaus vor allem die Befürchtung, den Rest von Seelsorge, der dort noch besteht, auch zu gefährden, haben Uns bis jetzt davon zurückgehalten, die dortigen kirchlichen Zustände offen zur Sprache zu bringen.

Über die Lage und das Schicksal der in Konzentrationslager verbrachten Priester, unter denen die Polen weitaus an erster Stelle stehen, sind Wir verhältnismäßig gut unterrichtet. Wenn sich irgendwie Gelegenheit bietet, möge man jene Priester wie ihre Mitgefangenen immer wissen lassen, daß ihnen Unser innigstes Mitgefühl gehört, daß in dieser von Leid und Grauen erfüllten Zeit Uns wenige Schicksale so nahe gehen wie das ihre und daß Wir viel und täglich für sie beten.

Der Wortlaut der Denkschrift, den der deutsche Episkopat an die höchsten Stellen des Reichs gelangen ließ, liegt Uns vor.[16] Nun wißt ihr ja selbst, wie geringe Aussicht auf

13 Als Rechtfertigung für die von Pius verfolgte Strategie des „im Stillen helfen" diente die Deportation der niederländ. Juden im Sommer 1942. Als Reaktion auf die öffentlichen Proteste führender Vertreter der kath. und evang. Kirche in den Niederlanden gegen die Verschleppungen begannen die deutschen Besatzungsbehörden auch mit der Deportation der „nichtarischen" Christen.

14 Von 1938 an nutzte das Bistum Berlin das ehemalige Erholungsheim Hedwigshöhe in Berlin-Treptow als Ausbildungsort für Priester. Im Aug. 1941 wurde das Gebäude von der Gestapo beschlagnahmt und dort ein Wehrmachtslazarett eingerichtet.

15 Mit Zustimmung Himmlers verschärfte das Reichskirchenministerium am 23.2.1942 zwei vorherige Erlasse zur seelsorgerischen Betreuung von im Reichsgebiet eingesetzten poln. Zwangsarbeitern. Demnach war eine solche Betreuung ausschließlich einmal im Monat in Sondergottesdiensten für Polen möglich, wobei der Gebrauch der poln. Sprache untersagt war. Außerdem war Religionsunterricht für poln. Kinder ebenso verboten wie Eheschließungen von Polen untereinander bzw. mit anderen ausländischen Zwangsarbeitern.

16 Gemeint ist die Denkschrift des deutschen Episkopats an die Reichsregierung vom 18.12.1942, in der die Mitglieder der Fuldaer Bischofskonferenz die freie Religionsausübung der Katholiken in den von Deutschland annektierten und besetzten Gebieten forderten; Abdruck in: Volk u. a., Akten deutscher Bischöfe (wie Anm. 9), Dok. 807, S. 967–972.

Erfolg ein Schriftstück hat, das als vertrauliche Eingabe an die Regierung gerichtet ist; doch wird die Denkschrift auf alle Fälle den Wert einer Rechtfertigung des Episkopats vor der Nachwelt haben.

Für die katholischen Nichtarier wie auch für die Glaubensjuden hat der Heilige Stuhl caritativ getan, was nur in seinen Kräften stand, in seinen wirtschaftlichen und moralischen. Es hat von seiten der ausführenden Organe Unseres Hilfswerks eines Höchstmaßes von Geduld und Selbstentäußerung bedurft, um den Erwartungen, man muß schon sagen den Anforderungen der Hilfesuchenden zu entsprechen, wie auch der auftauchenden diplomatischen Schwierigkeiten Herr zu werden. Von den sehr hohen Summen, die Wir in amerikanischer Währung für Übersee-Reisen von Emigranten ausgeworfen haben, wollen Wir nicht sprechen: Wir haben sie gerne gegeben, denn die Menschen waren in Not; Wir haben um Gotteslohn geholfen, und haben gut daran getan, irdischen Dank nicht in Rechnung zu stellen. Immerhin ist dem Heiligen Stuhl auch von jüdischen Zentralen wärmste Anerkennung für sein Rettungswerk ausgesprochen worden.

Zu dem, was im deutschen Machtraum zur Zeit gegen die Nichtarier vor sich geht, haben Wir in Unserer Weihnachtsbotschaft ein Wort gesagt. Es war kurz, wurde aber gut verstanden.[17] Daß den nichtarischen oder halbarischen Katholiken, die Kinder der Kirche sind wie alle anderen, jetzt, im Zusammenbruch ihrer äußeren Existenz und in ihrer seelischen Not, Unsere Vaterliebe und Vatersorge in erhöhtem Maße gilt, brauchen Wir nicht erst zu versichern. So wie die augenblickliche Lage ist, können Wir ihnen leider keine andere wirksame Hilfe zukommen lassen als Unser Gebet. Wir sind aber entschlossen, je nach dem, was die Umstände heischen oder erlauben, von neuem Unsere Stimme für sie zu erheben.

Über die beharrliche Treue der deutschen Katholiken zu ihrem Glauben und ihrer Kirche haben Wir gerade in diesen Tagen wieder sehr Trostvolles gehört. Hinter allem Bedrückenden und Erhebenden der Gegenwart steht für Uns jedoch die eine schwere Zukunftsfrage: Wie soll die katholische Jugend, wie die kommenden Generationen, einmal ganz erfaßt von dem geschlossenen System christentumsfremder Beeinflussung und Erziehung, das durch die Parteiorganisationen, die neue Schule und die schon bekannten Bestimmungen des zu erwartenden Volksgesetzbuches gebildet wird, wie sollen sie ihren katholischen Glauben unverfälscht bewahren und weitergeben? Wir können Uns vorerst nur trösten mit der Verheißung der Hl. Schrift: „Gott ist treu. Er wird euch nicht über eure Kräfte versuchen lassen, sondern mit der Versuchung auch den guten Ausgang schaffen, daß ihr bestehen könnt." (1 Kor. 10,13)

Als Unterpfand dieses „guten Ausgangs" erteilen Wir – doppelt und dreifach „im Zeichen des Kreuzes", wie du es in deinem Hirtenwort zum letzten Papstsonntag sagst – dir selbst, ehrwürdiger Bruder, deinen Mitarbeitern im Apostolat und allen deinen Diözesanen in väterlicher Liebe und aus der Fülle des Herzens den erbetenen Apostolischen Segen.

17 In seiner Weihnachtsansprache am 24.12.1942 sagte Pius XII.: „Dieses Gelöbnis schuldet die Menschheit den Hunderttausenden, die persönlich schuldlos bisweilen nur um ihrer Volkszugehörigkeit oder Abstammung willen dem Tode geweiht oder einer fortschreitenden Verelendung preisgegeben sind." Der vollständige Text der Weihnachtsansprache ist auf Italienisch abgedruckt in: Discorsi e Radiomessaggi di Sua Santià Pio XII., Bd. IV, Città del Vaticano 1960, S. 327–346.

DOK. 17

Ostdeutscher Beobachter: Robert Ley ruft am 3. Mai 1943 zum Kampf gegen Kapitalismus und Bolschewismus auf, um eine jüdische Weltherrschaft zu verhindern[1]

Kapitalismus, Bolschewismus – Zwillinge des Juden

Dr. Ley[2] auf einem Reichsappell der DAF[3] und [vor] Abordnungen aus allen Ländern des Kontinents

Anläßlich des 10. Jahrestages der Gründung der Deutschen Arbeitsfront hatte Reichsorganisationsleiter Dr. Ley am Montag zu einem Reichsappell der DAF aufgerufen, der über den Deutschen Rundfunk in sämtliche Betriebe des Reiches übertragen wurde. Seine besondere Note erhielt dieser Appell durch die Teilnahme von Delegationen aller europäischen Länder, die Arbeiter zum Einsatz nach Deutschland geschickt haben. Damit rollte die erste antibolschewistische Kundgebung der europäischen Arbeiterschaft ab.[4] Außer 6000 Gefolgschaftsmitgliedern des Werkes waren über 1000 Vertreter von 19 Staaten anwesend, um die Kampfparole gegen den bolschewistischen Weltfeind entgegenzunehmen.[5]

Auf dem Reichsappell zum Zehnjahrestag der Deutschen Arbeitsfront führte Reichsleiter Dr. Ley aus:

„Vor nunmehr zehn Jahren übernahm ich auf Befehl des Führers die klassenkämpferischen Instrumente der Arbeitnehmer- und Arbeitgeberverbände. Am 2. Mai 1933 wurden die Gewerkschaften und die Arbeitgeberverbände gleichgeschaltet. Damit war dem Marxismus eine der Hauptwaffen aus der Hand geschlagen, und der Arbeiter sowie der Unternehmer wurden von Fesseln befreit, die sie jahrzehntelang im Klassenkampf gegeneinander verhaftet hatten: Der unselige Zwiespalt zwischen beiden war zum Staatsgedanken erhoben und zum politischen Dogma der proletarischen und bürgerlichen Parteien gemacht worden. Keiner hatte davon Vorteile, und alle, sowohl Arbeiter als auch Unternehmer, litten unsagbar unter diesem inneren Zwiespalt. Nur einen gab es, der als lachender Dritter diesem Wahnsinn zusah, das Feuer immer wieder schürte und von der Unvernunft der Deutschen lebte: der Jude. Juda und seine Helfershelfer sind der Vater des Klassenkampfgedankens. Ihre Parole heißt ‚Teile und herrsche', um selbst als minderwertige Minderheit über die sich streitenden Interessenhaufen herrschen zu können. Deshalb ist der Jude auch der unversöhnliche Gegner alles Nationalen, weil er den nationalen Zusammenschluß der Völker nicht brauchen kann.

1 Ostdeutscher Beobachter, Jg. 5, Nr. 122 vom 4.5.1943, S. 3. Der Ostdeutsche Beobachter, die Regionalausgabe des Völkischen Beobachters, erschien von Herbst 1939 an in Posen.

2 Dr. Robert Ley (1890–1945), Chemiker; 1921–1927 in der Fa. Bayer bzw. der I. G. Farben AG tätig; 1925 NSDAP- und SA-Eintritt; 1925–1931 NSDAP-Gauleiter Rheinland-Süd; mehrere Freiheits- und Geldstrafen wegen antisemitischer Hetze; von 1933 an Reichsleiter der DAF; 1945 angeklagt im Nürnberger Hauptkriegsverbrecherpozess, nahm sich im Gefängnis das Leben.

3 Der Reichsappell fand in Berlin statt und stand unter dem Motto „Für ein Neues Europa".

4 Ein Jahr zuvor, am 10.5.1942, hatte Ley bereits auf einer Gemeinschaftskundgebung der Deutschen und der Niederländ. Arbeitsfront die Vernichtung der Juden gefordert; siehe VEJ 6/110.

5 Neben 6000 deutschen Mitgliedern der DAF nahmen 1074 ausländische Arbeiter an der Kundgebung teil.

Die Waffen des Juden in diesem Kampf gegen die nationalen Gemeinschaften der Völker sind der Kapitalismus und der Bolschewismus. Im Golde sieht der Jude seinen Gott, und im Gelde sieht er das Mittel, um die Völker und Menschen zu beherrschen. Erinnern wir Deutsche uns, wie es vor etwas mehr als zehn Jahren in Deutschland aussah. Durch die jüdischen Machenschaften der Banken und Börsen war es gelungen, ein fleißiges Volk, das mit den hochentwickelten Gaben ausgerüstet war, in eine grenzenlose Armut zu stürzen, zu verelenden und arbeitslos zu machen.
Der Zwillingsbruder des Kapitalismus ist der Bolschewismus. Er ist die Fortentwicklung des marxistischen Wechselbalgs und ist eine der Hauptwaffen Judas, um die Völker für seine Weltherrschaftspläne reif zu machen. Der Bolschewismus bedeutet die Ausrottung jedes völkischen und nationalen Denkens, die Vernichtung des Eigentums, die Gegenauslese des Niederen und Gemeinen, die Herrschaft des Pöbels und die Nivellierung auf die unterste Stufe der Armut und des menschlichen Daseins. Der Bolschewismus ist das Zurückfallen in menschliche Barbarei, und seine Methode ist die Grausamkeit und Brutalität.
Kapitalismus und Bolschewismus sind Zwillingskinder des Juden, mit denen er die menschliche Kultur ausrotten möchte und vernichten will. Der Kapitalismus ist der Wegbereiter und der Bolschewismus ist der Vollender des teuflischen jüdischen Werkes. Ihr Ziel ist die Aufrichtung der jüdischen Weltherrschaft, der Traum vom ‚tausendjährigen Reich Jehovas'. Das, deutscher Arbeiter und deutsches Volk, ist gerade in der heutigen Zeit wichtig zu erkennen. Hinter all den Söldnerheeren unserer Gegner steht als Antreiber Juda mit seinem infernalischen Haß gegen alles Deutsche und Nationalsozialistische. Es soll sich auch keiner einbilden, daß der Jude irgendeine Klasse und irgendeinen Stand oder Institution oder Einrichtung schonen würde.
Deshalb gibt es in diesem Kampf für alle Deutschen nur eine Parole: siegen! Wir müssen siegen, weil wir leben wollen. Einen Kompromiß gibt es als Ausgang dieses Kampfes niemals. Jeder Kompromiß wäre mehr als der Untergang, weil zu dem Tode alsdann die Quälereien des sadistischen Judentums kämen. Aber auch wir wollen diese klare Entscheidung. Wir wollen ihr nicht ausweichen, sondern wir wollen dem Schicksal erklären, daß wir dankbar dafür sind, daß es uns Deutschen die Augen geöffnet hat, Juda, den Weltfeind Nr. 1, zu erkennen, und daß wir aus dieser Tatsache die Verpflichtung auf uns nehmen, nun endgültig mit jedem jüdischen Pack und seiner Gemeinheit aufzuräumen und die Menschheit von Juda zu befreien. Deshalb gibt es für uns nur eine Parole: dem Führer blindlings zu folgen, seinen Befehlen in allen Punkten bedingungslos zu gehorchen, tapfer und mutig dem Schicksal entgegenzutreten, zu arbeiten und zu kämpfen für den deutschen Sieg!"

DOK. 18

Aufbau: Ein Artikel vom 7. Mai 1943 fordert die Errichtung eines internationalen Rettungskomitees und einer jüdischen Armee[1]

Für 5 000 000 Juden in der Todesfalle der Nazis war Bermuda[2] ein „grausamer Spott"

Wann werden die Verbündeten Nationen[3] eine Stelle schaffen, die sich amtlich mit der Vernichtung eines ganzen Volkes durch Hitler befasst?
Irgendwie auf unsichtbaren und unterirdischen Wegen ist vielleicht ein Strahl der Hoffnung in die Ghettos Europas gedrungen. Ein Gerücht mag sich verbreitet haben, das zu einem Flüstern unter den gequälten Juden in Hitlers Hölle wurde. Ein Flüstern, das von der nahenden Befreiung aus Qual, Tod, Hunger und Agonie in den Schlachthäusern sprach. Dieser Hoffnungsstrahl und dieses Flüstern drückten sich in einem einzigen Wort aus: Bermuda!
Das Gerücht sprach von den Vertretern der Vereinigten Staaten und Großbritanniens, den Führern der Verbündeten Nationen, den Protagonisten der Vier Freiheiten,[4] die sich versammelten, um die gehetzten und gemarterten Juden Europas zu retten. An die Beratungen dieser kleinen Gruppe auf der Insel im Atlantischen Ozean hefteten sich all die Hoffnungen der verurteilten europäischen Juden und auch die der freien wohlmeinenden Menschen in aller Welt. Männer und Frauen guten Willens glaubten, daß endlich die Verbündeten Nationen sich entschlossen hätten, gegen den beispiellosen Tod eines ganzen Volkes etwas zu tun.
Ihr armseligen, verurteilten Opfer der Hitler-Tyrannei! Ihr armen Männer und Frauen guten Glaubens in aller Welt! Ihr habt eine Illusion genährt. Euer Hoffen war vergebens. Bermuda war nicht der Anbruch einer neuen Ära, einer Ära der Menschlichkeit und des Mitgefühls, die das Mitleid in die Tat umsetzt. Bermuda war ein Spott und ein grausamer Scherz.
Dies ist nicht unser Urteil. Es ist das Urteil des Londoner Sunday „Observer",[5] eine der einflußreichsten und bedeutendsten Zeitungen von Großbritannien.
Über die Mittel und Wege, die übrigen vier Millionen Juden in Europa zu retten, wurde nicht nur nichts geplant. Ihr Problem wurde noch nicht einmal berührt, auf die Tagesordnung gesetzt oder diskutiert. Noch mehr: Der Name „Jude" war aus dem Vokabular dieser Konferenz verbannt. Der außenpolitische Redakteur der Zeitung „PM", Alexander Uhl,[6] berichtet: „Man sah es fast als ungehörig an, auch nur das Wort ‚Jude' zu erwähnen."

1 Aufbau, Jg. 9, Nr. 19 vom 7.5.1943, S. 8.
2 Siehe Einleitung, S. 23, und Dok. 6 vom 14.4.1943, Anm. 3.
3 Gemeint sind die Unterzeichner der Deklaration der Vereinten Nationen, wie Dok. 6 vom 14.4.1943, Anm. 6.
4 1941 verkündete Präsident Roosevelt vier Ziele der US-amerikan. Politik: Redefreiheit, Glaubensfreiheit, Freiheit von wirtschaftlicher Not und Freiheit von Kriegsfurcht.
5 The Observer war eine liberal-sozialdemokratisch ausgerichtete brit. Sonntagszeitung, die erstmals im Dez. 1791 erschien.
6 PM vom 30.4.1943, S. 8: Alexander Uhl: „Aid for Only 100,000 of Europes' Homeless Millions". PM war eine liberale Tageszeitung, die zwischen Juni 1940 und Juni 1948 in New York City mit einer durchschnittlichen Auflagenhöhe von 165 000 Exemplaren erschien, herausgegeben vom

Aber nicht nur die Aufmerksamkeit der Opfer der Nazi-Greuel und ihrer Freunde in aller Welt war auf die Versammlung in Bermuda konzentriert: auch Hitler war besorgt um die Antwort der Verbündeten Nationen auf seinen Entschluß, die gesamte jüdische Bevölkerung Europas auszurotten. Ach! Für ihn war Bermuda wieder ein überzeugender Beweis dafür, daß die Verbündeten Nationen weder bereit noch willens sind, seiner Drohung durch die Tat entgegenzutreten. Sie gaben ihm wieder „freie Hand" in seinem Vernichtungsfeldzug, gerade wie sie ihm in den Vorkriegstagen gestatteten, gegen die Juden in Deutschland, gegen Österreich und die Tschechoslowakei vorzugehen, und so den Weg zu Überfall, Invasion und Krieg bereiteten.

Ist es denn möglich, daß die Verbündeten Nationen nicht einsehen, daß, wenn es Hitler gelingen sollte, die Juden als Volk zu vernichten, sie durch ihr Schweigen den Weg für die Ausrottung des tschechoslowakischen, polnischen, griechischen und selbst des französischen Volkes bereiten?

Jetzt sind wir Zeugen einer Vielfalt von Versuchen, das Fiasko von Bermuda zu rechtfertigen, es in geheimnisvolle Formeln zu kleiden, wie „keine Verhandlung mit Hitler" oder „keine Störung der Kriegsführung" oder „nichts tun, was den Krieg verlängern könnte" usw. All das heißt nur, Sand in die Augen der öffentlichen Meinung streuen. All das hat nichts mit den wirklichen Fakten und mit der grausamen Wahrheit zu tun.

Die Fakten sind vielmehr, schlicht und einfach, folgende:

(a) Dies ist ein spezifisches Problem der jüdischen Katastrophe. Hitler hat (noch) nicht die Vernichtung aller Völker Europas dekretiert, sondern die des jüdischen Volkes, und dieser Prozeß der Vernichtung geht ungehemmt und beständig weiter. Zwei Millionen oder mehr wurden bereits zu Tode gebracht!

(b) Fünf Millionen Juden leben noch in Europa. Die Regierungen Rumäniens, Ungarns und Bulgariens,[7] sämtlich Vasallen Deutschlands, sind willens, ihre Juden freizugeben, sobald die Verbündeten Nationen bereit sind, an dem Befreiungswerk teilzunehmen. Sie hoffen dadurch Gnade und Verzeihen in den Augen der Verbündeten Nationen zu finden, die sie als die unvermeidlichen Sieger in diesem Weltringen ansehen.

(c) Die Verbündeten Nationen haben von diesem Angebot keinen Gebrauch gemacht. Sie haben es aus einem einzigen Grunde nicht getan: die britische Regierung hat sie daran gehindert, weil sie fürchtete, daß die öffentliche Meinung verlangen würde, daß diese Refugees nach Palästina eingelassen werden – eine praktische Stätte der Rettung, von den Ländern der Achse nur wenige Tage durch einen kurzen Seeweg, Eisenbahn- oder selbst Autobahnstrecke entfernt, wo das neue jüdische Volk ihrer mit offenen Armen harrt.

Schriftsteller und Verleger Ralph Ingersoll. Alexander Herbert Uhl (1899–1976), Journalist; von 1922 an Mitarbeiter der Associated Press, während des Spanischen Bürgerkriegs Büroleiter der AP in Madrid, 1940–1948 Auslandsredakteur der PM, 1954 Mitgründer von Press Associates Inc.

7 Zunehmende Unzufriedenheit der rumän. Führung mit nicht eingehaltenen deutschen Versprechen wie der Rückgabe des nördlichen Siebenbürgen sowie die zunehmende Überzeugung, dass der Krieg nicht zu gewinnen sei, führte zu einem Umdenken in der rumän. Judenpolitik. Im März 1943 lehnte Antonescu weitere Deportationen in die Vernichtungslager ab. In Ungarn lebten die Juden bis zur Besetzung des Landes durch die Wehrmacht im März 1944, obwohl in ihren Rechten stark eingeschränkt, in relativer Sicherheit. Bulgarien hatte im März 1943, also nach der deutschen Niederlage in Stalingrad, alle 12 000 Juden aus den besetzten Gebieten Thrakien und Makedonien an Deutschland ausgeliefert.

Die Judenfrage ist kein Refugee-Problem
Nachdem die Bermuda-Konferenz eine Sache der Vergangenheit ist, nachdem sie den Vernichtungsfeldzug gegen das jüdische Volk in Europa nicht einmal diskutiert hat, muß man sich jetzt mehr denn je darüber im klaren sein, daß wir es nicht nur mit einem *Refugee-Problem*, sondern mit der *Judenfrage* in Europa zu tun haben. Diese beiden Probleme sollten nicht miteinander verwechselt werden. Es handelt sich um ganz Verschiedenes. Die Demokratie kann nicht dem Schlachthaustod von Millionen Juden in Europa, unschuldigen Zivilisten, Vorschub leisten. Es gibt Mittel und Wege, Hitlers Massenmorden Einhalt zu gebieten und diejenigen zu retten, die gerettet werden können. *Aber niemand ist bestellt worden, um sich mit diesem ungeheuren Problem zu befassen.* Was not tat, ist die Schaffung eines Aktions-Apparats. Die Verbündeten Nationen, die so viele Worte des Mitleids geäußert haben, müssen jetzt etwas *tun*, wenn diese Worte des Mitleids mehr sein sollen als hohle Lügen. Sie müssen ein Komitee der Verbündeten Nationen aus militärischen und diplomatischen Sachverständigen schaffen, die die volle Autorität haben, ein festes und realistisches Aktions-Programm durchzuführen, um die übrigen Millionen des jüdischen Volkes zu retten. *Dieses Komitee wird sich nicht mit Refugees befassen, die außerhalb von Hitlers Reichweite sich befinden, sondern mit dem jüdischen Volk, das heute unter seinem Joch seufzt.*
Ein Programm der Tat (… nicht des Mitleids!)
Es gibt zwei weite Gebiete, auf denen ein solches Komitee ohne Aufschub und Verzögerung zu arbeiten beginnen kann.
1. Sofortige Ausnutzung aller vorhandenen Transportmöglichkeiten, um Juden aus Hitler-besetzten Ländern nach Palästina oder anderen temporären Asylstätten zu bringen; die Einleitung weiterer Möglichkeiten innerhalb dieses Programms.
2. Die sofortige Schaffung einer Jüdischen Armee aus staatenlosen und palästinensischen Juden, einschließlich „Selbstmord"-Kommando-Kolonnen und Flugzeuggeschwadern zu Vergeltungs-Bombardements, die tief nach Deutschland hineinfliegen und so als besondere Einheit am Kriege teilnehmen und den Opfern Hitlers ihre Botschaft der Hoffnung bringen.[8]

Beteiligt Euch am Kreuzzug der Menschlichkeit
Das Verbrechen Europas ruft zur Mobilmachung jedes Restes der Rechtschaffenheit und der geistigen Macht in der Welt. *Soldaten sterben auf dem Felde des Kampfes, die Zivilisation stirbt auf dem Felde des Massakers.* Allein der Donnerschlag der Zivilisation ist imstande, dem deutschen Verbrechen gegen das Leben Einhalt zu gebieten. Ein Blitz, geschleudert von unseren eigenen Vertretern und allen Völkern, die für Gottes Sache streiten, würde Schrecken in die Herzen des deutschen Volkes tragen.
Darum weihen wir uns diesem Kampf, und darum rufen wir jeden Amerikaner auf, in diesem Kreuzzug für Anstand und Menschlichkeit uns die Hand zu reichen.
Jeder Bürger ist ein Teil des kollektiven Gewissens Amerikas: dieses Gewissen ist noch niemals mangelhaft befunden worden. Verlangt Taten von Eurer Regierung gegen die deutschen Massaker an den Juden.

8 Im Aug. 1942 wurde ein Palästina-Regiment aus überwiegend jüdischen Freiwilligen gebildet, das in den Kämpfen in Nordafrika zum Einsatz kam. 1944 bewilligte die brit. Regierung die Gründung einer Jüdischen Brigade als Teil der 8. Brit. Armee.

DOK. 19

Das Reich: Im Leitartikel vom 9. Mai 1943 macht Goebbels die Juden für den Krieg verantwortlich und rechtfertigt damit die Verfolgung[1]

Der Krieg und die Juden

Von Reichsminister Dr. Goebbels
Es ist erstaunlich, mit welcher Naivität, um nicht zu sagen Ahnungslosigkeit, heute noch im vierten Jahre dieses gigantischen Ringens gewisse Kreise in Europa der Judenfrage gegenüberstehen. Sie wollen und wollen nicht einsehen, daß dieser Krieg ein Krieg der jüdischen Rasse und ihrer Hilfsvölker gegen die arische Menschheit sowie gegen die abendländliche Kultur und Zivilisation ist, daß deshalb auch in ihm alles, was uns Deutschen und Europäern als Verfechtern eines Prinzips der gesitteten Weltordnung lieb und teuer ist, auf dem Spiele steht. Besagte Kreise sind allzu leicht geneigt, in der Judenfrage eine solche der Humanität zu sehen. Sie beurteilen sie deshalb mehr nach augenblicksbedingten Gefühlsregungen als nach den Erkenntnissen und Einsichten einer klaren und kühlen Vernunft. Dabei steht außer jedem Zweifel, daß, wenn wir in der Lösung der Judenfrage vor allem jetzt im Verlaufe dieses Krieges auch nur die geringste Schwäche zeigten, wir damit unter Umständen die schwerste Gefahr über unser Volk und Reich und ganz Europa hereinführen würden.
Das Judentum hat diesen Krieg gewollt. Wohin man im Feindlager schaut, sei es auf der plutokratischen,[2] sei es auf der bolschewistischen Seite, sieht man hinter den im Vordergrund stehenden Exponenten der gegnerischen Kriegführung die Juden als Inspiratoren, Hetzer und Einpeitscher stehen. Sie organisieren die feindliche Kriegswirtschaft, sie entwerfen die den Achsenmächten zugedachten Vernichtungs- und Ausrottungsprogramme, aus ihren Reihen rekrutieren sich in England und USA die blutschäumenden und rachegierigen Agitatoren und politischen Amokläufer und in der Sowjetunion die terroristischen GPU-Kommissare. Damit bilden sie überhaupt den Kitt, der die feindliche Koalition zusammenhält. Sie sehen im nationalsozialistischen Reich eine Macht, die ihnen und ihrem Weltherrschaftsstreben nicht nur militärisch, sondern auch geistig gewachsen ist. Daher ihre Wut und ihr abgrundtiefer Haß. Man glaube nicht, daß die alttestamentarischen Racheausbrüche, mit denen sie ihre Zeitungen und Rundfunksendungen ausfüllen, bloße politische Literatur darstellen. Sie würden sie bis zum letzten Punkte verwirklichen, wenn sie die Macht dazu besäßen.
Es ist deshalb ein Gebot der Staatssicherheit, daß wir im eigenen Lande die Maßnahmen treffen, die irgendwie geeignet erscheinen, die kämpfende deutsche Volksgemeinschaft gegen diese Gefahr abzuschirmen. Das mag hier und da zu schwerwiegenden Entscheidungen führen, aber das ist alles unerheblich dieser Gefahr gegenüber. Denn dieser Krieg ist ein Rassenkrieg. Er ist vom Judentum ausgegangen und verfolgt in seinem Sinne und nach seinem Plan kein anderes Ziel als die Vernichtung und Ausrottung unseres Volkes.

1 Das Reich, Nr. 19 vom 9.5.1943, S. 1 f. Die Wochenzeitschrift erschien zwischen 1940 und 1945 im Deutschen Verlag und erreichte 1944 eine Auflage von 1,4 Millionen Exemplaren. Goebbels schrieb allwöchentlich den Leitartikel für die Zeitung.

2 Im Nationalsozialismus wurde der Begriff verwendet, um die brit. und US-amerikan. Politik zu diffamieren.

Wir stehen dem Judentum noch als einziges Hindernis gegenüber auf seinem Wege zur Weltherrschaft. Würden die Achsenmächte den Kampf verlieren, dann gäbe es keinen Damm mehr, der Europa vor der jüdisch-bolschewistischen Überflutung retten könnte. Es mag merkwürdig erscheinen, daß eine zahlenmäßig so begrenzte Minderheit eine so ungeheure Macht ausüben und damit eine so tödliche Gefahr darstellen kann. Aber trotzdem ist dem so. Das internationale Judentum bedient sich in der Verfolgung seiner Welteroberungspläne bestimmter krimineller Praktiken, denen unaufgeklärte Völker nicht gewachsen sind. Das ist ja auch im privaten Leben so. Die Juden kommen nicht deshalb allüberall zu so bemerkenswerten wirtschaftlichen Erfolgen, weil sie klüger sind als die Nichtjuden, sondern weil sie nach einem anderen Moralkodex operieren. Darum auch zeigen sie immer das Bestreben, ihr System so lange wie möglich zu verschleiern, bis es schließlich für die betroffenen Völker zur Abwehr zu spät ist. Sie können ihre Herrschaft dann meistens nur noch durch eine Revolution abschütteln. Wie mühevoll und schwer das im allgemeinen ist, davon wissen wir ein Lied zu singen.

Aus allen Feindstaaten dringen immer wieder Nachrichten an unser Ohr, daß dort der Antisemitismus rapide im Wachsen sei. Die Vorwürfe, die hier wie da den Juden gemacht werden, sind bekannt: Ihr Auftreten hat auch bei uns zuerst solche und ähnliche Erscheinungen gezeitigt. Man kann nicht sagen, daß der Antisemitismus in den Feindstaaten eine Sache der antisemitischen Propaganda sei, denn diese ist auf Betreiben des Judentums bei ihnen sehr streng, in der Sowjetunion sogar unter Androhung der Todesstrafe, verboten. Obschon das Judentum gegen den wachsenden Antisemitismus in der Feindwelt alle Minen springen läßt[3] – allein das Wort Jude ist beispielsweise in den sonst so geschwätzigen englischen und USA-Zeitungen, von den bolschewistischen ganz zu schweigen, kaum zu entdecken –, nimmt die judenfeindliche Stimmung in der gegnerischen Öffentlichkeit ständig zu. Man kann hier also von einer ganz natürlichen Reaktion der betroffenen Völker gegen die jüdische Gefahr sprechen, und es hilft den Juden auf die Dauer gar nichts, wenn sie in Parlament und Presse für eine schärfere Gesetzgebung gegen den Antisemitismus plädieren und hohe und höchste weltliche und geistliche Würdenträger, unter ihnen, wie sich versteht, an erster Stelle den Erzbischof von Canterbury,[4] bemühen, damit sie für die angeblich ganz zu Unrecht verfolgten armen Juden ein gutes Wort einlegen. Das haben sie vor 1933 auch bei uns getan, und trotzdem kam die nationalsozialistische Revolution.

Kein prophetisches Wort des Führers bewahrheitet sich mit einer so unheimlichen Sicherheit und Zwangsläufigkeit wie das, wenn das Judentum es fertigbringen werde, einen zweiten Weltkrieg zu provozieren, dieser nicht zur Vernichtung der arischen Menschheit, sondern zur Auslöschung der jüdischen Rasse führen werde.[5] Dieser Prozeß ist von einer weltgeschichtlichen Bedeutung, und da er vermutlich unabsehbare Folgen nach sich ziehen wird, hat er auch seine Zeit nötig. Aber aufzuhalten ist er nicht

3 Alle Minen springen lassen: alle verfügbaren Kräfte aufwenden.

4 William Temple (1881–1944), anglikan. Theologe; 1909 Priesterweihe; 1918 Eintritt in die Labour Party; 1921–1929 Bischof von Manchester, 1929–1942 Erzbischof von York, von 1942 an Erzbischof von Canterbury. Temple forderte nachdrücklich Asyl in Großbritannien für verfolgte Juden und gründete 1942 gemeinsam mit dem brit. Oberrabbiner Joseph Hertz den „Rat der Christen und Juden“, der sich bis heute gegen jede Form von Diskriminierung einsetzt.

5 In seiner Reichstagsrede am 30.1.1939 hatte Hitler mit der Vernichtung der europäischen Juden gedroht; siehe VEJ 2/248.

mehr. Es kommt jetzt nur darauf an, ihn in die richtigen Kanäle zu leiten und vor allem dem Judentum, das sich, wie man sich denken kann, verzweifelt seiner Haut wehrt, die Waffe der öffentlichen Täuschung aus der Hand zu schlagen. Man kann heute schon bemerken, wie die Juden bei Näherrücken der ihnen drohenden Katastrophe langsam im Hintergrund zu verschwinden versuchen. Sie schicken statt dessen ihre Reklamegojim vor. Es wird nicht lange mehr dauern, dann wollen sie es nicht gewesen sein und waschen ihre Hände in Unschuld.

Aber da wir, wie man uns zugeben wird, auf diesem Gebiet einige Erfahrung besitzen, werden wir schon dafür zu sorgen wissen, daß ihnen das nicht gelingt. Die Juden werden sich für ihre zahllosen Verbrechen am Glück und am Frieden der Menschheit zu verantworten haben, und es wird sie gewiß eines Tages in der ganzen Welt die Strafe ereilen, die sie heute schon in Deutschland erleiden. Wir sprechen in dieser Frage ohne jedes Ressentiment. Die Zeit ist zu ernst, um naive Rachepläne zu spinnen. Es handelt sich hier um ein Weltproblem erster Ordnung, das von der heute lebenden Generation gelöst werden kann und auch gelöst werden muß. Hier haben sentimentale Erwägungen keinen Platz. Wir stehen im Judentum der Verkörperung des allgemeinen Weltverfalls gegenüber. Entweder brechen wir diese Gefahr, oder die Völker werden unter ihr zerbrechen. Es soll uns auch niemand entgegenhalten, dem Sieger gezieme Großmut. Vorläufig sind wir in dieser Frage nur Sieger im eigenen Lande. Der Sieg zu Hause aber hat uns erst recht den infernalischen Haß des Weltjudentums eingetragen, als dessen Vorposten sich die Juden bei uns auch heute noch fühlen. Sie wollen die Niederlage der Achsenmächte, da sie sich davon allein die Wiederherstellung ihrer alten Vorrechte versprechen können. Was liegt näher, als daß wir uns der damit drohenden Gefahr entledigen, d. h. uns zuerst einmal den Rücken frei machen, damit wir den Kampf nach außen um so energischer und vorbehaltloser fortsetzen können? Man hat dem Judentum gegenüber immer nur die Wahl, ihm entweder die Macht abzutreten oder sie ihm ganz und gar streitig zu machen. Wir gehen den zweiten Weg. Und wie unsere Gegner jenen bedingungslos einschlagen, so wir ebenso bedingungslos diesen. Die Zukunft wird erweisen, wer gut dabei fährt. Jedenfalls scheint die Entwicklung bisher mehr uns als unseren Feinden recht geben zu wollen. Nicht die Judenfreundschaft, sondern die Judenfeindschaft ist allüberall im Wachsen. Am Ende dieses Krieges wird nach unserer festen Überzeugung dem Judentum eine über die jüdische Frage vollauf aufgeklärte Menschheit gegenüberstehen.

Kürzlich brachte eine große Londoner Zeitung,[6] die unter rein jüdischer Führung steht, ihre Verwunderung über den im Lande in erschreckendem Umfange zunehmenden Antisemitismus zum Ausdruck und erntete dafür eine Flut von Zuschriften, von denen, wie sie selbst zugeben mußte, nur ein verschwindender Teil für die Juden Partei ergriff. Die prosemitischen Zuschriften waren, wie die Zeitung nicht eigens hinzufügte, offenbar von Juden selbst geschrieben. Die übrigen aber ergingen sich in schärfsten Anklagen gegen das Judentum, und das Blatt war unter dem Druck der Leserschaft sogar gezwungen, einige davon zu veröffentlichen. Sie enthielten an massiven Anrempelungen alles das, was man sich nur wünschen konnte. Wenn auch diese Art von Antisemitismus noch in keiner Weise rassisch begründet ist und in den völkischen Erkenntnissen noch vollkommen im Dunkeln tappt, so darf man dabei doch mit einer gewissen Befriedigung feststellen, daß der gesunde Volksinstinkt sich auch in den Feindländern zu melden

6 Nicht ermittelt.

beginnt. Denn in den Vereinigten Staaten ist es nicht viel anders als in England. Eine der besagten Zuschriften forderte das Blatt, das hier offenbar ein etwas zu heißes Eisen angefaßt hatte, auf, doch seine Rechercheure in die Straßen- und Eisenbahnen zu schikken; dort könnten sie über die Juden aus dem Publikum haufenweise Meinungen hören, die mehr als nur ironische Abweisung verdienten.

So fängt es gewöhnlich an. Und die Juden reagieren denn auch in England auf diese Tatsache in derselben Weise, in der sie anderswo darauf zu reagieren pflegen. Zuerst spielen sie die gekränkte und gänzlich zu Unrecht verfolgte Unschuld, während ihre Rabbiner sie in den Synagogen ermahnen, sich in der Öffentlichkeit größerer Zurückhaltung zu befleißigen, da ihr provozierendes Benehmen Ärgernis errege. Dann mieten sie sich einige angesehene, aber käufliche Subjekte aus der Gesellschaft, der Wirtschaft oder dem religiösen Leben, die für sie Partei ergreifen müssen. Ihr gut bezahlter Auftrag besteht darin, den Antisemitismus als Kulturschande anzuprangern, ihn als Propagandawaffe des Feindes zu diskreditieren und eine schärfere Gesetzgebung gegen ihn zu fordern. Die armen Juden weinen in der Öffentlichkeit herum, was ihre Vertreter alles an Verdiensten um das Land aufzuweisen haben, wie redliche und patriotische Staatsbürger sie seit je gewesen seien und auch fürderhin zu bleiben beabsichtigen, wie angesehene Ämter sie in der Öffentlichkeit bekleideten, kurz und gut, der harmlose Zeitgenosse wird durch einen Schwall von Worten zu der Überzeugung gebracht, er werde sich wohl versehen haben müssen, als er bei jedem großangelegten Verbrechen im politischen oder wirtschaftlichen Leben des Landes immer Juden als Hauptbeteiligte entdeckte. Sehr bald findet sich dann auch ein hoher Kirchenfürst, der bereit ist, gegen den angeblich christentumsfeindlichen Antisemitismus den Bannfluch zu schleudern, und am Ende sind nicht die Juden, sondern ihre Feinde an allem nationalen Unglück schuld. Und so fängt das muntere Spiel wieder von vorne an.

Man wird zugeben müssen, daß es sich hier um ein äußerst raffiniertes Täuschungsmanöver handelt und daß es schon einiger Intelligenz oder eines sehr gesunden Instinkts bedarf, um den Juden hinter ihre Schliche zu kommen. Aber auch hier geht der Krug so lange zum Brunnen, bis er bricht. Der Angriff des internationalen Judentums gegen die Kultur und gesittete Ordnung der Völker ist zwar sehr schlau angelegt, aber nicht schlau genug, als daß er nicht durchkreuzt werden könnte. Man muß den Juden nur auf den Fersen bleiben und darf ihnen nicht erlauben, dann, wenn es für sie anfängt brenzlig zu werden, zu echappieren.[7] Sie beherrschen nämlich geradezu virtuos die Kunst, sich blitzschnell zu verwandeln. Sie können in tausenderlei Gestalt auftreten und sind doch immer dieselben. Hat man sie geduckt, so spielen sie die verfolgte Unschuld und schikken ihre Mitleidsgarde vor, die um Erbarmen bettelt. Aber man braucht ihnen nur den kleinen Finger zu reichen, dann hacken sie einem gleich die ganze Hand ab. Also müssen sie in der Furcht des Herrn gehalten werden.

Wir wissen ganz genau, daß sie uns aus tiefster Seele hassen. Aber wir fühlen uns in diesem Haß außerordentlich wohl. Es gibt kein Leid, das sie uns nicht zufügen würden, wenn sie die Macht dazu besäßen. Darum darf man ihnen auch nicht einmal einen Schein von Macht geben. Mehr noch: es ist unsere Pflicht, aus der Kraft unserer tieferen Erkenntnis heraus die Welt über ihr Wesen und Unwesen aufzuklären, ihre unheilvolle Rolle besonders beim Ursprung und bei der Durchführung dieses Krieges immer wieder

7 Échapper (franz.): flüchten.

aufs neue unter Beweis zu stellen, sie unentwegt anzugreifen, sie erbarmungslos der Verbrechen anzuklagen, deren sie sich schuldig gemacht haben, bis die Völker anfangen aufzuwachen. Das mag lange dauern, aber es lohnt sich. Wir bringen damit nämlich den gefährlichsten Feind zur Strecke, der jemals Leben, Freiheit und Würde der Menschheit bedroht hat. Da kann es keine Gnade geben. Mitleid haben wir nur mit den ungezählten Millionen Menschen in unserem eigenen und in den anderen europäischen Völkern, die dem Haß und Vernichtungswillen dieser teuflischen Rasse wehrlos ausgeliefert wären, wenn wir hier schwach würden und am Ende in diesem Kampf versagten. Gerade der Bildungsphilister,[8] der heute noch am ehesten geneigt ist, die Juden in Schutz zu nehmen, würde ihr erstes Opfer sein.
Darum ist hier Wachsamkeit für alle am Platze. Wir müssen auf der Hut sein, denn der internationale Weltfeind geht mit größtem Raffinement zu Werke. Er ahnt aus einem dunklen Schuldbewußtsein heraus, daß dieser Krieg, den er so frivol angezettelt hat, um damit den letzten Schritt zur Weltherrschaft zu tuen, in seinem Verlauf ein Krieg um seine rassische Existenz geworden ist. Verzweifelt versucht er, den jetzt zwangsläufig gewordenen Ablauf der Dinge aufzuhalten. Es wird ihm nichts nützen. Wir treiben ihn schon weiter. An seinem Ende wird die Verwirklichung der Prophezeiung des Führers[9] stehen, über die das Weltjudentum 1939, als sie gemacht wurde, nur gelacht hat.
Auch in Deutschland haben die Juden gelacht, als wir zum ersten Mal gegen sie auftraten. Das Lachen ist ihnen unterdes gründlich vergangen. Sie haben daraufhin gegen uns den Krieg gewählt. Aber er ist im Begriff, ein Krieg gegen sie selbst zu werden. Als sie gegen das deutsche Volk den Plan einer totalen Vernichtung faßten, unterschrieben sie damit ihr eigenes Todesurteil.
Auch hier wird die Weltgeschichte das Weltgericht sein.

DOK. 20

Der Vertrauensmann der Reichsvereinigung der Juden in Mainz wehrt sich am 11. Mai 1943 gegen den Vorwurf, für die Erstellung von Deportationslisten verantwortlich zu sein[1]

Schreiben des Vertrauensmanns der Reichsvereinigung der Juden in Deutschland für Mainz,[2] ungez., Taunusstr. 31, an eine unbekannte Frau vom 11.5.1943

Sehr verehrte gnädige Frau,
Sie teilten mir am verg[angenen] Samstag mit, daß Sie gehört hätten, die Verhaftungen würden nach Listen durchgeführt, die von uns aufgestellt worden sind, genau so wie

8 Von Friedrich Nietzsche geprägtes Schlagwort, mit dem Personen bezeichnet werden, die in selbstgefälliger Weise auf ihre Bildung pochen.
9 Siehe Anm. 5.

1 StadtA Mainz, NL Oppenheim, 51,27.
2 Dr. h. c. Michel Oppenheim (1885–1963), Jurist; von 1919 an Angestellter beim Kreisamt Mainz, 1923–1925 bei der Hessischen Staatsverwaltung in Darmstadt; April 1934 Zwangspensionierung, von 1941 an hess. Bezirksstellenleiter der Reichsvereinigung der Juden; 1945–1949 Kulturdezernent der Stadt Mainz, 1947 Kooperationsvorwürfe; 1955 Ehrendoktorwürde der Johannes-Gutenberg-Universität, 1956 Bundesverdienstkreuz.

die Abwanderungen durchgeführt worden seien nach Listen, die wir zusammengestellt hätten.[3]
Bei der Antwort, die ich Ihnen gab, mußte ich mich sehr beherrschen. Einmal bin ich kein Freund von scharfen Auseinandersetzungen mit einer Dame und außerdem gebot Ihre begreifliche Aufregung mir weitgehendste Rücksichtnahme.
Es ist mir unmöglich, die Angelegenheit auf sich beruhen zu lassen. Ich bitte Sie, mir den Namen des Verbreiters dieser mich tiefverletzenden Unwahrheit mitzuteilen.
Ich bin überzeugt, daß auch Sie das größte Interesse haben an der Richtigstellung derartiger Unwahrheiten.
Mit vorzüglicher Hochachtung
bin ich
Ihr sehr ergebener

DOK. 21

Eitel-Fritz Proelß bittet am 12. Mai 1943 den Chef der Reichskanzlei um Rat, wie er seine jüdische Ehefrau und die gemeinsamen Kinder schützen kann[1]

Schreiben von Eitel-Fritz Proelß,[2] Breslau, Birkenwäldchen 8 (RM. Nr. 1454/43 A), an Hans Heinrich Lammers,[3] Chef der Reichskanzlei, vom 12.5.1943 (Typoskript)[4]

Lieber Lammers!
Mein Anliegen schriftlich niederzulegen ist mir noch viel schwerer geworden, als ich es schon voraussah. Oft habe ich gestockt und einen Entwurf nach dem anderen verworfen. So hat sich dieser Brief länger verzögert, als ich es wollte.
Ich weiß nicht, ob Du Dich noch an mich erinnerst. Vielleicht hilft es Dir, wenn ich sage, daß ich näher mit Dir zusammenkam, als ich seinerzeit in meiner Eigenschaft als

3 In einem nach dem Krieg verfassten Rechtfertigungsbericht führte Oppenheim aus, dass die Namensverzeichnisse für die Deportationslisten aus Gestapo- und Reichsvereinigungsunterlagen zusammengestellt worden seien. Die jüdischen Gemeinden wurden gezwungen, Mitgliederlisten für die Gestapo zusammenzustellen, aus denen diese dann die Personen auswählte, die deportiert werden sollten. Die jüdischen Institutionen hatten lediglich in Einzelfällen die Möglichkeit, ausgewählte Personen zurückzustellen, die dann aber durch andere ersetzt werden mussten; siehe StadtA Mainz, NL Oppenheim, 51,19.

1 BArch, R 43/4112.
2 Dr. Eitel-Fritz Proelß (1906–1996), Anwalt und Priester; von 1933 an Anwalt in Breslau, seit 1935 Mitglied der Bekennenden Kirche, 1940/41 als Funker bei der Wehrmacht, dann Entlassung wegen seiner jüdischen Ehefrau; 1944 Zwangsarbeit im Krupp Berthawerk bei Breslau; 1945–1950 Anwalt in Bayreuth, 1950 Emigration in die USA, dort 1955 zum Priester ordiniert, bis 1971 leitender Seelsorger auf der Gefängnisinsel Rikers Island.
3 Dr. Hans Heinrich Lammers (1879–1962), Jurist; von 1912 an Landrichter, von 1920 an im RMdI; 1923–1933 Stahlhelm-Mitglied, 1932 NSDAP- und 1933 SS-Eintritt; 1933–1944 Chef der Reichskanzlei, seit 1937 im Rang eines Reichsministers; 1949 vom US-Militärgerichtshof in Nürnberg zu 20 Jahren Haft verurteilt, im Jan. 1951 zu zehn Jahren begnadigt, im Dez. 1951 entlassen.
4 Im Original handschriftl. Bearbeitungsvermerke und Unterstreichungen. Das vorliegende Schreiben war der zweite Versuch von Proelß, Lammers seine Situation zu schildern und um Hilfe zu bitten. Zunächst hatte er am 19.4.1943 um eine persönliche Unterredung gebeten und dann nach Aufforderung von Lammers' Adjutanten Rauch sein Anliegen schriftlich formuliert; wie Anm. 1.

erster Chargierter unserer „Wratislavia“ an der Anknüpfung der Beziehungen zu den Miltenbergern mitarbeitete.[5] Im Jahre 1934 habe ich dann eine Verabredung mit Dir auf dem Flugfeld Breslau-Gandau gehabt. Ich hatte einige Monate vorher aus der Verbindung ausscheiden müssen, weil meine Lebensgefährtin[6] Nichtarierin (christlich) ist. Bei unserer Aussprache rietest Du mir damals in Gandau, ich solle abwarten; gleichzeitig gabst Du mir die Erlaubnis, mich notfalls noch einmal um Rat an Dich wenden zu dürfen. Ich habe mir diese Zusage als letzte Ausflucht aufgehoben und wollte nur dann an Dich herantreten, wenn die Lage verzweifelt werden würde. Eine solche Situation ist aber nunmehr eingetreten.

Es geht wirklich um mein Schicksal. In meiner Familie habe ich in allen Prüfungen und Widrigkeiten der äußeren Verhältnisse meinen Lebensinhalt gefunden; ich hänge mit ganzem Herzen an meiner Frau, meinem Jungen und meinem kleinen Mädel. Aber auch wenn das nicht der Fall wäre, würde ich es mit meiner Ehrauffassung schlechthin nicht vereinbaren können, die drei mir anvertrauten Menschen, die ohne mich schutzlos wären, im Stiche zu lassen. Nach Informationen, die ich erhielt und die ich für zuverlässig erachte, soll nun von den zuständigen Stellen (entgegen früheren Plänen) die baldige gesetzliche oder tatsächliche Auflösung der fraglichen Ehen ins Auge gefaßt sein.[7] Sollte es wirklich hierzu kommen, so würde mir Ehre und Gewissen vorschreiben, meine Familie ihren Weg nicht allein gehen zu lassen. Aber der Gedanke an das, was dann geschehen würde, preßt mir das Herz zusammen, besonders wenn ich auf meine kleinen Kinder blicke. Ich zermartere mir unausgesetzt den Kopf, sehe jedoch aus eigenen Kräften keinen Ausweg mehr. Und so faßte ich den Entschluß, mich jetzt, in wirklich größter Not, rat- und hilfesuchend an Dich zu wenden.

Lieber Lammers! Gibt es aus dieser Lage einen Ausweg? Gibt es eine Lösung, die gleicherweise die Verantwortlichkeit für Frau und Kinder vereinbaren läßt mit dem immer in mir regen Gefühl für mein Vaterland? Denn dieses Zweite ist der andere wunde Punkt meines Herzens. 1940 bin ich Soldat geworden, aber ein knappes Jahr später meiner Ehe wegen wieder entlassen worden, kurz vor meinem Einsatz nach Libyen. Ich wäre glücklich, wenn ich wieder meine Pflicht als Soldat tun dürfte und dabei zugleich auch meine Familie daheim schützen könnte. Aber in meinen Grübeleien habe ich auch schon eine weitere Möglichkeit in Erwägung gezogen: die Trennung von meiner Familie. Dies Zweite jedoch nur dann, wenn Frau und Kinder vorher in körperlicher Sicherheit wären; hierzu hätte ich Gedanken und Vorschläge.

Vielleicht sind alle meine Erwägungen, wie ich sie eben schilderte, nur das Produkt meiner gequälten Phantasie. Und doch glaube ich wieder, daß eine rettende Lösung gar

5 Chargierter: leitendes Mitglied einer studentischen Verbindung; Wratislavia: Studentenverbindung in Breslau; Miltenberger: Mitglieder des Miltenberger Rings, eines Verbands von Studentenverbindungen, der 1935 zwangsaufgelöst wurde.

6 Marianne Proelß, geb. Aschner (1910–2004), Hausfrau; 1930 Heirat mit Eitel-Fritz Proelß in Breslau, drei Kinder; von Jan. 1945 an lebte sie untergetaucht in Bremen; Juli 1945 Umzug nach Bayreuth; 1950 Auswanderung in die USA.

7 Eine gesetzliche Regelung zur Zwangsscheidung von „Mischehen“ wurde, obwohl während der Wannsee-Konferenz und auf der Folgekonferenz vom Okt. 1942 diskutiert, nicht verfügt; siehe VEJ 6/65 und 182. Das 1938 reformierte Ehegesetz, das keine rassisch motivierten Scheidungsgründe vorsah, hatte bis 1945 Geltung.

nicht so schwer zu finden sein könnte, wenn ein Mann mit Überblick einen guten Rat geben, ein gutes Wort sprechen würde.
Lieber Lammers, ich bitte Dich von ganzem Herzen, mir Deinen Rat und Deine Hilfe nicht zu versagen!
Ich hätte es nicht gewagt, mich an Dich zu wenden, wenn ich mir etwas Unwürdiges vorzuwerfen hätte. Wenn Du über meine Person und Haltung nähere Auskunft benötigst, dürfte ich Dir viele gemeinsame Bekannte benennen. Die alten Verbindungsbrüder haben mir die Treue gehalten und ich ihnen. Von Dir aber weiß ich, daß Deine Bereitschaft, einen Rat- und Hilfesuchenden anzuhören und ihm nach Möglichkeit beizustehen, nicht nur zu meiner Verbindungszeit in ungewöhnlichem Maße bewährt war, sondern daß sie es auch heute noch ist. Deswegen habe ich es jetzt gewagt, an Dich heranzutreten und Dich an die alte Bindung zu erinnern. Nun aber, wo ich Dich angerufen habe, bist Du meine letzte, wirklich letzte Hoffnung.
Laß mich zum Schluß wiederholen, was ich schon einmal schrieb: es erscheint mir unmöglich, Dir auf schriftlichem Wege die ganze Verzweiflung und Tragik meiner Lage zu schildern. Deswegen bitte ich Dich nochmals, wenn irgend möglich mir, oder wenigstens einem Fürsprecher für mich, eine mündliche Aussprache zu gewähren, und wäre es auch nur für ganz kurze Zeit. Eine solche Besprechung würde Klarheit geben, was ich zu erhoffen habe oder was ich erwarten muß.
Ich bin mit dankbaren Grüßen Dein Dir ergebener[8]

DOK. 22

Friedrich Bernotat informiert am 15. Mai 1943, dass ihm die Einweisung jüdischer Kinder und „Mischlinge" in die Tötungsanstalt Hadamar gemeldet werden muss[1]

Schreiben des Oberpräsidenten der Verwaltung des Bezirksverbands Nassau,[2] Landesjugendamt, Buch Nr. (IIb) 90/43, Wiesbaden, i. A. gez. Bernotat,[3] Landrat, an die Landesheilanstalt Eichberg im Rheingau vom 15.5.1943 (Abschrift)[4]

Betr. Anstaltsunterbringung minderjähriger jüdiger[5] Mischlinge.
In der Landesheilanstalt Hadamar,[6] Kreis Limburg/L., ist auf Anordnung des Herrn Reichsministers des Innern[7] von mir ein abgesondertes Erziehungsheim errichtet worden, in dem alle jüdischen u. als jüdisch geltenden Kinder u. Jugendlichen, die sich in Heimerziehung, Fürsorgeerziehung u. sonstiger Heimerziehung befinden, untergebracht werden müssen.

8 Am 30.5.1943 bat Lammers den Rechtsanwalt Gerike in Breslau, einen weiteren ehemaligen Verbindungsbruder, Eitel-Fritz Proelß zu unterrichten, dass eine Ausnahmeregelung für seine Familie nicht möglich sei. Eine rechtliche Regelung zur Scheidung von „Mischehen" würde zwar vorbereitet, könne aber vermutlich nur auf Antrag des nichtjüdischen Partners erfolgen; wie Anm. 1.

1 Staatsarchiv Nürnberg, NO-893, Kopie: HHStAW, Abt. 461, Nr. 32 442/12, Bl. 19. Die Abschrift befindet sich in der Ermittlungsakte aus dem Eichberg-Prozess von 1946.

2 Der Bezirksverband des Regierungsbezirks Wiesbaden (auch: Bezirksverband Nassau) fungierte seit der Gründung der psychiatrischen Anstalt Hadamar als deren Träger. In den Zuständigkeitsbereich des Bezirksverbands Nassau fielen die Kontrolle des Haushalts sowie die Personalpolitik und damit die Vorgabe von Richtlinien für die Tötungsanstalt Hadamar.

Ich bitte, mir zu diesem Zweck die in dem dortigen Heim untergebrachten minderjährigen jüdigen Mischlinge umgehend, spätestens bis zum 20. Mai 1943 mitzuteilen. Fehlanzeige ist erforderlich.
Für die Folge bitte ich, mir von jeder Einweisung eines minderjährigen jüdischen Mischlings in das dortige Heim sofort Mitteilung zu machen.

DOK. 23

Ein SD-Informant aus dem Warthegau fasst Mitte Mai 1943 die Ansichten von Wehrmachtssoldaten über die Verbrechen an Polen und Juden zusammen[1]

Bericht eines volksdeutschen Vormannes,[2] wiedergegeben als Stimmungsbericht durch den SD-Abschnitt Litzmannstadt, SD-Hauptaußenstelle Kalisch, ungez., vom 16.5.1943

Betrifft: Stimmungsbericht eines volksdeutschen Vormannes, der sich seit längerer Zeit bei der Wehrmacht in einer Kaserne im Altreich befindet
Die Stimmung der Soldaten in den einzelnen Kasernen, insbesondere um Berlin, nimmt in letzter Zeit einen ausgesprochenen negativen Charakter an. Ich habe während meiner Soldatenzeit gerade als Volksdeutscher hierüber mir schon meine eigenen Gedanken gemacht. Ich hätte nicht erwartet, daß es in dem Maße unzufriedene Menschen insbesondere auch unter den Soldaten gibt. Zu der allgemeinen Kriegslage hört man in letzter Zeit sehr oft die Meinung vertreten, daß Deutschland wohl kaum in der Lage sein wird, weil es von allen Seiten umkreist ist, den Krieg siegreich zu beenden. Es wurde hier viel Propaganda gemacht, daß in Rußland der Bolschewismus das Volk knechtet, und man zeigte uns nur die schlechten Seiten. Als die Soldaten länger drüben in Rußland waren und sich an das Volk gewöhnt hatten, erzählte die russische Bevölkerung, daß es gar nicht so schlimm sei. Sie hätten immer noch genügend zu essen. Sie wären von den Russen freundlich empfangen worden. Man hätte sie mit Essen versorgt usw. Allem An-

3 Friedrich, auch Fritz, Bernotat (1890–1951), Angestellter; bis 1919 als Berufssoldat tätig, dann Verwaltungsangestellter, zunächst in Koblenz, dann in Wiesbaden; 1928 NSDAP- und SA-, 1932 SS-Eintritt; 1936–1942 Ratsherr in Wiesbaden; von 1937 an Anstaltsdezernent des Bezirksverbands Nassau, maßgeblich an der „Euthanasie"-Aktion beteiligt; 1945 tauchte er unter.

4 In der Anstalt Eichberg wurden seit 1935 rund 300 Menschen zwangssterilisiert, mehr als 2000 Patienten wurden von dort nach Hadamar verlegt und ermordet sowie 476 Kinder zunächst „wissenschaftlich" beobachtet und dann getötet. Hunderte Patienten starben in Eichberg durch Unterernährung und falsche Medikation. Im März 1945 befreiten Truppen der US-Armee die verbliebenen Patienten.

5 So im Original.

6 In der Tötungsanstalt Hadamar wurden zwischen 1941 und 1945 im Rahmen der sog. Euthanasie-Aktionen körperlich Behinderte und Psychiatriepatienten ermordet.

7 Wilhelm Frick (1877–1946), Jurist; von 1903 an im bayer. Staatsdienst tätig, 1919–1921 Leiter der politischen Polizei und der Kriminalpolizei in München; 1923/24 in Haft wegen Teilnahme am Hitler-Putsch, 1924 Dienstenthebung und Wiedereinsetzung; 1925 NSDAP-Eintritt; 1930–1932 Staatsminister für Inneres und Volksbildung Thüringens, 1933–1943 RMdI, 1943–1945 Reichsprotektor für Böhmen und Mähren; 1946 nach Todesurteil im Nürnberger Prozess hingerichtet.

1 APP, 305/76, Bl. 119 f.

2 Vormann: niedriger Dienstrang im Reichsarbeitsdienst (RAD).

schein nach wäre die russische Bevölkerung auch mit dem Bolschewismus zufrieden. Ganz besonders wurde betont, daß sie immer genügend zu essen gehabt hätten. Die Kinder in der Schule lernen Deutsch, ja sie schauen angeblich intelligenter aus als unsere deutschen Kinder. Die Soldaten sagen, es stimmt alles nicht, was uns die deutsche Propaganda über das Leben in Rußland berichtet. In vielen Sachen wäre es bei uns nämlich nicht besser; denn man zieht einen Vergleich zwischen GPU und SS-Sicherheitsdienst. Hier darf ja auch niemand offen seine Meinung sagen, sonst wird er gleich von der SS eingesperrt oder kommt ins KZ. Wenn man die Elendshütten in Rußland sieht, äußert man sich, daß die untere deutsche Bevölkerungsschicht ja ähnliche Hütten bewohnt. Und die russischen Kommissare wohnen dagegen in guten Häusern und Palästen. Und so ist es ja auch in Deutschland. Die Führer und Bonzen wohnen ja auch in Palästen und großen Villen. Die sehen ganz anders aus als wir. Sie haben bestimmt ihre Butter und Wurst, schau nur Göring und Ley an usw. Man macht soviel Lärm über den Fall Katyń.[3] Aber was haben wir uns in Polen geleistet. Die SS soll sogar Kinder erschossen haben, ohne mit der Wimper zu zucken. Wieviel Polen hätten wir erschossen und was möchte die Welt sagen, wenn wir die Massengräber der Juden öffneten. Das wird sich alles noch einmal im Leben unseres Volkes rächen. Wir sind viel zu klein dazu, um eine Großmacht wie Rußland zu vernichten. Der Krieg dauert schon zu lange. Wir haben keine Reserven mehr, und die Zahl der Feinde ist zu groß. Viele Hunde sind des Hasen tot.[4] Alle Länder, die wir besetzen, wie z. B. Holland, Dänemark, Norwegen usw., die alles in Fülle hatten, sind empört, daß wir eindringen und sie unterjochen. „Wir werden von allen Seiten umkreist", äußert man, und man gibt sich keinen rosigen Hoffnungen hin, auf ein siegreiches Ende. Aussprüche wie „der Blitzkrieg von mindestens 7 Jahren", „Vorwärts Kameraden, es geht zurück", „Keiner hat mehr Lust, Soldat zu sein" sind an der Tagesordnung. Man zieht immer Vergleiche zwischen 1914 und 1918.[5] Man denkt, im vierten Kriegsjahr muß es genauso enden, und man ist ungehalten darüber, daß nichts von einem Kriegsende zu sehen ist. Besser ein Ende mit Schrecken als gar kein Ende, hört man immer wieder sagen. Alle Deutschen werden unsere Gegner ja doch nicht aufhängen.

Was ist Vorsicht? Aus der Partei austreten!

Die große Lüge: Es ist so schön, Soldat zu sein.

Die deutsche Presse verkündet, daß 100 Flugzeuge abgeschossen wären in einem Luftangriff. Wieviel waren es in Wirklichkeit? Erst schreit man „totaler Krieg" und dann wundert man sich, wenn die Engländer mit Tausenden von Flugzeugen kommen und alles kaputthauen.

Jetzt haben wir den totalen Krieg.

3 Siehe Dok. 7 vom 15.4.1943, Anm. 3.

4 So im Original.

5 So im Original; gemeint sind Vergleiche zwischen dem Zweiten und dem Ersten Weltkrieg.

DOK. 24
Mitarbeiter vom Jüdischen Weltkongress und vom Internationalen Roten Kreuz planen am 18. Mai 1943 Hilfsaktionen für Juden[1]

Aktennotiz von Gerhart Riegner[2] über eine Unterredung am 18.5.1943 mit Prof. Carl Burckhardt[3] vom Internationalen Rotes Kreuz[4] in Genf vom 19.5.1943

Prof. Guggenheim[5] und ich wurden am 18. Mai 1943 um 9 Uhr von Prof. Carl Burckhardt empfangen. Diese Unterredung war von Herrn Schwarzenberg,[6] dem Referenten für jüdische Angelegenheiten im Roten Kreuz, angeregt worden. Herr Schwarzenberg hatte um eine Demarche bei Prof. Burckhardt ersucht angesichts der Anwesenheit des Vertreters des Deutschen Roten Kreuzes, Herrn Hartmann,[7] in Genf.

Prof. Burckhardt begann das Gespräch, indem er uns mitteilte, daß er soeben aus Lissabon wiedergekehrt sei und dort Herrn Wilfrid Israel[8] von der Jewish Agency und Herrn Katzky[9] vom Joint gesprochen habe, die ihm verschiedene Projekte unterbreitet hätten.

Prof. Guggenheim begann dann das Gespräch und sagte, wir hätten eine neue Anfrage von Herrn Dr. Stephen Wise[10] aus Amerika erhalten, in welcher wir ersucht werden,

1 CZA, C3\429-37.

2 Dr. Gerhart M. Riegner (1911–2001), Jurist und Verbandsfunktionär; 1933 als Referendar am Amtsgericht Wedding suspendiert, 1934–1936 Fortsetzung des Studiums in Paris, Den Haag und Genf; seit 1936 erst Sekretär, dann 1939–1948 Leiter der Genfer Geschäftsstelle des Jüdischen Weltkongresses, 1948–1965 Mitglied des Exekutivausschuss des Jüdischen Weltkongresses und 1965–1983 dessen Generalsekretär; 1987 Offizier der franz. Ehrenlegion.

3 Dr. Carl Jacob Burckhardt (1891–1974), Diplomat, Historiker, Jurist; 1918–1922 Gesandtschaftsattaché in Wien; von 1929 an Professor in Zürich, 1932–1937 und 1939–1945 außerdem in Genf; von 1933 an Mitglied des IKRK, März 1937 bis Sept. 1939 Hoher Kommissar des Völkerbunds für die Freie Stadt Danzig; 1944/45–1948 Präsident des IKRK, 1945–1949 Gesandter der Schweiz in Paris; Autor von „Richelieu" (1935–1967).

4 Die Begriffe Internationales Roten Kreuz (IRK) und Internationales Komitee vom Roten Kreuz (IKRK) werden in den zeitgenössischen Dokumenten synonym verwendet. Die offizielle Bezeichnung lautet IKRK.

5 Dr. Paul Guggenheim (1899–1977), Völkerrechtler; 1928–1969 Lehrtätigkeit am Institut Universitaire des Hautes Études in Genf, seit 1941 als Professor; Rechtsberater des Jüdischen Weltkongresses in Genf; Autor des Standardwerks „Lehrbuch des Völkerrechts" (1948).

6 Dr. Johannes Schwarzenberg, geb. als Johann von Nepomuk Erkinger Schwarzenberg, bis 1919 Prinz Schwarzenberg (1903–1978), Diplomat und Jurist; 1933–1938 österreich. Diplomat in Rom und Berlin, 1940–1945 Delegierter des IKRK; 1947–1969 österreich. Botschafter.

7 Walther Georg Hartmann (1892–1970), Schriftleiter; von 1922 an Tätigkeit beim DRK; vermutlich 1933 NSDAP-Eintritt; von 1938 an Leiter des Auslandsamts; 1950–1957 Generalsekretär des DRK.

8 Wilfrid Israel (1899–1943), Kaufmann; 1922–1939 Tätigkeit im väterlichen Kaufhaus Nathan Israel in Berlin; 1939 Emigration nach London und dort als Verbindungsmann zwischen brit. Behörden und jüdischen Flüchtlingsorganisationen tätig; am 1.6.1943 kam er bei einem Flugzeugabschuss ums Leben.

9 Richtig: Herbert Katzki (1907–1997), Bankier; 1939–1979 für den Joint tätig, von 1940 an Sekretär des European Executive Council in Paris, 1944/45 für das War Refugee Board tätig; nach 1945 stellv. Generaldirektor des Joint in Europa, 1967 kehrte er in die USA zurück.

10 Stephen Samuel Wise (1874–1949), Rabbiner; 1907 gründete er die Free Synagoge in New York und war dort Reformrabbiner; 1917 arbeitete er an der Konzeption der Balfour-Deklaration mit; 1918–1920 Vizepräsident der Zionist Organization of America, 1936–1938 deren Präsident, 1936–1949 Präsident des Jüdischen Weltkongresses.

über den gegenwärtigen Stand der Verhandlungen mit dem Roten Kreuz zu berichten. Zunächst wolle Herr Riegner ein paar konkrete Fragen stellen, dann wolle er noch auf einen grundsätzlichen Gesichtspunkt eingehen.
Ich nahm darauf das Wort und bezog mich auf die letzte Unterhaltung mit Prof. Burckhardt am Ende vorigen Jahres, in der uns das Rote Kreuz bestimmte Zusicherungen hinsichtlich einer positiven Aktion gemacht habe, worauf von beiden Seiten von dem Gedanken eines Protestes des Roten Kreuzes Abstand genommen worden sei.[11] Wir seien seither ständig mit Herrn Schwarzenberg und den Herren der Commission mixte,[12] u. a. Herrn de Pilar,[13] in Verbindung geblieben und die Herren hätten sich auch alle Mühe gegeben, aber das Ergebnis sei äußerst mager. Fast alle Bemühungen seien negativ verlaufen. Auskunft über den Verbleib der Deportierten erhalte man nicht, eine Hilfsaktion in Polen und den gesamten östlichen Gebieten sei abgelehnt worden, das einzige, was erreicht worden sei, sei die Zulassung einer Hilfssendung nach Theresienstadt gewesen, unter ungeheuren Schwierigkeiten, sowie einige Bemühungen des Roten Kreuzes, bei der Emigrationsfrage in Rumänien und Bulgarien usw. behilflich zu sein, was aber auch noch nicht zu konkreten Ergebnissen geführt habe. Ich zeigte darauf Prof. Burckhardt den Brief der Jüdischen Unterstützungsstelle in Krakau[14] vom 23. April, in dem diese mitteilt, daß sie ihre Tätigkeit wieder aufgenommen habe, und sagte, daß das der Anlaß zu einer neuen Aktion sein müsse. Es gebe im übrigen eine große Anzahl von Arbeitslagern und anderer Lager sowohl in Polen wie auch in anderen Ländern, für die unbedingt etwas getan werden müsse. Ich erwähnte u. a. die polnischen Lager Menkin,[15] Skarzozko,[16] die oberschlesischen Lager Birkenau, Sosnowitz, Auschwitz, Jawischowitz, Laurahütte, die holländischen Lager Westerbork, Vught, Barneveld, Doetinchen[17] sowie die bekannten französischen und slowakischen Lager und sagte, es müsse unbedingt für diese Lager etwas geschehen. Ich benutzte die Gelegenheit, auf den früher diskutierten Grundsatz zurückzukommen, das Rote Kreuz solle die in den Arbeitslagern untergebrachten Juden als feindliche Zivilinternierte behandeln, und verlangte, daß das Rote Kreuz seine Paketaktion, die es für Kriegsgefangene in Kriegsgefangenenlagern betreibe,

11 Auf einer Vollversammlung hatte das IKRK bereits am 14.10.1942 beschlossen, keinen Protest gegen die Verfolgung der Juden zu veröffentlichen. Stattdessen intervenierte das IKRK beim AA, um die Zusage zu erhalten, sich um politische Gefangene, worunter man auch Juden verstand, kümmern zu dürfen; siehe VEJ 6/188. Diese Information unterbreitete Burckhardt am 17.11.1942 Riegner bei einem Treffen in Genf.

12 Commission mixte de secours, Vereinigtes Hilfwerk vom IKRK; wurde 1941 vom IKRK und der Liga der Rotkreuzgesellschaften gegründet, um die Zivilbevölkerung der durch den Krieg zerstörten europäischen Länder materiell zu unterstützen, v. a. durch Lebensmittel- und Medikamentenlieferungen.

13 André de Pilar (*1891); Delegierter des Vereinigten Hilfwerks beim IKRK in Genf.

14 Die JUS wurde im Okt. 1942 als Nachfolgeorganisation der Jüdischen Sozialen Selbsthilfe in Krakau gegründet.

15 Möglicherweise ist der Ort Matkinia gemeint, der nur wenige Kilometer vom Arbeitslager Treblinka I entfernt liegt. In Treblinka I waren zwischen Juni 1941 und Aug. 1944 ca. 2000 jüdische und nichtjüdische Polen zur Zwangsarbeit im Steinbruch, im Straßenbau und bei Forstarbeiten eingesetzt; siehe auch VEJ 9/139.

16 Richtig: Skarżysko-Kamienna, eine Kleinstadt 140 km südlich von Warschau, wo von Aug. 1942 bis Juli 1944 ein Zwangsarbeitslager für Juden bei einer Munitionsfabrik der Fa. HASAG bestand; siehe VEJ 9, S. 33.

17 Richtig: Doetinchem.

ebenfalls auf die zivilinternierten Juden der Arbeitslager in den verschiedenen Ländern ausdehne.
Prof. Guggenheim stellte darauf die Frage, ob es nicht möglich sei, eine allgemeine Nahrungsmittel-Hilfsaktion für die Juden durchzuführen wie diejenige, die für Griechenland vor sich gegangen sei.[18] Er warf dann die grundsätzliche Frage auf, die sich sowohl dem Roten Kreuz wie auch uns stelle, ob angesichts der schrecklichen Ereignisse wirklich alles getan worden sei, was man hätte tun können, und ob man nicht nach dem Kriege sowohl uns wie dem Roten Kreuz diese Frage sehr eindringlich stellen werde. Er wisse nicht, ob wir dann mit gutem Gewissen eine positive Antwort geben können.
Prof. Burckhardt erklärte, daß er diese Frage sehr wohl verstehe, und kam zunächst nochmal auf die Frage des Protestes zu sprechen, die Prof. Huber[19] seinerzeit sehr ernst beschäftigt habe. Man sei jedoch davon abgekommen, da man mit irgendwelchen positiven Ergebnissen nicht rechnen könnte. Inzwischen sei durch die letzten Ereignisse in Tunesien[20] die Zahl der deutschen Kriegsgefangenen ungeheuer gewachsen, was natürlich auch zu einer Stärkung der Stellung des Roten Kreuzes führen müsse. Eine allgemeine Hilfsaktion für die Juden so wie für die Griechen sei schwer durchzuführen, jedoch glaube er, daß eine Aktion für die in Lagern untergebrachten Juden möglich sei. Er teile – und spreche dabei im Namen des Internationalen Komitees vom Roten Kreuz – absolut den Standpunkt, daß man die Juden wie feindliche Internierte behandeln müsse und auf sie die Beschlüsse von Tokio[21] anwenden soll. Es sei nun einmal so, daß vom deutschen Standpunkt aus die Juden als Feinde behandelt werden, daß sie in Lager gesteckt werden, wo sie ihrer Freiheit beraubt werden. Er sei also einverstanden, daß das Rote Kreuz grundsätzlich den Standpunkt einnehme, daß die Deportierten und in Lagern befindlichen Juden unter die Beschlüsse von Tokio fallen, und er werde diesen Standpunkt auch vom Roten Kreuz vertreten lassen. Die große Schwierigkeit bestünde aber darin, daß nicht genug Lebensmittel vorhanden seien, da die Alliierten eine sehr beschränkte Anzahl von Navycerts zur Verfügung stellen, und zwar nur für Sendungen an Kriegsgefangene. Wenn man also eine Organisierung eines Paketdienstes für die in den Lagern befindlichen Juden ebenso wie für die Kriegsgefangenen vom Roten Kreuz organisieren wolle, müsse man Navycerts zur Verfügung haben. Hierbei könnten wir dem Roten Kreuz vielleicht behilflich sein. Wir sollten an Wise[22] einen Brief schreiben, den das Rote Kreuz mit einem Begleitbrief, in dem es sich mit

18 Im Winter 1941/42 herrschte in Griechenland aufgrund der deutschen und italien. Besatzungspolitik, die auf größtmögliche ökonomische Ausbeutung des Landes ausgerichtet war, eine große Hungersnot. Internationale Bemühungen, Hilfslieferungen nach Griechenland zu schicken, wurden durch die brit. Blockadepolitik stark verzögert und begannen daher erst im Nov. 1942.

19 Dr. Max Huber (1874–1969), Jurist; 1928–1944 Präsident des IKRK.

20 Im Mai 1943 kapitulierten dort die deutschen und italien. Truppen.

21 Auf der 15. Internationalen Rotkreuz-Konferenz 1934 in Tokio wurde der Entwurf zu einem internationalen Abkommen über die Stellung und den Schutz von Zivilpersonen angenommen. Die Verfasser des Entwurfs betonten die Gleichstellung von Zivilinternierten mit Kriegsgefangenen. Damit sollten Zivilinternierte, zu denen auch die in Lagern inhaftierten Juden gezählt wurden, genau wie Kriegsgefangene berechtigt sein, Hilfslieferungen und Post zu empfangen. Abdruck des Entwurfs bei: Jean-Claude Favez, Das IKRK und das Dritte Reich. War der Holocaust aufzuhalten? Zürich 1989, S. 529–534.

22 Stephen Wise.

unseren Vorschlägen identifiziert, an das Amerikanische Rote Kreuz auf diplomatischem Wege weiterleiten wolle. Es wurde vereinbart, daß ein Briefentwurf dem Roten Kreuz vorgelegt werden soll.

Ich wies darauf hin, daß diese Prozedur natürlich sehr langwierig und umständlich sei, daß es mir auf der anderen Seite möglich schiene, mit den Amerikanern hierüber zu einem Übereinkommen zu gelangen. Andererseits hielte ich es für absolut notwendig, daß man auf der deutschen Seite diese Frage abkläre. Die Schwierigkeiten seien ja bisher immer von der deutschen Seite gekommen, und der neue Brief aus Krakau gebe vielleicht Gelegenheit, einen neuen Vorstoß in dieser Hinsicht zu machen. Prof. Burckhardt sagte, er werde Herrn Hartmann, der ja gerade da sei, in dieser Frage ausführlich sprechen.

Es wurde dann noch kurz über den Kinderhilfsplan von Herrn Israel und über ein Projekt Katzki und schließlich über gewisse Fragen der jüdischen Kriegsgefangenen gesprochen. Das Gespräch musste aber abgebrochen werden, da Prof. Burckhardt in der Commission mixte eine Sitzung um 10 Uhr hatte. Es wurde vereinbart, daß in der nächsten Woche eine neue Besprechung stattfinde, nachdem Prof. Burckhardt mit dem Herrn vom Deutschen Roten Kreuz Fühlung genommen habe.

Nachschrift vom 19. Mai 1943:

Ich hatte heute einen telephonischen Anruf von Herrn Schwarzenberg, in dem er sich für die Intervention bei Herrn Prof. Burckhardt bedankte. Sie hätte ihm Gelegenheit gegeben, eine Reihe von Fragen, die ihn interessierten, mit Prof. Burckhardt noch zu besprechen und ihn zu veranlassen, sie mit dem Vertreter des Deutschen Roten Kreuzes zu diskutieren. Es wurde vereinbart, daß ich Herrn Schwarzenberg am Montag sehen solle, damit er mir darüber einiges berichten könne.[23]

DOK. 25

Das Reichsfinanzministerium bemüht sich am 19. Mai 1943, Frau Bechstein für ihr Haus in Berchtesgaden aus konfisziertem Vermögen von Juden zu entschädigen[1]

Aktennotiz aus dem Reichsfinanzministerium, gez. Herbert Gündel,[2] vom 19.5.1943

Dr. v. Hummel[3] teilt mit:

Frau Bechstein[4] hat ihr in Berchtesgaden gelegenes Haus dem Führer für den Obersalzberg als Gästehaus zur Verfügung gestellt. Der Führer hat Frau Bechstein versprochen, ihr ein entsprechendes Haus in einer anderen Gegend zu verschaffen.

23 Die Forderung, den in KZs inhaftierten Juden wie den übrigen Zivilinternierten den Status von Kriegsgefangenen einzuräumen, unterstützte der Präsident des IKRK nicht. Anfang Okt. 1944 bat er Ribbentrop in einem Schreiben zwar um die Besserstellung der Polizeihäftlinge, gleichzeitig aber erklärte er Riegner und Guggenheim, warum die Juden nicht als Zivilinternierte behandelt werden könnten. Aus völkerrechtlicher Perspektive seien sie nicht als Bürger eines eigenen Staates anzusehen; wie Anm. 21, S. 474.

1 BArch, R 2/31098. Abdruck in: Ulrich Chaussy/Christoph Püschner, Nachbar Hitler. Führerkult und Heimatzerstörung am Obersalzberg, Berlin 2012, S. 98 f.

Frau Bechstein wünscht ein Haus mit etwa fünf bis sechs Zimmern und Zentralheizung in der näheren Umgebung von Berlin oder am Starnberger See oder am Tegernsee. Reichsleiter Bormann[5] fragt an, ob ein solches Haus aus Judenvermögen zur Verfügung gestellt werden kann. Er würde – zur Vermeidung von Berufungen – die Führerweisung schriftlich mitteilen, sobald ein Haus gefunden sei.
Ich habe MinRat Maedel[6] gebeten, entsprechende Vorschläge zu machen.

DOK. 26
Die Westfälische Tageszeitung macht in einem Artikel vom 19. Mai 1943 die Juden für die Bombardierung deutscher Talsperren durch die britische Luftwaffe verantwortlich[1]

Talsperren-Anschlag – Werk der Juden[2]

Reuters[3] *gesteht, daß ein Jude dieses Verbrechen verursacht hat*
Berlin, 18. Mai. In der Nacht zum 17. Mai wurden bekanntlich, wie im OKW-Bericht gemeldet, durch britischen Bombenabwurf zwei Talsperren beschädigt, wobei durch den eintretenden Wassersturz schwere Verluste unter der Zivilbevölkerung hervorgerufen wurden.
Auf diesen verbrecherischen Terroranschlag fällt ein außerordentlich bezeichnendes Licht durch eine Meldung des britischen Reuterdienstes, dessen früherer Berliner

2 Dr. Herbert Gündel (*1904), Jurist; von 1932 an in der Reichsfinanzverwaltung; 1933 SA-Eintritt, 1937 NSDAP- und SS-Eintritt; 1937–1944 persönlicher Referent von StS Fritz Reinhardt im RFM, 1939 ORR, 1942 parallel Oberbereichsleiter in der Partei-Kanzlei, 1942 Min.Rat und SS-Obersturmbannführer, 1944 Einberufung zur Wehrmacht; sein Schicksal nach Kriegsende ist unbekannt.
3 Dr. Helmut von Hummel (1910–2012), Jurist; 1931 NSDAP-Eintritt; seit 1938 Regierungsassessor im RWM, von Okt. 1942 an persönlicher Referent Martin Bormanns, Experte beim Sonderauftrag Linz, einer Organisation zum Aufbau eines aus Raubkunst zusammengestellten Museums in Linz; 1945 Flucht nach Südtirol, 1946 wurde er verhaftet; später im Vorstand einer Mineralölfirma.
4 Helene Bechstein, geb. Capito (1876–1951); 1905 Heirat mit dem Klavierfabrikanten Edwin Bechstein (1859–1934); Anhängerin und Gönnerin Hitlers; 1943 NSDAP-Eintritt.
5 Martin Bormann (1900–1945), Hilfsarbeiter; 1927 NSDAP- und SA-Eintritt; von 1933 an Reichsleiter der NSDAP, 1933–1941 Stabsleiter des StdF; 1933–1945 MdR; 1937 SS-Eintritt; 1938–1945 Mitglied des Persönlicher Stabs des Führers; 1940 SS-OGruf.; 1941–1945 Leiter der Partei-Kanzlei, 1943–1945 Sekretär und Persönlicher Adjutant Hitlers, nahm sich 1945 das Leben.
6 Dr. Walter Maedel (*1891), Jurist; vor 1933 im Ministerbüro des RFM tätig, von 1933 an Reg.Rat im Vermögensteuerreferat; 1937 NSDAP-Eintritt; 1940 ORR und Leiter des Ref. 13 (Verwaltung des Reichsvermögens ohne Wertpapiere) im RFM, von 1941 an Leiter Ref. 19 (Verwaltung Feindvermögen), das sich mit Verwaltung und Verwertung des Vermögens von Deportierten befasste.

1 Westfälische Tageszeitung – Münsterischer Anzeiger vom 19.5.1943, S. 1. Der Münsterische Anzeiger erschien seit 1852 im Aschendorff Verlag, der 1937 enteignet wurde. Die Zeitung wurde von der Phoenix Verlagsgesellschaft (Presseholding der NSDAP) übernommen und erschien von 1940 bis 31.3.1945 unter dem Titel Westfälische Tageszeitung. Nachfolger ist seit Aug. 1946 die Tageszeitung Westfälische Nachrichten.
2 In der Nacht vom 16. zum 17.5.1943 zerstörte die brit. Luftwaffe die Möhne- und die Edertalsperre. Bei dem Angriff und der daraus resultierenden Überflutung starben zwischen 1200 und 1700 Menschen, überwiegend Kriegsgefangene und Zwangsarbeiter.
3 Brit. Nachrichtenagentur.

Korrespondent Bettany[4] darüber zu melden weiß: „Ein bekannter jüdischer Spezialist aus Berlin, der jetzt in London seine Praxis ausübt, stellte vor einiger Zeit an mich die Frage, warum die RAF die Talsperren in Deutschland noch nicht bombardiert habe. Sein Bericht veranlaßte mich, einen Brief an das Luftfahrtministerium zu richten, in dem ich seine Informationen weitergab. Ich erhielt später eine Antwort, in der man mir für diesen Vorschlag des jüdischen Spezialisten, dessen Namen nicht bekanntgegeben werden könne, dankte und mir versicherte, man würde ihn auf das sorgfältigste überprüfen."[5]
Diese Meldung läßt keinen Zweifel darüber, daß es sich bei diesem Anschlag auf die Talsperren um *ein von Juden inspiriertes Verbrechen* handelt.
Das Schuldkonto in diesem von ihm[6] heraufbeschworenen Kriege wächst immer höher an. Wie alle anderen, wird auch dieses neueste jüdische Verbrechen seine gerechte Sühne finden und auf seine Urheber zurückfallen.

DOK. 27

Heinrich Busse beschreibt am 21. Mai 1943 in einem Brief an seine emigrierten Kinder die Deportation ihrer Mutter und das trostlose Leben in der Illegalität[1]

Brief von Heinrich Busse[2] an seine Töchter[3] und seinen Neffen Hanns[4] vom 21.5.1943 (Abschrift)[5]

Lieber Hanns & meine geliebten 3 Kinder, Überbringer dieses [Briefs] ist ein guter Freund, dem ich außerordentlich viel zu verdanken habe, ein vornehmer & selbstloser Mensch, der mir nach seiner Rückkehr in die Schweiz außerordentlich fehlen wird. – Durch ihn habe ich also endlich Gelegenheit, Euch einmal ausführlicher über unsere letzten Schicksale zu berichten, die ja furchtbar sind und auf deren glückliche Beendigung – also auf ein Wiedersehen mit Euch & allen andern Lieben – ich kaum zu hoffen

4 Guy A. Bettany, Journalist; Korrespondent für Reuters u. a. in Berlin, Prag (1945) und Nürnberg (1945/46).
5 Es handelt sich um eine Falschmeldung, die in der Daily Mail und dem Daily Herald am 18.5.1943 lanciert und dann von der Deutschen Presseagentur übernommen wurde. Das brit. Luftfahrtministerium dementierte diese Meldung bereits am 19.5.1943.
6 So im Original.

1 LBI, AR 6230, Series I: Documents and correspondance 1933–1954.
2 Heinrich Busse (1874–1958), Kaufmann; Werbeleiter bei einer Berliner Firma für das Rostschutzmittel „Mannocitin", dann Inhaber eines Großhandels für Tischlereizubehör; Fluchtpläne in die Schweiz scheiterten, im März 1943 wurde seine Ehefrau deportiert, er selbst tauchte bis 1945 in Berlin unter; 1947/48 Emigration über London in die USA.
3 Gerda Busse (vermutlich: 1909–1951); 1939 Emigration nach England, dort zunächst als Dienstmädchen tätig; Erika (Eri) Busse (1911–2006); 1933 Ausschluss vom Pharmaziestudium aufgrund ihrer Herkunft, 1935 Emigration nach Teheran, dort als Fremdsprachensekretärin tätig; 1947 Heirat mit dem Anwalt Hans Grossmann, 1948 Emigration in die USA; Eva-Renate (Reni) Busse (1914–2010); 1939 Emigration nach England, dort zunächst als Dienstmädchen tätig; nach dem Krieg Emigration in die USA, dort Privatsekretärin des Biochemikers David Nachmansohn.
4 Hanns Busse (*1914), Apotheker; 1930er-Jahre Pharmaziestudium an der Universität Bern; Emigration in die Schweiz; verheiratet mit Dati Busse, sie hatten einen Adoptivsohn, Peter Busse (*1935).
5 Die Abschrift trägt den handschriftl. Zusatz: „erhalten am 30.X.43".

wage. Die Umstände, auch Raum & Zeit verbieten mir, auf Einzelheiten & Betrachtungen einzugehen. Deshalb nur so viel: Onkel Leo[6] ist im September leider gestorben, wie Ihr inzwischen erfahren haben dürftet – für ihn selber war es eine Erlösung –; Tante Anna & Betty[7] wurden 10–14 Tage später geholt; seitdem fehlt leider (wie gewöhnlich) jede Nachricht; unsere liebe Mutti[8] ereilte das Schicksal am 28.II; sie wurde, wie fast alle Arbeiter, von der Fabrik weg abtransportiert & hat inzwischen 1mal ein Lebenszeichen gegeben: die kurze Mitteilung, daß sie sich im Arbeitslager Auschwitz (südlich Kattowitz O/S) befindet. Meine einzige Hoffnung & mein täglicher Gedanke ist, daß es ihrem Lebenswillen und ihrer Zähigkeit gelingen möchte, dort die Zeit bis zum Schluß dieses entsetzlichen Krieges zu überstehen. Für mich ist keine Verbindung mit ihr möglich. Sollte es denkbar sein, daß es irgendwelche Austauschmöglichkeiten gibt, so werdet Ihr ja gewiß alles Mögliche unternehmen und versuchen. — Mir selbst ist es gelungen, bei der mehrere Tage später erfolgenden Abholung zu entfliehen. Es war ein waghalsiges Stück. Die Aufregungen & Anstrengungen überstiegen (& übersteigen noch) meine Kräfte, indes bin ich augenblicklich wieder bei leidlicher Gesundheit. — Seitdem führe ich ein schreckliches Leben. Es ist ein täglich erneuter Kampf um Unterkommen & Ernährung, wobei letztere der weniger schwierige Teil ist. Erlaßt mir, Euch hierüber genauer zu berichten. Gerade jetzt befinde ich mich wieder in einer bösen Krisis, & ich weiß nicht, wie lange meine Nerven & mein Körper der Sache noch gewachsen sein wird. Was mich aufrechterhält, ist lediglich der Gedanke, daß es vielleicht doch nicht mehr allzulange dauern wird & daß ich Euch alle doch noch einmal wiedersehen möchte. — Von Ursel-Ilse[9] kam vorige Woche endlich eine R-K-Nachricht an Richard N.[10] Bitte, schreibt dorthin ebenfalls regelmäßig, so oft eben zulässig! Auch Du, l. Hanns; die Adresse nennt Dir Herr S. (der Überbringer), wenn du sie nicht von den Kindern hast; Du kannst ja ausführlich schreiben. Von Euch, 3 Mädels, war die letzte Nachricht ein Eri-R. K. Brief,[11] der die neue Adresse angab; er kam 1 Tag nach Muttis Abholung. – Ob Ihr wohl alle gesund und in gesicherter Lage seid?? Was treibt Ihr? Besteht noch die Verbindung Rodolfo,[12] was habt Ihr für Hoffnungen, Gedanken, Pläne? Mein Gott, wenn doch nur ein Ende abzusehen wäre! Frau Wolf ist jetzt auch in London. Mit ihrem Mann, Renis früherem Chef also, bin ich ziemlich oft zusammen; es geht ihm ähnlich wie mir, durch einen Zufall aber doch unvergleichlich besser. Ihr müßt Euch, sowie Ihr von ihr Nachricht erhaltet (wie hoffentlich gelingen wird oder gelungen ist) regelmäßig

6 Leo Nachtlicht (1872–1942), Architekt; Schwager von Heinrich Busse.

7 Anna Nachtlicht (1880–1942) und Betty Hermann (1877–1942), Schwestern von Heinrich Busse, wurden am 19.10.1942 nach Riga deportiert und dort ermordet.

8 Antonie (Toni) Busse, geb. Bernhard (1884–1943); 1909 Heirat mit Heinrich Busse, drei Töchter; arbeitete in der Tischlereibedarfsfirma ihres Mannes mit, seit 1941 Zwangsarbeit bei der Fa. Ferdinand Schuchardt A. G., seit 1943 bei den Siemens-Schuckert-Werken; während der sog. Fabrik-Aktion wurde sie verhaftet und am 3.3.1943 nach Auschwitz deportiert, dort ermordet.

9 Ursula (1909–1999) und Ilse (*1912) Nachtlicht; emigrierten beide 1939 nach Großbritannien, änderten ihren Namen in Knight.

10 Vermutlich: Richard Nachtlicht (gest. 1949), Kaufmann; 1922–1935 Inhaber der Fa. Josef Praschma, Nachfolger Richard Nachtlicht, Bäckerei + Gebäckfabrik in Berlin-Reinickendorf; verheiratet mit der Nichtjüdin Clara Corts.

11 Gemeint ist ein Rotkreuz-Brief von seiner Tochter Erika Busse.

12 Vermutlich: Ernesto Busse Vermehren, 1900 in Chile geboren, entferner Verwandter der Busse-Familie.

mit ihr in Verbindung halten; sie ist ja eine prächtige & tüchtige Frau & die 2 Jungen sind vielleicht schon erwünschte Kavaliere. — Für den kaum anzunehmenden Fall nun, daß Ihr – nach dem Kriege – nochmals hierherkommt – sonst müßt Ihr eben schreiben oder Nachricht erwarten –, noch einige Hinweise, die Ihr auch in ihrer Unvollständigkeit hoffentlich verstehen werdet. Setzt Euch bitte alsdann in Verbindung: 1) mit Renis Klavier-Lehrerin, Frl. Sch. 2) mit unserem kleinen Zahnarzt Dr. B. 3) mit Ursel-Ilses Freundin G., Ch'bg, die sich fabelhaft benimmt 4) mit Sanne-Mimis Freundin Jutta H. bzw. ihrer Mutter in P'r; 5) Richard N & Klärchen 6) Margarete B. in H'f, Schwägerin von Artur B-G'ff, von dem ihr vielleicht aus Amerika Nachricht habt?? 7) mit Onkel Maximos Schwager Paul H., Kirchstr. 19 oder seinem Bruder Fritz H; evtl. auch mit meinem früheren Geschäftsfreunde Paul; 8) mit dem Consulenten (Anwalt) Dr. Richard Wittkowski in Friedenau, Trude Pragers Vetter; Tante Flora & gemeinsame Tante 9) Familie Salinger in unserem letzten Hause I, auch Dr. B. auf demselben Flur, mit dem Euch Alumks bekannt machen kann.

Ich fürchte, Ihr Lieben alle, es ist das letzte Lebenszeichen, das ich Euch geben kann. Für diesen Fall schließe ich mit den innigsten Wünschen für Euer aller Wohlergehen & für Euch, meine geliebten 3, mit „des Vaters Segen, der den Kindern Häuser baut".[13] Möge Euch wenigstens die Mutter erhalten bleiben und möget Ihr alle lange Friedensjahre erleben, die Euch für alles erlittene Ungemach reichlich entschädigen. Euch, Nachtlicht- und Busse-Mädels, auch [...].[14] Käthe und die engl. Verwandtschaft schließe ich natürlich ein. Letzterer auch noch meinen herzlichsten Dank für alle erwiesene Güte & Hilfsbereitschaft. An Maximo, Klaus, übermittelt bitte auch meine aufrichtigsten Wünsche & Grüße – vielleicht & hoffentlich *doch* nicht die letzten –. Im äußersten Falle werde ich vielleicht auch noch den verzweifelten Versuch machen, über die Grenze zu gehen. Herrn S. habe ich gebeten, Dir, l. Hanns, meine Ideen auseinanderzusetzen.[15] Bitte, schreibe mir möglichst sofort, jedenfalls schnellstmöglichst & so überlegt & klar wie möglich, was du von den Fragen 1 und 2 und 3 hältst & ob du mir sonst einen Rat geben kannst. Also an die Adresse Richard N. R'df,[16] ohne meinen Namen ausdrücklich zu nennen. Nun lebt alle, alle wohl.

In Liebe und Treue Euer

HB

13 Sir. 3,11.

14 Unleserlich.

15 Siehe Dok. 28 vom 21.5.1943.

16 Richard Nachtlicht lebte mit seiner Familie in der Drontheimer Str. 21 in Berlin-Reinickendorf (heute Wedding).

DOK. 28
Heinrich Busse plant am 21. Mai 1943 seine Flucht in die Schweiz und bittet seinen Neffen um Hilfe[1]

Brief von Heinrich Busse, Berlin, an seinen Neffen Hanns Busse, Schweiz, vom 21.5.1943 (Abschrift)[2]

Lieber Hanns,
meine Lage ist verzweifelt & nicht mehr lange durchzuhalten. Ich bin natürlich wohnungslos & habe zuweilen kein Dach über dem Kopf; alles übrige kannst Du Dir denken. Nur ein rascher & irgendwie, wenn auch abenteuerlich durchzuführender Entschluß kann mich vielleicht noch retten. – Herr S. spricht leider nur wenig deutsch & so muß ich meine Ideen schon dem Papier anvertrauen. – Ich sehe nur 2 Möglichkeiten, beide davon abhängig, daß ich überhaupt bis an die Grenze komme. Das ist für mich keineswegs einfach, denn es sind in der Bahn ständig Kontrollen; aber ich hoffe, es würde mir doch gelingen, wenn ich entsprechende Zeit vor mir habe. Die eine Möglichkeit besteht darin, daß ich unterhalb Friedrichshagen-Konstanz über die Grenze zu gelangen versuche. Es fließt da bei Wangen, Öhningen, Schienen, ein Bach, ich glaube Schienenbach,[3] in dessen Bett man vielleicht nächtlich auf Schweizer Gebiet gelangen könnte. Ich fürchte nur, daß ich 1) der Sache körperlich & ohne Führung nicht mehr gewachsen bin & 2), daß der ganze Weg wie das ganze Gebiet scharf überwacht & vielleicht an der Grenze abgesperrt ist, 3) daß man überhaupt in das gesamte Grenzgebiet nur bis zu einem gewissen Abstand gelangen kann. Wenn Du hierüber etwas erfahren kannst, so wäre es mir wirklich überaus wertvoll. Noch *wichtiger wäre eine Anschrift aus dieser Gegend*, denn irgendeine Mithilfe wäre schwerlich zu entbehren. Das alles könntest Du natürlich nur in Form einer Reisebeschreibung, Urlaubsschilderung von früher her, Erinnerung an unsere gemeinsame Wanderung oder dergl. behandeln, wobei Du Dir jedes Wort überlegen müßtest.
Eine zweite Möglichkeit, die mir viel durchführbarer erscheint, denke ich mir wie folgt: Irgendwo gibt es sicherlich einen kleinen Grenzverkehr, der namentlich dem Eisenbahnpersonal einen ziemlich zwanglosen Übergang ermöglicht. Wenn ich durch einen ins Vertrauen gezogenen Beamten auf eine Lokomotive gelangen oder in einem Trupp Streckenarbeiter mitgehen könnte, in Arbeiterkleidung, als Heizer oder dergl., so wäre ich vielleicht gerettet. Bei Deiner hoffentlich noch bestehenden Verbindung mit Deinem Studienfreund dürfte eine solche Vereinbarung doch zu ermöglichen sein. Natürlich ist die Verständigung hierüber sehr schwierig. Du müßtest berücksichtigen, daß ich nach Empfang Deiner Nachricht wohl mehrere Wochen brauchen würde, um zum Treffpunkt zu gelangen, denn 1) brauchen die Briefe selbst sehr lange, 2) müßte ich mir einen Schlafplatz sichern, 14 Tage vorher zu bestellen, und 3) müßte ich mir Deine Briefe doch erst abholen. Außerdem wäre alles nur ganz vorsichtig auszudrücken. Ich notiere mir, dass Du für „Lokomotive" das Wort „Brief" anwenden würdest; für den Vertrauensmann das Wort „Freund" … dahinter den Namen, für den Treffort das Wort „Wohnsitz", das

1 LBI, AR 6230, Series I: Documents and correspondance 1933–1954.
2 Der Brief erreichte Hanns Busse erst am 30.10.1943.
3 Richtig: Schiener Bach, auch Hemishoferbach, der bei Hemishofen in der Schweiz in den Rhein mündet.

Datum als Geburtstag angeben würdest, irgendwelche Ziffern als die Anzahl der erreichten Jahre evt. in Verbindung mit dem Geburtsjahr. Als meine Anschrift kann ich augenblicklich nur den Bruder von Onkel Leo N.[4] angeben, also Richard N.,[5] dessen Adresse ich Herrn S. aufgeschrieben habe. Ich komme wöchentlich 1mal hin, bin aber nicht ganz sicher, ob er selber hierbleiben wird; vielleicht schreibst Du deshalb doppelt, & zwar auch an den früheren Chef von Klaus, Dr. B., Rüdesheimer Platz, den Du m[eines] W[issens] ja auch kennst. Er ist augenblicklich verreist, aber ich kann ihn wohl bald anrufen & spreche ihn auch hin & wieder. Am allerbesten wäre es natürlich, wenn ich [mich] mit einem Vertrauensmann von Herrn B. *hier* verständigen oder unterhalten könnte. Das *müßte* doch schließlich möglich sein, auch im negativen Fall, & mindestens in diesem Sinne wirst Du mir vielleicht Bescheid geben können.
Mein lieber Hanns – ich weiß, du wirst das alles sehr skeptisch auffassen. Aber es ist ein Schrei aus höchster Not, & Du mußt bitte das Äußerste aufwenden, die Sache also nach jeder Richtung hin betreiben. Ist sie nicht auf diesem Wege durchführbar, so vielleicht irgendwie anders. Deine Berichte halte in Form einer Familien-Angelegenheit; notfalls bezeichne durch Unterstreichung Deiner Absender-Adresse, daß erst jede 2. Zeile im Zusammenhang lesbar ist. – In meiner schon an Abenteuer gewöhnten Phantasie male ich mir sogar aus, dass Du vielleicht selber als Lokomotiv-Heizer mitfahren könntest …
Also, lieber Junge, verzeihe dem 69jährigen seine leider nur sehr erborgte & aufgezwungene Jungenhaftigkeit, nimm die Sache aber so ernst, wie sie es leider ist, & verliere bitte keinen Augenblick Zeit. Es kommt auf jeden Tag, auf jede Stunde beinahe an. Grüße Herrn B., er wird gewiß Verständnis haben, & sei Du mit den Deinigen besonders herzlich gegrüßt von
Deinem HB

DOK. 29

Das Reichssicherheitshauptamt weist die Stapoleitstellen am 21. Mai 1943 an, alle noch im Reich lebenden Juden nach Theresienstadt oder Auschwitz zu deportieren[1]

Fernschreiben (dringend – sofort vorlegen – geheim) des Reichssicherheitshauptamts, Referat IV B 4a (2093/42 g – 391),[2] gez. Kaltenbrunner,[3] an alle Stapo(leit)stellen außer Prag und Brünn, den Befehlshaber der Sipo und des SD, Zentralamt für die Regelung der Judenfrage in Böhmen und Mähren, Prag, die Befehlshaber der Sipo und des SD in Metz und Straßburg und das Einsatzkommando Luxemburg vom 21.5.1943[4]

Der Inhalt dieses FS. ist als „*Geheime Reichssache*" zu behandeln.
Betr.: Evakuierung von Juden.
Bez.: Erlasse vom 20.2.1943 – IV B 4a 2093/42 g (391) und IV B 4a – 2537/42.[5]
Der Reichsführer-SS. hat angeordnet, daß bis – *spätestens 30.6.1943* – die Juden aus dem Reichsgebiet einschließlich Böhmen und Mähren nach dem Osten bezw. nach Theresienstadt abzubefördern sind.

4 Leo Nachtlicht.
5 Richard Nachtlicht.

1 ITS Archive, Arolsen Archives, Doc. 82 164 796#1. Abdruck in: Alfred Gottwaldt/Diana Schulle, Die „Judendeportationen" aus dem Deutschen Reich 1941–1945, Wiesbaden 2005, S. 384–388.

1.) Von der Abbeförderung *ausgenommen* sind jene Juden, die unter die in den Richtlinien zur technischen Durchführung der Evakuierung nach dem Osten (Rd. Erlaß vom 20.2.1943 – IV B 4a 2093/42 g – (391)) – bezw. der Wohnsitzverlegung nach Theresienstadt (Rd. Erlaß vom 20.2.1943 – IV B 4a 2537/42) sowie im Rd. Erlaß Pol. S. IV B 4b 3214/43 g – 82 –[6] festgelegten Ausnahmebestimmungen fallen. *Ausgenommen* sind ferner jene Juden, die auf Grund besonderer Einzelanordnungen bis auf weiteres von der Evakuierung zurückgestellt worden sind. Weitere Ausnahmen sind unzulässig.
2.) Kranke und gebrechliche Juden sind mit zu erfassen.
3.) Die noch im Arbeitseinsatz Stehenden (ausgenommen die lagermäßig untergebrachten Juden) sind ohne Rücksicht auf Produktionsausfälle aus den Betrieben herauszunehmen und gemäß Richtlinien abzubefördern. Die Zahl der im geschlossenen Arbeitseinsatz stehenden, lagermäßig untergebrachten Juden (einschl. der seinerzeit zum geschlossenen Arbeiteinsatz in das Altreich verbrachten Juden ehemals polnischer Staatsangehörigkeit)[7] ist bis zum 1.6.1943 zu berichten (Fehlanzeige nicht erforderlich).
4.) Desgleichen sind die bisher noch bei der Reichsvereinigung der Juden in Deutschland bezw. ihren Bezirksstellen oder Kultusvereinigungen beschäftigten Juden gemäß Richtlinien für die Abbeförderung zu erfassen.
Damit werden diese Einrichtungen praktisch aufgelöst. An ihrer Stelle wird, soweit für die Durchführung behördlicher Anordnungen im Hinblick auf die noch zurückbleibenden Juden erforderlich, eine sogenannte „Vereinigung jüdischer Mischehenpartner"[8] mit dem Sitz in Berlin errichtet, deren Personal sich ausschließlich aus zurückbleibenden Mischehenpartnern zusammensetzt. Wegen der Abwicklung des von den Bezirks- oder Verwaltungsstellen verwalteten Vermögens ergehen noch besondere Weisungen.
5.) Ich weise ausdrücklich darauf hin, dass *jüdische Mischehenpartner* auf keinen Fall abzubefördern sind. Es darf auch sonst sicherheitspolizeilich gegen sie nur vorgegangen

2 Das Ref. IV B 4 war das Judenreferat im RSHA unter der Leitung von Adolf Eichmann. Während das von Rolf Günther, dem Stellv. Eichmanns, geleitete Ref. IV B 4a für die Räumung und Evakuierung zuständig war, befasste sich IV B 4b mit Rechts- und Eigentumsangelegenheiten. Die Anordnung war vom Ref. IV B 4 verfasst und vom Leiter des RSHA Kaltenbrunner persönlich unterzeichnet.

3 Dr. Ernst Kaltenbrunner (1903–1946), Jurist; 1930 NSDAP-, 1931 SS-Eintritt; von 1932 an Anwalt in Linz, 1936 Entzug der Anwaltslizenz; von 1938 an MdR; 1938–1943 Führer des SS-Oberabschnitts Donau, 1940/41 Polizeipräsident in Wien, 1943–1945 Chef des RSHA sowie Chef der Sipo und des SD, StS im RMdI; 1944 General der Waffen-SS; 1946 im Nürnberger Prozess zum Tode verurteilt und hingerichtet.

4 Nachrichtlich an alle Inspekteure der Sipo und des SD, den Befehlshaber der Sipo und des SD Prag, die Stapo(leit)stellen Prag und Brünn.

5 Erlass des RSHA, betr. Richtlinien zur technischen Durchführung der Evakuierung von Juden nach dem Osten (KL Auschwitz) vom 20.2.1943, und Erlass des RSHA, betr. Richtlinien zur technischen Durchführung der Wohnsitzverlegung von Juden nach Theresienstadt vom 20.2.1943; abgedruckt in: Gottwaldt/Schulle, „Judendeportationen" (wie Anm. 1), S. 373–379 bzw. S. 268–275 (Fassung vom 15.5.1942). Die ursprünglichen Erlasse stammten bereits aus dem Jahr 1942, in der überarbeiteten Fassung vom 20.2.1943 fiel der bislang geltende Deportationsschutz für die im kriegswichtigen Arbeitseinsatz stehenden Juden weg. Nur wenige Tage später fand im gesamten Reich die sog. Fabrik-Aktion statt.

6 Nicht ermittelt.

7 Seit Nov. 1940 wurden poln. Juden beim Autobahnbau eingesetzt; siehe VEJ 4/190.

8 Die Reichsvereinigung der Juden in Deutschland wurde am 10.6.1943 aufgelöst, aber unmittelbar darauf als administrative Vertretung für die verbliebenen, zumeist in „Mischehe" lebenden Juden wieder eingerichtet; siehe Einleitung, S. 29–32.

werden, wenn *tatsächlich* belastendes Material vorliegt. Soweit jüdische Mischehenpartner inzwischen aus *allgemeinen* Gründen festgenommen worden sind, sind sie sukzessive wieder zu entlassen.

6.) Die Abbeförderung nach Auschwitz bezw. nach Theresienstadt hat, sofern die Zahl weniger als 400 Juden beträgt, im Einvernehmen mit den zuständigen Reichsbahndirektionen in an Regelzügen angehängten Sonderwaggons in der Zeit vom 10. bis 30.6.1943 zu erfolgen. Die mit den Reichsbahndirektionen vereinbarten Termine sind 8 Tage vorher an das RSHA, IV B 4 zu berichten. Bei Transporten von mehr als 400 Juden sind rechtzeitig beim RSHA, IV B 4 Sonderzüge zu beantragen.

7.) Nach Abschluß, *spätestens bis zum 30.6.1943*, ist mir die Zahl der in den einzelnen Bezirken noch vorhandenen Juden (unterteilt nach den einzelnen Punkten der Richtlinien, die für eine Zurückstellung maßgebend waren) zu berichten. Diese statistischen Berichte sind zunächst bis auf weiteres ab 1.7.1943 jeweils zum Monatsanfang unter Berücksichtigung aller Veränderungen (Sterbefälle, Schutzhaftfälle usw.) laufend zu ergänzen (Fehlanzeige erforderlich).[9]

8.) Zur Überprüfung der Fälle, in denen Juden auf Grund besonderer Anordnungen Ausnahmen (Zurückstellung von der Evakuierung, Befreiung vom Kennzeichnungszwang u. ä.) zugestanden worden sind, ist mir zum 1.6.1943 eine Nachweisung nach folgendem Muster vorzulegen:

1.) Laufende Nummer,
2.) Vor- und Zuname,
3.) Geburtsname und -ort,
4.) jetzige Anschrift,
5.) Art und Grund der Ausnahmebehandlung,
6.) Dienststelle, von der die Anordnung getroffen wurde, Datum und Aktenzeichen,
7.) Bemerkungen (Fehlanzeige ist erforderlich).

Zusatz für Kattowitz und Litzmannstadt: Die Frage einer Abbeförderung der von der Organisation Schmelt[10] eingesetzten bezw. der Juden aus dem Ghetto Litzmannstadt wird von meinem Referenten, SS-Obersturmbannführer Eichmann,[11] an Ort und Stelle besprochen.

9 Die Berichte wurden von der Reichsvereinigung der Juden in Deutschland regelmäßig an die Gestapo übergeben. Ein Großteil ist überliefert in: BArch, R 8150.

10 Siehe Dok. 12 vom 19.4.1943, Anm. 16.

11 Adolf Eichmann (1906–1962), Vertreter; 1932 NSDAP- und SS-Eintritt; 1934–1938 im SD-Hauptamt tätig, führte von Sommer 1938 an die Geschäfte der Zentralstelle für jüdische Auswanderung, erst in Wien, seit März 1939 auch in Prag; von Dez. 1939 an Sonderreferent des RSHA für die Räumung der annektierten Ostprovinzen, dann Leiter des Ref. IV D 4 (Räumungsangelegenheiten und Reichszentrale für jüdische Auswanderung), spätestens von März 1941 an IV B 4 (Juden-, Räumungsangelegenheiten), 1942 Teilnehmer der Wannsee-Konferenz; 1945 Inhaftierung, 1946 Flucht, 1950–1960 in Argentinien untergetaucht, 1960 nach Israel entführt, dort 1961 zum Tode verurteilt, hingerichtet.

DOK. 30

Das Auswärtige Amt bilanziert am 24. Mai 1943 den Status quo der antisemitischen Gesetzgebung und der Deportation von Juden aus den europäischen Staaten[1]

Aufzeichnung (e. o.[2] Inl. II 1450 g) von LR v. Thadden,[3] ungez., für den Leiter Gruppe Inland II[4] im Auswärtigen Amt Horst Wagner vom 24.5.1943[5]

Aufzeichnung über den gegenwärtigen Stand der Judenfrage
Italien:
Beschränkte Judengesetzgebung. Sicherungsverwahrung bzw. Deportierung auf Ionische Inseln „für gefährliche Juden in Italien" vorgesehen.
Von italienischen Truppen besetztes französisches Gebiet:[6]
Durchführung von Maßnahmen gegen die Juden seitens der französischen Polizei durch italienische Besatzungstruppen verhindert. Auf Intervention des Herrn RAM bei Duce[7] ordnete dieser zunächst an, den französischen Organen freie Hand zu lassen, änderte seine Entscheidung jedoch Ende März dahin ab, daß Judenaktion unverzüglich durch italienischer Wehrmacht nicht unterstehende italienische Polizeieinheiten durchzuführen sei.[8] Trotz dieser Anordnung bis Mitte Mai keine Durchführungsmaßnahmen. Erneute Intervention [der] Botschaft Rom bei Staatssekretär Bastianini[9] ergab, daß der zur Durchführung der Aktion eingesetzte Polizeiinspekteur Lospinosa[10] Personalverstärkung angefordert hatte, diese durch Umbesetzung [des] Polizeiminister-Postens erst jetzt in Marsch gesetzt worden ist und angeblich nunmehr mit Durchführung von Duce

1 PAAA, R 100 848, Bl. 168–171. Abdruck in: ADAP, Serie E: 1941–1945, Bd. 6: 1. Mai bis 30. September 1943, Göttingen 1979, Dok. 54, S. 94–97.
2 Lat.: ex officio, von Amts wegen.
3 Dr. Eberhard von Thadden (1909–1964), Jurist und Diplomat; 1933 NSDAP- und SA-, 1936 SS-Eintritt; von 1937 an Mitarbeiter im AA, seit 1941 als Legationsrat; 1941/42 Soldat an der Ostfront; von April 1943 an „Judenreferent" im AA; 1945–1949 Haft, dann als kaufmännischer Angestellter tätig.
4 Die Gruppe Inland II im AA diente als Verbindungsstelle zwischen RSHA und AA, die vor allem auf dem Gebiet der Judenverfolgung in Europa kooperierten. Geleitet wurde die Gruppe seit dem 1.4.1943 von Horst Wagner (1906–1977), Jurist und Diplomat; 1936 Sportattaché der Dienststelle Ribbentrop bei den Olympischen Spielen; 1936 SS-, 1937 NSDAP-Eintritt; seit 1938 im AA tätig, von 1939 an im Persönlichen Stab des RAM, 1943–1945 Leiter des Ref. Inland II; 1945 verhaftet, 1948 Flucht nach Südamerika.
5 Handschriftl. Vermerk: „1. Aufzeichnung für H. Wagner zur Besprechung RAM-RFSS in Fuschl. 2. z. d. A. Inl. II g., v. Th, 26/5" und „Juden allg.".
6 Das von Italien seit dem Waffenstillstand zw. Deutschland und Frankreich im Juni 1940 besetzte franz. Gebiet umfasste die südfranz. Grenzstadt Menton und 15 Ortschaften in den Grenzdepartements. Hinzu kamen mit der Besetzung der Südzone im Nov. 1942 die Gebiete östlich der Rhône und die Insel Korsika.
7 Benito Mussolini.
8 Siehe VEJ 12/296.
9 Giuseppe Bastianini (1899–1961), Politiker; Mitglied des Partito Nazionale Fascista; von 1927 an Diplomat, 1939/40 Botschafter in London, 1941–1943 Gouverneur in Dalmatien; stimmte im Juli 1943 im Faschistischen Großrat gegen Mussolini, danach floh er, 1944 in Abwesenheit zum Tode verurteilt; 1947 wurde er freigesprochen.
10 Richtig: Guido Lospinoso (1885–1972), Polizeibeamter; 1928 italien. Konsul in Nizza, 1939 im Innenministerium tätig, März 1943 als Generalinspektor der Rassenpolitik in Südfrankreich, 1944 in den Ruhestand versetzt; von 1947 an Quästor, 1953 Ruhestand.

angeordneter Aktion begonnen werde. Deutscher Wunsch, Lospinoso möge mit deutschen Polizeiorganen, die mit Judenaktion beauftragt sind, Fühlung nehmen, italienischerseits vorerst mit der Begründung abgelehnt, Lospinosa erhalte seine Weisungen vom Duce, daher könne er in heikle Situationen kommen, wenn er Anregungen deutscher Polizeistellen entgegennehme.[11]

Von italienischen Truppen besetztes griechisches Gebiet:[12]

Italiener stellten Deportierung staatenloser und griechischer Juden auf Ionische Inseln oder nach Italien und analoge Anwendung italienischer Gesetzgebung auf in Griechenland lebende italienische Juden in Aussicht. Oberbefehlshaber italienischer Streitkräfte[13] erhielt entsprechende Weisungen. Aktion jedoch bisher nicht durchgeführt, da italienische Truppen angeblich noch mit Vorarbeiten zur Erfassung griechischer Truppen beschäftigt sind.

Da im übrigen Transportraum für Deportierung z. Zt. nicht zur Verfügung steht, wird durch Botschaft Rom bei italienischer Regierung angeregt, Juden bis zur Durchführbarkeit der Deportierung in Sicherungslagern zusammenzufassen und als Arbeitskräfte bei Festungsbau-Programm einzusetzen.[14]

Kroatien:

Weitgehende Judengesetzgebung sowie Zustimmung zur Abschiebung kroatischer Juden zum Arbeitseinsatz nach dem Osten.

Erhebliche Schwierigkeit gegen Durchführung der Abschiebung von Juden aus den von Italien besetzten Küstenzonen. Juden von Italienern in Lagern bzw. Hotels untergebracht, wo ihnen gute und zuvorkommende Behandlung zuteil werden soll. Verhandlungen mit Italienern auf Auslieferung dieser Juden noch im Gange.[15]

Ungarn:

Beschränkte Judengesetzgebung, die in der Durchführung sehr mild gehandhabt wird. Abschiebung der Juden nach dem Osten oder Einsatz der jüdischen Baukompanien,[16] die in Ungarn gebildet sind, außerhalb Ungarns oder des von der ungarischen Armee besetzt gewesenen sowjetischen Gebietsteils abgelehnt.

Im April Wahl von zwei Volljuden in den Politischen und vier Volljuden in den Finanzausschuß des Parlaments.[17]

Bulgarien:

Verhältnismäßig weit fortgeschrittene Judengesetzgebung. Förderung unserer Bestrebungen, die Abwanderung der Juden nach Palästina durch Versagung der Durchreisegenehmigung oder durch Vorschützen von Transportschwierigkeiten zu verhindern.

11 Zur Situation der Juden in der italien. besetzten Zone in Südfrankreich siehe VEJ 12/292 und 299.

12 Seit Okt. 1940 versuchten italien. Truppen weitgehend erfolglos, Griechenland zu erobern. Erst im Frühjahr 1941 gelang die Invasion mit Hilfe der Wehrmacht, die danach teilweise wieder abgezogen wurde. Daher kam der überwiegende Teil des Landes, u. a. Athen und die meisten Inseln, unter italien. Verwaltung; VEJ 14, S. 62 f.

13 General Carlo Vecchiarelli (1884–1948); seit Mai 1943 Oberbefehlshaber der italien. 11. Armee in Griechenland.

14 Siehe VEJ 14/256.

15 Zur Haltung der italien. Behörden gegenüber den Juden in Kroatien siehe VEJ 14/191.

16 Gemeint sind die sog. Arbeitsbataillone, in denen jüdische Männer gezwungen wurden, Hilfsdienste für die ungar. Truppen zu leisten.

17 Am 13.4.1943 wurden Ferenc Chorin und Aurél von Egry in den Auswärtigen Ausschuss gewählt.

Abschiebung der Juden aus Thrazien und Mazedonien zum Arbeitseinsatz nach dem Osten genehmigt und inzwischen abgeschlossen.[18] Zwischen Judenkommissar[19] und deutschem Berater in Judenfragen[20] abgeschlossene Übereinkunft über Abschiebung weiterer 20 000 Juden aus Altbulgarien nicht zur Durchführung gelangt. König Borris[21] hinwies bei seinem Besuch im Führerhauptquartier, daß er die Juden in Altbulgarien in Arbeitslagern zusammenfassen und für Straßenbauten etc. verwenden wolle.[22] Nach Mitteilung [des] Reichssicherheitshauptamtes wird von den Insassen dieser Lager kaum eine Arbeit geleistet, offensichtlich nehme man bulgarischerseits diese Angelegenheit nicht ernst. Nach Auskunft vom Gesandten Beckerle[23] dagegen ist Arbeitsleistung der in den Lagern untergebrachten Juden zufriedenstellend, so daß weiterer Ausbau dieser Lager beabsichtigt ist. Im Hinblick auf Vorbringen von König Borris im Führerhauptquartier hält Gesandter Beckerle eine vom Reichssicherheitshauptamt angestrebte Forcierung der Judenfrage z. Zt. nicht für durchführbar, beabsichtigt jedoch, Vorschläge zu machen, sobald er Ansatzpunkte sieht.

Rumänien:

An sich weit fortgeschrittene Judengesetzgebung, jedoch Auflockerung in letzter Zeit durch erleichterte Möglichkeit, für Juden die Rechtsstellung von Blutrumänen zu erlangen. Handhabung der Judengesetzgebung in letzter Zeit mild. Keine Zustimmung zur Deportierung von Juden nach dem Osten. Hinsichtlich der im deutschen Machtbereich lebenden rumänischen Juden war 1941 Zustimmung zur Deportierung erteilt, jedoch wurde im April d. J. Zustimmung widerrufen und Wunsch ausgesprochen, rumänische Juden zum Zwecke der Überführung nach Transnistrien wie ungarische oder italienische Juden aus dem Reichsgebiet in ihr Heimatland zurückkehren zu lassen.

Staatsführer Antonescu deutete beim Besuch im Führerhauptquartier Bereitwilligkeit zur Aussiedlung zahlreicher Juden nach Rußland an, erklärte aber gleichzeitig, daß er noch Bedenken hätte, da sie dort doch nur umgebracht würden.[24]

Slowakei:

Weitgehende Judengesetzgebung und Zustimmung zur Abschiebung aller Juden zum

18 Nach einem Beschluss der bulgar. Regierung wurden am 4.3.1943 alle Juden aus Westthrakien und Ostmakedonien von den bulgar. Besatzungsbehörden verhaftet und nach Treblinka deportiert.

19 Aleksandăr Georgiev Belev (1900–1944), Jurist; 1934–1939 Rechtsanwalt in Sofia, seit Juni 1940 Abteilungsleiter des bulgar. Innenministeriums, Sept. 1942 bis Okt. 1943 Kommissar für Judenfragen; Ende Sept 1944 von Kommunisten verhaftet und vermutlich getötet.

20 Theodor Dannecker (1913–1945), Kaufmann; 1932 NSDAP- und SS-Eintritt; von 1935 an beim SD, von Sept. 1940 an Judenberater beim BdS im besetzten Frankreich, organisierte 1942 die Deportation der franz. Juden, 1943 die Deportationen aus Bulgarien, 1944 die aus Italien und Ungarn; nahm sich in einem US-amerikan. Internierungslager das Leben.

21 Richtig: Zar Boris III. (1894–1943); seit 1918 Zar von Bulgarien; verbündete sich 1941 mit den Achsenmächten, verweigerte 1943 unter öffentl. Druck die Deportation der bulgar. Juden und den Kriegseintritt Bulgariens gegen die Sowjetunion.

22 Siehe VEJ 13/321 und 325.

23 Adolf Heinz Beckerle (1902–1976), Volkswirt; 1928 NSDAP- und SA-Eintritt; 1932–1945 MdR; von 1941 an Gesandter in Sofia und maßgeblich an der Deportation der Juden aus Makedonien und Thrakien beteiligt; 1944–1955 sowjet. Kriegsgefangenschaft, dann kehrte er nach Deutschland zurück.

24 Bis 1942 ermordeten rumän. Militär- und Polizeiangehörige gemeinsam mit deutschen Einsatzgruppen rund ein Drittel der Juden Rumäniens; siehe VEJ 13, S. 56–63.

Arbeitseinsatz nach dem Osten, jedoch alle Maßnahmen mit der Einschränkung, daß für getaufte Juden Ausnahmen gelten.

Dänemark:

Bisher keinerlei Judengesetzgebung. Nach Ansicht des Bevollmächtigten des Reichs, Dr. Best,[25] z. Zt. eine Judengesetzgebung auch noch kaum durchführbar.

Von deutschen Truppen besetzter Teil Frankreichs:

Beginn eines Judengesetzgebungswerkes zunächst mit dem Ziele der völligen Ausschaltung der Juden aus der Wirtschaft.

Verlangen an alle verbündeten, befreundeten und neutralen Staaten, Juden ihrer Staatsangehörigkeit aus Frankreich zurückzuziehen, Abschiebung aller staatenlosen Juden zum Arbeitseinsatz nach dem Osten.[26]

Beabsichtigt ist, der französischen Regierung Aberkennung der französischen Staatsangehörigkeit für alle Juden nahezulegen, um sodann auch die von der Abschiebung noch nicht betroffenen Juden nach dem Osten verbringen zu können.[27]

Übrige von deutschen Truppen besetzte Gebiete:

Belgien, Holland, die besetzten Ostgebiete, Norwegen und Serbien:

Durchführung von Judenmaßnahmen, die denen im Reich im wesentlichen entsprechen, sowie Forderung an alle verbündeten, befreundeten und neutralen Staaten, Juden ihrer Staatsangehörigkeit zurückzuziehen.

Nordgriechisches Gebiet:

Durchführung von Maßnahmen wie in den übrigen besetzten Gebieten. Schwierigkeiten seitens der Italiener, die gegen die Heimschaffung italienischer Juden Bedenken haben, sich für zahlreiche griechische und staatenlose Juden wegen ihrer „Italianität" einzusetzen;[28] Fälle der Beihilfe zur illegalen Ausreise staatenloser und griechischer Juden aus Saloniki mittels italienischer Urlauberzüge festgestellt.[29]

25 Dr. Werner Best (1903–1989), Jurist; 1930 NSDAP-, 1931 SS-Eintritt; 1933 Staatskommissar für das Polizeiwesen in Hessen, 1935–1939 stellv. Leiter des Preuß. Gestapa, 1940–1942 Leiter der Abt. Verwaltung beim Militärbefehlshaber in Frankreich, seit Nov. 1942 Reichsbevollmächtigter in Dänemark; 1948 in Kopenhagen erst zum Tode, dann zu fünf Jahren Haft verurteilt, 1951 amnestiert und entlassen; danach als Jurist und Unternehmensberater tätig. Zu Bests antijüdischer Politik in Dänemark siehe VEJ 12, S. 17 f.

26 Siehe VEJ 12/326.

27 Zu den Ausbürgerungsverfahren siehe VEJ 12, S. 74 f.

28 In Griechenland befanden sich viele Juden mit italien. Staatsangehörigkeit bzw. Juden, die enge Verwandte in Italien hatten.

29 Siehe VEJ 14/251.

DOK. 31

Eva Sieburg berichtet ihrer nichtjüdischen Verwandtschaft in Herne am 30. Mai 1943 über die Sorge um ihre jüdische Mutter, die von schwerer Zwangsarbeit und Deportation bedroht ist[1]

Brief von Eva Sieburg,[2] Berlin, an Erich[3] und Ida Sieburg,[4] Herne, vom 30.5.1943 (Typoskript)

Lieber Onkel Erich und liebe Tante Ida!
Lang ist es her, seit ich dazu kam, Euch einen ausführlichen Brief zu schreiben. Heute soll es aber nicht nur bei der guten Absicht, die schon jeden Tag vorlag, bleiben, sondern wirklich stattfinden. Eure Karte, mit der Ihr Euch so lieb nach unserem Befinden erkundigt habt, hat uns sehr erfreut. Ihr könnt Euch ja denken, wie uns in dieser Zeit, die nur aus Angst und Sorge besteht, zumute ist. Wenn Mutti[5] auch einige Wochen Ruhe hatte, so ist diese Ungewißheit des Wielange doch so kraftraubend, daß die Nerven immer unter Hochspannung stehen und auch den gesundheitlichen Zustand nicht gerade fördern. Die Aktionen,[6] wie ich sie Euch aus den Märztagen kurz schilderte,[7] gehen immer weiter, und man wundert sich nur, wo sie immer noch neue Opfer finden. Der Zufall, oder wie man es sonst nennen will, hat mich mit Menschen bekannt gemacht, die unmittelbar mit diesen Transporten zu tun haben und mich daher mit den neuesten Geschehnissen immer auf dem Laufenden halten. Das einzige Beruhigende an dieser aufreibenden Freundschaft ist der Umstand, daß ich von allen Gefahren sofort verständigt werde und somit grausame Überrumpelungen, wie es bei den anderen der Fall ist, vermeiden kann. Leider ist zur Zeit mal wieder solche Gefahr für Mutti gegeben, und es weiß keiner, ob sie auch diesmal wieder vorübergehen wird. Neulich sollte sie wieder zu einer sehr unangenehmen Arbeit vermittelt werden, doch konnte ich auch dies durch bescheidenes Bitten noch einmal bis zum 1. Juli verhindern. Vor einigen Wochen ist uns das dritte Zimmer für Bombenbeschädigte[8] beschlagnahmt [worden]. Nun warten wir auch hier wieder auf den zeitmäßig unbekannten Termin des Einzuges irgendwelcher Mitbewohner, die uns dann nach ihrem Belieben aus der Wohnung verdrängen können. Na, warten wir ab, was kommt. Andere müssen ja ihr Leid auch tragen, wie es das Schicksal mit ihnen vorhat.

1 JMB, 2014/112/25, Schenkung von Eva Maria Sieburg.
2 Eva Sieburg (1911–1994); 1933 Ausschluss vom Studium und Berufsverbot, 1935–1938 Werbeassistentin im Berliner Textilhandel, 1939–1944 in einer Apotheke beschäftigt; leistete Fluchthilfe für verfolgte Juden und teilte im Berliner Sammellager Große Hamburger Straße Essen aus; heiratete nach dem Krieg und lebte in Berlin.
3 Dr. Erich Sieburg (1878–1947), Schriftsteller und Lehrer; 1908–1942 Studienrat am städtischen Gymnasium in Herne; Autor von „Wege mit Dir" (1958).
4 Maria Luise Ida Sieburg (1888–1963); 1908 Heirat mit Erich Sieburg, dem Bruder von Eva Sieburgs Vater Ernst Sieburg.
5 Elly Sieburg (1887–1946), Kauffrau; 1911 Heirat mit Ernst Sieburg in London, 1914 Scheidung und Umzug nach Berlin, 1921–1938 Inhaberin eines Wäsche- und Handarbeitsgeschäfts in Berlin-Treptow; während des Kriegs Zwangsarbeit als Näherin in einer Textilfabrik; Jan. 1944 Deportation nach Theresienstadt, dort befreit.
6 Gemeint sind die Verhaftungswellen im Rahmen der sog. Fabrik-Aktion; siehe VEJ 6, S. 75–79.
7 Siehe VEJ 6/232.
8 So im Original.

Nun aber genug von uns. Wie geht es vor allem Euch gesundheitlich? Habt Ihr Euch ein bissel erholt? Hast Du, lieber Onkel Erich, nun die Schule gänzlich an den Nagel gehängt, und wie bekommt Dir das pensionierte Leben? Gewiß wirst Du die Zeit fleißig mit Deiner Schriftstellerei ausnutzen. Wie weit bist Du denn mit Deiner Biographie gekommen? Ich bin schon so neugierig darauf, sie zu lesen.
Und was habt Ihr von Heinzotto[9] für Nachricht? Ist er denn nun noch in Deutschland? Man kann es ihm nur wünschen. Zu schade, daß unser Schriftwechsel so schnell eingeschlafen ist, weil man den Kopf mit zuviel anderen einen belastenden Dingen voll hat. Wenn man überhaupt an ein Ende dieses furchtbaren Krieges denken kann, so gehört auch die Korrespondenzpflege zu den kleinen Freuden, nach denen ich mich sehne. Aber heute fehlt zu der geringsten Aktivität jede Zeit und Lust, was Ihr sicherlich verstehen werdet. Ich würde mich jedenfalls ehrlich freuen, wenn Heinzotto mich bis dahin noch nicht ganz vergessen haben würde.
Was hört Ihr von Lulu und ihrem Sprößling? Die Kleine muß doch jetzt schon sehr viel Spaß machen. Habt Ihr nicht mal ein Bildchen von ihr?
Wie sieht es denn in Herne mit den Alarmen aus? In der letzten Zeit war hier meist Ruhe. In einigen Nächten hatten wir allerdings Störangriffe, jedoch ohne Abwürfe. Habt Ihr was von den Talsperren-Katastrophen[10] gehört? Die eine ist doch wohl gar nicht so weit von Euch, nicht wahr?
Tja, wenn das viele Leid bloß erst mal etwas weniger würde, was die Menschen jetzt zu 90 % jetzt[11] über sich ergehen lassen müssen. Es ist wirklich eine harte Kraftprobe, die wir da zu bestehen haben. Leider fürchtet jeder einzelne, daß sie noch viel größer wird und an Ruhe wohl in den nächsten Jahren kaum zu denken ist. Und dennoch geht das Leben immer weiter.
Daß Mutti in ihrer augenblicklichen Verfassung nicht schreiben mag, nehmt Ihr ihr hoffentlich nicht übel. Es war zuviel der Aufregungen für sie in den letzten Monaten, denen man so machtlos gegenübersteht.
Behaltet uns trotzdem bitte ein wenig lieb und seid recht herzlich von uns gegrüßt. Vergesst uns bitte auch nicht, wenn unsere Briefe zur Zeit immer magerer werden, wir denken dennoch oft an Euch.
In alter Treue und Liebe
Eure[12]

9 Richtig: Dr. Heinz-Otto Sieburg (1917–2003), Historiker; Soldat bei der Marine; 1958 Habilitation an der Universität des Saarlands und Professor am dortigen Historischen Seminar und Europa-Institut; Autor von „Deutschland und Frankreich in der Geschichtsschreibung des 19. Jahrhunderts" (1954/1958).
10 Siehe Dok. 26 vom 19.5.1943, Anm. 2.
11 Dopplung im Original.
12 Handschriftl. „Eva + Mutti".

DOK. 32
Das Oberkommando der Wehrmacht erklärt den Soldaten im Mai 1943, warum die Juden die Schuld am Krieg tragen[1]

Artikel in den Mitteilungen für die Truppe[2] des OKW, WFSt/WPr (IV A),[3] Nr. 264, vom Mai 1943[4]

Weshalb kam es zur Judenfrage?

Ein Trick der Juden – man könnte sagen: ihr grundlegender Trick, auf den sie ihre ganze Position aufzubauen versucht haben – geht dahin, daß sie erklären, es gäbe überhaupt kein auf rassischer Grundlage beruhendes Judenproblem, sondern die ganze Judenfrage sei allgemein geistiger Natur. Juden gäbe es in aller Welt und überall seien sie im Geiste des betreffenden Volkes brave Staatsbürger, in England seien sie Engländer, in den USA Amerikaner, in Frankreich Franzosen, in der Sowjetunion Russen und in Deutschland seien sie eben Deutsche gewesen, bis die bösen Nationalsozialisten kamen, die das nicht anerkennen wollten. Mit diesem Argument haben sich die Juden in der demokratisch-liberalen Epoche (also etwa vom Ausgang des 18. Jahrhunderts bis in die heutige Zeit) in allen Staaten eingenistet. Sie haben sich taufen lassen, haben sich gekleidet und betragen wie die Landeseinwohner, haben ihre Kinder auf die Landesschulen geschickt und als „brave Staatsbürger" ihre Steuern bezahlt und haben sich so dem Lande und dem Volke, in dem sie lebten, anzupassen versucht. Man nennt diesen Vorgang die Assimilierung der Juden, er hat in der Tat weitgehend Erfolg gehabt und die Völker lange Zeit über den wahren Charakter der Juden und das Judenproblem hinweggetäuscht. Im Namen der „Menschlichkeit" und der „Gleichberechtigung aller Menschen" haben die Juden sich so überall festgesetzt und ungestört im Tarngewande ihre Geschäfte betrieben. Erst der Nationalsozialismus hat ihnen gründlich und endgültig die Maske vom Gesicht gerissen und der Welt gezeigt, daß es keine deutschen, englischen, amerikanischen usw. Juden gibt, sondern immer nur den einen und ewigen Juden, der sich überall gleichbleibt und nie ein echtes Mitglied des Volkes werden kann, in dem er sich niedergelassen hat. Denn die Juden sind selber ein rassisch gebundenes Volk, allerdings das einzige auf der Welt (außer den Zigeunern), das kein Land, keine Heimat mehr sein eigen nennt. Palästina ist wohl das Ursprungsland, aus dem die Juden sich dann über alle Welt verteilt haben, aber als echte Heimat ist es ihnen durch ihre eigene Schuld verlorengegangen und beherbergt heute weitaus in der Mehrheit eine arabische Bevölkerung.
Welches ist nun die Ursache dafür, daß die Juden ein heimatloses, über die ganze Welt verstreutes Volk geworden sind? Der Jude ist seiner Natur nach unstet und unschöpferisch. Er liebt nicht die beharrliche, gründliche und mühselige Arbeit, wie sie z. B. der Bauer und der Handwerker leisten müssen. Diese beiden Stände sind die Urstände eines

1 BArch, RW 4/357, Bl. 121+RS.
2 Die Mitteilungen für die Truppe (MfT) wurde von der Abt. Wehrmachtpropaganda (WPr) des OKW zweiwöchentlich herausgegeben. Schriftleiter war Dr. Hans Ellenbeck (1889–1959).
3 Wehrmacht Presse- und Propagandaabt. im Wehrmachtsführungsstab.
4 Eingangsstempel vom 6.6.1943. Mit den abgedruckten Instruktionen zur Verwendung der MfT wurde festgelegt, dass je zwei Exemplare an die Kompanien weitergegeben und als Grundlage für Besprechungen genutzt werden sollten. Hinzu kam der Hinweis, dass es ausreichend sei, den Soldaten die Mitteilungen vorzulesen.

jeden Volkes, auf ihnen haben sich im Laufe der modernen Entwicklung die anderen Stände – Gelehrte, Unternehmer, Arbeiter usw. – aufgebaut. Der Jude zieht es vor, aus dem Schweiße anderer Nutzen zu ziehen, statt selber Schweiß zu vergießen, er ist der typische Händler, und dies im Sinne eines Ausbeuters. Da ihm zugleich auch alle Qualitäten fehlen, die der Soldat braucht, jener Stand also, der ein fest begründetes Volk schützt und verteidigt, hat er sich erst recht nicht in seiner Urheimat ein geordnetes Gemeinwesen aufbauen können. Von Anfang an hat es ihn dahin gezogen, wo möglichst schnell und möglichst mühelos Reichtum zusammengerafft werden konnte. Wir finden den Juden daher schon in den frühen Zeiten vor allem in den Zentren des nationalen oder internationalen Handels, wir finden ihn dort, wo viel Volk zusammenströmte und man deshalb Geschäfte im Dunkeln machen konnte. Bei dem ein- und ausfließenden Verkehr blieb dann immer etwas hängen, mit dem der Jude Geschäfte trieb. Er versuchte zugleich, die Abneigung großer Herren und begüterter Kreise, sich mit den kleinen und niederen Dingen abzugeben, auszunutzen, indem er diese für sie besorgte oder lieber noch durch arme Schlucker besorgen ließ, die er dann kümmerlich dafür bezahlte, um selber den Hauptgewinn einzustreichen.

In diesem Sinne wird in der Hand des Juden alles zu Geld! Ein alter Lappen, ein zerbeulter Kochtopf, ein durchgelaufenes Paar Schuhe – damit fängt er den Handel im östlichen Getto an. Habgierig und geizig spart er den Erlös zusammen, um darauf in das nächstgrößere Geschäft „einzusteigen". Jetzt verhökert er etwa eine Wagenladung Altpapier, einen Waggon Eisenschrott oder ein paar Sack Mehl, die er dem Bauern abgegaunert hat. Und so geht es weiter, und je höher der Jude durch sein Geld auf der sozialen Stufenleiter steigt, desto mehr assimiliert er sich, gleicht er sich der Art und Lebensgewohnheit des Gastvolkes an, in dem er schmarotzt. Er vertauscht den Kaftan mit einem Konfektionsanzug, diesen dann mit einem nach Maß gearbeiteten, der Bart wird abrasiert, teure Wäsche angezogen, aus dem Hinterhaus zieht er ins Vorderhaus, aus diesem in eine Villa, bald sitzt er als stiller Teilhaber in irgendeinem gutgehenden Betrieb, von dort ist es nicht weit zum Aufsichtsratsposten in einer Bank, rücksichtlos werden nun die Kunden oder Schuldner gezwiebelt, immer natürlich unter vorsichtiger Beachtung der formalen Gesetzesvorschriften, und schließlich ist der Jude zu den Spitzen der Gesellschaft emporgestiegen und wird, wie in England, mit einem Adelstitel versehen, in sie aufgenommen oder nach seiner Heirat mit einem christlichen Mädchen als „gleichberechtigt" anerkannt.

Der Jude hat dabei einen Blick für die Schlüsselstellungen in der sozialen Gesellschaftsorganisation, und so hat er sich in der modernen Zeit am liebsten festgesetzt in der Presse, dem Film, dem Rundfunk und natürlich im Geldwesen. Denn von hier aus können nicht nur die Massen beeinflußt, sondern die Schicksale ganzer Völker und Kontinente bestimmt werden. Am Ende steht dann der in die höchsten Staatsstellungen emporgestiegene oder aber diese aus dem Hintergrund beeinflussende Jude, der die Völker in Kriege hetzt, bei denen sie ihr bestes Blut vergießen, er selber aber ungeheure Geschäfte macht.

Instinktiv haben sich gesunde Völker schon seit jeher gegen dieses dunkle Treiben der Juden gewandt. Judenverfolgungen hat es schon im Altertum und im Mittelalter gegeben, aber niemals ist man mit diesem menschlichen Ungeziefer wirklich fertig geworden. Von hier aus gesehen, bedeuten daher die Aufklärungsarbeit und die gesetzlichen Maßnahmen des Nationalsozialismus eine geschichtliche Tat von weltweiter Entscheidung. Jetzt ist wirklich einmal Schluß gemacht worden mit all den Verbrämungen und Tarnungen, hinter denen sich der Jude immer wieder versteckte, jetzt ist wirklich einmal ernst gemacht worden mit ihrer Ausschaltung aus dem Leben eines Volkes. Alle seine Schlauheit und Hinterlist, seine Geldmacht und Intrigenwirtschaft haben dem Juden nichts genützt, er ist endgültig entlarvt und erkannt worden als das „Ferment der Dekomposition",[5] d. h. als der Zersetzungsstoff, den er im Leben der Völker spielt. Weil der Jude sich so erkannt und ausgeschaltet sieht, hat er seinen tödlichen Haß gegen das nationalsozialistische Deutschland gerichtet, und es ist ihm ja auch wirklich noch einmal gelungen, die Völker der Erde in einen blutigen Krieg zu stürzen, einen Krieg, in dem er seine endgültige Herrschaft über die ganze Welt aufrichten möchte.

Daher ist dieser Krieg ein Kampf von rassischem Charakter geworden, ein Kampf der rassebewußten Völker gegen einen ewigen, teuflischen Störenfried der menschlichen Gesellschaft, gegen den Juden in der ganzen Welt. Dies müssen wir klar erkennen, um hiermit den tiefen Sinn unseres Kampfes zu begreifen. Es geht jetzt darum, Europa judenrein zu machen und damit allen Kulturnationen unseres Kontinents die Möglichkeit zum positiven Zusammenleben und zum schöpferischen Aufbau der Kultur zu verschaffen. Für uns gilt daher das Wort des Führers, das er angesichts der jüdischen Kriegsdrohungen noch vor Ausbruch dieses Krieges in seiner Reichstagsrede vom 30. Januar 1939[6] prägte. Der Führer warnte damals die Welt vor den dunklen Machenschaften der Juden, und er sprach dabei folgende Prophezeiung aus: „Wenn es dem internationalen Finanzjudentum in und außerhalb Europas gelingen sollte, die Völker noch einmal in einen Weltkrieg zu stürzen, dann wird das Ergebnis nicht die Bolschewisierung der Erde und damit der Sieg des Judentums sein, sondern die Vernichtung der jüdischen Rasse in Europa."

DOK. 33

Himmler lässt im Mai 1943 ein antisemitisches Buch an die Männer der Mordeinheiten verteilen und plant eine internationale Hetzkampagne[1]

Schreiben des Reichsführers-SS (Tgb. Nr. 49, 9, 43 g), gez. H. Himmler, Feld-Kommandostelle, an den Chef der Sicherheitspolizei und des SD, SS-Gruppenführer Dr. Kaltenbrunner, Berlin, im Mai 1943[2]

Lieber Kaltenbrunner!

Von dem Buch „Die jüdischen Ritualmorde"[3] habe ich eine größere Anzahl bestellt und lasse es bis zum Standartenführer verteilen. Ich übersende Ihnen mehrere 100 Stück,

5 Dieses häufig verwendete Zitat geht ursprünglich zurück auf den Historiker Theodor Mommsen, der in seiner „Römischen Geschichte" (1854–1856) vom Judentum als „wirksames Ferment des Kosmopolitismus und der nationalen Dekomposition" sprach. Mommsen nutzt diese Formulierung im positiven Sinne eines Prozesses, der zur „caesarischen Weltkultur" geführt habe. Diese Äußerung Mommsens wurde in der Folge immer wieder antisemitisch instrumentalisiert.

6 Siehe VEJ 2/248.

1 BArch, NS 19/1076, Bl. 5 f. Abdruck in: Helmut Eschwege (Hrsg.), Kennzeichen J. Bilder, Dokumente, Berichte zur Geschichte der Verbrechen des Hitlerfaschismus an den deutschen Juden 1933–1945, Berlin 1966, S. 283–285.

2 Datum unleserlich, vermutlich: 19.5.1943; im Original handschriftl. Bearbeitungsvermerke.

3 Hellmut Schramm, Der jüdische Ritualmord. Eine historische Untersuchung, Berlin 1943.

damit Sie diese an Ihre Einsatz-Kommandos, vor allem aber an die Männer, die mit der Judenfrage zu tun haben, verteilen können.
Ich gebe im Zusammenhang mit diesem Buch folgende Aufträge:
1. Es sind sofort überall Versuche[4] anzustellen über Ritualmorde der Juden, soweit sie noch nicht evakuiert sind. Derartige Fälle sind herauszuziehen und mir vorzulegen. Wir müssen in dieser Richtung dann mehrere Prozesse machen.
2. Die ganze Ritualmord-Frage ist von Sachverständigen in den Ländern Rumänien, Ungarn und Bulgarien aufzugreifen.
Ich denke daran, daß wir diese Ritualmordfälle dann in unserer Presse bringen, um damit die Herausnahme der Juden aus den Ländern zu erleichtern. Diese Dinge können selbstverständlich dann nur im Einvernehmen mit dem Auswärtigen Amt vor sich gehen.
3. Überlegen Sie einmal, ob wir nicht in Zusammenarbeit mit dem Auswärtigen Amt einen rein antisemitischen illegalen Sender für England und Amerika machen können. Er müßte gespeist werden mit Material, das – so wie es der „Stürmer" in der Kampfzeit gemacht hat – den Engländern und Amerikanern serviert wird. Ich halte hier eine sensationelle Aufmachung geradezu für wichtig. Ich bitte, sich mit SS-Gruppenführer Dr. Martin[5] einmal in Verbindung zu setzen, um den einen oder anderen Mitarbeiter des „Stürmer" zu gewinnen.
Außerdem sind sofort Leute einzusetzen, die in England die Gerichtsnachrichten u. die Polizei-Ausschreibungen, daß ein Kind vermißt wird, verfolgen und kontrollieren, so daß wir dann in unseren Sendern entsprechende Kurznachrichten geben können, daß in dem Ort X ein Kind vermißt würde und es sich wahrscheinlich um einen jüdischen Ritualmord handele.
Insgesamt glaube ich, könnten wir mit einer großen antisemitischen Propaganda in englischer, vielleicht auch sogar in russischer Sprache auf einer sehr starken Ritualmord-Propaganda den Antisemitismus in der Welt ungeheuer aktivieren.
Ich bitte Sie, diese Dinge einmal mit Ihren Mitarbeitern zu besprechen und schon gewisse Vorbereitungen zu treffen, um mir dann einen Vorschlag zu machen.
Heil Hitler!
Ihr
gez. H. Himmler
NS.[6]
Ich bitte ferner, den Verfasser des Buches mit heranzuziehen.[7]

4 Im Original durchgestrichen.
5 Dr. Benno Martin (1893–1975); 1941 Leiter des SS-Oberabschnitts Main und 1942 HSSPF Main.
6 Nachschrift.
7 Das Schreiben ging zur Kenntnisnahme auch an Oberstleutnant Willy Suchanek (*1905), Verbindungsoffizier des Hauptamts Ordnungspolizei zum RFSS und Adjutant Himmlers.

DOK. 34

Josef Löwenherz berichtet am 1. Juni 1943 über die Tätigkeit des Ältestenrats der Juden in Wien und die Deportation mehrerer seiner Mitarbeiter nach Theresienstadt[1]

22. Wochenbericht des Leiters des Ältestenrats der Juden in Wien,[2] gez. Dr. Josef Löwenherz[3] (Kenn-Nr. G 071 114), vom 1.6.1943

A) Tätigkeitsbericht

Die Abteilung für Beitragsbemessung hat im Laufe der vergangenen Woche 201 Personen, die gemäß den behördlich genehmigten Satzungen dem Ältestenrat der Juden in Wien als Mitglied angehören, in Bezug auf ihre Vermögenslage überprüft und im Einvernehmen mit ihnen die Bemessung des zu entrichtenden Beitrages vorgenommen. Insgesamt wurden bisher 5451 Personen behandelt.

Der Krankenstand des jüdischen Spitals Wien 2. Malzgasse 16 betrug am 29. Mai l. J. 75; in 10 Ambulanzen wurden 382, in der Röntgenstation 63 und in der Abteilung für physikalische Therapie 157 Personen behandelt.

Am 29. Mai l. J. waren im Altersheim Wien 9. Seegasse 16 63 Personen untergebracht, und zwar: 30 Männer, 33 Frauen.

Im Notstandsheim Wien 2. Gr. Mohrengasse 30 befanden sich am 29. Mai l. J. 14 Personen untergebracht, und zwar: 12 Männer, 2 Frauen.

Im Kinderheim Wien 2. Mohapelgasse 3 waren am 29. Mai 40 Kinder untergebracht (hiervon 5 im Krankenstande); die im Anschluß an das Kinderheim geführte Tagesheimstätte wurde von 40 Kindern besucht.

Der Krankenstand des Kinderspitals Wien 2. Ferdinandstr. 23 betrug am 29. Mai l. J. 21; die Ambulanz wurde von 68 kranken Kindern besucht.

In der Ausspeisungsstelle Wien 2. Kleine Pfarrgasse 8 wurden in der Zeit vom 23. bis 29. Mai l. J. 1311 Mahlzeiten ausgegeben.

Das jüdische Bad Wien 2. Floßgasse 14 wurde im letzten Berichtsabschnitt an drei Badetagen von 415 Badegästen besucht, was einen Tagesdurchschnitt von 138 ergibt.

Die Folge Nr. 19 des Jüdischen Nachrichtenblattes, Ausgabe Wien, vom 21. Mai l. J. erschien in 3300 Exemplaren, von denen 2656 (hiervon 1811 unter Briefumschlag, 181 unter Schleife, 664 offene Postzustellung) an Postbezieher abgesandt wurden; 509 Exemplare wurden beim Ältestenrat direkt in Empfang genommen, während die restlichen für den Einzelverkauf bestimmt waren.

1 CAHJP, A-W 117.

2 Am 1.11.1942 wurde der Ältestenrat der Juden in Wien als Nachfolgeorganisation der IKG eingerichtet. Leiter des Ältestenrats war Dr. Josef Löwenherz, als Beirat fungierten zunächst Wilhelm Bienenfeld, Dr. Heinrich Dessauer und Dr. Benjamin Murmelstein. Während Bienenfeld und Löwenherz bis Kriegsende in Wien blieben, wurden Dessauer und Murmelstein Ende Jan. 1943 nach Theresienstadt deportiert.

3 Dr. Josef Löwenherz (1884–1960), Jurist; 1911–1915 Delegierter auf dem 10. bis 15. Zionistenkongress, von 1918 an Rechtsanwalt in Wien, 1924–1937 Vizepräsident und 1937–1943 Amtsdirektor der IKG Wien, ab Nov. 1942 Leiter des Ältestenrats der Juden in Wien; 1945 von den sowjet. Besatzungsbehörden wegen Kollaborationsverdachts verhaftet, nach drei Monaten entlassen; emigrierte dann in die USA.

In der Zeit vom 1. März l. J. bis 30. April l. J. wurden im Wege der Bekleidungsstelle 522 Personen mit 2266 Kleidungs- und Wäschestücken beteilt.

B) Lagebericht
Mit dem am 25. Mai l. J. abgefertigten Transport nach Theresienstadt sind 204 Juden abgegangen.[4] Unter den Abgefertigten befanden sich 40 Angestellte des Ältestenrates der Juden in Wien mit 11 Familienangehörigen.
Auftragsgemäß händigte der gefertigte Leiter des Ältestenrates dem Transportleiter je RM 50,-- für jeden Transportteilnehmer, somit zusammen RM 10 200,-- aus. Die Verrechnung der mit diesem Transport verbundenen Ausgaben wird nach Fertigstellung der Geheimen Staatspolizei, Staatspolizeileitstelle Wien, zur Genehmigung und sodann dem Herrn Oberfinanzpräsidenten für Wien-Niederdonau[5] zur Rückerstattung des vorgelegten Betrages überreicht werden.
Die im Altersheim Wien 9. Seegasse 9 verbliebenen 18 Pfleglinge sind inzwischen im Heime [Wien] 9. Seegasse 16 untergebracht worden; die Angestellten wurden zum Teil diesem Heime zur Dienstleistung zugewiesen, wogegen ein Teil für die Räumung des Hauses Wien 9. Seegasse 9 verwendet wird.
Nach erfolgter Übersiedlung des Altersheimes in das Haus Wien 2. Malzgasse 7 wird eine Neueinteilung der Angestellten erfolgen und ein Teil dem Spital zur Verfügung gestellt werden, welches einen Abgang von 7 Angestellten zu verzeichnen hat.

DOK. 35
Herbert Gündel vom Reichsfinanzministerium äußert sich am 3. Juni 1943 skeptisch zum Vorschlag, der Stadt Wien „arisierte“ Grundstücke zur treuhänderischen Verwaltung zu übergeben[1]

Schreiben des Ministerialrats im Reichsfinanzministerium Herbert Gündel, Berlin, an den Oberfinanzpräsidenten Dr. Egger,[2] Wien 1, Hanuschgasse 3, vom 3.6.1943

Sehr verehrter Herr Oberfinanzpräsident!
Judenvermögen
Reichsleiter von Schirach[3] hat vor ein paar Tagen Herrn Staatssekretär[4] gebeten, Herrn Stadtrat Dr. Schreiter[5] zu empfangen. Herr Staatssekretär war wegen seiner hartnäckigen Erkrankung nicht in der Lage, dem Wunsch zu entsprechen. Herr Dr. Schreiter war bei mir und hat das folgende vorgetragen:
1. Die Judengrundstücke seien in Wien nach Gesichtspunkten veräußert worden, bei denen die Neugestaltung der Stadt Wien völlig außer acht geblieben sei.

4 Es handelt sich um Transport 46h, der am 27.5.1943 in Theresienstadt eintraf.
5 Rudolf Egger.

1 BArch, R 2/31098, Bl. 166 f.
2 Dr. Rudolf Egger (1880–1964), Jurist; 1905–1938 im österreich. Finanzministerium tätig, zuletzt als Min.Rat; Mitglied der Vaterländischen Front; Juni 1938 Leiter der Abwicklungsstelle Österreich des RFM, 1938–1945 Oberfinanzpräsident in Wien; 1940 NSDAP-Eintritt; 1945/46 in Kärnten interniert.

2. Die noch vom Oberfinanzpräsidenten verwalteten Judengrundstücke würden baulich vernachlässigt.
3. Es ständen Wohnungen in Judengrundstücken leer, weil sie vom Oberfinanzpräsidenten für die Beamtenwohnungsfürsorge in Aussicht genommen seien.
4. Wegen der Ansiedlung neuer Industrien und der damit verbundenen Enteignung in verschiedenen Gegenden von Wien sei es erforderlich, unbebaute Grundstücke aus Judenvermögen gegen unbebaute Grundstücke der Stadt Wien auszutauschen.

Reichsleiter von Schirach bäte deshalb, die Verwaltung des bebauten und unbebauten Judenvermögens auf die Stadt Wien zu übertragen.

Herr Ministerialrat Dr. Maedel und ich haben Herrn Dr. Schreiter gesagt, daß mit einer Übertragung der Verwaltung auf die Stadt Wien nicht gerechnet werden könne. Dagegen werde man einen Weg suchen müssen, der die Wünsche des Reichsleiters von Schirach berücksichtigt, ohne die Zuständigkeit der Reichsfinanzverwaltung zur Verwaltung der Judengrundstücke zu beeinträchtigen. Wir haben vereinbart, daß eine Besprechung zwischen den Herren der Stadt Wien und Ihren Herren, an der Herr Dr. Maedel und ich sich beteiligen würden, vielleicht am ehesten zu einer für beide Teile befriedigenden Lösung führen würde. Dabei könnte auch der Streit bereinigt werden, der wegen der Anwendung der Wohnraumlenkungs-Verordnung entstanden ist.[6]

Ich wäre Ihnen dankbar, wenn Sie zur Vorbereitung der in Wien geplanten Besprechung einen sachvertrauten Bearbeiter des Oberfinanzpräsidiums in den nächsten Tagen hierherschicken würden.

Heil Hitler!

Ihr

3 Baldur von Schirach (1907–1974), Politiker; 1925 NSDAP-, 1927 SA-Eintritt; 1931–1940 Reichsjugendführer der NSDAP; 1936 StS zunächst im RMdI, dann im REM; seit Aug. 1940 Gauleiter und RStH in Wien und Reichsleiter für Jugenderziehung, Febr. 1945 Reichsverteidigungskommissar von Wien; 1946 im Nürnberger Hauptkriegsverbrecherprozess zu 20 Jahren Haft verurteilt, 1966 entlassen.

4 Fritz Reinhardt (1895–1969), Kaufmann; von 1919 an Direktor der Thüringischen Handelsschule; 1923 NSDAP-Eintritt, 1929–1931 Gauleiter von Oberbayern; 1933–1945 StS im RFM, zugleich 1934–1941 Hauptdienstleiter im Stab des StdF; 1945–1949 Haft, 1950 von der Spruchkammer München als Hauptschuldiger eingestuft, aber nach Haftanrechnung entlassen, dann als Steuerberater tätig.

5 Dr. Viktor Schreiter (*1909), Architekt und Ingenieur; 1931 NSDAP-Eintritt; 1937–1941 Angestellter der Beton- und Monierbau AG Berlin; 1941/42 Baureferent von Schirachs in Wien, von 1943 an Leiter des Landesplanungsamts beim RStH und in Personalunion Oberbaudirektor der Stadtverwaltung.

6 Verordnung zur Wohnraumlenkung vom 27.2.1943, RGBl., 1943 I, S. 127. Der hier erwähnte Streit betrifft vermutlich die in der VO aufgeführten „bevorrechtigten“ und „begünstigten Volkskreise“ sowie den Umstand, dass das Oberfinanzpräsidium Wohnungen für die Beamtenfürsorge zurückhielt.

DOK. 36

Cläre von Mettenheim schildert in ihrem Tagebuch am 4. Juni 1943, wie unsicher ihr Leben angesichts der Deportation jüdischer „Mischehepartner“ in Hessen sei[1]

Handschriftl. Tagebuch von Cläre von Mettenheim, Frankfurt a. M., Eintrag vom 4.6.1943

4.6.43

Jetzt ist der Taunus bis Limburg „gereinigt“, d. h. alle Mischehen auf kaltem Wege erledigt, wie der schöne Ausdruck heißt. U. vor 1 Woche hat sich Frau Lotichius,[2] nachdem sie am Tag vorher die Einreise in die Schweiz bekommen hat, im Hermesweg[3] erhängt. Nicht ganz einleuchtend, sie ist jedenfalls tot u. kann ihre Erlebnisse in der Schweiz nicht berichten. Wir haben dies immer befürchtet.

Du kannst Dir dies Leben, das wir führen, nicht vorstellen. Jedes Telephon, wenn es schellt, jede Post – eine Angst. Auf der Straße ein Mann mit einer Liste – mit Mappe – ein Schupo sieht mich an – Angst. Es ist wirklich bald so, daß man nicht mehr kann. Dabei äußerlich ruhig u. zuversichtlich bleiben, auch Vater[4] das Leben erträglich machen. Täglich ruft Dieter[5] an: noch alles in Ordnung? U. ab u. zu Emmy:[6] ich wollte nur wissen, ob Sie noch da sind. – Both, der seit diesem Jahr mit Dieter auseinander ist, sitzt mit einem halbarischen Mitarbeiter seit 1. April. Die Mutter dieses jungen Schnitzlein ist nun auch bei der Reinigung des Taunus verschwunden. Both hat in einem Soldatenbrief geschrieben, der Krieg sei eine Folge unserer Sünde. U. das kommt nun als Untergrabung der Schlagkraft des Heeres vor das Sondergericht! – Seit einigen Tagen wird unsere Küche zur Hälfte als Luftschutzkeller umgebaut. Der Herd ist schon abgetragen, u. zwar von einem Italiener, der in Frankreich Stukkateur war u. der einen alten Anzug u. Stiefel gegen Olivenöl getauscht hat! Eine 40 cm dicke Mauer wird von der Brandmauer aus gezogen. In diese Brandmauer ein Durchbruch u. vorne eine eiserne gasdichte Türe. Wenn wir auch bei Angriffen vielleicht nicht da hineingehen, ist es eine ganz gute Festung bei Unruhen.

1 IfS Frankfurt a. M., Nachlass Mettenheim, S1/273/1319.

2 Anni Lotichius, geb. Weinschenk (1887–1943); 1907 Heirat mit Dr. Alfred Lotichius (1876–1967); im Febr. 1943 verhaftet, zunächst nach Kassel gebracht, dann in das Frankfurter Sammellager Hermesweg.

3 Hermesweg 5–7, Frankfurt a. M.: ehemalige jüdische Religionsschule und Synagoge, seit 1942 von der Gestapo errichtetes „Gemeinschaftslager“, Anfang 1943 Sitz der Bezirksstelle Hessen-Nassau der Reichsvereinigung der Juden und seit Juni 1943 der neustrukturierten Reichsvereinigung. Außerdem befanden sich im Gebäude das Büro des „Beauftragten der Gestapo“, eine Krankenstation und eine Schuhmacherwerkstatt. Im Okt. 1943 wurde das Haus bei einem Luftangriff zerstört.

4 Dr. Heinrich von Mettenheim, Ehemann von Cläre von Mettenheim.

5 Dieter Fischer, Sohn Cläre von Mettenheims aus erster Ehe.

6 Emmy Tuchmann, geb. Hirschhorn (1875–1971); Münchner Cousine von Cläre von Mettenheim, die emigrieren konnte.

DOK. 37

Martin Gerson beendet am 8. Juni 1943 einen Abschiedsbrief an seinen Bruder in Palästina, in dem er von seiner früheren Arbeit für die jüdische Umschulung schwärmt[1]

Handschriftl. Brief von Martin Gerson,[2] Neuendorf,[3] an Manfred Gerson,[4] Palästina, vom 15.2. und 8.6.1943

Mein lieber Manfred,
seit Kriegsbeginn habe ich direkt nichts mehr von Dir gehört. Von Wally[5] habe ich des öfteren Nachricht gehabt. So weiß ich auch, wie es Dir und Deiner Familie geht. Du weißt somit auch, daß ich seit Juni 41 hier in Neuendorf bin.

Der Brief wird Dich erst nach Ende des Krieges erreichen. Wir wissen nicht, wann dies sein wird und wie das Ergebnis aussieht. Wir selbst stecken aber hier in einer Lage, wo wir nicht wissen, was uns die nächste Zukunft bringt. Eigentlich ist dies eine Situation, in der wir im Grunde schon seit Jahren leben; seitdem wir wissen, daß es hier zu einer Lösung der Judenfrage kommen muß. Du wirst Dich an meinen letzten ausführlichen Brief vom Januar 1939 erinnern. Damals schrieb ich Dir, wie ich die Lage ansehe und was mich veranlaßt hat auszuhalten. Nach dem Ende von 1938 habe ich genau gewußt, wie das Schicksal der Juden hier aussehen wird. Ich schrieb Dir damals, daß die Auswanderung eine zwingende Notwendigkeit ist. Ich glaube, wir haben mit mehr oder weniger Erfolg alles versucht, um diese zu verstärken. Ich habe Dir damals geschrieben, was mich persönlich veranlaßte hierzubleiben. Es war im Grunde die Treue zu der Arbeit, die ich seit meiner Lehrzeit in Ahlem[6] als die meine betrachtet habe und zu der ich mich vom Fachlichen und Pädagogischen aus berufen fühlte. Du weißt, wie stark unser beider

1 Archiv Hazorea, Martin Gerson, Nr. 16-26/5-30109. Abdruck in: Gut Winkel – die schützende Insel. Hachschara 1933–1941, hrsg. von Ilana Michaeli und Irmgard Klönne, Berlin 2007, S. 214–217.

2 Martin Gerson (1902–1944), Landwirt; 1917–1920 Ausbildung an der Israelitischen Gartenbauschule Ahlem; Beauftragter für die landwirtschaftlichen Umschulungszentren der Reichsvertretung der Juden; leitete von 1933 an gemeinsam mit seiner Frau Baila (Bertel) Gerson, geb. Helmenreich (1902–1944), Architektin, das Umschulungszentrum Gut Winkel in Spreenhagen/Brandenburg, nach dessen Schließung durch die NS-Behörden von Juni 1941 auf dem Landwerk Neuendorf bei Fürstenwalde/Spree; Juni 1943 Deportation nach Theresienstadt, Okt. 1944 in Auschwitz ermordet.

3 Das Landwerk Neuendorf war eines der Umschulungsgüter zur Vorbereitung auf die Emigration. Von 1941 bis zur Auflösung 1943 mussten die dort lebenden Juden Zwangsarbeit in den Betrieben der Umgebung leisten.

4 Manfred, später Moshe Gerson (1906–1982), Lehrer; 1921–1924 Ausbildung an der Israelitischen Gartenbauschule Ahlem, 1925–1933 lebte er in Kanada, den USA und in Palästina, kehrte 1933 vorübergehend nach Deutschland zurück, 1935 Emigration nach Palästina, 1941–1945 Angehöriger der brit. Streitkräfte; von 1946 an Lehrer für Landwirtschaft in Palästina/Israel.

5 Wally Gerson, später Wally Channah Gerson Seligmann (*1913), Gärtnerin; 1931–1933 Ausbildung zur Floristin in Berlin; Mitglied des Hechaluz; 1938 emigrierte sie nach Palästina, 1939–1944 Mitglied des Kibbuz Mischmar Hascharon, dann in Givat Brenner, 1945 heiratete sie Ernst Seligmann.

6 Die Israelitische Gartenbauschule Ahlem wurde 1893 als „Israelitische Erziehungsanstalt“ von dem Bankier Moritz Simon bei Hannover gegründet. Zunächst als Jungenschule konzipiert, diente sie der Berufsumschichtung der jüdischen Bevölkerung und von 1933 an der Auswanderungsvorbereitung. Auf dem Gelände befand sich seit Ende 1941 eine Sammelstelle für die zur Deportation bestimmten Juden aus der Umgebung. Die Gartenbauschule wurde 1942 geschlossen.

Freundschaft zu Silberberg[7] war. Ich möchte, daß, wenn Du diese Zeilen liest, diese Freundschaft zu diesem Manne in Dir wieder wach wird. Ich weiß, daß Silberberg Dir so wie mir immer nahe ist. So wie er uns einst in der Lehre geformt, so hat er auch in uns das Ideal des Schaffens und Wirkens in der Arbeit am jungen Juden gepflanzt. Du weißt, Manfred, daß hier die Wurzeln für unsere Arbeit im Kampfe für die Berufsumschichtung lagen.

Ahlem und Silberberg waren es, die uns die Aufgabe gaben, die jüdische Jugend wieder mit der Scholle zu verbinden und Lehrmeister und Erzieher dieser jungen Juden zu werden. Du weißt, Manfred, wie dieser Ruf, der Gedanke Ahlems, wenig beachtet wurde; wir erlebten, wie von 1930 an wie[8] dieser Ruf „zurück zur Scholle" mehr Gehör beim deutschen Judentum fand (Du weißt, wie damals schon für mich feststand, daß diese Parole für das leidende Judentum noch zwingender sein mußte). Du wirst Dich noch erinnern, wie dann 1933 – mit der Änderung der Lage hier Berufsumschichtung zum Schlagwort der ganzen Berufswahl und Erziehung wurde.

In diesen Jahren, Manfred, wurde mir klar, daß ich Deutschland nicht verlassen durfte, solange die Berufsumschichtung hier eine Aufgabe war. Und diese Aufgabe wuchs seit 1933 von Jahr zu Jahr. Zunächst war es die Gestaltung Winkels[9] als Ausbildungsbetrieb; das Schaffen einer Ausbildungsform in der ganzen Breite des landwirtschaftl. Berufes. Es war die Schaffung einer Erziehungsrichtung, die für den jüdischen Menschen noch nicht vorhanden war. Ich glaube, daß wir beide in den ersten Tagen 1933 den Grundstock dafür legten. Die Erziehung zu Ordnung u. Sauberkeit, Ordnung und Pünktlichkeit, Disziplin waren Wege zur Erziehung des auch innerlich fest geformten Menschen. Wir wußten damals bald, wie ein Winkler aussehen muß, und im Glauben, daß wir bald in den darauffolgenden Jahren die Freude erleben konnten, daß der Winkler Chaluz[10] einen besonderen Typ zeigte. – Die Methodik der Ausbildung weiter war etwas, was gezeigt und erprobt werden mußte. In Winkel haben wir den Weg erprobt, um ihn später in allen Betrieben zur Anwendung zu bringen. Die turnusmäßige Ausbildung auf allen Fachgebieten, in Ackerbau + der Viehwirtschaft, im Obst- + Gemüsebau, für die Mädchen in der Landwirtschaft, im Gartenbau, in der Milchwirtschaft, im Konservieren,[11] in der Geflügelzucht und in allen Gebieten der Hauswirtschaft. – So haben wir in Winkel wegweisend bis 1936 gearbeitet, bis mir 1936 die Aufsichtsführung über alle Ausbildungsbetriebe übergeben wurde.[12]

In dieser Tätigkeit hatte ich dann die Möglichkeit, all das, was seit Jahren in mir erdacht und erprobt war – in allen Betrieben zur Ausführung zu bringen. Ich denke heute an alle Betriebe, die wir aufgezogen und in denen wir unsere Menschen mit den erprobten Grundsätzen von Winkel erzogen und ausgebildet haben. Bis 1938 haben wir hier ganze

7 Albert Silberberg (1872–1934), Lehrer; seit 1897 Lehrer an der Israelitischen Gartenbauschule Ahlem, 1905–1930 deren Direktor.

8 Dopplung im Original.

9 Das Gut Winkel bei Spreenhagen in Brandenburg war ein Lehrgutbetrieb, in dem jüdische Jugendliche mit einer landwirtschaftlichen Ausbildung auf die Emigration nach Palästina vorbereitet wurden. Die Einrichtung wurde 1941 zwangsweise geschlossen.

10 Hebr.: Pionier.

11 Seit 1933 gab es auf dem Gut auch eine Konservenfabrik.

12 Die Aufsicht wurde Gerson von der Reichsvertretung der deutschen Juden, Abt. Berufsausbildung und Berufsumschichtung, übertragen.

Arbeit gemacht, mit den Betriebsleitern in engstem Kontakt lebend, gelang es mir, diese mit dem Geiste zu erfüllen, der für diese Arbeit notwendig war. Die Liebe für junge Menschen und die Liebe für Vermittlung praktischen Könnens und fachlichen Wissens. – Alle Betriebsleiter dieser Zeit, Hans Winter,[13] […][14] etc., alle wissen, wie sie zu mir standen und ich zu ihnen – sie wissen, daß wir damals auf dem richtigen Wege waren, im Fleiß und in der Erziehung das richtige zu tun.

Nach 1938 – dem starken Eingriff durch die November-Aktion[15] – wechselten unsere Betriebsleiter und damit ging die eigentliche fruchtbare Erziehungsarbeit praktisch zu Ende. Die Leiter der Betriebe wechselten mehrmals, jeder wanderte aus, sobald er konnte, und so ging vieles von dem Geiste verloren, der bis dahin das ganze Ausbildungswerk beseelte. – Damals war weiter praktische Arbeit notwendig. Es mußte weiter ausgebildet werden. Es mußte weiter für die Abwanderung gesorgt werden.

Die Arbeit wurde immer schwieriger, und manchmal schien es mir, daß es besser wäre aufzugeben. Doch ich hatte Lubinsky[16] bei seinem Weggang versprochen, bis zum Ende auszuhalten. Ich sah auch niemanden, der eigene Gedanken und Kraft gehabt hätte, alles auf dem Gebiete der Berufsumschichtung weiterzumachen und alles zusammenzuhalten – damit das Werk der Berufsumschichtung in dem Sinne, wie es uns zum Gesetz geworden war, zu halten.

So blieb ich um des Werkes willen und um weiter Diener der Idee und der Menschen zu bleiben. Vergebens forderte ich die Verlegung der Ausbildung in das Ausland – mir war klar, daß Eile geboten war.

Mein Hierbleiben oder Weggehen wollte ich nicht selbst entscheiden. Ich wollte dort stehen, wo mein Einsatz am wichtigsten war, ohne Rücksicht darauf, wie es mir dabei ergehen mag. Der Reichsvertretung[17] habe ich dies öfters in verschiedenen Briefen zum Ausdruck gebracht. Nur wenn mein Einsatz woanders auf dem Gebiete der Siedlung notwendig war, wollte ich von hier gehen – nur wenn ich der Berufsumschichtung woanders in stärkerem Umfang dienen könnte, wäre mein Weggang nötig und richtig gewesen. So habe ich von 1938 bis heute 1943 die Arbeit fünf Jahre weitergeführt. Nun ist das Ende da.

Anstelle der Berufsumschichtung ist die Arbeit in den neuen Berufen getreten – und nun ist auch diese zu Ende. Die Judenfrage wird jetzt gelöst, indem alle Juden von hier abgeschoben werden – und ob wir das Kriegsende erleben oder ob wir vorher zugrunde gehen, ist schwer niederzuschreiben. Wir wissen, wie ernst es ist – wir wissen, daß unser Schicksal in anderer Macht liegt – wir wissen, daß diese Seite uns gegenüber von unnachgiebiger Härte ist. So heißt es, dieser Ungewißheit, dieser harten Zukunft gegenüber ebenso hart zu sein wie die Härte dieses Schicksals.

13 Hans Winter (1911–1999), Jugendleiter; 1936–1938 erster Leiter des Hachschara-Landwerks Ahrensdorf in Brandenburg; seit 1939 organisierte er von London und Genf aus die Emigration jüdischer Kinder und Jugendlicher, emigrierte noch während des Krieges nach Palästina; von 1948 an bei der israel. Fluggesellschaft El Al, seit 1958 lebte er in den USA.

14 Im Original unleserlich.

15 Gemeint ist der Novemberpogrom; siehe VEJ 2, S. 51–58, sowie besonders VEJ 2/123–138.

16 Georg Lubinsky, später Giora Lotan (1902–1974), Rechtsanwalt; 1933–1938 Leiter der Abt. Berufsausbildung der Reichsvertretung deutscher Juden; 1938 Auswanderung nach Palästina; 1959/60 israel. Sozialminister, 1969 Arbeitsminister.

17 Gemeint ist die im Sept. 1933 gegründete Reichsvertretung der deutschen Juden, die im Febr. 1939 zur Reichsvereinigung der Juden in Deutschland umgebildet wurde.

Für mich persönlich gilt folgendes – Ich bin zu sehr im Geiste Soldat, um dieser Situation gegenüber weich zu werden. Geh ich zugrunde, so weiß ich, daß ich meine Pflicht getan habe und mein Dienst in der Berufsumschichtung den Einsatz eines Lebens wert war. Was mich betrübt, ist, daß ich die Weiterführung dieser Arbeit – die unbedingt mit neuem Geist erfüllt weitergehen muß –, nicht werde führen können. Meine Gedanken stehen noch mitten in dieser Arbeit, und ich fühle deutlich, daß ich in besseren Zeiten noch wesentlich zu diesen Aufgaben beitragen könnte. Auch wünschte ich noch zu leben, um die Schönheit des Lebens genießen zu können. Zwei Dinge waren es, die mich ständig erfüllten – Liebe und Arbeit. Die ganzen Jahre waren mit Arbeit angefüllt. Für die Betätigung im Sinne der Liebe zum Nächsten war wenig Zeit, und doch war nichts so stark in all den Jahren wie die Sehnsucht nach Liebe zum Nächsten, zum Mitmenschen, zum Bruder, zur Schwester. Nur wenige wissen, wie es in mir aussah, nur wenige, die mich außerhalb des Dienstes kannten – und ich war immer im Dienst –, wissen, daß mein Herz erfüllt war von einer ungeheuren Sehnsucht nach Liebe, Zärtlichkeit und Zuneigung. Nur wenige wissen es, und diese sind mit mir untrennbar verbunden. Mögen sie weit weg, jenseits des Ozeans oder jenseits des Kanals oder an der anderen Seite des Mittelmeers sein. Ich weiß, daß diese wenigen zu jeder Stunde mir nahe sein werden, so wie ich mit meinen Gedanken in jeder Stunde bei ihnen bin.

Die anderen kannten mich nur als strengen, ernsten Pflichtmenschen, hart und unnachgiebig, hart gegen sich selbst und gegen die anderen. Ich weiß, welche Überraschung es für jeden war, der mich in Stunden der Muße in anderem Lichte sah – es waren meine glücklichsten Minuten, wenn ich erkennen durfte, daß wieder ein Mensch mich anders gesehen und so mit mir verbunden wurde. Diesen zweiten Menschen noch zu leben, diese Sehnsucht trage ich noch in mir mit. Doch wenn das Schicksal anders entscheidet, so werde ich mit der Härte verzichten und mit der Gelassenheit, zu der ich mich in all den Jahren einst erzogen habe. Mag kommen, was will, es soll mich niemand mutlos sehen. Traurig ist, daß ich meinen Kindern[18] nicht das traurige Los ersparen kann, mit dem nun zu rechnen ist.

8.VI.43

Heute, nach langen Monaten, schreibe ich auch dieses noch nach. Nun ist es soweit – Neuendorf verlasse ich heute, nachdem meine Kameraden vor einigen Wochen von hier gingen.[19]

Wenn mir noch die Zeit bleibt, werde ich hier eine Fortsetzung niederschreiben – sonst sollen diese Zeilen Kunde sein von meinem Weggang, vom Ende meiner Arbeit hier im Lande.

Allen meinen Freunden diesen letzten Gruß –
in Herzlichkeit gedenke ich all ihrer Liebe und Treue.
Herzlichst allen

18 Ruth Emmy Gerson (1932–1944) und Mirjam Johanna Gerson (1934–1944); beide Töchter Gersons wurden am 23.10.1944 gemeinsam mit ihrer Mutter Baila (Bertel) von Theresienstadt nach Auschwitz deportiert und dort ermordet.

19 Im April 1943 wurden die letzten jüdischen Bewohner Neuendorfs zunächst nach Berlin in das Sammellager Große Hamburger Straße gebracht und am 19.4.1943 nach Auschwitz deportiert. Ausgenommen von der Deportation waren die fünf in Neuendorf lebenden „Mischlinge“ und zunächst auch Martin Gerson mit seiner Familie.

DOK. 38

Das Reichsinnenministerium informiert am 9. Juni 1943 über das Vorhaben, Beamten die Eheschließung mit Personen zu verbieten, die bereits mit einem Juden verheiratet waren[1]

Schreiben des Reichsministers des Innern[2] (II a 950/43, 6101), gez. i. V. Pfundtner,[3] an die Reichsminister, den Preußischen Ministerpräsidenten,[4] den Preußischen Finanzminister[5] und das Reichsbankdirektorium[6] vom 9.6.1943

Betr.: Eheschließung von Beamten.
Der Führer hat befohlen, daß Soldaten die Heiratsgenehmigung mit Frauen, die mit einem Juden verheiratet waren, zu versagen ist, ohne Rücksicht darauf, ob die Ehe mit dem Juden kinderlos geblieben ist oder nicht.[7]
Der Leiter der Partei-Kanzlei hat im Auftrage des Führers die Eheschließung von Angehörigen der NSDAP mit Frauen bezw. Männern, die mit einem Juden bezw. einer Jüdin verheiratet waren, bei Androhung der Entlassung bezw. des Ausschlusses aus der NSDAP untersagt.[8]
Ich bin danach der Auffassung, daß auch der Beamte die Ehe nicht mit jemandem eingehen darf, der mit einem Juden verheiratet war.
Da die Zahl der in Frage kommenden Fälle wahrscheinlich gering sein wird, möchte ich von der an sich erforderlichen Änderung des Deutschen Beamtengesetzes absehen und die notwendige Regelung mit dem im Entwurf folgenden Erlaß treffen, den ich aus Gründen der Verwaltungsvereinfachung auf Grund des Erlasses des Führers zur personalrechtlichen Vereinfachung vom 9. März 1942 (RGBl. I, S. 120)[9] zu veröffentlichen beabsichtige.

„Eheschließung von Beamten.
RdErl. d. RMdI v. […][10] 7.1943 – II a /43 – 6101 – auf Grund des Erlasses des Führers zur personalrechtlichen Vereinfachung vom 9.3.1942 – RGBl. I, S. 120 –.

1 BArch, R 43II/425a, Bl. 123 f.
2 Wilhelm Frick.
3 Johannes (Hans) Pfundtner (1881–1945), Jurist; von 1918 an im RWM tätig; 1919 Eintritt in die DNVP; 1925–1933 Rechtsanwalt und Notar in Berlin; 1932 NSDAP-Eintritt; 1933–1943 StS im RMdI, 1935 maßgeblich an der Ausarbeitung der Nürnberger Rassegesetze beteiligt; 1936 Mitglied des Nationalen Olympischen Komitees; 1943 trat er von seinem Amt als StS zurück; Hrsg. der Zeitschriften Das neue deutsche Reichsrecht und Die Verwaltungsakademie; nahm sich das Leben.
4 Hermann Göring.
5 Dr. Johannes Popitz (1884–1945), Jurist; von 1914 an im Preuß. MdI, 1919–1929 im Preuß. Finanzministerium, 1925–1929 StS, 1933–1944 Preuß. Finanzminister; 1937 NSDAP-Eintritt; 1938 Rücktrittsgesuch wegen der Judenverfolgung, das abgelehnt wird; 1944 als Mitverschwörer des 20. Juli hingerichtet.
6 Das Reichsbankdirektorium war die verwaltende und ausführende Behörde der Reichsbank. Den Vorsitz hatte von 1939 an Reichsbankpräsident Walther Funk (1890–1960) inne, der seit 1938 auch Reichswirtschaftsminister war. Vizepräsident der Reichsbank war von 1939 an Emil Johann Puhl (1889–1962), von 1940 an in geschäftsführender Funktion.
7 Siehe VEJ 6/184.
8 Reichsverfügungsblatt der Partei-Kanzlei, Folge 18/43, Ausgabe A, vom 13.3.1943, S 43: Heiratsgenehmigung für Parteigenossen und Parteigenossinnen mit Frauen und Männern, die früher mit einem Juden bzw. Jüdin verheiratet waren; siehe BArch, NS 6/822.
9 Mit diesem Erlass wurde der RMdI bevollmächtigt, die Behandlung der Beamten für alle staatlichen Verwaltungsbereiche einheitlich festzulegen, um den Verwaltungsaufwand zu reduzieren.
10 Hier im Original ein Platzhalter.

Es ist mit der Achtung und dem Vertrauen, die dem Beamten entgegengebracht werden sollen, nicht vereinbar, daß er die Ehe mit einer Frau schließt, die mit einem Juden verheiratet war.
Beamte, die die Ehe mit einer bereits einmal verheirateten Frau eingehen wollen, sind auf diese besondere Pflicht aufmerksam zu machen. Sie haben bei der Anzeige nach Satz 3 der Durchführungsverordnung Nr. 2 zu § 25 DBG.[11] die Versicherung abzugeben, daß ihr künftiger Ehegatte nicht mit einem Juden verheiratet war.
Dieser Runderlaß gilt für weibliche Beamte entsprechend."
Ich bitte um Ihre Stellungnahme zu diesem Entwurf bis zum 5. Juli 1943.[12]
In Vertretung

DOK. 39

Die Gestapo Düsseldorf weist einige ihrer Außendienststellen am 11. Juni 1943 an, gewisse Vorsichtsmaßnahmen bei der Deportation von Juden zu treffen[1]

Schnellbriefe (geheim) der Stapoleitstelle Düsseldorf[2] (II B 4/Tgb. Nr. 223/43g.) an die Außendienststellen in Essen und Duisburg vom 11.6.1943[3]

1.) An die Außendienststelle *in Essen*
Betrifft: Evakuierung von Juden
Vorgang: Rundverfügung vom 24.2.43 – II B 4 Tgb. 77/43g –[4]
Mit dem am 25.6.1943[5] von hier nach Theresienstadt abgehenden Sonderwaggon werden von dort folgende Juden abgeschoben:
1.) Baum, Leopold Israel,[6] geb. am 14.2.97 in Krefeld,
2.) Baum, geb. Kohn, Lina Sara, geb. am 27.3.99 in Grailsheim,[7]
3.) Blumenthal, Max Israel,[8] geb. am 17.5.94 in Gröbzig,

11 Laut § 25 Abs. 2 des Deutschen Beamtengesetzes (DBG) vom 26.1.1937 (RGBl., 1937 I, S. 3970) durfte ein Beamter nur eine Person „deutschen oder artverwandten Blutes" heiraten; für Verlobte, die „Mischlinge zweiten Grades" waren, konnten Ausnahmegenehmigungen erteilt werden. Die Durchführungsverordnung Nr. 2 vom 13.10.1938 (RGBl., 1938 I, S. 1421–1427) zum DBG enthält keine Ausführungsbestimmungen zu § 25 DBG.

12 Antworten der Ministerien liegen nicht in der Akte. Der Erlass trat am 28.9.1943 in Kraft.

1 ITS Archive, Arolsen Archives, Schnellbriefe der Stapoleitstelle Düsseldorf vom 11. Juni 1943 betreffend Evakuierung von Juden, 1.2.3.0 / 82 164 803–804. Teilweise abgedruckt in: H. G. Adler, Die verheimlichte Wahrheit. Theresienstädter Dokumente, Tübingen 1958, S. 26.

2 1939 wurde die Preuß. Geheime Staatspolizei beim Regierungspräsidenten in Düsseldorf zur Staatspolizeileitstelle Düsseldorf mit dem Zuständigkeitsbereich für den Regierungsbezirk Düsseldorf, Köln, Aachen, Trier und Koblenz ernannt.

3 Im Original gestempelter Bearbeitungsvermerk vom 11.6.1943 über die Weiterleitung an die Kanzlei und über Ablage vom 21.6.1943.

4 Die hier und im Folgenden erwähnten Anlagen liegen nicht in der Akte.

5 Im Original durchgestrichenes Datum: „16.6.1943". Ursprünglich war der Transport für den 16.6.1943 geplant gewesen, wurde jedoch aufgrund eines Großangriffs der Royal Air Force am 12.6.1943, bei dem die Düsseldorfer Gestapoleitstelle getroffen wurde, verschoben.

6 Leopold Baum (1897–1944), Kaufmann; Juni 1943 Deportation nach Theresienstadt, am 30.9.1944 für tot erklärt, vermutlich in Theresienstadt gestorben.

4.) Hurwitz, Walter Israel,[9] geb. am 20.6.89 in Beveren,
5.) Luedtke, geb. Bloch, Thekla Sara,[10] geb. am 20.12.83 in Schmiedheim,
6.) Meinholz, geb. Leven, Martha Sara,[11] geb. am 12.4.76 in M.-Gladbach,
7.) Ostermann, Fritz Israel,[12] geb. am 12.7.92 in Bochum,
8.) Ostermann, geb. Mayer, Else Sara,[13] geb. am 16.6.96 in Bochum,
9.) Sänger, Siegfried Israel,[14] geb. am 13.2.78 in Obernbreit.

[Zur Verhinderung eines Flucht- oder Selbstmordversuches sind diese Juden am 24.6.1943,[15] nachdem sie die Vermögenserklärung im Beisein eines Beamten der dortigen Dienststelle ausgefüllt haben, festzunehmen und am gleichen Tage mit dem nach den Richtlinien vorgeschriebenen Gepäck einschl. RM 50,– pro Person nach hier, Bilkerstr. 25 (Jüdische Gemeinde),[16] zu überführen. Es wird ausdrücklich darauf hingewiesen, dass in keinem Falle, auch nicht bei bettlägerigen Kranken, eine Zurückstellung erfolgen kann. Die Wohnungen der Juden sind zu versiegeln und die Schlüssel dem Hausbeauftragten bezw. Hausverwalter zu übergeben.][17]

Die erforderlichen Vermögenserklärungen wurden bereits von Krim-Sekr. Kosthorst[18] in Empfang genommen.

2.) An die Außendienststelle *in Duisburg*
Betrifft:
Vorgang: wie zu 1.)
Anlagen: 7 Vemögenserklärungen

7 Lina Baum, geb. Kohn (1899–1991); 1926 Heirat mit Leopold Baum; 25.6.1943 Deportation von Düsseldorf nach Theresienstadt, am 4.10.1944 nach Auschwitz, von dort am 12.10.1944 in das Außenlager Freiberg des KZ Flossenbürg überstellt; 1948 erneute Heirat; Emigration in die USA. Richtig: Crailsheim.

8 Max Blumenthal (1894–1944), Kaufmann; 25.6.1943 Deportation nach Theresienstadt, am 28.9.1944 nach Auschwitz, dort ermordet.

9 Dr. Walter Hurwitz (1889–1971), Arzt; 1938 für einige Wochen im Gefängnis Essen inhaftiert, dann als jüdischer „Krankenbehandler" tätig, Sept. 1944 Deportation in das Lager Lenné bei Hannover, am 20.2.1945 nach Theresienstadt; 1945 kehrte er nach Essen zurück. Walter Hurwitz steht nicht auf der Theresienstädter Eingangsliste der aus Düsseldorf am 25.6.1943 Deportierten. Geburtsort richtig: Levern.

10 Marie Thekla Luedtke, geb. Bloch (1883–1959); richtig: Schmieheim.

11 Martha Meinholz, geb. Leven (*1876), Köchin; 1905 Heirat mit dem Dreher Adolf Meinholz (1875–1914); Juni 1943 Deportation nach Theresienstadt; 1945 dort befreit.

12 Fritz Ostermann (1892–1945), Bankbeamter; 1921 Heirat mit Else Mayer; am 25.6.1943 nach Theresienstadt deportiert, am 28.9.1944 weiter nach Auschwitz, für tot erklärt.

13 Else Ostermann, geb. Mayer (1896–1945); 25.6.1943 Deportation nach Theresienstadt, am 4.10.1944 weiter nach Auschwitz, für tot erklärt.

14 Siegfried Sänger (1878–1944); 1926 Heirat mit Elisabeth Leyer (1893–1942); März 1943 Umzug in ein sog. Judenhaus, im Juni 1943 Deportation nach Theresienstadt, dort am 11.2.1944 gestorben.

15 Im Original durchgestrichenes Datum: „15.6.1943".

16 In der Bilker Straße befand sich ursprünglich der Sitz der Düsseldorfer Synagogengemeinschaft, bevor diese aufgelöst und durch eine Abt. der Reichsvereinigung der Juden ersetzt wurde. Aufgrund der geringen Zahl von Juden – insgesamt wurden am 25.6.1943 aus dem Regierungsbezirk Düsseldorf 32 Personen deportiert – mussten die Betroffenen sich nicht im Düsseldorfer Sammellager „Schlachthof" einfinden, sondern in der Bilker Straße.

17 Die eckigen Klammern wurden handschriftlich hinzugefügt.

18 Heinrich Kosthorst (1900–1954); 1935–1944 Sachbearbeiter für Kirchen- und Judenangelegenheiten der Gestapo Außenstelle Essen.

Text wie zu 1.) erster Satz.
1.) Finkenstein, Hirsch,[19] geb. am 5.5.72 in Babyn,
2.) Finkenstein geb. Falkenflick, Rosa Sara,[20] geb. am 15.5.82 in Babyn,[21]
3.) Kaufmann, Sally,[22] geb. am 5.3.86 in Duisburg,
4.) Kaufmann geb. Hartoch, Johanna Sara,[23] geb. am 11.6.90 in Düsseldorf,
5.) Steinberg, Kurt Israel, [24] geb. am 25.8.79 in Duisburg.
Weiter einsetzen von [bis][25] wie zu 1.). Die Vermögenserklärungen liegen bei.

3.) An die Außendienststelle *in M.-Gladbach*
Betrifft:
Vorgang: wie zu 1.)
Anlagen: 3 Vermögenserklärungen
Text wie zu 1.) erster Satz.
1.) Nussbaum, Karl Israel,[26] geb. am 18.9.93 in Aachen,
2.) Nussbaum geb. Schleye, Franziska Sara,[27] geb. am 13.2.93 in Valendar.[28]
Weiter einsetzen von [bis] wie zu 1.). Vermögenserklärungen liegen bei.

4.) An die Außendienststelle *in Krefeld*
Betrifft:
Vorgang: wie zu 1.)
Anlagen: 5 Vermögenserklärungen
Text wie zu 1.) erster Satz.
1.) Heim geb. Levy, Johanna Sara,[29] geb. am 19.2.60 in Segeberg,

19 Hirsch Finkenstein (1872–1944?), Kaufmann; im Juni 1943 nach Theresienstadt und am 18.12.1943 nach Auschwitz deportiert, dort in das Theresienstädter Familienlager eingewiesen, vermutlich im März 1944 ermordet.

20 Richtig: Dora Finkenstein, geb. Falkenflick (1882–1944?); im Juni 1943 nach Theresienstadt und am 18.12.1943 nach Auschwitz deportiert, dort in das Theresienstädter Familienlager eingewiesen, vermutlich im März 1944 ermordet.

21 Handschriftl. Ergänzung: „nat. Staatenlos“.

22 Dr. Sally Martin Kaufmann (1886–1944), Anwalt und Notar; 1928 Vorsitzender des Jüdisch-liberalen Gemeindevereins, von 1930 an im Vorstand der Duisburger Synagogengemeinde, von 1936 an als deren Vorsitzender; im Nov. 1938 vorübergehend in Dachau inhaftiert; im Juni 1943 nach Theresienstadt und am 28.10.1944 nach Auschwitz deportiert, dort ermordet.

23 Johanna Kaufmann, geb. Hartoch (1890–1944); 1926 adoptierte sie mit ihrem Ehemann den zweijährigen Jizchak Schmeidler, der 1939 mit einem Kindertransport nach Großbritannien fliehen konnte; im Juni 1943 nach Theresienstadt und am 28.10.1944 nach Auschwitz deportiert, dort ermordet.

24 Kurt Steinberg (1879–1955), Kontorist; 1938 in Sachsenhausen inhaftiert; im Juni 1943 nach Theresienstadt deportiert; lebte nach dem Krieg in Bad Nauheim.

25 Hier und im Folgenden wird auf den Text verwiesen, der zu Beginn des Dokuments in den eckigen Klammern eingeschlossenen ist; siehe Anm. 17.

26 Karl Nussbaum (1893–1944), Kaufmann; Mitarbeiter der Reichsvereinigung der Juden in Duisburg; im Juni 1943 nach Theresienstadt, am 28.9.1944 weiter nach Auschwitz deportiert, dort ermordet.

27 Richtig: Franziska Nussbaum, geb. Scheye (1893–1944), Hausfrau; 1919 Heirat mit Karl Nussbaum; im Juni 1943 nach Theresienstadt und am 6.10.1944 nach Auschwitz deportiert, dort ermordet.

28 Richtig: Vallendar.

29 Johanna (Hannchen) Heim, geb. Levy (1860–1944), Hausfrau; verheiratet mit Ludwig Heim (1854–1925), lebte bis zu dem Tod ihres Mannes in Uerdingen, dann in Krefeld, über Düsseldorf am 25.6.1943 nach Theresienstadt deportiert, dort am 20.3.1944 gestorben.

2.) Heymann, Werner Israel,[30] geb. am 14.3.24 in Krefeld,
3.) Heymann geb. van Hoffs, Klara Sara,[31] geb. am 22.3.88 in Krefeld.
Weiter einsetzen von [bis] wie zu 1.). Ferner befindet sich die in Krefeld, Hülserstr. 404, wohnhafte Jüdin Sophie *Sassen*,[32] geb. am 26.10.1874 in Sittard, niederländische Staatsangehörige, zur Zeit im Krankenabteil der jüdischen Gemeinde Düsseldorf. Da sie von hier aus dem Transport angeschlossen wird, ist dafür zu sorgen, daß die nach den Richtlinien vorgeschriebenen Ausrüstungsstücke für diese Jüdin mit den übrigen Juden nach hier geschafft werden. Gleichzeitig ist ihr übriges Vermögen anhand der beigefügten Vermögenserklärung aufzunehmen und staatspolizeilich sicherzustellen. Über die Verwertung dieses Vermögens ergeht noch besondere Weisung. Vermögenserklärungen liegen bei.

5.) An das Grenzpolizeikommissariat *in Kleve*
Betrifft:
Vorgang: wie zu 1.)
Anlagen: -3-
Text wie zu 1.) erster Satz.
1.) Balizani geb. Cosmann, Dorothea Sara,[33] geb. am 2.11.57 in Kleve,
2.) Lamers, Helene Sara, geb. am 7.10.70 in München, beide in Kleve wohnhaft.
Weiter einsetzen von [bis] wie zu 1.). Es wird gebeten, die erforderlichen Maßnahmen im Benehmen mit dem dortigen Landrat, der die Evakuierungsrichtlinien mit hiesiger Rundverfügung vom 24.2.1943 – II B 4 Tgb-Nr. 77/43g – erhalten hat, durchzuführen. Vermögenserklärungen liegen bei.

6.) An den Herrn Landrat *in Grevenbroich*[34]
Betrifft:
Vorgang: wie zu 1.)
Anlagen: -3-
Text wie zu 1.) erster Satz.

30 Werner Heymann (1924–2008), Schlosser; im Juni 1943 nach Theresienstadt, am 28.9.1944 nach Auschwitz deportiert, Zwangsarbeit im Außenlager Gleiwitz, 1945 Flucht während eines Todesmarsches und Rückkehr nach Krefeld; 1947 Emigration nach Chile.

31 Richtig: Claire/Klara Heymann, geb. Meyer (1888–1944); im Juni 1943 wurde sie nach Theresienstadt und am 4.10.1944 nach Auschwitz deportiert, dort ermordet.

32 Sophie Rass, geb. Sassen (1874–1943); 1897 mit ihrer Familie aus den Niederlanden nach Krefeld gezogen; verwitwet; im Juni 1943 nach Theresienstadt deportiert, dort starb sie am 5.10.1943.

33 Richtig: Dorothea Ballizany, geb. Cosman (1857–1943); 1891 Heirat mit dem Protestanten Wilhelm Ballizany (1860–1942); führte mit ihrem Mann ein Fotoatelier in Kleve; nach dem Tod ihres Mannes entfiel der Schutz der „Mischehe"; im Juni wurde sie von der Deportation vorerst zurückgestellt, am 27.11.1943 nach Theresienstadt deportiert, während des Transports gestorben.

34 Max Wallraf (1891–1972), Jurist; von März 1923 an bei der Reichskanzlei, zeitweise beim Reichsministerium für die besetzten Gebiete, von 1927 an im RMdI; 1928 ORR; von 1933 an Landrat von Grevenbroich-Neuss, im Juni 1945 auf Weisung der Militärregierung entlassen; 1952–1959 Hilfsrichter am Landesverwaltungsgericht Köln.

1.) Esser geb. Ullmann, Frieda Sara,[35] geb. am 29.10.82 in Holzweiler, wohnhaft in Schaan,[36]
2.) Oberländer, Alma Sara, geb. am 29.6.07 in Gierath, wohnhaft in Gierath.[37]
Weiter einsetzen von [bis] wie zu 1.). Vermögenserklärungen liegen bei.[38]

DOK. 40
Erwin Garvens vermerkt in seinem Tagebuch am 12. Juni 1943, dass sich das Ehepaar Lippmann in Hamburg das Leben genommen hat[1]

Handschriftl. Tagebuch von Erwin Garvens,[2] Hamburg, Eintrag vom 12.6.1943

In der friedlichen Umgebung und bei der himmlischen Ruhe da draußen konnte man wirklich ein wenig den Krieg und alle die Greuel der gegenwärtigen Zeit vergessen. Die wurden uns dafür denn auch am *Sonnabend, 12. Juni,* wieder grausam zum Bewußtsein gebracht, indem uns sich morgens die Nachricht verdichtete, daß schon tags zuvor Lippmanns ihre seit langem geplante Absicht in die Tat umgesetzt hatten.[3] Am Donnerstag ist der Leitung der Gemeinde eröffnet worden, daß nunmehr sämtliche jüdischen Organisationen aufgelöst seien und nun auch der Rest der noch hier befindlichen Mitglieder der Gemeinde einschließlich der Leitung am 23. Juni nach Theresienstadt abtransportiert würde. Da haben sie dann beide die Konsequenzen gezogen. Wir hatten es nach ihren Andeutungen ja immer erwartet – die Tatsache erschütterte uns beide nicht minder, vor allem aber das Bewußtsein, daß schließlich doch das ganze Volk an diesen aller Kultur Hohn sprechenden Dingen mitschuldig ist, weil es dem blinden [...] Fanatismus aus Angst und Stumpfheit nicht in den Arm zu fallen gewagt hat. Ich finde das viel schlimmer als die von manchen Menschen gehegte Angst vor Rache und Vergeltung. Mit recht geteilten Gefühlen gingen wir infolgedessen auch an die Pfingstfeiertage heran. Nach dem herrlichen Freitag und weil die Tage ja dies Jahr besonders spät fielen, hatte man zum mindesten auf gutes Wetter gehofft, um vielleicht ein beschauliches Dasein auf der Loggia fristen zu können. Aber auch das enttäuschte, ebenso die erhoffte Ruhe aus der Luft, im Gegenteil: schon morgens früh gab es Voralarm und gegen 10 Uhr

35 Frieda Esser, geb. Ullmann (1882–1944); im Juni 1943 nach Theresienstadt deportiert, starb dort am 16.7.1944.
36 Richtig: in Schelsen (Mönchengladbach).
37 Alma Maria Oberländer (1907–1944); erhielt 1915 während ihrer Taufe den zweiten Vornamen Maria; im Juni 1943 nach Theresienstadt und am 4.10.1944 nach Auschwitz deportiert, dort ermordet; siehe auch VEJ 6/127.
38 Unleserliche handschriftl. Ergänzung.

1 Staatsarchiv Hamburg, 622-1/124, Familie Garvens, B 2, Bd. 14.
2 Dr. Erwin Garvens (1883–1969), Jurist und Schriftsteller; von 1926 an Direktor des Rechnungsamts in Hamburg, 1934 Zwangspensionierung; 1942–1944 als Vertreter eines Notars tätig; 1945/46 kurzzeitig wieder im Rechnungsprüfungsamt beschäftigt.
3 Dr. Leo Lippmann (1881–1943), Jurist; 1906–1933 im hamburg. Staatsdienst, 1921 Staatsrat und Präsidialmitglied der Finanzdeputation, 1933 entlassen; 1935–1943 im Vorstand der Jüdischen Gemeinde, Autor u. a: von „Mein Leben und meine amtliche Tätigkeit", hrsg. von Werner Jochmann (1964). Anna Lippmann, geb. von der Porten (1881–1943); siehe auch Dok. 234 vom 27.4./12.5.1945. Die frei gewordene Wohnung der Lippmanns bezog ein Beamter des Oberfinanzpräsidiums.

richtigen; die Angriffe richteten sich mit erheblichen Schäden gegen Bremen und Kiel. Eine herrliche Pfingstüberraschung! Zum Tee kommen Jan und Bertha, die uns noch einige Details über Lippmanns mitteilen konnten, das Wesentliche hatten wir freilich auch schon von anderer Seite in Erfahrung gebracht – und nachts gab es dann, wie immer in den hellen Nächten des Vollmonds, nochmals eine Stunde Alarm, der sich übrigens mit wenigen Ausnahmen jede Nacht bis zum 22. Juni[4] wiederholte. Hamburg wurde allerdings nicht angeflogen, es handelte sich auch nur um unwesentliche Störflüge – dagegen erlitten fast sämtliche Städte im Ruhrgebiet eine nach der anderen bei schwersten Angriffen mit jeweils vielen hundert englischen und amerikanischen Bombern furchtbare Beschädigungen und Verluste an Menschenleben. Gerade wo ich dies schreibe, erfahre ich, daß Margot [...][5] zum zweiten Male ihre gesamte Habe in Krefeld verloren hat; sie selbst befand sich glücklicherweise bei Freunden auf einem Gut nahe Kiel. Man steht unter dem Eindruck, daß die Abwehr vollkommen ohnmächtig ist und die armen Menschen den Angriffen völlig wehrlos ausgeliefert sind. Der oberste Kriegsherr sitzt währenddessen bombensicher in Berchtesgaden auf dem Obersalzberg, wo er sich unter dem „Berghof" noch ein zweites Schloß bauen läßt, dessen Kostbarkeit der Einrichtung als achtes Weltwunder geplant sein soll.[6]

DOK. 41

Willy Meyer beantragt am 12. Juni 1943 bei der Staatsanwaltschaft Berlin, seine Ehefrau Clara als „Mischling ersten Grades" anzuerkennen[1]

Antrag von Justizrat Dr. Bollert,[2] Berlin NW 87, Brückenallee 7, bei der Abt. für Abstammungsfragen der Staatsanwaltschaft Berlin vom 12.6.1943[3]

Antrag des Herrn Dr. Willy Meyer[4]
Berlin W 15, Darmstädter Straße 2
vertreten durch
Justizrat Dr. G. Bollert
Berlin NW 87, Brückenallee 7
auf Anfechtung der Ehelichkeit seiner Frau.

4 Es handelt sich offensichtlich um einen Fehler, gemeint ist der 12. Juni.
5 Ein Wort unleserlich.
6 Im Sommer 1943 begann der Ausbau einer komplexen Bunkeranlage mit Wohn-, Arbeits-, Büro-, Lager- und Technikräumen um den „Berghof" herum, die einen ähnlichen Komfort wie die oberirdischen Gebäude bieten sollten.

1 LAB, A Rep. 358-02, 61 835.
2 Dr. Gerhart Bollert (1886–1947), Notar; 1908 Heirat mit Martha Darmstädter (1883–1965); 1912–1922 MdR; 1944 Verlust seiner Zulassung und Umzug nach Süddeutschland.
3 Im Original handschriftl. Bearbeitungsvermerke.
4 Dr. Willy Meyer (1892–1965), Betriebswirt; 1920–1937 Abteilungsdirektor beim Berliner Pfandbriefamt, 1937 Zwangspensionierung, 1938–1943 als Prüfergehilfe bei verschiedenen Wirtschaftsprüfern in Berlin, seit Juni 1943 zwangsverpflichtet bei der Natronzellstoff und Papierfabriken A.-G., Wilmersdorf; 1945–1950 Dezernent beim Berliner Pfandbriefamt.

Auf Grund der anliegenden Prozessvollmacht[5] beantrage ich namens des Antragstellers: die Ehelichkeit seiner am 28.5.1893 geborenen Ehefrau Clara Meyer[6] geb. Freund anzufechten. Nach den überreichten 3 eidesstattlichen Versicherungen und dem Gutachten des Medizinisch-Diagnostischen Instituts Dr. Schmidt-Burbach vom 10.6.1943 kann als erwiesen gelten, daß Frau Meyer nicht Jüdin, sondern Mischling ersten Grades ist und als Erzeuger nicht Herr Adolf Freund, sondern der deutschblütige Karl Gressner anzusehen ist.[7]
Ich bitte wenn irgend möglich die Anfechtungsklage unverzüglich einzuleiten, da nach verbürgten Gerüchten jetzt auch die nichtarischen Partner aus Mischehen vor ihrer Evakuierung stehen, insbesondere wenn aus der Ehe keine Kinder hervorgegangen sind. Dieser Abtransport würde eine seit 11.8.1921 bestehende glückliche Ehe zerreißen und dadurch die schwersten Folgen auch für den Antragsteller nach sich ziehen.
Der Antragsteller ist Frontkämpfer aus dem ersten Weltkrieg, Reserveoffizier, und bis 1933, dem Beginn der Judengesetzgebung, als Dezernent und Abteilungsdirektor im Berliner Pfandbriefamt tätig gewesen und bekleidet jetzt eine leitende Stellung in der Industrie.
Die Anfechtungsklage würde außerdem die Voraussetzung der Einziehung des Herrn Dr. W. Meyer zur Wehrmacht (Res.Offz.) schaffen, was nach dem geltenden Wehrrecht nur möglich ist, wenn seine Frau als arischer Mischling anerkannt wird.[8]

DOK. 42
Luise Solmitz beschreibt in ihrem Tagebuch am 16. Juni 1943 den psychischen Druck, den die NS-Rassenpolitik auf ihre „Mischehe" ausübt[1]

Handschriftl. Tagebuch von Luise Solmitz,[2] Hamburg, Eintrag vom 16.6.1943

Mittwoch, 16.6.43
Alarm von ½ 2 bis 2.15 – Bochum wieder fürchterlich angegriffen, drüben Grimsby, wo wir 1930 zu fröhlichen Ferien eintrafen u. von wo wir England auch wieder verließen. Die Insel Lampedusa soll auch genommen sein.

5 Liegt nicht in der Akte.

6 Clara Meyer, geb. Freund (1893–1975), Sekretärin; 1921 Heirat mit Willy Meyer; März 1943 Verhaftung im Rahmen der sog. Fabrik-Aktion, Entlassung aus der Rosenstraße am 11.3.1943; im Juni 1943 tauchte sie in Brandenburg und Berlin unter.

7 Die eidesstattlichen Versicherungen, das Gutachten und das Urteil liegen nicht in der Akte. Vermutlich wurde die Anfechtungsklage abgelehnt.

8 Mit Erlass vom 8.4.1940 hatte Hitler der allgemeinen Entlassung von „Mischlingen ersten Grades" und „jüdisch Versippten" aus der Wehrmacht zugestimmt; siehe VEJ 3/66. Am 16.7.1941 ergänzte das OKW die Verfügung mit einer geheimen Zusatzanordnung. Damit konnten „Mischlinge ersten Grades" oder bereits entlassene Wehrmachtsangehörige, die mit einem „Mischling ersten Grades" verheiratet waren, die Wiedereinstellung beantragen. Voraussetzung hierfür war, dass sich der Betreffende durch Tapferkeit besonders ausgezeichnet hatte und dies möglichst durch eine militärische Auszeichnung belegen konnte; siehe BArch, RW 6/74.

1 Staatsarchiv Hamburg, 622-1/140, Familie Solmitz, 1, Bd. 32., Bl. 269 f.

2 Luise Solmitz, geb. Stephan (1889–1974), Lehrerin; verheiratet mit Friedrich Wilhelm Solmitz, der trotz seiner Konversion zum Christentum nach den Nürnberger Rassegesetzen als Jude galt.

Frauen werden jetzt auch bei der Feuerwehr eingestellt zu aktivem Dienst.
König Gustav V. von Schweden 85 Jahre alt. Ein ganz feiner Mensch, von allen verehrt. Was für ein Lebensabend! Sein kleines Land immer noch im Frieden, eingeklemmt zw. auf Leben und Tod, um Sein oder Nichtsein ringenden Übergewalten.
Der König v. England[3] geht nach Afrika oder ist schon dort.
Der frühere Kronprinz v. Sachsen, Georg,[4] ist beim Baden im Groß-Glienicker See einem Herzschlag erlegen! Geboren 15.1.1893, wie ich aus dem Buch seiner Mutter, der Luise von Toskana,[5] sehe. Wie anders schien sein Schicksal sich gestalten zu sollen, als 101 Kanonenschläge das Volk der Sachsen aufjubeln ließen! König Friedrich August[6] rief 1909 den jungen Sohn und Thronerben heran, als Fredy[7] ihm den Feldfernsprecher zeigte und erklärte. „Gomm mal här", rief der König, „hier gannste noch was lernen!" – 1912 Lt. [Leutnant], im Kriege Kampfabschnitt Verdun. Nach der Revolution – Theologe. Wie sein Onkel, Herzog Max.[8] Ob der noch lebt? In den letzten Jahren war Kronprinz Georg für seinen Orden in Berlin seelsorgerisch tätig. Was mich nur wundert, ist, daß heute auch die kathol. Priester baden u. schwimmen. – Nie hat man wieder von Luise v. Toskana gehört. Ob sie noch lebt? Den Herzog Max, ihren Schwager, mochte ich natürlich am 6.4.1933 nicht nach ihr fragen. Seitdem sind 10 Jahre verflossen. Fürstliche Belange sind verstaubt, wer fragt noch nach ihnen?
Brachte Gis[ela][9] Kartoffeln zu Sch[...][10] Es geht mir, wie sonst den Menschen in Romanen, daß sie immer Quälendes u. gerade das hören, was sie erschüttert. Bei Windsucher neulich, wo Frau Windsucher u. die Kleffel mir so grausam u. taktlos erschienen – eine Wut hatte ich auf die beiden –, u. es doch gar nicht waren, die Schuld liegt in unserer neuen Gerechtigkeit von der Verschickung v. Nichtariern. – „Die Mischlinge auch?" – „Das weiß ich nicht." Das anhören zu müssen! So freute ich mich, bei Sch. den immer übervollen Laden bis auf ein altes Weib leer zu finden. – „Jetzt werden die letzten Familien verschickt, 75, heißt es." – „Auch die mit einem christlichen Verheirateten?" – „Nein, das wird endgültig geregelt, wenn diese letzten weg sind." – Ich hoffte immer, das widerwärtige alte Weib von der Art unserer A. würde den Laden verlassen, aber

3 George VI., gebürtig Prince Albert Frederick Arthur George, Duke of York (1895–1952); 1936–1952 brit. König und bis 1947 Kaiser von Indien, Vater von Elisabeth II. (*1926).
4 Georg von Sachsen (1893–1943), Kronprinz, Offizier und Priester; Teilnahme am Ersten Weltkrieg, zuletzt als Oberstleutnant; 1919 legte er sein franziskan. Ordensgelübde ab, 1924 Priesterweihe, 1925 Eintritt in den Jesuitenorden, umfangreiche Exerzitien- und Vortragstätigkeit in Deutschland, Europa und im Orient; von 1936 an Mitglied des oppositionellen Una-Sancta-Kreises; 1943 vermutlich an Herzversagen gestorben.
5 Luise von Sachsen, geb. Erzherzogin von Österreich-Toskana (1870–1947).
6 Friedrich August von Sachsen, später Friedrich August III. (1865–1932); von 1883 an Militärdienst, zuletzt als General der Infanterie; 1891 Ehe mit Luise von Österreich-Toskana; 1904–1918 König von Sachsen bis zu seiner Abdankung, 1909 reformierte er das sächs. Wahlrecht; 1918 Rückzug auf sein Landgut Schloss Sibyllenort bei Breslau.
7 Friedrich Wilhelm Solmitz (1877–1961), Maschinenbauingenieur, Offizier; bis 1920 bei der Armee, anschließend Oberingenieur einer Automobilfabrik in Berlin, dann bei der Deutschen Luftreederei, von 1924 an leitete er verschiedene Metallbetriebe in Berlin und Breslau.
8 Maximilian von Sachsen (1870–1951).
9 Gisela Solmitz, später verh. Vitoux (*1920), kaufmännische Angestellte; Tochter von Luise und Friedrich Solmitz, sog. Mischling ersten Grades; 1943 zog sie mit ihrem Verlobten, dem belg. Ingenieur Lucien Vitoux, nach Belgien, wo sie als „Arierin" lebte, 1944 Geburt ihres Sohnes Richard.
10 Im Original unleserlich.

unerbittlich schlorrte sie hinter dem Verkäufer her. Und so blöde es ist, bei mir immer das Gefühl, als sei es drauf abgesehen, mich bis aufs Herz zu verletzen u. zu erschrecken. Woher wußte dies alte Weib das alles, u. was für ein Interesse hatte es daran? – Zehn Jahre Rassenpolitik, u. das kleine Volk kennt auch heute nur christlich u. jüdisch. – Ich kam erschüttert, aufgewühlt zu Hause an. – Daß es Millionen Menschen gibt, die das gar nichts angeht, die nichts zu scheuen, nichts zu fürchten brauchen. Diese glücklichen Menschen.
Ich sprach Frl. Storen, Marias Schwester. Jetzt nach 1 Jahr kann sie ihre ausgebrannte Wohnung wieder beziehen, aber Gas hat sie immer noch nicht, muß noch auswärts essen. – Die jüngste Schwester will jetzt, 37 J., heiraten, die war gerade geboren, als ich 1906 im Herbst ins Seminar eintrat u. Maria kennenlernte.
Gis[ela] Brot u. von gestern Kuchen gebracht, sie freute sich. – Frau Eckles.
Jahmüller gehässig wie immer, Lucien[11] wolle sich von ihr nur durchfüttern lassen, später würde er schleunigst nach Belgien zurückgehen. Was hört sie sich so etwas an von dem Kerl!
Immer die Angst, daß mir Fredy etwas verbirgt, es liegt mir das Grauen in den Gliedern ab dem Augenblick, da ich Karten, Geld, Brief auf meinem Schreibtisch liegen sah. Es war zu furchtbar. Und wenn er sagt, es würde für uns noch schlimmer kommen, so weiß ich das ja selbst, aber ich wittere sofort unmittelbare Gefahr. – Ob es Feldmanns, ob es Windsuchers sind, ob andere Freunde, immer ist die Schranke zw. uns, über die wir drei nicht hinwegkönnen.
Fredy sagte traurig, daß, als er neulich dem Liebertschen Jungen, der sich scheu von ihm zurückzog, die Hand vergebens hinstreckte, er sich vorgekommen sei, wie der gefährliche „böse Mann", wie ein Mitnehmer, „Mitschnacker",[12] wie man hier sagt. Wir streiten uns erbittert, u. wir vertragen uns, immer bittet er: „Sei nicht so häßlich zu mir, sei immer gut zu mir", u. hat nicht Selbsterkenntnis genug zu sehen, daß er mich bis aufs Blut reizt. Ich will ihn gewiß nicht kränken. Denn ich liebe ihn, das aber glaubt er nicht. Er fühlt sich gehaßt! Es kommt nicht darauf an, was ist, sondern was man glaubt. – Und so leide ich so oft, so sehr oft – er ahnt das nicht – unter dem Gedanken „der andere aber geht u. weint", denn ich will ihn nicht betrüben, gewiß nicht. – „O lieb, solang du leben kannst …"[13] In unseren Tagen, in unserer Lage doppelt berechtigte Mahnung. – Fredy wird langsam alt, müde. Kein Wunder.

11 Lucien Vitoux.
12 Umgangssprachl.: Sittlichkeitsverbrecher.
13 Gedicht von Ferdinand Freiligrath, verfasst 1849.

DOK. 43
Bernhard Kolb hält in seinen Tagebucheinträgen vom 9. bis 17. Juni 1943 seine Verhaftung in Nürnberg fest[1]

Tagebuchfragment von Bernhard Kolb,[2] Nürnberg, Einträge vom 9. bis 17.6.1943 (Abschrift)

1. Der Schlußakt Nürnberg.
9.6.43. Erster Schewuothtag.[3] Trotz Verbot der Abhaltung von Gottesdiensten durch die Reichsvereinigung war es mit Einverständnis der Geh. Staatspolizei möglich, allwöchentlich Freitagabend und Sabbatmorgen regelmäßig und an den Festtagen vollen Gottesdienst abzuhalten. Für das Schewuothfest hatte ich das Gottesdienstzimmer mit den alten Thoraschrankvorhängen, Thoramäntelchen, Thoraschildern und Aufsätzen, großen und kleinen Leuchtern sowie mit frischem Grün und Blumen geschmückt.
Früh 8 Uhr werde ich angerufen, daß ich am Vormittag bereit sein sollte, da Beamte der Gestapo in die Geschäftsräume (der Kultusgemeinde) kommen werden. Während des Gottesdienstes kam dann der Bescheid, daß die Besprechung erst am folgenden Tag stattfinden werde.

10.6.43. Bei Beginn des Mussafgebetes[4] werde ich gerufen, die Beamten seien angekommen. Es wurde mir eröffnet, daß die Reichsvereinigung mit allen ihren Organisationen aufgelöst sei. Ich habe in kürzester Zeit eine genaue Aufstellung über Vermögen, Mobiliar und Inventar der Verwaltungsstelle Nürnberg zu liefern. Es ist alles beschlagnahmt. Weiter seien alle Geschäftsführer in Haft zu nehmen. Nachmittags 5 Uhr wurde mir mitgeteilt, daß in Anbetracht der jahrelangen Vertrauensstellung von einer Polizeihaft abgesehen werde; ich sollte mich entweder in dem Geschäftszimmer zu den Abwicklungsarbeiten oder in meiner Wohnung aufhalten.

12.6.43. Abends 6 Uhr werde ich von der Gestapo zur Schutzhaft abgeholt, da eine neuerliche Weisung aus Berlin dies aufs strengste anordnet. Die Haft würde jedoch nur bis 15.6. früh ½ 8 Uhr dauern. Im Gefängnis – Schutzgefängnis –, wo ich mit dem Geschäftsführer von Fürth, Herrn Julius Früh, zusammenkam, hatten wir auf Weisung der Gestapo alle Erleichterungen, wie Erlaubnis zum Rauchen, Lesen, Kartenspielen, Selbstverpflegung durch die Familie und keine Kontrollen. Im Gefängnis erfuhr ich, daß nach der Haftentlassung unsere Evakuierung in den nächsten Tagen erfolgen wird.

15.6.43. Pünktlich um 7.30 [Uhr] werden wir von der Gestapo aus der Haft abgeholt und ins Polizeipräsidium begleitet. Hier erfahren wir, daß wir am 17.6. früh 8.30 Uhr nach

1 Wiener Library, Doc 1656/3/8/520.
2 Bernhard Kolb (1882–1971), Kaufmann; bis 1923 Angestellter beim staatlichen Versorgungsamt Nürnberg, dann Geschäftsführer der IKG Nürnberg; 1938 mehrere Wochen in Dachau inhaftiert; Juni 1943 Deportation nach Theresienstadt, dort befreit; 1947 Emigration in die USA, dort bewirtschaftete er bis zu seinem Tod eine kleine Hühnerfarm.
3 Hebr.: Wochen, auch Fest der Ernte; jüdisches Wochenfest, das 50 Tage nach Pessach gefeiert wird.
4 Hebr.: Zusatzgebet, auch Musaf; wird an jüdischen Feiertagen an das Morgengebet angefügt.

Fürth – ehem. Waisenhaus[5] – zur Evakuierung antreten müssen. Die Büroräume konnte ich nicht mehr betreten, die noch nicht gefertigten Aufstellungen fertigte ich in der Wohnung an.

2. Weg in die Fremde.
17.6.43. Wir fahren um 8.30 Uhr mittels Möbelwagen mit unserem Gepäck nach Fürth. Außer der eigenen Familie – Ehefrau, Sohn, Tochter, Schwiegersohn und dessen Mutter[6] – waren nur noch zwei Personen – Johanna Schwarz,[7] Rudolf Schick[8] – zur Evakuierung in Nürnberg vorhanden, die ebenfalls mitgenommen wurden. In Fürth wurden dann zwei Transporte – Osten und Theresienstadt – zusammengestellt. Schon früher wurde mir von der Gestapo die Versicherung gegeben, daß meine Familienangehörigen mit mir zusammen evakuiert werden, auch Frau Hedwig Neuberger. Zum Transport Theresienstadt wurden ferner eingeteilt: Julius Früh und Frau, Isaak Wormser und Frau, Paul Seligmann und Frau, deren Mutter Frau Goldmann und Tante Frl. Ballin, Frl . Eckstein – früher Bamberg – und eine Anzahl in Fürth wohnender Beamter (Krankenhaus), im ganzen waren es 25 Personen. Ungefähr die gleiche Anzahl kam zum Ostentransport. Abends gegen 8 Uhr wurden mit unserem Möbelwagen zuerst das Gepäck – Kontrolle fand schon im Heim statt – und dann die Personen zur Verladerampe gefahren. Aus Würzburg waren dort bereits zwei Wagen – ebenfalls Theresienstadt und Osten – eingetroffen. Für Theresienstadt waren es nur 36 Personen, die mit ihrem Gepäck in einem Wagen untergebracht wurden. Zwei Wagen gingen nach dem Osten (Auschwitz).[9] Unser Wagen wurde die Nacht über auf dem Hauptbahnhof Nürnberg hinterstellt. Das Gepäck war von unserem Arbeitsdienst sehr gut im Wagen verstaut, auch drei zusammenlegbare Stühle, die wir aus der Wohnung mitgenommen, waren zu unserer großen Freude nicht vergessen. Nachzutragen ist noch, daß sich alle unsere Hausbewohner in der rührendsten Weise verabschiedeten.[10]

5 Die letzten Kinder der israelitischen Waisenanstalt in Fürth wurden im März 1942 nach Izbica deportiert. Danach diente das Gebäude der Unterbringung von Zwangsarbeitern und als Sammelstelle für die Deportation der verbliebenen Fürther Juden.

6 Retta Kolb, geb Hessdörfer (1892–1982); Herbert Kolb (1922–2016); Erna Neuberger, geb. Kolb (1923–1945); Julius Neuberger (1905–1945); Hedwig Neuberger, geb. Mühlfelder (1878–1944).

7 Johanna Schwarz, geb. Runkel (1861–1944).

8 Rudolf Schick (*1897).

9 Siehe Dok. 63 vom 6.8.1943.

10 Zur Ankunft in Theresienstadt siehe Dok. 241 vom 18./19.6.1943.

DOK. 44

Hitler bekräftigt am 19. Juni 1943 auf dem Obersalzberg gegenüber Himmler, dass die Deportation der Juden weiterhin radikal durchzuführen sei[1]

Vermerk des Reichführers-SS, Feld-Kommandostelle,[2] gez. H. Himmler, über seinen Vortrag bei Hitler auf dem Obersalzberg am 19.6.1943[3]

„Bandenkampf und Sicherheitslage“.

Bezüglich der Bandenverhältnisse im Generalgouvernement, in der Oberkrain und in Rußland habe ich dem Führer das Fernschreiben des Reichskommissars *Seyss-Inquart*[4] vom 18.6., des Reichsstatthalters Dr. *Rainer*[5] vom 17.6., das Fernschreiben des Generalgouverneurs *Frank*[6] vom 18.6., dazu den in diesem Fernschreiben bekämpften Befehl vom 11.6.1943,[7] sowie die Bandenlage im Generalgouvernement entsprechender Karte vom 31.5.1943 vorgelegt.[8] Ich habe dem Führer gemeldet, daß die Gefahr besteht, daß ich persönlich bezw. die SS und Polizei für die schwierige Bandenlage, die durch das Abziehen aller Kräfte an die Front im Winter 41/42 und 42/43 entstand, verantwortlich gemacht werde. Ich habe anderenteils gemeldet, daß ich die feste Überzeugung habe, daß bei einem weiteren Zur-Verfügung-Stehen der heute unter meinem Befehl vorhandenen Kräfte, einmal SS-Kavallerie-Division, SS-Brigade 1, der im Kampf stehenden Polizei-Regimenter sowie der mir jetzt zur Verfügung gestellten Polizei-Bataillone der Sicherungs-Divisionen und nach Wiederzurverfügungstellung des Polizei-Regimentes „Griese“ in Marseille und des Gebirgs-Polizei-Regimentes „Franz“,[9] das ich für die Oberkrain brauche, bis Ende des Jahres mit einer sicher sehr starken Herabminderung der Bandentätigkeit, wenn nicht sogar in manchen Teilen mit einer völligen Befriedung zu rechnen ist.

Der Führer entschied im einzelnen wie folgt:

1 BArch, NS 19/1447, Bl. 124 f.

2 Gemeint ist die Feld-Kommandostelle Hochwald, zu der Himmler unmittelbar nach der Besprechung mit Hitler aufbrach.

3 Das Dokument ist nicht datiert, vermutlich aber am 20. oder 21.6.1943 entstanden.

4 Dr. Arthur Seyß-Inquart (1892–1946), Jurist; vom 25.4.1940 an Reichskommissar der Niederlande; 1946 im Nürnberger Prozess zum Tode verurteilt und hingerichtet.

5 Dr. Friedrich Rainer (1903–1950?), Jurist; von 1941 an Chef der Zivilverwaltung Oberkrain und 1943 zudem von Friaul; 1946 trat er als Zeuge im Nürnberger Prozess auf, danach an Jugoslawien ausgeliefert und 1947 zum Tode verurteilt, arbeitete dann für den Geheimdienst, vermutlich 1950 hingerichtet.

6 Hans Frank (1900–1946), Jurist; von Okt. 1939 an Generalgouverneur im besetzten Polen; 1946 im Nürnberger Prozess verurteilt und hingerichtet.

7 Nach der Niederschlagung des Warschauer Getto aufstands hatte Himmler am 11.6.1943 die vollständige Auflösung der Gettos befohlen. Am 21.6.1943 erweiterte er den Befehl ausdrücklich auf die noch bestehenden Gettos im Reichskommissariat Ostland, deren Bewohner entweder als Arbeitskräfte in KZs gesperrt oder ermordet wurden; siehe Dok. 45 vom 21.6.1943.

8 Die Fernschreiben konnten nicht ermittelt werden.

9 Zu Beginn des Jahres verhafteten franz. Polizeikräfte und Angehörige des Polizei-Regiments Griese im als Kriminalitätsschwerpunkt geltenden Hafenviertel von Marseille Tausende Personen, unter ihnen viele franz. Juden. Das SS-Polizei-Gebirgsjäger-Regiment 18 (Franz) war im Frühjahr 1943 in Finnland stationiert, bevor es im Sommer 1943 nach Griechenland verlegt wurde.

1. Der Bandenkampf ist die Angelegenheit des Reichsführer-SS, der SS und Polizei.
2. Er bestätigte in klarster Form die Tatsache, daß der SS und Polizei, nachdem ihr die Kräfte weggenommen worden sind, aus dem Anwachsen der Bandengefahr nicht der geringste Vorwurf zu machen ist.
3. Er versprach, erneut nachzuprüfen, ob er die beiden Polizei-Regimenter „Franz" und „Griese" aus Finnland und aus Marseille uns zurückgeben könne.
4. Meinen Befehl vom 11.6.1943 hielt er voll und ganz für richtig und beauftragte mich, dem Generalgouverneur mitzuteilen, daß dieser Befehl seine volle Billigung finde und es bei diesem Befehl bleibt.
5. Der Führer sprach auf meinen Vortrag in der Judenfrage hin aus, daß die Evakuierung der Juden trotz der dadurch in den nächsten 3 bis 4 Monaten noch entstehenden Unruhen radikal durchzuführen sei und durchgestanden werden müßte.
6. Der Führer sprach klar aus, daß die Bandenbekämpfung und die Fragen der Sicherung auch im Generalgouvernement einzig und allein Angelegenheit und Aufgaben des Reichsführer-SS wären.
7. Der Führer lehnte jede Aufstellung von polnischen Formationen, wie sie im Anschluß an die Katyń-Propaganda[10] von mancher deutschen Seite angeregt und gefordert wurden, kategorisch ab. Die Aufstellung galizischer Einheiten von Angehörigen des weißruthenisch-galizischen Volkes, das 150 Jahre zu Österreich gehört hatte, sei eine völlig andere Sache.[11]

DOK. 45
Heinrich Himmler befiehlt am 21. Juni 1943 die Auflösung der Gettos im Reichskommissariat Ostland[1]

Schreiben des RFSS (38/95/43 g), Feld-Kommandostelle, an den HSSPF Ostland,[2] den Chef des SS-Wirtschafts-Verwaltungshauptamtes,[3] vom 21.6.1943[4]

1. Ich ordne an, daß alle im Gebiet Ostland[5] noch in Ghettos vorhandenen Juden in Konzentrationslager zusammenzufassen sind.
2. Ich verbiete ab 1.8.1943 jedes Herausbringen von Juden aus den Konzentrationslagern zu Arbeiten.

10 Siehe Dok. 7 vom 15.4.1943, Anm. 3, und Einleitung, S. 41 f.
11 Im Sommer 1943 wurde die 14. Waffen-Grenadier-Division der SS (galizische SS-Division Nr. 1) mit ukrain. Freiwilligen und Volksdeutschen aufgestellt.

1 BArch, NS 19/1740, Bl. 20. Abdruck in: Peter Longerich (Hrsg.), Die Ermordung der europäischen Juden. Eine umfassende Dokumentation des Holocaust 1941–1945, München 1989, S. 148 f.
2 Friedrich Jeckeln (1895–1946), Gutsverwalter; 1929 NSDAP-, 1930 SS-Eintritt, von 1932 an MdR; 1933 Chef der Landespolizei, der Gestapo und Kommandeur der Schutzpolizei in Braunschweig, Juni bis Okt. 1941 HSSPF Russland-Süd, von Nov. 1941 an HSSPF Ostland und Russland-Nord; 1945 an die Sowjetunion ausgeliefert, dort zum Tode verurteilt und hingerichtet.
3 Oswald Pohl (1892–1951), Schiffsoffizier; 1926 NSDAP- und SA-, 1934 SS-Eintritt; Verwaltungschef des SS-Hauptamts, von 1938 an Leiter der SS-Betriebe und Vorsitzender des Verwaltungsrats des DRK, von 1942 an forcierte er als Leiter des WVHA der SS die Zwangsarbeit in den KZs, Anfang 1943 gründete er die Ostindustrie GmbH in Lublin; nach Urteil im Nürnberger Prozess hingerichtet.

3. In der Nähe von Riga ist ein Konzentrationslager zu errichten,[6] in das die ganzen Bekleidungs- und Ausrüstungsfertigungen, die die Wehrmacht heute außerhalb hat, zu verlegen sind. Alle privaten sind auszuschalten. Die Betriebe werden reine Konzentrationslager-Betriebe. Der Chef des SS-Wirtschafts-Verwaltungshauptamtes wolle dafür sorgen, daß durch die Umorganisation keinerlei Rückgang in den für die Wehrmacht notwendigen Fertigungen eintritt.
4. Ein möglichst großer Teil der männlichen Juden ist in das Konzentrationslager im Ölschiefer-Gebiet zum Ölschiefer-Abbau zu verbringen.
5. Die nicht benötigten Angehörigen der jüdischen Ghettos sind nach dem Osten zu evakuieren.
6. Termin für die Umorganisation der Konzentrationslager ist der 1.8.1943.[7]

DOK. 46
Einen Tag vor ihrer Deportation nach Auschwitz verspricht Mathilde Bing am 27. Juni 1943 ihren beiden Söhnen, dass sie versuchen wird zu überleben[1]

Brief von Mathilde Bing,[2] Sammellager Große Hamburger Straße, an ihre Söhne Gerhard[3] und Heinz Bing[4] in Großbritannien vom 27.6.1943

Meine geliebten beiden Jungen!
Nun ist es endgültig soweit, morgen kommen wir fort.[5] Ob ich jemals wieder aus der Verschollenheit auftauche, weiß ich nicht. Wo Vati[6] ist, weiß ich auch nicht, auch wo alle anderen Verwandten sind. Der Euch meinen Abschiedsbrief übermittelt, weiß über mein Schicksal Bescheid.[7] Ich will Euch nur sagen, dass ich *alles* versucht habe, um diese

4 Das Schreiben ging durchschriftlich mit der Bitte um Kenntnisnahme auch an den Chef der Sicherheitspolizei und des SD Ernst Kaltenbrunner.
5 Gemeint ist das Reichskommissariat Ostland.
6 Das KZ Riga-Kaiserwald war bereits seit März 1943 im Aufbau; doch auch nach dessen Fertigstellung existierten weiterhin außerhalb des Lagers Werkstätten, in denen Juden für die Wehrmacht arbeiten mussten.
7 Gemeint ist das KZ Vaivara mit seinen Außenlagern zum Ölschiefer-Abbau in Estland. Es wurde am 13.9.1943 in Betrieb genommen, die letzten Gettoinsassen aus Minsk, Riga und Wilna wurden im Okt. 1943 in KZs gebracht oder erschossen.

1 JMB, 2009/58/3, Schenkung von Thomas von Pappritz.
2 Mathilde Bing, geb. Wallach (1890–1943); 1914 Heirat mit Georg Bing; im Frühjahr 1943 scheiterte ihre Flucht nach Schweden, nach ihrer Verhaftung in Rostock wurde sie im Berliner Sammellager Große Hamburger Straße inhaftiert; im Juni 1943 nach Auschwitz, deportiert, dort ermordet.
3 Gerhard Bing (1918–1998), Musiker; 1939 Emigration nach Großbritannien, starb in Santiago de Chile.
4 Heinz Bing (1915–1998), Chemiker; 1939 Emigration nach Großbritannien; verheiratet mit Gabriele Bing, geb. Landau (1918–2001).
5 Der „39. Osttransport" verließ Berlin am 28.6.1943 und erreichte Auschwitz am folgenden Tag.
6 Georg Bing (1882–1943), Kaufmann; im März 1943 nach Auschwitz deportiert, dort ermordet.
7 Vermutlich: Joachim von Pappritz (1893–1974), Kaufmann; lebte nach dem Ersten Weltkrieg zeitweise in Danzig, später Angestellter bei Horch in Berlin, Ende der 1930er-Jahre Teilhaber der Firma Gustav Hamel & Co., deren Inhaber Georg Bing war; Übernahme der Firma und Unterstützung der Familie; nach dem Krieg in Berlin im Textilhandel tätig.

Zeit zu überleben, ich werde es auch weiter versuchen. Erst wenn es zu furchtbar wird, dann mache ich Schluß. Ich hatte immer nur den Gedanken, wie kann ich Euch wiedersehen. Immer hatte ich diese schreckliche Sehnsucht nach Euch beiden. Ihr müßt es fühlen, wie lieb ich Euch habe. Ich bitte Euch beide, haltet zusammen, auch wenn Ihr Euch nicht immer versteht in allem, was Ihr tut. In dieser furchtbaren Zeit war es immer ein großer, eigentlich der einzige Trost, daß Ihr beide gerettet und daß Ihr draußen glücklich seid. Ich weiß auch, daß Ihr uns für Euer Leben nicht mehr notwendig habt. Nur für mich selbst wäre es das größte Glück, wenn ich dieses alles überlebe und dann zu Euch kommen könnte. Bis auf die letzten vier Wochen habe ich ein schönes Leben gehabt, schrecklich war immer, daß ich von Euch nichts mehr hörte. Wir denken, daß wir ins Arbeitslager nach Oberschlesien, nach Auschwitz, kommen. Von dort zur Arbeit nach Birkenau oder Monowitz. Wenn Ihr später einmal durch eine Behörde Nachforschungen anstellen lassen wollt. Vati wird vielleicht auch dort sein. Auch Tante Minnie und Onkel Max. Ob ich sie finden kann, ahne ich nicht.
Ich bin so froh, daß Du, lieber Heinz, mit Gaby glücklich bist und eben dadurch nicht allein. – Wenn Du, lieber Gerhard, doch auch heiraten würdest, dann könnte ich ganz ruhig sein. Aber vielleicht ist es schon geschehen, und ich weiß nichts davon. Ob Ihr diesen Brief jemals bekommen werdet? Ich weiß es nicht, aber ich *mußte* ihn schreiben. Lebt wohl Ihr beiden, ich kann nun nicht mehr, sonst muß ich weinen, und ich will stark bleiben bis zuletzt.
In Gedanken küsse ich Euch tausendmal, Euch beide und Gaby als mein drittes Kind.
In großer, großer Liebe!
Mutti

DOK. 47
Die NSDAP-Kreisleitung Lippe ermahnt Karl Bösch am 29. Juni 1943, künftig keine Fotos mehr von Erschießungen von Juden zu zeigen[1]

Schreiben des NSDAP-Kreisleiters, Kreisleitung Lippe, Detmold, gez. i. A. kommissarischer Ortsgruppenleiter,[2] an den Obergefreiten Karl Bösch[3] (Feldpost-Nr. B 42 865) vom 29.6.1943 (Abschrift)[4]

Wie ich in Erfahrung gebracht habe, haben Sie während Ihres letzten Urlaubs Bekannten Bilder von Erschießungen von Juden gezeigt. Ich nehme an, daß Sie inzwischen eingesehen haben, daß das nicht richtig war. Deshalb habe ich von einer Meldung an Ihre Einheit abgesehen. Ich möchte Sie aber bitten, solches in Zukunft nicht wieder zu tun.
Ich hoffe, daß es Ihnen gutgeht, und sende Ihnen herzliche Heimatgrüße.
Heil Hitler!

1 LAV NRW OWL, L 113, 1055.
2 Kreisleiter der NSDAP in Lippe war 1938–1945 Adolf Wedderwille (1895–1947).
3 Karl Bösch (1917–1974), Friseur; 1941–1945 Angehöriger der Wehrmacht.
4 Abschrift an Ortsgruppenleiter Langenholzhausen/Lippe, Friedrich Brinkmann.

DOK. 48

Der Oberfinanzpräsident in Linz beklagt am 29. Juni 1943, dass ihm der Ankauf von Möbeln aus dem Vermögen deportierter Juden nicht genehmigt wurde[1]

Schreiben des Oberfinanzpräsidenten Oberdonau in Linz, gez. Schön,[2] an den Ministerialrat im Reichsfinanzministerium Herbert Gündel vom 29.6.1943

Lieber Gündel!
Es hat mir sehr leid getan, daß Du zu meiner Einweisungsfeier nicht kommen konntest. Vielleicht sehen wir uns bei einer anderen Gelegenheit hier in Linz.
Zu Deinem Rat bezüglich der Wohnungseinrichtungsgegenstände:[3]
1.) Ich hatte in Graz eine 4-Zimmer-Wohnung mit Mädchenzimmer und sonstigen Nebenräumen. Diese Wohnung war vollständig eingerichtet. Nun habe ich hier in Linz 6 Zimmer und ein Mädchenzimmer mit Nebenräumen. Es fehlt mir also für 2 Zimmer die Einrichtung. Eines dieser Zimmer liegt in der Wohnung im Hochparterre, das zweite Zimmer im 2. Stock. Du weißt ja, daß Gross Herrn Dr. Döser ins Haus genommen und die Einteilung der Wohnräume so getroffen hat, daß er selbst im Hochparterre 5 Zimmer bewohnte, Döser im 1. Stock seine Wohnung hat und Gross im 2. Stock noch 1 Zimmer und die Mädchenkammer zur Verfügung stand. „Außerordentlich gescheit!" Und ich bin jetzt der Leidtragende, der den Lärm über sich aushalten muß.
In das im Hochparterre gelegene Zimmer wollte ich einen Tisch, einen Sekretär, einen Kasten und eine Garnitur stellen. Das im 2. Stockwerk gelegene Zimmer wollte ich als Gästezimmer einrichten. 2 Betten, 2 Kästen, 1 Tisch und 2–4 Stühle, alles aus Zirbenholz, sollten die Einrichtung bilden. Zu den Betten noch Einsätze, Matratzen und Wäsche. Alles bescheiden! Die ganze Zirbenholzeinrichtung kostet in normalen Zeiten vielleicht 300 RM. Daß ein solches Zimmer keinesfalls als „Repräsentationszimmer" gewertet werden kann, ist wohl verständlich. Und mit dem Tisch, dem Sekretär, dem Kasten und der Garnitur, die das leere Zimmer im Hochparterre, also in der von mir selbst bewohnten Wohnung, ausfüllen sollten, ist auch nicht viel zu „repräsentieren". Ich wollte nur das Zimmer nicht leer stehen lassen.
Ein Antrag, die Zimmer als „Repräsentationszimmer" anzuerkennen, ist also nicht gut möglich.
2.) Wenn die Möbel trotzdem als „Repräsentationsmöbel" anerkannt würden, ich also eine „Repräsentationseinrichtung" hätte, dann könnte oder würde ich sie nur zu dienstlichen Zwecken benützen. Ich würde mithin mir selbst und meiner Frau verbieten, mich in einem „Repräsentationsraum" meiner Wohnung aufzuhalten. Einen privaten Gast im Gästezimmer, dessen Einrichtung dem Reich gehört, schlafen zu lassen, käme gar nicht in Frage. Ich weiß, Du wirst jetzt entgegnen, daß ich ja die „Repräsentationsräume" auch

1 BArch, R 2/31098, Bl. 173+RS.
2 Dr. Franz Schön (1892–1961), Jurist; 1920–1945 Mitarbeiter der österreich. Finanzverwaltung, von 1923 an als Sektionsrat; 1932 NSDAP-, 1936 SS-Eintritt; 1938 Finanzpräsident in Graz, 1943 Oberfinanzpräsident Oberdonau.
3 In einem Schreiben vom 16.6.1943 hatte Herbert Gündel dem neuen Oberfinanzpräsidenten Schön geraten, für seine Wohnung Diensträume beim RFM geltend zu machen und diese dann wie üblich durch den Staat möblieren zu lassen; wie Anm. 1, Bl. 171 f.

privat mitbenutzen darf. Schön! Aber ich würde es eben nicht tun, weil die Möbel nicht mein Eigentum sind. Dafür aber hätte meine Frau das zweifelhafte Vergnügen, fremdes Eigentum betreuen zu müssen, und mir könnte womöglich ein Anruf oder eine Einladung eines Herrn Amtmann Sowieso, Berlin, zuflattern, ich möchte ihm für den X-ten ein Zimmer im Gästezimmer[4] freihalten. Ich bin kein Absteigquartier! Ich lade gerne Gäste zu mir, aber nur die, die ich mag. Das kann ich aber nur, wenn alles mein Eigentum ist. Außerdem ist es nicht angenehm, wenn z. B. einem Besucher irgendein Stück Deiner Wohnungseinrichtung gefällt und Du mußt dann sagen: „Das gehört leider nicht mir, sondern der Reichsfinanzverwaltung!"

3.) Ich habe also beschlossen, beide Zimmer, sowohl das in meiner Wohnung im Hochparterre als auch das Zimmer im 2. Stock, leer stehen zu lassen, wenn es auch für einen Oberfinanzpräsidenten nicht besonders angenehm ist, Räume seiner Wohnung leer stehen zu haben. Aber ich kann ja, sollte ich einmal Besuch von Behördenleitern haben und sie meine Wohnung sehen wollen und dann über die leeren Räume erstaunt sein, erklären, daß es mir in den Jetztzeiten unmöglich wäre, privat bei Tischlern oder Händlern zu einer Einrichtung zu kommen, daß aber andererseits meine Bitte, Gegenstände aus Judenvermögen ankaufen zu dürfen, abgelehnt worden sei. Ich werde dann beifügen, daß ich nicht billig zu Möbeln kommen wollte, denn ich sei mir klar, daß ich den Preis, den ich *jetzt* bezahlen müßte, wenn meinem Antrag stattgegeben worden wäre, bei einem allfälligen späteren Wiederverkauf nicht mehr erzielt hätte. Ich hätte nur kaufen wollen, um die Zimmer zu füllen.

4.) In seinen Mitteilungen vom Oktober 1942 sagt Staatssekretär Reinhardt,[5] er habe dann keine Bedenken, daß Angehörige der Reichsfinanzverwaltung Gebrauchsgegenstände aus dem Reich verfallenen Vermögen freihändig erwerben, wenn sie ein dringendes Bedürfnis für den Erwerb dieser Gegenstände nachweisen können. Ist die Einrichtung einer Dienstwohnung von größerem Ausmaß als der bisherigen Wohnung nicht ein solches Bedürfnis? Außerdem: Wenn mir die Möbel nur leihweise überlassen werden, können sie mir ja jederzeit wieder weggenommen werden; dann stünde meine Wohnung erst recht wieder leer. Denkt man aber gar nicht daran, mir die Möbel jemals wieder wegzunehmen, solange ich sie benötige, dann sind sie wieder der Allgemeinheit für den Kauf entzogen. Wie immer ich die Sache betrachte, ich finde keinen Grund für die Ablehnung meines Antrages.

5.) Ich habe ganz durch Zufall erfahren, daß dem Senkowsky[6] trotz der allgemeinen Sperre für den Verkauf unbeweglichen Vermögens doch ausnahmsweise eine Villa verkauft wurde. Warum bei mir so große Bedenken, bei Senkowsky aber nicht? Mir wird der Ankauf einiger Möbelstücke im *jetzigen* Wert von 3000–3.500 RM verweigert, dem Senkowsky aber eine ganze Villa käuflich überlassen! Wo bleiben da die Bedenken?

6.) Es wurde mir bereits der Ankauf von 2 „Kelim",[7] die in Graz in meinem Dienstzimmer im Kasten gelegen sind, weil sie sich als Bodenbelag für dasselbe nicht eigneten, abgelehnt; leihweise wollte man mir die 2 „Kelim" überlassen. Wahrscheinlich war man

4 So im Original.

5 Fritz Reinhardt.

6 Hermann Senkowsky (1897–1965), österreich. Zollbeamter; 1942–1945 Finanzpräsident im Generalgouvernement.

7 Gewebter Teppich, der aus den Balkanländern, dem Vorderen oder dem Mittleren Orient stammt.

der Meinung, die „Kelim" seien besonders wertvolle Stücke. Dir gesagt: sie sind von Motten zerfressen; ich wollte sie, wenn man sie mir verkauft hätte, zerschneiden und den einen brauchbaren Teil in die Veranda meiner hiesigen Wohnung legen, den anderen aber … ins WC. Den Wert der „Kelims" kannst Du Dir jetzt vorstellen! Als mir die betreffende Entscheidung des RdF zukam, habe ich auf die beiden „Kelims" verzichtet.
7.) Ebenso verzichte ich jetzt darauf, weiter wegen der Möbel irgend etwas zu unternehmen oder irgendeinen Antrag zu stellen.
Ich lasse das eine Zimmer in meiner Wohnung, das andere im 2. Stock leer stehen. Meinetwegen kann das Zimmer im 2. Stock für Bombengeschädigte angefordert werden. Ich wohne – ich glaube als einziger Oberfinanzpräsident – dank meinem Vorgänger ohnehin bereits in einem Zinshaus; möge es zur Zinskaserne werden! Mir ist alles Wurscht!
Du kennst nun meinen Standpunkt. Dir danke ich jedenfalls für Deinen Rat, denn Du hast ihn gut gemeint. Wir ostmärkische Schädel sind nun manchmal etwas hart, besonders wenn wir das Gefühl haben, nicht gleichartig mit anderen behandelt zu werden.
Ich hoffe, daß Du doch einmal nach Linz kommst; bis dorthin grüße ich Dich herzlich mit
Heil Hitler!
Dein[8]

DOK. 49

Herbert Strauss erhält im Juni 1943 von einem Fluchthelfer detaillierte Anweisungen, wie er bei Singen illegal die Grenze in die Schweiz überqueren kann[1]

Fluchtanweisung für Herbert A. Strauss,[2] ungez., vom Juni 1943 (Typoskript)

Ein von sehr gut orientierter Seite empfohlener Plan, der ohne jede Hilfe ausgeführt werden kann:
Von Singen zu Fuß in etwa 3/4 Std. nach Rielasingen, welches heute fast so gut wie ein Vorort von Singen nach der Schweizer Grenze zu ist. Bewegt man sich auf der zur Schweizer Grenze führenden Landstraße, so steht man am Ausgang der Ortschaft Rielasingen, sozusagen an der Spitze eines Dreiecks, dessen rechter Schenkel durch einen Höhenzug, den Randegger Berg, und dessen linker Schenkel durch die nach der Schweiz führende Eisenbahnlinie und die parallel dazu verlaufende, ebenfalls nach der Schweiz

8 Herbert Gündel antwortete am 2.7.1943 und erklärte, um Vorwürfe verschiedener staatlicher und parteiamtlicher Behörden gegenüber der Reichsfinanzverwaltung über eine ungerechte Verteilung des Judenvermögens zu entkräften, müssten derartige Anliegen besonders streng gehandhabt werden; wie Anm. 1, Bl. 175 f.

1 LBI, AR 25 287, 1/21. Abdruck in: Brita Eckart, Die jüdische Emigration aus Deutschland 1933–1941. Die Geschichte einer Austreibung, Frankfurt a. M. 1985, S. 302 f.

2 Dr. Herbert A. Strauss (1918–2005), Historiker; von 1936 an studierte er an der Hochschule für die Wissenschaft des Judentums, seit 1940 bei der Jüdischen Gemeinde Berlin tätig, 1942 musste er Zwangsarbeit leisten; im Herbst 1942 tauchte er in Berlin unter und floh im Juni 1943 in die Schweiz; 1946 Emigration in die USA, 1960–1972 Professor in New York, 1982–1990 Direktor des Zentrums für Antisemitismusforschung in Berlin.

gehende Landstraße gebildet wird. Die Schweizer Grenze ist als Basis dieses Dreiecks zu denken, deren Entfernung bis zur Spitze in gerader Linie etwa 3–4 km. beträgt. Dieses Dreieck schließt ein etwas morastiges freies Feld ohne Hindernisse ein, das intensiv bebaut wird. Bereits vom Ausgangspunkt der Ortschaft Rielasingen sieht man eine Reihe von etwa 150 Pappeln, die, etwa 50 mtr. von der Grenze entfernt, sich bereits auf Schweizer Boden befindet. Da auf dem beschriebenen freien Felde, das von dem gedachten Dreieck begrenzt wird, stets landwirtschaftliche Arbeiten ausgeführt werden, so würde ein Mann in Arbeitsanzug und mit Hacke oder Schaufel versehen, der sich von Rielasingen auf die Schweizer Grenze zu bewegt, nicht auffallen. Fehlgehen kann er nicht, da er dauernd die immer sichtbare, bereits auf Schweizer Boden sich befindliche Pappelreihe vor sich hat. Es ist anzuraten, nicht genau die Mitte des Feldes zu überqueren, sondern sich mehr nach rechts zu halten und als Zielpunkt den äußersten rechten Baum der bereits erwähnten Pappelreihe zu wählen. Der Gefahrenpunkt ist das deutsche Zollhaus, das sich direkt an der Grenze zwischen Landstraße und Eisenbahnlinie befindet. Da man von diesem Zollhaus das freie Feld nach allen Richtungen überblicken kann, befinden sich auf diesem keine Grenzwachen, was wiederum von entscheidender Bedeutung sein kann. Es ist kaum anzunehmen, daß vom Zollhaus aus Beamte abgeschickt werden, um den als Landarbeiter Verkleideten zu kontrollieren. Sollte das wider Erwarten doch geschehen, so ist der Wache zu sagen, dass man in Stellung bei Eugen Ruh, Sägerei- u. Mühlenbesitzer sowie Landwirt in Rielasingen, sei. Vielleicht wird dann die Wache den Betreffenden aushören wollen, ob er über die Verhältnisse seines Arbeitgebers einigermaßen orientiert ist. Eugen Ruh ist ein in Ramsen gebürtiger Schweizer, der nach Rielasingen sich verheiratet hat. Er besitzt zwei ledige Söhne, die in der Schweizer Armee dienen. Zur Betreibung seiner Geschäfte besitzt er zwei Pferde. Bei den Pappeln angekommen, wird der Betreffende vielleicht einen Grenzposten sehen, der aber ganz sicher ein Schweizer Beamter ist. Es ist noch darauf aufmerksam zu machen, dass der E. Ruh keine Ahnung davon hat, daß man seinen Namen braucht, alle Angaben stammen lediglich von jemandem, der die Verhältnisse in der Gegend auf das genaueste kennt und der auch so zuverlässig ist, daß man allen seinen Angaben unbedingt vertrauen kann. Selbstverständlich darf der Betreffende sich nicht einfach im Schnellschritt der Grenze zu bewegen, sondern er muß langsam gehen, ab und zu stehen bleiben, sich bücken, tun, als ob er arbeitet, u. s. w. Er darf nicht vergessen, daß er vom deutschen Zollamt aus beobachtet werden kann und daß er einem evtl. Beobachter gegenüber den landwirtschaftl. Arbeiter zu spielen hat. Man könnte auf den Gedanken kommen, daß es bei einer Kontrolle darauf ankommt, den einheimischen Dialekt zu sprechen, dies ist jedoch heut nicht mehr wichtig, da landwirtschaftl. Arbeiter aus allen Gegenden, selbst aus dem Ausland, dort beschäftigt sind. Immerhin kann ja St.[3] den ähnlichen bayrischen Dialekt benutzen. Die Arbeiter brauchen natürl. keinen Ausweis mit sich zu führen, es genügt, wenn sie bei Befragen ihren Arbeitgeber nennen können u. mit dessen Verhältnissen einigermaßen Bescheid wissen.

Es ist jedoch zu bedenken, daß jeden Tag Änderungen in der geschilderten Situation eintreten können. Daß z. B. Stacheldraht der Grenze entlang gezogen wird. Darüber könnte man sich in Rielasingen aber wohl unauffällig informieren.[4]

3 Gemeint ist Herbert Strauss, der aus Würzburg stammte.

4 Im Original wiederholt sich die Beschreibung im Folgenden.

Von Singen nach Rielasingen zu Fuß (etwa 3/4 St.), von R[ielasingen] durch das freie Feld zwischen Höhenzug links Randegger Berg der Hauptstraße u. Bahnlinie der SBB[5] rechts. Von R[ielasingen] aus bis zur Schweizer Grenze etwa 3–4 klm. erstreckt sich ein morastiges freies Feld ohne Hindernis, so daß man schon von R[ielasingen] aus eine Pappelreihe von etwa 150 Bäumen sieht, die parallel zur Schw. Grenze läuft und 50 mtr. davon sich bereits auf Schw. Boden befindet. Links, zwischen Straße u. Bahnlinie, befindet sich das Deutsche Zollamt, von dem aus natürl. das freie Feld beobachtet werden kann.

Diese Tatsache hat jedoch den Vorteil, daß eben dieser Beobachtungsmöglichkeit wegen keine Grenzwachen sich befinden. Da auf dem freien Felde, daß in Dreiecksform zwischen dem Höhenzug rechts u. der Bahnlinie links sich bis zur Schweizer Grenze erstreckt und dessen Spitze R[ielasingen] bildet, immer landwirtschaftl. Arbeiten ausgeführt werden, so würde ein Mann im Arbeitsanzug u. mit Hacke od. Schaufel versehen nicht auffallen, der sich v. R.[6] über das freie Feld auf die Schw. Grenze zubewegt. Es ist anzuraten, nicht genau die Mitte des Feldes zu überqueren, sondern sich mehr nach rechts zu halten und als Zielpunkt den äußersten rechten Baum der bereits erwähnten Pappelreihe zu wählen. Dieses ist deshalb wichtig, weil man dadurch am schnellsten aus dem Blickfeld des D.[7] Zollhauses kommt. Sollte man wider Erwarten angehalten werden, so muß man sagen, daß man in Stellung bei Eugen Ruh, Sägereibesitzer, steht, Mühlenbesitzer u. Landwirt. 2 Rosse, 2 Söhne, Schweizer aus Ramsen, geheiratet nach R. Söhne ledig, leisten Dienst b. Schw. Armee. Wenn er evtl. b. den Pappeln angekommen ist und einen Grenzposten sieht, so kann er ganz sicher sein, dass es ein Schw. Beamter ist.

Bezgl. des Schwimmplanes habe ich Gelegenheit gehabt, mich bei jemand zu informieren, der die Situation ebenso genau kennt wie der Dr. Schür. Die zurückzulegende Schwimmstrecke ist für einen guten Schwimmer in etwa ½ Std. zu absolvieren. Für jemand, der in diesem Sport excelliert, erscheint dieser Plan verhältnismäßig am gefahrlosesten, wenn es möglich ist, den für das Unternehmen günstigsten Augenblick abzuwarten. Diesen Augenblick abzupassen ist besonders dann am besten möglich, wenn man wenigstens für eine Nacht in W.[8] eine Unterkunft findet. In diesem Falle kann man sich dann genau Rechenschaft davon abgeben, zu welchen Zeiten das Ufer bewacht ist und wann etwa die Ablösung der Posten vor sich geht. Es hängt alles davon ab, den richtigen Augenblick zum Abschwimmen zu benutzen. Nach meinem Gewährsmann besteht kaum die Gefahr einer Entdeckung, wenn man einmal eine kurze Strecke vom Ufer entfernt ist. Unbequem ist es, drüben nackt anzukommen, doch wird man wohl sehr bald von Schw. Posten mit Kleidern versorgt werden. Auch hier ist es wieder nötig, auf die unbedingte Lebensgefahr hinzuweisen, der man sich nur durch die Flucht entziehen konnte. Der Kanton Thurgau, in welchem man landet, ist allerdings Flüchtlingen gegenüber nicht so großzügig wie der Kant. Schaffhausen, doch werden Personen, die in absoluter Lebensgefahr waren, nicht zurückgeschickt. Der Kanton Schaffhausen ist allerdings auch nur einige Kilometer von der Landungsstelle

5 Schweizerische Bundesbahnen.
6 Von Rielasingen.
7 Deutschen.
8 Vermutlich: Wangen, Gemeinde Öhningen.

entfernt und sollte es möglich sein, evtl. auch noch diesen zu erreichen. Die Entfernung zwischen W. und St.[9] beträgt auf dem Landwege nur 6 klm. St. gehört bereits zum Kanton Schaffhausen.[10]

DOK. 50

Die 13. Verordnung zum Reichsbürgergesetz legt am 1. Juli 1943 fest, dass strafbare Handlungen von Juden nur noch durch die Polizei geahndet werden[1]

Dreizehnte Verordnung zum Reichsbürgergesetz
Vom 1. Juli 1943

Auf Grund des § 3 des Reichsbürgergesetzes vom 15. September 1935 (Reichsgesetzbl. I, S. 1146)[2] wird folgendes verordnet:

§ 1

(1) Strafbare Handlungen von Juden werden durch die Polizei geahndet.

(2) Die Polenstrafrechtsverordnung vom 4. Dezember 1941 (Reichsgesetzbl. I, S. 759) gilt nicht mehr für Juden.[3]

§ 2

(1) Nach dem Tode eines Juden verfällt sein Vermögen dem Reich.[4]

(2) Das Reich kann jedoch den nichtjüdischen Erbberechtigten und Unterhaltsberechtigten, die ihren gewöhnlichen Aufenthalt im Inland haben, einen Ausgleich gewähren.

(3) Der Ausgleich kann durch einen Kapitalbetrag gewährt werden. Er darf die Höhe des Verkaufswertes des in die Verfügungsgewalt des Deutschen Reichs übergegangenen Vermögens nicht übersteigen.

(4) Der Ausgleich kann durch Überlassung von Sachen und Rechten aus dem übernommenen Vermögen gewährt werden. Für die hierfür erforderlichen Rechtshandlungen werden Gerichtsgebühren nicht erhoben.

§ 3 Der Reichsminister des Innern erläßt im Einvernehmen mit den beteiligten Obersten Reichsbehörden die zur Durchführung und Ergänzung dieser Verordnung erforderlichen Rechts- und Verwaltungsvorschriften. Hierbei bestimmt er, inwieweit diese Verordnung für Juden ausländischer Staatsangehörigkeit gilt.

§ 4 Diese Verordnung tritt am siebenten Tage nach ihrer Verkündung in Kraft. Im Protektorat Böhmen und Mähren gilt sie für den Bereich der deutschen Verwaltung und der deutschen Gerichtsbarkeit; § 2 findet auch auf protektoratsangehörige Juden Anwendung.

9 Vermutlich: Wangen und Stein am Rhein im Kanton Schaffhausen.

10 Die Flucht gelang mit Hilfe von Luise Meier aus Berlin und dem Ehepaar Elise und Josef Höfler aus Gottmadingen. Alle drei wurden 2001 von der Gedenkstätte Yad Vashem als Gerechte unter den Völkern geehrt.

1 RGBl., 1943 I, S. 372.

2 Siehe VEJ 1/198.

3 Die 13. VO zum Reichsbürgergesetz galt auch für die eingegliederten Ostgebiete, womit die einschlägigen Bestimmungen der VO über die Strafrechtspflege gegen Polen und Juden vom Dez. 1941 aufgehoben wurden. Diese sah ein extrem hartes Sonderstrafrecht für Polen und Juden vor. Nach der 13. VO sollten Juden nun gar nicht mehr vor Gericht gebracht, sondern gleich von der Polizei abgeurteilt werden.

4 Diese juristische Festlegung sanktionierte lediglich die bereits etablierte Praxis, das Vermögen der deportierten Juden über die staatliche Finanzverwaltung „zu verwerten".

Berlin, den 1. Juli 1943
Der Reichsminister des Innern
Frick
Der Leiter der Partei-Kanzlei
M. Bormann
Der Reichsminister der Finanzen
Graf Schwerin von Krosigk[5]
Der Reichsminister der Justiz
Dr. Thierack[6]

DOK. 51

In einer Notiz der Reichsvereinigung vom 3. Juli 1943 ist vermerkt, wie viel Juden im Berliner Sammellager Große Hamburger Straße für ihren Aufenthalt bezahlen sollen[1]

Notiz der Reichsvereinigung der Juden in Deutschland (Wy/Kr.),[2] Abt. I. R.,[3] Berlin N 65, Iranische Str. 2, Berlin, gez. Adolf Wolffsky,[4] vom 3.7.1943[5]

Betr. Kassenwesen Sammellager Gr. Hamburger Str.
1. Rücksprache bei Herrn *Dobberke*:[6]
Die allgemeine Verfügung über Regelung des Zahlungsverkehrs vom 1.7.43 wird vorgelegt. Nach Kenntnisnahme ersucht Herr Dobberke wegen der praktischen Durchführung mit Herrn *Reschke*[7] das Notwendige zu besprechen.

5 Johann Ludwig Graf Schwerin von Krosigk (1887–1977), Jurist; von 1920 an im RFM beschäftigt, von 1929 an Leiter der Abt. Haushalt und 1931 auch der Abt. Reparationen, 1932–1945 Reichsfinanzminister; 1937 NSDAP-Eintritt; 1949 im Wilhelmstraßen-Prozess zu zehnjähriger Haftstrafe verurteilt, 1951 entlassen; danach als Schriftsteller und Publizist tätig.

6 Dr. Otto Georg Thierack (1889–1946), Jurist; von 1926 an Staatsanwalt in Leipzig und Dresden; 1932 NSDAP-Eintritt; 1933 Justizminister in Sachsen, 1935 Vizepräsident des Reichsgerichts, 1936–1942 Präsident des Volksgerichtshofs, 1942–1945 Reichsjustizminister und Präsident der Akademie für Deutsches Recht; 1945 Verhaftung, nahm sich im Internierungslager das Leben.

1 BArch, R 8150/9, Bl. 765.

2 Zeichen für Adolf Wolffsky und vermutlich für Dr. Paul Königsberger, Jurist; Leiter der Abt. Rechtssachen in der Abt. II: Fürsorge der im Juni 1943 umstrukturierten Reichsvereinigung der Juden in Deutschland.

3 Abt. I. R.: Zentrale, Revision.

4 Adolf Wolffsky (1898–1975), Börsenmakler und Verwaltungsangestellter; 1921 Heirat mit einer Nichtjüdin; 1924–1932 Inhaber der Fa. Adolf Wolffsky, 1933 Verlust der Börsenzulassung, 1934–1945 Angestellter der JKG Berlin bzw. der Reichsvereinigung, u. a. Leiter der Antragsstelle und der Revisionsabt.; 1947–1952 lebte er in Australien, dann Rückkehr nach West-Berlin.

5 Durchschlag an Dr. Dr. Walter Lustig, Siegbert Kleemann, Walter Rischowsky – mit der Bitte, dem Sammellager Quittungsblocks und Durchschreibebücher baldmöglichst zuzustellen –, Max Reschke.

6 Walter Dobberke (1906–1945), Elektromonteur; 1925–1937 Mitglied der Schutzpolizei, zuletzt im Rang eines Polizei-Oberwachtmeisters, 1937 Kriminal-Oberassistent bei der Stapoleitstelle Berlin; 1937 NSDAP-Eintritt; 1941–1945 Mitarbeiter des Judenreferats der Stapoleitstelle und 1942–1944 Leiter des Sammellagers Große Hamburger Straße; 1945 starb er im sowjet. Gefangenenlager Posen.

7 Max Reschke (1894–1964), Lehrer; 1920–1927 Lehrer an der jüdischen Mittelschule Berlin, 1927–1942 Direktor der jüdischen Knabenvolksschule Berlin; Juli bis Dez. 1943 Ordner im Sammellager Große Hamburger Straße, 1944–1945 Lagerleiter dort und in der Iranischen Straße; 1950 während der Waldheimer Prozesse zu 25 Jahren Zuchthaus verurteilt, 1955 wurde er entlassen.

2. Rücksprache mit Herrn *Reschke*:
Einnahmen
Gemäß behördlicher Weisung sollen von jeder im Sammellager eingelieferten Person bis RM 250,– pro Monat für Unterbringung und Verpflegung gefordert werden. Die Einziehung dieses Betrages erfolgt nach Einlieferung ins Sammellager. Über einen eingezahlten Betrag ist Quittung zu erteilen. Unterschriftsberechtigt sind gemeinsam die Herren *Reschke* und Franz *Meyer*. Für die Ausstellung der Quittungen werden die von der Kasse der Reichsvereinigung der Juden in Deutschland ebenfalls benutzten, laufend numerierten Quittungsblocks verwendet. Die einkommenden Beträge sind außerdem in einem Durchschreibebuch, unter Angabe der Quittungsnummer des Einzahlers und des Betrages, zu vermerken.
Für Überweisungen vom Bankkonto sind vorgeschriebene Formulare zur Ausstellung eines Bankauftrages bereitzuhalten. Es ist dafür Sorge zu tragen, daß der Bankauftrag umgehend dem betreffenden Bankhaus zugestellt wird.
Die eingegangenen Beträge sind spätestens bis zum 10., 20. und Letzten eines jeden Monats abzurechnen und bei der Kasse in der Iranischen Straße einzuzahlen.
Über die auf den Einnahme-Konto Verpflegungsgelder Sammellager Große Hamburger Str. eingegangenen Beträge sind dem Sammellager Gutschriftsanzeigen zu erstatten.
Ausgaben
Die Auffüllkasse des Sammellagers ist verausgabt; Abrechnung der Buchhaltung bereits erteilt. Für die laufenden kleinen Ausgaben und für solche Ausgaben, deren umgehende Bezahlung zweckmäßig erscheint, wird eine neue Auffüllkasse im Betrage von RM 250,– eingerichtet. Die Ausgabenbelege sind, wie bisher, nach Nummern geordnet zu sammeln. Die Ausgaben, wie die Einnahmen, sind in einem Durchschreibebuch zu vermerken. Der Betrag für die Auffüllung der Kasse ist, unter Vorlage der Abrechnung, jeweils so rechtzeitig anzufordern, daß die Mittel für die notwendigen Zahlungen in dem Sammellager jederzeit zur Verfügung stehen. Alle übrigen Ausgaben sollen von der Kasse Iranische Str. bezahlt werden. Das Verfahren ist in der Verfügung über die Regelung des Zahlungsverkehrs festgelegt.

DOK. 52

Der Historiker Arnold Berney schreibt am 4. Juli 1943 in seinem Tagebuch über die Deportationen deutscher Juden nach Theresienstadt und über die kulturellen Anpassungsschwierigkeiten in Palästina[1]

Kriegstagebuch von Arnold Berney,[2] Jerusalem, Eintrag vom 4.7.1943 (Typoskript)

Der fortdauernde Zwang zu einer täglich 12–13 Stunden beanspruchenden Erwerbstätigkeit hat meine freie Zeit nachgerade so sehr beschränkt, die Lust an der Fortführung dieses Kriegstagebuchs so sehr vermindert, daß ich fast fünf Monate geschwiegen habe. Ich spüre auch an mir selbst, dem in diesem Kriege dezidierten Nonkombatten,[3] eine wachsende Kriegsmüdigkeit. Auch durchschaue ich immer mehr die Trostlosigkeit die-

1 CAHJP, P 179, Karton 1, Mappe 3, Bl. 80–82.

ses Emigranten- und Exulantendaseins.[4] Ich weiß, daß ich hassen sollte, wo ich noch immer, wenn nicht liebe, so doch seelisch und geistig gebunden und meinem ganzen Wesen nach verwurzelt bin. Und weiß zugleich, daß ich lieben sollte, was ich doch immer nur als eine mir wildfremde weniger abendländische als orientalisch-jüdische Welt betrachten muß. Das britische Commonwealth, dem ich meinem Passe nach angehöre, ist ebenfalls eine Welt, der ich nur als ein passiver Gast angehöre. Die Kontoristenarbeit, die ich seit bald 30 Monaten in einem englischen Militärbüro verrichte, ist das Äußerste, was sich der aus Deutschland vertriebene Jude, der im ersten Weltkrieg 30 Monate lang auf deutscher Seite gekämpft hat, zuzumuten vermag.

Das Deutschland von heute ist freilich nicht mehr das Deutschland von damals – denn es steht – sieht [man] ab vom Organ seines Willens, jener von der „Partei" repräsentierten Volksminderheit – (18.7.)[5] unter der Führung eines maßvergessenen Dilettanten, an dem man nur die rohe und gewaltsame Willensstärke und gewiß nicht die Halbbildung in der Staatsführung und Strategie bemerkenswert sind – und dessen Halbbildung in weltanschaulicher und volksphilosophischer Hinsicht, die die Deutschen als positives, die Juden als negatives Mustervolk der Welt betrachtet, eines Tages nun als Quelle unendlichen Mensch[en]leids und beweinenswerter Verhängnisse betrachtet werden wird. Die Niederlage, die Hitler in Tunis hinnehmen mußte, kein Dünkirchen fürwahr, sondern ein neues Singapore,[6] bei dem mehr als 300 000 Mann, die Gesamtheit des deutsch-italienischen Afrikakorps, verloren ging – wird genau wie der Zusammenbruch des deutschen rechten Flügels vor Stalingrad als eine persönliche Niederlage Hitlers betrachtet werden müssen. Die Deutschen haben kein Recht, ihre zweite große Niederlage[7] mit dem Hinweis auf die gewaltige englisch-amerikanisch-französische Überlegenheit zu entschuldigen.

Hitler mußte wissen, was von der großen nordamerikanischen Zangenbewegung zu erwarten war. Es ist sehr billig, heute *nach* der Niederlage zu erklären, die vielen frischen, durchweg auserlesenen Formationen, die Hitler seit dem Spätherbst des vorigen Jahres nach Tunis hinüberwarf, seien „nur" dazu bestimmt gewesen, den Gegner aufzuhalten und die europäische Invasion hinauszuschieben.

Nein! Die Invasion wäre wohl auch sonst aufgeschoben worden. Wohl aber sind Deutsche und Italiener in eine Lage hineinmanövriert, in der sie als überall von Invasionen bedroht nirgends mehr eine große offensive Bewegung selbständig durchzuführen wagen. In Rußland liegen sich heute – Anfang Juli – die Riesenheere so gut wie untätig

2 Dr. Dr. Arnold Berney (1897–1943), Jurist, Historiker; 1927 Habilitation, seit 1927 Privatdozent in Freiburg i. Br., 1931 Assistent Gerhard Ritters, 1935 Entzug der Lehrerlaubnis, 1936–1938 Dozent an der Lehranstalt für die Wissenschaft des Judentums in Berlin; 1938 Emigration nach Palästina, dort als Privatlehrer tätig; Autor von „Friedrich der Große" (1934).

3 Richtig: Nonkombattanten. Als Nonkombattanten wurden bis zum Ende des Zweiten Weltkriegs gemäß der Haager Landkriegsordnung (1899 und 1907) Angehörige der Streitkräfte bezeichnet, die nicht an Kampfhandlungen beteiligt waren.

4 Exulant: ursprünglich Glaubensflüchtling im 16. bis 18. Jahrhundert.

5 So im Original.

6 Bei der Schlacht um Singapur Anfang 1942 erlitten die brit. Streitkräfte im Pazifikkrieg die größte militärische Niederlage ihrer Kriegsgeschichte. Mehr als 80 000 Soldaten gerieten in japan. Gefangenschaft. In Dünkirchen hingegen gelang es den Alliierten, den Großteil ihrer Verbände rechtzeitig vor der Einschließung durch die Wehrmacht zu evakuieren.

7 Mit der ersten Niederlage ist der Verlust der 6. Armee bei Stalingrad gemeint.

einander gegenüber. Nach drei hitzigen Offensivfeldzügen, die Hitler zum Herrn und zugleich zum Knecht des eurasiatischen Kontinents und seiner riesigen, eminent verwundbaren Küstenlinie machten, sieht sich Hitler, durch die Niederlagen von Stalingrad und Tunis gewarnt, von der Gefahr des bisher vermiedenen Zweifrontenkrieges bedroht, genötigt, zum ersten Mal den Krieg defensiv zu führen.
Mehr als je zuvor macht sich zugleich das Übergewicht der RAF über deutschen Industriestädten und italienischen Häfen geltend. Der Angriff der amerikanischen und englischen Großflugzeuge scheint nachgerade katastrophale Wirkungen zu zeitigen. Herr Goebbels spricht von Terrorakten und beweint, der Kirchentrümmer von York, Coventry und London uneingedenk, den Kölner Dom. Schon im Vorjahr wurden die wachsenden Luftangriffe mit der billigen, Wohnungsraum schaffenden Evakuation des Großteils der in Deutschland verbliebenen Juden beantwortet. Die ganz Alten wie mein jetzt 79jähriger Vater[8] wurden nach Theresienstadt in Böhmen konzentriert. Jetzt hat man von dort als Repressalie für einen besonderen Luftangriff angeblich 50 000 jüdische Menschen weggenommen und nach polnischen Konzentrationslagern verschleppt, wo sie sich zum wenigsten durch die Mängel ihrer Unterbringung und Verpflegung eiligst vermindern werden, was ja wohl der deutschen Zwecksetzung entspricht.[9] Dieser Sonderfall zeigt die schiere Ausweglosigkeit des deutsch-jüdischen Gegensatzes. Erst haben sie uns als das „Unglück Deutschlands“ bezeichnet, alle Niederlagen und Verderbnisse der letzten 30 Jahre auf unser Schuldkonto geschoben, das deutsche Volk in diesem Sinne verhetzt und durch die Erfindung des jüdischen Zerrbildes zu einem höchst verlogenen Gegenselbstbewußtsein gebracht. Dann haben sie ausländische Reaktionen wie die Fälle Gustloff[10] und vom Rath[11] geschickt benutzt und uns entrechtet und enteignet, gequält, geprügelt, verfolgt und vertrieben, um endlich sich vor dem wahrhaftig nicht mehr verwunderlichen Faktum zu sehen, daß einzelne früher prominente Juden in einer qualifizierten Weise ihren neuen Schützern, Deutschlands besten Feinden, dienstbar wurden. So hat ein Jude offenbar der RAF die genaueren Verhältnisse des Eder- und Mohnedammsystems[12] verraten, die Zerstörung dieser Wasserreservoire und Kraftwerke aus der Luft veranlaßt und dadurch zu allen sonstigen Schäden die furchtbaren Folgen einer Hochwasserkatastrophe hinzugefügt. Dann hat der bemerkenswert ahnungslose englische Pressedienst diese Tatsache in die Welt gesetzt und damit der in Deutschland herrschenden Parteidiktatur die willkommensten Vorwände angeliefert für all jene neuen „Repressalien“, die ich oben bezeichnet habe.[13]

8 Gustav Berney (1864–1942), Weinhändler.

9 Die letzten Deportationen aus Theresienstadt vor dem Eintrag Berneys in sein Tagebuch fanden Anfang 1943 statt. In insgesamt fünf Transporten wurden rund 7000 Menschen nach Auschwitz deportiert.

10 Wilhelm Gustloff (1895–1936); 1932 Landesgruppenleiter der NSDAP/AO in der Schweiz; bei einem Attentat durch den Studenten David Frankfurter starb Gustloff am 4.2.1936; siehe auch VEJ 1/226.

11 Ernst Eduard vom Rath (1909–1938), Jurist, Diplomat; 1938 Mitarbeiter der deutschen Botschaft in Paris. Am 7.11.1938 verübte Herschel Grynszpan ein Attentat auf vom Rath, das als Vorwand für die reichsweiten Novemberpogrome diente.

12 Gemeint ist die Möhnetalsperre.

13 Siehe Dok. 26 vom 19.5.1943.

So befinden wir uns in einem furchtbaren Circulus vitiosus. Niemand gedenkt auch der Tatsache, daß der deutsche politische Antisemitismus nicht eine Folge irgendwelchen deutsch-jüdischen Versagens, sondern allein der Ausdruck mangelhaften nationaldeutschen, sich am Judenhaß schadlos haltenden Selbstbewußtseins ist. Längst ist das Gift des Rassenhasses auch in die Länder der Alliierten eingedrungen und hat da auch [die] hier vorhandenen, an sich höchst natürlichen Gegensätze abwertend belastet.
Auch die Lage der Juden in Palästina wird von dieser Lage des Judentums in der Welt affiziert.

DOK. 53
Adolf Eichmann drängt am 5. Juli 1943 auf die Deportation der letzten ausländischen Juden[1]

Schreiben (geheim) des Chefs der Sicherheitspolizei und des SD – IV B 4b[2] – (2314/43 g. 82) –, gez. i. A. Eichmann, an das Auswärtige Amt, Legationsrat von Thadden, vom 5.7.1943[3]

Betrifft: Behandlung von Juden ausländischer Staatsangehörigkeit (Allgemein)
Bezug: Dort. Schreiben vom 8.2.43 – D III 136 g –,[4] hiesiger Erlaß vom 5.3.43 – IV B 4b 2314/43 g. (82)[5] – und fernmündliche Unterredung mit Regierungsrat Hunsche
Nachdem bis jetzt die den ausländischen Regierungen für die sogen. Repatriierung ihrer staatsangehörigen Juden ursprünglich gesetzten Fristen mit hiesigem Einverständnis mehrfach stillschweigend oder auch offiziell verlängert worden sind, wird nunmehr ein längeres Zuwarten und ein weiteres Entgegenkommen für nicht mehr vertretbar gehalten. Nach dem augenblicklichen Stand der Endlösung der Judenfrage im Reich befinden sich im Reichsgebiet lediglich noch die in deutsch-jüdischer Mischehe lebenden Juden und einige wenige Juden ausländischer Staatsangehörigkeit. Die Abschiebung der mit dortigem Einverständnis hierfür vorgesehenen Juden ausländischer Staatsangehörigkeit ist inzwischen abgeschlossen, desgleichen dürften die Repatriierungsmaßnahmen der hierfür in Frage kommenden Länder zum größten Teil durchgeführt sein.
Um auf diesem Gebiet zu einer endgültigen Lösung kommen zu können, ist es erforderlich, den betreffenden Regierungen nunmehr einen Endtermin für die Durchführung der Repatriierung zu setzen.

1 PAAA, R 100 857, Bl. 282 f. Abdruck in: ADAP, Serie E, Bd. 6 (wie Dok. 30 vom 24.5.1943, Anm. 1), Dok. 133, S. 231 f.
2 Zum Ref. IV B 4b siehe Dok. 29 vom 21.5.1943, Anm. 2. Leiter des Sachgebiets war im Juli 1943 Dr. Otto Hunsche (1911–1994), Jurist; 1933 SA-, 1937 NSDAP-Eintritt; von Nov. 1941 an stellv. Sachgebietsleiter im Ref. IV B 4b (Recht) des RSHA, im März 1944 Mitglied im Sonderkommando Eichmann in Budapest und Berater des ungar. Innenministeriums in „Judenfragen"; 1945–1947 interniert, danach zweieinhalb Jahre Gefängnis; 1952 als Rechtsanwalt tätig; 1969 wegen Massendeportationen ungar. Juden zu zwölf Jahren Gefängnis verurteilt.
3 Im Original handschriftl. Bearbeitungsvermerke.
4 Nicht ermittelt.
5 Mit dem Erlass (wie Anm. 1, Bl. 290 f.) ordnete das RSHA an, alle ausländischen Juden, die sich nicht auf dem Gebiet ihres Heimatstaats befanden, sowie staatenlose Juden in die Deportationen einzubeziehen. Lediglich Juden aus neutralen oder befreundeten Staaten sowie aus den USA und Großbritannien waren von der Anordnung ausgenommen.

Es darf daher gebeten werden, den Regierungen der nachstehend aufgeführten Länder
1.) Italien,
2.) Schweiz,
3.) Spanien,
4.) Portugal,
5.) Dänemark,
6.) Schweden,
7.) Finnland,
8.) Ungarn,
9.) Rumänien,
10.) Türkei
mitzuteilen:
a) daß ihren im deutschen Machtbereich befindlichen staatsangehörigen Juden von den deutschen Dienststellen nur noch bis zum 31.7.1943 Ausreisesichtvermerke erteilt werden und die nach Ablauf von weiteren 3 Tagen (3.8.1943) im deutschen Machtbereich verbliebenen Juden in jeder Hinsicht den Juden deutscher Staatsangehörigkeit gleichgestellt werden,
b) daß, falls bis zu diesem Zeitpunkt die Repatriierung eines besonders interessierenden Juden nicht durchgeführt werden könne, eine Ausnahmeregelung nur in dem Fall [zu]gesichert werden könne, wenn der betreffende Jude dem Auswärtigen Amt bis zum 1.8.1943 namhaft gemacht wird.
Abschließend wird gebeten, im Interesse der Endlösung der Judenfrage etwaige Bedenken zurückzustellen, nachdem den ausländischen Regierungen in dieser Angelegenheit vom Reich bisher in großzügigster Weise Entgegenkommen gezeigt worden ist.[6]

DOK. 54

Martin Bormann weist am 11. Juli 1943 im Auftrag Hitlers die Reichs- und Gauleiter an, wie die „Judenfrage“ öffentlich zu behandeln ist[1]

Rundschreiben (Geheim) Nr. 33/43 g. der Partei-Kanzlei der NSDAP, gez. M. Bormann, Führerhauptquartier, an die Reichsleiter, die Gauleiter und die Verbändeführer vom 11.7.1943[2]

Betrifft: Behandlung der Judenfrage
Im Auftrage des Führers teile ich mit:
Bei der öffentlichen Behandlung der Judenfrage muß jede Erörterung einer künftigen Gesamtlösung unterbleiben.
Es kann jedoch davon gesprochen werden, daß die Juden geschlossen zu zweckentsprechendem Arbeitseinsatz herangezogen werden.

6 Am 23.9.1943 teilte das RSHA mit, dass die Repatriierung ausländischer Juden abgeschlossen sei; siehe Dok. 80 vom 23.9.1943.

1 BArch, NS 6/344, Bl. 97, und NS 19/1577, Bl. 21. Abdruck in: Beatrice und Helmut Heiber (Hrsg.), Die Rückseite des Hakenkreuzes. Absonderliches aus den Akten des Dritten Reiches, München 1993, S. 263.

2 Im Original mit Eingangsstempel des Persönlichen Stabs des Reichsführer-SS (Nr. 62/5, Datum unleserlich).

DOK. 55

Das Rassenpolitische Amt Köln-Aachen fordert am 15. Juli 1943 dazu auf, Juden für die Deportation zu melden[1]

Rundschreiben des Leiters des Rassenpolitischen Amts (Vertraulich!), NSDAP Gau Köln-Aachen (Mz/Ha.), gez. Oberbereichsleiter Merzenich,[2] Köln, Claudiusstraße 1, vom 15.7.1943 (Typoskript)

Der Gauleiter[3] teilt mir heute mit, daß er in seiner letzten Besprechung in Berlin erreichte, daß ab sofort alle noch in unserem Gaugebiet befindlichen Volljuden einschließlich der in privilegierter Ehe lebenden Volljuden abgeschoben werden. Sie werden teils nach Theresienstadt verschoben, teils vorläufig nach Berlin geleitet, um dort in jüdische Haushaltungen eingewiesen zu werden.[4] Es besteht die Möglichkeit, daß der deutschblütige Teil sich weigert, sich von seinem jüdischen Ehepartner zu trennen; es liegt in Händen der Staatspolizei, in solchen Fällen eine Entscheidung zu treffen, so daß ggf. auch der deutschblütige Teil mit abgeschoben wird. Die Staatspolizei hat bereits entsprechende Anweisung. Ich bitte daher alle Kreisbeauftragten in Verbindung mit den Ortsgruppenleitern, die Staatspolizei durch Benennung der noch vorhandenen Juden bezw. privilegierten Ehen zu unterstützen. Besonders für Köln und die angrenzenden Gebiete, in denen in letzter Zeit Umquartierungen vorgenommen wurden, wird über den Verbleib zahlreicher Juden bezw. deren Familien besondere Nachprüfung notwendig sein.

1 Stadtarchiv Witten, Sammlung Wülfrath 1, Sig. 10, Bl. 3.

2 Toni Merzenich (1918–1979), Gartenbauarchitekt; 1928 NSDAP-Eintritt; 1934–1943 Ratsherr der Stadt Köln; von 1936 an Leiter des Rassenpolitischen Amts Köln, seit 1938 für den Gau Köln-Aachen, 1944 Leiter des Gausippenamts Köln-Aachen; 1945–1951 Internierungshaft; dann als Handelsvertreter tätig; 1964–1970 Geschäftsführer des Bundes der Familienverbände.

3 Josef Grohé (1902–1987), Kaufmann; 1925 NSDAP-Eintritt; von 1926 an Hauptschriftleiter und Verleger der Zeitung Westdeutscher Beobachter; 1931–1945 Gauleiter von Köln-Aachen und MdR, 1944 Reichskommissar in Belgien und Nordfrankreich; 1945 untergetaucht, 1946–1950 in Untersuchungshaft, 1950 vom Spruchgericht Bielefeld zu viereinhalb Jahren Haft verurteilt und unter Anrechnung der verbüßten Haft entlassen, danach als Vertreter tätig.

4 Tatsächlich ging bereits am 1.8.1943 ein Transport mit 45 Juden aus Köln nach Theresienstadt. Bis auf zwei Kinder waren alle Deportierten von ihrem nichtjüdischen Ehepartner verwitwet oder geschieden. Lediglich Alex Meyer-Wachmann (1881–1944) war zunächst im jüdischen Krankenhaus in Berlin behandelt worden und von dort am 15.10.1943 nach Theresienstadt mit 50 anderen deportiert worden. Ein weiterer Transport mit 20 Personen fand am 30.10.1943 statt. Die Juden aus noch existierenden „privilegierten" Mischehen wurden im Sommer 1943 nicht deportiert, und die offizielle Anordnung des RSHA, jüdische Ehepartner aus nicht mehr existierenden „Mischehen" zu deportieren, erfolgte erst Ende 1943.

DOK. 56

Bischof Theophil Wurm verurteilt in einem Schreiben an Hitler vom 16. Juli 1943 die Ermordung der Juden und protestiert gegen die Ausdehnung der Maßnahmen auf „Mischlinge“[1]

Schreiben des württembergischen Landesbischofs D. Wurm[2] an den Führer und Reichskanzler und an die Mitglieder der Regierung des Deutschen Reiches, Reichskanzlei, vom 16.7.1943 (Abschrift)[3]

In den letzten Jahren und noch bis in die jüngste Zeit hinein haben Männer der Kirche mehrfach versucht, mit der Führung des Reichs oder mit einzelnen maßgebenden Persönlichkeiten in hohen Staats- oder Parteiämtern Fühlung zu gewinnen, um wichtige Anliegen der christlichen Volkskreise zu Gehör zu bringen. Ihre schriftlichen Vorlagen haben keine Antwort gefunden, ihre Bemühungen um persönliche Aussprache keinen Erfolg gehabt. Es läge nahe, nun zu schweigen und jede Mitverantwortung für das weitere Geschehen abzulehnen. Denn eine Mitverantwortung trägt auch bei der heutigen Staatsform jeder Christ, weil ihm aufgetragen ist, für das Gute einzutreten und gegen das Böse zu zeugen. Die Liebe zu meinem Volk, dessen Geschicke ich als 75jähriger seit vielen Jahrzehnten mit innerster Anteilnahme verfolge und für das ich im engsten Familienkreis schwere Opfer gebracht habe,[4] drängt mich aber dazu, es noch einmal mit einem offenen Wort zu versuchen.

Unter den vielen Männern und Frauen, die in diesem Krieg für Deutschland starben, sind ungezählte Christen. Unter denen, die weiter in schweigender Hingabe den Kampf für das Vaterland führen und die Opfer tragen, sind ebenfalls unzählige Christen. Für die lebenden wie für die gefallenen evangelischen Christen Deutschlands wende ich mich als ältester evangelischer Bischof, des Einverständnisses weiter Kreise in der evangelischen Kirche gewiß, an den Führer und die Regierung des Deutschen Reiches.

Im Namen Gottes und um des deutschen Volkes willen sprechen wir die dringende Bitte aus, die verantwortliche Führung des Reichs wolle der Verfolgung und Vernichtung wehren, der viele Männer und Frauen im deutschen Machtbereich ohne gerichtliches Urteil unterworfen werden. Nachdem die dem deutschen Zugriff unterliegenden Nichtarier in größtem Umfang beseitigt worden sind, muß auf Grund von Einzelvorgängen befürchtet werden, daß nunmehr auch die bisher noch verschont gebliebenen sogenannten privilegierten Nichtarier erneut in Gefahr sind, in gleicher Weise behandelt zu werden. Insbesondere erheben wir eindringlichen Widerspruch gegen solche Maßnahmen, die die eheliche Gemeinschaft in rechtlich unantastbaren Familien und die aus diesen

1 LKA Stuttgart, D1 (Nachlass Wurm), Bd. 109. Abdruck in: Heinrich Hermelink (Hrsg.), Kirche im Kampf: Dokumente des Widerstands und des Aufbaus in der evangelischen Kirche Deutschlands von 1933 bis 1945, Tübingen u. a. 1950, S. 654–656.

2 Dr. Theophil Wurm (1868–1953), evang. Theologe; von 1899 an Pfarrer der Inneren Mission Stuttgart und Ravensburg; 1929 Ehrendoktor der Theologie (abgekürzt: „D.“); 1929 württemb. Kirchenpräsident, 1933–1948 Landesbischof in Württemberg; 1944 Rede- und Schreibverbot; 1945–1948 Ratsvorsitzender der EKD, Mitverfasser des Stuttgarter Schuldbekenntnisses. Wurm rückte spätestens 1934 von der NS-Kirchenpolitik ab und reichte wiederholt Beschwerden gegen die „Euthanasie“ ein.

3 Der Appell beginnt ohne Anrede.

4 Ein Sohn und ein Schwiegersohn Wurms waren 1942 in der Sowjetunion gefallen.

Ehen hervorgegangenen Kinder bedrohen.[5] Diese Absichten stehen, ebenso wie die gegen die anderen Nichtarier ergriffenen Vernichtungsmaßnahmen, im schärfstem Widerspruch zu dem Gebot Gottes und verletzen das Fundament alles abendländischen Denkens und Lebens: das gottgegebene Urrecht menschlichen Daseins und menschlicher Würde überhaupt.

In der Berufung auf dieses göttliche Urrecht des Menschen schlechthin erheben wir feierlich die Stimme auch gegen zahlreiche Maßnahmen in den besetzten Gebieten. Vorgänge, die in der Heimat bekannt geworden sind und viel besprochen werden, belasten das Gewissen und die Kraft unzähliger Männer und Frauen im deutschen Volk auf das schwerste: sie leiden unter manchen Maßnahmen mehr als unter den Opfern, die sie jeden Tag bringen. Die deutsche evangelische Christenheit muß das dringende Verlangen stellen, daß den der Macht des Reiches unterworfenen Nationen und Konfessionen die volle Freiheit der Religionsausübung und eine den Grundsätzen des Rechts und der Gerechtigkeit entsprechende Behandlung ohne Ansehen der Nation oder der Konfession gewährleistet werde. Die evangelische Christenheit Deutschlands weiß sich dabei in christlicher Solidarität mit all denen, die durch unverständliche Anordnungen selbst im tiefsten Elend noch daran gehindert werden, in der Gemeinschaft ihres Glaubens Trost zu suchen. Wir verkennen nicht die harten Notwendigkeiten des Krieges. Wir sind aber der Überzeugung, daß Willkürmaßnahmen gegen Leben, Eigentum und Glaubensfreiheit, die von Parteiinstanzen und staatlichen Stellen unter Berufung auf solche Notwendigkeiten durchgeführt worden sind, unendlich mehr geschadet haben als etwaiger Mißbrauch von Gerechtigkeit und Milde.

Die deutsche Christenheit hat bis heute den Angriffen auf den christlichen Glauben und die Freiheit seiner Betätigung widerstanden. Sie beklagt aber auf das tiefste die vielfache Unterdrückung der Glaubens- und Gewissensfreiheit, die fortgehende Zurückdrängung des elterlichen und christlichen Einflusses in der Jugenderziehung, die Festhaltung von durchaus ehrenhaften Persönlichkeiten in Konzentrationslagern, die Erschütterung der Rechtspflege und die sich daraus entwickelnde allgemeine Rechtsunsicherheit überhaupt.

Indem wir dies im Namen unzähliger evangelischer Christen aussprechen, begehren wir nichts für uns selbst. Die deutsche evangelische Christenheit trägt alle Opfer mit. Sie will keine Sonderrechte und keine Bevorzugung. Sie strebt nicht nach Macht und begehrt keine Gewalt. Aber nichts und niemand in der Welt soll uns hindern, Christen zu sein und als Christen einzutreten für das, was recht ist vor Gott. Darum bitten wir in ganzem Ernst, daß die Führung des Reiches diesem Begehren Gehör schenken möge eingedenk ihrer hohen Verantwortung für Leben und Zukunft des deutschen Volkes.[6]

5 Wurm spielt hier auf die Überlegungen in der deutschen Regierung an, Zwangsscheidungen von „Mischehen" zu veranlassen; siehe VEJ 6/182.

6 Die Eingabe Wurms wurde am 29.9.1943 vom Rundfunksender London in norweg. Sprache verbreitet.

DOK. 57
Benno Ostertag ermahnt am 22. Juli 1943 die verbliebenen Juden, die neuesten antijüdischen Bestimmungen strikt einzuhalten[1]

Rundschreiben Nr. 9 der Reichsvereinigung der Juden für Stuttgart, gez. Dr. Benno Ostertag, Stuttgart, Eberhardstr. 1/II, vom 22.7.1943

Rundschreiben Nr. 9

1. Die Reichsvereinigung der Juden in Deutschland hat sich nicht in vollem Umfang aufgelöst. Sie besteht in beschränktem Maße fort. Die neue Anschrift ist:
Reichsvereinigung der Juden in Deutschland, Berlin N 65, Iranische Str. 2, Fernruf Nr. 46 4446. Leiter ist Dr. Walter Israel Lustig.[2]
Dorthin sind auch die Karten, die für Theresienstadt bestimmt sind, zu richten.
In Stuttgart ist für die Reichsvereinigung für den Bezirk Württemberg und Hohenzollern Herr Alfred Israel Marx[3] als Vertrauensmann bestellt; die Adresse ist nach wie vor Hospitalstr. 56.
Er bearbeitet alle geschäftlichen Angelegenheiten, welche die Reichsvereinigung betreffen.
Die in privilegierter Mischehe lebenden Juden nehmen den Verkehr mit ihm, soweit notwendig, durch mich auf. Direkten Anfragen an Herrn Marx ist Rückporto beizufügen.
2. Bei dieser Gelegenheit mache ich nochmals besonders darauf aufmerksam, daß Eingaben und Anträge an Behörden nur eingereicht werden dürfen, wenn die Reichsvereinigung die Zulässigkeit geprüft hat. Ausgenommen sind lediglich Anträge und Eingaben von Konsulenten usw. nach Maßgabe der Richtlinien.
Verstöße gegen diese Vorschriften werden geahndet.
Es besteht Veranlassung, darauf hinzuweisen, daß durch die Neu-Organisation der Reichsvereinigung keinerlei Änderung der von mir früher mitgeteilten Anordnungen eingetreten ist. Diese müssen nach wie vor in gleicher Weise peinlichst genau eingehalten werden.
Weiterhin wird auf den *Kennkarten*zwang[4] und die *Reichs*meldeordnung[5] nochmals aufmerksam gemacht. Es ist bei allen Anfragen, Anträgen und Gesuchen an Behörden jeweils die Kennkarten-Nummer anzugeben und ausdrücklich darauf aufmerksam zu machen, daß man Jude ist. Bei persönlichem Verkehr ist unaufgefordert die Kennkarte

1 StadtA Ulm, Nachlass Keil, Nr. 1/6.

2 Dr. Dr. Walter Lustig (1891–1945), Arzt; bis 1919 Arzt in Breslau, 1920–1927 Medizinalbeamter in Koblenz, dann bis 1933 Verwaltungsangestellter der Berliner Polizei; seit 1934 in der Gesundheitsverwaltung der JKG Berlin, 1941/42 Leiter der Untersuchungsabt. für Transportreklamationen, von 1942 an Leiter des Jüdischen Krankenhauses Berlin und von Juni 1943 bis Mai 1945 der Reichsvereinigung der Juden; 1945 von der sowjet. Besatzungsmacht wegen angeblicher Kollaboration verhaftet, in Berlin-Rummelsburg getötet.

3 Dr. Alfred Marx (1899–1988), Jurist; von 1928 an Amtsrichter in Württemberg, 1935 Entlassung; von 1939 an Mitarbeiter der Jüdischen Mittelstelle in Stuttgart, seit 1940 als deren Leiter, 1943–1945 Vertrauensmann der Reichsvereinigung für Württemberg, 1945 wurde er nach Theresienstadt deportiert; 1948–1964 Richter am Landgericht Stuttgart.

4 Die Kennkarte wurde 1938 als allgemeiner Inlandsausweis eingeführt. Juden mussten sich vom 1.10.1938 an damit jederzeit ausweisen können; RGBl., 1935 I, S. 922; siehe auch VEJ 2/72.

5 Siehe Einleitung, S. 32.

vorzuzeigen und auf die Eigenschaft als Jude hinzuweisen. Wenn von einem Juden ein Ausweis verlangt wird, muss er sich durch seine Kennkarte, die er stets bei sich zu tragen hat, und nicht durch andere Ausweise, z. B. Postausweis usw., ausweisen.
Das gleiche gilt für *Anmeldungen* in Hotels oder bei anderen Leuten, die Unterkunft gewähren. Die Anmeldung muß in diesen Fällen innerhalb 24 Stunden erfolgen. Es muß ein vorgeschriebener Meldezettel ausgefüllt werden. Auf dem Meldezettel ist der volle Name, Kennkarten-Nummer und Jude oder Jüdin anzugeben. Es genügt nicht, wenn nur der zusätzliche Vorname Sara oder Israel angegeben wird.
Reine Besuche müssen innerhalb drei Tagen polizeilich gemeldet werden. Auch hier ist die Innehaltung der obigen Vorschriften Zwang.
Wenn ein arischer Ehegatte mit dem jüdischen Eheteil reist, hat er, wenn er selbst die Meldezettel ausfüllt, die Vorschriften genau einzuhalten. Bei Verstößen wird nicht nur er, sondern auch der jüdische Teil zur Rechenschaft gezogen. Der jüdische Teil hat sich zu vergewissern, daß die Vorschriften genau eingehalten werden.
Das gleiche gilt natürlich auch für Eingaben, Anträge usw. Hier hat der arische Partner, wenn er für den jüdischen Eheteil auftritt, auf die Judeneigenschaft aufmerksam zu machen und die Kennkarten-Nummer anzugeben.
3. Es wird erneut darauf hingewiesen, daß die Verdunklungsvorschriften genau einzuhalten sind.
4. Durch die 13. Verordnung zum Reichsbürgergesetz,[6] die dieser Tage erging, werden Straftaten von Juden nicht mehr durch die Gerichte, sondern durch die Polizei geahndet. Weiter führt die Verordnung aus, daß nach dem Tode eines Juden sein Vermögen dem Reich verfällt. Nichtjüdischen Erbberechtigten und Unterhaltsberechtigten kann ein Ausgleich für den Erb- oder Unterhaltsanspruch gewährt werden.
5. Ich bitte, die Sprechstunden recht häufig zu benützen. Ich habe nunmehr die speziell donnerstags eingerichteten Sprechstunden für Privilegierte aufgehoben und stehe Privilegierten die ganze Woche über, mit Ausnahme samstags, während der Bürostunden für Fragen, welche die Rundschreiben und die Mischehe-Eigenschaft betreffen, unentgeltlich zur Verfügung. Es ist aber erwünscht, daß vorher telefonisch mit meiner Kanzlei eine Zeit vereinbart wird.
Honorare werden nur für Rechtsangelegenheiten, die mit Vorstehendem nichts zu tun haben, erhoben.
6. Weisungsgemäß ersuche ich um Ausfüllung eines Fragebogens nach folgendem Schema:

a) Konfession
b) Erlernter Beruf
c) Ausgeübter Beruf
d) Zimmerzahl der Wohnung
e) Mietpreis
f) Name, Geburtstag und Geburtsort des arischen Ehegatten
g) Staatsangehörigkeit. Bei Ausländern sind hier auch die Personalien der Eltern anzugeben und bis wann die eigene Aufenthaltsbewilligung erteilt ist.
h) Zahl und Name etwaiger Untermieter.

6 Siehe Dok. 50 vom 1.7.1943.

Ich bitte, die Antwort womöglich auf einem Bogen in ungefähr halber Größe des vorstehenden Bogens doppelt zu geben und mir unverzüglich einzureichen.
Monierungen können nicht erfolgen. Weigerungen der Ausfüllung habe ich zu melden. Ich habe zwar schon einen großen Teil der Angaben, die mir zu machen sind, und könnte aus dem mir vorliegenden Material eine Reihe der Angaben selbst herausziehen. Sie ersparen mir aber viel Mühe, wenn Sie sämtliche Fragen ordnungsgemäß beantworten. Es fehlt mir die Zeit, alle Einzelfälle zu bearbeiten, während es für den einzelnen nur eine geringe Mühe macht.
7. Ich weise auch nochmals auf die Verpflichtung hin, daß alle Veränderungen im Familienstand, also z. B. Tod eines Ehegatten oder eines Kindes, mir unverzüglich zu melden sind, weiterhin Veränderungen im Arbeitseinsatz und hinsichtlich der Wohnung sowie Veränderungen der Staatsangehörigkeit.[7]
Die ergangenen Vorschriften über den Besuch von heilklimatischen Kurorten und Bädern, die bei mir zu erfahren sind, sind streng einzuhalten.

DOK. 58
Elisabeth Lutinski beantragt am 26. Juli 1943 bei der Gestapoleitstelle Berlin, die Kündigung ihres Telefonanschlusses rückgängig zu machen, da ihr jüdischer Schwiegersohn diesen nicht benutze[1]

Schreiben von Elisabeth Lutinski,[2] Berlin N 65, Turiner Str. 48, an die Geheime Staatspolizei-Leitstelle Berlin vom 26.7.1943 (Durchschlag)

Mir ist mein Telephonanschluß 46 58 69 mit einem für Juden bestimmten Formular gekündigt worden, und zwar zum 31. Juli 1943.[3] Grund für diese Kündigung ist offenbar, daß mein jüdischer Schwiegersohn[4] bei mir wohnt.
Aus folgenden Gründen bitte ich, das Fernsprechamt anzuweisen, die Kündigung zurückzunehmen: Ich bin 65 Jahre alt, verwitwet und brauche das Telephon dringend für meinen Beruf, zumal ich bei meinem Alter möglichst viel telephonisch erledigen muß, insbesondere bei Verhandlungen mit Behörden usw. Meinen Beruf habe ich seit 25 Jahren und etwa auch seit dieser Zeit mein Telephon.

7 Die Vertrauensleute der Reichsvereinigung der Juden waren angewiesen, sämtliche Personenstandsveränderungen an die Zentrale in Berlin zu melden. Diese wiederum musste monatlich alle Veränderungen statistisch erfassen und dem RSHA übermitteln; siehe Dok. 29 vom 21.5.1943.

1 JMB, 1999/50/576, Schenkung von Esther-Eva Schmidt.
2 Elisabeth Lutinski (*1878), Hausverwalterin; verheiratet mit dem Kaufmann Wilhelm Lutinski (1868–1941).
3 JMB, 1999/50/105. Am 29.7.1940 hatte das Reichspostministerium Juden als Fernsprechteilnehmer ausgeschlossen; siehe VEJ 3/96.
4 Dr. Fritz Lewy (1898–1978), Jurist; seit 1924 Anwalt in Berlin; 1932 Heirat mit Charlotte Lutinski; 1938 Entzug der anwaltlichen Zulassung, dann bis 1943 Vermögensverwalter für emigrierte Juden, 1943–1945 Zwangsarbeit v. a. bei der Reichsbahn, während der sog. Fabrik-Aktion kurzzeitig verhaftet; 1945–1977 wieder als Anwalt in Berlin tätig.

Da meine Wohnung für mich allein zu groß ist, wohnt meine Tochter nebst Mann und Kind bei mir.[5] Ich versichere aber, daß ich meinen eigenen Haushalt führe – ich habe auch von der Kartenstelle meine eigene Haushaltskarte erhalten – und daß sich das Telephon in meinem Zimmer auf meinem Schreibtisch befindet, was jederzeit nachgeprüft werden kann. Die Familie meiner Tochter, zu der auch der oben erwähnte jüdische Schwiegersohn gehört, hat ihren eigenen Raum. Mein Schwiegersohn ist zudem berufstätig und den ganzen Tag vom Haus abwesend, so daß für ihn das Vorhandensein des Telephons überhaupt keine Rolle spielt und es nur mir fehlt.
Außer meinem Schwiegersohn ist kein Jude im Haus. Ich selbst und meine Tochter sind rein arisch; meine Enkeltochter ist Mischling I. Grades.
Ich bitte, aus diesem Grunde meinem Antrage stattgeben zu wollen.[6]

DOK. 59

Hans Feldheim berichtet seiner emigrierten Tochter am 1. August 1943, wie viel Arbeit er als Kölner Repräsentant der Reichsvereinigung der Juden hat[1]

Brief von Hans Salomon Feldheim,[2] Köln, an seine Tochter Helga Feldheim,[3] Amsterdam, vom 1.8.1943

Geliebtes Kind.
Endlich ein Lebenszeichen von Dir! Ich darf ohne Übertreibung sagen, daß jetzt schon Monate seit Deinem letzteingetroffenen Brief vergangen sind. Auch heute liegt nichts Schriftliches von Dir vor, aber auch ohne dieses zeigt mir das liebe Paketchen, welches ich vorgestern erhielt, daß Du noch lebst, gesund bist und in alter Treue an uns denkst. Mit der Post wird es Dir nicht anders ergangen sein als uns: Auch Du wirst nichts erhalten haben, obwohl wir mehrfach Nachricht gaben, besonders nach den schweren Terrorangriffen auf Köln, auch Du wirst in Unruhe gewesen sein, ob uns nichts passiert ist, wie wir es bezüglich Deiner bescheidenen Persönlichkeit waren, als wir in der Zeitung gelesen hatten, daß auch Amsterdam das Opfer des Luftterrors geworden war. Wo ich jetzt der Sorge um Dich enthoben bin, geht es mir wieder gut, soweit das die geradezu tropische Hitze zuläßt. So wenig gibt es gar nicht zum Anziehen, wie man anhaben

5 Charlotte Lewy, geb. Lutinski (1899–1999), Büroangestellte; 1931 Geburt der Tochter Esther-Eva, seit der Taufe der Tochter lebte das Ehepaar Lewy in „privilegierter Mischehe"; 1935 Mitglied im Jüdischen Frauenbund; Esther-Eva Lewy (*1931), Rechtsanwaltsgehilfin; von 1938 an Besuch verschiedener jüdischer Schulen; 1940 evang. getauft, damit wurde ihr Status von „Geltungsjüdin" zu „Mischling ersten Grades" geändert.
6 Eine Antwort ist nicht überliefert.

1 Original in Privatbesitz, Kopie: NS-Dokumentationszentrum Köln, Bestand Feldheim.
2 Dr. Hans Salomon Feldheim (1886–1944), Arzt; zunächst in Barmen niedergelassen; 1933 Entzug der ärztlichen Zulassung, 1936 Umzug nach Köln, dort als sog. Krankenbehandler und Vertrauensmann der Reichsvereinigung der Juden tätig; Ende Aug. 1944 tauchte er gemeinsam mit seiner Tochter Anneliese bei Bekannten unter; nahm sich das Leben.
3 Helga Felicitas Samson-Feldheim (1920–2005); 1939 Emigration in die Niederlande zu Verwandten väterlicherseits, nach dem Einmarsch der Wehrmacht tauchte sie dort unter; lebte nach dem Krieg in den Niederlanden.

möchte, um das gegenwärtige Klima zu ertragen. Aber auch das geht vorüber, und deshalb wollen wir nicht länger davon schweigen.[4]

Seit der Übernahme meines neuen Amtes hab ich katastrophal viel Arbeit am Hals, im Innen- wie im Außendienst, wozu z. B. die Verhandlungen mit den Behörden gehören. In den Sprechstunden habe ich mehr mit juristischen als mit ärztlichen Beratungen zu tun. Ein erfahrener Mann sagte mir, daß ich jetzt die Rolle eines Kleinlandstadtbürgermeisters spiele, der alles können muß. Nach einem alten Wahlspruch handelnd: „Wem der liebe Gott ein Amt gegeben hat, dem nimmt er auch den Verstand", hoffe ich und habe ich sogar das Gefühl, daß meine nicht leichte Aufgabe zur Zufriedenheit aller Beteiligten klappt und damit schwitze ich in Zufriedenheit.

Der Krieg hat uns Menschen, bestimmt die hier im Westen wohnenden, beliebig anspruchslos und bescheiden gemacht. Nur in einem Wunsch bin ich unbescheiden geblieben, nämlich dem, Dich nach mehr als 4 ½jähriger Trennung wiederzusehen und womöglich dauernd in meiner Nähe zu behalten. Daß mein Wunsch in Erfüllung gehen wird, davon bleibe ich überzeugt, nur über das Wann kann man nichts anderes tun, als auf ein Bald hoffen, nämlich dann, wenn dieser Schreckenskrieg zu Ende sein wird. In dieser Beziehung begrüße ich die Arbeit als eine besonders gut wirksame Zeitüberbrükkerin. Dich gleichfalls immer noch reichlich beschäftigt zu wissen ist mir also ein Trost, wobei das Bewußtsein, daß Du noch ordentlich verdienst und Dich gut über Wasser halten kannst, gleichermaßen eine nicht unwesentliche Rolle spielt.

Hoffentlich hörst Du weiterhin Gutes von Deinen Verwandten dort. Von Tante Joha habe ich leider kein Lebenszeichen mehr erhalten. Hast Du nochmal von ihr gehört? Solltest Du ihre Adresse haben, teile sie mir bitte sofort mit.

Anne[5] ist durch mich sehr mit in Arbeit geraten. Ich würde ihr Rollschuhe kaufen, wenn ich sie bekäme, damit sie schneller Haustüre und Fernsprecher bedienen kann. Sie ist zur Zeit über zweierlei Plagen sehr wütend, einmal über die Hitze und ferner über die Fliegen. Letztere erlegt sie kunstvoll mit einer Fliegenklatsche, gegen erstere hilft sie sich kaum mit der Badewanne, wenn sie Zeit hat.

Jetzt weißt Du wieder einmal, wie wir unsere alten und jungen Tage verbringen. Ich schließe meine Zeilen ab, indem ich Dich trotz Hitze an mein Herz drücke und Dir einen lieben Kuß schicke.

In alter Liebe
Dein Vati

4 Gemeint ist vermutlich: … und deshalb wollen wir nicht länger davon reden und schweigen.

5 Anneliese Feldheim (1916–1944); unterstützte ihren Vater bei seiner Tätigkeit als „Krankenbehandler" und Vertrauensmann der Reichsvereinigung der Juden; nahm sich gemeinsam mit ihm das Leben.

DOK. 60

Reinhold Milleck aus Grünwald ergänzt am 1. August 1943 die Sammlung antisemitischer Sprichwörter des Schriftstellers Ernst Hiemer[1]

Schreiben von Oberingenieur Reinhold Milleck,[2] Grünwald b. München, Kaiser-Ludwig-Straße 6, an Ernst Hiemer[3] vom 1.8.1943

Sehr verehrter Pg. Hiemer!
Ihr „Jude im Sprichwort der Völker"[4] zu lesen, hat mir viel Freude gemacht. Eine ungeheuer mühselige Arbeit – aber auch ein voller Erfolg und ein wertvoller Beitrag zum Erkennen des Judenpacks; dazu der Wert der Sprichwörter als *Urteil* der Völker über Juda.
Gestatten Sie mir nun, Ihnen noch einige Sprichwörter aus meinem Material zur Verfügung zu stellen; vielleicht können Sie das eine oder andere bei einer Neuauflage verwenden.

Aus West- und Ostpreußen:
(Bei disziplinlosem Durcheinanderreden) „Hier geht's ja zu wie in der Judenschule."
„Wer vom Juden frißt, stirbt daran."
„Wenn der Jude jemand betrügen will, macht er ihn erst mit einem Schmus besoffen."
„Als Pindel-Jude kam er her – dreimal Pleite – Millionär."
(Pindeljude = ein J., der seine ganze Habe in einem Handbündel bei sich führt.)
„Lieber in einer Räuberhöhle kampieren als bei einem Juden als Gast logieren."
„Ein Jud bleibt ein Jud – auch wenn er Papst ist."

Aus Berlin und dortiger Gegend:
„Daß [du] es nur weißt – jeder Jude bescheißt."
„Im Gesicht die krumme Nosen,
Krumme Beine in den Hosen,
Plattfüß' ohne Tadel –
Uralter Wüstenadel."
(Unter Bezugnahme auf die vielen Juden im Gefolge Wilhelms II.):
„Ende Jud – alles Jud!"

In Frankfurt um 1800:
„X per fix
Hasen sind keine Füchs,

1 Staatsarchiv Nürnberg, E 39/1409.
2 Reinhold Milleck (1887–1945), Ingenieur; 1931 NSDAP-Eintritt; 1932–1939 Gauredner im Gau München-Oberbayern.
3 Ernst Hiemer (1900–1974), Schriftsteller und Lektor; 1933 NSDAP-Eintritt; Geschäftsführer der National-Verlags-GmbH in Augsburg, für die Fränkische Tageszeitung tätig, von 1935 an Mitarbeiter und 1938–1941 Hauptschriftleiter der NS-Zeitung Der Stürmer; 1945–1948 in US-Internierung, Berufsverbot als Lehrer, lebte später in Nürnberg; Autor u. a. von „Der Giftpilz" (1938); siehe VEJ 2/228.
4 Ernst Hiemer, Der Jude im Sprichwort der Völker, Nürnberg 1942. Im Nachwort fordert der Verlag (Der Stürmer) die Leser ausdrücklich dazu auf, weitere, noch nicht veröffentlichte antijüdische Sprichwörter als Ergänzung an den Verlag zu schicken; siehe VEJ 6/210.

Esel haben Ohren,
Der Goi wird geschoren.
X per fix,
der Jude zahlt nix."

Zum Schluß noch paar Hinweise auf einige Druckfehler im Vorwort zu Abschnitt XVIII.
Ritualmord in Oberwesel= *1287.*[5]
Ritualmord in Bern= *1288.*[6]
Ritualmord in Polna am *29.* März 1899; der Mörder = Hilsner;
Urteil: Kuttenberger Schwurgericht.[7]
Konitz: im Keller des Fleischermeisters *Adolph* Lewy; dessen *Sohn* Moritz war Fleischergeselle.[8]
Damit für heute beste Grüße und
Heil Hitler!
Ihr

DOK. 61

Charlotte Lapp bittet am 5. August 1943 Michel Oppenheim, den Aufenthaltsort ihres Verlobten festzustellen und sich für seine Freilassung einzusetzen[1]

Handschriftl. Brief von Charlotte Lapp,[2] Bad Vilbel, an Michel Oppenheim, Vertrauensmann der Reichsvereinigung der Juden in Mainz, vom 5.8.1943[3]

Sehr geehrter Herr Reg. Oppenheim.
Hierdurch möchte ich Sie höflichst anfragen, wo sich Gerd Israel Lämmel[4] befindet? Er ist am 12. Juli von Ffm.-Heddernheim weggekommen, wohin weiß ich nicht. Habe bis heute noch kein Lebenszeichen von ihm. Es ist mir unverständlich, daß die Volljuden nach Hause kommen und Gerd als Mischling kommt weiter. Wo er doch überhaupt nichts getan hat. Ich habe vor 4 Wochen ein Gesuch nach Berlin gerichtet und diese Woche eins nach Darmstadt an Hrn. Kriminalrat Dengler. Es heißt, Gerd sei an der

5 1287 wurde der 16-jährige Werner von Oberwesel tot aufgefunden. Der Mord wurde Juden angelastet und führte zu einer Pogromwelle im mittel- und niederrheinischen Raum. Hiemer datierte den Mord fälschlicherweise auf 1286.

6 Rudolf von Bern wurde 1290 geboren und starb 1294. Für seine Ermordung wurden die Juden verantwortlich gemacht, es kam zu einem Pogrom. Rudolf wurde im Berner Münster als Märtyrer verehrt.

7 Am 29.3.1899 wurde Anežka Hrůzová im ostböhmischen Polná ermordet. Der jüdische Schuster Leopold Hilsner (1876–1928) wurde daraufhin beschuldigt und im Sept. 1899 vom Geschworenengericht Kutná Hoŕa (Kuttenberg) wegen Ritualmords verurteilt und erst 1918 begnadigt. Hiemer datierte den Mord an Anežka Hrůzová auf den 26.3.1899, schrieb vom „Kattenberger Gericht", und auch der Name des vermeintlichen Mörders war falsch geschrieben.

8 In Konitz (Westpreußen) wurde 1900 der Gymnasiast Ernst Winter ermordet. Darauf kam es zu antisemitischen Ausschreitungen. Es wurde das Gerücht verbreitet, der Mord habe im Keller des jüdischen Schlachters Adolph Lewy stattgefunden, laut Hiemer im Keller des Fleischermeisters Moritz Lewy.

1 StadtA Mainz, NL Oppenheim, 51,18.

Edertalsperre beschäftigt, das kann ich aber nicht glauben, da hätte ich doch bestimmt schon Nachricht von ihm.
Warum läßt man die anderen frei & Gerd nicht?
Ich bitte Sie höflichst, sich nochmals mit Herrn Eisenhauer[5] in Verbindung zu setzen wegen Gerd, es liegt ja nur an Mainz. Was kann Gerd für seine Mutter & Schwester,[6] er war immer ein fleißiger & anständiger Arbeiter. Gerd verzichtet doch auf alles, was er eventuell von den Sachen seiner Mutter bekäme, nur frei will er sein. Er soll doch ganz nach Vilbel zu uns kommen. Ich bitte Sie, Hr. Regierungsrat, tun Sie doch alles, um Gerd frei zu bekommen. Ich bin schon 14 Tage krank, hatte Grippe, und die Nerven sind total fertig, ich möchte am liebsten mit meinem Leben Schluß machen.
Unsere Sache ist wieder genau so entschieden von Berlin aus wie das erste Mal. Mein Vater ruht aber nicht. Ich lege Ihnen eine Abschrift meines Gesuches von B. und D. bei, habe überall dasselbe geschrieben.[7]
In der Hoffnung, von Ihnen eine gute Nachricht zu bekommen, verbleibe ich mit den besten Grüßen
Charlotte Sara Lapp
N. B. Vielleicht können Sie Hrn. Eisenhauer beiliegendes Gesuch vorlegen. Verhelfen Sie mir doch auch, daß mein Gerd frei kommt. Haben Sie mal etwas von Frau & Frl. Lämmel gehört? Aber mein Gerd geht mir vor allem.
Es grüßt Sie[8]

2 Charlotte (Lotte) Lapp (1916–1992), Schneiderin; arbeitete zunächst in Frankfurt a. M., seit 1938 wieder in Bad Vilbel als Hausangestellte, zwischenzeitlich in Mainz als „Hilfsarbeiterin" tätig; im Febr. 1945 wurde sie über Frankfurt gemeinsam mit ihrer Mutter und den Geschwistern Egon und Edith nach Theresienstadt deportiert; 1946 Heirat in Frankfurt.

3 Im Original handschriftl. Bearbeitungsvermerk.

4 Gerd Lämmel (1920–1943), Schlosser; als „Mischling ersten Grades" zur Zwangsarbeit beim Tiefbauamt der Stadt Mainz als Mülllader verpflichtet; am 7.5.1943 Deportation aus Mainz, vermutlich zunächst nach Frankfurt a. M.; in Auschwitz bei einem Fluchtversuch entdeckt und am 28.9.1943 dort hingerichtet.

5 Vermutlich: Peter Eisenhauer (1898–1984), Polizist; 1921 Eintritt in die hess. Schutzpolizei, von 1932 an in Mainz als Polizeihauptwachtmeister tätig, 1934 bei der Gestapo Mainz; 1940 NSDAP-Eintritt; von 1941 an Sachbearbeiter der Abt. IV (Judenfragen) der Gestapo; 1945 Verhaftung und Internierung in verschiedenen Lagern, 1950 Rückkehr nach Mainz.

6 Friederike Lämmel, geb. Kirchheimer (1893–1943); Mutter von Gerd Lämmel und seiner Schwester Hella (*1916).

7 Liegt nicht in der Akte; vermutlich handelte es sich um ein Heiratsgesuch.

8 Eine Reaktion ist nicht überliefert.

DOK. 62

Eberhard von Thadden vom Auswärtigen Amt weist am 6. August 1943 darauf hin, dass das KZ Bergen-Belsen für die Unterbringung von zum Austausch vorgesehenen Juden ungeeignet sei[1]

Vermerk von LR v. Thadden, Auswärtiges Amt, Inl. II/6309, für Abt. R IV,[2] Auswärtiges Amt, vom 6.8.1943[3]

Weisungsgemäß besuchte ich am 30.7.1943 gemeinsam mit O.R.R. Kröning[4] vom Reichssicherheitshauptamt das sogenannte Aufenthaltslager Bergen-Belsen.[5]
Es handelt sich um ein ehemaliges Stalag,[6] welches jetzt in 4 Teile zerteilt ist. Ein Teil ist belegt mit politischen Konzentrationslager-Häftlingen (z. Zt. 400),[7] ein weiterer Teil mit tuberkulösen russischen Kriegsgefangenen (z. Zt. angeblich etwas über 1000), ein dritter Teil ist Kleiderdepot für eine Division der Waffen-SS und ein vierter Teil, in dem etwa 3000 Personen untergebracht werden könnten, dient als Aufenthaltslager für Juden.[8] Z. Zt. sind dort etwa 2300 polnische Juden[9] untergebracht, die den Anspruch darauf erheben, südamerikanischer Staatsangehörigkeit zu sein. Da z. Zt. ein Transport mit 370 spanischen Juden[10] und kleinere Transporte mit etwa 250 polnischen Juden im Anrollen sind, ist das derzeitige Fassungsvermögen des Lagers Bergen-Belsen bereits erschöpft.
Über die Lage des Teils, in dem die Juden untergebracht sind, gibt die anliegende grobe Skizze Aufschluß.[11] Die Juden sind also von dem Tuberkuloselager für russische Kriegsgefangene lediglich durch die Fahrbahn und zwei Stacheldrahtzäune getrennt. Für Entlausung und das wöchentliche Brausebad werden die entsprechenden Einrichtungen des Russenlagers benutzt. Die gegenwärtig in dem Lager untergebrachten Juden sind von dem Sträflingslager noch durch einen für sich abgezäunten Komplex leerstehender Baracken getrennt. Doch würden bei einem neu ankommenden Transport diese Baracken belegt werden müssen, so daß diese Juden dann unmittelbar – lediglich durch einen

1 PAAA, R 99 336.
2 Abt. R IV im AA (RechtsAbt.) war u. a. zuständig für den Austausch zwischen alliierten Staatsangehörigen und Deutschen.
3 Im Original handschriftl. Bearbeitungsvermerke und Bitte um Wiedervorlage in einer Woche.
4 Dr. Rudolf Kröning (1903–1971), Jurist; 1923 am Hitler-Ludendorff-Putsch beteiligt; 1933 NSDAP-Eintritt; von 1937 an bei der Sicherheitspolizei, seit 1940 Leiter des Ref. II B 4 (Auslandspolizei und Grenzsicherung) im RSHA; 1940 SS-Eintritt; nach 1945 Senatspräsident am Landessozialgericht Mainz.
5 Ursprünglich diente das Lager Bergen-Belsen bei Celle seit 1936 zur Unterbringung von Bauarbeitern. Zwischen 1941 und 1943 war es eines der größten Stalag für Kriegsgefangene. Im April 1943 wurde es als Zivilinterniertenlager dem WVHA unterstellt und von diesem seit Juni 1943 als Aufenthaltslager geführt. Die ersten Juden trafen im Juli 1943 ein.
6 Stammlager.
7 Diese Häftlinge waren im April/Mai 1943 als Baukommando aus den Lagern Buchenwald, Niederhagen und Natzweiler zur Instandsetzung und Erweiterung nach Bergen-Belsen verlegt worden.
8 Die nachfolgenden Schilderungen beziehen sich auf das sog. Sonderlager, den ersten (Juli 1943) der vier zum Austausch von Juden vorgesehenen Lagerabschnitt in Bergen-Belsen.
9 Bis zum 5.8.1943 wurden in acht Transporten insgesamt 2311 Juden aus dem Generalgouvernement, die über südamerikan. Pässe verfügten, nach Bergen-Belsen gebracht.
10 Juden aus Saloniki mit span. Pass, die sog. Spaniolen.
11 Liegt nicht in der Akte.

dünnen Stacheldrahtzaun abgeschieden – an das K. Z. für politische Sträflinge angrenzen. Die in dieser Frage sofort auftauchenden Bedenken veranlaßten den Lagerkommandanten[12] anzuordnen, daß neben diesen Stacheldrahtzaun sofort noch ein zweiter Zaun aus Brettern gestellt wird, damit ein Beobachten der Vorgänge von einem Lagerteil in den anderen weitgehend unterbunden wird.
Die sanitären Verhältnisse in dem Lagerteil, der zur Aufnahme der Juden dient, sind bisher denkbar unerfreulich.
Es gab zunächst behelfsmäßige Waschmöglichkeiten zwischen den Baracken, und als Toiletten dienten etwa 150 m von den Baracken stehende Latrinen, die auch für Frauen und Kinder lediglich auf spezifisch soldatische Weise benutzbar sind. Die Lagerkommandantur hat die Unmöglichkeit dieser Verhältnisse von sich aus eingesehen und, obwohl eine Ermächtigung zum Bau bisher nicht vorlag – die vorläufige Baugenehmigung traf gerade ein –, die 400 politischen Sträflinge angesetzt, um zwischen den Wohnbaracken in einfachster Form Waschbaracken zu errichten, die mit fließend Wasser und Zementwaschbecken ausgestattet werden, sowie Kanalisation zu legen und den Bau vernünftiger Toiletten, die an die Kanalisation angeschlossen sind, in Angriff zu nehmen. Der Lagerkommandant hofft, diesen Teil seines Verbesserungsprogramms in etwa 14 Tagen bis spätestens 3 Wochen durchgeführt zu haben.
Bei den Baracken handelt es sich ausschließlich um Sommerbaracken, die also einwandig und mit einfachen Fenstern versehen sind. Die Lagerkommandantur glaubt jedoch, daß der Aufenthalt in den Baracken trotzdem im Winter möglich sein wird. Öfen für jeden Raum sind beantragt, Holz als Brennmaterial stehe ausreichend zur Verfügung.
Die Unterbringung der Juden ist in der Form vorgenommen worden, daß Männer und Frauen getrennt wohnen. Jede Baracke enthält je nach Größe ein bis zwei Schlafräume, die im Durchschnitt mit etwa 100 Personen belegt sind – jeder Jude hat seine eigene primitive Holzbettstelle mit Strohsack –, und zwar stehen je zwei Betten übereinander. Daneben ist in jeder Baracke als Aufenthaltsraum ein von Schlafpritschen freigehaltener Raum, der mit Tischen und Bänken ausgestattet ist. Von morgens bis 21 Uhr ist das Tor zwischen dem Männer- und Frauenlager – die untereinander auch durch einen Stacheldrahtzaun abgetrennt sind – geöffnet. Wie der Lagerkommandant erzählte, bleiben jedoch trotz der Vorschrift, daß Männer und Frauen sich um 21 Uhr spätestens zu trennen haben, die Nacht über zahlreiche Frauen in den Männerbaracken und umgekehrt. Von Zwangsmaßnahmen hiergegen hat die Lagerkommandantur geglaubt, absehen zu sollen.
Die Verpflegung erfolgt nach Zivilsätzen. Das Essen wird in sehr sauberen und ordentlich aussehenden Gemeinschaftsküchen hergestellt. Unter Leitung eines Deutschen sind in der Küche ausschließlich politische Häftlinge beschäftigt. Diese bringen das fertig gekochte Essen in einer Art Thermos-Tonnen (verschließbar und wärmehaltend) bis zum Eingang des Judenlagers, dort übernehmen die Juden das Essen und geben es selbst aus. In einer Baracke ist die Kantine[13] untergebracht, in der Marketenderwaren, darunter auch Zigaretten, sowie Bier vom Faß käuflich erworben werden können. Der Umsatz ist

12 Adolf Haas (*1893), Bäcker; 1931 NSDAP-, 1933 SS-Eintritt; seit 1940 im KZ Niederhagen tätig, seit Aug. 1941 als Kommandant, Mai 1943 bis Dez. 1944 Kommandant von Bergen-Belsen; nach dem Krieg galt er als verschollen und wurde 1950 für tot erklärt.

13 Tatsächlich existierte in den ersten Monaten im sog. Neutralenlager, in dem die zum Austausch vorgesehenen Juden untergebracht waren, eine Häftlingskantine unter der Leitung von SS-Unterscharführer Fritz Kroh (*1911).

sehr rege, so daß bisher in den wenigen Tagen, die das Lager besteht, bereits Waren im Einkaufspreis von RM 26 000 verkauft worden sind.
Irgendeine Arbeit wird von den Juden im Lager nicht ausgeführt. Obwohl ausreichend Raum zur Verfügung steht, machen sie sich auch nicht selbst Bewegung, etwa durch Sport o. ä., sondern ergehen sich nach Schilderung des Lagerkommandanten ausschließlich in Faulenzen und im Minnespiel.
Die Mehrzahl der Juden verfügt über große Geldbeträge. Angemeldet wurden von den 2300 Lagerinsassen bisher 4 Millionen Zloty d. s. 2 Millionen Reichsmark. Die Juden führen z. T. sehr umfangreiches Gepäck mit sich; die ihnen zur Verfügung stehenden Schränke sind jedoch so gut wie überhaupt nicht benutzt, da die Juden offensichtlich aus Sorge vor Diebstahl untereinander ihre Sachen in den Koffern belassen und nach Mitteilung des Lagerkommandanten zu einem erheblichen Teil sogar nachts auf ihren Koffern, die sie unter die Strohsäcke legen, schlafen.
Eine Prüfung, ob die Juden Geld oder Devisen bei sich führen, hat bisher nicht stattgefunden.
Für den vom Auswärtigen Amt gewünschten Zweck – Bereitstellung von 20 bis 30 Tausend Juden, die für einen Austausch nach Übersee in Betracht kommen – ist das Lager in seiner heutigen Form völlig ungeeignet. Ich halte es nicht für möglich, Juden Wand an Wand mit Konzentrationslager-Häftlingen und tuberkulösen kriegsgefangenen Russen unterzubringen, wenn man die Absicht verfolgt, die Juden demnächst ins Ausland ausreisen zu lassen. Hinzu kommt, daß den Juden hierdurch geradezu Material für Greuelpropaganda in die Hand gespielt wird. Der Lagerkommandant erzählte z. Bsp., daß das Russenlager ursprünglich 18 000 kriegsgefangene Russen enthalten habe, von denen jedoch bisher 17 000 verstorben seien. Diese Tatsache dürfte auch den dort untergebrachten Juden nicht unbekannt bleiben. Weiterhin befinden sich unter den politischen Häftlingen zahlreiche Polen. Wenn auch der Lagerkommandant versicherte, daß Unterhaltungen zwischen den Häftlingen und den Juden verhindert würden, so scheint dies doch bei den schwachen Bewachungskräften kaum möglich zu sein; arbeiten doch die politischen Häftlinge fast den ganzen Tag in kleinen Arbeitskommandos an den Bauten innerhalb des Judenlagers. – Schließlich ist die Aufnahmefähigkeit des Lagers Bergen-Belsen in der heutigen Form viel zu gering.
Meines Erachtens sollte das Auswärtige Amt als Ergebnis der Besichtigung dem Reichssicherheitshauptamt mitteilen, die bisherige Form des Lagers entspräche nicht dem gedachten Zweck, sondern gefährde diesen geradezu. Wenn überhaupt das Lager Bergen-Belsen zur Unterbringung von Juden herangezogen wird, die später ins Ausland herausgelassen werden sollten, so wäre nächst den von der Lagerleitung bereits angeordneten Verbesserungen sanitärer Art weiterhin dringendst erforderlich Erweiterung des Lagers zwecks Erhöhung der Aufnahme-Kapazität durch Aufstellung weiterer Baracken, Angliederung des jetzt noch mit tuberkulösen Russen belegten Teils des Lagers an das Judenlager, Entfernung der politischen Häftlinge so schnell als möglich – jedenfalls unverzüglich nach Beendigung des Ausbaues des Lagers –, schließlich Räumung des Kleiderlagers der Waffen-SS, das in den besten Baracken untergebracht ist, sobald die Aufnahmefähigkeit des Lagers erschöpft ist.
O. R. R. Kröning beabsichtigt, im Sinne dieser Anregungen seinerseits bei den zuständigen Abteilungen des Reichssicherheitshauptamtes vorstellig zu werden, und würde es

zur Stärkung seiner Position sehr begrüßen, wenn auch das Auswärtige Amt seine Stellungnahme schriftlich zum Ausdruck bringen würde.[14]
Hiermit
Abtl. R IV
zur Kenntnis mit der Bitte um Stellungnahme vorgelegt, ob dortseits Einverständnis mit der diesseitigen Auffassung besteht.

DOK. 63
Die Gestapo Würzburg verfasst am 6. August 1943 einen Abschlussbericht über die Deportationen von Juden aus Mainfranken[1]

Abschlussbericht der Geheimen Staatspolizei, Staatspolizeileitstelle Nürnberg-Fürth, Außendienststelle Würzburg (Fro.),[2] i. A. Völkl,[3] vom 6.8.1943

1.) *Schlußbericht*
Am 17. Juni 1943 sind auf Grund des Erlasses des Reichssicherheitshauptamtes vom 21.5.1943 – B.Nr. IV B 4a – 2093/42 g (391) –[4] *64 Juden aus Würzburg* abgewandert. Hiervon haben 7 Juden ihren Wohnsitz nach Theresienstadt verlegt, die übrigen 57 Juden wanderten nach dem Osten ab. Mit diesem letzten Transport sind sämtliche nach den ergangenen Richtlinien abzuschiebende Juden (hier sind nur noch die jüdischen Mischehepartner sowie die Geltungsjuden) aus Mainfranken abgewandert, und zwar

am 27.11.41	nach dem Osten	202 Personen	- 1. Transport,[5]
am 24.3.42	nach dem Osten	208 Personen	- 2. Transport,[6]
am 25.4.42	nach dem Osten	850 Personen	- 3. Transport,[7]
am 10.9.42	nach Theresienstadt	177 Personen	- 4. Transport,
am 23.9.42	nach Theresienstadt	562 Personen	- 5. Transport,

14 Ein solches Schreiben des AA, Inl. II A 6309, ging am 12.8.1943 an den Chef der Sicherheitspolizei und des SD, z. Hd. SS-Obersturmbannführer Eichmann; PAAA, R 99 336.

1 Staatsarchiv Würzburg, Gestapostelle Würzburg 18 880, Bl. 83. Abdruck in: Adler, Die verheimlichte Wahrheit (wie Dok. 39 vom 11.6.1943, Anm. 1), S. 27.

2 Leiter war seit Anfang 1943 Helmut Heisig.

3 Michael Völkl (1892–1945), Zuschneider und Polizist; 1919–1923 bei der Schutzpolizei Würzburg; 1933 NSDAP- und SA-Eintritt; bis März 1933 bei der Kriminalpolizei, dann bei der Gestapo als Kriminalinspektor in der Abt. II B (Kirchen, Juden, Auswanderung und Presseüberwachung) tätig und stellv. Leiter der Gestapo Würzburg; nahm sich das Leben.

4 Siehe Dok. 29 vom 21.5.1943.

5 Siehe VEJ 6/39 und 44.

6 Als zweiter Transport aus dem Bereich der Gestapo Nürnberg-Fürth wurden rund 1000 Juden, unter ihnen 208 aus Mainfranken, von Nürnberg aus nach Izbica deportiert. Vor der Ankunft im Getto wurden vor allem Männer zur Zwangsarbeit ausgesucht.

7 Der dritte Transport verließ Nürnberg mit 852 Personen, in Bamberg kamen weitere 103 Juden hinzu, und am 28.4.1942 wurden in Lublin vermutlich überwiegend Männer ausgesucht, um im KZ Majdanek Zwangsarbeit zu leisten. Dort wurden die ankommenden Juden nicht registriert und vermutlich sofort in den Gaskammern ermordet. Die übrigen Deportierten wurden nach Krasnystaw gebracht und vermutlich im Vernichtungslager Belzec ermordet.

am 17.6.43 nach Theresienstadt 7 Personen - 6. Transport,[8]
am 17.6.43 nach dem Osten 57 Personen - 6. Transport,[9]
so daß insgesamt 2063 Juden aus Mainfranken abgewandert sind. Das von den Juden zurückgelassene Mobiliar sowie die Bekleidungs- und Wäschestücke wurden den zuständigen Finanzämtern (hauptsächlich dem Finanzamt Würzburg – bei den ersten Transporten dem Oberfinanzpräsidenten Würzburg –) in Mainfranken übergeben und von diesen verwertet. Die abgenommenen Gegenstände und Bekleidungsstücke wurden dem Finanzamt Würzburg nach jeder Abwanderung zur Verwertung übergeben. (Siehe Bestätigungen in den einzelnen Abwanderungsakten).[10] Die sichergestellten Arbeitsbücher, die Versicherungskarten sowie die dazu gehörigen Sammelbücher wurden an die zuständigen Ämter übersandt. Alles Weitere ist aus den einzelnen Abwanderungsakten zu ersehen.
2.) *Weglegen zum Akt:* Abwanderung von Juden aus Würzburg am 17.6.1943.

DOK. 64
Margaretha Fritz bittet am 10. August 1943 die Kanzlei des Führers, ihren als „Mischling" geltenden Sohn in der Wehrmacht zu belassen[1]

Schreiben von Margaretha Fritz,[2] ungez., Mannheim, an die Kanzlei des Führers vom 10.8.1943

Betr.: den Gefreiten Alfred *Fritz*,[3] geb. am 3. November 1915, beim Pionier-Ersatzbataillon 34 Stammkompagnie in Koblenz
Belassung bei der Wehrmacht.
Als Mutter des obengenannten Gefreiten Alfred Fritz trage ich folgendes *Gesuch* ergebenst vor:
Ich war niemals verheiratet. Der Erzeuger meines obengenannten Sohnes war der jüdische Kaufmann Karl Jakob Baer aus Mannheim, Sohn des Weinhändlers Baer daselbst. Er ist nach vorausgegangener zweimaliger Verwundung am 15. April 1915 bei Verdun als Unteroffizier gefallen, also sieben Monate vor der Geburt des von ihm erzeugten Sohnes. Meinem Sohn war von diesem Sachverhalt nichts bekannt. Ich war zu arm, um ihn großzuziehen, und habe ihn schon in frühester Jugend in die Obhut von Pflegeeltern gegeben. Diese starben, als mein Sohn noch nicht sechs Jahre alt war, worauf er in das Erzie-

8 Siehe Dok. 40 vom 9.–17.6.1943 und Dok. 241 vom 18./19.6.1943.
9 Gemeint ist der 7. Transport aus Mainfranken. Dieser führte von Würzburg über Fürth, wo weitere 16 Personen hinzukamen, nach Auschwitz-Birkenau.
10 Siehe exemplarisch VEJ 6/48.

1 MARCHIVUM, 16/67–33. Abdruck in: Hans-Joachim Fliedner, Die Judenverfolgung in Mannheim. Dokumente, Stuttgart 1971, S. 402–404.
2 Margaretha Fritz, Telefonistin.
3 Alfred Fritz (1915–1998), Vulkaniseur; im Okt. 1943 als „Mischling ersten Grades" entlassen, daraufhin Umzug nach Wiesbaden und dort als Kraftfahrer beschäftigt; tauchte 1945 für einige Wochen unter; sein weiteres Schicksal ist unbekannt.

hungshaus Vincentinum[4] in Würzburg kam, wo er bis zu seinem 17. Jahre verblieb. Er hat acht Jahre die Volksschule und drei Jahre die Fortbildungsschule besucht und den Beruf eines Vulkaniseurs erlernt. Als solcher war er zuletzt vor dem Kriege bei der Vulkaniseuranstalt Karl Steinert in Würzburg, Horst-Wessel-Str. 51, in Arbeit. Im Jahre 1936 erwarb er den Führerschein. Schon im Jahre 1934 hat er während einer Dauer von 9 ¼ Monaten seine Arbeitsdienstpflicht erfüllt, er war dann zwei Monate auf einer SA-Sportschule und hat im Jahre 1935 das SA-Sportabzeichen erworben.

Seit 23. November 1937 gehört er der Wehrmacht an und hat die Feldzüge gegen Polen und Frankreich mitgemacht. Für die Zeit vom 20. Oktober 1940 bis 6. Februar 1942 wurde er auf Antrag der genannten Firma Karl Steinert in Würzburg als Vulkaniseur u. k. gestellt. Als diese u. k.-Stellung aufgehoben war, kam er an die Ostfront und hat den Krieg gegen Rußland bis vor kurzem als Kraftfahrer mitgemacht.

Kurz vor den Ereignissen in Stalingrad wurde er nach Frankreich zur Aufstellung der 6. Armee versetzt. Von dort nahm er Urlaub nach seinem früheren Wohnsitz nach Würzburg, um zu heiraten, weil seine Verlobte sich von ihm in anderen Umständen befand. Als die Abstammungspapiere vorgelegt werden mußten, ergab sich die Notwendigkeit, diese Papiere an das Reichssippenamt zur Prüfung der Frage einzusenden, ob meinem Sohn gestattet werden könnte, ein deutsches Mädchen zu heiraten. Der Bescheid des Reichssippenamtes lautet dahin, daß er als jüdischer Mischling I. Grades zu behandeln sei und daß ihm daher die Eheschließung nicht gestattet werden könne. Es wurde darauf hingewiesen, daß er in seiner Eigenschaft eigentlich schon aus der Wehrmacht entlassen sein müßte.

Die Frage der Abstammung war aber bisher nicht geprüft worden. Die Feldeinheit meines Sohnes, namentlich das Pionier-Ersatzbataillon 389 Feldpostnummer: 38173 und seine frühere Feldeinheit, das Panzerregiment 4, wußten von seiner Abstammung nichts. Seine ganzen Papiere wurden in den Kämpfen vor Stalingrad vernichtet.

Es erging dann die Anordnung an die Einheit meines Sohnes, seine Entlassung aus der Wehrmacht in die Wege zu leiten. Daraufhin hat ihn die Feldeinheit zum Zwecke der Entlassung an das Pionier-Ersatzbataillon 34 in Koblenz geschickt.

Mein Sohn ist mit Leib und Seele Soldat und wehrt sich mit allen Kräften gegen seine Entlassung aus der Wehrmacht. Er weist weder in seinem Äußeren noch in seinem Charakter irgendwelche jüdischen Rassenmerkmale auf. Sein soldatisches Verhalten ist von seinen Vorgesetzten stets anerkannt worden, ich höre, daß seine Einheit ihn sehr ungern verlieren würde und bereit wäre, ein Gesuch auf Belassung in der Wehrmacht zu unterstützen. Mein Sohn ist an mich mit der Bitte herangetreten, ein Gesuch an die Kanzlei des Führers einzureichen, um durch die Gnade des Führers zu bewirken, daß von seiner beabsichtigten Entlassung aus der Wehrmacht Abstand genommen und er in der Wehrmacht belassen wird.

Ich komme diesem Wunsch gerne nach, weil ich weiß, daß das Herz meines Sohnes daran hängt, seinem Vaterlande, dem er ein treuer Sohn ist, auch weiterhin als Soldat in diesem Kriege und in jeder Lage zu dienen. Seinem Leben würde Aufgabe und Inhalt genommen, wenn er aus der Wehrmacht entlassen würde, er würde diese Entlassung als eine unverdiente Zurücksetzung empfinden und dadurch schwer getroffen werden. Er

4 Die Regierung von Mainfranken kaufte 1938 das kath. Knabenhaus Vinzentinum in Würzburg und richtete dort das NS-Mainfränkische Jugendhaus ein. 1949 wurde das Knabenheim wiedereröffnet.

hat sich immer als vollberechtigter deutscher Volksgenosse gefühlt und hat mit freudiger Hingabe die Pflichten eines solchen erfüllt. Ich glaube, daß ihm dies von allen seinen Vorgesetzten bestätigt werden würde.
Indem ich alles dies zusammenfasse und nur nebenbei noch darauf hinweise, daß mein Sohn im Besitz der Ostmark- und der Sudetenlanderinnerungsmedaille[5] ist, trage ich das ergebenste *Gesuch* vor, es möge meinem Sohn durch die Gnade des Führers gestattet werden, auch fernerhin in der Wehrmacht seinem Vaterlande zu dienen.
Heil Hitler!

DOK. 65
Die Dresdner Bank erkundigt sich am 11. August 1943 bei der Gestapo Krefeld, wie mit den Guthaben der nach Theresienstadt deportierten Jüdin Hannchen Heim verfahren werden soll[1]

Schreiben der Dresdner Bank, Filiale Krefeld, Direktion, Unterschrift unleserlich, an die Gestapo Krefeld (Eing. 13.8.1943) vom 11.8.1943

Betr.: Frau Hannchen Sara Heim,[2] *Krefeld, Hubertusstr. 68*
Wie wir von Frau Maria Bergermann, z. Zt. Montzen b. Aachen,[3] Kloster St. Josef, erfahren, ist Frau Heim am 24. Juni d. J.[4] nach Theresienstadt abgeschoben worden. Wir teilen Ihnen daher mit, daß Frau Heim bei uns noch ein Konto mit einem
Guthaben von z. Zt. RM 858,70
und ein Depot unterhält, in dem sich
RM 562,50 RW
RM 112,50 [...][5] Deutsche Anl. Auslosungsscheine + 1/5 % Ablösungsschuld[6]
befinden. Laut Vollmacht vom 26. Januar 1942 hat Frau Heim die vorerwähnte Frau Bergermann zur Verfügung sowohl über ihr Konto als auch ihr Depot bevollmächtigt. Wir haben jedoch nach Bekanntwerden der Verschickung von Frau Heim der Bevollmächtigten mitgeteilt, daß wir so lange keine Verfügungen ihrerseits zulassen könnten, bis Sie zu dieser Frage Stellung genommen haben würden.

5 Ostmark-Medaille und Sudetenland-Medaille wurden für besondere Verdienste um den Anschluss Österreichs bzw. bei der Eingliederung des Sudetenlands in das Deutsche Reich verliehen.

1 LAV NRW R, RW 58/26363, Bl. 3.
2 Richtig: Johanna Heim, geb. Levy, siehe auch Dok. 39 vom 11. 6. 1943.
3 Montzen (heute Provinz Lüttich) wurde am 1.6.1940 mit weiteren Gemeinden Ostbelgiens vom Deutschen Reich annektiert, nachdem schon im Mai 1940 das Eupen-Malmedy-Gebiet in das Reichsgebiet eingegliedert worden war.
4 Richtig: am 25.6.1943; siehe Dok. 39 vom 11.6.1943.
5 Unleserlich, evtl. RW, also Rechnungswert.
6 Nach dem Ersten Weltkrieg musste Deutschland große Finanzprobleme wie die Regelung der Kriegsfolgen und der Reparationszahlungen sowie die Sanierung der Währung und Bekämpfung der Hyperinflation lösen. Zur Finanzierung wurden erstmals 1919 nichtverzinste Sparprämienanleihen ausgegeben, deren Tilgung durch jährliche Auslosung erfolgte. Der zu erhaltende Betrag hieß Ablösungsschuld. Über die Auslosungsrechte wurden separate Urkunden, die sogenannten Auslosungsscheine, erteilt.

Gleichzeitig geben wir Ihnen bekannt, daß wir mit Schreiben vom 25.5.43 beauftragt wurden, am 8.6., 8.9., 8.12. und 8.3. eines jeden Jahres je RM 332,- für Einkommensteuer und am 8.8., 8.11., 8.2. und 8.5. eines jeden Jahres je RM 31,25 für Vermögenssteuer an das Finanzamt Krefeld für Konto Nr. 112/40/47 zu überweisen. Sind nunmehr diese Steuerzahlungen hinfällig oder müssen diese doch noch von uns zu Lasten des Kontos Frau Heim geleistet werden?[7]
Ihrer Nachricht in obiger Angelegenheit sehen wir gern umgehend entgegen.
Heil Hitler!

DOK. 66

Robert Liebermann schildert seinem Freund Erich Alenfeld am 14. August 1943 seine Erlebnisse als jüdische Hilfskraft bei den Deportationen aus Hamburg[1]

Brief von Robert Liebermann,[2] Hamburg-Hummelsbüttel, an Erich Alenfeld,[3] Berlin-Zehlendorf, Beerenstr. 25, vom 14.8.1943 (Typoskript)[4]

Lieber Erich!
Deinen l. Brief vom 28. Juli habe ich heute erhalten und will ihn gleich beantworten. Ich nehme an, daß Du mein Schreiben vom 1. Aug. bekommen hast, worin ich Dir unser Wohlergehen anzeigte. Der Angriff auf Hamburg war wohl eine der größten Katastrophen der Geschichte, wenn man bedenkt, daß in 4 x 2 Stunden eine Millionenstadt bis auf 4 Vorstädte mit allen ihren Vorräten in Trümmer gelegt wurde.[5] In der Stadt stehen nur noch einige massive Hochhäuser, z. T. ausgebrannt, vielleicht 100, sonst leere Fassaden und ein endloses Trümmermeer. Viel schlimmer ist das Schicksal der Menschen, von denen man 250 als tot annimmt, die gleiche Zahl wird noch hier wohnen, während 800 mit nacktem Leben geflüchtet oder verschickt sind, leider zu spät.[6]

7 Die Gestapo Krefeld teilte der Dresdner Bank am 20.8.1943 mit, dass das Vermögen von Johanna Heim vom Deutschen Reich sichergestellt worden sei, die Bank allerdings weiterhin die fälligen Steuern zahlen solle; wie Anm. 1.

1 Original in Privatbesitz. Teilweise abgedruckt in: Iréne Alenfeld, Warum seid Ihr nicht ausgewandert? Überleben in Berlin 1933 bis 1945, Berlin 2012, S. 230 f.
2 Robert Salomon Liebermann (1883–1966), Kaufmann und Ingenieur; verheiratet mit der Nichtjüdin Annemarie Stampe; 1913–1931 Direktor der Blechwarenfabrik Cochu; Nov. 1938 verhaftet und vorübergehend in Sachsenhausen interniert, 1941 erneute Haft im Polizeigefängnis Fuhlsbüttel, 1943–1945 Zwangsarbeit in einem Schuhwarengroßhandel.
3 Erich Carl Julius Alenfeld (1891–1977), Volkswirt; 1899 evang. getauft; von 1920 an Bankkaufmann in Berlin, u. a. als Filialleiter; 1938 Entlassung, dann als Testamentsvollstrecker tätig; aufgrund einer Bekanntschaft mit Reichsarbeitsminister Franz Seldte blieb ihm die Zwangsarbeit erspart; 1951–1967 Bezirksverordneter in Berlin-Zehlendorf; 1966 Bundesverdienstkreuz.
4 Im Original handschriftl. Ergänzung des Datums: „21.8.“. Der Briefumschlag weist einen Datumsstempel aus Hamburg vom 16.8.1943 auf.
5 Während der „Operation Gomorrha“ zerstörten die US-amerikan. und die brit. Luftwaffe in sieben Angriffen zwischen dem 25.7. und dem 3.8.1943 weite Teile Hamburgs durch Flächenbombardements. Dabei wurden mehr als 30 000 Menschen getötet, rund 125 000 verletzt und etwa 900 000 obdachlos.
6 Vermutlich beziehen sich die Zahlen auf die unter den Zeitgenossen kursierenden Gerüchte über die Opfer der „Operation Gomorrha“ im Hamburger Stadtteil Hummelsbüttel.

Auch für uns waren es schreckliche Nächte. Das mörderische Brummen von 1000 Flugzeugen, das Detonieren der Sprengbomben, alle Augenblicke neue Feuerscheine und dazu das unausgesetzte Feuern der Flak aus allen Schlünden (die nächste schwere steht 400 m neben uns), das alles haben wir aus dem Fenster bezw. im Garten über uns ergehen lassen, da wir ja keinen Keller haben. Am zweiten Tag kam im allgemeinen Flüchtlingsstrom ein ehemaliger Bekannter mit seiner Mutter und 7 Frauen, alle total zerbombt, und wurde von uns für 12 Tage aufgenommen, bei 3 ½ Zimmern immerhin eine Leistung. Anni[7] ging auf in der Sorge um die armen Menschen und bekleidete sie auch, soweit unsere Vorräte reichten. Leider sind ja die abgebrannten Geschäfte nicht mehr in der Lage dazu. An Eßgeschirr z. B. bekommen die Leute nur 1 Napf und 1 Löffel, Messer und Gabel sind schon Luxus. Jetzt sind sie alle weiter auf dem Lande untergebracht, nur eine sehr nette junge Frau, die hier als Beamtin tätig ist, hat sich mit Anni sehr angefreundet und bleibt bei uns wohnen. Die letzten Angriffe haben wir übrigens in einem Schützengraben zugebracht, den ich 50 m hinter dem Haus ausgehoben hatte, 2 m lang und 50 cm breit. Da fühlt man sich zu 99 % sicher, kann ich Dir sehr empfehlen. – Die Gerüchte über eine schwere Vergeltung, die hier von amtlicher Seite ausgestreut sind, haben sich wie vieles nicht bewahrheitet und kämen für uns Hamburger auch zu spät, denn die Stadt ist für 50 Jahre erledigt.

Nun aber zu unseren persönlichen Angelegenheiten. Uns geht es soweit gut, wir sind auch schlanker geworden, wenn auch die Verpflegung der letzten Wochen wieder einiges gutgemacht hat, Vollmilch gab es literweise, Brot teils kostenlos, Butter, Obst, Süßigkeiten und Bohnenkaffee in genügenden Mengen, wir haben friedensmäßig gegessen. Ferner hatten wir in unserem Stadtteil immer Wasser und elektr. Strom, was nur wenige 1000 von sich noch heute sagen können. Ferner ging unser Telefon die ganze Zeit, so daß wir auch verschiedentlich von auswärts angerufen werden konnten, waren also von allen Kalamitäten verschont. – Ich schrieb Dir noch nicht, daß ich seit 18. Mai als Lagerarbeiter bei einer Schuh-Engros-Fa. eingesetzt bin mit 20 unserer Branche,[8] jeden Morgen um 6 aus dem Haus, Kasten und Kisten schleppen bis 5 Uhr Nchm., eine in meinem Alter von 60 Jahren schon reichlich anstrengende Tätigkeit. Unser Lager von nahezu ½ Million Paar Schuhen brannte in der ersten Nacht restlos nieder. Obgleich die Fa. keine Erlaubnis mehr bekommt, im westlichen Gebiet ein Lager zu errichten, ist ein Teil von uns noch im Freihafen tätig, wo 1 Kahn voll Schuhe eingetroffen ist. Das geht nächste Woche zu Ende. Was dann kommt, weiß niemand. Zu Aufräumungsarbeiten kommen wir vorläufig noch nicht, solange es der Staat mit Militär und S. H. D.[9] macht. – Um Deine sorgenlose Betätigung und die Möglichkeit, Frau und Kinder reisen zu lassen, kann man Dich vom Standpunkt des Hamburgers beneiden, denn weder wird man in Zukunft hier eine erträgliche Tätigkeit finden noch irgendein Hiesiger an so etwas wie Reisen denken, es sei denn zur Evakuierung in den Osten. Von den Flüchtlingen[10] sind schon zigtausend nach Litzmannstadt und Warthegau abgeschoben worden, so daß sie

7 Annemarie Liebermann, geb. Stampe (1893–1987), Krankenschwester; Ehefrau von Robert Liebermann.

8 Gemeint sind Juden, die in einer „Mischehe" lebten und von den Deportationen zunächst ausgenommen waren.

9 Sicherheits- und Hilfsdienst; für den Einsatz nach Luftangriffen zuständig.

10 Gemeint sind vermutlich Juden.

wohl mit uns nicht anders verfahren, allein aus dem Grund, um den Wohnraum für Beamte frei zu bekommen. – Es ist vielleicht kein Zufall, daß die Engl[änder] mit der Vernichtung gewartet haben, bis der letzte J[ude] die Stadt verlassen hatte. Das war Mitte Juni. Ich habe die ganze Verladung als Hilfskraft, vom Arb[eits]-Amt kommandiert, mitgemacht. Der Abtransport der 90jährigen und Siechen, die ich selbst mit heruntertragen mußte, hat mich wenig berührt, da sie in ihren Betten in Th. wesentlich ruhiger liegen als bei den Alarmnächten in H[amburg]. Erschlagen war ich aber, als ein guter Bekannter, privil[egiert] erschien, der 3 Wochen wegen Radio konz.[11] war, dem man die Wahl gestellt hatte, Scheidung und Th. oder Dauerlager Schlesien.[12] Die Frau hatte für ihn das Erstere gewählt, und so erschien er mit Stern. Das sind wohl solche Fälle, auf die Du anspielst. – Als Kuriosität muß ich Dir mitteilen, daß die letzten Wochen alle Kollegen ohne Orden[13] erschienen sind. Es sollen zuviel gelbe Abzeichen verbrannt sein, und das wurde stillschw[eigend] geduldet. Es soll aber heute schon durch Anschlag widerrufen sein.

Die Erbschafts-Ang[elegenheit] war so weit, daß sie mich Anfang Juni um Bekanntgabe meines Sperrk[ontos] baten, damit sie einen größeren Betrag überweisen könnten. Da kam die Schließung der Büros, und ich habe nichts mehr gehört. Kannst Du irgend etwas erfahren, wer solche Sachen jetzt weiterführt? Es sind ja auch einige Arier Erben, und so kann ja die Sache nicht unter den Tisch fallen.

Natürlich waren wir die letzte Zeit so mit uns beschäftigt, daß wir über die äußere Lage nichts erfahren haben, gab es doch auch keine Zeitung. Wir wollen ja offiziell nur noch Defensivkrieg führen, so daß es bei den geringen Fortschritten der Gegner noch recht lange dauern kann. Hier sind natürlich viele anderer Auffassung, da sie nach dem Untergang von H[amburg] das Ende ersehnen.

Man rechnet hier stark mit einem Angriff auf Berlin. Das soll Euch nicht schrecken, denn ihr seid in Eurem Villen-Vorort[14] so gut wie sicher. Wir sehen hier, daß hauptsächlich dichtbesiedelte Arbeiter-Viertel vorgenommen werden, die aber gründlich, daß auch kein Haus mehr ganz bleibt.

Wir wünschen Euch alles Gute und hätten gern häufigere Nachricht. Wir sind ja auch telefonisch 599 702 zu erreichen. Herzliche Grüße an Sabine und die Kinder. Dein alter Freund

11 Konzentriert im Sinne von eingesperrt, weil er einen sog. Feindsender, z. B. BBC, gehört hatte.

12 Gemeint ist Auschwitz.

13 Gemeint ist das an der Kleidung befestigte, seit Sept. 1941 vorgeschriebene Kennzeichen für Juden; siehe VEJ 3/212.

14 Erich Alenfeld lebte mit seiner Familie in Berlin-Zehlendorf.

DOK. 67

Der Vertrauensmann der Reichsvereinigung der Juden in Königsberg fordert die Zentrale in Berlin am 15. August 1943 auf, die Unterstützung einer achtköpfigen Familie nicht zu kürzen[1]

Schreiben des Vertrauensmanns der Reichsvereinigung der Juden in Königsberg, gez. H. J. Weinberg,[2] Königsberg (Pr.), Schnürlingstraße 32 a, an die Reichsvereinigung der Juden in Deutschland, Berlin N 65, Iranische Str. 2, vom 15.8.1943[3]

Betr. III F. – Wohlfahrtsunterstützung für Stolzenberg[4]

Ich überreiche Ihnen in der Anlage die Auskunft des städt. Wohlfahrtsamtes in Königsberg.

Hiernach lauten die Sätze:

a)	für den Haushaltsvorstd.	25,– RM
b)	für die Ehefrau	17,50
c)	für 6 Kinder je 12,– RM	72,–
		114,50
	ferner für Miete	41,60
		156,10

Ich habe bereits in meinem letzten Schreiben darauf hingewiesen, daß kinderreiche Familien *neben* dieser Wohlfahrtsunterstützung noch recht beträchtliche Hilfe durch die N. S. V.[5] erhalten. Im vergangenen Jahre konnten aus Mitteln der Sammlung „Jüd. Pflicht"[6] bezw. „Jüd. Winterhilfe"[7] Zuschüsse an Bedürftige gezahlt werden. Jetzt fehlt auch diese Hilfe.

Wenn Sie nun das Einkommen der Frau und der 14jährigen Tochter[8] in Abzug bringen, dann verbleibt ein Betrag, der nicht einmal zur Miete ausreicht.

Eine Frau, die daheim 6 Kinder und einen kranken, nicht arbeitsfähigen Mann hat, wird auch in dieser Zeit des totalen Arbeitseinsatzes nicht zur Arbeit herangezogen. Wenn sie trotzdem von 8 bis 18 Uhr schwer arbeitet, obgleich sie jeden Abend bis in die Nacht

1 BArch, R 8150/736, Bl. 337+RS.

2 Hans J. Weinberg (1882–1945), Jugendpfleger, Sozialarbeiter; von 1922 an Mitarbeiter der Hauptwohlfahrtspflege in Königsberg, 1933 Entlassung; seit 1942 Vertrauensmann der Reichsvereinigung der Juden in Königsberg; im April 1945 starb er im sowjet. Lager Rothenstein.

3 Handschriftl. Bearbeitungsvermerke im Original.

4 Das Ehepaar Stolzenberg lebte in „Mischehe" in Königsberg mit sechs Kindern. Der Vater Hermann (*1886) war jüdisch, die Mutter christlich. Vater und Kinder unterlagen von 1941 an der Kennzeichnungspflicht. 1946 wanderte die Familie bis auf den Vater, der wegen einer Lungenerkrankung keine Einreisegenehmigung erhielt, in die USA aus.

5 Nationalsozialistische Volkswohlfahrt.

6 Die Jüdische Pflicht war eine Sammelaktion und wurde als Pendant zur Jüdischen Winterhilfe erstmals 1941 in den Monaten Juni bis Sept. durchgeführt. Mit den Erträgen unterstützte die Reichsvereinigung der Juden Bedürftige.

7 Die Jüdische Winterhilfe (auch: Jüdisches Winterhilfswerk) wurde im Okt. 1935 nach dem Ausschluss der Juden aus dem allg. Winterhilfswerk gegründet. Neben Sammelaktionen wurden die Mitglieder der jüdischen Gemeinden aufgefordert, einen freiwilligen finanziellen Beitrag zu leisten.

8 Inge Stolzenberg (*1928).

hinein mit Waschen, Strümpfe stopfen und Kleider flicken zu tun hat, so macht sie jene Berufsarbeit, um der Familie das Nötigste zum Leben zu beschaffen.
Ich kann mir nicht denken, daß unter solchen Umständen die Notwendigkeit besteht, die Unterstützungssätze um das Einkommen der Frau zu kürzen.
Ähnlich liegt die Sache bei der Tochter: Die 14jährige verdient im Monat 28.– RM. Sie arbeitet im Pulverraum einer Seifenfabrik.[9] Der Verschleiß an Kleidung und Schuhwerk ist hier ungewöhnlich groß, so daß ein Teil des Einkommens für die Instandhaltung der Arbeitskleidung verbraucht wird. Von den beiden Jungen (11 und 12 Jahre) hat der jüngere bereits vor 10 Tagen mit der Arbeit aufgehört und der ältere wird, da er bereits zweimal bei der Arbeit zusammengebrochen ist, wahrscheinlich in den nächsten Tagen entlassen werden.
Ich bitte Sie, meine Darlegungen wohlwollend zu prüfen, um dann einen Ausweg zu finden, wie der 8köpfigen Familie geholfen werden kann.
Bei dieser Gelegenheit gestatte ich mir noch eine Anfrage:
Besteht die Absicht, durch Beitragserhebung bezw. durch freiw. Spenden einen Sonderfonds für Unterstützungen zu schaffen?
Ich würde das sehr begrüßen.

DOK. 68

Walter Bernstein bittet in einem Brief aus dem Zwangsarbeitslager Schoppinitz vom 19. August 1943 dringend um Lebensmittel und warme Kleidung[1]

Handschriftl. Brief, vermutlich von Walter Bernstein,[2] Zwangsarbeitslager Schoppinitz/Schlesien,[3] an Rudi Weiss[4] und Henny Lemmlein,[5] Gut Behlendorf bei Heinersdorf,[6] Post Fürstenwalde/Spree, Brandenburg, vom 19.8.1943

Liebe beide,
habe mich unendlich über Euren Gruß gefreut. Diesen Brief in Eurer Antwort nicht erwähnen! Sendet bitte Briefe und Antwortkarten, soviel Ihr wollt, es kommt alles an,

9 Gemeint ist die Seifenfabrik Gamm & Sohn, Steindamm 115/116 in Königsberg. Im Pulverraum wurde Waschpulver in Tüten gefüllt. Dort leisteten auch die beiden jüngeren Brüder Stolzenberg Zwangsarbeit.

1 JMB, 2011/104/13, Schenkung von Marion Meier.
2 Dr. Walter Bernstein (1905–1943), Lehrer; 1940/41 Nachfolger von Curt Bondy als Leiter des Auswandererlehrguts Groß Breesen, dann Neuendorf im Sande; am 19.4.1943 nach Auschwitz deportiert, in das Zwangsarbeitslager Schoppinitz überstellt; in Auschwitz ermordet.
3 Das Arbeitslager für Juden Schoppinitz bei Kattowitz in Schlesien bestand zwischen 1942 und Nov. 1943. Die männlichen Häftlinge arbeiteten für die Fa. Haage beim Gleisbau und bei der Verlegung von Kabeln in der Zinkfabrik.
4 Rudolf (Rudi) Weiss (1921–2009), Landwirt und Landschaftsgärtner; von April 1938 an Ausbildung im Auswandererlehrgut Groß Breesen; 1941–1943 im Forstarbeitslager Kaisermühle bei Frankfurt (Oder), 1943 Zwangsarbeit auf Gut Behlendorf; am 24.11.1944 Deportation nach Theresienstadt; 1945 heiratete er Henny Lemmlein und emigrierte 1950 nach Australien.
5 Henny Lemmlein (1917–2012); bis 1941 Ausbildung in Groß Breesen, dann musste sie im Forstarbeitslager Kaisermühle Zwangsarbeit leisten, von 1943 an auf Gut Behlendorf in Brandenburg; im Jan. 1945 Deportation nach Theresienstadt; nach dem Krieg emigrierte sie nach Australien.
6 Zwangsarbeitslager bei Berlin, in dem überwiegend „Mischlinge" arbeiten mussten.

ebenso Pakete jeden Inhalts. Kinder, wenn Ihr irgend könnt, Brot, Eßwaren jeder haltbaren Art, Salz, Süßstoff, Marmelade usw., alles Eßbare, Rauchware, soviel ihr könnt, es wird alles ausgehändigt. Pakete möglichst dringend senden. Keine Flüssigkeiten. Dann aber Taschentücher, Creme, 1 Schal, Feuerzeug, alles in Fußlappen einwickeln u. Blechschachteln verwenden. Irgendwas zu lesen, 30 Pfg. Romane und so. Kinders, laßt uns nicht im Stich, Ihr seid die einzigen, auf die ich noch baue. Wir schieben oft Kohldampf. Möchten Euch nach alldem doch noch wiedersehen. Da könnt Ihr mithelfen. Peter ist in Auschwitz. Es ist hier auszuhalten, wenn man wach ist, aber vor dem Winter haben wir alle Schiß. Wir haben so gut wie nichts anzuziehen, jetzt ist es morgens schon ziemlich kalt. Die Arbeit ist in meinem Kommando leicht, das Essen gut, aber verflucht knapp. Dabei kann man, wenn man Beziehungen hat, dick werden. Mit Tabak kriegt man hier alles. Denkt natürlich in erster Linie an Wally und erst dann an mich. Wie gesagt, es wird alles ausgehändigt und es kann soviel Ihr […][7] geschickt werden.
Ich will jetzt nicht mehr schreiben. Kinder, vergeßt uns nicht, Euer Dasein ist für uns eine große Stütze. Grüßt Eure Mütter und Deine Schwester u. Schwager, Rudi. Gruß an Martin,[8] wenn Ihr schreibt.
Diesen Brief vernichten. Nicht in Antwort erwähnen. Schreibe ihn unter Risiko meines Lebens. Sendet auch Zahnbürste, Waschlappen.

DOK. 69

Der Leiter der Gestapo Breslau informiert den Oberfinanzpräsidenten von Schlesien am 20. August 1943 über die Auflösung jüdischer Einrichtungen[1]

Schreiben der Geheimen Staatspolizei, Staatspolizeileitstelle Breslau (Br.-Nr. II B 4-1985/43), gez. Dr. Scharpwinkel,[2] Breslau, Museumstraße 2/4, an den Oberfinanzpräsidenten Schlesien[3] in Breslau (Eing. 22.8.1943) vom 20.8.1943[4]

Betrifft: Reichsvereinigung der Juden
Vorgang: Dort. Schr. v. 16.8.43–0 5210–19 – Pb.[5]
Anlagen: Ohne
Durch die vom Reichssicherheitshauptamt angeordneten Maßnahmen ist die im Bereich der Staatspolizeileitstelle Breslau befindlich gewesene Reichsvereinigung der Juden

7 Im Original unleserlich. Vermutlich: könnt.
8 Vermutlich: Martin Gerson.

1 APWr, USPD, Sign. 1397, Bl. 37. Abdruck in: Katharina Friedla, Juden in Breslau/Wrocław 1933–1949. Überlebensstrategien, Selbstbehauptung und Verfolgungserfahrungen, Köln 2015, S. 298 f.
2 Dr. Wilhelm Scharpwinkel (1904–1947), Jurist; 1932 NSDAP-, 1935 SA-Eintritt; von 1936 an bei der Gestapo, u. a. Leiter der Staatspolizeistelle Liegnitz; 1938 SS-Eintritt; Herbst 1939 Angehöriger der Einsatzgruppe III im besetzten Polen; von Nov. 1940 an leitete er die Gestapo Wilhelmshaven, seit 1942 die Gestapo Breslau, Sept. 1944 KdS der „Festung Breslau"; seit Mai 1945 bis zu seinem Tod in sowjet. Gefangenschaft.
3 Georg Wapenhensch (1879–1967), Jurist; Beamter in der Steuer- und Zollabt. im RFM; 1936–1945 Oberfinanzpräsident Schlesien; nach dem Krieg lebte er in Niedersachsen.
4 Im Original handschriftl. Bearbeitungsvermerke.
5 Nicht ermittelt.

durch Abschiebung aller Juden praktisch seit dem 10.6.1943 aufgelöst. Das Vermögen ist weisungsgemäß beschlagnahmt und dem Oberfinanzpräsidenten Schlesien zur Verwaltung übergeben worden. Durch den Abtransport der Juden haben daher Krankenhäuser, Altersheime oder sonstige der ehemaligen Reichsvereinigung der Juden unterstehenden Betriebe oder Einrichtungen im Bereich der Staatspolizeileitstelle Breslau zu existieren aufgehört. Lediglich die noch im Bereich der Staatspolizeileitstelle Breslau verbliebenen in Mischehen oder in privilegierter Mischehe lebenden Juden sind in der sogen. „Restvereinigung der Juden" erfaßt, die keinerlei Rechtspersönlichkeit genießt und mit der ehemaligen Reichsvereinigung der Juden weder identisch noch als deren Rechtsnachfolgerin zu betrachten ist.
Da die angelaufene Entwicklung darauf abzielt, in absehbarer Zeit das gesamte Vermögen der ehemaligen Reichsvereinigung der Juden – das ja bereits heute praktisch den Finanzbehörden zugeflossen ist – zugunsten des Reiches einzuziehen, wird die ehemalige Reichsvereinigung der Juden von seiten der Staatspolizeileitstelle Breslau so behandelt, als wenn sie bereits aufgelöst sei. Verwaltungsarbeiten, die sich mit dem Scheingebilde „Reichsvereinigung der Juden" befassen und die durch die demnächstige Entwicklung überflüssig werden, können unter Berücksichtigung der vordringlichen Kriegsaufgaben jedenfalls von der Staatspolizeileitstelle Breslau nicht geleistet werden, so daß ich bitten muß – wenn auch aus juristischen Gründen vielleicht meiner Auffassung nicht gefolgt werden kann –, vorerst in Fällen der ehemaligen Reichsvereinigung der Juden von Anträgen auf Vermögensverfall abzusehen, bis sich diese durch die fortlaufende Entwicklung von selbst erledigen. Da im übrigen das gesamte Vermögen beschlagnahmt ist, ist eine Gefährdung von Reichsinteressen nicht zu befürchten.

DOK. 70

Ein Vertreter der Reichsvereinigung der Juden in Hamburg notiert am 21. August 1943 seine Verhandlungen in Berlin über Unterstützungsleistungen an ausgebombte „Mischehepartner"[1]

Aktenbericht, ungez.,[2] über Verhandlungen in Berlin mit Vertretern der Reichsvereinigung der Juden und des Oberfinanzpräsidiums am 20. und 21.8.1943[3]

I. Verhandlungen mit Dr. Lustig.
 1. Die Reichsvereinigung besteht weiter.
 2. Die Vertrauensleute erhalten Ausweise.
 3. Der Berliner Vertrauensmann hat zu verhandeln a) mit Gestapo, b) mit dem Reichssicherheitshauptamt.

1 Staatsarchiv Hamburg, 522-1/1036.
2 Vermutlich: Dr. Martin Heinrich Corten (1889–1962), Arzt; 1920–1933 in Weil und Berlin tätig, von 1936 an am Jüdischen Krankenhaus Hamburg, zuletzt als Chefarzt; seit 1943 Leiter der Bezirksstelle Nordwestdeutschland der Reichsvereinigung der Juden in Hamburg; nach dem Krieg praktizierte er wieder in Hamburg.
3 Der Aktenbericht ist nicht datiert und nicht unterzeichnet. Vermutlich ist er von Martin Heinrich Corten unmittelbar nach den Verhandlungen verfasst worden.

4. Rundschreiben Nr. 1[4] ist an den Hamburger Vertrauensmann abgeschickt worden. (Inzwischen eingetroffen)
5. Das Hamburger jüdische Krankenhaus bleibt als solches bestehen. Nur die Siechen sind nach Berlin zu überführen.
6. Zuzug von Juden nach Berlin unterliegt der Genehmigung durch die Gauleitung.
7. Es wird festgestellt, dass laut R. G. Bl. vom 23.VII.1941, Nr. 80, S. 437[5] nur die zum Tragen des Kennzeichens verpflichteten Juden keine Entschädi[gung] für Schäden durch den Krieg erhalten. Alle übrigen Mischehepartner bekommen die gleiche Entschädigung wie die Arier. Sie müssen also durch die Sonderdienststelle auch in der sonst üblichen Weise auf den Betreuungsschein hin Bezugsscheine erhalten. Es ist aber nichts dagegen einzuwenden, daß bei den Mischehen, deren Haushaltungsvorstand Jude ist, die Ausstellung der notwendigen Betreuungskarten durch das Büro der Reichsvereinigung vorgenommen wird, um die arischen Dienststellen zu entlasten. Wird für Träger des Kennzeichens Kleidung etc. von der Reichskleiderkammer benötigt, so werden Bezugsscheine mit der Aufschrift: „Nur gültig für die Kleiderkammer der RV" [ausgegeben]. Auf diese Scheine hin können von der Kleiderkammer neue Sachen eingekauft werden, bei denen die Körpermaße angegeben werden sollen, da hierbei darauf Rücksicht genommen werden kann, was bei getragenen Sachen natürlich nicht in dem Maße der Fall ist. Die den nicht zum Tragen des Kennzeichens verpflichteten Juden, ihren arischen Ehefrauen und den Mischlingskindern ausgezahlten Beträge müssen von der Sozialverwaltung zurückgezahlt werden. Diese genannten Summen können nur als Vorlage gelten. An Sternträger gezahlte Beträge gehen zu Lasten des beschlagnahmten Vermögens der Reichsvereinigung. Es ist für diese zwei Kategorien getrennte Abrechnung an die Berliner Reichsvereinigung zu leisten. Es wird vom Hamburger Vertrauensmann eine Liste überreicht, die die benötigten Kleidungsstücke enthält. Ferner wird Abrechnung verlangt über die Verwendung der bereits zur Verfügung gestellten 3000 RM.

II. Verhandlung mit Herrn Kurzbach vom Oberfinanzpräsidium.

Es ergeben sich die gleichen Gesichtspunkte wie oben. Die vorher erwähnte Liste benötigter Kleidungsstücke wird entgegengenommen.

III. Verhandlung mit den Vertretern der Reichsvereinigung.

1. Es wird Bericht angefordert zu jedem Monatsende a) über laufende Unterstützungen, b) über einmalige Unterstützung, c) über Beihilfe in Form von Ersatz von Arzt- & Apothekerkosten.
2. Bericht über die Auszahlung von Beträgen an Bombengeschädigte, und zwar getrennt nach rückzahlbaren und nicht durch den Staat rückzahlbaren Beträgen.
3. Es sollen die Richtsätze über die allgemeine Höhe der Unterstützung mitgeteilt werden.

4 Rundschreiben Nr. 1 der Reichsvereinigung der Juden in Deutschland vom 9.7.1943, in: BArch, R 8150/23, Bl. 14–18.

5 Richtig: VO über die Behandlung von Kriegsschäden von Juden vom 20.7.1941, lediglich das Ausgabedatum lautet 23.7.1941; siehe RGBl., 1943 I, S. 437 f.

4. Die H-Verträge[6] sollen durch Herrn Heinemann[7] – Hamburg so weit bearbeitet werden, daß die Abwicklung von Berlin aus erfolgen kann.
5. Eine Zusammenstellung der bisher erlassenen Judenverordnungen wird der Hamburger Reichsvereinigung zugesandt werden.
6. Es soll berichtet werden über die Art der Abmachungen mit der Hamburger Sozialverwaltung über die Rückzahlung der unter I, 7 genannten an Bombengeschädigte ausgezahlten Beträge.

DOK. 71

Die Partei-Kanzlei empfiehlt den Gauleitern am 22. August 1943, alle „Mischlinge zweiten Grades" durch die rassenpolitischen Ämter begutachten zu lassen[1]

Rundschreiben Nr. 117/43 des Leiters der Partei-Kanzlei der NSDAP, gez. M. Bormann, Führerhauptquartier, an die Gauleiter vom 22.8.1943[2]

Betrifft: Bewertung der Erbanlagen von jüdischen Mischlingen 2. Grades bei ihrer politischen Beurteilung durch die Partei[3]

An die Gauleiter und Kreisleiter tritt verhältnismäßig häufig die Notwendigkeit heran, sich zu der Eignung eines jüdischen Mischlings 2. Grades für bestimmte Berufe, in denen Mischlinge 2. Grades nur ausnahmsweise verwendet werden dürfen, zu sonstigen Ausnahmeanträgen oder zu der Verwendung eines Mischlings 2. Grades in besonders verantwortlichen oder hervorgehobenen Stellungen zu äußern oder in diesem Zusammenhange über den Mischling eine politische Beurteilung abzugeben.

Häufig wird von der beurteilenden Stelle in solchen Fällen der Standpunkt vertreten, eine Äußerung zu den rassischen Qualitäten des Mischlings erübrige sich, weil er ja als Mischling bekannt sei und alle Mischlinge 2. Grades nach der Tendenz der Nürnberger Gesetze im allgemeinen gegenüber Deutschblütigen keine Schlechterstellung erfahren sollten. Es ist aber falsch, bei Abgabe solcher Beurteilungen schematisch von der Vorstellung auszugehen, alle Mischlinge 2. Grades wiesen nur zu einem Viertel jüdischen Blutseinschlag auf. Bei der Beurteilung eines jüdischen Mischlings 2. Grades muß man sich vielmehr von der Erkenntnis leiten lassen, daß ein solcher Mischling von seinem halbjüdischen Elternteil weit mehr als ein Viertel des jüdischen Blutes erben kann; *ein Mischling 2. Grades kann mithin blutsmäßig im ungünstigsten Fall sogar einem Halbjuden*

6 Heimeinkaufsverträge für Theresienstadt, mit denen ältere deutsche Juden genötigt wurden, für einen fiktiven Altersheimplatz in Theresienstadt ihr Vermögen an die Reichsvereinigung der Juden zu übertragen.

7 Vermutlich: Dr. Max Heinemann (1885–1984), Anwalt; 1938 Berufsverbot, von 1941 an für die Reichsvereinigung der Juden in Hamburg tätig, u. a. zuständig für die sog. Heimeinkaufsverträge und die Belegung der „Judenhäuser"; 1947 wanderte er in die USA aus.

1 BArch, NS 19/1047, Bl. 16–19.

2 Nachrichtlich an die Reichsleiter und Verbändeführer; Datum unleserlich; im Original handschriftl. Bearbeitungsvermerke und Eingangsstempel des Persönlichen Stabs Reichsführer SS.

3 Die von der NSDAP herausgegebenen Richtlinien bezogen sich grundlegend auf das Gutachten „Zur rassenbiologischen Beurteilung der ‚jüdischen Mischlinge II. Grades'" von Prof. Bruno Kurt Schultz, Leiter des Rassenamts im RuSHA, vom 18.1.1943; siehe BArch, NS 19/1047, Bl. 12 f.

gleichkommen, während es auf der anderen Seite natürlich auch möglich ist, daß er von seinem halbjüdischen Elternteil weniger als ein Viertel des jüdischen Blutes geerbt hat. Zwischen diesen beiden Möglichkeiten gibt es die verschiedensten Abstufungen, die sich naturgemäß auch im Erscheinungsbild des Mischlings bemerkbar und es verständlich machen, daß der eine Mischling 2. Grades fast wie ein Jude aussieht, während der andere – vielleicht ein Geschwisterteil – keinerlei jüdische Merkmale zeigt. Eine Aussonderung der Mischlinge nach ihrem äußeren Erscheinungsbild gibt erfahrungsgemäß die Gewähr dafür, daß dadurch mit größter Wahrscheinlichkeit auch eine Auslese nach den sonstigen, nach außen nicht in Erscheinung tretenden Erbanlagen getroffen wird.

Die im Ergebnis der rassenbiologischen Beurteilung mehr zu den Halbjuden hinneigenden Mischlinge sollen ebenso wie die jüdischen Mischlinge 1. Grades von solchen Berufen ferngehalten werden, für deren Ausübung besondere Anforderungen an die Reinblütigkeit gestellt werden müssen und die nur ausnahmsweise für Mischlinge 2. Grades zugänglich sein sollen; ebenso sollen solche negativ zu bewertenden Mischlinge 2. Grades nicht in besonders hervortretende oder besonders verantwortungsvolle Stellungen gebracht werden.

In allen Fällen, in denen ein jüdischer Mischling 2. Grades auf seine Eignung und Würdigkeit für eine Ausnahmebehandlung beurteilt werden soll, ist daher zunächst zu prüfen, ob er auf Grund seines rassischen Erscheinungsbildes als tragbar erscheint, d. h. nicht zu solchen Mischlingen 2. Grades zu rechnen ist, bei denen der jüdische Blutseinschlag stärker in Erscheinung tritt. Erst wenn in dieser Hinsicht keine Bedenken gegen die Person des zu Beurteilenden vorliegen, ist auf seine sonstige Eignung einzugehen.

Bei jüdischen Mischlingen 2. Grades, die aus einer sog. Bastardehe stammen, d. h. einer Ehe, deren Partner beide jüdische Mischlinge sind (z. B. der Vater ist Mischling 2. Grades, die Mutter Mischling 1. Grades) kann auch ohne nähere Prüfung des rassischen Erscheinungsbildes ohne weiteres angenommen werden, daß der jüdische Blutsanteil überwiegt. Bei solchen Mischlingen ist immer gegen eine Ausnahmebehandlung Stellung zu nehmen.[4]

Da die Bewertung der Erbanlagen jüdischer Mischlinge bestimmte rassen- und erbbiologische Kenntnisse voraussetzt, ist bei allen politischen Beurteilungen von jüdischen Mischlingen die Beteiligung des jeweils zuständigen rassenpolitischen Amtes bei den Gauleitungen unbedingt erforderlich.

Es wird gebeten, in Zukunft bei der politischen Beurteilung jüdischer Mischlinge nach diesen Richtlinien zu verfahren.

4 So erläutert im Protokoll zur Wannsee-Konferenz vom 20.1.1942 unter Punkt 2; siehe VEJ 6/65.

DOK. 72

Margarete Sommer verfasst am 22. und 23. August 1943 zwei Entwürfe für das deutsche Episkopat zugunsten der Juden[1]

Entwürfe von Margarete Sommer[2] für das deutsche Episkopat vom 22./23.8.1943 (Typoskript)[3]

Entwurf I
Schon zweimal sahen sich die deutschen Bischöfe gezwungen, in nachdrücklichster Weise zu protestieren gegen Maßnahmen und Pläne, die die rassische Mischehe in ihrem Fortbestand, in ihrer gottgewollten Unauflöslichkeit bedrohten.[4]
Wohl konnten wir feststellen, daß die im Februar und März d. J. bereits zu Tausenden aus ihrer Familie herausgerissenen nichtarischen Ehegatten aus Mischehen auf die nicht nur von den Bischöfen, sondern aus den verschiedensten Kreisen der Bevölkerung laut erhobenen Proteste hin wieder aus den Sammellagern entlassen worden sind und in ihre Familien zurückkehren konnten; auch ist der Entwurf eines Gesetzes betr. Trennung der rassischen Mischehe, gegen dessen geplante Veröffentlichung wir pflichtgemäß warnend unsere Stimme erheben mußten, bis jetzt noch zurückgehalten worden; doch erhalten wir seit März dieses Jahres aus einzelnen Bistümern Mitteilungen, die beweisen, daß statt der befürchteten, aber nicht getroffenen bezw. rückgängig gemachten *generellen* Maßnahmen nun *Teilaktionen* in einzelnen Gauen in weniger auffälliger, aber auch radikaler Weise – ohne gesetzliche Grundlage – die faktische Trennung der rassischen Mischehe bewirken:
In einigen Fällen wurden die nichtarischen Ehegatten aus rassischer Mischehe ohne weitere Begründung abgeholt und evakuiert.
Weit größer noch ist die Zahl derer, die „verhaftet" wurden, weil sie sich irgendwelcher Verstöße gegen die Rechtsordnung schuldig gemacht haben sollen.[5] Den arischen Ehegatten wurde wiederholt die mit Recht geforderte Auskunft über den Grund der

1 Archiwum Archidieczjalne we Wrocławiu, Nachlass Bertram, I A 25 z 136, Kopie: Archiv der Kommission für Zeitgeschichte, Bonn, Nachlass Bertram, I A 25z 136. Abdruck in: Volk u. a., Akten deutscher Bischöfe (wie Dok. 2 vom 8.4.1943, Anm. 11), Bd. VI, S. 216–221.

2 Dr. Margarete Sommer (1893–1965), Sozialarbeiterin; 1924–1934 Dozentin u. a. am Pestalozzi-Fröbel-Haus in Berlin; von 1935 an im kath. Fürsorgewesen tätig, 1941 Geschäftsführerin des Hilfswerks beim Bischöflichen Ordinariat Berlin; 1946 Verdienstorden Pro Ecclesia et Pontifice, 1953 Bundesverdienstkreuz, 2003 von der Gedenkstätte Yad Vashem als Gerechte unter den Völkern geehrt.

3 Die Entwürfe sind im Original undatiert. Margarete Sommer wurde am 21.8.1943 vom Berliner Kardinal Konrad von Preysing beauftragt, diese Petitionen zu verfassen. Das Anliegen war zuvor auf der Fuldaer Bischofskonferenz diskutiert und beschlossen worden. Preysing schlug vor, in einem ersten Entwurf die Frage der „Mischehen" und in einem zweiten Entwurf die Sorge um die deportierten Juden zu formulieren. Die Entwürfe übergab Margarete Sommer am 24.8.1943 an den Vorsitzenden der Bischofskonferenz, Adolf Bertram.

4 Gemeint sind Überlegungen von 1942/43 zur Zwangsscheidung von „Mischehen". Margarete Sommer bezieht sich auf ein Schreiben von Kardinal Adolf Bertram, Erzbischof von Breslau, an die Reichsminister der Justiz von Thierack, des Innern Frick und für die kirchlichen Angelegenheiten Muhs vom 11.11.1942 – abgedruckt in: Volk u. a., Akten (wie Dok. 16 vom 30.4.1943, Anm. 9), Bd. V, Dok. 799 – sowie ein weiteres Schreiben an den gleichen Adressatenkreis, erweitert um den Chef der Reichskanzlei Lammers und das RSHA vom 2.3.1943 (wie Anm. 1, Dok. 818).

5 In der Regel handelte es sich dabei um „Schutzhaftfälle".

Verhaftung, die Natur des Deliktes verweigert. Ein hoher Prozentsatz dieser Verhafteten ist bereits in Lager abtransportiert worden; für eine Anzahl dieser Evakuierten ist schon die Mitteilung von ihrem inzwischen eingetretenen Tode eingetroffen.
Wir deutschen Bischöfe wollen keineswegs uns schützend vor strafrechtlich zu verfolgende Rechtsbrecher stellen, doch müssen wir auf das schärfste protestieren dagegen, daß über Menschen ohne ordentliches Gerichtsverfahren, ohne die jedem Menschen zustehende Möglichkeit der wirksamen Verteidigung, ohne richterliche Aburteilung die Strafe der Evakuierung verhängt wird.
Mit ernster Sorge erfüllt uns auf Grund derartiger Erfahrungen die Tatsache, daß in einigen deutschen Gebieten für die in rassischer Mischehe, verheirateten Nichtarier – und zwar *nur* für diese – Formen des Arbeitseinsatzes gewählt werden, die ebenfalls eine faktische dauernde Trennung der Mischehe für die Zukunft befürchten lassen.[6]
Die deutschen Bischöfe fordern deshalb die sichere Gewähr, daß die zum Zwecke des „Arbeitseinsatzes" durch die Gestapo in Lagern konzentriert untergebrachten Nichtarier aus rassischen Mischehen nach Beendigung der Arbeit wieder in ihre Familien zurückkehren können.
Sie fordern insbesondere, daß Verhaftungen und Evakuierungen, wie sie vorstehend geschildert wurden, in Zukunft unterbleiben und daß die Fälle der bereits erfolgten Verhaftungen von übergeordneter Stelle auf ihre Berechtigung hin nachgeprüft und die inzwischen schon Evakuierten in ihre Familien zurückgeführt werden.
Mit gleichbleibender Wachsamkeit werden wir jeden Angriff auf die Heiligkeit und Unauflöslichkeit der christlichen Ehe, also auch der christlich rassischen Mischehe, verfolgen und zu verhindern suchen. Wir deutschen Bischöfe geben der Hoffnung Ausdruck, daß unsere Proteste nicht wirkungslos bleiben werden, denn sollten die Mißstände nicht behoben werden, sähen wir uns gezwungen, den Katholiken Deutschlands bekannt zu geben, daß ihre Oberhirten pflichtgemäß wiederholt, aber leider erfolglos für die Heilighaltung der Ehe und ihre Unauflöslichkeit mit allen ihnen zu Gebote stehenden Mitteln gekämpft haben. Das katholische Volk – ja darüber hinaus alle christlichen Kreise – haben ein Recht, zu erfahren, daß die Bischöfe die heiligsten Güter der Menschen gegen unberechtigte Eingriffe stets verteidigt haben.

Die Frage der rassischen Mischehe (Anlage zu Entwurf I) vom 24.[7]
Der Entwurf des Gesetzes betr. Trennung der rassischen Mischehe wird zur Zeit und wahrscheinlich für lange Zeit zurückgehalten werden.[8] Die Widerstände, die in den verantwortlichen Ressorts wachgerufen worden sind, bewirken eine bewußt schleppende Bearbeitung. Diese erfreuliche Tatsache darf aber nicht den Irrtum aufkommen lassen, als sei damit die rassische Mischehe vor einer Trennung bewahrt. Im Gegenteil werden

6 Bereits von 1940 an wurden jüdische Partner aus „Mischehen" zur Zwangsarbeit verpflichtet. Seit 1943 häuften sich die Fälle, dass zwangsarbeitende Juden aus „Mischehen" verhaftet und in Arbeitserziehungslager eingewiesen, also räumlich von ihren Angehörigen getrennt wurden. Von dort erfolgte i. d. R. eine Einweisung ins Konzentrationslager.

7 Die Anlage ist verschollen, aber bei Volk, Akten (wie Anm. 1), S. 218–220, abgedruckt. Der Text der Anlage folgt diesem Abdruck.

8 Im Frühjahr 1943 hatte das Reichsinnenministerium eine Gesetzesvorlage zur Zwangsscheidung von „Mischehen" erarbeitet, die nie umgesetzt wurde; siehe Einleitung, S. 36–38, und VEJ 6/182.

statt des gesetzlichen, eine generelle Trennung fordernden Modus andere, weniger auffällige, aber darum um so gefährlichere Wege beschritten, um ohne gesetzliche Grundlage einfach eine faktische Trennung der rassischen Mischehen – und zwar aller ohne Ausnahme –, auch der privilegierten Mischehe, herbeizuführen.

Zu ganz verschiedenen Zeitpunkten werden in verschiedenen, räumlich nicht zusammenhängenden Gebieten unter Anwendung stark voneinander abweichender Methoden die Ehen getrennt:

1. In Hessen wurden eine Woche nachdem die Berliner nichtarischen Ehegatten aus Mischehen nach der Ende Februar, Anfang März erfolgten Abholung wieder entlassen worden waren (auf die ungewöhnlich scharfen Proteste hin),[9] nach und nach eine große Anzahl nichtarischer Ehegatten verhaftet; teilweise ohne Angabe von Gründen, teilweise mit nicht nachgeprüften Behauptungen, daß sie sich irgendwelcher Vergehen schuldig gemacht haben sollten. Solche Vergehen waren z. B. die Tatsache, daß sie einen arischen Friseur aufgesucht hatten. Bis zu diesen Tagen wußte niemand, daß das den Nichtariern[10] verboten sein soll, denn sie dürfen sonst alle arischen Geschäfte betreten.

Von anderen wurde behauptet, daß sie gegen die Kennzeichnungsverordnung verstoßen hätten, weil sie keinen Stern trügen. Der berechtigte Hinweis, daß der privilegierte Ehegatte vom Sterntragen befreit sei, wurde mit der Behauptung zurückgewiesen, daß die Kinder sich zu Unrecht als Mischlinge ersten Grades betrachteten. Selbst wo eine schriftliche Bestätigung des Innenministeriums für die Anerkennung der Mischlinge vorlag, erfolgte keine Freilassung. Den Ehegatten wurde nicht selten die Auskunft über die Verhaftungsgründe verweigert; in barschester Weise wurden sie zurückgewiesen. Andere Scheingründe ähnlicher Art werden genannt.

Diese „Verhafteten" wurden in großen Räumen untergebracht, die in kleinste Käfige eingeteilt waren. Sie hatten die Länge einer Pritsche und die Breite von zwei Pritschen, nach vorn waren sie durch eine Gittertür verschlossen, so daß sich die Insassen der einander gegenüberliegenden Käfige sehen konnten. Ohne Beschäftigung wurden sie, ohne Möglichkeit sich zu bewegen, auf diese Weise monatelang eingesperrt.[11] Bei Überfüllung wurden in einen solchen Käfig zwei Personen gesperrt. Viele dieser Verhafteten wurden dann abtransportiert, nachdem sie einen sogenannten Lagerschein hatten unterzeichnen müssen, der den Eindruck erwecken soll, als seien sie freiwillig ins Evakuierungslager gegangen. Schon 14 Tage nach dem ersten Abtransport dieser unglücklichen Menschen trafen die ersten Todesnachrichten ein. Es verlautet, daß auf diese Weise des „Kriminellmachens" auch in weiteren Gebieten Deutschlands die Mischehe getrennt werden soll.

2. In Innsbruck und anderen Städten Tirols wurden die nichtarischen Ehegatten ohne jede Begründung abgeholt und in Konzentrationslager gebracht. Auf heftigste Proteste

9 Gemeint ist die sog. Fabrik-Aktion 1943, während der die letzten in Rüstungsbetrieben eingesetzten deutschen Juden verhaftet und deportiert wurden. Gegen die Verhaftung der in „Mischehe" lebenden Juden protestierten viele der Angehörigen tagelang. Anfang März wurden sie freigelassen. Ob die Proteste für die Entlassungen ausschlaggebend waren, ist bis heute umstritten; siehe VEJ 6, S. 76 f.

10 Gemeint sind hier Juden, die in „Mischehe" lebten.

11 Im Polizeigefängnis Klapperfeld in Frankfurt a. M. befand sich eine sog. Judenabt., die der Gestapo unterstand.

von katholischer Seite Wiens hin wurden diese Mischehegatten wieder in ihre Familien zurückgeführt.[12]

3. In Beuthen wurden ebenfalls die Ehen durch Abtransport des nichtarischen Teiles getrennt. In einem Fall wurde hier sogar die Mutter von erst 6 Wochen alten Zwillingen abtransportiert.

4. Im Gau Westfalen wurden alle männlichen nichtarischen Ehegatten aus Mischehen in ein Lager nach Bielefeld gebracht.[13] Die Form dieses angeblichen Arbeitseinsatzes zeigt, daß es sich auch hier wieder nur einzig und allein um eine die Mischehe betreffende Maßnahme, die ihre faktische Trennung bewirkt, handelt (vgl. Anlage 2).[14]

5. In Berlin wurden in der letzten Woche ebenfalls 250 männliche Nichtarier aus Mischehen abgeholt, um zum Zwecke des „Arbeitseinsatzes" nach Hamburg gebracht zu werden.

6. Für Berlin war vor ca. drei Wochen bereits wieder die Abholung sämtlicher in einer Mischehe verheirateten Nichtarier angeordnet worden (Männer wie Frauen). Die Maßnahme konnte nicht zur Durchführung gelangen, da am gleichen Tage die allgemeine Evakuierung der Berliner Mütter und Kinder aus Gründen der Luftgefahr verfügt worden war und daher die Transportmöglichkeiten für diese reserviert bleiben mußten.[15] Aber vor einer Woche war schon wieder Bereitschaft zur Abholung angeordnet. Ob die gestern einsetzenden scharfen Fliegerangriffe auf Berlin[16] erneut diesen schweren Schlag gegen die Mischehen verhindern werden, ist ungewiß. Aus Wiener Gestapokreisen wurde ebenfalls mitgeteilt, daß ein schwerer neuer Schlag gegen die Mischehe geplant sei.

Entwurf II

Mit tiefstem Schmerz – ja mit heiliger Entrüstung – haben wir deutschen Bischöfe Kenntnis erhalten von den in ihrer Form allen Menschenrechten Hohn sprechenden Evakuierungen der Nichtarier. Es ist unsere heilige Pflicht, für die schon durch Naturrecht verliehenen unveräußerlichen Rechte *aller* Menschen einzutreten. Unsere besondere Pflicht aber erkennen wir darin, uns schützend vor die vielen Tausende von Nichtariern zu stellen, die durch die heilige Taufe Glieder unserer heiligen katholischen Kirche geworden sind. Die Welt würde es nicht verstehen, würden wir nicht laut unsere Stimme erheben gegen solche Entrechtung unschuldiger Menschen. Vor Gott und den Menschen würden wir durch Schweigen schuldig werden. Die Last unserer Verantwortung wird umso drückender, als die Nachrichten, die spärlich genug – aber mit nicht zu

12 Im April 1943 wurden im Gau Tirol-Vorarlberg Juden aus „Mischehen" aufgrund vermeintlicher Vergehen von der Gestapo in „Schutzhaft" genommen und ins Arbeitserziehungslager Reichenau bei Innsbruck gebracht.

13 Gemeint ist vermutlich das Lager Kaiser in Bielefeld, das in einer ehemaligen Gaststätte eingerichtet worden war. Im Juni 1943 hatte die Gestapoleitstelle Münste r angeordnet, Juden aus „Mischehen" dort zum Arbeitseinsatz einzuweisen.

14 Anlage 2 ist ebenfalls verschollen und nicht bei Volk, Akten (wie Anm. 1) abgedruckt.

15 Am 1.8.1943 fand in Berlin eine Handzettelaktion statt, mit der die Bevölkerung aufgefordert wurde, die Stadt – wenn möglich – zu verlassen, um sich in weniger gefährdeten Gebieten in Sicherheit zu bringen. Die Aufforderung war von Joseph Goebbels in seiner Eigenschaft als Reichsverteidigungskommissar für den Reichsverteidigungsbezirk Berlin unterzeichnet worden.

16 Am Abend des 23.8.1943 wurde Berlin von der RAF angegriffen.

überhörender Eindringlichkeit – zu uns gelangen, erschütternde Schilderungen sind von dem grausam harten Los der Evakuierten, die diesen geradezu unmenschlichen Lebensbedingungen in erschreckend hoher Zahl bereits erlegen sind.
Wir fordern daher:
1. Heilighaltung des Lebens und Schutz für die Gesundheit der Lagerinsassen, daher menschenwürdige Unterkunftsräume, ausreichende Ernährung und erträgliche Arbeitsbedingungen;
2. Die Möglichkeit eines regelmäßigen brieflichen Austausches mit Verwandten und Freunden in Deutschland, auch die Möglichkeit der schriftlichen Verbindung mit ihren Seelsorgern in der Heimat.
3. Mit aller Dringlichkeit fordern wir vor allem die Zulassung von katholischen Priestern, die im Einvernehmen mit den zuständigen Staatsstellen durch die deutschen Bischöfe zu benennen wären, damit eine ordentliche Seelsorge für die katholischen Nichtarier gesichert wird in den Evakuiertenlagern.
Wir fordern ferner:
4. Bekanntgabe aller Lager (bezw. Ghettos), in denen z. Z. noch Evakuierte leben, und Bekanntgabe der Lager (bezw. Ghettos), die inzwischen geräumt worden sind; ferner die Mitteilung, wohin die Insassen gebracht wurden, mit Angabe der Gründe, die für die Räumung bestimmend waren;
5. Die Zusicherung, daß eine Kommission diese Lager besuchen und in persönliche Verbindung mit den Lagerinsassen treten dürfe.
Wir verfehlen nicht, darauf hinzuweisen, daß die Erfüllung unserer Forderungen der sicherste Weg wäre, die ununterbrochen laut werdenden Gerüchte über das Massensterben der evakuierten Nichtarier zu entkräften.[17]

17 Die Entwürfe Sommers wurden von Kardinal Bertram nicht berücksichtigt. In einem Aktenvermerk vom 24.8.1943 bezeichnete Bertram sie zwar als „subjektiv glaubwürdig", sie entzögen sich aber der Überprüfbarkeit. Erst im Januar 1944 setzte sich Bertram dann doch bei der Reichsregierung für die „Mischlinge" ein; siehe Dok. 111 vom 29.1.1944.

DOK. 73
Siegfried Rosenfeld macht sich am 25. August 1943 im britischen Exil Vorwürfe, dass er ohne seine Frau Else emigriert ist[1]

Brief von Siegfried Rosenfeld[2] an seine Frau Else Behrend-Rosenfeld[3] vom 25.8.1943 (Abschrift)[4]

25. August 1943
Heute sind es 4 Jahre, seit ich Dich, meine Liebe, verließ. Es war vielleicht doch die große Schuld meines Lebens, daß ich mich rettete und Dich zurückließ. Heute, wo ich die Nachrichten über den großen Luftangriff vor 2 Nächten auf Berlin lese, fällt es mir doppelt schwer aufs Herz. Wie, wo soll ich Dich mir vorstellen, nachdem noch vor 4 Tagen von Alice[5] Nachricht kam. Ihr „schreibt zufrieden, arbeitet und hofft auf Wiedersehen im baldigen Frieden". Du warst also noch mit den Heilmannschen Kindern im Juli in Berlin zusammen![6] Keine Phantasie reicht hin, um die Schrecken sich auszumalen in den Kellern unter riesenhohen Häusern, die sich in Riesenschutthaufen verwandeln können in jedem Augenblick.
Der Hauptangriff scheint der Siemensstadt[7] gegolten zu haben, aber gewiß auch vielen anderen Zielen.
Ich sehe Dich, meine Liebe, auf dem Bahnhof stehend, mir entschwunden – für so viele Jahre nun, und ist Hoffnung, im besten Falle in einem Jahr Dich wiederzusehen!? Ich rechne auf Hertas Hilfe am ehesten, nachdem ich gehört habe, daß sie mitten in den ideellen und wahrscheinlich auch praktischen Wohlfahrtshilfevorbereitungen für das kriegsvernichtete Europa nach dem Kriegsende steht. Hedwig (Hertas Mutter)[8] schrieb es in ihrem letzten Brief, und ich habe daraufhin an Herta vor wenigen Tagen geschrie-

1 Original nicht aufgefunden, Abschrift in Privatbesitz, Kopie: IfZArch, F 601. Abdruck in: Else Behrend-Rosenfeld/Siegfried Rosenfeld, Leben in zwei Welten. Tagebücher eines jüdischen Paares in Deutschland und im Exil, hrsg. von Erich Kasberger und Marita Krauss, München 2011, S. 330.
2 Dr. Siegfried Rosenfeld (1874–1947), Jurist; 1891 Austritt aus dem Judentum; seit 1904 Notar in Berlin; 1920 Heirat mit Else Behrend; 1921–1933 MdL in Preußen; seit 1923 im preuß. Justizministerium tätig, Okt. 1932 zwangsweise Pensionierung; 1939 Emigration nach Großbritannien.
3 Dr. Else Behrend-Rosenfeld (1891–1970), Sozialarbeiterin; seit 1926 ehrenamtl. Tätigkeit in einem Berliner Frauengefängnis; 1933 Umzug nach Bayern; 1937 konvertierte sie zum Judentum; 1941 Wirtschafterin im Judenlager Berg am Laim in München, 1942–1944 lebte sie untergetaucht, dann floh sie in die Schweiz; nach dem Krieg in München in der Gefangenenhilfe tätig; Autorin von „Ich stand nicht allein" (1949).
4 Es handelt sich um ein Brieftagebuch Siegfried Rosenfelds. Der Brief wurde nicht abgesandt.
5 Alice Rosenberg, Schwester von Gertrud Rewald, der ersten Ehefrau von Siegfried Rosenfeld, lebte in Lissabon und vermittelte die Briefe zwischen Else und Siegfried Rosenfeld.
6 Magdalena Heilmann und ihre vier aus einer „Mischehe" stammenden Kinder – der Vater war 1940 in Buchenwald ermordet worden – versteckten mehrere untergetauchte Juden in ihrer Wohnung und vermittelten Else Behrend-Rosenfeld 1944 die Flucht in die Schweiz.
7 Ortsteil des Berliner Bezirks Spandau, der von weitläufigen Industrie- und Werksanlagen der Firma Siemens geprägt ist.
8 Hedwig Kraus, geb. Rosenfeld (1870–1954), Hausfrau, war die Schwester von Siegfried Rosenfeld und emigrierte 1938 in die USA. Dr. Hertha Kraus (1897–1968), Sozialwissenschaftlerin, war ihre Tochter; von 1923 an Leiterin des städtischen Wohlfahrtamts der Stadt Köln; 1933 aus dem Staatsdienst entlassen, emigrierte in die USA, dort zunächst Dozentin in Pittburgh, von 1936 an Professor of Social Work and Social Research in Philadelphia/Pennsylvania; nach dem Krieg war sie wiederholt in Deutschland als Vertreterin des American Friends Service Committee.

ben. Vielleicht wird Herta sogar selbst zur Mithilfe bei der Organisation nach Europa kommen, da sie doch schon von früheren Jahren Erfahrungen hier hat. Meine Gedanken schweifen weit ab von der Gegenwart, die zur Passivität verurteilt, der Zukunft voraus. Es ist die Flucht aus dem schrecklichen Unabänderlichen. – Vor 4 Jahren fuhr ich um diese Zeit durch die Nacht dem Rheine zu, der am Morgen sichtbar wurde, an dessen Ufern ich lange Stunden entlangfuhr. Ein Telegramm von Nymwegen[9] nach der Grenze eine der letzten Nachrichten, die ich geben konnte.

DOK. 74

Ein Mitarbeiter des Reichsfinanzministeriums schildert am 28. August 1943 den Konkurrenzkampf um die Häuser aus dem Besitz deportierter Juden[1]

Aktenvermerk des Reichsfinanzministeriums, ungez., für Edinger Ancker[2] von der Partei-Kanzlei vom 28.8.1943

Die dem Reich verfallenen Judenhäuser werden vom Reichsfinanzministerium verwaltet. Sie bilden seit langem eine Quelle häufiger nicht immer sehr erfreulicher Schriftwechsel.

Der Reichsminister der Finanzen[3] hat zunächst Judenhäuser nach Schätzung verkauft. Es stellte sich bald heraus, daß wesentlich mehr Kaufbewerber da waren als Kaufobjekte. Der RdF hat deshalb am 22. April 1942 angeordnet, daß Judenhäuser nurmehr an Kriegsteilnehmer, Verwundete beider Kriege, Umsiedler usw. verkauft werden dürften.[4] Auch nach dieser Einschränkung war die Anzahl der Judenhäuser wesentlich kleiner als die Anzahl der nach dem Erlaß vom 22. April 1942 zugelassenen Kaufbewerber. Der RdF hat deshalb am 16. Februar 1943 durch einen neuen Erlaß einen vollkommenen Verkaufsstopp angeordnet.[5] Seither ist das Geraufe um die noch vorhandenen Judenhäuser wesentlich stiller geworden. Trotzdem versucht man natürlich noch von allen Seiten, Ausnahmen vom Stopperlaß zu erreichen. Ein Beispiel, das mir gerade zufällig vorliegt:

9 Geläufiger: Nijmegen, Stadt an der deutsch-niederländ. Grenze.

1 BArch, R 2/31098, Bl. 199–201. Teilweise abgedruckt in: Heiber (Hrsg.), Die Rückseite des Hakenkreuzes (wie Dok. 54 vom 11.7.1943, Anm. 1), S. 374 f.

2 Edinger Ancker (1909–1986), Jurist, Kaufmann; 1930 NSDAP-, 1931 SA- und 1933 SS-Eintritt; 1941 Mitarbeiter des Reichskommissars für die besetzten niederländ. Gebiete, von Jan. 1942 an Leiter der Abt. III A (Innere Verwaltung, Volkstum, Rassefragen) in der Partei-Kanzlei, 1944 Mitglied der SS-Panzer-Division Wiking; 1947 Zeuge beim Juristenprozess in Nürnberg, dann als Anwalt in München tätig.

3 Johann Ludwig Graf Schwerin von Krosigk.

4 Anordnung des RFM vom 22.4.1942 über die Verkaufssperre für Grundbesitz aus eingezogenem und verfallenem Vermögen. Abdruck in: Martin Friedenberger u. a. (Hrsg.), Die Reichsfinanzverwaltung im Nationalsozialismus. Darstellung und Dokumente, Bremen 2002, Dok. 40, S. 88 f.

5 Erlass des RFM über die Einstellung des Verkaufs von Grundbesitz aus eingezogenem und verfallenem Vermögen vom 16.2.1943, BArch, R 1501/1838, Bl. 20. Abdruck in: Walter Rummel/Jochen Rath (Hrsg.), „Dem Reich verfallen" – „den Berechtigten zurückzuerstatten". Enteignung und Rückerstattung jüdischen Vermögens im Gebiet des heutigen Rheinland-Pfalz 1938–1953, Koblenz 2001, Dok. 92, S. 432.

Um den Erwerb der Villa Tonder in St. Gidgen[6] bewerben sich zur Zeit
das Auswärtige Amt,
Generaloberst Guderian,[7]
die Witwe[8] des Reichsministers Kerrl,[9]
Generalfeldmarschall von Weichs,[10]
das Kampfgeschwader Boelke[11]
und Generalstabsingenieur Lucht.[12]
In einem anderen Fall stritten sich der Reichskriegsopferführer Oberlindober[13] und der jetzige Polizeipräsident von Grolmann[14] um ein Haus am Tegernsee mit derartiger Begeisterung, daß sogar dem RdF eine Schadensersatzklage angedroht wurde, wenn er das Haus nicht dem einen Bewerber zuspräche.
Eine Verkaufsausnahme scheint mir nur insofern angebracht, als man Dienststellen der Partei und des Staates die Möglichkeit geben sollte, Grundstücke – für Dienststellen, nicht für Wohnzwecke – zur Verfügung zu stellen. Die Verordnung über das Verbot der Zweckentfremdung von Wohnraum wird dafür sorgen, daß nicht irgendwelche Dienst-

6 Richtig: St. Gilgen. Die Villa Tonder war 1905/06 von dem tschech. Architekten Jan Kotèra im Auftrag des Prager Anwalts Dr. Ferdinand Tonder gebaut worden.

7 Heinz Guderian (1888–1954), Generaloberst der Wehrmacht; von 1917 an im Generalstab des Deutschen Heeres, 1919 Übernahme in die Reichswehr, von 1933 an für den Aufbau von Panzertruppen verantwortlich, 1938 General der Panzertruppen; beteiligt am Einmarsch in Polen, am Westfeldzug und am Angriff auf die Sowjetunion, Ende 1941 wegen Unstimmigkeiten mit Hitler seines Postens enthoben, 1943 als Inspekteur der Panzertruppen reaktiviert, 1944 Ernennung zum Chef des Generalstabs; 1945–1948 in amerikan. Gefangenschaft; Autor von „Erinnerungen eines Soldaten" (1951).

8 Marga Kerrl, geb. Schrader (1887–1969); 1930 NSDAP-Eintritt; 1932 Umzug von Peine bei Hannover nach Berlin.

9 Hanns Kerrl (1887–1941), Justizbeamter; 1923 NSDAP-Eintritt, 1928–1933 MdL in Preußen; 1929–1941 Bezirks- bzw. Kreisleiter der NSDAP in Peine; 1933–1941 MdR; März 1933 Reichskommissar für das preuß. Justizministerium, dann bis Juni 1934 preuß. Justizminister, 1935–1941 Reichskirchenminister, Leiter der Reichsstelle für Raumordnung, 1936 SA-Obergruppenführer.

10 Maximilian Freiherr von Weichs (1881–1954), Generalfeldmarschall der Wehrmacht; von 1900 an in der Bayerischen Armee, 1919 Übernahme in die Reichswehr, beteiligt am Polen-, West- und Balkanfeldzug sowie am Angriff auf die Sowjetunion, 1942 Kommandeur der Heeresgruppe B, 1943 Generalfeldmarschall, aufgrund von Unstimmigkeiten mit Hitler vorübergehend zur Führerreserve versetzt, Aug. 1943 Führer der Heeresgruppe F; 1945–1948 in amerikan. Kriegsgefangenschaft.

11 Gemeint ist das Kampfgeschwader 27 „Boelcke"; ein Verband der deutschen Luftwaffe, der nach dem Jagdflieger Oswald Boelcke benannt war.

12 Roluf Lucht (1901–1945), Ingenieur; Leiter der Flugzeugentwicklung im Heereswaffenamt, 1936–1939 Chefingenieur im Technischen Amt des RLM, dann bis 1941 Chefingenieur beim Generalfeldzeugmeister, 1941/42 leitender Chefingenieur im RLM, von 1943 an Betriebsführer der Messerschmitt GmbH Regensburg, 1944 Mitarbeiter des Jägerstabs und von Sept. an Leiter der Entwicklungshauptkommission Flugzeuge im RMfRuK; starb kurz vor Kriegende bei einem Flugzeugabsturz.

13 Hanns Oberlindober (1896–1949), Kaufmann; 1922 NSDAP-Eintritt; 1924–1929 Mitglied des Stadtrats von Straubing, 1930–1945 MdR; von 1934 an Leiter des Hauptamts der Kriegsopferversorgung; 1945–1948 in amerikan. Kriegsgefangenschaft, dann an Polen ausgeliefert, dort gestorben.

14 Vermutlich: Wilhelm von Grolman (1894–1985), Polizist; 1930 NSDAP- und SS-Eintritt, 1931 Wechsel zur SA; 1933 Stadtrat in Görlitz und Führer einer SA-Brigade; 1933–1945 MdR; 1935 Hauptmann der Schutzpolizei in Berlin, von 1936 an im RMI als Adjutant und im Hauptamt Ordnungspolizei, dort 1940–1942 Leiter der Amtsgruppe II (Personal), 1942–1945 Polizeipräsident von Leipzig; lebte nach dem Krieg in der Gemeinde Seefeld in Bayern.

stellen Wohngrundstücke aus Judenbesitz zu Bürozwecken erwerben. Jede andere Lokkerung des Stopperlasses muss m. E. dazu führen, daß in vier Wochen der gesamte Judenbesitz veräußert ist. Dann gehen alle diejenigen leer aus, die sich jetzt nicht um Judengrundstücke umtun können, weil sie an der Front stehen.

Eine Ausnahme für Ritterkreuzträger halte ich für bedenklich. Ich darf folgende Beispiele nennen:

Wir haben seinerzeit für Galland[15] in Berlin ein sehr großes Haus locker machen müssen, als Galland heiratete. Familienväter mit 6 bis 8 Kindern hätten das Haus besser ausgenutzt.

Anderes Beispiel: Der Kriegsblinde, der Kriegsverletzte, der beide Arme verloren hat. Ist es nicht aus sozialen Gründen wichtiger, diesen Männern eine geeignete Wohnung zu verschaffen?

Vor einigen Monaten bewarb sich die Witwe[16] des Generals Eibl[17] um ein Judenhaus. Ich habe damals den Fall dem Herrn Reichsleiter vorgelegt[18] und ausgeführt, es sei noch besser, daß in einem ganz besonders gelagerten Ausnahmefall (General Eibl Träger der Schwerter zum Eichenlaub, gefallen, beide Söhne als Fliegeroffiziere gefallen) der Führer der Witwe ein Haus schenkt, als daß der Stopperlaß aufgehoben wird. Herr Reichsleiter hat damals diesen Standpunkt gebilligt. Der Führer hat sich bereit erklärt, Frau Eibl das Haus zu schenken. Die Sache ist bisher nicht durchgeführt worden, weil der Erlaß des Führers über den Landerwerb durch Verkauf oder Dotation[19] im Laufe des Krieges dazugekommen ist.

Neuerdings hat der RdF persönlich angeregt, wir wollten die Judenhäuser im Einvernehmen mit den Gauleitern schon jetzt verkaufen. Staatssekretär Reinhardt hat sich zwar dagegen ausgesprochen. Es soll aber in einiger Zeit eine Ressortbesprechung zwischen OKW, Partei-Kanzlei und RdF stattfinden, zu der der RdF einladen wird. Ich werde zur Vorbereitung dieser Besprechung eine Vorlage für Herrn Reichsleiter machen und III A, III B und III C beteiligen.[20]

15 Adolf Galland (1912–1996), Offizier; Generalleutnant der deutschen Luftwaffe; Galland galt als einer der erfolgreichsten Jagdflieger und genoss große Popularität.

16 Helene Eibl.

17 Karl Eibl (1891–1943), General der Infanterie; im Ersten Weltkrieg als Kompaniekommandant an der Ost- und Südfront, 1920 in das österreich. Bundesheer übernommen; 1939 Kommandeur eines Bataillons im Infanterieregiment 131, beteiligt am Polen- und Westfeldzug sowie am Angriff auf die Sowjetunion, 1942 Generalleutnant.

18 Vorlage für den Herrn Reichsleiter (Bormann) vom 21.4.1943; wie Anm. 1, Bl. 158–160.

19 Am 28.6.1943 informierte die Partei-Kanzlei die Gauleiter im Rundschreiben Nr. 98/43 über eine Anordnung Hitlers bezüglich des Landerwerbs durch Ankauf oder Dotation während des Kriegs. Diese Anliegen wurden von Hitler auf die Nachkriegszeit verschoben, um für die an der Front kämpfenden Soldaten Nachteile zu vermeiden; siehe BArch, NS 6/341, Bl. 115 f.

20 Abteilungen der Partei-Kanzlei: III A (Innere Verwaltung, Volkstum) unter der Leitung von Edinger Ancker; III B (Wirtschaft, Arbeit, Ernährung, Verkehr) unter Leitung von Dr. Hans Bärmann; III C (Justiz, Recht der NSDAP) unter Leitung von Herbert Klemm.

DOK. 75
Stephen Wise vom Jüdischen Weltkongress fordert am 29. August 1943 angesichts des Mords an den europäischen Juden eine jüdische Masseneinwanderung nach Palästina[1]

Rede von Stephen Wise, Ehrenpräsident des American Jewish Congress[2] und Rabbi der Freien Synagoge,[3] vor der American Jewish Conference,[4] Waldorf Astoria, New York, am 29.8.1943

Dies ist eine amerikanische Konferenz. Wir sind Amerikaner, zuerst, zuletzt und allezeit. Nichts, was wir sonst noch sind in Hinblick auf Glaube, Rasse oder persönliches Schicksal, schränkt unser Amerikanischsein ein. Alles, was wir noch sind und haben, vertieft, bereichert und stärkt dieses noch. Unsere Väter haben sich entschieden, und wir entscheiden uns erneut, Amerikaner zu bleiben. Einhundert Generationen haben sich zum Judentum bekannt, und weitere hundert und mehr Generationen werden sich entscheiden, dass sie Erben der jüdischen Vergangenheit und Baumeister der jüdischen Zukunft sein wollen. Unsere erste und dringlichste Aufgabe, die wir gemeinsam mit allen übrigen Bürgern unseres geliebten Landes und den Bürgern der Vereinten Nationen[5] übernehmen, ist der Sieg im antifaschistischen Krieg. Wenn dieser Krieg nicht gewonnen wird, ist alles verloren.

Die Frage, vor der diese American Jewish Conference steht, lautet: Soll die von Hitler begonnene Vernichtung des jüdischen Volkes als Lösung des jüdischen Problems akzeptiert werden, oder haben wir amerikanischen Juden eine Alternative? Schon in der Frage liegt die Antwort begründet – ein tief empfundenes, feierliches, einstimmiges Nein. Und wir haben eine Lösung zu bieten!

Vor kurzem haben wir uns an einen Sinnspruch aus der noblen Prosa des verstorbenen Bundesrichters Holmes erinnert: „Es ist nicht die geringste der gottgleichen Betätigungen des Menschen, die Ursachen umfassend zu erforschen, dass Wissen nicht weniger wert ist als Fühlen."[6] Diese Konferenz soll einer solchen umfassenden Erforschung dienen, auf dass wir sowohl wissen als auch fühlen.

Das bald zu Ende gehende Jahr Fünftausendsiebenhundertunddrei[7] ist nicht nur das schlimmste und von größter Trauer erfüllte Jahr der jüdischen Geschichte; denn das Leid ist noch größer als jenes, das sich in den vergangenen tausend Jahren angesammelt

1 AJA, WJC Collection, Series A: Central Files, Subseries 1: Organizational History and Activities, Box A2, Fol. 3: American Jewish Conference, meetings, 1943. Das Dokument wurde aus dem Englischen übersetzt.

2 Der American Jewish Congress wurde 1918 als Interessenverband des Judentums in den USA gegründet.

3 1907 gründete Stephen Wise die Free Synagogue in New York, der bis 1922 eine Schule, eine Fürsorgeabteilung und das Jewish Institute of Religion angegliedert wurden.

4 Die American Jewish Conference war eine 1943 in den USA gegründete Organisation, die sich als Dachverband von 32 nationalen jüdischen Organisationen mit der Rettung der europäischen Juden befasste. Hierzu forderte die Konferenz u. a. die Gründung eines jüdischen Staats in Palästina. Die Organisation wurde 1949 aufgelöst.

5 Siehe Dok. 6 vom 14.4.1943, Anm. 6.

6 Oliver Wendell Holmes, The Profession of the Law, in: ders., Collected Legal Papers, New York 1920, S. 30. Oliver Wendell Holmes (1841–1935) war Richter am obersten Bundesgericht der USA.

7 Das jüdische Jahr 5703 dauerte vom 12.9.1942 bis zum 29.9.1943.

hat. Das gesamte jüdische Jahr schien wie ein einziger ausgedehnter, niemals endender Tag trauernden Gedenkens. Der erste Tisha B'Av markierte die mutwillige und barbarische Zerstörung des heiligsten Heiligtums vor 1873 Jahren.[8] Das nun zu Ende gehende Jahr des Kalenders wird ewig an die geplante Vernichtung des gesamten jüdischen Volkes erinnern. An einen Versuch, der leider nicht fehlgegangen ist, denn im Zugriffsbereich der Achsenmächte – was natürlich Großbritannien und Palästina, Russland und unser eigenes Land ausschließt – wurden mehr als zwei Drittel der jüdischen Bevölkerung ermordet, auf scheußlichste und perverseste Weise, mit Methoden des offenen und vernichtenden Terrors. Wie uns ein Christ berichtet, der gerade aus dem polnischen Untergrund aufgetaucht ist, besteht das Ziel darin, „die Juden sowohl als Volk als auch als Individuen auszulöschen, sie als Rasse systematisch, ohne jede Ausnahme, zu vernichten, durch nackten Massenmord". Von den jüdischen Untergrundkämpfern erfahren wir unglaublich grässliche Details, zum Beispiel über die Todeslager von Tremblinka,[9] über die Eisenbahnlinie von Warschau nach Bialistok,[10] die Todeshäuser, die spezielle Ausrottungsmaschinerie, die Vernichtungsgase, die in die Todeszellen geleitet werden, die Opfer, die jeden Tag zu Tausenden sterben. In Tremblinka begrüßt die Ankömmlinge ein riesiges Plakat: „Vertrau auf deine Zukunft!"[11] Die ironische Einladung zu einem grausamen Tod! Doch im Namen der Opfer erklären wir den bestialischen Henkern: Im Gegensatz zum ehrenvollen Tod, den ihr euren Opfern bereitet, wird euch bald ein Tod in Schande zuteilwerden. Mit den Vereinten Nationen vertrauen wir auf unsere unmittelbare Zukunft, in der es nirgendwo in der Welt eine Zukunft für Leute geben wird, die darauf aus sind, Rasse gegen Rasse und Glaube gegen Glaube aufzuhetzen. Auf eure Rechnung geht ein Jahrzehnt des Schreckens, der Plünderungen und des Raubs. Vergessen zu werden wäre für euch das gnädigste Schicksal. Wir leben und dienen seit Jahrtausenden, während eure tausend Jahre innerhalb eines Jahrzehnts beendet sein werden. Wir setzen unser Leben in freudiger Hoffnung fort, weil Kultur und Freiheit dabei sind, ihre vereinten Feinde – die Achsenmächte – zu vernichten.

Wir stellen unsere Leiden nicht zur Schau. Die Opfer, die der Krieg uns aufbürdet, ertragen wir wie alle Amerikaner stolz und sogar freudig. Aber weder stolz noch stoisch können wir „die entsetzliche Barbarei" akzeptieren, die damit endete, dass Millionen unserer Brüder und Schwestern, unbedeutend, ob es sich um drei oder vier Millionen handelt, abgeschlachtet wurden; also mit dem, was Harold Laski „das widerlichste Verbrechen der Geschichte" nennt.[12]

8 Im Jahr 70 n. Ch. wurde Jerusalem von den Römern erobert und der zweite Tempel zerstört. Der Zerstörung des Tempels gedenken die Juden am Fasten- und Trauertag Tisha B'Av.

9 Richtig: Treblinka.

10 Richtig: Białystok. Gemeint sind vermutlich die Zustände während der Massendeportationen von Juden aus dem Warschauer Getto und dem Getto von Białystok in das Vernichtungslager Treblinka.

11 Die Rampe in Treblinka wurde Ende 1942 zu einer fingierten Bahnstation mit Bahnhofsuhr, ausgehängten Fahrplänen und Fahrtrichtungshinweisen in andere Städte umgebaut, um die Deportierten zu täuschen.

12 Harold Laski (1893–1950), Politikwissenschaftler; Dozent in Montreal, Harvard und London; 1945/46 Vorsitzender der brit. Labour Party. Während der Jahresversammlung der Labour Party im Juni 1943 wurde die Lage der verfolgten Juden in Europa diskutiert. Die Mitglieder beschlossen eine Resolution, mit der sie die Vereinten Nationen aufforderten, adäquate Hilfsmaßnahmen einzuleiten.

Die tapfere und noble niederländische Exilregierung formulierte es so: „Ein derart entsetzlicher Massenmord muss gesühnt werden." Damit ist uns, die wir zur weitaus größten jüdischen Gemeinschaft der Geschichte geworden sind, eine große feierliche und unabweisbare Verpflichtung überantwortet: die Pflicht, nicht nur die Wunden zu heilen, sondern zusammen mit den Überlebenden auch zu beraten, wie sich ihre und unsere Zukunft gestalten soll. Gemeinsam müssen wir über das Schicksal der Juden in aller Welt nachdenken, einschließlich der russisch-englisch-palästinensischen Gemeinschaft, die ähnlich groß ist wie unsere.

Wir haben unsere Lektionen gelernt, und auch die Welt hat ihre Lektionen gelernt. Wir haben langsam und spät gelernt, die Welt jedoch noch langsamer und später. Worin bestehen diese Lektionen? Dass das einzig sichere Fundament des Rechts die Freiheit ist; dass die einzig sichere Garantie der Freiheit das Recht ist. Als Erstes zu begreifen, dass Cherut und Charut, Freiheit und das geschriebene Recht, jeweils voneinander abhängen; Freiheit auf Grundlage des Rechts, das Recht als Garant der Freiheit. Jahrhundertelang haben wir, und tun es immer noch, die unversöhnliche Feindschaft all jener erfahren, denen Freiheit als schreckliche Ketzerei gilt, die Gleichheit der Menschen als schlimmste Sünde, die politische Demokratie als unverzeihlicher Angriff auf das Allerheiligste der Privilegien und der Macht.

Ein gutes Motto für diese Konferenz wäre das, was ein Schriftsteller jüngst über die „Captains of Their Souls"[13] geschrieben hat: „Denn dies ist die Stunde der Entscheidung; es ist der schicksalhafteste Moment unseres Lebens, und nur wenn wir wahrhaftig glauben, können wir hoffen, klar zu denken und erfolgreich zu handeln."[14] An was sollen wir wahrhaftig glauben? Muss man noch einmal aussprechen, dass wir an den raschen Sieg unseres Landes glauben, an den Triumph der großen Aufgabe, die zu erfüllen es sich aufgemacht hat: die Rettung des eigenen Landes, die Sicherung der menschlichen Freiheit, überall und am Ende selbst für die Rechtsbrecher und Betrüger in den eroberten und versklavten Ländern, für die Schaffung einer neuen und besseren, weil gerechteren Welt.

Wir glauben zutiefst an uns selbst, an unser Volk, an unseren Glauben, an unser Schicksal oder unsere Bestimmung. Obwohl unsere Herzen erfüllt sind von Trauer, lassen wir uns durch das Böse der zehn Jahre, die nun zu Ende gehen, durch den unbeschreiblichen Schrecken der vergangenen Jahre nicht ins Wanken bringen. Wir glauben tiefer als je zuvor an Israel und an den Gott Israels. Die Millionen von Opfern, mitten aus unserem Volk gerissen, die meisten, wenn nicht alle Märtyrer, jene bewussten Zeugen der Wahrheit, die ihr Leben und ihr Sterben war, so wie sie unser Leben ist, sie alle lassen uns wahrhaftiger und sicherer als je zuvor an unser Volk glauben, an seine große Vergangenheit, seine bedeutende, wenn auch von Trauer geprägte Gegenwart, seine wirre, aber doch sichere Zukunft.

Dies ist eine amerikanische jüdische Konferenz. Amerikanisch und jüdisch! Jüdisch, weil wir als Volk den schrecklichsten Krieg der Geschichte durchleben und durchkämp-

13 Das Motiv stammt aus dem Gedicht „Invictus" des brit. Dichters William Ernest Henley (1849–1903). Im Original heißt es: „I am the master of my fate: I am the captain of my soul." Bereits Churchill hatte die Metapher während einer Rede am 9.9.1941 vor dem brit. Unterhaus aufgegriffen.

14 Walter Lippmann, The Moral Responsibility of Man, in: TIME-Kolumne Today and Tomorrow, 31.7.1943.

fen, mit unzähligen Opfern und Toten. Nicht nur einen Krieg, sondern Kriege: den einen Krieg, in dem alle freien Staaten kämpfen und Juden als Teil von ihnen und mit ihnen und für sie, in jedem Land, in dem Juden wohnen – in stattlicher Zahl überall im Britischen Empire, in der Sowjetunion und hier in den Vereinigten Staaten. Und wir kämpften auch – und wurden bekämpft und bezwungen – in einem weiteren Krieg. Im Krieg, den die Freiheitsfeinde gegen die Juden führten und ihre Drohung umsetzten, sie auszulöschen. Auch in diesem Krieg haben wir unseren vollen Beitrag geleistet. Hinzu kam aber ein weiterer Krieg gegen die Juden, ein Krieg, in dem wir als Opfer auserwählt wurden, nicht als Kriegsopfer, sondern als Opfer der Vernichtung, der grauenhaften und leider fast erfolgreich vollzogenen Auslöschung. Keinem anderen Volk wurden, selbst wenn es fünf- oder zehnmal mehr Menschen zählt als die Juden weltweit, vergleichbare Verluste zugefügt, wie sie das jüdische Volk in diesem antijüdischen Ausrottungskrieg erlitten hat. In diesem Vernichtungskrieg ist mehr als ein Viertel aller Juden umgekommen.

So wie jede amerikanische Versammlung das Ziel verfolgt, Amerika zu erhalten und zu schützen, so will auch die American Jewish Conference Amerika erhalten und beschützen – und darüber hinaus das jüdische Volk. Hitler hat verkündet, und Goebbels hat es wiederholt: „Das jüdische Volk muss vernichtet werden." Die American Jewish Conference nimmt diese Herausforderung an und antwortet: Das jüdische Volk wird nicht vernichtet werden und bekennt sich zu der unbedingten Bereitschaft und Entschlossenheit der Vereinten Natione n, nie wieder einem Führer oder Gangster, einem Kanzler oder Präsidenten zu gestatten, einem Volk, einer Rasse oder den Angehörigen eines Glaubens die Vernichtung auch nur anzudrohen, ohne dafür zur Rechenschaft gezogen und bestraft zu werden. Eine freie Welt wird nie wieder passiv zusehen, wie eine solche Drohung wahr gemacht wird, so wie sie es leider zwischen 1933 und 1939 getan hat. Die Urheber einer solchen Drohung werden unter Zustimmung der ganzen Welt angeklagt und verurteilt werden wegen ihrer zerstörerischen Absichten und Ziele, die sich nicht nur gegen die Juden, gegen irgendein Volk oder irgendeinen Glauben richten, sondern gegen unsere gemeinsame Zivilisation und Freiheit.

Wir sind aufgefordert, klar zu denken und wirksam zu handeln. Klar denken bedeutet, nicht voreingenommen oder abgelenkt von Vorurteilen zu denken, sondern offen und mit klarem Verstand, der einzig auf die Erfordernisse der Stunde orientiert ist. Der Vorschlag, die Delegierten mögen mit Beginn der Konferenz ihre Parteizugehörigkeit vergessen, ist nur eingeschränkt sinnvoll. Die Delegierten sollen im Namen und im Geist derer handeln, die sie zum Wohle aller gewählt und entsandt haben. Jeder von uns repräsentiert einen Ausschnitt jüdischen Lebens. Und wir alle zusammen dienen Israel als Ganzes. Nur wenn wir uns an die Besten und Führenden der Gruppe oder Fraktion erinnern, die uns hierher entsandt hat, werden wir den Juden in ihrer Gesamtheit gerecht.

Nun zum wirksamen Handeln: Als die Juden, beginnend mit dem Jahr 1933, bedroht wurden, haben sie nicht gemeinsam gehandelt, abgesehen von den – viel zu wenigen und zu begrenzten – Gruppen, die dazu den Mut hatten. Die Politik der Vernichtung hat erreicht, was der Menschheit bis dahin unbekannt war. Doch auch die Welt agierte nicht gemeinsam, als Hitler seine schrecklichen Drohungen gegen die Freiheit kundtat, und wurde erst tätig, als er Polen angriff und zerstörte. Aber selbst damals standen die Menschen und Staaten nicht zusammen, sondern warteten ab und spielten auf Zeit, bis es zu spät war. Holland, Belgien, Norwegen, Dänemark, Griechenland, Jugoslawien blieben der Reihe nach auf der Strecke. Hitlers Krieg gegen die freie Welt begann nicht erst am 31. August 1939,[15] als er in Polen einmarschierte, sondern am 30. Januar 1933, als er dank seiner Ernennung seine vor den Wahlen geäußerte Drohung, das jüdische Volk zu vernichten, wieder aufgreifen konnte.

Wirksames Handeln bedeutet, übereinstimmend zu handeln. Übereinstimmend zu handeln bedeutet nicht, dass alle dasselbe denken. Wirksames Handeln entspringt der Fähigkeit, sich auf Situationen einzustellen, die nach kompromisslosem Einverständnis verlangen. Niemals war ein Volk einem derart tiefen und dringenden Zwang zum Handeln ausgesetzt. Wir standen unter dem Eindruck eines unermesslichen Leids, des Leidens an der Vernichtung ungezählter Angehöriger unseres Volks, eines Leids, für das es keine Tränen mehr gab. Und doch leiden und trauern wir nicht ohne Hoffnung. Wir leiden. Wir trauern. Wir hoffen. Wie trostlos auch immer unsere Trauer ist, ohne Hoffnung können wir nicht leben. „Sie ist nicht zerstört."

Dass die amerikanischen Juden mittels dieser Konferenz geeint auftreten, genügt nicht. Sie müssen sich mit den Juden der ganzen Welt zusammentun, indem sie die alten Bande mit der erstarkten und noch nicht verlorenen jüdischen Gemeinschaft in der Sowjetunion wiederherstellen und sich bemühen, gemeinsam mit den zu neuem Leben erwachenden Juden in den Achsenländern zu handeln – und nicht nur für sie. Für diejenigen, die überlebt haben und noch überleben werden, mag der Bericht dieser Konferenz als Elixier, als Stimulanz und Stärkungsmittel dienen. Ihre ihnen von Hitler zugefügten Wunden hindern sie nicht an kameradschaftlichen Beziehungen und Beratungen mit uns, ihren freien und glücklicheren Brüdern, die sich nur dank der Gnade Gottes und der Auswanderung unserer Väter nicht an ihrer Stelle befinden. Hitlers unglückliche Opfer bleiben stets unsere geliebten Blutsbrüder, die wir achten, schätzen und in Ehren halten müssen.

In diesem Raum sehe ich vor mir die Geister der Millionen Ermordeten. Sie verlangen nicht Vergeltung von uns – denn Leiden war schon zu lange das Schicksal unserer gesamten Gemeinschaft –, sondern ein anderes und nobleres Handeln, indem wir uns wie sie für den Tod entscheiden statt für die Schmach, vom Gott Israels abzufallen. Wenn die Vereinten Nationen und wir [die Toten] schon nicht haben retten können, sollten nun ihre und unsere Brüder gerettet werden, soweit sie überhaupt noch zu retten sind. Diese Märtyrer wollen nur eine einzige Entschädigung und Wiedergutmachung: endlich Freiheit, Gerechtigkeit und Frieden für die ganze Menschheit; eine Welt, in der die großen Nationen und die großen Religionen, unter Führung des Christentums, nie wieder einen solchen jüdischen Holocaust[16] wie den Hitlerterror dulden werden. Dieses Versprechen wäre einzulösen, indem man jene bösen Mächte ausmerzt, aus denen heraus die Schande des schrecklichsten Judenmords der Geschichte erwachsen ist.

Ich sehe vor mir die – wenigen – weinenden Überlebenden, die außer ihrem Leben und ihrer Ehre alles verloren haben und die jetzt ihr Vertrauen auf uns setzen. Denn sie glauben fest daran, dass unsere von Trauer geprägte Fürsorge auf ihre gereifte Weisheit und ihre tragische Erfahrung zurückgreifen und sie fruchtbar machen wird. Man wird

15 Richtig: 1.9.1939.

16 So im Original. Wise benutzte den Ausdruck hier erstmalig, um die Vorgänge in den Vernichtungslagern zu erklären. Erst in den 1960er-Jahren etablierte sich der Begriff.

diese Menschen nicht lediglich als bemitleidenswerte Opfer in unsere Pflegschaft geben, damit sie versorgt, gekleidet und beschützt werden, sondern man wird mit ihnen, ungeachtet ihrer dringlichen Bedürfnisse, wie mit Brüdern beratschlagen; denn ihre Loyalität zum Judentum wurde gestählt im Feuer gnadenloser Folter und ertragenen und ungeahndeten Unrechts.
In diesem Raum sind nicht nur einige Hundert gewählte Repräsentanten der amerikanischen Juden versammelt, sondern auch Millionen von Menschen, die diese direkt oder indirekt gewählt haben. Diese unsere amerikanischen Mitbürger – unsichtbar, aber nicht unhörbar – beschwören uns aus tiefstem sorgenerfülltem Herzen, als amerikanische Juden die Probleme des Judentums in einer neuen und freien Welt auf weise, nüchterne, mutige und großzügige Weise anzugehen. Einer der weisesten und großmütigsten amerikanischen Juden hat es so ausgedrückt: „Die Mittel, unsere Ziele zu erreichen, erlangen wir nur durch unsere eigenen Anstrengungen und Bemühungen, durch unser Vertrauen in die Richtigkeit unserer Absichten und in unsere eigene organisierte Macht.“[17] Sollten wir nicht bereit sein, diese Aufgabe entschlossen anzugehen, mit so umfassender Weisheit, wie Gott sie uns verleihen möge, und mit so edlen Visionen und Absichten, wie sie diese Stunde verlangt, dann lasst sie uns in andere Hände legen. Wir erklären feierlich, dass wir der mit ihr verbundenen Bürde gewachsen sein werden. Israel Zangwill[18] hat einmal gesagt: „Wir sind ein Volk der versäumten Gelegenheiten.“ Diese Konferenz muss laut bekunden, dass wir ein Volk der nicht versäumten Gelegenheiten sind. Genau dies muss der Sinn dieser Zusammenkunft sein.
Ich wollte keineswegs das Programm vorwegnehmen, das nur dieser Kongress nach genauer Überlegung und fairer Diskussion verabschieden kann. Aber in Anbetracht des Rufs des Präsidenten wird er wohl kaum davon absehen können, auf ein Thema zu verweisen, das in gewisser Hinsicht dem ganzen jüdischen Volk zur Ehre gereicht – und nicht nur eine beispiellose Leistung der jüdischen Bevölkerung in Palästina ist.
Vor nicht einmal zwei Jahren warf der Terror der Nazi-Invasion seinen Schatten auch auf Palästina.[19] Was immer die eigentlich neutrale arabische Bevölkerung getan oder unterlassen haben mag, unsere jüdischen Landsleute – Männer wie Frauen – waren bereit, alles für die Verteidigung der Freiheit und die Sache der Vereinten Nationen zu tun und zu riskieren, auch in Palästina. Die heldenhaften Armeen Alexander Montgomerys vermochten, nicht ohne jüdische Beteiligung, die Bedrohung durch Rommel abzuwenden.[20] Innerhalb des weiträumigen Gefüges arabischer Territorien und Bewohner mit seinen kleinen und großen Königreichen hat sich allein das jüdische Palästina durch

17 Nicht ermittelt.
18 Israel Zangwill (1864–1926), Schriftsteller und Zionist.
19 Gemeint ist die Gefahr einer deutschen Invasion Palästinas im Frühsommer 1941. Im Mai waren deutsche Truppen in Syrien und im Libanon eingetroffen und kurz darauf von alliierten Verbänden zurückgedrängt worden, im Juni 1941 bombardierten die deutsche und die italien. Luftwaffe Haifa und Tel Aviv. Die Bedrohung wuchs, als das deutsche Afrikakorps 1942 bis nach El Alamein vorrückte.
20 Unter Führung des Offiziers Bernard Law Montgomery (1887–1976) besiegten die Briten in der Schlacht von El Alamein im Nov. 1942 die deutsche Panzerarmee Afrika unter Generalfeldmarschall Erwin Rommel (1891–1944). In die brit. Armee war das sog. Palästina-Regiment eingegliedert, das sich aus jüdischen Freiwilligen zusammensetzte. Im Mai 1943 schließlich kapitulierte die deutsch-italien. Afrika-Armee.

leidenschaftliche und uneingeschränkte Unterstützung für die Sache der Freiheit und der Vereinten Nationen hervorgetan.
Unterdessen setzte die Mandatsverwaltung in Bezug auf Palästina jedoch eine Politik fort, die, seitdem die Appeasement-Politik im September 1939 beendet worden ist, von Großbritannien und der freien Welt entschieden missbilligt wird.[21] Das Weißbuch vom September[22] jenes Jahres ist der letzte Überrest dieser unglückseligen und unwürdigen Politik. Doch obwohl die Appeasement-Politik der Vergangenheit angehört, hat sie in Palästina nach Geist und Buchstabe immer noch Geltung, und dies, obwohl das jüdische Volk von der größten aller Katastrophen heimgesucht wurde, durch die es zuerst ins Exil getrieben und später in ganz Hitler-Europa einem Schreckensregime unterworfen wurde.
Die humane großzügige Lösung der Mandatsregierung hätte darin bestanden, das von der Appeasement-Politik diktierte Weißbuch, das alle Regierungen vor Churchill überlebt hat, schlicht zu missachten und Palästina für die jüdischen Exilanten zu öffnen, wobei parallel dazu vielleicht innerhalb des gesetzlichen Rahmens auch gewisse Schritte Englands und Amerikas erforderlich gewesen wären. Keine einzige entlastende Aktion seitens der Vereinten Nationen wird aufrichtig wirken oder sich auszahlen, solange sich die Tore zu Palästina schließen könnten. Was immer wir für den künftigen Status von Palästina erhoffen oder planen – und vielleicht gibt es hier durchaus noch Spielraum für Diskussionen –, die Tore dürfen nicht geschlossen werden. Die jüdische Einwanderung unter Aufsicht der Mandatsverwaltung und der jüdischen Instanzen muss fortgesetzt werden, unter Leitung der Jewish Agency, die ein Instrument und – durch Vereinbarung – zugleich ein Partner der Mandatsmacht ist.
Herzl[23] hatte nur das wunderbare Ideal des Zionismus im Blick; aber er sah auch die traurige Notwendigkeit voraus, ein künftiges Areal für die Juden des Kontinents zu schaffen, fürwahr die einzige Hoffnung der nicht einmal mehr 3 000 000 Juden, die im heutigen Europa überlebt haben. Es gab viel Wirbel um die Äußerung eines der führenden Vertreter der Jewish Agency for Palestine: Es wäre falsch anzunehmen, die Juden in Palästina seien nicht zu Verzweiflungstaten fähig, wenn sie durch die Entscheidung, die wahrhaft grausame und ungerechte Politik fortzusetzen, in die äußerste Verbitterung getrieben würden. Wer wünscht sich denn, die Juden sollten nicht zu Verzweiflungstaten imstande sein? Zu Taten beispielsweise, wie sie von den ruhmreichen Helden und Heldinnen im letzten jüdischen Gefecht im Warschau[er Getto] vollbracht wurden? Nur feige, sich selbst hassende Juden, die auf Selbstvernichtung aus sind? Solche Leute sehen selbst in Verzweiflungstaten nur den verräterischen Willen zu sterben, statt zu leben. Was immer diese Konferenz in Bezug auf Palästina entscheidet, wir sollten uns hier so verhalten, dass solche Verzweiflungstaten in Palästina gar nicht notwendig werden. Doch wenn es dazu kommen sollte, müssen sie von uns als so unaufhaltsam akzeptiert werden, wie es unsere jahrhundertelange Geschichte ist. Verzweiflungstaten müssen es nämlich gewesen sein, die dem Psalmendichter die unsterblichen Worte diktiert haben:

21 Winston Churchill, von 1940 bis 1945 brit. Premierminister, war entschiedener Gegner des Weißbuchs von 1939, das die jüdische Einwanderung nach Palästina restriktiv regelte.
22 Das Weißbuch wurde am 17.5.1939 veröffentlicht.
23 Theodor Herzl (1860–1904), Journalist; 1897 Mitgründer der Zionistischen Weltorganisation; Autor u. a. von „Der Judenstaat“ (1896); siehe auch Dok. 6 vom 14.4.1943, Anm. 12 und 14.

„Um Zions willen will ich nicht schweigen."[24] Heute, nach 25 verflossenen Jahrhunderten, bedeutet „ich will nicht schweigen", dass ich nicht untätig, nicht passiv sein will, sondern zum Widerstand bereit.

Die schlimmste Tragödie aller hinter uns liegenden Tragödien, die leider noch immer andauert, verändert den Charakter und den Inhalt dieser Konferenz. Denn diese wurde mit Blick auf zwei Hauptziele organisiert: Es sollte erstens um die Rechte und den Status der Juden in der Nachkriegswelt gehen und zweitens um die Durchsetzung der Rechte des jüdischen Volks bezüglich Palästina; außerdem um die Alternativen für diejenigen, die diese Ziele bis zum Kriegsende verfolgen und betreiben, in Verbindung mit neuerlichen Konferenzen nach dem Sieg.

Doch unserer Versammlung drängt sich nun ein neues und dringlicheres, ja das vordringlichste aller Ziele auf – nämlich von den Vereinten Nationen feierlich zu fordern, keine einzige weitere Stunde im Bemühen zu verlieren, die noch lebenden Juden aus den unter Hitlers Kontrolle verbliebenen Gebieten zu retten, die nicht einmal mehr 3 000 000 überlebenden von 5 000 000 Juden, die im Europa vor Hitler einmal gelebt haben.[25] Dies weiter hinauszuzögern würde zweifellos bedeuten, dass es in dem, was Hitlers Europa war, überhaupt keine Juden mehr zu retten gäbe. Und noch nie war es so wahr wie heute, dass ein solcher Weg nur gefunden werden kann, wenn die Vereinten Natione n, angeführt von unserer eigenen Nation, gewillt sind, unsere gepeinigten, ausgeplünderten und gefolterten Brüder zu retten. Die Rettung der Überlebenden könnte die Schande der Welt in den Jahren zwischen 1933 und 1939 zumindest teilweise tilgen. Während dieser Jahre wurden alle erdenklichen unbeschreiblichen Verbrechen gegen unsere Brüder begangen, während sich lediglich eine Handvoll Christen wie Kardinal Faulhaber und Kardinal Mundelein, der Erzbischof von Canterbury und Dr. Cadman sich mit Engelszungen für die Opfer eingesetzt haben.[26]

Bermuda könnte ein, allerdings zweifelhafter Anfang gewesen sein. Das Intergovernmental Committee on Refugees[27] unter Führung Londons und Washingtons könnte sich, wenn es sofort einberufen würde, als eine zweite Station erweisen. Angesichts eines fast perfekten historischen Verbrechens ist es notwendig, darauf zu insistieren, dass keine weitere verhängnisvolle Verzögerung eintritt und die Vereinten Nationen die fortgesetzte Vernichtung der Juden unter Einsatz aller Mittel verhindern. Wie das Joint Emergency Committee for European Jewish Affairs[28] aufgezeigt hat, gibt es viele solcher Möglichkeiten, mittels derer sie, mit Unterstützung der nun entschlossenen, nicht mehr zögernden neutralen Staaten, die zivilen Opfer, vor allem Frauen, Kinder und alte Menschen, retten könnten, die sonst dem Untergang geweiht wären. Dabei sollte man den

24 Jes. 62,1.

25 Von den elf Millionen europäischen Juden waren bis 1943 rund fünf Millionen ermordet worden.

26 George William Kardinal Mundelein (1872–1939), 1915–1939 Erzbischof von Chicago; Cosmo Gordon Lang (1864–1945), 1928–1942 Erzbischof von Canterbury; Dr. Samuel Parkes Cadman (1864–1936), US-amerikan. methodistischer Pastor, der regelmäßig in Radiosendungen und Zeitungskolumnen das NS-Regime kritisierte.

27 Das Intergovernmental Committee on Refugees wurde 1938 auf der Flüchtlingskonferenz von Évian gegründet, um Einreisemöglichkeiten für jüdische Flüchtlinge zu schaffen. Es blieb weitestgehend wirkungslos und wurde 1947 aufgelöst.

28 1943 wurde das Joint Emergency Committee for European Jewish Affairs von den größten jüdischen Organisationen der USA zur Rettung der europäischen Juden gegründet.

ungerechten Vorwurf, es hätte mehr getan werden können und wäre wohl auch mehr getan worden, wenn es sich nicht um Juden gehandelt hätte, tunlichst unterlassen! Dies wäre im Hinblick auf die Prinzipien und die Praxis der Vereinten Nationen eine furchtbare Unterstellung und würde ein schlechtes Licht auf uns selbst werfen.
In meiner Ansprache zur Eröffnung dieser Konferenz habe ich bewusst auf meinen festen Glauben an die Menschlichkeit im Sinne Lincolns und Roosevelts verwiesen, jenes unangefochtenen Führers freier Menschen in der heutigen Welt. Dieses Gremium, das die amerikanischen Juden weitgehend repräsentativ vertritt und das sich dem Sieg unserer nationalen Sache verschrieben hat, erklärt sein tiefes und unerschütterliches Vertrauen in die Lauterkeit und den guten Willen seines Oberbefehlshabers. Diese Konferenz setzt darauf, dass unser Präsident, als Reaktion auf die tiefsten Empfindungen der Menschheit und in Einklang mit dem Willen des amerikanischen Volkes, gemeinsam mit Premierminister Churchill auf der beschleunigten Rettung besteht und bei dieser so überaus drängenden Aufgabe die Führung übernehmen wird, mit jener unbezwingbaren Entschlossenheit, die großen Seelen eigen ist.
Diese Konferenz sollte eine kleine Gruppe von Delegierten benennen, die schon jetzt mit dem Präsidenten kommuniziert, so dass der Kontakt zu ihm und dem Oberbefehlshaber hergestellt ist und wir Zusicherungen erhalten könnten, die geeignet wären, die Herzen der amerikanischen jüdischen Gemeinschaft und unserer so schwer geschlagenen Brüder in Übersee zu erfüllen – die Zusicherung nämlich, nichts unversucht zu lassen, um die noch Lebenden auf die eine oder andere Weise zu retten und sie vor dem Tod zu bewahren.
Gestern wurden in der Synagoge folgende Worte verlesen: „Siehe, ich lege euch heute vor den Segen und den Fluch.“[29] Das Böse und der Fluch waren in diesem bitteren und schrecklichen Jahr allgegenwärtig. Das segensreiche Gute könnte eintreten, wenn wir hier beschließen, dass das, was unsere Toten erwarten, was die Armeen von Toten von uns fordern, nur das ist, was ein sich selbst achtendes Volk sein und tun und erreichen sollte: erneut für die Sicherheit der Lebenden in einer Welt der Freiheit zu sorgen. Es ist an uns, dazu beizutragen, diesen Segen für unser ganzes Volk zu erreichen!
Ebendies ist die Seele der Tugend, die im Bösen steckt und die wir freilich nur mit dem nötigen Wissen herausfiltern können. Die Seele der Tugend, die es aus dem Bösen des letzten Jahres zu gewinnen gilt, ist nicht nur die physische Rettung der Überlebenden, sondern die Einigkeit jüdischen Lebens in unserem Land; in diesem Sinne streben wir ernsthaft und aufrichtig nach der Erlösung und der unangefochtenen Freiheit jüdischer Menschen, wo auch immer sie leben mögen. „Siehe, ich lege euch heute vor den Segen und den Fluch.“ Wir wollen den Segen für unser Land und für Israel.

29 5. Mose, 11,26.

DOK. 76

Der Volksgerichtshof verurteilt am 15. September 1943 ein Parteimitglied zum Tode wegen kritischer Bemerkungen zur Staatsführung und zum Mord an den Juden[1]

Urteil des Volksgerichtshofs (AZ: 2 J 487/43; 1 L 85/43), gez. Freisler[2] und Stier,[3] gegen Wilhelm Weber[4] vom 15.9.1943 (Abschrift)[5]

Im Namen des Deutschen Volkes
In der Strafsache
gegen den Dentist Wilhelm *Weber* aus Hannover, geboren am 22. April 1883 in Hannover, zur Zeit in dieser Sache in gerichtlicher Untersuchungshaft,
wegen Wehrkraftzersetzung und Feindbegünstigung,
hat der Volksgerichtshof, 1. Senat, auf Grund der Hauptverhandlung vom 15. September 1943, an welcher teilgenommen haben
als Richter:
Präsident des Volksgerichtshofs Dr. Freisler, Vorsitzer, Landgerichtsdirektor Stier, SA-Brigadeführer Hauer,[6] Gauhauptstellenleiter Ahmels,[7] Ortsgruppenleiter Kelch,[8]
als Vertreter des Oberreichsanwalts:
Erster Staatsanwalt Dr. Göhrisch,[9]
für Recht erkannt:
Wilhelm *Weber* hat in seiner Dentistenpraxis defätistische Äußerungen getan, einer Patientin dabei sogar gesagt, in vier Wochen lebe der Führer nicht mehr, Sie werden es schon hören! Dadurch hat er unseren Willen zu tapferer Wehr zersetzt und unseren Kriegsfeinden geholfen.
Er ist für immer ehrlos und wird mit dem *Tode* bestraft.

1 BArch, R 3017/7886. Abdruck in: Bernward Dörner, Die Deutschen und der Holocaust. Was niemand wissen wollte, aber jeder wissen konnte, Berlin 2007, S. 819 f.

2 Dr. Roland Freisler (1893–1945), Jurist; von 1924 an Anwalt in Kassel; 1925 NSDAP-Eintritt; 1932 MdL in Preußen, 1933–1945 MdR; 1934–1942 StS im RJM, 1942 Teilnehmer an der Wannsee-Konferenz, 1942–1945 Präsident des Volksgerichtshofs; starb bei einem Luftangriff auf Berlin.

3 Martin Stier (1903–1945), Jurist; 1932 NSDAP-Eintritt; 1942 Hilfsrichter am Volksgerichtshof als Beisitzer und als Vorsitzender; nach einem Bombenangriff auf Berlin gestorben.

4 Wilhelm Weber (1883–1943), Zahntechniker und Zahnarzt; 1931 NSDAP-Eintritt; 1943 hingerichtet.

5 Im Original handschriftl. Bearbeitungsvermerke.

6 Daniel Hauer (*1879), Kaufmann; 1927 NSDAP- und SA-Eintritt; 1931–1933 MdL in Hessen, von 1933 an MdR; 1933/34 Polizeidirektor in Darmstadt, 1934 SA-Standortführer in Stuttgart, von 1937 an Beisitzer am Volksgerichtshof in Berlin; vermutlich 1945 ums Leben gekommen.

7 Bernhard Ahmels (1895–1945), Verwaltungsangestellter; von 1919 an bei verschiedenen Banken in Berlin tätig; 1930 NSDAP-Eintritt; von 1933 an Stadtrat in Berlin-Pankow; von 1934 an stellvertr. Gauinspekteur II des Gaus Groß-Berlin, 1944/45 Bezirksbürgermeister von Pankow.

8 Vermutlich: Rudolf Kelch (*1905), Angestellter; 1929 NSDAP-, 1942 SA-Eintritt; Ortsgruppenleiter Prenzlauer Berg; von 1943 an Laienbeisitzer am Volksgerichtshof; nach dem Krieg lebte er in Oldenburg.

9 Richtig: Dr. Gerhard Görisch (*1903), Jurist; von 1933 an Staatsanwalt in Berlin; seit 1934 förderndes Mitglied der SS; 1940 NSDAP-Eintritt; von 1942 an war er bei der Reichsanwaltschaft beim Volksgerichtshof in Berlin tätig, 1944 wurde er zum Oberstaatsanwalt ernannt und fungierte u. a. als Anklagevertreter gegen Carl Goerdeler; im März 1975 für tot erklärt.

Gründe:
Der Zahntechniker Wilhelm Weber, Pg. von 1931, hat, wie er zugibt, manchmal Patientinnen gegenüber sich defätistisch geäußert.
Vor allem am 6. August 1943 hatte er mit der Vgn. Frau von Salz folgendes Gespräch: Er fragte sie, ob sie noch an den Sieg glaube; an den Sieg glaube doch heute kaum noch jemand. Die Zeugin konnte wegen der Zahnbehandlung nicht gleich antworten. Er sprach daher weiter und sagte, in unseren Konzentrationslagern herrschten mittelalterlich Foltermethoden, besonders die 175[10] würden zu hart angepackt. Frau von Salz antwortete nun, sie glaube fest an den Sieg, und die 175er seien nicht krankhafte Menschen, sondern übersättigt und staatsgefährlich. Nun meinte Weber, wir hätten eine Million Juden „ermordet" und dadurch eine schwere Schuld auf uns geladen, die wir jetzt verantworten müssten. Vergeblich hielt ihm Frau von Salz die englischen Greuel, z. B. im Burenkrieg,[11] vor. Er begann nun unsere Außenpolitik zu kritisieren: Franco hätten wir nicht helfen dürfen,[12] und Rußland sei auch gar nicht gegen uns aufmarschiert gewesen, das wisse er von Soldaten; überhaupt hätte man mit so großen Staaten wie Amerika und Rußland es nicht zum Kriege kommen lassen dürfen.
Er verehre Rudolf Hess.[13]
Bis dahin gibt Weber das Gespräch selbst zu.
Die Vgn. Frau von Salz bekundet weiter, er habe fortgefahren: Heß sei der richtige Mann, der Führer nicht. „Überhaupt, in vier Wochen lebe der Führer nicht mehr. Sie werden es schon hören." Das hat Frau von Salz mit solch ruhiger Bestimmtheit bekundet, daß es wahr ist, wenn auch Weber meint, so etwas könnten nur die Worte eines Irrsinnigen sein. Es waren eben die Worte eines Verbrechers.
Das Urteil aber ist gefällt, wenn man die Vgn., die dies erleben mußte, weiter hört: Sie war durch alles, was sie gehört hatte, ganz aufgelöst und sah plötzlich vor dem Führer ein riesengroße Gefahr. Sie hätte diese Gefahr am liebsten laut hinausschreien mögen. Das ist eine packend realistische Schilderung der Wehrkraftzersetzung, die eben darin besteht, daß unsere Zuversicht, unser Glaube an den Sieg aufgelöst wird (§ 5 KSSVO).[14] Wer so etwas tut, muß aus unserer Mitte verschwinden. Er hat sich selbst zum Werkzeug unserer Feinde gemacht, deren ganze Agitation auf die Auflösung unseres Wehrwillens hinzielt (§ 91b StGB).[15] Ein Deutscher als Handlanger unserer Feinde ist für immer ehrlos; erst recht Wilhelm *Weber*, ein Parteigenosse von 1931!!!
Er mußte deshalb zum *Tode* verurteilt werden.
Denn wir lassen uns mit dem Glauben an unseren Sieg den Sieg selbst nicht aus den Händen winden.
Als Verurteilter muss Weber die Kosten tragen.

10 Umgangssprachlich für Homosexuelle; bis 1994 stellte § 175 StGB Homosexualität unter Strafe.
11 Gemeint ist vermutlich der Zweite Burenkrieg von 1899 bis 1902 zwischen den Burenrepubliken Oranje-Freistaat und Südafrikanische Republik auf der einen und Großbritannien auf der anderen Seite.
12 Gemeint ist die deutsche Beteiligung am Spanischen Bürgerkrieg 1936–1939.
13 Rudolf Heß (1894–1987), bis 1941 Stellv. Hitlers.
14 § 5 der Kriegssonderstrafrechtsverordnung betraf die „Zersetzung der Wehrkraft". Tatbestände waren z. B. Kriegsdienstverweigerung, defätistische Äußerungen und Selbstverstümmelung.
15 § 91b StGB betraf Regelungen zum Kriegsverrat.

DOK. 77

Ein Mitglied einer illegalen jüdischen Jugendgruppe beschreibt am 15. September 1943 die gemeinschaftliche religiöse Betätigung und den Alltag im Untergrund[1]

Vierter Brief von Jehuda M.,[2] Mitglied des Chug Chaluzi,[3] Berlin, an die Chawerim und die Maskirut[4] im Lande und in der Golah[5] vom 15.9.1943 (Kopie)

Liebe Chawerim,
in schwerster Zeit vergessen wir nicht, über all unsere Sorgen hinaus an Euch zu den kommenden Festen zu schreiben, wieder wenigstens im Geiste Anschluß an unsere Bewegung[6] zu finden, die uns alles bedeutet. Wir wollen Euch wieder über unsere Arbeit und unser Leben berichten, in der Hoffnung, daß, wenn auch nur einer überleben wird, Euch diese Briefe einmal zukommen werden.
Wenn wir zu Rosch Haschanah[7] Rückblick nehmen, so müssen wir alle sagen, daß, obwohl die Arbeit in der Jugendalijah in Berlin immer sehr intensiv war, wir noch nie so viel zusammen waren und unsere Bindung eine solche war, wie in dem abgelaufenen Jahr, seit der Bildung unseres Chug. Zum Halbjahres Neschef[8] haben wir eine Resolution beschlossen, die wir alle unterschrieben haben. In ihr haben wir uns verpflichtet, 1) uns gegenseitig zu helfen, hier illegal leben und uns zu befreien versuchen, 2) uns aufs äußerste vorzubereiten, zu lernen usw. für Erez Israel, 3) Verbindung mit unseren Chawerim in Polen zu halten und zu helfen sowie den Keren Chug[9] zu stützen, der zur Erinnerung an unsere Gefallenen Bäume in Erez Israel pflanzen soll. Unterschrieben haben wir als Chawerim alle für unsere Ewo,[10] die noch im K. Z. ist, dann Poldi Chones (17 Jahre),[11]

1 JDC Archives, SM 39/50#24.
2 Leopold Chones, genannt Poldi (1924–1943); Mitglied der jüdisch-zionistischen Untergrundgruppe Chug Chaluzi, führte dort den Namen Jehuda; seit dem 27.2.1943 im Untergrund, im Okt. 1943 verhaftet und am 29.10.1943 nach Auschwitz deportiert, dort ermordet.
3 Hebr.: Kreis der Pioniere. Die Gruppe wurde Ende Febr. 1943 während der sog. Fabrik-Aktion von dem zionistischen Jugendleiter Jizchak Schwersenz gegründet. Die Mitglieder lebten untergetaucht, trafen sich regelmäßig zu religiösen und zionistischen Schulungszwecken und halfen sich gegenseitig.
4 Hebr.: Leitung, Verwaltung.
5 Hebr.: jüdische Gemeinde in der Diaspora.
6 Gemeint ist der Hechaluz.
7 Jüdischer Neujahrstag.
8 Hebr.: Festlichkeit, Feier.
9 Vermutlich: Keren Hayesod (wörtl. Gründungs-Fonds), eine Spendenorganisation, die 1920 im Rahmen des Zionistischen Weltkongresses gegründet wurde mit dem Ziel, Gelder für den Aufbau eines jüdischen Staats zu sammeln.
10 Edith Wolff, genannt Ewo (1904–1997); sie wurde evang. erzogen, trat aber aus Protest 1933 zum Judentum über, galt daher nach NS-Definition als „Geltungsjüdin"; 1943 Mitgründerin der Gruppe Chug Chaluzi, im Juli 1943 festgenommen und bis 1945 in verschiedenen Zuchthäusern und Lagern inhaftiert; 1950 Emigration in die Schweiz und 1954 nach Israel, dort u. a. in Yad Vashem tätig; ausgezeichnet mit dem Bundesverdienstkreuz.
11 Leopold Chones nennt sich hier in 3. Person.

Heinz Abrahamson (16),[12] Gerd Beck (20),[13] Margot Beck (20),[14] Eva Fleischmann (20),[15] Mohr Zajdman (17), Esther Zajdman (18) und Jizchak, unser lieber Rosch Chewrah.[16] So sind wir jetzt 9 Menschen. Dazu kommen noch 3 Jungs, die ab und zu Gäste sind. Doch sind wir fest entschlossen, nur solche Menschen bei uns zu haben, die voll und ganz in unserer Bewegung aufgehen. Gerade jetzt wollen wir nicht Halbes dulden, wie es ja in der Jugendalijah-Schule[17] auch nie von Jizchak geduldet wurde. Wir wollen uns aufeinander verlassen können. Nach der Omer-Zeit,[18] in der wir uns *jeden* Abend irgendwo an versteckter Stelle getroffen haben, um Omer zu zählen, irgendwo auf der Straße, im Park, im Tiergarten, immer singend, ganz leise, und im Gedanken an alle, hat die Arbeit 5mal wöchentlich eingesetzt. Seit Schawuoth[19] haben wir gehabt jeden Sonntag Tijul,[20] oft mit Zofiut[21] und Sport, meist bei Erkner oder im Norden; Montag Sichah I,[22] und zwar Ref[erat] Zion[istische] Geschichte, dann Pol[litische] Schulung am Mittwoch Sichah II, und zwar erst 10 Worte Iwrith,[23] dann Ref[erat] Pal[ästina-] Kunde, dann Literatur, gemeinsames Lesen; am Donnerstag Sichah III, meist verschiedene notwendig gewordene Referate, sowie Chewrah-Besprechung. Alle Sichoth[24] mussten im Wald stattfinden, und wir haben sie immer trotz Gefahr und Regen durchgeführt. Nur am Schabbat sind wir bei Gad,[25] es ist der von uns allen am meisten ersehnte Tag, der uns Kraft gibt für die Woche. Erst ist ein Geschichtsreferat über eine Persönlichkeit unserer Geschichte, dann lernt Jizchak mit uns Tnach[26] (wir alle haben jetzt

12 Heinz Abrahamson, später Zwi Aviram (*1927); 1942 Zwangsarbeit bei den Deutschen Tachometer-Werken, Ende Febr. 1943 tauchte er unter, Nov. 1943 von der Gestapo verhaftet, Silvester 1943/44 Flucht aus der Haft, März 1945 erneute Verhaftung; Mai 1946 leitender Mitarbeiter der Jewish Agency und der UNRRA, 1948 Emigration nach Palästina, dort Inhaber einer Tischlerei; Autor von „Mit dem Mut der Verzweiflung“ (2015).

13 Gerd (Gad) Beck (1923–2012); von 1941 an Mitglied des Hechaluz; im Febr. 1943 in Berlin als „Mischling“ verhaftet, nach seiner Entlassung im März 1943 tauchte er unter, seit Frühjahr 1944 Leiter der Gruppe; 1945 Mitarbeiter des Hechaluz in München, 1947 Emigration nach Palästina, 1979 Rückkehr nach Berlin, dort Leiter der Jüdischen Volkshochschule.

14 Margot (Miriam/Mirjam) Beck, später Rosenberg (1923–2007); Zwillingsschwester von Gad Beck; im Febr. 1943 in Berlin als „Mischling“ verhaftet, am 6.3.1943 entlassen; nach dem Krieg Emigration nach Palästina.

15 Eva Fleischmann (*1922); 1939–1941 Ausbildung zur Kindergärtnerin; 1941 Zwangsarbeit in der Wäscherei Spindler in Spindlersfeld, 1943 Verhaftung und Flucht, seit Ende 1943 versteckte sie sich in verschiedenen Pfarrhäusern; 1945 in Göttingen befreit.

16 Hebr.: Kopf (Leiter) der Gemeinschaft. Gemeint ist Jizchak, eigentlich Heinz-Joachim Schwersenz (1915–2005), Lehrer; von 1935 an Ausbildung zum Religionslehrer und Leiter von zionistischen Jugendgruppen, seit 1939 Lehrer an der Jugendalija-Schule, im Aug. 1942 tauchte er unter, Ende Febr. 1943 gründete er den Chug Chaluzi, Febr. 1944 Flucht in die Schweiz; 1953 Emigration nach Israel, dort als Lehrer tätig, 1991 Rückkehr nach Berlin.

17 In der Jugendalija-Schule, auch JUAL-Schule, wurden Jugendliche auf ihre Auswanderung vorbereitet.

18 Gemeint ist das rituelle Zählen der einzelnen Tage zwischen Pessach und Shawuoth.

19 Hebr.: Jüdisches Wochenfest.

20 Hebr.: Ausflug.

21 Hebr.: Pfadfinder.

22 Hebr.: Gesprächskreis.

23 Hebr.: Hebräisch.

24 Hebr.: Gespräche.

25 Gemeint ist Gad Beck.

26 Richtig: Tanach, hebr.: Bibelkunde.

Tnach sehr gerne, worum sich Jizchak in der Jual-Schule immer so bemüht hat), und zwar zum Andenken an Ewo, wofür [wir] am Ende des Lernens ein Mi-scheberach[27] sprechen, dann ist Oneg.[28] Wirklich, der Oneg ist immer sehr schön. Wir singen viel und beenden mit der Hawdalah.[29]
Das letzte Halbjahr brachte uns technisch viel Schweres, Essen ist knapp, Quartier nicht immer für alle vorhanden, diese Frage droht noch schwerer zu werden. Aber wir werden durchhalten. Wir sandten Pakete nach dem Osten. Der Keren Chug hat auch zu R. H.[30] im ganzen RM. 105 aufzuweisen. Die Bemühungen zur Rettung ins Ausland hoffen wir bald endlich zu einem Erfolg gebracht zu haben, wir wollen möglichst zusammen gehen. Wir wissen heute, wie früher, als wir uns im Hechaluzh entschlossen, diesen Weg zu gehen, daß er der richtige war, daß wir durchhalten wollen und, wenn es sein muß, uns wieder wehren werden. Hierbei, Chawerim, gibt uns nur Kraft der Gedanke an Euch und die schönste Stunde ist, wenn Jizchak uns davon erzählt, von der großen Arbeit früher und von unserer Bewegung. Wir glauben, daß Ihr im Lande und Ihr anderen in der Golah auch an uns denken werdet, wie wir an Euch es tun.
So schließe ich im Namen des Chug diesen Brief zu Rosch Haschanah und wünsche Euch von ganzem Herzen in aller Namen:
N. B. Die Verbindung mit zwei Menschen im Harz haben wir jetzt auch aufgenommen. Herbert und Eva Warburg (16 bzw. 15 Jahre).

DOK. 78

Das Reichsinnenministerium weist am 20. September 1943 die Jugendämter an, für Juden, „Mischlinge“ und „Zigeuner“ keine Fürsorgeerziehung mehr anzuordnen[1]

Anordnung des Reichsministeriums des Innern (B J I 116/43, 8000 XV), gez. i. A. Ruppert,[2] an die Jugendämter und die Gau-(Landes-)Jugendämter sowie ihre Aufsichtsbehörden vom 20.9.1943[3]

(1) Nach der gegenwärtigen Gesetzeslage ist es im Geltungsbereich des Reichsgesetzes für Jugendwohlfahrt vom 9. Juli 1922 (RGBl. I., S. 633) noch möglich, über minderjährige Juden und Zigeuner Fürsorgeerziehung anzuordnen. Bei diesen asozialen, fremdrassigen Elementen kommt aber von vornherein eine erziehende Tätigkeit nicht in Betracht. Sie bedeuten eine unnötige finanzielle Belastung des Staates und eine nicht zu verantwortende pädagogische Belastung in den Heimen und für die deutschen Fürsorgezöglinge. Überdies ist zu erwarten, daß bei einer Neuregelung der gesetzlichen

27 Hebr.: Gebet für Einzelne oder Gruppen, die Hilfe benötigen.
28 Hebr.: Geselliges Beisammensein am Schabbat.
29 Hebr.: Segenssprüche am Ende des Schabbat.
30 Rosch Haschana.

1 BArch, R 36/1987, Bl. 1.
2 Fritz Ruppert (1887–1945), Jurist; 1919–1944 Mitarbeiter im RMdI; 1939 Leiter der Abt. Wohlfahrts- und Jugendpflege; 1940 wurde sein Aufnahmeantrag in die NSDAP abgelehnt, da seine Frau „Mischling ersten Grades“ war; Ende 1944 wurde er als Gießereiarbeiter verpflichtet, dann zum Volkssturm eingezogen; 1945 in sowjet. Kriegsgefangenschaft im Lager Landsberg/Warthe gestorben.
3 Im Original handschriftl. Bearbeitungsvermerke.

Bestimmungen anstelle des bisherigen § 1 RJWG[4] das nationalsozialistische Erziehungsziel für die gesamte Jugenderziehung bestimmend sein wird. Dann können Minderjährige, die nicht deutschen oder artverwandten Blutes sind, nicht mehr in Fürsorgeerziehung gebracht werden. Maßnahmen gegenüber solchen Minderjährigen können alsdann nur noch auf Grund der Vorschriften des bürgerlichen Rechts, des Strafrechts oder des Polizeirechts ergriffen werden.[5]

(2) Um schon jetzt die Fürsorgeerziehungsheime von den genannten Minderjährigen freizuhalten, bestimme ich im Einvernehmen mit dem Leiter der Partei-Kanzlei[6] und dem Reichsminister der Justiz:[7]

a) Die Jugendämter stellen keine Fürsorgeerziehungsanträge mehr gegen minderjährige Juden, jüdische Mischlinge 1. Grades, Zigeuner und Zigeunermischlinge.

b) Der Begriff „Jude" und „jüdischer Mischling 1. Grades" bestimmt sich nach § 2 Abs. 2 und § 5 der 1. VO vom Reichsbürgergesetz;[8] Zigeuner in diesem Sinne sind Vollzigeuner (stammechte Zigeuner); als Zigeunermischlinge gelten alle Mischlinge mit zigeunerischem Blutanteil, ohne Rücksicht auf den Mischlingsgrad.

c) Falls ein Jugendamt von der Verwahrlosung oder der Straftat eines minderjährigen Juden oder jüdischen Mischlings 1. Grades Kenntnis erhält, meldet es den Fall sofort der örtlich zuständigen Staatspolizeistelle, die das Weitere veranlaßt. Minderjährige Zigeuner oder Zigeunermischlinge sind in entsprechenden Fällen der örtlichen zuständigen Kriminalpolizeistelle zur weiteren Veranlassung zu melden.

DOK. 79

Die Hamburger Gestapo weist Martin Heinrich Corten am 22. September 1943 an, die verbliebenen Juden und „Mischlinge" in bestimmten Straßen unterzubringen[1]

Schreiben der Geheimen Staatspolizei, Staatspolizeileitstelle Hamburg (B. Nr. II B 2–2286/43), gez. i. A. Göttsche,[2] Stadthausbrücke 8, an den Vertrauensmann der Reichsvereinigung der Juden in Deutschland Dr. Martin H. Corten, Hamburg, Bornstr. 22, vom 22.9.1943

Betrifft: Jüdischer Wohnraum

Durch den Wohnraummangel in Hamburg ist es erforderlich geworden, den vorhandenen jüdischen Wohnraum stärker als bisher zu belegen. Mit der Durchführung dieser

4 Reichsjugendwohlfahrtsgesetz vom 9.7.1922.

5 Siehe Dok. 50 vom 1.7.1943.

6 Martin Bormann.

7 Otto Georg Thierack.

8 Siehe VEJ 1/210.

1 Staatsarchiv Hamburg, 522-1/1062.

2 Claus Göttsche (1899–1945), Polizist; von 1921 an im Polizeidienst Hamburg, seit 1932 bei der Politischen Polizei; 1933 NSDAP-Eintritt; von 1935 an Mitarbeiter im Judenreferat der Gestapo Hamburg, 1941–1943 dessen Leiter, dann Wechsel zur Nachrichtenabt.; nahm sich bei seiner Festnahme das Leben.

Aktion wird Dr. Max Israel Plaut,[3] Hamburg, Böttgerstraße 5, hiermit beauftragt. Dr. Plaut erhält eine Abschrift dieses Schreibens. Als Mindestgrenze der Belegung wird festgesetzt:

Zimmer bis 8 qm Grundfläche	1 Person
Zimmer von 8 bis 16 qm Grundfläche	2 Personen
Zimmer von 16 bis 24 qm Grundfläche	3 Personen
darüber hinaus für je weitere 6 qm	1 Person

Die vorhandenen Küchen gelten als Gemeinschaftsküchen.
Zunächst wird diese Anordnung auf nachstehenden Personenkreis ausgedehnt:

1. nichtprivilegierte Mischehen grundsätzlich,
2. privilegierte Mischehen, in denen der Mann Jude ist,
3. Jüdinnen, deren Mischehe nicht mehr besteht.

Nach den hier vorliegenden Unterlagen verfügt dieser Personenkreis zur Zeit über 1022 Zimmer. In den 1022 Zimmern wohnen 1081 Personen. Es sind zunächst 400 Zimmer in der Weise zu räumen, daß nur ganze Wohnungen frei werden. Als Termin für die Räumung wird für 200 Zimmer der 15.10.43 und für die restlichen 200 Zimmer der 1.11.43 festgesetzt. Die von der Räumung Betroffenen sind in die Gegend zu verlegen, die von nachstehenden Straßen umschlossen wird:
Schlüterstraße, Ostmarkstraße, Grindelberg, Lehmweg, Otto-Blöcker-Straße, Breitenfelder Straße, Gärtnerstraße, Im Gehölz, Schulweg bis Osterstraße, Osterstraße von Schulweg bis Heussweg, Heussweg, Fruchtallee, Eimsbütteler Chaussee, Schulterblatt bis zur Eisenbahnbrücke, Vorortsbahnstrecke vom Schulterblatt bis zur Schlüterstraße. Ferner ist das jüdische Viertel in Altona in der Umgebung der Breitestraße für die Unterbringung der Juden mit heranzuziehen. Die Grindelgegend ist zunächst zu bevorzugen. Die unterzubringenden Möbel sind den Raumverhältnissen entsprechend zu beschränken. Eine Liste der frei werdenden Wohnungen ist bis zum 1. für den Termin zum 15.10. und bis zum 10.10. für den Termin bis zum 1.11. einzureichen. Personen, die sich dieser Anordnung widersetzen, sind der Staatspolizei namhaft zu machen. Juden, die nach Berlin verziehen wollen, erhalten von der Staatspolizei die Abreisegenehmigung. Diese Anordnung ist in den Räumen der Geschäftsstelle zum Aushang zu bringen.
Einsprüche und persönliche Rücksprachen in dieser Angelegenheit werden von der Staatspolizei abgelehnt.

3 Dr. Max Plaut (1901–1974), Bankkaufmann und Jurist; 1938–1943 Vorsitzender des jüdischen Religionsverbands Groß-Hamburg, leitete zwischen 1939 und Mai 1941 die Bezirksstelle Hamburg der Reichsvereinigung, von Jan. 1944 an in Bayern interniert, von dort gelangte er im Herbst 1944 mit einem Austauschtransport nach Palästina; 1950–1965 in Bremen u. a. als Prokurist tätig, lebte dann in Hamburg.

DOK. 80

Gestapochef Heinrich Müller veranlasst in einem Schnellbrief am 23. September 1943, ausländische Juden zu deportieren[1]

Schnellbrief (Geheim) des Chefs der Sicherheitspolizei und des SD, IV B 4b – 2314/43 g (82), i. V. gez. Müller,[2] an die Staatspolizei(leit)stellen, die Befehlshaber der Sicherheitspolizei sowie nachrichtlich an die Höheren SS- und Polizeiführer vom 23.9.1943

Betrifft: Behandlung von Juden ausländischer Staatsangehörigkeit im deutschen Machtbereich
Bezug: Erlaß vom 5.3.43. FS-Erlaß, Nr. 53 579 vom 24.3.43 und FS-Erlaß Nr. 91 535 vom 18.5.43 – IV B 4b 2314/43 g (82)[3]
Im Einvernehmen mit dem Auswärtigen Amt können nunmehr sämtliche nach Abschluß der sog. Heimschaffungsaktion[4] im deutschen Machtbereich verbliebenen Juden mit der Staatsangehörigkeit der nachstehend aufgeführten Länder:

1.) Italien,
2.) Schweiz,
3.) Spanien,
4.) Portugal,
5.) Dänemark,
6.) Schweden,
7.) Finnland,
8.) Ungarn,
9.) Rumänien,
10.) Türkei.

in die Abschiebungsmaßnahmen einbezogen werden.
Da aus außenpolitischen Gründen die Abschiebung dieser Juden nach dem Osten zur Zeit noch nicht erfolgen kann, ist für die vorläufige Unterbringung der männlichen Juden über 14 Jahre das KL. Buchenwald und für die Unterbringung von Jüdinnen sowie von Kindern das KL. Ravensbrück vorgesehen.[5]
Die erforderlichen Maßnahmen sind bezüglich

a) der Juden italienischer Staatsangehörigkeit sofort,
b) der Juden türkischer Staatsangehörigkeit am 20.10.43,
c) der Juden mit der Staatsangehörigkeit der übrigen oben angeführten Länder am 10.10.1943[6] durchzuführen.

Für die Überstellung an das KL. ist ein besonderer Schutzhaftantrag nicht erforderlich, es ist jedoch der KL.-Kommandantur mitzuteilen, daß die Überstellung an das KL. im Rahmen der Abschiebungsmaßnahmen erfolgt.

1 PAAA, R 100 857.

2 Heinrich Müller (1900–1945?), Flugzeugmonteur; von 1919 an in der Polizeidirektion München tätig, seit 1929 bei der Politischen Polizei, 1934 zum Gestapa Berlin versetzt; 1934 SS-, 1938 NSDAP-Eintritt; von 1939 an Chef des Amts IV (Gestapo) im RSHA, 1942 Teilnehmer an der Wannsee-Konferenz; seit 1945 verschollen.

3 Erlass vom 5.3.1943 wie Dok. 53 vom 5.7.1943, Anm. 5; der Runderlass bezieht sich auf die „Richtlinien zur technischen Durchführung der Evakuierung nach dem Osten" – IV B 4a 2893/42 g (391) – bzw. zur Durchführung der Wohnsitzverlegung nach Theresienstadt (IV B 4a 2537/42). Die beiden anderen Erlasse konnten nicht ermittelt werden.

4 1943 forcierten RSHA und AA gemeinsam die Repatriierung von ausländischen Juden aus neutralen oder verbündeten Ländern; siehe Einleitung, S. 48.

5 Im Zeitraum von Okt. bis Dez. 1943 wurden aus dem Deutschen Reich und Belgien 118 aus neutralen oder verbündeten Staaten stammende Juden in Buchenwald eingeliefert.

6 Handschriftl. ergänzt: Rumänien.

Für die Behandlung des Vermögens und hinsichtlich der Mitnahme von Gepäck gelten die Bestimmungen des obenbezeichneten Runderlasses von 5.3.43.
Soweit die in dem vorbezeichneten Runderlaß bereits angeordnete Abschiebung von Juden ausländischer Staatsangehörigkeit noch nicht durchgeführt ist, ist dies unverzüglich nachzuholen.
Abschließend weise ich darauf hin, daß Juden, die mit Ehepartnern deutschen oder artverwandten Blutes verheiratet sind, nach wie vor von sämtlichen Maßnahmen auszunehmen sind. Nach Durchführung sämtlicher Maßnahmen ist Abschlußbericht erforderlich. (Spätester Termin 1.11.1943.)
Zusatz für den Befehlshaber der Sicherheitspolizei und des SD für die besetzten niederländischen Gebiete:
Bezüglich der Juden rumänischer Staatsangehörigkeit in den Niederlanden ist die Sonderregelung vom gleichen Tage zu beachten.[7]

DOK. 81

Der Schweizer Oberleutnant Erwin Naef schreibt seiner Frau am 26. September 1943, wie furchtbar die Zurückweisung jüdischer Flüchtlinge an der Grenze ist[1]

Brief von Erwin Naef,[2] Balerno,[3] Tessin, an Alice Naef-With,[4] undatiert[5] (Typoskript)

Sonntagabend
Meine liebste Frau –
Gestern wurde ich gottseidank abgelöst. Bin jetzt Reserve. In der vergangenen Woche erlebte ich das Traurigste, was mir je im Leben begegnete. Erst wurden endlose ital. Flüchtlinge in Zivil wieder über die Grenze geschoben. Denn es wurde bekannt, dass nur die Italiener von den Deutschen bestraft würden, die sich trotz persönlichem Aufgebot nicht stellten. Einmal zog während einer ganzen Nacht eine Kolonne zurück über die Grenze. Ich hörte, nur noch ca. 20 000 Mann dürften in der Schweiz bleiben.
Dafür liessen wir noch viele entwichene Kriegsgefangene, meistens Engländer der Armee Montgomery, Griechen und Neger der französ. Kolonialarmee eintreten. Als ich jeweils die Engländer auf englisch ansprach, waren diese ganz entzückt vor Freude.

7 Nicht ermittelt.

1 AfZ-ETH, NL Erwin und Alice Naef-With. Abdruck in: Gregor Spuhler/Georg Kreis, Eine Woche im September 1943. Die Rückweisung und Aufnahme jüdischer Flüchtlinge im Tessin durch Oberleutnant Erwin Naef, in: Traverse 2014/2, S. 131–146.

2 Erwin Naef (1913–1968), Kaufmann; Banklehre bei der schweizer. Genossenschaftsbank, dann Tätigkeit bei der American Express Company in Zürich; Oberleutnant bei der Schweizer Armee; Mitbegründer und langjähriger Präsident des Rorschacher Vereins für sozialen Wohnungsbau; 1961–1964 Stadtrat von Rorschach, dann bis 1968 Gemeinderat.

3 Richtig: Balerna.

4 Alice Naef-With (1914–1989).

5 Der Brief wurde am 26.9.1943 verfasst. Die Datierung ergibt sich aus dem Vermerk „Sonntagabend". Erst seit Mitte Sept. 1943 war Erwin Naef in Balerna bei Chiasso stationiert, und am Sonntag zuvor hatte er das Kommando an der Grenze übernommen, wie er seinem Bruder Oskar Naef am 22.9.1943 geschrieben hatte; wie Anm. 1.

Furchtbar war jedoch die Bestimmung, auch die Juden zurückzuweisen. Diese waren meistens deutschen Judenlagern entsprungen und nach unseligen Leiden irgendwo im Dickicht an unserer Grenze durch ein Loch im Drahtgehege geschlüpft, sanken hier vor Müdigkeit um.
Eines Tages stellte sich eine Gruppe von 20 Juden. Ich erhielt Befehl, Kinder unter Jahren und deren Mütter hereinzulassen und die andern zurückzujagen. Da waren zuerst Mädchen im Alter von 15 bis 30 Jahren, Ihrer 6 Personen, mit zerrissenen Kleidern, zerschundenem Gesicht, ausgehungert und erschöpft. Dies meldete ich den massgebenden oberen Stellen in Chiasso. Befehl: Mit Waffengewalt zurück! Die Mädchen knieten wahrhaftig vor mir nieder und weinten und flehten. Ich befahl meinen Soldaten Bajonett auf und mit Gewalt abführen an das Grenzgehege. Mit Verwünschungen auf die Schweiz, heulend und sich wehrend verliessen sie unseren Boden und wurden jenseits von ital. Grenzwächtern empfangen. Eine Familie mit Kindern von 3, 5, 7 und 10 Jahren, Vater und Mutter. Nochmals erkundigte ich mich, ob nicht wenigstens diese Familie beisammen gelassen werden könnte. Antwort: unter keinen Umständen. Also mit Waffengewalt hinaus. Ich kann Dir die Szene nicht beschreiben, wie sich die beiden älteren Kinder an ihre Mutter klammerten, diese an ihren Gemahl. Denn abführen und hinauswerfen bedeutete, auf Nimmerwiedersehn. – Dann ein Kindchen von 2 Jahren, in Lumpen gehüllt, die Mutter 30 Jahre, die Grossmutter 60 Jahre, krank und kaum noch fähig zu stehen. Auf meine dringende Bitte in Chiasso, auch die Grossmutter hereinlassen zu dürfen, erhielt ich eine abschlägige Antwort. – Dann eine Familie mit 5jährig. Mädchen, 13jährigem Sohn, Vater und Mutter. Vater und Sohn sollten hinaus. – Eine Ausführung dieser Befehle war auch mit der Waffe nicht möglich. Denn die Leute legten sich auf den Boden und baten uns sie zu erschiessen. Sie zogen dies den Martyren der Deutschen vor. Ich telefonierte an Mayer[6] Werdmüller, damit er die Verantwortung trage, falls Blut fließe. Er hiesse mich warten. In einer Stunde war er hier mit dem Pferd. Auch er versuchte bei höchsten Stellen um Gewährung des Eintrittes für die Familien. Nutzlos! – Wiederum befahl ich den Soldaten die Abschiebung mit Gewalt. Kurzes Handgemenge und schreckliches Kreischen der Frauen und Kinder. Das war auch für den Major zuviel. Wahrlich kugelten Tränen über seine Backen (Ich hatte mich schon oft abgewendet, um meine Tränen abzuwischen). Dann befahl er dass die Familie mit den 4 Kinder und diejenige mit der Grossmutter hier bleiben dürfen. Jene mit dem 13jährigen Sohne ebenfalls, jedoch ohne den Sohn. Hierauf reckte sich der jüd. Vater dieses Sohnes und erklärte, er gebe keines seiner Kinder preis. Eher kehre er mit der ganzen Familie um, um sich von den Deutschen totschießen zu lassen. So ging auch diese Familie verloren.
Am vergangenen Freitagnachmittag 1 Uhr. Ich wurde alarmiert. Eine Gruppe von 8 Juden wurde im Walde abgefasst. Ich ließ sie ins Rist[orante] Paradiso führen, stellte 5 holländ., 1 belg. und 2 deutsche Juden fest. Komplett erschöpft. Mit schweren Koffern beladen, zerlumpt und verzweifelt. Ich telefonierte nach Chiasso. Befehl: Ohne Ausnahme zurück. Die Leute baten und flehten wahrlich auf den Knien. Der Vater der holländ. Familie bat eindringlich, wenigstens seine Kinder, Söhne von 12 und 14 Jahren, 1 Tochter von 16 Jahren hierlassen zu dürfen. Er selbst gebe nichts auf sein Leben. Sie seien von Holland nach Frankreich geflüchtet. Nach der ital. Kapitulation von Italienern über die

6 Gemeint ist vermutlich Major.

savoyischen Alpen verschleppt wurden, von den Deutschen in Konzentrationslager gesteckt, 2mal entwichen mangels ungenügender Bewachung. Wieder eingefangen und mit vielen Hunderten von Juden in Güterwagen gesteckt. Auf einer Station aus dem Wagen entwichen und in einen Personenzug geflüchtet. Dieser sei nachts abgefahren und plötzlich waren sie in Mailand. Niemand getraute sich ihrer anzunehmen. Flucht in die Wälder. Nahrung durch gestohlene Früchte, meistens Trauben. Endlich in der Schweiz. – Es nützte nichts. Ich musste meine Wache alarmieren. Bajonett auf. Ich befahl das Gepäck aufzunehmen und der Wache zu folgen. Mit lautem Gekreische mussten die Frauen davongeschleppt werden. Furchtbare Verwünschungen auf die Schweiz. Der alte 62jährige Jude mit dem schweren Gepäck konnte kaum mehr gehen. Er weinte laut und flehte. Eine Frau, die Deutsche, wehrte sich wie sie konnte und schrie. Die Soldaten schleppten sie etwa 50 Meter am Boden. Dann erreichten wir, ca. 100 m von der Grenze entfernt den steilen Wurzelweg am Waldrande. Hier fiel das Mädchen zu Boden, auch der Alte, dann der Vater der Familie. Nur noch die Mutter der Familie ging stolz einher und sprach ihren Kindern Mut zu. – Dann befahl ich der Wache halt! Wir untersuchten die Daliegenden. Das Mädchen hatte ein dick aufgeschwollenes Bein. Die beiden alten Männer redeten überhaupt nicht mehr und die eine Frau wälzte sich am Boden. Dann rannte ich zurück nach Pedrinate[7] um zu telefonieren ans oberste Kommando von Chiasso. Befehl: Die kranken Leute solle man bis an die Grenze tragen. Ich erklärte, das sei unmöglich, ich wünsche von meinem Posten abgerufen zu werden. Ein Major erklärte mir, ich solle sofort einen Arzt von meinem Bat[aillon] rufen lassen und auf weiteren Befehl warten. Ich telefonierte sofort dem Bürgermeister von Pedrinate um die Hilfe des Roten Kreuzes. In ¼ Stunde standen 4 Mädchen in FHD Uniform[8] da und Rotkreuzbinde und Bahre. Die Führerin, ein 21jähriges Mädchen, Tochter meiner Philisterin[9] ordnete alles nötige an. Meine Soldaten trugen die Kranken nacheinander zurück in eine Wirtschaft. Die Gemeinde übernahm die Verpflegung. Um 8 Uhr abends Befehl von meinem Major, die Gemeinde soll für Nachtunterkunft sorgen. In einem dunklen Lokal mit 1 Tisch, 10 Stühlen und Stroh am Boden, wurden alle untergebracht. Um 10 Uhr nachts Befehl von Chiasso, um 9 Uhr morgens müsse die Gruppe unter allen Umständen abgeschoben werden. Um 11 ½ Uhr Befehl von Chiasso, dass um 9 Uhr am Samstag neuer Befehl zu erwarten sei. Ich besprach nämlich heimlich mit dem 21jährigen FHD Mädchen die Lage, dass hier nur noch die holländ. Gesandtschaft helfen könne. Ich jedoch dürfe nichts unternehmen. Das sei Sache des Roten Kreuzes. Kurz entschlossen telefonierte sie beim Pfarrer dem holl. Konsul in Lugano, dieser telef. nach Bern. Bern zum 21jährigen Mädchen, das ging hin und her, bis 2 Uhr morgens.
Samstag früh 5 Uhr Tagwache. Sofort besuche ich die Flüchtlinge. Voll Erwartung schauen sie zu mir auf. Ich rede ihnen Mut zu. Der Zug Oblt.[10] Annen sollte mich bis 10 Uhr morgens ablösen. Punkt 9 Uhr Befehl von Chiasso: Alle Flüchtlinge bleiben hier! Welch ein Jubel, ich wehrte mich, denn alle, auch die Männer wollten mir um den Hals fallen.

7 Gemeinde im Kreis Balerna unmittelbar an der italien. Grenze.
8 Uniform des Frauenhilfsdienstes. Organisation weiblicher Militärdienstleistender der Schweizer Armee.
9 Vermutlich scherzhaft für Naefs Zimmerwirtin.
10 Oberleutnant.

Ich verwies auf das flotte Mädchen, das alles arrangiert habe. Eine Frau und das Mädchen konnte noch nicht gehen, wurden mit dem Auto nach Chiasso verbracht.
Ich muss noch nachholen, dass am Vorabend ein Arzt unseres Bat. alle untersuchte und bei allen vollständige körperliche Erschöpfung feststellte.
Um 10 Uhr durfte ich weg und bin nun wieder in Chiasso.
In Pedrinate hatte ich unzählige Freunde gewonnen, besonders die Gemeindebehörden. Der Bürgermeister hat, wie er mir erzählte, Dir ohne mein Wissen einen Traubengruss gesandt. Meine Philisterin gab mir stets das feinste Essen, am Morgen Kaffee komplet, Pilzspeisen usw.
Die schönste und grösste Traube überreichte mir der Bürgermeister. Du wirst sie inzwischen erhalten haben.
Morgen früh muss ich alle unsere Grenzpatrouillen inspizieren. Von Ponte Faloppia über Pedrinate, Laghetto bis Chiasso.
Am 1. Okt. kommt unsere Kp.[11] nach Mendrisio[12] und spätestens am 2. Okt. geht mein Zug mit mir für 24 Stunden in den Urlaub. Dann wieder an die Grenze.
Mir fehlen, Hemden, Socken, kurze Unterhosen.
Nach kurzem Gewitter scheint plötzlich die Sonne wieder. Ich gehe noch etwas hinaus mit Henggeler, gegen Sant Antonia, wo ich mein Interniertenlager führte.
Herzlich grüßt Dich und lieben Kuss[13]
Dein

DOK. 82

Pfarrer Georg Walter Hoff rühmt sich am 29. September 1943 seiner Beteiligung an der Ermordung von Juden in Russland[1]

Schreiben von Konsistorialrat Dr. Walter Hoff,[2] z. Zt. Hauptmann der Wehrmacht, an den geistlichen Dirigenten des Evangelischen Konsistoriums der Mark Brandenburg, Oberkonsistorialrat Dr. Dr. Fichtner,[3] Berlin SW 68, Lindenstr. 14, vom 29.9.1943 (Abschrift)[4]

Sehr geehrter Herr Oberkonsistorialrat!
Zu Ihrem Rundschreiben vom 15.9.1943[5] sehe ich mich gezwungen, wie folgt Stellung zu nehmen:
Was der Antritt Ihres neuen Amtes mit einem „Gehorsam gegen Gott“ und der „Treue bis in den Tod“ (nach Offenb. Joh. 10) zu tun hat, ist mir unerfindlich. Es sei denn, daß

11 Kompanie.
12 Gemeinde im Kanton Tessin.
13 Die letzten Worte handschriftl.

1 ELAB, Personalakten Pfarrer W. Hoff, 105/121–126. Abdruck in: Die Protokolle des Rates der Evangelischen Kirche in Deutschland, Bd. 7: 1953, bearb. von Dagmar Pöpping und Peter Beier, Göttingen 2011, S. 514 f.
2 Dr. Georg Walter Hoff (1890–1977), evang. Theologe; 1918–1930 Pfarrer in Holstein; Mitglied der nationalsozialistischen Deutschen Christen, 1932 NSDAP-, 1933 SA-Eintritt; von 1936 an Propst von Berlin-Coelln; 1941 Leiter einer Feldkommandantur in der Sowjetunion; nach dem Krieg wurde er aufgrund eines Disziplinarverfahrens vorübergehend entlassen, danach als Seelsorger tätig.

Sie in Ihrer Übersiedlung aus dem ruhigen Lübben nach dem bombengefährdeten Berlin eine Begründung für diese pathetische Einleitung sehen.
Im übrigen beweist der Inhalt Ihrer Verlautbarung, daß Sie dem großen Geschehen unserer Tage leider verständnislos gegenüberstehen. Da ist die Rede von den „Großen der Geschichte" und katholisierend vom „hochgelobten Herrn und Heiland Jesus Christus". Aber mit keinem ehrenden, achtungsvollen Wort wird unseres Führers Adolf Hitler und der wunderbaren Meisterung seiner unsagbar schweren Aufgaben gedacht. Natürlich wird auch am Schlusse nicht der Hitlergruß mit seinem Namen gebraucht. Es ist das Ganze auf den Ton der „Bekenner"[6] abgestimmt und muß jeden anders Gesinnten vor den Kopf stoßen und ihm die Überzeugung beibringen, daß die Kirchenbehörde in Ihnen nicht den Zuwachs bekommen hat, den sie in unserer Zeit notwendig haben müßte. Daß Sie uns im Heeresdienst stehende Theologen obendrein noch auffordern, unseren Kameraden Bibelstunden oder, kümmerlich getarnt, Bibelbesprechungen zu halten, beweist, daß Sie sich nicht einmal über die in der heutigen Wehrmacht geltenden Gesetze informiert haben. Der Theologe, der diesem Ihrem Rat folgen würde, macht sich nämlich strafbar! – Mit einem Phrasenschwall schreiben Sie von der göttlichen Unwirklichkeit des Wortes, das Gott in seinem grenzenlosen Erbarmen in die konkrete Wirklichkeit hineingebracht hat. Wie also? Soll uns, da wir uns heute mit dem Weltjudentum und seinen üblen Vertretern kämpferisch auseinandersetzen müssen, die Bibel mit ihren „jüdischen Rachepsalmen["] (vergl. Psalm 83 u. 109) und Evgl.Joh. 4,22 „das Heil kommt von den Juden" als göttliche Unwirklichkeit und Offenbarung seines Erbarmens dienen? Vielleicht gönnen Sie mir darin ein Wort der Aufklärung, wie ich es mit alldem vereinbaren kann, daß ich in Sowjetrußland eine erhebliche Anzahl von Juden, nämlich viele Hunderte, habe liquidieren helfen.[7] Und wie oft wird an uns Theologen von unseren Kameraden heute die Frage herangetragen, wie die stürmisch und mit Recht geforderte Vergeltung der Terrorangriffe der heuchlerischen Briten mit unseren bisherigen Predigten von der alles verzeihenden christlichen Liebe in Einklang gebracht werden kann oder was wir zu den Kundgebungen der angloamerikanischen Bischöfe für die Sowjets sagen.
Wenn Sie wenigstens einmal zart andeutend auf diese krassen Widersprüche vieler Bibelworte zu unseren Erlebnissen und Erkenntnissen hingewiesen hätten, aber das konnten Sie eben nicht, weil Sie einer vergangenen Epoche angehören. Ihre Seele ist weder empfänglich noch jung geblieben. Sondern der gewaltige Umbruch zum neuen Deutschland und Europa ist Ihnen etwas Fremdes, Unbegreifbares, an dem man mit theologischen Allgemeinplätzen vorübergeht. Ich bin betrübt, feststellen zu müssen,

3 Dr. med. Dr. phil. Horst Fichtner (1893–1961), evang. Theologe; von 1921 an Pfarrer in Sachsen; 1935/36 Austritt aus der Landesleitung der Deutschen Christen; 1940–1943 Probst und Superintendent in Lübben/Spreewald, von 1943 an Geistlicher Dirigent des Brandenburgischen Konsistoriums Berlin.

4 Im Original handschriftl. Bearbeitungsvermerke.

5 Nicht ermittelt.

6 Gemeint sind die Mitglieder der Bekennenden Kirche.

7 Hoff bezieht sich vermutlich auf die Massenerschießungen von Juden in der Gegend von Klimowitschi in Weißrussland. Dort hatte Ende 1941 die 221. Sicherheitsdivision im Rahmen der Partisanenbekämpfung 786 Juden erschossen. Hoff war zu diesem Zeitpunkt Offizier einer Feldkommandantur in ebenjener Sicherungsdivision.

daß die tausend deutschen Heldengräber im Norden, die viertausend im Westen, die zehntausend im Süden und die hunderttausend in Sowjetrußland, daß die unzähligen bombenzerstörten Kirchen und Wohnstätten der Heimat es nicht vermocht haben, einen Pastor pastorum[8] zu der Sprache des Herzens zu bringen, die er haben müßte, um seine Amtsbrüder im Waffenrock mit wirklichen seelischen Aufbaukräften für das ewige Deutschland und das neue Europa auszurüsten.
Heil Hitler!

DOK. 83
Die Vereinigung der aus Österreich eingewanderten Juden in Palästina warnt im September 1943 ihre Mitglieder vor der Illusion, nach Wien zurückkehren zu können[1]

Rundbrief für die Mitglieder der Hitachduth Olej Austria[2] vom September 1943

Vor neuen Aufgaben
Je deutlicher die Konturen des siegreichen Kriegsendes werden, desto dringender erscheint die Konzentrierung aller jüdischen Energien zum Wiederaufbau des noch aus den Trümmern errettbaren Judentums.
Die Tragik der Geschichte liegt eben darin, daß für das Weltjudentum und insbesondere für den Jischuw mit dem Friedenschluß keinesfalls das Ende des Krieges, seines Krieges verbunden ist und erst recht der Kampf um die nationale Existenz und den Wiederaufbau beginnen wird.
Wir österreichische Juden, die aus der Gemeinschaft jahrzehntelangen Zusammenlebens eine tiefe innere Beziehung zueinander nicht abstreifen können, haben reichlich zum allgemeinen Judenleid durch Zehntausende von Toten und Vernichtung Hunderttausender Existenzen beigetragen. In alle Weltteile wurden österr. Juden verschlagen, die dort wurzellos und ohne Zusammenhang bei Kriegsende eine Entscheidung der *Rückkehr* oder Heimkehr treffen werden müssen. Das Verbleiben dieser Juden in den Zufluchtsstätten des Krieges ist ebenso fraglich wie eine Rückkehr in die früheren Wohnländer. Vom nationalen Standpunkt ist naturgemäß nur *eine* Lösung möglich, und die ist die Sammlung der Reste des österr. Judentums in Erez. Auch wenn eine Rückkehr möglich sein wird, so ist sie, was Österreich anbelangt, vom nationalen Standpunkt weder erwünscht noch gefahrlos. Diesbezgl. bietet die Rückkehr der Wiener Juden nach der „Wiener Gezerah“[3] ein abschreckendes, grausiges Beispiel.[4] Die im goldenen Wien-

8 Lat.: Hirte der Hirten.

1 YVA, M.4/182, Bl. 12.
2 Vereinigung der aus Österreich eingewanderten Juden in Palästina.
3 Systematische Vernichtung der Juden im Herzogtum Österreich im Jahr 1421 durch Herzog Albrecht V. von Habsburg. Den Namen erhielt das Pogrom durch einen Ende des 15. Jahrhunderts auf Jiddisch verfassten Bericht über die Ausschreitungen.
4 Gemeint ist vermutlich die zweite Vertreibung der Juden aus Wien 1669/70 durch Kaiser Leopold I. Bis zu dieser erneuten Vertreibung hatten sich in Wien im Getto am Unteren Wörth, der heutigen Leopoldstadt, 1346 Juden angesiedelt. Berichte über gewalttätige Ausschreitungen sind nicht bekannt.

erherz schlummernden Mord- und Brandinstinkte kommen bei gegebenen historischen Momenten mit einem Feuerfanal immer wieder zum Ausdruck. Die Juden Österreichs werden naturgemäß wieder aufgenommen werden, wenn sie aus Mauritius, Rhodesien oder gar Amerika zurückkehren werden, um die von den Nazis in Trümmer gelegte österr. Wirtschaft aufzubauen, um dann wieder bei Gelegenheit davongejagt zu werden. Die HOA[5] muss als einzig legitime Trägerin und Repräsentantin des österr. Judentums schon jetzt die warnende Stimme erheben gegen all diejenigen, die sich durch Feuer und Greuel des österreichischen Mobs noch immer nicht abschrecken ließen und sich Täuschungen hingeben, daß ihnen einfach das geraubte Vermögen nach der Rückkehr wieder in den Schoß fallen wird. Die vier Blutjahre des Krieges und die zwei Tausende Jahre jüdischer Geschichte haben die einfache Wahrheit bewiesen, daß es für Juden auf lange Sicht absolut keine Rückkehr, sondern nur eine Heimkehr gibt. Und da heute diese Heimkehr zur Wirklichkeit geworden ist, muß die HOA schon heute mit aller Energie darauf drängen, daß Möglichkeiten für diese Tausenden österr. Juden, die nach Italien, Ungarn, Jugoslawien, ebenso wie in Belgien, Holland, in Frankreich verschlagen wurden, seitens der maßgebenden nationalen Instanzen Einreisemöglichkeiten nach Erez geschaffen werden.

Die HOA hat durch die hergestellte Verbindung mit dem Ausland bereits die erste Bresche geschlagen. Ebenso muß rechtzeitig dafür gesorgt werden, daß die Frage der Schadensgutmachung der österreichischen Juden von einer zentralen Instanz, die nicht darauf ausgeht, auch hier die Konjunktur auszunützen, durchgeführt werde. Es ist Aufgabe unserer nationalen Instanzen, im entscheidenden Moment für eine geordnete Alijah der Reste des österreichischen Judentums aus aller Welt rechtzeitig Vorsorge zu treffen. Zu den Töpfen Ägyptens gab es schon vor zweitausend Jahren keine Rückkehr, ebensowenig zu den vom jüdischen Blut und Leid zeugenden Wellen der blauen Donau.

5 Hitachduth Olej Austria.

DOK. 84
Himmler prahlt am 4. Oktober 1943 vor SS-Gruppenführern in Posen damit, dass die SS bei der „Ausrottung des jüdischen Volkes" anständig geblieben sei[1]

Auszug aus einer Rede Heinrich Himmlers auf der SS-Gruppenführertagung[2] im Rathaus von Posen am 4.10.1943[3]

[...][4]

Dann, was ich schon einmal erwähnt habe, ich kann es leider nicht verschweigen, neben all dem, was wir in dieser Zeit, wie ich sagte, neu aufgestellt erreicht haben, ich bin Reichsinnenminister[5] geworden, habe damit ein Stückchen Arbeit mehr. Sehe hier meine Aufgabe in folgenden einzelnen großen Groß-Komplexen: 1. Wiederherstellung der vielfach verloren gegangenen Reichsautorität. 2. Dezentralisierung der Aufgaben, die nicht reichswichtig sind. Um das Reich in der Hand zu behalten, Belebung der ganzen im deutschen Volke schlummernden schöpferischen Kräfte in der deutschen Selbstverwaltung. 3. Radikales Aufräumen in diesem ganzen Apparat mit jedem Fall von Korruption oder schlechtem Benehmen. Ich werde gnadenlos vorgehen. Wen ich erwische und wer etwas begangen hat, der kommt vor den Kadi, groß oder klein, denn ein solcher Fall – in einer Gegend durchexerziert vor der Öffentlichkeit und bekanntgegeben –, der schädigt uns nämlich nicht, der schädigt nicht die Ansicht[6] von Staat und Partei, sondern stärkt es, weil dann jeder sagt: Allerhand! Respekt. Anständig. Wenn einer ein Lump ist, schmeißen sie ihn heraus. – Wobei das für uns ganz klar ist, und das wollen wir uns – ich komme ja dann zu einigen Dingen, die ich ja meiner Gewohnheit entsprechend deutlich aussprechen werde. Das gilt genauso für uns innerhalb der SS. Menschliche Unzulänglichkeit kommt überall vor – überall. Die Organisationen unterscheiden sich nur durch folgendes: Die eine Organisation vertuscht das und sagt, um unser Ansehen nicht zu schädigen, muss da die Brücke[7] der christlichen Nächstenliebe darübergebreitet werden. Die andere Organisation *reinigt* sich selbst brutal. Sagt: „Jawohl, das war ein Schwein, das haben wir erschossen, haben ihn eingesperrt, und auf jeden Fall haben wir ihn rausgeschmissen." „So, jetzt befasst Euch damit, plaudert drüber oder sonst etwas." [Dadurch hat] einer dann das Recht zu sagen: Aber wenn von Euch einer ein

1 DRA, 2 763 374 (Audiofassung); NARA, document 242 256, reel 2. Abdruck in: NMT, Bd. XXIX, Nuremberg 1948, Doc. 1919-PS, S. 110–173.
2 An der SS-Gruppenführertagung nahmen Angehörige der obersten Dienstränge der SS teil: 33 Obergruppenführer, 51 Gruppenführer und acht Brigadeführer der SS aus dem ganzen Reich.
3 Der Text folgt der Tonbandaufnahme der Rede; Gesamtdauer: 212 Minuten, 39 Sekunden. Die Aufnahme wurde auf Wachsplatten aufgezeichnet.
4 Die Rede beginnt mit Ausführungen zur Lage im fünften Kriegsjahr, wobei Himmler insbesondere die Kriegsführung gegen die Sowjetunion rekapituliert. Er spricht über die Partisanenbekämpfung, die „Minderwertigkeit" der Slawen, die „Unfähigkeit" der Italiener, die kampflos kapituliert hätten, und die „heldenhafte" Befreiung Mussolinis durch die SS. Im weiteren Verlauf der Rede thematisiert er die innenpolitische Lage, die Bombenangriffe auf das Reich und die Ahndung von Defätismus sowie die Lage der Alliierten. Schließlich schildert er ausführlich die Entwicklung der SS seit Kriegsbeginn und die Aufgaben der Ordnungs- und Sicherheitspolizei.
5 Am 20.8.1943 löste Himmler Wilhelm Frick als Reichsinnenminister ab.
6 So im Original, gemeint ist: das Ansehen.
7 So im Original, gemeint ist: die Decke.

Schwein ist, kommt er genauso dran. Das ist dann unser moralisches Recht. Wenn er der Polizei, wie es bisher war, wenn ich Chef der SS bin, wenn ich jetzt Reichsinnenminister bin, ich hätte nicht das moralische Recht, gegen irgendeinen Volksgenossen vorzugehen, und wir könnten nicht die Kraft aufbringen, das zu tun, wenn wir nicht in unseren eigenen Reihen brutal für Sauberkeit sorgen würden. Sie können versichert sein, dass ich dies auch als Reichsinnenminister tun werde. Ebenso können Sie selbstverständlich versichert sein, dass ich nicht irgendeinen Wahnsinnskurs anfange, nun diesem Gaul die Kandare ganz kräftig ins Maul reiße und es hintenhin setze, sondern es wird langsam der Zügel angezogen, und allmählich werden wir das Pferd schon wieder in eine anständige Gangart bringen.

Ich komme nun noch zu einzelnen anderen Aufgaben, großen Aufgabengebieten, die doch wichtig sind, wenn Sie alle davon erfahren. Wir haben Riesenrüstungsbetriebe – in den Konzentrationslagern. Das ist das Aufgabengebiet unseres Freundes Obergruppenführer Pohl.[8] Wir leisten jeden Monat viele Millionen von Arbeitsstunden für die Rüstung. Wir gehen an die undankbarsten Dinge heran, und das muss ich anerkennen. Ob es in den Konzentrationslagern, in den Wirtschaftsbetrieben von Pohl ist oder ob es draußen bei den Höheren SS- und Polizeiführern ist oder in Werkstätten vom Führungshauptamt ist, da zeigt sich eines: wir sind eben doch überall SS-Männer. Wo etwas im Argen liegt, da wird angepackt. Erziehen Sie mir jeden Untergebenen in dieser Richtung. Wir wollen kompetenzlos[9] helfen, denn wir wollen ja den Krieg gewinnen. Was wir tun, tun wir ja für Deutschland. Ob es nun der Bau einer Straße ist, ob irgendwo ein Tunnel nicht vorangeht, ob es eine Erfindung ist, die vor lauter Bürokratie nicht zur Geburt kommt, oder sonst etwas ist: wo wir anfassen können, fassen wir an. Das, was wir in unseren Rüstungsbetrieben leisten, wird – wenn wir es auch am Schluss des Krieges aufrechnen können, dartun können – eine sehenswerte und beachtliche Leistung sein.

Ich will auch ein ganz schweres Kapitel – will ich hier vor Ihnen in aller Offenheit nennen. Es soll zwischen uns ausgesprochen sein, und trotzdem werden wir nicht in der Öffentlichkeit nie darüber reden.[10] Genauso wenig, wie wir am 30. Juni[11] gezögert haben, die befohlene Pflicht zu tun und Kameraden, die sich verfehlt hatten, an die Wand zu stellen und zu erschießen. Wie wir darüber niemals gesprochen haben und sprechen werden. Es war so eine, Gottseidank in uns wohnende Pakt Selbstverständlichkeit des Taktes,[12] dass wir uns untereinander nie darüber unterhalten haben, nie darüber sprachen. Es hat jeden geschauert und jeder war sich klar, dass er es das nächste Mal wieder tun würde, wenn es befohlen wird und wenn es notwendig ist. Ich meine die Judenevakuierung, die Ausrottung des jüdischen Volkes. Es gehört zu den Dingen, die man leicht ausspricht. – „Das jüdische Volk wird ausgerottet", sagt ein jeder Parteigenosse, „ganz

8 Oswald Pohl.
9 So im Original, gemeint ist: kompromisslos.
10 So im Original.
11 Anlässlich einer Führertagung der SA ließ Hitler am 30.6.1934 SA-Chef Ernst Röhm und andere Angehörige der SA-Führung durch die SS ermorden. Auch innerparteiliche Opponenten, darunter „Alte Kämpfer" der NSDAP und politische Gegner aus konservativen Kreisen, fielen der Mordaktion zum Opfer.
12 So im Original.

klar, steht in unserem Programm drin, Ausschaltung der Juden, Ausrottung, machen wir. Ha, Kleinigkeit!“ Und dann kommen sie alle, alle die braven 80 Millionen Deutschen, jeder hat seinen anständigen Juden, und alle anderen sind Schweine, und der ist ein prima Jude.[13] Und … so gesehen, es durchgestanden hat keiner. Von Euch werden die meisten wissen, was es heißt, wenn 100 Leichen beisammen liegen, wenn 500 daliegen oder wenn 1000 daliegen. Und, dies durchgehalten zu haben und dabei – abgesehen von menschlichen Ausnahme-Schwächen – anständig geblieben zu sein, hat uns hart gemacht und ist ein niemals genanntes und niemals zu nennendes Ruhmesblatt. Denn wir wissen, wie schwer wir uns täten, wenn wir heute noch in jeder Stadt – bei den Bombenangriffen, bei den Lasten des Krieges und bei den Entbehrungen –, wenn wir da noch die Juden als geheime Saboteure, Agitatoren und Hetzer hätten. Wir würden wahrscheinlich in das Stadium des Jahres 16/17[14] gekommen sein, wenn die Juden noch im deutschen Volkskörper säßen.

Die Reichtümer, die sie hatten, haben wir ihnen abgenommen, und ich habe einen strikten Befehl gegeben, den Obergruppenführer Pohl durchgeführt hat, wir haben diese Reichtümer restlos dem Reich, dem Staat, abgeführt. Wir haben uns nichts davon genommen. Einzelne, die sich verfehlt haben, die werden gemäß einem von mir gegebenen Befehl, den ich am Anfang gab: Wer sich auch nur eine Mark davon nimmt, ist des Todes.[15] Eine Anzahl SS-Männer haben sich dagegen verfehlt – es sind nicht sehr viele –, und sie werden des Todes sein, gnadenlos.[16] Wir haben das moralische Recht, wir haben die Pflicht unserem Volk gegenüber, das zu tun. Dieses Volk, das uns umbringen wollte, umzubringen. Wir haben aber nicht das Recht, uns auch nur mit einem Pelz, mit einer Mark, mit einer Zigarette, mit einer Uhr, mit sonst etwas zu bereichern. Das haben wir nicht. Denn wir wollen nicht am Schluss, weil wir den Bazillus ausrotten, an dem Bazillus krank werden und sterben. Da werde ich niemals zusehen, dass so etwas überhaupt nur auch ein[e] kleine Fäulnisstelle bei uns eintritt oder sich festsetzt. Sondern wo sich eine festsetzen sollte, werden wir sie gemeinsam ausbrennen. Insgesamt aber können wir sagen, wir haben diese schwerste Aufgabe in Liebe zu unserem Volk getan. Und wir haben keinen Schaden in unserem Inneren, in unserer Seele, in unserem Charakter daran genommen.

Eines: Wenn ich das, was wir getan haben in diesem Jahr, wenn ich das noch, wenn ich das – ich möchte fast sagen – Rechenschaftsbericht für uns alle und vor uns allen feststelle, darf ich nichts übersehen und übergehen: die Bedeutung der Haltung des SS-Manns. Hier, glaube ich, haben wir insgesamt anständig bestanden, wie auch bei allen anderen Dingen, haben wir im großen anständig bestanden. Die Haltung war gut, ob es in verzweifelten Situationen an der Front war von unseren braven Führern und Männern, die in den finstersten Stunden, in den dunkelsten Stunden über sich selbst hinauswuchsen im Leben und im Sterben, in diesem heldenhaften großen Sterben, das in den letzten

13 Im Hintergrund der Tonaufnahme ist leichtes Gelächter zu hören.

14 Anspielung auf die Demoralisierung der hungernden deutschen Bevölkerung im sog. Steckrübenwinter 1916/17.

15 Im Mai 1943 setzte Himmler den SS-Richter Konrad Morgen (1909–1982) zur Korruptionsbekämpfung in Konzentrationslagern ein; siehe Dok. 86 vom 6.10.1943, Anm. 4.

16 So im Original.

10 Wochen zum Beispiel wieder gestorben wurde.[17] Oder … wir haben unseren Mann gestanden im großen und ganzen in den rückwärtigen Gebieten, im Bandenkampf,[18] denn mehr wie auf Reden kommt es auf die Haltung an. Das Volk, der kleine Mann in der Not seines Herzens und in der Angst seines Innern, der sieht heute doch in vielen Fällen schon: wie steht der SS-Mann, was für ein Gesicht macht er, hat er auch so'ne trübe Miene, lässt er auch den Unterkiefer hängen, lässt er den Kopf hängen? Oder: wie marschiert dieses SS-Bataillon an die Front? Oder: wie ist dieser Posten der Gendarmerie in dem oder jenem Kaff im Balkan oder in Russland? Bleiben sie da oder bleiben sie nicht da? Oder: wie ist der SS-Mann beim Luftangriff? Ist er derjenige, der die Leute herausholt? Ist er derjenige, der die Panik verhindert? Oder auch umgekehrt: ist da ein SS-Führer oder ein SS-Mann, der sich Sonderrechte herausnimmt, mit dem Auto fährt, wo er nicht fahren soll, besser lebt wie die anderen, keinen Dienst macht, jeden Sonntag frei hat, wo die Frau furchtbare Ansprüche stellt, aufdreht, das nicht kann, jenes nicht kann, im Bombenquartier große Sprüche spricht? Oder sind die Frauen von uns die arbeitsamsten, die bescheidensten, die tapfersten, die nie etwas kritisieren, die immer den Kopf hochhalten? Im großen und ganzen war unsere Haltung gut. Manches – auch in unseren Reihen – ist zu bessern. Das auszusprechen ist mit ein Sinn dieses Appells der Kommandeure und der Gruppenführer. Ich möchte dieses Kapitel überschreiben mit der Überschrift „Wir selbst".

[…][19]

17 Gemeint sind die Verluste der Wehrmacht während der sowjet. Sommeroffensive, die am 17.7.1943 am Donez bei Isjum und am Mius gegen die Heeresgruppe Süd begann.

18 NS-Bezeichnung für Partisanenbekämpfung.

19 Es folgen Ausführungen über die Tugenden der SS-Männer und ein Appell, sich auch im fünften und sechsten Kriegsjahr mit Zähigkeit und Hartnäckigkeit für den Sieg einzusetzen, um sich dann im Frieden einer wesentlichen Aufgabe der SS, der Germanisierung der besetzten Ostgebiete, widmen zu können.

DOK. 85
Der Schweizer Konsul in Köln berichtet am 5. Oktober 1943, dass die deportierten Juden ermordet und ihre Besitztümer zur Belohnung an deutsche Generäle vergeben wurden[1]

Bericht (Ha 1 VW/He) des Schweizerischen Generalkonsuls, gez. Weiss,[2] z. Zt. Rhöndorf a. Rh.,[3] an Botschafter Hans Frölicher[4] vom 5.10.1943[5]

Herr Minister,
seit Abfassung meines letzten Berichtes[6] haben wir hier in Rhöndorf höchst aufregende Tage verlebt, wenn auch die zahlreichen Flieger, die wir in der letzten Zeit hier haben, keinen Schaden in der näheren Umgebung anrichteten, so war doch ihre stundenlange Anwesenheit über unseren Köpfen sehr nervenanspannend. Ohne die zahlreichen Voralarme aufzuzählen, die sich manchmal 4–5mal am Tage wiederholten, darf ich Ihnen der Ordnung halber nachstehend angeben, wann wir hier in Rhöndorf Grossalarm hatten:

Freitag, den 1.10.1943	von 22,10 Uhr	bis 23,35 Uhr
Samstag, den 2.10.1943	von 21,30 Uhr	bis 22,20 Uhr
Sonntag/Montag, 3./4.10.	von 22,10 Uhr	bis 00,35 Uhr
Montag, den 4.10.1943	von 10,25 Uhr	bis 12,55 Uhr
Montag, den 4.10.1943	von 21,25 Uhr	bis 23,45 Uhr
Dienstag, den 5.10.1943	von 8,35 Uhr	bis 9,15 Uhr.

Der gestrige Grossalarm am hellichten Tage in der Zeit von 10,25–12,55 Uhr galt den Fliegern, die den Tagesangriff auf Frankfurt/Main durchführten. Weiter sollen aber auch die Städte Wiesbaden und Saarbrücken mit Bomben bedacht worden sein. Während dieses Alarms befand ich mich gerade mit meinem Wagen auf dem Wege nach Bad Neuenahr, wo ich im Auftrage der Schutzmachtabteilung die dort internierte britische Konsulargruppe[7] besuchen wollte. Bei einer sehr starken Flakabwehr konnte man hoch in den Lüften – ca. in einer Höhe von 7–8000 m – durch die erzeugten Kondensstreifen zahlreiche amerikanische Bomber beobachten. Deutsche Jagdflugzeuge versuchten sie

1 BAR, E27#1000-721#9564. Teilweise abgedruckt in: Markus Schmitz/Bernd Haunfelder, Humanität und Diplomatie. Die Schweiz in Köln 1940–1949, Münster 2001, S. 208 f.

2 Dr. Franz-Rudolf von Weiss, auch François-Rodolphe de Weiss (1885–1960), Diplomat; 1914–1917 Mitarbeiter des Eidgenössischen Auswanderungsamts, 1917 Beauftragter für fremde Interessen in der Schweizer Gesandtschaft in Berlin, von 1920 an im Schweizer Konsulat in Köln, von 1937 an als Konsul, 1943–1950 Generalkonsul; erhielt 1955 das Große Verdienstkreuz der Bundesrepublik.

3 Nachdem das Schweizer Konsulatsgebäude in der Kölner Overstolzenstraße am 29.6.1943 bei einem Luftangriff zerstört worden war, bezogen die Mitarbeiter des Konsulats die Villa Merkens in Rhöndorf.

4 Dr. Hans Frölicher (1887–1961), Jurist; von 1918 an Tätigkeit im EPD, 1930–1934 stellv. Gesandter, 1938–1945 Gesandter der Schweiz in Berlin; nach 1945 Leiter der Deutschen Interessenvertretung in der Schweiz.

5 Handschriftl. Zusatz: „z. Hd. Herrn Oberst Masson zur geflissentlichen Kenntnis". Eingangsstempel der Abt. Nachrichten- und Sicherheitsdienst vom 11.10.1943, Nr. 7b.

6 Der letzte Bericht stammte vom 30.9.1943.

7 Gemeint sind vermutlich brit. Diplomaten, die bei Kriegsbeginn in deutsche Gefangenschaft geraten waren.

anzugreifen und, wie mir berichtet wurde, mit teilweisen Erfolgen, indem eine Maschine über Köln abgeschossen wurde und auf eine Autoreparaturwerkstätte stürzte, nachdem sie vorher in der Luxemburger Strasse, unweit des Opernhauses, noch einige Bomben abgeworfen hatte. In Bad Neuenahr hörte ich, dass in der vorhergegangenen Nacht bei dem Grossangriff auf Kassel zwei deutsche zweimotorige Zerstörerflugzeuge und eine Jagdmaschine dort in der Nähe abstürzten. Einige der mit dem Fallschirm abgesprungenen Besatzungsmitglieder waren bereits in Bad Neuenahr, wo das grosse Kurhaus als Lazarett eingerichtet worden ist, eingeliefert worden.
Bei dem stundenlangen Warten auf Strassen und Plätzen während des Alarms hatte ich Gelegenheit, festzustellen, wie sehr das Volk sich nach Frieden sehnt und es vor allen Dingen durch diese Luftangriffe zermürbt wird. Verschiedentlich hörte ich aus der Mitte der Zuschauer die Bemerkung, dass „dies wohl die Antwort auf die gestrige Rede von Dr. Goebbels[8] sei und man sich noch auf viel schlimmere Angriffe gefasst machen müsse. Was nützt es, wenn 50–60 Bomber abgeschossen, jedoch täglich 5–600 am laufenden Band hergestellt, werden."
Kürzlich hatte ich Gelegenheit, mit verschiedenen Persönlichkeiten zu sprechen, die hohe Beziehungen in Berliner Kreisen sowie in der rheinisch-westfälischen Grossindustrie haben. Hierüber will ich Ihnen folgendes berichten:
Wie ich Ihnen bereits in meinen letzten Berichten verschiedentlich andeutete, ist der in den letzten Wochen von der Regierung auf die Bevölkerung ausgeübte Druck wesentlich verschärft worden, sodass nunmehr von dem Beginn einer Periode des „offenen Terrors" gesprochen werden kann. Die Massnahmen, die sich gegen den Defaitismus und gegen etwaige Neigung zur Nachahmung des italienischen Beispiels[9] richten, betreffen sowohl die Wehrmacht wie die Zivilbevölkerung. In der Wehrmacht werden Offiziere und einfache Soldaten vor besondere Standesgerichte[10] gestellt, wenn sie die Kriegsaussichten kritisch beurteilen. Ein weitverzweigtes Überwachungsnetz ist in den Kasernen, Kantinen, Kasinos, militärischen Büros, öffentlichen Verwaltungen usw. wirksam. Auch gegenüber der Zivilbevölkerung ist der Feldzug gegen den Defaitismus in vollem Gange. Wer auch im allerengsten Kreise davon spricht, dass die Lage hoffnungslos oder der Krieg verloren sei, wird wegen Zersetzung der Wehrkraft zum Tode verurteilt.[11] Ob es auf lange Sicht gelingt, mit solch drakonischen Massnahmen die Moral draussen und in der Heimat hochzuhalten, bleibt abzuwarten. Kriegsmüdigkeit und Pessimismus sind infolge der Entwicklung an der Ostfront und der Vorgänge in Italien überall so angewachsen, dass sie den völlig beherrschenden Faktor der Volksmeinung bilden. In der

8 Am 3.10.1943 hatte Joseph Goebbels im Berliner Sportpalast eine Rede zum Erntedanktag gehalten und bekannt gegeben, dass die Ernte ungewöhnlich gut gewesen sei und daher die Brotration um 400 Gramm auf insgesamt 9,6 Kilo pro Monat erhöht werde.

9 Nach der Landung der Alliierten in Sizilien war Mussolini am 25.7.1943 vom Faschistischen Großrat abgesetzt worden. Marschall Pietro Badoglio (1871–1956) übernahm die Regierung und leitete umgehend Kapitulationsverhandlungen mit den Alliierten ein. Der Waffenstillstand mit Italien trat am 8.9.1943 in Kraft.

10 Gemeint sind Standgerichte.

11 Die Verordnung über das Sonderstrafrecht im Kriege und bei besonderem Einsatz wurde am 17.8.1938 erlassen und am 26.8.1939 im RGBl. bekannt gegeben. In § 5 war die Zersetzung der Wehrkraft geregelt, die jede, auch im privaten Kreis geäußerte Kritik an Staat, Partei oder Wehrmacht als Angriff auf die Selbstbehauptung des deutschen Volkes definierte und die mit der Todesstrafe geahndet werden konnte.

Zone der Luftangriffe, d. h. in erster Linie im gesamten westlichen Deutschland ist naturgemäss die Volksstimmung noch wesentlich stärker in Mitleidenschaft gezogen als in den Agrargebieten Ostdeutschlands.
Eine grosse Sorge entsteht in diesem Jahre durch das überall schlechte Ergebnis der Kartoffelernte in den Hauptanbaugebieten, vor allem im Osten beträgt der Minderertrag im Vergleich zur vorjährigen Rekordernte etwa 40 %. Dies ist schwerwiegend, weil die Kartoffeln sowohl für die menschliche Ernährung wie für die Versorgung des Viehs bislang den wichtigsten Bestandteil bedeuteten, durch welchen der Mangel an sonstigen Stoffen überwunden werden konnte. Es ist damit zu rechnen, dass im kommenden Winter die Kartoffelversorgung der Städte ungenügend ist und die Stimmung der Massen dadurch noch weiter herabgedrückt wird. Auch die Aussichten der Ernte an Zuckerrüben werden wegen der Trockenheit des Spätsommers nicht günstig beurteilt, während die Getreideernte durchweg über dem Durchschnitt gelegen hat. Der Verlust grosser Teile der Ukraine und anderer Gebiete im Osten wird sich ernährungsmässig insofern auswirken, als bisher wenigstens der Hauptteil des Bedarfs der Ostarmeen aus dem Lande gedeckt werden konnte, was besetzt war, was jetzt jedoch nicht mehr im gleichen Umfange möglich ist.
In Bezug auf die Kriegsdauer ist man hier der Meinung, dass die entscheidende Schlussphase erst mit einer anglo-amerikanischen Landung im Westen Europas beginnen wird. Diese Landung wird im allgemeinen nicht als unmittelbar bevorstehend angesehen, wenn auch manche aufmerksame Beobachter der Lage behaupten, die Ernennung des amerikanischen Generalstabschefs George Marshall[12] zum Oberkommandierenden aller alliierten Streitkräfte, ausser den russischen, deute auf eine baldige grosse Westoffensive hin, die nach gewissen höchsten Kreisen, die dies aus der Rede Churchills[13] herauslesen, an den England am nächsten liegenden europäischen Küsten – Holland, Belgien und Nordfrankreich – und nicht in Dänemark oder Norwegen erfolgen wird. Für sie gilt als Zeitpunkt dieser Grossoffensive die nächste Trockenperiode im Oktober oder, wie sie sagen, „jeder Tag". Manche sagen, der Zeitpunkt hänge entscheidend von der Entwicklung der Dinge an der Ostfront ab, d. h., die Anglo-Amerikaner wünschten die Fortsetzung des deutsch-russischen Ringens bis zum äussersten Punkt und würden alsdann landen, wenn mit dem russischen Durchbruch zu rechnen sei, um den Russen vorauszukommen. In diesem Zusammenhang wird auch auf die jüngsten Erfahrungen bei Salerno verwiesen, wo die Anfangskrise der Landungstruppen vor allem auf dem Mangel einer Deckung durch Jagdflugzeuge beruhte.[14] Neben der Hauptlandung im Westen werden für absehbare Zeiten Operationen in Griechenland und an der Adria-Küste erwartet.

12 George Catlett Marshall (1880–1959), General; Initiator des Marshallplans, eines großangelegten Programms zum wirtschaftlichen Wiederaufbau Europas nach 1945, für den Marshall 1953 den Friedensnobelpreis erhielt.

13 Gemeint ist vermutlich die Rede Churchills am 21.9.1943 vor dem brit. Unterhaus, in der er erklärte: „At what we and our American Allies judge to be the right time this front will be thrown open and the mass invasion of the Continent from the West, in combination with the invasion from the South, will begin."

14 Am 9.9.1943 landeten alliierte Truppen im Golf von Salerno, verzichteten aber, um die Deutschen zu überraschen, auf unterstützende Bombardements durch die Luftstreitkräfte. Dadurch erlitten sie anfänglich schwere Verluste.

Neuerdings wird von deutscher Seite behauptet, dass die anglo-amerikanischen Kriegspläne im Nahen Osten durch den Gegensatz mit Russland beträchtlich erschwert würden. Russland habe den gesamten Balkan einschliesslich Istanbul zu seiner Interessen-Sphäre erklärt. Es habe sich für die Befreiung der dortigen Völker stark gemacht und habe gegen anglo-amerikanische Aktionen in diesem Gebiet Einspruch erhoben. Die Russen verlangten die zweite Front im Westen Europas und wollten sich ihren Anspruch nicht durch Operationen im Balkan abhandeln lassen. Die Truppen Rommels werden hier solange als bewegungsunfähig angesehen, bis nicht bekannt ist, was die beiden englischen Armeen (9. und 10.) sowie die beiden amerikanischen (1. und 6.) im Nahen Osten tun werden.

Mit einem Kriegseintritt der Türkei wird in Deutschland nicht mehr gerechnet. Man ist hier neuerdings der Überzeugung, dass die Aufrüstung der Türkei durch die Anglo-Amerikaner letzten Endes gegen Russland gerichtet sei und dass die Westmächte die Türkei als Gegengewicht gegen Russland für die Zeit nach dem Kriege benutzen möchten.

Die Mutmassungen über die Kriegsdauer in Deutschland bewegen sich hier zwischen 6 und 12 Monaten, je nach dem Zeitpunkt des Entstehens der zweiten Front im Westen. Man rechnet damit, dass im Laufe des Winters von Italien aus Süddeutschland, Österreich und die oberschlesischen Industriebezirke weit stärker als bisher aus der Luft angegriffen werden, zumal wenn die Anglo-Amerikaner erst die oberitalienischen Flugplätze in Besitz genommen haben. Auf dem italienischen Kriegsschauplatz werden bis zum Norden nur verzögernde Defensiv-Operationen erwartet. Der Hauptwiderstand scheint erst am Fusse des Gebirges nördlich Veronas beabsichtigt zu sein.

Der Ernennung Himmlers zum Innenminister kommt praktisch keine besondere Bedeutung zu, weil Himmler die gleiche Machtposition als Chef der Polizei auch schon vorher bekleidete.[15] Sie hat nur symptom[at]ische Bedeutung insofern, als sie die Periode des Terrors nach dem Zusammenbruch Italiens offiziell dokumentiert.

Als die einflussreichste Persönlichkeit in der Umgebung Hitlers wird Bormann genannt, der Nachfolger von Hess,[16] als sogenannter Chef der Parteikanzlei. Bormann tritt öffentlich niemals in Erscheinung, vertritt den radikalen Standpunkt und gehörte früher zur Gefolgschaft Himmlers, über den er aber hinausgewachsen ist. Göring hat seine Rolle als Berater völlig ausgespielt. Die verbreiteten Gerüchte, dass er in einer Art „Ehrenhaft" sitzt oder Fluchtpläne vorbereitet habe, treffen nicht zu.

Wer heute durch Deutschland herumfährt, gewinnt den Eindruck, dass sich eine Art Völkerwanderung abspielt, die durch die Luftangriffe ausgelöst ist. Westen reist nach Osten, Norden nach dem Süden und Süden nach dem Norden. Neuerdings sind aber schon Anfänge einer Fluchtbewegung vor einer russischen Invasion zu beobachten. In Berlin entstand durch die Verteilung von Millionen Flugblättern mit dem Goebbelsschen Fluchtaufruf vor einigen Wochen eine regelrechte Panik.[17] Jetzt kommen bereits

15 Himmler war am 20.8.1943 zum Reichsinnenminister ernannt worden.

16 Rudolf Heß.

17 In einer Flugblattaktion vom 1.8.1943 hatte Goebbels in seiner Eigenschaft als Reichsverteidigungskommissar für Berlin die Teile der Berliner Bevölkerung, die nicht aus beruflichen Gründen in der Stadt verbleiben mussten, aufgerufen, sich in weniger luftkriegsgefährdete Gebiete zu begeben.

zahlreiche Flüchtlinge wieder zurück, weil die Quartiere auf dem Lande unzureichend und vielfach sehr schmutzig waren.
Geklagt wird viel darüber, dass die Haltung der ausländischen Arbeiter wegen der ungünstigen Kriegslage dreister und provozierender geworden sei. Zweifellos bilden die Millionen widerwillig eingesetzten ausländischen Arbeiter – ich muss es immer wieder wiederholen – eine grosse innere Gefahr im Krisenfalle. Auf den östlichen Gütern findet man durchweg Hunderte von Polen und Russen, denen auf deutscher Seite nur Frauen und wenige ältere Männer gegenüberstehen. Die Zahl der Sabotageakte ist bereits im Wachsen begriffen. Ende August wurde auf den Nachtschnellzug Berlin–Salzburg, dem ein Salonwagen mit Minister Goebbels angehängt war, ein Attentat mit einer Höllenmaschine im Koffer verübt. Goebbels blieb unverletzt, unter den Reisenden gab es jedoch 80 Tote und viele Verletzte.[18] Auch hier soll der Täter unter den ausländischen Arbeitern zu suchen sein.
Niemand in Deutschland bezweifelt, dass das Wort von der Fortsetzung des Krieges bis 5 Minuten nach 12 Uhr ernst zu nehmen ist. Die in der letzten Woche erfolgten Aufrufe der 50–60jährigen Männer zum Wehrdienst und die Heranziehung der 16jährigen zur Bedienung der Flakgeschütze machen das auch offenkundig.
Die offiziellen Stellen rechnen damit, dass eine ständige und für den Gegner verlustreiche Verteidigung und der zunehmende britisch-russische Gegensatz doch letzten Endes den Weg zu einem Kompromissfrieden freimachen werden; dabei wird nicht an einen Sonderfrieden mit Russland gedacht, was auch schon daraus hervorgeht, dass bei dem deutschen Rückzug im Osten eine Zerstörungstaktik wie nie zuvor angewendet wird. Man glaubt aber an die Möglichkeit, dass die Westmächte eines Tages die deutsche Militärkraft als schätzungswerten Faktor in der Auseinandersetzung mit Russland anerkennen werden. Sollte sich dieser Optimismus nicht bewahrheiten und eines Tages das Übergewicht der Koalition einen Einbruch in die Front erzielen, so wird dem totalen Krieg der totale Zusammenbruch folgen, und zwar gleichzeitig militärisch, psychologisch und wirtschaftlich.
In der Oberschicht überlegen schon viele Leute, in welchem Teile Deutschlands die Katastrophe am glimpflichsten verlaufen wird. Die Erklärung Churchills, dass nicht nur der Nationalsozialismus, sondern auch der preussische Militarismus vernichtet werden müssen,[19] wird daraufhin gedeutet, dass im Falle vorübergehender Besetzung nach Kriegsende vielleicht ganz Ostelbien[20] den Russen als Besetzungszone überlassen werden soll. Infolgedessen wird Ostelbien als sehr gefährdet angesehen und der Westen als sicher, weil hier anglo-amerikanische Besatzungstruppen wie nach dem Weltkriege erwartet werden.
Wie mir weiter berichtet wird, sind die polnischen Bauern distriktweise im Warthegau und Weichselgau[21] von ihren Besitzungen vertrieben worden, wobei eine Frist von weni-

18 Nicht zu ermitteln.
19 Rede Churchills vor dem brit. Unterhaus am 21.9.1943, in der er Preußen als Kernstück Deutschlands bezeichnete und die Zerstörung des preuß. Militarismus zu einem zentralen Kriegsziel erklärte.
20 Bezeichnung für die deutschen Gebiete östlich der Elbe, also von Mecklenburg, Brandenburg und Sachsen bis nach Pommern, Posen, West- und Ostpreußen sowie Schlesien.
21 Reichsgau Danzig-Westpreußen.

gen Stunden gesetzt wurde und nur Gepäck bis zu 20 kg mitgenommen werden durfte. Diese Stellen wurden dann durch deutsche Rückwanderer aus Russland besetzt, deren Lebensgewohnheit und Arbeitswille auf tiefster Stufe steht. Sie zehren das vorhandene Inventar auf und verlassen sich vollständig auf Staatshilfe. Die vertriebenen polnischen Bauern mit ihren Familienangehörigen werden in der Hauptsache zur Zwangsarbeit nach Deutschland verschickt. Andere bleiben als Arbeitskräfte auf der eigenen Scholle, um bei nächster Gelegenheit über ihre Nachfolger herzufallen.[22]

Die Zone des Partisanenkrieges nimmt im Osten rasch in Richtung des Reichsgebietes zu. Selbst in Krakau wurde neuerdings den Beamten der deutschen Regierung die Überschreitung der Stadtgrenze untersagt, und zwar wegen der Unsicherheit. Im Warthegau sowie in den neuerworbenen Südteilen Ostpreussens ereignen sich viele Attentate. So wurde kürzlich ein Auto mit einem Kriegsgerichtsrat und zwei Offizieren in Ostpreussen durch Partisanen vernichtet.

Über die Rückzugsbewegung wird noch bekannt, dass in der Räumungszone sämtliche Lebewesen vernichtet werden sollen. Die in den letzten 1 ½ Jahren von den Deutschen neu organisierten Werke in Stalino, Mariupol usw. sind alle in die Luft gesprengt worden, doch konnten wegen der Kürze der Räumungsfristen die Erzvorräte nicht abtransportiert werden. Es wurde versucht, die Getreideläger in der Ukraine in Brand zu setzen, was aber nur teilweise gelungen ist. Ähnlich wie im Jahre 1941 den Deutschen sind heute den Russen bedeutende Kornmengen in die Hände gefallen. Riesige Viehherden wurden durch Maschinengewehre abgeschossen, so auf einer Halbinsel am Asowschen Meer mehr als 15 000. Auch ein wesentlicher Teil der Armeeläger konnte nicht mehr abtransportiert werden, sodass man die bisherigen Ausgabebeschränkungen fallen liess. Die Folge war, dass in manchen Truppenteilen Krankheiten durch ungewohnten Genuss von Alkohol, Fleisch usw. auftraten.

Es wird immer wieder unterstrichen, dass am Unterlauf des Dnjepr stärkste Reserven eingesetzt werden und ein Durchbruch der Russen im Süden der Ostfront nicht in Frage kommen könne. In den Zügen trifft man heute vielfach flüchtige deutsche Ingenieure von Krupp, Rheinmetall usw. aus dem Donezgebiet, der Ukraine, Smolensk usw., häufig ohne jedes Gepäck, an. Sie beklagen sich bitter darüber, dass das Militär sie viel zu spät auf die Notwendigkeit einer Räumung hingewiesen habe und sie daher übereilt und ohne Zerstörung der Rohmaterialien haben flüchten müssen. Alle sind des Lobes voll über die grosszügige Organisation der russischen Werke und über die technische Begabung der Russen, die allerdings keinerlei Initiative besässen. Sie halten durchweg das russische Wirtschaftssystem für besser als das deutsche, weil eben der 100%ige Staatssozialismus folgerichtiger sei als der mit privatwirtschaftlichen Kompromissen belastete 75%ige Staatssozialismus in Deutschland.

Die von der Ostfront kommenden Soldaten rühmen die russische Panzerwaffe, Artillerie und Schlachtflieger. Im Gepäck russischer Gefangener hat man neuerdings häufig amerikanischen Speck gefunden, was die Wirksamkeit der amerikanischen Hilfe beweist. Seit der Vernichtungstaktik der letzten Wochen wird, wenigstens im Süden der Ostfront, kein Pardon mehr gewährt. Gefangene werden daher nur noch im mittleren und nördlichen Abschnitt eingebracht.

22 Zur Politik der Zwangsumsiedlungen im besetzten Westpolen siehe VEJ 4, S. 32–38.

Zur Behandlung der Judenfrage sickert immer mehr durch, dass die evakuierten Juden restlos umgebracht worden sind. Das Vermögen ist offiziell von Staats wegen enteignet. Sämtliche Güter von Juden sind zur Dotation an Feldmarschälle benutzt worden. So haben z. B. der Generalfeldmarschall Milch ein solches Gut in der Nähe von Breslau und Feldmarschall von Kleist eine Erweiterung seines Familiengutes aus amerikanisch-jüdischen Händen, gleichfalls in Schlesien, bekommen.[23] Feldmarschall von Kluge, Befehlshaber des mittleren Teils der Ostfront, bezog zu seinem Geburtstag einen Scheck über RM 400 000,–.[24] Überhaupt spricht[25] das Dotationssystem bei der Beurteilung der innenpolitischen Lage und Situation eine sehr bedeutende Rolle. Wenn eine Entwicklung Badoglios[26] unmöglich ist, so hängt das nicht nur mit dem Königtum zusammen, sondern dass man es hier verstanden hat, schon seit dem Jahre 1938 die führenden Militärs durch Vorteile verschiedener Art zu gewinnen und mitschuldig zu machen.
Ich darf hier noch aufgrund zuverlässiger Angaben erwähnen, dass der polnische Adel sowie die polnischen Intellektuellen, mit Ausnahme von einigen wenigen, die sich im Bereich des General-Gouvernements verborgen halten, entführt bezw. umgebracht worden sind.[27]
Von zuverlässiger Seite höre ich weiter, dass die Flakmunition bereits aus Kriegssparmetall hergestellt wird und dass sich in Deutschland der Mangel an Nachtjägern ausserordentlich bemerkbar macht. Bei Fliegerangriffen kann nur durch Zusammenziehung aus sehr weit voneinander liegenden Standorten die nötige Zahl von Nachtjägern herbeigebracht werden, was den Eindruck erweckt, dass die angegriffene Stadt stark beschützt ist. Es wurde mir von zuverlässigster Seite mit Bestimmtheit gesagt, dass für Norddeutschland, also Berlin, Hamburg, Bremen, Hannover, sowie für das Rheinland und das Ruhrgebiet nicht mehr als 200 Maschinen vorhanden sein sollen (eine Zahl, die ich für ausserordentlich niedrig halten muss). Für den Schutz von Gross-Berlin sollen nicht mehr als 30 Nachtjäger vorhanden sein.
Wie ich soeben gehört habe, soll eine Standrechtsverordnung zur baldigen Inkraftsetzung durch Himmler ausgearbeitet werden, und zwar gültig für das ganze Reich.
Bezüglich der sogenannten geheimen Waffe[28] konnte ich von sonst sehr zuverlässiger Seite erfahren, dass, wenn nicht die Waffe selbst, so doch wichtige Bestandteile derselben in Troisdorf bei Köln hergestellt werden.[29] Der Sprengstoff zu dieser an und für sich sehr komplizierten Waffe soll sich aus schwer zu beschaffendem Material zusammenset-

23 Erhard Milch (1892–1972), Generalfeldmarschall; 1933–1945 StS im RLM, erhielt 1942 von Hitler eine Dotation in Höhe von 250 000 RM anlässlich seines 50. Geburtstages. Ewald von Kleist (1881–1954), Generalfeldmarschall; empfing im Juni 1942 für den Erwerb von Land, das an sein Gut bei Breslau angrenzte und aus ehemals jüdischem Besitz stammte, 192 300 RM.
24 Günther von Kluge (1882–1944), Generalfeldmarschall; erhielt im Okt. 1942 als Dotation aus Hitlers Sonderfonds 250 000 RM.
25 So im Original, gemeint ist: spielt.
26 Wie Anm. 9.
27 Zur Lage der poln. Intelligenz siehe VEJ 4/14 und 291 sowie VEJ 9/91.
28 Gemeint sind die sog. Vergeltungswaffen, die von der deutschen Propaganda seit 1943 als Antwort auf die alliierten Luftangriffe auf deutsche Städte angekündigt wurden.
29 Gemeint ist die „Dynamit-Actien-Gesellschaft, vormals Alfred Nobel & Co.“, ein großes Chemie- und Rüstungsunternehmen.

zen und eine furchtbare Wirkung haben. Aus dieser Waffe sollen an der Ostfront 5 Schuss abgefeuert worden sein, die eine vernichtende Wirkung gezeigt haben sollen. Im Zusammenhang hiermit werden auch die Krupp-Gruson-Werke[30] in Magdeburg genannt, die wegen des von ihnen hergestellten Materials augenblick[lich] eine ausserordentliche Bedeutung haben sollen.

Um ganz objektiv zu bleiben, muss ich wiederum erwähnen, dass immer noch grosse Kreise diesen ganzen Fragenkomplex als Propagandamittel bezw. Bluff betrachten.

Weiter wird mir mitgeteilt, dass in gewissen Kasernen die Stimmung ausserordentlich schlecht ist. Viele dort untergebrachte Soldaten, vor allen Dingen die älteren Jahrgänge, überlegen sich jetzt schon, wie sie sich Zivilkleider beschaffen können, um nach ihrer Heimatstadt Köln zurückkehren zu können.

In Parteikreisen soll die Zahl der in Deutschland vorhandenen Kommunisten mit 6 000 000 geschätzt werden, welche Zahl täglich zunimmt.[31]

In einem früheren Bericht habe ich Ihnen die Auswirkungen der Fliegerangriffe auf den Gefolgschaftsbestand in den hiesigen Industriebetrieben geschildert. Heute kann ich Ihnen diesbezüglich aufgrund einer amtlichen Untersuchung,[32] die am 10.8.1943 abgeschlossen worden ist, genauere Zahlen angeben. Bei den Firmen im *Kölner Bezirk* fehlten an diesem Stichtage 31,3 %[33] der Gefolgschaftsmitglieder, die sich wie folgt verteilen:

5,8%, die in Urlaub waren,
8,9%, die krank gemeldet waren,
6,4%, die wegen der Fliegerangriffe beurlaubt waren,
9,9%, die ohne Grund der Arbeit fernblieben.

Bei den Firmen in der *Innenstadt Kölns* fehlten am betreffenden Stichtag (10.8.1943) 52,2% der Gefolgschaft, und zwar (verteilt) auf einzelne Industriezweige und Stadtteile:

39,8 % in der Metallindustrie,
26,2 % in der sonstigen Industrie,
20,9 % von den Firmen in Köln-Mülheim,
41,2 % von den Firmen in Köln-Deutz und -Kalk,
22,0 % von den Firmen rechtsrheinischer Vororte,
13,6 % von den Firmen der weiteren Umgebung Kölns.

Bei den Firmen im Aachener Bezirk fehlten am 10.8.1943 13,8% Gefolgschaftsmitglieder, wovon

3,4 % auf Urlaub waren,
6,3 % krank gemeldet waren,
1,9 % wegen Fliegerangriff beurlaubt waren,
2,2 % ohne Grund bei der Arbeit fehlten.

30 Das Maschinen- und Rüstungsunternehmen Grusonwerk in Magdeburg war 1893 von der Friedrich Krupp AG gekauft worden und produzierte in den 1930er- und 1940er-Jahren Panzer und Geschützwagen.

31 Gemeint sind vermutlich die sog. Ostarbeiter und die sowjet. Kriegsgefangenen. Schätzungen zufolge wurden während des Zweiten Weltkriegs rund drei Millionen Sowjetbürger als zivile Zwangsarbeiter in das Deutsche Reich gebracht. Insgesamt nahm die Wehrmacht während des Zweiten Weltkriegs zwischen 5,3 und 5,7 Millionen Rotarmisten gefangen. Schätzungsweise waren rund 1,29 Millionen von ihnen in Lagern im Reichsgebiet interniert.

32 Nicht ermittelt.

33 Die nachfolgenden Zahlen ergeben addiert nur 31,0 Prozent.

Verteilt nach Industriezweigen und Firmenstandort ergab sich folgender Prozentsatz:

12,1 % in der Textilindustrie,
23,3 % in der Metallindustrie,
16,3 % in sonstigen Betrieben,
13,1 % von Firmen im Aachener Landkreis,
7,9 % von Firmen in Stolberg,
5,2 % von Firmen in Eschweiler.

Bei diesen Zahlen von nicht zur Arbeit erschienenen Gefolgschaftsmitgliedern schneiden die *Angestellten*, und zwar die männlichen, besser ab als die *Arbeiter*. Die Arbeiterinnen sind fast alle der Arbeit ferngeblieben. Die ausländischen Arbeiter besonders aus den besetzten Westgebieten sind vielfach von ihrem Urlaub aus der Heimat nicht zurückgekehrt. Die Zahl derer, die wegen Fliegerschaden beurlaubt waren, war z. B. nach 6 Wochen noch sehr hoch. Es konnte dabei nicht festgestellt werden, ob die Betriebsleiter mit dem Fernbleiben einverstanden waren oder ob sie sich damit abgefunden hatten. Bei sehr vielen Firmen waren sehr hohe Krankheitsziffern verzeichnet.

Zum Schluss darf ich Ihnen noch einige Photos übermitteln,[34] die Ihnen ein Bild von den Zerstörungen in Köln geben werden. Es handelt sich vorwiegend um den altehrwürdigen Gürzenich und seine nähere Umgebung. Ihnen weitere Ansichten zu schicken erachte ich als überflüssig, denn das Bild wiederholt sich in der ganzen Altstadt, wovon wohl, wie bereits berichtet, 99% zerstört sind.

Genehmigen Sie, Herr Minister, die Versicherung meiner ausgezeichneten Hochachtung.

Der schweizerische Generalkonsul

P. S.: Bei den auf der ersten Seite dieses Berichtes erwähnten Städten, die bei dem Tagesangriff vom 4. d. M. angegriffen wurden, handelt es sich nicht um Saarbrücken, sondern um Saarlautern.

DOK. 86

Himmler spricht gegenüber Reichs- und Gauleitern in Posen am 6. Oktober 1943 offen über die Ermordung und Beraubung der europäischen Juden[1]

Auszug einer Rede Heinrich Himmlers vor den Reichs- und Gauleitern,[2] Posen, am 6.10.1943

[...][3]

Ich darf hier in diesem Zusammenhang und in diesem allerengsten Kreise auf eine Frage hinweisen, die Sie, meine Parteigenossen, alle als selbstverständlich hingenommen haben, die aber für mich die schwerste Frage meines Lebens geworden ist, die Judenfrage. Sie alle nehmen es als selbstverständlich und erfreulich hin, daß in Ihrem Gau keine Juden mehr sind. Alle deutschen Menschen – abgesehen von einzelnen Ausnahmen –

34 Liegen nicht in der Akte.

1 BArch, NS 19/4010, Bl. 154–207. Das Dokument ist als von Himmler autorisierte Endfassung im BArch mit Redenotizen überliefert, als Tondokument nur auszugsweise im DRA (Archivnummer 2 884 760). Abdruck in: Heinrich Himmler, Geheimreden 1933 bis 1945 und andere Ansprachen, hrsg. von Bradley F. Smith und Agnes F. Peterson, Frankfurt a. M. u. a. 1974, S. 162–183.

sind sich auch darüber klar, daß wir den Bombenkrieg, die Belastungen des vierten und des vielleicht kommenden fünften und sechsten Kriegsjahres nicht ausgehalten hätten und nicht aushalten würden, wenn wir diese zersetzende Pest noch in unserem Volkskörper hätten. Der Satz „Die Juden müssen ausgerottet werden" mit seinen wenigen Worten, meine Herren, ist leicht ausgesprochen. Für den, der durchführen muß, was er fordert, ist es das Allerhärteste und Schwerste, was es gibt. Sehen Sie, natürlich sind es Juden, es ist ganz klar, es sind nur Juden, bedenken Sie aber selbst, wieviele – auch Parteigenossen – ihr berühmtes Gesuch an mich oder irgendeine Stelle gerichtet haben, in dem es hieß, daß alle Juden selbstverständlich Schweine seien, daß bloß der Soundso ein anständiger Jude sei, dem man nichts tun dürfe. Ich wage zu behaupten, daß es nach der Anzahl der Gesuche und der Anzahl der Meinungen in Deutschland mehr anständige Juden gegeben hat, als überhaupt nominell vorhanden waren. In Deutschland haben wir nämlich so viele Millionen Menschen, die ihren einen berühmten anständigen Juden haben, daß diese Zahl bereits größer ist als die Zahl der Juden. Ich will das bloß deshalb anführen, weil Sie aus dem Lebensbereich Ihres eigenen Gaues bei achtbaren und anständigen nationalsozialistischen Menschen feststellen können, daß auch von ihnen jeder einen anständigen Juden kennt.

Ich bitte Sie, das, was ich Ihnen in diesem Kreise sage, wirklich nur zu hören und nie darüber zu sprechen. Es trat an uns die Frage heran: Wie ist es mit den Frauen und Kindern? – Ich habe mich entschlossen, auch hier eine klare Lösung zu finden. Ich hielt mich nämlich nicht für berechtigt, die Männer auszurotten – sprich also umzubringen oder umbringen zu lassen – und die Rächer in Gestalt der Kinder für unsere Söhne und Enkel groß werden zu lassen. Es mußte der schwere Entschluß gefaßt werden, dieses Volk von der Erde verschwinden zu lassen. Für die Organisation, die den Auftrag durchführen mußte, war es der schwerste, den wir bisher hatten. Er ist durchgeführt worden, ohne daß – wie ich glaube sagen zu können – unsere Männer und unsere Führer einen Schaden an Geist und Seele erlitten hätten. Diese Gefahr lag sehr nahe. Der Weg zwischen den beiden hier bestehenden Möglichkeiten, entweder zu roh zu werden, herzlos zu werden und menschliches Leben nicht mehr zu achten oder weich zu werden und durchzudrehen bis zu Nervenzusammenbrüchen – der Weg zwischen dieser Scylla und Charybdis ist entsetzlich schmal.

Wir haben das ganze Vermögen, das wir bei den Juden beschlagnahmten – es ging in unendliche Werte –, bis zum letzten Pfennig an den Reichswirtschaftsminister abgeführt. Ich habe mich immer auf den Standpunkt gestellt: Wir haben die Verpflichtung unserem Volke, unserer Rasse gegenüber, wenn wir den Krieg gewinnen wollen – wir haben die Verpflichtung unserem Führer gegenüber, der nun in 2000 Jahren unserem Volke einmal geschenkt worden ist, hier nicht klein zu sein und hier konsequent zu sein.

2 Am 30.9.1943 hatte der Leiter der Partei-Kanzlei Martin Bormann die Reichs- und Gauleiter, den Stabschef der SA, den Korpsführer des NSKK, den Reichsjugendführer und verschiedene stellv. Gauleiter zu einer Tagung am 6.10. in Posen und am 7.10.1943 bei Hitler im Führerhauptquartier Wolfsschanze eingeladen. Neben Himmler sprachen in Posen der RMfRuK Albert Speer, Generalfeldmarschall Erhard Milch und Großadmiral Karl Dönitz.

3 Nachdem Himmler zu Beginn seiner Rede die Bekämpfung der Partisanen an der Ostfront erläutert hatte, diffamierte er die slawischen Völker, um so die vermeintliche rassische Überlegenheit des deutschen Volkes herauszustellen. Des Weiteren sprach er über Sabotage in Deutschland und stellte das gut funktionierende Polizei- und KZ-System heraus.

Wir haben aber nicht das Recht, auch nur einen Pfennig von dem beschlagnahmten Judenvermögen zu nehmen. Ich habe von vornherein festgesetzt, daß SS-Männer, auch wenn sie nur eine Mark davon nehmen, des Todes sind. Ich habe in den letzten Tagen deswegen einige, ich kann es ruhig sagen, es sind etwa ein Dutzend – Todesurteile unterschrieben.[4] Hier muß man hart sein, wenn nicht das Ganze darunter leiden soll. – Ich habe mich für verpflichtet gehalten, zu Ihnen als den obersten Willensträgern, als den obersten Würdenträgern der Partei, dieses politischen Ordens, dieses politischen Instruments des Führers, auch über diese Frage einmal ganz offen zu sprechen und zu sagen, wie es gewesen ist. – Die Judenfrage in den von uns besetzten Ländern wird bis Ende dieses Jahres erledigt sein. Es werden nur Restbestände von einzelnen Juden übrig bleiben, die untergeschlüpft sind. Die Frage der mit nichtjüdischen Teilen verheirateten Juden und die Frage der Halbjuden werden sinngemäß und vernünftig untersucht, entschieden und dann gelöst.
Daß ich große Schwierigkeiten mit vielen wirtschaftlichen Einrichtungen hatte, werden Sie mir glauben. Ich habe in den Etappengebieten große Judenghettos ausgeräumt. In Warschau haben wir in einem Judenghetto vier Wochen Straßenkampf gehabt. Vier Wochen! Wir haben dort ungefähr 700 Bunker ausgehoben. Dieses ganze Ghetto machte also Pelzmäntel, Kleider und ähnliches. Wenn man früher dorthin langen wollte, so hieß es: Halt! Sie stören die Kriegswirtschaft! Halt! Rüstungsbetrieb! – Natürlich hat das mit Parteigenossen Speer[5] gar nichts zu tun, Sie können gar nichts dazu. Es ist der Teil von angeblichen Rüstungsbetrieben, die der Parteigenosse Speer und ich in den nächsten Wochen und Monaten gemeinsam reinigen wollen. Das werden wir genauso unsentimental machen, wie im fünften Kriegsjahr alle Dinge unsentimental, aber mit großem Herzen für Deutschland gemacht werden müssen.
Damit möchte ich die Judenfrage abschließen. Sie wissen nun Bescheid, und Sie behalten es für sich. Man wird vielleicht in ganz, ganz später Zeit sich einmal überlegen können, ob man dem deutschen Volke etwas mehr darüber sagt. Ich glaube, es ist besser, wir – wir insgesamt – haben das für unser Volk getragen, haben die Verantwortung auf uns genommen (die Verantwortung für eine Tat, nicht nur für eine Idee) und nehmen dann das Geheimnis mit in unser Grab.
[…][6]

4 Im Mai 1943 kommandierte Himmler den SS-Richter der Reserve Konrad Morgen zum Reichskriminalpolizeiamt ab und beauftragte ihn mit der Untersuchung von Korruptionsfällen in KZs. Morgens Aussage zufolge setzte er rund 800 Verfahren in Gang, von denen 200 mit einer Verurteilung endeten, so auch im Fall des Kommandanten des KZ Buchenwald Karl Koch, der zum Tode verurteilt und hingerichtet wurde.

5 Albert Speer (1905–1981), Architekt; 1931 NSDAP- und SA-Eintritt; von 1934 an Planer und Architekt großer Bauvorhaben, u. a. der Neuen Reichskanzlei, seit 1937 Generalbauinspektor der Reichshauptstadt, 1942 RMfRuK; 1946 im Nürnberger Prozess zu 20 Jahren Haft verurteilt, 1966 entlassen.

6 Im weiteren Verlauf der Rede sprach Himmler vom staatlichen Vorgehen gegen den Defätismus, insbesondere nach der Kapitulation Italiens, und forderte die strikte Ahndung von Korruption und Pflichtverletzung innerhalb der NSDAP. In seiner Eigenschaft als neu ernannter Reichsinnenminister beschwor er zudem den Gehorsam gegenüber der zentralen Reichsautorität. Abschließend berichtete er über die Tätigkeit der Waffen-SS.

DOK. 87
Cäcilie Lewissohn berichtet am 7. Oktober 1943 in ihrem Tagebuch von der Deportation anderer untergetauchter Juden aus Berlin[1]

Handschriftl. Tagebuch von Cäcilie Lewissohn,[2] Eintrag vom 7.10.1943

Heut an meinem 60. Geburtstage will ich anfangen, dieses Tagebuch zu führen, um für spätere Zeiten mein jetziges problematisches und immerhin sehr merkwürdiges Leben festzuhalten.
Habe diesen Tag sehr ruhig und fast ganz allein verbracht. Morgens aufgeräumt, gekocht und dann im Vorderzimmer, das sonst nicht bewohnt wird, gesaugt und Fenster geputzt, denn in diesem Zimmer will ich diejenigen von meinen Freunden am Sonntag empfangen, die mir nahestehen. Um ½ 4 kam Dän, und mit diesem trank ich zur Feier des Tages eine ganze Flasche franz. Rotwein aus, den mir meine jetzige abwesende Wirtin gestiftet hatte. Wir stießen mit immer demselben Wunsche an, daß dieser Wahnsinn nun bald ein Ende nehmen möge. Er berichtete mir, daß schon wieder Leidensgefährten von mir gefaßt worden sind und nach dem Osten abgeschoben worden sind. Und zwar bei einer Razzia in Restaurants im Westen haben jüd. Beamte in Diensten der Gestapo stehend sie gefaßt.[3] Also ist das Essen in solchen Restaurants auch schon nicht mehr gefahrlos. Und trotzdem muß ich den eingeschlagenen Weg weitergehen, wenn ich zu meinem Ziele gelangen will, meine Lieben einmal wiederzusehen. –
Von Erich erhielt ich heut ganz pünktliche Gratulation und Mitteilung von Ludwig[4] und seine Wünsche für meinen nächsten Geburtstage, ihn mit mir zusammen verleben zu können. Die größte Sorge ist die, dass man nicht von Lutz[5] hört, trotz der vielen Nachrichten, die man ihm gesandt hat. Gott gebe es, daß er mit Frau u. Kindern gesund ist. – War gegen Abend im Kaufhaus, um für Susi, die am 12. 7 Jahre wird, ein Märchenbuch zu kaufen. Aber auch dieses war ein Trugschluß, nichts gibt es mehr. Trostlos sieht so ein Warenhaus aus, wo es nur noch Verlegenheitsartikel gibt, nur um überhaupt etwas zu führen. Dann sieht man erst, wo wir hingekommen sind. Und kein Ende abzusehen, aber nur nicht jammern, diesen Luxus darf ich mir nicht gestatten, meiner Sehnsucht nach meinen Lieben freien Lauf zu lassen. Also mit Radiomusik an meine Abendbeschäftigung, Buchhüllen nähen, das Stk. für 25 Pfg. –

1 LBI, ME 388, MM 48. Abdruck in: Angela Martin/Claudia Schoppmann (Hrsg.), „Ich fürchte die Menschen mehr als die Bomben“. Aus den Tagebüchern von drei Berliner Frauen 1933–1946, Berlin 1996, S. 67 f.

2 Cäcilie Lewissohn, geb. Mendelsohn (1883–1944), Pianistin; 1919 heiratete sie Ludwig Lewissohn, mit dem sie die zwei Kinder Lutz (*1911) und Käthe (*1913) bekam; 1943 tauchte sie nach der „Fabrik-Aktion“ in Berlin unter, im April 1944 verhaftet, nach Auschwitz deportiert und dort ermordet.

3 Im Frühjahr 1943 gründete die Berliner Gestapo einen sog. jüdischen Fahndungsdienst als Reaktion auf das massenhafte Untertauchen von Berliner Juden während der „Fabrik-Aktion“. Die auch als Greifer bezeichneten Angehörigen des Fahndungsdienstes, die zur Kooperation erpresst oder durch Versprechungen gelockt wurden, verrieten untergetauchte Juden; siehe Einleitung, S. 32 f.

4 Dr. Ludwig Lewissohn (1881–1944), Ingenieur; 1939 Emigration nach Belgien, dort verhaftet und nach Frankreich deportiert, 1940 Internierung im Lager Gurs, nach Flucht zeitweise untergetaucht, im Mai 1944 von Drancy nach Auschwitz deportiert, dort ermordet.

5 Lutz (später Louis) Lewissohn (1911–1984), Sohn von Ludwig und Cäcilie Lewissohn; emigrierte nach Kolumbien, später in die USA.

DOK. 88

Die SD-Außenstelle Bad Neustadt informiert am 15. Oktober 1943 über das Gerücht, die ermordeten Juden würden wieder ausgegraben und verbrannt, um Beweise zu vernichten[1]

Bericht der SD-Außenstelle Bad Neustadt (III A 4), gez. der Leiter, Unterschrift unleserlich,[2] an die SD-Hauptaußenstelle Würzburg (Eing. 21.10.1943) vom 15.10.1943

Betr.: I-Bericht – Allgemeine Stimmung und Lage
Vorg.: laufend
Die Bevölkerung steht zur Zeit ganz unter dem Eindruck des letzten Angriffes auf Schweinfurt.[3] Die nach einem solchen Angriff zwangsläufig einsetzenden Gerüchte und Vermutungen beeinflussen die Stimmung ungünstig und lassen militärische Ereignisse vorübergehend in den Hintergrund treten. Demzufolge hat nur die Meldung im OKW-Bericht über weitere Erfolge der U-Boot-Waffe Interesse gefunden.
1. Der vor einigen Tagen angesetzte zweite Luftangriff am Tage auf Schweinfurt hat zunächst große Überraschung und Bestürzung hervorgerufen. Die Bevölkerung war vor allem deshalb überrascht, daß die amerikanischen Bomberverbände erneut in so großer Zahl in das Reichsgebiet einfliegen konnten, obwohl in letzter Zeit so oft von einer Verstärkung unserer Abwehrmittel gesprochen wurde. Die dann nach dem Alarm langsam durchsickernden Nachrichten über große Schäden beunruhigten die hiesige Bevölkerung außerordentlich, vor allem soweit sie Angehörige in Schweinfurt und Umgebung hat. Diese ersten Nachrichten gaben dann auch die Grundlage für die jetzt in Umlauf befindlichen Gerüchte. Einzelne Volksgenossen waren über die von dem Angriff betroffenen Stadtteile schnell und genau orientiert und schon in den ersten Stunden nach dem Angriff sprach man vielfach davon, daß annähernd 70 % der Schweinfurter Industrie vollkommen zerstört sei. Vermutungen über Verluste an Menschenleben wurden bisher noch nicht geäußert. Dagegen widersprachen sich die Meinungen über die Stärke der eingeflogenen Bomber vielfach und teilweise wurden sie bis zu einer Zahl von 500 angegeben. Hier hat nun der OKW-Bericht eine angenehme Enttäuschung gebracht und vor allem wurde der bisherige Abschuß von 121 Maschinen im Verhältnis zu den eingeflogenen mit ca. 50 % mit besonderer Genugtuung aufgenommen.
Trotz dieser nunmehr vielfach anerkannten Abwehrmaßnahmen halten die Befürchtungen hinsichtlich weiteren Luftterrors nach wie vor an und auch im hiesigen Gebiet wird

1 Staatsarchiv Würzburg, SD-Hauptaußenstelle, Würzburg 14, Bl. 73 f. Teilweise abgedruckt in: Otto Dov Kulka/Eberhard Jäckel (Hrsg.), Die Juden in den geheimen NS-Stimmungsberichten 1933–1945, Düsseldorf 2004, S. 531 f.

2 Vermutlich: Norbert Endres (1899–1950), Lehrer; stellv. Kreisleiter und Leiter der SD-Außenstelle in Bad Neustadt; 1947 während der Dachauer Prozesse wegen Mordes an amerikan. Kriegsgefangenen zunächst zum Tode verurteilt, Umwandlung des Urteils in eine lebenslange Freiheitsstrafe, starb 1950 im Gefängnis Landsberg.

3 Nach der „Operation Double Strike“, einem Doppelangriff auf Regensburg und Schweinfurt im Aug. 1943, griff die U. S. Air Force am 14.10.1943 zum zweiten Mal an. Die Angriffe am helllichten Tag galten der deutschen Kugellager-Industrie in Schweinfurt und den Messerschmitt-Werken bei Regensburg. Während des Angriffs im Okt. wurden rund 200 amerikan. Flugzeuge abgeschossen oder irreparabel beschädigt.

bei weiteren Angriffen insbesondere bei dem Einsatz starker Jagdverbände bei zunehmenden Notwürfen der Bomber auch mit Schäden in den hiesigen Städten und Dörfern gerechnet.
2. Die militärische Lage ist in Anbetracht des letzten Angriffes auf Schweinfurt weniger anders[4] zu Debatten gewesen. Davon abgesehen macht sich auch weiterhin eine gewisse Zurückhaltung in den Betrachtungen der militärischen Ereignisse bemerkbar. Dagegen muß hervorgehoben werden, daß die letzten politischen Appelle, soweit sie sich mit der militärischen Lage, insbesondere des Ostens, befaßten, vielfach einen günstigen Einfluß und nicht nur auf die Parteigenossen ausüben. Gerade von Parteigenossen, die sich an und für sich sonst nicht so aktiv betätigen, wurde vielfach betont, daß diese Appelle durchweg interessant und aufschlußreich sind. Aus diesen Kreisen kam auch die Äußerung, daß es im fünften Kriegsjahr mehr denn je angebracht sei, offen zum deutschen Volk zu sprechen, wenigstens soweit, als es die Lage gestattet. Von diesen Parteigenossen wurde noch herausgestellt, daß man gerade jetzt, wo es um die Entscheidung ginge, dem deutschen Volk, das durch die letzten Jahre soweit politisch geschult und diszipliniert sei, restlos Vertrauen schenken müßte. Dadurch würden auch Feindpropaganda und die sich daraus ergebenden Gerüchte zwangsläufig auf das stärkste eingeengt werden.
Im Rahmen der militärischen Ereignisse interessierten besonders die letzten Erfolge der U-Bootwaffe, die erneut Anlaß zu der Hoffnung geben, daß nunmehr die bisherige Einengung hinsichtlich der Tätigkeit unserer U-Boot-Waffe überwunden sei.
3. An der allgemeinen Stimmung und Haltung der Bevölkerung hat sich gegenüber der letzten Berichtswoche nichts geändert. Die bestehenden Mißstimmigkeiten, soweit sie sich aus Maßnahmen des Krieges ergeben, insbesondere Tauschhandel, halten weiter an. Einem Gerücht aus Münnerstadt zufolge hätten die Feindmächte über das Rote Kreuz an den Führer die Frage gestellt, wo die früher im Reich ansässigen Juden verblieben seien. Der Führer hätte daraufhin die Juden wieder ausgraben und verbrennen lassen, damit bei einem weiteren Rückzug im Osten den Sowjets kein Propagandamaterial wie das bei Katyń usw. in die Hände fallen würde.[5]
Nach vereinzelt auftretenden Erzählungen wird die jetzt vorgesehene Wohnhilfe zur Unterbringung von Bombengeschädigten als ein Zeichen, daß noch viel Schweres kommen und der Krieg noch sehr lange dauern werde, gewertet.

4 So im Original, gemeint ist vermutlich: Anlass.
5 Im Frühjahr 1943 begann die Spurenbeseitigung der Massenmorde im Osten. In der „Aktion 1005" zwangen Sonderkommandos der Sicherheitspolizei Juden und Kriegsgefangene, Massengräber zu öffnen und die Leichen zu verbrennen; siehe VEJ 8, S. 42 f., sowie VEJ 8/275, 282 und 288.

DOK. 89
Elisabeth Welt beschreibt am 28. Oktober 1943 in Versen die Deportation ihres Freundes Herbert[1]

Handschriftl. Tagebuch von Elisabeth Welt,[2] Wien, Eintrag vom 28.10.1943

Genau einen Monat habe ich geschwiegen und auch jetzt leider nichts Gutes zu berichten. Die paar Zeilen, die ich am 15. (wieder einmal 2 Tage außer Haus) niederschrieb, sagen vieles:
Du gabst mir die Hand und sagtest: auf morgen!
Wie immer, und konntest nicht wissen,
Daß in einer Stunde wir auseinandergerissen,
Du machtlos im Strudel, ich noch geborgen.
Nie hätten wir daran gedacht,
Des Schicksals Schlag traf über Nacht.
Mit einem Scherzwort trennen wir beide
Nur, wie wir dachten, für kurze Zeit.
Und eine Stunde, wie hat sie so weit
Dich weggeführt auf dem Wege zum Leide.
Des Schicksals Schlag kam über Nacht
Aus schönem Traum wir jäh erwacht.
Mein Herz weint, doch ich will nicht dran denken,
Wüßt ich, es hilft Dir, ich litt gerne mehr,
Und das eben, es quält mich zu sehr,
Daß ich machtlos das Schicksal zu lenken.
Aus schönem Traum wir jäh erwacht,
Der Tag, er hat Böses gebracht.
Ein einziger Wunsch ist's, der mir geblieben
Ich bete zu Gott – nicht, Dich wiederzusehen,
Nein, daß es Dir gut geht, möchte ich erflehn
Vom Himmel, dann bin ich zufrieden.
Viel Böses hat der Tag gebracht,
Geb Gott, daß bald die Sonne lacht.

Am Mittwoch, den 13. war Herbert[3] noch abends wie immer bei mir, nur kurze Zeit, da ich mich fürs Theater vorbereitete, aber er wollte mich doch sehen. Wir ahnten nicht, daß es zum letzten Mal war!

1 LBI, AR 25 038, Box 1, Fol. 5.

2 Dr. Elisabeth Welt Trahan (1924–2009), Schriftstellerin und Hochschullehrerin; wuchs nach dem Tod ihrer jüdischen Mutter in Mährisch-Ostrau bei den Großeltern auf, 1940 Umzug nach Wien zu ihrem Vater, mehrere Emigrationsversuche scheiterten; 1947 Auswanderung in die USA, von 1957 an Dozentin für Vergleichende Literaturwissenschaften an verschiedenen Hochschulen.

3 Herbert Neuhaus (*1923), Arzt; am 13.10.1943 Verhaftung in Wien, am 11.11.1943 nach Theresienstadt deportiert, März 1944 bis Febr. 1945 im Außenkommando Zossen in Brandenburg; im Mai 1945 in Theresienstadt befreit, im Juli 1945 Rückkehr nach Wien, dort Medizinstudium; 1951 Emigration in die USA, dort Leiter des Illinois Public Health Hospital.

Als er nach Hause kam, war schon Polizei dort und machte Hausdurchsuchung. Ich hatte keine Ahnung davon und wartete Donnerstag abends vergebens auf Herbert. Gegen 8 läutete es plötzlich, und eine Freundin teilte mir mit, man hebe Ausländer aus, habe sie gehört, und Herbert samt Familie und noch viele andere seien verhaftet. Man sage, ein erwischtes U-Boot[4] habe geplaudert, und da sie vielen geholfen hatten, ist die Sache leider sehr ernst. Ich habe ihm durch die K. g.[5] einiges hereingeschickt, vorige Woche war Lebensmittelverbot, jetzt geht es wieder, also wenigstens Brot. Erst jetzt sehe ich, wie sehr er mir fehlt und daß ich ihn doch ganz gern gehabt habe. Besonders in den ersten Tagen war es fürchterlich. Jetzt habe ich mich schon ziemlich beruhigt und – zu meiner Schande, gestehe ich's – auch vergessen. Das Leben geht weiter wie früher, und ich bin halt wieder einmal ganz allein. Hoffentlich kommt er nun wenigstens nach Theresienstadt! Die Ausländer hat man in ein Konzentrationslager geschickt, ich fürchte, das heißt: Tod. Gestern erhielt ich auch die Hiobsbotschaft, daß noch ein Brief von Rudi gekommen sei an ein Mädel, er hatte einen Zugunfall, verlor die Hand dabei und der Arm mußte ihm amputiert werden. Armer, armer Rudi, ich war verzweifelt, als ich das erfuhr, wenn ich ihm wenigstens schreiben könnte! Es ist fürchterlich, was sich jetzt überall abspielt, glücklich werden die sein, die den Krieg überleben werden! Leider werden es nicht allzuviele sein!

DOK. 90

Das Landgericht Berlin verurteilt am 29. Oktober 1943 Helene Abraham zu einem Jahr Haft wegen versuchter Täuschung der Reichssippenstelle[1]

Urteil des Landgerichts Berlin – Az. (507) 1 P KMs 28/43 (157/43) –, gez. Dr. Kempas,[2] Wehl,[3] von Stackelberg,[4] gegen Helene Abraham[5] vom 29.10.1943 (Abschrift)

Im Namen des Deutschen Volkes!
Strafsache
gegen die Witwe Helene *Abraham* geb. Schneider in Berlin-Neukölln, Treptower Straße 91 v. II, geboren am 11. Januar 1885 in Berlin
wegen falscher eidesstaatlicher Versicherung.

4 Bezeichnung für untergetauchte Juden.
5 Kultusgemeinde.

1 LAB, A Rep. 358-02, 1673.
2 Dr. Fritz Kempas (*1898), Jurist; von 1925 an im Justizdienst beschäftigt; 1933 NSDAP-Eintritt; 1934 Landgerichtsrat beim Landgericht Berlin, von 1935 an Ermittlungsrichter beim Volksgerichtshof; 1937 trat er aus der NSDAP aus, als die jüdische Herkunft seiner Frau bekannt wurde, von der er sich 1944 scheiden ließ; sein weiteres Schicksal ist unbekannt.
3 Vermutlich: Joachim Wehl (1905–1999?), Jurist; von 1931 an Hilfsrichter an verschiedenen Amtsgerichten in Berlin; 1937 NSDAP-Eintritt; 1939–1945 Richter am Landgericht Berlin, von März 1943 an dem Sondergericht Berlin zugeteilt; von 1951 an zunächst unbesoldeter Richter am Amtsgericht Schöneberg, von 1953 an dort Amtsgerichtsrat, nach einer Anklage wegen Rechtsbeugung und Mitwirkung an Urteilen von Sondergerichtsverfahren erfolgte 1959 die vorzeitige Pensionierung.
4 Vermutlich: Curt Freiherr von Stackelberg (1910–1994), Jurist; Landgerichtsrat beim Landgericht Berlin; nach dem Krieg Anwalt beim Bundesgerichtshof.
5 Helene Abraham, geb. Schneider (1885–1969), Schneiderin; Ausbildung zur Lageristin, 1911 Heirat mit Siegfried Abraham, drei Söhne; im Okt. 1943 zu einer Haftstrafe verurteilt, vom 2.7.1944 an im Frauengefängnis Kleinmeusdorf/Leipzig inhaftiert, im März 1945 begnadigt.

Die 7. Strafkammer des Landgerichts Berlin hat in der Sitzung am 2. Oktober 1943, an der teilgenommen haben:
Landgerichtsrat Dr. Kempas als Vorsitzender,
Landgerichtsrat Wehl, Landgerichtsrat Frhr. v. Stackelberg als beisitzende Richter,
Staatsanwalt Dr. Berthold als Beamter der Staatsanwaltschaft,
ohne Urkundsbeamten der Geschäftsstelle,
für Recht erkannt:
Die Angeklagte hat eine falsche eidesstattliche Versicherung an Eides Statt abgegeben, um dadurch das Reichssippenamt über die Eigenschaft ihrer beiden Söhne als Geltungsjuden zu täuschen.
Sie wird deshalb wegen Vergehens gegen § 156 StGB[6] in Tateinheit mit Vergehen gegen § 169 StGB[7] zu einer Gefängnisstrafe von 1 – einem – Jahr und zu den Kosten des Verfahrens verurteilt.

Gründe:
Die Angeklagte, die selbst deutschblütig ist, heiratete im Jahre 1911 den Juden Siegfried Abraham.[8] Aus der Ehe sind drei Söhne hervorgegangen: Heinz,[9] geboren am 9. April 1912, Harry,[10] geboren am 26. November 1915, und Rudi,[11] geboren am 17. Januar 1921. Der Ehemann der Angeklagten hat am ersten Weltkriege teilgenommen und ist krank aus dem Kriege heimgekehrt. Er konnte sich längere Zeit nicht selbst fortbewegen und wurde im Rollstuhl gefahren. Er ist am 25. November 1938 verstorben. Der älteste Sohn Heinz hat sich, wie die Angeklagte behauptet, das Leben genommen, weil er nicht als Jude leben wollte. Als Harry geboren wurde, befand sich der Ehemann der Angeklagten an der Front. Die Angeklagte wandte sich in der Abwesenheit ihres Mannes an den jüdischen Arzt Sanitätsrat Dr. Friedeberg mit der Bitte, dafür zu sorgen, daß die Beschneidung des Jungen durchgeführt wurde. Dieser hat dann auch am 27. Dezember 1915 die rituelle Beschneidung des Harry vorgenommen. Zur Zeit der Geburt des Rudi war der Vater schon zu Hause, er war aber an den Rollstuhl gefesselt und war auf die Pflege der Angeklagten angewiesen, die alles für ihn machen mußte, da sie nicht die Mittel hatten, eine Hilfskraft zu halten. Rudi wurde am 20. Februar 1921 vom Sanitätsrat Dr. Lachmann rituell beschnitten. Sowohl Harry wie auch Rudi haben ihren Austritt aus der jüdischen Religionsgemeinschaft erklärt: Harry am 30. Juli 1937 und Rudi am 1. Februar 1938. Beide sind darauf am 3. Juli 1938 evangelisch getauft worden.
Obgleich es der Angeklagten bekannt war, daß ihre Söhne bis 1937 bezw. 1938 der jüdischen Religionsgemeinschaft angehörten und beschnitten waren, beantragte sie durch

6 Stellt die falsche Versicherung an Eides statt unter Strafe.
7 Dient zur Ahndung von Personenstandsfälschungen.
8 Siegfried Abraham (1883–1938), Kaufmann.
9 Heinz Abraham (1912–1940), Metalldreher; 1939 Inhaftierung im KZ Sachsenhausen aufgrund des Vorwurfs der Rassenschande, am 14.6.1940 dort unter ungeklärten Umständen gestorben.
10 Harry Abraham (1915–1999), Metallspritzer und Kraftfahrer; 1941 Verhaftung wegen Verstoßes gegen die Kennzeichnungspflicht, Okt. 1941 bis Febr. 1943 Zwangsarbeit bei der Fa. Nordland, Febr. 1943 Verhaftung während der sog. Fabrik-Aktion, Ende März 1943 bis Mai 1945 erneut Zwangsarbeit.
11 Rudi Abraham (1921–2012), Musiker.

eine schriftliche Eingabe an den Leiter der Reichsstelle für Sippenforschung vom 20. Februar 1941 ein Abstammungsprüfverfahren mit dem Ziel ihrer Anerkennung als Mischlinge I. Grades.[12] In Ergänzung dieses Antrags reichte die Angeklagte dann am 4. Oktober 1941 der Reichssippenstelle eine am 2. ds. Mts. vor dem Notar Dr. Mäder abgegebene eidesstattliche Erklärung ein, in der sie insbesondere versicherte, daß ihre Söhne nicht beschnitten seien.[13]

Bei ihrer Vernehmung im Ermittlungsverfahren hat die Angeklagte ihre Schuld geleugnet und behauptet, ihre eidesstattliche Versicherung nach bestem Wissen und Gewissen abgegeben zu haben. Auch in der Hauptverhandlung verblieb sie zuerst bei ihrem Leugnen. Nach Vorhalt der zum Gegenstand der Verhandlung gemachten Akten der Reichsstelle für Sippenforschung gestand sie jedoch schließlich ein, von der Beschneidung ihrer Söhne gewußt zu haben. Die falsche eidesstattliche Versicherung will sie abgegeben haben, um ihren Söhnen zu helfen und sie vor den gesetzlichen Folgen ihrer jüdischen Abstammung zu bewahren. Unter dem schweren Eindruck des freiwilligen Todes ihres ältesten Sohnes, der freiwillig aus dem Leben geschieden sei, weil er das Leben als Jude nicht habe ertragen können, habe sie sich zu der falschen Versicherung verleiten lassen.

Das Reichssippenamt ist ein von der Person des Inhabers unabhängiges Organ der Staatsgewalt mit der Aufgabe, unter öffentlicher Autorität nach eigener Entschließung für Zwecke des Staates, nämlich zur Prüfung und Entscheidung von Abstammungsfragen, tätig zu sein. In den bei ihm anhängigen Abstammungsprüfverfahren werden auf Grund bestehender Übung regelmäßig eidesstattliche Versicherungen zur Belegung von Tatbeständen entgegengenommen, die oft in den Personenstandsbüchern nicht beurkundet worden sind, z. B. wie im vorliegenden Falle die Beschneidung oder Nichtbeschneidung.

Die Angeklagte hat sich somit schuldig gemacht, am 4. Oktober 1941 der Reichsstelle für Sippenforschung, d. i. einer zur Abnahme einer Versicherung an Eides Statt zuständigen Behörde, eine solche Versicherung wissentlich falsch abgegeben zu haben. Damit hat sie den Tatbestand des Vergehens nach § 156 StGB erfüllt.

Außerdem hat sie sich aber durch dieselbe Tat auch gegen den § 169 StGB vergangen, indem sie Tatsachen unterdrückt hat, die für den Personenstand ihrer Söhne bestimmend waren. Denn durch ihre falschen Angaben über die Beschneidung ihrer Söhne hat die Angeklagte die zur Feststellung der Abstammung berufene staatliche Stelle auf den falschen Weg gelenkt und einen tatsächlichen Zustand geschaffen, durch den ihr das Erkennen des wahren Sachverhalts zum mindesten erschwert wurde. Mit ihrem auf eine Verdunkelung der Wahrheit abzielenden Handeln verfolgte die Angeklagte den Zweck, daß ihren Kindern ein anderer Personenstand beigelegt werden sollte als derjenige, der ihnen rechtlich zukam.

Dagegen hat sich nicht nachweisen lassen, daß die Angeklagte die Handlung in gewinnsüchtiger Absicht begangen hat. Nach den getroffenen Feststellungen haben ihre Söhne zwar regelmäßig etwa 150 RM monatlich an sie von ihrem Arbeitsverdienst abgeliefert, wofür sie von ihr freie Wohnung und Beköstigung erhielten. Zweifellos ist durch diese Zuschüsse auch die Lebensführung der Angeklagten, die [sich] mit ihren Einnahmen aus Untervermietung in Höhe von etwa 55 RM monatlich schwerlich durchbringen

12 Liegt nicht in der Akte.
13 Liegt nicht in der Akte.

konnte, verbessert worden. Diese Vorteile sind jedoch für dic Angeklagte nicht bestimmend gewesen, dem Reichssippenamt gegenüber die falschen Angaben über die Beschneidung zu machen. Ihr ist nicht zu widerlegen gewesen, daß es ihr, der Arierin, allein darauf angekommen sei, durch ihren Antrag an das Reichssippenamt ihre Kinder von dem Makel der jüdischen Abstammung zu befreien, und daß sie nur aus mütterlicher Fürsorge für ihre Kinder, nicht dagegen zur Erhaltung wirtschaftlicher Vorteile im eigenen oder im Interesse der Kinder gehandelt habe. Mit Rücksicht darauf, daß ihr ältester Sohn aus Gram über seine jüdische Abstammung freiwillig aus dem Leben geschieden ist, erschienen diese Angaben der Angeklagten glaubhaft. Mangels Feststellung des Handelns in gewinnsüchtiger Absicht lag nur ein Vergehen nach dem 1. Satz des § 169 Abs. I StGB vor.

Die Angeklagte war daher wegen Vergehens gegen § 156 in Tateinheit mit Vergehen gegen § 169 StGB zu bestrafen, wobei die Strafe gemäß § 74 StGB dem § 156 StGB zu entnehmen war, der für den vorliegenden Fall, da eine gewinnsüchtige Absicht nicht bestand, die schwerere Strafe androht.

Bei der Strafzumessung war straf[ver]schärfend zu berücksichtigen, daß die Angeklagte sich gegen die Interessen des Staates und der deutschen Volksgemeinschaft vergangen hat, indem sie es versucht hat, eine staatliche Behörde zu täuschen, um ihre Söhne der Wirkung der zum Schutze des Staates gegen die Juden erlassenen Gesetze zu entziehen. Dagegen war der Angeklagten zugute zu halten, daß sie nicht aus egoistischen Beweggründen, sondern aus einem menschlich verständlichen Gefühl der mütterlichen Angst ums Wohl ihrer Söhne und in der Hoffnung, ihnen dadurch das Leben erleichtern zu können, gehandelt hat. Hierbei stand sie auch noch unter dem besonders schweren Eindruck, den der Selbstmord ihres ältesten Sohnes auf sie gemacht hatte. In Anbetracht dieser Umstände sowie der bisherigen Unbescholtenheit der Angeklagten erschien eine Gefängnisstrafe von einem Jahre zum Schutze der Volksgemeinschaft ausreichend und nach dem Unrechtgehalt ihrer Tat angemessen.

Die Kostenentscheidung beruht auf § 465 StPO.[14]

14 (Reichs-)Strafprozessordnung. Diese Bestimmung sah vor, dass ein Angeklagter die Kosten seines Verfahrens insoweit zu tragen hat, wie sie durch seine Tat entstanden sind.

DOK. 91

Der untergetauchte Hans Hirschel hält im Oktober 1943 in einem Gedicht fest, wie ihn seine Lebensgefährtin während einer Hausdurchsuchung vor der Gestapo versteckte[1]

Gedicht von Hans Hirschel,[2] Berlin, Oktober 1943 (Typoskript)

Im Kasten der Couch lieg ich wie im Sarg
indes die Häscher die Wohnung durchtoben
Doch ich liege still, denn du bist stark
Hoffentlich treiben sie's nicht zu arg
Ich bin und blieb ruhig – ich kann es geloben
Denn du bleibst mit deiner Klugheit doch oben
Wie hab ich vor dieser Stunde gezittert
daß mich die Ahnung schon völlig zersiebt
wie hab ich diese Gefahr gewittert
und wie hat mich der Gedanke erbittert
daß eines Tages die Frau, die man liebt
sich vor mich in die vorderste Linie schiebt
Dies mußt[3] für den Mann das Bitterste sein –
Ach wie doch all dies plötzlich verblich
Und ich werde nie meine Schande verschrein
ehrlich dir meine Scham verzeihn
Denn längst schon überwand ich mich
Maruska,[4] Geliebte, so liebe ich dich

1 Original in Privatbesitz von Madeleine Bernstorff, Kopie: IfZArch, F 601.

2 Hans Hirschel (1900–1974), Kaufmann und Journalist; 1939 Umschulung zum Metallanalytiker, von 1939 an mit Maria von Maltzan befreundet; 1942–1945 lebte er versteckt bei ihr in Berlin; 1947 heiratete er sie.

3 So im Original.

4 Dr. Maria Gräfin von Maltzan (1909–1997), Biologin und Tierärztin; von 1933 an Kontakte zu Widerstandskreisen, von 1943 an in einem Berliner Tierheim tätig; sie versteckte Juden und politisch Verfolgte in ihrer Wohnung und wurde wiederholt verhaftet; nach dem Krieg betrieb sie eine Tierarztpraxis in Berlin; 1987 von der Gedenkstätte Yad Vashem als Gerechte unter den Völkern geehrt.

DOK. 92
Eine Schweizer Jüdin beschreibt nach ihrer Ausreise im Oktober 1943 die Deportationen aus Wien[1]

Bericht einer Schweizerin für den Jüdischen Weltkongress, Genfer Büro, ungez., vom Oktober 1943 (Typoskript)

Bericht einer im Oktober 1943 aus Wien in die Schweiz angekommene Jüdin (Schweizer Staatsbürgerin)
Ich lebte seit meiner Jugend in Wien und blieb dort solang als möglich, um bei meinem Vater zu bleiben. Seine Deportierung fand im August 1942 statt, auch wollte ich noch das restliche Vermögen so gut als möglich liquidieren. Zur Zeit meiner Abreise, so schätze ich, war die Zahl der in Wien lebenden Juden auf ca. 6000 gesunken. Ein weiterer großer Teil lebte versteckt unter fremdem Namen, die Zahl dieser Personen ist schwer zu erfassen. Alle Juden leben konzentriert im 2. Bezirk,[2] und es sind hauptsächlich die in Mischehen lebenden, die bisher von der Deportierung verschont blieben, soweit die Ehen nicht vorher geschieden waren. Außerdem gewisse als unentbehrlich angesehene Personen.[3] Die Deportierungen begannen zuerst ganz willkürlich und wild, und es wurde den Menschen kaum 1 Tag zur Vorbereitung gelassen. Die Aufforderung erfolgte durch die Beamten der Kultusgemeinde. Später wurden die Deportierungen nach Buchstaben vorgenommen und eine Frist von 8 Tagen zur Erledigung ihrer Sachen gelassen. Die Sammlung erfolgte in 2 Gruppen, und zwar in der Schule in der Sperlgasse und in der Malzgasse, im ehemaligen Kinderheim.[4] Angeblich sollen die in der Sperlgasse Gesammelten nach Polen und die in der Malzgasse konzentrierten nach Theresienstadt deportiert worden sein. Zu dieser Zeit wohnten meistens in einem Zimmer 4 bis 5 Personen. Die Juden bekamen die rationierten Artikel gleich den Ariern mit Ausnahme von Fleisch und Mehl. Brot durfte erst abgegeben werden, bis keines mehr für Arier notwendig war, das heißt also nur altes Brot. Um die versteckten Juden zu eruieren, die natürlich keinen Davidstern trugen, wurden sogenannte jüdische Gestapodetachements[5] gebildet, die die Aufgabe hatten, in den Straßen und Kaffeehäusern Razzien auf solche Personen zu veranstalten und zur Anzeige zu bringen. Diese jüdischen Gestapobeamten hatten eigene Legitimationen und brauchten nicht das Judenabzeichen tragen. Die Transporte erfolgten auf offenen Autos mit Gepäck, und die Bevölkerung verhielt sich bei diesen Auszügen aus der Leopoldstadt teils passiv, teils bildeten sie Spalier und begleiteten die

1 CZA, C3\32–75.
2 Der 2. Wiener Gemeindebezirk, die Leopoldstadt.
3 Gemeint sind hier vermutlich leitende jüdische Angestellte der Israelitischen Kultusgemeinde Wien.
4 Anfang Febr. 1941 errichtete die Zentralstelle für jüdische Auswanderung in der Kleinen Sperlgasse 2a ein Sammellager für Juden. Das Lager in der Malzgasse 7, das von Juli 1942 bis Mai 1943 genutzt wurde, befand sich im ehemaligen jüdischen Mädchenheim. Hinzu kamen zwei weitere Sammellager in der Castellezgasse 35 und in der Malzgasse 16.
5 Gemeint ist die sog. Jupo, Judenpolizei, die der Gestapoleitstelle Wien unmittelbar unterstellt war und half, untergetauchte Juden ausfindig zu machen. Ähnlich wie die Mitglieder des „Jüdischen Fahndungsdiensts“ in Berlin wurden die Angehörigen der Jupo entweder zur Kooperation erpresst oder erhofften für sich selbst, vor der Deportation geschützt zu sein; siehe Einleitung, S. 32.

Abtransporte mit Applaus. Die Transporte gingen alle vom Aspanghof[6] ab und erfolgten in normalen Personenwaggons. Eine Zeitlang wurden von der Schweizerischen Gesandtschaft Einreisevisen auf Grund der Intervention hiesiger Verwandter gegeben. Die Personen, die solche Visa erhielten, wurden aber noch am selben Tag von der Gestapo abgeholt und sofort deportiert. Unter anderem wurde auch ein 5jähriger Junge, der von seinem Vater hier ein Visum erhalten konnte, in der Nacht abgeholt und von der Mutter getrennt, um mit einem sogenannten Kindertransport verschickt zu werden. Nach langem Mühen konnte es die Mutter durchsetzen, mit dem Kind zusammen verschickt zu werden. Mein Vater wurde mit dem 37. Transport[7] deportiert, ich glaube nach Theresienstadt, zusammen mit ihm die Führer des ehemaligen Verbandes jüdischer Frontkämpfer[8] (Hauptmann May und Oberst Reichert). Ich selbst wurde des öfteren zum Gestapo-Hauptsturmführer Brunner[9] vorgeführt, und es wurde mir nahegelegt, Wien schleunigst zu verlassen, wenn mir nicht das Schicksal meines Vaters blühen sollte. Die Schweizerische Gesandtschaft riet mir, Wien zu verlassen, da sie keine Garantie für meine Sicherheit übernehmen konnte.

DOK. 93

Israelitisches Wochenblatt: Artikel vom 5. November 1943 über die 13. Verordnung zum Reichsbürgergesetz und die antijüdischen deutschen Maßnahmen[1]

Das letzte deutsche Judengesetz

Der Erlaß einer 13. Verordnung zum Reichsbürgergesetz,[2] die am 1. Juli 1943 veröffentlicht, aber in der Schweiz erst unlängst bekannt wurde, wonach „Straftaten von Juden" gleich durch die Polizei geahndet werden sollen und gar nicht mehr vor die Gerichte gelangen, hat wohl zunächst Erstaunen darüber ausgelöst, daß ein solches Gesetz heute noch für erforderlich gehalten wird, nachdem, wenigstens nach den Zeitungsberichten, Deutschland bereits von den Juden gesäubert ist und sich kaum noch eine nennenswerte Zahl dort aufhalten kann. Aber ganz abgesehen davon muß es dem Kenner der Verhältnisse auffallen, daß die maßgebenden Stellen überhaupt noch eine gesetzliche Regelung

6 Richtig: Aspangbahnhof.

7 Transport 37 am 20.8.1942 von Wien nach Theresienstadt, Ankunft am 21.8.1942. Der Transport erhielt in Theresienstadt die Bezeichnung IV/8 (IV=Wien) und umfasste 1000 Personen.

8 Richtig: Bund jüdischer Frontkämpfer.

9 Alois Brunner (1912–2001), Kaufmann; 1931 NSDAP- und SA-Eintritt; 1933–1938 Mitglied der Österreichischen Legion; 1938 SS-Eintritt; 1938–1942 Mitarbeiter der Zentralstelle für jüdische Auswanderung in Wien, seit 1941 als Leiter; 1942 SS-Hauptsturmführer; von 1941 an organisierte er die Deportationen aus Wien, Berlin, Saloniki, Frankreich und der Slowakei mit; nach Kriegsende tauchte er unter und floh nach Syrien.

1 Israelitisches Wochenblatt für die Schweiz. Journal Israelite Suisse, 43. Jg., Nr. 44 vom 5.11.1943. Die Zeitung wurde 1901 gegründet und erschien wöchentlich in Zürich. Zwischen 1991 und 2000 kam sie unter dem Namen Israelitisches Wochenblatt heraus. Nach dem Zusammenschluss mit der Zeitschrift Jüdische Rundschau Maccabi 2001 erscheint die Publikation unter dem Titel tachles in einer Auflage von rund 7000 Exemplaren.

2 Siehe Dok. 50 vom 1.7.1943.

von Fragen für nötig gehalten haben, die in der Praxis längst ohne Gesetz im Sinne dieser Regelung gelöst worden waren. Es bedurfte freilich der einschneidenden Veränderung in der Lage der deutschen Juden durch die *Ereignisse vom November 1938*,[3] bevor die Entwicklung zu einer solchen Entrechtung führte, wie sie nunmehr auch den Außenstehenden durch die Publikation des letzten Gesetzes vor Augen geführt wird.

Die ersten fünf Jahre national-sozialistischer Herrschaft hatte keine wesentliche Veränderung in der *Rechtsstellung* der deutschen Juden gebracht. Zwar waren die bekannten Gesetze ergangen, die ihre Entfernung aus bestimmten Berufen bzw. die Beschränkung ihrer Zahl in solchen bezweckten, sowie die Nürnberger Gesetze, die ihre politischen Rechte verkürzten und ihre Absonderung von der nichtjüdischen Bevölkerung fördern sollten. Aber im *Civil- und Strafrecht* galten dieselben Gesetze für Juden und Nichtjuden wie zuvor. *Rechtsschutz* wurde den Juden ebenfalls im weitesten Umfange gewährt. Das galt von allen Gerichten, auch den Verwaltungsgerichten, die häufig Verfügungen der Verwaltungsbehörden, z. B. die Untersagung eines Gewerbebetriebes, aufhoben, wenn die gesetzlichen Voraussetzungen nicht vorlagen und antisemitische Motive sie veranlaßt hatten. Die Gerichte, mit wenigen Ausnahmen, befleißigten sich den Juden gegenüber der Unparteilichkeit, wiesen antisemitische Ausfälle der Parteien, die damit ihrem Vorbringen zu dienen glaubten, als nicht zur Sache gehörig zurück und ließen den Juden ihr Recht zuteil werden. Auch die jüdischen Anwälte, die noch zugelassen waren und deren Zahl keineswegs so klein war (noch ca. 2500 im Altreich und fast 1000 davon in Berlin), konnten ungehindert die Rechte ihrer Parteien wahrnehmen,[4] Nichtjuden ebenso wie Juden vertreten und genossen bei Richtern und Kollegen dieselbe Achtung wie vorher.

Diese Darstellung mußte vorausgeschickt werden, um die Größe des *Umschwungs* verständlich zu machen, die mit dem November 1938 auch auf dem Gebiete des Rechts für die deutschen Juden einsetzte. Von da ab erschien kaum noch ein Gesetz oder eine Verwaltungsanordnung, die nicht Ausnahmebestimmungen gegen die Juden enthielt, ganz abgesehen von den Gesetzen, die sich ausschließlich gegen sie richteten wie die Gesetze vom Dezember 1938.[5] Und Hand in Hand damit ging nunmehr die Tendenz der Gerichte, auch die Rechtsprechung der national-sozialistischen Weltanschauung anzupassen und aus dieser heraus die Gesetze auszulegen und anzuwenden. Insbesondere die höheren Gerichte, an der Spitze das Reichsgericht, brachten die neue Richtung immer mehr zum Ausdruck, und es kam zu Urteilen, die die Verwunderung und die Ablehnung aller rechtlich Denkenden hervorriefen und sicher kein Ruhmesblatt in der Geschichte der deutschen Justiz sein werden. Die wenigen jüdischen Konsulenten (in Berlin ca. 50),[6] die an die Stelle der jüdischen Rechtsanwälte getreten waren, hatten als

3 Beim Novemberpogrom kam es reichsweit zu massiven Ausschreitungen gegen Juden und jüdische Einrichtungen; siehe VEJ 2, S. 51–58, sowie besonders VEJ 2/123–138.

4 Im Sept. 1938 waren 1753 jüdische Anwälte im Altreich zugelassen.

5 Die VO über den Einsatz des jüdischen Vermögens vom 3.12.1938 (RGBl., 1938 I, S. 1709–1712) umfasste Bestimmungen zur „Zwangsarisierung" von Betrieben, den Depotzwang für Wertpapiere sowie einen An- und Verkaufsstopp für Juwelen und Schmuck; siehe VEJ 2/193.

6 Mit der 5. VO zum Reichsbürgergesetz vom 27.9.1938 wurden Juden vom Beruf des Rechtsanwalts ausgeschlossen. Ausnahmen bildeten lediglich die sog. Konsulenten, die ihre anwaltliche Zulassung behielten, aber ausschließlich jüdische Klienten vertreten durften. Die VO wurde am 14.10.1938 veröffentlicht und trat im Reichsgebiet zum 30.11.1938 und in Österreich zum 31.12.1938 in Kraft; siehe RGBl., 1938 I, S. 1403–1406. Reichsweit erhielten 172 „Konsulenten" eine Zulassung.

Strafverteidiger einen schweren Stand, und ihre Civilpraxis ging immer mehr zurück, da sie sich fast nur auf Streitigkeiten von Juden untereinander beschränkte und diese auch kaum noch wagten, gegen einen Nichtjuden eine Klage anzustrengen. Taten sie es dennoch, so kam es vor, daß die Gestapo eingriff und die Rücknahme der Klage forderte. In demselben Maße, wie der *Rechtsschutz*, den die Juden bisher bei den Gerichten genossen hatten, geringer wurde, nahmen die *polizeilichen Eingriffe* zu. Wurden Juden freigesprochen oder hatten sie ihre Strafe verbüßt, so nahm sie die Gestapo in Schutzhaft und brachte sie, wenn sie keine Auswanderungsmöglichkeiten hatten, ins Konzentrationslager. Auf diesem Wege ging man dann weiter. Allmählich vermied es die Polizei überhaupt, die einer strafrechtlichen Handlung bezichtigten Juden den Gerichten zur Aburteilung zu übergeben, sondern wandte im großen Umfange das System der Schutzhaft an, in dem es keine Appellation an irgendeine übergeordnete Instanz oder gar an ein Gericht gab. Schon die zahlreichen Verhaftungen der „Vorbestraften" im Juni 1938 zeigten diese Richtung.[7] Sie führten dazu, daß Menschen, die ihre Strafe, häufig wegen ganz geringfügiger Vergehen, längst bezahlt oder verbüßt hatten, ins Konzentrationslager kamen, was eine zweite Strafe für dasselbe Vergehen und diesmal in den meisten Fällen die Todesstrafe bedeutete.

Nach Kriegsausbruch gaben dann die Rationierungsvorschriften einen willkommenen Vorwand zur Vornahme von Haussuchungen, die den angeblich Straffälligen nicht etwa vors Gericht, sondern in Schutzhaft brachten. Wie schon vorher z. B. ein verbotener Kinobesuch, so genügte jetzt schon das geringste Quantum Obst oder anderer Juden verbotener Lebensmittel oder eine angeblich zu große Menge erlaubter, um den Juden ins Lager zu bringen, aus dem es eine Rückkehr in den meisten Fällen nicht gab. Aber auch auf andere „Verbrechen" hatte man es abgesehen. So wurden bei einer Haussuchungsaktion im Juli 1941 diejenigen Juden festgestellt, die um 9 Uhr abends nicht zu Hause waren.[8] Ein entsprechendes Verbot war zwar nirgends veröffentlicht worden, es war aber der Reichsvereinigung telephonisch von der Gestapo mitgeteilt worden mit der Auflage, es *mündlich* unter den Juden zu verbreiten! Diese Art der Bekanntmachung erreichte aber viele Juden nicht oder das Verbot fand keinen Glauben, um so mehr als die Polizeireviere auf Anfrage erklärten, daß ihnen davon nichts bekannt sei. Trotzdem wurden sämtliche Delinquenten damit bestraft, daß die Frauen zehn Tage lang im Gestapo-Gebäude gefangen gehalten wurden, während die Männer auf sechs Wochen in ein Arbeitslager gebracht wurden. (Übrigens scheint die Verhaftung von 750 Juden im Juli in Berlin anläßlich des Brandes der Ausstellung „Sowjetparadies",[9] mit dem sie gar nichts zu tun hatten, und ihre Verbringung ins Konzentrationslager Sachsenhausen, nachdem jeder dritte Mann in Lichterfelde erschossen worden war, im Ausland wenig bekannt zu sein, obwohl die jüdische Gemeinde auf behördliche Weisung diese Tatsache zur „Warnung" bekannt machen mußte! Die Frauen und Kinder der Erschossenen wurden sofort evakuiert.)

So war man mit der Zeit dahin gekommen, daß Juden nur noch in Ausnahmefällen vors Gericht kamen und die Ahndung ihrer Straftaten durch die *Polizei* erfolgte. Der

7 Während der sog. Juni-Aktion wurden ca. 2300 vorbestrafte Juden verhaftet, in KZs eingewiesen und die meisten erst im Dez. 1938 wieder entlassen; siehe VEJ 2, S. 21 f.

8 Mit Kriegsbeginn galt für Juden eine nächtliche Ausgangssperre zwischen 20 und 6 Uhr.

9 Gemeint ist der Brandanschlag einer Widerstandsgruppe; siehe VEJ 6, S. 70 f., und VEJ 6/157.

Zustand, der nunmehr durch die jüngst ergangene Verordnung sanktioniert worden ist, war damit erreicht. Für alle Vergehen von Juden gab es nur noch Schutzhaft im Polizeigewahrsam oder Konzentrationslager und später, als die Deportationen einsetzten, die Verschickung in die Verbannungsorte. Das war ein erheblich vereinfachtes Verfahren, schloß jede umständliche Untersuchung aus und erst recht die Gefahr eines richterlichen Freispruchs oder einer zu milden Bestrafung des wirklichen oder angeblichen Täters. Der deutsche Jude war schon *vor* dem 1. Juli 1943 rechtlos und vogelfrei geworden. Alles diente dem einen Ziel: seiner Vernichtung!
Über den zweiten erbrechtlichen Teil des Gesetzes vom 1. Juli 1943 soll später in anderem Zusammenhang gesprochen werden.[10]

DOK. 94
The New York Times: Artikel vom 8. November 1943 über die nahezu vollständige Deportation der Juden aus Österreich und ihre Ermordung[1]

Die Deutschen löschen die Juden Österreichs aus. Fast alle der ursprünglich 200 000 Juden wurden ermordet oder in Gettos im Osten verschleppt. Die Gefängnisse sind voll. Die Sabotage nimmt weiter zu und findet bei Fremdarbeitern große Unterstützung.

London, 7. November (U. P.)[2] – Die Deutschen haben Österreichs 200 000 Juden durch Vernichtung oder Deportation fast vollständig ausgelöscht. Die Gefängnisse und Konzentrationslager sind voll von Österreichern, die gegen die Deutschen sind. Trotzdem nehmen die Sabotageaktivitäten – unterstützt von den Fremdarbeitern – weiter zu. Die Österreicher sind sich im Allgemeinen bewusst, dass Deutschland dabei ist, den Krieg zu verlieren.
Durch österreichische Untergrundkanäle gelangten heute weitere Berichte nach London, die ein genaueres Bild von der Lage im Land zeichnen. Den Berichten zufolge ermorden die Deutschen seit zwei Jahren die österreichischen Juden oder verschleppen sie in Gettos in Osteuropa.[3] Fast alle 150 000 Wiener Juden[4] sind verschwunden.
Wenn noch ab und an ein Jude auf einer Straße in Wien auftaucht, so ist er dünn, unterernährt, trägt zerschlissene Kleidung und löchrige Schuhe, und immer ist auf der linken Brusttasche ein großer gelber Davidstern angenäht, auf dem „Jude“ steht. Juden werden um Mitternacht oder in den frühen Morgenstunden verhaftet. Grüne Polizeilaster bringen sie zu einer leeren Synagoge, die als Durchgangsstation genutzt wird, wo sie eng

10 Israelitisches Wochenblatt, Jg. 43, Nr. 51 vom 24.12.1943, S. 20, 22: „Das Testament des Emigranten“.

1 The New York Times, Jg. 93, Nr. 31 334 vom 8.11.1943, S. 6. Die Tageszeitung The New York Times erscheint seit 1851. Das Dokument wurde aus dem Englischen übersetzt.

2 United Press Associations, eine 1907 gegründete US-Nachrichtenagentur, die seit 1958 United Press International heißt.

3 Erste Deportationen aus Wien fanden bereits im Okt. 1939 nach Nisko am San statt. Im Febr. 1941 fuhren weitere fünf Transporte mit österreich. Juden in das Generalgouvernement. Nach einer mehrmonatigen Pause begannen die regelmäßigen Deportationen aus Wien am 15.10.1941 erneut. Fast alle der insgesamt rund 65 000 deportierten Juden aus Österreich wurden ermordet.

4 Anfang 1938 lebten in Österreich zwischen 185 000 und 200 000 Juden, rund 165 000 allein in Wien.

zusammengepfercht auf aneinandergereihten Strohsäcken auf dem Steinfußboden übernachten müssen.[5] Dann werden die Juden in Viehwaggons oder alten, unbeheizten Personenwagen in die Gettos von Ostpolen, Lettland oder dem besetzten Russland verschleppt. Berichten zufolge sterben viele bereits unterwegs oder kurz nach der Ankunft. Wohnungen und Geschäfte, die zuvor von Juden genutzt wurden, sind von Deutschen übernommen worden, die – wie es heißt – von den Wienern „weiße Juden“[6] genannt werden. Ein zuverlässiger Informant berichtete, dass die Österreicher, die die Verfolgung der Juden zuvor vergleichsweise apathisch hingenommen hätten, von dem Ergebnis nun so entsetzt seien, dass sie den verbliebenen Juden trotz der damit verbundenen Gefahren so weit wie möglich helfen würden.

Die beträchtliche Zunahme an Hinrichtungen von Österreichern in letzter Zeit ist Berichten zufolge zum größten Teil auf Sabotage und andere antideutsche Aktivitäten zurückzuführen, die vor allem von österreichischen Arbeitern ausgeübt werden. Die von Deutschen kontrollierte Presse veröffentlicht nur einen kleinen Teil der Namen der Hingerichteten, vor allem zur Abschreckung. Meldungen dieser Art erwähnen als Gründe Sabotage, Spionage oder das Hören und Weiterverbreiten ausländischer Radionachrichten.

Informanten zufolge wurden mehrere neue Konzentrationslager errichtet, um die bestehenden zu entlasten, die von Häftlingen überquellen, denen antideutsche Aktivitäten vorgeworfen werden. Die berüchtigten deutschen „Volksgerichtshöfe“ treten täglich zusammen, um gegen Verdächtige Verfahren durchzuführen. Berichten zufolge wurden vor kurzem in Graz in einem einzigen Verfahren allein sechzig Personen verurteilt und vierzig von ihnen hingerichtet.[7]

Österreichische Sozialisten berichten, dass trotz ständiger Überwachung durch die Gestapo und trotz erbarmungsloser Strafen die Sabotageaktivitäten generell zunehmen, unterstützt von Hunderttausenden von Fremdarbeitern. Informanten zufolge ist jedoch im Augenblick kaum damit zu rechnen, dass es zu einer wirklich flächendeckenden Sabotage kommt, weil bereits der leiseste Verdacht die Verhaftung und das Verschwinden der betreffenden Person zur Folge hat. Verwandten oder Freunden gelingt es nur selten, etwas über das Schicksal der Verschwundenen in Erfahrung zu bringen.

Viele Österreicher hören Informanten zufolge nun ausländische Radioprogramme, insbesondere Sendungen der BBC. „Kein Wiener oder Österreicher glaubt noch an Hitlers Sieg“, ließ ein Informant verlauten. „Der Nazi-Presse und dem Nazi-Rundfunk wird nicht mehr geglaubt. Die Österreicher beziehen ihre Informationen trotz aller Strafandrohungen von britischen Sendern. Und die Leute verfügen über ein erstklassiges System der wechselseitigen Weitergabe von Informationen.“

5 Gemeint ist vermutlich das ehemalige Bethaus des Israelitischen Bethausvereins „Beth Hamidrasch Talmud Tora“ in der Malzgasse 16.

6 Weißer Jude: antisemitischer Schmähbegriff für Personen, die sich vermeintlich wie Juden verhalten oder die als deren nichtjüdische Statthalter agieren.

7 Vermutlich handelt es sich um Urteile des Volksgerichtshofs. Zwischen dem 28.7. und dem 13.8.1942 tagte erstmals der Senat des Volksgerichtshofs in Graz, wo er in mehreren Sitzungen über 40 Todesurteile gegen Funktionäre der Bezirksleitungen der Kommunistischen Partei in der Steiermark und dem Südburgenland verhängte. Die Hinrichtungen fanden im Herbst 1942 in Wien statt. Darüber berichtete u. a. der Zeitspiegel, die Zeitung der österreich. Exilbewegung Free Austrian Movement.

DOK. 95

Lilli Jahn schlägt ihren Kindern am 14. November 1943 in einem illegalen Brief aus dem Arbeitserziehungslager Breitenau vor, wie sie sich heimlich treffen könnten[1]

Handschriftl. Brief von Lilli Jahn,[2] Arbeitserziehungslager Breitenau,[3] an ihre Kinder,[4] Immenhausen, vom 14.11.1943

Sonntag, den 14.XI.43.
Meine guten, innigstgeliebten Kinder,
damit die Post nicht merkt, daß ich Euch öfter schreibe, hab ich mir die Adresse schreiben lassen u. Gisela als Abs. genannt, dies zur Erklärung.[5] Und ehe ich's vergesse, fragt doch bitte den Vati,[6] ob er etwas Geld für mich übrig hat, dann möchte er doch bitte der Anstalt etwas für mich schicken, ich muß Schuhe besohlen lassen, u. wenn ich einmal – wer weiß wann!! – entlassen werden sollte, hätte ich gar kein Fahrgeld, im voraus vielen Dank!
Und nun zu Euch, meine Lieblinge! Immer u. immer denke ich voll Liebe u. Sehnsucht an Euch, u. glaubt mir, Eure Liebe zur mir, unsere gegenseitige Liebe hilft uns durch diese so schweren Wochen u. Monate hindurch. Leider habe ich von Dir m. Junge, schon sehr, sehr lange nichts mehr gehört, u. auch von meiner Ille hab ich seit 14 Tagen keine Post, was mir sehr fehlt, aber sicher noch an den gestörten Postverbindungen liegt. Hoffentlich kommt alles noch nach u. nach an, denn aus Frankenstein[7] hast Du gewiß auch mal geschrieben. Daß Du nicht in Leipzig warst, entnahm ich einem sehr lieben Brief von Tante Lotte,[8] den ich vorgestern erhielt.

1 Original in Privatbesitz, Kopie: IfZArch, F 601. Abdruck in: Martin Doerry, „Mein verwundetes Herz". Das Leben der Lilli Jahn 1900–1944, München 2005, S. 240–243.

2 Dr. Lilli Jahn, geb. Schlüchterer (1900–1944), Ärztin; 1926 heiratete sie Ernst Jahn, mit dem sie eine Hausarztpraxis in Immenhausen bei Kassel führte, 1927–1940 Geburt von fünf Kindern, Okt. 1942 Scheidung von Ernst Jahn, womit der Schutz der „Mischehe" entfiel, Juli 1943 Umzug nach Kassel; im Aug. wurde sie verhaftet und im Arbeitserziehungslager Breitenau inhaftiert, März 1944 Deportation nach Auschwitz, wo sie im Juni 1944 starb.

3 Ein ehemaliges Benediktinerkloster südlich von Kassel wurde 1933/34 kurzzeitig als Konzentrationslager genutzt, bevor es im Mai 1940 als Arbeitserziehungslager vor allem zur Disziplinierung von ausländischen Zwangsarbeitern diente. Eine weitere Häftlingsgruppe bildeten politische Gefangene, unter ihnen auch Juden. Die Gefangenen mussten schwere Zwangsarbeit leisten.

4 Gerhard Jahn (1927–1998), Politiker und Rechtsanwalt; 1943/44 Luftwaffenhelfer; seit 1949 Mitglied der SPD, 1957–1990 MdB, 1967–1969 StS im AA, 1969–1974 Bundesjustizminister; Ilse Jahn, später verheiratete Doerry (1929–2015) und Johanna Jahn (1930–2013); beide wurden im Juni 1944 aus der Schule entlassen; 1948 emigrierten sie zusammen mit ihrer Schwester Dorothea (*1940) nach Großbritannien, kehrten später nach Deutschland zurück; Eva Jahn (*1933); 1948 Emigration nach Großbritannien, Ausbildung zur Krankengymnastin, später Leiterin einer Schule für Krankengymnasten in Birmingham.

5 Als Absenderin des illegalen Briefes hatte Lilli Jahn eine Schulfreundin ihrer Tochter Ilse genannt, Gisela Stephan.

6 Dr. Ernst Jahn (1900–1960), Arzt; 1943 Arzt bei der Wehrmacht in einem Krankenhaus bei Kassel, 1944 als Truppenarzt im Baltikum; 1945/46 in sowjet. Kriegsgefangenschaft, 1946 Rückkehr nach Immenhausen.

7 Ilse Jahn und die zweite Ehefrau von Ernst Jahn waren Anfang Nov. 1943 nach Frankenstein bei Breslau gefahren, um dort neue Kleidung zu besorgen. Bei dem schweren Bombenangriff auf Kassel am 22.10.1943 war die Wohnung von Lilli Jahn ausgebombt worden. Die Kinder hatten fast alles verloren und kehrten zu ihrem Vater nach Immenhausen zurück.

Aber Deine Zeitungs-Sendung vom 2.XI. hab ich gestern erhalten, liebes Hannele, recht herzl. Dank, u. auch Deine Briefe vom 2. u. 9.XI., zwei liebe feine Kunstkarten von Dir, mit denen ich mich sehr freute, und außerdem Eure Briefe vom 22.X. und 24.X. u. zwei liebe Eva-Briefchen. Also von vor u. gleich nach dem Angriff. Kinder, ich kann es noch immer nicht fassen, was Ihr habt durchmachen müssen, aber nachfühlen kann ich es Euch doch, wie Euch nach u. nach immer mehr zum Bewußtsein kommt, was wir alle verloren haben. Aber seid nicht gar so traurig; wenn wir erst alle wieder gesund zusammensein können, Ihr u. Marilis,[9] Tante Lore[10] u. ich, dann ist alles wieder leichter u. gut. Was Du in Fr[ankenstein] erlebt u. erledigt hast, das höre ich sicher dieser Tage noch, lb. Ilsekind, nicht wahr? Also, Bezugscheine für Geschirr etc. habt Ihr schon erhalten? Habt Ihr denn auch schon gekauft? Und Eva geht also in I[mmenhausen] zur Schule u. Ille in Hofgeismar? Wie gefällt's Dir wohl dort, meine Große?

Und mein Hannelekind ist noch nicht untergebracht? Es wäre auch mir eine ganz große Erleichterung, wenn Du auch in Hofg[eismar] ankämest. Bleibt Heidi vorläufig zu Hause? Wie lieb von ihr, für Dorle[11] Spielsachen zu bringen. Was macht denn mein bester Schatz? Hat sie sich wohl gefreut, als Ille wiederkam? Spielt sie artig mit der kleinen [...][12] ? Was macht denn Tante Lore, geht es ihr gut? Grüßt sie herzlich von mir. Auch an Vati u. T[ante] Rita[13] viele Grüße. Hannele, läßt Du Dir denn jetzt Deine Haare wachsen?

Nun paßt mal auf, lb. Kinder, aber haltet ja Euren Mund. Seit dem Angriff haben wir am Zug keinen Wagen mehr für uns, u. wir steigen zu den anderen Leuten ins Abteil.[14] Wenn wir es geschickt anfangen, könnten wir uns doch dann mal treffen, ich dachte an Ille u. vielleicht Tante Lore, oder wenn Vati u. Tante Lore meinen, daß es ginge, Ille und Hannele. (Ihr könnt dann ja einen Brief von T[ante] Lore mitbringen, falls sie mir etwas mitzuteilen hätte, was nicht durch d. Kontrolle gehen soll!) Ihr müßtet Euch aber sehr zusammennehmen, damit keine Beamtin etwas merkt. Ich werde Euch ja in der Anstaltskleidung sehr verändert vorkommen, zumal ich nun auch den einen Zahn verloren habe, der schon immer lose war. Erschreckt also nicht.

Abends im Zug uns zu treffen möchte ich *keinesfalls*, da Ihr mir da zu leicht in Alarm oder Angriff kommen könnt, denn der Zug ist ja erst nach 8 Uhr in Kassel. Nun gibt es noch zwei Möglichkeiten, u. Ihr könnt Euch die aussuchen, die für Euch mit den Verbindungen am besten ist. Wir fahren jeden Morgen kurz nach 7 Uhr hier fort, der Zug kommt von Kassel. Ihr müßtet im letzten Wagen sein u. in Guxhagen raussehen. Sollte ich nicht bei Euch einsteigen, dann steigt an der nächsten Station in m. Abteil um. Wir fahren dann zusammen bis Malsfeld. Besser vielleicht wäre noch, wenn es für Euch

8 Lotte Paepcke, geb. Mayer (1910–2000), Schriftstellerin; machte im März 1933 das 1. Juristische Staatsexamen, erhielt aber keine Zulassung zum Referendardienst; Mitglied einer kommunistischen Studentengruppe; 1934 Heirat mit Ernst August Paepcke, 1935 Geburt des Sohns Peter; 1943–1945 Zwangsarbeit in Leipzig, 1945 tauchte sie in einem Kloster bei Freiburg i. Br. unter; Autorin von „Unter einem fremden Stern“ (1952).

9 Marlis Sasse (*1924), Lilli Jahns Nichte.

10 Lore (Leonore) Sasse (1896–1963), Schwester von Ernst Jahn.

11 Dorothea Jahn.

12 Im Original unleserliches Wort.

13 Rita Schmidt (Pseudonym), zweite Ehefrau Ernst Jahns.

14 Gemeint ist der Angriff vom 22.10.1943 auf Kassel. Lilli Jahn wurde zu ihrem Zwangsarbeitseinsatz bei der Fa. Braun, Zweigstelle Spangenberg, gemeinsam mit den anderen Zwangsarbeiterinnen aus Breitenau mit der Bahn gebracht.

nicht zu schwierig ist, Ihr kämet Samstag nach Malsfeld, dort fahren wir gegen *14* Uhr zurück. Ihr steigt dann hinter uns ein. Es sind ja nur 20 Minuten, aber wir könnten uns doch mal sehen!! Wäre das nicht fein??
Aber Ihr müßt sehr vorsichtig sein auf dem Bahnsteig u. Euch u. mich nicht verraten. Im Zug können wir dann miteinander reden. Wenn es zustande kommen sollte, dann bitte bringt mir Briefpapier mit, Freimarken, Zigaretten, Streichhölzer, etwas Hautcreme, eine Rasierklinge, mein kleiner Apparat ist wohl auch nicht mehr da. Und vielleicht kann Vati oder Dr. Schupmann[15] (viele schöne Grüße an ihn) Euch Tabletten geben gegen meine Schmerzen in den Armen u. Händen, die mich wieder sehr plagen. Am besten packt Ihr alles in ein kleines Paket u. gebt es mir im großen Tunnel vor Guxhagen. Und wenn es nicht zu unbescheiden ist u. Ihr es übrig habt, bringt mir doch bitte etwas Weißbrot oder Stolle mit, das wäre für den Sonntag ein bißchen mehr zu essen. Aber nur, wenn es wirklich geht.
Ich hab' mir in Gedanken schon seit Tagen ausgemalt, wie glücklich ich in den paar Minuten sein werde. Schreibt auch keine Andeutungen, ich werde von den nächsten Tagen an immer gut aufpassen. Wenn es klappt u. wenn ich noch lange weg sein muß, dann kommen vielleicht ein anderes Mal Marilis u. Eva.[16]
Für heute lebt wohl, Ihr meine Kinder alle. Wann kommt mein Junge wieder auf Urlaub? Kann er über's Wochenende nicht mal nach Marburg zu Marilis? Ich halte Euch fest an m. Herzen u. küsse Euch zärtlich voller Liebe.
Eure Mutti

DOK. 96
Hilde Friedländer aus Dortmund bittet die Reichsvereinigung der Juden am 16. November 1943, ihr Pflegekind im jüdischen Waisenheim in Berlin aufzunehmen[1]

Schreiben von Hilde Friedländer,[2] Dortmund, Stahlwerkstr. 21 (bei Berndt), an die Reichsvereinigung der Juden in Deutschland vom 16.11.1943 (Abschrift)

Mein Mann, Friedrich Friedländer,[3] ist am 27.6.43 in Ihrem Krankenhaus in Köln verstorben und auf dem jüdischen Friedhof in Köln beigesetzt.
Wir haben z. Zt. das uneheliche Kind der Jüdin Klara Neumann,[4] Betty Neumann,[5] als Pflegekind angenommen.
Das Kind ist am 21.1.35 geboren, nunmehr also 8 Jahre alt.

15 Dr. Karl-Werner Schupmann vertrat Ernst Jahn in seiner Immenhausener Praxis, nachdem dieser 1944 zur Wehrmacht eingezogen worden war.
16 Das von Lilli Jahn vorgeschlagene Treffen im Zug fand nicht statt.

1 BArch, R 8150/734.
2 Hilde Friedländer, geb. Schäfer (1898–1958); 1920 Geburt der Tochter Ruth, 1923 heiratete sie Friedrich Friedländer in Essen, dann Umzug des Ehepaares nach Dortmund, 1936 Übernahme der Pflegschaft für die einjährige Betti Neumann; 1946 Ehe mit August Rossel in Wiesbaden.
3 Friedrich Friedländer (1888–1943), Kaufmann, Tabakwarenvertreter; 1938 im KZ Oranienburg inhaftiert; am 20.1.1939 wurde sein Geschäft enteignet, 1939–1942 Zwangsarbeit als Hochofenarbeiter in den Phoenix-Werken Dortmund, Mitte April 1943 Einlieferung in die Krankenabt. des Lagers Müngersdorf in Köln, wo er starb.

Der Vater soll ein Arier gewesen sein. Die Akten über die Abstammung befinden sich, soviel mir bekannt ist, bei der Staatspolizei in Dortmund.
Die Mutter ist am 31.3.42 im Konzentrationslager verstorben.
Gern würde ich das Kind bei mir behalten, da ich an ihm sehr hänge. Leider ist dies jedoch nicht möglich.
Ich bin total fliegergeschädigt und habe keine eigene Wohnung. Außerdem bin ich zum Arbeitseinsatz bestimmt. Ich habe daher keine Möglichkeit, mich dem Kinde zu widmen. Meine Bemühungen, es bei einem Mischehepaar unterzubringen, hatten keinen Erfolg.
Ich bitte Sie daher, das Kind in Ihr dortiges Heim aufzunehmen. Es ist ein sehr ruhiges, gut erzogenes Ding.
Gern würde ich Ihnen die Kosten der dortigen Unterbringung erstatten. Ich bin dazu leider nicht in der Lage. Ich besitze kein Vermögen. Das Einkommen aus meinem Arbeitsverdienst ist sehr gering.
Es würde mir eine große Beruhigung sein, wenn Sie mir baldigst einen zusagenden Bescheid zukommen ließen.
Hochachtungsvoll

DOK. 97

Odd Nansen schildert am 29. November 1943 seine Fassungslosigkeit angesichts der Ermordung der Juden in den Lagern und beschreibt die Fälscherwerkstatt in Sachsenhausen[1]

Tagebuch von Odd Nansen,[2] Konzentrationslager Sachsenhausen, Eintrag vom 29.11.1943 (Abschrift)[3]

War gestern bei den Juden – und dieses Mal hatten wir etwas mehr Ruhe, um uns die unglaublichen furchtbaren Erzählungen aus Lublin, Auschwitz, Warschau und anderen Orten und Lagern anzuhören. Im Vergleich zu dem schrecklichen Drama, das dort stattfindet, sind alle anderen Ängste, Grausamkeiten und Massaker, die es in der menschlichen Geschichte gegeben hat, gleichsam bedeutungslos. Es ist unmöglich – komplett

4 Klara Neumann (1909–1942); 1935 Geburt der Tochter Betti, seit Febr. 1939 im KZ Ravensbrück inhaftiert, kurzzeitig im KZ Lichtenburg, im März 1942 vom KZ Ravensbrück im Rahmen der „Aktion 14f13" – wie die Ermordung von arbeitsunfähigen KZ-Häftlingen genannt wurde – in die Tötungsanstalt Bernburg überführt und dort ermordet.

5 Richtig: Betti Neumann (*1935); von Sept. 1935 an im Heim des Jüdischen Frauenbunds in Neu-Isenburg; 1936–1943 bei Familie Friedländer in Dortmund zur Pflege, dann vermutlich im Jüdischen Krankenhaus in Berlin untergebracht; über ihr weiteres Schicksal ist nichts bekannt.

1 Nasjonalbiblioteket Oslo, Ms.4 4455. Teilweise abgedruckt in: Odd Nansen, Von Tag zu Tag, Hamburg 1949, S. 114–116. Das Dokument wurde aus dem Norwegischen übersetzt.

2 Odd Nansen (1901–1973), Architekt; Sohn von Fridtjof Nansen, 1936 Präsident der Nansen-Hilfe für staatenlose Flüchtlinge; 1942 Inhaftierung im Lager Grini/Norwegen, Okt. 1943 Deportation nach Sachsenhausen, März bis April 1945 in Neuengamme inhaftiert; 1946 Mitbegründer von UNICEF, 1953 Großes Verdienstkreuz mit Stern und Schulterband.

3 In der maschinenschriftl. Abschrift des Originals wurden mehrere Streichungen für die norweg. Publikation des Tagebuchs („Fra Dag Til Dag", Oslo 1946) vorgenommen. Das vorliegende Dokument enthält auch die gestrichenen Passagen.

unmöglich –, sich eine Vorstellung davon zu machen, was sich dort an teuflischer Boshaftigkeit entfaltet und abspielt; das menschliche Vorstellungsvermögen reicht dafür nicht mehr aus.
Man kann den Erzählungen bis zu einer gewissen Grenze „folgen", Tausende von Juden vor sich sehen, junge und alte, die auf die Todestransporte geschickt werden, kann sie in endlosen Reihen Tag und Nacht marschieren sehen, Woche für Woche, Monat für Monat, ja, Jahr für Jahr, bis hinein in die Vernichtung. In die Gaskammern, auf die Arbeitsfelder, um ausgepeitscht oder totgeschlagen zu werden oder um an Kälte, Flecktyphus, Ruhr oder anderem Elend umzukommen. Man kann sich vorstellen, welche Szenarien sich dort zwischen Eltern und Kindern abgespielt haben müssen – zwischen Ehepartnern, Geschwistern und Freunden –, bevor der Tod ihnen wie eine Befreiung erschien. Man begreift, dass das menschliche Leid nicht größer und schlimmer sein kann – größeres Unheil ist Mitmenschen in der Menschheitsgeschichte nie zuvor angetan worden, ein schwereres und schlimmeres Schicksal hat nie ein Volk zuvor erleiden müssen. Und dennoch wird das, was man sich vorstellen kann, mit Sicherheit nur ein blasses Abbild dessen sein, was in Wirklichkeit geschieht. Die Wirklichkeit, die 5 bis 6 Millionen Juden[4] betraf und aus der es nur einen einzigen Weg hinaus gab – eine Befreiung: den Tod! Wie sehr müssen diese Millionen Unglücklichen sich danach gesehnt haben, sterben zu dürfen!! Ja, wie müssen sie die Gaskammer als wahre Erlösung angesehen haben, als Befreiung von den Ängsten, die sich außerhalb abspielten. Ein milder Tod. Aber er war nicht allen vergönnt. Hunderttausende – die Stärksten und Besten, die gesündeste und schönste Jugend in ihrer vollen Blüte – mussten erst „ausgenutzt" werden, ihre Kräfte mussten sich erst „bewähren" in Arbeitseinheiten des Todes: beim Aufhäufen von Leichen, beim Verbrennen von Leichen, beim Erhängen!
Und es waren ihresgleichen, die sie aufhäuften – ihresgleichen! Vielleicht entdeckten sie in den Leichenbergen ihre eigenen Kinder, ihren eigenen Bruder oder den Ehepartner!! Die jungen Kräfte schwanden bald; sie bekamen ja nichts zu essen und wurden ausgepeitscht und geschlagen, bis auch sie sterbend oder bereits tot auf die Leichenberge fielen – um von Tausenden Neuen abgelöst zu werden, die nach beendeter „Arbeit" das gleiche Schicksal fanden. Nein! Ich will nicht versuchen, das wiederzugeben, was ich hörte; ich kann es noch nicht. Ich muss dazu noch etwas Abstand gewinnen, und außerdem muss ich noch mehr erfahren. Ich habe einen brillanten Erzähler kennengelernt. Er muss mir mehr berichten. Gestern erzählte er ununterbrochen mehr als zwei Stunden lang und ließ ein Bild entstehen, dessen Maßstäbe und Farben so stark auf mich wirkten, dass ich mich noch immer wie gelähmt fühle. Mir fehlen bisher noch jeglicher Zusammenhang und Überblick. Ich muss warten; vielleicht kann ich später damit beginnen, es aufzuschreiben, versuchen, es zu Papier zu bringen, zumindest die Umrisse des Ganzen. Irgendwann müssen diese Ereignisse doch berichtet werden. Irgendwann muss die Welt doch erfahren, was vor sich ging, die Möglichkeit bekommen, in die grauenvolle Teufelsfratze des Nationalsozialismus zu starren. Die Fratze, die sie, trotz allem, was geschehen

4 In Sachsenhausen erfuhr Nansen von einem Häftling aus Auschwitz, dass dort und in Majdanek drei bis vier Millionen Juden umgebracht worden seien. Die Auskünfte stammen vermutlich vom jüdischen Häftling Eugen Keil (1907–1984), der in der Uhrmacherwerkstatt arbeitete und im Sommer 1943 aus dem Lager Grini nach Auschwitz deportiert worden war und dann nach Sachsenhausen kam. Keil überlebte und kehrte zu seiner Familie nach Norwegen zurück.

ist, trotz des Terrors, der Brutalität, der Lügen, des Betrugs und der Barbarei, die allesamt bekannt sind, verborgen gehalten haben.
Deshalb muss ich alles niederschreiben, denn, so mein Erzähler, er rechne nicht damit, lebend davonzukommen, auch wenn er sich vorübergehend recht sicher fühle, als Vorarbeiter im Uhrmacher-Kommando hier in Sachsenhausen. Diese Stellung scheint gewissermaßen unter besonderem Schutz zu stehen, wegen seiner Kriegswichtigkeit! Und jemand muss doch erfahren, was vorgefallen ist, was und wie es geschah, sagt er. Jemand, der darüber schreiben kann oder es danach weitererzählen kann, wenn alles vorbei ist. Er wagt sich wohl nicht, es selbst niederzuschreiben, und Gott allein weiß, wie ich dazu komme, es zu wagen. Es ist ja im Übrigen auch alles andere als sicher, dass ich, wenn der Tag kommt, irgendetwas von meinen Aufzeichnungen mitnehmen kann.
Außer den Juden, über die ich berichtet habe, und den Uhrmachern und Arbeitern in der Uhrmacherwerkstatt, alles in allem 53 Mann, gibt es ein weiteres Spezialkommando, in dem Juden beschäftigt werden. 38 an der Zahl arbeiten in einer besonderen SS-Druckerei.[5] Diese Druckerei ist in einer Baracke untergebracht, die gleich neben der Judenbaracke liegt, in der wir gestern waren. Sie ist auf allen Seiten von einem undurchdringlichen doppelten Stacheldrahtzaun umgeben. Ich sah ihn gestern Abend. Ohne Erlaubnis kommt niemand dort hinein und niemand, der sich innerhalb dieser Umzäunung befindet, heraus.
Diese Druckerei ist mit der Fälschung von Dokumenten und Geld beschäftigt sowie mit der Produktion der ganzen erschwindelten Unterlagen, derer sich das Dritte Reich bedient. Darüber besteht kein Zweifel.
Aber was am meisten Unbehagen erweckt, ist, dass es als sicher gilt, dass die 38 Juden, die dort drinnen beschäftigt werden, niemals rauskommen werden, um über die Machenschaften berichten zu können.[6] Sie wissen zu viel von dem, was niemand wissen darf. Begleitet von einem Gefühl des Übelkeit erregenden Unbehagens, stand ich gestern Abend dort und starrte in der Abenddämmerung auf diese Baracke.
Die Stacheldrahtzäune zeichneten sich gegen den Abendhimmel wie gespenstische Skelette ab und verstärkten das Unbehagen. Diese Abschirmungen aus Stacheldraht umschlossen die ganze Baracke – selbst Wände und Dach – wie einen Käfig. Ich konnte kaum die Augen davon abwenden, ich fühlte mich unwohl, krank!
Hier wandern wir machtlos umher und sehen und verstehen alles, ohne auch nur das Geringste tun zu können. Ist es denn verwunderlich, dass man sich von diesem Anblick nicht losreißen kann, dass man sich dieser Gedanken nicht erwehren kann, die da über einen hereinbrechen, wie dunkle albtraumhafte Wolken, und einen gänzlich mit Dunkelheit und Verzweiflung umschließen.
Wie gerade jetzt – der Anblick eines Käfigs aus Stacheldraht setzt in einem einen ganzen Prozess von Not und Verzweiflung in Gang – Gedanken und Vorstellungen, die geradezu physische Schmerzen hervorrufen. Dieses ganze fürchterliche Drama, in dem wir mittendrin gefangen sind, rollt über einen hinweg, drängt sich auf – mächtig und unentrinnbar.

5 Das „Unternehmen Bernhard" wurde 1942 im KZ Sachsenhausen als jüdisches Häflingskommando eingerichtet, um Devisen, aber auch Pässe und andere Dokumente zu fälschen.

6 Am 20.2.1945 löste die SS die Fälscherwerkstatt in Sachsenhausen auf und brachte die Häftlinge samt Maschinen und Werkzeugen in das österreich. Lager Schlier, ein Außenlager des KZ Mauthausen. Die Angehörigen des Fälscherkommandos wurden am 6.5.1945 von US-amerikan. Truppen im KZ Ebensee befreit.

Ein Gefühl von Ohnmacht packt einen an der Kehle – man fühlt sich, als würde man ersticken. Nichts kann helfen, nicht einmal zu weinen oder zu schreien. Das Drama tobt weiter, umzingelt einen, ergreift einen, reißt einen mit sich, wirft einen umher wie einen hilflosen, willenlosen, erbärmlichen Gegenstand, der nichts anderes mehr wahrnimmt als eine unausweichliche, dunkle, stahlharte Macht, die einen in die Dunkelheit zwingt, während sich das Himmelsgewölbe über einem vor Angst rot färbt.
Oh, Menschenkind! Welch Unglück, dass du mit einem Herzen geboren wurdest! Wie viel einfacher wäre es ohne gewesen! Wie viel Leid, wie viel Angst, Furcht und Sorge wäre dir erspart geblieben, wenn du ohne dieses Organ gewesen wärst, das in dir hämmert und schlägt und sich störend in das einmischt, was du erlebst. Wie viel besser wärst du zu diesem Leben in all seiner zynischen Grobheit geeignet.
Oh, Herrgott, welch Jammer und Erbärmlichkeit! Wohin schwinden die Kräfte? Der Antrieb? Die Energie? Der unbezähmbare Glaube an die Zukunft? Oh, Kari![7] Kari, gib mir die Kraft und den Mut zurück. Ab und zu schwinden sie – und du erscheinst mir so unerreichbar weit entfernt! Es ist zum Verzweifeln!
Direkt von diesen zwei Stunden in der Hölle kam ich zum Kabarett in der 23[8] und feierte ausgelassen! Es war seltsam, aber es ging – ohne dass ich überhaupt bemerkte, was ich tat. Das Haus war bis auf den letzten Platz gefüllt, tropische Wärme und entsprechende Stimmung. „Auf, los nach Norwegen!" Trallalala! Juchhei! Fesche Kerle! Ja, auch hier gab es einiges an Variation!

DOK. 98

In einem Bericht für den Joint vom 30. November 1943 schildert ein Flüchtling die Lebensumstände der Juden in Berlin vor ihrer Deportation[1]

Anonymer Bericht über „Die Lage der Juden in Deutschland" an das American Jewish Joint Distribution Committee, Lissabon und New York, vom 30.11.1943[2]

Seit April oder Mai gibt es in Berlin keine Juden mehr. Zu diesem Zeitpunkt wurde die „Gemeinde"[3] aufgelöst und ihre Angelegenheiten wurden von der „Gestapo" übernommen.
Halbjuden, die sogenannten „Geltungsjuden" und Kinder aus gemischten Ehen sind in Berlin verblieben und tragen den gelben Stern.

7 Kosename für Karen Hirsch (1903–1985), Odd Nansens Ehefrau seit 1927.

8 In Sachsenhausen gab es vier Baracken, in denen ausschließlich norweg. Häftlinge untergebracht waren. Entgegen der sonst üblichen Praxis waren dort nicht deutsche, sondern norweg. Blockälteste als Funktionshäftlinge eingesetzt. Regelmäßig veranstalteten die norweg. Häftlinge in ihren Baracken Unterhaltungsprogramme, zu denen Lieder, Gedichte und kabarettistische Einlagen gehörten.

1 JDC Archives, NY, AR 1933-1944#631. Das Dokument wurde aus dem Englischen übersetzt.

2 Der Bericht wurde vom Büro der Europäischen Vertretung des American Jewish Distribution Committee (AJDC) in Lissabon, gez. Herbert Katzki, an die Zentrale in New York als Rundschreiben Nr. 643 geschickt. Im Begleitschreiben heißt es, dass der Bericht von einem Mann stammt, der am 29.10.1943 aus Berlin flüchten konnte.

Mein Informant vermutet, dass in Berlin ungefähr 5000 Juden versteckt leben, die „getauchte Juden“ genannt werden.
Das Jüdische Krankenhaus in der Iranischen Straße ist noch für die „Geltungsjuden“ in Betrieb, und einige wenige jüdische Ärzte und Krankenschwestern sowie „Geltungsjuden“ sind dort angestellt. Das jüdische Personal wird jedoch mehr und mehr dafür verwendet, Transporte nach Theresienstadt zu begleiten, und bleibt anschließend dort.
Bis November 1941 besaßen die Juden in Berlin nur ihre „Kennkarte“ mit dem berühmten „J“, und die meisten von ihnen arbeiteten in den unterschiedlichsten Rüstungsbetrieben. Kurz nach Ausbruch des Krieges wurden Juden zwischen 16 und 60 Jahren gezwungen, in diesen Fabriken zu arbeiten, völlig unabhängig von ihrer vorherigen Ausbildung und Beschäftigung. Oft machten sie 25 Prozent der Arbeiter einer solchen Fabrik aus. Sie wurden von Vorarbeitern angeleitet und überwacht, die ihrerseits vom „Jüdischen Arbeitsamt“,[4] das zu diesem Zeitpunkt als eine Abteilung der Gestapo fungierte, geleitet und überwacht wurden.
Die Lebensmittelkarten der Juden waren mit einem „J“ gestempelt, und es war ihnen nur zu bestimmten Uhrzeiten gestattet, ihre Rationen zu erhalten. Sie waren vom Besitz von „Kleiderkarten“ oder „Berliner Vorzugsausweisen“[5] ausgeschlossen, die offensichtlich eine Art Punktesystem waren, über das zusätzliche Rationen, Zucker oder andere Lebensmittel verteilt wurden.
Im September 1941 wurde der gelbe Stern obligatorisch eingeführt, und zum gleichen Zeitpunkt musste die „Gemeinde“ Fragebögen an bestimmte jüdische Menschen verschicken, auf denen diese ihren gesamten Besitz – Möbel, Kleidung, Bettzeug, Wäsche, Porzellan usw. – auflisten mussten. Die Versendung dieser Fragebögen folgte keinem erkennbaren System, doch es stellte sich später heraus, dass die Personen, die sie bekommen hatten, für die ersten Transporte von Deportierten aus Berlin selektiert wurden. Diese Leute wurden am Donnerstag, dem 13. Oktober, abends in ihren Wohnungen festgenommen, grob behandelt und zum örtlichen „Polizeirevier“ gebracht. Ihnen wurde nur eine halbe Stunde zugestanden, um sich (in Anwesenheit der Polizei) anzukleiden, bereitzumachen und einen kleinen Koffer mit dem, was immer sie einpacken konnten, mitzunehmen. Am nächsten Morgen wurden sie in die Synagoge Levetzowstraße[6] gebracht. Der gesamte Bereich wurde von der Gestapo überwacht, und es war weder Verwandten noch anderen Juden gestattet, sie zu sehen. Es gab keinen Hinweis darauf, was mit ihnen geschehen würde. Die „Gemeinde“ versorgte sie mit einer heißen Mahlzeit

3 Alle in Anführungszeichen gesetzte Begriffe im Original deutsch. Gemeint ist die Berliner Jüdische Gemeinde, die im April 1941 in „Jüdische Kultusvereinigung zu Berlin“ umbenannt und schließlich am 10.6.1943 aufgelöst wurde. Die verbliebenen Mitarbeiter wurden in das Sammellager Große Hamburger Straße gebracht und am 16.6.1943 deportiert.

4 Gemeint ist die Zentrale Dienststelle für Juden des Berliner Arbeitsamts in der Fontanepromenade 15 in Berlin-Kreuzberg. Sie bestand seit Ende 1938 und vermittelte die Berliner Juden zur Zwangsarbeit. Seit 1941 stimmte sich die Gestapo mit der Dienststelle ab, um in kriegswichtigen Betrieben zur Zwangsarbeit eingesetzte Juden von der Deportation zurückzustellen.

5 Nicht ermittelt.

6 In der Synagoge Levetzowstraße in Berlin-Moabit wurde 1941 ein Sammellager für die Deportationen eingerichtet.

und belegten Broten. Am Samstag, zur Mittagszeit, wurden 1500 Juden in Lastwagen zum „Verladebahnhof Grunewald" transportiert.[7]
Die Mutter meines Informanten, die unter diesen ersten 1500 Juden war, war eine wohlhabende Jüdin, die in der Nähe des Bahnhofs Charlottenburg wohnte. Es gelang ihr, aus Lodz einen Brief zu schreiben, und sie erhielt bis zum März 1942 Geld und Pakete. Danach kam ein Brief mit dem Vermerk „Unbekannt verzogen" zurück. Ihre Wohnung war am Abend ihres Abtransports versiegelt worden. Zwei jüdische Männer, die bei ihr Zimmer gemietet hatten, wurden zur gleichen Zeit weggebracht.
Anfang November wurden alle Möbel, Kleidungsstücke und Haushaltsgegenstände öffentlich versteigert. Juden im Allgemeinen und nichtjüdische Freunde von Bewohnern solcher Wohnungen durften daran weder teilnehmen noch etwas kaufen.
Mein Informant berichtete, dass viele nichtjüdische Deutsche dieses Verhalten gegenüber den Juden, besonders die Deportationen, ablehnten, aber nicht wagten, irgendetwas zu tun. Und wenn jemand – mit solch einer Szene konfrontiert – vor Aufregung seine Missbilligung zum Ausdruck brachte, sei er sofort verhaftet und in ein Konzentrationslager gesteckt worden.
Solche Massenverhaftungen von ein paar Tausend Juden und ihr Abtransport nach Osten wiederholten sich häufig und liefen fast immer nach dem gleichen Muster ab. Sie wurden in den Abendstunden abgeholt – seit Kriegsbeginn galt für Juden eine Ausgangssperre, von acht Uhr abends bis in die Morgenstunden, wenn sie zur Arbeit gehen mussten –, verbrachten die erste Nacht im örtlichen „Polizeirevier", wurden in der Synagoge Levetzowstraße gesammelt, blieben dort eineinhalb Tage und wurden dann zum Verladebahnhof Grunewald gebracht.
Mein Informant berichtet, dass die Schäden, die Berlin, insbesondere der Südwesten – Zehlendorf, Wilmersdorf, Lankwitz, Dahlem, Schöneberg, Kaiserallee, Prager Platz, Bayerischer Platz –, durch britische Bombardierungen im August erlitten hat, beträchtlich sind. Die deutsche Bevölkerung leidet, aber Hitlers Ansehen scheint immer noch sehr hoch zu sein. Die Bevölkerung wünscht, der Krieg möge vorbei sein, aber viele glauben, dass ihr Leid und das Leid ihrer Söhne in der Armee im Falle einer Kapitulation umsonst gewesen wäre. Und sie haben Angst vor den Russen.
Mein Informant berichtet, dass sich die Befreiung Mussolinis positiv auf die Moral der Deutschen ausgewirkt habe.[8]
Die Juden, die in den Fabriken arbeiten, werden durch Arbeiter aus den besetzten Gebieten ersetzt, die sie in die Arbeit einweisen. Selbst hochqualifizierte Spezialisten können von ihren Firmen nicht vor der Deportation bewahrt werden, obwohl dies oft versucht wird.
Die Arbeiter, die hart und lange arbeiten müssen, leiden nach Ansicht meines Informanten unter Hunger. Es existiert ein stark besuchter Schwarzmarkt. Die Lebenshaltungs-

7 Der erste Transport aus Berlin verließ den Bahnhof Grunewald am 18.10.1941 Richtung Litzmannstadt. Mit ihm wurden 1013 Personen deportiert, wobei die meisten Juden den Weg zum Bahnhof zu Fuß bewältigen mussten. Die Lastwagen waren lediglich Kranken und Kindern vorbehalten.

8 Nachdem Mussolini am 25.7.1943 vom Faschistischen Großrat gestürzt und verhaftet worden war, wurde er ab Ende Aug. in den Abruzzen interniert. Dort befreiten ihn deutsche Fallschirmjäger am 12.9.1943.

kosten haben sich, was die Rationen angeht, um 30 Prozent erhöht; für Schwarzmarktartikel werden aber enorme Summen verlangt und auch bezahlt, so kosten 500 Gramm Butter 80 Mark (der Preis für dieselbe Menge auf Lebensmittelkarte beträgt 3,6 RM) und 500 Gramm Kaffee 300 Mark.

Zwischen der deutschen Bevölkerung und den Arbeitern aus den besetzten Gebieten gibt es viel Streit. Polen, die keine Deutschen werden wollen und die entweder auf bis 1919 zu Deutschland gehörigen oder auf Territorien, die Hitler dem Reich einverleibt hat, lebten und die keine deutsche Staatsangehörigkeit beantragt haben, werden extra mit einem „P" gekennzeichnet und bekommen die schlechtesten Jobs.[9]

Viele Deutsche fragen sich – wenn auch nicht öffentlich –, warum die Juden deportiert und durch Fremdarbeiter ersetzt werden mussten, und es scheint, dass diese – mehr als die Juden – als üble Elemente betrachtet werden.

Diese Haltung scheint unter den älteren Deutschen allgemein verbreitet zu sein, kann aber nicht auf die jüngeren Generationen, die unter dem Nazismus aufgewachsen sind, übertragen werden. Im August wurde die „Reichsvertretung"[10] von der Gestapo übernommen. Zu diesem Zeitpunkt war das Viertel rund um die Kantstraße und den Zoo noch nicht durch Bombenangriffe zerstört worden, und die Schließung der „Reichsvertretung" kann in keiner Weise auf äußere Umstände zurückgeführt werden.

Mein Informant ist der Meinung, dass Theresienstadt zum Zentrum der jüdischen Deportierten im Alter von über 60 oder 65 Jahren gemacht worden ist und dass die vergleichsweise wenigen jungen Leute, die sich dort als Ärzte, Krankenschwestern etc. aufhalten, Ausnahmen sind. Zusätzlich zu diesen werden auch jüngere Leute, „Kriegsverletzte" aus dem letzten Krieg, nach Theresienstadt deportiert, anstatt in den Osten verschickt zu werden.

9 Mit den sog. Polen-Erlassen vom 8.3.1940 wurde die Kennzeichnungspflicht für alle poln. Zwangsarbeiter eingeführt. An der Kleidung musste gut sichtbar ein „P" angebracht sein; siehe RGBl., 1940 I, S. 555 f.

10 Gemeint ist die Reichsvereinigung der Juden in Deutschland, deren Vorgängerinstitution Reichsvertretung der deutschen Juden hieß. Die Reichsvereinigung war am 10.6.1943 aufgelöst worden und hatte ihr Büro in der Kantstraße 158 gehabt. Nach der Wiedereröffnung Ende Juni 1943 befanden sich die Büros der Reichsvereinigung im Jüdischen Krankenhaus, Iranische Straße 2 in Berlin-Wedding.

DOK. 99

Eberhard von Thadden fasst am 16. Dezember 1943 die von Rosenberg und Hitler geplanten antijüdischen Propagandamaßnahmen zusammen[1]

Aufzeichnung (geheim) von LR v. Thadden, Auswärtiges Amt, Gruppe Inland II (153g), über eine Besprechung mit Dienstleiter Hans Hagemeyer,[2] Dienststelle Rosenberg,[3] für den Staatssekretär im Auswärtigen Amt Gustav Adolf Steengracht[4] vom 16.12.1943 (Abschrift)[5]

Dienstleiter Hagemeyer teilte mir folgendes mit:
1.) Das von ihm eingerichtete Gästehaus für Judengegner, ein kleines Hotel im Taunus,[6] sei fertiggestellt und könne Mitte Januar bezogen werden. Er wolle das Haus durch eine Tagung eröffnen lassen, zu der er 15 bekannte Judengegner aus Frankreich einzuladen beabsichtige. Dauer der Tagung etwa 3 Wochen. Er werde mir in den nächsten Tagen einen ersten Programmentwurf und eine erste Gästeliste mit der Bitte um Genehmigung durch das AA. zuleiten. Die endgültige Festlegung der Liste wolle er mit Prof. Gerlach,[7] Leiter der Kulturabteilung der Botschaft Paris, durchsprechen. Er sei auch bereit, die Zusammenstellung der Liste ganz der Botschaft zu überlassen. Er hoffe, daß das AA durch einen Vertreter an der ganzen Tagung oder an einem Teil teilnehme.
2.) Er begebe sich binnen Kürze nach Paris, um dort Besprechungen wegen einer dort zu eröffnenden Ausstellung zu führen. Näheres über die Ausstellung konnte oder wollte Hagemeyer nicht sagen. Er gab mir zu verstehen, daß er die Sache gerade erst durch Herrn Schneider von der Dienststelle Rosenberg, Paris, bekommen habe und nicht wisse, ob der ganze Plan nicht überhaupt von der Botschaft ausgehe oder mit ihr zusammen geführt werde.
3.) Der Führer habe Rosenberg[8] zur Aktivierung der Judenpropaganda Papier für die Vermehrung der Korrespondenz des Weltdienstes[9] um 500 000 Exemplare und Übernahme der Kosten auf Reichsmittel bewilligt. Es sei Einsatz dieses Blattes zur verstärkten Aufklärung über die Juden bei den ausländischen Arbeitern in Deutschland vorgesehen.

1 PAAA, R 100 849, Bl. 153–158.
2 Hans Hagemeyer (1899–1993), Kaufmann; 1931 NSDAP-Eintritt; 1932 Gauwirtschaftsreferent in Nürnberg, 1933 Gründungsmitglied der Reichsstelle zur Förderung des deutschen Schrifttums, 1934 Leiter der Hauptstelle Schrifttumspflege, 1942–1944 Leiter der Abt. Überstaatliche Mächte im Amt Rosenberg; nach dem Krieg Angestellter eines Pharmaunternehmens.
3 Die Dienststelle Rosenberg wurde 1934 eingerichtet, als Alfred Rosenberg zum Beauftragten des Führers für die Überwachung der gesamten geistigen und weltanschaulichen Schulung und Erziehung der NSDAP ernannt wurde.
4 Dr. Gustav Adolf Steengracht von Moyland (1902–1969), Jurist und Diplomat; 1933 NSDAP- und SA-Eintritt; 1936–1938 in der deutschen Botschaft in London, von 1938 an im AA tätig, 1940–1943 im Persönlichen Stab Ribbentrops, von März 1943 an StS im AA; 1949 wurde er im Wilhelmstraßen-Prozeß zu einer siebenjährigen Haftstrafe verurteilt, 1950 aufgrund einer Amnestie entlassen; arbeitete danach als Rechtsanwalt.
5 Im Original handschriftl. Bearbeitungsvermerke.
6 Vermutlich: Hotel Bergfrieden in Eppenhain.
7 Dr. Werner Gerlach (1891–1963), Pathologe; von 1929 an Professuren in Basel, Berlin und Jena; 1933 NSDAP-, 1937 SS-Eintritt; von 1939 an beim AA, seit April 1943 leitete er die Kulturpolitische Abt. in der deutschen Botschaft Paris; 1945–1948 Internierungshaft, seit 1949 Leiter eines pathologischen Instituts in Kempten.

So gut er sonst mit Berndt[10] vom Promi[11] zusammenarbeite, sei in diesem Fall Berndt gegen ihn, obwohl Lammers diese Führerweisung inzwischen Goebbels schriftlich mitgeteilt habe.

Berndt wolle nicht die Verbreitung einer Spezialkorrespondenz zur Judenfrage, sondern Vergrößerung des Umfanges der bestehenden Blätter für Arbeiter und verstärkte Aufnahme antijüdischen Stoffes. Er beabsichtige, da er mit Berndt nicht klarkomme, ihn jetzt zu Rosenberg zu bringen.

4.) Der Führer habe auf Vorschlag von Rosenberg die Abhaltung eines großen antijüdischen Kongresses genehmigt.[12] Einzelheiten hätten dem Führer noch nicht vorgelegen, sondern befänden sich noch in der ersten Planung.

Da, wie er festgestellt habe, das Promi ähnliche Pläne in Vorbereitung gehabt habe, hätte er sich entschließen müssen, das Promi an dem Projekt, das Rosenberg vom Führer genehmigt erhalten habe, zu beteiligen, um die Durchführung von 2 Kongressen zu vermeiden.

Hagemeyer legte mir zur flüchtigen Einsicht den ersten Entwurf eines Kongreßplanes, wie er ihn in den nächsten Tagen Rosenberg und den in Betracht kommenden Ressorts zur Prüfung und Genehmigung zuleiten wolle, vor. Danach soll der Kongreß im April in Prag stattfinden.[13] Einladende: Rosenberg und Goebbels. Ehrenpräsidium: außer Rosenberg und Goebbels der Herr RAM[14] sowie verschiedene andere Minister und Reichsleiter, weiter einige Ausländer, z. B. Tuka[15] und Preziosi.[16] Arbeitsausschuß: Vertreter der einzelnen Dienststellen, darunter auch Vertreter des AA (Hagemeyer hat in seinem

8 Alfred Rosenberg (1893–1946), Architekt und Publizist; 1921 SA-, 1925 NSDAP-Eintritt; 1923 Teilnahme am Hitler-Putsch; mehrere Jahre Hauptschriftleiter und von 1938 an Herausgeber des Völkischen Beobachters; von 1930 an MdR; 1933–1945 Leiter des Außenpolitischen Amts der NSDAP, 1934–1945 leitete er die Dienststelle Rosenberg, Juli 1941 bis 1945 RMfbO; 1946 im Nürnberger Prozess zum Tode verurteilt, hingerichtet.

9 Der Welt-Dienst erschien zwischen Dez. 1933 und Jan. 1945 als antisemitisches Nachrichtenblatt. Ursprünglich als Propagandainstrument für die gleichnamige Propaganda- und Nachrichtenagentur von Ulrich Fleischhauer und Georg de Pottere gegründet, wurde der Welt-Dienst zunächst in drei, 1942 in sechzehn Sprachen gedruckt. 1939 gingen Nachrichtenagentur und Informationsblatt an das Amt Rosenberg und das im Aufbau befindliche Institut zur Erforschung der Judenfrage über. Die Gesamtauflage betrug zeitweise mehr als 300 000 Exemplare.

10 Alfred-Ingemar Berndt (1905–1945), Journalist und Schriftsteller; 1922 NSDAP-, 1934 SS-Eintritt; seit 1928 Mitarbeiter in Wolffs Telegraphischem Bureau, 1935 verschiedene Leitungsfunktionen im RMfVuP, 1941 Ordonnanzoffizier Rommels in Afrika und zugleich seit Sommer 1941 Leiter der Propagandaabt. im RMfVuP, im Sommer 1944 Dienstsuspendierung und Rückkehr an die Front.

11 Reichsministerium für Volksaufklärung und Propaganda.

12 Das Amt Rosenberg plante Ende 1943 einen europäischen antijüdischen Kongress. Zu dessen Vorbereitung siehe das Schreiben Rosenbergs an Bormann vom 16.6.1944; Abdruck in: Jürgen Matthäus/Frank Bajohr (Hrsg.), Alfred Rosenberg. Die Tagebücher von 1934 bis 1944, Frankfurt a. M. 2015, Dok. 23, S. 608–611.

13 Der Kongress, der schließlich am 11.7.1944 in Krakau stattfinden sollte, wurde aufgrund der alliierten Invasion in der Normandie abgesagt.

14 Reichsaußenminister Joachim von Ribbentrop.

15 Dr. Vojtech Tuka (1880–1946), Jurist; von 1940 an slowak. Außenminister; zum Tode verurteilt, hingerichtet.

16 Giovanni Preziosi (1881–1945), Jesuit und Journalist; 1921 Herausgeber der italien. Ausgabe der Protokolle der Weisen von Zion, eines antisemitischen Pamphlets; von 1944 an Generalinspekteur für Rasseangelegenheiten in der Republik von Salò; nahm sich das Leben.

Entwurf mich vorgesehen). Weiterhin verschiedene Einzelausschüsse für Presse, Film etc., in denen auch jeweils ein Vertreter des AA. vorgesehen ist oder vorgesehen werden könnte.
Tagungsprogramm ist außerordentlich umfangreich und sieht neben mehreren Ausstellungen über Juden als Verbrecher etc. Film und Theaterveranstaltungen, Besichtigungen von Prag, Arbeitsausschüsse für Einzelfragen und Vorträge vor dem Plenum über verschiedene Themata vor. Unter den Vortragenden, um deren Beteiligung gebeten werden soll, ist auch der Herr RAM vorgesehen. Aus den Kreisen der Minister ist noch an Goebbels und Rosenberg gedacht. Rosenberg will über biologische Humanität sprechen. Hagemeyer erwähnte als Vorschlag für ein Thema, welches seiner Überzeugung nach vielleicht den Herrn RAM interessieren könne: „Der Jude in der Politik, beleuchtet durch die englische Geschichte". Er betonte aber sofort seinerseits, daß dies natürlich nur eine Idee wäre, aber jede Anregung von seiten des AA. dankbar begrüßt werde.
Als Teilnehmerkreis sind zahlreiche Deutsche und rund 200 prominente ausländische Judengegner vorgesehen. Er sei jetzt dabei, eine erste Liste etwa in Betracht kommender Teilnehmer zusammenzustellen. Sodann bat mich Hagemeyer, ihm möglichst bald einen Termin bei Herrn Staatssekretär von Steengracht zu erwirken, damit er diesem das Projekt vortragen und erläutern könne; er werde bei dieser Gelegenheit formell um die Beteiligung und Unterstützung des AA. bitten. Er beabsichtige – wie dies auch die Weisung von Reichsleiter Rosenberg sei –, jede Einzelheit bereits in der Vorplanung mit dem AA abzustimmen und um dessen Beratung zu bitten.
Abschluß der Tagung: Resolution „Europa frei von Juden". Text sollte mit AA vereinbart werden.

Ich nahm die Mitteilungen von Hagemeyer entgegen, versuchte durch Rückfragen Klarheit über den Stand der Vorbereitungen, insbesondere über den Grad der Einschaltung des Promi, zu erlangen (offensichtlich ist Promi bereits genau unterrichtet, es scheint sogar schon die Zusage von Goebbels vorzuliegen, daß er ein Referat übernimmt) und brachte meinerseits stets erneut zum Ausdruck, daß dies ein Projekt sei, das einen so hochpolitischen Charakter habe, daß es ohne Zustimmung des AA. bereits im ersten Stadium der Vorbereitungen keinesfalls durchgeführt werden könne, denn es sei ja auch ihm nicht unbekannt, daß das AA. für außenpolitische Fragen und für den Auslandsinformationsdienst *ausschließlich* zuständig sei. Die starke Einschaltung des Promi ohne gleichzeitige Beteiligung des AA. als der eigentlichen zuständigen Stelle sei mir unverständlich.
Hagemeyer hielt mir hierbei folgendes entgegen:
1) liege ein Führerbefehl für Rosenberg vor,[17] 2) habe er bereits erwähnt, daß die Einschaltung des Promi in so intensiver Form und so frühzeitig nur erfolgt sei, um einen von dort aus vorbereiteten Parallelkongreß zu verhindern, 3) habe er mir bereits gesagt, daß er um einen Termin bei meinem Staatssekretär bitte, um das AA. bereits im jetzigen Stadium der ersten Planung zur Mitarbeit zu gewinnen, so daß meinen Forderungen

17 Protokoll der Partei-Kanzlei vom 21.11.1943 über den Vortrag Rosenbergs bei Hitler am 17.11.1943, Pkt. 11, siehe Nationalsozialismus, Holocaust, Widerstand und Exil 1933–1945, Online-Datenbank; http://db.saur.de/DGO/basicFullCitationView.jsf?documentId=APK-007347 (letzter Abruf 13.5.2019).

doch wohl vollauf Rechnung getragen sei, und 4) habe der Herr RAM seinerzeit in einem Schreiben an Rosenberg betr. die Pläne Rosenbergs, eine Ausstellung über Europa zu veranstalten, gesagt, dies sei noch zu früh und falle außerdem in die Kompetenz des AA. Dagegen bestünden keine Bedenken, wenn Rosenberg Pläne auf dem Judensektor habe. Damit habe der Herr RAM doch Rosenberg freie Hand gegeben.
Abschließend bat mich Hagemeyer, da er das AA. möglichst schnell formell unterrichten und beteiligen wolle und solle, aber nur noch bis Montag einschl. in Berlin sei, wegen eines Termins bei Herrn St. S. recht bemüht zu sein, und ihn von dem Zeitpunkt in seiner Privatwohnung telef. zu verständigen.
Hiermit
über den Herrn Gruppenleiter Inl II
Herrn Staatssekretär
Mit der Bitte um Weisung eines Termins vorgelegt.

DOK. 100
Der Volksgerichtshof verurteilt die Mitglieder der Europäischen Union am 16. Dezember 1943 wegen Hochverrats und Unterstützung von Juden zum Tode[1]

Urteil des Volksgerichtshofs (10 J 1095/43, 1 H 305/43), gez. Dr. Freisler und Rehse,[2] gegen Mitglieder der Widerstandsgruppe Europäische Union[3] vom 16.12.1943 (Abschrift)

Im Namen des Deutschen Volkes! In der Strafsache gegen
1.) den Chemiker Dr. phil habil. *Robert* Hans Günter Havemann,[4]
geboren am 11. März 1910 in München,
2.) den Oberarzt Dr. med. habil. Georg *Groscurth*,[5]
geboren am 27. Dezember 1904 in Unterhaun, Bez. Kassel,

1 BArch, R 3018/1720, Bl. 80–93.

2 Hans-Joachim Rehse (1902–1969), Jurist; 1925–1929 Mitglied der DNVP, 1933 NSDAP-Eintritt; seit 1934 beim Volksgerichtshof tätig, zuletzt als Hilfsrichter; nach dem Krieg Hilfsrichter am Landesverwaltungsgericht Schleswig, 1967 wegen Beihilfe zum Mord verurteilt, nach Revision freigesprochen.

3 Die Europäische Union war eine 1939 von Robert Havemann und Georg Groscurth gegründete Widerstandsgruppe. Ihr Ziel war die Errichtung eines freien, sozialistischen Europas. Die Mitglieder der Europäischen Union betreuten Zwangsarbeiter und unterstützten verfolgte Juden. 1943/44 wurden in mehreren Prozessen 40 Unterstützer der Europäischen Union vor dem Volksgerichtshof angeklagt und 14 Todesurteile gefällt.

4 Dr. Robert Havemann (1910–1982), Chemiker; 1933–1937 Forschungsstipendiat der Deutschen Forschungsgemeinschaft und bis 1943 wissenschaftlicher Assistent an der Universität Berlin; 1933 Mitglied der sozialistischen Widerstandsgruppe Neu Beginnen, Mitbegründer der Europäischen Union; 1943 wurde er zum Tode verurteilt, die Urteilsvollstreckung aber wiederholt aufgrund seiner „kriegswichtigen" Forschung aufgeschoben; als Regimekritiker in der DDR zeitweise unter Hausarrest; 2005 von der Gedenkstätte Yad Vashem als Gerechter unter den Völkern geehrt.

5 Dr. Georg Groscurth (1904–1944), Arzt; Assistent am KWI für Physikalische Chemie, seit 1933 Internist am Krankenhaus Moabit, von 1939 an leitender Chefarzt; 1939 Mitbegründer der Widerstandsgruppe Europäische Union, 1943 wurde er verurteilt und am 8.5.1944 im Zuchthaus Brandenburg-Görden hingerichtet; 1987 von der Gedenkstätte Yad Vashem als Gerechter unter den Völkern geehrt.

3.) den Architekten *Herbert* Armin *Richter*,[6]
geboren am 5. August 1901 in Halle a/Saale,
4.) den Dentisten *Paul* Otto *Rentsch*,[7]
geboren am 29. September 1898 in Rothenburg,
sämtlich aus Berlin,
zur Zeit in dieser Sache in gerichtlicher Untersuchungshaft,
wegen Vorbereitung zum Hochverrat u. a.
hat der Volksgerichtshof, 1. Senat, auf die am 13.12.1943 beim Volksgerichtshof eingegangene Anklageschrift des Oberreichsanwalts vom 20.11.1943,
auf Grund der Hauptverhandlungen vom 15./16. Dezember 1943,
an welchen teilgenommen haben
als Richter:
Präsident des Volksgerichtshofs Dr. Freisler, Vorsitzer, Kammergerichtsrat Rehse, NSKK-Obergruppenführer Offermann,[8] Gauhauptstellenleiter Ahmels,[9] Kreisleiter Reinecke,[10]
als Vertreter des Oberreichsanwalts:
Amtsgerichtsrat Stark,[11]
für Recht erkannt:

Robert *Havemann*, Georg *Groscurth*, Herbert *Richter* und Paul *Rentsch*, dekadente Intellektualisten, die sich nicht scheuten, feindhörig Auslandssender abzuhören, lebten sich in feigen Defaitismus hinein, Deutschland verliere den Krieg.
Um für diesen Fall die Macht an sich zu reißen, gründeten sie eine „Europäische Union", deren zur Schau getragenes Programm vor Kommunismus und angelsächsischer Scheindemokratie kriecht, damit sie von beiden später anerkannt würden.
In Flugblättern beschimpften sie unseren Führer, den Nationalsozialismus und unser kämpfendes Volk.

6 Herbert Richter alias Richter-Luckian (1901–1944), Architekt; in den 1920er-Jahren Kontakte zur KPD; 1934 kurzfristige Inhaftierung durch die Gestapo; Mitglied der Europäischen Union, 1943 verurteilt und am 8.5.1944 im Zuchthaus Brandenburg hingerichtet; 2005 von der Gedenkstätte Yad Vashem als Gerechter unter den Völkern geehrt.

7 Paul Rentsch (1898–1944), Zahnarzt; Mitglied der Widerstandsgruppe Europäische Union, 1943 verurteilt und am 8.5.1944 im Zuchthaus Brandenburg hingerichtet; 2005 von der Gedenkstätte Yad Vashem als Gerechter unter den Völkern geehrt.

8 Karl Offermann (1884–1956), Zollbeamter; 1905–1934 Angestellter der Reichszollverwaltung; 1929 NSDAP-, 1930 SA-Eintritt; von 1934 an Obergruppenführer von verschiedenen Einheiten des NSKK; seit 1936 MdR; von 1937 an Laienbeisitzer am Volksgerichtshof.

9 Bernhard Ahmels.

10 Heinrich Reinecke (*1905), Bäcker; 1926 NSDAP-Eintritt; zunächst Ortsgruppenleiter, dann Kreisleiter der NSDAP Berlin VII (Friedrichshain/Prenzlauer Berg); 1937 SA-Eintritt; Beisitzer am Ehren- und Disziplinarhof der DAF, später am Volksgerichtshof; sein weiteres Schicksal ist nicht bekannt.

11 Edmund Stark (1909–2004), Jurist; 1933 NSDAP-Eintritt; 1938–1940 Hilfsstaatsanwalt in Stuttgart, dann Amtsgerichtsrat in Tettnang, von 1942 an bei der Reichsanwaltschaft beim Volksgerichtshof in Berlin tätig, im März 1945 wurde er wegen Wehrkraftzersetzung verurteilt; nach dem Krieg Landgerichtsdirektor in Ravensburg.

Ihr Ziel, als Regierung Deutschlands nach einer Niederlage anerkannt zu werden, suchten sie vor allem auch dadurch zu erreichen, daß sie Beziehungen zu illegalen politischen Gruppen ausländischer Arbeiter in Deutschland anknüpften und pflegten.
Darüber hinaus rüttelten sie an der Sicherheit unseres Reiches dadurch, daß sie Juden falsche Papiere verschafften, die sie als deutschblütig tarnen sollten.
Sie haben durch diesen ihren Defaitismus dem Kommunismus Vorschub geleistet, unseren Kampfwillen angenagt und durch das alles in unserer Mitte unseren Kriegsfeinden geholfen!
Für immer ehrlos werden sie mit dem *Tode* bestraft.

Gründe.
Robert *Havemann*, Georg *Groscurth*, Herbert *Richter* und Paul *Rentsch* wollen gebildet sein. Havemann hat nach dem Studium der Chemie als Stipendiat der Deutschen Forschungsgemeinde[12] zuerst am Robert-Koch-Krankenhaus und dann an der militärärztlichen Akademie gearbeitet. Darauf ging er als wissenschaftlicher Assistent an das Pharmakologische Institut der Universität Berlin und wurde habilitiert. Er arbeitet in wichtigen Aufgaben seines Faches, hat auch Erfindungen entwickelt, die etwas bedeuten müssen; denn aus ihnen bezieht er schon jetzt monatlich etwa 1000 Mk Lizenzen.
Georg *Groscurth* war nach dem Medizinstudium auch Stipendiat der Deutschen Forschungsgemeinde, und zwar am Kaiser-Wilhelm-Institut für physikalische Chemie; dann wurde er Assistenzarzt am Robert-Koch-Krankenhaus, wo er seit 1938 Oberarzt der Ersten Inneren Abteilung ist. Seit 1940 doziert er auch an der Universität Berlin.
Herbert *Richter* eröffnete nach Besuch der Kunstschule zunächst eine Werkstätte für Innenarchitektur und Malerei, wurde dann 1922 Ufa Architekt, gründete alsbald eine eigene Filmgesellschaft, betätigte sich darauf als beratender Architekt der Stadt Berlin und eröffnete danach wieder eine freie Praxis. Seit 1942 ist er für den Reichshandwerksmeister zentral in Fragen der Behebung von Fliegerschäden eingesetzt.
Paul *Rentsch* war im Weltkriege Soldat und bekam das EK II. Er ist Zahntechniker und hat seit 1924 in Berlin eine selbständige Praxis.
Alle vier haben durch ihr Verhalten gezeigt, daß sie nicht gebildet sind. Zur Bildung gehört nämlich nicht nur Wissen und fachliches Können; Voraussetzung und Grundlage wahrer Bildung jedes Deutschen ist seine Treue in der Volksgemeinschaft zu Führer und Reich. Und alle vier sind Verräter an Volk, Führer und Reich geworden.
Sie kannten sich schon von früher her, teilweise viele Jahre lang. Sie kamen auch öfters, zunächst in Gruppen, zusammen. Aus ihren Gesprächen zur Politik und zur Kriegslage entwickelte sich eine gemeinsame defaitistische und oppositionelle Anschauung. So entstand unter ihnen der Gedanke, eine Organisation zu gründen, die alle diejenigen Kräfte sammeln sollte, die „politisch nicht belastet", d. h. im Sinne der vier Angeklagten nicht nationalsozialistisch tätig gewesen waren. Diese Vereinigung gründeten die vier Angeklagten auch tatsächlich, und zwar am 15. Juli ds. Js. Sie nannten sie die „Europäische Union".[13]

12 Richtig: Deutsche Forschungsgemeinschaft.
13 Die Widerstandsgruppe um Havemann und Groscurth bildete sich bereits seit 1939, erst 1943 gab sie sich den Namen Europäische Union.

Rentsch war unter den Vieren weniger führend als bloß mitgenommen. Der Kopf der Vier war zweifellos Havemann. Er sagt, er habe besonders seit etwa einem Jahr geglaubt, Deutschland werde den Krieg verlieren; habe befürchtet, daß Deutschland dann Schauplatz des Kampfes zwischen den Bolschewisten und den Angelsachsen und von beiden zerrissen werden würde; besonders, wenn die vielen alten Parteien wieder auferstehen sollten, weil dann zur äußeren Schwäche auch noch die innere Zerrissenheit kommen würde. Er habe es für unverantwortlich gehalten, nicht an die Niederlage zu denken und nicht für den Fall der Niederlage vorzusorgen. In den Besprechungen mit den anderen Angeklagten habe sich dann eine Gemeinschaft der Gedanken in diesem Sinne entwickelt. Dabei sei man sich klar gewesen, daß die Gründung einer Auffangorganisation für solche in seinem Sinne „unbelasteten" Elemente nur Aussicht auf Erfolg habe, wenn sie vom Ausland nicht gleich abgelehnt werde und wenn sie ihrer eigenen Mitte von vornherein alle weltanschaulich-politisch-dogmatischen Auseinandersetzungen vermeide. Programm und Charakter dieser Organisation hätten also nichts Nationalsozialistisches enthalten dürfen und sich sowohl an bolschewistische als auch an angelsächsische-demokratische Ideologien anlehnen müssen. Endlich habe sich unter den Angeklagten der Gedanke durchgesetzt, man müsse größer erscheinen, als man sei, weil man sonst der Lächerlichkeit verfallen würde. Deshalb sei man u. a. auch auf den Gedanken gekommen, die beabsichtigte Vereinigung „Europäische Union" zu nennen und sich selbst, obgleich weitere Mitglieder noch gar nicht da waren, als deren Zentralkomitee und schließlich als das Exekutivkomitee des Zentralkomitees zu bezeichnen.

Diese Darstellung Havemanns stimmt in allen wesentlichen Zügen mit den Angaben der drei anderen Angeklagten überein, nur daß Rentsch zwar nicht die Verantwortung dafür, daß er mitgemacht hat, aber doch die aktive Miturheberschaft auch an der Schöpfung dieser Gedanken bestreitet.

Es mag also so gewesen sein.

[...][14]

Wie schamlos die Gesinnung der vier Angeklagten ist, ergibt sich auch daraus, daß sie geradezu systematisch *illegal lebende Juden* unterstützten, ja sogar mästeten; aber nicht nur das, sie verschafften ihnen sogar falsche Ausweise, die sie vor der Polizei tarnen sollten, als wären sie nicht Juden, sondern Deutsche. Dabei weiß jedermann, vor allem aber jeder Gebildete, daß die Polizei jedes geordneten Staates die absolute Gewähr haben muß, daß sie genau über die Persönlichkeit aller, die im Staatsgebiet leben, unterrichtet ist. Falsche Ausweise bedeuten eine schwere Gefährdung der Grundlagen der Staatssicherheit. Das wußten erst recht Männer wie die Angeklagten, die auf ihre Bildung pochen. Havemann hat sogar die Frechheit gehabt, in dem bei ihm gefundenen, schon besprochenen Entwurf darauf besonders hinzuweisen, daß im Reich viele Personen ohne Ausweis seien, und das als einen Beweis für den baldigen Zusammenbruch angeführt.

Havemann hatte erfahren, daß ein Bekannter von ihm, der Bruder einer vom Volksgerichtshof zum Tode verurteilten Kommunistin, draußen in Schönwald die Jüdin Agnes Sarah Wolf und den Juden Heinz Israel Wolf heimlich untergebracht hatte.[15] Als er hör-

14 Im Folgenden werden die Gründung der Europäischen Union und ihre Zielsetzung beschrieben. Des Weiteren werden die Kontaktaufnahme zu illegalen Widerstandsgruppen von ausländischen Zwangsarbeitern und die Inhalte der von Havemann entworfenen Flugblätter geschildert.

te, daß die Unterbringung für die Zukunft auf Schwierigkeiten stieße, fuhr er hinaus, glättete die Schwierigkeiten, zahlte aus eigener Tasche für die bisherige Unterbringung 400 Mk und versprach für die Zukunft monatlich 100!!! Aus eigenem Gelde ließ er diesen Juden auch Butter, einmal auf dem schwarzen Markt gekaufte 10 Pfund Kalbsfett, Nährmittel und Brotmarken zukommen, die er übrigens teilweise zu diesem Zweck von Groscurth bekam! Havemann war auch über einige der sonstigen Judenunterstützungen, die noch besprochen werden, unterrichtet.

Groscurth hatte eine Jüdin Lindemann ihr Leid geklagt, daß sie keine Papiere habe. Bald darauf kam ein Jude Karo[16] unter dem falschen tarnenden Namen Walter zur Behandlung in seine Sprechstunde und erzählte ihm dabei, er könne falsche Papiere für Juden verschaffen. Merkwürdig, was für ein jüdisches und kommunistisches Pack sich gerade immer bei diesen Angeklagten einfand. Groscurth erinnerte sich jetzt an die Jüdin Lindemann und vermittelte ihr jetzt die Bekanntschaft mit Karo, der ihr für 350 Mk falsche Papiere verschaffte.

Richter bat etwa im Juli d. J. Groscurth, doch auch für ein Ehepaar Michailowitsch[17] falsche Papiere zu besorgen. G. besorgte diese falschen Papiere für 700 Mk bei dem Juden Karo. Das jüdische Ehepaar Michailowitsch hatte Richter dringend um Hilfe gebeten. Richter kannte den Ehemann M. von früher, von seiner Filmtätigkeit her. Er sagte dem Volksgerichtshof, das sei doch ein ordentlicher Jude gewesen. Unglaublich, daß ein Mann in der wichtigen Vertrauensstellung, die Richter innehatte, solche Gedankengänge hat.

Groscurth gibt übrigens zu, noch für einen weiteren Juden und noch für eine weitere Jüdin falsche Papiere besorgt zu haben. In dem einen Fall habe ihn der Oberarzt am Robert-Koch-Krankenhaus Hilterhaus,[18] sein Berufskamerad, darum gebeten.

Endlich nahm Groscurth für etwa vier Wochen die ihm aus der Studentenzeit bekannte jüdische Frau von Schewen geb. Weidenreich[19] heimlich bei sich auf.

Rentsch hat diese Frau von Schewen einer Quelle zugeführt, die sich mit der Beschaffung tarnender falscher Ausweispapiere für Juden befaßte, damit sie auch solche Papiere bekomme. Außerdem hat er der Jüdin Herta Sarah Brasch[20] die Bekanntschaft dieser selben Quelle vermittelt. Er tat das auf Bitte von Havemann, der ihm bei sich die Bekanntschaft dieser Jüdin verschaffte. Endlich hat er sich auch um falsche Papiere für das Ehepaar Michailowitsch bemüht, das er seinem Falschpaßhersteller zuführte, der sich übrigens von diesem Ehepaar 4000 Mk versprechen ließ.

15 Richtig: Agnes Wolff (1879–1944), Erzieherin; am 22.2.1944 gemeinsam mit ihrem Sohn Heinz Günter Wolff (1913–1944) nach Auschwitz deportiert, beide wurden dort ermordet.

16 Richtig: Walter Caro (1899–1945), Kaufmann; lebte seit Febr. 1943 untergetaucht in Berlin und verkaufte gefälschte Papiere, im Sept. 1943 verhaftet und im April 1944 nach Auschwitz deportiert; starb dort nach der Befreiung.

17 Richtig: Alfred und Marie Michalowitz. Alfred Michalowitz (1885–1944) wurde am 12.10.1944 nach Auschwitz deportiert.

18 Dr. Hermann Hilterhaus war Assistenzarzt am Robert-Koch-Krankenhaus und gehörte dem „Antifaschistischen Vertrauenskreis" der Neurologischen Abteilung an.

19 Richtig: Elisabeth von Scheven; lebte in Frankfurt a. M. in einer „Mischehe" und wurde im Sommer 1943 von Paul Rentsch und seiner Frau versteckt, im Sept. 1943 verhaftet und nach Auschwitz deportiert. Sie emigrierte 1946 in die USA.

20 Hertha Brasch, geb. Abraham (1887–1944); am 20.1.1944 nach Auschwitz deportiert, dort ermordet.

Wenn man diese Seite der zersetzenden Tätigkeit der Angeklagten für sich allein sieht, so bekommt man nicht nur den Eindruck, als befinde man sich in einer ganz ordinären Verbrecher-Clique der allgemeinen Kriminalität, sondern schon diese Tätigkeit für sich allein bedeutet eine außerordentliche Unterstützung unserer Feinde im Kriege. Denn sie untergräbt unsere Sicherheit, sie verschleiert die Evidenz unserer Bevölkerung. Männer der Intelligenz wissen das auch (§ 91b StGB).[21] Dies allein ist also ein Verbrechen, das nicht leicht genommen werden darf und das schon für sich die Todesstrafe verdient. Aber darüber hinaus wirft es gerade auf diese Angeklagten, ihre ganze Mentalität und ihre sonstige Verratstätigkeit ein bezeichnendes Schlaglicht.

[...][22]

Mit all dem haben die Angeklagten mitten im Krieg unseren Kriegsfeinden geholfen, in einer Weise, wie wohl selbst Churchill, Roosevelt und Stalin es sich nicht haben träumen lassen. Freilich ohne Erfolg. Denn das deutsche Volk antwortet solchen Verrätern anders als dadurch, daß es ihnen folgt. Daß sie keinen Erfolg hatten, können sie aber nicht, wie einzelne von ihnen getan haben, jetzt für sich buchen wollen. Wenn das Reich durch seine Polizei und seine Justiz erst dann den Verrat mit aller Kraft bekämpfen wollte, wenn er einen Erfolg gehabt hat, so wäre es zu spät. Der verräterische Wille ist die Schuld der Angeklagten. Ihr Mißerfolg ist nicht ihr Verdienst, sondern die Folge der Haltung des deutschen Volkes. In dieser Hilfe für unsere Kriegsfeinde (§ 91b StGB), diesem Defaitismus, dieser Zersetzung unserer Kraft zu mannhafter Wehr in sich selbst und in denen, mit denen sie über die EU sprachen, in dieser kommunistischen Agitation vereint sich die untilgbare Schuld der Angeklagten zum Volksverrat. Es ist zwar richtig, aber verschwindet demgegenüber, daß sie damit das Vertrauen, das man ihnen in ihrem Beruf entgegenbrachte, Richter an einer wichtigen Stelle im Staate, Groscurth als Oberarzt in einem Krankenhause, das den Namen eines der größten deutschen Mediziner trägt, Havemann in einem Institut von glänzendem Namen, in dem er mit wichtigen Arbeiten betraut war, auf schwerste getäuscht haben. Es ist auch richtig, verschwindet aber demgegenüber gleichfalls, daß sie zu dem Teil der geistig Schaffenden Deutschlands gehören, die das geistige Schaffen diskreditieren, weil sie als entartete Intellektualisten statt als deutsche Männer und Bürger des Reiches ihr Wissen und ihr Können als Verpflichtung zu doppelter Arbeit ansehen, im Salonbolschewismus und ähnlichen Dekadenzerscheinungen sich schamlos herumwälzen und dann auch noch die Frechheit haben, sich als designierte Führer des deutschen Volkes aufzuspielen; den Führer des Betrugs am Volk beschuldigen, während sie selbst das Heuchlerische und Irreführende ihrer Propaganda, z. B. in der Lügenhaftigkeit ihrer Aushängeschilde, zugeben müssen. Was würden unsere Soldaten sagen, wenn der nationalsozialistische Staat nicht solche Kreaturen so behandeln würde, wie sie sind, nämlich als für immer ehrlose Subjekte, die unserem kämpfenden Volk, vor allem auch unseren kämpfenden Soldaten, in unvorstellbarer Weise in den Rücken fallen? Solche für immer ehrlosen Subjekte wie diese vier Angeklagten mußten deshalb zum Tode verurteilt werden. Ob dieser oder jener von ihnen besondere Verdienste

21 Nach § 91b, 1 StGB wurde jeder, der im Kriegsfall den Feind begünstigt bzw. dem Deutschen Reich schadet, mit dem Tode oder lebenslangem Zuchthaus bestraft.

22 Im Folgenden führt das Gericht aus, dass das Gedankengut der Europäischen Union kommunistisch geprägt sei, und wirft den Angeklagten Volksverrat durch Defätismus vor.

hat, konnte für den Volksgerichtshof kein Gesichtspunkt sein, der sein Urteil bestimmte. Wenn der Schlosser im Rüstungsbetrieb, der Landarbeiter auf dem Gute, überhaupt der einfache Mann, der nicht mit Hochschulbildung und ähnlichem protzen kann, Verrat begeht und deshalb aus der Volksgemeinschaft ausgemerzt werden muß, so wäre es nicht nationalsozialistisch, wollte der Volksgerichtshof bei diesen Angeklagten anders verfahren.
Weil sie verurteilt sind, müssen diese vier Angeklagten die Kosten tragen.[23]

DOK. 101
Himmler erläutert dem Chef des Rasse- und Siedlungshauptamts der SS am 17. Dezember 1943, wie lange jüdische Vorfahren eine Aufnahme in die SS beeinträchtigen[1]

Schreiben des Reichsführers-SS, Feld-Kommandostelle, gez. Himmler, an den Leiter des Rasse- und Siedlungshauptamts-SS, SS-Obergruppenführer Hildebrandt,[2] vom 17.12.1943[3]

Bezug: Ihr Schreiben vom 1.12.43 Geh.Nr. 766[4]
Lieber *Hildebrandt*!
Der Wichtigkeit halber bestätige ich auch noch schriftlich Ihren Brief vom 1.12.43 betr. die jüdische Abstammung der SS-Angehörigen Katzenstein,[5] Julius[6] und Rolf Sütterlin.[7] In diesen drei Fällen ist meine Entscheidung, daß alle drei auf eigene Verantwortung der Braut heiraten können und daß ich die Wiedervorlage dieser Akten nach dem Kriege angeordnet habe. Klar stelle ich schon heute, daß – ganz gleich wie meine endgültige Entscheidung lauten mag – die Kinder dieser drei Sippen für eine Aufnahme in die SS oder für die Genehmigung einer Verheiratung mit einem SS-Mann nicht in Frage kommen und diese Sippen für die SS gesperrt werden.

23 Das Dokument enthält vier Anlagen. Dabei handelt es sich um Flugblätter der Europäischen Union; wie Anm. 1, Bl. 94–100.

1 BArch, NS 19/1047, Bl. 26 f. Abdruck in: Helmut Heiber (Hrsg.), Reichsführer! ... Briefe an und von Himmler, Stuttgart 1968, S. 275 f.

2 Richard Hildebrandt (1897–1951), Kaufmann; 1928 NSDAP-, 1931 SS-Eintritt; 1933–1945 MdR; 1933–1937 verschiedene SS-Leitungsfunktionen, 1939–1943 HSSPF in Danzig, 1942 SS-Ogruf und General der Polizei; 1943–1945 Leiter des RuSHA, April 1945 HSSPF Böhmen und Mähren; 1948 wurde er zu einer Gefängnisstrafe und 1949 in Polen zum Tode verurteilt, 1951 hingerichtet.

3 Handschriftl. Zusatz: 13/52/43g.

4 Nicht ermittelt.

5 Fritz Katzenstein (1923–1945); 1942 Angehöriger der SS-Division Wiking, im Nov. 1942 in der Sowjetunion schwer verwundet, seit 1943 Pionier-Ersatz-Bataillon Dresden; 5.2.1944 Heirat mit Ruth Hinke; gefallen und postum zum SS-Unterscharführer befördert.

6 Julius Friedrich Sütterlin (1913–1979); Angehöriger der Waffen-SS, 1942 SS-Unterscharführer, 1944 SS-Obersturmführer in der SS-Aufklärungs-Abt. 9 Hohenstaufen.

7 Rolf Sütterlin (1920–1945), Kaufmann; 1941 Auszeichnung mit dem Eisernen Kreuz II. Klasse; bis zum 6.11.1942 SS-Division Wiking, dann SS-Nachrichten-Ersatz-Regiment, vom 25.11.1943 an als Obersturmführer zur SS-Nachrichten-Ausbildungs- und Ersatz-Abt. 1; gefallen.

Das Gutachten des Prof. Dr. B. K. Schultz[8] kann ich in keiner Weise anerkennen.[9] Es ist wissenschaftlich in meinen Augen überhaupt nicht haltbar. Denn mit derselben Berechtigung, mit der er erzählt, daß in der dritten Generation von dem Vorhandensein auch nur eines vom Juden stammenden Chromosoms nicht mehr gerechnet werden kann, könnte man behaupten, daß die Chromosome aller anderen Vorfahren ebenfalls verschwinden. Dann muß ich die Frage stellen: woher bekommt der Mensch überhaupt das Erbgut, wenn nach der dritten Generation von den Chromosomen seiner Vorfahren nichts mehr vorhanden ist? Für mich steht eines fest: Herr Prof. Dr. Schultz ist als Chef des Rassenamtes nicht geeignet.
Über die gesamte in Ihrem Brief angeschnittene Frage kann ich nicht jetzt, sondern werde ich erst nach dem Kriege entscheiden. Sie hat unendlich viel Für und Wider. Insgesamt neige ich aber der Meinung zu, daß wir mindestens bei Neuaufnahmen oder Neuverheiratungen an dem Grundsatz, zunächst bis 1750, dann nach dem Stand der Ahnenforschung bis 1700 und dann bis 1650 zurückzugehen und hier restlose Sauberkeit zu verlangen, festhalten müssen.
Heil Hitler!
Ihr

DOK. 102

Der Kölner Vertrauensmann Hans Feldheim bittet die Reichsvereinigung der Juden am 17. Dezember 1943 darum, Häftlinge in Konzentrationslagern weiter unterstützen zu dürfen[1]

Schreiben des Vertrauensmanns der Reichsvereinigung der Juden für Köln, gez. Dr. H. Salomon Feldheim, Köln, Kamekestr. 19/II, an die Reichsvereinigung der Juden in Berlin (Eing. 23.12.1943), Berlin N 65, Iranische Str. 2, vom 17.12.1943[2]

Ich halte es für angebracht, Ihnen nachstehend eine Karte aus dem Konzentrationslager Weimar-Buchenwald in Abschrift wiederzugeben.
„Weimar-Buchenwald 5. Dez. 1943.
Werte Gemeinde! Habe Ihre regelmäßigen Geldsendungen dankend erhalten. Freue mich, daß Sie noch immer an mich denken. Ich bitte Sie, mir warme Wollsachen und Unterwäsche (Pullover, Schal, Handschuhe, Ohrenschützer, Handtücher) und etwas Lebensmittel zu schicken. Falls Sie ein Paar Ledergamaschen haben, so schicken Sie mir bitte diese. Ihnen für alles dankend
Ihr
gez. Max Israel Frenkel“[3]

8 Dr. Bruno Kurt Schultz (1901–1997), Anthropologe; seit 1924 wissenschaftlicher Mitarbeiter an verschiedenen anthropologischen Instituten; 1932 NSDAP- und SS-Eintritt; von 1938 an Professur für Rassenbiologie in Berlin und seit 1942 für Erb- und Rassenhygiene in Prag, von 1942 an Leiter des Rassenamts im RuSHA; Herausgeber der Zeitschrift Volk und Rasse; nach 1945 im Entnazifizierungsverfahren als Mitläufer eingestuft.
9 Schultz hatte am 12.11.1943 ein Gutachten zur Frage erstellt, inwieweit ein jüdischer Vorfahre die Erbanlagen in der neunten Generation beeinflusst; siehe BArch, NS 19/1047.

1 BArch, R 8150/720, Bl. 12.
2 Erledigtstempel vom 23.12.1943.

Zu dieser Karte habe ich zu bemerken, daß ich am 15. Okt. 1943 unter Ihrem Gesch. Z. I A – Dikt[at]: Dr. Lu/Kn.[4] an Sie die Frage richtete, ob ich 5 Schutzhäftlingen die monatliche Unterstützung von 7.50 RM., die sie bisher von der Bezirksstelle Rheinland der R. V. immer erhalten hatten, weiter schicken sollte oder ob Sie das übernehmen wollten.[5]
Kurze Zeit später erhielt ich von Ihnen den Bescheid, daß diese Geldsendungen nicht mehr in Frage kämen.
Nach der Karte des Inhaftierten Frenkel zu schließen, hat ihm diese kleine Unterstützung einen relativ großen Halt gegeben. Ich würde es sehr begrüßen, wenn Sie Ihre ablehnende Stellungnahme einer nochmaligen Revision unterziehen könnten. Sollten Ihnen für solche Zwecke keine Mittel zur Verfügung stehen, so wäre ich gerne bereit, die Überweisungen wieder von hier aus vorzunehmen. Ich bin davon überzeugt, daß mir die Mittel aus Spenden hierfür zur Verfügung gestellt würden.
Ich sehe Ihrem Bescheid entgegen, um Ihnen gegebenen Falles die Anschriften der anderen 4 mitzuteilen oder Ihre Genehmigung entgegenzunehmen, von hier aus das Geld in der bisherigen Weise zu schicken.
Darüber hinaus bitte ich, die Wünsche des Frenkel zu erfüllen. Leider stehen mir hier keinerlei Kleidungsstücke zur Verfügung, sonst würde ich Sie nicht damit behelligen.
Die Anschrift des Max Israel Frenkel:
Konzentrationslager Weimar-Buchenwald.
Nr. 7801
Block 22 A

DOK. 103

Der Leiter der Gestapo Heinrich Müller ordnet am 18. Dezember 1943 an, jüdische Ehepartner aus nicht mehr bestehenden „Mischehen" nach Theresienstadt zu deportieren[1]

Erlass des Reichssicherheitshauptamts, Referat IV B 4a, gez. i. V. Heinrich Müller, an a) alle Staatspolizei(leit)stellen – außer Prag und Brünn –, b) den BdS Zentralamt für die Regelung der Judenfrage in Böhmen und Mähren, c) den BdS für Lothringen-Saarpfalz, d) den BdS im Elsaß, e) das Einsatzkommando der Sicherheitspolizei und des SD in Luxemburg, f) den KdS für die Steiermark, g) den KdS für die besetzten Gebiete Kärntens und Krains vom 18.12.1943[2]

Betrifft: Erweiterung des für die Wohnsitzverlegung nach Theresienstadt bestimmten jüdischen Personenkreises
Bezug: Ohne

3 Max Frenkel (*1918), Schuhmacher; 1933 im KZ Oranienburg inhaftiert, am 10.10.1939 in das KZ Buchenwald eingeliefert, dort als Maurer im Baukommando I tätig; 1945 in Buchenwald befreit, lebte zeitweise im Ausland.
4 Abt. I: Zentrale der Reichsvereinigung der Juden in Berlin; die Kürzel stehen für Walter Lustig, Leiter der Reichsvereinigung, und vermutlich Siegbert Kleemann, der innerhalb der Abt. I für Allgemeines und Personalien zuständig war.
5 Die Anfrage Feldheims konnte nicht ermittelt werden.

1 NARA, RG 238, Entry NM 66, 1, Box 183, File 3366, Kopie: Staatsarchiv Nürnberg, PS-3366.
2 Außerdem ging der Erlass nachrichtlich an den BdS beim Reichsprotektor in Böhmen und Mähren Prag sowie an den IdS.

Der Reichsführer SS hat auf Vorschlag angeordnet, die jüdischen Ehegatten aus nicht mehr bestehenden deutsch-jüdischen Mischehen, die vom Kennzeichnungszwang befreit sind, in die Maßnahmen zur Wohnsitzverlegung von Juden nach Theresienstadt einzubeziehen. Ausgenommen bleiben zunächst die jüdischen Ehegatten,
a) deren Söhne gefallen sind oder
b) wo mit Rücksicht auf vorhandene Kinder zu erwarten ist, daß dadurch eine gewisse Unruhe hervorgerufen werden würde.
Das Erforderliche unter Zugrundelegung der Richtlinien zur technischen Durchführung der Wohnsitzverlegung der Juden nach Theresienstadt vom 20.2.1943 – IV B 4a 2537/42 –,[3] die bis auf die genannte Erweiterung des Personenkreises unverändert bleiben, ist in der Zeit vom 5. Januar bis 10. Januar 1944 durchzuführen. Bei der schlagartig durchzuführenden Wohnsitzverlegung dieser Juden bitte ich dafür Sorge zu tragen, daß ihnen keine Gelegenheit zum Untertauchen gegeben wird.
In Zweifelsfällen ist hinsichtlich einer eventuellen Zurückstellung wegen vorhandener Kinder die Entscheidung des Reichssicherheitshauptamtes einzuholen.
Abschlußbericht ist vorzulegen.

DOK. 104

Theophil Wurm protestiert am 20. Dezember 1943 beim Chef der Reichskanzlei gegen die Ausweitung der Judenverfolgung auf „Mischehen“ und „Mischlinge“[1]

Schreiben des Landesbischofs der Württembergischen Evangelischen Landeskirche, gez. D. Wurm, Stuttgart, an die Reichsregierung, z. Hd. des Chefs der Reichskanzlei, Reichsminister Dr. Lammers, vom 20.12.1943 (Abschrift)

Sehr verehrter Herr Reichsminister!
Auf Grund von Mitteilungen, die mir von glaubwürdiger Seite zugegangen sind, muß ich annehmen, daß neuerdings die Mischlinge ersten Grades besonders bedroht sind und daß die Absicht besteht, sie den Nichtariern gleichzustellen. Da die große Mehrheit von ihnen einer der christlichen Kirchen angehört, besteht für die Kirchen Anlaß und Verpflichtung, Fürsprache für sie einzulegen.
Nach Erlaß der Nürnberger Gesetze hat der Führer erklärt, der Begriff „Jude“ sei nun endgültig festgelegt. Man durfte deshalb annehmen, daß die Mischlinge und die mit Juden verheirateten Arier von den Maßnahmen, die gegen die Juden ergriffen werden, verschont bleiben. Dies war auch bis zum Jahr 1939 der Fall. Als der staatlich anerkannte Verband der Mischlinge in diesem Jahr aufgelöst wurde, wurde amtlich erklärt, daß dieser Verband überflüssig sei, weil die Mischlinge die Voraussetzungen des vorläufigen Reichsbürgerrechts erfüllen, Mitglieder der NSV und der DAF sein können und wehrpflichtig seien.[2]

3 Siehe Dok. 29 vom 21.5.1943, Anm. 5.

1 LKA Stuttgart, D1 (Nachlass Wurm), Bd. 109, 1.
2 Gemeint ist der Reichsverband christlich-deutscher Staatsbürger nichtarischer oder nicht rein arischer Abstammung e. V.; siehe Dok. 2 vom 8.4.1943, Anm. 5.

Im Lauf des Krieges sind aber Maßnahmen ergriffen worden, die sie wesentlicher Rechte beraubten. Sie wurden aus der Wehrmacht entlassen;[3] ihren Kindern wurde der Besuch der höheren Schulen unmöglich gemacht;[4] im Fall eines Erbgangs wurden sie des vom jüdischen Elternteil kommenden Erbes für verlustig erklärt.[5]
Neuerdings sind noch weitere Schritte in dieser Richtung erfolgt. Es ist Anweisung gegeben worden, die Mischlinge und die mit jüdischen Frauen verheirateten Arier in Arbeitstrupps zusammenzustellen, die eine besondere Uniform zu tragen haben. Selbstverständlich ist keine Einwendung dagegen zu erheben, daß, nachdem ihnen die Wehrfähigkeit abgesprochen worden ist, sie zu besonderen Dienstleistungen im Kriege herangezogen werden. Aber daß sie nicht in die Organisation Todt eingereiht werden, zeigt, daß die Absicht besteht, den Prozeß der Absonderung dieser Personen vom Volksganzen weiterzutreiben.[6] In dieselbe Richtung weist die Tatsache, dass neuerdings Bombengeschädigte nach der Rassezugehörigkeit gefragt werden. Niemand, der die Entwicklung der Rassenpolitik in den letzten Jahren aufmerksam verfolgt hat, kann darüber im unklaren sein, dass diesen Mischlingen dasselbe Schicksal droht, das die Volljuden getroffen hat, die Ausmerzung.
Nicht aus irgendwelchen philosemitischen Neigungen, sondern lediglich aus religiösem und ethischem Empfinden heraus muß ich in Übereinstimmung mit dem Urteil aller positiv christlichen Volkskreise in Deutschland erklären, daß wir Christen diese Vernichtungspolitik gegen das Judentum als ein schweres und für das deutsche Volk verhängnisvolles Unrecht empfinden. Das Töten ohne Kriegsnotwendigkeit und ohne Urteilsspruch widerspricht auch dann dem Gebot Gottes, wenn es von der Obrigkeit angeordnet wird, und wie jedes bewußte Übertreten von Gottes Geboten rächt sich auch dieses früher oder später. Unser Volk empfindet vielfach die Leiden, die es durch die feindlichen Fliegerangriffe ertragen muß, als Vergeltung für das, was den Juden angetan worden ist. Das Brennen der Häuser und Kirchen, das Splittern und Krachen in den Bombennächten, die Flucht aus den zerstörten Häusern mit wenigen Habseligkeiten, die Ratlosigkeit im Suchen eines Zufluchtsortes erinnert die Bevölkerung aufs peinlichste an das, was bei früheren Anlässen die Juden erdulden mußten. Es liegt ja auch klar am Tage, daß alle die früheren Maßnahmen gegen die Nichtarier auf die Kriegspolitik der Feinde einen außerordentlich starken Einfluß ausgeübt haben und noch ausüben. Wer es mit dem deutschen Volke gut meint, kann nur dringend bitten, daß an den Mischlingen und den mit Jüdinnen verheirateten Ariern nicht noch weiteres Unrecht verübt wird. Liegt es im göttlichen Ratschluß, das deutsche Volk aus den heutigen furchtbaren Prüfungen wieder in ein glückliches und gesichertes Dasein zu führen, so wird dies geschehen, auch ohne daß wir Volksgenossen dafür bestrafen, daß sie nicht rein arischer

3 Seit dem 8.4.1940 wurden „Mischlinge ersten Grades" aus dem aktiven Wehrdienst entlassen; siehe VEJ 3/66.

4 Mit dem Runderlass des REM vom 2.7.1942 (EIIc 2029, E III) wurden „Mischlinge ersten Grades" vom Besuch weiterführender Schulen ausgeschlossen. Am 9.9.1942 ergänzte das Ministerium diesen Erlass, indem Übergangsregelungen konkretisiert wurden.

5 Siehe Dok. 50 vom 1.7.1943.

6 Seit Sommer 1943 wurden „Mischlinge" und in „Mischehe" lebende nichtjüdische Männer zum Arbeitseinsatz bei der Organisation Todt herangezogen. Unter dem Tarnnamen „Hase" fasste sie die OT in gesonderte Arbeitsbataillone zusammen, die in Frankreich zur Zwangsarbeit an den deutschen Verteidigungsanlagen am Atlantik eingesetzt wurden. Eine umfassende Verpflichtung zur Zwangsarbeit für diese Personengruppe erfolgte jedoch erst ein Jahr später.

Abstammung sind; und wenn wir einer großen Tragödie entgegensehen sollten, so wird sie durch Entrechtung einer weiteren Anzahl von Volksgenossen auch nicht aufgehalten werden. Jeder christlich gesinnte Deutsche fleht täglich Gott an, er möge dem grausamen Wüten des Krieges ein Ende machen und einem durch Prüfungen schwerster Art innerlich erneuerten Volk wieder ein friedliches Schaffen gewähren; diese Bitte ist aber immer von den tiefen Anliegen geleitet, er möge unserer Führung die Kraft und Weisheit schenken, sich von irrtümlichen Voraussetzungen frei zu machen und dem Rechtsgedanken im staatlichen und völkischen Leben wieder zu der Geltung zu verhelfen, die er nach den besten Überlieferungen der deutschen Geistesgeschichte beanspruchen darf.
Indem ich Sie bitte, sehr verehrter Herr Reichsminister, diese Anliegen des christlichen Volksteils an höchster Stelle zu Gehör zu bringen, verbleibe ich
Ihr ergebener [7]

DOK. 105
Der US-Kongress fordert am 20. Dezember 1943 die Einsetzung einer Kommission, die einen Plan zur Rettung der europäischen Juden ausarbeiten soll[1]

Bericht (Nr. 625) zur Rettung der Juden in Europa vom US-Senatsausschuss für Auswärtige Angelegenheiten, vorgelegt von Guy Gillette,[2] begleitend zur Senatsresolution 203,[3] beim 78. Kongress, 1. Sitzung, vom 20.12.1943

Der Ausschuss für Auswärtige Angelegenheiten, dem die Senatsresolution 203 vorgelegt wurde, die sich für die Einsetzung einer Kommission zur Ausarbeitung eines Plans zur Rettung der Juden Europas vor der Vernichtung durch Nazi-Deutschland ausspricht, ist zu dem Schluss gekommen, dass die Resolution in der geänderten Fassung sowie der beigefügte Bericht diesem Zweck förderlich sind, und empfiehlt, die Resolution in dieser Form zu verabschieden.
Das Nazi-Regime hat angeordnet, die jüdische Rasse in den Ländern der Achse sowie den von der Achse beherrschten Ländern zu vernichten.
Bereits mehr als zwei Millionen Juden wurden auf die unmenschlichste und grausamste Art, die man sich nur vorstellen kann, massakriert. Vermutlich vier Millionen Juden sind in Europa noch am Leben. Sie sind mittellos, obdachlos und werden mit voller Absicht und in systematischer Weise dem Hungertod preisgegeben. Wir haben in Erfah-

7 Am 3.3.1944 erhielt Wurm ein Schreiben von Lammers, in dem dieser ihn davor warnte, sich künftig politisch zu äußern. Das Schreiben ist in maschinenschriftl. Abschrift erhalten in LKA Stuttgart, D1 (Nachlass Wurm), Bd. 110.

1 U.S. Congressional Serial Set, Vol. 10 757, 78th Congress, 1st Session (January 6–December 21, 1943), Vol. 3. Das Dokument wurde aus dem Englischen übersetzt.

2 Guy Mark Gillette (1879–1973), Jurist; 1906–1909 Staatsanwalt in Cherokee und Cherokee County; 1933–1936 Abgeordneter der Demokraten im Repräsentantenhaus, 1936–1945 und 1949–1955 Senator für Iowa.

3 Auch bekannt als „Rescue Resolution". Kongressabgeordnete brachten am 9.11.1943 gleichlautende Gesetzesvorlagen im Repräsentantenhaus und im Senat der USA ein, die die Gründung einer Institution zur Rettung der europäischen Juden forderten. Die Roosevelt-Regierung hatte sich noch im Okt. 1943 unter Verweis auf das Intergovernmental Committee on Refugees der Einrichtung einer weiteren Rettungsbehörde verweigert, da sie befürchtete, dann mehr Flüchtlinge aufnehmen zu müssen.

rung gebracht, dass täglich 7000 von ihnen zugrunde gehen. Einige werden in unsagbar grausamer Weise ermordet; andere werden gefoltert; und Abertausende sterben aufgrund von fehlender Nahrung und Vernachlässigung.
Das Nazi-Regime hat eine Behörde eingerichtet, die für die Vernichtung dieser Menschen zuständig ist.[4] Die Resolution schlägt die Einsetzung einer Kommission vor, die Mittel zur Rettung dieser Menschen erkunden soll. Die Angelegenheit ist von höchster Dringlichkeit. Die Angelegenheit ist wesentlich humanitärer Art. Es ist nicht nur eine jüdische Angelegenheit. Es ist eine christliche Angelegenheit, und es ist eine Angelegenheit der aufgeklärten Zivilisation.
Die Tatsache, dass kürzlich die Auswanderung von 6000 Juden aus Dänemark nach Schweden gestattet wurde,[5] gibt Anlass zur Hoffnung, dass viel getan werden kann und dass Hundertausende gerettet werden können, wenn sofort eine Kommission gebildet wird, deren Aufgabe es ist, die Rettung dieser Menschen zu planen, in konkrete Schritte zu überführen und mittels nationaler und internationaler Dienststellen in die Tat umzusetzen. Wir haben geredet; wir haben unsere Sympathie bekundet; wir haben unserem Entsetzen Ausdruck verliehen; die Zeit zu handeln ist längst überfällig.
Der Präsident hat gesagt: „Das Herz hat sich entschieden, aber es ist eine Frage der Mittel und Wege."[6]
Der Zweck der in der Resolution vorgeschlagenen und mit höchster Dringlichkeit empfohlenen Kommission ist es, einen Plan zu entwickeln, um diese Mittel und Wege zur Verfügung zu stellen.[7]

DOK. 106

Der Ältestenrat der Juden in Wien berichtet über seine Arbeit im Jahr 1943 und die Auswirkungen der Pflichtmitgliedschaft der „Mischlinge"[1]

Lagebericht des Leiters des Ältestenrats der Juden in Wien für das Jahr 1943, gez. Dr. Josef Löwenherz, im Dezember 1943

Der Ältestenrat der Juden in Wien hatte im Jahre 1943 seine Bewährungsprobe zu bestehen, weil zum ersten Male der Versuch unternommen wurde, die jüdische Gemeinschaft – ohne Rücksicht auf das Glaubensbekenntnis – in einer Organisation zusammenzufassen und sie zu führen.[2]

4 Gemeint ist vermutlich das Reichssicherheitshauptamt.
5 In den ersten Oktobertagen 1943 flohen mehr als 5000 dän. Juden mit Hilfe der Bevölkerung über den Sund nach Schweden; siehe VEJ 12, S. 21.
6 Auf die Frage während einer Pressekonferenz am 5.11.1943, ob die Moskauer Konferenz konkrete Rettungsbemühungen für die verfolgten europäischen Juden erzielt habe, antwortete Roosevelt: „... the heart's all right – it's a question of ways and means"; siehe FDR Library, Press Conferences of President Franklin D. Roosevelt, Series 1: Press Conference Transcripts, 922–925, Bl. 197.
7 Im Jan. 1944 wurde das War Refugee Board gegründet; siehe Einleitung, S. 24.

1 CAHJP, A/W 117.
2 Auf Befehl Himmlers wurde die IKG Wien am 31.10.1942 aufgelöst. Als Nachfolgeorganisation wurde am 1.11.1942 der Ältestenrat der Juden in Wien eingerichtet, der fortan die Interessen aller in Österreich verbliebenen Juden, auch der Christen jüdischer Herkunft, vertreten musste.

Es läßt sich nicht bestreiten, daß unter den Pflichtmitgliedern die heterogensten Elemente zu verzeichnen sind und daß unter ihnen, je nach dem Glaubensbekenntnis, viele Unterschiede bestehen. Mehr als die Hälfte der Pflichtmitglieder lebt in privilegierter Mischehe, ist zum Tragen des Judenkennzeichens nicht verpflichtet und genießt verschiedene Vorteile, wie den Bezug nicht gekennzeichneter Lebensmittelkarten, die Berechtigung zur Benutzung der Straßen- und Stadtbahn ohne Einschränkung, die Möglichkeit, das Stadtgebiet ohne polizeiliche Genehmigung zu verlassen – Vorteile, die den in nicht privilegierter Mischehe lebenden Juden und den Geltungsjuden versagt sind.

Die in privilegierter Mischehe lebenden Juden wollen seit jeher mit einer jüdischen Organisation nichts zu tun haben und betrachten die Fühlungnahme mit einer solchen Organisation, die Entgegennahme von Weisungen, Zuschriften und Vorladungen als Beeinträchtigung der ihnen zugestandenen Rechte.

Es bedurfte größter Umsicht und Bedachtnahme auf die vorhandenen Unterschiede, um alle Mitglieder in einer Organisation tatsächlich zu erfassen, sie zu leiten und ihnen klarzumachen, daß der Ältestenrat der Juden in Wien die Wahrnehmung und Vertretung ihrer Rechte vor den Behörden zu seiner Hauptaufgabe machte.

Bei Unterbringung der Kinder und der Erwachsenen in gleichen Anstalten mußte auf die konfessionellen Belange der einzelnen Insassen Rücksicht genommen werden, um niemanden in der Ausübung seiner religiösen Pflicht zu behindern und jedem das Leben im Einklang mit seinen religiösen Vorschriften zu ermöglichen; andererseits mußte vermieden werden, daß in die Anstalten konfessioneller Streit hineingetragen werde und daß eine Benachteiligung in irgendeiner Beziehung für die Träger einzelner Konfessionen entstehe.

Schon die Pflicht zur Zahlung eines Beitrages und zum Bezug des „Jüdischen Nachrichtenblattes" empfand ein Teil der Mitglieder als einen unangenehmen Zwang und hätte sich dieser Verpflichtung gerne entzogen, wenn durch persönliche Fühlungnahme und entsprechende Aufklärung seitens des Ältestenrates der Juden in Wien nicht alles unternommen worden wäre, um allen Mitgliedern die soziale Pflicht der in einer Organisation zusammengefaßten Gemeinschaft vor Augen zu führen.

Aus diesem Grunde hat es die Leitung unterlassen, den Jahresbeitrag einzelner Mitglieder auf Grund der vorhandenen Aufzeichnungen zu bemessen, sondern zog es vor, alle Pflichtmitglieder zu einer Aussprache vorzuladen und auf die Weise das Verständnis für die Aufgaben und Leistungen des Ältestenrates der Juden in Wien wachzurufen.

Dieser Vorgang war überaus zweckdienlich und führte dazu, daß nur die wenigsten sich ihrer Verpflichtung entzogen, wogegen die überwiegende Mehrzahl willig und ohne Druck ihrer Verpflichtung nachgekommen ist.

Die geringe Zahl der gegen die Bemessung ergriffenen Rechtsmittel ist ein deutlicher Beweis dafür, daß der vom Ältestenrat der Juden in Wien eingeschlagene Weg der richtige war.

Die Einordnung der Kinder und der Erwachsenen in einzelnen Anstalten des Ältestenrates erfolgte auch ohne besondere Schwierigkeiten und Zwischenfälle, und die Organe des Ältestenrates waren im Sinne der erhaltenen Weisungen stets darauf bedacht, jede Auseinandersetzung in allgemeinen und religiösen Fragen zu unterbinden.

Die Einordnung der verschiedenen Bevölkerungsschichten und Konfessionen angehörenden Angestellten des Ältestenrates der Juden in Wien erfolgte nach Überwindung

der aufgetauchten Schwierigkeiten, wobei auf genaueste Pflichterfüllung und Einhaltung der Disziplin stets Bedacht genommen wurde.
Die vom Arbeitsamt zugewiesenen, vorher in Rüstungsbetrieben beschäftigt gewesenen Männer sind von ihren Arbeitgebern reklamiert worden und in manchen Fällen mußte wegen Freigabe der zugewiesenen Kräfte die Geheime Staatspolizei, Staatspolizeileitstelle Wien, angerufen werden.
Nicht unerwähnt kann bleiben, daß die Einordnung der in privilegierter Mischehe lebenden Frauen auf besondere Schwierigkeiten stößt.
Von den vom Arbeitsamt namhaft gemachten 18 Frauen kamen für eine Verwendung in den Betrieben des Ältestenrates bloß vier in Frage, weil die restlichen entweder krank waren oder aus besonderen Gründen bereits vorher vom Arbeitsamt die Bewilligung bekommen hatten, nur Halbtagesarbeit zu verrichten. Von den vier eingeteilten Frauen sind drei infolge ihres Leidens oder aus sonstigen Gründen der zu leistenden Arbeit nicht gewachsen, so daß wegen deren Austausches an das Arbeitsamt, Judenvermittlungsstelle,[3] herangetreten werden musste.
[...][4]
Im Sinne der seinerzeit erhaltenen Weisung werden die für *Theresienstadt* bestimmten Karten von den Familienangehörigen beim Ältestenrat der Juden in Wien abgegeben, durch dessen Organe zensuriert und in Sammelpaketen dreimal monatlich nach Theresienstadt abgesendet.
Die Gesamtzahl der auf diese Weise beförderten Post beträgt ungefähr 1000 Karten im Monat. Durch diese Maßnahme wird die Postverwaltung entlastet, weil sie die einzelnen Karten nicht zu übernehmen, abzustempeln, zu sortieren und zu befördern hat, sondern lediglich drei Briefpakete monatlich zur Absendung übernimmt.
Die Führung der einzelnen Anstalten und deren Verpflegung stößt mit Rücksicht auf die den Juden zugewiesenen verringerten Lebensmittel auf große Schwierigkeiten, und es kann ohne Übertreibung gesagt werden, daß die Herstellung der Speisen aus den wenigen Lebensmitteln eine besondere Kunstfertigkeit erfordert, umso mehr als die Juden im allgemeinen und auch die Anstalten vom Bezuge von Milch, Fleisch, Eiern, weißem Mehl, Fischen und Geflügel ausgeschlossen sind.
Der Umstand, daß die im Spital untergebrachten, sonst in privilegierten Mischehen lebenden Patienten in ihrem Haushalt im Bezuge ungekennzeichneter Lebensmittelkarten stehen und diese Lebensmittel während ihres Aufenthaltes im Spital entbehren müssen, gibt vielfach zu begründeten Klagen Anlaß.
Demzufolge hat sich der Ältestenrat der Juden in Wien veranlaßt gesehen, an die Geheime Staatspolizei, Staatspolizeileitstelle Wien, mit der Bitte heranzutreten, die Verpflegung der Anstalt, deren Erhaltung auch im allgemeinen gesundheitlichen Interesse gelegen ist, auf eine breitere Basis zu stellen und zumindest die Zuteilung der

3 Anfang 1939 richtete das Arbeitsamt Wien im 5. Bezirk eine Kontrollstelle für jüdische Arbeitslose ein, d. h. eine Vermittlungsstelle für jüdische Zwangsarbeiter. Im folgenden Jahr bezog die Kontrollstelle neue Räume im 7. Bezirk.

4 Es folgen statistische Ausführungen über die Reduzierung der Angestellten des Ältestenrats im Jahr 1943 um 102 Personen und zum Arbeitsaufwand, den die jüdische Verwaltung aufgrund einer Vielzahl von postalischen Anfragen zu bewältigen hatte.

Lebensmittelkarten an die sonst bezugsberechtigten Patienten nach Maßgabe der ungekennzeichneten Lebensmittelkarten zu erwirken.
Die meisten in Wien lebenden Juden stehen im Arbeitseinsatz und erfüllen ihre Pflicht. Ausreichende Verpflegung bildet die Grundlage für die Erhaltung der Arbeitskraft dieser Menschen.
Aus diesem Grunde allein erlaubt sich der Ältestenrat der Juden in Wien, darauf hinzuweisen, daß die Zuteilung von bewirtschafteten Lebensmitteln in entsprechender Höhe an die in Arbeit stehenden Juden auch dem allgemeinen Interesse dient.
Die Versorgung der Anstalten mit Brennmaterial in der Heizperiode 1943–1944 ist nach Befürwortung der Eingabe durch die Geheime Staatspolizei, Staatspolizeileitstelle Wien, von der Gemeindeverwaltung des Reichsgaues Wien, Hauptwirtschaftsamt, Abteilung Kohle, dahin geregelt worden, daß dem Spital, dem Altersheim und dem Kinderspital die Bewilligung erteilt wurde, 90 % der zugebilligten Koks- und Kohlenmenge einzulagern.
Auf Grund einer vom Ältestenrat der Juden in Wien überreichten und von der Geheimen Staatspolizei, Staatspolizeileitstelle Wien, genehmigten Eingabe ist den im ersten Weltkrieg verwundeten jüdischen Teilnehmern der Bezug ungekennzeichneter Lebensmittelkarten vom Hauptwirtschaftsamt bewilligt worden.
Die Zahl der durch diese Entscheidung begünstigten Juden betrug ursprünglich 149, ist jedoch im Laufe des Jahres infolge Abwanderung gesunken.
Von den im Jahre 1943 erschienenen Verordnungen, die auf Juden Bezug haben, sind hervorzuheben:

- Äußerung der Gemeindeverwaltung des Reichsgaues Wien, Haupt-Abteilung E, Gesundheitswesen und Volkspflege, Abteilung E V – Hauptwohlfahrtsamt Wien I., Grillparzerstraße 5, daß Armenrechts-Zeugnisse zur Prozeßführung für Juden durch den Ältestenrat der Juden in Wien auszustellen seien (Im Akte 13 Cg 335/42 des Landgerichtes Wien.)
- 2. Durchführungsverordnung zum Gesetz über die Führung akademischer Grade vom 29. März 1943. Mit der Aberkennung der deutschen Staatsangehörigkeit, gemäß § 2 des Gesetzes vom 14. Juli 1933, RGBl. I, Seite 480, tritt zugleich der Verlust der von einer deutschen staatlichen Hochschule verliehenen akademischen Grade ein.
- Runderlaß des Reichsministers des Innern vom 14. März 1942, RMinVB[5] vom 23. März 1943 über die Genehmigung von Schenkungen unter Lebenden und von todeswegen[6] an jüdische Personen.
- 12. Verordnung zum Reichsbürgergesetz vom 25. April 1943, RGBl. I, Seite 268,
  a) Juden können nicht deutsche Staatsangehörige werden und können nicht Staatsangehörige auf Widerruf oder Schutzangehörige sein;
  b) jüdische Mischlinge I. Grades gelten auch dann als Juden, wenn auf sie die sonstigen Voraussetzungen des § 5 Abs. 2, der 1. Verordnung zum Reichsbürgergesetz zutreffen, selbst wenn sie die deutsche Staatsangehörigkeit nicht besitzen.

5 Reichsministerialverordnungsblatt.
6 So im Original.

- 13. Verordnung zum Reichsbürgergesetz vom 1. Juli 1943, RGBl. I, Seite 372,[7]
  a) strafbare Handlungen von Juden werden durch die Polizei geahndet;
  b) nach dem Tode eines Juden verfällt sein Vermögen dem Reich.
- Anordnung des Herrn Präsidenten der Reichskammer für bildende Künste über das Verbot der Vermittlung von jüdischem Kulturgut auf dem Gebiete der bildenden Kunst vom 22. Juli 1943, veröffentlicht im Amtlichen Teil des Völkischen Beobachters vom 4. August 1943.
- Verlängerung der Gültigkeit der Kennkarten auf Grund der Anordnung des Reichsministers des Inneren (Pressenotiz im Völkischen Beobachter vom 23. September 1943).
  Einschränkende Verfügungen enthalten die 12. und 13. Verordnung zum Reichsbürgergesetz.
- Die Behandlung der dem Reich zufallenden Nachlässe und Hereinbringung der Forderungen des Ältestenrates der Juden in Wien für Verpflege- und Begräbniskosten sowie für die aushaftenden[8] Beträge ist im Tätigkeitsbereich besonders hervorgehoben worden.
- Die am 30. April 1943 abgelaufenen Polizeilichen Erlaubnisse zur Benützung der Straßenbahn sind im Wege des Ältestenrates der Juden in Wien und mit Genehmigung der Geheimen Staatspolizei, Staatspolizeileitstelle Wien, für ein weiteres Jahr verlängert worden.
- Die ursprünglichen Erlaubnisse galten für ungefähr 2500 bis 3000 Juden, wogegen die Verlängerung lediglich für 520 Personen erforderlich war, aber auch diese Zahl ist infolge der inzwischen eingetretenen Abwanderung verringert worden, wenn auch im Laufe des Jahres Eingaben wegen Einzelbewilligungen zur Einreichung gelangten.

[...][9]

Der gefertigte Leiter erlaubt sich, beim Abschluß dieses Jahresberichtes darauf hinzuweisen, daß der Altestenrat der Juden in Wien im ersten Jahre seines Bestandes alle behördlichen Aufträge klaglos durchführte, die ihm anvertraute Gemeinschaft nach bestem Wissen und Gewissen betreute, deren Interessen stets wahrgenommen und vielfach vor den Behörden mit Erfolg vertreten habe, die Anstalten und Institutionen in zweckdienlicher Weise ausbaute und führte und seine Bewährungsprobe bestanden hat.

7 Siehe Dok. 50 vom 1.7.1943.

8 Österreich.: ausstehenden.

9 Zum Abschluss des Berichts wird darauf hingewiesen, dass der Ältestenrat aufgrund seiner Satzung von der Körperschaftssteuer befreit sei und die Umsatz- und Lohnsteuer jeweils fristgerecht abgeführt habe.

DOK. 107

Der Stürmer: Julius Streicher behauptet am 6. Januar 1944, der Antisemitismus in Großbritannien sei stark gestiegen[1]

Bewegung in England. Geständnisse eines Judenblattes,
von Julius Streicher[2]

Es gibt im internationalen Sprachgebrauch Ausdrücke, die nicht immer wörtlich genommen werden dürfen. So ist es auch mit dem Wort „Antisemitismus". Wörtlich genommen würde Antisemitismus ein Ausdruck sein, mit dem eine Stimmung bezeichnet wird, die sich gegen die semitischen Volksstämme in Vorderasien und Nordafrika richtet. Eine solche Stimmung ist aber nirgendwo nachzuweisen. Das Wort Antisemitismus ist am Ende des 19. Jahrhunderts durch Wilhelm Marr[3] in den internationalen Sprachgebrauch eingeführt worden. Mit dem Wort Antisemitismus meint man heute überall in der Welt die bis zum offenen Haß sich steigernde Abneigung der Nichtjuden gegen die Juden.

Im Judentum weiß man genau, daß die gegen Juden gerichtete Abneigung eine ganz natürlich entstandene Erscheinung ist. Führende Juden haben dies immer wieder offen bekannt. So schreibt der Jude Dr. J. Fromer (Elias Jakob) in seinem in Berlin im Jahre 1905 erschienenen Buch „Das Wesen des Judentums" auf Seite 45:

„Der Judenhaß ist so alt wie das Judentum selbst. Er begleitet es wie ein Schatten, ist also in der Natur der Menschen begründet."

Daß der Antisemitismus keine vorübergehende Sache ist, darüber hat der Jude Arthur Schnitzler in der in Neuyork erscheinenden Zeitschrift „The Literary Digest" (Ausgabe 18.10.1930) keinen Zweifel gelassen. Er schrieb:

„Es wird einen Antisemitismus geben, so lange die Juden Juden bleiben, denn die Ursachen des Antisemitismus können nie beseitigt werden."

In der im Jahre 1938 in Zürich erschienenen Schrift „Jude erwache!" schreibt Ben Chaim auf Seite 7:

„Der Antisemitismus ist durchaus keine Zeiterscheinung, er ist wirklich so alt wie Methusalem, er ist weder an Zeit, Ort noch an ein bestimmtes Land gebunden, sondern unabhängig davon entsteht er überall dort, wo Juden mit anderen Völkern in Berührung kommen, und seine Entwicklung und Ausdehnung steht in einem direkten Verhältnis zu der Dichte der jüdischen Siedlung in dem betreffenden Lande."[4]

Wilhelm Marr schreibt in seinem im Jahre 1879 in Bern erschienenen Buch „Der Sieg des Judentums über das Germanentum" auf Seite 5/6:

1 Der Stürmer. Deutsches Wochenblatt zum Kampfe um die Wahrheit, 22. Jg., Nr. 1 vom 6.1.1944, S. 1 f. Die antisemitische Wochenzeitung wurde von Julius Streicher herausgegeben und erschien von 1923 bis 1945 in Nürnberg. 1933 betrug die Auflage mehr als 20 000 Exemplare, in den Kriegsjahren 300 000 bis 400 000 Exemplare.

2 Julius Streicher (1885–1946), Lehrer; 1922 NSDAP- und SA-Eintritt; 1923 Teilnahme am Hitler-Putsch; 1923–1944 Herausgeber der Zeitschrift Der Stürmer, 1925–1940 Gauleiter von Mittelfranken, 1940 wurde er wegen Korruption seines Amtes enthoben; 1946 im Nürnberger Prozess zum Tode verurteilt und hingerichtet.

3 Wilhelm Marr (1819–1904), Journalist; Autor von „Der Sieg des Judenthums über das Germanenthum" (1879).

4 Ben-Chaim, Juda erwache! Proklamation an das jüdische Volk, Zürich 1938.

„Es muß hier gleich auf die Tatsache hingewiesen werden, daß die Juden von Anfang an, wo sie in der Geschichte auftreten, bei allen Völkern ohne Ausnahme verhaßt waren, nicht ihrer Religion wegen.[5] *Die generelle Feindschaft gegen die Juden hatte andere Gründe. Erstens in der Scheu der Juden vor wirklicher Arbeit. Zweitens in ihrer gesetzlich vorgeschriebenen Feindschaft gegen alle Nichtjuden.*"

Es gäbe noch viele solcher jüdischen Bekenntnisse, aus denen hervorgeht, daß man sich im Judentum bewußt ist, daß der Antisemitismus keine böswillige Erfindung der Nichtjuden darstellt, daß vielmehr die Ursache seiner Entstehung im Wesen der Juden gesucht werden muß.

Es ist begreiflich, daß die Juden alles daransetzen, damit die in jedem gesund empfindenden Nichtjuden vorhandene Abneigung gegen die Juden nicht zur Gefahr für das Judentum sich auswächst. Diese Gefahr ist dann gegeben, wenn der Antisemitismus Völker in ihrer Ganzheit erfaßt und zu Entladungen führt, wie sie in vergangenen Jahrhunderten immer wieder in Europa vorgekommen sind. Die Judenaustreibungen im Mittelalter hatten sich aus dem Verlangen der gepeinigten Völker ergeben, von dem fremdrassigen jüdischen Parasitentum endlich befreit zu werden. Nach der nationalsozialistischen Erhebung in Deutschland hat sich auch in Europa eine *Entwicklung* eingeleitet, von der erwartet werden kann, daß sie diesen Kontinent vom jüdischen Völkerzersetzer und Ausbeuter für immer freimachen wird und daß darüber hinaus das deutsche Vorbild nach einem siegreichen Abschluß des zweiten Weltkrieges auch auf den andern Kontinenten die Vernichtung des jüdischen Weltpeinigers bringen wird. Daß es einmal zu einer internationalen Regelung der Judenfrage zwangsläufig kommt, das hat der Führer des deutschen Volkes in einer seiner großen Reden der Weltöffentlichkeit prophezeit.[6] Daß diese Prophezeiung einmal ihre Erfüllung findet, darüber vermögen auch Großjudenknechte wie Delano Roosevelt und Winston Churchill mit ihren Versprechungen an die Weltjudenheit nicht hinwegzutäuschen.

So schaut man im Judentum bereits mit großer Sorge auf das, was sich heute in England zuträgt. In einem mit „Bewegung in England" überschriebenen Artikel befaßt sich das Schweizer „Israelitische Wochenblatt" vom 12. November 1943 mit der gegen die Juden immer lauter werdenden Stimmung im englischen Volk. Das Schweizer Judenblatt schreibt, eine „gewisse" antisemitische Agitation hätte sich in England aufgetan. Faschistische Gruppen seien wieder *aktiver* geworden. Die „Schwarzhemden"[7] seien zwar verboten, aber „es ist ein offenes Geheimnis, daß sie private Versammlungen abhalten und getarnte Vereine mit unauffälligen kulturellen und literarischen Zwecken bilden. Man konnte auch feststellen, daß hinter der antijüdischen Propaganda Kreise stehen, die gegen jeden Fortschritt sind."[8] (Fortschrittlich sind nach jüdischer Meinung nur Völker,

5 Bei Marr heißt es: „Nicht ihrer Religion wegen, denn die Juden – wenigstens den Propheten zufolge, – verstanden es im Altertum ausgezeichnet, der Abgötterei anderer Völker sich anzuschließen, wie denn überhaupt das s. g. ‚starre Judentum' erst ein Produkt der Zeit nach der Zerstörung Jerusalems geworden ist."

6 Rede Hitlers vor dem Reichstag am 30.1.1939; siehe VEJ 2/248.

7 In Großbritannien wurden die Mitglieder der 1940 verbotenen British Union of Fascists aufgrund der schwarzen Parteiuniform „Blackshirts" (Schwarzhemden) genannt.

8 Israelitisches Wochenblatt für die Schweiz, 43. Jg., Nr. 45 vom 12.11.1943. In dem Artikel „Bewegung in England" wurde über Gruppen berichtet, die den in Großbritannien präsenten Antisemitismus zurückdrängen wollten. Die zitierten Passagen aus dem Israelitischen Wochenblatt befinden sich auf S. 4 f.

die den jüdischen Volksausbeutern keine Steine in den Weg legen!) Das deutsche Rezept, daß mit der Aufwerfung der Judenfrage der Sozialbewegung eine andere Richtung gegeben werden könne, habe die englischen Arbeiter hellhörig gemacht.

Das Schweizer Judenblatt sieht sich veranlaßt, seinen jüdischen Lesern auch zu sagen, was den Anlaß dazu gab, daß der Antisemitismus in England immer größere Kreise (darunter auch konservative!) erfasse. Zuerst war es der *„Schwarze Markt"*, auf dem jüdische Schleichhändler lebensnotwendige Nahrungsmittel der öffentlichen Bewirtschaftung entziehen und damit die Not der „Kleinen" ins Ungemessene steigern konnten. Dann kam die Beschuldigung, *„daß die jüdische Bevölkerung zu Hause sitze, während die englische an der Front sei"*.

Für den deutschen Leser ist es nun interessant, zu erfahren, daß die bedrängten Juden in England sich des Antisemitismus mit den gleichen Mitteln zu erwehren suchen, wie sie es nach dem ersten Weltkrieg in Deutschland getan haben. Da die englische Presse nahezu ausschließlich sich in jüdischen Händen befindet, unterlassen es die Zeitungen, die Namen der verurteilten jüdischen Schieber und Schleichhändler bekanntzugeben. Die gleichen Zeitungen aber bringen immer Mitteilungen, wonach die Zahl der jüdischen Soldaten prozentual größer sei als die der übrigen Bevölkerung. Öffentliche Kundgebungen werden aufgezogen, in welchen Bürgermeister (es sind selbst Juden oder von Juden bestochene Nichtjuden) die Behauptung aufstellen, die Juden hätten sich im Luftschutz besonders hervorgetan. In den Zeitungen werden laufend die Namen der „kriegsdekorierten Juden" veröffentlicht und auch Verlustlisten, aus denen die nichtjüdische Öffentlichkeit sich den Glauben holen soll, „daß die Juden auch zuvorderst *an der Front* ihren Mann stellen".

Im englischen Volk scheinen diese Abwehrmittel keinen Erfolg gehabt zu haben, weil das Schweizer Judenblatt schreibt: „Als man sah, daß der Antisemitismus nicht durch Argumente zu verhindern ist, weil die interessierten Kreise nie um Argumente verlegen sind, begannen zahlreiche Konferenzen. Die *Studenten* in London (es waren selbstverständlich jüdische oder jüdisch versippte!) faßten den Beschluß, keine Mitglieder aufzunehmen, die innerhalb der Universitätsgebäude direkt oder indirekt den Antisemitismus propagieren." Unter dem Vorsitz des Bischofs von Chichester[9] fand eine Tagung der von Juden gegründeten *„Liga für Freiheit"* statt, welche im ganzen Land dazu aufforderte, „überall für kameradschaftliche Behandlung der jüdischen Bevölkerung einzustehen".[10] Die ebenfalls von Juden aufgezogene *„Internationale Frauenliga für Frieden und Freiheit"*[11] fordert für die jüdischen Emigranten, „welche während des Krieges mit dem englischen Volk Arbeit und Gefahr geteilt haben, Gewährung des englischen Bürgerrechtes. Sie bedauere tief, daß antisemitische Demonstrationen vorgekommen seien und bitte die Regierung, dagegen einzuschreiten." Eine Konferenz der ebenfalls jüdischen Schwindelfirma *„Nationaler Rat für zivile Freiheit"*[12] faßte den Beschluss, eine „ständige

9 George Kennedy Allen Bell (1883–1958), Bischof der Church of England.

10 Nicht ermittelt.

11 Die Women's International League for Peace and Freedom (WILPF) wurde 1915 auf dem ersten Internationalen Frauenfriedenskongress in Den Haag unter dem Namen „Internationaler Ausschuss für dauernden Frieden" gegründet. 1919 wurde die Organisation in WILPF umbenannt. In den folgenden Jahren entstanden nationale Komitees in zahlreichen Ländern. Heute hat die WILPF rund 40 000 Mitglieder und Beraterstatus bei der UNO.

Organisation zur Abwehr des Antisemitismus" zu schaffen und die Regierung zu ersuchen, „ein *Strafgesetz* einzubringen, wonach der Antisemitismus als Straftatbestand erklärt werde". Mit besonderem Behagen teilt das Schweizer Judenblatt mit, daß die *Kirche* einen großen Anteil am Kampfe gegen die antisemitische Bewegung hätte. „Bischöfe und Priester nehmen von der Kanzel herab und auch als Redner in Volksversammlungen an diesem Abwehrkampfe teil."
Die Hoffnung auf einen guten Erfolg dieser Abwehrmittel scheint ebenfalls nicht groß zu sein. Das Schweizer Judenblatt schreibt: „Es wird sich bald zeigen, ob es der vereinigten Anstrengung aller dieser Gruppen gelingen wird, die Verbreitung des Antisemitismus zu verhindern."
Es geht den Juden also nur noch darum, die Verbreitung des Antisemitismus in England zu verhindern. Daß dieser nicht mehr auszurotten ist, das wird damit zugegeben. Jetzt wissen wir auch, warum es die Juden und ihre jüdisch versippten Helfer in England so eilig haben, den von ihnen angezettelten zweiten Weltkrieg auf schnellstem und für sie billigstem Wege zu beenden: die Angst vor ihrer eigenen Zukunft! Die Juden und ihre Helfer wissen, daß bei einer noch länger währenden Fortdauer des von ihnen heraufbeschworenen zweiten Weltkrieges die Gefahr ihrer eigenen Vernichtung immer größer wird. Die Juden und ihre nichtjüdischen Helfer fangen an, die Nerven zu verlieren.

DOK. 108

In einem Abschiedsbrief entschuldigt sich Maximilian Fried am 7. Januar 1944 bei seiner Wirtin, weil er sich in ihrem Hotel das Leben nimmt[1]

Handschriftl. Brief von Maximilian Fried[2] an Helene Theiler, Inhaberin des Hotels Stralsund, Berlin, Invalidenstr. 31, vom 7.1.1944[3]

Werte Frau Theiler!
Meine Eintragung bei Ihnen ist falsch. Ich heiße nicht [...][4] u. komme nicht aus Hannover [...]str. 52,[5] sondern wohnte in Berlin-Charlottenburg, Gervinusstr. 24, III, bei Janekki. Ich habe leider auch das Pech, Jude zu sein, lebte allerdings *in privilegierter Mischehe*. Meine Frau ist *arisch*, mein Sohn ist *christlich* erzogener Mischling. Deren Wohnung ist Charlottenburg, Mommsenstr. 44, Telefon 960 769. Der Name ist „Fried".
Meine Frau ist sehr *krank*, bitte sie also *schonend* zu behandeln. Es tut mir leid, Ihnen die Unannehmlichkeiten bereitet zu haben. Ich muss aus dem Leben *scheiden*, da ein Weiterleben *unmöglich* u. in meinem Zimmer kann ich das nicht. Meine Kennkarte und etwas Geld ist in der *rechten Tasche*. Also ich bitte nochmal um Entschuldigung.

12 Das National Council for Civil Liberties, heute Liberty, wurde 1934 in London als Interessengruppe zum Schutz von Bürgerrechten und zur Förderung der Menschenrechte gegründet.

1 LAB, A Rep. 358-02, 139 195.
2 Maximilian Fried (1886–1944), Bankangestellter; 1939 Trennung von seiner nichtjüdischen Ehefrau, seitdem wohnte er zur Untermiete in Berlin-Charlottenburg.
3 Der Abschiedsbrief ist auf dem Briefpapier des Hotels Stralsund geschrieben.
4 Im Original unleserlich.
5 Im Original unleserlich.

DOK. 109
Walter Hewel teilt am 19. Januar 1944 den Standpunkt Hitlers mit, jedem in Deutschland Asyl zu gewähren, der der Verfolgung von Juden beschuldigt werde[1]

Notiz von Botschafter Hewel,[2] zur Zeit Wolfsschanze, für Reichsaußenminister Joachim von Ribbentrop vom 19.1.1944 (Abschrift)[3]

Betrifft: Bericht des Gesandtschaftsrats Werkmeister,[4] Budapest, vom 17.1.44. Telegramm Nr. 98[5]
Zu dem Bericht des Gesandtschaftsrats Werkmeister aus Budapest über die Flucht des Feldmarschall-Leutnants a. D. Czeydner[6] und anderer ungarischer Offiziere nach Deutschland sagte der Führer folgendes:
Man solle den Ungarn, falls sie das Gespräch auf die Flucht der Offiziere brächten, etwa folgendes sagen:
Wir könnten den Behauptungen von der Hinmordung von Tausenden von Frauen und Kindern keinen Glauben schenken, da wir die Honveds[7] kennten, die solche Grausamkeiten nicht machen würden. Es handele sich hier um eine typische Judenmache und jüdische Aufbauschung des Geschehenen.
Im übrigen müsse jeder in Europa zur Kenntnis nehmen, daß Deutschland jedem, der wegen Judenverfolgung beschuldigt in Deutschland Zuflucht sucht, in Deutschland das Asylrecht gewähren wird. Ein jeder, der gegen die jüdische Pest in Europa kämpft, stünde auf unserer Seite. Wir hätten noch nicht gehört, daß man sich in Ungarn über die Juden beklagt habe, die an dem Massenmord an Frauen und Kindern durch die englisch-amerikanischen Bomber schuld seien. Denn es dürfte jedermann klar sein, daß hinter den grauenhaften Terrorangriffen nur die Juden als Hetzer stehen könnten.

1 PAAA, R 101 162. Abdruck in: Randolph L. Braham, The Destruction of Hungarian Jewry. A Documentary Account, New York 1963, S. 117 f.

2 Walter Hewel (1904–1945), Kaufmann; 1923 Teilnahme am Hitler-Putsch; bis 1936 Mitarbeiter eines brit. Plantagenunternehmens in Indonesien; 1933 NSDAP-, 1937 SS-Eintritt; 1938 LR im AA, 1940 Ministerialdirigent; 1942 SS-Brigadeführer; 1943 Botschafter z. b. V. im Rang eines StS, Verbindungsbeamter des AA im Führerhauptquartier, nahm sich das Leben.

3 Handschriftl. Ergänzung: „Zu Inl. II 154 g."

4 Dr. Karl Werkmeister (1898–1976), Jurist und Diplomat; 1940–1944 Gesandtschaftsrat an der deutschen Botschaft in Budapest; ab Sept. 1950 stellv. Leiter des Bundesministeriums für Angelegenheiten des Marschallplans bei der Organisation for European Economic Co-operation, 1961 Botschafter in Stockholm.

5 Der Bericht Werkmeisters an Steengracht bezieht sich auf die Flucht einiger ungar. Offiziere ins Deutsche Reich, die für das Massaker von Novi Sad verantwortlich waren. Im Jan. 1942 hatten ungar. Besatzungstruppen mehrere Tausend Personen, darunter Hunderte Juden, ermordet; siehe VEJ 14, S. 51, und VEJ 14/170. Nachdem die beteiligten Offiziere, u. a. General Feketehalmy-Czeydner, im Dez. 1943 in Ungarn zu hohen Gefängnisstrafen verurteilt worden waren, flohen einige der Verurteilten im Jan. 1944 nach Wien und erhielten dort politisches Asyl.

6 Ferenc Feketehalmy-Czeydner (1890–1946), Offizier; seit 1921 in der Königlich Ungarischen Armee als Generalstabsoffizier und als Lehrer an der ungar. Kriegsschule, 1938 Leiter der Luftwaffensektion im ungar. Kriegsministerium, im Dez. 1943 verurteilt, 1944 Flucht nach Wien und Eintritt in die Waffen-SS; 1945 Gefangenschaft, 1946 in Jugoslawien hingerichtet.

7 Honvéd (ungar.): Vaterlandsverteidiger; Soldaten der Königlich Ungarischen Armee.

Wer in Europa wegen seines Kampfes gegen die Juden verfolgt würde, würde in Deutschland als politischer Flüchtling aufgenommen und als solcher behandelt werden. Außerdem hätten wir auch rumänische politische Flüchtlinge bei uns, obgleich wir mit den Rumänen verbündet seien. *Das Beste sei, falls die Ungarn von sich aus dieses Thema aufwürfen, daß der Gesandte Stojay*[8] *hierher bestellt würde. Er, der Führer, möchte ihm dann selbst seine Argumente mitteilen zur Weitergabe an den Reichsverweser*[9] *und seine Regierung.*

DOK. 110

Adele Pauli aus Dresden beantragt am 22. Januar 1944 bei der Reichsvereinigung der Juden eine Beihilfe für ihren Umzug in ein Haus für in „Mischehe" lebende Personen[1]

Antrag von Adele Pauli,[2] Dresden, und Stellungnahme des Vertrauensmanns der Reichsvereinigung der Juden in Dresden, Ernst Neumark,[3] bei der Zentrale der Reichsvereinigung der Juden in Berlin (Eing. 24.1.1944) vom 22.1.1944[4]

Eilt sehr!
Antrag auf Gewährung einer einmaligen Umzugsbeihilfe

Name: *Pauli* geb. Glasberg	Vorname: Adele Sara
Wohnort: *Dresden*	Straße: Zeughausstr. 1 II r. (neue Anschrift)[5]
geb. 10.9.1904	Geburtsort: Bad Wörrishofen[6]
Staatsangeh.: D. R.	Familienstd.: verheiratet
Einkommen aus Lohn, Renten, Versicherungen usw.:	ca. RM 75. netto monatlich

Im Haushalt lebende Angehörige:
Ehemann Erich Pauli[7] befindet sich seit Jahren im Konzentrationslager. Er ist ohne Vermögen und Einkommen.

Höhe der mtl. Miete: ca. RM 22.—	Einkommen aus Untermiete: ---

Unterschrift des Antragstellers:

8 Richtig: Döme Sztójay (1883–1946), Diplomat und Politiker; 1935–1944 ungar. Botschafter in Berlin, März bis Aug. 1944 Ministerpräsident Ungarns; in Ungarn hingerichtet.

9 Miklós Horthy.

1 BArch, R 8150/735, Bl. 131 f.

2 Adele Pauli, geb. Glasberg (1904–1974); lebte in einer „Mischehe"; nach dem Krieg Rückkehr in ihre Geburtsstadt Bad Wörishofen.

3 Dr. Ernst Neumark (1888–1948), Jurist; als sog. Konsulent in Dresden tätig, 1943 letzter Vertrauensmann der Reichsvereinigung der Juden in Dresden; 1946 durch ein sowjet. Feldgericht zu zehnjähriger Haftstrafe als „Zuträger der Gestapo" verurteilt, er starb am 28.10.1948 im NKWD-Speziallager Sachsenhausen.

4 Stempel des Vertrauensmanns der Reichsvereinigung der Juden in Deutschland für den Bezirk Dresden Dr. Ernst Israel Neumark; genehmigt: Der Beauftragte der Kreisleitung der NSDAP Dresden; im Original handschriftl. Bearbeitungsvermerke; Rubriken im Antrag, die nicht ausgefüllt wurden, blieben hier unberücksichtigt.

5 In der Zeughausstr. 1 und 3 befanden sich bis 1945 die beiden letzten „Judenhäuser" Dresdens.

6 Richtig: Bad Wörishofen.

7 Erich Pauli (1896–1974), Automechaniker; 1937–1945 in verschiedenen KZs inhaftiert, in Mauthausen befreit.

Stellungnahme des Vertrauensmannes:
Frau Pauli gibt auf Veranlassung des Herrn Beauftragten der Kreisleitung der NSDAP Dresden ihre bisherige Wohnung auf und übersiedelt in ein für Mischehen bestimmtes Haus.
Sie ist freiwilliges Reichsvereinigungsmitglied. Ihr Ehemann ist Arier, aber infolge seiner Verbringung in ein Konzentrationslager seit Jahren von ihr getrennt.
Sie hat nicht die Mittel, die Umzugskosten aufzubringen. Die Kosten des Fahrzeuges für den Umzug betragen, wie mir Frau Pauli glaubwürdig versichert hat, RM 35.–. Hierzu kommen noch die Kosten für 1–2 Hilfspersonen, die ihr auf Grund einer Zusicherung des Herrn Beauftragten der Kreisleitung der NSDAP Dresden vom jüdischen Arbeitseinsatz gestellt werden. Dieselben werden etwa RM 5.– bis 10.– betragen.
Die Gewährung der Beihilfe wird vom Herrn Beauftragten der Kreisleitung der NSDAP Dresden befürwortet.
Ich bitte ergebenst um möglichst schnelle Entschließung, da der Umzug bereits am Donnerstag, den 27. Januar 1944, erfolgen muß.

DOK. 111

Der Erzbischof von Breslau Bertram fordert am 29. Januar 1944 Mitglieder der Reichsregierung auf, die Verfolgungsmaßnahmen gegen „Mischlinge" zu stoppen[1]

Schreiben des Vorsitzenden der Fuldaer Bischofskonferenz (C. A. 491), gez. A. Card. Bertram, Breslau, an den Reichsminister des Innern,[2] den Reichsminister für die kirchlichen Angelegenheiten,[3] Dr. Lammers, den Reichsminister der Justiz[4] und an das Reichssicherheitshauptamt vom 29.1.1944 (Abschrift)[5]

Im Namen der katholischen Bischöfe Deutschlands[6] erhebe ich in einer Angelegenheit, die für weite Kreise der von uns pflichtmäßig zu betreuenden Gläubigen bedrohlich ist, nachstehende Vorstellung:
Wie zuverlässig verlautet, sind seit einiger Zeit ernsthafte Bestrebungen im Gange, die gegen die Juden erlassenen Gesetze und Anordnungen nunmehr auch auf die Mischlinge auszudehnen:

1 Erzbischöfliches Archiv München, Nachlass Faulhaber, Nr. 3201, Bl. 87 f. Abdruck in: Volk u. a., Akten deutscher Bischöfe (wie Dok. 2 vom 8.4.1943, Anm. 11), Bd. VI, Dok. 908, S. 299–301.
2 Heinrich Himmler.
3 Dr. Hermann Muhs (1894–1962), Jurist; arbeitete zunächst als Anwalt und Notar; 1929 NSDAP-, 1931 SS-Eintritt, aus der er 1941 wegen Differenzen mit Himmler ausgeschlossen wurde; 1932/33 MdL in Preußen, 1933 Regierungspräsident in Hildesheim; von 1935 an StS im Reichsministerium für die kirchlichen Angelegenheiten, seit 1942 Reichskirchenminister; 1945–1948 Internierung, ab 1952 Anwalt in Göttingen.
4 Dr. Otto Georg Thierack.
5 Handschriftl. Vermerk: „Für Mischlinge" und „Gegen Rückgabe + M. 24.2.44"; Eingangsstempel Erzbistum München vom 5.2.1944.
6 Bereits im Sommer 1943 hatte die Fuldaer Bischofskonferenz beschlossen, gegen die Verfolgung der „Mischlinge" und in „Mischehe" lebenden Juden zu protestieren; siehe Dok. 72 vom 22./23.8.1943.

So sind diese Mischlinge, die bekenntnismäßig durchweg Christen sind, für wehrunwürdig erklärt und vom Kriegswaffendienst ausgeschlossen worden.[7] Sie dürfen keine höheren Schulen mehr besuchen.[8] Sie werden im Erbrecht unter gewisse Sonderregelungen gestellt.[9] Neuerdings hört man, daß sie aus ihrem bisherigen Arbeitsverhältnis herausgezogen und in besonderen Arbeitsformationen zusammengeschlossen der Organisation Todt unterstellt werden sollen, ohne in sie eingegliedert zu werden.

Alle diese Maßnahmen zielen deutlich auf eine Aussonderung hin, an deren Ende die Ausmerzung droht.

Ich halte mich deshalb verpflichtet, im Namen des deutschen Episkopats dagegen folgendes geltend zu machen:

1. Durch die Nürnberger Gesetze vom Jahre 1935 ist der Begriff „Jude" rechtlich eindeutig festgelegt worden.[10] Nach feierlicher Erklärung der maßgebenden Stellen ist diese Regelung eine endgültige. Eine Änderung und Verschärfung dieser Gesetze, jetzt nach bald 10 Jahren, müßte das Rechtsbewußtsein auf das stärkste erschüttern und alle Rechtssicherheit untergraben gerade auf einem Gebiete, das ohnehin bereits viel Unruhe und Erschütterung in unser Volk hineingetragen hat.

2. Durch die im Jahre 1935 für die Mischlinge getroffene gesetzliche Regelung[11] wird anerkannt, daß sie weder ein Fremdkörper noch eine Gefahr für Volk und Reich sind, sondern dem deutschen Volke zugehören. Sie besitzen denn auch das Reichsbürgerrecht. Dementsprechend hat seit 1935 die gesamte Gesetzgebung, Rechtsprechung und Verwaltung stets nur zwischen Juden und deutschen Volksgenossen unterschieden und nur für erstere gewisse Sonderregelungen getroffen. Diese Praxis, die gesetzlich festgelegt und durch zahllose Verordnungen und Anweisungen für das tägliche Leben (Lebensmittelbewirtschaftung, Steuergesetzgebung usw.) bestätigt ist, kann jetzt nicht zugunsten rücksichtsloser Bestrebungen geopfert werden, die von der erdrückenden Mehrheit des deutschen Volkes entschieden beklagt und abgelehnt werden müßten.

3. Tatsächlich sind diese Mischlinge seit ihrer Geburt in das deutsche Volkstum hinein gewachsen. Sie sind längst im deutschen Lande und Geiste innerlich beheimatet. Sie haben dem deutschen Volke und Staate in den verschiedensten Ämtern und Stellungen treu gedient und vielfach Blut und Leben für ihr Vaterland im ersten Weltkrieg eingesetzt ebenso, wie dies jetzt ihre Kinder gegenwärtig wiederum tun. Es wäre nicht zu verstehen, wenn sie, die auch im nationalsozialistischen Staate unserem Volke gedient haben, dem sie entstammen, dessen Sprache sie sprechen, dessen Schicksal sie teilen, dem sie sich innerlich zugehörig fühlen, jetzt ausgeschieden und verfemt werden sollten.

4. Diese Mischlinge, die ihrem ganzen Fühlen, Denken und Wollen nach Deutsche sind, sind zugleich durchweg Christen. Gerade wegen ihrer Zugehörigkeit zum Christentum sind sie vom Judentum stets abgelehnt worden, so daß sie weder innere Bindungen noch äußere Verbindungen zum Judentum besitzen. Durch ihr Christentum sind sie aber in unsere christlichen Gemeinden hineingewachsen und in das christliche Volk eingegangen, dessen lebendige Glieder sie durch die Taufe geworden sind. Die deutschen Katholi-

7 Siehe Dok. 104 vom 20.12.1943, Anm. 3.
8 Siehe ebd., Anm. 4.
9 Siehe Dok. 50 vom 1.7.1943.
10 1. VO zum Reichsbürgergesetz vom 14.11.1935; siehe VEJ 1/210.
11 Siehe VEJ 1/198 und 199.

ken, ja zahlreiche Christen in Deutschland würden aufs schwerste getroffen werden, wenn diese ihre Mitchristen ein ähnliches Schicksal tragen müßten wie die Juden.
5. Wir machen pflichtgemäß darauf aufmerksam, daß solche Aussonderungsmaßnahmen gegen die Mischlinge auch weit über unser deutsches Vaterland hinaus die Christen aller Länder und Völker mit Schmerz und Entrüstung erfüllen würden.
6. Gerade in der gegenwärtigen Stunde, die die ganze Einigkeit und Geschlossenheit aller in unserem deutschen Volke verlangt, würden solche Maßnahmen Spannungen und Erschütterungen der inneren Front bedeuten, die unter allen Umständen vermieden werden müßten.
Diese Gründe verlangen gebieterisch, daß alle derartigen Versuche, die eine Aussonderung der Mischlinge zum Ziele haben, unterbunden werden.
Wir deutschen Bischöfe könnten es weder vor Gott noch vor unserem Gewissen, weder vor unserem Volke noch vor der Geschichte verantworten, solche Maßnahmen über einen Teil der uns anvertrauten Gläubigen stillschweigend ergehen zu lassen.
Wir bitten deshalb, von der Durchführung der geplanten Maßnahmen gegen Mischlinge mit dem Ziel ihrer Aussonderung aus dem Volksganzen abzusehen.[12]

DOK. 112

Irene Schmalenbach schreibt an den Vertrauensmann der Reichsvereinigung am 30. Januar 1944 aus der Haftanstalt Mainz über die Hoffnung, ihre Kinder wiederzusehen[1]

Handschriftl. Brief von Irene Schmalenbach,[2] Haftanstalt Mainz, an Michel Oppenheim, Vertrauensmann der Reichsvereinigung der Juden in Deutschland für Mainz, Taunusstr. 33, Mainz, vom 30.1.1944[3]

Lieber Herr Oppenheim,
haben Sie herzlichen Dank für Ihrer beider guten Grüße u. Wünsche u. für die liebe Gabe. Unsere Gedanken sind sich begegnet; ich hatte schon erwogen, Sie um etwas Warmes zu bitten – und um Zahnpasta, Waschlappen, ein Restchen blaue Schuhkrem u. ein Paar runde Strumpfbänder. Zuviel?
Sehr froh wäre ich, wenn ich Sie noch einmal sprechen könnte; vielleicht läßt es sich ermöglichen. Für den Fall aber, daß es dazu nicht mehr kommen sollte, versichere ich Ihnen schon heute, daß ich meinem Schicksal jetzt in voller Ruhe entgegensehe.

12 Am 17.3.1944 antwortete Muhs, dass das RMdI auf seine Rückfrage Aktionen gegen „Mischlinge" ausgeschlossen habe.

1 StadtA Mainz, NL Oppenheim, 52,29.
2 Irene (Erna) Schmalenbach, geb. Ehrenstein (1889–1944); betrieb mit ihrem Mann ein Optik- und Radiofachgeschäft in Mainz, das Mitte der 1930er-Jahre verkauft werden musste; 1943 scheiterte ihre Flucht in die Schweiz mit ihrer Tochter Eva (1921–1992), im Nov. 1943 in Mainz verhaftet, im April 1944 nach Auschwitz deportiert und dort ermordet.
3 Der Brief wurde auf dem Briefpapier der Haftanstalt Mainz verfasst. Im Briefkopf befinden sich Vorschriften zum Verkehr mit den Gefangenen und zu den Besuchszeiten.

Sagen Sie das auch den Freunden u. hoffentlich können Sie später einmal diese Worte meinen Kindern[4] und Geschwistern übermitteln.
Meine Kinder sind der Inhalt meines Denkens. Ich werde die Hoffnung auf eine Wiedervereinigung mit ihnen bis zum letzten aufrecht halten. Seien Sie, lieber Herr Oppenheim, mit Ihrer lieben Frau herzlich gegrüßt. Möge Ihnen der Himmel gnädig sein.
Stets Ihre

DOK. 113

Der Genetiker Otmar Freiherr von Verschuer fordert im Januar 1944 eine weltweite „Gesamtlösung des Judenproblems"[1]

Bevölkerungs- und Rassenfragen in Europa von Prof. Dr. O. Frhr. v. Verschuer[2]

Die Wechselwirkung zwischen kriegerisch-politischen Ereignissen und bevölkerungs- und rassenbiologischen Vorgängen ist eine sehr vielseitige. Ganz offensichtlich ist die *Wirkung des Krieges auf die Bevölkerung*, ihre Zusammensetzung und ihre zukünftige Entwicklung. Der *vorige Weltkrieg* brachte dem deutschen Volke von damals 68 Millionen Menschen einen Bevölkerungsverlust von 12 bis 13 Millionen: 2 Millionen Gefallene, ¾ Millionen Opfer der Hungerblockade,[3] 3–3 ½ Millionen Geburtenausfall und 6 ½ Millionen, die durch den Versailler Vertrag abgetrennt wurden. In diesem *jetzigen Weltkrieg* wird versucht, die blutigen Opfer durch die Art der Kriegführung möglichst gering zu halten. Sie fallen aber zahlenmäßig stärker ins Gewicht wegen der schwächeren Rekrutenjahrgänge. Der Geburtenausfall läßt sich nicht vermeiden, ist aber geringer als im vorigen Krieg. Als Positivum kann gebucht werden: Die Bevölkerungszahl ist von 65 Millionen auf knapp 100 Millionen durch die Wiedervereinigung und Eingliederung zahlreicher Volksgruppen gestiegen.[4] Dazu kommen ½ Million von rückgeführten Volksdeutschen. Die planmäßige Besiedelung des Warthegaues und anderer Gebiete wird schon während des Krieges durchgeführt. Die Juden werden aus dem Reichsgebiet evakuiert. Das schwierige Problem der Fremdarbeiter kann als Wirkung des Krieges nur eben erwähnt werden.

4 Rudolf (*1919), Eva (*1921) und Stefanie (*1922). Rudolf und Stefanie Schmalenbach konnten emigrieren, die Tochter Eva überlebte das KZ Ravensbrück.

1 Europäischer Wissenschafts-Dienst, 4. Jg., Nr. 1 vom Januar 1944, S. 11–14. Der Europäische Wissenschafts-Dienst erschien von Jan. 1941 bis April 1944. Der Artikel beruht auf einem Vortrag Verschuers vor den Freunden der Deutschen Akademie im Nov. 1943; siehe Wissenschaft und Hochschule, Nr. 549, Morgenausgabe vom 23.11.1943.

2 Dr. Otmar von Verschuer (1896–1969), Humangenetiker; 1927–1933 am KWI für Anthropologie in Berlin tätig, 1935–1942 Leiter des Instituts für Erbbiologie und Rassenhygiene in Frankfurt a. M., Doktorvater von Josef Mengele; 1940 NSDAP-Eintritt; von 1942 an Leiter des KWI für Anthropologie; 1951 Professor in Münster und Leiter des Instituts für Humangenetik.

3 Die brit. Seeblockade im Ersten Weltkrieg verursachte eine Lebensmittelknappheit, die im Winter 1916/17 einen Höhepunkt erreichte. Sie wurde durch Ernteausfälle und ernährungspolitische Fehlentscheidungen weiter verschärft.

4 Nach der Volkszählung von 1939 betrug die Bevölkerung des Deutschen Reichs, einschließlich Österreichs und des Sudetenlands, rund 79,3 Millionen Einwohner. Hinzu kamen etwa 7,38 Millionen Bewohner des Protektorats Böhmen und Mähren.

Aber auch umgekehrt zeigt sich eine *Wirkung von Bevölkerungsvorgängen auf Krieg und Politik*: Wir wurden mit Recht das „Volk ohne Raum"[5] genannt. Denn einem Anteil von 4,6 % der Erdbevölkerung steht nur ein Anteil von 0,5 % des Erdraumes gegenüber. Dasselbe Mißverhältnis galt auch für Japan zu Beginn des Krieges. Das britische Weltreich dagegen umfaßte 24,4 % der Erdbevölkerung und 25,9 % des Erdraumes. An diesen wenigen Zahlen zeigt sich, welche Bedeutung der Bevölkerungsdynamik als Kriegsursache zukommt.

Der jetzige Krieg wird auch als *Rassekrieg* bezeichnet, indem man dabei an die Auseinandersetzung mit dem *Weltjudentum* denkt. Ein internationales Judentum gab es schon in der Antike. Unter den 60 Millionen Einwohnern des Imperium Romanum waren 4 bis 4 ½ Millionen, also rund 7 % Juden. Es müssen triftige politische Gründe vorgelegen haben, daß die Juden für 1 ½ Jahrtausende im Ghetto verwahrt gehalten wurden. Mit der Emanzipation des Judentums im 19. Jahrhundert hat sich dasselbe mehr und mehr die Schlüsselstellungen im wirtschaftlichen, politischen und geistigen Leben der Völker angeeignet. Zu Beginn des Krieges betrug die Gesamtzahl der Juden in der Welt rund 17 Millionen, 1800 lebten noch 88 % der Juden in Europa, 1937 nur noch 60 %. In der gleichen Zeit ist der Anteil Amerikas von 3 auf 30 % gestiegen. Die USA sind der judenreichste Staat mit 4 ½ Millionen und New York die judenreichste Stadt mit 2 ½ Millionen. Da alle bisherigen Lösungsversuche der Judenfrage gescheitert sind, ist die politische Forderung der Gegenwart eine *neue Gesamtlösung des Judenproblems.*

[...][6]

Die Rassen- und Erbgeschichte lehrt uns, daß der *zentraleuropäische Raum niemals in den Besitz fremdrassiger Eroberer* gekommen ist. Trotz mannigfacher Wanderbewegungen innerhalb dieses Raumes ist es nie zur Einkreuzung einer fremden Rasse gekommen wie in den weiten Gebieten anderer Erdteile, in welchen die schwarze, gelbe und weiße Rasse sich vermischt haben. Aus dem europäischen Raum sind wohl Millionen von Menschen nach anderen Ländern abgewandert und haben dort, wie etwa in Nordamerika und Australien, zur Neubildung von vorwiegend europäischen Bevölkerungen geführt. Das deutsche Volk und die angrenzenden Völker von Nord- und Zentraleuropa sind dagegen frei von außereuropäischen Rasseneinschlägen geblieben. Die einzige Ausnahme davon machen die *Juden* und die *Zigeuner.* Doch ist diese Frage durch die rassenpolitischen Maßnahmen der letzten Jahre im Sinne einer Reinigung unseres Volkskörpers gelöst worden.

Die schwerste Bedrohung der rassischen Existenz der gesamteuropäischen Bevölkerung erleben wir in der Gegenwart durch den Angriff des bolschewistischen Rußland, dem sich der Führer an der Spitze der deutschen Wehrmacht in den Weg gestellt hat. Nach der siegreichen Beendigung dieses Krieges und der damit verbundenen Sicherstellung der

5 Das Schlagwort „Volk ohne Raum" wurde erstmals 1926 von dem völkischen Schriftsteller Hans Grimm geprägt und später von den Nationalsozialisten übernommen. Der Parole lag die Vorstellung zugrunde, Deutschland sei überbevölkert, weswegen Lebens- bzw. Siedlungsraum hinzugewonnen werden müsse.

6 Im Folgenden erläuterte Verschuer die „Rassen- und Erbgeschichte Europas" von der Steinzeit bis zu Friedrich dem Großen. Dabei konzentrierte er sich insbesondere auf die Wanderbewegungen in Europa und die durch Kriege, Seuchen und Besiedlung verursachte Abnahme der deutschen Bevölkerung.

rassischen Existenz Europas wird die weitere Rassen- und Erbgeschichte hauptsächlich von zwei Faktoren abhängig sein:
1. von der Fortpflanzung der einzelnen Völker und von dadurch ausgelösten *Wanderbewegungen*,
2. von den *Auslesevorgängen* innerhalb eines jeden Volkes.
Für den ersten Faktor seien zwei Beispiele genannt: Frankreich und Schweden.
Zur Zeit Ludwigs XIV., als *Frankreich* auf dem Gipfel seiner Macht stand, war es der volkreichste Staat Europas. Durch lange Kriege, durch die Auswanderung der Hugenotten, durch die großen Blutverluste der Revolution und der napoleonischen Zeit gingen wertvollste Erbqualitäten verloren. Seit hundert Jahren ist Frankreich das klassische Land des Geburtenrückganges, in welchem das Zweikindersystem sich mehr und mehr ausbreitete und schließlich auch zum Einkind- und Keinkindsystem überging. Dörfer verödeten, große Teile des Landes wurden nicht mehr bebaut. In den Jahren 1935–38 sind in Frankreich 76 413 Menschen mehr gestorben als Kinder geboren wurden. In den leeren Raum strömten Millionen von fremden Einwanderern: Arbeiter aus Belgien, Polen und Italien und schließlich Kolonialfranzosen, die auch als Neger, Indochinesen und Marokkaner den weißen Franzosen gleichgestellt wurden.[7] Dem rassischen Abstieg ist der politische Zusammenbruch gefolgt.
Schweden interessiert uns ganz besonders als Ursprungs- und Kernland der nordischen Rasse. Es stand im 17. Jahrhundert auf dem Höhepunkt seiner Macht. Die Ostsee war damals ein schwedisches Binnenmeer. Gustav Adolf und Karl XII. sind auch in Deutschland verehrte Heldengestalten. Die Geschichte der politischen Entmachtung Schwedens, die u. a. zum Abfall von Finnland und Norwegen führte, kann hier übergangen werden. Seit 130 Jahren lebt Schweden im Frieden. In den 80er und 90er Jahren sind jährlich noch 20 000–50 000 Menschen ausgewandert. Der Geburtenrückgang setzte in Schweden früh ein, und 1933 hat die Geburtenziffer Schwedens mit 13,7 auf 1000 der Bevölkerung den tiefsten Stand aller europäischen Länder, sogar unter Frankreich gelegen, erreicht. Seit 1930 überwiegt die Einwanderung, worunter sich jüdische Emigranten befinden.
Dieselben biologischen Entartungserscheinungen können auch in anderen Ländern festgestellt werden: So hatte England 1939 das größte Geburtendefizit aller europäischen Völker. In allen diesen Fällen zeigen sich die folgenden grundsätzlich gleichen Erscheinungen: *Durch Gegenauslese wird die Führungsschicht geschwächt. Durch Geburtenarmut sinkt die Lebenskraft des ganzen Volkes*, und *durch rassische Überfremdung wird schließlich die Abstammungsgrundlage zerstört.*
Länder mit einer Bevölkerungsunterbilanz wirken wie Saugpumpen, durch welche Menschen aus Ländern mit Bevölkerungsüberschuß abgezogen werden. Solange solch ein Austausch zwischen Nachbarvölkern stattfindet, kann darin noch eine natürliche Regulation gesehen werden. Kommt es aber zur Durchsetzung mit Rassenfremden (Juden, Kolonialfranzosen), stehen wir vor einer ernsten Frage, die eine Lösung unter Wahrung der berechtigten Interessen von Gesamteuropa verlangt.

7 Bis Ende 1945 galt in den franz. Kolonien der Code de l'indigénat, der einen rechtlichen Unterschied zwischen der einheimischen Bevölkerung der Kolonien und den Staatsbürgern des europäischen Mutterlands Frankreich festschrieb.

Zum zweiten Faktor: *Auslesevorgänge innerhalb unseres Volkes.*
Welche Bedeutung schon geringe Unterschiede der Kinderzahl und der Generationsfolge für die Zusammensetzung einer Bevölkerung haben, sei an folgendem Beispiel erläutert: Eine Bevölkerung bestehe zu gleichen Teilen aus einer Gruppe A mit durchschnittlich 3 Kindern und 3 Generationsfolgen in hundert Jahren und einer Gruppe B mit durchschnittlich 4 Kindern und 4 Generationen in hundert Jahren. Schon nach 100 Jahren ist der Anteil der Gruppe A auf 17,5 % und nach 300 Jahren auf 0,9 % gesunken, d. h., die Gruppe A ist praktisch verschwunden. Die tatsächlichen Unterschiede in den Kinderzahlen einzelner Gruppen unseres Volkes sind sehr viel größer. Einzelerhebungen haben ergeben, daß bei den Universitätsprofessoren, den Offizieren, Polizeibeamten und anderen Auslesegruppen nicht einmal mehr die Eltern durch die Kinder ersetzt werden. Aus den *familienstatistischen Ergebnissen der Volkszählung 1939* seien die folgenden herausgegriffen:
Zusammenlebende Ehepaare mit einer Ehedauer von 25 und mehr Jahren, also mit abgeschlossener Fortpflanzung, hatten eine durchschnittliche Kinderzahl

Deutsches Reich insgesamt	3,9
Landwirtschaftliche Berufe insgesamt	4,8
Selbständige in Industrie und Handwerk (ohne Handwerkerberufe)	3,1
Selbständige im Handelsgewerbe	2,9
Ärzte	2,5
Apotheker	2,3
Selbständige Schriftsteller, Schriftleiter, Privatgelehrte	2,2
Selbständige Künstler, Schauspieler	2,5
Rechtsanwälte und Notare	2,5
Offiziere (+ Sanitäts- und Veterinäroffiziere)	2,2
Studienräte und Doktoren	2,3
Arbeiter	3,8

Alle diese Ergebnisse zusammenfassend und verallgemeinernd muß gefolgert werden: *Je höher die geistige Begabung, desto geringer die Zahl der Nachkommen.* Die Folge davon ist ein *Rückgang der Begabung im Volke* und schließlich die biologische Entartung. Wohl ist seit 1933 eine Besserung eingetreten, aber noch nicht ausreichend.
Ergebnisse für die Bevölkerungs- und Rassenpolitik:
I. Voraussetzungen:
1. Sicherstellung von Volk und Raum gegenüber jeder Bedrohung von außen.
2. Reinigung des Volkskörpers von rassenfremden Einschlägen.
II. Aufgaben:
1. Sicherung der Zahl. Zu vermeiden ist der Fehler früherer Zeiten, wonach Mensch = Mensch gesetzt wurde. Jede quantitative Bevölkerungspolitik ist deshalb aufs engste verbunden mit
2. Sicherung der Qualität durch Beeinflussung der Auslesevorgänge. Am wichtigsten ist die mindestens ausreichende, besser überdurchschnittliche Fortpflanzung der Begabten und Tüchtigen in allen Berufen. Hinzu tritt die Einschränkung der Fortpflanzung von Erbkranken und Erbminderwertigen.
3. Vermeidung jeder unerwünschten Einwanderung.
Die Erfüllung dieser Voraussetzungen und Aufgaben führt – biologisch gesehen – zur Sicherstellung der Zukunft des Deutschen Reiches als führende Macht Europas.

DOK. 114

Martin Heinrich Corten aus Hamburg erläutert der Reichsvereinigung der Juden am 17. Februar 1944 die Höhe der Kosten eines Deportationstransports[1]

Schreiben des Vertrauensmanns der Reichsvereinigung der Juden in Deutschland für Hamburg[2] (Hei/LE), ungez., Geschäfts Z. I F – Dikt[at]: Dr. Lu/Kn.,[3] an die Zentrale der Reichsvereinigung der Juden in Berlin, Iranische Str. 2, vom 17.2.1944

Betrifft: *Kosten Theresienstadt-Transport 19.1.1944*
Die Gesamtkosten des Transports haben gemäß eingereichter Abrechnung *RM 1574.54* betragen und setzen sich zusammen wie folgt:

Proviant einschl. warmer Verpflegung, die vor Transportabgang verabreicht wurde	RM 613.16
Medikamente	RM 151.99
Holz zum Ausbau des Waggons	RM 100.14
Sonstige Ausrüstung des Waggons	RM 132.75
Fuhrkosten	RM 394.05
Hilfskräfte (Lohnausfall)	RM 150.–
Kleine Ausgaben	RM 32.45
insgesamt	RM 1574.54

Wenn Sie den obigen Kostenaufwand mit demjenigen früherer hiesiger Theresienstadt-Transporte vergleichen, so werden Sie finden, daß die Kosten des letzten hiesigen Transports sich nicht nur im Rahmen des Aufwandes für die früheren Transporte, der Kopfzahl entsprechend, halten, sondern eher noch niedriger sind.
Für den vorliegenden Transport war eine Teilnehmerzahl von 78 Personen[4] vorgesehen, so daß entsprechende Vorsorge zu treffen war.
Die gemachten Aufwendungen betragen demnach pro Kopf
der vorgesehenen Teilnehmerzahl rund RM 20.–
und der geringeren Teilnehmerzahl rund RM 25.–.
Für den Transport waren 3 Güterwagen von der Aufsichtsbehörde[5] gestellt worden, davon 2 zur Unterbringung und Beförderung der Transportteilnehmer, ein halber Waggon für das Gepäck derselben und ein halber Waggon für die zur Begleitung des Transports bestimmten Beamten der Aufsichtsbehörde. Ausbau und Einrichtung der Güterwagen ist in üblicher Weise wie bei den früheren Transporten erfolgt.
Hinsichtlich der Fuhrkosten ist zu bemerken:
Die Transportteilnehmer waren wegen der bestehenden Transportschwierigkeiten bezw. auch der sehr kurzen zur Verfügung stehenden Zeit durchweg nicht in der Lage, ihr Gepäck selbst heranzuschaffen. Das Gepäck mußte, zum Teil aus den entferntesten Vororten, herangeholt werden. Dadurch sind längere Transportwege und verhältnismäßig höhere Fuhrkosten entstanden.

1 Staatsarchiv Hamburg, 522-1/1036.
2 Martin Heinrich Corten.
3 Siehe Dok. 102 vom 17.12.1943, Anm. 4.
4 Laut Eingangslisten der Theresienstädter Gettoverwaltung kamen am 22.1.1944 mit Transport VI/9 aus Hamburg 61 Personen an.
5 Gestapo Hamburg.

Im übrigen ist die Ausrüstung des Transportes, wie auch sonst in früheren Fällen, unter Aufsicht und im Benehmen mit der Aufsichtsbehörde vor sich gegangen.
Der Transport wurde von unserer Aufsichtsbehörde mit einer Frist von 24 Stunden angesetzt. Herrn Dr. Plaut wurde am 18. Januar 1944 vorm[ittags] gegen 11 Uhr von der Aufsichtsbehörde mitgeteilt, daß ein Transport gehe, und er wurde beauftragt, alles Erforderliche sofort in die Wege zu leiten, damit der Transport am folgenden Tage rechtzeitig abgehen kann. Die Transportteilnehmer hatten sich bereits am folgenden Tage um 13 Uhr in der Sammelstelle einzufinden. Die Erfüllung der behördlichen Weisung bedingte selbstverständlich die Aufwendung der erforderlichen Kosten und die Einholung irgendeiner Genehmigung von Ihnen wäre eine glatte Unmöglichkeit gewesen.

DOK. 115

Lotte Paepcke beschwört ihre inhaftierte Freundin Lilli Jahn am 17. Februar 1944, ihren Lebensmut nicht zu verlieren, und berichtet über den eigenen Zwangseinsatz[1]

Handschriftl. Brief von Lotte Paepcke, Leipzig, an Lilli Jahn, Arbeitserziehungslager Breitenau, Hessen, vom 17.2.1944

Meine liebe Lilli,
ich habe mich so sehr über Deine Grüße gefreut, daß ich Dir gleich schnell schreiben muß. Das an die Kinder geht natürlich heute noch weg.
Ich bin so unglücklich, daß ich Dir nicht öfter schreiben + vor allem nicht mehr für Dich tun kann. Aber seit einiger Zeit muß ich nun wieder arbeiten, + zwar Schutt schaufeln in der völlig ausgebrannten Fabrik, ohne Türen, Fenster, Wände. Bloß weite, offene Hallen voll Schutt, Asche, Dreck, Wasser oder Schnee, je nach Wetter. Du kannst Dir denken, daß es furchtbar kalt ist. Wir machen uns zwar immer ein Feuerchen aus brennbaren Resten, die wir so finden, aber trotzdem friert man. Noch 2 Frauen + ich.
Wenn ich dann in den Nachmittagsstunden schnell den Haushalt gemacht habe – noch immer ohne Gas –, mit Einkaufen, Bügeln, Stopfen u. s. w., dann bin ich so völlig übermüdet, daß ich einfach nicht mehr schreiben kann. Ich weiß, Du begreifst es, aber doch quält es mich, daß ich nicht so kann, wie ich möchte.
Hast Du denn gar keine Wünsche? Du schreibst mir nie welche. Laß mir doch durch die Kinder sagen, was Du brauchst. Essen kann ich Dir leider gar nichts mehr schicken, ich kann einfach nichts mehr erübrigen + habe selber ewig Hunger!
Aber ich darf ja nicht klagen vor *Dir*! Wie stell ich mir immer wieder vor, was Du durchmachst! Und dann das immerwährende Warten auf die Entlassung + die dauernde Enttäuschung.
E.[2] hat uns geschrieben, es laufe ein Gesuch für Dich. Ilse[3] schrieb mir, daß sie daran zweifele, aber ich denke doch ganz sicher, daß das stimmt. Ob man mehr tun könnte, das kann ich von hier aus natürlich nicht beurteilen. E. schrieb, es werde getan, was

1 Original in Privatbesitz, Kopie: IfZArch, F 601. Abdruck in: Doerry, „Mein verwundetes Herz" (wie Dok. 95 vom 14.11.1943, Anm. 1), S. 316 f.
2 Ernst Jahn, der geschiedene Ehemann von Lilli Jahn.
3 Ilse Jahn, älteste Tochter von Lilli Jahn.

möglich ist. Ich bin überzeugt, daß in Deinem Fall etwas erreicht werden kann, wenn man die richtigen Schritte tut. Einmal *muß* es doch so weit sein. Ach Liebe, wenn meine Wünsche + meine vielen Gedanken an Dich doch etwas nützen könnten!
Ich bin froh, daß Du menschlich anständig behandelt wirst. Das macht das Ganze doch um vieles leichter. Und ich bin überzeugt, nun hältst Du noch vollends durch. Laß Dich nur nicht auffressen von der Ungeduld des Wartens – so etwas zehrt + schwächt oft mehr als das Ertragen des Schweren an sich. Und behalt Deinen so schönen Lebensmut, Du hast Dich ja so wunderbar bewährt + gehalten, daß Du auch dieses nun noch zu Ende führen wirst.
Peter[4] geht es gut. Aber mein Heimweh! E. A.[5] ist von einer schweren Grippe mit Rippenfellentzündung wieder 3/4 hergestellt, sieht aber entsprechend aus. Ich weiß, daß er Dich ganz herzlich grüßt – er ist noch nicht da, + ich schicke den Brief gleich weg.
Sei umarmt und geküßt!
Deine

DOK. 116

Landgerichtsrat Alfred Wertheim bittet seine Ehefrau in einem Brief vom 7. März 1944 aus dem Gerichtsgefängnis Bremen, sich in Berlin für seine Freilassung einzusetzen[1]

Handschriftl. Brief von Landgerichtsrat Dr. Alfred Wertheim,[2] Gerichtsgefängnis Bremen-Stadt,[3] an seine Frau Lotte Wertheim-Kurth,[4] Göttingen, Lotzestr. 10 bei Frl. Kurth, vom 7.3.1944

Meine geliebte Lotte! Dies ist das erste Lebenszeichen, das Du seit unserer am 22. Jan. 44 in Wilhelmshaven erfolgten Trennung von mir erhältst. Inzwischen erhielt ich Deinen lieben Brief v. 25. Jan. am 28. Jan. u. Deinen lieben Brief v. 6. Febr. am 10. Febr., letzteren gerade noch rechtzeitig, nämlich 1 Stunde vor meiner Abreise nach Bremen. Ich will hierbei gleich bemerken, daß ich außer diesen beiden Lebenszeichen u. Deinem Liebes-Koffer-Gruß nach Bremen nichts weiter von Dir bis heute gehört habe.
Also Du, Gute, warst am 23. Febr. in der Stadt meines jetzigen unfreiwilligen Aufenthaltes, um mich zu besuchen u. mußtest die schmerzliche Enttäuschung erfahren, daß das aus Gründen, die ich glaube, Dir nicht mitteilen zu dürfen, nicht möglich sei. Am

4 Dr. Peter Paepcke (1935–1995); Sohn von Lotte Paepcke, später Rechtsanwalt in Karlsruhe.
5 Dr. Ernst August Paepcke (1898–1963), Literaturwissenschaftler; Ehemann von Lotte Paepcke.

1 JMB, 2001/223/1–10, Schenkung von Eckart Haerter.
2 Dr. Alfred Wertheim (1889–1945), Jurist; von 1926 an Landgerichtsrat in Aurich, 1933 Zwangspensionierung; 1938 Schein-Trennung von seiner nichtjüdischen Ehefrau und Emigration in die Niederlande, 1943 wurde er von der Gestapo in Hilversum verhaftet und zunächst im KZ Vught inhaftiert, von Febr. 1944 an im Gerichtsgefängnis Bremen, im Juni 1944 wurde er nach Auschwitz deportiert, dort ermordet.
3 Das Gerichtsgefängnis Bremen-Stadt diente zur Verbüßung kurzer Haftstrafen und zur Unterbringung der Untersuchungsgefangenen aus dem Landgerichtsbezirk Bremen.
4 Lotte Wertheim-Kurth, geb. Kurth (1880–1966); 1921 Eheschließung mit Alfred Wertheim; mehrere Aufenthalte in Heilanstalten aufgrund von Depressionen; 1938 Schein-Trennung von ihrem Ehemann und Umzug nach Hannover, von dort Umzug zu ihrem Mann nach Hilversum in den Niederlanden, Jan. 1944 Rückkehr nach Göttingen.

24. Febr. wurde ich zum Büro gerufen u. davon unterrichtet, daß Du tags zuvor dagewesen seist, um mich zu besuchen, u. daß Du 1 Koffer für mich abgegeben hättest. Wie danke ich Dir, meine Lotte, daß Du so wunderbar für mich sorgst. Ich wurde gleich gefragt, was ich von dem Inhalt gebrauchte u. habe mir erst mal 1 Hemdhose, 1 Unterhemd u. 1 Unterhose zum Wechseln geben lassen. Außerdem wurden mir die beiden Tüten mit dem süßen Inhalt u. der Apfel ausgehändigt. Herrlich hat alles geschmeckt. Der Kandis war mir bei meinem Husten besonders wertvoll! Du darfst mir einmal *wieder solche Süßigkeiten* bringen! *Bringen*, nicht schicken! Selbst auf die Gefahr hin, daß Du mich nicht sprechen kannst. Denn das Gefühl, Dich, Geliebte, wieder einmal ganz in meiner Nähe gewußt zu haben, möchte ich um keinen Preis missen! Bringen ist auch um deswegen besser als Schicken, als Du gegebenenfalls aus dem Paket dasjenige herausnehmen kannst, was ich nicht empfangen darf. Vielleicht backst Du mir mal 1 schönen [...][5] u. hast etwas Kunsthonig u. 1 Glas Marmelade übrig. *Kandis* nicht vergessen! Ferner benötige ich je 1 Kragenknopf für vorn und hinten, 2 Manschettenknöpfe, 1 Schlips, 1 Kragenschoner, 1 *großes* Stück Seife (davon mangelt es sehr) u. 1 großes Brillenetui (Du mußt sagen, daß es sich dabei um eine Starbrille, also um eine besonders große Brille handelt). Ferner bitte ich Dich, bei der hiesigen Kasse für mich 20 Mark einzuzahlen (bei Deinem Besuch in Bremen oder das Geld per Postanweisung schikken!). Ich habe soviel nötig für folgende Zwecke: Reparaturen an meinen beiden Brillen, an meinen Schuhen, Waschen meines Unterzeugs u. endlich möchte ich mich gern impfen lassen, übrigens brauche ich auch davon für Porto.
Am 13. März ist die Sperre beendet. Du kannst mich also dann besuchen. (Lies den Anhängezettel genau durch!)[6] Warte mit Deinem Besuch nicht über den 13.3. hinaus! Denn ich weiß nicht, ob ich nicht kurz danach woandershin (ins Lager?) komme, und dann kriegen wir uns überhaupt nicht zu sehen! Du ruhst u. rastest doch nicht eher, bis Du mich gefunden hast! Wie hast Du das bloß angefangen? Einen Menschen auf dieser trostlosen Welt zu wissen, der einen liebt, ist ein wunderbares Gefühl! Das hält mich! Daran richte ich mich auf, wenn die Depressionen kommen. Gut, daß ich das als früherer Strafrichter einmal selbst kennenlerne! Deine Liebe ist wirklich ganz groß, meine Lotte! Das hast Du bewiesen! Dieses Herz voll überströmender Sehnsucht nach Zärtlichkeit! Welcher Reichtum wohnt in deinem Gemüt! Welch tapfere Gläubigkeit kennzeichnet Deinen Weg! Welche Güte und Klugheit des Herzens hieltest Du stets für mich bereit! Und wie selbstsüchtig bin ich dagegen stets gewesen! Wie viele Fehler habe ich gemacht! Im mitleidslosen, unbeugsamen Muß des Leidens geht man entweder zu Grunde oder man wächst und wird sehend und stößt zu Gedankentiefen vor, die dem Durchschnitt der Menschen für immer verschlossen bleiben. Das sind meine Erfahrungen. – Wie geht es Dir, meine Lotte? Bist du inzwischen gründlich untersucht? Was hat Dr. Werth festgestellt? Wie leid hat es mir getan, daß Grete so krank war! Wie geht es ihr? Ich wünsche ihr von ganzem Herzen gute Besserung u. eine gründliche Erholung! Und wie geht es Emmy? Hoffentlich hat sie meine große Nervosität vom vorigen Sommer inzwischen ganz vergessen. Ich möchte beide gern mal wieder sehen! Existiert Pot-

5 Im Original unleserlich.
6 Dem Brief beigelegt ist ein Vordruck des Gerichtsgefängnisses Bremen-Stadt, das über die Vorschriften der Anstalt (wie Besuchszeiten und Schreiberlaubnis) informiert.

gieterlaan 5 noch?[7] Hast du irgendwelche Verbindungen? Mit wem? Du schreibst u. a. wörtlich: „Sei tapfer, mein lieber, lieber Junge, und hoffe, daß wir bald wieder vereint sind.“ Hast Du Anhaltspunkte dafür (was für welche?), oder hat man Dir in Berlin gar Hoffnungen gemacht?

Es empfiehlt sich *dringend*, nach etwa 3 Monaten – also so gegen Anfang Mai – nochmal in Berlin persönlich vorstellig zu werden, falls inzwischen keine Entscheidung ergangen sein sollte. Wirst Du das wohl für mich tun? Was für Anträge hast Du gestellt? Hast du das Gesuch per Einschr[eiben] abgesandt? Ist auch das Gesuch an den Herrn Reichsmarschall Göring abgegangen? Weißt Du das bestimmt? Ich bin ja nicht gerade eingebildet, habe aber doch eine gewisse Genugtuung darüber, daß ich die besten Kräfte meines Lebens im Staatsdienst verbrauchen durfte u. daß ich als Landgerichtsrat in Aurich über meine Unparteilichkeit in meiner Rechtsprechung die ungeteilte Anerkennung, auch von nationalsozialistischer Seite, ausgesprochen erhalten habe. Schade, daß ich sie nicht schriftlich von der Partei besitze, doch das Zeugnis von Landgerichtsrat Henrychowski[8] über das von mir schon Jahre vor der Machtübernahme gezeigte Interesse und Verständnis für den Nationalsozialismus und daß ich das auch in meiner Rechtsprechung zum Ausdruck gebracht habe, dürfte an sich schon genügen. Notfalls kannst Du ja noch Justizoberwachtmeister Gieseler, der später Vertrauensmann der Gestapo Wilhelmshaven geworden sein soll, die Justizwachtmeister Mennenga und Flietner, den Kanzleisekretär Höger, den Justizangestellten Wübbel, den Landgerichtsrat Abramowski, den Staatsanwaltschaftsrat Kliesch, alles alte Pg., ferner den Gerichtsberichterstatter Kranz als Zeugen für meine damalige politische Gesinnung benennen, falls das nicht in Deinen beiden Gesuchen bereits geschehen ist.

Die Genannten kennen auch die über mich gefallene Äußerung: „Schade, daß der Mann Jude ist“, womit offenbar zum Ausdruck gebracht werden sollte, daß man die im Prinzip damit verbundene Rassebedingtheit des Denkens, Fühlens und Wollens bei mir nicht wahrgenommen hat, sondern nur meine Geburt es ist, die mir im Wege steht, Richter zu bleiben, falls die Partei einmal an die Macht kommen sollte. Man wird hieran ebensowenig vorbeigehen können wie an der Tatsache, dass sich meine damalige Einstellung zum Nationalsozialismus schon in der ganzen Handhabung des Sitzungsdienstes äußerte. Nie habe ich den Hitlergruß als „Ungebühr“ vor Gericht betrachtet, sondern ihn stets zugelassen (auch das wissen alle die genannten Zeugen). Man wird es mir daher glauben müssen, wenn ich erkläre, daß damals der Drang in mir zur Teilnahme an dieser zündenden, alle nationalen Kräfte in sich einigenden nationalsozialistischen Bewegung, die das deutsche Volk aus seiner Lethargie wachgerüttelt und es aus der dumpfen Enge der zum Verfall führenden Reaktion hinausgeführt hat, groß war. Und man wird mir ferner glauben müssen, wenn ich weiter erkläre, daß ich darauf brenne, nach Wiedererlangung meiner Freiheit, die ich von Berlin bald u. bestimmt erhoffe, in den totalen Arbeitseinsatz mit eingeschaltet zu werden, um das befriedigende Bewußtsein der aktiven Teilnahme zu besitzen, wenn der Sieg des deutschen Volkes in seinem heutigen Kampf gegen

7 In der Potgieterlaan 5 in Hilversum hatte das Ehepaar während seiner Zeit in den Niederlanden gelebt.

8 Leopold Henrychowski (1877–1945), Jurist; 1900 Referendar, 1909 Amtsrichter in Gnesen; Mitglied im Preuß. Richterbund; März bis Sept. 1933 kommissar. Bürgermeister von Aurich, nach einem Konflikt mit der SA in Aurich wurde er nach Berlin versetzt.

den Bolschewismus und gegen den ewigen Würger England, mit einem der unversöhnlichsten Feinde aller Völker endlich errungen ist. Das sind die Gedanken, die mich nach sechsmonatiger Haft zutiefst in meiner Zelle bewegen. Bring das bitte alles noch zur Kenntnis der Berliner Stellen.
Nun höre, meine Lotte!
Ich habe Dir noch was Besonderes zu sagen:
Du wirst dieses Jahr 64 Jahre alt und ich 55. Im Juli sind wir 23 Jahre verheiratet. Wir sind eigentlich also alte Leute. Und doch sage ich jetzt noch zu Dir wie damals, als ich als junger Referendar Dich in den Rosengarten meines Herzens führte:
Kleine, liebe Lotte, ich liebe Dich, ja ich liebe Dich.
Stets
Dein

DOK. 117

Ursula Lewin fleht am 7. März 1944 in einem Brief aus dem Sammellager Schulstraße zwei Mitarbeiter des Auswärtigen Amts an, sich für sie und ihre Eltern einzusetzen[1]

Handschriftl. Brief von Ursula Lewin,[2] Sammellager Schulstraße,[3] Berlin-Wedding, an Wilhelm Melchers[4] und Georg Ripken[5] vom 7.3.1944

Hochverehrter Herr Geheimrat Melchers,
beifolgender Brief, den ich unter größten Schwierigkeiten aus dem Gefängnis herausschicke, ist für Herrn Geheimrat Ripken ebenso wie für Sie bestimmt. Ich adressiere an Sie beide, falls einer von Ihnen zufällig abwesend sein sollte, damit keine kostbare Zeit – und bei uns geht es jetzt um *Stunden*! – verloren geht. Auch Ihnen sage ich herzlichen Dank für alles mir früher bewiesene Wohlwollen und alle Hilfe, die Sie uns, so Gott will, jetzt zuteil werden lassen. *Größte Eile* ist notwendig. Ich erfahre eben positiv, daß der Transport in der Nacht von Donnerstag auf Freitag geht.[6]
Ihre
Ursula Lewin

1 PAAA, R 99 483.
2 Ursula Lewin (1912–1944), Sekretärin; im März 1944 von Berlin nach Theresienstadt deportiert, im Okt. 1944 weiter nach Auschwitz, dort ermordet.
3 Von März 1944 an dienten das Pförtnerhaus und der Pathologische Pavillon des Jüdischen Krankenhauses in Berlin-Wedding als Sammellager und lösten damit das Sammellager in der Großen Hamburger Straße ab, das fortan als Ausweichgefängnis der Gestapo fungierte.
4 Dr. Wilhelm Melchers (1900–1971), Diplomat; seit 1925 im auswärtigen Dienst, 1937 Mitarbeiter des deutschen Konsulats in Haifa; 1939 NSDAP-Eintritt; von 1939 an Leiter des Orientref. im AA; nach dem Krieg u. a. Botschafter in Bagdad, Neu-Delhi und Athen; 1954 Bundesverdienstkreuz mit Stern.
5 Dr. Georg Ripken (1900–1962), Diplomat; 1927 Eintritt in den auswärtigen Dienst; 1933 NSDAP-Eintritt; 1936–1945 stellv. Leiter der Handelspolitischen Abt. im AA; nach 1945 zunächst als Wirtschaftsberater und in den 1950er-Jahren als leitender Ministerialbeamter tätig; 1958–1961 MdB.
6 Gemeint ist die Nacht vom 8. auf den 9.3.1944.

7.III.1943

Hochverehrter Herr Geheimrat Ripken,

nach den Vorbereitungen, die hier im Lager, unserer Leidensstätte, getroffen werden, ist anzunehmen, daß spätestens Donnerstag dieser Woche der Transport abgeht. Unsere Verzweiflung kann ich Ihnen überhaupt nicht beschreiben. Meine Eltern sind beide schwer krank (Vati Angina pectoris, fortgesetzt Gefäßkrämpfe und Herzanfälle, Mutti chronische Gallenblasen-Entzündung).[7] Ich selbst habe seit gestern hohes Fieber (gestern abend hatte ich 39,2°); was mir fehlt, weiß ich nicht. Ich wage auch nicht, es dem Lager-Arzt zu sagen, weil ich dann befürchten muß, von meinen Eltern getrennt zu werden. Es ist grauenhaft. Wir schlafen zu 22 Personen (Männer und Frauen) in einem Raum auf ein paar auf den Fußboden gelegten Matratzen. Das Essen besteht aus Margarine- oder günstigstenfalls Marmeladen-Broten und mittags einer wässrigen, meistens Kohlsuppe. Ich habe meine Chefs so sehr gebeten, uns regelmäßig etwas zu essen zu schicken, was erlaubt ist, aber nichts ist erfolgt. Meine Eltern und ich sind völlig entkräftet und am Zusammenbrechen. Aber darauf wird ja keinerlei Rücksicht genommen; man hat ja sogar Schwerkranke auf Bahren abtransportiert. Was man hier für Elend bei völlig unschuldigen Menschen sieht, geht über das Maß dessen, was man *physisch und psychisch* ertragen kann!

Zu unserem persönlichen „Fall" bitte ich Sie von ganzem Herzen um Ihre Hilfe. Es besteht eine Verfügung vom Reichssicherheits-Hauptamt vom Juli 1943,[8] die folgendes besagt: In Anerkennung unserer uns dem Deutschen Reich gegenüber erworbenen großen persönlichen Verdienste, die Ihnen, verehrter Herr Geheimrat, ja auch bekannt sind, wird anheimgegeben, wie dies auch für die andere Sekretärin der türkischen Botschaft und ihren Ehemann (Naphtali)[9] der Fall war, daß uns seitens der türkischen Regierung türkische Pässe erteilt werden. *Für diesen Fall wurde uns vom Reichssicherheits-Hauptamt die Erteilung der deutschen Ausreise-Sichtvermerke garantiert. Bis zum Eintreffen* des durch die Botschaft bei der türkischen Regierung beantragten Bescheides wegen der Pässe würden *keinerlei Evakuierungs- oder sonstige Maßnahmen* gegen uns ergriffen werden. Erst im Falle einer negativen Entscheidung käme eine Abwanderung nach Theresienstadt in Frage.

Diese Verfügung habe ich mit meinen eigenen Augen gelesen. Das Unglück ist jedoch, daß der Lagerleiter unseres Sammellagers, Hauptscharführer Dobberke,[10] diese Verfügung nicht kennt (oder kennen will) und auch gar kein Interesse daran hat, sie durch mich kennenzulernen. Ich habe versucht, bis zur endgültigen Klärung der Angelegenheit wenigstens eine Zurückstellung von dem Donnerstag abgehenden Transport zu erwirken. Wir sind ja sowieso in der Gewalt dieser Leute, und es kann ihnen ja eigentlich ganz gleichgültig sein, ob wir jetzt oder etwas später abtransportiert werden. Da man

7 Martin Lewin (1884–1944), Kaufmann, und Elisabeth Lewin (1887–1944), Hausfrau. Beide wurden zusammen mit ihrer Tochter Ursula im März 1944 von Berlin nach Theresienstadt deportiert, im Okt. 1944 weiter nach Auschwitz und dort ermordet.

8 Nicht ermittelt.

9 Das jüdische Ehepaar Dr. Max und Gertrude Naphtali arbeitete für die türk. Botschaft in Berlin. Nachdem sie Ende Sept. 1942 zur Deportation ausgewählt worden waren, intervenierte der türk. Botschafter, und das Ehepaar erhielt türk. Pässe und deutsche Ausreisevisa und konnte Deutschland im Sommer 1943 verlassen; siehe Vorgang in PAAA, R 100 848.

10 Walter Dobberke.

uns aber nicht die Chance lassen will, ganz freizukommen, hat man meine Bitte rundweg abgelehnt. Ich möchte Sie nun sehr herzlich um folgendes bitten: Wir *müssen* unbedingt Zeit gewinnen, und es muß verhindert werden, daß wir mit diesem Transport mitmüssen. Ich habe auch Herrn Koç[11] und Herrn Seyda[12] geschrieben, weiß aber nicht, ob diese [...][13] genug sein werden und gut genug alle Wege kennen, die sie einzuschlagen haben. Mit Notenwechsel ist uns jetzt nicht geholfen, wo es buchstäblich um *Stunden* geht! Bitte haben Sie die große Liebenswürdigkeit, in Gemeinschaft mit Herrn Geheimrat Melchers alles nur Erdenkliche für uns zu tun. Ich appelliere an Sie als Mensch und Ehrenmann, es handelt sich um die Rettung von drei Menschenleben! Der Fall meiner Kollegin Frau Hammerschmidt, die sich schwer strafbar gemacht hat, ist aussichtslos.[14] Ich bin deshalb besonders verzweifelt, weil ich mit diesem Fall überhaupt nichts zu schaffen habe. Mit hineingeraten bin ich nur, weil sie abgeholt werden sollte (ihre Familie war flüchtig) und sich nicht allein zum Polizeipräsidium zur Vernehmung traute. Ich hatte sie auf ihre Bitte, weil sie sich keinen Rat mehr wußte, bei dem Beamten angemeldet, der im März 1943 unseren Fall bearbeitet hatte und durch den sie aus dem Zug, in dem sie zum Abtransport mit ihrer Familie bereits saß, wieder herausgeholt wurde. Auf ihre Bitte begleitete ich Frau Hammerschmidt am 25.2.44 zum Präsidium, ohne daß ich hierzu verpflichtet gewesen wäre. Der vernehmende Beamte, der ohne mein Beisein Frau Hammerschmidt vernommen hatte und weiß und mir bestätigte, daß ich mit der Sache nicht das geringste zu tun habe, erhielt von seinem Amt telefonisch die Anweisung, Frau H. dazubehalten. Gleichzeitig wurde vom Amt angefragt, ob jemand von der Familie Frau H. begleitet hätte. Dies verneinte der Beamte; nur ihre Kollegin wäre mitgekommen. Darauf wurde vom Amt bestimmt, dann sollte eben die Kollegin auch gleich dabehalten werden. Der Beamte garantierte mir, es handele sich lediglich um eine Formsache, man wolle mich nur als Zeugin zur Sache vernehmen (über den fraglichen Sachverhalt selbst informieren Sie sich bitte bei Herrn Koç und Herrn Seyda anhand meines ausführlichen, hierüber angefertigten Exposés). Spätestens Mittag würde ich wieder frei sein. – Tatsächlich verlief die Entwicklung der Dinge so, daß man mich nicht wieder freigelassen und meine armen Eltern noch dazu in dieses Haus des Leids und Elends geholt hat.

Was meine Chefs zu unserer Lebensrettung jetzt tun müssen, ist folgendes: Über kurz oder lang ist sowieso mit dem Eintreffen der Genehmigung aus Ankara zu rechnen, daß uns türkische Pässe ausgestellt werden dürfen. Man möge uns inzwischen, da die Zeit so drängt, bereits sofort *pro forma* türkische Pässe ausstellen, durch welche wir nicht nur türkische Staatsangehörige würden, sondern, da ich ja Angestellte der Botschaft bin, Mitglieder des diplomatischen Corps und damit exterritorial. Hochverehrter Herr Ge-

11 Kemal Koç, 1. Botschaftssekretär in der türk. Botschaft in Berlin.

12 Dr. Bay Mahmut Şeyda, Diplomat; Handelsrat an der türk. Botschaft in Berlin; später in Bonn, 1952 Bundesverdienstkreuz, 1960 Staatssekretär im türk. Wirtschafts- und Handelsministerium.

13 Im Original unleserlich.

14 Erna Hammerschmidt (*1902), Sekretärin; ihr Ehemann Fritz (1894–1944) und ihr gemeinsamer Sohn Anselm (1934–1944) wurden am 9.3.1944 nach Auschwitz deportiert. Auch Erna Hammerschmidts Name befindet sich auf der Deportationsliste, allerdings durchgestrichen – ein Indiz dafür, dass sie nicht mit diesem Transport nach Auschwitz gelangte. Ihr weiteres Schicksal ist nicht bekannt. Der Vorwurf gegen Erna Hammerschmidt lautete auf Verbreitung defätistischer Schriften.

heimrat, ich bitte Sie dringend, ganz scharfes Geschütz aufzufahren. Ich weiß ja, daß Sie wie auch Geheimrat Melchers sich die Pflege der deutsch-t[ürkischen] Beziehungen, insbesondere auch die Handelsbeziehungen, immer ganz besonders haben angelegen sein lassen. Ich könnte mir vorstellen, daß Sie hiermit – Sie verstehen schon, wie ich das meine – einen ganz starken Trumpf in der Hand haben. Nur bitte ich Sie nochmals, ganz, ganz *schnell* zu handeln, sonst ist es für immer zu spät! – Heute ist unsere Wohnung versiegelt worden. Gestern waren wir in Polizeibegleitung noch einmal dort, um einige notwendige Sachen zu holen, von denen wir aber sowieso nur einen Bruchteil mitnehmen durften. Es ist auch bereits tüchtig gestohlen worden; man kann sich ja nicht wehren, und die Gelegenheiten sind so günstig. Verzeihen Sie bitte, daß ich mit so schlechter Schrift und mit Bleistift schreibe; aber meinen Füllhalter habe ich nicht mehr, und außerdem schreibe ich in unmöglicher Stellung auf meiner Matratze hockend, noch dazu mit hohem Fieber. –

Wenn nichts mehr zu helfen sein sollte, worauf wir noch immer hoffen, habe ich Herrn Koç gebeten – und ich bitte Sie dringendst, diesen Wunsch zu unterstützen, uns als letzten Liebesdienst ein für uns drei ausreichendes Quantum Veronal zu beschaffen. Wir benötigen, um völlig sicher zu gehen, 3 x 25 = 75 Tabletten. Die müßte ich unbedingt haben, und er soll uns diese letzte Gnade bitte nicht versagen. Er soll sein Gewissen damit nicht belasten, sondern im Gegenteil dann, wenn er uns diesen Wunsch nicht erfüllt! Nur rechtzeitig bitte. – Nochmals bitte ich Sie und Herrn Geheimrat Melchers um schnelle und wirksame Hilfe und danke Ihnen innig für alles, auch namens meiner Eltern!

Ihre verzweifelte

DOK. 118

Himmler ordnet am 10. März 1944 an, dass Plakate, auf denen Juden und Zigeunern Verbote erteilt werden, künftig entfallen können[1]

Mitteilung (Geheim!) des Reichsführers-SS und Reichsministers des Innern, S.Pol. IV D 2 c – 927/ 44 g –24–,[2] gez. H. Himmler, an die Obersten Reichsbehörden (Eingangsstempel RWM vom 18.3.1944) vom 10.3.1944[3]

Betrifft: Plakatierte Verbote für Polen, Juden und Zigeuner

Die zur Regelung der Lebensverhältnisse der Polen, Juden und Zigeuner im Hoheitsbereich des Reiches getrennt herausgegebenen Erlasse und Verordnungen haben vielfach zu einer öffentlichen summarischen Gleichstellung dieser Gruppen auf plakatierten Verkaufs-, Benutzungsverboten, öffentlichen Bekanntmachungen, in der Presse usw. geführt. Dieses Verfahren entspricht nicht der differenzierten politischen Stellung, die diesen Gruppen jetzt und in Zukunft einzuräumen ist.

1 BArch, R 3101/11590, Bl. 6.

2 Das Ref. IV D 2 im RSHA war unter Leitung von Harro Thomsen zuständig für Angelegenheiten des Generalgouvernements und Polens im Reich.

3 Im Original handschriftl. Bearbeitungsvermerke.

Soweit die Juden und Zigeuner in Betracht kommen, hat die vom Chef der Sicherheitspolizei und des SD durchgeführte Evakuierung und Isolierung dieser Gruppen einen öffentlichen besonderen Hinweis in der bisherigen Form auf die umfassenden Betätigungsverbote auf vielen Lebensgebieten gegenstandslos gemacht. Entsprechende öffentliche Hinweise werden daher im allgemeinen verschwinden können.
Hinsichtlich der Polen verbleibt es nach wie vor bei der in den einschlägigen Erlassen und Verordnungen getroffenen Regelung der Lebensverhältnisse.[4] Gleichwohl empfiehlt sich aus politischen Zweckmäßigkeitsgründen eine gewisse Zurückhaltung in den öffentlichen Hinweisen auf diese Regelung in Form von Plakaten, Schildern, Presseveröffentlichungen usw.
Ich bitte, die nachgeordneten Dienststellen mit den erforderlichen Weisungen zu versehen.

DOK. 119
Felix Hermann Oestreicher berichtet am 16. und 17. März 1944 in seinem Tagebuch von seiner Ankunft im Konzentrationslager Bergen-Belsen und den dortigen Lebensumständen[1]

Handschriftl. Tagebuch von Felix Hermann Oestreicher,[2] Einträge vom 16. und 17.3.1944[3]

Donnerstag, 16.3.1944
Sonne – nichts Warmes im Zug, abends Brei, der nach Kampfer schmeckt. Brot (geschrieben 17.4.).[4] – Lange stehen auf der Strecke und dann in Zelle. Da viele zerstörte Waggons. Langer Zug auf einer Seitenstrecke. Passieren ein Flugfeld, das gegen die Bahn durch stehengelassene Bäume abgrenzt. Plötzlich Bahnsteig ohne Tafel. SS mit Hunden. Helfe beim Gepäckausladen, hoffend, mit Lastauto mitzudürfen. Nur kleine Kinder fahren. Alles marschiert in 5 Reihen. Kinder ermuntere [ich], daß sie gut gehen. Kommen an langem Lager vorbei. Zuerst im Wald verborgene Fabrik, die so hoch wie Bäume. Bei Registration 2 Schreibmaschinen, ein [Mann].[5] Gehe zu den Schuhen[6] – da sitzt man

4 Vom 8.3.1940 an wurden mit den sog. Polen-Erlassen poln. Zwangsarbeiter diskriminierenden Vorschriften wie der Kennzeichnungspflicht unterworfen; siehe Dok. 98 vom 30.11.1943, Anm. 9. Mit der sog. Polenstrafrechtsverordnung vom 4.12.1941 (RGBl., 1941 I, S. 759–761) wurden Polen und Juden einem strengen Sonderstrafrecht unterstellt. Am 10.9.1943 erging der sog. Bereinigungserlass zur Behandlung poln. Zivilarbeiter, mit dem sämtliche Bestimmungen für poln. Zwangsarbeiter zusammengefasst wurden; siehe BArch, R 4701/14152/2.

1 Stiftung niedersächsische Gedenkstätten, Archiv der Gedenkstätte Bergen-Belsen, BO 490. Abdruck in: Felix Hermann Oestreicher, Ein jüdischer Arzt-Kalender. Durch Westerbork und Bergen-Belsen nach Tröbitz. Konzentrationslager-Tagebuch 1943–1945, hrsg. von Maria Goudsblom-Oestreicher und Erhard Roy Wiehn, Konstanz 2000, S. 49 f.
2 Dr. Felix Hermann Oestreicher (1894–1945), Arzt; 1914–1919 Sanitätsoffizier im österreich. Heer, 1919–1938 Badearzt in Karlsbad; 1938 zog er mit der Familie in die Niederlande, 1943 Deportation nach Westerbork, 1944 weiter nach Bergen-Belsen, von dort wurde er im April 1945 evakuiert, starb in Tröbitz bei Leipzig an Flecktyphus.
3 Das Tagebuch wurde in einem Taschenkalender (Arzt-Kalender) geführt.
4 Der erste Satz ist eine nachträgliche Ergänzung von Oestreicher.
5 Im Original ein Piktogramm.
6 Schuhkommando.

wenigstens. Ein Schlagbaum, rechts das Badehaus, links niedrige Baracken, Kantine r[echts] = Garage, wo Jud[en] arbeiten. Auch am Weg Auto mit J. drauf. Stacheldrahttor, dann noch in ganz niedriger Bar[acke]. Gepäck schon da. Frauen/Männer[7] in extra Gebäuden. Bromberg[8] ist Transportarzt. Plötzlich jemand (Dasberg)[9] Leiter. Ein kleiner Vorraum, Kleiderkästen, Betten aus Holz über Eisen, 2 hoch, sehr enge Gänge, bei den Frauen noch enger. Komme weit hinten über Semmel z[u] liegen, auf Bitte [von] dessen Frau lege ich Leintuch unter den sehr leichten Strohsack. Kann für Gerda[10] und Mutter[11] nur einen engen Fensterplatz erlangen. Beate[12] hustet stark. Die Kinder helfen auch etwas, das Gepäck hineinzubringen. Um 7 [Uhr] müssen wir vom [aus dem] Frauen-Saal. Genau weiß ich nicht mehr alles, nur daß wir die erste Woche von 8–6 [Uhr] schliefen und dies war von Wanderungen nach dem WC unterbrochen, aber traumlos und tief. Benütze dabei, da meine Hausschuhe naß, die Klompen[13] von 2tem Bett entfernt. Paul ist mein Schlafnachbar. Hat seine Decke eingerollt und viel in diese Rolle hineingelegt. Den Wandkasten habe [ich] mit den 2 Neumanns, die anfangs angenehm. Der N. aus [Baracke] 84 schimpft viel mit den anderen und läßt sich viel bedienen.

Freitag, 17.3.1944
Regen – Kaffee, Kohlrübensuppe mit Fleischklumpen, Kartoffeln, Kaffee, dünner Brei, schmeckt nach Kampfer, Brot f[ür] 2 Tage – Nach ½ 8 [Uhr] aus Bar[acke] im Regen. Arons holt uns zum Bad ab. Wieder zu 5. Zuerst die [Männer].[14] Am Badehaus sind russische Aufschriften. Wir fürchten zuerst, daß viel weggenommen wird. Gebe Cigaretten u. Tabak an A. Die Kleider werden gedämpft. Nach der Entkleidungshalle eine Vorkammer, dann die Dusche, warm, Untersuchungskammer (Dr. A.), müssen auf anderer Seite etwas warten, gebe die warme Decke an andere. Beim Rückweg sehe Max. Weil die nur mit Augen zwinkern. Br[omberg] beschließt, eine Krankenstube anzufragen.[15] Ein

7 Anstelle der Wörter für Mann/Männer und Frau/Frauen sind hier und im Folgenden Piktogramme in den Text eingefügt.

8 Dr. Richard Bromberg (1886–1974), Arzt und Anwalt; 1927 zum Katholizismus übergetreten; 1939 Vorsitzender des „Raad van Beroep en het Ambtenarengerecht" in Roermond; Febr. 1944 Deportation nach Westerbork und im März weiter nach Bergen-Belsen, dort Leiter des Krankenreviers, im April 1945 wurde er während der Evakuierung in Tröbitz befreit; nach 1945 Vorsitzender einer Entnazifizierungskommission.

9 Eliazar (Eli) Dasberg (1904–1989); 1944 Deportation aus Westerbork nach Bergen-Belsen, dort Blockältester, schrieb Gedichte in Bergen-Belsen und zeichnete eine Kinderbibel für seine Tochter Dina, im Jan. 1945 als sog. Austauschjude in Richtung Schweiz transportiert, in Wurzach befreit; emigrierte nach dem Krieg nach Israel.

10 Gerda Margarethe Oestreicher, geb. Laqueur (1906–1945); wurde 1943 zusammen mit ihrem Mann Felix deportiert; starb, wie er, kurz nach der Befreiung bei Leipzig an Flecktyphus.

11 Clara Oestreicher, geb. Kisch (1871–1945); 1938 Umzug mit der Familie in die Niederlande, 1943 Deportation nach Bergen-Belsen, dort starb sie am 12.4.1945.

12 Dr. Beate Oestreicher (1934–1997), Biochemikerin; Tochter von Felix Oestreicher; 1943 zusammen mit ihren Eltern und ihrer Schwester Maria nach Westerbork deportiert, 1944 nach Bergen-Belsen und 1945 weiter in Richtung Osten; kehrte zusammen mit ihrer Schwester 1945 nach Amsterdam zurück, 1964–1997 als Wissenschaftlerin in den USA und den Niederlanden tätig, aktiv in der Friedensbewegung.

13 Holzschuhe.

14 Im Original ein Piktogramm.

15 Im Original eingefügt.

Tag ist wie der andere, so daß Schw[ester] u. Hans Stein auch nicht mehr Einzelheiten erinnern. Fr[üh] teilen wir med[izinischen] Dienst. Bromberg macht viele Worte T[as][16] Männer, ich Frauen. Br[omberg] ist Direktor von Poliklinik. Die Menschen packen[17] immerfort um ärztlichen Rat. At. läßt Medikamente einsammeln, am Samstag oder 20. wird Bagage abgefordert. Er hat nichts abgegeben. Beim Appell im Regen sieht Mutter sehr schlecht aus. Gerda u. Beate bleiben danach im Bett. Zuerst ist in die [Frauen] keine Ordnung zu kriegen, sich gleich früh zu melden u. beim Ärztebesuch nicht aus dem Schlafsaal zu gehen. Beim Appell, den ein XX[18] mit Brille, Oberlehrertyp, abnimmt, ist erst schwierig die Aufstellung. Dasberg hat eine Pfeife. Krakenberger schreibt lange Listen. Der Eßraum ist sehr eng und niedriger als Schlafraum. Dann folgt der gemeinsame erste Waschraum. Dann folgt der ganze erste Waschraum + Abort, in den vier Ecken sind offene W. C., an Breitseite (Fenster) Pissoir, sogar 1 Spiegel ist da. Leider habe [ich] keine Maße genommen, wie eng alles ist. Zwischen unserer u. d. nächsten Ba[racke] ist ein Gang mit beiderseits Stacheldraht, in dem ein Posten steht, nachts mit Hund!, der morgens heult. Ahrons weiß auch, von [...],[19] also funktioniert die Jpa.[20] Mache mir o Hoffnung, [als] Arzt zu arbeiten.

DOK. 120

Lilli Jahn beschreibt ihren Kindern am 21. März 1944 während eines Zwischenhalts in Dresden die mehrtägige Deportation vom Arbeitserziehungslager Breitenau nach Auschwitz[1]

Handschriftl. Brief von Lilli Jahn, Dresden, an ihre Kinder,[2] Immenhausen, vom 21.3.1944[3]

Meine innigstgeliebten Kinder alle.
Das ist eine lange und langweilige Reise;[4] am 1. Tag sind wir über Halle bis Leipzig!! Wie gerne hätte ich Tante Lotte noch mal gesehen! Illekind, Leipzig sieht böse, böse aus, am Bahnhof, Augustus-Platz u. in der ganzen Innenstadt *nur* Trümmerhaufen. Am 2. Tag sind wir bis Dresden gekommen. Dort waren wir 3 Tage, u. von dort schrieb ich schon eine Karte,[5] die hoffentlich bald in Eure Hände kommt. U. hoffentlich erhaltet Ihr auch diese Zeilen, das wäre mir eine solche Freude.

16 Nicht ermittelt.
17 Gemeint ist: fragen.
18 Kürzel für einen Aufseher.
19 Im Original unleserlich.
20 Jüdische Presseagentur; gemeint sind hier Gerüchte.

1 Original in Privatbesitz, Kopie: IfZArch, F 601. Abdruck in: Doerry, „Mein verwundetes Herz" (wie Dok. 95 vom 14.11.1943, Anm. 1), S. 325–327.
2 Gerhard, Ilse, Johanna, Eva und Dorothea Jahn.
3 Am Rand notiert: „An Tante Lotte und Onkel Ernst August[Paepcke] auch nochmals viele liebe Grüße, auch von Herrn Homburger".
4 Am 17.3.1944 verließ Lilli Jahn Breitenau in einem Sammeltransport, der vermutlich am 22.3.1944 Auschwitz erreichte.
5 Nicht überliefert.

Wir sitzen nun schon seit 3 Uhr hier in Dresden am Bahnhof u. hören eben, daß der Zug erst um 10 Uhr heute abend weitergeht. Morgen abend werden wir dann in Auschwitz sein. Die Mitteilungen darüber, wie es dort sein soll, sind sehr widersprechend. Es kann sein, daß ich erst nach 4 oder sogar nach 8 Wochen schreiben darf, seid also *bitte* nicht in Sorge, wenn Ihr jetzt länger nichts hören solltet. Und wenn es gar so lange dauert, dann versucht doch mir zuerst zu schreiben, vielleicht bekomme ich's doch. Wir müssen nur abwarten, wie alles wird. Ich werde weiter tapfer sein und fest die Zähne zusammenbeißen u. an Euch denken und durchhalten, wenn's auch noch so schwer sein wird.

Solltet Ihr mir Pakete schicken dürfen, so denkt bitte immer mal wieder an Zahnpasta, Haarnadeln und Körper-Puder. Und seid bitte nicht so traurig, Ihr meine Kinder. Es ist mir eine solche Beruhigung zu wissen, daß Ihr Eure Ordnung u. Eure Pflege habt u. Euren Vati, der sich um Euch sorgt u. Euch sehr lieb hat. Vergeßt das nicht, wenn Ihr auch heute sein Verhalten nicht verstehen könnt.[6] Der Vati wird Euch auch immer wieder die Wege weisen zu allem Schönen u. Guten u. Hohen – denn der Mensch lebt ja nicht nur vom Brot allein. –

Ich bedauere es auch sehr, daß Tante Lore[7] sich doch nicht so um Euch kümmert, wie ich es gerne erwartet hätte. Tante Rita klagte mir auch, daß sie es so schwer habe mit Euch. Um Eures Vatis willen seid lieb u. folgsam, es geht dann alles leichter.

In den letzten Tagen habe ich die Familien beneidet, die alle zusammen damals fortgebracht wurden. Aber wenn ich's recht bedenke, ist es mir trotz aller tiefen Sehnsucht u. allem Trennungs-Schmerz leichter, Euch in geregelten Verhältnissen zu wissen und Euch verschont zu sehen von all dem Widerwärtigen u. Häßlichen. Ich habe nur den einzigen heißen Wunsch, Euch *alle* gesund wiederzusehen.

Und nun sagt dem Vati nochmals liebe Grüße u. bestellt ihm folgendes: *Er selbst* u. niemand anders soll nochmals alles versuchen, u. wenn er sich bis an die höchsten Stellen nach Berlin wendet.

Jetzt auf dem Transport hab ich einen früheren Staatsanwalt u. Rechtsanwalt aus Freiburg[8] kennengelernt, der Onkel Max[9] gut kannte u. auch Onkel E[rnst] A[ugust] u. Tante Lotte. Auch Mischehe, Sohn in engl. Kriegsgefangenschaft. Von diesem Herrn hörte ich, daß alle *einzelnen* jüdischen Personen aus Mischehen, also wenn der andere Teil tot oder geschieden ist, fortkommen, aber *nur dann*, wenn die Kinder über 18 Jahre sind. Er war sehr überrascht, als ich von Euch erzählte, u. kann es gar nicht verstehen. So etwas sei noch nicht dagewesen bisher u. solle eigentlich auch nicht vorkommen.[10] Vati soll die Richtigkeit dieser Nachrichten nochmal nachprüfen und sie dann zur Grundlage seines Gesuchs machen. Er soll *verlangen*, daß ich freikomme, zumal er doch auch Wehrmachtsangehöriger ist.

6 Zum Verhalten von Ernst Jahn siehe Dok. 95 vom 14.11.1943, Anm. 2.
7 Lore Sasse, Schwester Ernst Jahns.
8 Dr. Emil Homburger (1890–1945), Jurist; Staatsanwalt und Rechtsanwalt in Freiburg i. Br.; 1933 Berufsverbot, lebte in „Mischehe", 1944 Deportation nach Auschwitz, im Jan. 1945 nach Buchenwald überstellt, vermutlich dort ermordet.
9 Vermutlich: Max Mayer (1873–1962), Lederhändler.
10 In der Regel wurde bei der Scheidung einer „Mischehe" das Sorgerecht für minderjährige Kinder der jüdischen Ehefrau übertragen. Damit war diese normalerweise zumindest bis Ende 1944 vor der Deportation geschützt.

Hoffentlich, hoffentlich erhaltet Ihr diesen Brief! Habt Ihr das Päckchen mit den Briefen, dem Löffel für m. Dorle u. den Kleinigkeiten erhalten? Und das Bücherpaket? Sonst fordert es an von Breitenau (die Bücher! Die Briefe hatte ich heimlich abgeschickt). Und nun lebt alle miteinander nochmals wohl – Gerhard-Junge, Ilsemaus, Hannelekind, Evalein und mein Dorle-Schatz! Gott behüte Euch! Wir bleiben unlöslich miteinander verbunden. Seid herzinniglich gegrüßt u. geküßt von Eurer treuen
Mutti

DOK. 121

Das Sondergericht Freiburg verurteilt am 22. März 1944 den Maler Franz Heckendorf und drei weitere Angeklagte wegen Fluchthilfe für Juden[1]

Urteil des Sondergerichts Freiburg i. Br. (So KLs 125/43, So AK 284/43), gez. Dr. Schmoll,[2] Dr. Müller,[3] Kloos[4] vom 22.3.1944[5]

Im Namen des Deutschen Volkes! Urteil in der Strafsache gegen
1. den am 5.11.1888 in Berlin geborenen, zuletzt in Kitzbühel wohnhaften, geschiedenen Kunstmaler *Franz Heckendorf*,[6]
2. den am 1.2.1915 in Altenburg geborenen, in Berlin, Küstriner Str. 23 wohnhaften, ledigen Koch *Otto Altenburger*,[7]
3. den am 15.9.1896 in Aachen geborenen, in Berlin, Ansbacher Str. 10 wohnhaften, verheirateten Dekorateur, holländischer Staatsangehöriger *Nikolaus Josef Lebens*,[8]
4. den am 12.4.1892 in Billafingen geborenen, in Altenburg (Landkreis Waldshut) wohnhaften, verheirateten Land- und Gastwirt

1 LABW, Staatsarchiv Freiburg, A 47/1/1712, Bl. 43–64.
2 Dr. Oskar Schmoll (*1894), Jurist; 1923–1930 Mitglied der DNVP und des Stahlhelms, 1931 NSDAP-Eintritt; Tätigkeit an verschiedenen Amts- und Landgerichten, von 1942 an Landgerichtspräsident und Präsident des Sondergerichts in Waldshut; 1945–1948 Internierung, im Entnazifizierungsverfahren nach Protesten als „Schuldiger" eingestuft.
3 Dr. Otto Müller (1904–1945), Jurist; von 1926 an im Justizdienst tätig, u. a. als Staatsanwalt; 1933 NSDAP-Eintritt; seit 1942 Oberlandesgerichtsrat; im Aug. 1944 zur Wehrmacht eingezogen, gefallen.
4 Ernst Kloos (1891–1959), Jurist; von 1915 an im Justizdienst beschäftigt, 1928–1939 Landgerichtsrat und Vorsitzender des Arbeitsgerichts in Waldshut; 1937 NSDAP-Eintritt; seit Juli 1938 am Erbgesundheitsgericht Waldshut, 1939 Landgerichtsdirektor; 1940 Leiter des Kreisrechtsamts der NSDAP in Waldshut; 1946 von der franz. Militärbehörde aus dem Justizdienst entlassen.
5 Im Original handschriftl. Bearbeitungsvermerk: „für Vormundschaften"; Stempel des Landgerichts Freiburg i. Br.
6 Franz Heckendorf (1888–1962), Maler und Graphiker; 1931 Bewährungsstrafe wegen Diebstahls; Heckendorfs Bilder wurden 1937 als „entartete Kunst" beschlagnahmt, verkauft oder zerstört, 1940 Ausschluss aus der Reichskulturkammer; am 24.2.1943 wurde er verhaftet, von März 1944 an in verschiedenen Zuchthäusern inhaftiert, April 1945 Einweisung ins KZ Mauthausen, dort befreit; nach dem Krieg gab er Malkurse für US-Offiziere.
7 Otto Altenburger (1915–1986), Koch; arbeitete in Berlin; am 4.3.1943 wurde er verhaftet, nach seiner Verurteilung in verschiedenen Zuchthäusern inhaftiert; im Juni 1945 im Zuchthaus Bayreuth befreit.
8 Nikolaus Josef Lebens (1896–1971), Dekorateur; 1920 Verurteilung wegen Diebstahls, dann Teppichhändler in Berlin; am 26.4.1943 wurde er in Karlsbad verhaftet, nach seiner Verurteilung in verschiedenen Zuchthäusern inhaftiert; 1945 im Zuchthaus Donauwörth befreit.

Wilhelm Martin[9]
wegen Verbrechens nach § 4 Volksschädlings-VO.[10] in Verb[indung] mit §§ 1, 5 Paß-straf-VO.[11] §§ 47, 49, 73 StGB.[12]

Das Sondergericht Freiburg i. Br. in Waldshut hat in der Sitzung vom 21./22. März 1944, an der teilgenommen haben:
Landgerichtspräsident Dr. *Schmoll*
als Vorsitzer,
Landgerichtsdirektor *Kloos*,
Oberlandesgerichtsrat Dr. *Müller*
als beisitzende Richter,
I. Staatsanwalt *Prüfer*[13]
als Beamter der Staatsanwaltschaft,
Justizsekretär *Nehlig*
als Urkundsbeamter der Geschäftsstelle
für *Recht* erkannt:

1. Die Angeklagten werden als Volksschädlinge verurteilt, weil sie gemeinschaftlich Juden geholfen haben, die Reichsgrenze unbefugt zu überschreiten,
und zwar

a)
Franz Heckendorf, Kunstmaler, geb. am 5.11.1888 in Berlin, zuletzt wohnhaft in Kitzbühel, *zur Zuchthausstrafe von 10 Jahren und Geldstrafe von 10 000 RM*, im Unbeibringlichkeitsfalle 100 Tage Zuchthaus, verbüßt durch die Schutz- und Untersuchungshaft – unter Anrechnung von weiteren 8 Monaten Schutz- und Untersuchungshaft,

b)
Otto Altenburger, Koch, geboren am 1.2.1915 in Altenburg, wohnhaft in Berlin, *zur Zuchthausstrafe von 6 Jahren und Geldstrafe von 10 000 RM*, im Unbeibringlichkeitsfalle 100 Tage Zuchthaus, verbüßt durch die Schutz- und Untersuchungshaft – unter Anrechnung von weiteren 6 Monaten Schutz- und Untersuchungshaft,

9 Wilhelm Martin (1892–1975), Gastwirt; nach der Schule in der Landwirtschaft beschäftigt; von 1934 an Pächter verschiedener Wirtshäuser, seit 1937 in Altenburg; 1939 NSDAP-Eintritt; am 20.2.1943 Verhaftung und Inhaftierung im Landgerichtsgefängnis Waldshut, nach seiner Verurteilung in verschiedenen Zuchthäusern inhaftiert.

10 VO gegen Volksschädlinge vom 5.9.1939, RGBl., 1939 I, S. 1679. Nach § 4 konnten unter „Ausnutzung des Kriegszustandes" begangene Straftaten mit dem Tod geahndet werden, „wenn dies das gesunde Volksempfinden erfordert".

11 Passstrafverordnung vom 27.5.1942, RGBl., 1942 I, Nr. 57, S. 348–350. § 1 betraf vorsätzliche Grenzdelikte, die in besonders schweren Fällen mit Zuchthaus bestraft werden konnten; durch § 5 wurden Anstiftung und versuchte Beihilfe uneingeschränkt strafbar, die Möglichkeit einer Milderung entfiel fortan.

12 § 47 StGB bestimmte, dass bei gemeinsam begangenen Straftaten jeder als Täter bestraft wird; § 49 betraf die Bestrafung von Gehilfen, und § 73 legte fest, dass bei der Verletzung mehrerer Strafgesetze bei ein und derselben Handlung immer die schwerste Strafe zur Anwendung kommt.

13 Hans Prüfer (*1903), Jurist; 1934 NSDAP-Eintritt; Amtsgerichtsrat und Staatsanwalt beim Sondergericht Freiburg; nach 1945 Oberjustizrat in Mühlheim.

c)
Nikolaus Josef Lebens, Dekorateur, geboren am 15.9.1896 in Aachen, holländischer Staatsangehöriger, wohnhaft in Berlin, *zur Zuchthausstrafe von 6 Jahren und Geldstrafe von 10 000 RM*, im Unbeibringlichkeitsfalle 100 Tage Zuchthaus, verbüßt durch die Schutz- und Untersuchungshaft,
d)
Wilhelm Martin, Land- und Gastwirt, geboren am 12.4.1892 in Billafingen, wohnhaft in Altenburg, *zur Zuchthausstrafe von 8 Jahren und 12 000 RM Geldstrafe*, hilfsweise 120 Tage Zuchthaus, unter Anrechnung von einem Jahr Schutz- und Untersuchungshaft auf die Zuchthausstrafe.

2. Die Ehrenrechte werden aberkannt
   a) Franz Heckendorf auf 10 Jahre
   b) Otto Altenburger auf 5 Jahre
   c) Nikolaus Josef Lebens auf 5 Jahre
   d) Wilhelm Martin auf 5 Jahre
3. Die Angeklagten haben die Kosten des Verfahrens zu tragen.

Gründe
I.
A. Die Angeklagten
[...][14]

B. Die Straftaten
Als der Judenschaft im Reichsgebiet, insbesondere der Berliner, bekannt wurde, daß ihre Evakuierung geplant sei, ging ihr Streben, vor allem der Begüterten, dahin, sich mit allen Mitteln aus dem Machtbereich der deutschen Regierung zu entfernen und illegal vornehmlich in die Schweiz zu gelangen. Es galt, sich mit falschen Ausweisen ohne das „J" oder mit falschen Ausreisesichtvermerken zu versehen, sich durch Verkauf oft wertvoller Habe die Geldmittel zu verschaffen und sich Personen, möglichst nicht jüdischer Herkunft, zu versichern, die gegebenenfalls im Stande waren, zur Überschreitung der Reichsgrenze zu verhelfen. Zu diesem Zweck muß eine geheime Organisation aufgezogen worden sein.
Dem Angeklagten Heckendorf, der mit jenen Kreisen immer noch Fühlung hatte und sympathisierte, wurden diese Absichten anfangs des Jahres 1942 zugetragen. So war es ihm nicht unwillkommen, als er im Frühjahr 1942 durch den Angeklagten Otto Altenburger, der ganz zufällig den Laden von Heckendorf in der Passauer Straße[15] zwecks Kaufs eines Kacheltischs betreten hatte und dann mit Heckendorf in ein Gespräch verwickelt worden war, Einzelheiten über die Verhältnisse an der deutsch/schweizer Grenze bei Altenburg erfuhr. Heckendorf hatte nämlich noch einige jüdische Freunde, denen er sich gelegentlich gefällig erweisen zu können glaubte. Heckendorf entschloß sich darauf, nach Altenburg zu reisen, um an Ort und Stelle Erkundigungen über Grenzübertrittsmöglichkeiten einzuholen. Etwa im Mai 1942 kam er nach Jestetten[16] zu dem Bruder

14 Im Folgenden werden detailliert die Lebensläufe der vier Angeklagten geschildert.
15 Es handelt sich um die Firma Lebens – Möbel, Teppiche, Brücken in der Passauer Str. 4 in Berlin, die Heckendorf gemeinsam mit Nikolaus Lebens 1939 eröffnet hatte.

des Angeklagten Otto Altenburger, Karl Altenburger, nachdem Otto Altenburger die Verbindung hergestellt hatte. Heckendorf malte damals einige Landschaften, eine davon im Auftrag des Karl Altenburger. In Gesprächen kam Heckendorf dem Karl Altenburger gegenüber darauf zu sprechen, ob es denn keine Möglichkeit gäbe, gute Freunde „hinüberzuschaffen". Karl Altenburger lehnte schroff ab, zeigte aber dem Heckendorf auf mehreren Spaziergängen, bei denen gefischt wurde, den genauen Grenzverlauf, angeblich damit Heckendorf, wenn er sich allein in dem Grenzgebiet bewege, sich keiner Grenzverletzung schuldig mache.
Auf diese Weise bekam Heckendorf einen guten Einblick in den in jenem Gebiet sehr unübersichtlichen Verlauf der Reichsgrenze, der sogenannten grünen Grenze, die oft mitten durch nach außen einheitlich aussehende Felder zieht. Er konnte zugleich feststellen, daß die Grenze infolge Abzugs der Grenzbeamten zur Wehrmacht nur verhältnismäßig schwach bewacht war. Im Juni oder Juli 1942 besuchte Heckendorf erneut den Karl Altenburger in Jestetten, hielt sich einige Tage auf und malte. Hierbei oder schon bei seinem 1. Besuch lernte Heckendorf den Angeklagten Martin kennen. Karl Altenburger und Heckendorf waren nämlich auf einem Spaziergang in der Wirtschaft des Martin an dem Bahnhof Altenburg, der etwa 20 Minuten von dem Ort Altenburg und eine halbe Stunde von Jestetten entfernt liegt, eingekehrt und hatten kräftig gezecht. Die Wirtschaft des Martin liegt etwa 500 Meter von der Reichsgrenze entfernt, von ihr aus ist über ebenes Gelände mit geringem Baumbestand ein größerer Teil der Grenzstrecke gut einzusehen, insbesondere das Stück, das zwischen dem Zollgebäude und der Grenze liegt. – Heckendorf sprach bei seinem 2. Besuch weder mit Karl Altenburger noch Martin über die Möglichkeit, Personen über die Grenze zu schmuggeln. Von Altenburg aus fuhr der Angeklagte nach Kitzbühel zu Frau Kosmack.[17] Als er von seinem Aufenthalt im Grenzgebiet erzählte, bekam eine Frau von Egmont, die Freundin des Juden Kurt Israel Bleichröder,[18] davon Kenntnis. Sie wandte sich an Heckendorf und bat ihn, den Bleichröder über die Grenze in die Schweiz zu bringen. Da Heckendorf mit jenem Bleichröder ebenfalls befreundet war, sagte er zu. Zunächst verkaufte er aus dem wertvollen Besitz des Bleichröder, der ohne bare Mittel gewesen sein soll, in Berlin einige Gegenstände; es sind angeblich etwas über 1000 RM erlöst worden. Dann reisten Heckendorf und Bleichröder, dieser nach der Behauptung des Heckendorf mit einem gültigen Reisepaß, im September 1942 unbeanstandet von Berlin über Tuttlingen – Immendingen nach Grießen mit der Bahn, von Grießen nach Jestetten mit dem Postauto. Heckendorf suchte den Karl Altenburger auf, verschwieg ihm aber, daß er einen Mann mitgebracht hatte. Heckendorf hatte bei seinen vorhergehenden Besuchen den Eindruck gewonnen, daß er von Martin nicht abgewiesen werde, wenn er ihn ersuchte, jemanden

16 Die Gemeinde Jestetten im Süden Baden-Württembergs bildet aufgrund ihrer geographischen Lage eine Teil-Exklave, die nur durch einen engen Durchgang mit dem deutschen Staatsgebiet verbunden ist. Dieser sog. Jestetter Zipfel ist größtenteils von Schweizer Staatsgebiet umschlossen.

17 Hilda Kosmack, geb. Ebell (1891–1950), Kauffrau; zwei Töchter; 1933–1939 Inhaberin des Hotels Schloß am Molchowsee bei Altruppin; 1941 verhaftet, 1942 Entlassung, Umzug nach Salzburg, dort unter polizeilicher Aufsicht; nach dem Krieg vorübergehend in Großbritannien, dann wieder in Salzburg.

18 Kurt von Bleichröder (1889–1958), Sohn von James und Harriet von Bleichröder, Enkel vom Bankier Gerson von Bleichröder (1822–1893). Kurt von Bleichröder ersuchte das RSHA wiederholt um eine Statusänderung, die 1942 endgültig abgelehnt wurde. Am 17.9.1942 floh er in die Schweiz.

illegal über die Grenze zu geleiten, wenn nur etwas für Martin dabei herausspringe. Er besprach sich mit ihm im Stall und drückte ihm 500 RM in die Hand. Martin sagte sogleich zu.
Er ging mit Heckendorf vor den Stall auf einen erhöhten Platz und zeigte ihm von dort aus den Verlauf der in etwa 500 m über ein offenes Feld laufenden Reichsgrenze. Martin waren die Grenzverhältnisse natürlich genau bekannt, wie er auch wußte, daß die Grenze infolge zahlreicher Einberufungen von Zollgrenzschutzbeamten zur Wehrmacht nicht zureichend bewacht war. Heckendorf fertigte sogleich eine Handskizze von der Örtlichkeit. Am Abend desselben Tages in der Dämmerung geleitete Martin den Bleichröder in die Nähe der Grenze, zuvor vergewisserte er sich, daß auf jener Strecke keine Zollgrenzposten standen. Bleichröder kam über die Grenze. Heckendorf war nicht dabei, als Martin dem Bleichröder half, eine Vergütung will er nicht erhalten haben. Einige Tage darauf kehrte er nach Berlin zurück. Von dem Vorgang sprach er sowohl zu Otto Altenburger wie Lebens. Der Berliner Judenschaft muß die geglückte Flucht des Bleichröder, der einen sehr bekannten Namen trug, bald zu Ohren gekommen sein; auf welche Weise war nicht zu ermitteln. Die Folge davon war, daß ein Jude namens Auerbach,[19] der sich unter falschem Namen bei einer Familie Moll in Berlin verborgen hielt, offenbar ein Agent der jüdischen Organisation, die sich mit der illegalen Verbringung von Juden über die Reichsgrenze befaßte, den Heckendorf ab Oktober 1942 in seinem Berliner Ladengeschäft in Gegenwart des Lebens mehrfach aufsuchte und ihn gegen dessen ursprüngliche Absicht, nur Freunden aus Judenkreisen gelegentlich behilflich zu sein, mit Erfolg bestimmte, eine Anzahl Juden bei Altenburg über die Grenze zu bringen. Heckendorf zog den Otto Altenburger, der im Juli 1942 von seinem Bruder Karl von den Absichten Heckendorfs gewarnt worden war, als Gewährsmann bei, Lebens hatte zunächst die den Laden Heckendorfs aufsuchenden Juden davon in Kenntnis zu setzen, wo und wann dieser zu erreichen sei, wenn er auf seinen häufigen Reisen nach Kitzbühel von Berlin abwesend war. Die erste durch den Juden Auerbach vermittelte Zusammenkunft betraf das jüdische Ehepaar Kaiser (eigentlich Rechtsanwalt Dr. Cassierer).[20] Heckendorf und Otto Altenburger suchten sie auf und besprachen mit ihnen den Reiseweg bis nach Altenburg. Heckendorf gab ihnen einen Zettel und 1000 RM in einem Umschlag für Martin mit. Eines Tages erschien das Ehepaar „Kaiser“, das auf den Namen Kaiser lautende Ausweise bei sich hatte, in Altenburg bei Martin, übergab den Zettel nebst 1000 RM, worauf sie Martin über die Grenze schaffte. Heckendorf erhielt durch eine Mittelsperson für sein und Otto Altenburgers Bemühungen RM 2000,–; 1000 RM gab er dem Altenburger. Auerbach führte sodann in Berlin Heckendorf und Otto Altenburger mit einem jüdischen Ehepaar, das sich Grüners nannte, zusammen.[21] Beide besprachen mit diesem die Reiseroute, nannten ihnen den Martin in Altenburg als den Mann, der sie über die

19 Henry Auerbach, Kaufmann; am 22.3.1943 von der Gestapo verhaftet, über verschiedene Gefängnisse in das Landgerichtsgefängnis Waldshut zur Vernehmung gebracht, Ende April 1944 zurück nach Berlin, überlebte im Sammellager des Jüdischen Krankenhauses.

20 Richtig: Dr. Alfred Cassirer (*1882), Anwalt; 1941 gemeinsam mit seiner Frau Berta wegen drohender Deportation untergetaucht, lebten über ein Jahr bei der Schneiderin Margarethe Heise in Berlin-Steglitz versteckt, Flucht in die Schweiz, dort seit Anfang 1943 im Flüchtlingslager Adliswil bei Zürich; nach 1945 Emigration nach Palästina. Cassirer beschrieb seine Flucht in die Schweiz gegenüber Kurt Jacob Ball-Kaduri 1958; siehe YVA, O.1/198.

21 Nicht ermittelt.

Grenze bringen werde. Heckendorf und Otto Altenburger erhielten 10 000 RM als Lohn, jeder 5000 RM. Heckendorf steckte RM 1000,– davon in einen Umschlag und legte in diesen einen Zettel für Martin mit dem Bemerken, Überbringer dieses seien gute Freunde, er sollte sich ihrer annehmen. Den Zettel will er mit dem vollen Namen: Heckendorf unterschrieben haben.

Das Ehepaar Grüners reiste darauf entsprechend den Weisungen von Heckendorf und Otto Altenburger nach Altenburg. Heckendorf geleitete sie bis Tuttlingen und fuhr dann nach Kitzbühel. Martin nahm sie in Altenburg in Empfang, erhielt den Umschlag mit dem Zettel und die RM 1000,– und geleitete die 2 Juden sicher illegal über die Reichsgrenze. Auerbach brachte sodann Heckendorf mit einem jüdischen Ehepaar, angeblich des Namens Fabisch,[22] in einem Kaffee[23] in Berlin zusammen. Heckendorf erklärte diesem, auf welchem Weg es über die Grenze gelange, kümmerte sich aber dann nicht mehr weiter um die Sache. Eines Tages erschien das Ehepaar Fabisch in Altenburg bei Martin und wollte über die Grenze gebracht werden. Martin hatte dazu angeblich keine Lust mehr. Die beiden Juden waren ihm aber so aufsässig, es wurde ihm sogar mit einer Anzeige gedroht, daß er sie schließlich über die Grenze brachte, wofür er 1000 RM bekam. Dieses Ehepaar Fabisch soll sehr reich gewesen sein, es hat dem Martin erbost erklärt, das Verbringen über die Grenze habe sie über 20 000 RM gekostet; um das Geld flüssig zu machen, hätten sie Einrichtungsgegenstände veräußern müssen. Die Orientteppiche hat Lebens in Kenntnis der Sachlage zu Geld gemacht. Wer an den 20 000 RM außer Martin im Einzelnen teilhatte, war nicht zu klären. Martin ärgerte sich darüber, daß er von den 20 000 RM nur 1000 RM erhalten hatte. Er schrieb deshalb an Heckendorf nach Berlin, Tiergartenstraße 8a, das Absteigequartier von Heckendorf, eigentlich die Wohnung von Frau Kosmack, er mache nicht mehr mit. Darauf erhielt er ein Schreiben von Otto Altenburger, er habe die Geldverteilung. Dem antwortete Martin, wenn er sein Geld nicht alles erhalte, dann habe die Sache für ihn keinen Wert mehr, er wünsche den Besuch von Altenburger, um die Sache zu besprechen, er sei um 1000 RM „beschissen" worden. Es kam weder eine schriftliche Antwort noch ein Besuch von Altenburger. Aber von da ab wurden ihm für jeden über die Grenze geschmuggelten Juden nicht nur 500 RM wie bisher, sondern 1000 RM ausbezahlt. – Heckendorf war in jenen Monaten häufig auf Reisen, meist befand er sich dann in Kitzbühel bei Frau Kosmack. Suchten während dieser Wochen Juden, die das Reichsgebiet illegal verlassen wollten, den Laden des Heckendorf auf, dann wurden sie von Lebens an Otto Altenburger verwiesen. Bekam Otto Altenburger einen Anruf, dann führte er Ferngespräche mit Heckendorf nach Kitzbühel, um Heckendorf zu bestimmen, sofort nach Berlin zu reisen, weil weitere Juden über die Grenze zu bringen seien. Da Heckendorf in der Regel ablehnte, seinen Aufenthalt in Kitzbühel zu unterbrechen, nahm sich Otto Altenburger im Januar 1943 eines Juden namens Fischer[24] an, wies ihm den Weg zu Martin nach

22 Alma Fabisch, geb. Sobotker (1892–1958), und Sigismund Fabisch (1885–1958), Kaufmann; 1920 Heirat, 1923 Geburt der Tochter Ruth; Sigismund Fabisch war Eigentümer der Fabisch & Co. Immobilienfirma; 1942 Flucht aus Berlin in die Schweiz; 1955 Rückkehr nach West-Berlin.

23 So im Original.

24 Richtig: Fritz Samulon (*1892), Kaufmann; lebte von 1912 bis 1943 in Berlin-Schöneberg, Eisenacher Str. 80; im Jan. 1943 floh er in die Schweiz, wurde dort als zivilinternierter Flüchtling registriert; 1953 Rückkehr nach West-Berlin.

Altenburg, legte für Martin in einem Umschlag einen Zettel und 1000 RM bei, er selbst bekam von Fischer RM 5000,–. Jener Fischer erschien dann auch bei Martin und wurde von ihm gegen die 1000 RM über die Grenze geschafft.
Im Januar 1943 kehrte Heckendorf von Kitzbühel nach Berlin zurück. Auf der Fahrt wurde ihm sein Reisepaß, weil abgelaufen, von der Polizei abgenommen. In Berlin erfuhr er von Lebens, daß ein in der Nähe des Ladens in der Passauer Straße wohnender Jude namens Singer[25] ihm gegenüber den Wunsch geäußert habe, durch Heckendorf in die Schweiz gebracht zu werden, und forderte Heckendorf auf, zu Singer zu gehen. Heckendorf nahm mit Singer die Verbindung auf und vereinbarte mit ihm, ihn durch Martin über die Grenze bringen zu lassen. Er reiste mit Singer bis nach Ulm, von da wieder nach Kitzbühel. Singer hatte er den üblichen Zettel an Martin mitgegeben. Martin brachte den Singer dann schwarz über die Grenze. Er bekam dafür von Singer 2000 RM. Heckendorf erhielt von Singer eine Vergütung von 5000 RM und einen Teppich. 2500 RM und den Teppich gab er Lebens. – Da Heckendorf die Reise nicht ohne Ausweis unternehmen wollte, von der Polizei in Berlin mangels Unterlagen sogleich keine Kennkarte ausgestellt bekam, nahm er die Kennkarte seines Sohnes Günter, entfernte dessen Bild, klebte das seine hinein und änderte die Unterschrift: Günter Heckendorf in: Franz Heckendorf ab. Diese Verfälschung wurde aufgedeckt. In dem gegen ihn eingeleiteten Verfahren nannte er sich Prof. a. D. und behauptete, 5000 RM im Monat zu verdienen, gab die Verfälschung sofort zu, entschuldigte aber seine Handlungsweise damit, er habe dringend an den Bodensee fahren müssen, als Künstler sei ihm die Schwere der Verfehlung nicht so ins Bewußtsein getreten, er habe sich einen dummen Studentenstreich erlaubt. – Das Verfahren läuft z. Zt. bei dem Amtsgericht Berlin. – Im Februar 1943 lernte Heckendorf auf der Fahrt von Berlin nach München den Juden Israel Bab[26] kennen. Im Verlauf der Unterhaltung äußerte Bab, daß er das Reichsgebiet verlassen wolle. Heckendorf verwies ihn an Martin und erläuterte Bab, wie er sich zu verhalten und welche Strecke er zu fahren habe. Bab sollte, wenn er im Grenzgebiet bei Jestetten und Altenburg angehalten werde, sagen, er suche Arbeit bei dem Fabrikanten Karl Altenburger in Jestetten, dem Martin solle er ausrichten, er sei von Heckendorf geschickt und ein guter Freund von ihm; Martin wisse dann schon, was er zu tun habe. Eine Vergütung bekam Heckendorf nicht. Bab, der einen SS-Ausweis als Filmberichterstatter besaß, suchte dann auch Martin auf und vereinbarte mit ihm, daß Martin ihn über die Grenze bringe. Martin erhielt als Vergütung einen Koffer des Bab mit Kleidern. Bab führte die Weisungen des Martin jedoch nicht richtig aus, er verlief sich und wurde von dem Grenzschutz am 18.2.43 festgenommen. Aus Anlaß dieser Festnahme erst kam das Verfahren gegen die 4 Angeklagten in Lauf. – Als Lebens von der Festnahme des Heckendorf in Kitzbühel erfuhr, verließ er Berlin fluchtartig und hielt sich unter Deckadressen in Marienbad versteckt.

25 Fritz Singer.

26 Werner Bab (1924–2010), Schüler, später Kaufmann; im Febr. 1943 bei einem Fluchtversuch verhaftet und nach Auschwitz deportiert, im Jan. 1945 in das KZ Mauthausen gebracht und im Mai 1945 im KZ Ebensee befreit; nach dem Krieg Emigration in die USA und 1958 Rückkehr nach West-Berlin, dort Inhaber von Autohäusern.

Martin hatte von Mitte Januar 1943 ab bis zur Festnahme des Bab mindestens noch 6 weiteren Juden zum illegalen Grenzübertritt verholfen. Fast alle bezogen sich auf den „Professor“, also Heckendorf, oder eben Heckendorf, sie brachten diesmal maschinengeschriebene Zettel mit, unterschrieben mit „Franz“.
Jeder dieser Juden zahlte an Martin 1000 RM. Die Persönlichkeit dieser Juden ist nicht genau zu ermitteln gewesen. Es ist möglich, daß Martin außer den 6 Juden noch ein jüdisches Ehepaar namens Keller über die Grenze gebracht hat, so daß er bei 18 Personen tätig geworden ist. Gewiß ist dies aber nicht. – Diese 6 Juden hat Otto Altenburger zu Martin gesandt in den Wochen, da Heckendorf nicht in Berlin weilte, und damit den Namen des Heckendorf mißbraucht. Was Otto Altenburger dafür an Geld erhalten hat, steht nicht fest. Auf jeden Fall hat Otto Altenburger so viel „verdient“, daß er daranging, sich eine Wohnung einzurichten, und für sie von Lebens teure Orientteppiche kaufte; außerdem hat er seiner Freundin, der Tänzerin, über 1500 RM „geliehen“.
Heckendorf hat insgesamt von den Juden erhalten 7500 RM; dazu kommt noch sein nicht aufzuklärender Anteil an dem Erlös der Teppiche. Von den Judengeldern, zum Teil wohl auch aus dem Erlös aus dem Verkauf einiger seiner Bilder hat er Ende 1942/ Anfang 1943 von einem Fabrikanten Pleuß in Coburg einen 93 PS starken amerikanischen „Buick“-Personenkraftwagen, der nicht zugelassen war und wegen seines großen Zylinderinhalts (4 Liter) nie zugelassen worden wäre, zum Preis von 7000 RM erworben und beabsichtigte, ihn auf der Eisenbahn nach Kitzbühel verfrachten zu lassen. Martin hat seine Gesamteinnahmen von rund 11 500 RM in der Scheuer seines Anwesens vergraben; das Geld wurde gefunden und ist beschlagnahmt. Otto Altenburger hat seine Einnahmen in Höhe von RM 12 000,- bis auf einen geringen Rest verbraucht. Was Lebens außer den 2500 RM und dem halben Anteil von dem Teppich im Fall Singer von dem „Judenschmuggel“ noch verdient hat, gelang nicht festzustellen.
Fast alle Juden hatten bei dem illegalen Grenzübertritt Gepäck bei sich, die Eheleute Fabisch waren mit Handkoffern und Taschen schwer beladen. Die 16 Juden haben insgesamt an Bargeld über 200 000 RM bei sich gehabt, die Wertsachen aus Edelmetall und Edelsteinen nicht gerechnet. Durch diese Juden sind in der Schweiz und im feindlichen Ausland für das großdeutsche Reich durchaus abträgliche Nachrichten verbreitet worden. Die Juden hatten ohne Ausnahme Ausweise bei sich, teils echte mit falschen Namen, teils gefälschte oder verfälschte. Keinem der Angeklagten war nachzuweisen, daß sie diese Ausweise den Juden beschafft hatten. – Den Eheleuten Fabisch ist es gelungen, eine Anzahl von Reisekoffern bei Singen am Hohentwiel durch eine nicht ermittelte Persönlichkeit mit einem gültigen Ausreisesichtvermerk nach der Schweiz zu verbringen.
Den ganzen Umfang der Gefahren für das Reich infolge dieses „Judenschmuggels“ haben die 4 Angeklagten nicht in allen Einzelheiten erkannt. Sie haben die Stellung des Reichs zur Judenfrage aber gekannt. Sie wußten, daß die Juden Feinde des Reichs sind, daß sie ihm im Innern Schaden zugefügt hatten und von außen weiter zufügen. Ihnen war bekannt, daß die Grenzen des Reichs wegen des Krieges grundsätzlich für den Zivilverkehr gesperrt sind und nur zuverlässige Personen über die Grenzen gelassen werden, als die gerade Juden nicht anzusehen sind. Sie waren sich also klar darüber, daß sie durch ihr Handeln der deutschen Volksgemeinschaft Nachteile zufügen dadurch, daß sie Juden helfen, das Reichsgebiet verbotenerweise zu verlassen zu einer Zeit, da sie wegen des Krieges im Machtbereich der deutschen Regierung gehalten werden sollten.

Dieser Sachverhalt ist festgestellt worden auf Grund der Aussagen der Angeklagten sowie der Zeugen Stadler, Henninger, Karl Altenburger und Kriminalsekretär König[27] sowie der in der Hauptverhandlung verlesenen und den Angeklagten vorgehaltenen Akteninhalte und Urkunden.

[...][28]

DOK. 122

Der Leiter des NS-Kraftfahrkorps Erwin Kraus bittet Himmler am 22. März 1944, dem in „Mischehe" lebenden Sohn des Komponisten Richard Strauß den Jagdschein zu entziehen[1]

Schreiben (Geheim) des Korpsführers des Nationalsozialistischen Kraftfahrkorps,[2] gez. Kraus,[3] München, Brienner Str. 41, an den Reichsführer-SS – Reichsleiter Pg. Hch. Himmler, Chef der Deutschen Polizei u. Reichsminister d. Inneren, vom 22.3.1944 (Abschrift)[4]

Betr.: Sohn des Komponisten Richard Strauß,[5] Garmisch[6]

Lieber Parteigenosse Himmler!

Seit 1933 habe ich in Kochel a/See/Obb., dem Sitz meiner Reichsmotorschule, ein kleines Haus und als Pächter die Staatsjagd am Herzogstand westlich der Kesselbergstraße. 1933 war der Sohn des Komponisten Dr. Richard Strauß, der mit einer Volljüdin, Tochter eines Prager Finanzjuden, verheiratet ist,[7] Pächter der an meine Jagd angrenzenden Jagd. Seit 1941 hat sich die Jagdgrenze des jungen Dr. Strauß dadurch nach Westen von meiner Grenze wegverlagert, daß der Chef der Reichsfinanzverwaltung der NSDAP., Pg. Miller (Ehrenzeichenträger), mein Nachbar wurde. Dr. Strauß ist Pächter der Gemeindejagd

27 Josef König, Leiter der Gestapo Waldshut.

28 Hier folgen die Stellungnahmen der Angeklagten zu den Vorwürfen. Während Martin ein volles Geständnis ablegte, bemühten sich Altenburger und Heckendorf, die eigene Beteiligung zu relativieren. Lediglich Lebens leugnete die Vorwürfe. In der Urteilsbegründung stellte das Gericht fest, dass die Angeklagten vorsätzlich gehandelt hätten, und verurteilte sie als „Volksschädlinge". Heckendorf wurde zu zehn Jahren Zuchthaus, Martin zu acht Jahren und Altenburger und Lebens zu jeweils sechs Jahren verurteilt. Das Urteil gegen Heckendorf u. a. wurde am 21.4.1950 gemäß § 1 der Landesverordnung über die Aufhebung von Urteilen der Strafgerichte vom 23.12.1946 durch das Landgericht Freiburg aufgehoben.

1 BArch, NS 19/1244, Bl. 12.

2 Das Nationalsozialistische Kraftfahrkorps (NSKK) wurde 1930 als Nationalsozialistisches Automobilkorps gegründet und 1931 umbenannt. Von 1934 an unterstand es Hitler unmittelbar. 1940 hatte es über 500 000 Mitglieder. Die Aufgaben des NSKK bestanden zunächst in der Verkehrserziehung, mit Beginn des Krieges war es dann für den Transport von Baumaterial für Rüstungsbauwerke zuständig und übernahm die Nachschubversorgung der Wehrmacht.

3 Erwin Kraus (1894–1966), Ingenieur; 1923 NSDAP-Eintritt; 1933–1935 Amtschef Technik des NSKK, seit 1935 Inspekteur für technische Ausbildung und Geräte des NSKK; 1936–1945 MdR; 1942 Reichsleiter NSKK; 1948 als Belasteter zur Sühnezahlung verurteilt.

4 Im Original unleserlicher Eingangsstempel des Persönlichen Stabs Reichführer-SS.

5 Richtig: Richard Strauss.

6 Dr. Franz Strauss (1897–1980), Jurist; Sohn des Komponisten Richard Strauss (1864–1949) und seiner Frau Pauline Strauss-de Ahna (1862–1950); Assistent und Berater seines Vaters.

7 Alice Strauss, geb. Grab-Hermannswörth (1904–1991), Sekretärin und Nachlassverwalterin von Richard Strauss; 1924 Heirat mit Franz Strauss, zwei Söhne, lebte in Wien.

Schlehdorf/Obb., Jagdbezirk Schlehdorf I. Dr. Strauß wohnt teils bei seinem Vater Dr. Richard Strauß in Garmisch, teils meines Wissens in Wien.
Seit 1933 wundere und ärgere ich mich mit allen Jägern, die alte Nationalsozialisten sind, darüber, daß der junge Dr. Strauß, der ein Faulenzerleben führt und nur vom Geld seines Vaters lebt und seine Jagd betreibt, als Mann einer Volljüdin noch Pächter einer Jagd im Altreich sein kann. Bis zum Erlaß der Nürnberger Gesetze hatte auch die Jüdin Strauß einen Jagdschein, der ihr dann entzogen wurde.[8]
An diesen Vorgängen stoßen sich nicht nur die nationalsozialistischen Jäger, sondern die Bevölkerung nimmt insgesamt starkes Ärgernis und hat kein Verständnis dafür, daß das Jagdgesetz an und für sich keine direkte Handhabe bietet, Dr. Strauß die Jagdkarte zu entziehen.
Meine Erkundigungen beim Gaujägermeister ergaben, daß in einem solchen Fall der Jagdschein dann sofort entzogen wird, wenn eine Dienststelle des SD einen Hinweis an den Gaujägermeister gibt.
Ich bitte nun Sie, lieber Parteigenosse Himmler, um Ihr Einschreiten und bitte die SD-Leitstelle in München anweisen zu wollen, daß sie mit einem entsprechenden Hinweis an den Gaujägermeister des Jagd-Gaues München-Oberbayern alsbald herantritt. Sie werden diese Bitte, die ich im Namen meiner Parteigenossen und vieler Jäger an Sie direkt herantrage, sicherlich verstehen, und ich danke Ihnen im voraus für diesen kameradschaftlichen Dienst, den Sie mir und meinen Parteigenossen und Kameraden erweisen.
Heil Hitler!
Stets Ihr[9]

DOK. 123

Sternenbanner: In der Flugblattzeitung warnt US-Präsident Roosevelt am 28. März 1944 das deutsche Volk, den Mord an den europäischen Juden nicht länger hinzunehmen[1]

Präsident Roosevelt:
Aufruf ans Deutsche Volk[2]
„Am Vorabend des Sieges über die Barbarei" wandte sich Präsident Roosevelt mit einem Anruf an das deutsche Volk, von der Brutalität der Naziherrschaft abzurücken. Der Präsident erklärte, wenn das deutsche Volk der Welt zu beweisen wünsche, daß

8 Siehe VEJ 1/198 und 199. Im Reichsjagdgesetz (RGBl., 1934 I, S. 551–571, hier S. 556) war in § 24, Abs. 7 und 8 festgelegt, dass Personen, die die deutsche Reichsangehörigkeit nicht besitzen oder das Ansehen der deutschen Jägerschaft gefährden, der Jagdschein entzogen werden könne. Am 28.3.1944 erinnerte das RSHA die Staatspolizeileitstellen an ein Rundschreiben des Reichsjägermeisters vom 17.11.1938, in dem die Kreisjägermeister angewiesen worden waren, auch in „Mischehe" lebenden Nichtjuden die Jagdscheine abzunehmen; wie Anm. 1.
9 Eine Antwort ist nicht überliefert.

1 Sternenbanner, London, 28.3.1944, Codezeichen: USG 33, Einsatzzeit: 8.4. bis 22.4.1944, abgeworfene Auflage: 2 600 000, hrsg. vom Kriegsinformationsamt der USA. Faksimilierter Abdruck in: Klaus Kirchner, Flugblatt-Propaganda im 2. Weltkrieg, Bd. 6: 1943/44, Erlangen 1977, S. 76.
2 Dem hier publizierten Aufruf Roosevelts liegt eine Erklärung zugrunde, die er am 24.3.1944 anlässlich einer Pressekonferenz im Weißen Haus abgab; siehe FDR Library, FDR Press Conferences 1933–1945, Nr. 944, Ordner 112–5.

es die Verbrechen der Naziführer nicht billige, dann könnte es seinen guten Willen durch tatkräftige Hilfe für Opfer des Naziterrors erweisen.
Gleichzeitig warnte Präsident Roosevelt alle, die an der Verfolgung der unschuldigen Opfer der Nazis mitwirken, daß keiner seiner Strafe für diese Verbrechen entgehen wird.
In der Kundgebung des Präsidenten Roosevelt heißt es:
„Die Vereinten Nationen[3] kämpfen für eine Welt, in der Barbarei und Gewaltherrschaft nicht möglich sein werden. Sie kämpfen für eine Welt der Freiheit, Gleichheit und Gerechtigkeit. Sie kämpfen für eine Welt, in der alle Menschen ohne Unterschied der Rasse oder des Glaubens in Friede, Ehre und Würde leben können.
Aber während wir noch kämpfen, wütet in Europa und Asien die Herrschaft der Folter und des Mordes. Es ist die Herrschaft der Nazis und der Japaner.
Wo immer die Nazis oder die Japaner ihre Terrorherrschaft aufgerichtet haben, haben sie unschuldige Polen, Tschechen, Norweger, Holländer, Dänen, Franzosen, Griechen, Russen und Chinesen in Hunger und Kälte zugrunde gehen lassen oder sie in Massen hingemordet. Die Massenschlächtereien in Warschau, Lidice, Charkow und Nanking sind nur vereinzelte Beispiele.[4]
Eines der furchtbarsten Verbrechen, die jemals die Geschichte verzeichnet hat, ist die massenweise systematische Abschlachtung der Juden in Europa, die die Nazis schon vor dem Krieg begonnen haben.
Durch die Besetzung Ungarns droht Hunderttausenden von Juden, die in Ungarn und im Balkan Zuflucht vor Hitlers Gewaltmaßnahmen gefunden hatten, jetzt die Ausrottung.
Es wäre eine entsetzliche Tragödie, wenn diese unschuldigen Menschen, die das Wüten Hitlers seit einem Jahrzehnt überlebt haben, am Vorabend des Sieges über die Barbarei elend zugrunde gehen sollten.
Es ist daher angebracht, neuerdings unsere Entschlossenheit zu verkünden, daß keiner, der irgendeinen Anteil an diesem Verbrechen hat, ungestraft bleiben soll. Die Vereinten Nationen haben keinen Zweifel darüber gelassen, daß sie die Schuldigen verfolgen und sie ihrer gerechten Strafe zuführen werden.
Diese Warnung gilt nicht allein für die Hauptverantwortlichen: sie gilt ebenso für alle ausführenden Organe in Deutschland und in deutschen Vasallenstaaten, die diese verbrecherischen Befehle ihrer Vorgesetzten befolgen.
Alle, die an der Verschickung von Juden in den sicheren Tod nach Polen oder an der Verschickung von Norwegern und Franzosen in den sicheren Tod nach Deutschland mitwirken, sind im gleichen Maße schuldig wie die Henker der Verschickten. Und keiner, der schuldig ist, wird seiner Strafe entgehen.
Hitler begeht diese Verbrechen gegen die Menschheit im Namen des deutschen Volkes. Ich fordere jeden Deutschen und jeden, der in irgendeinem Lande unter deutscher Herr-

3 Siehe Dok. 6 vom 14.4.1943, Anm. 6.
4 Aufstand im Warschauer Getto vom 19.4. bis 16.5.1943, siehe VEJ 9, S. 45 f., sowie VEJ 9/227, 228, 229, 230, 233 und 243; Massaker von Lidice am 9./10.6.1942, siehe VEJ 6, S. 61, und VEJ 6/295; Massenmorde in Drobyzkyi Jar (bei Charkow) im Winter 1941/42, die im Prozess von Charkow im Dez. 1943 thematisiert wurden, siehe VEJ 7, S. 37, und VEJ 7/130, Anm. 7, und VEJ 7/134; Massaker von Nanking 1937, siehe VEJ 3/22, Anm. 3.

schaft lebt, auf, der Welt durch die Tat zu zeigen, daß er mit diesem irrsinnigen Verbrechen nichts zu tun hat.
Ich fordere sie auf, die verfolgten Opfer des Naziterrors zu verbergen, ihnen zur Flucht über die Grenzen zu verhelfen und alles zu tun, um sie vor dem Martertod durch die nationalsozialistischen Henker zu retten.
Ich fordere sie auf, wachsam zu sein, und Beweise für diese Verbrechen zu sammeln, damit die Verbrecher am Tage der Befreiung überführt werden können."
Die britische Regierung erließ eine Erklärung, in der sie ihre volle Zustimmung zu Roosevelts Kundgebung zum Ausdruck bringt.[5]

DOK. 124

Daniel Lotter schreibt am 29. März 1944 in seinem Tagebuch über die deutsche Schuld und Scham angesichts der Behandlung der Juden und psychisch Kranken[1]

Handschriftl. Tagebuch von Daniel Lotter, Fürth, Eintrag vom 29.3.1944

Der „Justizminister" Thierack hielt vor wenigen Tagen eine Rede, aus der zu entnehmen war, daß Thierack die Justiz lediglich für ein Mittel hält, die Massen in Zaum zu halten.[2] Daß es ein Recht gibt, dem auch die Regierenden unterstehen, scheint diesem Rechtswahrer noch nicht zum Bewußtsein gekommen zu sein. Er hätte sonst kaum den Mut gefunden, von Reinlichkeit und sauberen Verhältnissen zu sprechen, während doch die Art und Weise, wie das Recht bei uns gehandhabt wird, geradezu zum Himmel stinkt. Niemöller[3] ist noch immer in Gefangenschaft, und es ist notorisch, daß zu einer Klagestellung gegen einen Parteifunktionär die Erlaubnis der Partei notwendig ist, die in der Regel versagt wird. Und was haben wir sonst noch alles auf dem Gewissen! Wie wurde gelogen, verleumdet, gestohlen u. gemordet. Hunderte, ja vielleicht 1000e von armen Geisteskranken hat man kaltblütig „erledigt" und diesen Mord als Kriegsmaßnahme entschuldigt, und an die Art- und Weise, wie wir die Juden behandelten, kann man nur mit Grausen und brennendem Schamgefühl zurückdenken. Unsere gehäufte Schuld schreit nach Sühne, und es scheint, als ob der Tag der Vergeltung nicht mehr ferne ist. Die Nachrichten vom Süden der Ostfront sind alarmierend. Die Russen sind bereits bis an den Pruth vorgestoßen,[4] und die Gefahr, daß die rumänischen Ölquellen für uns verloren gehen, ist riesengroß. Wie wollen wir dann den Krieg weiterführen, ohne von der Übermacht erdrückt und völlig entmachtet zu werden? Die von Hitler ausgegebenen

5 Siehe Dok. 125 vom 30.3.1944.

1 Original in Privatbesitz, Kopie: IfZArch, F 601, abgetippte Fassung im Deutschen Tagebucharchiv Emmendingen.
2 Nicht ermittelt.
3 Martin Niemöller (1892–1984), Marineoffizier, evang. Theologe; 1920 Freikorps-Kommandant im Ruhrgebiet; von 1931 an Pfarrer in Berlin-Dahlem, 1933 Gründungsmitglied des Pfarrernotbunds, aus dem die Bekennende Kirche hervorging; 1935 und 1937 verhaftet, am 2.3.1938 von einem Sondergericht verurteilt, zunächst im KZ Sachsenhausen und 1941–1945 im KZ Dachau inhaftiert; 1945 Mitverfasser des Stuttgarter Schuldbekenntnisses, 1948–1955 Mitglied des Rats der EKD.
4 Ende 1943 begann die Dnepr-Karpaten-Offensive der Roten Armee im südlichen Abschnitt der Ostfront. Im März 1944 erreichten sowjet. Truppen erstmals rumän. Gebiet.

Parolen, daß es keinen Kompromiß geben darf und nur die Wahl bleibt zwischen Sieg und völligem Untergang, scheint fürchterliche Wahrheit zu werden. Aber wehe den „Staatsmännern", die mit einem 100-Millionen-Volk in dieser Weise Hasard spielen.

DOK. 125
Außenminister Anthony Eden droht am 30. März 1944 vor dem britischen Unterhaus den an der Judenverfolgung beteiligten Satellitenstaaten Deutschlands[1]

Protokoll der Parlamentssitzung im House of Commons am 30.3.1944

Mr. Silverman[2] fragte den Außenminister[3] (in einer Dringlichkeitsanfrage), ob er angesichts der jüngsten Besetzung Ungarns durch den Feind und der Entwicklung der Verhältnisse auf dem Balkan eine Erklärung abzugeben habe hinsichtlich der akuten und unmittelbaren Gefahr, die nunmehr den Juden und anderen Opfern der Nazi-Verfolgung in diesen Ländern droht.
Mr. Eden: Danke, Sir. Der ehrenwerte Freund[4] hat gewiss Kenntnis von der Erklärung von Präsident Roosevelt vom 24. März[5] sowie von der Tatsache, dass die Regierung Seiner Majestät sich diesbezüglich sofort und umfassend den Vereinigten Staaten angeschlossen hat. Das weitere Vorgehen wird derzeit zwischen der Regierung der Vereinigten Staaten und der Regierung Seiner Majestät erörtert, und ich will die Gelegenheit nutzen, im Namen der Regierung Seiner Majestät folgende Erklärung abzugeben: Sowohl die Regierung Seiner Majestät als auch deren Verbündete erhalten laufend weitere Beweise dafür, dass die Ausrottungspolitik der Nazis fortgesetzt wird. Insbesondere die Verfolgung der Juden ist von beispielloser Grausamkeit und Intensität. Im Hinblick darauf kann die Regierung Seiner Majestät gemeinsam mit ihren Verbündeten, nun, da die Stunde der deutschen Niederlage immer näher rückt, nur erneut ihren Abscheu über die von Deutschland begangenen Verbrechen erklären sowie ihre Entschlossenheit, alle dafür Verantwortlichen zur Rechenschaft zu ziehen. Bei derartigen Verbrechen gibt es allerdings abgesehen von der direkten Schuld auch noch ein Umfeld indirekter Beteiligung. Regierungen der Satellitenstaaten, die ihre Bürger an von Berlin bestimmte Orte ausliefern, müssen gewahr sein, dass dies gleichbedeutend ist mit der Beihilfe an der

1 Hansard's parliamentary debates, Fifth Series (Commons), Vol. 398, cc. 1561–4, columns by day Commons Sitting of 30 March 1943. Das Dokument wurde aus dem Englischen übersetzt.

2 Samuel Sydney Silverman (1895–1968), Politiker und Jurist; Gefängnisstrafe während des Ersten Weltkriegs wegen Kriegsdienstverweigerung; von 1935 an Mitglied der Labour Party und Abgeordneter im brit. Unterhaus; Präsident der brit. Sektion des WJC; nach 1945 entschiedener Gegner der atomaren Bewaffnung und der Todesstrafe.

3 Anthony Eden.

4 Im Original „the (right) hon. Friend": förmliche Anrede im brit. Unterhaus für Parteifreunde; richtig müsste es hier heißen: „the right hon. Gentleman" als förmliche Anrede für die Mitglieder einer gegnerischen Partei.

5 Auf einer Pressekonferenz am 24.3.1944, wenige Tage nach dem Einmarsch deutscher Truppen in Ungarn, verurteilte Präsident Roosevelt diese militärische Intervention, kündigte an, die Rettungsbemühungen der USA zu intensivieren, und richtete einen Appell an die freien Länder Europas, ihre Grenzen für die ungar. Juden zu öffnen; siehe Dok. 123 vom 28.3.1944.

unmenschlichen Verfolgung und Vernichtung. Dies wird in der Stunde der unvermeidlichen Niederlage des Erzfeindes Europas nicht vergessen werden.
Glücklicherweise gibt es in den Satellitenstaaten auch Einzelpersonen und sogar offizielle Stellen, die dem üblen deutschen Vorbild nicht gefolgt sind und Toleranz und Mitleid an den Tag gelegt haben. Auch dies ist den Alliierten bekannt, und in der Hoffnung, zu weiteren solchen Taten zu ermutigen, stellt die Regierung Seiner Majestät ausdrücklich klar, dass auch diejenigen, die den rechten Weg eingeschlagen haben, am Tag der Endabrechnung nicht vergessen werden. Diese Frist ist kurz bemessen, doch die Barmherzigen haben noch immer die Möglichkeit, ihr humanitäres Engagement unter Beweis zu stellen. Auch bereits schuldig Gewordene können versuchen, einen Teil ihrer schändlichen Taten wiedergutzumachen, indem sie ihre Opfer freilassen und ihnen eine möglichst weitgehende Entschädigung gewähren. Die Regierung Seiner Majestät ist davon überzeugt, dass sie damit auch den Wunsch aller Regierungen der Alliierten ausdrückt, wenn sie die mit Deutschland verbündeten oder von ihm unterworfenen Länder aufruft, weitere Verfolgungsmaßnahmen zu verhindern und beim Schutz und der Rettung der Unschuldigen mitzuwirken. Die Regierung Seiner Majestät ist ihrerseits fest entschlossen, in Zusammenarbeit mit allen betreffenden Regierungen und privaten Organisationen alles in ihrer Macht Stehende zu tun, um die vom Nazi-Terror bedrohten Menschen zu retten und zu unterstützen.
Mr. Silverman: Ich danke dem ehrenwehrten Herrn für seine umfassende und richtungsweisende Antwort und möchte hinzufügen, dass sie meiner Meinung nach weitere Fragen unnötig macht.
Miss Rathbone:[6] Wird der ehrenwehrte Herr auch dafür sorgen, dass diese bedeutsame Erklärung möglichst weite Verbreitung findet, durch Flugblätter oder über das Radio, sowohl in allen feindlichen bzw. vom Feind besetzten Ländern als auch in den Satellitenstaaten, nicht zuletzt unter den Slowaken, deren Haltung extrem unbefriedigend ist, so dass diese Botschaft bei allen Menschen – und nicht nur bei den Regierungen – ankommt?
Mr. Eden: Selbstverständlich, Sir.[7]
Mr. Hammersley:[8] Darf ich meinem ehrenwehrten Freund die Frage stellen, die sich an diese befriedigenden Ausführungen unmittelbar anschließt, nämlich ob die Regierung Seiner Majestät verfolgten Juden alle Möglichkeiten eröffnen wird, innerhalb der Grenzen der bestehenden Quote nach Palästina einzureisen,[9] und alles tun wird, um in dieser Hinsicht behilflich zu sein?
Mr. Eden: Ich denke, das war, wenn ich meinen ehrenwehrten Freund richtig verstehe, schon immer unsere Position, aber vielleicht könnte er diesbezüglich noch einmal eine Anfrage einreichen.

6 Eleanor Rathbone (1872–1946), Politikerin und Frauenrechtlerin; 1909–1935 Mitglied des Stadtrats von Liverpool, 1929–1946 parteilose Abgeordnete im brit. Unterhaus, Gegnerin der brit. Appeasement-Politik.

7 Richtig: Madam.

8 Samuel Hammersley (1892–1965), Unternehmer und Politiker; 1924–1935 und 1938–1945 Parlamentsmitglied der Conservative Party, 1948 Gründungsvorsitzender der Anglo-Israel Association.

9 Mit dem Weißbuch von 1939 hatte die brit. Mandatsregierung eine Quote von insgesamt 75 000 Einwanderern für einen fünfjährigen Zeitraum bis 1944 festgelegt; siehe auch Dok. 6 vom 14.4.1943, Anm. 12.

Mr. Gallacher:[10] Darf ich den ehrenwehrten Herrn angesichts der außerordentlichen Bedeutung dieser Erklärung fragen, ob er dafür Sorge tragen wird, den Antisemiten auch hierzulande energisch entgegenzutreten und ein Zeichen zu setzen?
Mr. Mack:[11] Ich danke dem ehrenwehrten Herrn für seine Stellungnahme, die von sämtlichen Mitgliedern dieses Hauses mit großer Erleichterung aufgenommen wird. Aber zieht er, bei aller Würdigung der von der Regierung bislang unternommenen Aktivitäten, auch in Betracht, dass es wirkungsvoller wäre, möglichst vielen dieser unglücklichen Menschen die Einreise nach Palästina zu ermöglichen? Und darf ich zu bedenken geben, dass eine Reihe der von ihm erwähnten verfolgten Menschen heute in Mauritius[12] interniert ist und gar nicht nach Palästina gelangen kann?
Mr. Eden: Ich denke nicht, dass mein ehrenwehrter Freund[13] dies richtig darstellt. Die Schwierigkeit in Bezug auf Palästina ist nicht, dass keine Visa erteilt werden – das geschieht tatsächlich –, sondern dass diese unglücklichen Menschen nicht in der Lage sind, den Ländern zu entkommen, in denen sie verfolgt werden. Ich denke mitnichten, dass unser Land irgendwelchen Grund hätte, sich in dieser Hinsicht Vorwürfe zu machen.
Mr. Mack: Ist dem ehrenwehrten Herrn nicht bekannt, dass etwa 1400 dieser unglücklichen Menschen, die es nach Palästina geschafft haben, dort abgewiesen wurden?[14]
Mr. Eden: Nein, Sir.

DOK. 126

Die Judenreferenten der deutschen Auslandsvertretungen tauschen sich am 3. und 4. April 1944 auf einer Arbeitstagung über die Möglichkeiten antisemitischer Propaganda aus[1]

Protokoll (vertraulich) der Arbeitstagung der Judenreferenten[2] der Deutschen Missionen in Europa, Krummhübel, vom 3. und 4.4.1944[3]

Begrüßung durch Gesandten Prof. Dr. *Six*,[4] der Vorsitz an *Gesandten Schleier*[5] übergibt. In seiner Eröffnungsansprache beschäftigt er sich mit den Aufgaben und Zielen der Antijüdischen Auslandsaktion. Gesandter Schleier verweist auf das Bekenntnis des Führers zum völkisch-rassischen Prinzip. Dies bedeute Ablehnung aller fremdländischen Einflüsse und den Kampf des Nationalsozialismus gegen das zersetzend und zerstörend wirkende Judentum. Dieser Kampf habe uns den Haß des Judentums einge-

10 William Gallacher (1881–1965), Gewerkschaftsfunktionär und Politiker; Präsident des Clyde Worker's Committee in Glasgow, 1935–1950 Parlamentsmitglied der Kommunistischen Partei Großbritanniens, 1956–1963 deren Vorsitzender.
11 John Mack (1899–1957), Politiker; 1942–1951 Parlamentsmitglied für die Labour Party.
12 Zur Internierung jüdischer Flüchtlinge in der damaligen brit. Kronkolonie Mauritius siehe VEJ 3, S. 49, und VEJ 3/121.
13 Richtig: mein ehrenwerter Herr.
14 Gemeint sind vermutlich Juden, die auf illegalem Weg nach Palästina einwandern wollten und von brit. Patrouillenbooten entdeckt und zurückgewiesen oder interniert wurden.

1 PAAA, Zagreb geh 27/2. Abdruck in: NMT, Bd. XXXII, Nuremberg 1948, Doc. 3319-PS, S. 162–175.
2 Die ursprünglich zu der Tagung eingeladenen „Judenreferenten" und „Arisierungsberater" der SS nahmen aufgrund der deutschen Besetzung Ungarns im März 1944 nicht teil.

bracht. Ges. Schleier erinnert an die ersten Opfer des vom internationalen Judentum gegen das deutsche Volk entfesselten Kampfes, Wilhelm Gustloff und Ernst v. Rath.[6] Dieser Kampf stelle einen wesentlichen Teil des großen Ringens des deutschen Volkes dar. Der Führer habe daher auch die Weisung gegeben, in verstärktem Maße den Kampf gegen das Judentum und für die Aufklärung über dessen Rolle im gegenwärtigen Krieg aufzunehmen. In England und Amerika seien Ansätze zu antijüdischen Tendenzen vorhanden.

Es stelle sich die Frage, welche Möglichkeiten sich den europäischen deutschen Missionen für eine antijüdische Tätigkeit böten. Die zu leistende Arbeit müsse von innen nach außen und von außen nach innen verlaufen. Erforderlich seien Meldungen über das Verhalten des Judentums in dem betreffenden Lande und über antijüdische Regungen daselbst. Antijüdische Propaganda in neutralen Ländern sei besonders schwierig, aber von größter Wichtigkeit, da von dort Ausstrahlungsmöglichkeiten nach England und Amerika beständen. Die neutralen Länder seien aber auch als Beobachtungsposten wichtig. Presseausschnitte, Rundfunkberichte, Aufzeichnungen über Vorgänge im feindlichen Ausland und im jüdischen Lager, die von Angehörigen der Gastländer berichtet werden, sowie Ansätze antijüdischer Tendenz müssen sorgfältig gesammelt und registriert werden. Diese Meldungen müssen alle Lebensgebiete umfassen, die von Juden beeinflußt werden.

Dieses Material würde von Inf. XIV[7] gesammelt und bearbeitet und sodann an die Missionen zur Auswertung in Presse und Rundfunk, durch Flugblätter, Broschüren und durch die Kanäle der Flüsterpropaganda geleitet werden. Die Herausgabe erfolge über die Presse-, Rundfunk- und Kulturpolitische Abteilung.

Ges. Schleier entwickelt sodann einige konkrete Projekte. So sei daran gedacht, eine Wanderausstellung, auf Schienen oder motorisiert, zu veranstalten. Weiter plane er die Herausgabe eines antijüdischen Abreißkalenders, besonders für die Staaten Südosteuropas, und die Einrichtung eines großen Archivs über alle Probleme der Judenfrage in personeller und sachlicher Hinsicht, dem eine Bildersammlung anzuschließen sei.

3 Der Verfasser des Protokolls ist nicht bekannt. Laut Anschreiben der Informationsabt. XIV des AA, gez. Rudolf Schleier, vom 20.4.1944 wurde das Protokoll an die Botschaften in Ankara, Madrid und Paris, an die Gesandtschaften in Lissabon, Preßburg, Sofia, Stockholm, Agram (Zagreb), Bern, Bukarest und Kopenhagen sowie an die Dienststelle des Bevollmächtigten des Großdeutschen Reichs für Italien in Fasano geschickt; wie Anm. 1.

4 Dr. Franz Alfred Six (1909–1975), Jurist; 1930 NSDAP-, 1932 SA- und 1935 SS-Eintritt; von 1935 an im SD tätig, 1939 Leiter des Amts II (Gegnerforschung) im RSHA, 1941 Chef des Vorkommandos Moskau der Einsatzgruppe B, von 1942 an leitete er die Kulturpolitische Abt. im AA; 1948 in Nürnberg zu 20 Jahren Haft verurteilt, 1952 entlassen, von 1956 an als Werbe- und Unternehmensberater tätig.

5 Rudolf Schleier (1899–1959), Kaufmann; 1931 NSDAP-Eintritt; 1933–1938 Referent der NSDAP/AO; von 1940 an im AA tätig, 1940–1944 stellv. Botschafter in Paris, seit 1944 leitete er die Informationsstelle Antijüdische Auslandsaktion des AA; 1945–1947 Internierung, dann Außenhandelskaufmann in Hamburg.

6 Siehe Dok. 52 vom 4.7.1943, Anm. 10 und 11.

7 Anfang 1944 wurde eine eigene Propagandastelle im AA errichtet, die nach zweimaliger Umbenennung schließlich Informationsstelle XIV (Antijüdische Auslandsaktion) hieß. Die Abt. stand unter der Leitung von Rudolf Schleier und sollte die antijüdische Propaganda im Ausland zentral steuern.

Gesandter Six spricht sodann über die politische Struktur des Weltjudentums, die er weltanschaulich und historisch als Folge der soziologischen Entwicklung seit der Französischen Revolution erläutert. Die Zahlen, die im Jahre 1933 vorlagen, ergaben etwa 17 Mill. Konfessionsjuden. Der eigentliche Kraftquell des Judentums in Europa und Amerika sei das Ostjudentum. Es stelle den Ausgangspunkt der Wanderbewegungen aus dem europäischen in den amerikanischen Raum dar. Das Ostjudentum schiebe sich langsam vom Osten nach dem Westen und zeige dabei nicht nur ein religiöses, sondern auch ein soziales Gefälle. Das Judentum in Europa habe seine biologische und gleichzeitig seine politische Rolle ausgespielt. In den Ländern der Feindmächte nehme das Judentum eine führende Stelle in dem Kampf gegen den Nationalsozialismus und gegen das deutsche Volk ein. In Sowjet-Rußland sei die jüdische Frage nicht mit besonderem Akzent hervorgehoben worden; wir wissen aber aus der Praxis der Kriegführung, daß der Jude in der Hierarchie des Bolschewismus nach wie vor eine entscheidende Rolle spiele. Die jüdische Infiltration habe sich in der Sowjet-Union gehalten.
Das zweite in diesem Zusammenhang wichtige Land sei England. Das Judentum spiele dort eine traditionelle Rolle. Es sei gelungen, auf Grund der plutokratischen Struktur Englands Juden in die führende Schicht zu entsenden, was sich in der Politik der Oberschicht während des 19. Jahrhunderts stark ausgewirkt habe. Diese Versippung sei wichtig für die Beurteilung der gegenwärtigen Lage.
Das Zusammenspiel des englischen mit dem amerikanischen Judentum habe eine entscheidende Rolle beim Ausbruch des Krieges gespielt. In den Vereinigten Staaten befänden sich ca. 7 Mill. Juden. Ihre Position sei wirtschaftlich begründet. Die demokratische Weltanschauung habe sich als fruchtbarer Boden für den fortschreitenden Einfluß des Judentums erwiesen. Die starke jüdische Durchsetzung der Führungsschicht bei den 3 Deutschland bekämpfenden Mächten sei ein Faktor von größter Bedeutung.
Ges. Six wendet sich sodann dem Zionismus zu. Zionismus bedeute Rückführung aller Juden in das Heimat- und Ursprungsland Palästina. Man wolle sie dort politisch und biologisch zusammenfügen. Die ganze Frage der Rückführung sei jedoch politisch überlagert durch die arabische Frage. Durch die Balfour-Deklaration von 1917 wurde den Juden nach dem Kriege eine Heimstätte zugesichert. Das jüdische Element habe sich in Palästina sehr breit gemacht auf Kosten des Arabertums.
Die physische Beseitigung des Ostjudentums entziehe dem Judentum die biologischen Reserven. Seine heutige Struktur sei durch seine Vereinigung mit den drei Großmächten gekennzeichnet. Diese Verbindung zeige sich in der Sowjet-Union durch die weltanschauliche Kombination des Judentums mit dem Bolschewismus, in England durch das Eindringen in die Führungsschicht und in den Vereinigten Staaten durch die Beherrschung entscheidender Schlüsselstellungen in der Großfinanz. Nicht nur in Deutschland, sondern auch international müsse die Judenfrage zu einer Lösung gebracht werden.
Leg. Rat. v. Thadden spricht über die judenpolitische Lage in Europa und über den Stand der antijüdischen Exekutiv-Maßnahmen. Der Redner gab einen Überblick, aus welchem Grunde die zionistische Palästina-Lösung oder ähnliche Ersatzlösungen abgelehnt und die Aussiedlung der Juden in die Ostgebiete durchgeführt werden müsse. Er umriß sodann den derzeitigen Stand der antijüdischen Maßnahmen in sämtlichen europäischen Ländern.

Der Redner führte dann aus, welche Gegenmaßnahmen das Weltjudentum gegen die deutschen antijüdischen Maßnahmen in Europa durchführt.
Die Ausführungen wurden mit folgenden Bitten an die Vertreter der Missionen geschlossen:
1. Unterdrückung jeder auch antijüdisch getarnten Propaganda, die geeignet ist, die deutschen Exekutiv-Maßnahmen zu hemmen oder zu behindern.
2. Vorbereitung des Verständnisses in allen Völkern für Exekutiv-Maßnahmen gegen das Judentum.
3. Laufende Berichterstattung über die Möglichkeit, auf diplomatischen Wegen verschärfte Maßnahmen gegen das Judentum in den einzelnen Ländern zur Durchführung zu bringen.
4. Laufende Berichterstattung über Anzeichen für Gegenaktionen des Weltjudentums, damit rechtzeitig Gegenminen gelegt werden können.
(Da die von dem Referenten vorgetragenen Einzelheiten über den Stand der Exekutiv-Maßnahmen in den einzelnen Ländern geheimzuhalten sind, ist von der Aufnahme ins Protokoll abgesehen worden.)
SS-Hauptsturmführer Dr. Ballensiefen[8] berichtet über Erfahrungen bei der Durchführung der antijüdischen Maßnahmen in Ungarn im Zusammenhang mit den dortigen politischen Ereignissen.[9]
Prof. Dr. Mahr[10] behandelt in seinem Referat die antijüdische Auslandsaktion im Rundfunk. Er fordert die Durchsetzung der deutschen Rundfunksendungen nach dem Ausland mit antijüdischem Aufklärungsmaterial und die Beeinflussung des Rundfunks der uns nahestehenden oder verbündeten Länder in ähnlichem Sinne unter Wahrung der Souveränität der betr. Länder. Im binnendeutschen Funk sei für gutes Material zu sorgen.
Frl. Dr. Hauhsmann[11] spricht über antijüdische Auslandsaktion in der Presse und das Pressebild im Dienste der antijüdischen Auslandsaktion. Der Bildbedarf in der in- und ausländischen Presse sei groß. Bei der Beschaffung antijüdischer Bilder sei die Mitarbeit der Missionen erforderlich. Wichtig sei auch die Besprechung antijüdischer Bücher und jüdischer und antijüdischer Filme in der Presse. Frl. Dr. Hauhsmann zeigt dann die praktischen Möglichkeiten bei der Unterbringung von antijüdischen Meldungen in der ausländischen Presse auf, wobei das Schwergewicht bei den Pressereferenten der Mission liegen muß.

8 Dr. Heinz Ballensiefen (1912–1979), Historiker; 1937 NSDAP-, 1940 SS-Eintritt; seit 1941 Referent für „Judenfragen“ im RSHA, Amt VII, dort zuständig für die „Informationsberichte zur Judenfrage“, 1944 am Aufbau des ungar. Instituts zur Erforschung der Judenfrage beteiligt; nach dem Krieg als Redakteur tätig; Autor von „Die Juden in Frankreich“ (1939).

9 Gemeint sind die Besetzung Ungarns am 19.3.1944 und die Radikalisierung der Judenverfolgung dort.

10 Dr. Adolf Mahr (1887–1951), Archäologe; 1933 NSDAP-Eintritt, 1933–1939 Ortsgruppenleiter der NSDAP/AO in Dublin; 1940 beim AA zuständig für das ausländische Rundfunkwesen, 1944 Leiter der Abt. Ru-9 (politische Sendungen und antisemitische Propaganda); 1946 kurzzeitige Internierung.

11 Richtig: Dr. Friederike Haußmann (1918–1998), Historikerin; 1940 NSDAP-Eintritt; seit Nov. 1941 als wissenschaftliche Hilfsarbeiterin im AA, zunächst in der Nachrichten- und Presseabt., dann Ref. XIIa/Nachrichtengebedienst; 1947–1949 Angestellte im Staatsministerium von Württemberg-Baden, 1949–1959 bei der Stuttgarter Zeitung, 1961–1980 politische Redakteurin beim Südwestfunk.

Dr. Walz[12] behandelt die antijüdische Aktivinformation. Es könne keinen wirklichen Frieden unter den Völkern geben, wenn das Judenproblem nicht auf irgendeine Weise gelöst würde. Die Informationstätigkeit müsse auf die jeweilige Mentalität der Völker, auf die in antijüdischem Sinne eingewirkt werden soll, Rücksicht nehmen. Bei Flugblättern müßten ausländische Muster als Vorbild dienen. Es fehle bisher an einem antijüdischen Film, der nicht bekannte jüdische Einzelpersönlichkeiten behandle, sondern den kleinen jüdischen Kaufmann, den jüdischen Intellektuellen in ihrem täglichen Wirken zeige.
L[egations]S[ekretär]. Dr. Kutscher[13] spricht über die Propagandathesen im Rahmen der antijüdischen Auslandsaktion. Jede Propaganda müsse von gewissen Leitsätzen beherrscht sein. Als derartige Leitsätze und Richtlinien für die Informationsarbeit seien die Thesen zu betrachten. Sie müßten den jeweiligen örtlichen Verhältnissen angepaßt werden. Sie seien für den internen Gebrauch bestimmt. LS. Dr. Kutscher formuliert sodann einige Leitsätze: Die Juden sind die Urheber des Krieges. Sie haben die Völker in den Krieg hineingetrieben, weil sie an ihm interessiert sind. – Die Juden sind das Unglück aller Völker. – Ein jüdischer Sieg würde das Ende jeder Kultur sein (Beispiel Sowjet-Union). – Kämpft Deutschland gegen den Juden, so tut es das nicht nur für sich, sondern für die ganze europäische Kultur. – Der Jude hat sich mit diesem Krieg sein eigenes Grab gegraben. – Aufgabe dieser Sätze sei, den Menschen bestimmte Tatsachen vor Augen zu führen, so daß sie schließlich von deren Richtigkeit überzeugt seien.
Dienstleiter Hagemeyer spricht über den internationalen antijüdischen Kongreß und seine Aufgaben.[14] Er verfolge das Ziel, die europäischen Kräfte, die sich mit der Judenfrage befaßt haben, zu sammeln. Der Kongreß müsse politisch aufgezogen werden. Entscheidend sei die Zusammensetzung der Gäste. Dabei müsse auf den Besuch von europäischen Wissenschaftlern Wert gelegt werden. Der Redner bat die Vertreter der Missionen um ihre Unterstützung bei der Auswahl der für den Kongreß einzuladenden Gäste.
Es folgen nun die Berichte der Vertreter der einzelnen Missionen über die judenpolitische Lage in ihren Ländern und die Möglichkeiten a) der Beschaffung antijüdischen Materials, b) der Durchführung antijüdischer Information durch Rundfunk, Presse, allgemeine Informationsmittel (Broschüren, Plakate, Flugblätter, Klebezettel, Postkarten, Flüsterpropaganda) und die Träger dieser Arbeit.
Dr. Klassen (Frankreich)[15] gibt zunächst einen längeren historischen Überblick über die Entwicklung des Judenproblems und des Antisemitismus in Frankreich und verweist auf den Unterschied der Judenbehandlung in der Nord- und Südzone. In der Nordzone

12 Dr. Gustav Adolf Walz (1897–1947), Völkerrechtler; 1931 NSDAP-Eintritt; 1933–1940 Professor in Breslau, Köln und München; 1940–1942 NSDAP-Beauftragter zur Überwachung der Universität Brüssel, dann bis 1945 Leiter des Deutschen Wissenschaftlichen Instituts in Zagreb.

13 Dr. Ernst Kutscher (1909–1974), Jurist; 1932 Angestellter im preuß. Justizdienst; 1933 NSDAP-Eintritt; von 1936 an im AA, zunächst in der Politischen und Kulturpolitischen Abt. und von 1944 an als Beauftragter für das Informationswesen; 1945 kurzzeitige Internierung, Referent für Wirtschaftsfragen bei den Alliierten, 1949 persönlicher Referent Ludwig Erhards, 1953 Wiedereinstellung im höheren Dienst des AA.

14 Siehe Dok. 99 vom 16.12.1943.

15 Dr. Peter Klassen (1903–1989), Historiker und Archäologe; 1933 NSDAP-Eintritt; von 1939 an für das AA tätig, u. a. als „Judenreferent" der deutschen Botschaft in Paris; 1952–1954 Leiter des Politischen und Historischen Archivs des AA, dann Mitarbeiter der Botschaften in London und Madrid.

sei man zur Arisierung jüdischer Unternehmungen geschritten, das jüdische Schrifttum sei eingezogen worden. Jüdischen Schriftstellern und Schauspielern sei nach der französischen Judengesetzgebung die Arbeit zwar nicht verboten, doch dürften sie weder eine Zeitung oder ein Theater besitzen noch leiten. Aus den Staatsstellen sei der Jude verschwunden. Im Jahre 1940 wurde in Frankreich ein Judeninstitut gegründet.[16] Eine antijüdische Ausstellung habe großen Erfolg gehabt.[17] Abgesehen von einigen antisemitischen Geistlichen habe sich die katholische Kirche weitgehend im Sinne der demokratischen Ideologie für das Judentum eingesetzt. Einige antisemitische Filme haben abschreckend gewirkt. Der Film müßte daher stärker eingesetzt werden. Die Informationstätigkeit müsse von der französischen Tradition ausgehen und als französische Sache hingestellt werden. Bei den Anhängern Déats[18] und des französischen Faschismus fänden sich brauchbare Ansatzpunkte. Die Lage in Französisch-Nordafrika[19] eigne sich gut zur Auswertung.

Dr. Beinert (Spanien)[20] berichtet, daß die Judenfrage unter rassischen Gesichtspunkten in Spanien nicht als aktuell angesehen werde. Nach der Vertreibung der Juden im 15. Jahrhundert werde die Judenfrage als abgeschlossenes historisches Problem betrachtet. Der antijüdischen Information seien daher sehr enge Grenzen gezogen, sie dürfe nicht als deutsche Propaganda erscheinen und auch nicht als Großaktion aufgezogen werden. Hingegen könne die Hervorhebung eindrucksvoller Einzelfälle, vor allem unter wirtschaftlichen Gesichtspunkten, wirksam sein.

Auch *Dr. Matthias (Portugal)*[21] unterstreicht die Schwierigkeiten einer antijüdischen Informationstätigkeit in Portugal. Ein Judenproblem in unserem Sinne bestehe in Portugal nicht. Einmal hat die bereits vor 1933 begonnene Abwanderung von Juden aus Mitteleuropa, die nach 1933 und während des Frankreichfeldzuges besonders stark wurde, das Bild in Portugal nicht wesentlich verändert, weil Portugal für die jüdische Emigration im wesentlichen nur Durchgangsland war. Zum Zweiten habe das ursprüngliche Judenproblem, das heißt die Schwierigkeiten, die sich durch die Einwanderung von Juden in Portugal in frühester Zeit ergaben, im Laufe der Jahrhunderte eine Lösung gefunden, die keine Bereinigung des Judenproblems in unserem Sinne darstelle, sondern die Spuren des Judentums als rassischen Bestandteil des Volkes verwischte.

16 1941 eröffnete in Paris das L'Institut d'Etude des Questions Juives, das unter Aufsicht von Theodor Dannecker, dem Leiter der Pariser Außenstelle des „Judenreferats" des RSHA, stand.

17 Vom 5.9.1941 bis 15.1.1942 wurde in Paris die antisemitische Ausstellung „Le Juif et la France" gezeigt, die mehr als 300 000 Besucher verzeichnete.

18 Marcel Déat (1894–1955); Mitbegründer der Kollaborationspartei Rassemblement National Populaire.

19 Gemeint ist vermutlich die Kollaboration der Behörden zur Verfolgung der Juden in Marokko, Algerien und Tunesien.

20 Vermutlich: Dr. Berthold Beinert (1909–1981), Historiker; 1938 Mitarbeiter des Deutschen Akademischen Austauschdienstes (DAAD) in Paris, 1939 Leiter der Mittelstelle der Deutschen Akademie Barcelona und 1940 in Madrid, von 1941 an baute er dort den DAAD auf; bis 1951 in Spanien, danach Leiter des Instituts für Übersetzen und Dolmetschen in Heidelberg.

21 Dr. Hubert Matthias (*1912), Jurist; 1934–1939 im bayer. Justizdienst; 1933 SS-, 1940 NSDAP-Eintritt; 1940 wissenschaftlicher Hilfsarbeiter im AA, 1941 Botschaftsattaché in Washington; mit dem Kriegseintritt der USA in US-Internierung bis Mai 1942; 1943–1945 Mitarbeiter der deutschen Gesandtschaft Lissabon; nach 1945 weiterhin in Portugal, dann Emigration in die USA.

Die Beschaffung von antijüdischem Material aus USA sei möglich, doch mit hohen Kosten verbunden.

Vizekonsul Dr. Janke (Schweiz)[22] weist darauf hin, daß die große Mehrheit aller Schweizer aus gesundem Instinkt antisemitisch eingestellt sei, es fehle jedoch die Erkenntnis der Aktualität der Judenfrage. Der jüdische Einfluß sei weit geringer als in den anderen demokratisch-plutokratisch regierten Staaten. Eine antijüdische Informationstätigkeit müßte mit größter Vorsicht gehandhabt werden und dürfe den deutschen Ursprung nicht verraten, um die strengen gesetzlichen Bestimmungen nicht herauszufordern und das Mißtrauen gegen Deutschland nicht wachzurufen. Dabei müsse auch die scharfe Zensur berücksichtigt werden. Es müsse daher getarnt gearbeitet werden. In Frage kämen antijüdische Aufklärungsbroschüren, deren Aufmachung ständig zu ändern wäre, ferner Auswertung von Judenskandalen, Zusammenstellung aller jüdischen Persönlichkeiten, die eine führende Rolle in den Feindländern spielen, und Verbreitung jüdischer Witze. Die Einladung von schweizerischen Persönlichkeiten zum Antijüdischen Kongreß werde auf Schwierigkeiten stoßen.

Konsul Dr. Meissner[23] empfiehlt, bei der antijüdischen Informationsarbeit in Italien die starke jüdische Beteiligung an verbotenen Handlungen (Schwarzhandel, Sabotage usw.) herauszustellen, im übrigen müsse sie sich aber an die italienische Intelligenz wenden und eine seriöse Basis haben. Die Herausgabe einer illustrierten Broschüre mit einer sachlichen Darstellung des Judentums als Ferment der Zersetzung könne wirkungsvoll sein. Für eine Einladung zum Kongreß kämen Preziosi und Farinacci[24] in Frage.

Herr Delbrück (Schweden)[25] verweist auf die Schwierigkeiten einer antijüdischen Informationstätigkeit in Schweden. Bis zur Judenaktion in Dänemark und der dadurch verursachten starken jüdischen Einwanderung in Schweden habe es in diesem Lande keine Judenfrage gegeben.[26] Die jüdische Einwanderung habe jedoch zu einer ablehnenden Reaktion geführt. Sie könne daher als Ansatzpunkt einer antijüdischen Informationstätigkeit genommen werden. Dabei müsse allerdings berücksichtigt werden, daß alles, was nach deutscher Propaganda aussehe, abgelehnt werde. In der Presse stünden nur die wenigen deutschfreundlichen Zeitungen zur Verfügung. Antisemitische Propagandaschriften müßten ausschließlich in Schweden selbst gedruckt werden. Plakate seien nicht einsatzfähig, da dafür keine Organisationen zur Verfügung stünden. Auch Postkarten mit antijüdischen Witzen könnten eingesetzt werden. Im schwedischen Rundfunk

22 Dr. Willi Janke (1902–1980), Journalist; 1925–1936 Vertreter von Wolffs Telegraphischem Bureau (WTB) in Amsterdam, dann Korrespondent der Deutschen Allgemeinen Zeitung; 1933 NSDAP-Eintritt; 1940–1942 Pressesachbearbeiter beim Reichskommissar für die besetzten niederländ. Gebiete, 1942–1944 Vizekonsul in Zürich; bis 1947 in franz. Gefangenschaft.

23 Dr. Hans-Otto Meissner (1909–1992), Diplomat und Schriftsteller; 1933 SS-, 1936 NSDAP-Eintritt; von 1934 an im diplomatischen Dienst, 1934–1939 in London und Tokio; 1941–1945 Leiter des deutschen Generalkonsulats und Kulturreferent in Madrid; 1945–1947 Internierungshaft, dann Tätigkeit als Schriftsteller und Journalist; 1986 Großes Bundesverdienstkreuz.

24 Roberto Farinacci (1892–1945), Anwalt und Politiker; Mitglied des Faschistischen Großrats; von Widerstandskämpfern erschossen.

25 Heinz Delbrück (1900–1974); von Dez. 1941 an in der Informationsabt. der Deutschen Gesandtschaft Stockholm, seit Herbst 1942 als deren Leiter; Febr. 1945 Rückkehr nach Deutschland.

26 Etwa 5000 Juden wurden im Okt. 1943 in einer Rettungsaktion aus Dänemark über das Meer nach Schweden gebracht; siehe VEJ 12, S. 21.

sei keinerlei antisemitische Propaganda möglich. Die Beteiligung fanatischer Idealisten am Kongreß sei durchaus möglich.

Herr Christensen (Dänemark) teilt mit, daß die Sammlung von Material ohne weiteres möglich sei. Bildmaterial könne auch aus der königl. Bibliothek in Kopenhagen beschafft werden. Was die Informationstätigkeit anbelange, so stehe die Presse für die Unterbringung sog. „Auflageartikel" zur Verfügung. Allerdings sei dabei klar ersichtlich, daß es sich um deutsche Propaganda handle. Die Propaganda in Dänemark müsse von dänischer Seite durchgeführt werden und nicht von einer deutschen Zentrale.

Herr Weilinghaus (Rumänien)[27] berichtet, daß die Judenfrage in Rumänien bisher nur von der wirtschaftlichen und von der allgemeinen politischen Seite her unter ständiger Vernachlässigung der rassischen und weltanschaulichen Gesichtspunkte behandelt worden sei. Die rumänische Regierung nehme in der Judenfrage eine vorsichtige Haltung ein. Sie hänge sehr stark von der militärischen Lage ab. Für unsere Arbeit ergebe sich daraus die Notwendigkeit, vorsichtig vorzugehen. Die rumänische Regierung habe uns wissen lassen, daß die propagandistische Behandlung der Judenfrage unerwünscht sei. So bleibe uns als Hauptmittel die Flüsterpropaganda. Weil in der übrigen Presse antijüdische Artikel nicht angenommen werden, bleibe nur das einzige zugelassene antisemitische Organ „Porunca Vremii"[28] auf diesem Gebiet. Das in dieser Zeitung Gebrachte werde dann als Sonderdruck in größerer Auflage verbreitet. Ferner bestehe die Möglichkeit des Rückgriffes auf altes Material, das vor den verschärften Zensurbestimmungen genehmigt sei. Schließlich könnten auch Artikel in die Provinzpresse gebracht werden, da die provinzialen Zensurbehörden in der Regel weniger aufmerksam seien. Die von den Rumänen gewünschte und unterstützte antibolschewistische Propaganda biete die wirkungsvolle Möglichkeit der Koppelung mit der antijüdischen Propaganda. Die Einladung rumänischer Persönlichkeiten zum antijüdischen Kongreß hält der Referent z. Zt. im Hinblick auf die derzeitige politische Lage nicht für angebracht.

Ob.Reg.Rat. Dr. Hoffmann (Bulgarien)[29] erklärt, daß die Beschaffung antijüdischen Materials durchaus möglich sei. Die Informationstätigkeit könne nicht auf weltanschaulicher Grundlage erfolgen. Die Bulgaren seien in der Judenfrage auf ihren Erwerbsinstinkt und auf ihre nationalen Gefühle anzusprechen. Die bulgarische Regierung habe in der Judenfrage eine durchaus loyale Haltung eingenommen. Es sei den Bulgaren klarzumachen, daß die bulgarischen Juden bulgarischen Inspirationen gegenüber verständnislos seien. Der Rundfunk stehe in beschränktem Umfange zur Verfügung. Flugblätter dürften sich nicht durch zu üppige Aufmachung verdächtig machen. Zum Kongreß wäre der Sobranje-Abgeordnete[30] Andrejeff einzuladen.

27 Wilhelm Weilinghaus (1917–2001), Jurist; 1941 NSDAP-Eintritt; 1942–1944 Mitarbeiter der Presse- und Kulturabt. in der deutschen Gesandtschaft Bukarest, dann für das AA in Ungarn, Bulgarien und Rumänien; nach 1945 Brennstoffhändler, 1956–1979 CDU-Ratsmitglied der Stadt Düsseldorf.

28 Das Gebot der Zeit; rechtsradikale Zeitung, erschien 1932 bis Aug. 1944, erhielt Unterstützung aus dem Deutschen Reich.

29 Adolf Hoffmann (*1904), Jurist; 1928 und erneut 1937 NSDAP-Eintritt; 1935 Aufnahme in den SD, von 1938 an bei der Gestapo, seit Dez. 1939 Leiter der Staatspolizeistelle Frankfurt a. M. und von Febr. 1941 bis Anfang 1943 der Staatspolizeistelle Innsbruck, März 1943 bis Sept. 1944 Polizeiattaché in Sofia; im Sept. 1944 Flucht aus Sofia, dabei vermutlich von Partisanen aufgegriffen; für tot erklärt.

30 Sobranje: bulgar. Parlament.

Prof. Dr. Walz (Kroatien) verweist auf das Mischlingsproblem und die jüdische Versippung der führenden Kreise, die in Kroatien eine außerordentlich große Rolle spielten. Antijüdische Tendenzen seien in Kroatien immer vorhanden gewesen. Das antijüdische Problem im Südosten stehe unter dem Einfluß der militärischen Lage.[31] Weitere antijüdische Maßnahmen seien sehr schwierig durchzuführen, solange nicht das Grundübel, die jüdische Versippung der führenden Kreise, bereinigt sei. In der Ustascha-Bewegung seien antisemitische Kreise vorhanden, die auch für eine Beteiligung am Kongreß in Betracht kämen.

Herr Korselt (Slowakei)[32] betont, daß eine Fortsetzung der antijüdischen Informationstätigkeit erst nach Wiederaufnahme der Maßnahmen gegen die Rassejuden möglich sei, da sonst die Bevölkerung den Eindruck der Inkonsequenz der Staatsführung haben würde. Die antijüdische und antibolschewistische Aufklärung müsse kombiniert werden. Der Antisemitismus müsse eingesetzt werden gegen den weitgediehenen Panslawismus, indem darauf hingewiesen werde, daß nicht der Slawe in Rußland herrsche, sondern der Jude. Die slowakische Intelligenz sehe im Juden einen intelligenten und sympathischen Vertreter des Großstadtlebens. Als Gegenmaßnahme müsse die internationale Verflechtung des Judentums mit überzeugender statistischer und Tatsachenschilderung nachgewiesen werden. Es erscheine zweckmäßig, den Juden im Film und in Jugendschriften zu zeigen. Die Möglichkeit für die Entsendung eines Teilnehmers an dem Kongreß bestehe.

Herr Posemann (Türkei):[33] Anfang vergangenen Jahres habe die türkische Regierung einen Schlag gegen das Judentum in Verbindung mit [einem] Versuch zur Lösung des Minderheitenproblems durchgeführt. Bei Durchführung dieser Aktion sei sehr rigoros vorgegangen worden: Vermutungen alliierter Kreise, daß es sich um einseitige antijüdische Maßnahmen handle, seien von der Türkei mit Hinweis auf gleichzeitige Maßnahmen gegen die Minderheiten zurückgewiesen worden. Immerhin habe die Türkei weitere Maßnahmen zur Lösung des Minderheitenproblems und damit der Judenfrage zurückgestellt. Daher müsse auch eine von uns gesteuerte antijüdische Propaganda im gegenwärtigen Augenblick unbedingt unterbleiben, da dies unerwünscht und eine Belastung für die türkische gegenwärtige Außenpolitik wäre. Abgesehen von Karikaturen und Witzbüchern über Juden seien in der Türkei keine antijüdischen Schriften vorhanden. Erste Ansatzpunkte einer Erkenntnis der Größe der internationalen Judenherrschaft seien in der Übersetzung der „Protokolle der Weisen von Zion" und des Buches von Ford „Der internationale Jude"[34] zu sehen. Der Absatz dieser Broschüren und deren Verbreitung seien von der Botschaft gefördert worden. Zunächst sei nur eine Arbeit in diesem engen Rahmen möglich, da, wie bereits betont, eine sichtbare deutsch gesteuerte antijüdische Propaganda für uns ungünstige politische Komplikationen hervorrufen

31 Der südöstliche Teil Kroatiens wurde im Frühjahr 1941 nach der deutschen Besetzung zur italien. Besatzungszone. Dort standen die kroat. Juden zunächst unter dem Schutz der italien. Armee, deren Befehlshaber sich weigerten, sie an die Ustascha auszuliefern. Nach der Kapitulation Italiens konnten die Deportationen dann ab Sept. 1943 auch aus diesem Gebiet durchgeführt werden.

32 Dr. Hans Joachim Korselt (*1918), Jurist; 1941 NSDAP-Eintritt; 1942 bis Juni 1944 Mitarbeiter der deutschen Gesandtschaft Preßburg, dann in der Kulturpolitischen Abt. des AA; nach 1945 Assistent an der Universität Tübingen, Geschäftsführer in Düsseldorf.

33 Konrad Posemann (*1909), Buchhändler; lebte spätestens von 1939 an in der Türkei, dort Schrifttumsbeauftragter der deutschen Botschaft in Ankara; Mitglied der DAF und des Reichskolonialbunds; 1944 Rückkehr nach Deutschland; sein weiteres Schicksal ist unbekannt.

könne. Abschließend weist Herr Posemann auf die bevorstehende Erschwerung jeder ausländischen Propaganda in der Türkei hin. Die Teilnahme einer führenden türkischen Persönlichkeit am geplanten internationalen Kongreß sei völlig ausgeschlossen.
Anschließend spricht *Dr. Schickert*[35] über das Thema „Wissenschaft und Judenfrage". Mit der Propaganda allein sei es nicht getan. Man müsse versuchen, Dinge heranzuholen, die noch nicht bekannt sind. Die Judenfrage müsse in ihrem ganzen Ernst und [ihrer] Tiefe „salonfähig" gemacht werden. Es komme auf die wissenschaftliche Behandlung der Judenfrage an. Eine Beeinflussung der ausländischen Wissenschaftler sei erforderlich.
Im Anschluß an den Bericht der Vertreter der Mission faßt *Ges. Schleier* das Ergebnis der Arbeitstagung zusammen, wobei er noch einmal besonders auf die Frage der Materialbeschaffung und der Arbeit der Judenreferenten bei den Missionen als Materialverteilungsstelle an die Sachbearbeiter für Presse, Rundfunk, Kult., Politik und Wirtschaft verweist. Für die Arbeit von Inf. XIV sei die Beschaffung aller Reden und Stellungnahmen grundsätzlicher Art zum Judenproblem von Wichtigkeit. Die Materialbeschaffung müsse u. a. auch antijüdische Witzblätter, Fotografien von jüdischen Persönlichkeiten, Bilder über Vorgänge und Kundgebungen, Bilder aus dem Leben der Juden umfassen. Zur Kontrolle und zur laufenden Anregung der Arbeit sei der regelmäßige Eingang von Erfolgs- und Vollzugsmeldungen unerläßlich. Was den antijüdischen Weltkongreß anbelange, müßten die Judenreferenten baldigst zur Frage der Einladung amtlicher und prominenter Vertreter Stellung nehmen. Es müsse auch die Frage geprüft werden, inwieweit in Deutschland lebende wichtige ausländische Persönlichkeiten für eine Einladung in Betracht kommen.
Aussprache zu den Referaten:
Prof. *Mahr* regt an, für das geplante Archiv Duplikate von Hand- und Nachschlagebüchern zu beschaffen und nach Krummhübel zu schicken. Er empfiehlt ferner die Anlage von Listen jüdisch versippter Hochgradfreimaurer, Journalisten, Schriftsteller und Wirtschaftler. Er regt schließlich die Herausgabe eines diplomatischen Handbuches der jüdischen Weltpolitik an, das auch in englischer und französischer Sprache veröffentlicht werden könne. Konsul *Meissner* gibt einige Hinweise zum Judenproblem in Japan und Ostasien, wobei er besonders auf die zahlreichen deutschen Juden in Shanghai[36] verweist, wozu Ges. *Schleier* einige ergänzende Richtigstellungen bringt. LR. *v. Thadden* hat drei Wünsche an die Missionen: a) bei der Berichterstattung zur Judenfrage müsse die Einhaltung richtiger Dimensionen beachtet werden, b) Meldungen hätten erst dann Wert, wenn sie mit Namensangaben versehen und lokalisiert seien, c) in Bezug auf die

34 Henry Ford, The International Jew. The World's Foremost Problem, Dearborn, Mich. 1920–1922. Das von dem US-amerikan. Unternehmer Henry Ford in vier Bänden herausgegebene antisemitische Werk umfasst Artikel von verschiedenen Autoren, die in der Wochenzeitschrift The Dearborn Independant erschienen waren.

35 Dr. Klaus Schickert (*1909), Historiker; 1937 Dissertation zur „Judenfrage in Ungarn"; 1937–1941 Mitarbeiter des Deutschen Nachrichtenbüros in Bukarest; 1943 Interimsleiter des Instituts zur Erforschung der Judenfrage und Schriftleiter der Zeitschrift Der Weltkampf, Febr. 1944 Mitarbeiter der Antijüdischen Auslandsaktion des AA; nach 1945 Geschäftsführer in Köln.

36 1943 wurden die rund 20 000 jüdischen Flüchtlinge aus Europa, unter ihnen über 7000 deutsche und über 4000 österreich. Juden, in Shanghai in einem ausgewiesenen Bezirk gettoisiert. Der Bezirk wurde überwacht, war aber nicht vollständig abgeriegelt.

Materiallieferung müßten sämtliche Spezialwünsche bekanntgegeben werden. Vizekonsul *Janke* möchte die von Prof. Mahr vorgeschlagene Liste auf England, U. S. A. und die Sowjet-Union beschränken. Er stellt ferner die Frage nach der Finanzierung der antijüdischen Informationsarbeit im Ausland. Herr *Hagemeyer* will die Zusammenstellung der Liste vor allem in Bezug auf die Sowjet-Union unterstützen. SS-Hauptsturmführer *Ballensiefen* regt an, die Liste durch Aufnahme jüdischer Organisationen zu ergänzen. Herr *Posemann* bittet, antijüdische Meldungen über die Türkei in der deutschen Presse sehr sorgfältig zu behandeln, um kein politisches Porzellan zu zerschlagen. Herr *Richter* verweist auf die Südafrikanische Union und Australien als Materialquellen. Vizekonsul *Janke* verweist auf den Einfluß des Judentums beim Internationalen Roten Kreuz in Genf. Ges. *Schleier* spricht hierauf das Schlußwort und schließt die Tagung mit einem Siegheil auf den Führer.

DOK. 127
Der Chef des Sonderstabs zur Produktionssteigerung von Jagdflugzeugen Karl-Otto Saur protokolliert am 9. April 1944, Hitler habe den Einsatz von Juden aus Ungarn im Deutschen Reich veranlasst[1]

Protokoll des Leiters des Technischen Amts im Reichsministerium für Rüstung und Kriegsproduktion (TA Ch S/Kr), gez. Saur,[2] Berlin, vom 9.4.1944[3]

Punkte aus den Besprechungen beim Führer am 6. und 7. April 1944
[...][4]
16) Dem Führer anhand von Tabellen und Zeichnungen durch Generalfeldmarschall Milch und mich über die Arbeiten des Jägerstabes[5] berichtet unter Hinweis auf die außerordentlich erfreuliche und erfolgreiche Zusammenarbeit der neugeschaffenen Organe mit allen Dienststellen und Werken. Im einzelnen berichtet, daß der größte Teil der Verlagerungen planungsmäßig festgelegt ist und als erste Stufe die Dezentralisierung über der Erde bis etwa August abgeschlossen werden kann und die zweite Stufe in einer totalen Sicherung unter der Erde mit den empfindlichsten Werken bis Ende des Jahres zum Abschluß kommt.
17) Generalfeldmarschall Milch berichtete über das Ergebnis der Bausitzung der Zentralen Planung, wonach vom geforderten Bauvolumen wegen der außerordentlichen

1 BArch, R 3/1509, Bl. 21–29. Teilweise abgedruckt in: Nazi Conspiracy and Aggression, Bd. 8, Washington, D. C. 1946, S. 189.
2 Karl-Otto Saur (1902–1966), Ingenieur; 1931 NSDAP-Eintritt; seit 1932 bei Thyssen in Duisburg beschäftigt, von 1936 an stellv. Generalinspektor für das deutsche Straßenwesen, 1940 Wechsel in das Rüstungsministerium, dort leitete er das Technische Amt, von 1944 an den Jägerstab; 1945 wurde er inhaftiert, von 1948 an als Verleger tätig.
3 Im Original ist der Titel „Entwurf" durchgestrichen; es handelt sich um die 1. Ausfertigung von fünf.
4 Die Punkte 1–15 behandeln die Auf- bzw. Umrüstung von Panzern und Sturmgeschützen sowie die militärische Produktionssteigerung.
5 Am 1.3.1944 gegründeter interministerieller Stab zur Produktionssteigerung im Luftwaffensektor, insbesondere von Jagd-, Nachtjagd- und Zerstörerflugzeugen, und zur Dezentralisierung und Untertage-Verlagerung von Fabrikationsstätten.

Angespanntheit der Gesamtlage nur die wichtigsten Bauten verwirklicht werden können. Der Führer verlangt trotzdem, daß mit aller Energie die beiden von ihm geforderten Großwerke von je mindestens 600 000 qm errichtet werden. Er ist damit einverstanden, daß eines dieser Werke nicht als Betonwerk, sondern nach unserem Vorschlag in Erweiterung und unmittelbarer Nachbarschaft des jetzigen Mittelwerkes als sog. Mittelbau[6] errichtet wird und daß dieses Werk unter Führung der Junkers-Werke[7] kommt. Als Sofortaufgabe ist neben der Zug um Zug durchzuführenden Sicherstellung der Engpaßerzeugnisse der Junkers-Werke die Produktion der Me 262[8] mit 1000 Stück im Monat und eines weiteren Jägers mit 2000 Stück im Monat zu verplanen und sicherzustellen. Dem Führer vorgeschlagen, daß aus Mangel an Baukräften und Einrichtungen das zweite Großbauvorhaben nicht auf deutschem Gebiet, sondern in unmittelbarer Nähe der Grenze auf geeignetem Gelände (vor allem Kiesgrundlage und Transportmöglichkeiten) auf französischem, belgischem oder holländischem Gebiet errichtet werden soll. Der Führer ist dann mit diesem Vorschlag einverstanden, wenn das Werk hinter eine befestigte Zone zur Erstellung kommen kann. Für den Vorschlag auf französischem Boden spricht insbesondere die Tatsache, daß es dann wesentlich leichter möglich sein wird, die notwendigen Arbeiter zur Verfügung zu stellen. Trotzdem bittet der Führer zu versuchen, in einem wesentlich sichereren Gebiet, nämlich im Protektorat, dieses zweite Werk zu errichten. Sollten dort die Arbeitskräfte ebenfalls nicht zu stellen sein, so will der Führer persönlich sich mit dem Reichsführer SS in Verbindung setzen und diesen veranlassen, aus Ungarn die erforderlichen etwa 100 000 Mann durch Bereitstellung entsprechender Judenkontingente aufzubringen.[9] Der Führer verlangt ausdrücklich unter scharfer Betonung des Versagens der Bauorganisation bei der Industriegemeinschaft Schlesien,[10] daß dieses Werk ausschließlich durch die OT gebaut werden muß und die Menschengestellung durch den Reichsführer SS erfolgen muß. Er verlangt, daß kurzfristig eine Sitzung bei ihm stattfindet zur Besprechung der Einzelheiten unter Anwesenheit der beteiligten Männer.

18) Der Führer verlangt, daß die Gasmasken-Produktion mit aller Energie gesteigert wird, und ist der Ansicht, daß das dafür notwendige Blech trotz den bestehenden Engpässen auf diesem Gebiet vorrangig gestellt werden muß.

19) Der Führer stimmt dem gemeinsamen Vortrag von General Buhle[11] und mir zu, den Bau für die Hochdruckpumpen zunächst auf 3 Einheiten zu beschränken, da hierfür

6 Im sog. Mittelwerk des späteren KZ-Komplexes Mittelbau-Dora wurden vom Winter 1943/44 an die V-Waffen hergestellt. Im April 1944 musste das Werk einen Teil seiner Stollenanlagen an die Junkers-Werke zur Produktion von Strahltriebwerken abtreten. Ende Okt. 1944 wurde aus den ehemaligen Außenlagern des KZ Buchenwald das neue Stammlager Mittelbau-Dora gebildet.

7 Die Junkers Flugzeug und Motorenwerke AG war während des Krieges der größte deutsche Luftfahrtkonzern mit zahlreichen Produktionsstätten.

8 Düsenjäger bzw. -bomber der Fa. Messerschmitt.

9 Mitte Mai 1944 setzten die Deportationen der Juden aus Ungarn nach Auschwitz ein, von wo aus sie teilweise weiter ins Reich zur Zwangsarbeit gebracht wurden; siehe Einleitung, S. 22, 45–47, sowie exemplarisch Dok. 131 vom 24.4.1944.

10 Im Herbst 1943 begann mit dem Projekt „Riese" im Eulengebirge der Bau eines neuen Führerhauptquartiers. Zur Überwachung des Bauvorhabens wurde die Industriegemeinschaft Schlesien AG gegründet, deren Hauptsitz sich in Bad Charlottenbrunn befand. Um die Maßnahmen zu beschleunigen, wurde die Verantwortung für den Bau im April 1944 auf die OT übertragen.

11 Walter Buhle (1894–1959), Offizier; von 1942 an Chef des Heeresstabs im OKW, im Febr. 1945 zum Chef des Heereswaffenamts ernannt; 1945-1947 in US-amerikan. Gefangenschaft.

die Sicherheit besteht, die notwendigen Ersatzrohre zu stellen, und da mit diesen 3 Einheiten unter Berücksichtigung der notwendigen Erzeugung der Ersatzrohre der Verschuß von den vorgesehenen 5000 Schuß gewährleistet werden kann.
Dem Führer den Brief von Herrn Reichsminister Speer wegen der Aufrechterhaltung der Sperrbetriebe[12] in Frankreich übergeben. Der Führer faßt nach Durchlesen des Briefes seine Meinung mit den Worten zusammen: „Das ist ganz meine Überzeugung."
Der Führer verlangte, daß, um die Bedenken von Gauleiter Sauckel[13] zu zerstreuen, es erforderlich sei, durch die Organe von Reichsminister Speer eine umfassende Nachprüfung einzusetzen, daß die in den Sperrbetrieben arbeitenden Kräfte auch tatsächlich für die Rüstung eingesetzt sind und mit entsprechendem Erfolg an Rüstungsaufträgen arbeiten.
Auf die am nächsten Tag dem Führer gegenüber ausgesprochene Bitte, doch über Reichsleiter Bormann an Gauleiter Sauckel eine entsprechende Mitteilung ergehen zu lassen, sagte der Führer dies zu und bemerkte aber, daß unter keinen Umständen auf diesem Gebiet etwas geschehen könne ohne seine Zustimmung.
[...][14]

DOK. 128

Der Lehrer Ludwig Klahold schlägt Goebbels am 15. April 1944 vor, Juden zur Vergeltung für die alliierten Luftangriffe standrechtlich zu erschießen[1]

Schreiben (Privat!) von L. Klahold,[2] Krefeld, Südwall Nr. 57, an Reichsminister Dr. Göbbels[3] (Eing. 19.4.1944) vom 15.4.1944[4]

Betrifft: Vorschlag für Vergeltung
Da die Regierungen von England und Amerika den *Judenkrieg* gutheißen und fortfahren, *unschuldige Frauen, Kinder und Greise* durch den Bombenterror zu töten, wartet die Bevölkerung sehnsüchtig auf *die angekündigte Vergeltung.*

12 Auch Schutzbetriebe genannte, in Frankreich, Belgien und den Niederlanden auf Veranlassung von Albert Speer errichtete Betriebe, in denen Verbrauchsgüter produziert wurden, die für den Export nach Deutschland bestimmt waren. Die in den Sperrbetrieben beschäftigten Arbeiter waren vor der Verschickung nach Deutschland geschützt.

13 Ernst Friedrich (Fritz) Sauckel (1894–1946); von 1942 an Generalbevollmächtigter für den Arbeitseinsatz, in dieser Funktion für die Verschleppung von Millionen Zwangsarbeitern verantwortlich. Sauckel war Anfang Jan. 1944 von Hitler beauftragt worden, rund vier Millionen zusätzliche ausländische Zwangsarbeiter in das Reich zu holen, ohne sie den Sperrbetrieben zu entziehen. Seit 1943 hatte sich eine Kontroverse zwischen Speer und Sauckel um die Politik der Arbeiterrekrutierung in den Sperrbetrieben entwickelt, die verhinderte, dass insbesondere Industriearbeiter nach Deutschland geholt werden konnten.

14 Die Punkte 21–25 behandeln vor allem die Neugestaltung der wirtschaftlichen Beziehungen zwischen Deutschland und dem kurz zuvor von der Wehrmacht besetzten Ungarn.

1 BArch, R 55/1461.

2 Ludwig Klahold (1879–1962), Handelslehrer; von 1900 an Inhaber einer privaten Handelsschule in Krefeld, 1938 Erwerb eines Hauses aus jüdischem Besitz; 1950 Zahlung eines Ausgleichbetrags in einer Rückerstattungsangelegenheit.

3 Richtig: Goebbels.

Ich schlage vor, *für jeden* durch Terror *getöteten Arier innerhalb 24 Stunden 10 Juden standrechtlich erschießen zu lassen*, ganz gleich, wo sie wohnen, ob in Deutschland, Frankreich, Belgien, Holland, Norwegen, Rumänien oder sonstwo, so weit die Wehrmacht für Ordnung sorgt.
Diese Maßnahme könnte den betreffenden Regierungen durch Radio unter Bekanntgabe des Anfangstermins bekanntgegeben werden.
Falls dann die Bombardierungen aufhören, beweisen die Juden ein Mitgefühl für ihre Rassegenossen.
Falls sie *nicht aufhören*, sind die Juden dann *selbst die Totengräber ihrer Rasse in Europa*.
Die Juden in Europa sind für uns nur Partisanen. Wir brauchen keine Rücksicht mehr zu üben!
Die Ausrottung der Juden würde sich in Europa schnell vollziehen.
Heil Hitler!

DOK. 129

Botschafter Karl Ritter benachrichtigt das Auswärtige Amt am 18. April 1944 über die Deportation von 50 000 Juden aus Ungarn nach Deutschland[1]

Telegramm (geheim) von Karl Ritter,[2] Fuschl,[3] an das Auswärtige Amt, Telko Nr. 662,[4] und G-Schreiber,[5] Inl. II, zur Weiterleitung an SS-Obersturmbannführer Eichmann, RSHA, (Eing. 19.4.1944) vom 18.4.1944, 14 : 33 Uhr[6]

Reichsbevollmächtigter Budapest[7] berichtet, daß ungarischer Ministerpräsident[8] 50 000 Juden zur Arbeit in Deutschland zur Verfügung stellt. 5000 Juden werden sofort zur Verfügung gestellt; der Rest soll in weiteren Gruppen von 5000 in einem zeitlichen Abstand von je 3–4 Tagen abtransportiert werden. Reichsbevollmächtigter, der die Einzelheiten des Abtransports mit Obergruppenführer Winkelmann[9] vereinbaren wird,

4 Im Original handschriftl. Bearbeitungsvermerke.

1 PAAA, R 1 030 397, Bl. 230.
2 Dr. Karl Ritter (1883–1968), Jurist und Diplomat; 1912–1914 Mitarbeiter des Reichskolonialamts in Kamerun; von 1922 an im AA, 1937/38 Botschafter in Brasilien, seit 1939 Botschafter z. b. V., in dieser Funktion Verbindungsmann zum OKW, vor allem mit Fragen der wirtschaftlichen Kriegsführung betraut; im Wilhelmstraßen-Prozess 1949 zu vier Jahren Haft verurteilt.
3 In Schloss Fuschl bei Salzburg befand sich die Sommerresidenz von RAM Ribbentrop. Die Berichte aus Budapest über die antijüdischen Maßnahmen in Ungarn wurden über einen Sonderstab des AA in Salzburg unter Botschafter Ritter an Ribbentrop geleitet.
4 Telegrammkontrolle.
5 Geheimfernschreiber.
6 Im Original verschiedene Stempel und handschriftl. Bearbeitungsvermerke. Das ursprüngliche Telegramm aus Ungarn war am 18.4.1944 in Fuschl eingegangen und von dort weitergeleitet worden.
7 Dr. Edmund Veesenmayer (1904–1977), Nationalökonom; 1932 NSDAP-, 1934 SS-Eintritt; von 1938 an im AA als Gesandter, seit März 1944 deutscher Bevollmächtigter in Ungarn; 1949 im Wilhelmstraßen-Prozess zu einer 20-jährigen Haftstrafe verurteilt, 1951 entlassen, lebte dann in Darmstadt.
8 Döme Sztójay.
9 Otto Winkelmann (1894–1977), Polizist; von 1938 an im Hauptamt Ordnungspolizei im RMdI, im März 1944 wurde er HSSPF Ungarn und im Dez. Stadtkommandant von Budapest; 1955–1958 Ratsherr der Stadt Kiel.

bittet um Entscheidung der Reichsführung-SS, wohin der Transport der Juden im Reich geleitet werden soll.
Auswärtiges Amt wäre dankbar, wenn ihm entsprechende Mitteilung umgehend zugehen würde.

DOK. 130
Die Polizei in Berlin-Wilmersdorf protokolliert am 19. April 1944, dass sich Frieda Lindner aus Furcht vor ihrer Deportation das Leben genommen hat[1]

Bericht des Polizeireviers Wilmersdorf, 153 Rev. Wi., Berlin-Schmargendorf, Tagebuchnummer 165/44, für den Generalstaatsanwalt im Landgericht Berlin[2] (Eing. 20.4.1944), gez. Hermann Schulz, Krim. Sekr., vom 19.4.1944

Selbstmord durch Erhängen
Betr. Ehefrau Ww. Frieda Sara Lindner,[3]
geb. Süssmann, 10.8.00 Breslau geb.,
Schmargendorf, Davoser Str. 12a vorn II. Tr.
Jude.
Es wird gebeten, die Freigabepapiere dem Leichenschauhaus Berlin, Hannoverschestr. 6 einzusenden.
Am 19.4.44, 21 Uhr, wurde die Lindner in ihrer Wohnung, im Schlafzimmer erhängt, von ihrem Sohn Horst Lindner,[4] 1.5.25 München geb., bei Mutter wohnh., aufgefunden. Der durch Nachbarn herbeigerufene Arzt Dr. Köbbel, Bl. Halensee,[5] Westfälischestr. 42 wohnh., stellte den bereits eingetretenen Tod fest. Aus hinterlassenem Abschiedsbrief geht hervor, daß unzweifelhaft Selbstmord vorliegt.
Frau Lindner hat vor einiger Zeit ihren Ehemann,[6] der Arier war, durch den Tod verloren. Sie war seit dieser Zeit niedergeschlagen und hat nach Angaben des Sohnes wiederholt Selbstmordversuche unternommen.
Der Sohn, der bei der Mutter wohnt, hat am 19.4. gegen 10 Uhr die Wohnung verlassen. Die Mutter hatte keinerlei Andeutungen gemacht und muß die Tat während ihres Alleinseins ausgeführt haben. Bei der Rückkehr fand der Sohn seine Mutter an einem Haken an der Schlafzimmertür, mit einem Lederriemen erhängt vor.
Grund der Tat ist Furcht vor bevorstehender Evakuierung.
Leiche ist beschlagnahmt, dem Leichenschauhaus Berlin überführt.

1 LAB, A Rep. 358-02, 140 488.
2 Dr. Melle Seebens (1881–1946), Jurist; 1937–1945 Generalstaatsanwalt beim Landgericht Berlin; im sowjet. Speziallager Buchenwald gestorben.
3 Frieda Lindner, geb. Süßmann (1900–1944); evang., lebte bis 1944 in „privilegierter Mischehe"; nahm sich nach Erhalt der Deportationsaufforderung das Leben.
4 Horst Lindner (1925–2000), Fotolaborant und Handelsvertreter; April 1940 Entlassung aus der Wehrmacht als „Mischling ersten Grades"; Nov. 1944 Zwangsarbeit für die OT im Arbeitslager Sitzendorf Unterweissbach/Thüringen, Entlassung wegen Krankheit, Lindner tauchte Ende März 1945 in Berlin unter; 1947 vom Magistrat von Berlin als Opfer des Faschismus anerkannt, seit 1953 Vertreter in Wittingen.
5 Berlin-Halensee.
6 Paul Lindner, Kaufmann; starb am 30.3.1944 an Tuberkulose.

DOK. 131

Das Referat IV B 4 informiert das Auswärtige Amt am 24. April 1944 darüber, dass ungarische Juden auf Reichsgebiet nur in Arbeitslagern eingesetzt werden können[1]

Schnellbrief (geheim) des Chefs der Sicherheitspolizei und des SD, Ref. IV A 4b (IV B 4) – 3433/42g (1446) –, gez. i. A. Günther,[2] an Legationsrat von Thadden, Auswärtiges Amt (Eing. 25.4.1944 – Inl. II 777g), vom 24.4.1944

Betrifft: Arbeitseinsatz von Juden aus Ungarn im Reich
Bezug: Telefonische Besprechungen und dortige Schnellbriefe vom 19. und 20.4.1944 – Inl. II 713g – und – 220 gRs I –[3]
Dem Befehlshaber der Sicherheitspolizei und des SD in Ungarn[4] ist inzwischen durch Blitz-FS der Inhalt des Telegrammes des Bevollmächtigten und Gesandten des Großdeutschen Reiches in Ungarn[5] mitgeteilt worden, wonach der ungarische Ministerpräsident[6] in einer Besprechung am 13.4.1944 verbindlich die Bereitstellung von zunächst 50 000 arbeitsfähigen Juden aus Ungarn an das Reich zugesagt hat.
Unter Hinweis auf die erwähnten Transportschwierigkeiten wurde gleichzeitig angefragt, ob zu ihrer Behebung eine Einschaltung des Reichssicherheitshauptamtes beim Reichsverkehrsministerium für erforderlich gehalten wird.
Der Übernahme der in Rede stehenden Juden in im Reich gelegene, dem Reichsführer-SS unterstehende Arbeitslager steht nichts im Wege. Ein sogenannter *offener* Arbeitseinsatz in Betrieben des Reiches kann, wie bereits bei den telefonischen Besprechungen zum Ausdruck gebracht wurde, aus grundsätzlichen Erwägungen nicht in Betracht kommen, da er im Widerspruch zu der inzwischen im großen und ganzen abgeschlossenen Entjudung des Reichsgebietes stehen und die vor längerer Zeit durchgeführte Herausnahme der Juden aus den Betrieben illusorisch machen würde.
Weitere Mitteilung darf bis zum Eingang des von SS-Obersturmbannführer Eichmann angeforderten Berichtes vorbehalten bleiben.

1 PAAA, R 100 892.
2 Rolf Günther (1913–1945), kaufmännischer Angestellter und Polizist; 1929–1937 SA-Mitglied, 1931 NSDAP-, 1937 SS-Eintritt; von 1938 an in der Zentralstelle für jüdische Auswanderung Wien tätig, 1941 bis März 1944 Stellv. Eichmanns im RSHA im Ref. IV B 4, 1943/44 beim Zentralamt für die Regelung der Judenfrage in Böhmen und Mähren, 1944 beim IdS Prag; nahm sich in der Haft das Leben.
3 Die Schnellbriefe befinden sich im PAAA, R 100 891, Bl. 209 f.
4 Dr. Hans-Ulrich Geschke (1907–1945?), Jurist; von 1935 an leitete er die Gestapo in Kiel und Saarbrücken, ab 1939 in Prag, 1942–1944 IdS Dresden, März 1944 BdS in Ungarn; tauchte 1945 unter und wurde 1959 für tot erklärt.
5 Edmund Veesenmayer.
6 Döme Sztójay.

DOK. 132
Ein Mitarbeiter des Instituts zur Erforschung der Judenfrage berichtet am 2. Mai 1944 über das Jüdische Zentralarchiv Eisenstadt und die Möglichkeit, ein ehemaliges Gettohaus museal zu nutzen[1]

Bericht von Josef Grizek, Hungen,[2] vom 2.5.1944

Bericht über meine Besichtigung des Jüdischen Zentralarchivs in Eisenstadt (Burgenland).
Im März d. J. erhielt ich gelegentlich meines Urlaubsaufenthaltes in Wien von Herrn Dr. Klaus Schickert den Auftrag, mir das in Eisenstadt errichtete „Jüdische Zentralarchiv“ anzusehen und darüber Bericht zu erstatten.
Ich traf am 29. früh in Eisenstadt ein und wurde im Landesarchiv[3] vom Archivrat Dr. Kunnert,[4] dem ich mich fernmündlich angemeldet hatte, in liebenswürdiger Weise empfangen. Er gab mir einen mündlichen Überblick über die Bestände des Archivs, die ich mir[5] dann in Begleitung seines Stellvertreters Joseph Karl Homma[6] besichtigte. In diesem Archive befinden sich die 1938 beschlagnahmten Archivbestände der 7 Judengemeinden des Burgenlandes: 1. Deutsch-Kreuz, 2. Eisenstadt, 3. Frauenkirchen, 4. Kittsee, 5. Kobersdorf, 6. Lackenbach, 7. Mattersburg, wozu noch 4 kleinere Gemeinden (Gattendorf, Karlburg, Rechnitz, Schleimnitz) kommen, die nur einen vorübergehenden Bestand hatten. Dazu kommt das Material dreier Schulgemeinden und verschiedene Gerichtsakten. Im ganzen wurden 100 100[7] einzelne Stücke aufgenommen, geordnet und aufgestellt, und zwar in mustergültiger Weise, so daß von jeder Gemeinde jede Art von Urkunden mit einem Griffe erfaßt werden kann.
Ich erbat mir als Probe einen Durchschlag der Inventaraufstellung einer der Judengemeinden und erhielt die umfangreiche Mappe von Eisenstadt. Sie kann nicht nur als Muster für ähnliche Arbeiten dienen, sondern legt auch den Gedanken nahe, daß wir von allen in unser Fragegebiet fallenden Archivbeständen solche Inventaraufstellungen haben müßten, die uns selbst den für unsere wissenschaftliche Arbeit notwendigen Gesamtüberblick geben würden und uns auch instandsetzten, jede Anfrage nach jüdischen Urkunden zu beantworten, sei es, daß man bestimmte Urkunden suchte, sei es, daß Material für bestimmte Fragen verlangt würde.
Aus dieser Urkundensammlung läßt sich das innere Leben der Gemeinden so vollständig aufbauen, als es nur denkbar ist.

1 BArch, NS 15/355.
2 Im Herbst 1943 wurde das Institut zur Erforschung der Judenfrage kriegsbedingt von Frankfurt am Main in das hess. Hungen ausgelagert.
3 Im Original handschriftl. Vermerk: Künftig: Reichsgauarchiv Niederdonau, Filialarchiv Eisenstadt.
4 Dr. Heinrich Kunnert (1904–1979), Historiker und Geograph; seit 1938 leitete er das Fililarchiv des Reichsgaus Niederdonau und war Kreis- und Hauptstellenleiter für Kultur der NSDAP; 1948 durch das Volksgericht verurteilt; 1950–1958 Bildungsreferent in Leoben, dann Kulturamtsleiter im Burgenland, von 1972 an Honorarprofessor für Bergbaugeschichte.
5 So im Original.
6 Josef Karl Homma (1891–1966), Lehrer und Archivar; 1936–1938 Bürgermeister von Pinkafeld/Burgenland, 1938 aus dem Schuldienst in den Archivdienst nach Eisenstadt versetzt; 1945–1957 Leiter des Burgenländischen Landesarchivs und der Burgenländischen Landesbibliothek.
7 So im Original.

Wir gewinnen da z. B. Einblick in das Verhältnis zwischen Judengemeinde und Grundherrschaft (Esterhazy)[8] an Hand von Beschwerden der Juden an den Grundherren, an Hand der Schutzgeldkontrakte und der Schutzbriefe usw. Es liegen die Sitzungsprotokolle und -beschlüsse sowie die Wahlakten vor. Weiter finden sich die Urkunden über alle inneren Angelegenheiten wie die Ordnung der Gemeindefinanzen. Aus der amtlichen Korrespondenz ersehen wir den Verkehr mit den Behörden. Dazu kommen Handelskonzessionen, Urkunden über Heiratsangelegenheiten wie Ehekonsense und Heiratskontrakte, zahlreiche Schuldscheine und Wechsel an Juden wie Nichtjuden, Schulangelegenheiten, Militaria (Zahl der Tauglichen!), allgemeine Staatssteuern, Gemeindesteuern, Toleranztaxen, die Rechnungsausweise für die Gebarung der Gemeinde, Zahlungsanweisungen und Zahlungsquittungen usw. Diese Urkundensammlungen gehen allerdings nur in geringer Zahl bis ins 18. Jahrhundert zurück, in der Hauptsache beginnen sie rund um die Mitte des 19. Jahrhunderts.

Trotz dieses lückenlosen Bestandes der Archive kann man sich allerdings nicht verhehlen, daß damit auch nur ein Stück der besseren Außenseite des Ghettos erhalten ist bzw. rekonstruiert werden kann.[9] Das Verhältnis zwischen Juden und Nichtjuden, namentlich der geschäftliche Verkehr, die Form der Abhängigkeit der Bauern und Großgrundbesitzer vom jüdischen Händler, die Geschäftspraktiken, kurz alles das, was für die lebendige geschichtliche Gestaltung der Judenfrage und für die rassenpsychologische Erfassung des Judentums notwendig wäre, fehlt völlig. Natürlich lebt noch manches in der Erinnerung der Leute, namentlich der Beamten der ehemaligen Landesregierung, vor allem aber müßte seitens der Gutsbeamten (hier wie namentlich in Ungarn) aus der Erinnerung oder auch aus Urkunden lebendiges Material zu gewinnen sein. So können sich heute noch genügend Leute in Eisenstadt an alle Juden des Ghettos, an deren Tätigkeit und deren Eigentümlichkeiten, genau erinnern. Da mit diesen Erinnerungen unersetzliches Material verloren ginge, müßte für eine planmäßige Aufnahme gesorgt werden.

Der zweite Mittelpunkt der jüdischen Nachlassenschaft ist das *Privatmuseum* Sandor *Wolfs*[10] im (ehemaligen) Eisenstädter Judenghetto, das ich unter Führung des*Studienrates Oskar Gruszecki,*[11] dem ehrenamtlichen Leiter des Landschafts-Museums, besuchte. Sandor Wolf war der bedeutendste Weingroßhändler des Burgenlandes und der reichste Jude der 7 Gemeinden – gewissermaßen der König des Eisenstädter Ghettos. Er besaß 2 Häuser, ein Geschäftshaus und ein Privathaus. Dieses Privathaus, das, soweit es in dem begrenzten Raume ging, baulich ausgestaltet war, barg die Wohn- und Gesellschaftsräume sowie das Privat-Museum. Die Weinhandlung war 1790 gegründet und von einer Frau in die Höhe gebracht worden. Sandor war ein Liebhaber alter Kunst, suchte sich kunstgeschichtlich auszubilden und besaß eine große, vornehmlich kunstgeschichtliche

8 Die Eisenstädter Juden waren seit 1690 „Schutzjuden" und bekamen gegen Bezahlung herrschaftlichen Schutz durch die Fürsten Esterházy.

9 Es handelte sich um ein jüdisches Viertel in der sog. Judengasse. Mitte des 19. Jahrhunderts lebten hier etwa 900 Juden. 1938 wurden die Juden des Burgenlands als Erste vertrieben; siehe VEJ 2/28.

10 Sándor (Alexander) Wolf (1871–1946), Weingroßhändler und Sammler; 1926 Gründer des Burgenländischen Landesmuseums; 1938 wurde er verhaftet und seine Sammlung geraubt; Flucht nach Palästina.

11 Oskar Gruszecki (1888–1964), Lehrer; 1942–1944 leitete er das Burgenländische Landschaftsmuseum; von 1949 an Mitarbeiter der Landeskundlichen Forschungsstelle am Burgenländischen Landesarchiv.

und heimatkundliche Bücherei, sammelte ziemlich wahllos Stilmöbel, Bilder und sonstige Kunstgegenstände sowohl kirchlicher wie weltlicher und volkskundlicher Art. Besonders fallen die volkskundlichen Heiligen- und Madonnenfiguren auf, darunter manch auserlesenes Kunstwerk. Unter den zahlreichen Judenbildern (Gemälde und Fotos), welche die Wände schmücken, finden sich manche, die rassenkundlich verwertbar wären und von denen wir uns somit Kopien beschaffen müßten.
Das Museum Sandor Wolfs hat einen ziemlichen Kunstwert und stellt nun eine Sehenswürdigkeit Eisenstadts dar. Man bedauert, daß schließlich der Bestand abtransportiert und irgendwo in Museen oder Kellerräumen verschwinden würde, während er hier den Grundstock zu einem Museum bilden könnte und schon an sich für die Stadt von Bedeutung ist.
So überwiegt leider in dem Museum Sandor Wolfs das Nichtjüdische, doch gibt es auch ein *jüdisches* Zimmer, das für die jüdische Volkskunde von unschätzbarem Werte ist: Sandor Wolf hat ein Zimmer mit echten alten Judenmöbeln genau so ausgestattet, wie das Kontor seines Vaters, noch ein voller echter Ghettohändler, beschaffen war. So stellt dieses Ghettohaus mit seinen Terrassen und der erhöhten Terrasse, dem Lieblingssitze Wolfs, von wo aus er das Ghetto und die Stadt überblicken konnte, ein Stück lebendigen Überlieferungsgutes aus der Zeit des Ghettos dar, für dessen Erhaltung unbedingt gesorgt werden müßte. Die Geschäfts- und Wohnzimmer wurden leider, wie auch in den übrigen Ghettohäusern, nach Beschlagnahme der Häuser geräumt. Die Wohnzimmer wurden zur weiteren Aufstellung von Ausstellungsstücken verwendet, die Geschäftsräume aber dem Landesmuseum für Bürozwecke zur Verfügung gestellt. Es ist zu bedauern, daß der gesamte Besitz Sandor Wolfs nicht so erhalten geblieben ist, wie er übernommen wurde. Ebenso ist zu bedauern, daß man nicht das Haus eines durchschnittlichen jüdischen Händlers, so wie es sich vorfand mit allen seinen Einrichtungsgegenständen, als Museums-Gegenstand übernommen hat. Für den Romanschriftsteller und Geschichtsschreiber, die ihre Kenntnis nurmehr aus Beschreibungen schöpfen können, wären solche Museumsstätten von unschätzbarem Werte gewesen. Vielleicht läßt sich diese Unbedachtsamkeit in einem noch erhaltenen Ghetto gutmachen.
Zur Zeit der Beschlagnahme des Ghettobesitzes standen noch die Steine, an denen die Ketten befestigt waren, mittels derer ehedem allabendlich der Eingang gesperrt wurde.[12] Jetzt sind die Steine umgeworfen oder zerschlagen und die Ketten verschwunden. Das wird von den Beamten des Landschafts-Museums bedauert, war aber nicht zu verhindern.
Für die Judenforschung von Bedeutung ist also neben dem umfangreichen Zentralarchive nur das altjüdische Kontor im Museum Sandor Wolfs, also in einem altjüdischen Ghettohause, wo man sich in die volle Wirklichkeit des Ghettos versetzen kann. Die vorgenannten Herren haben sich ein großes Verdienst erworben, daß sie sofort nach Umsturz Hand auf die Archivbestände und den Nachlaß Sandor Wolfs gelegt und das gesamte Material in vorbildlicher Weise aufgenommen und verwaltet haben.
1 Beilage: Mappe B, Jüdisches Zentralarchiv, Eisenstadt[13]

12 Bei der hier erwähnten Kette handelt es sich vermutlich um eine Schabbat-Kette, die der Absperrung der Straße von Freitag- bis Samstagabend diente, um die Schabbat-Ruhe zu gewährleisten, und nicht der täglichen Absperrung des Gettos.

13 Liegt nicht in der Akte.

DOK. 133
Der Leiter des Forsteinsatzlagers Jacobsdorf beschwert sich am 3. Mai 1944 beim Vertrauensmann der Reichsvereinigung der Juden über die mangelhafte Betreuung der jüdischen Arbeiter[1]

Schreiben von Martin Marschall,[2] Leiter im jüdischen Forsteinsatzlager Jacobsdorf/Mark,[3] an Martin Broh,[4] Vertrauensmann der Reichsvereinigung der Juden in Frankfurt (Oder), vom 3.5.1944[5]

Sehr geehrter Herr Broh!
Vor mir liegt Ihr Schreiben vom 28.3., so wie Sie es an die R. V. gerichtet haben.[6] Mir scheint, daß Ihnen der Erfolg genauso versagt bleibt wie mir. In einer Beziehung mögen Sie etwas günstiger abschneiden als ich etwa, aber fest steht für mich, daß die R. V. Ihr Schreiben genauso ignoriert wie meine div. Schreiben, die ich vor über einem Jahr an diese Stelle gerichtet habe. Daß dieser Zustand eine Änderung erfahren muß, hat sich [...][7] als notwendig herausgestellt. Das Zeitalter des Bürokratismus ist erledigt, und wenn die Herren der R. V. noch immer auf dem alten Schaukelpferd reiten, dann ist es Zeit, und zwar allerhöchste Zeit, daß sie absteigen. Ihre Tätigkeit müßte dann an einen anderen Ort verlegt werden und vielleicht habe ich dann die Ehre, den einen oder anderen Herrn aus allernächster Nähe kennenzulernen, sowohl ganz persönlich als auch rein arbeitsmäßig. Ich würde mir von dieser Schule einen durchschlagenden Erfolg versprechen. Sie dürfen versichert sein, daß Sie dann genauso behandelt werden, so wie es sich z. Zt. die Herren der R. V. erlauben, den Forstlagern gegenüber.
Ich will mich daher ganz kurz fassen, die Zu- bezw. Mißstände haben Sie sowohl als auch ich hinreichend gekennzeichnet.
Es bleibt mir daher nur übrig an die R. V. folgende ultimative Forderungen zu stellen, deren Nachdruck durch die für mich zuständige Behörde, die Bezirksförsterei Fürstenwalde,[8] noch erhöht werden kann:

1 BArch, R 8150/714, Bl. 16.
2 Martin Marschall (1903–1969), Landwirt; 1933 Heirat mit der Protestantin Käthe Flach (1905–2006); 1940–1944 in verschiedenen Zwangsarbeitslagern in Brandenburg und bei Breslau, u. a. als Ausbildungsleiter auf Gut Winkel, von 1944 an Leiter des Forsteinsatzlagers Jacobsdorf; nach 1945 Rückkehr nach Trier, von 1948 an Vorstandsmitglied der dortigen Jüdischen Gemeinde.
3 Im Forsteinsatzlager Jacobsdorf in Brandenburg mussten Juden aus „Mischehen" schwere Holzarbeiten und Forstpflanzungen in der Umgebung durchführen. Die örtlichen Arbeitsämter meldeten den Arbeitskräftebedarf bei der Reichsvereinigung der Juden oder den reichsweiten Arbeitsämtern und vermittelten die Juden in die Forsteinsatzlager.
4 Martin Broh (1904–1967), Kaufmann; 1922 SPD-Eintritt; 1929–1938 als Heilpraktiker in Frankfurt (Oder) tätig; 1938 wurde er kurzzeitig inhaftiert, war danach im Tiefbau beschäftigt, 1943 im Arbeitslager Neuendorf im Sande; 1943–1945 Vertrauensmann der Reichsvereinigung der Juden in Frankfurt (Oder); seit 1945 Dezernent der Stadt Frankfurt (Oder), 1951 Flucht in die Bundesrepublik.
5 Handschriftl. Eingangsdatum vom 5.5.1944 und Vermerk über Weiterleitung an die Reichsvereinigung der Juden in Berlin am 7.5.1944.
6 Liegt nicht in der Akte.
7 Im Original unleserlich.
8 Der Reichsnährstand, dem die Bezirksförstereien unterstellt waren, war Arbeitgeber der jüdischen Forstarbeiter. Zuvor hatten die jüdischen Forsteinsatzlager dem Landwerk Neuendorf unterstanden, bis dieses im Sommer 1943 endgültig aufgelöst wurde; siehe Dok. 37 vom 8.6.1943, Anm. 3.

1. Sofortige Belieferung der jüd. Forsteinsatzlager mit bezugsscheinfreier Arbeitskleidung incl. Schuhen.
2. Die sofortige Entsendung von Zahn- und praktischem Arzt in die Forstlager, damit Arbeitsverluste weitgehendst eingeschränkt werden.
3. Übernahme der Kosten, die den Lagerinsassen entstehen und entstanden sind, für die die Krankenkasse eine Zahlung ablehnt.
Es handelt sich hierbei 1. um Erkrankungen bezw. Ausfälle unverschuldeter Art, 2. Bahnfahrten zum Arzt u. s. w.
4. Den Forstlagern sind Flickstücke zu Kleiderreparaturen zur Verfügung zu stellen, nach Möglichkeit auch solche, die als Fußlappen Verwendung finden können.
Zur Erfüllung dieser Forderung setze ich als Termin den 15. Mai 1944, 12 Uhr.
Sollte bis zu diesem Zeitpunkt die Belieferung der Forstlager ausgeblieben sein, dann übergebe ich den bisher geführten Schriftwechsel der bereits angeführten Behörde.
Bis zur Klarstellung lehne ich jeden weiteren Schriftwechsel mit der R. V. ab.
Die weitere Bearbeitung liegt in den Händen der Verwaltungsstelle des jüd. Forstarbeitslagers, Kersdorf bei Briesen/Mark, ab 15. Mai 1944 13 Uhr des weiteren in Händen der Bezirksförsterei Fürstenwalde/Spree.
Ich stelle Ihnen anheim, sehr geehrter Herr Broh, dieses Schreiben der R. V. zur Kenntnis zu bringen. Sofern einer der Berliner Herren als offizieller Vertreter der R. V. nach Jacobsdorf oder Kersdorf kommen will, so bitte ich um vorherige Benachrichtigung. Die Forstlager arbeiten seit Wochen auch an Sonn- und Feiertagen und ist daher eine vorherige Anmeldung unerläßlich.
Für Ihre persönlichen Bemühungen danke ich nochmals auch im Namen der Belegschaft recht herzlich.
Ich begrüße Sie[9]

DOK. 134

Das Reichssicherheitshauptamt informiert den Reichsjustizminister am 3. Mai 1944, dass Juden künftig nicht mehr in Abstammungsprüfverfahren als Zeugen zuzulassen sind[1]

Schreiben des Chefs der Sicherheitspolizei und des SD, Ref. IV A 4b (I)a,[2] gez. i. V. Unterschrift unleserlich, an den Reichsminister der Justiz[3] (Eing. 5.5.1944) vom 3.5.1944[4]

Betrifft: Auskunftsersuchen der Gerichte über Juden.
Bezug: Ohne.
In einer Reihe von Abstammungsprüfungsverfahren[5] hat das Landgericht Wien teils bei dem Zentralamt für die Regelung der Judenfrage in Böhmen und Mähren in Prag,

9 Eine Antwort ist nicht überliefert.

1 BArch, R 3001/20489, Bl. 110 f.
2 Die ursprüngliche Bezeichnung des sog. Judenreferats im RSHA lautete IV B 4. Nach einer Umstrukturierung firmierte das Amt vom 1.4.1944 an unter der Bezeichnung IV A 4 b.
3 Dr. Otto Georg Thierack.
4 Im Original handschriftl. Bearbeitungsvermerke.

teils hier unmittelbar um Auskunft über den Verbleib von Juden gebeten. Diese Juden wurden seinerzeit entweder nach dem Osten evakuiert oder nach Theresienstadt abbefördert.
Obwohl das Landgericht Wien von meinen örtlichen Stellen bereits verschiedentlich darauf hingewiesen wurde, daß derartigen Anfragen sowie Anträgen um Zulassung solcher Juden als Zeugen vor Gericht bzw. zu erbbiologischen Untersuchungen aus sicherheitspolizeilichen Gründen nicht stattgegeben werden kann, erneuert das Landgericht Wien fortgesetzt seine Ersuchen.
Abgesehen davon, daß die Juden jahrelang Zeit und Gelegenheit hatten, ihre Abstammungsverhältnisse zu klären, handelt es sich bei den von den Juden bzw. ihren Angehörigen angestrengten Abstammungsprüfungsverfahren erfahrungsgemäß im allgemeinen nur darum, ihre Abstammung zu verschleiern, um sich den für sie vorgesehenen bzw. bereits durchgeführten sicherheitspolizeilichen Maßnahmen zu entziehen.
Aus diesem Grunde und im Interesse einer vordringlichen Erledigung kriegswichtiger Arbeiten muß z. Zt. davon abgesehen werden, Anträgen dieser Art stattzugeben.
Ich bitte daher, das Landgericht Wien anzuhalten, derartige Anfragen künftig nicht mehr zu stellen.
Für eine Mitteilung über das von dort Veranlaßte wäre ich dankbar.[6]

5 Nachdem im April 1938 das deutsche Familienrecht (RGBl., 1938 I, S. 380–384, 417–419) geändert und die Möglichkeit der Ehelichkeitsanfechtung, heute Vaterschaftsanfechtung, eines Kindes geschaffen worden war, gab es zahlreiche Verfahren vor Zivilgerichten von Juden oder „Mischlingen" mit dem Ziel, eine Statusverbesserung zu erreichen. Für die Erstellung der entsprechenden Gutachten strengten die Gerichte Nachforschungen über den Aufenthaltsort der Väter an.

6 Am 3.6.1944 informierte das RJM den Präsidenten des Oberlandesgerichts Wien, dass Anfragen zu Vernehmungen von bereits deportierten Juden zu unterlassen seien. Diese seien nicht zu erreichen. In besonderen Ausnahmefällen müssten Anfragen künftig an das Justizministerium, keinenfalls jedoch an die Polizeidienststellen gerichtet werden.

DOK. 135
Himmler erklärt am 5. Mai 1944 vor Generälen auf der NS-Ordensburg Sonthofen, die Judenfrage sei in Deutschland und den besetzten Gebieten radikal gelöst[1]

Ansprache Heinrich Himmlers vor Truppenkommandeuren auf der NS-Ordensburg Sonthofen[2] am 5.5.1944[3]

[...][4]

Ich komme noch zu einer Frage, die kriegsentscheidend war, die ich hier – ich habe einmal schon darüber gesprochen in einem anderen Kreis, in einem ähnlichen Kreis –[5] mit wenigen Sätzen beantworten will: die Judenfrage.

Etwas können Sie sicher sein: Hätten wir die Juden in Deutschland nicht ausgeschieden, dann wäre das Durchhalten des Bombenkrieges nicht möglich gewesen. Das ist auch beim anständigen deutschen Volk meine Überzeugung. Den Juden war es vom Führer vorher angekündigt worden bei Beginn des Krieges oder vor dem Krieg. Es war ihnen gesagt worden: Wenn Ihr noch einmal die europäischen Völker in einen Krieg gegeneinander hetzt, dann wird das nicht die Ausrottung des deutschen Volkes bedeuten, sondern die Ausrottung der Juden.[6] Die Judenfrage ist in Deutschland und im allgemeinen in den von Deutschland besetzten Ländern gelöst. Sie wurde entsprechend dem Lebenskampf unseres Volkes, der um die Existenz unseres Blutes geht, kompromißlos gelöst. Ich spreche das zu Ihnen als Kameraden aus. Wir sind alle Soldaten, ganz gleich, welchen Rock wir tragen. Sie mögen mir nachfühlen, wie schwer die Erfüllung dieses mir gegebenen soldatischen Befehles war, den ich befolgt und durchgeführt habe aus Gehorsam und aus vollster Überzeugung. Wenn Sie sagen: Bei den Männern sehen wir das ein, nicht aber bei den Kindern, dann darf ich an das erinnern, was ich in meinen ersten Ausführungen sagte. In dieser Auseinandersetzung mit Asien müssen wir uns daran gewöhnen, die Spielregeln und die lieb gewordenen Sitten, uns viel näher liegenden Sitten vergangener europäischer Kriege zur Vergessenheit zu verdammen. Wir sind meines Erachtens als Deutsche zutiefst aus unserer aller Herzen kommenden Gemütsregungen nicht berechtigt, die haßerfüllten Rächer groß werden zu lassen, damit dann unsere Kinder sich mit denen, unsere Enkel sich mit denen auseinandersetzen müssen, weil wir, die Väter oder Großväter, zu schwach und zu feige waren, indem wir ihnen das überließen.

Wir wollen dabei niemals vergessen: das Schicksal, der Herrgott ist alle paar Jahrtausende so gnädig, daß er einem Volk den Führer schickt, den wir in Adolf Hitler haben. Die

1 NARA, Captured German Sound Recordings, Select Audiovisual Records, Item 242–200, 242–210, Kopie: DRA, 2 733 168, Rede-Mitschrift in BArch, NS 19/4013, Bl. 43–97. Teilweise abgedruckt in: Himmler, Geheimreden (wie Dok. 86 vom 6.10.1943, Anm. 1), S. 202 f.

2 Die Ordensburg Sonthofen im Allgäu war eine von drei Ausbildungsstätten für künftiges Führungspersonal der NSDAP.

3 Der Text folgt der Tonaufnahme der Rede; Gesamtdauer: 104 Minuten, 55 Sekunden.

4 Zu Beginn seiner Rede erklärt Himmler den Angriff auf die Sowjetunion im Juni 1941 als Verteidigungsakt gegen die „asiatischen Völker", bevor er die Bedeutung der Rassenlehre hervorhebt. In diesem Zusammenhang erläutert er die Rolle von Polizei und Gestapo bei der Eindämmung der Kriminalität.

5 Gemeint ist die Posener Rede vom 4.10.1943; siehe Dok. 84 vom 4.10.1943.

6 Himmler spielt hier auf die Rede Adolf Hitlers anlässlich des Jahrestags der Machtübernahme vom 30.1.1939 vor dem Großdeutschen Reichstag an; siehe VEJ 2/248.

Geschichte unseres Reiches, seitdem es besteht, und die Geschichte der germanischen Völker, seitdem es sie gibt, ist ein so entsetzlich[es] Lehrbuch über Größe und Kleinheit, über Stärke und Herrlichkeit und über Schwäche und Verfall, auf- und absteigend in der ewigen Wellenbewegung des Lebens, und wir können nicht erwarten, können gar nicht so vermessen sein, es zu denken, daß diese Wellenbewegung nicht einmal wiederkommt. Wir können nicht so vermessen sein, zu denken, daß in den nächsten Jahrhunderten oder Jahrtausenden wieder einer von der Größe und der Stärke und von dem Herzen kommt wie Adolf Hitler. Und deswegen sind wir nicht berechtigt, irgendetwas an Hartem und Schwerem, was heute getan werden kann, aufzusparen und zu sagen: „Die nach uns sollen es machen", sondern wir haben es zu tun, wir haben 1918 verschuldet, wir alle, ob wir damals jung oder alt waren, uns ist der Sieg entrissen worden, uns haben die Soldatenräte überrannt, uns haben sie die Fahnen zerbrochen, und wir haben das gutzumachen. So gnadenlos wie damals uns die Fahne des Sieges entrissen wurde, so gnadenlos wird jetzt der Kampf gekämpft. Das ist hart und ist furchtbar schwer für die Truppe, die es zu tun hat, aber die hat es zu tun und hat es getan. Und ich kann hier etwas sagen – das ist etwas, was man nur in einem so kleinen Kreis sagen kann: daß sie es überstehen konnte, ohne daß sie an ihrer Moral oder an ihrer Seele Schaden gelitten hat, das rechne ich als Gründer dieser SS und als Reichsführer-SS als das Schwerste und als das am meisten in die Waagschale Fallende an. Das, glauben Sie, ist am schwersten.

[...][7]

DOK. 136

Hedwig Behr bittet das Reichssicherheitshauptamt am 11. Mai 1944, ihren jüdischen Ehemann Emil aus der „Schutzhaft" zu entlassen[1]

Schreiben von Hedwig Behr,[2] Mannheim, B. 7.2.,[3] an das Reichssicherheitshauptamt vom 11.5.1944 (Typoskript)

Betrifft: Schutzhaftfall Emil Israel Behr,[4] geb. 27.6.00 Leimersheim, wohnhaft Mannheim, B. 7.2.

Ich erlaube mir nachstehend folgendes vorzutragen:

7 Es folgen Ausführungen zur Aufstellung von SS-Divisionen, zur weltanschaulichen Schulung und zur Gerichtsbarkeit innerhalb der SS. Zum Ende der Rede bezeichnet Himmler die Geschichte als ein Gesetz des Kampfes und der Auslese und kündigt den Zerfall der alliierten Koalition an.

1 Original in Privatbesitz, Kopie: IfZArch, F 601. Abdruck in: Monique Behr/Jesko Bender (Hrsg.), Emil Behr. Briefzeugenschaft vor/aus/nach Auschwitz, 1938–59, Göttingen 2012, im Anhang: Dok. 45.

2 Hedwig Behr, geb. Westermann (1899–1959); 1920 Geburt des Sohns Werner; 1928 heiratet sie den jüdischen Schlosser Emil Behr; 1943 schließt das Ehepaar einen nachträglichen Ehe- und Erbvertrag zugunsten des nichtjüdischen Ehepartners.

3 Die Mannheimer Innenstadt ist in Quadrate eingeteilt, wodurch sich die Adressbezeichnung ergibt: B. 7.2. bedeutet: Quadrat 7, Hausnummer 2.

4 Emil Behr (1900–1983), Maschinenschlosser; 1926–1933 Betriebsmonteur bei der Badischen Landeselektrizitätsversorgung, 1933–1938 arbeitslos; nach dem Novemberpogrom 1938 einige Wochen im KZ Dachau inhaftiert; 1939–1943 Leiter des jüdischen Altersheims Mannheim, 1943/44 Zwangsarbeit bei der Firma Otto Ell; Mai 1944 Deportation nach Auschwitz; nach dem Krieg Inhaber eines Speditionsunternehmens.

Mein Mann, Emil Israel Behr, der sich seit dem 28. Februar 1944 in Schutzhaft befindet, erhielt am 8. Mai den Schutzhaftbefehl der Geheimen Staatspolizei (Staatspolizeiamt Berlin S. W. 11.) vom 30. April ds. Js. zur Unterschrift vorgelegt.
Hiernach wurde mein Mann in Schutzhaft genommen, weil er „entgegen der ihm erteilten Unterweisungen Klage gegen die Reichsvereinigung der Juden in Deutschland angestrengt hat".
Ich erlaube mir wiederholt, in Ergänzung meiner früheren Gesuche, zu betonen, daß mein Mann *gutgläubig* gehandelt hat, denn es ist ihm eine eindeutige Unterweisung, keine Klage zu erheben, seitens der Reichsvereinigung nicht erteilt worden. Mein Mann war der Überzeugung, daß es sich bei der Geltendmachung seiner Ansprüche aus dem Arbeitsvertrag mit der Reichsvereinigung um eine *interne* Angelegenheit handelte. Er war sich also des Verstoßes nicht bewußt und hatte noch viel weniger die Absicht, behördliche Anordnungen nicht zu befolgen. Er hat sich vielmehr von jeher in die für Juden bestehenden Verhältnisse eingeordnet, wie die Geheime Staatspolizei, Außendienststelle Mannheim auf Anfrage bestätigen kann. Da mein Mann bereits mehr als 70 Tage in Schutzhaft ist, bitte ich inständig, den Schutzhaftbefehl zu befristen und die Frist im Gnadenwege zu bemessen, daß mein Mann alsbald auf freien Fuß gesetzt werden kann.
Ich erlaube mir hinzuzufügen, daß der Arbeitgeber meines Mannes, Firma Otto Ell,[5] in dessen Betrieb kriegswichtige Arbeiten ausgeführt werden, meinen Mann als Facharbeiter (Elektromonteur) dringend gebraucht und angefordert hat. Das Arbeitsamt Mannheim ist nicht in der Lage, der Firma eine andere Arbeitskraft zuzuweisen, wodurch dringendste Arbeiten nicht erledigt werden können.
Bemerken möchte ich noch, daß mein Mann nie Mitglied der Reichsvereinigung der Juden in Deutschland war.[6]

DOK. 137

Danziger Vorposten: In einem Artikel vom 13. Mai 1944 heißt es, dass bislang fünf Millionen Juden in Europa getötet worden seien[1]

Juda vor dem Fall. Von Wilhelm Löbsack,[2] Danzig

In der ersten Hälfte des 20. Jahrhunderts hat das Judentum eine Steigerung seiner Macht in einem Ausmaß erreicht, wie das bisher in der Geschichte kaum der Fall war. Wenig mehr als hundert Jahre benötigte es, um diesen geradezu verblüffenden Aufstieg zu erle-

5 Otto Ell – Elektrotechnische Unternehmungen. Der Inhaber Otto Ell setzte sich bereits am 30.3.1944, knapp einen Monat nachdem Emil Behr in Mannheimer „Schutzhaft" kam, in einem Brief für seine Freilassung ein; wie Anm. 1, Dok. 39.

6 Emil Behr wurde am 17.5.1944 nach Auschwitz deportiert.

1 Danziger Vorposten, 14. Jg., Nr. 131 vom 13.5.1944, S. 1 f. Teilweise abgedruckt in: Frank Bajohr/ Dieter Pohl, Der Holocaust als offenes Geheimnis. Die Deutschen, die NS-Führung und die Alliierten, München 2006, S. 58. Der Danziger Vorposten erschien seit 1930 zunächst als Wochenzeitung unter dem Namen Danziger Beobachter, von 1933 an als Tageszeitung, die zugleich das amtliche Organ der NSDAP und Verkündungsblatt des Reichsstatthalters im Reichsgau Danzig-Westpreußen war. Herausgeber war Reichsstatthalter Albert Forster. Mitte der 1930er-Jahre betrug die Auflage zwischen 25 000 und 30 000 Exemplare.

ben. 1820 ist es über die Anfangsstadien der Ausnutzung der von ihm benutzten und verfälschten Grundmotive und Gedankengänge der Französischen Revolution gerade hinausgediehen. Das Haus Rothschild hat von Frankfurt aus seine Fänge in die Welt gestreckt. Das Zeitalter des Profitkapitalismus kündigt sich an. Die soziale Frage hat vor wenigen Jahrzehnten revolutionär-chaotische Erschütterungen gezeitigt, neue kündigten sich mit fernem, dumpfem Grollen an. Von Europa fordert das uralte Problem Mensch und Gemeinschaft eine neue schöpferische Lösung. Das erstaunlich schnelle Anwachsen der Völker, das Hereinbrechen des Maschinenzeitalters, das Verfallen alter Autoritäten beschleunigen den Prozeß. Das Judentum sieht eine große Stunde gekommen. Wenn es gelingen würde, schöpferische Lösungen zu verhindern und alle echten Werte und Bindungen zu atomisieren, mußten bei geduldiger, zäher Planung und brutaler Aktion im günstigen Moment Revolutionen und Zusammenbrüche entstehen, die die Verwirklichung des jüdischen Weltherrschaftstraumes in greifbare Nähe rückten.
Diese Rechnung hat sich nicht zuletzt auf Grund des Versagens ganzer Gesellschaftsschichten, die früher verantwortlich waren, im großen als richtig erwiesen. Es wurde begünstigt durch andere Umstände, nicht zuletzt ideologischer Natur, wie etwa den Puritanismus in England, die eine gesunde Gegenwehr oft schon im Entstehen lähmten. 1920 haben die Juden die Schlüsselstellen maßgeblicher Weltherrschaftszentren und damit weit über die Hälfte der Welt in der Hand. Die Auflösung aller echten Bindungen hatte, beschleunigt durch das Herbeiführen von Kriegen und Revolutionen, über ungeheure Blutbäder unter den nichtjüdischen Völkern, zur direkten bzw. indirekten Herrschaft über die Räume des ehemaligen Rußland, über England und Amerika geführt. Es schien nur eine Frage der Zeit, ebenfalls den unter starken jüdischen Einflüssen befindlichen europäischen Kontinent endgültig der jüdisch-bolschewistischen oder jüdisch-kapitalistischen Herrschaft einzugliedern. Ein Rausch des Größenwahns erfaßte das Judentum. „Das jüdische Volk betrachtete die Nachkriegszeit als ein messianisches Zeitalter." (Leo Motzkin in „Les Juifs", Paris 1933.)[3] Die annähernd 16 Millionen Juden in der Welt glaubten ihren alten Weltherrschafts- und Zerstörungstraum verwirklicht. „Wir haben gesiegt, denn die ganze kulturelle Welt ist verjudet!", schrieb die jüdische Zeitschrift in Harbin.[4] Der Jude Isaak Blumchen fügte in seiner anmaßenden Schrift „Das Recht der überlegenen Rasse" hinzu: „... Mit dem 20. Jahrhundert ist das jüdische Zeitalter angebrochen: wir herrschen, und die Welt soll es wissen."[5]
Dieser Wahn verleitete die Juden dazu, eine Erscheinung erst zu übersehen und dann zu unterschätzen, die unmittelbar für Europa und indirekt für die Welt in der Stunde

2 Wilhelm Löbsack (1908–1959); 1930 NSDAP-Eintritt; Gauschulungsleiter im Propagandaamt der NSDAP in Danzig; 1934 erschien seine Biographie über Gauleiter Albert Forster; von 1939 an Generalreferent für Volkstumsfragen im Gau Danzig-Westpreußen; nach dem Krieg inhaftiert, lebte dann als Autor von Krimiheften in Hamburg.

3 Léon Motzkine, La minorite juive et la Societé des Nations, in: Lucien Vogel (Hrsg.), Temoignages de notre temps, No 2: Les Juifs, Paris 1933, S. 9.

4 Das Zitat stammt aus Johann Pohl, Jüdische Selbstzeugnisse, Schriftenreihe zur weltanschaulichen Schulungsarbeit der NSDAP, Bd. 21, München 1943, S. 34. Gemeint ist die Zeitung Jewrejskaja Zschiznj aus Harbin vom 21.4.1940.

5 1914 verfasste der franz. Antisemit Urbain Gohier (1862–1951) unter dem Pseudonym Isaac Blümchen das Buch „Le droit de la race supérieure". Gohier war einer der ersten Herausgeber der „Protokolle der Weisen von Zion" in Frankreich und verschiedener antisemitischer Zeitschriften sowie Unterstützer des Vichy-Regimes.

des jüdischen Triumphes als neue schöpferische Kraft und zwangsläufiger Gegner des Judentums schicksalhaft werden sollte: den Nationalsozialismus Adolf Hitlers. In vierzehn Kampfjahren und sechs Jahren des Aufbaues im Besitz der staatlichen Macht vollzog sich durch diese Bewegung und die sie tragenden Ideen jene Veränderung im Denken des deutschen Volkes, seiner inneren und äußeren Verfassung und seiner machtpolitischen Lage, welche es von der sein Leben tödlich bedrohenden jüdischen Infektion befreite. Die jüdischen Pläne in Deutschland waren damit zum Scheitern verurteilt, die Juden an der Krönung ihres satanischen Werkes gehindert. Ihre Drohungen konnten uns nicht zur Umkehr bewegen, und so entschloß sich das Judentum zur endgültigen Durchsetzung seiner Ziele, jenen neuen Weltkrieg herbeizuführen, von dem es 1919 im Falle eines Scheiterns seiner sonstigen Pläne schon träumte. „Das internationale Judentum hat Europa gezwungen, diesen Krieg zu machen, nicht nur um große Summen Geldes aufzuhäufen, sondern um mit diesem Geld einen neuen jüdischen Weltkrieg beginnen zu können." (Jewisch World 16.1.1919)[6] Die Machtpositionen wurden verstärkt, der Prozeß der Erweiterung und Festigung der jüdischen Herrschaft und Einflußnahme beschleunigt.

In diesem neuen jüdischen Weltkrieg stehen wir heute. Drohungen und Rachegeschrei Judas können nur Eindruck auf schwache Gemüter machen, aber nicht auf uns. Die Behauptung, wir hätten es nun zu bereuen, daß wir mit den Juden angebunden hätten, ist eine ebenso typisch jüdische wie dumme These. Es war unsere einzige Rettung, dem sicheren Untergang zu entgehen, indem wir das bereits über Deutschland weit und eng gespannte jüdisch-kapitalistische und jüdisch-bolschewistische Netz zerrissen und diesen Parasiten aus unserem Körper entfernten. Der Krieg, den Juda wollte, ist die letzte ebenso harte wie natürliche Probe in einem Prozeß, der in den letzten hundert Jahren, weil man an den Krebsschaden nicht heranging, so viele jüdische Erfolge zeigte. Dieser Kampf steht vor seinen letzten Entscheidungen. Wenn wir in dieser Situation mit kaltem Realismus die jetzige Lage des Weltjudentums überprüfen, so ergeben sich folgende Tatsachen:

1. Zum erstenmal in der Geschichte hat ein so großes und mächtiges Volk wie das deutsche, zusammengefaßt in einem seiner Art entsprechenden Führerstaat, geeinigt in einer Weltanschauung, die Erkenntnis von Blut und Rasse zur Grundlage seines Lebens gemacht. Damit treten die großen schöpferischen Elemente der Rassenfrage als echter und bewußter weltanschaulicher und machtpolitischer Faktor schicksalhaft in Erscheinung. Sie schließen in sich die Erkenntnis der jüdischen Gefahr und die sich daraus ergebenden Konsequenzen. Das Judentum sieht sich zum erstenmal in seiner Geschichte einer so starken konsequenten und kompromißlosen antijüdischen Macht gegenüber. Damit ist nicht nur die Vollendung des großen jüdischen Planes unmöglich gemacht, sondern für andere Völker ein Beispiel gegeben, daß man nicht nur weit besser ohne die Juden, sondern auf die Dauer nur ohne sie gesund leben kann.

2. Die Juden haben diesen Krieg herbeigeführt in der Absicht, diese antijüdische Mitte zu zerschlagen und mit der siegreichen Durchführung des Rachekrieges ihre Weltherr-

6 Richtig: The Jewish World war eine vom Finanzjournalisten George Lewis Lyon (1828–1904) gegründete brit.-jüdische Wochenzeitung, die zwischen 1873 und 1934 in London erschien. 1934 fusionierte sie mit dem Jewish Chronicle. Das Zitat wurde entnommen aus Pohl, Jüdische Selbstzeugnisse (wie Anm. 4), S. 30.

schaft zu besiegeln. Sie haben sich damit selbst in den Mittelpunkt der Auseinandersetzung gestellt. Je länger der Krieg dauert, um so mehr wirkt sich das als großer Fehler aus. Unter den Lasten des Krieges wird die Frage nach dem „Warum?" immer brennender. Da sie auf der Gegenseite nicht positiv beantwortet werden kann, wird es immer schwieriger, die Tarnung der jüdischen Interessen aufrechtzuerhalten. Die angeblichen Kriegsgründe wie Danzig[7] sind auch für die westliche Welt längst illusorisch geworden. Juda muß Farbe bekennen.

3. Das Judentum hat in Deutschland seit der Machtübernahme vernichtende Schläge erlitten. Ein jüdisches Problem gibt es im Reich nicht mehr.

4. Das Judentum hat weitere schwere Einbußen in anderen Räumen Europas zu verzeichnen. Die Kerngebiete jüdischer Zusammenballung, die wir in Polen, wie in Warschau oder Lublin, fanden, sind heute ebenso neutralisiert, wie das zur Zeit mit den Siedlungen der 1½ Millionen Juden in Ungarn geschieht.[8] Damit sind allein in diesen Ländern fünf Millionen Juden ausgeschaltet. In anderen europäischen Ländern verschärfen sich die seit langem getroffenen gesetzlichen Maßnahmen gegen das Judentum ebenfalls in steigendem Maße. Mit der Tätigkeit dieser Juden waren wesentliche Planungen und Hoffnungen des Weltjudentums verknüpft. „Sie sind das trojanische Pferd in der Festung des Feindes. Tausende in Europa lebende Juden sind der Hauptfaktor bei der Vernichtung unseres Feindes. Dort ist unsere wertvollste Hilfe für den Sieg", so äußerte sich Cajim Weizmann,[9] Präsident der zionistischen Weltorganisation, in einer Rede am 28.12.1942 anläßlich des Weltkongresses in Neuyork. Diese Worte sind um so bemerkenswerter, als damals bereits Ungarn mit uns verbündet und Weizmann der dortigen Judenfreunde trotzdem ganz sicher war.

5. In den von den Juden in den Krieg gehetzten Völkern, insbesondere im Westen, ist ein wachsendes Ansteigen der antijüdischen Gefühle und Einstellungen zu verzeichnen. Das ist erklärlich, denn erstens werden die Lasten des Krieges immer schwerer, während die Juden unter brutaler Ausnutzung ihrer Macht den Krieg zu einem Riesengeschäft entfalten und die Massen aufs äußerste ausbeuten. Es sind nicht wenige Menschen, die etwa in England und Amerika ihre Ausbeuter erkennen und hassen gelernt haben.
Zweitens wird das einmalige deutsche Beispiel der judenfreien und damit antijüdischen Politik, das aus unserer Welt- und Lebensanschauung kommt, gerade durch den Krieg in den Mittelpunkt der Weltaufmerksamkeit gerückt. Der Führer hat in einer seiner letzten Reden mit Recht darauf hingewiesen, daß der weltjüdische Versuch, uns durch diesen Krieg zum Schweigen zu bringen, dieselben gegenteiligen Folgen hat wie der Münchener

7 Im Versailler Vertrag wurde Danzig vom Deutschen Reich getrennt und unter Aufsicht des Völkerbunds gestellt. Wichtige außenpolitische Kompetenzen wie Hafen, Zoll und internationale Eisenbahnverbindungen kamen unter poln. Verwaltung. Die Unzufriedenheit der überwiegend deutschen Bevölkerung der Stadt mit diesen Verhältnissen erreichte im Sommer 1939 einen Höhepunkt, als die Republik Polen ihre militärische Präsenz und die Zollkontrollen verstärkte. Völkerrechtswidrig erklärte Gauleiter Albert Forster am 1.9.1939, unmittelbar nach dem Beginn des Überfalls der Wehrmacht auf Polen, den Anschluss Danzigs an das Deutsche Reich.

8 Nachdem die Wehrmacht am 19.3.1944 Ungarn besetzt hatte, begannen dort die systematischen Deportationen.

9 Richtig: Chaim Weizmann. Die Rede hielt Weizmann auf der Extraordinary Zionist Conference am 3.12.1942. Im Original lautet das Zitat: „And we are the Trojan Horse in the enemy's fortress. Thousands of Jews living in Europe constitute the principle factor in the destruction of our enemy. There, our front is a fact and the most valuable aid for victory."

Prozeß gegen die Nationalsozialisten von 1924.[10] Durch die Stellung des antijüdischen Deutschland in den Mittelpunkt der Weltauseinandersetzung lenkt das Judentum selbst in einem für dieses auf die Dauer unheimlichen Ausmaß das Augenmerk der Welt auf sich. Die antijüdische Stimmung wächst aber weiter deshalb, weil wir ohne und gegen die Juden echte Lösungen der Probleme unseres Jahrhunderts gefunden haben.

6. Der von den Juden freventlich heraufbeschworene Krieg hat mit der Stellung der Schicksalsfrage nach unserem Weiterleben ungeheure Kräfte in Europa entfaltet. Dieser Krieg wurde dadurch zu einem Rassenkrieg einzigartiger Natur, in dem die schöpferischen Kräfte siegen werden. Wir stehen zwar einem mächtigen Gegner gegenüber, aber es ist nicht zu leugnen, daß die Juden, um ihre eigene Herrschaft zu erhalten, in gewissem [Maße] an die Spielregeln gebunden sind, mit denen sie zur Macht kamen. Das bedeutet eine oft eng gezogene Grenze in der Ausschöpfung der gegebenen Möglichkeiten. Über gewisse Elemente der nationalen Haltung und der völkischen Struktur dieser Völker kann auch das Judentum noch nicht hinweggehen, weil ihm die endgültige Durchsetzung des Bolschewismus noch nicht gelungen ist. Seine stärkste Basis liegt in der Sowjetunion, die das schrecklichste Beispiel seiner Herrschaft bietet.

Es ist nicht weiter zu verkennen, daß das Judentum sich zwar einig ist in der Zerstörung, aber die Ziele der verschiedenartigen Gruppen hinsichtlich der jetzigen und späteren Herrschaftsverteilung nicht einheitlich sind und bei der Auseinandersetzung über den Raub, wie es bei Räubern und Gangstern üblich ist, Kämpfe entstehen. Die jüdische Stammesgeschichte bietet genügend Beispiele für diesen Charakterzug.

So steht das Judentum in seiner großen Entscheidung. Seine günstigsten Stunden hat es versäumt. Größenwahn und Überheblichkeit haben es den Nationalsozialismus verkennen und unterschätzen lassen. Heute ist es zu spät. Nun hat es die große Schlacht, in der wir es immer wieder in den Vordergrund zerren, begonnen, und nun muß es diese Schlacht zu Ende führen. Die erste Hälfte dieses Jahrhunderts geht seinem Ende zu. Mag sie Juda auf einmaliger Höhe der Macht gezeigt haben, die zweite wird ein gefallenes und geschlagenes, ja als überstaatliche Macht gebrochenes Judentum sehen, denn das ist die tatsächliche Entscheidung des Krieges. Es geht nicht um Grenzen und Fragen der Herrschaft oder Vorherrschaft einzelner Völker, sondern um die Zukunft unseres Kontinents und damit der Welt überhaupt. Die Folgen der Durchsetzung einer deutschen Weltmacht nationalsozialistischer Prägung werden für das Judentum noch fürchterlicher sein als seine Niederlage: denn dann wird über kurz oder lang unter dem Druck ungelöster Probleme der Antijudaismus, ferngelenkt durch unser Beispiel, der heute im starken Werden ist, aufbrechen und handeln.

Das Zeitalter des konsequenten jüdischen Materialismus führt sich selbst ad absurdum. Juda sieht alles gefährdet, weil es alles wollte. Die Kräfte des Idealismus stehen vor ihrer Entscheidung, Juda aber vor dem Fall.

10 Gemeint ist der Prozess 1924 gegen Adolf Hitler und andere Angeklagte wegen Hochverrats vor dem Volksgericht München infolge des gescheiterten Putschversuchs im Nov. 1923. Hitler wurde zu drei Jahren Festungshaft verurteilt, aber bereits im Dez. 1924 entlassen.

DOK. 138

Der Hechaluz-Funktionär Nathan Schwalb berichtet dem War Refugee Board in Bern am 14. Mai 1944 über die Lage der Juden unter deutscher Herrschaft und die Möglichkeiten, ihnen zu helfen[1]

Bericht von Nathan Schwalb,[2] Leiter des Hechaluz-Büros in Genf, an Roswell D. McClelland,[3] War Refugee Board, Bern, Elfenstr. 6, vom 14.5.1944 (Typoskript)

Sehr geehrter Herr McClelland,
bezugnehmend auf unser erstes Gespräch und meine letztgeführte Unterredung mit Herrn *Hamori*[4] sende ich Ihnen nachfolgend einen kurzen Bericht über die Lage der Juden und unsere Bewegung in den verschiedenen besetzten Gebieten, mit der Bezeichnung, was bisher in verschiedenen Hilfssektoren allgemein jüdisch und von uns aus geleistet wurde und was man, trotz allen Schwierigkeiten, noch machen könnte.

Unsere Bewegung „Hechaluz“ (Pionierbewegung) ist ein Bestandteil der allgemeinen zionistischen Weltbewegung und der jüdischen Gewerkschaftsorganisation in Palästina, sie ist die Bewegung der zionistischen Verwirklicher. Unsere Aufgabe ist seit Jahren, in allen jüdischen Zentren Europas, Amerikas usw. die jüdische Jugend zu organisieren, sie im zionistischen Geiste zu erziehen, sie zur Umschulung und Umschichtung zu bringen und ihre Einordnung bzw. ihre Einwanderung nach Palästina zu organisieren.

Vor dem Kriege zählte die Hechaluz-Bewegung über hunderttausend organisierter Jugendlicher. Während des Krieges hat unsere Organisation dem Feinde unter allen Bedingungen bis heute standgehalten, trotz aller Schwierigkeiten ihre erzieherische, organisatorische und soziale Arbeit unter den tragischsten Umständen weitergeführt. Sie diente nicht nur sich selbst, sondern sie bahnte der jüdischen Allgemeinheit in den schwersten Stunden in Polen, Rumänien, Deutschland usw. usw. während Deportationen und allseitiger Vernichtung den Weg zur Rettung und Hilfe, sie ermutigte Tausende in den Ghetti und in den isolierten Lagern, sie gab ihnen den möglichen moralischen und physischen Schutz; sie organisierte fast in allen besetzten Gebieten den „Jüdischen Selbstschutz“ (Warschau, Tschenstochau, Schlesien, Slowakei, Ungarn usw.), sie steht auch in Verbindung mit den Partisanen in einigen Teilen Europas, inwieweit die Partisanen mit unseren Freunden zusammen[zu]arbeiten gewillt sind.[5]

1 Lavon Institute, III – 37 A – 2-39, Bl. 59–65.
2 Nathan Schwalb, später Schwalb-Dror (1908–2004), Gewerkschafter; 1929 Auswanderung nach Palästina; 1938/39 Mitarbeiter des Hechaluz in Prag und Wien, baute danach die Weltzentrale des Hechaluz in Genf auf, organisierte zusammen mit Joint, Jüdischem Weltkongress und IKRK Hilfsaktionen für Juden im deutschen Machtbereich; 1945 kehrte er nach Palästina zurück, dort für den gewerkschaftlichen Dachverband Histadrut tätig.
3 Roswell Dunlop McClelland (1914–1995), Diplomat; 1940–1944 Leiter des Quäker-Hilfswerks American Friends Committee in Genf; von 1944 an Vertreter des War Refugee Board in der Schweiz; 1970–1973 Botschafter der USA im Niger.
4 Vermutlich: Dr. László Hámori (1911–1983), Jurist, Journalist und Schriftsteller; seit 1934 Anwalt in Budapest, 1942–1944 Zwangsarbeit; von 1945 an Mitarbeiter der überregionalen ungar. Tageszeitung Népszava; 1949 Emigration nach Schweden, dort Redakteur und Autor von Jugendbüchern.
5 Das Weltbüro des Hechaluz in Genf hielt per Kurierpost Verbindung mit jüdischen Gruppen und Einzelpersonen in den deutsch besetzten Ländern und unterstützte sie mit Geld, Lebensmitteln, Kleidung und Medikamenten.

Unsere Zentrale ist während des ganzen Krieges bemüht, mit unseren Zentralen in allen Ländern sowie mit allen jüdischen Gemeinden den Kontakt mit *allen* und unter allen Umständen zu pflegen, ihnen unsere Hilfe sowie die der anderen zion[istischen] und jüd. Organisationen zukommen zu lassen.
Und jetzt kurz über die heutige Lage in den jüd. Zentren und über die noch mögliche Hilfe und ihre Wege:
Polen:
A.) *Galizien*: Nach der Deportation von Hunderttausenden in das Vernichtungslager Belzyce[6] sind nur wenige Tausende Juden, zerstreut in einigen Städten (Lemberg, Reichshof, Rawa-Ruska, Tarnopol, Kolomea usw.) und Dörfern, geblieben. Laut den letzten Nachrichten gelang es einigen Tausenden, meist Jugendlichen, sich im Gebirge zu verstecken. Während des letzten halben Jahres sind ca. 2000 Juden nach Rumänien und einige Hundert nach Ungarn gerettet worden. Die einzige effektive Hilfe ist: a) die Fortsetzung der Rettungsaktion nach den zwei genannten Gebieten, 500.– Sfr. pro Kopf, b) tägliche Hilfe: dringende Unterstützung für die Versteckten in den Dörfern und im Gebirge durch Sonderboten aus Ungarn und der Slowakei, c) Anschluß an die Partisanen und dies mit ihren Führern zu regeln.
B.) *Generalgouvernement*: Die genaue Anzahl der vorhandenen poln. Juden und dorthin Deportierten ist unbekannt. Trotz der Vernichtung des Ghettolebens in Warschau gibt es dort noch Tausende versteckter Juden bei Christen. Dort wirkt auch die illegale jüd. Bewegung im Namen des Jüdischen Nationalrates mit der allgemeinen illegalen Aufstandsbewegung kooperierend. Hunderte jüdische Jugendliche, besonders Chaluzim, sind bei den poln. Partisanen. Die jüd. illegale Bewegung unterbringt und versteckt die noch am Leben Gebliebenen, sie bahnt auch Rettungswege nach Ungarn und der Slowakei, direkt und indirekt, sie bemüht sich auch allseitig, den Leuten in den Lagern (meist bei Lublin) zu helfen, sie von dort zu retten. Sie pflegt die Verbindung mit den noch vorhandenen jüd. Zentren.
Bisher wurden Lebensmittel- und Medikamenten-Sendungen (kollektive und individuelle), inwieweit Einfuhrbewilligungen vorhanden waren, durchgeführt. Seit den letzten Monaten kann man nur individuelle Liebesgaben an christliche Deckadressen versenden. Diese werden in Ordnung bestätigt. Von der heutigen Lage aus gesehen sind für Polen dringend Mittel für:
1. Versteckungsaktion (Dokumente und Ernährung),
2. Unterstützung an die noch in den Ghetti und den Lagern Lebenden durch besondere Boten aus der Slowakei und Ungarn. Besonders muss man allernächstens die Lager in Tschenstochau (2), Bochnia, Opole, Lubartow, Majdan, Poniatowa u. a. in Betracht ziehen,
3. den Letzteren Lebensmittel und Medikamente direkt über das I. R. K. an die jüdische Unterstützungsstelle, Krakau,[7] sowie aus Ungarn und aus der Slowakei zukommen lassen,
4. Kontakt mit den Lagern und Befreiung verschiedener Leute der Möglichkeit nach mit Hilfe besonderer Boten.

6 Richtig: Belzec.

7 Nachfolgerin der Jüdischen Sozialen Selbsthilfe (JSS), die im Frühjahr 1940 als Organisation der Sozialfürsorge geschaffen wurde und unter deutscher Aufsicht stand. Als Folge der „Aktion Reinhardt" wurde die JSS aufgelöst und im Okt. 1942 durch die Jüdische Unterstützungsstelle ersetzt. Im Juli 1944 musste auch sie ihre Tätigkeit einstellen; siehe auch VEJ 9/278.

5. Entsendung der Leute nach Ungarn und in die Slowakei – 1000 Sfr. pro Kopf. (Bisher wurden in ähnlicher Weise über 5000 nach Ungarn und über 3000 nach der Slowakei gebracht.)
6. Kinderauskauf.
7. Mittel für den Selbstschutz und Informationen.
8. Südamerikanische Dokumente und Zertifikate.[8]
notwendig.
C.) *Ostoberschlesien:* Seit August 1943 wurden fast alle Juden aus Zaglembie[9] teilweise deportiert und in den meisten Fällen in Vernichtungslager (Auschwitz und Belzyce)[10] geführt. Vor der Aussiedlungsaktion konnten sich noch einige Hundert mit südamerikanischen Dokumenten retten. Sie befinden [sich] in den Internierungs-Lagern: Liebenau, Tittmoning und Vittel. Während und nach der Deportation haben sich Hunderte jüd. Jugendliche, meist Chaluzim, zum „jüdischen Selbstschutz" organisiert. Dies besonders in Sosnowitz und in Bendsburg. Sie litten unter dem Mangel an Waffen, die meisten unterlagen im Kampf, und ein Teil wurde füsiliert. Die Hilfe der poln. Partisanen war hier eine minimale. Kleine Gruppen halten sich noch in Gebirgsgegenden. Mit ihrer Hilfe und mit der Hilfe [von] aus Ungarn und der Slowakei entsandten Wegweisern haben sich von O/S und aus Bochnia bisher über 5000 Menschen nach Ungarn direkt oder über die Slowakei gerettet. Von den 100 000 Juden in Ost-O/S sind nur noch Hunderte bei ihren christlichen Freunden unter den schlimmsten Bedingungen versteckt und eine Anzahl befindet sich in Arbeitslagern Kamionka (Bendsburg), in der Schneidersammelwerkstatt sowie in der Sammelwerkstatt von Sosnowitz und im Arbeitslager Neusalz.[11] Außer diesen Lagern sind in O/S-Arbeitslagern die deportierten Juden aus dem Reich, Protektorat, Holland, Belgien, z. T. auch aus Frankreich und der Slowakei in: Birkenau, Myslowitz, Jawischowitz, Monowitz[12] usw. Vor den Deportationen wurden den in Schlesien Lebenden (in den Städten) Unterstützung, Lebensmittel- und Kleiderpakete aus Portugal gesandt.[13] Außerdem auch südamerikanische Dokumente. Denen in den Arbeitslagern – Liebesgaben. Heute kann man:

8 Gemeint ist vermutlich die sog. Pass-Aktion von Dr. Abraham Silberschein (1881–1951) und seinem 1939 in Genf gegründeten Hilfskomitee Relief Committee for Jewish War Victims (RELICO) im besetzten Europa. In den Jahren 1942 und 1943 kaufte Silberschein von Konsuln südamerikan. Länder in Genf mehrere Tausend Pässe, die er u. a. in das Generalgouvernement weiterleitete. Finanziert wurde die Aktion vor allem durch private Gelder, die im Ausland lebende Angehörige der Verfolgten aufbrachten, aber auch durch jüdische Organisationen wie den Joint, den Hechaluz oder die Jewish Agency. Schätzungen zufolge überlebten rund 300 Juden mit Hilfe dieser Papiere.

9 Richtig: Zagłębie. Die Industrieregion Zagłębie Dabrowskie wurde am 20.11.1939 in das Deutsche Reich eingegliedert und gehörte zum Regierungsbezirk Kattowitz.

10 Die Deportierten kamen ausnahmslos nach Auschwitz, da das Vernichtungslager Belzec Ende 1942 geschlossen worden war.

11 Im Aug. 1943 wurden alle Juden aus Bedzin und Sosnowiec deportiert. Die meisten gelangten nach Auschwitz. Die jüngeren, arbeitsfähigen Juden wurden in die Lager der Organisation Schmelt eingeliefert, u. a. in das Arbeitslager Neusalz.

12 Gemeint sind folgende Lager: das Vernichtungslager Birkenau, die Außenlager von Auschwitz Fürstengrube bei Myslowitz, Jawischowitz und Monowitz (auch Auschwitz III).

13 Das RELICO schickte seit Kriegsbeginn Pakete aus den neutralen Staaten in die von der Wehrmacht besetzten Gebiete, insbesondere in das Generalgouvernement. Finanziert wurden die Hilfssendungen zumeist vom Jüdischen Weltkongress und von Verwandten. Seit dem Kriegseintritt der USA im Dez. 1941 war es US-Hilfsorganisationen verboten, finanzielle Unterstützung für Bedürftige in Deutschland oder den besetzten Gebieten zu leisten.

a.) Die Versteckten und die in den Werkstätten nach Ungarn und Slow[akei] direkt und indirekt retten. Pro Kopf 800–1.000 Sfr.
b.) Den Versteckten auf den christlichen Adressen größere Lebensmittelpakete zukommen lassen, was auch den Versteckenden zunutze kommt.
c.) Den „Selbstschutz“-Mitgliedern, die im Gebirge leben, durch Boten Unterstützung und Mittel für Waffen senden.
d.) Den in den Arbeitslagern für Deportierte Unterstützungen und Liebesgaben durch besondere Boten zuschicken.
e.) den Schlesiern in den Lagern, die nicht flüchten können: Dokumente und Zertifikate.
D.) *Litzmannstadt*: Nach vielmaligen Deportationen der einheimischen und „importierten“ Juden sind heute in Litzmannstadt nicht mehr als 90 000 Juden (laut letztem Bericht vom April 1944),[14] die fast hermetisch von der Welt abgeschlossen sind. In L. sind viele dem Hungertod zum Opfer gefallen. Vor einigen Wochen wurde dort ein allgemeiner Streik im Ghetto, der viele Opfer forderte, durchgeführt.[15] Nur durch wenige Boten ist eine Hilfe zu leisten möglich:
a.) mit Unterstützungen,
b.) Medikamente,
c.) mit südamerikanischen Dokumenten und Zertifikaten.
Dasselbe gilt für die noch vorhandenen Juden in einigen Orten des Warthegaus: Petrikau, Waldhorst, Sdunska-Wola,[16] Kalisch.
E.) *Slowakei*: Bis März 1942 waren über 80 000 Juden dort. Nach den Deportationen teilweise nach Polen, teilweise nach Ost-O/S (die von Zeit zu Zeit schreiben und Pakete bestätigen können) sind 18 000 Juden geblieben.[17] Von diesen über 4000 (einzelne und Familien) in Arbeitslagern, die auf die *Auslandsunterstützung* ständig angewiesen sind. Bisher benötigte man für diese Sfr. 50 000.– monatlich. Außerdem Medikamente und Lebensmittel für die in den Städten Wohnenden. Auch von hier wurden einige hundert Juden nach Ungarn gerettet (während der Deportation), die z. T., besonders jugendliche Chaluzim, nach Palästina via Ungarn auswanderten. Die allgemeine jüd. Lage ist in der Slowakei keine stabile, abhängig von der antisemitischen Propaganda. Hier ist eine dringende Hilfe nötig:
a.) Unterstützung für die Gemeinden und Arbeitslager – 75 000 Sfr. pro Monat.
b.) Medikamente- und Lebensmittelsendungen via I. R. K. (Kondenzlich,[18] Kakao usw.).
c.) Rettungsarbeit als Transitland für die Flüchtenden aus Polen und jetzt auch als Zufluchtsstätte für die ungar. Juden. – Pro Kopf Sfr. 500.–

14 Die in der Verwaltung des Judenältesten seit 1941 erstellte Chronik verzeichnete für Anfang April 1944 einen Bevölkerungsstand von 77 693 Personen, der zum Ende des Monats um 316 Personen abgenommen hatte.

15 Immer wieder organisierten politische Gruppierungen im Getto Litzmannstadt Streiks in den verschiedenen Arbeitsressorts. Diese richteten sich gegen die ungerechte Verteilung der Lebensmittel, für die der Judenälteste Mordechai Chaim Rumkowski (1877–1944) verantwortlich gemacht wurde. Die sog. Suppen-Streiks, bei denen die Arbeiter die Annahme der Suppenration verweigerten und die Arbeit niederlegten, häuften sich im Frühjahr 1944.

16 Richtig: Zduńska Wola.

17 Bis zum vorläufigen Deportationsstopp im Okt. 1942 wurden 57 628 Juden aus der Slowakei deportiert, so dass sich noch etwa 25 000 Juden in der Slowakei aufhielten; siehe VEJ 13, S. 34.

18 So im Original, gemeint ist: Kondensmilch.

d.) Unterstützung für die sich dort aufhaltenden Flüchtlinge,
e.) Mittel für den dortigen Selbstschutz und Versteckaktion,
f.) Mittel für die Deportierten in Polen via slowak. Sonderboten.
F.) *Protektorat*: In Theresienstadt: ca. 60 000 Juden als Deportierte aus dem Reich, Österreich, Protektorat und aus der Slowakei.[19] Es befinden sich dort auch Juden aus Holland. Hilfe: a.) auf direktem Weg durch das I. R. K. oder aus Portugal: Medikamente, Kleider und Lebensmittel als Kollektivsendungen,
b.) Paketesendungen an einzelne laut vorhandenen Adressen. Alle Pakete wurden bisher bestätigt und die Deportierten schreiben auch von Zeit zu Zeit,
c.) indirekte Hilfe mit Boten aus der Slowakei, nämlich: Unterstützungen für die inneren Zwecke des Ghettos, auch für die Zollgebühren der ankommenden Sendungen.
G.) *Deutschland*: In Berlin sind noch über 2000 versteckte Juden. Im ganzen Reich befinden sich über 20 000 sogenannte „Geltungsjuden", die einigermaßen arbeiten unter minimalem Lohn und sind aus verständlichen Gründen unterernährt. Die Versteckten sind auf die Gnade angewiesen (Berlin, Breslau, Wien usw.). Außerdem existieren einige kleine Jugend-Landgruppen, mit welchen wir in ständigem Kontakt sind (Neuendorf, Jakobsdorf, Gut Neumühle und Berlin selbst).[20] Für sie:
a.) Lebensmittelpakete, die in Ordnung ankommen,
b.) Geldüberweisungen für das tägliche Leben im Versteck,
c.) Hilfe zur Flucht,
d.) Dokumente und Zertifikate (die hier nur in einigen Ausnahmefällen helfen.)
H.) *Kroatien*: Fast das ganze hiesige Judentum wurde auf die bestialischste Art ausgerottet. Es befinden sich noch einige Hundert in den Lagern und in Altersheimen (Zagreb). Vor einigen Monaten konnten wir über 60 Jugendliche und Kinder mit der Hilfe unserer ungar. Freunde von K.[21] retten. Hier ist dringend nötig:
a.) ein Monatsbudget für die Zagreber Gemeinde,
b.) Mittel zur Rettung Jugendlicher nach Ungarn, Palästina.
Eine beträchtliche Anzahl jüd. Jugendlicher hat sich den Partisanengruppen, besonders bei Sabac und Lubliana,[22] angeschlossen.
I.) Ungarn: Die Lage der ungarischen Juden an sich war bis Ende März – im Vergleich mit der in den anderen Ländern – ziemlich gut. Heute ist eine absolute Verschlechterung eingetreten.[23] Über 200 000 Juden aus den ärmsten Schichten aus Karpathoruss[land] und Marmarosch[24] wurden in die nördlichen Bezirksstädte konzentriert und solche

19 Theresienstadt verzeichnete den höchsten Bevölkerungsstand im Sept. 1942 mit 53 253 Personen. Bis Anfang 1944 hatte sich die Zahl auf rund 36 000 verringert.
20 Das ehemalige Hachschara-Lager Landwerk Neuendorf war im Sommer 1943 aufgelöst, die letzten Bewohner deportiert worden. Die Forsteinsatzlager Jacobsdorf und Neumühle, zunächst Außenstellen von Neuendorf, wurden zu Zwangseinsatzlagern für Juden aus „Mischehen" umgewandelt. Zionistische Jugendgruppen sind dort 1944 nicht mehr nachgewiesen. In Berlin hingegen unterstützte der Hechaluz die jüdisch-zionistische Untergrundgruppe Chug Chaluzi mit Geld, Papieren und Informationen; siehe Dok. 77 vom 15.9.1943, Dok. 133 vom 3.5.1944 und Dok. 174 vom 18.10.1944.
21 Nicht ermittelt.
22 Richtig: Ljubljana.
23 Nach dem Einmarsch der Wehrmacht in Ungarn Mitte März 1944 und der Einsetzung der Kollaborationsregierung unter Döme Sztójay wurden die Juden in Ungarn innerhalb weniger Wochen konzentriert und deportiert.
24 Verwaltungsregion im Nordosten Groß-Ungarns.

Konzentrationen werden im ganzen Lande durchgeführt, speziell in die industriellen Viertel, die den Bombardements ausgesetzt sind. Ungarn gilt seit einem Jahr als Zufluchts- und Transitstätte. Während des letzten Halbjahres sind dort über 5000 Flüchtlinge aus Polen, O/S, Slowakei und Kroatien ganz mittellos angekommen. Über 400, meist Jugendliche, konnten in der Zwischenzeit, inwieweit die Aus- und Durchreise vorhanden war, nach Palästina auswandern. Die restlichen verblieben mangels des Durchreisevisums. Außerdem gilt Ungarn als größtes Zentrum, aus welchem wir indirekte Hilfe nach Polen, O/S und dem Protektorat entsenden können. Noch vor der Besetzung bereiteten sich unsere Freunde auf das Schlimmste vor, nämlich: Selbstschutz, Verstecke, Flucht usw. Heute ist dem letzten jüd. Rest folgende dringende Hilfe nötig:
a.) Mittel für Verstecke,
b.) Mittel für Flucht nach Rumänien und Slowakei (laut dem letzten Bericht gehen diese Wege Hunderte seit der Besetzung),
c.) Geldmittel für Rettung und Befreiung der poln. und O/S Juden via Sonderboten,
d.) Mittel für die dort existierenden landwirtschaftlichen und handwerklichen Jugendgruppen und Umschichtungszentren,
e.) Mittel für Interventionen und Ausbau der Beziehungen,
f.) Mittel für die jetzt geschaffenen Konzentrationslager und Internierte,
g.) Mittel usw. für den Selbstschutz,
h.) Mittel für die Lebensunterhaltskosten der sich in Ungarn befindlichen Juden aus Polen usw.,
i.) Dokumente und Zertifikate,
k.) im Falle von Vernichtung und Deportationen außerhalb der ungar. Grenzen eine Drohungserklärung seitens der Alliierten mit Gegenmaßnahmen,
l.) Verhandlungen und Forderungen bezüglich Auswanderung nach Palästina und überhaupt.

K.) *Rumänien*: Es ist zu unterscheiden zwischen Juden im Regat,[25] Bessarabien, Bukowina und Transsylvanien und zwischen deportierten rumänischen Juden in *Transnistrien.* In Rumänien selbst sind die Juden sehr verarmt, nach Konfiskation ihres Vermögens, Existenzmöglichkeiten und nachdem alle Männer in den Arbeitslagern dienen und für ihren dortigen Unterhalt hohe Preise noch zuzahlen müssen. Von den nach Transnistrien Deportierten (170.000 Juden) leben dort noch ca. 70 000.[26] Die bisherige Inlands- und Auslandsunterstützung hat den Deportierten nur in kleinem Maße geholfen. Die meisten sind auch hier dem Hungertode erlegen. Seit Monaten ist es einigen Tausenden aus Transnistrien gelungen, in das Regat zu flüchten und teilweise mit den letzten Schiffen nach Palästina zu kommen. Diese Bemühungen gehen via Istanbul weiter vor sich. In Czernowitz sind über 12 000 Juden durch die Russen gerettet worden.[27] Dringende Hilfe:
a.) Unterstützung für die Arbeitslagerinsassen, da sie ohne Existenzmöglichkeit sind und trotz ihrer Arbeit für ihre „Pension" bezahlen müssen; *Hilfe für ihre Familien,*

25 Altrumänien vor 1918, das die Gebiete Walachei und Moldau umfasst.
26 Zwischen Sept. 1941 und Herbst 1942 wurden schätzungsweise 150 000 Juden aus Bessarabien und der Bukowina nach Transnistrien deportiert, von denen etwa 90 000 umkamen; siehe VEJ 7, S. 66–70.
27 Schätzungen zufolge erlebten rund 14 500 Juden in Czernowitz ihre Befreiung durch die Rote Armee.

b.) Medikamente und Lebensmittel für die einheimische jüd. Bevölkerung und für die aus Transnistrien Geflüchteten,
c.) Weitere „Heimschaffung“ aus Transnistrien,[28]
d.) Mittel für die poln. Flüchtlinge in Bukarest und in den besonderen Lagern (nach Rum[änien] haben sich über 2000 Juden aus Galizien während des letzten Jahres unter den schwersten Umständen gerettet),
e.) Mittel für die landwirtschaftlichen und Umschulungsbetriebe,
f.) Hilfe für den dort existierenden Selbstschutz vor zukünftigen Pogromen,
g.) Mittel zur Auswanderung und für Dokumente,
L.) *Belgien*: Nach der Deportation sind ca. 15 000 Juden geblieben. Die meisten sind bei Christen und in Klöstern versteckt (besonders Jugendliche). Außerdem leben einige Hundert noch frei, speziell in Brüssel. In 4 Waisenhäusern bei Brüssel leben über 400 Jugendliche, unter ihnen meist Chaluzim. Es wurden von hier aus einige Anstrengungen zur Rettung über Frankreich nach Spanien und hierher unternommen. Hilfsmöglichkeiten:
a.) Verpflegung der Versteckten durch Unterstützung und Paketsendungen,
b.) Unterstützung an den Judenrat für die genannten Waisenhäuser und für die Lagerinsassen (*vor Deportation*) in Mechelin,[29]
c.) Unterstützung für den dort existierenden Selbstschutz (Störungen im Abtransport der Züge mit den zur Deportation Verurteilten),
d.) Mittel für die Rettungsaktion (Flucht),
e.) südamerikanische Dokumente und Austauschzertifikate.
M.) *Holland*: Außer den deportierten jüd. holl. Massen nach Polen usw. befinden sich heutzutage nur noch 4000 Juden in Westerbork und einige Tausend versteckt in den Städten und Dörfern. In der letzten Zeit ist es einer größeren Anzahl von Juden, die Austauschzertifikate für Palästina und andere Dokumente besaßen, gelungen, in das Lager Celle bei Hannover[30] zu kommen. Von dort sind nur ganz spärliche Nachrichten eingetroffen. Sie leiden Hunger und unter der schlechten allgemeinen Behandlung. Hilfe:
a.) an die Versteckten via Sonderboten sowie nach Westerbork,
b.) Mittel für Rettung via Frankreich,
c.) Dokumente und Zertifikate,
d.) Intervention wegen Celle.
N.) *Frankreich*: Laut einem letzten Bericht unserer Freunde befinden sich heute nach der Deportation in Frankreich 150 000 Juden, davon über 40 000 in Paris.[31] Die meisten

28 Gemeint ist die Repatriierung der nach Transnistrien deportierten rumän. Juden seit Ende 1943; siehe VEJ 13, S. 70, und VEJ 13/217, 233, 234 und 241.

29 Richtig: Mechelen. Das Durchgangslager Mechelen befand sich zwischen Juli 1942 und Sept. 1944 in einer ehemaligen Infanteriekaserne. Von dort wurden in 28 Transporten insgesamt 25 257 Juden vor allem nach Auschwitz deportiert.

30 Gemeint ist das Lager Bergen-Belsen; siehe Dok. 62 vom 6.8.1943; zu Bergen-Belsen als Austauschlager, siehe Einleitung, S. 48–51.

31 Insgesamt wurde zwischen 1942 und 1944 von den 300 000 bis 330 000 vor dem Krieg in Frankreich lebenden Juden etwa ein Viertel – rund 73 800 – deportiert. Zumeist handelte es sich um ausländische oder staatenlose Juden. In Frankreich konnten bis zum Herbst 1944 mindestens 200 000 Juden überleben; siehe VEJ 12, S. 82.

müssen zerstreut im Versteck leben, was mit großen Mitteln und Organisationsschwierigkeiten verbunden ist. In der letzten Zeit gelang es einigen Hundert Jugendlichen, sich nach Spanien zu retten. Es existiert hier über ein Jahr ein jüd. Selbstschutz,[32] der einige Beziehungen mit der illeg[alen] franz. Bewegung pflegt. Sie könnte aber seitens der franz. Bew[egung] mehr unterstützt werden. – Hilfe:
a.) Mittel für die Versteckten,
b.) Mittel für Rettung und Weiterwanderung,
c.) Mittel für Selbstschutz und Ausbau der Beziehungen mit der allgemeinen illeg[alen] Bewegung,
d.) Mittel für die Familien der Geiseln und besonders der schon Füsilierten,
e.) Mittel für die Kinderheime und Waisenhäuser (inwieweit sie noch existieren können.)
O.) *Italien*: Nur einige Tausend sind in verschiedenen Städten und Dörfern mit der Hilfe der Kirche zerstreut untergebracht, Familien in Klöstern. Hunderte irren im Gebirge [umher], besonders in den Provinzen Modena, Cuneo und Firenze. Die Letzteren konnten sich mangels Mittel nicht retten. Letztens kamen direkte Nachrichten aus Rom usw.
Neben dieser kurzen Beschreibung über die Situation in den einzelnen Ländern und die zu benötigende Hilfe an diese gestatten wir uns, Ihnen in der Beilage die unten aufgeführten Tatsachenberichte beizufügen.
Mit vorzüglicher Hochachtung

Beilagen:[33]
Tatsachenbericht aus Warschau
Tatsachenbericht eines aus der Slowakei deportierten und zurückgekehrten Juden
Tatsachenbericht eines Juden aus Lodz
Tatsachenbericht über Bendsburg, Sosnowitz, Schrodel
Über die Lage der Juden in der Slowakei
Unser Bericht über die Umschichtungstätigkeit der Hechaluzzentralen für die Jewish Agency, Jerusalem vom Jahre 1941

32 Gemeint ist die Armée Juive, die 1942 in Toulouse gegründet wurde und der sich die Jüdischen Pfadfinder (Eclaireurs Israélites de France) sowie die zionistische Jugendorganisation anschlossen. Die Armée Juive organisierte falsche Papiere, leistete Fluchthilfe in die Schweiz oder nach Spanien und bekämpfte Denunzianten.

33 Liegen nicht in der Akte.

DOK. 139

Leopold Stein aus Köln beantragt am 18. Mai 1944 bei der Reichsvereinigung der Juden eine Beihilfe, da er bei einem Luftangriff seinen gesamten Besitz verloren hat[1]

Antrag von Leopold Stein,[2] Barackenlager Köln-Müngersdorf,[3] sowie eine am 21.5.1944 verfasste Stellungnahme des Vertrauensmanns der Reichsvereinigung der Juden in Köln, gez. H. Salomon Feldheim, an die Reichsvereinigung der Juden in Deutschland (Eing. 25.5.1944) vom 18.5.1944[4]

Antrag auf Gewährung einer Beihilfe

Name: Stein — Vorname: Leopold, Israel
Wohnort: Köln-Müngersdorf — Straße: Barackenlager, Baracke Nr. 29/1
geb.: 19. November 1872 — Geburtsort: Köln
Staatsangehörigkeit: Deutsch — Familienstand: verheiratet
Einkommen aus Lohn, Renten, Versicherungen usw.: --
Leben Sie oder haben Sie in privilegierter Mischehe gelebt: Nein
Falls ja, sind Sie Mitglied der Reichsvereinigung der Juden in Deutschland geworden und wann und wo sind Sie beigetreten: Ja[5]
Lebende Angehörige:

Name:	Verwandtschafts-verhältnis:	geb.:	Religion	Art des Einkommens:	monatlich RM.:
Ehefrau ist von der N. S. V.[6] verschickt.		16.8.75.	kath.	--------	--------

Höhe der monatl. Miete: 15 Mk., Pension 45 Mk. Einkommen aus Untermiete: - - - -
Sonstige Mitteilungen: Bis zu dem Fliegerangriff am 21. April ds. [Jahres], wobei ich total fliegergeschädigt wurde, habe ich mit meinen 71 Jahren noch für den Lebensunterhalt durch Arbeit selbst gesorgt. Seit dem Angriff bin ich körperlich nicht mehr in der Lage, weiter zu arbeiten, und bitte daher, für die Miete und Pension aufzukommen. Desgleichen bitte [ich] auch um ein kleines monatliches Taschengeld. Von dem Vertrauensmann der R. V. d. J. Herrn Dr. Feldheim, Köln, habe [ich] bereits die erste Hilfe in Höhe von Mk. 50,– erhalten.
(Unterschrift des Antragstellers) Leopold Israel Stein

Stellungnahme des Vertrauensmannes umseitig:
Stein hat bei dem Fliegerangriff am 21.4.44 nur das retten können, was er im Handkoffer bei sich trug. Er lebte seit längerer Zeit in dürftigsten Verhältnissen, was darauf

1 BArch, R 8150/736, Bl. 215 f.
2 Leopold Stein (1872–1944); heiratete 1899 die Katholikin Helena Blum, starb in einem sog. Judenhaus in der Utrechter Str. 6 in Köln.
3 Um die Jahreswende 1941/42 begann die Stadt Köln Juden vor ihrer Deportation in den Kasematten und Baracken des ehemaligen Fort V zu inhaftieren. Seit 1943 wurden in das sog. Judenlager Müngersdorf auch Juden, die in „Mischehe" lebten, eingewiesen. Mit der Umstrukturierung der Reichsvereinigung der Juden im Sommer 1943 wurde zudem die Bezirksstelle Rheinland in das Sammellager verlegt.
4 Im Original handschriftl. Bearbeitungsvermerke.
5 Leopold Stein lebte in einer „nicht-privilegierten Mischehe". Mit der 10. VO zum Reichsbürgergesetz vom 4.7.1939 mussten alle männlichen jüdischen Partner der „Mischehen" der Reichsvereinigung beitreten, deren Kinder als Juden galten.
6 Nationalsozialistische Volksfürsorge.

zurückzuführen ist, daß sein Sohn,[7] Geltungsjude, im Sommer 1943 nach Theresienstadt mußte. Letzterer verdiente ausreichend und war in der Lage, seine Eltern zu unterstützen.
Stein mußte schon vor längerer Zeit die Hilfe der RV. dadurch in Anspruch nehmen, daß er sich ein Darlehen von 30,– RM. erbat, welches er in monatlichen Raten von 5,– RM. pünktlich zurückzahlte. Anläßlich der behördlich angeordneten Wohnungszusammenlegungen nahm er erneut 50,– RM. auf.
Seit dem Fliegerschaden lebt er getrennt von seiner arischen Frau in den Baracken. Fliegerschadenersatz beansprucht er nicht, vielmehr begnügt er sich mit den 50,– RM, die ich ihm als erste Hilfe zur Verfügung stelle.
Stein ist körperlich in so schlechter Verfassung, daß er dauernd erwerbsunfähig bleiben wird.
In dem Pensionssatz von 60,– RM., der in den Baracken üblich ist, ist die an Firma Eichhorn u. Co.[8] abzuführende Miete mit enthalten.
Ich empfehle, ihn kostenlos in den Baracken leben zu lassen und ihm außerdem noch einen Betrag für Schuhreparaturen, kleine Anschaffungen u. s. w. zur Verfügung zu stellen.
Stein ist nicht privilegiert. Mitglied der R.V.[9]

DOK. 140

Die Studentenführung der Universität Wien drängt Rektor Eduard Pernkopf am 22. Mai 1944, die Studienberechtigung eines vermeintlichen „Mischling ersten Grades" erneut zu überprüfen[1]

Schreiben des Leiters des Führungsamts der Studentenführung der Universität Wien (Briefbuch-Nr. 204/44), gez. G. Weinberg,[2] an den Rektor der Universität Wien, Se. Magnifizienz Prof. Dr. Eduard Pernkopf[3] (Eing. 23.5.1944) vom 22.5.1944[4]

Betrifft: Überprüfung der Studienberechtigung des stud. phil. Rolf *Kunowski*[5]
An der Univ. Wien studiert seit dem WS 43/44 der Student der Theaterwissenschaft Rolf Kunowski. Wie ich durch eine politische Beurteilung vom Rassenpolitischen Amt der

7 Vermutlich: Josef Stein (1905–1944), Kaufmann; im Sommer 1943 nach Theresienstadt deportiert, am 28.9.1944 von dort nach Auschwitz, wo er ermordet wurde.
8 Bauunternehmen, das 1939–1945 ein Arbeitslager am Lager Müngersdorf (Fort V) unterhielt.
9 Am 9.6.1944 genehmigte Hans Friedländer von der Reichsvereinigung der Juden in Berlin für Leopold Stein Kost und Logis sowie eine monatliche Zahlung von 10 RM; wie Anm. 1.

1 Archiv der Universität Wien, UAW Phil. Fak. GZ 148-1944/45.
2 Gunnar Weinberg (*1920), Jurist; 1942–1944 Leiter des Organisations- und Planungsamts der Studentenführung Wien, von 1943 an zudem Leiter des Sozialpolitischen Amts, 1944 Leiter des Führungsamts, 1944/45 Luftschutzbeauftragter.
3 Dr. Eduard Pernkopf (1888–1955), Mediziner; von 1927 an Professor für Anatomie; 1933 NSDAP-, 1934 SA-Eintritt; von 1937 an Herausgeber des sog. Pernkopf-Anatomieatlas; 1938–1943 Dekan der Medizinischen Fakultät, seit 1943 Rektor der Universität Wien; 1945–1947 im Lager Glasenbach inhaftiert.
4 Im Original Stempel der Studentenführung der Universität Wien.

NSDAP erfahre, ist er Mischling I. Grades. In seinen Meldungspapieren gibt er sich zwar als Arier aus, doch dürften auf Grund seines äußeren Erscheinungsbildes keine Zweifel an einer jüdischen Abstammung bestehen.
Ich möchte daher bitten, eine nochmalige Überprüfung im Sinne des Rd. Erl. v. 25.10.40. WJ 2825[6] vornehmen zu lassen, da ein Studium des Genannten sicher äußerst unerwünscht ist.
Die Beurteilung der Gauleitung Wien und unseren Personalakt füge ich mit der Bitte um Rückgabe bei.
Heil Hitler!

DOK. 141

Josef Löwenherz vermerkt am 1. Juni 1944 den Tod von 42 Juden aus Ungarn während ihres Transports nach Wien[1]

Aktenvermerk des Leiters des Ältestenrats der Juden in Wien, gez. Josef Löwenherz, Kennort Wien, Kenn-Nr. G 071114, vom 1.6.1944[2]

Am 31. Mai 1944 langte in Gänserndorf[3] ein Juden-Transport aus Ungarn ein. Im Zuge befanden sich 42 Leichen, und zwar 41 Erwachsene und 1 Kind. Die Namen von 31 Leichen sind nicht feststellbar, die Namen der festgestellten Leichen lauten nach Angabe der Mitfahrenden (Dokumente wurden nicht vorgefunden):

Männer:
Neumann Lipot
Barosch Daniel
Engelmann Friedrich.
Frauen:
Busasch Sandorne
Buchwald
Ruff Antonie
Pollak
Szilasy Dr.
Weiss, Witwe nach Heinrich Weiss
Steiner Rosa.

5 Rolf Otto Kunowski (*1917); 1950 mit seiner Ehefrau Margaretha (*1927) nach Australien emigriert.
6 Erlass des REM vom 25.10.1940 über die Zulassungsbeschränkungen zum Hochschulstudium oder zu dessen Fortsetzung für „Mischlinge“.

1 LBI, AR 25 055, Series I, Box 1, Fol. 4, Bl. 789.
2 Im Original Stempel der Staatspolizeileitstelle Wien.
3 Im niederösterreich. Bezirk Gänserndorf lag das Durchgangslager Strasshof, das vom Sommer 1940 an als Arbeits- und Gefangenenlager diente. Seit dem Beginn der Deportation der Juden aus Ungarn gelangten auch jüdische Männer, Frauen und Kinder über Strasshof nach Österreich, um Zwangsarbeit zu leisten.

Im Auftrage der Geheimen Staatspolizei, Staatspolizeileitstelle Wien, sind die Leichen von Organen des *Ältestenrates der Juden in Wien* an Ort und Stelle eingesargt und sodann nach Wien, XI. Zentralfriedhof, 4. Tor, überführt worden.[4]
Die Geheime Staatspolizei, Staatspolizeileitstelle Wien (Herr Krim.Komm. *Rixinger*),[5] erteilt mir den Auftrag, die Bestattung der Leichen durchzuführen, mit der Durchführung jedoch bis zur Besichtigung der Leichen durch einen Arzt des städtischen Gesundheitsamtes zu warten. Das Gesundheitsamt will 3 oder 4 Leichen der Obduktion zuführen, und der städtische Arzt wird die Auswahl der für die Obduktion bestimmten Leichen treffen.
Gleichzeitig wird der *Ältestenrat der Juden in Wien* ermächtigt, diesen Aktenvermerk dem Totenbeschreibamt[6] zur Kenntnis zu bringen.
Dieser Vermerk wird in 2 Exemplaren ausgefertigt.

DOK. 142

Alfred Rosenberg rühmt sich gegenüber Hitler am 8. Juni 1944, dass sein Einsatzstab seit vier Jahren die weltanschaulichen und politischen Gegner erfolgreich bekämpft[1]

Bericht von Alfred Rosenberg, ungez., für Adolf Hitler vom 8.6.1944

Mein Führer!
Die Erfolge unserer Wehrmacht haben uns in die Lage versetzt, den Kampf der NSDAP. gegen unsere weltanschaulichen und politischen Gegner über die Grenzen des Reiches in die besetzten Gebiete hinauszutragen. Für diese Aufgabe habe ich am 17. Juli 1940 meinen Einsatzstab für die besetzten Gebiete gebildet.[2]
Mit Erlaß vom 1. März 1942[3] erklärten Sie, mein Führer, daß die *planmäßige geistige Bekämpfung unserer weltanschaulichen Gegner* eine kriegsnotwendige Aufgabe sei. Sie ordneten daher an, daß in den besetzten Gebieten jenes *Material, das für die Bekämpfung unserer weltanschaulichen Gegner* wesentlich ist, sichergestellt und für die geistige Kriegsführung *eingesetzt* wird.
In Ausführung dieses Befehls wurden durch meinen Einsatzstab in den besetzten Gebieten *Bücher, Dokumente* und sonstige *Kulturgüter* gesichert, die nur durch die besonderen

4 Alle namentlich genannten Toten aus dem Transport wurden am 2.6.1944 auf dem XI. Zentralfriedhof in Wien, Gruppe 22, bestattet.
5 Johann (Hans) Rixinger (*1897), Maschinist und Kriminalbeamter; von 1920 an bei der Staatspolizei; 1933 NSDAP-, 1936 SS-Eintritt; seit März 1938 im Judenreferat der Gestapo Wien; 1941 SS-Obersturmführer; 1941–1945 zuständig für die IKG; 1945 Verhaftung und 1947 zu zehn Jahren schweren Kerkers verurteilt, Juni 1952 Entlassung; dann als Bote in einer Kohlenhandlung angestellt.
6 Tote wurden in Wien seit dem 16. Jahrhundert zunächst von Beschauern begutachtet, die den Totenschein ausstellten, der zum Totenschreibamt gebracht wurde, um in Totenschauprotokollen eingetragen zu werden. Erst nach diesem Prozedere durfte der Leichnam bestattet werden.

1 BArch, NS 8/132, Bl. 54–58.
2 Gemeint ist der Einsatzstab Reichsleiter Rosenberg (ERR).
3 Führererlass vom 1.3.1942, mit dem Hitler Alfred Rosenberg beauftragte, alle jüdischen Kulturgüter in den von der Wehrmacht besetzten Gebieten zu beschlagnahmen; siehe BArch, NS 30/1.

Gegebenheiten des Krieges erfaßt werden konnten und durch nicht rechtzeitigen Zugriff zerstört, verloren gegangen oder absichtlich beiseite geschafft worden wären.

1. *Bücher*
Aus dem Besitz von Juden (z. B. Léon Blum, David Weill, der Rothschilds, Mandel[4] u. a.),
aus jüdischen Organisationen (z. B. Alliance Israélite Universelle, Ecole Rabbinique in Paris und Amsterdam, Jiddisches Wissenschaftliches Institut in Wilna),
aus Freimaurerlogen (Grand Orient de France, Grand Loge de France, Grand Loge Indépendante),
Jesuitenbibliothek Enghien,
aus den Verbotsbeständen der Bibliotheken im Osten (z. B. Smolensk, Charkow, Kiew, Krasnodar, Rostow, Minsk)
wurden jüdisches, freimaurerisches und bolschewistisches Schrifttum sowie Wiegendrucke, kostbare Erstausgaben und seltene wissenschaftliche Werke zusammen mit dem Grundstock des europäischen Schrifttums erfaßt.
Der „Zentralbibliothek der Hohen Schule"[5] sind somit die Voraussetzungen für die künftigen weltanschaulichen Forschungsaufgaben gegeben.
Das „Institut zur Erforschung der Judenfrage"[6] besitzt nunmehr eine in der Welt einzig dastehende Spezialbibliothek (550 000 Bände).
In der „Ostbücherei Rosenberg"[7] steht schon jetzt das wesentliche bolschewistische Schrifttum mit über 90 000 katalogisierten Bänden zur Verfügung.
Eine Westbücherei, die das dortige liberalistische, marxistische und klerikale Schrifttum enthalten wird, ist im Aufbau.

2.) *Akten, Dokumente, Archive*
Schriftwechsel und andere Dokumente führender Juden und Freimaurer (z. B. Blum, Mandel) wurden sichergestellt.
Das Archiv des Bankhauses Rothschild (760 Kisten) wurde beschlagnahmt; seine Erforschung wird das Geschichtsbild des letzten Jahrhunderts verändern.
Die bolschewistischen Parteiarchive von Smolensk und Dnjepropetrowsk wurden abtransportiert.
Über 1000 sowjetische Gelehrte und Fachleute vieler Berufe wurden zur Materialbeschaffung über die Wirklichkeit des Bolschewismus angesetzt.

4 Vermutlich: Georges Mandel (1885–1944).

5 Die Hohe Schule der NSDAP wurde gemäß Führererlass vom 29.1.1940 als nationalsozialistische Eliteuniversität gegründet, ihre Errichtung allerdings kriegsbedingt verschoben. Zu den Vorarbeiten für die künftige Hochschule gehörte der Aufbau einer Bibliothek, der trotz des Baustopps fortgeführt wurde. Seit 1940 beschlagnahmte der Einsatzstab Rosenberg in den besetzten westlichen Gebieten Archive und Bibliotheken. 1942 folgte dann auch die Plünderung der osteuropäischen wissenschaftlichen und privaten Einrichtungen.

6 Das Institut zur Erforschung der Judenfrage war eine Außenstelle der geplanten Hohen Schule der NSDAP und sollte rassenideologisch geprägte „Gegnerforschung" betreiben. Zu diesem Zweck beteiligten sich die Mitarbeiter des Instituts an den Raubzügen des ERR.

7 Die Ostbücherei Rosenberg war zunächst in Berlin, später im schles. Ratibor untergebracht und enthielt geraubtes Schriftgut.

Etwa 3600 Ausarbeitungen und Berichte vermitteln schon jetzt jene Aufschlüsse über das bolschewistische System, die erforderlich sind, um die Methoden der bolschewistischen Menschendressur, die Zerstörung aller menschlichen Werte, die Entwurzelung des Menschen und die seelische Substanzveränderung durch den Bolschewismus zu erkennen.

3.) *Kunstwerte*
Kostbare Musikinstrumente, Musikhandschriften, historische Möbel, Gobelins, Gegenstände kunsthandwerklichen Schaffens, *vor allem aber Gemälde*, darunter etwa 500 Spitzenwerke europäischer Kunst (u. a. Rembrandt, Rubens, Vermeer), soweit sie aus jüdischem Besitz stammen, wurden in luftgeschützte Orte im Reich verbracht.[8] Ohne diesen Zugriff wären diese Kunstwerte durch die Juden und ihre Hintermänner verschoben, nach außereuropäischen Orten verbracht worden und damit für Europa verloren gegangen.
Vorgeschichtliche Funde, die für die Geschichte der germanischen Besiedlung des Ostens von einmaliger Bedeutung sind, wurden sichergestellt.
Material, das in Jahrhunderten gesammelt worden war und unersetzlich ist, konnte von meinem Einsatzstab im allerletzten Augenblick (auf der Krim sogar noch nach deren Abschnürung)[9] sichergestellt werden.
Über den endgültigen Verbleib der Kunstwerke werden Sie, mein Führer, entscheiden.
Die Auswertung eines großen Teils der sichergestellten Bücher und Dokumente ist eine wissenschaftliche Aufgabe kommender Friedensjahre.
Ein sofortiger Einsatz ist jedoch dort erfolgt, wo das Material für die aktuelle *geistige Kriegsführung* wichtig war.
1.) Im „Weltdienst“[10] und „Weltkampf“[11] wird laufend *Freimaurer-* und *Judenmaterial* der europäischen Öffentlichkeit zugeleitet.
2.) An Behörden, wissenschaftliche Institute, Wehrmacht und Lazarette wurden in großem Umfang entbehrliche Bücher – vor allem Dubletten – abgegeben.
3.) Auf dem Gebiet der Bekämpfung des *Bolschewismus* erfolgt zur Zeit der Schwerpunkt des Einsatzes:
a) durch Information von Wehrmacht, Reichsdienststellen und Wissenschaft vor allem durch das Mitteilungsblatt des Einsatzstabes[12] (Auflage zur Zeit 1200),
b) durch Veröffentlichungen in Zeitungen, Zeitschriften und Büchern,
c) durch Erstellung von Schulungsmaterial für die NSDAP. und die Wehrmacht sowie Rednereinsatz von Sachkennern.

8 Gemeint ist v. a. das Salzbergwerk Altaussee in der Steiermark. In der stillgelegten Anlage wurde seit 1943 Raubkunst eingelagert, um sie vor Zerstörungen durch alliierte Luftangriffe zu schützen.
9 Im Frühjahr 1944 gelang es der Roten Armee, die Verbindung der Krim zum Festland faktisch abzuschneiden.
10 Siehe Dok. 99, vom 16.12.1943, Anm. 9.
11 Die in der Anfangszeit als „Der Weltkampf. Monatsschrift für die Judenfrage aller Länder“ von Alfred Rosenberg herausgegebene antisemitische Zeitschrift wurde 1929 mit dem Zusatz „Monatsschrift für Weltpolitik, völkische Kultur und die Judenfrage in aller Welt“ versehen und im April 1941 schließlich in „Weltkampf. Die Judenfrage in Geschichte und Gegenwart. Wiss. Vierteljahresschrift des Instituts zur Erforschung der Judenfrage“ umbenannt. Anfang 1943 übernahm Klaus Schickert die Schriftleitung der Zeitschrift, die im Okt. 1944 eingestellt wurde.
12 Mitteilungsblatt. Nachrichten des Einsatzstabes, hrsg. vom Beauftragten des Führers für die Überwachung der gesamten geistigen und weltanschaulichen Schulung und Erziehung der NSDAP.

Somit hat mein Einsatzstab als einzige Organisation der NSDAP. auch während des Krieges die weltanschaulichen Gegner des Nationalsozialismus mit allen ihm zur Verfügung stehenden Mitteln bekämpft und hat damit die von Ihnen, mein Führer, in den Kampfjahren der Bewegung ausgegebenen Parolen zur Wahrung unserer Freiheit und der Befreiung Europas in seinem Aufgabengebiet zu verwirklichen gesucht.
Laufend fallen noch große Buchbestände und Kunstwerte im Westen an. Die Ostbücherei bedarf der Ergänzung. Ausarbeitungen über den Osten müssen zur Schließung vorhandener Lücken angefertigt und übersetzt werden.
Die gründliche Bearbeitung eines großen Teiles des Freimaurer- und Judenmaterials muß aus Mangel an Mitarbeitern ruhen. Die *geistige Kriegsführung* erfordert jedoch die Darstellung eines umfassenden Gesamtbildes des Bolschewismus, um
a) den Bolschewismus als ideologische Macht zu zertrümmern,
b) dem deutschen Volk und den anderen europäischen Völkern die bolschewistische Weltgefahr eindringlich aufzuzeigen.
Nach vierjähriger Tätigkeit meines Einsatzstabes melde ich Ihnen, mein Führer, daß der von Ihnen gegebene Auftrag nach besten Kräften durchgeführt wurde.
Es ist damit der NSDAP. die Grundlage geschaffen worden, auf der sie ihre weltanschaulichen und politischen Gegner auch geistig und politisch überwinden wird.

DOK. 143
Der Landrat in Mainz informiert die Bürgermeister des Kreises am 15. Juni 1944 über die Versuche von „Mischlingen", sich der Erfassung zu entziehen[1]

Mitteilung des Landrats des Landkreises Mainz, gez. W. Wehner,[2] an die Bürgermeister des Kreises Mainz[3] (Eing. Gemeinde Laubenheim 17.6.1944) vom 15.6.1944

Betr.: Juden und Judenmischlinge
Bei der kürzlich stattgefundenen Erfassung der Juden, Judenmischlinge, Zigeuner, Bastarde der Rheinlandbesatzung und anderer rassischer Mischlinge wurde die Wahrnehmung gemacht, daß sich insbesondere Juden*mischlinge* durch öfteren Wohnungswechsel zu tarnen versuchen. Das Gausippenamt hält es daher für wünschenswert, daß es über Wohnungsveränderungen der vorgenannten Personen auf dem Laufenden gehalten wird.
Ich ersuche Sie deshalb, mir *jeden erfolgten Zu- und Weggang* der obenbezeichneten Personengruppe anzuzeigen, und zwar erstmalig zum *10.7.1944* für die Zeit nach der ersten Erfassung (*Januar 1944*) und für die Folge zum *10.1. u. 10.7. jedes Jahres (pünktlich)* nach dem Stande vom 1.1. und 1.7.
Fehlanzeige ist nicht erforderlich.

1 StadtA Mainz, NL Oppenheim, 51,18.
2 Dr. Wilhelm Wehner (1879–1972), Jurist; 1920–1922 Polizeidirektor in Darmstadt, 1922–1929 Regierungsdirektor im hess. Innenministerium, 1929–1937 Provinzialdirektor der Provinz Rheinhessen und Kreisdirektor von Mainz, 1938–1945 Landrat von Mainz und Vorsitzender des Bezirksverwaltungsgerichts für Rheinhessen.
3 Im Jan. 1945 umfasste der Landkreis Mainz 39 Gemeinden. Die Stadt Mainz war seit Nov. 1938 kreisfrei.

DOK. 144

Erika Widetzki fragt den Direktor der Anstalt Hadamar am 19. Juni 1944, woran ihr zehnjähriger Sohn gestorben ist, der als „Mischling" überstellt worden war[1]

Schreiben von Erika Widetzki,[2] W 35 Berlin, Lützowstr. 20 I, bei Kleinitz, an den Direktor der Landesheilanstalt Hadamar[3] (Eing. unleserlich) vom 19.6.1944[4]

Sehr geehrter Herr Direktor!
Soebend erfahre ich von einer Fürsorgerin, daß mein Sohn Peter[5] verstorben sein soll? Ich habe von Ihnen doch keinerlei darüber erfahren. *Bitte*, schreiben Sie mir war Peterle krank? Was hatte er? Ich hatte sooft geschrieben und doch keine Antwort erhalten. Dadurch, daß ich 2 x schwer ausgebombt bin hatte ich in letzter Zeit nicht schreiben können! Aber wie alles auch sei Peter ist mein Junge doch gewesen und mir tut es doch wehe ich bin ja doch seine Mutter, nicht wahr?
Bitte Herr Direktor sind sie so sehr freundlich und erfüllen sie mir die eine + die letzte Bitte und geben sie mir Bescheid. Im Voraus besten Dank für Ihre Mühe und bitte was hat Peterle noch gesagt ehe er gestorben ist? Hat er schwer aushalten müssen?
Sollte Peterle noch Bilder haben *bitte* senden Sie mir dieselben!
Besten Dank für alle Ihre Mühe!
Heil Hitler

1 Archiv des Landeswohlfahrtsverbandes Hessen, K 12 (Hadamar), Nr. 252.
2 Erika Widetzki, geb. Schlittermann, war 1932–1939 verheiratet in „Mischehe" mit Walter Widetzki (1912–1945), Kaufmann, der am 19.2.1943 nach Auschwitz deportiert wurde, von dort nach Buchenwald und am 28.1.1945 nach Dachau, wo er starb. Das Paar hatte drei Kinder, die beiden Töchter überlebten und emigrierten nach dem Krieg in die USA.
3 Nominell war der zur Marine eingezogene Dr. Peter Masorsky (1887–1966) Direktor der Landesheilanstalt Hadamar, faktisch wurde diese Aufgabe jedoch wahrgenommen von Dr. Adolf Wahlmann (1876–1956); Psychiater; von 1905 an in den Landesheilanstalten Weilmünster, Eichberg und Hadamar tätig; 1933 NSDAP-, 1934 SS-Eintritt; 1940 kehrte er aus dem Ruhestand zurück, von 1942 an Chefarzt in Hadamar; 1945 zu einer lebenslangen Haftstrafe verurteilt, 1953 entlassen; zur Tötungsanstalt Hadamar siehe Dok. 22 vom 15.5.1943, Anm. 6.
4 Im Original Bearbeitungsvermerke. Rechtschreibung und Grammatik wie im Original.
5 Peter Widetzki (1934–1944); von 1942 an im „Haus Kinderschutz – Beobachtungs- und Verteilstelle des Landesjugendamtes Berlin" und anderen Erziehungsheimen untergebracht, am 23.3.1944 als „Mischling" nach Hadamar deportiert und dort vier Tage später – angeblich an Lungenentzündung – gestorben.

DOK. 145
Die Dienststrafkammer Wien erkennt am 27. Juni 1944 dem ehemaligen Kriminalbeamten Erwin Komleitner das Ruhegehalt ab, da er Juden falsche Papiere besorgt hat[1]

Urteil der Dienststrafkammer Wien (DStK 16/44), gez. Dr. Büngener,[2] Dr. Schneeweiß[3] und Schmidt,[4] Wien I., Judenplatz 11, gegen den Kriminalbeamten i. R. Erwin Komleitner[5] vom 27.6.1944

Im Namen des Deutschen Volkes!
In dem Dienststrafverfahren gegen den Kriminalbeamten i. R. Erwin *Komleitner* hat die Dienststrafkammer Wien in der Hauptverhandlung am 27. Juni 1944 unter Mitwirkung des Amtsgerichtsrates Dr. Alfred *Schneeweiß* als Vorsitzers, des Oberregierungsrates Dr. Rudolf *Büngener* als rechtskundigen und des Kriminalobersekretärs Karl *Schmidt* als nichtrechtskundigen Beisitzers in Anwesenheit des Regierungs- und Kriminalrates Dr. Stefan *Kohl* als Vertreters der Einleitungsbehörde und in Abwesenheit des Beschuldigten, jedoch in Anwesenheit seines Verteidigers, Rechtsanwaltes Dr. Fritz *Neumann zu Recht erkannt:*
Erwin *Komleitner* ist schuldig,
1.) in Wien im Juli 1938 im gemeinsamen Zusammenwirken mit Alois Hofegger[6] den Angestellten des Reisebüros „Cit"[7] Helmut Kemmler[8] zu verleiten versucht zu haben, entgegen den bestehenden Vorschriften für den Juden Ing. Rudolf Israel Lampel[9] ein arisches Aus- und Einreisevisum bei der Polizei in der Bräunerstraße zu beschaffen,
2.) einen Meldezettel mit amtlicher Bestätigung für die im 8. Bezirk wohnhaft gewesene Therese Lampel beim unzuständigen Polizeiamt Wien Leopoldstadt unter Fälschung der Unterschrift beschafft zu haben und
3.) vom Mai bis Juli 1938 im Zusammenwirken mit Hofegger für Juden Reisepässe oder Führungszeugnisse gegen Bezahlung verschafft oder bei der Besorgung gegen Geld behilflich gewesen zu sein.

1 ÖStA, AdR, RStH Wien, DStK, Kt. 319.
2 Dr. Rudolf Büngener (*1886), Jurist; von 1936 an Oberpolizeirat bei der Bundespolizeidirektion Wien, Mitglied der Vaterländischen Front; 1938 NSDAP-Eintritt.
3 Dr. Alfred Schneeweiß (1907–1995), Jurist; 1939 NSDAP-Eintritt, der aufgrund seiner Mitgliedschaft im legitimistischen Volksbund (seit 1937) in Österreich zunächst abgelehnt worden war; Richter an der Dienststrafkammer Wien; 1945 als Staatsanwalt am Oberlandesgericht Wien tätig, beantragte wiederholt Todesurteile; nach dem Krieg Notar in Linz.
4 Karl Schmidt, Polizist.
5 Erwin Komleitner (*1908), Polizist; 1929–1938 Polizist in Wien, von 1934 an Kriminalbeamter; Juli 1938 Verhaftung wegen Missbrauchs der Amtsgewalt, 1939 vorzeitiger Ruhestand; 1943 Verurteilung wegen Sachwuchers, 1943 Inhaftierung im Emslandlager Börgermoor, Dez. 1943 Verurteilung durch das Landgericht Wien wegen Passvergehens, im Nov. 1944 Überstellung zu einer Feldstrafabt. in Brünn; sein weiteres Schicksal ist nicht bekannt.
6 Alois Hofegger (*1890), Angestellter.
7 Gemeint ist das Reisebüro Compagnia Italiana Turismo Roma. Die Geschäftsräume befanden sich am Kärntner Ring 4 im 1. Bezirk.
8 Helmut Kemmler (*1905), Schriftsteller.
9 Rudolf Lampel (*1895), Ingenieur und Fabrikant; Mitinhaber der Chemischen Fabrik Ambrasit Ing. Hilfreich & Co.; im April 1939 Emigration in die Schweiz.

Er hat hierdurch ein Dienstvergehen nach §§ 21, 24 und 87 der österr. Dienstpragmatik begangen und wird hierfür im Grunde der §§ 12 und 115/2 RDStO. nach § 9 RDStO.[10] zur Dienststrafe der *Aberkennung des Ruhegehalts* verurteilt.
Weiters wird der Beschuldigte für schuldig erkannt, die im gesamten Verfahren entstandenen Kosten zu tragen.
Entscheidungsgründe:
Auf Grund der Vorermittlungs- und Personalakten sowie aus den Strafakten des Landgerichtes Wien hat die Dienststrafkammer folgendes festgestellt:

1.) Zur Person des Beschuldigten:
Der Beschuldigte wurde am 21.8.1908 in Wien geboren und ist seit 5.1.1933 verheiratet. Der Ehe entstammen 2 Kinder im Alter von 6 und 9 Jahren. Im Jahre 1940 hat der Beschuldigte seine Frau verlassen. Das von seiner Frau eingeleitete Scheidungsverfahren ist nach der Schutzverordnung unterbrochen. Die Frau ist Volksschullehrerin mit einem Monatseinkommen von netto RM 323.–. Für die beiden Kinder erhält sie ab anfangs 1942 vom Beschuldigten, der von seiner militärischen Dienststelle hierzu verhalten worden ist, monatlich RM 40.–.
Nach 5. Kl. Volksschule und 2 Kl. Bürger- und 2. Kl. Handelsschule war der Beschuldigte im Jahre 1927 Journalist bei der „Wienerwaldpost“. Im Jahre 1928 war er vorübergehend im Dorotheum als Kanzleikraft beschäftigt, anschließend ein Jahr ohne Beschäftigung.
Ende 1929 wurde er von der ehem. Bundespolizeidirektion Wien bei der Sicherheitswache eingestellt. Am 1.1.1932 wurde er Sicherheitswachmann in der IX. Dienstklasse. Im Juli 1934 wurde er in den Kriminaldienst übernommen. Sein letzter Dienstort war bei der kriminalpolizeilichen Dienststelle Leopoldstad t. Im Zuge der Neuordnung des österr. Berufsbeamtentums wurde er mit Entscheidung des Reichsstatthalters mit 31.1.1939 gemäß § 4 BBV. mit der Hälfte des Ruhegenusses in den Ruhestand versetzt. Der monatliche Ruhegehalt beträgt brutto RM 76,66.
In der letzten Dienstbeschreibung aus dem Jahre 1936 wurde der Beschuldigte als dienstwilliger Beamter bezeichnet, ist aber für selbständiges Einschreiten schwer verwendbar. Bis zu seinem Einrücken zur Wehrmacht am 15.1.1940 hat er sich mit Vertretungen und Gelegenheitsgeschäften durchgebracht.
Der Beschuldigte ist dienststrafrechtlich und auch gerichtlich beanständet.
Mit Erkenntnis der Disziplinarkommission bei der Bundespolizeidirektion in Wien vom 6.7.1937 3/8/D/C-1937 wurde er wegen eigenmächtigen Verlassens des Polizeirayons und eigenmächtiger Entfernung vom Dienst an 2 Tagen und Verleitung seines Onkels Franz Komleitner zu falschen Angaben mit der Minderung seines Diensteinkommens um 3 % auf die Dauer eines Jahres bestraft.
Mit Feldurteil des Gerichtes Höherer Kommandeur der Nachschubtruppen 3 St L I Nr. 130/1943 vom 25.5.1943 wurde der Beschuldigte wegen fortgesetzten Sachwuchers und fortgesetzten Ungehorsams zu einer Gefängnisstrafe von einem Jahr und einer

10 Die Paragraphen der Österreichischen Dienstpragmatik (DP) vom 25.1.1914, Reichsgesetzblatt für die im Reichsrate vertretenen Königreiche und Länder, Nr. 15, Gesetz vom 25.1.1914, S. 87–116, betreffen die Amtspflichten und das Verhalten von Beamten. Die Paragraphen der Reichsdienststrafordnung (RDStO), RGBl., 1937 I, 26.1.1937, S. 71–89, beziehen sich auf Dienststrafverfahren gegen Ruhestandsbeamte.

Geldstrafe von RM 1000 sowie zum Verlust der bürgerlichen Ehrenrechte auf die Dauer von 2 Jahren verurteilt. Der Beschuldigte hatte nach diesem Urteil in der Zeit vom Juli 1941 bis Juli 1942 14 Uhren verschiedener Art in Rumänien angekauft und sie an russische Zivilpersonen mit einem ungerechtfertigten hohen Aufschlag weiterverkauft. Zur Verbüßung dieser Strafe befindet sich der Beschuldigte derzeit in Strafhaft.

2. *Zur Sache:*
Wegen der im Spruch 1) und 2) angeführten Verfehlungen wurde der Beschuldigte mit Urteil vom 23.12.1942 106 a Vr 4563/38 unter Bedachtnahme auf die einjährige Gefängnisstrafe im Sinne des § 265 österr. StG. zu einer Gefängnisstrafe in der Dauer von 8 Monaten verurteilt.
Diesem Strafurteil liegt folgender Sachverhalt zugrunde:
Zu 1): Der Beschuldigte hat als Kriminalbeamter sich ganz ungehörig mit der Beschaffung von Pässen für ausreisende Juden befaßt und auch dafür Geld erhalten. Der Jude Rudolf Israel Lampel wendete sich durch Vermittlung eines Freundes des Beschuldigten, namens Hofegger, an den Beschuldigten, damit dieser für die Einreise in Italien und die Rückreise nach Deutschland ein Visum beschaffe. Lampel gab dem Beschuldigten zu verstehen, daß er sich die Beschaffung eines normalen Visums, wie es Arier bekommen, etwas kosten lassen würde.
Helmut Kemmler hatte als Angestellter des Reisebüros „Cit" die Beschaffung der Visa für Arier bei der Polizei in Wien, I., Bräunerstraße zu besorgen. Die Juden hatten damals das Visum in Wien, V., Wehrgasse zu besorgen. Hierzu war Kemmler nicht berechtigt. Kemmler hatte vom Leiter des Paßamtes genaue Vorschriften, welche Pässe, nämlich nur solche von Ariern, er vorlegen durfte. Dies hatte auch der Beschuldigte gewußt. Trotzdem hat er versucht, im Zusammenwirken mit seinem Freund Hofegger den Kemmler dafür zu gewinnen, für den Juden Lampel das Visum in der Bräunerstraße zu beschaffen, in der Absicht, daraus Nutzen zu ziehen.
Zu Punkt 2): Der Beschuldigte hat der Arierin Therese Lampel zum Zwecke der Paßbesorgung einen Meldezettel bei seinem zuständigen Polizeiamt Leopoldstadt ausgestellt unter Anführung eines falschen Wohnsitzes, da die Therese Lampel nicht im zweiten, sondern im achten Bezirk gewohnt hat.
Der Beschuldigte hat sich im Falle 1) nicht für schuldig bekannt, den Fall Punkt 2) zugegeben und auch den Fall Punkt 3) im wesentlichen eingestanden. Zu seiner Verteidigung führt der Beschuldigte aus, die Intervention bei Kemmler sollte nur den Zweck haben, seinem Freund Hofegger einen Gefallen zu erweisen durch die Veranlassung einer raschen Besorgung des Passes samt Visum für Lampel. Der Beschuldigte leugnet ausdrücklich, daß er den Kemmler dazu bestimmen wollte, entgegen den Bestimmungen, um einen Paß für Lampel einzureichen.
Die Dienststrafkammer hat keinen Grund, an der Richtigkeit der gerichtlichen Feststellungen im Strafurteil zu zweifeln und legt den dort festgestellten Sachverhalt als erwiesen seiner Beurteilung zugrunde. Die Verteidigung des Beschuldigten in diesem Fall ist auch unglaubwürdig. Er bedurfte für eine rasche Erledigung und Beschaffung eines arischen Visums für Lampel des Kemmler, da nur der Kemmler beim Paßamt in der Bräunerstraße jenen Kredit genossen hat, der es ihm ermöglicht hätte, auf Grund einer Behauptung, daß die Sache in Ordnung gehe, den Juden Lampel einzuschmuggeln und für ihn ein arisches Ausreisevisum zu erhalten. Der Beschuldigte hat im Gegensatz zu

seiner Verteidigung vor der Dienststrafkammer seine Schuld auch im Falle 1) in der Hauptverhandlung vor dem Strafgericht (S. 147, II. Bd. des Strafaktes) bekannt.
Der Beschuldigte hat seine Tat noch unter der Geltung der österr. Dienstpragmatik vom 25.1.1914 RGBl. Nr. 15 begangen. Diese Verfehlung stellt sich als Verhalten gegen die Vorschriften des § 21 DP., die Gesetze unverbrüchlich zu beachten, und des § 24 DP., in und außer Dienst das Standesansehen zu wahren, sich stets im Einklang mit den Anforderungen der Disziplin zu verhalten und alles zu vermeiden, was die Achtung und das Vertrauen, die seine Stellung erfordert, schmälern könnte, dar. Die Tat ist mit Rücksicht auf ihre Schwere ein Dienstvergehen nach § 87 DP. (Dienstvergehen nach der österr. Dienstpragmatik verjähren nicht). Seit 1.10.1938 findet die Reichsdienststrafordnung auf solche vor ihrer Geltung begangene, nach altem Recht als Dienstvergehen zu beurteilende Verfehlungen Anwendung. (§ 115 RDStO., Art. II, § 9 Nr. 6 der Verordnung über die Einführung reichsrechtlicher Vorschriften auf dem Gebiete des Beamtenrechts in Österreich vom 28.9.1938, RGBl. I., S. 1225.) Der Beschuldigte war daher nach der Reichsdienststrafordnung zu bestrafen.
Als strafmildernd kommt kein Umstand in Frage, als erschwerend die dienststrafrechtliche Vorstrafe und die Bestrafung durch das Feldgericht sowie die wiederholten Verfehlungen. Die Verurteilung vor dem Feldgericht entspringt der gleichen unmoralischen Neigung des Beschuldigten, sich auf unerlaubte Weise Geld zu verschaffen. Die Dienststrafkammer käme daher mit Rücksicht auf die Schwere der Verfehlungen zur Strafe der Entfernung aus dem Dienst. Ein derart vorbestrafter Beamter ist untragbar geworden. Der Beschuldigte ist Ruhestandsbeamter. Es war daher nach § 9 RDStO. auf Aberkennung des Ruhegehalts zu erkennen.
Ein Unterhaltsbeitrag nach § 64 RDStO.[11] war dem Beschuldigten nicht zu bewilligen. Voraussetzung für die Bewilligung eines Unterhaltsbeitrages ist Bedürftigkeit und Würdigkeit. Beides ermangelt dem Beschuldigten, seine charakterliche Haltung, die nicht nur aus den dem gegenständlichen Verfahren zugrunde liegenden Verfehlungen, sondern auch aus dem Feldurteil hervorgeht, machen ihn unwürdig. Der Beschuldigte ergreift jede Gelegenheit zu unlauteren Geschäften. Bedürftig ist der Beschuldigte auch nicht. Nach Entlassung aus der Strafhaft wird ihm mit Rücksicht auf sein Alter wahrscheinlich Gelegenheit zur Frontbewährung gegeben werden. Nach Entlassung aus dem Wehrdienst wird er sich seinen Unterhalt durch Arbeit verdienen können und müssen. Seine von ihm im Stich gelassene Familie ist bei dem Einkommen seiner Frau nicht in Not.
Die Entscheidung über die Kosten gründet sich auf § 98/1 RDStO.[12]

11 § 64 RDStO: Bewilligung von Unterhaltsbeiträgen.
12 § 98,1 RDStO: Übernahme der Verfahrenskosten duch den Beschuldigten.

DOK. 146
Der Reichsarzt SS und Polizei berichtet Himmler am 28. Juni 1944 über die Empfehlungen, Menschenversuche in Konzentrationslagern an Juden oder „Zigeunermischlingen“ durchzuführen[1]

Schreiben (Geheime Kommandosache) des Reichsarztes SS und Polizei (Tgb. Nr. 13/44 geh. Kods), Berlin W 15, Knesebeckstr. 50/51, gez. Grawitz,[2] an den Reichsführer-SS H. Himmler, Feld-Kommandostelle, vom 28.6.1944[3]

Betr.: Versuche im KL durch den Chef des Sanitäts-Wesens der Luftwaffe[4]
Bezug: Befehl RF-SS vom 15.5.44[5]
Anlg.: – 1 –[6]

Reichsführer!
Der Chef des Sanitätswesens der Luftwaffe bittet mit dem in Anlage beigefügten GKdos-Schreiben[7] um Durchführung von Versuchen an Häftlingen zur Überprüfung zweier anscheinend erfolgversprechender einfacher Verfahren zur Genießbarmachung von Meerwasser.
Ihrem Befehl vom 15.5.44 entsprechend, Reichsführer, habe ich die Stellungnahmen von SS-Gruppenführer Prof. Dr. Gebhardt,[8] SS-Gruppenführer Glücks[9] und SS-Gruppenführer Nebe[10] eingeholt. Sie haben folgenden Wortlaut:

1 BArch, NS 19/1584, Bl. 16 f.
2 Dr. Ernst-Robert Grawitz (1899–1945), Arzt; 1920 Teilnahme am Kapp-Putsch; 1931 SS-, 1932 NSDAP-Eintritt; 1935 Chef des SS-Sanitätsamts, 1937 Reichsarzt SS, 1938 Geschäftsführender Präsident des DRK; gemeinsam mit Oswald Pohl zuständig für die medizinischen Experimente an KZ-Häftlingen; 1944 OGruf. und General der Waffen-SS; nahm sich gemeinsam mit seiner Familie das Leben.
3 Im Original handschriftl. Bearbeitungsvermerke; 1. von 2 Ausfertigungen.
4 Dr. Oskar Schröder (1891–1959), Arzt; von 1925 an niedergelassener Arzt, 1935 Stabschef im RLM, 1938 Abteilungsleiter in der Sanitätsinspektion der Luftwaffe, 1940/41 Flottenarzt, 1944 Chef des Sanitätswesens der Luftwaffe; 1947 wurde er im Nürnberger Ärzteprozess zu lebenslanger Haft verurteilt, 1954 entlassen, Beratertätigkeit für die U.S. Air Force.
5 Anordnung von Heinrich Himmler über medizinische Versuche in Konzentrationslagern vom 15.5.1944; Staatsarchiv Nürnberg, NO-919.
6 Liegt nicht in der Akte.
7 Geheime Kommandosache.
8 Dr. Karl Gebhardt (1897–1948), Arzt; 1923 am Hitler-Putsch beteiligt; von 1933 an leitete er das Sanatorium Hohenlychen; 1933 NSDAP-, 1935 SS-Eintritt; von 1937 an Professor in Berlin; er war Himmlers Leibarzt und an medizinischen Experimenten in KZs beteiligt; 1947 im Nürnberger Ärzteprozess verurteilt und 1948 hingerichtet.
9 Richard Glücks (1889–1945), Kaufmann; 1930 NSDAP-, 1932 SS-Eintritt; 1936 stellv. Inspekteur, von 1939 an Inspekteur der Konzentrationslager, seit März 1942 leitete er die Amtsgruppe D des WVHA; Nov. 1943 Ernennung zum Generalleutnant der Waffen-SS; im April 1945 floh er mit Höß und Himmler nach Flensburg, nahm sich das Leben.
10 Arthur Nebe (1894–1945), Polizist; von 1920 an im Polizeidienst; 1931 NSDAP- und SA-Eintritt; von April 1933 an Leiter der Abt. III im Gestapa; 1935 Leiter des Preuß. Landeskriminalpolizeiamts, von 1936 an leitete er das Amt Kriminalpolizei im HA Sicherheitspolizei; 1936 SS-Eintritt; 1937–1944 Leiter des Reichskriminalpolizeiamts, 1941 Chef der Einsatzgruppe B; wegen Verbindungen zu den Widerstandskämpfern des 20. Juli im März 1945 hingerichtet.

1. *SS-Gruppenführer Prof. Dr. Gebhardt:*
„Ich halte es für sehr richtig, die Luftwaffe in jeder Weise zu unterstützen und für die Versuche einen aufsichtsführenden Internisten der Waffen-SS zur Verfügung zu stellen."
2.) *SS-Gruppenführer Glücks:*
„Unter Bezugnahme auf obiges Schreiben wird mitgeteilt, daß gegen die Durchführung der vom Chef des San.-Wesens der Luftwaffe erbetenen Versuchsreihe in der Versuchsstation Rascher im K.L. Dachau[11] von hier aus keinerlei Bedenken erhoben werden. Es sollen nach Möglichkeit Juden oder solche Häftlinge, die aus der Quarantäne zu entnehmen sind, verwendet werden."
3.) *SS-Gruppenführer Nebe:*
„Dem Vorschlag, ein Verfahren, Meerwasser trinkbar zu machen, an Häftlingen in Konzentrationslagern zu erproben, stimme ich zu. Ich schlage vor, hierfür die asozialen Zigeunermischlinge im Konzentrationslager Auschwitz zu verwenden. Hierunter befinden sich Menschen, die zwar gesund sind, aber für den Arbeitseinsatz nicht in Frage kommen. Ich werde dieser zigeunerischen Menschen wegen demnächst Reichsführer einen besonderen Vorschlag unterbreiten, halte es aber für richtig, die erforderliche Anzahl Versuchspersonen aus diesem Personenkreis auszuwählen.
Falls Reichsführer zustimmt, werde ich die Versuchspersonen namhaft machen."
Zu dem Vorschlag von SS-Gruppenführer Nebe, Zigeuner zur Durchführung der Versuche zu benutzen, erlaube ich mir den Einwand zu machen, daß die Zigeuner bei ihrer teilweise andersartigen rassischen Zusammensetzung möglicherweise Versuchsergebnisse bringen, die auf unsere Männer nicht ohne weiteres anzuwenden sind. Aus diesem Grunde wäre es wünschenswert, wenn für die Versuche solche Häftlinge zur Verfügung gestellt werden könnten, die rassisch der europäischen Bevölkerung vergleichbar sind. Ich bitte gehorsamst um Übermittlung der Genehmigung, damit die Versuche anlaufen können.[12]
Heil Hitler!

11 In der Versuchsstation im Revierblock 5 des KZ Dachau wurden 1942/43 Unterdruck- und Unterkühlungsexperimente von Dr. Sigmund Rascher (1909–1945) u. a. an poln. Geistlichen durchgeführt. Bei 320 Experimenten in der Unterdruckkammer kamen 54 Häftlinge ums Leben, bei den insgesamt 480 Unterkühlungsversuchen starben 77 Menschen.

12 In einem Schreiben vom 11.7.1944 teilte Rudolf Brandt, persönlicher Referent Himmlers, Grawitz die Entscheidung mit, dass dem Vorschlag Nebes entsprechend „Zigeuner" sowie drei weitere Häftlinge für die Versuche genommen werden sollten.

DOK. 147

Die Gestapo Schwerin teilt dem Polizeipräsidenten in Rostock am 3. Juli 1944 mit, dass jüdische Partner aus nicht mehr existierenden „Mischehen“ deportiert werden[1]

Schreiben der Geheimen Staatspolizei, Staatspolizeistelle Schwerin (Tgb. Nr. IV 4 b – 418/44), gez. Oldach,[2] an den Polizeipräsidenten in Rostock[3] vom 3.7.1944[4]

Betrifft: Erweiterung des für die Wohnsitzverlegung nach Theresienstadt bestimmten jüdischen Personenkreises

Vorgang Ohne

Es ist angeordnet worden, daß die jüdischen Ehegatten aus nicht mehr bestehenden deutsch-jüdischen Mischehen, die vom Kennzeichnungszwang befreit sind, in die Maßnahmen zur Wohnsitzverlegung von Juden nach Theresienstadt einzubeziehen sind.

Ich bitte daher um sofortige Mitteilung, wenn der deutschblütige Teil einer deutsch-jüdischen Mischehe gestorben ist.

Das Reichssicherheitshauptamt hat mit Erlaß vom 18.3.1944 – IV B 4a – 2537/42–868 –[5] auf Grund ihres hohen Alters bis auf weiteres von der Wohnsitzverlegung der nachstehenden Jüdinnen nach Theresienstadt abgesehen:

1.) Ida Sara *Böckenhagen* geborene Röder, geboren 20.2.1860 in Loitz/Pom[mern], wohnhaft Rostock, Graf-Schack-Straße 1,

2.) Anna Sara *Dretzke* geborene Bragenheim, geboren 14.12.1874 in Schwerin, wohnhaft Rostock, Strandstraße 86,

3.) Margarete Sara *Harpert* geborene Levy, geboren 25.7.1887 in Hamburg, wohnhaft Rostock, Laurembergstraße 44,

4.) Johanna Sara *Peters* geborene Cohn, geboren 28.10.1868 in Bonn, wohnhaft Rostock, Prinz-Friedrich-Karl-Straße 7,

5.) Lucie Sara *Lorenz* geborene Siegmann, geboren 5.2.1871 in Berlin, wohnhaft Schwerin, Gr. Moor 54,

6.) Ernestine Sara *Grewatta* geborene Moses, geboren 10.1.1854 in Gr. Lubz, wohnhaft Neustrelitz, Fürstenberger Straße 49.

1 Stadtarchiv Rehna, A1L1-P015, Hauptgruppe Sonderpolizei, Sammelakte Judenangelegenheiten.

2 Ludwig Oldach (1888–1987), Beamter; 1905 Eintritt in den mecklenburg. Justizdienst, dann Beamter der Reichsfinanzverwaltung; 1925 NSDAP-, 1933 SS-Eintritt; 1925–1933 NSDAP-Kreisleiter in Parchim, 1933–1945 Leiter der Staatspolizeistelle Schwerin; 1934–1945 MdR; 1945 wurde er verhaftet und 1948 zu einer dreijährigen Haftstrafe verurteilt.

3 Dr. Hans-Eugen Sommer (1901–1952), Arzt; 1925 NSDAP- und SA-Eintritt; von 1932 an Stabsarzt bei der Landespolizei Schwerin und Rostock; 1938 wurde er zum Polizeipräsidenten von Rostock ernannt; 1939 SS-Eintritt; nach dem Krieg war er in brit. Kriegsgefangenschaft, lebte von 1948 an in Hamburg.

4 Im Original Stempel der Geheimen Staatspolizei und Bearbeitungsvermerke; Eingangsstempel des Bürgermeisters von Rehna vom 6.7.1944.

5 IV B 4a 2537/42 lautet die Bezeichnung für den grundlegenden Erlass des RSHA über die „Richtlinien zur technischen Durchführung der Wohnsitzverlegung der Juden nach Theresienstadt“ vom 15.5.1942. Der hier erwähnte, aber nicht ermittelte Erlass vom 18.3.1944 bezieht sich auf die Rückstellung der im Folgenden genannten Personen von der Deportation.

Das Reichssicherheitshauptamt hat mit Erlaß vom 1.4.1944 – IV A 4 b –[6] im Hinblick auf das noch unter 14 Jahre alte Kind der Jüdin Marta Sara *Nechels* geborene Ehrenbaum, geboren 19.8.1904 in Hamburg, wohnhaft Wismar, auch diese zunächst von der Wohnsitzverlegung nach Theresienstadt ausgenommen.[7]

DOK. 148
Der Bürgermeister von Bückeburg bekundet am 6. Juli 1944 in einem Schreiben an das Reichssicherheitshauptamt sein Interesse am Erwerb des jüdischen Friedhofs seiner Gemeinde[1]

Schreiben des Bürgermeisters von Bückeburg, gez. Friehe,[2] an das Reichssicherheitshauptamt über die Provinzialdienststelle Hannover des Deutschen Gemeindetags (Eing. 7.7.1944) vom 6.7.1944

Betr.: Verkauf der jüdischen Friedhöfe
Nach einer Mitteilung des Finanzamtes Stadthagen ist die Verwaltung der jüdischen Friedhöfe den Finanzämtern übertragen worden. Der Reichsminister der Finanzen hat angeordnet, die jüdischen Friedhofsgrundstücke den Gemeinden zum Kauf anzubieten.[3] Ich war schon vorher an dem Erwerb des hiesigen Judenfriedhofes sehr interessiert, hatte aber Verhandlungen mit der Reichsvereinigung der Juden abgelehnt. Nunmehr stehe ich in Verkaufsverhandlungen mit dem Finanzamt Stadthagen.
Der Abschluß eines Kaufvertrages wird von der Einfügung einer Bestimmung abhängig gemacht, nach der die Gemeinden sich verpflichten, das Reich von etwaigen Ansprüchen der Eigentümer freizustellen. Ich halte diese Klausel für so absurd, daß ich ihre Aufnahme in einen Kaufvertrag ablehnte. Daraufhin teilt mir das Finanzamt Stadthagen durch Schreiben vom 28. Juni u. a. folgendes mit:
„Wegen des von Ihnen beanstandeten Vorbehalts habe ich mich an den Herrn Oberfinanzpräsidenten Hannover gewandt und gebeten, den Vorbehalt im Kaufvertrage weglassen zu dürfen. Der Herr Oberfinanzpräsident hat mit Verfg. vom 20. Juni 1944 entschieden, daß auf die Aufnahme des Vorbehalts nicht verzichtet werden könne, weil der

6 Nicht aufgefunden.

7 Das Schreiben ging zur Mitkenntnis auch an die Bürgermeister der Städte Bad Doberan, Gnoien, Grabow, Güstrow, Hagenow, Neustrelitz, Parchim, Rehna, Ribnitz, Schwaan, Schwerin, Tessin, Teterow, Wesenberg, Wismar, Woldegk, die Landräte der Kreise Rostock, Schwerin, Güstrow, Wismar, Hagenow, Stargard und die Außendienststellen sowie an den Mecklenburgischen Staatsminister – Abt. Innere Verwaltung.

1 BArch, R 36/2102, Bl. 62.

2 Albert Friehe (1904–1956), Beamter; 1925 NSDAP- und SA-Eintritt; seit 1934 Mitarbeiter des Rassenpolitischen Amts; 1936–1945 Bürgermeister von Bückeburg; Mai bis Dez. 1945 Inhaftierung in Staumühle, 1950 zunächst als „Minderbelasteter", dann 1952 als „Mitläufer" im Entnazifizierungsverfahren eingestuft.

3 Mit einem Erlass des RFM vom 3.8.1943 wurden das Vermögen der Reichsvereinigung der Juden in Deutschland und damit auch die jüdischen Friedhöfe beschlagnahmt und unter die Verwaltung des RFM gestellt.

Herr Reichsminister der Finanzen in seinem Erlaß vom 8. Jan. 1944[4] die Aufnahme des Vorbehalts angeordnet habe und weil das Vermögen der Reichsvereinigung der Juden noch nicht in das Eigentum des Reichs übergegangen, sondern nur beschlagnahmt ist. Obwohl ich Ihre Auffassung über die Bedeutung des Vorbehalts vollkommen teile, bitte ich doch, der Aufnahme der Klausel in den Kaufvertrag im Interesse der baldigen Erledigung der Angelegenheit zuzustimmen."[5]
Ich kann mich nach wie vor einer solchen Auffassung nicht anschließen. Aus Kollegenkreisen weiß ich, daß diese Frage allgemein die Gemeinden interessiert, daß aber auch anderen Orts die Bürgermeister begreiflicherweise die Aufnahme einer solchen Klausel abgelehnt haben. Es ist erforderlich, eine grundsätzliche Klarstellung beim Herrn Reichsminister der Finanzen zu erwirken mit dem Ziel, daß eine so unverständliche Klausel in Fortfall kommt.
Zur Begründung verweise ich auf folgendes:
Die Juden, die an dem hiesigen jüdischen Friedhof interessiert waren, sind schon vor Jahren samt und sonders abtransportiert worden und zum größten Teil wahrscheinlich nicht mehr am Leben. Ansprüche der Eigentümer gegen das Reich oder die Gemeinde könnten nur gestellt werden, wenn einer dieser Juden nach hier zurückkehrte. Da die Juden Reichsfeinde sind, setzte eine Rückkehr voraus, daß ein nationalsozialistischer Staat nicht mehr besteht. Zuvor würde man zweifellos uns allen das Genick umdrehen. Man könnte also in der Aufnahme einer derartig merkwürdigen Klausel sehr wohl Zweifel am deutschen Sieg erblicken. Daß solche Zweifel aber ernstlich selbstverständlich nirgends vorhanden sind, ergibt sich schon daraus, daß eine derartige Vertragsbestimmung völlig sinnlos und absurd ist und dann erst recht unterbleiben kann. Für die Gemeinden als Vertragsschließende bedeutet diese Klausel eine nicht zumutbare Belastung politischer Art. Daher bitte ich zu erwirken, daß die Kaufverträge zwischen Gemeinden und Finanzämtern über den Erwerb jüdischer Friedhöfe ohne eine derartige Bestimmung erfolgt.
Vorstehende Abschrift an den Deutschen Gemeindetag in Berlin, durch die Provinzialdienststelle Hannover, Hannover (Abschrift) Rathaus mit der Bitte um Mitkenntnis und gegebenenfalls tatkräftiger Unterstützung meines Anliegens.

4 Der Erlass bestimmte, dass mit den Grundstücken, auf denen sich die jüdischen Friedhöfe befanden, auch die Grabsteine erworben werden mussten; BArch, R 2/9173.

5 Das Schreiben des Finanzamts Stadthagen konnte nicht ermittelt werden.

DOK. 149
Die Staatspolizeileitstelle Wien verzeichnet in ihrem Tagesbericht für den 7. bis 13. Juli 1944 die Verhaftung mehrerer Juden[1]

Tagesbericht[2] Nr. 2 der Geheimen Staatspolizei, Staatspolizeileitstelle Wien (wö/no), vom 7. bis 13.7.1944[3]

[…][4]
zu 7): *Juden*
Am 29.6.1944 wurde die Private
Elisabeth *Hesse*,
4.12.1924 Düsseldorf geb.,
ehem. poln. Staatsangehörige,
wegen Verdachts der Verschleierung ihrer Abstammung festgenommen. Sie ist am 5.6.44 vom Einsatzkommando in Ungarn als Rückwanderin[5] nach Wien gebracht worden. Die Ermittlungen sind noch nicht abgeschlossen.

Am 4.7.1944 wurde der ung. St. A.[6]
Josef *Molnar*,[7]
21.6.1921 Mezövesed, Ungarn geb.,
Kaufmann, rk., vh., Wien III.,
Czapkagasse 7 wh.,
wegen Beihilfe zum illegalen Grenzübertritt festgenommen. Durch Vermittlung des Molnar wurde im März 1944 der Jude Heinz *Stieber*,[8] 31.10.1919 Wien geb., von einem noch unbekannten Bauern bei Schattendorf über die Grenze nach Ungarn geschmuggelt. Molnar verlangte hierfür RM 5000,–, erhielt jedoch einen Brillantring im Werte von RM 7000,–.

----

1 DÖW, Akt. 21 998. Abdruck in: Tagesrapporte der Gestapoleitstelle Wien 1938–1945, Tagesbericht Nr. 2 vom 7. bis 13. Juli 1944, online Datenbank, http://db.saur.de/ (Stand 13.2.2015).

2 Die Gestapoleitstelle Wien war nach dem Geheimen Staatspolizeiamt in Berlin die größte Gestapodienststelle im Deutschen Reich. Zwei- bis dreimal in der Woche verfassten Beamte die Tagesberichte bzw. Tagesrapporte für die Zentrale in Berlin, in denen über die wichtigsten staatspolizeilichen Vorkommnisse berichtet wurde.

3 Im Original handschriftl. Bearbeitungsvermerke.

4 Zunächst werden Sabotageversuche und die Verhaftung mehrerer deutscher und franz. Kommunisten in Wien und Linz sowie die Festnahme österreich. KPÖ-Anhänger gemeldet. Zudem wird über die Verhaftung von serb. und kroat. Zivilarbeitern berichtet, die ihre Flucht nach Kroatien planten, um sich dort den Partisanen anzuschließen.

5 Rückkehr in das Herkunftsland, hier allerdings unter Zwang.

6 Staatsangehörige.

7 Josef Molnar (1921–1997), Kaufmann; leistete Fluchthilfe für Juden, Juli bis Okt. 1944 Inhaftierung im Polizeigefängnis Rossauer Lände, am 4.10.1944 über die ungar. Grenze abgeschoben; nach dem Krieg emigrierte er nach Kanada, lebte in Toronto.

8 Heinz Stieber, später Henry Steeber (1919–2009), Graphiker und Hotelier; 1931–1936 in Berlin, dann Rückkehr nach Wien; 1944 tauchte er unter, Anfang 1945 wurde er über Berlin nach Theresienstadt deportiert; 1945–1949 beim Joint tätig, 1949 emigrierte er in die USA, absolvierte eine Ausbildung zum Hotelmanager.

Am 7.7.1944 wurde die Jüdin
Leopoldine Sara *Paltenhofer*,
geb. Grün,[9] 16.12.1886 Wien geb., DR., mos.,
vw., Wien VII., Hermanngasse 34 wh.,
festgenommen. Sie hat sich seit 1942 in Wien unterstandslos umhergetrieben, um sich der Evakuierung zu entziehen. Gegen sie wird Schutzhaft beantragt.

Am 11.7.1944 wurde der Jude
Gustav Israel *Tritsch*,[10]
17.2.1885 Wien geb., DR., rk., vh.,
Wien VIII., Josefstädter Straße 81 wh.,
festgenommen. Er hat gegenüber einem Angehörigen der Deutschen Wehrmacht die sozialen Einrichtungen des Deutschen Reiches herabgewürdigt und jene in der UdSSR anerkennend hervorgehoben. Er lebt mit einer Deutschblütigen in Mischehe. Gegen ihn wird Schutzhaft beantragt.

Am 12.7.1944 wurde die deutschblütige
Sophie Josefine *Prikryl*,
geb. Obruca,[11] 11.2.1913 Wien geb.,
DR., rk., vh., Wien III., Arsenalweg 14 wh.,
festgenommen. Sie hat durch Monate einen Juden in ihrer Wohnung verborgen gehalten und steht im Verdacht, mit ihm Rassenschande getrieben zu haben. Die Ermittlungen sind noch nicht abgeschlossen.

Am 12.7.1941 wurde der deutschblütige
Franz *Wagner*,[12]
gew. Kaufmann, 18.1.1896 Wien geb.
DR., rk., gesch., Wien VII., Straße d. Julikämpfer wh.,
und die Jüdin Gisela Maria Sara *Satzinger*,
geb. Leibil,[13] 27.4.1899 Wien geb.
DR., rk., gesch., ohne Wohnung,
festgenommen. Wagner unterhält seit Jahren mit der Jüdin ein rassenschänderisches Verhältnis und wurde deshalb im Jahre 1942 zu 15 Monaten Zuchthaus verurteilt. Nach Strafverbüßung hat er sofort die Beziehungen zu der Jüdin wieder aufgenommen, sie

9 Leopoldine Paltenhofer, geb. Grün (1886–1945); am 1.9.1944 mit ihrem Sohn Leopold Paltenhofer (1910–1945) und ihrer Schwiegertochter Luise (1911–1980) mit Transport 47h nach Auschwitz deportiert; alle drei waren in Wien untergetaucht.

10 Gustav Tritsch (1885–1944), Kaufmann; Direktor der Böhmischen Kohleunion; zum Katholizismus konvertiert, verheiratet mit Margarethe Stepansky, mit der er einen Sohn hatte; 7.7.1944 Einlieferung in das Polizeigefängnis Rossauer Lände, 28.7.1944 Deportation nach Auschwitz, dort ermordet.

11 Sophie Josefine Prikryl, geb. Obruca (*1913), war mit dem Kutscher Rudolf Prikryl verheiratet.

12 Franz Wagner (1896–1945), Kaufmann; im Nov. 1944 nach Buchenwald deportiert, im März 1945 in Dachau gestorben.

13 Gisela Satzinger, geb. Leibil (*1899); 12.7.1944 Einlieferung in das Polizeigefängnis Rossauer Lände, am 1.9.1944 Deportation nach Auschwitz, am 30.10.1944 nach Bergen-Belsen; im Außenlager Salzwedel befreit.

finanziell unterstützt und mit ihr Hamsterfahrten in die Provinz unternommen. Die Jüdin hält sich seit 1941 unangemeldet in Wien auf. Ihren Lebensunterhalt hat sie durch Schleichhandel bestritten. Gegen Wagner wird Schutzhaftantrag gestellt. Die Jüdin wird nach Auschwitz umgesiedelt.

Am 12.7.1944 wurde der Mischling I. Grades
Franz *Springer*,[14]
kaufm. Angest., 12.2.1913 Wien geb.,
DR., rk., led., Wien V., Margaretenstraße 80 wh.,
festgenommen. Springer hat die Auflage, sein Verhältnis mit einer Deutschblütigen[15] zu lösen, nicht eingehalten und hat die Beziehungen zu der Deutschblütigen wieder aufgenommen. Gegen ihn wird Schutzhaft beantragt.

Am 13.7.1944 wurde der Mischling I. Grades
Miro *Werner*,[16]
Buchhalter, 9.4.1911 Triest geb.,
Staatsbürgerschaft ungeklärt, rk.,
led., Wien I., Kohlmessergasse 3 wh.,
festgenommen. Er hat in großem Umfange Schleichhandel mit Mangelware getrieben und diese für Lebensmittelsendungen in das Ghetto Theresienstadt verwendet. Gegen ihn wird Schutzhaft beantragt.

Am 13.7.1944 wurde die Jüdin Aloisia Sara *Springer*,
geb. Granitzer,[17] Haush., 23.12.1879
Brünn geb., DR., rk., vw., Wien V.,
Margaretenstraße 80 wh.,
festgenommen. Sie hat bisher die für Juden erlassenen Richtlinien nicht beachtet, sich weder eine Kennkarte gelöst noch den Zusatznamen angenommen und außerdem bei ihrer Vorsprache in der hiesigen Dienststelle ihre Abstammung verschwiegen. Sie wird nach Auschwitz umgesiedelt.
[...][18]

14 Franz Springer (*1913), Lagerist; im Nov. 1944 nach Buchenwald deportiert; nach dem Krieg heiratete er Anna Mach (*1921); von 1946 an bei der Österreich. Zensurstelle.

15 Vermutlich: Stefanie Perschl.

16 Miro Werner (1911–1988), Opernsänger und Buchhalter; 1935–1938 Ausbildung zum Opernsänger, 1940–1944 Buchhalter in Wien; im Juni 1944 wurde er verhaftet und bis Febr. 1945 im Polizeigefangenenhaus Wien inhaftiert, dann über Mauthausen nach Dachau deportiert, befreit im Lager München-Riem; 1950 Emigration in die USA, 1985 kehrte er nach Wien zurück.

17 Aloisia Springer, geb. Granitzer (1879–1944); Mutter von Franz Springer; am 1.9.1944 mit Transport 47h nach Auschwitz deportiert und dort ermordet.

18 Der Bericht schließt mit dem Hinweis auf die Verhaftung von franz. Zwangsarbeitern.

DOK. 150

Davar: Nathan Alterman veröffentlicht am 14. Juli 1944 ein Gedicht über die Hoffnungslosigkeit der Juden[1]

Gedicht von Nathan Alterman[2] vom 14.7.1944[3]

Herzl und die Kinder
Auf Feindes Erde
liegt sein Grab[4]
und Feindes Himmel ist über ihm
mit Feindes Erde
kämpft seine Asche
und Feindes Erde bedeckt seine Knochen

Keine Schmückung und keine Pilger
aber seine Gefangenschaft wird in Ehren gehalten
Alleine ist er geblieben
Ein Schiffskapitän eingehüllt in einer Fahne

Und die Nacht ist klar.
Über dem Baum und seinen Ästen
glitzern unsterbliche Sterne
Und die Nacht ist still. Und in der Nacht rollen
auf den eisernen Gleisen
die Züge des Todes

Und die Erde des Feindes schneidet ihm die Luft ab
Und die Kinder der Juden werden in diesen Zügen transportiert
Nun steht er auf. Und stürmt durch die verkrustete Erde
Er fragt aus seinem offenen Grab:
„Was tut ihr den jüdischen Kindern an?
Was tut ihr ihnen an von Mitternacht bis zum Morgengrauen?"

Und die Kinder der Juden antworten ihm mit lauter Stimme:
Und ihre Stimme steigt wie Musik hinauf zu ihm
„Papa, Papa, uns wird ein großes Grab gegraben und mit Erde zugeschüttet.

1 Davar, Nr. 5777 vom 14.7.1944, S. 2. Das Dokument wurde aus dem Hebräischen übersetzt. Davar war eine zwischen 1925 und 1996 zunächst in Palästina, später in Israel erscheinende Tageszeitung. Herausgeber war bis 1944 Berl Katznelson (1887–1944).

2 Nathan Alterman (1910–1970), Schriftsteller, Agronom; 1925 Emigration nach Palästina; dort schriftstellerische Arbeit; 1934 Mitarbeiter der Tageszeitung Haaretz, seit 1943 Mitarbeiter bei Davar; 1967 Mitglied der Bewegung für ein Großisrael; 1957 Gewinner des Bialik-Preises, 1968 des Israel-Preises.

3 Interpunktion wie im Original.

4 Theodor Herzl wurde nach seinem Tod am 3.7.1904 auf dem Döblinger Friedhof in Wien bestattet. 1949 wurde der Leichnam nach Israel überführt und damit Herzls Wunsch entsprochen, nach der Errichtung eines jüdischen Staates dort beerdigt zu werden.

Papa, Papa, wir sind so klein,
und wir werden nie wachsen.
Wir werden bloß in Trauer liegen.
Papa, es gibt hier viele, die zum ersten Mal Zug fahren.“

Er hört alles. Gottes Sterne zittern.
Nacht. Eine klare Nacht.
Er erinnert sich an das Kinderzimmer,
in dem er so gerne ruhte.
Er hört alles. In seinen Augen stehen Tränen wie brennende Flammen.

Er sah andere Züge vor,
und andere Reisen, und ein anderes Land.
Aber das Volk hat sich nicht bewegt.
Das Volk hat das Tal des Todes nicht verlassen.
40 Jahre,
40 Jahre,
warteten sie auf die Todeszüge,
und die Stimmen der Kinder verstärken sich
und die Stimmen der Kinder steigen.

In der Welt, der großen weiten Welt
fährt der Zug ungehindert durch,
die Stimmen der Kinder sprechen:
„Erinnert euch,
viele Züge wurden angehalten,
nur dieser Zug konnte nicht angehalten werden,
kein Mensch,
kein Volk,
kein Königreich.“

Und die Stimmen der Kinder sangen weiter:
„Erinnert euch,
obwohl mit Gewehren und Granaten bei Untergrundarmeen,
viele Züge angehalten werden konnten
fuhr dieser Zug durch.
Er fuhr durch, weil alle wissen,
auch freie Völker und versklavte Völker,
dass im Zug die Kinder der Juden fuhren.“

Das ist die Wahrheit!
Das ist die Wahrheit!
… Er hat alles vorhergesehen,
nur das nicht,
in seiner dunklen Ahnung.

Aber die Kinder der Juden
singen laut,
und die Zeugen sind Erde, Mensch und Gott.

DOK. 151
Das SS-Wirtschafts-Verwaltungshauptamt informiert das Finanzministerium am 24. Juli 1944 über die Verwertung des in den Lagern geraubten jüdischen Eigentums[1]

Schreiben (Geheim!) des Chefs des SS-Wirtschafts-Verwaltungshauptamts (Abschrift zu o 5400–32/44 VI), gez. SS-Obergruppenführer und General der Waffen-SS,[2] A II/3[3] Reinh./Ma/Ro, Geh.Tgb.Nr. 66/44, Berlin, Unter den Eichen 126–135, an den Reichsminister der Finanzen vom 24.7.1944 (Abschrift)[4]

Betr. Beschlagnahmtes Judenvermögen
Bezug: Dortiges Schreiben vom 15.7.44 Az.o 5221 A – 225 VI[5]
Zu obigem Schreiben wird mitgeteilt:
Es handelt sich um Judenwerte, die zugunsten des Reiches eingezogen sind, und zwar
Reichsmarkbeträge,
RKK-Scheine,[6]
Devisen in Münzen und Noten,
Wertpapiere sowie
Schmuckstücke und Gebrauchsgegenstände aus Edelmetallen aller Art.[7]
Die Beifügung einer Aufstellung ist wegen des zu großen Umfanges nicht möglich. Die Werte fallen in Konzentrationslagern an.
Es wird darauf hingewiesen, daß in dieser Angelegenheit bereits mehrfach Besprechungen mit einem Beauftragten des RFM. stattgefunden haben. Die letzte Besprechung hat am 11.5.43 zwischen SS-Gruppenführer und Generalleutnant der Waffen-SS *Frank*[8] und Herrn Rechnungsdirektor *Patzer*[9] stattgefunden.
Die Verwertung wird wie folgt durchgeführt:

1 BArch, R 2/21775, Bl. 55 f.
2 Oswald Pohl.
3 Das WVHA wurde am 1.2.1942 aus den SS-Hauptämtern Verwaltung und Wirtschaft sowie Haushalt und Bauten gebildet und von Oswald Pohl geleitet. Die Amtsgruppe A war für die Truppenverwaltung zuständig, Ref. II unter der Leitung von Bruno Melmer (1909–1982) für Finanzen. Die auch als Amtskasse der SS geltende Abt. organisierte den Transfer der geraubten Wertsachen aus den Konzentrationslagern zur Reichsbank.
4 Im Original handschriftl. Bearbeitungsvermerke.
5 Nicht aufgefunden.
6 Reichskreditkarten-Scheine: Auf Reichsmark lautende Zahlungsmittel, die nur in den besetzten Ländern Gültigkeit hatten.
7 Geraubten Schmuck und Edelmetallgegenstände übergab die Reichsbank an die Zentrale der Berliner Pfandleihe, die die Gegenstände veräußerte und der Reichsbank die entsprechenden Erlöse überwies.
8 August Frank (1898–1984), Kaufmann; von 1939 an Leiter des SS-Verwaltungsamts in Berlin, seit 1942 leitete er das Amt A (Truppenverwaltung) im WVHA, seit Nov. 1944 das Heeresverwaltungsamt; 1947 zu einer lebenslangen Haftstrafe verurteilt, 1954 entlassen.
9 Dr. Max Patzer (*1899), Beamter; 1933 NSDAP-Eintritt; Rechnungsdirektor im RFM.

Geldsorten aller Art sowie Wertpapiere werden durch die Reichshauptbank, Abt. Edelmetalle – Bankrat *Thoms* –, bearbeitet. Schmuck- und Gebrauchsgegenstände aus Edelmetallen werden durch die Städtische Pfandleihanstalt, Abteilung 3, Zentralstelle, Berlin N 4 – Amtsrat *Wieser* –, verwertet.
In einer am 24.7.44 durchgeführten Besprechung beim Beauftragten für den Vierjahresplan wurde Übereinstimmung über die weitere beschleunigte Bearbeitung der angefallenen Werte erzielt.
Die Erlöse werden an die Reichshauptkasse zugunsten Reichsfinanzministerium, Sonderkonto „Max Heiliger", überwiesen.
Auf diesbezügliche hiesige Mitteilung an den Rechnungshof des Deutschen Reiches, nachrichtlich an RFM, vom 19.11.43 – Az. A II/3 Reinh. Geh.Tgb.Nr. 1–2/43, dortiges Az. J 7070–89 I, wird Bezug genommen.[10]

DOK. 152

Der Generalstaatsanwalt in Hamm erhebt am 25. Juli 1944 Anklage gegen Franziska Binder, die öffentlich über jüdische Massengräber im Osten gesprochen hat[1]

Anklageschrift des Generalstaatsanwalts Hamm (50.Js. 482/44), gez. Dr. Joël,[2] vom 25.7.1944 (Abschrift)[3]

Die Ehefrau Franziska Binder[4] aus Koblenz, Hohenzollernstr. 9, geb. am 25.7.1899 in Koblenz, nicht bestraft,
wird angeklagt,
zu Koblenz im Frühjahr 1944 durch teilweise ein und dieselbe fortgesetzte Handlung
a) öffentlich den Willen des deutschen Volkes zur wehrhaften Selbstbehauptung zu lähmen und zu zersetzen gesucht,
b) hetzerische Äußerungen getan zu haben.
Verbrechen der Wehrkraftzersetzung sowie Heimtückevergehen strafbar nach § 5 Abs. 1 Ziff. 1 KSStrVO., § 2 Abs. 2, 3 HG.

Beweismittel:
I. Einlassung des[5] Angeschuldigten.
II. Zeuge:
1.) Wwe. Maria Hoffmann, Koblenz, Hohenzollernstr. 9a.[6]

10 Nicht aufgefunden.

1 BArch, R 3001/140236, Bl. 2 f.

2 Dr. Karl Günther Joël, auch Joel (1903–1978), Jurist; 1933 NSDAP-Eintritt; 1933–1943 Mitarbeiter des RJM; 1938 SS-Eintritt; 1943 SS-OStubaf.; von Aug. 1943 an Generalstaatsanwalt in Hamm; 1947 im Nürnberger Juristenprozess verurteilt, 1951 begnadigt; seit 1956 Wirtschaftsberater bei der Friedrich Flick AG.

3 Im Original handschriftl. Bearbeitungsvermerke und Unterstreichungen.

4 Franziska Binder, geb. Redecker (1899–1954), Verkäuferin und Krankenpflegerin; 1920 Heirat mit einem Polizeimeister, seit 1929 verwitwet, 1935 erneute Ehe mit dem Regierungsassistenten Artur Binder; 1935 Eintritt in die NS-Frauenschaft; vor ihrem Haftantritt tauchte sie Mitte Sept. 1944 in Halle unter; lebte nach dem Krieg in Nassau/Lahn.

Wesentliches Ergebnis der Ermittlungen.

1.) *Zur Person*:

Die Angeschuldigte hat in Essen die Volksschule [besucht] und zunächst den Verkäuferinberuf ergriffen. Später war sie als Krankenpflegerin im Städt. Krankenhaus in Düsseldorf mehrere Jahre tätig. Im Alter von 20 Jahren verheiratete sich die Angeschuldigte in Düsseldorf mit einem Polizeimeister, der 1929 an einem Lungenleiden verstarb. Aus dieser Ehe ist ein Kind im Alter von jetzt 20 Jahren hervorgegangen. 1935 schloß die Angeschuldigte eine zweite Ehe, aus der gleichfalls ein Kind hervorgegangen ist. Der Ehemann der Angeschuldigten ist Regierungsassistent beim Oberpräsidium in Koblenz. Er ist während des Krieges zuerst nach Essen und jetzt nach Köln abkommandiert worden. Das elterliche Haus der Angeschuldigten in Essen ist durch Fliegerangriff vernichtet. Ihr Vater ist im April 1943 in Essen verstorben.

Die Angeschuldigte hat sich politisch nicht betätigt. Seit 1935 gehört sie der NS-Frauenschaft an.

2.) *Zur Sache*:

Die Angeschuldigte läßt bei der Zeugin Hoffmann, die Schneiderin ist, arbeiten. Im Frühjahr suchte die Angeschuldigte diese Zeugin auf, um sich ein Kostüm anfertigen zu lassen. Dabei kam sie mit der Zeugin in ein politisches Gespräch, in dessen Verlauf sie folgendes äußerte:

„Es ist schlimm heute, man hat nichts mehr zu essen. Die Kinder werden jetzt alle evakuiert, und es sieht schlimm für uns aus. Der Krieg ist für uns ja doch verloren, die Engländer und Amerikaner sind doch so nette Menschen, und wenn die wieder ins Rheinland kommen, haben wir binnen 24 Stunden genügend zu essen."

Weiter erzählte die Angeschuldigte, daß sie sich in einer Gastwirtschaft mit einer Dame über die Kriegslage unterhalten hätte, und diese sei wie sie der Meinung gewesen, daß der Krieg von uns nicht gewonnen werden könne. Die Dame habe noch erklärt, es sei eine Schande, daß wir noch weiterkämpften, es sei ja doch sowieso schon alles für uns verloren. Von einem Soldaten wollte die Angeschuldigte gehört haben, daß im Osten die jüdischen Massengräber wieder geöffnet wurden und die Leichen verbrannt, um die Spuren der von uns umgebrachten Juden zu verwischen. Die Gräber sollten von den Russen bei ihrem Vordringen nicht entdeckt werden.[7]

Die Zeugin verwies der Angeschuldigten derartige Äußerungen.

Die Angeschuldigte schwächt die gemachten Äußerungen ab und führt sie auf Erregung und Übernervosität zurück. Sie wird durch die Bekundungen der Zeugin Hoffmann überführt.

Es wird beantragt:

Hauptverhandlungstermin anzuberaumen.[8]

5 So im Original; eigentlich: der.

6 Anna Maria Hoffmann (1890–1957), Näherin; verheiratet mit dem Schiffsführer Johann Hoffmann, drei Kinder, 1925 wegen Hehlerei zu einer Zuchthausstrafe verurteilt.

7 Siehe Einleitung, S. 23, und Dok. 88 vom 15.10.1943, Anm. 5.

8 Am 8.9.1944 wurde Franziska Binder vom II. Strafsenat des Oberlandesgerichts in Hamm wegen Wehrkraftzersetzung und Heimtücke zu einer Freiheitsstrafe von einem Jahr und sechs Monaten verurteilt; wie Anm. 1.

DOK. 153

Der Vertrauensmann der Reichsvereinigung Max Speier sucht am 29. Juli 1944 nach einer Unterbringungsmöglichkeit für ein von seinen Eltern zurückgelassenes dreijähriges Kind[1]

Schreiben des Vertrauensmanns der Reichsvereinigung der Juden in Kassel, gez. Max Speier,[2] Kassel-Bettenhausen, Fasanenweg 2, an die Reichsvereinigung der Juden in Deutschland, Berlin, Iranische Str. 2 (Eing. 2.8.1944), vom 29.7.1944

Das Kind *Bela Heymann*,[3] geboren in Berlin am 5. Februar 1941, ist von seinen jüdischen Eltern am 25.6.1943 im Hausflur des St.-Vincenz-Kinderheims in Bochum ausgesetzt worden.
Eltern des Kindes:
Vater: Walter Israel Heymann,[4] geboren 16.3.1915 in Oberhausen Rhld.
Mutter: Ursula Sara Heymann,[5] geb. Königsberger, geboren 19.2.1916 in Berlin-Schöneberg. Beide zuletzt wohnhaft in Berlin, evakuiert im Jahre 1943 von der Staatspolizei-Leitstelle in Berlin.
Nachdem vorgenanntes Kinderheim schwer bombengeschädigt wurde, ist das Kind zur Lehrerin Frl. Bernhardine Schulte[6] in Eppe bei Korbach i. Waldeck evakuiert worden, woselbst es aber nicht bleiben kann.
Ich bin von zuständiger Stelle beauftragt, für schnellste Erledigung zu sorgen, und bitte daher um sofortige Anweisung, was mit dem Kind geschehen soll. Das Kind ist augenblicklich hier in Kassel, Querallee 21, notuntergebracht, wo es aber ebenfalls nicht bleiben kann.
Ergebenst

1 BArch, R 8150/766, Bl. 9.

2 Max Speier (1904–1986), Vertreter; 1929 Heirat mit Margarethe Kraft; 1938 im KZ Buchenwald inhaftiert; wohnte später mit seiner nichtjüdischen Ehefrau in verschiedenen Kasseler „Judenhäusern"; 1946 Emigration in die USA.

3 Bela Heymann (*1941); im Sept. 1944 in das Jüdische Krankenhaus Berlin überführt, 24.11.1944 Deportation nach Theresienstadt; nach der Befreiung Rückkehr nach Deutschland, wo sie adoptiert wurde.

4 Walter Heymann (1915–1945); am 24.8.1943 Deportation nach Auschwitz; für tot erklärt.

5 Ursula Heymann, geb. Königsberger (1916–1945); am 2.3.1943 Deportation nach Auschwitz; für tot erklärt.

6 Bernhardine Schulte (1900–1981), Lehrerin; 1923–1957 Lehrerin in Eppe, danach bis 1965 in Korbach.

DOK. 154
Das Oberkommando der Wehrmacht ruft im Juli 1944 dazu auf, den Kampf gegen das Judentum bis zu seiner endgültigen Vernichtung fortzusetzen[1]

Einführung zum Richtheft des Oberkommandos der Wehrmacht,[2] Heft 7,[3] vom Juli 1944

Der Jude als Weltparasit

„Der Jude siegt mit der Lüge und stirbt mit der Wahrheit."
Adolf Hitler[4]

Einführung In diesem Krieg, der um Sein oder Nichtsein des deutschen Volkes geht, müssen wir uns täglich daran erinnern, daß es das Judentum war, das diesen Krieg gegen uns entfesselt hat. Ob uns der Jude dabei als Bolschewist oder als Plutokrat, als Freimaurer oder in sonst irgendeiner Tarnung oder auch ganz ohne Maske gegenübertritt, ist gleich: er bleibt immer derselbe. Er ist es, der die verschiedenen Völker, die heute gegen uns stehen, so verhetzt und geistig so beeinflußt hat, daß sie mehr oder weniger willenlose Werkzeuge des internationalen Judentums gegen uns geworden sind.
In welcher Form der Jude sich große Völkergruppen und Staaten dienstbar macht, ist bereits in den beiden Richtheften „Der Schicksalskampf im Osten" und „Europa und Amerika" für diese beiden Staaten nachgewiesen worden.[5] Beide Hefte sind damit in dieser Hinsicht gedankliche Vorläufer dieses Richtheftes „Der Jude als Weltparasit". Gerade zu Beginn des sechsten Kriegsjahres dürfen wir uns nicht gestatten, die Judenfrage irgendwie zu verkennen. Als erstes muß daher immer wieder den mancherlei noch ver bliebenen Resten früherer Erziehungseinwirkungen und allgemein üblicher Ansichten entgegengewirkt werden, nach denen das Judentum nur als eine Konfession anzusehen sei. Vielmehr muß grundsätzlich die Tatsache des Rassengemisches, wie es das Judentum darstellt, herausgehoben werden. Es ist also von der Frage des jeweiligen Glaubensbekenntnisses der Juden völlig abzusehen und dafür allein die blutlich rassische Grundlage zu setzen.
Die Nationalsozialistische Deutsche Arbeiterpartei hat von Anbeginn ihres Bestehens das deutsche Volk immer wieder über diese Grundtatsachen aufzuklären versucht. Schon 1922 sagte der Führer: „Wir waren endlich ja auch diejenigen, die zum ersten Male im großen Zuge das Volk hinwiesen auf eine Gefahr, die sich bei uns einschlich,

1 IfZArch, Da 033 062-7. Abdruck in: John Mendelsohn, The Holocaust. Selected Documents in Eighteen Volumes, Vol. 4: Propaganda and Aryanization, New York 1982, S. 1–92.
2 Die Richthefte des Oberkommandos der Wehrmacht waren Unterrichtshefte bzw. Nachdrucke von Reichsschulungsmaterialien der NSDAP. Die Richthefte wurden nur auf Anfrage und in begrenzter Auflage vom OKW, Allgemeines Wehrmachtsamt, Abt. Inland, zu Schulungszwecken herausgegeben.
3 Die Originalausgabe erschien im Zentralverlag der NSDAP, Franz Eher Nachf., als erstes Reichsschulungsthema 1943/44.
4 Dieser Ausspruch wurde regelmäßig als Hitler-Zitat propagandistisch genutzt, beispielsweise als Parole auf den Stürmer-Kästen oder auf Fahnen und Bannern, findet sich in Hitlers „Mein Kampf" aber nur sinngemäß.
5 Heft 3: Der Schicksalskampf im Osten, 1944, Heft 4: Europa und Amerika, 1944; BArch, RWD 12/ 234 und 235.

die die Millionen von Menschen nicht mehr erkannten und die uns noch alle dem Untergang entgegenführen wird, die Judengefahr."[6] Oder in seinem Buch „Mein Kampf" sagt er (S. 335): „Sein Leben innerhalb anderer Völker kann auf die Dauer nur währen, wenn es ihm gelingt, die Meinung zu erwecken, als handle es sich bei ihm um kein Volk, sondern um eine wenn auch besondere ‚Religionsgemeinschaft'."
Auf dieser ersten und größten Lüge, das Judentum sei nicht eine rassische Frage, sondern eine Religion, bauen sich dann in zwangsläufiger Folge immer weitere Lügen auf. Zu ihnen gehört auch die Lüge hinsichtlich der Sprache des Juden. Sie ist ihm nicht das Mittel, seine Gedanken auszudrücken, sondern das Mittel, sie zu verbergen. Indem er beispielsweise deutsch, französisch oder sonst eine Sprache redet, denkt er jüdisch, und während er deutschsprachige Verse drechselt, lebt er in ihnen nur das Wesen seines Volkstums aus. Das bekannteste Beispiel dafür ist Heinrich Heine.
Wie notwendig die ganze Aufklärungsarbeit, der sich auch schon vor dem Bestehen der NSDAP. manche aufrechte Deutsche gewidmet hatten, war und ist, können wir am besten an der jüngsten Geschichte unseres Volkes erkennen. Es galt noch in der vergangenen Generation als unfein, die Judenfrage überhaupt anzuschneiden. Man verschloß sich mit Absicht all diesen Fragen, wenn auch instinktiv der einzelne Jude meist als Fremdkörper empfunden wurde.
Warum bekämpfen dennoch gerade wir Deutschen und fast nur wir allein so energisch das Judentum? Warum finden wir in unserer deutschen Geschichte immer wieder Zeiten, in denen gerade das deutsche Element sich gegen das Judentum wendet? Hier gibt Alfred Rosenberg in seiner Schrift „Die Spur des Juden im Wandel der Zeiten" die Antwort: „Nun gibt es in Europa wohl keine Nation, welche dem inneren Mechanismus des Menschen so nachgegangen ist und ihn auch erklärt hat wie die deutsche. Sie bildet darum in ihrem tiefsten Wesen den geistigen Gegenpol der Juden …"[7]
Trotz alledem war auch im deutschen Volke die Macht des Judentums und seiner Anhänger so groß geworden, daß es zu dem Zusammenbruch von 1918 kam. Der Grund dazu liegt vorwiegend in der Tatsache, daß im Zusammenhang mit der großen zahlenmäßigen Vermehrung unseres Volkes und den gleichzeitig einsetzenden liberalistischen Strömungen immer mehr Deutsche die ausschlaggebende Tatsache des Rassenproblems verkannten und damit auch der jüdischen Gefahr gegenüber gleichgültig wurden.
Durch die nationalsozialistische Weltanschauung wurden in den vergangenen Jahren dem größten Teil unseres Volkes die Augen über diese Probleme geöffnet. Das deutsche Volk erkannte dabei, daß der Jude sich wie ein Parasit in das Leben nicht nur unseres Volkes, sondern aller Völker dieser Erde eingeschlichen hatte und durch die innere Aushöhlung der urtümlich rassischen Eigenkräfte der Völker sie in ihrer volklichen und staatlichen Existenz zerstören und sich dann zum Herrn über sie aufschwingen wollte.
Es ist jedoch falsch, wenn der eine oder andere Deutsche aus der Tatsache heraus, daß der Jude in Deutschland politisch ausgeschaltet ist, glaubt, daß damit auch der jüdische

6 Rede Hitlers vom 12.4.1922 auf dem NSDAP-Parteitag in München; abgedruckt in: Ernst Boepple (Hrsg.), Adolf Hitlers Reden, München 1933, S. 6–36, hier S. 20.

7 Alfred Rosenberg, Die Spur des Juden im Wandel der Zeit, München 1937 [1920], S. 80. Richtig lautet die Passage: „Nun gibt es in Europa wohl keine Nation, welche dem inneren Geheimnis des Menschen so nachgegangen und es so verklärt hatte, wie die deutsche. Sie bildet darum in ihrem tiefsten Wesen den geistigen Gegenpol des Juden."

Einfluß in unserem Denken und Handeln schon völlig ausgeschaltet sei. Man gibt sich sogar hier und da oft der oberflächlichen Meinung hin, daß das auch bei den anderen Völkern der Welt so sei, weil sie vielleicht unserem Beispiel gefolgt wären. Das ist aber zunächst nur bei wenigen der Fall. Wir müssen vielmehr bedenken, daß auf der ganzen Welt nach vorsichtigen Schätzungen rund 16 Millionen Glaubensjuden leben, daß davon allein in Europa gut 10 Millionen, also fast drei Fünftel aller Juden, ansässig sind, in Amerika 4,5 Millionen, gleich einem knappen Drittel, dann in Asien 800 000, in Afrika 530 000 und in Australien 25 000 Glaubensjuden. Allein aus dieser Zahlenübersicht ist verständlich, warum die Judengefahr besonders Europa in einem so außerordentlichen Maße bedroht. Es ist uns aber gleicherweise verständlich, daß das sprunghafte Anwachsen des Judentums in Amerika für uns eine besondere Gefahr bedeutet. Der Jude verlagert gerade jetzt seine Hauptkräfte in die westliche Hemisphäre, um von dort aus in sicherer Position, wie er glaubt, den Krieg gegen uns führen zu können.

Aber trotzdem er sich, wenigstens im Augenblick, so sicher fühlt, macht der Jude sich doch sehr viel Gedanken, warum die erwachten Völker Europas eine so starke Abwehrstellung gegen ihn bezogen haben. Nichts kennzeichnet mehr seine Unsicherheit auf dem ihm von seinem Gesetz vorgeschriebenen Weg zur Weltherrschaft als Überlegungen solcher Art, wie wir sie bei jüdischen Schriftstellern öfter finden.

Es ist zum Teil diese Unsicherheit, die den Juden dazu zwingt, noch schneller und konsequenter seine Ziele zur Erringung der Weltherrschaft durchsetzen zu wollen. Wenn schon Goethe zu seiner Zeit sagte: „Der Jude wird uns nicht verschonen",[8] so können wir sicher sein, daß der Jude diesem Grundsatz heute mehr denn je treu bleibt. In dem Buch der Juden Zangwill und Roth „Now and forever"[9] wird in einem Gespräch enthüllt, wie sich der jüdische Weltparasit die Durchsetzung seines letzten Zieles: die Erringung der Weltherrschaft, vorstellt. Mit aller dem Judentum zur Verfügung stehenden Glaubensinbrunst wird hierin das Erscheinen des Rächers geschildert, der, von Land zu Land wandernd, seine Mannschaft sammelt, an deren Spitze er mit sadistischer Grausamkeit und Zerstörungslust Europa vernichtet, dieses Europa, das sich dem Juden nicht beugen wollte, sondern sich seinem Weg zur Weltherrschaft entgegenstemmte.

Wir Nationalsozialisten glauben dem Führer, wenn er sagt, daß am Ende dieses vom jüdischen Weltparasiten gegen uns als seinem stärksten Gegner entfesselten Kampfes die Vernichtung des Judentums in Europa stehen wird. Bis aber diese Vernichtung vollzogen ist, müssen wir immer daran denken, daß der Jude unser absoluter und vor nichts zurückschreckender Gegner ist, der uns gegenüber nur das eine Ziel kennt: unsere restlose Vernichtung.

8 Im „Faust", 1. Akt heißt es: „Nun soll ich zahlen, alle lohnen: / Der Jude wird mich nicht verschonen: / Der schafft Antizipationen, / Die speisen Jahr um Jahr voraus. / Die Schweine kommen nicht zu Fette / Verpfändet ist der Pfühl im Bette. / Und auf den Tisch kommt vorgegessen Brot."

9 Samuel Roth, Now and forever. A conversation with Mr. Israel Zangwill on the Jew and the future, New York 1925. In dem Buch werden anhand eines fiktiven Zwiegesprächs zwischen dem jüdischen Autor Samuel Roth (1893–1974) und dem Zionisten Israel Zangwill (1864–1926) Fragen des Antisemitismus und des politischen Zionismus diskutiert.

DOK. 155

Ein Bericht für den Jüdischen Weltkongress schildert am 4. August 1944 die Lage der untergetauchten Juden und die Zerstörungen in Berlin[1]

Bericht aus dem Genfer Büro des Jüdischen Weltkongresses, gez. FU/MB,[2] an die Zentrale in New York vom 4.8.1944

In der Iranischen Straße 2, Berlin NW 35, ein früheres jüdisches Krankenhaus, ist die Reichsvereinigung der Juden in Deutschland untergebracht. Es arbeiten dort noch einige Beamte. Im Haus selbst befindet sich die Gestapo, der die Reichsvereinigung untersteht. Außerdem ist ein jüdisches Spital, in dem jüdische Kranke, die noch im Reich leben dürfen, gepflegt werden, dort eingerichtet. In diesem Spital sind einige Ärzte sowie Krankenschwestern.

In der Iranischen Straße ist auch die Zentrale des von der Gestapo unterhaltenen jüdischen Spitzeldienstes.[3] Einigen Juden ist bewilligt, ohne Judenstern durch die Straßen zu gehen und nach versteckten, verkleideten oder aber mit falschen Papieren versehenen Juden Ausschau zu halten. Diese Streifen ziehen durch die Straßen der Stadt und suchen nach Bekannten. Treffen sie mit dem einen oder anderen zusammen, so zeigen sie sich sehr erfreut, aber in der nächsten Stunde oder spätestens am nächsten Tag sind die Opfer bereits von der Gestapo abgeholt und in die Iranische Straße verbracht, wo auch ein Lager sich befindet[4] und wo Transporte zusammengestellt werden – der letzte ca. Ende Mai – und wenn je einige 100 Leute zusammen sind, nach Theresienstadt abgefertigt werden.[5] Die 3–4000 versteckten Juden in Berlin sind größtenteils mit anderen Papieren versehen, hausen teils in den Ruinen der ausgebombten Häuser, teils sind sie von Ariern versteckt. Lebensmittel erhalten sie nur im Schleichweg oder im Schwarzhandel und müssen dafür hohe Preise zahlen: 1 Pf. Kaffee kostet 350–400 M[ark], 1 Pf. Tee bis 500 M, ein Pf. Butter 78–80 M, für ein Stück gute Seife zahlt man 40 M oder gibt 40 Zigaretten. Zucker ist billig, 1 Pf. kostet höchstens 15 M.

Es ist erlaubt, Freunden, Verwandten, Juden wie Nicht-Juden,[6] Pakete nach Theresienstadt zu senden. Diese Pakete enthalten größtenteils Haferflocken, Gerstenmehl, Erbsmehl, Kartoffeln, kurzum, unrationierte Produkte. Dagegen Fleisch, Fett, Butter können nicht geschickt werden. Produkte, die aus dem Ausland nach Berlin kommen, können nach Theresienstadt weitergeschickt werden, und so gehen vor allem Sardinen aus

1 CZA, C3\35-45. Abdruck in: Adler, Die verheimlichte Wahrheit (wie Dok. 39 vom 11.6.1943, Anm. 1), S. 303 f.

2 Vermutlich: Franz Ullman, Mitarbeiter des Genfer Büros des Jüdischen Weltkongresses 1944/45, und Myra Becker, Sekretärin des Genfer Büros und Mitarbeiterin Gerhart Riegners.

3 Gemeint ist der sog. Jüdische Fahndungsdienst; siehe Einleitung, S. 32 f., und Dok. 87 vom 7.10.1943, Anm. 3.

4 Gemeint ist das Sammellager Schulstraße im Jüdischen Krankenhaus; zu den Zuständen dort siehe Dok. 117 vom 7.3.1944.

5 Die letzte größere Deportation aus Berlin nach Theresienstadt mit über 100 Personen – überwiegend Juden aus nicht mehr existierenden „Mischehn" – fand am 10.1.1944 statt. Bis Anfang 1945 wurden nur noch kleinere Transporte mit weniger Menschen nach Theresienstadt geschickt.

6 Gemeint sind in „Mischehe" lebende Juden und „Mischlinge", zumeist Christen jüdischer Abstammung.

Deutschland jeden Monat zu vielen hunderten Paketen nach Theresienstadt. Die Pakete werden direkt an die Aufgeber bestätigt.
Aus Theresienstadt sind Berichte da, daß die Verpflegung sehr mäßig ist, d. h. daß die rationierten Gegenstände, die Juden im Reich beziehen dürfen, in Theresienstadt zugewiesen werden, aber diese rationierten Gegenstände enthalten weder Fleisch noch Fisch noch Eier noch Konserven noch Fett, weder Obst noch Konfitüren, kurzum, es sind alle die Produkte, die durch den seinerzeitigen Erlaß für Juden zum Kauf verboten wurden,[7] auch in Theresienstadt nicht zugelassen.
Berlin selbst ist sehr stark mitgenommen, das Gebiet um das Tempelhofer Feld ist nahezu vollkommen vernichtet, desgleichen die Gegend um das Regierungsviertel, wo nur noch einige kleine Bauten stehen. Vollkommen zerstört sind die Warenhäuser Tietz, Wertheimer,[8] KDW,[9] das Hotel Kaiserhof und der angrenzende Platz Bahnhof Friedrichstraße, und zerstört sind die Friedrichstraße mit den angrenzenden Straßen; der Tiergarten ist wie viele angrenzende Häuser durch Luftminen beschädigt, die Bäume sind ihrer Baumkronen beraubt, und man sieht nur Baumstämme, die 3, 4 bis 8 Meter in die Luft ragen. Desgleichen sind die Häuser vielfach bis in den ersten Stock wegrasiert. Diese Luftminen, die außerordentlich gefürchtet sind und von englischen Schnellbombern gebracht werden, zerstören im Umkreis von 300 m alles. Sie explodieren in einer Höhe von 8–20 m. Fensterauslagen sieht man gar keine mehr, und es wird auch kein Spiegelglas für die Verglasung der Auslagenfenster ausgeteilt, für Wohnfenster nur für die inneren Fenster, dagegen werden für die äußeren Fenster keine Gläser mehr geliefert. Der Kurfürstendamm bis zur Bleibtreustraße ist stellenweise ebenfalls ausgebrannt. Das Polizeipräsidium ist in seinem Hauptflügel zusammengestürzt. Der Kaiserdamm ist ebenfalls stark mitgenommen, die Schönhauser Allee ebenfalls. Zu bemerken ist, daß der Schutt nach den Bombardements nur an die Seite geschaufelt wird, daß vielfach bis zum ersten Stock ganze Einrichtungen und Vorräte unter den Trümmern begraben sind und daß durch die großen Schuttanhäufungen eine außerordentliche Zunahme von Ratten und Ungeziefer zu verzeichnen ist. Es ist auch bemerkenswert, daß bei weitem nicht alle Verschütteten gerettet werden können und Häuser oder Straßenzüge 2–3 Tage gebrannt haben. Nach 6–7tägigen Bemühungen müssen die Rettungsarbeiten manchmal aufgegeben werden. Es kommt vor, daß die mit den Rettungsarbeiten Beschäftigten mit Horchgeräten arbeiten müssen und daß man oftmals Menschenklopfen innerhalb der Schutthaufen feststellen konnte, aber die Menschen selbst nicht retten konnte.
In Oranienburg ist der Sitz der SS und befindet sich ein Konzentrationslager,[10] das bereits vor dem Krieg bestand, das mit Wachtürmen, Maschinengewehren umgeben ist und das des Nachts mit Kugelreflektoren taghell beleuchtet ist. In diesem Konzentrationslager befinden sich größtenteils politische Gefangene, darunter auch zahlreiche ausländische Arbeiter, die wegen irgendwelchen Schmähungen, geringfügiger Meinungsäußerungen dorthin verbracht wurden.

7 Erlass des RMEuL vom 18.9.1942; BArch, R 8150/14, Bl. 240–243.
8 Richtig: Wertheim.
9 Gemeint ist das Kaufhaus des Westens.
10 Gemeint ist die Inspektion der Konzentrationslager, die zwischen 1938 und 1945 am Rande des Konzentrationslagers Sachsenhausen untergebracht war.

Äußerst gefährlich ist es, in Berlin in den Straßenbahnen, Untergrundbahnen, Autobussen nach Bombardierungen zu fahren, da zu diesem Zeitpunkt die Hitlerjugend als Spitzel arbeitet und in den Verkehrsmitteln irgendwelche mißmutigen Äußerungen auffängt und die Betreffenden arretieren läßt. Man sagt, daß in Berlin im Plötzensee-Gefängnis 400 Personen täglich wegen Feindbegünstigung oder Verbreitung falscher Gerüchte erschossen werden.[11] Darunter befinden sich zahlreiche ausländische Arbeiter.
Es ist noch zu erwähnen, daß nach den Bombardierungen die Straßen zuallererst geräumt werden und daß der Verkehr sowohl auf der Untergrundbahn wie mit der Straßenbahn und Autobussen sofort nach der Bombardierung wieder aufgenommen wird. Die Trottoirs bleiben vielfach verschüttet. Dagegen sind die Verkehrsmittel oft eine Stunde nach einem Bombardement wieder intakt. Es werden vielfach auf allen wichtigen Linien Sonderautobusse eingestellt. Übrigens ist jeder Autofahrer verpflichtet, Leute, die zur Arbeit gehen und die ihm ein Zeichen geben, daß sie mitfahren wollen, mitzunehmen.
Ein großer Teil der von den Juden konfiszierten Wohnungen steht heute noch leer. Es hat viele Monate gedauert, bis die Einrichtungsgegenstände sowie Wäsche aus den Wohnungen geräumt wurden. Die Gegenstände sollen angeblich den Bombengeschädigten ausgefolgt worden sein. Gewißheit darüber besteht nicht. Tatsache ist, daß die Bombengeschädigten nach einer Bombardierung Anweisungen für Kleider und dergleichen erhalten, daß aber mit diesen Gutscheinen keine Waren zu bekommen sind.
Nach dem Bericht sollen auch in anderen Städten, wie in Leipzig, vereinzelt Juden noch wohnen, die irgendwie für die Wirtschaft von Bedeutung sind. Auch im Reich sollen in den verschiedenen Städten noch Juden versteckt sein; über die Anzahl ist nichts bekannt. Die Reichsvereinigung unterhält heute noch in einzelnen Gebieten des Reichs Betreuungsstellen zur Betreuung, sei es von nicht deportierten Juden, sei es von B-Juden.[12]

DOK. 156

Edgar Kupfer-Koberwitz vermerkt am 7. August 1944 in seinem Tagebuch die Ankunft mehrerer Tausend Juden aus Warschau in Dachau[1]

Handschriftl. Tagebuch von Edgar Kupfer-Koberwitz,[2] Konzentrationslager Dachau, Eintrag vom 7.8.1944

Stuttgart scheint sehr zerstört zu sein, auch die wenigen Zeilen, die mir Hilda schreibt, deuten auf einen furchtbaren Zustand, in dem die Stadt sich befinden muß. Was die Zeitungen so der Bevölkerung Stuttgarts sagen und an Anweisungen, läßt erkennen, daß

11 Im Strafgefängnis Plötzensee wurden im Jahr 1944 insgesamt 534 Menschen hingerichtet.
12 In „privilegierter Mischehe" lebende Juden, die von der Deportation vorläufig ausgenommen waren.

1 University of Chicago Library, Special Collections Research Center, Kupfer-Koberwitz, Edgar. Dachau Diaries, Box 4, Fol. 9. Abdruck in: Edgar Kupfer-Koberwitz, Dachauer Tagebücher. Die Aufzeichnungen des Häftlings 24 814, München 1997, S. 341 f.
2 Edgar Kupfer-Koberwitz (1906–1991), Journalist; verschiedene Tätigkeiten in der Landwirtschaft, in Fabriken und Büros, 1925–1940 lebte er u. a. in Italien; 1940 wurde er nach Deutschland wegen staatsfeindlicher Betätigung ausgeliefert und in das KZ Dachau eingewiesen, wo er als Häftlingsschreiber tätig war; von 1945 an in den USA und in Sardinien, von 1984 an wieder in Deutschland.

ein großer, vielleicht der größte Teil der Stadt nur noch Ruinen sind. – Gestern kamen 4000, heute angeblich 2000 Juden ins Lager, aus Warschau, aus dem Ghetto.[3] – Aber keine polnischen Juden, die sind längst schon alle im Warschauer Ghetto getötet, wenigstens hat man das gesagt, sondern holländische und belgische Juden. – Sie mußten angeblich Freitag vor einer Woche zu Fuß 120 klm. gehen, bei Nacht, bei Tag im Felde schlafen. – Später hatten sie russische Artillerie im Rücken, also waren die Russen schon über Warschau hinaus. – Sie konnten nichts mitnehmen. – Im Lager sollen jetzt auf einer Stube 500 Mann liegen, das wären 2000 auf einem Block. – Unvorstellbar. – Letzte Zeiten. –

Wahrscheinlich wagt man noch nicht, holländische und belgische Juden zu töten. – St. Nazaire soll gefallen sein, ein wichtiger Hafen Frankreichs.[4] Es scheint also in Frankreich jetzt bald größere Dimensionen anzunehmen. – Auch in Rußland geht es vorwärts, Richtung Krakau.

DOK. 157

Albert Speer bedrängt Joseph Goebbels am 7. August 1944, den Arbeitseinsatz von Juden aus Ungarn auf Reichsgebiet zu unterstützen[1]

Schreiben von Albert Speer, Reichsminister für Rüstung und Kriegsproduktion, ungez., Berlin, Pariser Platz 3, an den Reichsminister für Volksaufklärung und Propaganda Dr. Joseph Goebbels vom 7.8.1944

Lieber Parteigenosse Goebbels!

Auf Grund einer Entscheidung des Führers[2] ist bekanntlich in den letzten Wochen eine große Anzahl ungarischer Juden als KZ-Häftlinge in der deutschen Kriegswirtschaft eingesetzt worden. Die Erfahrungen sind bisher recht gut, so daß ich großen Wert darauf lege, daß auch die noch nicht eingesetzten ungarischen Juden beschleunigt der Rüstung zur Verfügung gestellt werden. Wir müssen bei der augenblicklichen ernsten Lage eben alle Möglichkeiten erschöpfen, die die Arbeitseinsatzschwierigkeiten erleichtern helfen.

Nunmehr erfahre ich, daß Gauleiter Sauckel den Einsatz ungarischer Juden in Thüringen, als seinem Gau, grundsätzlich verboten habe. Dieses Verbot darf meines Erachtens unter keinen Umständen aufrechterhalten bleiben. Es würde andernfalls nicht

3 Nach dem Warschauer Gettoaufstand im Frühjahr 1943 wurde im Sommer des Jahres das Konzentrationslager Warschau auf dem Gebiet des Gettos errichtet, im April 1944 als Außenlager dem KZ Majdanek zugeordnet und Ende Juli 1944 endgültig aufgelöst. Die verbliebenen rund 4000 jüdischen Häftlinge wurden auf einem Todesmarsch nach Kutno, ca. 120 km westlich von Warschau, getrieben und von dort in Güterwaggons nach Dachau gebracht.

4 Als deutscher U-Boot-Stützpunkt war St. Nazaire in der Bretagne vom 15.8.1944 bis zum 11.5.1945 als Festung deklariert, eine Enklave, in der Zivilisten und Wehrmachtssoldaten von der US-Armee belagert wurden.

1 BArch, R 3/1580, Bl. 60 f.

2 Siehe Einleitung, S. 45.

ausbleiben, daß auch die anderen Gauleiter ein ähnliches Verbot erlassen.[3] Damit würde der gesamte Einsatz der ungarischen Juden hinfällig.
Selbstverständlich widerspricht die Beschäftigung dieser ungarischen Juden in deutschen Gauen auch meinem Empfinden. Es kann jedoch im Augenblick auf eine solche Notmaßnahme unter keinen Umständen verzichtet werden. Durch die KZ-mäßige Unterbringung der Juden ist im übrigen sichergestellt, daß weder das Empfinden der deutschen Bevölkerung verletzt wird noch daß durch die Juden irgendein Unheil angerichtet werden kann.
Ich wäre Ihnen dankbar, lieber Parteigenosse Dr. Goebbels, wenn Sie auf Gauleiter Sauckel einwirken würden, daß das von ihm ausgesprochene Verbot, das den derzeitigen Maßnahmen zur totalen Kriegsführung geradezu widerspricht, schnellstmöglich wieder zurückgezogen wird.
Heil Hitler![4]

DOK. 158

Kurt von Behr vom Einsatzstab Reichsleiter Rosenberg listet am 8. August 1944 akribisch auf, wie viel geraubtes Mobiliar aus jüdischem Besitz an bombengeschädigte Familien im Reich geliefert wurde[1]

Bericht der Dienststelle Westen des Einsatzstabs Reichsleiter Rosenberg,[2] gez. der Leiter,[3] über die M-Aktion[4] vom 7. und 8.8.1944 (Abschrift)[5]

Der Kampf gegen Juden, Freimaurer und die ihnen verbündeten und sonstigen weltanschaulichen und gegnerischen Mächte war von jeher eine vordringliche Aufgabe des Nationalsozialismus, und dies besonders in dem uns aufgebürdeten Kriege. Um alles Forschungsmaterial und die Kulturgüter der so gekennzeichneten Kreise in den von Deutschland besetzten Gebieten sicherzustellen und nach Deutschland abzutransportieren, hat der Führer auf Vorschlag des Reichsleiters Rosenberg angeordnet, in den besetz-

3 Neben Sauckel boykottierte auch der Gauleiter von Sachsen, Martin Mutschmann (1879–1947), den Einsatz ungar. Juden auf Reichsgebiet.
4 Eine Antwort ist nicht bekannt.

1 NARA, RG 238, USA Exhibits, Entry NM-66 2-A, USA-386, Box 22.
2 1942 wurde die Dienststelle Westen unter der Leitung von Kurt von Behr in Paris als Außenstelle des Einsatzstabs Reichsleiter Rosenberg (ERR) gegründet.
3 Kurt von Behr (1890–1945); Oberführer des Deutschen Roten Kreuzes; 1932–1934 Leiter der NSDAP/AO in Italien, 1936 in Palma de Mallorca für das Amt Rosenberg tätig, von 1940 an Leiter des Hauptamts Organisation und Personal im ERR, Dienststelle Westen, 1942–1944 Leiter der M-Aktion; nahm sich das Leben.
4 Im Rahmen der „Möbel-Aktion" plünderte der ERR zwischen Jan. 1942 und Nov. 1944 in Frankreich, den Niederlanden und Belgien rund 70 000 Wohnungen deportierter Juden. Die Kunstgegenstände wurden nach Deutschland gebracht, Möbel und Gebrauchsgegenstände waren zunächst für die Ausstattung der deutschen Verwaltungsbehörden in den besetzten Ostgebieten vorgesehen. Im Verlauf des Kriegs wurde das Mobiliar zumeist für ausgebombte Familien verwendet.
5 Die Verfilmung der Originalakten wurde nicht chronologisch vorgenommen, wird hier aber um der Verständlichkeit willen in chronologischer Reihenfolge wiedergegeben.

ten Gebieten Bibliotheken, Archive, Logen und sonstige weltanschauliche und kulturelle Einrichtungen aller Art nach entsprechendem Material zu durchforschen und dies für die weltanschaulichen Schulungen der NSDAP sicherzustellen.
Der gleichen Regelung unterlagen Kulturgüter, die im Besitz oder Eigentum von Juden herrenlos oder nicht einwandfrei zu klärender Herkunft waren.
Mit der Durchführung dieser Aufgabe wurde der Einsatzstab Reichsleiter Rosenberg beauftragt. Im Zuge dieser Erfassung wurde auf Vorschlag durch den Leiter Westen des Einsatzstabes dem Reichsleiter der Vorschlag unterbreitet, die Möbel und sonstigen Einrichtungsgegenstände in den unbewachten jüdischen Wohnungen ebenfalls sicherzustellen und sie dem Reichsminister für die besetzten Ostgebiete zur Verwendung in den besetzten Ostgebieten zuzuführen. Auf Vortrag des Reichsleiters Rosenberg hat der Führer durch das Schreiben des Reichsministers und Chefs der Reichskanzlei vom 31.12.41 hierzu seine Zustimmung gegeben.[6]
Zur Durchführung dieser Aufgabe wurde der Einsatzstab Reichsleiter Rosenberg für die besetzten Gebiete beauftragt. Der Umfang, den diese Aktion annahm, hat den Einsatzstab Reichsleiter Rosenberg wegen personeller Schwierigkeiten veranlaßt, den Auftrag vom 14.1.1942[7] dem Reichsministerium für die besetzten Ostgebiete zur Durchführung in eigener Zuständigkeit zurückzugeben.
Der Reichsminister für die besetzten Ostgebiete richtete daraufhin am 25.3.1942 die Dienststelle Westen in Paris mit Einsatzleitungen in Frankreich, Belgien und den Niederlanden ein. Der Leiter Westen des E.R.R. wurde mit der Führung dieser Dienstst. beauftragt.
Zunächst wurden sämtliche erfaßten Wohnungseinrichtungen und Gebrauchsgegenstände den Verwaltungen in den besetzten Ostgebieten zugeführt. Durch die einsetzenden Terrorangriffe auf die deutschen Städte und in der Erkenntnis, daß die Belange der Bombengeschädigten des Reiches den Belangen des Ostens vorgehen mußten, hat der Reichsminister und Reichsleiter Rosenberg einen neuen Führerentscheid herbeigeführt, wonach den Bombengeschädigten im Reich, die aus der „M-Aktion“ anfallenden Wohnungseinrichtungen etc. zur Verfügung gestellt werden.
Die Beschlagnahme der jüdischen Wohnungen erfolgte in der Weise, daß in den meisten Fällen sog. Erfassungsbeamte, soweit Adressenmaterial der geflohenen und abgereisten Juden nicht vorlag, wie z. B. in Paris, von Haus zu Haus gingen und feststellten, ob verlassene Judenwohnungen vorhanden waren. Das Inventar dieser Wohnungen wurde durch den Beamten aufgenommen und die Wohnung versiegelt. Um Einsprüche zu vermeiden, vor allem durch Versiegelung arischer Wohnungen oder der nicht unter die Aktion fallenden Juden, blieben die Wohnungen im Durchschnitt zwei bis drei Monate unter Siegel und kamen erst dann zum Abtransport. In Paris allein wurden durch rund 20 Erfassungsbeamte über 38 000 Wohnungen erfaßt. Der Abtransport der Wohnungen erfolgte unter Hinzuziehung des gesamten Fuhrparks der Vereinigung der Pariser

6 Schreiben von Lammers an den RMfbO Rosenberg vom 31.12.1941 über die Zustimmung Hitlers zur Verwertung jüdischer Wohnungseinrichtungen in den besetzten westlichen Gebieten; BArch, R 43 II/1444, Bl. 56; Abdruck in: NMT, Bd. XXVI, Nuremberg 1947, Doc. 1015(y)-PS, S. 546 f.
7 Vom Schreiben Lammers' (wie Anm. 6) hatte OStubaf. Dr. Marquart am 14.1.1942 eine Abschrift angefertigt.

Möbelspediteure, die täglich bis zu 150 Lastfahrzeuge mit 1200 bis 1500 französischen Arbeitern zu stellen hatten.
Die Räumungen wurden in A- und B-Räumungen unterteilt. A-Räumung bedeutet Erfassung aller vorhandenen Gegenstände, außer Möbel; B-Räumung = reine Möbelerfassung.
Der Transport erfolgte zunächst in große Sammellager, von wo aus die Einrichtungen umgeschlagen, sortiert und nach Deutschland verladen wurden.
Durch den geringen Personalbestand der Dienststelle Westen konnten die von den französischen Arbeitern verübten Sabotageakte nicht verhindert werden, sondern nahmen einen ziemlichen Umfang an. Um diesem Übelstand abzuhelfen, wurden zwei große Sammellager eingerichtet und als Arbeitskräfte vom SD 700 Juden zur Verfügung gestellt. Diese Arbeitskräfte wurden gleichzeitig in den einzelnen Lagern interniert.[8] Bis zu diesem Zeitpunkt standen der Dienststelle keinerlei Facharbeiter, weder für die Verladung noch für die Reparaturen beschädigter Möbel, zur Verfügung. Mit der Einrichtung der sog. Judenlager wurden gleichzeitig Tischler-, Uhrmacher-, Schuhmacher-, Elektro-, Radio-, Kürschner- usw. -werkstätten eingerichtet. Sämtliche anfallenden Gegenstände wurden einer eingehenden Sortierung unterworfen und alle nicht gebrauchsfähigen wieder instandgesetzt. Auch wurden für besondere Berufsarten Spezialkisten (Schneider-, Schlosser-, Installateur-, Sanitäts- und Ärztekisten) zum Versand gebracht.
Für die Sortierung der erfaßten Möbel und Einrichtungsgegenstände am unsichtbarlaufenden Band sowie für die Verpackung und Verladung wurden ausschließlich internierte Juden verwendet. Auf Grund der gesammelten Erfahrungen in der Erfassung, der Arbeitsweise in den Lagern und im Abtransport hat die Dienststelle Westen durch Umorganisation des gesamten Apparates mit dem ihr zur Verfügung stehenden geringen Personalbestand erreicht, daß auch die anscheinend wertlosesten Dinge wie Altpapier, Stoffreste, Altmaterial u. a. m. der Verwertung im Reich zugeführt werden. Sabotageakte ließen sich leider trotz schärfster Überwachung in den Lägern nicht vermeiden. Teilweise wurden sogar Sabotageakte auf dem Transport durch französische, belgische und holländische Eisenbahner ausgeführt, so daß Ladungen, die ordnungsgemäß verpackt, verladen und von den einzelnen Gau- und Städtebeauftragten abgenommen wurden, des öfteren in stark beschädigtem Zustand ankamen. Dieselben hätten einen noch größeren Umfang angenommen, wenn nicht die Deutsche Reichsbahn, deren Bombengeschädigte die Dienststelle Westen u. a. auch versorgte, sich mit Fachpersonal bei den Arbeitern der Dienststelle Westen in hervorragender Weise eingeschaltet hätte.
Erfaßt wurden durch die Dienststelle Westen einschließlich der Einsatzleitungen insgesamt: rund 71 619 jüdische Wohnungen, weiter wurden erfaßt, durch A-Räumung:

in Devisen und Wertpapieren	RM	11 695 516.–,
Altmetall, Altpapier u. Spinnstoffe	Kg.	3 191 352.–,

die zur Weiterverwertung an die zuständigen Reichsstellen abgeliefert wurden. Die Belieferung der Gaue und Städte ergibt sich aus der nachstehenden Übersicht:

8 Allein in Paris wurden sechs Lagerhäuser beschlagnahmt und als Sammelstelle für die geraubten Einrichtungsgegenstände genutzt. In drei der Warenlager wurden zudem die zur Zwangsarbeit im Rahmen der „M-Aktion“ eingesetzten Juden inhaftiert.

Gau:	Stadt:	Waggonzahl: 1942/43	1944	insgesamt: Stadt	Gau
Baden	Karlsruhe	481		481	
	Mannheim	326	82	408	
	Straßburg		50	50 =	939
Berlin	Berlin	340	188	528 =	528
Düsseldorf	Düsseldorf	378	111	488	488[9]
Essen	Essen	468	50	518	
	Duisburg	668	25	693	
	Oberhausen	542	63	605	
	Recklinghausen	92		92	
	Wuppertal	20		20 =	1928
Hamburg	Hamburg	2435	264	2699 =	2699
Hessen-Nassau	Frankfurt/M.	159		159	
	Mainz	195		195 =	354
Köln-Aachen	Köln	1261		1261	
	Bonn		78	78	
	Aachen	118		118 =	1457
Kurhessen	Kassel		60	60 =	60
Mecklenburg	Boizenburg	320		320	
	Rostock	703		703 =	1023
München-Obb.	München	80		80 =	80
Oberdonau	Linz	40	25	65 =	65
Ostpreußen	Königsberg	128	7	135 =	135
Schlesw.-Holst.	Kiel	204		204	
	Lübeck	83		83 =	287
Südhannover-Braunschweig	Hannover	291	131	422 =	422
Steiermark	Graz	40		40 =	40
Weser-Ems	Oldenburg	884		884	
	Osnabrück	1233	36	1269	
	Bremen	134		134	
	Wilhelmshaven	441		441	
	Delmenhorst	3173	87	3260 =	5988
Westfalen-Nord	Münster	471	52	523	
	Bottrop	40	50	90 =	613
Westfalen-Süd	Bochum	505	50	555	
	Gelsenkirchen	52	75	127	
	Krefeld	107		107 =	789
Westmark	Ludwigshafen		150	150	
	Saarbrücken		164	164 =	314
Württ.-Hohenz.	Stuttgart	46	100	146 =	146
	Cleve	310		310 =	310
					18 665

9 Richtig: 489.

	Lieferung an Reichsläger		
Berlin	Kehl	Schalding	
Goch	Königs Wusterhausen	Stettin	
Hamm	Rünthe	Zantoch	
Holzminden	Saarbeck		1942–1944
			Insgesamt: 8191

	Lieferungen an SS-Div. und andere		
	1942/43	1944	
SS-Div. u. div. Einzelaufträge	160	417	577
Reichsbahn	904	672	1 576
Reichspost		196	196
Polizei	65	166	231
			Waggons: 29 436

= 736 Züge à 40 Waggons

Der Personalbestand der Dienststelle Westen des Reichsministers für die besetzten Ostgebiete hat durchschnittlich
82 männliche und
30 weibliche Beamte und Angestellte
betragen.

In Ausführung der für die M-Aktion gegebenen Führerbefehle wurden im Bereich der Dienststelle Westen vom Tage der Feindinvasion an (6. Juni 44) bis zum 1. August 44 nachstehende Leistungen mit 30 weiblichen und 82 männlichen Beamten und Angestellten des Reichsministeriums für die besetzten Ostgebiete erstellt:

1)	Eingelaufene Camions (LKW) durch Wohnungsräumung in Paris:	2006
2)	Aus den Außenstellen eingegangene Waggons:	52
3)	Ins Reich verladene Waggons:	372
4)	Durch Verkauf von Altmaterial wurden an Einnahmen erzielt:	28 124,91 RM
5)	Annahme von Kisten	20 154 Stück
6)	Es wurden verarbeitet, gepackt und versandt:	21 710 Stück
	Porzellan	199 Kisten
	Glas	208 »
	Küchengeräte	196 »
	Kleidung	117 »
	Kleiderhalter	120 »
	Schneiderartikel	45 »
	Wäsche	128 »
	Gardinen	8 »
	Vorhänge	72 »
	Spiegel	24 »
	Uhren	73 »
	Vasen	45 »
	Lampen	102 »
	Bürsten	29 »

	Spielsachen	99 »
	Sport	42 »
	Optik	17 »
	elektr. Geräte	48 »
	Werkzeuge	35 »
	Gasmasken	78 »
	Leder	253 »
	Medizin. Artikel	41 »
	Hygien. Artikel	119 »
	Haushaltsartikel	115 »
	Alteisen	1503 »
	Altpapier	1714 »
	Bücher	482 »
	Kupfer, Aluminium	266 »
	Flaschen	730 »
	Lumpen	240 Pressballen
	Pelzreste	123 Kisten
	Silberblechwaren	33 Kisten
7)	Sonderarbeiten:	27 Wagen
	Es wurden verladen und zusammengestellt	
	für SS-Standortverwaltung München	
	SS Führungshauptamt	51 Waggons
	116 Pz.-Regiment, Dortmund	2 »
	116 » »	2 »
	47 Inf.-Division	
	Eichenlaubträger Ostuf. Tychsen	1 »
	Hauptm. Ninnemann	1 »
	Hauptm. Adamy	1 »
	Ritterkreuzträger Sturmbannf. Brehmer	1 »
	Obergruppenf. Lorenz, Berlin	3 »
	Reichspostdir. Berlin, Guilleaume	1 »
	Klaviere, Fa. H. Langner, Breslau	3 »
	Division „Das Reich“	1 »

Die Schreinerwerkstatt im Lager hat repariert und ausgebessert:
30 Buffets
23 Speisezimmertische
56 Speisezimmerstühle
43 Kleiderschränke
65 Betten
10 Frisiertische
30 Nacht- und Waschtische
12 Bücherschränke
24 Schreibtische
25 Sessel
25 Küchenschränke

15 Küchentische
35 Küchenstühle
1 Couch und
4 Sessel wurden neu bezogen und gepolstert.

Gesamtleistungsbericht bis zum 31. Juli 1944

Die Dienststelle hat bis zum 31. Juli 1944 folgende Leistungen erstellt:
69 619 jüdische Wohnungen erfaßt.
Durch den Abtransport an die betroffenen Städte einschließlich Sonderaufträge kamen zum Versand:
69 512 komplette Wohnungen.
Das zum Abtransport gekommene Mobiliar und Inventar ergibt zusammengerechnet:
1079373 cbm Frachtraum.
Zu diesem Frachtraum wurden benötigt einschließlich zusätzlicher Lieferungen:
26 984 Waggons = 674 Züge.
Des weiteren wurden bei der Erfassung zugunsten des Reiches sichergestellt und an das Devisenschutzkommando übergeben für:
11 695 516 RM Devisen und Wertpapiere.
Aus den Einsatzleitungen Frankreich, Belgien und Holland kamen des weiteren zum Versand:
2 191 352 kg Altmetall, Altpapier und Spinnstoffe.
Von dem Referat Sonderaufgaben wurden bis Ende Juli 1944 an Bombengeschädigte, die in Frankreich eingesetzt sind, Möbel und Einrichtungsgegenstände im Werte von 1 516 186,– RM abgegeben.
Die vorstehend aufgeführten Leistungen wurden erreicht mit 30 weiblichen und 82 männlichen Beamten und Angestellten des Reichsministeriums für die besetzten Ostgebiete.

DOK. 159

Die Sicherheitspolizei erlässt am 9. August 1944 Richtlinien für den Umgang mit ungarischen Juden in Wien[1]

Rundschreiben des Befehlshabers der Sicherheitspolizei und des SD in Ungarn,[2] Sondereinsatzkommando, Außenkommando Wien,[3] Tgb. Nr. 294/44/IV, Wien II., Castellezgasse 35,[4] vom 9.8.1944

Richtlinien über die Behandlung ungarischer Juden

1. Arbeitsverhältnis:

Die durch das Arbeitsamt zugewiesenen ungarischen Juden gelten als Häftlinge der Geheimen Staatspolizei und müssen *stets* als solche behandelt werden.

1 Original verschollen, Kopie: DÖW, E 21 204.
2 Hans-Ulrich Geschke.
3 Das Sondereinsatzkommando Ungarn unter der Leitung von Adolf Eichmann war im März 1944 eingerichtet worden, um die Deportation der Juden aus Ungarn zu organisieren. Ihm zugeordnet war das Außenkommando Wien, das für die ungar.-jüdischen Zwangsarbeiter in Österreich zuständig war.

2. *Arbeitseinsatz:*
An- und Abmarsch zur bzw. von der Arbeitsstätte hat in geschlossener Kolonne zu erfolgen. Für je 50 Köpfe ist ein Judenpolizist (Jupo) zu bestimmen, der für seine Gruppe die volle Verantwortung trägt. Die Verwendung von Juden außerhalb der Arbeitsstätte (Privatarbeit!) ist strengstens verboten. Einzelzuweisung ist nicht statthaft. Nicht zur Arbeit eingesetzte Juden werden nach Möglichkeit im Lager selbst beschäftigt. Umsetzungen von Juden dürfen nur durch das zuständige Arbeitsamt vorgenommen werden.
3. *Arbeitszeit:*
Die Arbeitszeit ist der im Betrieb üblichen anzupassen. Mehrarbeit ist gestattet, doch muß den Arbeitskräften genügend Zeit zur körperlichen Reinigung zur Verfügung stehen.
4. *Arbeitsrechtliche Bestimmungen:*
Die deutschen arbeitsrechtlichen Bestimmungen finden auf Juden keine Anwendung. Hinsichtlich des Beschäftigungsverhältnisses wird auf die betriebliche Einzelanordnung des Präsidenten des Gauarbeitsamtes und des Reichstreuhänders der Arbeit verwiesen.
5. *Arbeitspensum:*
Zur Erreichung höchstmöglicher Leistungen soll den Juden täglich ein bestimmtes Arbeitspensum vorgelegt werden.
6. *Ausgang und Freizeit:*
Den Juden darf *kein* Ausgang gewährt werden. Freizeit ist *innerhalb* des Lagers zu verbringen.
7. *Ausweis:*
a) In *Industrielagern* haben die Juden Arbeitszeitkarten, auf denen Beginn und Ende der Arbeit eingetragen sind und die durch den Meister bestätigt sein müssen.
b) In *Landwirtschaftslagern* hat die aufsichtsführende Person die Namensliste der eingesetzten Juden mit sich zu führen.
8. *Arbeitskontrolle:*
In Industriebetrieben ist spätestens 30 Minuten nach Arbeitsbeginn Meldung über Abgängige und Kranke zu erstatten.
9. *Behandlung der Juden:*
Die Behandlung der Juden muß hart, aber gerecht sein. Weichheiten sind nicht am Platze und führen erfahrungsgemäß zur Lockerung der Disziplin.
10. *Drückeberger:*
Drückeberger sind an Ort und Stelle zu verwarnen, gleichzeitig erfolgt Mitteilung an den Lagerführer.
11. *Bewachung:*
Die Bewachung hat so zu erfolgen, daß Fluchtversuche und ein Zusammentreffen mit Nichtjuden außerdienstlich unmöglich sind. Kein Jude darf ohne Aufsicht das Lager bzw. die Arbeitsstätte verlassen.
12. *Erkrankungen:*
Bei Erkrankungen ist strengster Maßstab anzulegen.

4 In der Castellezgasse 35 befanden sich zunächst das Chajes Realgymnasium und die Volksschule der IKG Wien. Von 1939 an wurde das Gebäude zunehmend für sog. Umschulungskurse genutzt, die auf die Ausreise nach Palästina vorbereiteten. Seit 1941 diente das Haus auch als Sammellager für die Deportationen. Im Juli 1942 bezog die Zentralstelle für jüdische Auswanderung dort ihr Quartier und im Frühjahr 1944 das Sonderkommando Eichmann, Außenstelle Wien.

a) *Ambulatorische Behandlung* erfolgt grundsätzlich im Lager; im Krankenstützpunkt nur nach vorheriger Genehmigung des Stützpunktes bzw. in Wien nach Genehmigung durch den jüdischen Kontrollarzt.[5]
b) *Einlieferung in den Krankenstützpunkt* erfolgt im Gau Wien nur nach vorheriger Genehmigung des Sondereinsatzkommandos, in Niederdonau durch den jüdischen Arzt, der für die Einhaltung der vom Amtsarzt und dem Spitalsleiter aufgetragenen Maßnahmen verantwortlich ist. Die Einlieferung veranlaßt der Betriebs- bzw. Lagerführer. Grundsätzlich erfolgt Einlieferung nur bei akuten, lebensgefährlichen und Infektionskrankheiten. Ausnahmen sind nur bei Gefahr in Verzug gestattet. In diesem Falle hat Benachrichtigung zu erfolgen.
c) *Entlassung aus dem Krankenstützpunkt.* Bei Wegfall der unter b) angeführten Notwendigkeit der Anstaltspflege verständigt der Stützpunktleiter das zuständige Lager, das die Abholung sofort zu veranlassen hat. Bei Verzögerungen ist das zuständige Arbeitsamt einzuschalten.
d) *Krankenbesuche* sind nicht gestattet.
e) *Medikamente* dürfen nur im Rahmen der „Vorschläge bezüglich Arzneiversorgung der jüdischen Arbeitskräfte aus Ungarn" (Anlage 1)[6] verordnet werden. Bezug dieser erfolgt bei der nächsten Apotheke mit Formblatt „Arzneimittellieferung an Großabnehmer" (Anlage 2). Die ausgelegten Beträge sind durch die Apotheke mit dem Sondereinsatzkommando zu verrechnen.
f) *Ärzte* werden, soweit vorhanden, jedem größeren Lager zugewiesen. Die Lager im Gau Wien werden dreimal wöchentlich von jüdischen Kontrollärzten aufgesucht.
g) *Krankenstützpunkte* siehe darüber Anlage 3.
h) *Meldungen an das Arbeitsamt:* Dem zuständigen Arbeitsamt sind durch den Stützpunkt Einlieferungen, Entlassungen und Todesfälle täglich zu melden.
i) *Lohn, Kost und Unterkunft während der Krankenzeit.* Für Lohn, Kost und Unterkunft bei Erkrankten hat der Betriebsführer bis zum 4. Tag aufzukommen.
13. Beerdigung verstorbener Juden:
Verstorbene Juden werden auf Veranlassung des zuständigen Lagerführers bzw. Stützpunktarztes auf früheren Judenfriedhöfen, in Tempelgärten usw. ohne religiöses Zeremoniell bestattet. Sind solche Plätze nicht vorhanden, weist der Landrat eine Stelle zu. Beerdigungskosten, jeweils nur die tatsächlichen Auslagen, werden bei Arbeitsfähigen vom Arbeitsamt, bei Nichtarbeitsfähigen vom Sondereinsatzkommando getragen. In beiden Fällen erfolgt jedoch Verrechnung über das Sondereinsatzkommando.
14. Facharbeiter:
Juden sind zumeist Hilfsarbeiter. Befinden sich jedoch in einer Arbeitsgruppe Facharbeiter, sind sie zweckentsprechend einzusetzen. Falls berufsrichtiger Einsatz unmöglich ist, ist das Arbeitsamt *sofort* zu verständigen. Die als Facharbeiter tätigen Juden sind zu melden, da in der Entlohnung eine Änderung eintritt.

5 Neben der durch den Ältestenrat der Juden in Wien organisierten medizinischen Versorgung besuchten weitere acht jüdische, in „Mischehe" lebende Ärzte regelmäßig die Lager und behandelten kranke ungar. Juden vor Ort. Außerhalb Wiens wurden einige sog. Krankenstützpunkte errichtet, in denen jüdische Ärzte aus Ungarn unter primitivsten Bedingungen arbeiteten.
6 Diese und die nachfolgend genannten Anlagen befinden sich nicht in der Akte.

15. Jugendliche:
Jugendliche können ihrer körperlichen Eignung nach eingesetzt werden.
16. Lohn:
Jüdische Arbeitskräfte erhalten kein Bargeld angewiesen. Die Barentschädigung für geleistete Arbeit erfolgt gemäß Weisung des Reichstreuhänders der Arbeit an das Sondereinsatzkommando wie folgt:
A) Landwirtschaft:
a)

männlich	monatlich	Kranken-versicherung	Tgl. m.[7] Kranken-versicherung
über 21 J.	RM 23,50	+ RM 4,--	RM 1,07
» 18 »	» 21,--	+ » 4	» -,97
» 17 »	» 18, 50	+ » 4	» -,88
» 16 »	» 15,--	+ » 4	» -,74
unter 16 »	» 11,--	+ » 4	» -,59
b)			
weiblich			
über 21 J.	15,--	+ 4,--	-,74
» 18 »	» 12,50	+ » 4	» -,64
» 17 »	» 10,--	+ » 4	» -,55
» 16 »	» 7,50--	+ » 4	» -,45
unter 16 »	» 6,--	+ » 4	» -,40
B) Industrie:			
a)			
männlich			
über 21 J.	30,--	+ 4,--	1,32
» 18 »	» 27,--	+ » 4	» 1,20
» 17 »	» 24,--	+ » 4	» 1,08
» 16 »	» 20,--	+ » 4	» -,93
unter 16 »	» 15,--	+ » 4	» -,74
b)			
weiblich			
über 21 J.	20,--	+ 4,--	» -,93
» 18 »	» 17,--	+ » 4	» -,81
» 17 »	» 14,50	+ » 4	» -,72
» 16 »	» 12,--	+ » 4	» -,62
unter 16 »	» 10,--	+ » 4	» -,54

17. Kost und Unterkunft:
Verpflegung der Juden erfolgt im Lager gemäß Erlaß des Ministers für Ernährung und Landwirtschaft vom 1. Dezember 1942, II B 2 a – 3260 betreffend „Lebensmittelversorgung der Juden im Einsatz und in Gemeinschaftslagern".[8] Mütterzulage, Kinderzulage

7 Täglich mit.
8 Schnellbrief des RMEuL, II B 2 a – 3260, vom 1.12.1942, Abdruck in: Margit Naarmann, Ein Auge gen Zion ... Das jüdische Umschulungs- und Einsatzlager am Grünen Weg in Paderborn 1939–1943, Paderborn u. a. 2000, S. 55 f.

und Einzelverpflegung sind verboten. Kost und Unterkunft für Einsatzfähige gehen zu Lasten des Betriebes, für Nichteinsatzfähige zu Lasten des Sondereinsatzkommandos.

18. Bekleidung und Schuhwerk:

Ersatzgestellung für Kleidung erfolgt derzeit nicht. Schuhwerk kann unter Anlegung des strengsten Maßstabes für Arbeitseinsatzfähige einmalig beschafft und bis zum Betrag von RM 8,– für ein Paar mit dem Sondereinsatzkommando verrechnet werden. Die Schuhe gehen damit ins Eigentum des Sondereinsatzkommandos über.

19. Waschmittel:

Waschmittel können bis zu RM –,50 je Jude monatlich mit dem Sondereinsatzkommando verrechnet werden.

20. Judenpolizei:

Die eingesetzte Judenpolizei (Jupo) ist eingehend zu belehren (siehe Anlage 4). Sie ist durch eine am linken Oberarm zu tragende weiße Armbinde mit der Aufschrift „Jupo" zu kennzeichnen. Ihre Strafgewalt bezieht sich nur auf Juden. Die im Arbeitseinsatz stehende Jupo genießt während der Arbeit keinerlei Sonderrechte, ist jedoch zur Führung der Kolonnen einzusetzen. Gewisse Erleichterungen bei den notwendigen Lagerarbeiten sowie das Antreten bei Vollzähligkeitsappellen am rechten Flügel[9] sollen die Stellung der Jupo stärken. Die Einweisung der Jupo in ihren Aufgabenkreis erfolgt durch die Gendarmerie bzw. Staatspolizei.

21. Fliegeralarm:

Bei Fliegeralarm ist die jüdische Arbeitskolonne nach Tunlichkeit ins Lager zurückzuführen, auf alle Fälle jedoch geschlossen zu halten und besonders streng zu bewachen. Die gemeinsame Benützung des Luftschutzraumes mit Nichtjuden ist verboten.

22. Post:

Juden dürfen einmal im Monat schreiben. Die Lagerführung stellt eine markenlose Postkarte einer Familie oder einem Einzelgänger zu – Verrechnung dieser erfolgt mit dem Sondereinsatzkommando –, sammelt sie hernach wieder und leitet sie dem Sondereinsatzkommando zur weiteren Veranlassung zu. Für Juden eingehende Post ist gleichfalls vorzulegen. Nichtbeachtung dieser Anweisung wird als Briefschmuggel strengstens bestraft.

23. Judensterne:

Juden ab 2 Jahren sind verpflichtet, auf der linken Brustseite *jeder* Oberbekleidung das Judenkennzeichen zu tragen. Fehlende Sterne sind beim Sondereinsatzkommando anzufordern. Als Jude gilt jede im Rahmen des ungarischen Judeneinsatzes durch das Arbeitsamt zugewiesene Person.

24. Flucht:

Flucht eines Juden ist sofort fernmündlich und schriftlich der Staatspolizei Außenstelle, dem zuständigen Gendarmerieposten und dem Sondereinsatzkommando zu melden.

25. Gespräche nichtdienstlicher Natur:

Gespräche nichtdienstlicher Natur zwischen der Gefolgschaft einschließlich Ausländer und Kriegsgefangenen einer- und Juden andererseits sind strengstens verboten. Verstöße werden staatspolizeilich geahndet.

9 Auch die Angehörigen der Jupo mussten bei Appellen antreten und hatten sich dabei – in Anlehnung an die militärische Bedeutung – am rechten Flügel der Formation aufzustellen.

26. Geschenke:
Das Geben bzw. Nehmen von Geschenken an bzw. von Juden wird staatspolizeilich geahndet.
27. Rauchen:
Juden ist das Rauchen grundsätzlich verboten.
28. Bestrafung:
Kleine Disziplinstrafen können durch die Jupo ausgeführt werden. Verstöße sind dem zuständigen Gendarmerieposten anzuzeigen, der die Sache untersucht und das Ergebnis der zuständigen Staatspolizei-Außenstelle mitteilt. Diese entscheidet über Verbleib im Lager unter Anordnung verschiedener Strafen oder veranlaßt beim zuständigen Arbeitsamt den Abtransport der Gesamtfamilie (Eltern, Eheteil und Kinder des Täters!) an das Sondereinsatzkommando ins Lager Laxenburg.[10] In Wien erfolgt Meldung unmittelbar ans Sondereinsatzkommando.
29. Belehrung:
Jedes Gefolgschaftsmitglied (auch Ausländer und Kriegsgefangene) ist zu belehren, daß bezüglich Verkehr mit Juden Sonderbestimmungen bestehen, vor allem, daß nichtdienstlicher Verkehr mit Juden verboten ist und Verstöße dagegen wegen Mißachtung eines von der Reichsregierung erlassenen Gebotes bestraft werden.
30. Errichtung, Sicherung und Führung des Lagers:
Für die Errichtung des Lagers und ordnungsgemäße Sicherung ist der Betriebsführer verantwortlich.
31. Meldung der Judenlager:
Die Betriebsführer melden dem zuständigen Arbeitsamt *sofort* nach Übernahme der Kräfte Zu- und Vorname, Geburtsdaten, letzten Wohnort und Kenn-Nummer aller Juden (auch nichteinsatzfähiger Kinder und Greise) unter genauer Firmenbezeichnung und Lageranschrift sowie Angabe des Lagerführers. Veränderungen sind binnen 24 Stunden unter Anführung der gleichen Angaben und der Art der Veränderung bekanntzugeben. Durchschrift ist an das Sondereinsatzkommando zu senden.
32. Lagerkontrolle:
Angehörigen der Staatspolizei bzw. Gendarmerie, die nach ihrem Ermessen Vollzähligkeitsappelle abhalten, sind stets die Lagerlisten vorzulegen.

10 Das Jagdschloss Laxenburg diente zwischen Juni 1944 und April 1945 als Zwangsarbeits-, Durchgangs-, Straf- und Krankenlager für ungar. Juden und unterstand der Verwaltung der Hauptabteilung J, Ernährung und Landwirtschaft des Reichsstatthalters Wien.

DOK. 160

Der US-Generalkonsul in Jerusalem informiert seinen Außenminister am 14. August 1944 über die Situation der Juden im Lager Bergen-Belsen[1]

Telegramm des US-Generalkonsuls in Jerusalem, gez. Pinkerton,[2] an den Außenminster der USA Cordell Hull, weitergeleitet von Jacob van Blitz[3] an das War Refugee Board und Leon Kebowitzki,[4] Jüdischer Weltkongress, N. Y., vom 14.8.1944

Wir leiten Ihnen hiermit das Telegramm vom 2. Aug. 44. weiter.
In Bezug auf Bergen-Belsen in der Nähe von Celle in Hannover wird Ihnen mitgeteilt, dass es Ende Juni in diesem Lager zwischen 3500 und 4000 Juden gab, davon nahezu 3000 holländische und etwa 500 staatenlose, zumeist ehemals deutsche Juden, die in Holland lebten, etwa 200 Juden aus Tripolitanien[5] und etwa 100 griechische Juden.
Annähernd 1000 haben palästinensische Zertifikate, aber ich weiß nicht, wie viele im Besitz von Pässen von 4 lateinamerikanischen Ländern sind.[6] Weitere 200 Menschen kommen aus dem Diamantenhandel, wobei diese Zahl die Familienangehörigen einschließt.
Eine Liste derer, die sich noch in diesem Lager aufhalten, hat Irgunolei Holland [...] Jerusalem[7] auf der Basis von Informationen angefertigt, die von Leuten stammen, die mit uns gekommen sind. Eine Liste derjenigen, die verstorben sind oder deportiert wurden, kann ich aber nicht besorgen.
Die Versorgungslage ist nicht gut, sie erhalten keine ausreichenden Mengen an Nahrungsmitteln. Die sanitären Verhältnisse sind sehr primitiv. Dieses Lager wurde nicht von Delegierten des Intercross[8] oder des Deutschen Roten Kreuzes besucht. Bis zu unserer Abreise Ende Juni hat es keine Deportationen nach Polen gegeben. Individuell adressierte Lebensmittelpakete und größere Lebensmittellieferungen haben das Lager nicht erreicht, und nur ganz vereinzelt wurden Lebensmittelpäckchen von Verwandten und Freunden zugestellt. Eine Namensliste von Personen in diesem Lager hat Irgunelei Hol-

1 NARA, Duker/Dwork Papers, RG 200, Box 10, Fol. 92. Das Dokument wurde aus dem Englischen übersetzt.
2 Lowell Call Pinkerton (1894–1959), Diplomat; 1941–1945 US-amerikan. Generalkonsul in Jerusalem, 1946–1957 Diplomat im Nahen Osten und in Afrika.
3 Vermutlich: Jacob van Blitz (1883–1968); Vorsitzender und Mitbegründer von Poalé Zion; Verbandsvorsitzender der Sociaal Democratische Arbeiders Partij in Amsterdam; heiratete Alida Bonn (1885–1959); am 1.9.1943 nach Westerbork, am 1.1.1944 nach Bergen-Belsen deportiert, mit einem Austauschtransport im Juni/Juli 1944 von Bergen-Belsen über Wien nach Palästina.
4 Richtig: Dr. Leon Kubowitzki (1896–1966), Jurist; Mitbegründer des Jüdischen Weltkongresses, Leiter des Rescue Department und von Jan. 1945 an Vertreter des Jüdischen Weltkongresses in Europa, 1945–1948 dessen Generalsekretär; in den 1950er-Jahren Botschafter Israels in der ČSR, in Polen und Argentinien; 1958–1966 Vorsitzender der Gedenkstätte Yad Vashem.
5 In der Großprovinz im Nordwesten Libyens lebten Anfang der 1930er-Jahre rund 21 000 Juden. Libyen stand seit 1911 unter italien. Kolonialherrschaft. Nach dem Einmarsch des deutschen Afrikakorps wurden rund 870 libysche Juden mit brit. Staatsangehörigkeit von 1942 an in italien. Transitlager deportiert und von dort – nach der Invasion alliierter Truppen in Italien – weiter nach Bergen-Belsen oder Reichenau bei Innsbruck, einem Außenlager Dachaus.
6 Gemeint sind die sog. Austauschjuden; siehe Einleitung, S. 47–52.
7 Richtig: Irgun Olei Holland, Organisation der Einwanderer aus Holland in Palästina.
8 Sektion des Internationalen Roten Kreuzes in Washington, D. C.

land an Witeles[9] geliefert, der sie umgehend an JDC-Vertreter in den USA weiterleiten wird, und an Schwartz,[10] der sie in Lissabon entgegengenommen hat. Es ist außerordentlich wichtig, dass Hilfe schnell gewährt wird.

DOK. 161
Felicja Schäftler schildert in ihrem Tagebuch im August 1944 die ersten Eindrücke von ihrer Arbeit im HASAG-Lager Leipzig[1]

Tagebuch von Felicja Schäftler,[2] Eintrag vom Ende der ersten Woche[3] ihres Aufenthaltes im HASAG-Werk Leipzig-Schönefeld[4] (Abschrift)

Endlich gehen wir zur Arbeit. Unser Block muss heute gleich zuallererst zur Nachtschicht. Ein bisschen haben wir uns in dieser Woche erholt, aber unsere Nerven haben die Untätigkeit nicht mehr ausgehalten. Es drückt uns die Angst, dass es für uns womöglich gar keine Arbeit in der Fabrik gibt. Nicht im Sinne des grausamen Spruchs an den Konzentrationslagertoren: „Arbeit macht frei!"[5] Die Arbeit erlaubt uns, weiter am Wettkampf teilzunehmen: Sieg der Alliierten und Befreiung oder Tod durch die Hände der Deutschen. Nicht enden wollende Reihen von fast 4000 Frauen in Häftlingsanzügen laufen zur Arbeit durch die bevölkerten Straßen des Leipziger Vorortes Leipzig-Schönefeld. 5000 weitere hatten in dieser Woche Tagschicht, etwa 1000 arbeiten nur am Tage. Niemand beachtet uns; die Deutschen sind diesen Anblick schon gewohnt.
Jede Gruppe aus einigen Hundert Frauen wird „Kommando" genannt und muss in einer anderen Abteilung der Fabrik arbeiten. Unser „Kommando" soll vermutlich bei „ES-Zü" sein. Der Teufel weiß, was das bedeutet. Wir können uns nur denken, dass „Zü" eine Abkürzung für Zünder ist, wir werden also vermutlich Zünder für Granaten herstellen. Auf beiden Seiten des Weges stehen gewaltige Fabrikgebäude aus roten Ziegeln und Produktionshallen. Dieses Hauptwerk der HASAG (Hugo-Schneider-Aktiengesellschaft)

9 Richtig: Harry Viteles (1894–1971), Funktionär des Joint; seit 1925 Geschäftsführer der Central Bank of Cooperative Institutions in Palestine, förderte die wirtschaftliche Entwicklung in Palästina; Vertreter des Joint in Palästina.

10 Dr. Joseph Joshua Schwartz (1899–1975), Rabbiner und Orientalist; 1921–1925 Rabbiner in New York, 1930–1933 Universitätsdozent, 1933–1939 Sozialarbeiter; 1940–1950 Direktor des European Executive Council des Joint, 1950–1970 im Vorstand weiterer jüdischer Hilfsorganisationen.

1 YVA, O.33/4096. Das Dokument wurde aus dem Polnischen übersetzt.

2 Felicja Schäftler, geb. Bannet (*1910), Modistin; verheiratet mit dem Anwalt Adam Schäftler; von 1940 an bei der Jüdischen Sozialen Selbsthilfe in Krakau, nach Auflösung des Gettos im März 1943 in das Lager Plazow deportiert, im Nov. 1943 in das HASAG-Lager Skarzysko-Kamienna, von dort am 4.8.1944 nach Leipzig; Juni 1945 Rückkehr nach Krakau.

3 Der Eintrag wurde vermutlich zwischen dem 8.8. und dem 20.8.1944 verfasst. Felicja Schäftler wurde gemeinsam mit rund 1200 weiblichen jüdischen Häftlingen aus dem HASAG-Lager Skarzysko-Kamienna aus dem Generalgouvernement nach Leipzig deportiert.

4 Die Hugo-Schneider-Aktiengesellschaft (HASAG) aus Leipzig produzierte seit 1933 Rüstungsgüter. Mit Kriegsbeginn wurden in den HASAG-Werken im Deutschen Reich und im Generalgouvernement Zwangsarbeiter, Kriegsgefangene und KZ-Häftlinge eingesetzt. Im Sommer 1944 entstand in Leipzig-Schönefeld neben dem Fabrikgelände das größte Frauenaußenlager des KZ Buchenwald.

5 Hier und im Folgenden wurden im Original deutsche Wörter in Anführungszeichen gesetzt.

zieht sich auf einer Fläche von mindestens 10 km hin. Ein kolossaler, imponierender, überwältigender Komplex. Endlich stehen wir vor dem Tor. Meldungen, Schreie und ein weiterer Weg durch Gebäude und Hallen.
Endlich angekommen. Wieder wird gezählt, schnell, schnell, denn schon kommen die Meister, um uns abzuholen.
Der kleine, dünne Friedrich übernimmt unsere Gruppe. Er wählt zuerst die Jüngsten, dann die Größten aus; 20 bis 30 Frauen gehen in die Halle. Wir kriegen Gänsehaut von der nervösen Anspannung. Friedrich ist angeblich als mieser Hund bekannt. Aber lieber so einen als gar keinen. Was passiert mit den anderen, die er nicht wollte? Es ist klar, dass es für die, die nicht gebraucht werden, nur einen Weg gibt – den letzten. Wir gehen jedoch alle. Mit einem Gefühl der Erleichterung atmen wir tief durch – die stickige Luft der Halle.
Meine Gruppe bekommt die schwerste Arbeit zugewiesen, über die Friedrich verfügt, „Öl" und „Bohrer". Wir stehen an den elektrischen Werkzeugmaschinen, um wieder für die Kraft Deutschlands zu arbeiten, also gegen uns selbst.

DOK. 162
Die ausgetauschte Else Hannach gibt im Juli und September 1944 Auskunft über die Verfolgung der letzten Juden in Berlin[1]

Bericht von Else Hannach,[2] Palästina, aufgenommen am 26. und 31.7.1944 von Dr. Meisel,[3] ergänzt durch Dr. Ball[4] Anfang September 1944

Aussagen von Frau Else Hannach, geb. Broder, gekommen mit dem Austausch im Juli 1944.
Geboren in Berlin am 2.1.1915, wohnhaft in Magdeburg, später Berlin, Arbeiterin bei Siemens-Schuckert (Elmo-Werke), Gummifabrik Daubitz in Rudow bei Berlin, hergekommen mit dem Austausch am 10. Juli 1944 von Berlin über das Lager Laufen in Bayern und das Lager Vittel[5] in Frankreich, bei Nancy.
Das Protokoll wurde aufgenommen am 26. und 31. Juli 1944 und ergänzt Anfang September 1944.

1 CAHJP, P 231/12.
2 Else Hannach, geb. Broder, später Olschowsky (*1915); lebte zunächst mit ihrem Ehemann Dr. Erich Hannach, der 1939 über Großbritannien nach Palästina emigrierte, in Magdeburg; leistete Zwangsarbeit bei Siemens-Schuckert in Berlin, Anfang Jan. 1944 Überstellung in das Zivilinterniertenlager Laufen, von dort in das Lager Vittel; im Juli 1944 wurde sie mit ihrer Tochter Ruth (*1937) nach Palästina ausgetauscht, dort 1945 eingebürgert.
3 Dr. Josef Meisel, auch Meisl (1882–1958), Jurist und Archivar; 1931–1934 Bibliothekar der Jüdischen Gemeinde Berlin, 1934 emigrierte er nach Palästina; Gründer des Jewish Historical General Archives, später CAHJP, und dessen Leiter bis 1957; Autor von „Geschichte der Juden in Polen und Rußland" (3 Bde.) und Mitherausgeber der „Encyclopaedia Judaica" (1928–1934).
4 Richtig: Dr. Kurt Jacob Ball-Kaduri (1891–1976), Jurist und Historiker; 1920–1924 in der Reichsfinanzverwaltung tätig; bis 1933 an der Handelshochschule Berlin; 1938 im KZ Sachsenhausen inhaftiert, dann Emigration nach Palästina; von 1941 an sammelte er genealogische Daten von Überlebenden, 1956–1960 Direktor von Yad Vashem.

Frau H. erzählte einiges aus ihren Erlebnissen und Beobachtungen in den allerletzten Jahren. Ihre Darstellung ist nicht systematisch, sondern episodenhaft unter Hervorhebung besonders charakteristischer Vorfälle.
Von jüdischem Leben in Berlin kann man überhaupt nicht sprechen, denn offiziell gibt es keine Volljuden mehr in Berlin mit Ausnahme der in Mischehe Lebenden. Von Organisationen besteht nur die Reichsvereinigung.
Seit ungefähr Anfang 1943 finden keine jüdischen Gottesdienste mehr statt. Nach dem Pogrom im November 1938 blieben erhalten die Synagoge Oranienburger Str., Lützowstr., Lindenstr., Levetzowstr., Joachimsthaler Str., Kaiserstr., Heidereuthergasse und Münchener Straße. Im Verwaltungsgebäude Oranienburgerstr. 29 ist seit November 1943 die Gestapo untergebracht, nachdem ihre früheren Büros in der Burgstr. durch Bomben demoliert wurden. Seit 1.6.1942[6] bestehen keine jüdischen Schulen mehr, auch Privatunterricht war verboten. Die Eltern durften die Kinder unterweisen, aber es ist natürlich, daß dabei keine Resultate erzielt werden konnten.
Das Jüdische Nachrichtenblatt, das offizielle Organ und die einzige Zeitung der deutschen Juden nach dem Pogrom von 1938, wurde am 1.6.1943[7] eingestellt. In der letzten Zeit wurde es von Hans Hirschfeld, dem Nachfolger des früheren Redakteurs Leo Kreindler,[8] geleitet.[9] Es waren Erwägungen im Gange, das Blatt wenigstens als Verordnungsblatt für die damals noch in Berlin lebenden Juden weiterzuführen, aber diese Absicht wurde von Dr. Lustig, der das Vermögen der Reichsvereinigung verwaltet und liquidiert, vereitelt.
Der Kulturbund[10] hörte am 19. Dezember 1941 auf. Nach der Einführung des Judensterns wollten die Juden sich nicht mehr in größeren Mengen zugleich auf den Straßen zeigen, und auch Hinkel,[11] der behördlich Vorgesetzte des Kulturbundes, fand seinen Fortbestand für überflüssig.

5 Das im Elsass gelegene deutsche Internierungslager für Staatsangehörige von Feindstaaten, ein mit Stacheldraht umgebenes Areal mit mehreren nebeneinanderliegenden Hotels, bestand von Frühling 1941 an. Die Lagerinsassen sollten gegen deutsche Staatsbürger ausgetauscht werden, die in Ländern festgehalten wurden, gegen die Deutschland Krieg führte.

6 Richtig: 1.7.1942. In einem Erlass des RSHA und des REM wurden die Schließung jüdischer Schulen zum 30.6.1942 und das Verbot jeglichen, also auch unentgeltlichen Unterrichts für jüdische Kinder ab dem 1.7.1942 angeordnet; Schnellbrief des RSHA, Ref. IV B 4, an alle Staatspolizei(leit)stellen vom 1.7.1942, Landesarchiv Speyer, Bestand H 51, Nr. 78, Fol. 9/10.

7 Die letzte Ausgabe des Jüdischen Nachrichtenblatts, Berlin, erschien am 4.6.1943 (Nr. 20), die Wiener Ausgabe letztmalig am 31.12.1943.

8 Leonhard (Leo) Kreindler (1886–1942), Theaterkritiker, Schriftsteller; von 1938 an verantwortlicher Redakteur des Jüdischen Nachrichtenblatts; erlitt im Nov. 1942 einen Herzinfarkt, als die Gestapo seine Abt. zum Appell antreten ließ.

9 Nach dem Tod Kreindlers übernahm Willi Pless (1899–1945) seine Position bei der Zeitung. Lediglich die beiden letzten Ausgaben wurden von Hans Hirschfeld herausgegeben.

10 Der Kulturbund Deutscher Juden (später Jüdischer Kulturbund in Deutschland e. V.) wurde im Juni 1933 in Berlin gegründet, von Dr. Kurt Singer geleitet und schuf Arbeitsmöglichkeiten für jüdische Künstler. Nach seinem Vorbild entstanden auch andernorts Kulturbünde, die Theater- und Opernaufführungen, Konzerte, Filmvorführungen, Vorträge und Ausstellungen organisierten. Den Kulturbund löste die Gestapo im Sept. 1941 auf.

11 Hans Hinkel (1901–1960), Journalist; 1921 NSDAP-, 1931 SS-Eintritt; 1933–1935 Staatskommissar im Preuß. Ministerium für Wissenschaft, Kunst und Volksbildung, von 1935 an Sonderbeauftragter für Judenfragen und von 1942 an Leiter der Filmabt. im RMfVuP, 1944 Reichsfilmintendant; 1947–1952 in poln. Haft, dann in die Bundesrepublik entlassen.

Zur Rechtslage der Juden ist es interessant, daß im Laufe des Jahres 1942 verordnet wurde, daß Juden weder als Beklagte noch als Kläger Gerichten unterstehen können, sie vielmehr lediglich der Polizei unterstellt sind.[12] Seit Herbst 1943 gibt es auch keine Juden mehr in Strafanstalten, sie wurden deportiert.[13]
Der Hilfsverein[14] wurde 1941 aufgelöst, als die Auswanderung aufhörte. Die Angestellten kamen in den Arbeitseinsatz. Leiter des Hilfsvereins waren zuletzt Cora Berliner[15] und Dr. Braun, früher Dr. Seligsohn.[16] Dieser kam ins Lager Sachsenhausen und ist dort gestorben.
Otto Hirsch,[17] der Leiter der Reichsvereinigung, kam 1941 ins Lager Mauthausen bei Linz und wurde dort totgeschlagen. Seine Frau wurde nach dem Osten verschickt.
Eppstein[18] ist im Januar 1943 nach Theresienstadt gekommen. Nachher verblieben in der Reichsvereinigung: Dr. H. Krebs[19] (früher beim Hilfsverein) und Dr. Fabian.[20] Beide prachtvolle Menschen, die für den Oberfinanzpräsidenten das Vermögen der Reichsvereinigung liquidierten. Dann blieb als Oberhaupt der Juden ein Dr. Lustig, Volljude in Mischehe, früher bei der Gesundheitsverwaltung der Stadt Berlin, Medizinalrat. Fabian und Krebs sind im September 1943 mit ihren Familien nach Theresienstadt gegangen, aber die beiden Herren waren nach 6 Wochen wieder zurück, weil man sie zur Liquidie-

12 Dieses Vorgehen wurde schon zuvor praktiziert, aber erst mit der 13. VO zum Reichsbürgergesetz formaljuristisch eingeführt; siehe Dok. 50 vom 1.7.1943.

13 Ebenfalls deportiert wurden die inhaftierten „Mischlinge“.

14 Der Hilfsverein der Juden in Deutschland wurde 1901 als Wohlfahrtsorganisation in Berlin gegründet und 1939 zwangsweise in die Reichsvereinigung der Juden in Deutschland eingegliedert. Im Herbst 1941 stellte der Hilfsverein seine Arbeit ein.

15 Dr. Cora Berliner (1890–1942?), Wirtschaftswissenschaftlerin; 1919 Referentin für Verbraucherschutz im RWM, 1923 Reg.Rat im Statistischen Reichsamt, 1930–1933 Professorin am Staatlichen Berufspädagogischen Institut Berlin, vermutlich 1933–1939 Leiterin des Hilfsvereins der Juden, 1933–1942 Vorstandsmitglied der Reichsvereinigung der Juden in Deutschland; im Juni 1942 nach Minsk deportiert, weiteres Schicksal unbekannt.

16 Julius Seligsohn (1890–1942), Jurist; von 1924 an Vorstandsmitglied der Jüdischen Gemeinde Berlin, bis 1933 Rechtsanwalt in Berlin, dann Präsidialmitglied der Reichsvertretung und Präsidiumsmitglied des Hilfsvereins der Juden in Deutschland, nach Gründung der Reichsvereinigung 1939 Vorstandsmitglied; im Nov. 1940 verhaftet, im März 1941 in das KZ Sachsenhausen deportiert, dort am 28.2.1942 gestorben; siehe auch VEJ 6/105.

17 Otto Hirsch (1885–1941), Jurist und Politiker; von 1919 an in jüdischen Organisationen aktiv; von 1920 an Min.Rat im württemberg. Innenministerium; von 1933 an geschäftsführender Vorsitzender der Reichsvertretung der deutschen Juden; er wurde 1941 verhaftet und im KZ Mauthausen ermordet.

18 Dr. Paul Eppstein (1902–1944), Soziologe; 1926–1933 Privatdozent an der Handelshochschule Mannheim, 1933 Entlassung, lehrte in den 1930er-Jahren an der Hochschule für die Wissenschaft des Judentums in Berlin; von 1935 an Sozialreferent in der Reichsvertretung der Juden und deren Verbindungsmann zur Gestapo; wurde am 26.1.1943 nach Theresienstadt deportiert, wo er bis Sept. 1944 Judenältester war und dann ermordet wurde.

19 Dr. Hermann Krebs (1896–1944), Jurist; Mitarbeiter der Reichsvereinigung der Juden; Sept. 1943 Deportation nach Theresienstadt, Ende Okt. 1943 Rückkehr nach Berlin, Jan. 1944 erneute Deportation nach Theresienstadt, von dort am 28.10.1944 nach Auschwitz, ermordet.

20 Dr. Hans-Erich Fabian (1902–1974), Jurist; 1933 wurde er als Richter entlassen, 1938 Generalsekretär der jüdischen Lehranstalt Berlin, Leiter der Finanzabt. der Reichsvereinigung der Juden; Sept. 1943 erste Deportation nach Theresienstadt, Ende Okt. 1943 Rückkehr nach Berlin, Dez. 1944 erneute Deportation nach Theresienstadt; seit 1946 Vorsitzender der Jüdischen Gemeinde Berlin, 1949 emigrierte er in die USA.

rung brauchte. Sie wurden in Berlin im Lager Hamburger Str., dem Sammellager für Abwanderungen, untergebracht, aber wenigstens zuerst im besonderen Zimmer, isoliert von anderen, gehalten. Morgens wurden sie von einem Kriminalbeamten zur Arbeit abgeholt und abends zurückgebracht. Krebs ging im Januar wieder nach Theresienstadt zurück, wo die Frau geblieben war.

Frau Dr. Martha Mosse[21] hatte die Wohnungsberatungsstelle und hat die ganze Evakuierung bei der Gemeinde bearbeitet.

Aus dem Leben der Gemeinde erzählt Frau H. zwei Vorkommnisse, die für die ganze Situation charakteristisch sind. Im Jahre 1942 wurden eines Tages sämtliche Angestellte der Gemeinde zusammenberufen. Der Syndikus der Gemeinde, Dr. Koczower,[22] mußte auf Diktat der Gestapo (Prüfer)[23] an die Angestellten eine Rede halten. Dann wurde wahllos eine größere Anzahl von Gemeindebeamten zum Transport nach Polen ausgewählt. Als sich bei der Prüfung der Listen herausstellte, daß einige Beamte sich rechtzeitig noch aus dem Staube gemacht hatten, bevor die Auswahl für den Transport erfolgte, wurden etwa 8–10 Beamte, unter ihnen Dr. Mendelsohn,[24] der Leiter der Schlichtungsstelle, Dr. Goldstein[25] und andere Akademiker festgenommen, verhaftet und erschossen.[26]

Ein anderer Vorfall. In den Monaten Mai oder Juni 1941 kam ein Befehl der Gestapo, daß innerhalb 3 Tagen 1200 Wohnungen von Juden geräumt werden müssen. Der Sekretär des Gemeindevorsitzenden, Martin Brasch,[27] der die Wohnungsangelegenheiten bearbeitete, erlaubte sich die Bemerkung, daß die Ausführung der Verordnung in dieser kurzen Zeit schwer möglich sein dürfte. Daraufhin wurde er von der Gestapo abgeholt, in das Lager Wuhlheide nahe Köpenick gebracht, wo er angeblich an den Folgen eines Unfalls verstarb. Er war Anfang der Dreißiger, ein Hüne von Gestalt. Frau und Mutter haben sich dann das Leben genommen.

Offiziell leben – wie gesagt – keine reinrassigen Juden mehr in Berlin außer 7000, die in Mischehe verheiratet sind, ferner – nach Schätzungen – etwa noch 2000 Juden, die

21 Dr. Martha Mosse (1884–1977), Juristin; von 1922 an im Berliner Polizeipräsidium, u. a. für den Kinderschutz zuständig; 1934 Entlassung; von 1939 an Leiterin der Wohnungsberatungsstelle der Jüdischen Gemeinde; Juni 1943 Deportation nach Theresienstadt, dort in der Verwaltung beschäftigt; nach dem Krieg erneut bei der Berliner Polizei.

22 Richtig: Philipp Kozower (1894–1944), Rechtsanwalt und Notar; 1929–1943 Vorstandsmitglied der Jüdischen Gemeinde Berlin, seit 1937 Mitglied des Präsidialausschusses der Reichsvertretung der Deutschen Juden, nach der Umbenennung 1939 Vorstandsmitglied der Reichsvereinigung, Jan. 1943 Deportation nach Theresienstadt, dort Mitglied des Ältestenrats, Okt. 1944 Deportation mit seiner Familie nach Auschwitz, dort ermordet.

23 Franz Prüfer (1893–1944), Polizist; von 1919 an bei der Polizei tätig und von 1935 an bei der Gestapo, spätestens 1937 bis Okt. 1942 stellv. Leiter des Judenreferats der Stapoleitstelle Berlin, 1942 Kriminalobersekretär; im Zusammenhang mit der Korruptionsaffäre um das Judenreferat verhaftet; nahm sich in der Haft wahrscheinlich das Leben.

24 Dr. Bruno Mendelsohn (1888–1942).

25 Dr. Siegbert Goldstein (1903–1942).

26 Während der sog. Gemeindeaktion im Okt. 1942 wurden rund 40 Prozent der Mitarbeiter der Jüdischen Kultusgemeinde in Berlin deportiert; siehe VEJ 6/178 und VEJ 6, S. 71 f.

27 Dr. Martin Brasch (1906–1941), Jurist; von 1933 an Referent für Wirtschaftshilfe bei der Jüdischen Gemeinde Berlin, von Sept. 1939 an geschäftsführender Vorsitzender des Jüdischen Kulturbunds, Vorstandsmitglied der Jüdischen Gemeinde Berlin; wurde am 7.5.1941 inhaftiert, starb kurz darauf an einer Blutvergiftung.

sich illegal in Berlin aufhalten, deren Zahl früher viel größer war, die aber natürlich ständig abnimmt.[28] Das Leben der „Illegalen" ist außerordentlich schwer und überaus kostspielig. Für die Unterkunft in einer Wohnung müssen Beträge gezahlt werden, die für Familien nur in den allerseltensten Fällen erschwinglich sind. Die meisten Illegalen sind Einzelpersonen. Die Deutschen nehmen Illegale natürlich nicht aus Sympathie auf, sondern dann aus Eigennutz, obschon das Verbergen mit sehr schweren Strafen bedroht ist. Auch ist für einen Illegalen mit der Aufnahme in eine Wohnung keine Gewähr für die Dauer geschaffen. Nach einiger Zeit werden gewöhnlich die Illegalen, obwohl sie sehr große Geldopfer gebracht haben, aufgefordert, die Wohnung zu verlassen und dann irren sie meistens in Parks, auf den Friedhöfen, in den Verkehrsmitteln ziellos herum, bis sie schließlich ihrem Schicksal verfallen. Gute Beziehungen und arisches Aussehen können natürlich im Einzelfall viel helfen.

Seit einiger Zeit sind die Illegalen von einer besonderen Gefahr bedroht, nämlich einer Spitzelgruppe von Juden, etwa 20 an Zahl, die früher ebenfalls illegal sich in Berlin aufhielten, aber als sie erwischt wurden, sich in die Dienste der Gestapo begaben mit dem Auftrage, den Aufenthalt von illegal wohnenden Juden ausfindig zu machen und sie der Behörde auszuliefern. In der Amtssprache heißt dieses Dezernat „Jüdischer Fahndungsdienst". Von Namen solcher jüdischer Denunzianten nennt Frau H.: Stella Kübler, geb. Goldschlag,[29] wohl die Schlimmste der ganzen Gruppe, Rolf Isaaksohn,[30] Manfred Guttmann,[31] Friedländer,[32] Neuweck.[33]

Die „Illegalen" müssen sich mit Papieren versehen, die natürlich gefälscht werden. Das ist auf dem Wege von Bestechungen zu erreichen. Überhaupt sind Bestechungen bei einem erheblichen Teil der Beamtenschaft gang und gäbe. Man kann alles erreichen, wenn man die richtigen Wege dazu weiß. Auch die Gestapo ist zum Teil bestechlich. Gefälscht werden Kennkarten, Wehrpässe, Lebensmittelkarten und Lebensmittelkartenersatz für eine Person auf die Dauer von 4 Wochen, kostet meistens über 300 Mark. Und allerhand Formulare, oder es verliert jemand irgendein Legitimationspapier und dergl.,

28 In den Statistischen Meldungen der Reichsvereinigung der Juden in Deutschland waren am 1.7.1944 für Berlin 5897 Juden verzeichnet, am 1.9.1944 waren es 48 weniger, wobei hier unterschieden wurde zwischen „Volljuden" (195), Juden in „Mischehen" (4605), „Geltungsjuden" (994) und ausländischen Juden (55). Schätzungen zufolge überlebten insgesamt rund 5000 untergetauchte Juden den Krieg in Berlin.

29 Stella Kübler, geb. Goldschlag (1922–1994), Modezeichnerin; seit 1941 leistete sie Zwangsarbeit in Berlin; 1942 Heirat mit Manfred Kübler; während der „Fabrik-Aktion" tauchte sie mit ihren Eltern unter, im Sommer 1943 verhaftet, arbeitete für den „Jüdischen Fahndungsdienst"; Okt. 1944 Heirat mit Rolf Isaaksohn; 1946 zu zehn Jahren Haft verurteilt, 1957 erneute Verurteilung vom Landgericht Berlin zu zehn Jahren Zuchthaus; nahm sich das Leben.

30 Rolf Isaaksohn (*1921), Verkäufer; vermutlich Ende 1942 tauchte er in Berlin unter; im Juli 1943 wurde er verhaftet, leistete Zwangsarbeit und war von Herbst 1943 an für den „Jüdischen Fahndungsdienst" tätig; im April 1945 tauchte er unter, 1957 für tot erklärt.

31 Manfred Guttmann (1907–1972), Kaufmann; SPD-Mitglied; im Herbst 1942 tauchte er unter, war nach seiner Verhaftung 1943 als Ordner im Sammellager Große Hamburger Straße tätig; im Mai 1945 verhaftet, 1950 während der Waldheimer Prozesse zu lebenslanger Haft verurteilt, 1956 wurde er entlassen.

32 Feodor Friedländer (1912–1944); 1942 verhaftet, arbeitete danach für den „Jüdischen Fahndungsdienst", im Okt. 1944 wurde er über Theresienstadt nach Auschwitz deportiert, dort ermordet.

33 Fritz Neuweck (1903–1944), Kaufmann; im Okt. 1942 tauchte er in Berlin unter und wurde im Aug. 1943 verhaftet, dann beim „Jüdischen Fahndungsdienst" tätig; nahm sich das Leben.

das dann entsprechend umgearbeitet wird. Oder man beschafft sich richtige Originalpapiere von Polizeibeamten usw. usw. Die Fälschungen sind mitunter geradezu künstlerisch ausgeführt, ein Jude namens Schönhorst[34] tat sich darin besonders hervor. Es ist im Grunde alles zu haben. Es gibt einen „schwarzen Markt“ und dergleichen mehr.
Wenn „Illegale“ erwischt werden, droht ihnen selbstverständlich die Verschickung nach dem Osten. Ein Problem war bei der Frage der Evakuierungen, auf die wir noch zu sprechen kommen, ob auch die in Mischehe lebenden Juden davon betroffen werden sollen. Dafür war insbesondere der Leiter des rassenkundlichen Amtes der nationalsozialistischen Partei, Dr. Groß,[35] während Himmler und Goebbels dagegen waren und wenigstens – soweit es Frau H. noch bekannt ist – vorläufig gesiegt zu haben scheinen. Aber trotzdem hilft sich die Behörde in mehreren Fällen dadurch, daß sie dem in Mischehe lebenden jüdischen Teil irgendeine weit zurückliegende kriminelle Beschuldigung anhängt, was mitunter mit schweren Konsequenzen verbunden ist.
Von Namen der Gestapo, die in jüdischen Angelegenheiten tätig waren, nennt Frau H.: Dr. Schlegel,[36] Leiter der Gestapo Berlin IV D 1, Stock,[37] Stark,[38] Doeberke,[39] Leiter der Sammelstelle in der Großen Hamburger Straße, ein im wesentlichen ordentlicher Mann, Tietze,[40] ebenfalls relativ harmlos, Exner[41] und Wüterich Schwoebel,[42] der sich besonders durch Mißhandlungen von Mädchen hervortat, z. B. ihnen irgendeinen Gegenstand an den Kopf warf, sie zwang, ihm denselben wieder zu reichen, und dann ihn nochmals

34 Richtig: Cioma Schönhaus (1922–2015), Graphiker; tauchte im Juni 1942 in Berlin unter und fertigte gefälschte Pässe an; 1943 floh er in die Schweiz, dort Ausbildung zum Graphiker.

35 Dr. Walter Groß (1904–1945), Arzt; 1925 NSDAP-Eintritt; 1929–1932 am Landeskrankenhaus Braunschweig tätig; von 1932 an Mitglied der Leitung des NS-Ärztebunds, 1933–1941 Beauftragter für Rassenpolitik im Stab des StdF, 1934–1945 Leiter des Rassenpolitischen Amts der NSDAP; 1938 Honorarprofessor für Rassenkunde; nahm sich das Leben; Autor u. a. von „Die rassenpolitischen Voraussetzungen zur Lösung der Judenfrage“ (1943).

36 Dr. Friedrich Horst Schlegel (1912–1945?), Jurist; 1932 NSDAP-, 1933 SS-Eintritt; 1939–1941 Gestapo Königsberg, im Juli 1942 nach Berlin versetzt, 1943 Leiter der Abt. IV D (dem die Referate „Juden“, Aberkennung der Staatsangehörigkeit und Ausländer unterstanden) der Gestapo Berlin; 1944 Leiter der Gestapo beim KdS Bialystok; 1945 vermisst; 1949 für tot erklärt.

37 Walter Stock (1904–1984), Bauarbeiter; 1931 NSDAP- und SS-Eintritt; von Juni 1934 an beim SD u. a. in Stuttgart und Königsberg; 1936 Hauptsturmführer; von 1939 an bei der Gestapo Berlin; zwischenzeitlich beim Einsatzkommando B und beim SD Kopenhagen; Nov. 1942 bis Nov. 1943 Leiter des „Judenreferats“ der Gestapoleitstelle Berlin; 1945–1951 u. a. im Lager Esterwege inhaftiert, 1952 vom LG Berlin zu einer neunmonatigen Strafe verurteilt, 1967 wurde er bei einem weiteren Verfahren für verhandlungsunfähig erklärt.

38 Max Stark (1900–1955), Polizist; 1937 NSDAP-Eintritt; zunächst bei der Schutzpolizei, dann von 1934 an bei der Berliner Kriminalpolizei und 1935 bei der Gestapo Berlin, von Jan. 1937 an dort im „Judenreferat“ tätig, 1942–1945 stellv. Leiter des „Judenreferats“; 1950 im Rahmen der Waldheimer Prozesse zu 25 Jahren Haft verurteilt, 1955 wurde er entlassen, nahm sich kurze Zeit später das Leben.

39 Richtig: Walter Dobberke.

40 Richtig: Herbert Titze (*1904), Landwirt; 1923 Eintritt in die Schutzpolizei, 1936 Kriminalpolizei Berlin, von 1939 an bei der Gestapo Berlin, dort im Erkennungsdienst tätig und zuständig für die Kartei des „Judenreferats“, Frühjahr 1945 Verhaftung wegen vermeintlicher Judenbegünstigung; nach dem Krieg in brit. Gefangenschaft, dann bis 1966 bei der Berliner Kriminalpolizei.

41 Adolf Exner (*1903), Schlosser; von 1924 an bei der Schutzpolizei Berlin, 1937 Gestapo, von 1939 an im „Judenreferat“ der Gestapoleitstelle Berlin tätig; über sein weiteres Schicksal ist nichts bekannt.

42 Georg Schwöbel (*1913), Landwirt; 1932 NSDAP-, 1934 SS-Eintritt; von 1937 an bei der Gestapo Berlin; sein Nachkriegsschicksal ist ungeklärt, 1956 für tot erklärt.

auf sie losschleuderte usw. Leiter des Sicherheitshauptamtes, von dem die einzelnen Verfügungen betreffend Juden ausgingen, war der bekannte Eichmann aus Sarona.[43] In die Zeit vom November 1942 bis Anfang 1943 fällt die Schreckensherrschaft des aus seiner Wiener Tätigkeit berüchtigten Brunner.[44]
Ein Vorfall, der seinerzeit von der deutschen Presse verschwiegen wurde, aber im Ausland bekannt geworden ist, ereignete sich gelegentlich der Ausstellung „Sowjetparadies" im Lustgarten (1942). Dort wurden von einer Gruppe jüdischer junger Leute Bomben geworfen. Darauf wurden 500 Juden festgenommen, nach der Synagoge Levetzowstraße gebracht und von dort etwa 250 nach Lichterfelde transportiert und erschossen, die übrigen kamen in das Konzentrationslager Sachsenhausen und verstarben dort angeblich an Lungenentzündung oder wurden nach Auschwitz ins Konzentrationslager gebracht und dort beseitigt.[45]
Frau H. erzählt über Evakuationen etwa folgendes: Die Transporte wurden zuerst in der Synagoge Levetzowstr. bis Ende 1942 gesammelt, dann in der Altersversorgungsanstalt Große Hamburger Str. und zuletzt in der Pathologischen Abteilung des jüdischen Krankenhauses, wo etwa 10 volljüdische junge Leute noch mit irgendwelchen mit den Transporten zusammenhängenden Arbeiten im Frühjahr dieses Jahres beschäftigt waren. Die Abtransporte erfolgten zuerst vom Bahnhof Grunewald, später vom Bahnhof Putlitzstr. Anfangs mußten die Evakuierten zu Fuß gehen, mitunter zum Gaudium der Bevölkerung, obschon auch einige sich neutral und auch ablehnend verhielten. Später wurden sie mit Lastautos zum Bahnhof gefahren.
Der erste Transport ging nach Litzmannstadt am 16. Oktober 1941[46] ab. Das Altersheim in der Gerlachstr. war das Sammellager für die nach Theresienstadt Bestimmten. Ursprünglich war Theresienstadt als Lager für alte Leute über 65 Jahre und Kranke gedacht, dann wurden dorthin transportiert verdienstvolle Kriegsteilnehmer, Rabbiner, hohe Gemeindebeamte. Die Untersuchung bei Kranken, ob sie tauglich für Theresienstadt seien, d. h. hinreichend krank waren, wurde unter Leitung des genannten Dr. Lustig ausgeführt und war überaus streng.
Über die in Polen und im okkupierten Rußland vollzogenen Hinrichtungen von Juden, Gaskammern und dergleichen scheint die allgemeine Bevölkerung in Berlin aus den Aussagen von Soldaten informiert zu sein. Nicht wenige von ihnen erzählen, daß man diese fürchterlichen Massaker nicht mitmachen könnte; meistens sind auch die Hinschlachtungen von der SS. besorgt worden.
Bemerkenswert ist, daß, wohl aus diesen Quellen stammend, in der Bevölkerung Berlins die Meinung verbreitet ist, daß die angeblich von den Russen ermordeten 10 000 polnischen Offiziere bei Smolensk – der Vorfall führte zu dem bekannten Konflikt zwischen

43 Gemeint ist Adolf Eichmann. Zeitweise kursierten Gerüchte, er sei in der Siedlung Sarona in Palästina geboren. Tatsächlich aber stammte er aus Solingen.

44 Gemeint ist Alois Brunner.

45 Am 28./29.5.1942 erschoss die SS im KZ Sachsenhausen 154 in Berlin verhaftete sowie 96 bereits in Sachsenhausen inhaftierte Juden. Weitere 250 Berliner Juden wurden in diesen Tagen nach Sachsenhausen gebracht, entweder dort ermordet oder im Herbst 1942 nach Auschwitz deportiert. Auch Familienmitglieder der erschossenen Juden wurden in den kommenden Tagen verhaftet; so wurden 98 Angehörige der 154 Erschossenen am 5.6.1942 nach Theresienstadt deportiert; siehe VEJ 6, S. 70 f., VEJ 6/117 und 157.

46 Richtig: 18.10.1941.

Polen und Rußland – gar keine Polen waren, sondern jüdische Leichen, die von den Deutschen selbst in polnische Uniformen gesteckt wurden.[47]
Arbeitsmöglichkeiten für Juden waren natürlich überaus beschränkt. Von Intelligenzberufen waren nur einige wenige Konsulenten (frühere Rechtsanwälte) und eine gewisse Anzahl von Ärzten übriggeblieben, die immerhin bei der abnehmenden jüdischen Bevölkerungszahl eine relativ bessere ärztliche Betreuung der Juden als die der Arier ermöglichte.
Alles, was nur konnte, war – soweit es ging – im Kriegseinsatz tätig. Frau H. war mit der Herstellung von Kommutatoren für Flugzeuge unter Aufsicht eines arischen Vorarbeiters und arischen Meisters in einer Gruppe von 40 Männern und 6 Frauen beschäftigt. Die Behandlung war relativ anständig. Andere haben in einer Sondergruppe von 10 Leuten, unter Aufsicht eines jüdischen Vorarbeiters, die Flügelräder für Unterseeboote herstellte, gearbeitet. Diese wurden nur noch an einer einzigen anderen Stelle in Deutschland hergestellt. Die Arbeiter haben dabei sehr gut verdient. Der Arbeitslohn betrug für arische Vorarbeiter etwa 70 Mark die Woche. Frauen verdienen etwa 10 bis 22 Mark die Woche, Männer 25 bis 30 die Woche. Das reicht ungefähr, um den Lebensunterhalt auf die Lebensmittelrationen der Karten zu bestreiten. Frau H. konnte dadurch, daß sie ihr Kind in einer Pension untergebracht hatte, und durch alle möglichen Berechnungen immer 265 Mark monatlich von ihrem Sperrkonto, auf das ihr das Gehalt überwiesen wurde, abheben.
Die Juden waren im allgemeinen besonders gute Arbeiter, sehr eifrig und willig, haben doppelte Akkordleistungen aufzuweisen gehabt, was erklärlich ist, weil sie sich durch die Arbeitsstelle geschützt fühlten. Dann kam am 27. Februar 1943 die große, von der Leibstandarte Adolf Hitler durchgeführte Säuberungsaktion gegen die Juden in den Betrieben.[48] An diesem Schabbath wurden von der SS. rund 10 000 jüdische Arbeiter aus den Fabriken geholt. Etwa 300 Wagen fuhren zur Abholung herum. Die Festgenommenen wurden dann in verschiedene Gruppen eingeteilt, Mischehen, Mischlinge (arisch erzogene), Geltungsjuden (Mischlinge mit Stern), reinrassige Juden usw. usw. eingeteilt.[49] Bei dieser Gelegenheit wurde die obenerwähnte Frage, ob auch in Mischehe lebende Juden zu evakuieren sind, aufgeworfen. Die Schwerindustrie setzte alle Hebel in Bewegung, um die Zurücknahme der aus den Betrieben Herausgezogenen zu erwirken. Aber umsonst, denn für die SS war die Evakuierung die Hauptsache, die Rücksicht auf die Produktion Nebensache.
8000 etwa wurden weggebracht in die Arbeitslager bei Auschwitz, nämlich Birkenau (Frauen) und Monowitz (Männer).[50] Damit hörte der Arbeitseinsatz von Juden in wehrpflichtigen Betrieben auf. Diejenigen, die freigekommen waren (Frau H. auf Grund der

47 Handschriftl. am Rand vermerkt: „Kathyn". Gemeint ist das Massaker von Katyń. Bei den Ermordeten handelte es sich um Kriegsgefangene der poln. Armee; siehe Einleitung, S. 41 f., und Dok. 7 vom 15.4.1943, Anm. 3.
48 Die Leibstandarte Adolf Hitler befand sich zum Zeitpunkt der sog. Fabrik-Aktion in der Sowjetunion. Für die Aktion in Berlin waren Ersatz- und Ausbildungsverbände der Leibstandarte sowie Gestapo und Waffen-SS zuständig. Zur sog. Fabrik-Aktion siehe VEJ 6, S. 75–79, und VEJ 6/227, 230, 231, 232, 233, 236, 237, 238 und 240.
49 Dopplung im Original.
50 Im Rahmen der sog. Fabrik-Aktion wurden zwischen 7000 und 9000 Juden aus Berlin nach Auschwitz deportiert, von denen die große Mehrheit nach ihrer Ankunft ermordet wurde.

Zertifikationsanforderung), wurden aufgefordert, nicht mehr nach den alten Betrieben zurückzukehren, sondern abzuwarten, bis sie eine neue behördliche Mitteilung erhielten. Die Gemeinde mußte die Listen der Zurückgebliebenen neu einreichen, und dann kamen neue Aufforderungen zur Arbeit. Frau H. selbst wurde von Arbeit freigestellt. Die vermittelten Arbeiten waren sehr schwer. Männer wurden nur noch im Hoch- und Tiefbau und im Katastropheneinsatz, Frauen vielfach zu Wagenreinigungen, Reinigungen von Omnibussen, Straßenbahnen und Eisenbahnen, verwendet. Lauter schmutzige Arbeiten, die in der Nacht verrichtet wurden und besonders schwer nach Fliegerangriffen waren.
Philipp Kozower ist Postverwalter in Theresienstadt.
Frau H. hat in Berlin gelebt vom Frühjahr 1939 bis zum 1. Februar 1944. Sie kam dann in das Lager Laufen. Dieses ist ein Internierungslager für englische und amerikanische Civilinternierte. Dann kam sie nach dem Lager Vittel. Dieses ist ein großes Civilinterniertenlager mit großem Park für Engländer und Amerikaner, die dort gut leben. Frau H. kam mit 13 anderen aus Laufen über Vittel in den Austauschtransport. Hinzu kamen 50 andere, die schon länger in Vittel gewesen waren, in Wien kamen etwa 220 aus Bergen-Belsen dazu. Der Transport war als internationaler Roter-Kreuztransport sehr anständig und komfortabel.[51]

DOK. 163

In einem Journal eines Lagers in Wiener Neustadt verzeichnet ein unbekannter Verfasser am 1. September 1944 die für Juden obligatorischen Vorschriften[1]

Handschriftl. Vermerk des Lagerschreibers[2] des Lagers Wiener Neustadt,[3] Niederösterreich, vom 1.9.1944[4]

Am 1ten September 1944
Heute Morgen wurde die 32jährige Frau Mann Lipótné[5] ärztlich untersucht, und sie wurde auf Scharlach verdächtig gefunden, worauf die Meldung sofort an Herrn Oberstabsarzten abging, mit der Bitte, daß die Kranke in's Epidemiespital überführt werde. Heute Nachmittag war ein Herr Unteroffizier von der Sanitätsabteilung im Lager, um die Zimmern ad. Punkto Reinlichkeit und Hygiene zu controliren. Mit der Reinlichkeit der Zimmern war der Hr. Unteroffizier zufrieden, hingegen beanständete die in reserve gehaltenen Lebensmittel, welche aus hygienischen Gründen in der Zukunft nicht zulässig ist.

51 Siehe Einleitung, S. 51.

1 Magyar Zsidó Levéltár (MZSL, Ungarisches Jüdisches Archiv), D 10/4. „Journal des Ju-Lagers vom 15.VIII.1944. Wiener-Neustadt".
2 Vermutlich: Dr. Dezsö Neuberger. Lagerschreiber waren für innere Verwaltungsaufgaben wie die Häftlingskartei und Veränderungsmeldungen zuständig.
3 Im Sommer 1944 wurde das Lager für ungar. Juden an der Gymelsdorferstraße (heute: Gymelsdorfer Gasse) von sowjet. Kriegsgefangenen errichtet. Bis zu seiner Auflösung im Frühjahr 1945 lebten durchschnittlich etwa 230 Personen im Lager, insbesondere Frauen und Kinder.
4 Rechtschreibung und Grammatik wie im Original.
5 Gemeint ist die Ehefrau von Lipót Mann.

Nach der Controlle kam er in's Kanzlei, wo Dr. Radó Dezsõ, Dr. Müller Ferenc ärztl. Stefani Verwalter + Dr. Neuberger auf einigen Fragen Aufklärung gaben. Nachher gab er bekannt, das Verhalten der Juden im Lager und auf der Straße.
Ein jeder Jude von 2 Jahre alt muß das jüdische Kennzeichen auf der linken Brustseite auffallend tragen.
Falls er kein Rock trägt so auf der Gilet,[6] Hemd, oder an der linken seite der Hose fals er kein Hemd trägt. Dieses besteht für den Arbeitsplatz ebenfals.
Das Lager darf ohne Erlaubniß und ohne Begleitung nicht verlassen werden.
Kein Jude darf mit fremden, in's Gespräch einlassen, geschencke empfangen oder betteln, umsoweniger stehlen, da dies besonders strenge bestrafft wird.
Kleider zu verkaufen ist strengstens verboten.

DOK. 164
Eva Sieburg schreibt ihren Verwandten am 23. September 1944, dass sie auf ihrer Reise nach Wien fast Theresienstadt gesehen habe[1]

Handschriftl. Brief von Eva Sieburg, Berlin, an Ida und Erich Sieburg, Herne, vom 23.9.1944

Mein lieber Onkel Erich u. liebe Tante Ida!
Ob Ihr nun schon ganz verärgert über mein Schweigen seid? Hoffentlich nicht, denn eine beabsichtigte Vernachlässigung liegt gewiß bei mir nicht vor. Die Tage vergehen derart schnell und die nötige Spannkraft, um alles zu machen, was ich mir so vornehme, steigt immer mehr abwärts. Dazu kommt natürlich der große Kummer um Mutti,[2] der täglich größer wird, da sie jetzt nur noch 95 Pfund wiegt und mich mit ca. 130 Pfund verlassen hat. Dies gab sie mir neulich in einer Karte, die sie alle 2 Monate schreiben darf, sehr umschrieben zu verstehen. Dabei schicke ich ihr jeden Mittwoch und Sonnabend ein wirklich schönes Paket, was diese Gewichtsabnahme bestimmt ausschließen würde, wenn sie alle meine Gaben erhalten würde. Heute ging das 66. Paket von 14 Pfund an sie ab, und es ist unheimlich schwer, das alles mit einer einzigen Lebensmittelkarte zu schaffen. Aber solange ich es durchhalten kann, soll sie es unbedingt haben. Schließlich hat sie in früheren Jahren meinetwegen auch genug Entbehrungen auf sich genommen. Und es ist jetzt nur ein kleiner Bruchteil, den ich jetzt wieder gutmachen kann. Sie bestätigt zwar die von mir stets numerierten Pakete mit einer Drucksache ohne Kommentar, doch läßt sich ja daraus nicht erkennen, ob sie ad 1 alle Teile aus dem Paket erhält, ad 2, ob sie nicht nur zu diesen Bestätigungen gezwungen werden, jedoch von dem Inhalt nie etwas zu sehen bekommen. All diese Gedanken, die keiner klären kann, machen mich ganz krank. Ich bin auch schon wieder seit 14 Tagen vom Vertrauensarzt wegen Gallenblasenentzündung, -steinen, Erschöpfung und Anämie krank geschrieben. Doch bleibe ich eigentlich nur zuhaus, weil ich die faden Menschen nicht um mich haben möchte und zuhaus meine Ruhe, die jedoch keine ist, habe.

6 Franz.: Weste.

1 JMB, 2014/112/30.001–30.003, Schenkung von Eva Maria Sieburg.
2 Elly Sieburg.

Inzwischen hatte ich auch großes Pech mit meiner ersten Untermieterin, die sich bis zu ihrer Übersiedlung nach Wien zwar als eine rührende Freundin zeigte, leider aber so unehrlich war, daß sie für ca. 3000,– Schmucksachen, Wäsche u. a. mitnahm. Durch ihre Wiener Freundin, an die ich mich nach der Entdeckung wandte und die an der Aufklärung sehr interessiert war, konnte ihr bald der Diebstahl nachgewiesen werden. Sie übergab das Mädchen sofort der Polizei, die in sehr netter Weise mir (trotz [Mi…][3]) beisteht. Allerdings ist die ganze Sache höchst überflüssig, da sie mir neue Sorgen geschaffen hat. Ob ich alle meine Sachen zurückbekommen kann, hängt nun von der Tüchtigkeit und dem Interesse der Wiener Kripo ab. Ich war zu diesem Zweck 4 Tage in Wien, was ich bei dieser Gelegenheit wenigstens auch noch kennenlernen konnte. Der Hauptgrund dieser Reise war jedoch der, dass ich unbedingt Muttis neuen Wohnort sehen wollte und auch zu versuchen, etwas Näheres zu erfahren. Dieser Ort[4] liegt ganz reizend an einer Ecke, wo die Eger in die Elbe mündet. Ringsherum von Bergen und Wäldern umgeben. Die Stadt, eine ehemalige Festung, man sagt, sie hieße früher Königgrätz,[5] ist genau 1 km im […][6] groß und von Anfang bis Ende mit Katakomben unterzogen, in denen diese Menschen jetzt hausen.[7] Von ihrer schönen landschaftlichen Lage haben sie also nichts. Der Zug hält wohl 2 Min. auf dem Bahnhof,[8] jedoch darf man den Zug nur verlassen, wenn man einen Durchlaßschein besitzt, was ich gottlob versäumt hatte, mir zu besorgen. So mußte ich mich denn begnügen, meinen Tränen freien Lauf zu lassen und einem Bahnbeamten eine Karte für Mutti zu geben, damit sie an dem Poststempel wenigstens sehen kann, daß ich dort war. Allerdings scheint sie von den Karten, die ich jede Woche schreibe, auch kaum eine zu bekommen. Ach, es ist alles so furchtbar. Am grausamsten sind die Nächte, in denen ich im Traum ihr Schicksal so greifbar vor mir sehe, daß ich danach schweißgebadet aufwache und vollkommen zerschlagen bin. Immer mehr komme ich zu der Erkenntnis, daß uns beiden wohler gewesen wäre, wenn sie im Januar statt dort hin zu kommen, die ewige Ruhe gefunden hätte, bei der es gottlob keine Quälerei mehr gibt. Ja, es war ein Glück, daß ich in Th. nicht aussteigen konnte, denn eine andere Dame, die einen ordnungsmäßigen Durchlaßschein, der zum Aussteigen im Protektorat berechtigt, hatte, ist auch bis zum Tor gekommen, erhielt jedoch keine Sprecherlaubnis. Sie bat daraufhin, ein Päckchen abgeben zu dürfen, was ihr auch gestattet wurde. Sie mußte aber ihre Adresse angeben. Man war nicht unliebenswürdig zu ihr. Als sie jedoch nach Berlin zurückkam, wurde sie nach 3 Tagen von der Gestapo abgeholt und kehrte nicht mehr zurück. Nun hat sie also weder sich noch ihrer Mutter mit ihrem Besuch etwas genutzt. Übrigens sollen 35 000 Menschen dort leben.[9] Hatte ich Euch schon geschrieben, daß man uns auch sämtliches Mobiliar einschließlich Inventar und

3 Vermutlich: Abkürzung für „Mischling“.

4 Gemeint ist Theresienstadt.

5 Hradec Králové (Königgrätz) in der Tschechischen Republik liegt etwa 160 km südöstlich von Theresienstadt.

6 Hier ist ein Piktogramm für Quadrat eingefügt.

7 Unterkünfte im Getto Theresienstadt gab es in den ehemaligen Kasernen, den Wohnhäusern und Dachböden sowie in Baracken, nicht jedoch in Katakomben.

8 Bahnhof Bohušovice nad Ohří (Bauschowitz an der Eger), etwa 2,5 km vom Getto entfernt.

9 Als am 28.9.1944 die großen Herbst-Deportationen von Theresienstadt nach Auschwitz begannen, befanden sich noch 29 481 Menschen im Getto. Nach Abschluss der Aktion am 28.10.1944 waren rund 18 000 Personen deportiert worden.

1 Monat später die Wohnung fortnehmen wollte? Ich habe natürlich wie ein Löwe um meinen Besitz gekämpft und schließlich gesiegt, da ich einen sehr wohlwollenden Beamten fand. Andere Menschen in meiner Lage haben auf diese Weise alles verloren. Nein, dieses Jahr werde ich gewiß nie vergessen. Die Kraft, die das alles gekostet hat, verbraucht jeder Mensch mit den üblichen Durchschnittssorgen kaum in 10 Jahren. Dabei werdet Ihr es sicher auch verstehen, wenn man zum Briefeschreiben nur selten fähig ist, wenn auch die furchtbare Einsamkeit mich öfter denn je danach drängt, mich jemandem gegenüber auszusprechen, dem dies alles nicht gleichgültig ist.
Aber es ist doch tatsächlich so: Menschen, die Verständnis für die Sorgen anderer aufbringen können, so wie Ihr z. B., beherrschen diese Kunst vor allem, weil sie selbst genug Leid erfahren haben und daher den Gemütszustand anderer am besten mitempfinden können. Zu denen möchte man nicht noch mit seinen eigenen Sorgen gehen. Sie haben selbst genug zu tragen und werden erdrückt, wenn noch mehr dazukommt, was eigentlich gar nicht auf ihren Postkorb gehört. Und zu anderen Menschen möchte man erst recht nicht gehen, die gar nicht wissen, was Leid überhaupt ist. Sie können einem ohnehin keinen Trost geben, nicht einmal mit ihrem Schweigen. Ihr werdet uns nun recht geben, wenn man sich immer mehr und mehr in sich selbst vergräbt und nur noch redet, wenn man sich persönlich angesprochen fühlt. Was nutzt es, wenn man sich immer wieder krampfhaft bemüht, sich und anderen etwas vorzumachen und in Wirklichkeit mit seinen Gedanken doch ganz woanders ist. Alles Gerede über die sonst so geliebten Interessen ist im Augenblick der höchsten Nervenanspannung eine Qual, die man im öffentlichen Leben, wo die Parole zu jeder Minute heißt: „Nur nix merken lassen", schon mehr als genug über sich ergehen lassen muß. Wo aber findet man den Behälter, in den man das überfließende Leid abschöpfen kann, ohne andere liebe Menschen zu belasten? Auch ist das Schreiben eine gefährliche Quelle für ausbaufähige Grübeleien, da eben nur der Gedanke bezw. Gedächtnisapparat dabei arbeitet und alles aufwühlt, so daß man hinterher erschöpfter wie nach einer körperlichen Arbeit ist. Ich schreibe Euch das alles nur, um milde Beurteilung für mein seltenes Schreiben zu erbitten. Auch sollt Ihr nicht etwa annehmen, daß ich meine Sorgen nun soweit überschätze, daß ich in meinem Innern keinen freien Raum mehr für Euch hätte. Wie ich Euch schon öfter schrieb, hättet Ihr bestimmt schon ein dickes Buch daraus machen können, wenn Ihr all meine Gedanken in Briefen gesammelt hättet, die in diesem Jahr allein zu Euch eilten und sich mit Euch beschäftigten. Wie oft habe ich mir gewünscht, mal wieder in Eurer Atmosphäre zu atmen und mich bei Euch geborgen zu fühlen. Doch was sind Worte, wenn es an der Möglichkeit der Ausführung auf der ganzen Linie scheitert?
Nun will ich aber rasch nochmal in Eure letzte Post hineinschauen, um diese endlich zu beantworten. Oh ja, das kann ich Euch sehr nachfühlen, daß Ihr Euch um Heinzotto[10] bangt. Doch sind doch[11] von dort sehr viele Truppen zurückgezogen, so daß Ihr noch nicht an das Schlimmste zu denken braucht. Wo steckt er denn jetzt, und was schrieb er denn in seinem letzten Brief? Bitte grüßt ihn recht herzlich von mir. Oder hat er mich schon ganz vergessen? Und Lulu,[12] wohnt sie noch bei Euch mit dem Kind? Muß sie jetzt auch wieder arbeiten und was? Ihre Bühnentätigkeit ist ja leider vorläufig auch zu

10 Dr. Heinz-Otto Sieburg, Cousin von Eva Sieburg.
11 So im Original.
12 Vermutlich: Luise Sieburg, Cousine von Eva Sieburg.

Ende, ebenso für ihren Mann. Ich hab ja zum Glück die Berufsumstellung schon hinter mir, wenngleich ich mich an die reinen Büroarbeiten wohl nie gewöhnen werden kann. Sei nur froh, lieber Onkel Erich, daß Du von all dem Kram verschont bist und Dich Deiner Schriftstellerei nun voll und ganz widmen kannst. Wie hatte ich mich darauf gefreut, endlich mal etwas davon zu sehen zu bekommen. Aber diese Freude hast Du mir ja leider bisher immer noch nicht gemacht, obwohl doch in der Zwischenzeit gewiß viele neue Schöpfungen von Dir entstanden sind. Schreibst Du Deine Exposés nicht mit der Schreibmaschine, so daß ein Durchschlag für mich abgefallen wäre? Auch wie weit Du mit Deiner Biographie bist, hast Du mir bisher hartnäckig verschwiegen. Warum eigentlich? Bin ich denn Deines Werkes nicht würdig?

Wie geht es Euch denn gesundheitlich? Ich stelle mir Lambrecht als einen gemütlichen, ruhigen Ort vor, in dem man von dem verfl… Krieg außer der Ernährungssorge nicht viel merkt. Oder haben Euch die Flieger dort auch schon besucht? Daß ich im Juni in meiner Apotheke auch schon verschüttet war, schrieb ich Euch ja wohl schon.[13] Seitdem gehe ich nachts immer bei Alarm in einen tiefliegenden Bunker. 4 Tage hatten wir wieder Ruhe. Aber was kommt dann? Könnt Ihr eigentlich nach dem Krieg wieder nach Hause? Ich weiß ja gar nicht, wieweit Euer Haus dort beschädigt war. Meine Wohnung mit allem Drum und Dran habe ich ja als einziges Kapital noch gerettet und hoffe so sehr, daß Mutti es doch eines Tages wiedersehen möge. Wenn Ihr könnt, würde ich mich riesig freuen, mal wieder einen ganz ausführlichen Brief über Euer aller Wohlergehen zu erhalten. Mich interessiert alles, auch wenn ich jetzt nicht danach gefragt habe in diesem Brief. Auch wenn Ihr Wünsche habt, so teilt sie mir mit, ich möchte Euch so gern etwas Liebes antun. Ach, noch eins liegt mir am Herzen. Da ich meine wichtigsten Papiere im Luftschutzgepäck gut verstaut habe, komme ich an die Geburtstagsliste leider schwer heran. Bitte, seid mir nicht bös, daß ich daher Eure Geburtstage versäumt habe. Ich hab zur Zeit gar kein Gedächtnis. Bitte, schreibt sie mir doch noch mal von Euch 4. Trotzdem denke ich aber viel und lieb an Euch alle und bin Euch immer wieder für Euer großes Herz dankbar.

In diesem Sinne recht viele liebe herzliche Grüße

Eure dankbare, einsame

13 Zwischen 1939 und 1944 half Eva Sieburg regelmäßig in einer Apotheke aus.

DOK. 165

Wilhelm Neuß benachrichtigt Bischof Clemens August von Galen am 26. September 1944 über die Verhaftung konvertierter Juden und „Mischlinge" im Rheinland[1]

Schreiben von Wilhelm Neuß,[2] Bonn, an Bischof Clemens August von Galen,[3] Münster, vom 26.9.1944 (Typoskript)[4]

Excellenz!

Da ein junger Bekannter von mir in Münster zu tun hat, möchte ich ihm diese Zeilen an Sie mitgeben. Es wird bald zehn Jahre her sein, daß ich in Gevelinghausen bei Ihnen war. Damals fanden Sie rasch den rechten Weg, und wir dürfen annehmen, daß Gutes aus dem Entschlusse gekommen ist. Die Erinnerung daran veranlaßt mich in anderer Sache, aber auch einer ganz dringenden unserer hl. Kirche, heute wenigstens meine Gedanken auszusprechen.

Ich weiß nicht, wie weit im Bezirk des Münsterschen Bistums die Aktion der Überführung der bisher geschützten Nichtarier und der Halbarier in Lager durchgeführt worden ist. Im Rheinland ist sie weithin schon durchgeführt worden, und zwar beiderseits des Rheines. Da ich eine Anzahl tieffrommer katholischer Bekannter bei den von [zu] Hause Weggeführten hatte, die ich mehrmals am Lager besucht habe, so habe ich von dem Umfange der Aktion und von der unsäglichen Not, ich meine vor allem der seelischen, eine unmittelbare Anschauung bekommen. Da es sich jetzt ja fast nur um Christen und hierzulande ganz überwiegend um katholische Christen handelt, so ist es ja wirklich eine brennende Frage der Kirche.

Wenn ich die Fälle durchgehen wollte, fromme, ganz katholisch erzogene Kinder aus Ehen mit einem konvertierten nichtarischen Elternteil, Gattinnen katholischer hochangesehener Herren, die von rein katholischen Eltern stammen, von denen aber ein Teil konvertiert hatte, junge Leute, die noch in diesem Kriege in den schwersten Kämpfen gestanden haben, mit allen militärischen Ehren ausgezeichnet worden sind, dann aber entlassen werden mußten, um jetzt abgeführt zu werden, trotz EK und allem, die fromme kath. nichtarische Frau eines ebenso frommen katholischen Mannes, nachdem der einzige Sohn erst eben, d. h. vor weniger als Jahresfrist gefallen ist, die einzige Tochter einer frommen Katholikin, deren längst verstorbener Vater Konvertit gewesen war usw., ich könnte Fall auf Fall berichten, der einem schlechterdings unbegreiflich ist. Hier ist es nun so gehandhabt worden, daß die Betreffenden zunächst in einem Barackenlager

1 BAM, Bischöfliches Sekretariat, A 0–24. Abdruck in: Bischof Clemens August Graf von Galen, Akten, Briefe und Predigten 1933–1946, bearb. von Peter Löffler, Bd. II, Paderborn 1996, S. 1066–1069.

2 Dr. Wilhelm Neuß (1880–1965), kath. Theologe; 1905–1912 als Religionslehrer in Köln tätig, zugleich Dozent an der Universität Bonn, von 1917 an dort Professor für Kirchengeschichte; 1936 Domkapitular, von 1954 an päpstlicher Hausprälat.

3 Clemens August Graf von Galen (1878–1946), kath. Theologe; 1904 Priesterweihe, bis 1929 Seelsorger in Berlin, danach in Münster, 1933–1946 Bischof von Münster; kritisierte u. a. in einer Predigt am 3.8.1941 offen die „Euthanasie"-Morde; 1946 wurde er in den Kardinalsstand erhoben.

4 Im Original handschriftl. Bearbeitungsvermerk.

in der Nähe von Köln[5] eine bis zwei Wochen zubringen mußten. Seelsorgerischer Besuch war nicht gestattet. Man konnte nur draußen warten und sich durch einen Insassen, den man sah, die Bekannten nach vorn an die Lagergrenze bitten lassen. Es war überhaupt kein Betreten des Lagers für Nichtinsassen gestattet. Dem Besuch in der beschriebenen Form wurden freilich keine Schwierigkeiten gemacht. Dann aber sind die Insassen am letzten Samstag abtransportiert worden, und zwar ohne Angabe, wohin.[6] Auch die nächsten Angehörigen haben darüber nichts erfahren können. Aus Andeutungen vermutet man, daß der Transport in die Nähe von Kassel gehen würde. Eine Äußerung vonseiten eines Gestapobeamten gegenüber einem Verwandten soll dahin gehen, daß sie vorerst zu Arbeiten eingesetzt würden und bis Kriegsende festgehalten würden. Zurückgelassen hat man in dem Kölner Lager am Samstag die nicht transportfähigen Alten und Kranken. Sie sind noch in der Krankenbaracke des Lagers. Es hieß, sie sollten nach Theresienstadt kommen. Ferner die rein arischen Eheteile, so daß jetzt Männer und Frauen auseinandergerissen sind, nachdem man ja auch den rein arischen Eheteil in das Lager überführt hatte. Dort werden diese arischen Leute noch festgehalten. Endlich hat man zurückgelassen die halbarischen Kinder unter 16 Jahren. Es waren Kinder von 4–16 Jahren da, die hilflos weinend ohne Vater und Mutter dastanden. Wenn sich jemand fand, der sich verpflichtete, sich ihrer anzunehmen, so konnte er die Kinder mitnehmen. Ich konnte eine Reihe von Angehörigen benachrichtigen oder auch Ortsgeistliche, daß sie für die Abholung der Kinder Sorge trügen; einen Jungen habe ich gleich mit nach Bonn genommen, wo ihn die Mitbewohner des Hauses aufgenommen haben und ich für das weitere sorgen kann. Er hat auf Erden außer seiner abtransportierten Mutter buchstäblich keinen Verwandten, der auch nur irgendwie noch in Betracht käme.

Was aber wird nun mit den Abtransportierten? Der Herr Erzbischof[7] hat, als dem Pfarrer von Müngersdorf,[8] in dessen Bezirk das Lager liegt, der Zutritt verboten wurde, in einem sehr maßvollen Schreiben den Gauleiter[9] gebeten, die seelsorgerische Betreuung doch zu gestatten. Die Antwort war Ablehnung, da es sich doch nur um einen kurzen Durchgangsaufenthalt handele. Der Erzbischof hat auch durch Bischof Wiencken[10] in Berlin Vorstellungen erhoben, auf die noch keine Antwort da ist. Er fürchtet, daß ein schärferes Auftreten nur zu noch weiter verschärften Maßregeln gegen die armen Leute führen würde. Die Internierten meinten, die Kirche habe sie im Stiche gelassen, kein Priester sei zu ihnen gekommen. Wenn wenigstens die Pfarrer sofort benachrichtigt und aufgefordert worden wären, hinauszufahren und am Eingang mit ihren Pfarrkindern zu

5 Gemeint ist das Sammellager für Juden in Köln-Müngersdorf, Fort V, in dem zwischen 1941 und 1945 Juden aus Köln und Umgebung vor ihrer Deportation untergebracht wurden.

6 Die Transporte der sog. September-Aktion aus dem Rheinland und dem Ruhrgebiet gingen in verschiedene Arbeitslager. Nach Kassel wurden vor allem jüdische Frauen aus Köln gebracht, die Männer zumeist nach Lenne bei Hannover. Die „Mischlinge" wurden nach Hessisch-Lichtenau, nach Paffendorf in der Eifel oder nach Lönnewitz in Sachsen deportiert. Insbesondere Kranke transportierte die Gestapo nach Berlin in das Jüdische Krankenhaus in der Iranischen Straße.

7 Dr. Josef Kardinal Frings (1887–1978), Theologe; 1910 Priesterweihe in Köln, 1915–1922 Pfarrer der kath. Pfarrgemeinde St. Marien in Köln-Fühlingen, 1942–1969 Erzbischof.

8 Leo Ditges (1878–1955), Pfarrer der Gemeinde St. Vitalis.

9 Josef Grohé.

10 Heinrich Wiencken (1883–1961), kath. Theologe; seit 1937 Leiter des Commissariats der Fuldaer Bischofskonferenz in Berlin, die als Vermittlungsinstanz zwischen der kath. Kirche und der Reichsregierung fungierte.

sprechen, so wären diese nicht ganz verlassen gewesen. Ich konnte nach dem Abtransport der weiter Deportierten in das Lager hinein, wo die übriggebliebenen noch waren, und hörte erschütternde Klagen, wie sie zusammen gebetet hätten und immer gehofft, daß ein Priester kommen würde. Wer das nicht mitgemacht, wer das Jammern der Frauen und Männer, das Weinen der Kinder bei dem Abtransport der Eltern nicht miterlebt hat, wie ich am letzten Samstag, der kann sich schwerlich eine Vorstellung von dem Übermaß von Elend machen, das da von frommen Kindern unserer Kirche ausgestanden wurde, ohne daß ihnen auch nur wenigstens der Trost geworden wäre, der doch dem Verbrecher im Gefängnis nicht versagt wird.

Nun schreibe ich Ihnen alles dieses, weil es jetzt darauf ankommt, vor allem für die nach Innerdeutschland Abgeführten zu sorgen. Das wird von hier aus noch schwerer sein als von einer mehr innerdeutschen Diözese aus. Ob Sie etwas machen können und wie, das kann auch ich nicht sagen. Ob ein offenes Wort an die Gläubigen und ihre Unterrichtung über den guten Willen der Bischöfe, den Armen zu helfen, wie ich immer noch meine, das rechte ist oder ob das wirklich noch mehr schadet, ich will es der Einsicht der verantwortlichen Stellen, die das Ganze besser überschauen als ich, überlassen. Aber daß hier eine Seelsorgepflicht und eine katholische und christliche Not vorliegt, *so dringend wie keine andere* zur Zeit, da für jeden sonst noch so schwer Betroffenen wenigstens eine Hilfestelle da ist, das scheint mir unzweifelhaft zu sein.

Vielleicht sind Sie längst über alles dieses noch besser im Bilde als ich. In dem Falle bitte ich es zu entschuldigen, daß ich Sie bemühe. Vielleicht aber stehen diese Dinge dort noch erst bevor, obschon im Bezirk Düsseldorf und deshalb wohl auch im Münsterschen Anteil des Bezirks der Abtransport schon vor dem Kölner erfolgt ist,[11] so daß diese Informationen von Wert für Sie sind. Sie werden gewiß alles tun, um zu erfahren, wohin man die Armen gebracht hat und ob es Wege gibt, ihnen seelsorgerisch zu helfen. Bei den Abtransportierten ist übrigens auch eine nahe Freundin der in Bonn verstorbenen Baronin von Wendt,[12] ein Frl. Clotilde von Cohausen,[13] bei der die ganze Abstammungsfrage zudem nicht einmal geklärt ist, soviel ich weiß, ob nämlich die Frau ihres Großvaters mütterlicherseits, Freiherrn von Wolf, der aus geadelter, wenn ich nicht irre, Schweizer Familie war, auch, wie ihr Mann, nichtarisch war. In einem anderen Fall hat man eine Dame mitgenommen, die sicher ganz arisch ist, aber als gebürtige Polin s. Zt. den erforderten Ariernachweis aus technischen Gründen nicht erbringen konnte, dann aber infolge der Nachforschungen während des jetzigen Krieges in Polen amtlich bescheinigt bekommen hat, ihre Sache sei in Ordnung. Sie ist Ärztin und hat alle Krankenkassen. Trotzdem wurde sie ganz persönlich ihrem Manne weggeholt. Eine fromme Katholikin auch sie.

Vielleicht nehmen Sie die Sache ganz von sich aus in die Hand, damit Sie auf eigenes Material gestützt – das Kölner hat ja für Sie weniger Wert – sehen, was zu tun ist.

Die Bischofssorgen sind heute so groß, und Westfalen kann ja auch, wie das Rheinland bereits, vom Kriege unmittelbar berührt werden. Aber vielleicht gibt es doch noch einen Weg, auch diesen Armen zu helfen. Ich hatte keine Gelegenheit mehr, unserem Herrn

11 Am 17.9.1944 verließ der letzte große Deportationstransport Düsseldorf mit rund 250 Juden aus „Mischehen“; ein Transport aus Köln fuhr vermutlich am 23.9.1944 ab.

12 Agnes Freifrau von Wendt.

13 Clotilde Helene Marie von Cohausen (1881–1960) wurde im Sept. 1944 verhaftet.

Erzbischof zu sagen, daß ich auch Ihnen Mitteilung gemachte habe, wie [ich] es ihm selber mehrfach getan habe. Gestern, als ich mit ihm sprechen wollte, hörte ich, daß eben zuvor in der Nacht bei dem Fliegerangriff auf Neuss seine Schwester getötet worden sei. Nehmen Sie daher diese Zeilen als private Information entgegen. Eine Antwort erwarte ich natürlich nicht, es sei denn durch den Überbringer dieser Zeilen.
Möge Gott Sie und das Bistum behüten.
In Ehrfurcht grüßt Sie
Ihr ergebenster

DOK. 166
Hans Feldheim schreibt am 27. September 1944 einen Abschiedsbrief an seine Lebensgefährtin, bevor er sich das Leben nimmt[1]

Handschriftl. Brief von Hans Salomon Feldheim, Köln, an Alice von der Heyden[2] vom 27.9.1944

Geliebte Frau,
vor wenigen Tagen hatte ich Dir einen so hoffnungsfrohen Brief geschrieben. Ich konnte ihn Dir nicht zustellen, weil Abarga nicht zu erreichen war. So mußte mein Gedenken Deines einsamen Geburtstages und vieles andere mehr unausgesprochen bleiben.
Heute muß ich Dir den vielleicht größten Schmerz Deines Lebens bereiten. Anne[3] und ich haben dieses Leben verlassen. Verruchte Schweine haben unsere edlen Gastgeber in anonymem Schreiben bedroht, und so müssen wir weichen, um größeres Unglück zu verhüten.[4]
Wir waren immer freie Menschen und wollen frei bleiben bis zum letzten Atemzug. Deshalb setzen wir uns keiner Behandlung durch die Despoten aus. Kannst Du Armes ohne mich durchhalten, so tue es tapfer für Deine Kinder. Kannst Du es nicht, dann weißt Du ja, wie Du zu uns kommen kannst. Wenn es eben möglich ist, bin ich heute Abend noch bei Dir, aber das hängt vom Zufall (Abarga) ab.
Sehe ich Dich nicht mehr, dann wisse aus diesen Zeilen nochmals, wie viel Du mir warst und daß nur der Wahnsinn der Zeit mich verhinderte, Dir zu leben[5] und Dir mehr zu sein. Gleich mir hat Anneliese Dich *sehr* geliebt.
Und nun nimm meinen letzten heißen Kuß in dem Bewußtsein, daß nun die Packeselschlepperei für immer ein Ende hat.
Dein Hänschen

1 Original in Privatbesitz, Kopie: NS-Dokumentationszentrum Köln, Bestand Feldheim. Teilweise abgedruckt in: Barbara Becker-Jákli, Das jüdische Krankenhaus in Köln. Geschichte des israelitischen Asyls für Kranke und Altersschwache 1869–1945, Köln 2004, S. 354.
2 Alice von der Heyden, geb. Tuteur (1897–1944); Kindheit in Antwerpen, verheiratet mit Hans von der Heyden (1893–1950) aus Köln; nahm sich das Leben.
3 Anneliese Feldheim (1916–1944), Tochter von Hans Feldheim.
4 Ende Aug. 1944 waren Hans und Anneliese Feldheim aus Angst vor der drohenden Deportation bei Bekannten untergetaucht.
5 So im Original.

DOK. 167

Der Reichsinnenminister teilt den Oberbürgermeistern am 29. September 1944 mit, dass in „Mischehe" lebenden Juden keine öffentliche Fürsorge gewährt wird[1]

Schreiben des Jugendpflegereferats im Reichsministerium des Innern (B I 1757/44, 7808), gez. i. A. Ruppert, an den Oberbürgermeister von Berlin,[2] Hauptwohlfahrtsamt, vom 29.9.1944[3]

Betrifft: Fürsorge für Juden
Auf die Berichte vom 15. Februar und 25. September 1941, 3. Februar 1942 und 13. Januar 1944 – Wohl. 1/III 48 –[4]
Das Gesetz über Mietverhältnisse mit Juden vom 13. April 1939 (RGBl. I, S. 864)[5] enthält als Sondervorschrift lediglich Bestimmungen mietrechtlicher Art. Für die Entscheidung, ob im Falle der Hilfsbedürftigkeit öffentliche Fürsorge zu gewähren oder der Hilfsbedürftige an die Reichsvereinigung der Juden zu verweisen ist, ist nicht das Gesetz über Mietverhältnisse mit Juden, sondern die Vorschriften der Zehnten Verordnung zum Reichsbürgergesetz vom 4. Juli 1939 (RGBl. I, S. 1097)[6] heranzuziehen.
Nach § 3 der Zehnten VO. zum Reichsbürgergesetz steht den noch im Reichsgebiet in Mischehen lebenden Juden deutscher Staatsangehörigkeit sowie den staatenlosen Juden der Beitritt zur Reichsvereinigung der Juden frei. Daher sind Anträge dieser Juden auf Gewährung von Unterstützung aus Mitteln der öffentlichen Fürsorge ausnahmslos mit dem Hinweis auf die Möglichkeit des Beitritts zur Reichsvereinigung der Juden in Deutschland und damit der Erlangung einer Unterstützung aus deren Mitteln abzulehnen.
Im übrigen ist der Wohnsitz der Juden, deren deutschblütiger Eheteil verstorben oder deren Mischehe geschieden ist, im allgemeinen nach Theresienstadt verlegt.[7] Auch für Juden mit fremder Staatsangehörigkeit ist die Frage der Gewährung öffentlicher Fürsorge nicht mehr praktisch, da diese entweder in Internierungslagern untergebracht oder abgeschoben worden sind.
Abschrift übersende ich zur Kenntnis.[8]

1 IfS Frankfurt a. M., Bestand Fürsorgeamt 3693.
2 Ludwig Steeg (1894–1945), Verwaltungsbeamter; von 1919 an bei der Stadt Berlin tätig; 1933 NSDAP-Eintritt, SS-Mitglied; 1933 Vertreter von Staatskommissar Lippert, 1937 Bürgermeister von Berlin, 1940–1945 kommissar. Oberbürgermeister und Stadtpräsident und 1945 Oberbürgermeister Berlins; starb in sowjet. Internierung.
3 Verteiler: die Oberbürgermeister von Dresden, Frankfurt a. M. (Eing. 9.10.1944), München, Leipzig, Breslau, Stuttgart, Karlsruhe und Hannover sowie die Gemeindeverwaltung der Stadt Hamburg; im Original handschriftl. Bearbeitungsvermerke.
4 Liegen nicht in der Akte.
5 Richtig: Gesetz über Mietverhältnisse mit Juden vom 30.4.1939 (RGBl., 1939 I, S. 864 f.). Mit diesem Gesetz wurde den jüdischen Mietern der gesetzliche Mieterschutz entzogen; siehe VEJ 2/277.
6 Die 10. VO zum Reichsbürgergesetz vom 4.7.1939 verfügte den Zusammenschluss der Juden in der Reichsvereinigung, deren Aufgabe es war, die jüdische Auswanderung zu fördern und als Träger des jüdischen Schulwesens und der Wohlfahrtspflege zu fungieren. Nach Art. III § 12 sollte die Reichsvereinigung hilfsbedürftige Juden so unterstützen, dass die öffentliche Fürsorge nicht benötigt würde; RGBl., 1939 I, S. 1097–1099.
7 Siehe Dok. 103 vom 18.12.1943.
8 Maschinenschriftl. hinzugefügter Aktenvermerk: „Nach Angaben von Herrn Amtmann Ebert werden von der Kreisstelle 5 noch betreut: 9 arische Frauen mit 7 Mischlingen I. Grades und 4 Mischlingen, die Geltungsjuden sind. U[rkunden] R[olle] der Kreisstelle 5 zur Kenntnis des vorstehenden Erlasses. 2. Zu den Akten Ffm., den 7.11.44 Fürsorgeamt Gr./Re."

DOK. 168
Carl Goerdeler denkt im September 1944 über die Zukunft der Juden nach und schlägt die Errichtung eines jüdischen Staats vor[1]

Denkschrift „Gedanken eines zum Tode Verurteilten über die deutsche Zukunft" von Carl Goerdeler,[2] „Hausgefängnis" der Gestapo,[3] Berlin, Prinz-Albrecht-Str. 8, September 1944

[…][4]
12. Bleiben 4 Fragen […][5]:
a.) *Reparationen*. Jeder Gedanke daran wird abgelehnt. Ich war mir auch mit Engländern und Amerikanern einig, daß sie nie wieder auftauchen dürfen. Alle Völker sind überschuldet. Deutschlands Großstädte liegen in Trümmern. Woher sollen Stoffe und Kräfte genommen werden, um mangels Geld zu zahlen? Die Reparationsfrage wird begraben im „Bund zum gemeinschaftlichen Wiederaufbau Europas". Es ist nicht schwer, klarzustellen, daß schnelle Wiederherstellung aller Volkswirtschaften eine zuverlässige[re] Grundlage des Wohlstands ist als Reparationen aller Art.
b.) *Abrüstung*. Sie ist dem „Europäischen Wirtschaftsbund" zu überweisen, soweit Europa in Betracht kommt, im übrigen einer Weltorganisation. Praktisch kommt sie über die Notwendigkeit zur Lösung, daß ohne stabile Währungen kein Gütertausch, ohne diesen keine Behebung des Mangels, kein Wohlstand denkbar ist und daß stabile Währungen ausgeglichene öffentliche Haushalte zur unabdingbaren Voraussetzung haben. Die Geldländer werden ihr Geld schnell verbrennen, wenn sie ihre Verluste weiterführen und mit Gold decken wollen. Die erste große Welle der Abrüstung wird durch den Wiederaufbau und die Notwendigkeit eisernen Sparens herbeigeführt. Sie ist schon entscheidend bei der allgemeinen Verarmung.
c.) *Judenfrage*. Ungerechtfertigte Bereicherungen an Judenvermögen sind Unrecht und wieder gutzumachen. Entschädigung noch lebender Geschädigter ist unerläßlich. Ein Kommissar unter dem Reichsinnenminister regelt dies, das bieten wir an.
Im übrigen verlangt die Frage eine für alle Völker anwendbare Regelung. Ich sehe sie in folgender Weise: Ein großes oder kleines Territorium (etwa in Palästina oder Südamerika)

1 BArch, N 1113/64, Bl. 169–179 (handschriftl. Aufzeichnung mit Bleistift im DIN-A5-Format, insgesamt 200 Seiten); maschinenschriftl. Abschrift in: BArch, N 1113/73, Bl. 57–98, hier 92–94. Abdruck in: Politische Schriften und Briefe Carl Friedrich Goerdelers, hrsg. von Sabine Güllmann und Hans Mommsen, München 2003, Bd. 2, S. 1148–1189.
2 Dr. Carl Friedrich Goerdeler (1884–1945), Jurist und Politiker; 1911–1919 in der Solinger Stadtverwaltung beschäftigt; 1919–1931 Mitglied der DNVP; 1920–1930 zweiter Bürgermeister von Königsberg, 1930–1937 Oberbürgermeister von Leipzig, 1931/32 und 1934/35 Reichskommissar für Preisüberwachung; seit 1938/39 führendes Mitglied des konservativen deutschen Widerstands, im Sept. 1944 wurde er vom Volksgerichtshof verurteilt und im Febr. 1945 hingerichtet.
3 Das „Hausgefängnis" des Gestapa in Berlin wurde im Sommer 1933 am Dienstort in der Prinz-Albrecht-Str. 8 errichtet und diente der Unterbringung von politischen Häftlingen. Nach dem Anschlag vom 20. Juli 1944 auf Hitler wurden Angehörige des Widerstands dort inhaftiert.
4 Zu Beginn seiner Denkschrift widerspricht Goerdeler den gegen ihn erhobenen Anklagen. Lediglich den Vorwurf des Hochverrats bestätigt er formal, schränkt allerdings ein, er habe diesen „zur Rettung Deutschlands" unternommen, und distanziert sich ausdrücklich vom Attentat auf Hitler. Dann schildert er detailliert seine innen- und wirtschaftspolitischen Vorstellungen für die Nachkriegszeit, insbesondere die Reorganisation des Verwaltungsapparats. In zwölf Punkten widmet Goerdeler sich schließlich den deutschen außenpolitischen Zielen im Nachkriegseuropa.
5 Im Original unleserlich.

wird zum souveränen Judenstaat erklärt. Alle Juden in der Welt sind dessen Bürger u. erhalten von ihm ihre Papiere, zahlen ihm Steuern. Gleichzeitig verlieren sie die Staatsangehörigkeit ihres Gastlandes. Ihr Staat hat Vertreter usw. bei fremden Regierungen. Nunmehr richtet sich das Recht der Juden in den Gastländern nach *Fremden-Recht*. Sie können gewisse Berufe und Geschäfte betreiben, aber nicht Beamte sein, nicht wählen usw. Ich bin überzeugt, daß dieser Vorschlag folgerichtig vertreten, allmählich allgemein Zustimmung findet. Die Juden u. Angelsachsen empfinden selbst die Notwendigkeit einer gerechten Regelung. Es ist ein Irrtum, daß die Angelsachsen die Juden lieben, das Gegenteil ist der Fall. In U. S. A. sah ich 1937 Hotels „not for jewish people"! Auf den Universitäten der U. S. A. dürfen nach ungeschriebenem Recht nie mehr als 3 % Juden studieren![6]
Mischehen finden damit ihre Regelung. Die Frau und Kinder folgen jeweils dem Recht des Mannes. In Deutschland werden Mischehen selten sein, also keine Rolle spielen. In anderen Völkern waren sie noch seltener, nicht häufiger, wie hier verbreitet ist.
Den Rest muß das gesunde Gefühl für Rasse *und* Menschlichkeit tun. Wir dürfen nicht bemänteln wollen, was geschehen ist, müssen aber auf die große Schuld der Juden hinweisen, die in unser öffentliches Leben eingebrochen waren in Formen, die jeder gebotenen Zurückhaltung entbehrten. Als ich 1917 mit meinem verwundeten, 1918 gefallenen Bruder Franz zusammen auf Urlaub in Uniform im Zoo saß, nahmen an unserem großen Tisch 2 ältere jüdische Ehepaare Platz und begannen sofort laut auf die Offiziere zu schimpfen, die draußen gut lebten, die Landesbewohner schikanierten, Raubgut nach Hause schickten u. s. w. Wir standen angeekelt auf, am liebsten hätte ich gesagt: „Schade, daß wir Sie vor den Kosaken geschützt haben!" Das habe ich 1917 selbst erlebt und habe doch die Stadt Königsberg 1927 auf einem Jubiläum der jüdischen Gemeinde vertreten, das religiös gefeiert wurde. Wir dürfen den Juden die Rechte nicht versagen, die allen Menschen durch Gott verliehen sind. Ich bin überzeugt, daß mein Vorschlag da schließlich den rechten Weg für alle weist.
d.) Die Frage der *Kriegsschuld* und der *Kriegsverbrechen* darf nicht wieder Gegenstand eines Spezialvorgehens gegen Deutschland werden. Die Wirkungen würden denen des Diktats von Versailles nicht nachstehen. In früheren Jahrhunderten sind solche Fragen nicht aufgetreten. Man war zu klug, sie aufzuwerfen, so mutwillig mancher Krieg vom Zaune gebrochen war. Napoleon I. war der erste Gegenstand internationaler Verurteilung und ist trotzdem Nationalheros von Frankreich geworden. Denn er war der Beender der Revolution, der Organisator der Verwaltung, der Erneuerer nationaler Einheit – trotz allem, Cromwell ist nach seinem Tode gehängt und dann geehrt.[7] Das letzte Urteil spricht die Geschichte.
[…][8]

6 Die wachsende Zahl jüdischer Studenten an Eliteuniversitäten in den USA veranlasste die Verantwortlichen – allen voran die Columbia University in New York –, ihre Zulassungsbeschränkungen zu reformieren und eine jüdische Quote einzuführen.

7 Oliver Cromwell (1599–1658); Cromwell starb an Malaria, sein Leichnam wurde drei Jahre später aus Westminster Abbey exhumiert und postum symbolisch als Königsmörder hingerichtet; er hatte 1649 maßgeblich die Hinrichtung Karl I. betrieben. Die historische Bewertung Cromwells ist umstritten.

8 Goerdeler schließt seine Ausführungen mit deutlicher Kritik an der deutschen Außenpolitik, die ebenso wie der Vertrag von Versailles den Krieg verursacht habe. Er schlägt die Errichtung eines Weltbunds der Nationen als Nachfolgeorganisation des Völkerbunds vor und appelliert an das Gebot der Völkerverständigung.

DOK. 169
Eine Feldpostprüfstelle benachrichtigt das OKW am 5. Oktober 1944 über einen Brief von Karl Buthut, in dem er Angst vor Vergeltung für die Verbrechen an den Juden äußert[1]

Monatsbericht (Geheim!) der Feldpostprüfstelle der Heeresgruppe Nord (Br. B.[2] Nr. 113/44 geh.) an das Oberkommando der Wehrmacht, Wehrmacht-Führungsstab (W. S. St. Ic III)[3], das Oberkommando des Heeres (H Wes Abt Abw b Gen zbV b OKH)[4] (Eing. 13.10.1944), das Oberkommando der Heeresgruppe Nord (Ic/A. O. – Abw. –),[5] die Abwehrstellen in den Wehrkreis I und XX[6]

Betr.: Monatsbericht
Bezug: Oberkommando des Heeres Heerwesen-Abt. (Abw) beim Gen zbV b OKH Az. F. P. – Prüf Nr. 351/2.43 geh. v. 22.2.1943
[…][7]
Brief 15
Absender: Gefr. K. Buthut,[8] Fp. Nr.[9] 59 265
Empfänger: Frau Alwine Buthut,[10] (19) Dönstedt, Heldensleben-Land, Reg.Bez. Magdeburg
Briefdatum: 27.8.44
… Mami ich möchte Dir etwas schreiben, aber nicht lachen. Du weißt doch die ganze Sache steht jetzt auf der Messerspitze. Es geht jetzt doch um die Entscheidung, und ich habe das Gefühl, als wenn das Messer abbricht. Der Krieg geht seinem Ende entgegen, aber ich glaube nicht für uns. Du weißt doch, der Jude wird eine Blutrache nehmen, hauptsächlich an den Parteileuten. Ich war ja leider auch einer, der die Parteiuniform getragen hat. Ich habe es ja schon bereut. Ich bitte Dich, bringe die Uniform beiseite, ganz gleich wohin und wenn Du die ganzen Sachen verbrennst. Ich kann schon des nachts nicht mehr schlafen darum. Das macht mir solche Sorgen, das glaubst Du garnicht. Ich komme schließlich gut durch hier, das heißt, wenn ich noch nicht direkt an

1 BArch, RH 13/49 Bl. 232. Teilweise abgedruckt in: Kulka/Jäckel (Hrsg.), Die Juden in den geheimen NS-Stimmungsberichten (wie Dok. 88 vom 15.10.1943, Anm. 1), Dok. 3733.
2 Vermutlich: Brief-Bericht.
3 Richtig vermutlich: WFSt. Ic Abt. III Truppenabwehr.
4 Heerwesen-Abteilung Abwehr beim General zur besonderen Verwendung beim Oberkommando des Heeres.
5 Ic/Abwehr-Offizier – Abwehr.
6 Als Abwehrstellen wurden Dienststellen der Wehrmacht bezeichnet, die mit militärischen Geheimdienstaufgaben befasst waren. Unterteilt waren diese Abwehrstellen in regionale Bereiche. Wehrkreis I: Ostpreußen, Bezirk Bialystok; Wehrkreis XX: Danzig-Westpreußen; im Original handschriftl. Bearbeitungsvermerke. Grammatik wie im Original.
7 Der Bericht beginnt mit statistischen Daten über die Anzahl der geprüften Sendungen und der ermittelten Verstöße. Es folgt eine Darstellung über die Haltung und die Stimmung an der Front und in der Heimat, wie sie der geprüften Post zu entnehmen war. In der Anlage werden Auszüge aus Briefen zitiert, u. a. das Schreiben Karl Buthuts an seine Ehefrau.
8 Karl Buthut (1904–1983), Gefreiter; 1940 Eintritt in die Wehrmacht; Dez. 1944 Verurteilung zu zweieinhalb Jahren Haft vom Gericht der 52. Sicherungs-Division wegen Zersetzung der Wehrkraft; Mai 1945 Lazarettaufenthalt in Eckernförde.
9 Feldpostnummer.
10 Alwine Buthut, geb. Falke (1906–1982); 1928 Heirat mit Karl Buthut, ein Sohn: Werner Karl Buthut.

die Front komme. Auch Du in der Frauenschaft und der Junge in der Hitlerjugend, das sind alles solche Sachen, die ich heute ganz anders ansehe. Gewiß der Hitler hat viel geschaffen, aber auch …
Ich weiß nicht, vielleicht sehe ich zu schwarz, daß ich mich doch täusche, aber es ist doch alles dran. Nun Rumänien auch noch, wo wir solche Kämpfe haben …[11]
[…][12]

DOK. 170
Das Auswärtige Amt zeichnet am 7. Oktober 1944 eine Anfrage des Internationalen Roten Kreuzes auf, Bergen-Belsen besuchen zu dürfen[1]

Aufzeichnung des Auswärtigen Amts, Gruppe Inland II, Ref. LR I. Kl.[2] v. Thadden, vom 7.10.1944[3]

Herr *Lennart*,[4] Delegierter vom Internationalen Roten Kreuz, suchte mich heute auf und trug folgendes vor:
Herr *Sündermann*[5] habe in der Pressekonferenz vom 21.7.44 erwähnt, anläßlich des Besuches von Delegierten des IRK in Theresienstadt,[6] wie gut die Juden in Deutschland behandelt würden. Das IRK sei aufgrund dieser Bemerkung, die für Theresienstadt unzweifelhaft richtig gewesen wäre, daran interessiert, auch weitere Judenlager, und zwar zunächst das Lager Bergen-Belsen zu besichtigen. Er würde aber auch gerne andere Lager sehen. Man sei bereit, als Gegenleistung auch Lager mit deutschen politischen Gefangenen in Übersee oder sonstigen Gebieten zu besuchen und die Gefangenen zu betreuen.
Ich erwiderte, daß ich die Möglichkeit eines Besuches in Bergen-Belsen unverzüglich prüfen werde. Ich sei selbst kürzlich in dem Lager gewesen und sei davon überzeugt, daß die Delegation in dem Lager trotz seines völlig anderen Charakters die gleichen Feststellungen wie in Theresienstadt treffen werde. Ich müsse mir jedoch eine Stellungnahme aus dem Grunde vorbehalten, weil z. B. zwischen dem Besuch eines Judenlagers und einem Lager von politischen Gefangenen im Ausland ein entscheidender Unterschied bestehe. In dem einen Fall handele es sich um Reichsangehörige, und es bestehe

11 Im Verlauf des sowjet. Großangriffs vom 20. bis 29.8.1944 eroberte die Rote Armee große Teile Rumäniens. Am 23.8.1944 schloss König Michael von Rumänien einen Waffenstillstandsvertrag mit den Alliierten.
12 Es folgen weitere Briefauszüge.

1 Original nicht aufgefunden, Kopie: IfZArch, G01/22, Eich 550.
2 Legationsrat Erster Klasse, bezeichnet einen Besoldungsrang.
3 Im Original handschriftl. Bearbeitungsvermerke.
4 Richtig: Dr. Otto Lehner (*1911), Arzt; Juli 1942 bis Juli 1945 Delegierter des IKRK in Berlin, 6.4.1945 Besuch als Vertreter des IKRK in Theresienstadt; Juli bis Okt. 1945 in der Sowjetunion interniert, 1946–1954 Leiter von verschiedenen IKRK-Delegationen u. a. in der Tschechoslowakei, Israel und Südkorea.
5 Helmut Sündermann (1911–1972), Journalist und Verleger; 1930 NSDAP-, 1931 SS-Eintritt; von 1931 an Reichspressestelle der NSDAP, 1933 Chefredakteur des NS-Pressedienst; 1941 SS-Obersturmführer; 1942 stellv. Reichspressechef; 1945–1947 Haft, 1952 Gründung des rechtsextremen Druffel-Verlags.
6 Siehe Dok. 267 vom 23.6.1944.

ein Rechtsanspruch des Reiches darauf, daß die Betreffenden gut behandelt würden. Im anderen Fall handele es sich um deutsche Juden, und es fehle dem Ausland jede Legitimation, sich um die rein internen deutschen Dinge zu kümmern.[7] Wenn wir überhaupt, wie im Falle Theresienstadt, die Genehmigung zum Besuch eines solchen Lagers erteilt hätten, so sei dies eine Geste, um wieder einmal schlagend zu dokumentieren, wie unsinnig die verlogene Propaganda des Auslandes sei.

Daraufhin erklärte mir Herr Lennart, ob sie dann vielleicht die Genehmigung zum Besuch von Konzentrationslagern mit politischen Häftlingen aus Norwegen usw. erhalten könnten. Auch insoweit sei es doch gut, wenn die feindliche Greuelpropaganda einmal widerlegt würde.

Ich erklärte, daß ich dies auch für gut hielte, da Konzentrationslager ja auch bereits mehrfach zur Besichtigung freigeben seien.[8] Ich sei jedoch in dieser Frage nicht zuständig und würde der zuständigen Stelle die Bitte weiterleiten.

Hiermit

über Herrn U.St. S. Pol.[9]

Herrn Staatssekretär[10]

mit der Bitte um Weisung vorgelegt, ob an dem Besuch eines Judenlagers wie Bergen-Belsen oder eines KZ-Lagers ein besonderes politisches Interesse des AA besteht und bei SS-Ogruf. Dr. Kaltenbrunner die entsprechenden Schritte wegen einer Genehmigung unternommen werden sollen. In beiden Fällen werden voraussichtlich seitens des RSHA schwerwiegende Bedenken bestehen.

DOK. 171

Die Gestapo Stuttgart übermittelt am 7. Oktober 1944 die Weisung Himmlers zum geschlossenen Arbeitseinsatz aller „Mischlinge" und „jüdisch Versippten"[1]

Schreiben (Geheim!) der Geheimen Staatspolizei, Staatspolizeileitstelle Stuttgart (Nr. IV 4 b – 297/44), gez. i. V. Koschorke,[2] an die Landräte, die staatlichen Polizeiverwalter, die Außendienststellen der Staatspolizeileitstelle Stuttgart und das Greko Friedrichshafen[3] (Eing. Landratsamt Ulm 10.10.1944) vom 7.10.1944[4]

Betr.: Erfassung aller jüdischen Mischlinge I. Grades und jüdisch Versippten zum geschlossenen Arbeitseinsatz
Vorg.: Ohne
Anlg.: 0

7 Zu diesem Zeitpunkt befanden sich in Bergen-Belsen Juden aus Albanien, Argentinien, Frankreich, Griechenland, Jugoslawien, Libyen, den Niederlanden, Polen, Portugal, Spanien, der Türkei und Ungarn.

8 Erstmals besichtigte eine Delegation der IKRK im Okt. 1935 die deutschen KZs Lichtenburg, Esterwegen, Oranienburg und Dachau. Eine erneute Besichtigung Dachaus fand 1938 statt.

9 Unterstaatssekretär Politische Abt. im AA Andor Hencke (1895–1984).

10 Gustav Adolf Steengracht.

1 Kreisarchiv Alb-Donau-Kreis, Bestand Oberamt Blaubeuren, Nr. 1727.

Der R. F. SS hat angeordnet, die männlichen einsatzfähigen jüdischen Mischlinge I. Grades und jüdisch Versippten nunmehr ausnahmslos binnen 3 Tagen aus den Betrieben herauszuziehen und der OT. zum geschlossenen Arbeitseinsatz in Baubataillonen zu übergeben.[5]
Zur Durchführung dieses Befehls ersuche ich auf Weisung des Chefs der Sicherheitspolizei und des SD,
1.) alle männlichen jüdischen Mischlinge I. Grades und jüdisch Versippten ausnahmslos (bisher zugebilligte Ausnahmen werden hiermit ausdrücklich rückgängig gemacht) in engster Zusammenarbeit mit den Arbeitsämtern unverzüglich zu erfassen und unter Angabe der genauen Personalien, des bisher ausgeübten Berufes und des bisherigen Arbeitsplatzes mir mitzuteilen.
a) Unter jüdisch Versippten sind auch solche Personen zu verstehen, die mit jüdischen Mischlingen I. Grades verheiratet sind.
b) Einsprüche von Betrieben und Firmen werden nicht anerkannt. In Zweifelsfällen ist meine Entscheidung einzuholen.

Termin 10. Okt. 1944
2.) Die Einsatzpflichtigen sind über ihren bevorstehenden geschlossenen Arbeitseinsatz in Baubataillonen der OT. zu verständigen. Sie haben bereitzuhalten:
a) Arbeitskleidung und festes Schuhwerk,
b) 1–2 Wolldecken,
c) etwa verfügbares Handwerkszeug (Säge, Beile, Spaten, Hacken usw.).
Nach Eingang meiner weiteren Verfügung sind die Einsatzpflichtigen von dort unverzüglich an die angegebenen Baustellen in Marsch zu setzen.
3.) Aus dem geschlossenen Arbeitseinsatz in den OT.-Baubataillonen sind lediglich *ausgenommen* Einsatzpflichtige, deren körperliche Ungeeignetheit unter Anlegung eines strengen Maßstabes vom Amtsarzt bestätigt wird. Die amtsärztlichen Zeugnisse sind mir einzureichen. Die für den geschlossenen Einsatz bei der OT. nicht in Frage kommenden Einsatzpflichtigen sowie alle weiblichen Mischlinge ersten Grades und jüdisch Versippten (siehe zu 1 a) sind ebenfalls möglichst innerhalb ihres Wohnungsbereichs in geschlossenen Gruppen zu körperlichen Arbeiten in Betrieben ohne kriegsentscheidende Geheimfertigungen, also in ungeschützten Betrieben, heranzuziehen. Zu diesem Zweck sind örtlich entsprechende Vorbereitungen zu treffen.
Über das Veranlasste bitte ich mir bis zum 11. d. Mts. zu berichten.

2 Helmut Koschorke (1905–1980), Journalist; 1931 NSDAP-, 1933 SS-Eintritt; von 1934 an Pressetätigkeit für die NSDAP, u. a. im RMdI; 1939–1942 als Gutachter im Bodenamt Böhmen und Mähren; 1944 Leiter der Gestapo in Mährisch-Ostrau und stellv. Leiter der Gestapo Stuttgart, 1945 Leiter der Gestapo beim KdS Veldes; arbeitete nach dem Krieg in der Landwirtschaft und als Journalist.

3 Das Grenzkommissariat Friedrichshafen wurde 1933 als Außenhauptstelle der Württembergischen Politischen Polizei gegründet und 1938 in Greko Friedrichshafen umbenannt. Die Grekos waren zuständig für die Überwachung des Grenzverkehrs und die Spionageabwehr.

4 Im Original Stempel der Gestapo Stuttgart.

5 Im Frühjahr 1944 begann der Generalbevollmächtigte für den Arbeitseinsatz Fritz Sauckel, „Mischlinge“ und „jüdisch Versippte“ zu Arbeitsbataillonen der Organisation Todt einzuziehen. Aufgrund des vorherrschenden Arbeitskräftemangels wehrten sich etliche Betriebe gegen diese Maßnahme und erreichten häufig, dass die bei ihnen tätigen Juden zurückgestellt wurden. Im Okt. 1944 beendete Himmler die Rückstellungspraxis.

DOK. 172
Lilly Zielenziger schildert am 9. Oktober 1944 in ihrem Tagebuch den Alltag und die Atmosphäre in Bergen-Belsen[1]

Handschriftl. Tagebuch von Lilly Zielenziger,[2] Eintrag vom 9.10.1944

Papas[3] Geburtstag.
Ganz allein begehe ich diesen Tag. Wie oft standen wir alle drei[4] mit Mama am Grabe, um seiner zu gedenken. Dann ohne Mama. Dann tauschten wir alle drei zu diesem Tage Briefe. Seit beinahe 2 Jahren weiß ich nichts mehr von Wallys Verbleiben, seit ¾ Jahr bin ich von Lony ohne Wissen, seit fast 3 Monaten hier ganz allein.[5]
Wie ist es möglich, daß man es erträgt?
Nur die Atmosphäre von Bergen-Belsen kann dafür eine Erklärung geben, diese Monotonie von Warten auf Essen, auf Appell etc.
Heute 5 Stunden Quarantäne-Bad! Dazu der ständige Lärm, der mir höchstens des Nachts Distanz zu mir selbst gibt.
Gestern war ein ganz trister Oktober-Sonntag; dazu kamen Aufrufe für Leute, die heute verlegt wurden. Alles spielt sich ja hier viel schlagartiger als in Westerbork ab, da keine Antragsstelle existiert.
Da oft abends jetzt schon sehr früh das Licht wegen Luftalarm ausgedreht wird, so ziehe ich mich schon um 7 Uhr gleich nach dem Essen aus, um bequemer ins Bett zu kommen. So auch gestern, nachdem ich mit Pfifferlings gemeinsam gegessen hatte. Wir hatten voller Heroismus 3 Kartoffeln aufgehoben, um sie abends zu braten, und mit ihrem Esbit[6] und meiner Butter war es für uns ein Festessen, danach noch Fischpaste, Harzer Käse, den wir jetzt öfters erhalten, und als Dessert eine Scheibe Weißbrot mit Jam:
So unterhielt ich mich gerade im Morgenrock noch nach diesem Essen mit einer Bettnachbarin über Musik, als deren Mann uns aufforderte, in die Griechenbaracke 21 zu einem Konzert zu kommen, was wir sofort gerne taten. Und es war wirklich ein Erlebnis: Pim[7] würde sagen: „Shot".
Eine ungarische Geigerin spielte Sarasate und später Wiener Lieder, eine Holländerin sang Hallelujah und Bohème, ein Sänger ebenfalls Bohème.
Dies alles in einer schmutzigen Baracke mit der Elite des Lagers, die einst bei Mengelberg[8] oder Furtwängler[9] Zuhörer in dem entsprechenden Dress war. Verhungerte, Ge-

1 LBI, AR 25 390, Eric W. Zielenziger Collection, 1/14.
2 Lilly Zielenziger, geb. Weyl (1892–1945), Sekretärin; 1920 Geburt des Sohns Erich Wolfgang in Berlin, 1933 Emigration nach Frankreich, 1934 nach Amsterdam; Sept. 1943 Deportation nach Westerbork, ihr Sohn tauchte unter und überlebte; Febr. 1944 Deportation nach Bergen-Belsen; im Mai 1945 starb sie in Tröbitz an Thyphus.
3 Siegfried Weyl.
4 Gemeint sind sie und ihre Schwestern Fanny Waldeck (1891–1955) und Wally Hendelson (1888–1943).
5 Ihr Ehemann Dr. Kurt Zielenziger (1890–1944), Volkswirt und Journalist, war mit ihr nach Bergen-Belsen deportiert worden und dort gestorben.
6 Weißer, tablettenförmiger Brennstoff.
7 Spitzname ihres Sohns Erich Zielenziger (1920–2010).
8 Willem Mengelberg (1871–1951), Dirigent und Komponist.
9 Wilhelm Furtwängler (1886–1954), Dirigent und Komponist.

schlagene, Vertriebene, die dankbar diese Stunde zu genießen imstande sind, und andererseits Menschen, die auf ihre Deportation ihre Geige mitnehmen.
Nur ein Zeichenstift kann diese Impressionen wiedergeben.
Welch eine Stärke:
Wie sagt Stephan Zweig im *Jeremias*: „Unsterblicher Geist".[10]
Er hat von Ägypten bis China, von Platon bis Shakespeare, von Goethe bis Dostojewski alles überdauert.
Und die Eroica[11] erklang, als der Belerophon[12] schon in See stach, um ihren Helden für immer zu entführen!

DOK. 173
Albert Speer bittet Himmler am 16. Oktober 1944, die in der Rüstungsindustrie beschäftigten „Mischlinge" und mit Jüdinnen verheirateten Männer voerst nicht in Baubataillonen einzusetzen[1]

Fernschreiben (Geheime Reichssache) vom Reichsminister für Rüstung und Kriegsproduktion, gez. Speer, an den Befehlshaber des Ersatzheeres und Reichsführer SS Himmler und als Ausfertigungen an Dr. Schmelter,[2] Min.Büro, Fernschreibstelle, Sachakte, und Dr. Görner,[3] vom 16.10.1944[4]

Lieber Parteigenosse Himmler,
die Durchführung Ihres Befehls, die jüdischen Mischlinge und die Versippten aus der Wirtschaft herauszuziehen, um sie geschlossen bei der OT einzusetzen, stößt bei der Rüstung auf große Schwierigkeiten.[5] Bei der kurzen Frist, in der die Umsetzung stattfinden soll, ist es nicht möglich festzustellen, wieviel und welche Arbeitskräfte betroffen werden. Nach den bisherigen Meldungen meiner Rüstungsdienststellen werden zum Teil hochqualifizierte und schwer ersetzbare Fachkräfte wie Ingenieure, Konstrukteure und Betriebsführer betroffen, für die ein Ersatz erst nach längerer Einarbeitung beschafft werden kann.
Ich wäre Ihnen dankbar, wenn Sie für die in der Rüstung beschäftigten Kräfte spätere Termine für die Umsetzung festlegen würden, damit ich zunächst einmal das Ausmaß

10 Das Zitat aus Zweigs „Jeremias. Eine dramatische Dichtung in neun Bildern" aus dem Jahr 1917 lautet: „Verlorenes Volk, unsterblicher Geist", und bezieht sich auf die Zerstörung Jerusalems 587 v. Chr. und die Verschleppung der Juden durch die Chaldäer nach Babylonien.
11 Beethovens Symphonie Nr. 3, Es-Dur, op. 55 war ursprünglich Napoleon Bonaparte gewidmet und wurde 1805 in Wien uraufgeführt.
12 Die HMS Bellerophon war ein brit. Kriegsschiff, das Napoleon I. 1815 von der Île d'Aix nach Plymouth brachte, um ihn von dort in sein Exil nach St. Helena zu verschiffen.

1 BArch, R 3/1583, Bl. 108.
2 Dr. Fritz Schmelter (1904–1964), Jurist; 1932 NSDAP-, 1933 SS-Eintritt; 1938–1942 Reichstreuhänder der Arbeit in Hessen; Nov. 1941 SS-Ostubaf.; im Dez. 1943 Zentralabt. für Arbeitseinsatz und Arbeitsleistung im RMRuK, Beauftragter für Arbeitskräfte im Jägerstab; im April 1945 in alliierter Gefangenschaft, später Vorstand der Deutschen Industrie-Finanzierungs AG in Frankfurt a. M.
3 Vermutlich: Dr. Ernst Goerner (1901–1991), Ingenieur; StS im Rüstungsministerium.
4 Im Original handschriftl. Bearbeitungsvermerke.
5 Siehe Dok. 171 vom 7.10.1944.

feststellen kann. Ich schlage weiterhin vor, die qualifizierten schwer ersetzbaren Fachkräfte zu einem noch weiter herauszuschiebenden Termin umzusetzen, damit die Rüstung, die schon durch die letzten Einberufungen stark angespannt ist, nicht durch den Abzug weiterer hochqualifizierter Kräfte leidet.
Heil Hitler![6]

DOK. 174
Nathan Schwalb leitet am 18. Oktober 1944 dem Joint einen Bericht aus Berlin weiter, in dem Hilfsaktionen für Juden geschildert werden[1]

Schreiben der Weltzentrale des Hechaluz, 53, rue de Pâquis, Genf, gez. Schwalb, an Sally Mayer,[2] Joint, St. Gallen, vom 18.10.1944[3]

Lieber Herr Sally Mayer!
In der Beilage sende ich Ihnen die Copy des Briefes von Gad Beck, den ich gestern von Schalia[4] erhalten habe. Dem Schreiben nach konnte Beck vielen Leuten behilflich sein, er baut den Kontakt aus, und es gelang ihm, die Studienrätin nach Berg.-Belsen zu schikken. Hoffentlich kommt ein ausführlicher Bericht nächste Woche.
Außerdem kann Beck Esra[5] nach dem Generalgouvernement senden, inwieweit wir Adressen ihm angeben könnten. Krakau usw.
Mit der Rettung hierher scheint es von dort aus sehr schwer zu sein. Auf jeden Fall bemüht sich Gad darum sehr. Er sandte Bilder und Namen zusätzlicher Leute laut beigelegter Liste. Ich bitte Sie sehr, diese Namen in Bern angeben zu wollen,[6] wofür ich Ihnen im voraus danke. Ein besonders dringender Fall scheint *Kurt Rudolf* zu sein, laut beiliegender Copy.[7]
Außer dem genannten Geld auf der ersten Seite von Becks Brief erhielt er in der Zwischenzeit laut seiner Quittung 120 000,– RM.
Diese Hilfe und Festigung der dortigen Klal-Organisation[8] usw. ist in diesem Moment und Lage, in welcher der Schwerpunkt der Esra- und Hazalaharbeit[9] sich nach Aschkenas[10] verschiebt, sehr wichtig.

6 Eine Antwort ist nicht überliefert.

1 JDC Archives, SM 39/50#24.
2 Saly (auch Sally) Mayer (1882–1950), Unternehmer und Politiker; von 1907 an Inhaber eines Textilunternehmens; von 1929 an im Schweizerisch Israelitischen Gemeindebund tätig, 1936–1943 als dessen Präsident, 1940–1950 Vertreter des Joint in der Schweiz. 1944 verhandelte Mayer mit Vertretern der SS über die Freilassung ungar. Juden.
3 Das Schreiben enthält in der Anlage die Kopie eines Briefes von Gad Beck an Nathan Schwalb vom 11.10.1944. Im Original handschriftl. Bearbeitungsvermerke. Eine weitere Kopie des Briefes von Gad Beck schickte Nathan Schwalb auch an Roswell McClelland; siehe NARA, The Records of the War Refugee Board 1944–1945, Series 3, Box 64, Sept. + Oct. 1944.
4 Schaliach (hebr.): Kurier.
5 Hebr.: Hilfe.
6 Vermutlich bei Roswell McClelland, dem Vertreter des WRB in der Schweiz, das bei der amerikan. Gesandtschaft in Bern ansässig war.
7 Liegt nicht in der Akte.

Anbei noch eine Copy einer Karte aus dem Interniertenlager Laufen Obb. als Beweis für den Kontakt mit Beck, zu Ihrer gefälligen Kenntnisnahme.
Indem ich Sie herzlich grüße, verbleibe ich
Mit Schalom
Ihr
N. Schwalb

Lieber Nathan.
Berlin, 11.10.1944
Endlich kann ich Schaliach (Kurier)[11] sprechen und will ich Dir mit ihm einen ausführlichen Bericht geben.
Erst einmal bestätige ich hiermit den Empfang von hunderttausend RM. Einmal von Schaliach Rischon[12] und achtundfünfzigtausend RM. und tausend Dollar von Schaliachs Freundin.[13]
Zu Deinen Fragen: nach Czenstochau[14] (Polen) können wir nicht schreiben, aber nach dem Generalgouvernement kann ich Esra (Unterstützung) schicken.
An Mordeko (polnischer Internierter in Laufen) habe ich hundert Mark geschickt und schon bestätigt bekommen.
Mendor im Krankenhaus (Iranische Str.)[15] hat dreitausend RM genommen und Alfred bestätigt.
Alle beigelegten Briefe und Nejar[16] (Dokumente für einige Leute) habe ich ordnungsgemäß abgeschickt.
Auf Deine Bitte habe ich die Studienrätin nach Celle, Hannover, zu unserem ungar. Jehudeim geschickt und habe ich an jeden einzelnen geschrieben, aber bisher keine Nachricht erhalten.
Mit den Freunden des Ostens, d. h. mit Arons[17] (aus Wien deportiert) und Seews[18] (aus Prag dep.) Kindern, stehe ich seit Juli in keinem Briefwechsel. Meine Post und Päckchen

8 Klal (hebr.): Gemeinschaft. Gemeint ist der Chug Chaluzi.
9 Hazalah (hebr.): Rettung, also Hilfs- und Rettungsarbeit.
10 Hebr.: Bezeichnung für alle nord- und osteuropäischen Gebiete, in denen Nachfahren der deutschen Juden des Mittelalters lebten.
11 In dem Schreiben von Gad Beck wurden nachträglich einige Begriffe in Klammern entschlüsselt.
12 Hebr.: der Erste. Vermutlich ist der Zürcher Juwelier Gübelin gemeint, der als Kurier der schweizer. Botschaft zwischen Deutschland und der Schweiz reisen durfte. Im Herbst 1944 wurde Gübelin durch einen anderen Kurier ersetzt.
13 Vermutlich: Helga Ammann, Sekretärin.
14 Deutsch Tschenstochau, poln. Częstochowa.
15 Gemeint ist das Jüdische Krankenhaus in der Iranischen Straße in Berlin-Wedding, seit Sommer 1943 auch Sitz der Reichsvereinigung der Juden in Deutschland.
16 Hebr.: Papier/Papiere.
17 Aron Menczer (1917–1943), Erzieher; Leiter der Wiener zionistisch-sozialistischen Jugendbewegung Gordonia sowie von Sept. 1939 an der Jugendalija in Wien und einer jüdischen Schule; Sept. 1942 nach Theresienstadt deportiert, dort in der Jugendfürsorge tätig; am 5.10.1943 wurde er nach Auschwitz deportiert und dort ermordet.
18 Zeev (Vilém) Shek (1920–1978), Diplomat und Hechaluz-Funktionär; führendes Mitglied des Makkabi Hazair; 1943 Deportation nach Theresienstadt, dort Mitglied des Hechaluz Abt. Jugendfürsorge, Okt. 1944 Deportation nach Auschwitz; 1945 in Dachau befreit, Rückkehr nach Prag, 1947 Auswanderung nach Palästina, 1950–1978 Mitarbeiter verschiedener israel. Botschaften, u. a. in Prag und Rom.

(besonders nach Ostoberschlesien) kommen seit der Zeit zurück, und von dort bekomme ich keine Zeile.
Anna, Seew, Chana O., Chanah L, Karola W. etc. schreiben nicht mehr seit Juli.
Mit Chawerim Unger und Polen (im deutschen Arbeitseinsatz) komme ich gar nicht zusammen.
Auch die Freunde in Laufen (Interniertenlager) habe ich nicht sprechen können.
Und da bin ich bei dem schwierigsten Punkt angelangt, der Flucht:
Erstens frage ich Dich, wo ist der Übertrittsort? Gib mir genaue Ortsbeschreibung.
Zweitens sind doch nur die Polizisten auf Deiner Seite der Grenze informiert. Auf unserer Seite auch? Aber all das ist nur eine Teillösung des Problemes.
Wir können nur schwer von hier zur Grenze. Es gibt für kaum einen Menschen die Fahrterlaubnis für so weite Strecken. Die Kontrollen sind so stark, daß nur ganz besonders gute Papiere ihnen standhalten. Wir haben keine solchen. Die, welche wir vom Freund A. erhalten haben, nützen uns nichts mehr, denn heute gibt es für Soldaten keinen Zivilurlaub, geschweige denn eine Fahrtgenehmigung.
Wenn Du für einige von uns solche Dokumente schicken könntest wie für Evo[19] (San Salvadore), dann könnten sie eventuell zur Grenze gelangen. Als fremde Staatsbürger kann man auch heute noch reisen.
Kaspi[20] nützt uns; eventuell können wir direkt zur Jeziah (Flucht) die Stefans gebrauchen.
Von Kaspi (Geld) haben wir insgesamt für Hilfe usw. hundertachtundvierzigtausend RM. ausgegeben. Ich habe über alles Bestätigungen.
Nathan, täglich, nein stündlich, denken wir an die Flucht, und ich laufe Tag und Nacht herum, um Beziehungen anzuknüpfen, um Essen, Kleider usw. zu beschaffen. Unsere praktische Arbeit ist kaum zu bewältigen.
Mit dem „Chaluzkreis"[21] versuche ich alle von Dir gestellten Aufgaben zu lösen. Auch die Kinder von Herbert (Versteckte von einer landwirtschaftlichen Farm) helfen großartig dabei. Ursel L., Zwi, Rudi B. und Mirjam Beck, die Familie Löwenstein[22] sind treue und zuverlässige Mitarbeiter, die unserem besten Gross[23] gehören.
Suschko (Breslau)[24] muss zum Ostwallgraben in die Nähe von Breslau in ein Lager. Wir stehen in engster Verbindung mit ihr und unterstützen sie.
Auch viele Freunde, die ich nicht einzeln nennen kann, die Du nicht kennst, nehmen von mir Eure Esra (Hilfe)!
Es ist für viele hier eine glückliche Hilfe, und alle danken Euch aus vollstem Herzen. Ich mache keinen Unterschied zwischen Freunden und Stammjuden. Wir, die Chawerim (organisierten Freunde), wollen die Pfeiler und Helfenden sein und verteilen das, was Du uns überweist.

19 Gemeint ist Edith Wolff, genannt Ewo.
20 Hebr.: Geld.
21 Gemeint ist die jüdische Untergrundgruppe Chug Chaluzi.
22 Hans-Oskar Löwenstein de Witt, Johanna Löwenstein, geb. de Witt, und Fritz Löwenstein.
23 Nicht ermittelt.
24 Vermutlich: Susanne (Shoshana) Gattel (1925–1945); 1940 im Hachschara-Lager Ahrensdorf, dann in einem Arbeitslager bei Breslau, im Febr. 1945 flüchtete sie aus einem Transport nach Bergen-Belsen und wurde erschossen.

Oft zeigt sich hier bei unseren Freunden eine vorbildliche Haltung. Erez (Palästina) kann stolz sein auf solche Menschen. Um so trauriger bin ich dann oft, wenn ich daran denke, daß ich nicht in der Lage bin, die Flucht auszuführen.
Auf jeden Fall habe ich für alle Freunde Notwohnungen (Verstecke) bereit, daß sie gegebenenfalls als Versteckte leben könnten.
Folgende Liste unserer Menschen:
Die Aktivisten im Chaluzkreis:[25]

Berlin	*Breslau*
Abrahamson, Heinz (Zwi) A	Gattel, Susi A
Bernstein, Rudi A	Pelser, Jeser B
Löwenstein, Fritz B	Hadda, Bertha und Fritz B
Löwenstein, Johanna B	*Herberts Kinder* B[26]
Löwenstein, Hans B	*Safierstein*, Paul A
Littmann, Ursel[27] B	3 Gebr. Wallach, Erich A, Alfred, Kurt B
Nachmann, Renate B	Fränkel, Schoschana A
Jacob, Lea B	
Beck, Mirjam und Gad A	

Menschen, die Esra von uns erhalten:

Lewin, Sigmar A	Grünberg, Martin B
Dawidowicz, Günther A	Cohn, Hans B
Feiweles, Margot A und Kind B	Kristella, Werner und Frida B
Gomma, Ruth B	Segal, Manfred A
Lerner, Gittel B	Linke, Heinz A und Mutter B
Waisbrot, Sonja B	Szaidmann, Moritz A und Mutter B

Und viele Ungenannte!
Wir werden versuchen, einen Weg zur Grenze zu finden, und sollte dieses nur einigen glücken, dann versuchen wir uns hier zu halten, so gut es geht!
Wir halten die Verbindung zu allen Reichbaren[28] und helfen, wo wir nur können.
Unser Kreis hat neben den praktischen Aufgaben auch die politische Schulung und kulturelle Arbeit. Wenn Du Dir vorstellst, daß wir fast alle täglich 10 bis 12 Stunden arbeiten müssen, ist unsere „Nebenbei"-Arbeit in unserem Sinne ungeheuer viel.
Wenn ich Dich bitten darf, versuche auf jeden Fall Dokumente wie für Evo zu bekommen. Das schließt auf keinen Fall die Flucht aus.
Ich habe *alles* in Deinen Briefen verstanden und verstehe es auch, aber ich glaube, daß Du nicht richtig über die hiesige innerliche Lage orientiert bist (Anknüpfung von Beziehungen mit Arbeitern usw.), was mich betrübt.

25 Im Original sind die nachfolgenden Namen handschriftl. mit den Buchstaben „A" und „B" versehen. Vermutlich wurden damit Zuordnungen vorgenommen: Mitglieder von Chug Chaluzi (A) und Illegale, die unterstützt wurden (B).

26 Vermutlich handelt es sich um untergetauchte Freunde des Chug Chaluzi aus Nordhausen im Harz.

27 Ursula Littmann (*1924); lebte mit ihrem jüdischen Vater und der nichtjüdischen Mutter in Berlin-Prenzlauer Berg; 1935 Austritt aus der evang. Kirche; 1941 stellte sie einen Antrag auf Anerkennung als „Mischling"; von 1943 an zunächst Zwangsarbeit am Stettiner Bahnhof, dann in einer Uniformschneiderei; ihr weiteres Schicksal ist nicht bekannt.

28 So im Original.

Von meinen Freunden habe ich Dir Bilder beigelegt, vielleicht kannst Du mit den Daten etwas anfangen.
Laß für heute genug sein, denn ich will den Bericht Deinem Schalia mitgeben. Per Post einen langen Brief an Dich abgeschickt. Schreibe mir regelmäßig über Schalia und Post, damit ich immer auf dem Laufenden bin.
Aus Deinen Berichten habe ich viel über Erezia (Pal.) und Bewegung gelesen, was mir neu ist, und das fehlt mir so sehr, da wir bisher ganz abgeschnitten von Euch waren. Also, abschließend schreibe ich noch einmal deutlich über Euer Gwulabkommen,[29] und bedenkt, daß wir bis jetzt noch keine Möglichkeit einer Fahrt haben, aber immer bemüht sind, sie uns zu schaffen.
Bleibe Du, lieber Nathan, sowie Onkel, Erezia und die ganze Bewegung herzlich gegrüßt von Eurem, Chasak wehagschem[30]
Gad Beck
Anbei: Grüße von meinen beiden „Sekretärinnen" Ursel und Mirjam.
Herzliche Grüße. Auf eine baldige persönliche Unterhaltung hoffend
Ursel
Von mir ein Chasak (sei stark) und auf Wiedersehen, Deine Mirjam[31]
P. S. Separat eine Quittung für das zusätzliche letzte Kessef[32]

DOK. 175

Pierre Bonna vom Schweizer Außenministerium beauftragt den Gesandten in Berlin am 20. Oktober 1944, sich für die in Bergen-Belsen inhaftierten ungarischen Juden einzusetzen[1]

Schreiben (Vertraulich!) vom Chef der Abt. für Auswärtige Angelegenheiten im Politischen Departement der Schweiz, Bern, gez. Bonna, an den Schweizer Gesandten in Berlin Hans Frölicher (Eing. 21.10.1944) vom 20.10.1944

Herr Minister!
Wie Ihnen wohl aus der Presse bekanntgeworden ist, hat die Gestapo am 21. August 1944 in einem Eisenbahnzug 318 ungarische Juden ohne Voranmeldung an die schweizerische Grenze gebracht.[2] Dieses Vorgehen steht zwar mit den internationalen Gepflogenheiten

29 Gwul (hebr.): Grenze.
30 Hebr.: Sei stark und setze durch.
31 Mirjam Beck.
32 Hebr.: Geld.

1 BAR, E2001D#1000-1553#172. Abdruck in: Diplomatische Dokumente der Schweiz 1848–1945, hrsg. von der Nationalen Kommission für die Veröffentlichung diplomatischer Dokumente der Schweiz, Bd. 15: 1943–1945, Bern 1992, Nr. 263, S. 678–680.
2 Die 318 aus Bergen-Belsen in die Schweiz gebrachten Juden gehörten zur ersten geretteten Gruppe aus dem sog. Kasztner-Transport. Nach der Besetzung Ungarns hatte das Komitee für Hilfe und Rettung (hebr.: wa-adat ezra we-hazala, kurz Waada) durch seinen stellv. Vorsitzenden Rezső Kasztner (1906–1957) Verhandlungen zur Rettung ungar. Juden mit den Nationalsozialisten aufgenommen. Ende Juni 1944 wurden 1658 ungarische Juden nach Bergen-Belsen gebracht. Als Gegenleistung wurde ein Lösegeld in Höhe von sieben Millionen Schweizer Franken gezahlt, das die ungar. Juden selbst aufbrachten; siehe auch Einleitung, S. 49 f.

kaum im Einklang und dürfte auch an den Bestimmungen des schweizerisch-deutschen Niederlassungsvertrages[3] keine Stütze finden. Trotzdem hielten es die Bundesbehörden nicht für zweckmässig, deswegen bei der deutschen Regierung Vorstellungen zu erheben, wobei sie sich von der Erwägung leiten liessen, damit das Los der noch in Deutschland verbliebenen ungarischen Juden möglicherweise zu erschweren und den etwaigen Abtransport weiterer Gruppen dieser Unglücklichen in Frage zu stellen.

Die 318 jüdischen Flüchtlinge sind, wie Sie wissen, von der Schweiz aufgenommen worden; sie scheinen aus einem grösseren Lager in Bergen-Belsen bei Hannover ausgewählt worden zu sein, wo sich dem Vernehmen nach noch an die 1300 weitere ungarische Juden befinden. Deutscherseits scheint die Absicht zu bestehen, auch diese übrigen 1300 ungarischen Juden nach dem Ausland, und zwar, wie gerüchteweise verlautet, nach Spanien abzuschieben.[4] Andererseits haben die Bundesbehörden Kenntnis davon erhalten, dass wegen der Entlassung dieser Gruppe von ungarischen Juden Besprechungen zwischen gewissen deutsch-ungarischen Stellen unter Beteiligung von Vertretern des SS-Sicherheitshauptamtes und ausländischen sowie schweizerischen Juden in der Schweiz angebahnt und dass dabei wegen der Erlegung von Lösegeldern oder etwaiger anderer Gegenleistungen Projekte entwickelt worden sind, die es amtlichen Stellen unmöglich machen, sich in das Gespräch einzuschalten.[5]

Schweizerischerseits herrscht aber durchaus die Geneigtheit vor, für die ungarischen Juden vom Lager Bergen-Belsen etwas zu tun. Da aus den vorerwähnten Besprechungen der Eindruck gewonnen werden muss, dass man sich auch deutscherseits diesen Leuten gegenüber nicht intransigent verhalten will, sind wir zu dem Entschluss gelangt, den Versuch zu unternehmen, durch einen offiziellen Schritt beim Auswärtigen Amt den Versuch zu machen, die Entlassung nach der Schweiz zu erreichen.

Wir denken uns, dass dieser Schritt, der an hoher Stelle, mindestens beim Staatssekretär, einzuleiten wäre und am besten in die Form einer mündlichen Demarche, allenfalls unterstützt durch eine kurze Aufzeichnung, zu kleiden wäre, etwa nachstehenden Gedankengängen folgen könnte.[6]

Ausgehend von der etwas ungewöhnlichen Überstellung der 318 ungarischen Juden vom Monat August letzthin könnte die Bereitschaft der Schweiz ausgedrückt werden, ein mehreres für die noch in Bergen-Belsen verbliebenen Juden zu tun. Falls Deutschland die Anwesenheit dieser Leute, wie man aus dem Vorkommnis vom August glaubt schliessen zu dürfen, als Belastung empfindet, wäre die Schweiz durchaus geneigt, bei der Ernährung und Bekleidung sowie überhaupt bei der Betreuung mitzuwirken, sofern nicht vorgezogen

3 RGBl., Bd. 1877, Nr. 1 vom 12.1.1877, S. 3–7.

4 Adolf Eichmann hatte im Rahmen der Rettungsverhandlungen gegenüber der Waada angekündigt, dass die zum Austausch bestimmten ungar. Juden nach Spanien gebracht würden, um von dort über einen Mittelmeerhafen nach Palästina verschifft zu werden. Stattdessen gelangten sie nach Bergen-Belsen.

5 Im Aug. und Sept. 1944 fanden mehrere Treffen zwischen Emissären Himmlers und Sally Mayer, dem Schweizer Vertreter des Joint, an der deutsch-schweizer. Grenze statt. Verhandelt wurde über den Austausch von Juden und die Einstellung der Deportationen. Da Mayer auf Anweisung der amerikan. wie auch der schweizer. Regierung über keine Verhandlungsmasse verfügte, täuschte er die deutschen Unterhändler mit Waren- und Geldangeboten, um Zeit zu gewinnen.

6 Das hier geäußerte Anliegen wurde vom Schweizer Gesandten Hans Frölicher an den Staatssekretär im AA Gustav Adolf Steengracht übermittelt; BAR, E4800A#1967-111#330.

wird, diese Aufgabe dem IKRK. zu überlassen. Sie würde aber gegebenenfalls noch weiter gehen und gerne darin einwilligen, diese Juden für solange in die Schweiz aufzunehmen, bis ihnen die Weiterreise, allenfalls nach den Vereinigten Staaten oder anderen überseeischen Gebieten, offenstünde. In diesem Falle würden die Bundesbehörden aber Wert darauf legen, wenn die Überstellung nach der Schweiz durch vorgängige Besprechungen zwischen den beiderseitigen amtlichen Stellen ordnungsgemäss geregelt würde.
Je nach dem Gang der Unterhaltung könnte es auch nichts verschlagen, wenn eindringlich darauf hingewiesen würde, dass die Judendeportationen nach dem Osten und die Nachrichten, die über diese Massnahmen in die Öffentlichkeit dringen, unsere öffentliche Meinung aufs äusserste bewegen und dass die Bundesbehörden nur mit tiefster Besorgnis feststellen können, welche schwere Belastung sich nicht nur heute, sondern wie zu befürchten steht, noch auf Jahre hinaus für die schweizerisch-deutschen Beziehungen daraus ergebe. Auch von diesem Gesichtspunkt aus wäre eine Zusicherung des Inhalts, dass weitere Verschickungen nach dem Osten eingestellt werden, geeignet, sehr erfreuliche Rückwirkungen zu zeitigen.
Wir sehen dem Ergebnis über den Erfolg Ihres Schrittes, an dem uns einiges gelegen ist, mit lebhaftem Interesse entgegen und bitten Sie, Herr Minister, die Versicherung unserer ausgezeichneten Hochachtung zu genehmigen.

DOK. 176

Daniel Lotter schämt sich am 23. Oktober 1944 in seinem Tagebuch für die fortdauernden Propagandalügen, die über Juden verbreitet werden[1]

Handschriftl. Tagebuch von Daniel Lotter, Fürth, Eintrag vom 23.10.1944

Gestern war Appell aller Männer von 16 bis 60 Jahren behufs Bildung der Volksstürmer.[2] Vom Radio, den Zeitungen u. den Rednern werden alle Register gezogen, um die Begeisterung im Volke anzuflammen. Soweit ich beobachten kann, ist aber der Erfolg sehr mäßig. Der Vergleich mit der Volkserhebung von 1813,[3] der stets herangezogen wird, paßt nicht. Damals war es ein Aufflammen des Volkswillens fast gegen den Willen der Regierenden, heute ist es ein Aufpeitschen durch die Inhaber der Macht, denen jedes Mittel recht war, recht ist, den Volkswillen zu unterdrücken und zu fälschen.
Die Unwahrhaftigkeit der Redner ist geradezu entsetzlich. Daß nur die Juden am Kriege und an allem Unglück schuld sind, haben diese Leute so oft gesagt, daß sie es vielleicht selbst glauben. Was soll man aber dazu sagen, wenn Kreisleiter Volkert[4] sich gestern hinstellte und ausrief: Was haben wir den Juden getan, daß sie uns so teuflisch hassen? Weiß dieser Mann wirklich nicht mehr, daß sämtliche jüdische Gotteshäuser Deutschlands in einer Nacht von der SA zerstört und verbrannt wurden?

1 Original in Privatbesitz, Kopie: IfZArch, F 601, abgetippte Fassung im Deutschen Tagebucharchiv Emmendingen.
2 Der Erlass Hitlers über die Bildung des deutschen Volkssturms (RGBl., 1944 I, S. 253) vom 25.9.1944 (rückdatiert) wurde am 18.10.1944 anläßlich des Jahrestags der Völkerschlacht bei Leipzig öffentlich verkündet, die ersten Volkssturmeinheiten wurden am 9.11.1944 vereidigt.
3 Gemeint ist die Völkerschlacht bei Leipzig.

Weiß er nicht mehr, daß man den Juden ihr Eigentum geraubt und ihre Wohnungen in bestialischer Weise zerstört hat? Daß man sie wie Vieh zusammengetrieben, um Haus und Heimat gebracht und Männer, Frauen und Kinder nach Tausenden ermordet hat? Und da wagt es dieser Mann, von deutschem Gerechtigkeitssinn zu reden! Ehrlichen Deutschen steigt die Schamröte ins Gesicht, wenn sie an diese Schandtaten denken.

DOK. 177

Ein Kreisobmann der Deutschen Arbeitsfront bemängelt am 27. Oktober 1944 beim Fürsorgeamt die gemeinsame Beschäftigung von Jüdinnen und nichtjüdischen Frauen in einem Raum[1]

Schreiben des Kreisobmanns[2] der Deutschen Arbeitsfront in der Kreisverwaltung Groß-Frankfurt, Abt. HA II Soziale Selbstverantwortung und Gestaltung (Ei/Schr.), gez. i. A. Unterschrift unleserlich, Neue Mainzer Straße 58, an das Fürsorgeamt der Stadt der Deutschen Handwerker, Frankfurt a. M. (Eing. 31.10.1944), vom 27.10.1944

Betreff: Beschäftigung von Jüdinnen im Volksdienst des Städt. Fürsorgeamtes, Frankfurt a. M.-Niederrad, Schwanheimer Str. 75[3]
Bezug: Betriebsbesuch durch den Kreisfachabteilungsleiter Pg. Koch
Bei dem obengenannten Betriebsbesuch wurde festgestellt, daß in dieser Nähstube neben 21 deutschen Frauen 15 Jüdinnen aus Mischehen beschäftigt werden. Dabei ist mir nun aufgefallen, daß der größte Teil dieser Jüdinnen auf Grund ärztlicher Atteste nur halbe Tage beschäftigt ist. Es interessiert mich nun in zweiter Linie erst, welche Ärzte einer Jüdin ein Attest ausstellen, auf Grund dessen sie nur halbe Tage beschäftigt wird. Befremdender wirkt auf mich, daß eine Städtische Dienststelle auf ein derartiges Attest etwas gibt und nicht grundsätzlich verlangt, daß die Jüdin voll beschäftigt wird.
Ein weiterer Umstand, der mir nicht nur zu denken gibt, sondern der direkt anstößig empfunden werden muß, ist der, daß den 21 deutschen Frauen zugemutet wird, mit den 15 Jüdinnen tagein, tagaus im gleichen Raum zu arbeiten.

4 Karl Volkert (1903–1982), Handelsvertreter; vor 1923 NSDAP-Eintritt; Gauredner, seit 1940 Kreisleiter der NSDAP in Fürth; im Entnazifizierungsverfahren als „Belasteter" eingestuft, zu vier Jahren Arbeitslager verurteilt, April 1945 bis Sept. 1948 in verschiedenen Internierungslagern, zuletzt in Nürnberg-Langwasser.

1 IfS Frankfurt a. M., Bestand Fürsorgeamt 3693. Abdruck in: Dokumente zur Geschichte der Frankfurter Juden 1933–1945, hrsg. von der Kommission zur Erforschung der Geschichte der Frankfurter Juden, Frankfurt a. M. 1963, S. 441.
2 Vermutlich: Ludwig Wagner (*1885), Mechaniker; 1928 NSDAP-, 1930 SA-Eintritt; von 1933 an bei der DAF, 1937–1939 Kreisobmann der DAF in Groß-Frankfurt, dann Leiter der Gaubetriebszelle-Abteilung für Chemie; im März 1945 wurde er zur Wehrmacht einberufen; 1945–1948 Internierung.
3 Der Volksdienst des Städtischen Fürsorgeamts war eine Einrichtung der städtischen Arbeitsfürsorge, die dem Fürsorgeamt unterstellt war. Im Zweiten Weltkrieg wurden neben Arbeitslosen auch Kriegshilfskräfte und – bis zu ihrer Deportation – jüdische Arbeitskräfte herangezogen. Der Volksdienst hatte seinen Sitz in den ehemaligen Eulerschen Flugzeugwerken in der Schwanheimer Straße in Niederrad und wurde 1943 bis auf eine Nähstube in der Schwanheimer Straße 175 (nicht 75) aufgelöst.

Ich möchte Sie daher auf diese Umstände hinweisen und bitten, eine derart unangebrachte humane Behandlung abzustellen.
Darüber hinaus wäre es mir aus politischen Gründen wünschenswert, die Ehemänner dieser Jüdinnen aus Mischehen kennenzulernen, damit überprüft werden kann, wo diese beschäftigt sind. Ich bitte Sie daher, mir ein namentliches Verzeichnis mit voller Namens- und Wohnungsangabe einzureichen, damit eine entsprechende Überprüfung durchgeführt werden kann.
Heil Hitler![4]

DOK. 178
Der zum Tode verurteilte Hans Konrad Leipelt begründet sein Gnadengesuch vom 29. Oktober 1944 mit den Demütigungen, die er als „Mischling" erfahren hat[1]

Handschriftl. Gnadengesuch von Hans Leipelt,[2] Strafgefängnis Stadelheim, München, an den Oberreichsanwalt beim Volksgerichtshof Berlin (Eing. 6.11.1944) vom 29.10.1944

Am 13.10.1944 wurde ich vom 2. Senat des Volksgerichtshofs zum Tode verurteilt. Ich bitte um Umwandlung dieser Strafe in eine Freiheitsstrafe auf dem Gnadenwege.
Zur Begründung dieses Gesuchs seien zunächst folgende kurze Bemerkungen über die einzelnen mir zur Last gelegten Handlungen gestattet: „Propaganda" für pazifistische oder bolschewistische Ansichten zu machen habe ich nie beabsichtigt. Es handelte sich bei solchen Unterhaltungen stets um *Diskussionen* über das Für *und Wider* dieser Dinge, und *diese Diskussionen waren immer auf den Kreis meiner Freunde und Bekannten beschränkt* – wobei ich natürlich ehrlich diejenigen Anschauungen vertrat, die ich mir nun einmal zu eigen gemacht hatte. Die angeführten „Sabotagepläne" waren, von meiner Seite jedenfalls, nichts als eine Art jugendlicher Räuberphantasien und sind auch über dies Stadium nie hinausgekommen – ebenso wie es bei anderen wilden Unternehmungen durchweg beim *Vorhaben* blieb. (Ich würde all das gerne näher ausführen und belegen, wenn der mir zur Verfügung stehende Raum größer wäre.)
Doch werden alle Äußerungen wie die hier angedeuteten den akzeptierten Tatbestand nicht soweit berichtigen können, daß eine mildere Strafe notwendig würde. Daher beruht meine Hoffnung darauf, man werde sich bei der Beurteilung meines Gesuchs von anderen Gesichtspunkten leiten lassen – man werde berücksichtigen, wie groß der psychische Druck der Verhältnisse gewesen ist, der mich zu meiner Einstellung geführt hat. Ich bitte zu bedenken, daß die gegen meine Familie mütterlicherseits wie in geringerem

4 Am 4.11.1944 informierte das Fürsorgeamt die DAF, dass die Nähstube des Volksdienstes dem Kulturamt unterstehe und das Schreiben dorthin weitergeleitet worden sei. Eine Antwort des Kulturamts liegt nicht in der Akte.

1 IfZArch, ED 474/Bd. 217 (Film 234). Abdruck in: Enge Zeit. Spuren Vertriebener und Verfolgter der Hamburger Universität, Katalog, hrsg. von der Universität Hamburg, Berlin 1992, S. 84.

2 Hans Konrad Leipelt (1921–1945), Student; Mitglied des Reichsarbeitsdienstes und Teilnahme am Krieg gegen Polen und Frankreich, 1940 wurde er aus der Wehrmacht entlassen, von 1940 an studierte er Chemie in Hamburg und München; beteiligt an der Verbreitung des letzten Flugblatts der „Weißen Rose" in Hamburg; 1943 Verhaftung und 1944 Verurteilung als „Hochverräter", am 29.1.1945 in München hingerichtet.

Grade auch gegen meine Schwester und mich gerichteten Maßnahmen *mir* notwendigerweise als Unrecht erscheinen mußten. Schon in der Schule habe ich unverdient mancherlei Mißachtung und Benachteiligung erfahren müssen. Ich ließ mich dadurch nicht anfechten, sondern tat sodann im R. A. D.[3] beim Bau des Westwalls und im aktiven Wehrdienst, zu dem ich mich freiwillig gemeldet hatte, als auch in zwei Feldzügen meine Pflicht – und mehr als das, wie meine Auszeichnungen beweisen.[4] Daß ich dann trotzdem aus der Wehrmacht entlassen wurde, empfand ich als schwere *Zurücksetzung und als eine Kränkung meines Ehrgefühls*; in gleicher Richtung machte sich geltend, daß es eines besonderen Gesuches bedurfte, mir die Hochschule zu öffnen, und daß ich auch dann erleben mußte, daß ich von studentischen Stellen als Mensch zweiter Klasse behandelt wurde. Dies alles machte mich sowohl empfänglich für Einflüsse *als auch empfindlich für Vorgänge*, die vorher keine Wirkung auf mich ausgeübt hatten oder hätten. Über die ersteren brauche ich mich nicht zu äußern. Von den letzteren seien erwähnt: die Diskriminierung meiner Mutter,[5] die als Mensch wie als Staatsbürgerin untadlig dasteht – ich erinnere nur daran, daß sie im 1. Weltkrieg ihr Studium unterbrach, um freiwillig im Lazarett zu pflegen und sich dabei eine schwere Schädigung ihrer Gesundheit zuzog – und deren Seelenadel, in steter selbstaufopfernder Liebe und Fürsorge für die Ihren und schweigendem, starkem Ertragen physischen und psychischen Leidens sich offenbarend, mein ganzes Leben erwärmt und erhellt hat; die Deportation meiner Großmutter,[6] einer mehr als 70jährigen, altersschwachen Frau, die mir nur Liebes erwiesen und ganz gewiß dem Staat nie geschadet hat noch ihm zukünftig hätte schaden können; das über fast alle meine übrigen Verwandten hereinbrechende Unglück – Verlust der Stellung, des Besitzes, der Wohnung und schließlich Deportation –, das wiederum Menschen traf, von denen ich ebenfalls nichts als Güte erfahren hatte und von deren Schuldlosigkeit in jedem üblichen Sinn, von deren menschlicher Hochwertigkeit und von deren Staatstreue ich mit gutem Grund überzeugt sein durfte.

Diese Punkte, die ich hier nur andeuten konnte – ich habe all dies, und mehr als das, im Verlauf der Voruntersuchung schriftlich („Die Ursachen meiner politischen Einstellung") ausführlich dargestellt –, mögen genügen. Es ist richtig, daß ich für meine eigene Person *rein materiell gesehen* kaum Einbußen erlitten habe, ja eher günstiger gestellt war als viele Altersgenossen. Indessen meine ich, gerade in *dem* Staat, der sich mit Stolz als Verfechter ideeller Prinzipien gegenüber dem Materialismus bekennt, auf Verständnis hoffen zu dürfen dafür, daß die seelischen Belastungen, denen ich erlag, stärkeren Einfluß auf mein Denken ausübten als materielle Unversehrtheit oder Vorteile und daß ich mich auf die Seite stellte, wo ich erlittenes Unrecht zu sehen vermeinte, wenn ich auch selbst unter den von mir so beurteilten Maßnahmen materiell kaum zu leiden hatte. Und wenn das Gericht, zur Verurteilung meiner Handlungsweise nach dem Gesetz verpflichtet, diesen Gesichtspunkten keine Beachtung schenken konnte, so mag doch der,

3 Reichsarbeitsdienst.

4 Leipelt erhielt 1940 für seinen militärischen Einsatz das Eiserne Kreuz.

5 Dr. Katharina Leipelt, geb. Baron (1893–1943), Chemikerin; 1942 Tod ihres nichtjüdischen Ehemanns Konrad Leipelt; Zwangsarbeit in einem Hamburger Futtermittelbetrieb, 1943 wurde sie verhaftet und im Polizeigefängnis Fuhlsbüttel inhaftiert, nahm sich im Gefängnis das Leben.

6 Hermine Baron, geb. Löw (1866–1943); sie wurde im Juli 1942 nach Theresienstadt deportiert, wo sie im Jan. 1943 starb.

in dessen Hand es steht, zu begnadigen, sich durch Mitgefühl für das, was mich zu meiner Einstellung trieb, und einem daraus geborenen Verständnis für sie sich bewogen fühlen, die Härte der Strafe zu mildern. Vielleicht mag auch die Überlegung zu meinen Gunsten sprechen, daß der tatsächlich durch mich dem Staat verursachte Schaden kaum sehr bedeutend sein kann und vielleicht durch das, was ich als R. A. D.-Mann und Soldat für den Staat geleistet habe, zum Teil ausgeglichen wird.

DOK. 179

Die Partei-Kanzlei empfiehlt am 30. Oktober 1944, jüdische „Mischlinge ersten Grades" von der Teilnahme am Volkssturm auszuschließen[1]

Fernschreiben (Nr. 15 052, 12 : 20 Uhr) von Befehlsleiter Dr. Klopfer,[2] Staatssekretär in der Partei-Kanzlei München, an den Reichsleiter M. Bormann, Führerhauptquartier, und Pg. Friedrichs,[3] Partei-Kanzlei Berlin, vom 30.10.1944

Betrifft: Jüdische Mischlinge im Volkssturm
Nachstehend übermittle ich die Stellungnahme von III a[4] zur Frage der Teilnahme jüdischer Mischlinge am Volkssturm. Ich stimme der in der Vorlage vertretenen Auffassung zu.
gez. *Dr. Klopfer*

Vorlage[5]
Betrifft jüdische Mischlinge im Volkssturm
Bei den Verhandlungen über die organisatorische Ausgestaltung des Volkssturms ist auch die Frage entstanden, ob jüdische Mischlinge in den Volkssturm aufgenommen werden sollen oder nicht. Sie, Reichsleiter, haben Ihr in dieser Sache an Pg. Friedrichs gerichtetes Fernschreiben vom 22.10.1944 auch an III a zur Bearbeitung übersandt.[6] Von III a wird die Auffassung vertreten, daß für den Volkssturm nur eine analoge Regelung in Frage kommen kann wie für die Wehrmacht.[7] Es ist damit zu rechnen, daß jetzt bei der Aufstellung des Volkssturms viele Mischlinge, denen eine Ausnahmebehandlung

1 Staatsarchiv Nürnberg, NG-1818.
2 Dr. Gerhard Klopfer (1905–1987), Jurist; 1933 NSDAP- und SA-Eintritt, 1935 SS-Eintritt; von April 1935 an im Stab des StdF (von 1941 an Partei-Kanzlei) tätig, u. a. als StS und Leiter der Abt. III für staatliche Aufgaben, 1942 Teilnehmer der Wannsee-Konferenz; 1946 interniert, 1949 zu einer Bewährungsstrafe verurteilt; von 1956 an als Rechtsanwalt in Ulm tätig.
3 Helmuth Friedrichs (1899–1945?), Bergmann und Parteifunktionär; 1929 NSDAP- und SA-Eintritt; 1933–1945 MdR; seit 1934 Mitarbeiter der NSDAP-Reichsleitung in München; 1936 SS-Eintritt; seit 1940 Oberbefehlsleiter der Partei-Kanzlei in München, Herbst 1944 Eintritt in den Volkssturm; seit Febr. 1945 vermisst.
4 Abt. III „Parteirecht, Wirtschaft, Kirche" der Partei-Kanzlei unterstand Gerhard Klopfer. Leiter der Abt. III A „Innere Verwaltung, Volkssturm, Rassefragen" war Edinger Ancker.
5 Der Vorschlag stammte aus der Abt. III A 4 „Rassefragen (einschl. der Folgen des Einsatzes Fremdvölkischer)", gez. Karl-Heinz Bernotat, Leiter der Abt. III A 6 „Polizeiangelegenheiten".
6 Das Fernschreiben konnte nicht aufgefunden werden.
7 Siehe VEJ 3/66. Am 12.10.1942 ordnete das RMdI schließlich an, die bis dahin gestatteten Anträge auf Ausnahmeregelungen für „Mischlinge" auf den Verbleib in der Wehrmacht endgültig zu verbieten; siehe BArch, R 18/5509.

im Rahmen der Wehrmacht nach den Bestimmungen versagt ist, Anträge auf Aufnahme stellen werden. Sie werden die Gelegenheit nicht ungenutzt lassen, sich nun durch Teilnahme am Volkssturm für die spätere Behandlung im Zivilleben eine Grundlage zu schaffen. Diesem Bestreben kann man nur entgegentreten, wenn die Bestimmungen für den Volkssturm genau so abgefaßt werden wie die für die Wehrmacht. Das bedeutet:
1. Jüdische Mischlinge 1. Grades müssen von der Teilnahme am Volkssturm in jedem Falle ausgeschlossen werden.
2. Jüdische Mischlinge 2. Grades dürfen im Volkssturm dienen, jedoch keine Führerstellungen bekleiden.
Durch diese Gleichschaltung[8] des Volkssturms mit der Wehrmacht werden für später alle unliebsamen Berufungsfälle vermieden. Außerdem bietet diese Regelung die Möglichkeit, alle Mischlinge 2. Grades zur Verteidigung des deutschen Heimatbodens heranzuziehen. Auch die zukünftige Regelung der Rechtsverhältnisse der Mischlinge 2. Grades wird diesen gewisse Rechte einräumen. Es ist daher selbstverständlich, von ihnen auch erhöhte Pflichten zu fordern. Alle Erwägungen, etwa beim Volkssturm schärfere Richtlinien zu erlassen als bei der Wehrmacht, müssen aus diesen Gesichtspunkten von vornherein fallengelassen werden. Eine Verschärfung gegenüber der jetzigen Praxis bei der Wehrmacht erscheint nur in der Weise erwünscht, daß man beim Volkssturm keinerlei positive Ausnahmen von den Richtlinien zulassen sollte. Die ganz anders geartete Praxis bei der Wehrmacht hat zu wenig erwünschten Folgen geführt.[9]
Es wird vorgeschlagen, die vorgenannte Auffassung bei den Verhandlungen in Berlin durch III v[10] vertreten zu lassen.[11]

DOK. 180

Lilly Zielenziger beschreibt am 1. November 1944, wie sie den Todestag ihrer Schwiegermutter in Bergen-Belsen allein begehen muss[1]

Handschriftl. Tagebuch von Lilly Zielenziger, Bergen-Belsen, Eintrag vom 1.11.1944

Nach zwei schrecklichen Regentagen, an denen ich die Baracke überhaupt nicht verlassen habe, außer um zum Häuschen zu gehen, schien heute mal wieder die Sonne, aber es ist doch schon recht kalt und vor allem feucht. Wenn mir früher jemand gesagt hätte, um diese Zeit ungeheizt mit erfrorenen Zehen zu sitzen, hätte ich ihn für irrsinnig erklärt.

8 So im Original; gemeint ist vermutlich Gleichstellung.
9 Insbesondere die Partei-Kanzlei hatte 1940 und 1941 darauf gedrängt, „Mischlinge ersten Grades" aus der Wehrmacht zu entlassen; siehe Dok. 2 vom 8.4.1943, Anm. 6, und Dok. 41 vom 12.6.1943, Anm. 8. Allerdings blieben Ausnahmeregelungen für „Mischlinge" bestehen, die sich besonders ausgezeichnet hatten. Viele von ihnen waren in den Augen ihrer Vorgesetzten einsatzbereite Soldaten, die sie deshalb nicht entließen. Erst nach dem Attentat auf Hitler 1944 wurden die meisten der noch in der Wehrmacht verbliebenen „Mischlinge" zur Zwangsarbeit in der OT abkommandiert.
10 Abt. III V der Partei-Kanzlei war die sog. Berichtverteilungsstelle. Dort wurden Gesetzes-, Verordnungs- und Mitteilungsblätter archiviert. Außerdem wurden dort staatswissenschaftliche Gutachten zu verwaltungsrechtlichen Fragen erstellt.
11 Eine Anordnung Bormanns vom 9.12.1944 schloss Juden und „Mischlinge ersten Grades" vom Volkssturm aus, „Mischlinge zweiten Grades" konnten Angehörige des Volkssturms werden, allerdings nicht als Vorgesetzte; BArch, NS 6/98, Bl. 95.

1 LBI, AR 25 390, Eric W. Zielenziger Collection, 1/14.

Heute vor einem Jahr ging ich mit Vati zum letzten Besuch zu Großmama und in der Nacht schloß sie ihre Augen.[2] Am Morgen kam Vati zu mir in die Baracke, und ich schloß ihn tröstend in die Arme. Heute stehe ich hier mutterseelenallein, und niemand hilft mir über die qualvollen Stunden hinweg.
Ehrlich genug bin ich zu sagen, daß ich mir bei meiner positiven Lebenseinstellung versuche, aus irgendwelchen Dingen noch ein wenig Freude zu machen. So genieße ich selbst die täglichen Kohlrüben mit Andacht und freue mich über jedes Stückchen Fleisch, das mir dann kalt den Abendbrottisch bereichert. Ich decke mir mein Plätzchen sauber und nett und esse langsam die 4 cm Brot, die unsere Tagesration darstellen. Und wenn es gar, wie gestern, 4 Löffel Jam gibt, dann bin ich dankbar.
Pim,[3] Du als Realist wirst auch dies begreifen, weil der Mensch nun einmal Materialist in allen Situationen bleibt und wir alle die Verwirrung der Gefühle kennen.

DOK. 181
Hitler veranlasst am 2. November 1944 die Entlassung sämtlicher „Mischlinge" und „jüdisch versippter" Beamter aus den obersten Reichsbehörden[1]

Schreiben (Persönlich!) des Sekretärs des Führers, Reichsleiter Martin Bormann (Bu/Lch.), Führerhauptquartier München, Führerbau,[2] an den Chef der Reichskanzlei, Reichsminister Dr. Lammers (Eing. 5.11.1944), vom 2.11.1944[3]

Betrifft: Entfernung der Beamten, die jüdische Mischlinge oder jüdisch versippt sind, aus den obersten Reichsbehörden
Sehr verehrter Herr Dr. Lammers!
Im Auftrage des Führers teile ich Ihnen mit:
Die Ereignisse des 20. Juli[4] haben gezeigt, wie notwendig es ist, aus den Führungsstellen des Reiches alle Männer zu entfernen, die ihrer Herkunft nach bei besonderer Belastung zu Zweifeln an ihrer nationalsozialistischen Haltung und weltanschaulichen Festigkeit Anlaß geben. Hierzu sind die Beamten zu rechnen, die als jüdische Mischlinge oder jüdisch Versippte die nationalsozialistische Weltanschauung niemals aus innerster Überzeugung bejahen können, sondern ihrer blutsmäßigen oder verwandtschaftlichen Bindungen wegen mit ihr immer wieder in Konflikt kommen müssen.
Der Führer ordnete aus diesen Erwägungen an, daß Beamte, die jüdische Mischlinge oder die mit Juden oder mit jüdischen Mischlingen verheiratet sind, in obersten Reichs-

2 Gemeint sind ihr Ehemann Kurt und ihre Schwiegermutter Anna Zielenziger (1867–1943).
3 Spitzname ihres Sohns Erich Zielenziger.

1 BArch, R 43II/599, Bl. 2. Abdruck in: Akten der Partei-Kanzlei der NSDAP. Teil 1, Regesten, Bd. 1, hrsg. vom Institut für Zeitgeschichte, bearb. von Helmut Heiber u. a., München 1983, S. 1012, Mikrofiche 10 107 567–88.
2 Das zwischen 1933 und 1937 von Hitlers Hofarchitekt Paul Ludwig Troost erbaute Gebäude in der Acrisstraße diente vornehmlich Repräsentationszwecken. Hitler und seine Stellvertreter hatten dort auch ihre Münchner Büros.
3 Im Original handschriftl. Bearbeitungsvermerke und Unterstreichungen.
4 Am 20. Juli 1944 verübten Angehörige des militärischen Widerstands ein Attentat auf Hitler; siehe Einleitung, S. 39.

behörden nicht mehr tätig sein dürfen, auch wenn früher ihre oder ihrer Ehegatten Gleichstellung mit Deutschblütigen ausgesprochen wurde.
Der Führer wünscht baldige Durchführung seiner Anordnung.
Heil Hitler!
Ihr

DOK. 182
Erich Alenfeld berichtet am 13. November 1944 über den Einsatz von nichtjüdischen Ehepartnern und von „Mischlingen" in Baubataillonen[1]

Handschriftl. Brief von Erich Alenfeld, Berlin-Zehlendorf, Beerenstr. 25, an Anneliese Völker,[2] Gießen, Tannenweg 27, vom 13.11.1944 (Typoskript)[3]

Liebe Anneliese!
Ich danke Dir herzlichst für Deine warmgehaltenen Glückwünsche zu meinem Geburtstage sowie für die verschiedenen Lebensmittel, die Du mir zukommen ließest. Das ist wirklich sehr freundlich. Ich werde auch alles zu mir nehmen, denn ich weiß leider selber, wie stark ich im letzten Jahre abgefallen bin. Unaufhaltsam ist dieser Schrumpfungsprozess vor sich gegangen, obwohl ich nicht an einer ernstlichen Krankheit leide, es sind allein die Nerven, die streiken und das Futter nicht richtig verwerten. Der Druck der letzten Jahre war hart und die noch zunehmende Unsicherheit bezüglich der Zukunft lastet schwer auf mir. Die Dinge haben in den letzten Wochen eine ganz bestimmte Richtung eingeschlagen. Vor kürzerer Zeit ist es zwischen Himmler und Speer zu heftigen Kontroversen wegen dieses einen Sektors der Bevölkerung gekommen. Himmler hat gesiegt. Irgendwelche wirtschaftlichen Überlegungen sind beiseite geschoben. Auf Grund eines Befehls des Reichsführers SS und des Ersatzheeres sind alle Arier, die jüdisch versippt sind, und alle Mischlinge I aus staatspolitischen und Polizeisicherungsgründen zur Organisation Todt für Baubataillone eingezogen worden.[4] Reklamationen sind nicht zu berücksichtigen. Personen, die infolge Krankheit nicht geeignet sind für Baubataillone, sind zu körperlicher Arbeit heranzuziehen, in gleicher Weise zu gemeinschaftlicher körperlicher Arbeit die weiblichen Mischlinge I und die jüdisch versippten arischen Frauen. Das Einziehen der Männer ist in vollem Gange. Es gibt zwei sogenannte Aktionen: Aktion Mitte und Aktion Hase.[5]

1 Original in Privatbesitz, Kopie: IfZArch, F 601.
2 Anneliese Völker, geb. Geppert (1909–1990), Biologin; Schwester von Erich Alenfelds Ehefrau Sabine; verheiratet mit dem Gießener Zoologen Prof. Dr. Otto Völker (1907–1986).
3 Grammatik wie im Original, einzelne handschriftl. Ergänzungen.
4 Zu den Differenzen zwischen Speer und Himmler hinsichtlich des generellen geschlossenen Arbeitseinsatzes der „Mischlinge ersten Grades" und der mit jüdischen Partnern verheirateten Nichtjuden siehe Dok. 171 vom 7.10.1944 und Dok. 173 vom 16.10.1944.
5 Seit Sommer 1943 wurden unter dem Tarnnamen „Aktion Hase" überwiegend jüngere „Mischlinge" und nichtjüdische Ehemänner von Jüdinnen zur Zwangsarbeit am Atlantikwall in Frankreich, später auch in den Niederlanden, verpflichtet. Anfang Okt. 1944 erließ Himmler den Befehl, nunmehr endgültig alle Angehörigen dieser Personengruppe aus ihren bisherigen Arbeitsverhältnissen herauszulösen und in Bauarbeitsbataillonen der OT geschlossen einzusetzen. Betroffen waren damit nun auch alle bislang aus Altersgründen verschonten „Mischlinge" und „jüdisch Versippte". Im Rahmen der „Aktion Mitte" wurden die Betroffenen überwiegend zur Zwangsarbeit in Lagern in Thüringen eingesetzt.

Zu ersterer sind, soweit man sehen kann, die älteren Jahrgänge gekommen. Sie sollen nach Thüringen gekommen sein, zum Bauen von Fabriken, angeblich unterirdischen Werkstätten in verlassenen Gipsbergwerken. Die jüngeren Kräfte sind nach Holland zum Schanzen gekommen. Männer über 65 Jahren sind nach Hause geschickt worden. Bei Männern über 60 Jahren sind ärztliche Zeugnisse wohlwollend berücksichtigt worden. Sonst gilt das Obengesagte. Da man von früheren Aktionen wußte, daß ein großer Teil der betreffenden Personen in leitenden Stellungen in der Wirtschaft beschäftigt ist, so hat man fast alle Reklamationen abgelehnt. Die wirtschaftlichen Stellen: Gauwirtschaftskammer[6] und Rüstungskommando[7] sind ausgeschaltet. Allein die politischen Stellen: Reichssicherungshauptamt[8] für Juden, die sogenannte Kurfürstenstr.,[9] hat zu befinden. So ist es denn gekommen, daß Bankdirektoren, Chemiker, Ärzte, Rechtsanwälte mit den Baubataillonen davonfuhren, daß ein Ingenieur, Konstrukteur in einem großen Werk, jetzt als Arbeiter bei einem Essigwerk fungiert, weil er für das Baubataillon zu krank ist. Tausende sind gemustert, andere sind noch hier; angeblich soll eine Pause eingetreten sein. Nach den Erfahrungen der Vergangenheit traut keiner dieser Pause. Was nun mich und meine Schicksalsgenossen betrifft,[10] so steht nichts fest. Ein Gerücht besagte, daß auch wir zu Baubataillonen zusammengefasst werden sollten. Andere behaupten das Gegenteil. Die Juden sollten dienstverpflichtet werden und am Wohnort bleiben. Da die meisten bereits dienstverpflichtet sind, so würde dies an dem bestehenden Zustand nichts ändern. Doch kann man dies nie wissen. Die gleiche Ungewissheit herrscht wegen der geplanten Heranziehung der Frauen, die jüdisch versippt sind. Gelten für diese die allgemeinen Bestimmungen wegen des Alters und wegen der Kinder oder wird man darüber hinwegsehen? Wer weiß es? Daß diese Ungewissheit die Nerven belastet, wirst Du Dir vorstellen können. Wenn Du noch hinzunimmst, daß immer wieder Gerüchte aufkommen, daß wir, d. h. die Mischehen, kaserniert werden sollen, dann hast Du ein Bild, wie der Krieg für uns im 6. Jahr aussieht. Dazu treten die allgemeinen Nöte, denen alle Zeitgenossen unterworfen sind. Darüber ist nichts weiter zu sagen, denn jeder von uns kennt diese Nöte, und jeder hat seinen Anteil daran. Genug davon.

Abgesehen von den Sorgen um Zukünftiges geht es uns gut. Wir leben friedlich miteinander und genießen die Kinder in vollen Zügen. Ich bin zum Heizer, Stiefelputzer, Geschirrwäscher und Hauslehrer geworden. Mit Justus treibe ich schon seit Jahren Griechisch und Lateinisch, jetzt ist Reni dazugekommen.[11] Mit ihr arbeite ich Englisch. Sie stellt sich klug an und ist enorm fleißig. Sie hat bald die obere Stufe erreicht und findet das Lob ihrer Lehrerin. Ich habe die Genugtuung, daß ich für beide Kinder die Grund-

6 Die Gauwirtschaftskammern wurden 1942 durch Erlass des RWM als Nachfolgeorganisationen der Industrie- und Handelskammern eingerichtet. Als regionale Führungsstellen der deutschen Wirtschaft waren sie den Führungsstrukturen der NSDAP unterworfen.

7 Die 1935 gegründeten Wehrwirtschaftsstellen, seit 1939 Rüstungskommandos, waren als Dienststellen des Wehrwirtschaftsinspekteurs für die Mobilmachung der Rüstungsbetriebe zuständig.

8 Richtig: Reichssicherheitshauptamt.

9 In der Berliner Kurfürstenstraße 116 befand sich das „Judenreferat" des RSHA unter der Leitung von Adolf Eichmann.

10 Gemeint sind die in „Mischehe" lebenden jüdischen Männer, die größtenteils bereits seit 1940 an ihrem Wohnort zur Zwangsarbeit herangezogen wurden. Alenfeld selbst war aufgrund seiner Beziehungen zu Reichsarbeitsminister Seldte von der Zwangsarbeit freigestellt.

11 Die beiden Kinder Erich Alenfelds: Dr. Justus Alenfeld (1931–1996), Jurist, und Irene Alenfeld (1933–2014), Dolmetscherin.

lagen der Bildung geschaffen habe, was auch kommen mag. Für Justus wird der März kritisch, da dann mit Beginn des 15. Lebensjahres die Volksschulpflicht erfüllt ist und laut geltenden Bestimmungen er dann die höhere Schule verlassen muß. Es ist sehr die Frage, ob bis dahin der Krieg beendet ist. Aber auch wenn es nicht der Fall sein wird, so werden wir einen Rat finden – sofern man uns in Ruhe läßt. Sabine[12] schafft die Arbeit ohne Irma, sie findet sogar Zeit zum Geigen. Als ich heute nach Hause kam, spielte sie „horribile dictu"[13] grade, anstatt die Fenster zu putzen. So hat man seinen Ärger mit dem Personal. Bliebe alles, wie es ist, wir wären zufrieden.
Ich freue mich zu hören, daß Eure engere Heimat bisher noch gut davongekommen ist. Im Rheinland muß es böse aussehen. Mich wundert, daß sie Wetzlar nicht mehr angreifen. Erstens wegen der Fabriken und zweitens wegen der alten Heerstraße durchs Lahntal. Hoffen wir, daß es nicht nachgeholt wird. Übrigens hat Reni sich bei den Alarmen und Störangriffen mutig und ruhig gezeigt. Möge es so bleiben, wenn eines Tages wieder Großangriffe erfolgen. Wir haben ja glücklicherweise schon längere Zeit keinen Großangriff gehabt, was keiner bedauert.
Ich danke Dir nochmals aufs herzlichste für Deine Anteilnahme und Fürsorge. Ich bitte, Deinen Mann und die Kinder vielmals zu grüßen, und bin mit herzlichen Grüßen Dein jetzt wirklich alter

DOK. 183
Ein Luftwaffenhelfer schildert am 20. November 1944 die Lebensbedingungen von Juden in den Außenlagern des KZ Natzweiler[1]

Brief (Auszug) eines unbekannten Luftwaffenhelfers, Dormettingen,[2] vom 20.11.1944 (Abschrift)

… Allerdings gibt's auch andere seelische Belastungen, die schwereren Charakters sind. Zum Beispiel das Judenproblem, das uns hier in nackter Wirklichkeit vor Augen geführt wird. Hier, durch die Neuerrichtung des Flugplatzes[3] wie auch durch die umfangreichen Arbeiten der OT. zur Schieferöl-Gewinnung bedingt, sind in großen KZ.-Lagern 1000e von Juden in Schlamm und Morast untergebracht. In einer mittelgroßen Baracke hausen in einem Raum 700 Juden, die aus Osteuropa verschleppt worden sind. Sie bekommen am Tag als Verpflegung zwei Scheiben Kommissbrot und 15 gr Fett, dazu eine Wassersuppe. Auch die Bekleidung ist natürlich höchst mangelhaft. Hierbei müssen sie – von

12 Sabine Alenfeld, geb. Geppert.
13 (Lat.): schrecklich zu sagen.

1 Original nicht aufgefunden, Kopie: BfZ Stuttgart, Sammlung Sterz.
2 Das Lager Dormettingen gehörte zu den sieben KZs der Operation „Wüste". Seit Sommer 1944 wurde am Rande der Schwäbischen Alb die Ölschiefergewinnung gefördert, um die kriegsbedingte Treibstoffkrise zu bewältigen. Über 11 000 Häftlinge mussten in den Ölschieferwerken Zwangsarbeit leisten. Im April 1945 wurden die „Wüste"-Lager geräumt.
3 Gemeint ist vermutlich der Ausbau des Militärflugplatzes Tailfingen/Hailfingen. Auf dem Gelände befand sich seit 1941 ein Arbeitslager für Kriegsgefangene und Zwangsarbeiter. Im Herbst 1944 entstand dort ein Außenlager des KZ Natzweiler mit rund 600 jüdischen Häftlingen, die den Flugplatz durch den Bau von Rollwegen, splittersicheren Flugzeugboxen und Hangars vor alliierten Luftangriffen schützen sollten.

Beruf Universitätsprofessoren, Ärzte, Buchbinder, Maler, Schreiner, Bäcker und Staatsbeamte – schwerste körperliche Arbeit leisten: tiefe Erdschächte ausheben, Kanalisationen anlegen, Bäume fällen und anderes mehr. Um sie zur Höchstleistung anzutreiben, müssen natürlich nun Judenbewacher mit Karabiner hinterherlaufen, ihnen bei langsamer Arbeit Stockschläge übersünden[4] und sie bei Entfernung über 3 m erschießen. Und diese Posten müssen wir ausfüllen. Hier den richtigen Weg zwischen Mitleid, Nächstenliebe und Pflicht zu finden, ist sehr, sehr schwer. Anfangs mied ich diesen Posten. Jetzt aber melde ich mich um so öfter dazu, um dadurch den „Beleidigten und Erniedrigten" etwas Erleichterung zu verschaffen. Das ist natürlich verboten, und ich bin deswegen schon öfter angeeckt, aber ich halt es doch so für richtiger als so, wie's die SS macht, die sie zur Bewachung im Lager haben und sie fast täglich blutig schlagen. Jeden Tag gehen 30 natürlich und 20 an Selbstmorden zugrunde. Gegen soviel Elend anzukämpfen, bringt man allein kaum fertig, aber ein tiefes Gebet richtet einen wieder auf. Glauben Sie, ich habe hier tiefer beten gelernt als sogar bei der Konfirmation. Man muß erst richtig dreckig sein, um zu Gott zu kommen, im Konfirmationsanzug geht das nicht so. Und trotzdem ist sie nötig als Anhalt, um darauf zurückgreifen zu können. …

DOK. 184

Der Inspekteur der Konzentrationslager gibt am 20. November 1944 bekannt, dass die Kennzeichnung jüdischer Häftlinge verändert wird[1]

Schreiben (Geheim!) des Amtsgruppenchefs D-Konzentrationslager des SS-Wirtschafts-Verwaltungshauptamts[2] (D I/1 AZ,: 14 c 9/U./We.Geh. Tgb.Nr. 1361/44.), gez. Glücks, Oranienburg, an den Kommandanten des KL Au. III[3] vom 20.11.1944 (Abschrift)

Betrifft: Kenntlichmachung jüdischer Häftlinge
Bezug: Ohne
Anlagen: – / –
Die Kenntlichmachung jüdischer Häftlinge ist in Zukunft in der Weise vorzunehmen, daß über dem dreieckigen Kennzeichen der Häftlingsart ein schmaler gelber Streifen aufgenäht wird.
Der gelbe Judenstern ist nicht mehr zu verwenden.

4 So im Original.

1 NARA, RG 549, Box 523 (Bestand US Army Europe).
2 Die Amtsgruppe D des WVHA war aus der Inspektion der Konzentrationslager hervorgegangen und war für diese zuständig.
3 Auschwitz III oder Konzentrationslager Monowitz und die Außenlager.

DOK. 185

Nahum Goldmann spricht am 26. November 1944 über den Judenmord in Europa, die zu leistende Wiedergutmachung und die Verantwortung, einen jüdischen Staat in Palästina zu gründen[1]

Rede von Dr. Nahum Goldmann[2] vom Jüdischen Weltkongress auf der War Emergency Conference in Atlantic City[3] am 26.11.1944

1932 wurde ich auf der Vorbereitungssitzung zur Gründung des Jüdischen Weltkongresses in Genf aufgefordert, die Situation der Juden in der Welt zu analysieren.[4] Seither habe ich die Ehre, diese Analyse auf allen jährlich stattfindenden Zusammenkünften neu vorzutragen. Von Anfang an war das ein tragischer Auftrag, und er wurde noch tragischer, als Nazi-Deutschland immer mächtiger wurde und sich seine antijüdische Politik in ihrer ganzen Gnadenlosigkeit und teuflischen Gründlichkeit zu entfalten begann. Jahr für Jahr musste ich die immer schwieriger werdende Lage der Juden analysieren – mit allen Anzeichen einer bevorstehenden Katastrophe, die die Existenz eines Großteils unseres Volkes in Frage stellte. Dann kam der Krieg, und wir waren fünf Jahre lang voneinander getrennt.

Heute, wo ich vor dem ersten internationalen Jüdischen Kongress seit Kriegsbeginn spreche, handelt der mir auferlegte Bericht nicht mehr nur von einer drohenden Katastrophe – einem spürbar nahenden Desaster –, sondern von einer Katastrophe, die bereits stattgefunden hat, von einer Tragödie, die viel schrecklicher ist, als irgendjemand von uns sie sich hätte vorstellen können. Und so ist es angemessen, dass mein Bericht an die Gedenkfeier anschließt, der Sie soeben beigewohnt haben. Diese Feier war Ausdruck einer Tatsache, von der jede Analyse der gegenwärtigen Lage auszugehen hat – der Vernichtung der großen Mehrheit des europäischen Judentums. Es ist womöglich noch zu früh, diese Katastrophe mit exakten Zahlen zu belegen. Einige der von den Nazis besetzten Länder Europas sind noch nicht befreit, und wer weiß schon, was den verbliebenen Juden dort kurz vor dem endgültigen Zusammenbruch des Nazi-Regimes noch widerfahren wird. Aber auch seitens der befreiten Länder gibt es bislang noch keine genauen statistischen Befunde, obwohl alle Berichte darauf hindeuten, dass unsere schlimmsten Befürchtungen noch übertroffen wurden. In Ländern, in denen einst Millionen von Juden gelebt haben, sind bestenfalls noch wenige hunderttausend übrig geblieben; und Länder mit blühenden jüdischen Gemeinden sind heute praktisch judenrein[5] – hunderttausend mehr oder weniger können nichts mehr an der schrecklichen,

1 AJA, MS 361, A67/8. Das Dokument wurde aus dem Englischen übersetzt.

2 Dr. Nahum Goldmann (1895–1982), Jurist; Redakteur der „Encyclopaedia Judaica"; bis 1933 Vorstandsmitglied der Zionistischen Vereinigung für Deutschland; emigrierte 1933 in die Schweiz; 1934–1940 Vertreter der Jewish Agency beim Völkerbund, 1936 Mitbegründer des Jüdischen Weltkongresses; 1951–1977 dessen Präsident sowie 1956–1968 Präsident der Zionistischen Weltorganisation.

3 An der War Emergency Conference, die vom 26. bis 30.11.1944 in Atlantic City stattfand, nahmen Delegierte aus 40 Ländern teil, unter ihnen auch europäische Vertreter, die vor der Verfolgung hatten fliehen können.

4 Vom 14. bis 17.8.1932 fand in Genf die erste Jüdische Weltkonferenz statt, die die Einberufung eines Weltkongresses vorbereiten sollte. Der Jüdische Weltkongress wurde 1936 in Genf gegründet.

5 Im Original deutsch.

zweifelsfrei feststehenden Tatsache ändern, dass die überwältigende Mehrheit der Juden Europas abgeschlachtet worden ist.

Es ist einfach, dies als Tatsache festzustellen – eine Tatsache, an die wir uns gewöhnt haben, seitdem uns die ersten Nachrichten über die Vernichtungspolitik der Nazis erreicht haben; aber niemand von uns ist bislang in der Lage, deren Bedeutung zu ermessen, die gewaltiger ist als jedes andere Faktum in der jahrhundertelangen jüdischen Geschichte. Unbewusst haben wir alle noch immer das gewohnte Bild des europäischen Judentums in unseren Köpfen – die menschliche Phantasie ist außerstande, die Vernichtung von mehreren Millionen Menschen in ihrer vollen Dimension zu erfassen. Wenn wir „Polen" sagen, denken wir noch immer an ein Land mit einer enorm großen jüdischen Bevölkerung, mit großartigen Zentren jüdischen Lebens und jüdischer Kultur, und wenn wir über die Probleme der polnischen Juden nachdenken, fällt es sehr schwer, sich mit der schrecklichen Tatsache abzufinden, dass im Polen von morgen womöglich nur noch hundert- oder zweihundert- oder höchstens dreihunderttausend Juden übrig geblieben sein werden. Wenn wir von „Ungarn" sprechen, haben wir eine jüdische Gemeinde mit ganz eigenen Merkmalen vor Augen, die einen großartigen Beitrag zum jüdischen Leben geleistet hat und Hunderttausende zählte – es fällt unendlich schwer, unseren Verstand darauf einzustellen, dass nach der Befreiung Ungarns vielleicht nicht mehr als hundert- oder zweihunderttausend Juden übrig sein werden. Es ist nicht nur die Tatsache, dass Millionen Juden nicht mehr am Leben sind – was mit ihnen verschwunden ist, ist historisch gesehen vielleicht noch bedeutsamer: die Gemeinschaften, die sie aufgebaut, die Zentren, die sie errichtet, die Traditionen, die sie aufrechterhalten, die kulturellen Werte, die sie geschaffen haben.

All diese Zentren, auf denen sich jüdische Existenz gründete, sind verloren, und zwar für immer. Sie aufzubauen hat Jahrhunderte gedauert, und keine Unterstützung und kein politisches Wiederaufbauprogramm kann sie je wiederherstellen. Für ein Volk, das weiterleben und sich mit der Realität auseinandersetzen muss, ist es zwecklos, seine Energie mit Wehklagen zu verschwenden. Ich bin sicher, es werden Dichter heranwachsen, die der Tragödie Ausdruck geben werden, so wie es Bialik[6] für die Tragödie der Pogrome im zaristischen Russland getan hat. Für uns hier, die wir für die Bewältigung der aktuellen konkreten wie der künftigen Probleme unseres Volks verantwortlich sind, ist es wichtiger, die Ursachen der Tragödie zu verstehen, die Verantwortung für sie dort zu verorten, wo sie hingehört, und die Forderungen zu formulieren, die für das Überleben unseres Volks notwendig sind.

Dies ist, wie bereits gesagt, das erste Mal seit Kriegsbeginn, dass sich Repräsentanten jüdischer Gemeinden aus aller Welt, auch wenn nicht jedes Land vertreten sein kann, mit dem Ziel gemeinsamen Handelns versammeln. Diese Konferenz wendet sich an das jüdische Volk und an die Völker der Welt, und es ist an der Zeit, das Ausmaß der Katastrophe einzuschätzen und in aller Offenheit und mit großem Mut über Verantwortlichkeiten zu sprechen.

Es ist leicht, Hitler und den Nazismus für all dies verantwortlich zu machen. Aber damit ist das Problem nicht erfasst. Begriffe wie „moralische Verantwortung" sind auf Leute

6 Chaim Nachman Bialik (1873–1934), jüdischer Dichter aus Russland und Nationaldichter Israels. In seinen Werken „Al haSchechitah" (Auf der Schlachtbank) und „Be-Ir ha-Haregah" (In der Stadt des Tötens) thematisiert Bialik die Pogrome in Kischinew zwischen 1903 und 1906.

wie Hitler und seine kriminelle Gefolgschaft nicht anwendbar. Wenn dich ein tollwütiger Hund beißt, machst du auch nicht ihn, sondern seinen Besitzer verantwortlich und sorgst dafür, dass das Tier getötet wird. Für die Demokratien wäre es sehr einfach, alle Schuld auf Hitler und seine Nazi-Bande abzuschieben. Das würde sie aller Verpflichtungen entheben, denn niemand rechnet damit, dass Deutschland nach seiner Niederlage in der Lage sein wird, die Rechnung für seine Verbrechen zu begleichen. Die eigentliche moralische Verantwortung für die Tragödie hat unsere gesamte Generation zu tragen, denn das Gesamtphänomen des Nazismus liegt in der heutigen Welt begründet. Kein Gesetz der Geschichte oder der Natur hat den Nazismus notwendig oder unabwendbar gemacht, und mit mehr moralischem Mut und Solidaritätsgefühl unter den Nationen hätte die Katastrophe des vergangenen Jahrzehnts, die im Krieg kulminierte, vielleicht abgewendet werden können. Wenn jemals eine Generation die Strafe für mangelnde Solidarität und moralische Gleichgültigkeit ereilt hat, dann gilt dies für die unsere. Millionen von Menschen mussten sterben, weil Regierungen und Völker auf die Bedrohung durch den Nazismus nicht reagiert haben und weil alle dachten, man werde davonkommen, wenn man die anderen leiden lässt.

Und was auf einer allgemeineren Ebene wahr ist, gilt doppelt für uns. Die antijüdische Strategie des Nazismus begann nicht mit der Vernichtung der Juden: Selbst Hitler und seine Bande benötigten jahrelange Vorbereitung, um von der antisemitischen Propaganda und den Nürnberger Gesetzen zu den Todeskammern von Maidlonik[7] und Treblinka zu gelangen. Auch können die Demokratien nicht behaupten, sie seien nicht gewarnt gewesen. Seit 1933 haben einige, die hier in diesem Saal versammelt sind, die Führer der großen Demokratien wieder und wieder gewarnt und angefleht, entweder Hitler bei der Verfolgung der Juden zu stoppen oder es diesen wenigstens zu ermöglichen, noch rechtzeitig zu entkommen. Die meisten hielten unsere Warnungen für übertriebene jüdische Panik. Unserer Aufforderung, etwas gegen Deutschland zu unternehmen, wurde entgegnet, die antijüdischen Maßnahmen gehörten in die inneren Angelegenheiten eines Landes, dessen Souveränität es verbiete, sich einzumischen. Wenn wir forderten, die Türen anderer Länder, speziell Palästinas, zu öffnen, wurde uns erklärt, die Einwanderungspolitik sei eine innere Angelegenheit jedes souveränen Staats. Englands Beschwichtigungspolitik gegenüber den Arabern hatte zur Folge, dass es die Tore nach Palästina zu einem Zeitpunkt schloss, da deren Öffnung notwendiger gewesen wäre als je zuvor.[8] Selbst während des Kriegs, als die ersten, von den Regierungen zunächst angezweifelten, später jedoch bestätigten Nachrichten über die Vernichtung eintrafen und wir eine mutige Politik forderten, um Hunderttausende zu retten, reagierte man mit den üblichen Methoden, mit bürokratischen Einwänden, und lehnte alle Maßnahmen ab, die von uns und anderen jüdischen Organisationen vorgeschlagen wurden.

Auf dieser Konferenz werden Sie – in offener und geschlossener Sitzung – die Geschichte der sogenannten Rettung zu hören bekommen, eine Geschichte versäumter Gelegenheiten und verspäteter und unzureichender Maßnahmen – eine Geschichte, die einen dazu bringen könnte, das Vertrauen in die Menschheit und in die Demokratie zu verlieren. Es sieht nicht so aus, als mangelte es an gutem Willen, die Juden zu retten. Wir beschuldigen die Führer der großen demokratischen Nationen nicht etwa, dass sie es an

7 Richtig: Majdanek.

8 Gemeint sind die Regelungen des Weißbuchs von 1939; siehe auch Dok. 6 vom 14.4.1943.

Sympathie oder an Hilfsbereitschaft fehlen ließen. Aber die Nachdrücklichkeit dieses Willens wurde dem Ausmaß der Tragödie nicht gerecht. Am Ende traten immer wieder Probleme auf, die auf Verfahrensroutinen und bürokratische Vorbehalte zurückzuführen und die in Kriegszeiten noch ausgeprägter sind. Das war so, als hätten die Briten nach Dünkirchen erst die Erlaubnis von vier bis fünf Ministerien einholen müssen, um Schiffe zur Rettung der Überreste ihrer Armee loszuschicken.[9] Aber das britische Volk hat sich in den heroischen Tagen von Dünkirchen gerade nicht um bürokratische Vorschriften gekümmert; wer immer konnte, ist damals mit einem Schiff losgefahren, um die Armee zu retten. Die Juden befanden sich all diese Jahre über in einer Dünkirchen-Situation. Aber in ihrem Fall hat man nie auf Vorschriften oder Routineprozeduren zugunsten raschen Handelns und kühner Maßnahmen verzichtet. Deshalb erklären wir der Welt von diesem Forum aus, dass der Adressat für unsere Beschwerden und unsere Forderungen, für unsere Verbitterung und unsere Hoffnung, eben nicht Nazi-Deutschland ist.

Nazi-Deutschland muss zerstört werden. Aber darüber hinaus haben wir keine Rechnung mit ihm zu begleichen, denn moralische und politische Erwägungen haben für ein Regime von derart bestialischem Charakter keinerlei Gültigkeit. Unser Adressat sind die demokratischen Staaten, für die moralische Gesetze und Regeln des Anstands existieren. Sie tragen, in einem historischen Sinn, die Verantwortung für diese beispiellose Katastrophe, und sie haben die Verpflichtung, wiedergutzumachen, was wiedergutgemacht werden kann, und dafür zu sorgen, dass sich eine derartige Katastrophe nicht wiederholt.

Was bedeutet das konkret? Wo Juden Rechte genommen wurden, müssen sie zurückgegeben werden. Sie sind rückwirkend so wiederherzustellen, als ob diese schreckliche Periode nicht existiert hätte. Wir wissen, dass es unmöglich ist, sämtliche Auswirkungen dieses Jahrzehnts rückgängig zu machen. Es ist ausgeschlossen, ein historisches Phänomen zu vergessen und so zu tun, als hätte es nicht existiert. Jahrzehnte- wenn nicht jahrhundertelang wird die Welt unter den Folgen dieser barbarischen Zeit leiden, aber die in dieser Zeit geltenden Gesetze und Vorschriften müssen, zumindest auf juristischer Ebene, annulliert, aus den Geschichtsbüchern ausradiert werden und die jüdischen Rechtstitel in vollem Umfang restituiert werden.

Jüdisches Eigentum muss, soweit möglich, zurückgegeben werden.[10] Ich befasse mich hier nicht mit den Details dieses komplizierten Problems, über das Sie noch Berichte und Vorschläge hören werden, sondern skizziere lediglich die Umrisse eines Programms. Wir wissen, dass ein Großteil des von den Nazis zerstörten jüdischen Eigentums, sowohl des privaten als auch des Gemeindeeigentums, nicht zurückerstattet werden kann. Aber das Prinzip, dass Eigentum, wo immer es möglich ist, zurückgegeben werden sollte, sollte sakrosankt sein. Auch an dieser Stelle wiederhole ich, dass unser Hauptadressat für diese Forderung nicht etwa Nazi-Deutschland ist. Wo immer geraubte oder gestohlene Güter zurückerlangt werden können, muss das natürlich geschehen,

9 Während der „Operation Dynamo“ wurden Ende Mai/Anfang Juni 1940 der Großteil des in Dünkirchen von der Wehrmacht eingekesselten brit. Expeditionskorps sowie auch Angehörige der franz. Armee auf Schiffen nach Großbritannien evakuiert. Insgesamt waren 900, insbesondere auch zivile Schiffe an der Rettung beteiligt.

10 Siehe Dok. 187 vom 15.12.1944.

aber für die Rückgabe jüdischen Eigentums sind in erster Linie die demokratischen Regierungen verantwortlich. Aus den befreiten Gebieten hören wir bereits, dass sich diejenigen, die vom Raub jüdischen Eigentums profitiert haben, der Rückgabe widersetzen. Geht man zu weit, wenn man erklärt, der Lackmustest für die Redlichkeit und den demokratischen Charakter der dortigen Regierungen ist ihr Engagement, sich gegen diesen Widerstand durchzusetzen und die gestohlenen Güter ihren rechtmäßigen Eigentümern zurückzugeben? Erklärungen und Versprechungen allein werden nicht ausreichen. Nach zehn Jahren haben wir Juden, vielleicht mehr als andere Völker, die symbolischen Versprechungen und Sympathiebekundungen gründlich und zunehmend satt. Deshalb erwarten wir heute, zusammen mit allen anderen Völkern, aktives Handeln und handfeste Taten.

Wenn ich von der Rückgabe jüdischen Eigentums rede, denke ich nicht nur an diejenigen, die überlebt haben. Die meisten, die bestohlen wurden, sind nicht mehr am Leben. Was wäre berechtigter als die Forderung, zumindest das jüdische Volk als rechtmäßigen Erben seiner ermordeten Kinder zu betrachten? Es wäre nach dieser ganzen Tragödie noch eine zusätzliche Verhöhnung, wenn nichtjüdische Personen, Gemeinschaften und Regierungen Besitztümer erbten, die, wenn schon nicht juristisch, so doch moralisch der jüdischen Gemeinschaft gehören und die für den Wiederaufbau jüdischen Lebens und jüdischer Zukunft nutzbar gemacht werden könnten.

Bei all diesen auf den ersten Blick nur mit materiellen Gütern einhergehenden Problemen geht es auch um ein wichtiges moralisches Prinzip. Dessen Lösung wird zur Nagelprobe für den guten Willen der Demokratien werden, für die Bereitschaft, etwas von dem zugelassenen Unrecht wiedergutzumachen und für einen Teil ihrer Verantwortung zu stehen.

Ein weiteres Problem besteht bei der Rehabilitierung der überlebenden Juden in Europa. Und mit aller mir zu Gebote stehenden Deutlichkeit und Entschiedenheit will ich an einem Prinzip festhalten, das sowohl für Juden als auch für Nichtjuden gilt. Die künftige Wiedergutmachung kann nicht ausschließlich und primär die Aufgabe von Juden sein. Jahrzehntelang haben wir eine Politik verfolgt, nach der Hilfe und Unterstützung notleidender Juden ausschließlich in die Verantwortung ihrer vom Schicksal begünstigten Glaubensbrüder fiel. Auch früher schon hatte ich meine Zweifel, ob eine solche Politik klug und zu rechtfertigen ist, aber jetzt, nach der Katastrophe, da alle überlebenden europäischen Juden auf das Niveau von Bettlern zurückgeworfen sind, wäre es ökonomisch unmöglich und moralisch unvertretbar, der jüdischen Gemeinschaft die Aufgabe ihrer ökonomischen und gesellschaftlichen Gesundung aufzubürden.

Auch für die anderen Völker Europas existiert eine solche Regelung nicht. Die UNRAA,[11] die über Hunderte Millionen von Dollar verfügt, wäre nie gegründet worden, wäre nicht grundsätzlich anerkannt worden, dass die kriegszerstörten europäischen Länder nicht in der Lage sind, den Wiederaufbau aus eigenen Mitteln zu bestreiten. Warum also sollte man das von uns erwarten, die mehr gelitten haben und weniger besitzen als jedes andere europäische Land? Ich richte diese Bemerkung weniger an die UNRRA, die nach meiner Überzeugung die Juden nicht diskriminiert und bereit sein

11 United Nations Relief and Rehabilitation Administration (Nothilfe- und Wiederaufbauverwaltung der Vereinten Nationen). Die UNRRA wurde 1943 gegründet und war bis Ende 1946 in Europa an der Repatriierung der sog. Displaced Persons beteiligt.

wird, alles in ihrer Macht stehende für uns zu tun. Diese Bemerkung richtet sich an jüdische Organisationen. Mir ist bekannt, dass es einflussreiche jüdische Organisationen gibt, die an ihren althergebrachten Grundsätzen festhalten und Angst haben, Regierungen und internationale Hilfsorganisationen um finanzielle Unterstützung für Juden anzugehen.
Wir hier, die solchen Erwägungen nicht folgen, müssen uns dagegen an die Völker der Welt wenden und ihnen in aller Offenheit sagen, dass wir mindestens im selben Maße internationale Hilfe beanspruchen können wie alle anderen europäischen Völker. Das bedeutet nicht, dass wir keinerlei eigenen Beitrag leisten wollen. Aber alleine können wir dieses Problem nicht bewältigen. Es ist so groß und komplex, dass es die Möglichkeiten privater jüdischer Hilfe übersteigt. Diese wird nur subsidiär sein können; das Gros muss von denselben Einrichtungen kommen, die auch für Europa und Asien nach dem Krieg zuständig sind.
Gestatten Sie mir ein Wort über eine weitere Forderung nichtökonomischer Natur, die dennoch von großer historischer Bedeutung ist und moralisch gesehen an die Wurzel des Problems geht: die Bestrafung derjenigen, die für die Verbrechen an den Juden verantwortlich sind und sie ausgeführt haben. Dabei geht es nicht um Rache. Wir wissen sehr wohl, dass Bestrafung keinen einzigen ermordeten Juden wieder lebendig macht und keine einzige jüdische Gemeinde wiederherstellt. Aber wenn die Menschheit in den letzten Jahren nicht gelernt hat, dass moralische Überlegungen für die menschliche Existenz entscheidend sind und ein Minimum an internationaler Gerechtigkeit für das Überleben der Gattung unabdingbar ist, dann werden die Leiden unserer Generation vergebens gewesen sein. Künftigen Generationen ein Exempel zu geben und die Welt zu lehren, dass Verbrechen, wie sie von den Nazis und ihren Verbündeten begangen wurden, nicht ungesühnt bleiben dürfen, ist eine notwendige Voraussetzung für die Wiederherstellung des moralischen Gleichgewichts in der Welt von morgen. Und wir sehen mit Freude, dass sich die Vereinten Nationen immer wieder zu diesem Prinzip bekannt haben[12] und sich entschlossen zeigen, es durchzusetzen. Wenn dem überholte Vorstellungen und Begriffe des internationalen Rechts entgegenstehen, müssen diese eben geändert werden. Wenn bestehende Gesetze mit diesen moralischen Grundsätzen in Konflikt geraten, sollten es die Gesetze sein, die abgeschafft werden. Wie Sie aus den detaillierten Berichten erfahren werden, besteht die reale Gefahr, dass viele der schlimmsten, an Juden begangenen Verbrechen selbst dann straflos bleiben könnten, wenn das Prinzip, nach dem alle Kriegsverbrecher bestraft werden sollen, umgesetzt wird.[13] Wir werden nicht ruhen, solange diese Gefahr besteht. Wir werden weiter insistieren und fordern, dass bei der Abrechnung mit den Nazi-Verbrechern der jüdische Aspekt nicht übersehen werden darf. Die Hauptaufgabe des Weltkongresses wird sein,

12 Siehe Dok. 6 vom 14.4.1943, Anm. 6.

13 Nach der Haager Konvention von 1907 waren Verbrechen, die nicht während des Kriegs oder aber gegen eigene Staatsangehörige verübt worden waren, von der Strafverfolgung ausgenommen. Damit hätten nur Straftaten im Rahmen der Besatzungsherrschaft geahndet werden können, nicht aber diejenigen an deutschen Juden der Vorkriegszeit. Seit 1943 wurden diese Fragen in den Gremien des Jüdischen Weltkongresses, inbesondere im Institute of Jewish Affairs, intensiv diskutiert. Die Anklagevertreter bei den Nürnberger Prozessen erweiterten den Anwendungsbereich der strafrechtlichen Verfolgung, indem sie die Anklagepunkte „Verbrechen gegen die Menschlichkeit“ und „Zugehörigkeit zu einer kriminellen Organisation“ einführten.

diese Situation im Auge zu behalten und dafür zu sorgen, dass wir auch in dieser Hinsicht kein vergessenes Volk werden. Und wir hoffen auf die Unterstützung aller anständigen Menschen und führenden Politiker der Vereinten Nationen, selbst wenn das die Abschaffung einiger überholter Rechtsgrundsätze beinhaltet.

Diese Forderungen sind für uns ganz elementar. Sie bedeuten nichts weiter als die Anwendung des Gleichheitsprinzips auf das jüdische Volk. Aber nicht nur *unsere* Rechte müssen wiederhergestellt werden, sondern alle von den Nazis und den Faschisten abgeschafften Menschen- und Bürgerrechte. Nicht nur unser gesamtes Eigentum muss zurückgegeben werden, sondern auch alles Eigentum, das den Gegnern des Nazi-Regimes, den wahren europäischen Patrioten, weggenommen wurde. Die Wiedergutmachung an den Juden wird nur ein kleiner Teil dessen sein, was an den europäischen Völkern und an China wiedergutzumachen ist. Und die Bestrafung der Nazi-Verbrecher ist gewiss keine spezifisch jüdische Forderung. Was immer wir fordern, ist von dem Prinzip getragen: Was für andere Völker getan wird, sollte auch für uns getan werden. Wir wollen nicht mehr, aber auch nicht weniger.

Doch selbst wenn all dies tatsächlich umgesetzt wird, ist das Problem noch nicht gelöst. Das letzte Jahrzehnt hat bewiesen, wenn das überhaupt noch nötig war, dass es für Juden selbst in einer Welt ohne den Nazismus keine Normalität gibt. Antisemitismus gab es schon vor den Nazis, und wir sind nicht so naiv zu glauben, dass die Niederlage Hitlers das Ende des Antisemitismus bedeutet. Hitler hat das jüdische Problem nicht hervorgebracht, sondern es nur auf heimtückische Weise missbraucht und ausgebeutet – er hat ihm auf eine Weise Ausdruck verliehen, wie es niemand vor ihm getan hat. Das Problem aber existierte schon vor Hitler, und es verweist auf die Notwendigkeit einer Heimstatt für ein heimatloses Volk. Hätte ein solches Land, das willens und bereit gewesen wäre, alle entkommenen Juden aufzunehmen, existiert, als Hitler an die Macht kam, dann wären Millionen von Juden, die auf den Feldern und in den Wäldern Polens und Russlands begraben liegen, heute noch am Leben. Müssen wir auf eine zweite Lektion dieser Art warten und noch einmal millionenfach mit jüdischem Leben bezahlen, bevor das Problem grundsätzlich gelöst wird? Wann, wenn nicht jetzt, wäre der Augenblick gekommen, der das jüdische Volk berechtigte, ein für alle Mal auf einer Lösung zu bestehen und Existenzbedingungen zu schaffen, die die Wiederholung einer derartigen Tragödie unmöglich machten? Kein Forderungskatalog wird historische Bedeutung erlangen, wenn er nicht mit der Forderung nach einem eigenen jüdischen Staat in Palästina verbunden wird. Die Wiederherstellung der Rechte von Juden, die Rückerstattung jüdischen Eigentums und die Teilhabe der Juden im Rahmen der UNRRA, all das ist notwendig und von grundlegender Wichtigkeit. Aber es wird das Problem nicht lösen. In Europa gibt es viele Juden, die man – selbst wenn all das hier Vorgetragene umgesetzt würde – in der völlig zerstörten Wirtschaft nicht mehr unterbringen kann. Das antisemitische Gift, das zehn Jahre lang von Nazi-Deutschland aus verbreitet wurde, wird noch viele Jahre in weiten Teilen Europas wirksam bleiben. Und haben die europäischen Juden nicht auch das Recht, nach allem, was sie erlitten haben, die Rückführung in ihre Herkunftsländer zu verweigern und empört jeden Vorschlag zurückzuweisen, der damit verbunden wäre, ein neues Leben dort zu beginnen, wo ihre Kinder vergiftet und ihre Eltern getötet wurden? Wer hat das Recht, Männer und Frauen zu zwingen, auf den Gräbern ihrer Verwandten und ihrer Familien ein neues Leben aufzubauen? Wir plädieren nicht für eine Zwangsevakuierung der europäischen Juden. Wer in Europa bleiben will, hat das Recht, zu bleiben und seinen früheren Status wiederzuerlangen. Aber viele werden das ablehnen, und das Mindeste, was man ihnen zugestehen muss, ist das Recht, neu zu beginnen in einem eigenen Land, in dem, ungeachtet des persönlichen Schicksals, nicht noch einmal eine solche Katastrophe stattfinden wird. Deshalb ist die Forderung, in Palästina eine jüdische Heimstätte zu etablieren, keine sogenannte zionistische Forderung mehr. Sie hat die Grenze des Parteien-Zionismus überwunden – die überwältigende Mehrheit der Juden in aller Welt fordert eine solche Lösung des jüdischen Problems; jede Reparation, die uns die demokratische Welt zugesteht, um aus der Tragödie des letzten Jahrzehnts erwachsende Verpflichtungen abzugelten, kann nur im Rahmen eines jüdischen Gemeinwesens erfolgen, indem uns das Recht eingeräumt wird, es zu errichten.

Die toten Juden können nicht mehr zum Leben erweckt werden; die zerstörten jüdischen Zentren in Europa nicht wieder aufgebaut werden; das Fundament, auf dem sich jüdisches Leben in Europa gründete, kann nicht wiederhergestellt werden – aber man kann uns eine Entschädigung gewähren: die Schaffung von Bedingungen, die es Juden erlauben, als normales Volk zu leben – die Gründung einer jüdischen Heimstätte im vollen Sinne des Wortes – ein Ort, wo jeder Jude, der aus Europa oder anderswo weggehen will oder gezwungen ist zu gehen, Aufnahme und Zuflucht findet; in seiner eigenen Heimat.

Man kann dem Zionismus keine schwerere Beleidigung zufügen, als ihm zu unterstellen, er sei an jüdischem Leben in anderen Ländern nicht interessiert. Keine jüdische Gemeinschaft hat für die Rettung jüdischen Lebens in Europa mehr getan als die palästinensischen Juden, die – ganz unabhängig vom Zionismus – ein unbedingtes Interesse haben an starken jüdischen Gemeinden als natürliches Hinterland und als Potential für weitere Einwanderung.

Zweifellos standen überall auf der Welt nicht zufällig Zionisten an vorderster Front, wenn es darum ging, die jüdische Kultur neu zu beleben und die jüdischen Diaspora-Gemeinden zu organisieren. Was wir von den Galut-Juden[14] fordern, ist die Anwendung elementarer Prinzipien und Regeln auf das jüdische Volk. In Bezug auf Palästina fordern wir die Lösung eines spezifischen jüdischen Problems, das seit Jahrhunderten virulent ist. Die Forderung nach einem jüdischen Staat schließt nicht aus, für die Juden anderswo Gleichberechtigung zu fordern. Doch die Forderung nach überall geltenden gleichen Rechten macht den jüdischen Anspruch auf Palästina nicht obsolet.

Mit diesem Programm ist eine letzte Forderung verbunden, die für die Erfüllung aller übrigen entscheidend ist: die Forderung nach Repräsentation der Juden in den Vertretungen der Weltgemeinschaft. Das jüdische Problem kann zukünftig nicht gelöst werden, wenn alle um den Verhandlungstisch sitzen und nur die Juden auf den Korridoren und in den Vorzimmern zu warten haben. Das wäre nicht nur moralisch unvertretbar, sondern auch im Hinblick auf die zu erörternden Probleme. Für unser Volk steht die Frage von Leben und Tod auf der Tagesordnung aller derzeit stattfindenden und zukünftigen internationalen Konferenzen. Sollen wir bei der Darlegung unserer Anliegen immer auf den guten Willen von Freunden angewiesen sein? Das ist keine Frage von Vertrauen oder Misstrauen – aber selbst unsere besten Freunde können sich in unsere

14 Hebr.: Exil; abwertend für Juden, die in der Diaspora leben und nicht nach Palästina/Israel emigrieren.

Probleme nicht so gut hineindenken wie wir, und die Führungen anderer Völker sind mit ihren eigenen Problemen belastet. Ist es nicht berechtigt, wenn unsere Vertreter miteinbezogen werden oder, bis ein jüdischer Staat etabliert ist, gleichberechtigt am Verhandlungstisch sitzen, wenn es um unsere Probleme geht, damit sie unsere Wünsche formulieren und mit Rat aushelfen können? Die Tatsache, dass ein jüdischer Staat noch nicht existiert, ist kein plausibles Argument. Es gibt genügend Fälle, bei denen Repräsentanten nichtstaatlicher Organisationen, zumindest beratend, zugelassen worden sind. Die Tatsache, dass es sehr viele jüdische Organisationen mit unterschiedlichen Auffassungen gibt, ist ebenfalls kein ausreichender Grund, Juden von den Verhandlungen auszuschließen. Die Regierungschefs wissen sehr gut, wer die Mehrheit der Juden repräsentiert, und wenn nicht, gibt es einfache demokratische Mittel, den Mehrheitswillen und die Berechtigung seiner Vertreter zu ermitteln.

Man sollte von uns also nicht fordern, was von keinem anderen Volk gefordert wird – einer Meinung zu sein. Das mag ein willkommener Vorwand sein, uns die Selbstvertretung zu verweigern, ist aber keine Entschuldigung dafür, sie uns nicht zu gewähren. Einstimmigkeit existiert auch unter anderen Völkern nicht, wo das Mehrheitsvotum entscheidet und die Minderheit daran gebunden ist. Sollen wir, weil wir nicht die Möglichkeit haben, den Mehrheitswillen zu erzwingen, aus Diskussionen ausgeschlossen werden, die für unsere Zukunft entscheidend sind? Der erste Schritt in Richtung Gleichbehandlung sollte darin bestehen, uns anzuerkennen und uns die Repräsentation in all jenen Konferenzen und Institutionen einzuräumen, in denen es um unsere Zukunft geht. Wenn der Wille dazu da ist, wird man Regeln finden, um Delegierte zu benennen, die unser Volk repräsentieren.

Es wäre jedoch unzureichend, die Debatte über die heutige Situation der Juden nur auf äußere Aspekte zu beschränken, auf Forderungen, die wir gegenüber anderen Völkern erheben. Das Schicksal und die Bestimmung eines Volks werden nicht in erster Linie durch seine Außen-, sondern durch seine Innenpolitik bestimmt. Ein Volk ist außenpolitisch so mächtig, wie es innenpolitisch stark ist; und eine Analyse unserer heutigen Probleme wäre unvollständig, wenn sie nicht einige der wesentlichen Probleme unserer inneren Lage berücksichtigte, insbesondere nach einem Jahrzehnt Hitlerismus.

Als erste Konsequenz ist eine engere Zusammenarbeit zwischen den verschiedenen Teilen des jüdischen Volks notwendig. Der Jüdische Weltkongress war von jeher der Auffassung, dass das jüdische Problem ein internationales ist und nur auf internationaler Basis gelöst werden kann. Das bedeutet allerdings nicht, dass es innerhalb der jüdischen Gemeinden keine internen Probleme gibt, die ausschließlich von diesen selbst gelöst werden müssen. Wir haben nie die Autonomie angezweifelt, die die verschiedenen jüdischen Gemeinden bei der Lösung von derlei Problemen haben, gleichzeitig gehen wir jedoch davon aus, dass sich das jüdische Problem überall grundsätzlich in gleicher Weise stellt. Und wenn man davon ausgeht, dass sich heutzutage generell kein Volk isolieren sollte, so gilt dies insbesondere für die verschiedenen Gruppierungen des jüdischen Volks. Wenn die größten Nationen anerkennen, dass nur *eine* Welt existiert, und es für keine Nation Sicherheit geben kann, wenn sich nicht alle Völker frei und sicher fühlen können, wie kann dann irgendeine jüdische Gemeinde glauben, ihr Schicksal sei ein anderes als das Schicksal oder die Zukunft aller Juden? Jahrhundertelang waren wir immer *ein* Volk mit *einem* Schicksal. Sich um das Schicksal jedes Teils des jüdischen Volks zu kümmern ist nicht nur das *sine qua non* jüdischer Solidarität, es ist auch ein Akt des

Selbstschutzes. Wenn den Juden in Rumänien Rechte genommen werden, schwächt das die Lage der Juden in Lateinamerika; wenn Juden in Polen abgeschlachtet werden, betrifft das die Sicherheit der Juden in den USA. Wir werden entweder überall frei und gleich sein, oder kein Teil unseres Volkes kann sich sicher fühlen. Wenn dieses grundlegende Prinzip, das die Basis des Zionismus darstellt und auf dessen Fundament der Jüdische Weltkongress gegründet wurde, gestern gegolten hat, dann gilt es heute noch zehn Mal mehr.

Wir sind heute ein zahlenmäßig viel kleineres und viel schwächeres Volk, und es ist nur natürlich, dass eine Familie, die viele ihrer Mitglieder verloren hat, enger zusammenrückt, um Unterstützung und Trost zu finden. Die Probleme, die ich erwähnt habe, können nur mittels Zusammenarbeit zwischen den verschiedenen jüdischen Gemeinden gelöst werden. Keine jüdische Gemeinde wird sie allein bewältigen können. Die Gemeinden brauchen nicht nur die politische Kooperation mit anderen Teilen ihres Volkes, sie brauchen auch deren Erfahrung und Rat.

Wenn wir all diese Dinge ernsthaft anpacken wollen, werden wir die Arbeit des Jüdischen Weltkongresse s und dessen Aktivitäten erheblich ausweiten müssen. Jüdische Organisationen, die glauben, es reiche aus, Programme zu verfassen und Resolutionen zu verabschieden, täuschen sich gewaltig. Das beste Programm ist, sofern es lediglich formuliert und irgendeiner Regierung überreicht wird, das Papier nicht wert, auf dem es geschrieben steht. Wir leben in einer brutalen und illusionslosen Welt. Wir sind nicht die Einzigen, die Forderungen erheben – die Liste derer, die das ebenfalls tun, ist lang. Einen Wunsch in eine Resolution zu gießen bedeutet überhaupt nichts, selbst wenn man eine freundliche Empfangsbestätigung vom Außenministerium der USA oder Großbritanniens erhält. Unsere Probleme ernsthaft anzugehen erfordert unablässiges Handeln und einen Stab von Experten, die über Fähigkeiten und Erfahrung verfügen; man benötigt Büros in allen wichtigen Hauptstädten der Welt, tägliche Kommunikation, Erfahrungsaustausch und ständigen Kontakt mit internationalen Institutionen und Regierungen. Und all dies über viele weitere Jahre, denn nach diesem Krieg wird Frieden nicht auf nur wenige Monate dauernden Friedenskonferenzen zu erreichen sein. Die Probleme der Nachkriegswelt zu lösen wird Jahre dauern, es wird etappenweise und dezentralisiert vor sich gehen – das eine Problem heute und ein anderes morgen. Und wir werden uns mit all diesen Problemen befassen müssen – denn jedes berührt auch uns. Deshalb ist die Vorstellung einiger Organisationen, dass man nur eine jüdische Friedensdelegation zu einer neuen Versailler Konferenz schicken müsse und nach ein paar Monaten alles vorbei sei, wenig realistisch. Wir müssen uns auf jahrelange intensive Aktivitäten in aller Welt vorbereiten. Sich gegen solche Formen der Zusammenarbeit zu wehren mochte in der Vergangenheit, als Amerika und andere Staaten sich bewusst isolierten, noch angehen. Heute ist das hinfällig. Die Überreste des jüdischen Isolationismus, speziell in diesem Land, haben nichts mit Logik und Ideologie zu tun, sie rühren vielmehr von Ängsten und Minderwertigkeitskomplexen her; und gegen solche Motive ist auf der Verstandesebene nichts auszurichten.

Doch die Mehrheit der Juden ist zu einer solchen Kooperation ohnehin bereit, und ich beobachte hier mit großer Genugtuung die enge Zusammenarbeit zwischen dem Jüdischen Weltkongress und der American Jewish Conference sowie dem Board of Deputies in Großbritannien[15] und die in vielen Bereichen unterhaltenen engen Beziehungen zwischen der Jewish Agency for Palestine und dem Jüdischen Weltkongress. In diesem Zusammenhang will ich einen weiteren Aspekt der internationalen jüdischen Zusammenarbeit erwähnen – die Dringlichkeit, zwischen den Juden der Welt und der jüdischen Gemeinschaft Sowjetrusslands wieder eine Verbindung herzustellen und zu stärken. Letztere ist die größte jüdische Gemeinschaft in Europa. Sie ist die einzige, die etwas von den Verlusten, die wir in den letzten Jahren erlitten haben, auszugleichen vermochte. Sie existiert in einem Land, das aus diesem Krieg als eine der großen Nationen hervorgehen wird. Deshalb wird sie auf die bedeutenden jüdischen Gemeinschaften in Europa einen ganz besonderen Einfluss ausüben. Die russisch-jüdische Gemeinschaft in den Orbit jüdischen Lebens zurückzuholen, ihr großes Potential und ihre Fähigkeit zum Aufbau einer neuen jüdischen Zukunft zu nutzen, ist eine der zentralen Aufgaben, die heute und morgen für uns anstehen. Das ist ein langsamer und schwieriger Prozess, aber je mehr internationale Verantwortung Russland übernimmt, umso eher werden die Mauern einstürzen, die die Sowjets vom Rest der Welt trennen, und umso größer wird die Chance sein, die russischen Juden wieder in das Leben des jüdischen Volkes zu integrieren. Wir hätten uns sehr gefreut, heute Repräsentanten der sowjetrussischen Juden bei uns zu haben. Die Tatsache, dass keine hier sind, sollte uns nicht die Hoffnung nehmen, dass sie bei der Lösung der großen anstehenden Probleme mit uns zusammenarbeiten werden, wie es ihre Grußbotschaften auch andeuten.

Zum Schluss noch eine letzte Bemerkung, und ich will dabei sehr offen sprechen. Viele Juden stehen unter dem Einfluss einer gewissen, an sich gerechtfertigten und vernünftigen Idee, die aber, wenn sie zu viel Gewicht bekommt, zu einem großen Hindernis für unser weltweites Agieren werden kann: Ich meine die Vorstellung jüdischer Einheit.

Dass ein Maximum an Einigkeit erreicht werden sollte, ist wünschenswert. Und das ist bereits geschehen. Ich bin überzeugt, dass sich die überwältigende Mehrheit der Juden heute, zumindest was die wesentlichen Forderungen des jüdischen Volkes für die Nachkriegswelt betrifft, durchaus einig ist, das heißt sowohl hinsichtlich Palästinas als auch hinsichtlich der Probleme der Diaspora. Aber es gibt auch Juden, die nicht nur Einigkeit, sondern auch unbedingte Übereinstimmung wollen. Dies als Bedingung für unser gemeinsames Handeln zu betrachten läuft auf ein vollständiges Chaos hinaus, wie es etwa im alten polnischen Parlament herrschte, wo jeder Einstimmigkeit erfordernde Beschluss von einem einzigen Mitglied verhindert werden konnte. Auf Konsensentscheidungen zu bestehen heißt, jede unverantwortliche, undisziplinierte kleine Minderheit dafür zu belohnen, dass sie sich den Wünschen der Mehrheit nicht fügt. Wir haben weder die Zeit noch die Möglichkeit, Einstimmigkeit herzustellen. Es gibt gewisse Gruppen sogenannter jüdischer Führer,[16] die sich niemals den Wünschen der Mehrheit beugen werden. Es ist an der Zeit, dass wir keine Rücksicht mehr auf sie nehmen und ihnen nicht allzu viel Beachtung schenken.

15 Board of Deputies of British Jews; bedeutendste Repräsentanz der brit. Juden, 1760 in London gegründet.

16 Gemeint ist Hillel Kock (1915–2001), der unter dem Pseudonym Peter Bergson in den USA massive propagandistische Kampagnen zur Rettung der europäischen Juden organisierte. Damit geriet er zwangsläufig in Konflikt mit dem amerikan.-jüdischen Establishment, das aus Angst vor erstarkendem Antisemitismus und aus Loyalität zur US-Regierung die Rettungsfrage nicht konfontativ, sondern diplomatisch lösen wollte.

Wie ich bereits vorhin gesagt habe, gibt es kein Volk, das einhelliger Meinung ist. Aber andere Völker haben Regierungen und Parlamente, und wenn eine Mehrheit einmal entschieden hat, muss sich die Minderheit fügen – was keine Angelegenheit von Überredung ist, sondern eine der Gerichte und der Polizei. Und ohne eine jüdische Regierung kann es auch keine jüdische Einmütigkeit geben. Für gemeinsame Aktionen reicht es ohne weiteres aus, wenn eine breite Mehrheit Zustimmung signalisiert; Minderheiten, die sich dem verweigern, sollten ausgeschlossen werden. Für die Vertreter eines jüdischen Isolationismus ist es selbstverständlich, sich zu isolieren. Die Mehrheit sollte aber den Versuch aufgeben, sich an sturen, verstockten und unnachgiebigen Minderheitsfraktionen abzuarbeiten. Das bestärkt sie nur in der Überschätzung ihrer eigenen Bedeutung; und es geht zu viel Energie und Zeit verloren, sich um eine Einheit zu bemühen, die nie erreicht werden wird, statt diejenigen zu einigen, die man im Namen der überwältigenden Mehrheit, die wir repräsentieren, ohne weiteres gewinnen kann.

Wir sind in einem sehr entscheidenden Augenblick der jüdischen Geschichte zusammengekommen. Es war nicht leicht, unter Kriegsbedingungen eine solche Konferenz einzuberufen, und sie muss – trotz der großen organisatorischen Unterstützung, die uns von den amerikanischen Behörden so großzügig gewährt wurde – unvollständig und unvollkommen bleiben. Einige jüdische Gemeinden können nicht vertreten sein, und unter diesem Aspekt wäre es möglicherweise klüger gewesen, diese Konferenz bis nach dem Krieg zu verschieben. Wir haben das nicht getan, weil wir das Gefühl hatten, dass fundamentale Probleme gelöst und überlebenswichtige Forderungen formuliert werden müssen und dass wir schon zu lange gewartet haben. Mit Nachkriegsproblemen beschäftigt man sich bereits seit über einem Jahr. Die Vorbereitungen für die Friedenszeit sind angelaufen, und nichts wäre schlimmer, als wenn wir uns mit unserem Problem erst befassen würden, wenn es zu spät ist. Deshalb muss diese Konferenz, auch wenn sie[17] formell nicht alle jüdischen Gemeinden repräsentiert, die Verantwortung übernehmen und sich zu verschiedenen Problemen, die unsere Zukunft als Volk bestimmen werden, positionieren wollen.

Seit vielen Jahrhunderten sind keiner jüdischen Generation so viele Verpflichtungen auferlegt worden wie der unseren. Wir waren Zeugen der größten Tragödie der Geschichte, und wir waren unfähig, sie zu verhindern. Die größte Gefahr bestünde für uns darin, darüber in Verzweiflung zu verfallen, und dieser Tage können Juden tatsächlich leicht verzweifeln. Um die Hoffnung nicht zu verlieren, müssen wir zu den Quellen des jüdischen Glaubens zurückkehren. Nachdem im zwanzigsten Jahrhundert vier oder fünf Millionen Juden abgeschlachtet worden sind, könnte man als Jude heutzutage leicht zynisch werden und den Glauben an alle moralischen Werte verlieren. Wenn Hitler die überlebenden Juden dazu brächte, ihren Glauben an die Menschlichkeit und die Zukunft ihres Volkes zu verlieren und unseren Kampf ums Überleben teilnahmslos zu verfolgen, hätte er am Ende doch noch gesiegt.

Ich gehöre nicht zu denen, die versuchen, sich die Wirklichkeit schönzureden oder die Schwierigkeiten herunterzuspielen, die uns nach allem, was uns widerfahren ist, bei der Sicherung unserer Zukunft begegnen werden. Aber ich glaube aufrichtig, dass, wenn wir als die Überreste Israels unseren Glauben und unseren Mut nicht verlieren, unsere

17 Im Original gestrichen: „… nicht demokratisch legitimiert ist und …“.

Zukunft trotz allem nicht ernsthaft bedroht ist. Es gehört zu den großen Wundern jüdischer Selbstbehauptung und jenes tiefen jüdischen Instinkts, der das Überleben unserer Rasse erklärt, dass wir nur eine oder zwei Generationen vor der Hitler-Katastrophe begonnen haben, das Fundament für ein jüdisches Palästina zu legen. Niemand von uns hat Hitler vorausgesehen, und niemand hätte in unserem Zeitalter diese Art von Nazismus für möglich gehalten. Aber irgendwie hat unser Volk gespürt, dass es neue Grundlagen für seine Zukunft suchen muss. Und so wie wir vor Jahrhunderten, als wir endgültig aus Palästina vertrieben wurden, rechtzeitig große jüdische Zentren in der Diaspora aufgebaut haben, so haben wir jetzt den Prozess umgekehrt und begonnen, eine Heimstatt aufzubauen, bevor diese größte aller Katastrophen unserer Geschichte über uns gekommen ist.

Ohne ein jüdisches Palästina wäre unsere Zukunft als Volk in der Tat mehr als bedroht. Mit ihm, und ich spreche noch unter dem frischen Eindruck des Augenzeugen, der gerade dort war, brauchen wir uns nicht zu fürchten. Aus dem großen Kampf zwischen dem Nazismus und unserem Volk werden wir am Ende als Sieger hervorgehen, auch wenn wir diesen Sieg vielleicht mit einem Viertel oder einem Drittel unseres Volks bezahlen müssen. Aber die letzte Entscheidung über unsere Zukunft liegt bei uns und nicht bei den demokratischen Staaten oder deren großen Führern, die ich als unsere tatsächlichen Freunde ansehe.

Der Überlebenswille der Reste unseres Volkes triumphiert über die Vernichtung von Millionen unserer Brüder. Aber unsere Verluste müssen wir durch noch größere Hingabe aufwiegen und durch die Übernahme noch schwererer Verpflichtungen. Die jüdischen Gemeinden in der westlichen Hemisphäre, die in unserer Geschichte immer in der zweiten Reihe gestanden haben und nur die Rolle von Reservearmeen spielten, werden nun an die vorderste Front vorrücken müssen. Die Zukunft unseres Volks wird weitgehend von der engen Zusammenarbeit der jüdischen Gemeinschaften der westlichen Welt abhängen.

Unsere Generation trägt die Last einer gewaltigen Verantwortung. Es wird an uns liegen, ob in den nächsten Jahren die Fundamente für eine neue und größere jüdische Zukunft gelegt werden oder ob die Tragödie der europäischen Juden den Beginn einer Epoche der Auflösung und Desintegration des jüdischen Volkes markieren wird. Beides sind reale Möglichkeiten. Die Entscheidung darüber, welche der beiden verwirklicht wird, liegt in unseren Händen. Wir sind vielleicht die tragischste Generation in der jüdischen Geschichte – eine Generation, deren eine Hälfte dazu verdammt war zuzusehen, wie die andere Hälfte vernichtet wurde, ohne helfen zu können. Aber die Geschichte ist noch nicht zu Ende. Diese tragischste aller Generationen könnte noch zu einer werden, die am Ende am reichsten gesegnet ist. Vorausgesetzt, sie nimmt die Aufgabe an, die ihr von der jüdischen Geschichte auferlegt wurde, und wird ihrer Verantwortung gerecht, auf einem Weg voranzugehen, der von der tragischen Vergangenheit durch die ungewisse Gegenwart in eine neue Zukunft führt.

DOK. 186
Der SA-Leiter Gustav Terzer beschreibt am 5. Dezember 1944 die Ankunft von 2000 jüdischen Zwangsarbeitern in Engerau zum Bau des Südostwalls[1]

Brief von Gustav Terzer[2] an seine Ehefrau Hedi[3] vom 5.12.1944 (Typoskript)

Meine liebe Hedi!
Ich bekam heute deinen Brief vom 2.d.M., wofür ich Dir bestens danke. Freue mich, daß Dir der Honig gut bekommt, ich glaube, ich werde doch noch etwas auftreiben können. Wenn ich nur mehr Zeit hätte, daß ich mich selbst kümmern könnte darum, denn der *Kommandant* bekommt doch noch leichter etwas. Dachte zum Beispiel am Sonntag, nun, heute wird es einmal etwas ruhiger sein, und ging mit meinem Stellvertreter zum Ortsbauernführer, weil ich frühstücken wollte, aber überall sind wir durchgerutscht, denn es war die Zeit, um in die Kirche zu gehen. Dies hatte ich in meine Rechnung nicht einbezogen gehabt. In Berg ist zum Beispiel der Messner Ortsgruppenleiter der NSDAP. Schön, nicht wahr? Während des Luftalarmes wurde ich dann vom Unterabschnitt angerufen, daß auf meinem Bahnhof hier 2000[4] sind, die gleich nach dem Alarm weiter nach Engerau[5] fahren und dort von uns zu übernehmen sind. Nun hatte ich momentan in Engerau keine SA. liegen. Mußte diese erst von hier in Berg zusammentrommeln und fuhr dann allein nach Engerau mit der Maschine. Da standen schon die Juden angestellt und ein Pol[itischer] Leiter dabei, der heilfroh war, wie er mich auftauchen sah. Die Pol. Leiter haben die Beaufsichtigung auf den Baustellen.[6] Ich habe mir dann gleich Juden herausgesucht, die mir geeignet erschienen, und habe diese beauftragt, Kolonnen zu 150 Mann zu bilden und die Führung dieser Kolonnen zu übernehmen, wobei ich erklärte, daß es mir ein Vergnügen sein wird, ihn selbst niederzuschießen, wenn einer von seinen Leuten verschwinden sollte. Es klappte gleich auf den ersten Anhieb. Gestern mußte ich auch noch ein Kommando nach Hainburg legen und schreibe Dir gerade zwischen Zurückkommen aus Engerau und der Abfahrt nach Hainburg. Habe gerade gegessen, denn seit gestern kochen wir uns selbst, und es findet bei allen den ungeteilten Beifall. Heute erreichte ich auch noch etwas anderes auch, wo ich schon, seit ich hier bin, nachjage.[7] Die zusätzliche Ausbildung meiner Männer auf das M. G., Handgranate und Panzerfaust. Es dauert alles lange, aber ich erreiche doch, was ich will. Ob ich mir diese Woche werde leisten können, einmal einen Tag wegzufahren, weiß ich noch

1 WStLA, Volksgericht, A1: Vg 1a Vr 9/50, darin: Akt Vg 2d Vr 6536/48.
2 Gustav Terzer (1895–1963), Gärtner; 1933 NSDAP- und SA-Eintritt; 1942–1945 Tätigkeit bei der OT, Ende 1944 SA-Leiter im Unterabschnitt Berg; Mai 1945 Kriegsgefangenschaft, 1950 vom Volksgericht Wien zu einer mehrjährigen Haftstrafe verurteilt, 1953 entlassen; als Gärtner in Wien angestellt, dann 1955 Übersiedlung nach Lindau/Bodensee.
3 Hedwig Terzer, geb. Seifert (1890–1945).
4 Juden.
5 Heute: Petržalka, Stadtteil von Bratislava. Nach dem Ersten Weltkrieg wurde der Ort Teil der neu gegründeten Tschechoslowakei, mit dem Münchner Abkommen 1938 aber dem Deutschen Reich angegliedert. Nach dem Zweiten Weltkrieg gehörte er wieder zur Tschechoslowakei.
6 In Engerau wurden von Dez. 1944 bis März 1945 Juden aus Ungarn, überwiegend aus Budapest, gezwungen, den Südostwall als Verteidigungsanlage gegen die vorrückende Rote Armee zu bauen. Am 29.3.1945 wurden sie auf einem Todesmarsch über Niederösterreich nach Mauthausen gebracht.
7 So im Original.

nicht, denn ich soll noch 300 SA.-Männer nachbekommen. Möchte Dich schon gerne wieder besuchen. Zu Weihnachten kann ich nicht zu Hause sein, aber da weiß man auch noch nicht, was bis dorthin sein wird. Für heute recht viele herzliche Grüße
Dein

DOK. 187
Aufbau: In einem Artikel vom 15. Dezember 1944 erläutert Siegfried Moses, wie nach dem Krieg Wiedergutmachungsansprüche geltend gemacht werden sollen[1]

Die jüdischen Forderungen auf Wiedergutmachung, von Dr. Siegfried Moses[2]

Im Rahmen der War Emergency Conference des World Jewish Congress in Atlantic City[3] haben die Wiedergutmachungsfragen eine besondere Rolle gespielt. Zum ersten Mal hat eine Tagung, an der Vertreter der Juden aller wichtigen Länder teilnahmen, sich mit diesem Fragenkreis beschäftigt, und wir dürfen feststellen, daß das Ergebnis der Beratungen eine bedeutsame Etappe in unserem Kampf um eine gerechte Wiedergutmachungsregelung bildet.

Die Resolution, mit der die Verhandlungen abgeschlossen wurden, gipfelt in einer Anzahl von Forderungen, die sich in erster Reihe an die alliierten Nationen, zugleich aber auch an die Weltjudenheit richten. Gegenstand der Verhandlungen waren sowohl die individuellen Ansprüche von Juden, die durch Nazideutschland geschädigt worden sind, als auch die Ansprüche der jüdischen Gemeinden und sonstigen Institutionen sowie schließlich – und keineswegs in letzter Reihe – der kollektive Anspruch des jüdischen Volkes als Ganzes: Die Konferenz hat sich so gleichermaßen von denjenigen distanziert, die nur individuelle Ansprüche berücksichtigt haben wollen, und von denjenigen, die sich vorstellen, daß die Ansprüche der jüdischen Individuen „kollektivisiert" werden, d. h. in einem Gesamtanspruch des jüdischen Volkes aufgehen sollen.

Die Verwirklichung der individuellen Ansprüche

soll dadurch gesichert werden, daß für die Grundsätze, nach denen die Wiedergutmachung erfolgen soll, Richtlinien festgesetzt werden, die in allen beteiligten Ländern zur Anwendung kommen sollen. Praktisch soll so erreicht werden, daß die geschädigten Juden nicht etwa nur auf dem Papier Entschädigungsansprüche zugesprochen erhalten, sondern daß auch die Realisierung dieser Ansprüche gesichert wird. Vor allem und in erster Reihe sollen selbstverständlich Deutschland und seine Verbündeten für die Wiedergutmachung der jüdischen Schäden haftbar sein. Die Regierungen der früher besetzten Länder sollen verpflichtet werden, die Entschädigung der Juden in gleichem Ausmaß und in gleicher Weise zu sichern, wie das gegenüber den Bürgern ihres Landes, die sich in der gleichen Lage befinden, geschieht. Die alliierten Nationen sollen nicht nur ihren

1 Aufbau, Jg. 10, Nr. 50 vom 15.12.1944, S. 1, 18.

2 Dr. Siegfried Moses (1887–1974), Jurist und Wirtschaftsprüfer; arbeitete für das Kriegsernährungsamt der Stadt Danzig und den Kaufhauskonzern Schocken; von 1933 an Vizepräsident der Reichsvertretung der Juden; 1937 emigrierte er nach Palästina, dort als Wirtschaftsprüfer tätig; 1949–1961 Staatskontrolleur Israels; Autor von „Die jüdischen Nachkriegsforderungen" (1944).

3 Siehe Dok. 185 vom 26.11.1944 sowie War Emergency Conference of the World Jewish Congress, Atlantic City, Nov. 1944, Adresses and Resolutions, hrsg. vom World Jewish Congress, London 1945.

Bürgern, sondern auch allen „residents“[4] bei der Geltendmachung ihrer Ansprüche helfen und ihnen insoweit vollen Schutz gewähren; die Entscheidung über die Ansprüche soll durch Sondergerichte erfolgen, die die alliierten Nationen schaffen.

Die jüdische Gesamtheit

soll in zwiefacher Weise bei der Verwendung der Entschädigungen, die erlangbar sind, berücksichtigt werden. Von besonderer Wichtigkeit ist, daß das jüdische Volk Reparationen zur teilweisen Wiedergutmachung der allgemeinen Schäden, die es erlitten hat, erhalten soll; diese Reparationen sollen dazu dienen, den Aufbau Palästinas als jüdisches Nationalheim zu erleichtern. Daneben aber sollen allenthalben „Jewish Reconstruction Bodies“ geschaffen werden, die aus einer internationalen Reconstruction Commission und je einer Reconstruction Commission in den beteiligten Ländern bestehen sollen. Diesen Reconstruction Bodies soll das Eigentum an allen Vermögenswerten zufallen, die nicht mehr bestehenden jüdischen Gemeinden und Institutionen oder nicht mehr lebenden jüdischen Familien gehören. Die Gelder, die auf diese Weise erlangt werden, sollen dazu verwendet werden, den europäischen Juden und ihren Gemeinden in jeder erforderlichen Weise zu helfen und – auf dem Wege über die Jewish Agency for Palestine – die Entwicklung Palästinas als ein Jewish Commonwealth zu fördern.[5]

Eine weitere Aufgabe von besonderer Wichtigkeit, die den „reconstruction bodies“ zugewiesen ist, besteht darin, daß sie sich systematisch mit allen Fragen beschäftigen sollen, die mit den Wiedergutmachungs-Forderungen des jüdischen Volkes, der jüdischen Körperschaften und der jüdischen Individuen zusammenhängen. Wenn es gelingt, die „reconstruction bodies“ zu schaffen und ihre Anerkennung durch die alliierten Nationen durchzusetzen, so kann die internationale „reconstruction commission“ zu einer

„Keimzelle für die Gesamtrepräsentanz des jüdischen Volkes“

werden, die wir zur Verwirklichung der Wiedergutmachungsforderungen so dringend brauchen: für das Stadium des politischen Kampfs um unsere Rechte und für das Stadium der Durchsetzung unserer Ansprüche, das schneller herankommen mag, als manche von uns glauben.

Es kann sehr wohl sein, daß die Periode des Waffenstillstands bereits darüber entscheidet, in welchem Ausmaß die jüdischen Wiedergutmachungs-Forderungen realisiert werden können. Deshalb kann die Funktion, die die Konferenz des Weltkongresses erfüllt hat, ihren vollen Sinn vor allem dann erlangen, wenn die Beschlüsse der Konferenz als Ausgangspunkt für die baldige Schaffung einer Gesamtrepräsentanz des jüdischen Volkes dienen. In dieser Gesamtrepräsentanz werden auch die Organisationen der Juden, die aus Deutschland ausgewandert sind, entsprechend ihrer besonderen Vertrautheit mit den einschlägigen Fragen und vor allem entsprechend ihrem besonderen Interesse an dem für sie wichtigen Lebenskreis mitzuarbeiten haben.

Der Raum, der hier zur Verfügung steht, reicht nicht aus, um eingehend zu der Frage Stellung zu nehmen, welche Aussichten dafür bestehen, daß die von uns geforderte

4 Resident oder residient alien: ausländischer Einwohner mit Aufenthalts- und Arbeitserlaubnis, ohne Wahlrecht.

5 Die Beschlüsse der Konferenz wurden 1948 mit der Gründung der Jewish Restitution Successor Organization umgesetzt. Die Organisation hatte ihren Sitz in New York und sorgte für die Restitution erbenloser jüdischer Vermögenswerte in der amerikan. Besatzungszone. Entsprechend trat die Jewish Trust Corporation Ltd. bzw. die Jewish Trust Corporation Branche Française in der brit. und franz. Besatzungszone auf.

Wiedergutmachungsregelung real und praktisch wird. Manche neigen zu der Meinung, *unsere Aussichten* seien so schlecht, daß es wenig Sinn hat, sich mit diesen Fragen intensiv zu beschäftigen. Es wäre verhängnisvoll, wenn wir uns durch einen Pessimismus dieser Art in unserer politischen Aktivität lähmen ließen: Wir haben Grund anzunehmen, daß es eine Chance nur gibt, wenn wir uns um ihre Verwirklichung auf das intensivste bemühen. Im übrigen ist aber die negative Beurteilung unserer Chancen auch sachlich unberechtigt, denn das Ausmaß, in dem eine Wiedergutmachung erfolgen kann, ist zwar zweifelhaft, es ist aber auf der anderen Seite sehr unwahrscheinlich, daß es überhaupt keine Wiedergutmachung geben wird. Von den befreiten Ländern erwarten wir, daß sie den Juden im Rahmen ihrer Möglichkeiten die Wiedergutmachung garantieren werden. Was Deutschland selbst anbetrifft, so ist noch nicht vorauszusehen, inwieweit ein besiegtes Deutschland zu Wiedergutmachungsleistungen an die Juden, denen unmittelbare Ansprüche gegen Deutschland zustehen, und an das jüdische Volk imstande sein wird. Es gibt aber immerhin gewisse Quellen für eine Wiedergutmachung, die mit einiger Sicherheit zur Verfügung stehen werden, weil sie nicht von der Nachkriegs-Leistungsfähigkeit Deutschlands abhängen. Ich erwähne in diesem Zusammenhang besonders die Bestände an Gütern aller Art, die beim Kriegsende in Deutschland vorhanden sein werden; auch nach dem vorigen Weltkrieg bildeten diese Bestände den Ausgangspunkt für deutsche Reparationsleistungen. Eine andere Quelle für Wiedergutmachungsleistungen, die von dem Zustand, in dem Deutschland sich nach Beendigung des Krieges befinden wird, nicht abhängig ist, bildet das deutsche Auslandsvermögen.[6]

DOK. 188

Emmy Bloch aus Reutlingen bittet einen Mitarbeiter der Reichsvereinigung der Juden in Stuttgart am 18. Dezember 1944, das Verschwinden ihres Mannes aufzuklären[1]

Handschriftl. Brief von Emmy Bloch,[2] Reutlingen, Moltkestr. 63, an den stellvertretenden Vertrauensmann der Reichsvereinigung der Juden in Stuttgart, Albert Schloss,[3] vom 18.12.1944

Sehr geehrter Herr Schloss!
Bezugnehmend auf Ihr Schreiben mit 1 Anlage teile ich Ihnen folgendes mit: Mein Mann[4] ist seit 14. Okt. nicht mehr in unserer Mitte! Er entfernte sich mit der Aussage, er müsse

6 1946 wurde das deutsche Auslandsvermögen beschlagnahmt.

1 USHMM, RG 14 053M.

2 Emilia Anna Bloch, geb. Gaul (1905–1998), Hausfrau; Okt. 1932 Geburt der Tochter Brigitte, 1933 Heirat mit Paul Bloch, Dez. 1933 Geburt des Sohns Heinz Peter.

3 Albert Schloss (1899–1953), Kaufmann; 1930–1933 im Warenhaus Tietz, dann in der Jüdischen Auswanderer- und Mittelstelle für Württemberg und Hohenzollern; stellv. Vertrauensmann der Reichsvereinigung der Juden; Febr. 1945 Deportation nach Theresienstadt; von Juni 1945 an beteilgte er sich am Wiederaufbau der Jüdischen Gemeinde Stuttgart.

4 Paul Friedrich Bloch (1894–1966), Bankkaufmann; konvertierte zum Christentum, von Nov. 1931 an Mitglied der Zeugen Jehovas; 1941–1944 als Packer und Dreher beschäftigt, im Okt. 1944 verhaftet und im Polizeigefängnis Innsbruck inhaftiert, ab Febr. 1945 im KZ Dachau, dort befreit; von Nov. 1945 an als Übersetzer bei der Stadtverwaltung Reutlingen tätig.

sich in Ulm bei einem Baubataillon stellen. Ich war in diesem Glauben, bis am 18.X. der Chef meines Mannes kam, Herr Horwarth, + nach meinem Mann frug. Daraufhin meldete H. Horwarth meinen Mann bei der Polizei fehlend + ich am 19.X. bei der Kriminalpol. als vermißt. Am 20. Nov. bekam ich einen Brief von meinem Mann aus dem Polizeigefängnis Innsbruck, Tirol, datiert vom 1.XI. + vor 8 Tagen einen vom 18. Nov.
Bis zur Stunde konnte ich von der Kriminal-Polizei noch gar nichts Näheres erfahren über Grund + Festnahme meines Mannes. Wäre es möglich, daß ich über Sie, geehrter Herr Schloss, oder bez. über den Herrn Vertrauensmann der Reichsvereinigung etwas erfahren könnte, oder könnten Sie mir irgendeinen Rat in dieser für uns mißlichen Lage geben? Gerne würde ich mich an einen Rechtsberater in dieser Sache wenden. – Aus den Briefen meines Mannes kann ich gar nichts entnehmen, sie sind rein privater Natur!
Ihrer werten Antwort mit bestem Dank entgegensehend

DOK. 189

In einem Bericht von Ende 1944 informiert die Gestapo über noch in Wien lebende Juden und „Mischlinge" und warnt vor den von ihnen ausgehenden Gefahren[1]

Interner Bericht der Gestapoleitstelle Wien, ungez., 1944

Bericht über die Juden u. Mischlinge in Wien
In Wien derzeit noch 6000 Juden.[2]
Zum größten Teil privilegierte Mischehen. Sie besitzen schöne Wohnungen, zum Teil 3–4 Zimmer mit Nebenräumen. Haben noch Fernsprechanschluß und Rundfunkapparate. Die meisten sind untergebracht im 2. Bezirk.
Im 2. Bezirk sind die Verhältnisse besonders ungünstig, da außer den Juden noch Asoziale und Fremdvölkische in großer Zahl vorhanden sind.
Musterbeispiel:
Ein Haus mit 11 Wohnungen, 7 jüdische Ehepaare (Männer Juden) in 3 Wohnungen, 1 asoziale Großfamilie, 2 rumänische Umsiedler (Volkstum ungeklärt), 1 Ehepaar mit sehr schlechter Haltung (Verkehr mit Juden kann nachgewiesen werden), Frau Krankenschwester, Mann Postbeamter. Und 3 Parteigenossen, davon eine Ortsfrauenschaftsleiterin, ein NSV-Ortsamtsleiter und ein Gauhauptstellenleiter.
25 000 Mischlinge.[3]
Besondere Gefahren:
Gerüchteverbreitung, Schwierigkeiten in Luftschutzangelegenheiten, Benehmen der Juden in letzter Zeit herausfordernd, ohne Einschreitungsmöglichkeit. Lebensmittelschiebung möglich, da ohne Kennzeichen. Haben zum Teil noch Hausgehilfinnen, die jüdischen Frauen entziehen sich mit Vorliebe dem Arbeitseinsatz. Die in schulpflichtigem Alter stehenden Kinder spazieren den ganzen Tag herum.

1 YVA, R.2/2.
2 Anfang 1944 lebten in Wien 6237 registrierte Juden, am Ende des Jahres waren es 5682 Personen.
3 Über die Zahl der „Mischlinge" in Österreich liegen für 1944 keine Daten vor. Die Volkszählung vom 17.5.1939 hatte für Gesamt-Österreich einen Stand von 16 938 „Mischlingen ersten Grades" ergeben.

Jüdische Frauen prominenter Männer
(Hans Moser, Lehar, Schwiegertochter Richard Strauss)[4]
Dazu kommt der Einsatz von 3000 ungarischen Juden (Familien, zum geringsten Teil arbeitsfähig).
Vorschläge:
Juden konzentrieren, innerhalb der Ortsgruppen in einzelnen Häusern. Öffentliche Bekanntgabe der noch im Besitze von jüdischen Mischlingen und jüdisch Versippten befindlichen Geschäfte, Ärzte und Rechtsanwälte. Aufstellung von Stoßtruppe aus politischen Leitern, Bewaffnung derselben, zumindestens Pistolen. Letzteres besonders wichtig, weil die Wiener Bevölkerung durch Terrorangriff zur Zeit stark bedrückt ist und dadurch in Verbindung mit der fremdvölkischen Durchsetzung leichter fremden Einflüssen zugänglich ist. Die Durchführung der Umquartierung der Juden scheitert in Wien am Widerstand des Reichsleiters,[5] der die gesetzlichen Grundlagen als nicht genügend ansieht (Gesetz über Mietverhältnisse von Juden vom 30.3.1939[6] mit Kommentar aus Reichsanzeiger Nr. 162) und den Wohnungsreferenten Stadtrat Rentmeister angewiesen hat, in sehr vorsichtiger Weise vorzugehen. Dadurch ohne Erfolg (35 Umsiedlungen in einem ½ Jahr). Kreisleiter waren auf Grund der Stimmungsberichte aus den Ortsgruppen bereit, das Problem ohne gesetzliche Grundlage zu lösen, unter der Voraussetzung, daß kein Parteiausschluß deshalb erfolge. Beteiligung des Wohnungsamtes und der Staatspolizei sichergestellt. Nach Angabe des Kreisleiters Griessler.[7] Ebenso würde sich der stellvertretende Gauleiter Brigadeführer *Scharizer*[8] einschalten.

4 Gemeint sind: Blanca Moser, geb. Hirschler (1890–1974); Ehefrau des Schauspielers Hans Moser; sie emigrierte 1939 nach Budapest und überlebte den Krieg; Sophie Lehár, geb. Paschkies (1878–1947); Ehefrau des Komponisten Franz Lehár; zu Alice Strauss siehe Dok. 122 vom 22.3.1944, Anm. 7.
5 Baldur von Schirach.
6 Siehe VEJ 2/277.
7 Johann Griessler (1900–1983), Bäcker; Kreisleiter Kr. II, Gau Wien (2. und 20. Wiener Bezirk – Leopoldstadt und Brigittenau); 1939–1945 Ratsherr der Stadt Wien und Mitglied des Beirats für Wohnungs- und Siedlungswesen.
8 Karl Scharizer (1901–1956); von 1938 an stellv. Gauleiter von Wien.

DOK. 190
Aufbau: Günther Anders veröffentlicht am 5. Januar 1945 in New York ein Gedicht über die Millionen von ermordeten Juden[1]

Gedicht von Günther Anders, New York, Januar 1945[2]

Die Meldung[3]

Erhöben wir die Stimme nur zu drein
– Drei Kläger nur im allerdünnsten Chore –,
Wir fänden rasch den Weg zu Eurem Ohre
Und leicht in Euer Herz hinein.

Denn Drei sind Vater, Mutter und das Kind.
Drei Tode könnte jedes Herz ermessen.
Doch wir Millionen sind schon heut vergessen.
Weil drei Millionen viel zuviele sind.

Jawohl, zuviel. Zuviele bleiben stumm.
Und leiden nicht. Und können nicht verwesen.
Habt Ihr die Ziffer flüchtig angelesen,
Schlagt flüchtig Ihr zur nächsten Seite um.

Doch wenn Ihr uns den Tod nach diesem Gange
Nicht ganz mißgönnt, dann steigt in unser Grab
Und nehmt die Meldung uns vom Munde ab
Und reicht sie fort und weiter. Denn solange,

Solang man uns die Öfen noch nicht glaubt,
Und nicht die Mühlen, die uns durchgebrochen,
So lange bleibt uns Asche und uns Knochen
Das Totsein nicht erlaubt.

1 Aufbau, Jg. 11, Nr. 1 vom 5.1.1945, S. 28.

2 Günther Anders, geb. als Günther Siegmund Stern (1902–1992), Philosoph und Schriftsteller; freiberufliche journalistische Tätigkeit; 1929–1937 verheiratet mit Hannah Arendt; 1933 Emigration nach Paris, 1936 in die USA, dort Dozent an der New School for Social Research; lebte ab 1950 als Schriftsteller in Wien.

3 Das Gedicht wurde später unter dem Titel „Zähle“ veröffentlicht.

DOK. 191

Die Firma Flechtner meldet der Lagerleitung Langenbielau II am 8. Januar 1945 eine jüdische Zwangsarbeiterin, die während der Arbeitszeit geschlafen hat[1]

Schreiben der Firma G. F. Flechtner[2] (Jk/Sm.), ungez., an das Arbeitslager Langenbielau[3] vom 8.1.1945 (Durchschrift)

Wir melden heute die
Häftlingsarbeiterin *Nr. 52 451*
zur Bestrafung. Der Häftling, der diese Woche Nachtschicht hat, ist am 3.1.45 abends 21.30 Uhr vom Leiter des Flockenbastwerkes schlafend angetroffen worden. Im I. Stock hat sie sich hinter mehreren Ballen ein Lager zurechtgemacht und dort schlafen gelegt. Nur durch Zufall konnte sie entdeckt werden. Da sich in letzter Zeit die Fälle häufig wiederholen und wir nicht genügend deutsche Aufsichtspersonen haben, bitten wir diejenigen, die dabei erwischt werden, empfindlich zu bestrafen und vor allen Dingen die Aufsichten darauf scharfzumachen, daß eine regelrechte Schlafmützigkeit nicht einreißt.
In der Abteilung ist nur ein deutscher Vorarbeiter, der die ganze Nacht vollauf zu tun hat, und so kann es sehr leicht vorkommen, daß er es nicht merkt, wenn sich die Jüdinnen abwechselnd zur Ruhe begeben. Sie tarnen sich jedes mal so gut, daß man sie normalerweise nicht entdeckt.
Heil Hitler

DOK. 192

Agnes von Hayek bittet Himmler am 12. Januar 1945, für die Kinder ihres Bruders einer Ausnahme von der antijüdischen Gesetzgebung zuzustimmen[1]

Handschriftl. Brief von Agnes von Hayek,[2] München, an Heinrich Himmler vom 12.1.1945

Sehr geehrter Herr Reichsführer!
Gestern ist meine Tochter aus Oberstdorf zurückgekommen, wo sie, wie schon einige Male vorher, meine Schwester, Frau Dr. Nandl *Fischer*,[3] im dortigen Krankenhaus besucht hat. Zu unserem Leidwesen ist Tante Nandl wieder sehr krank geworden, und der Arzt meinte, daß es ein langsames Auslöschen für sie sei. Nun ist ihre letzte große Sorge,

1 ZIH, 209/92.
2 Die Textil-Fabrik G.F. Flechtner beschäftigte seit Okt. 1942 jüdische Zwangsarbeiterinnen. Im Sept. 1944 wurde das Lager als Langenbielau II in die Verwaltung des KZ Groß-Rosen übernommen.
3 Im Frauenarbeitslager Langenbielau II waren mehr als 550 poln. Jüdinnen untergebracht, die in umliegenden Firmen Zwangsarbeit leisen mussten. Das Lager wurde am 8.5.1945 befreit.

1 BArch, NS 19/415, Bl. 9 f.
2 Agnes von Hayek, geb. Weber (1879–1950); 1900 Heirat mit dem Kunstmaler und Professor Johann Georg Edler von Hayek (1869–1940), lebte in München und Dachau.
3 Anna (Nandl) Fischer, geb. Weber (1876–1945); verheiratet mit Dr. Ernst Fischer; war eine Freundin von Anna Maria Himmler (1866–1941), der Mutter Heinrich Himmlers.

daß die beiden Kinder unseres jüngsten Bruders[4] in Hamburg nicht unter den jetzigen verschärften Bestimmungen der Judenfrage leiden müßten. Die Frau unseres Bruders war getaufte Jüdin. Der Sohn ist seit dem ersten Kriegstag eingerückt. Von seinem jeweiligen Vorgesetzten wurde er jedesmal aufgefordert, sich zum Offizierskurs zu melden. Zu seinem großen Kummer mußte er immer sagen, daß er als Halbarier dies nicht dürfe. Die Tochter ist Goldschmiedemeisterin und lebt bei unserem Bruder: Hamburg – Blankenese, Godeffroystr. 39/o. Die Namen sind Ruppert und Beate Weber.[5]
Um den beiden Kindern eine kleine Hilfe zu geben, wenn die Verdienstmöglichkeiten für sie schwieriger werden, hat sie ihnen den Rest ihres Vermögens verschrieben, den sie nach ihrem Ableben bekommen werden.
Nehmen Sie das, was meine Schwester in diesen Tagen noch so sehr beschäftigt hat, gütigst entgegen. Der heiße Dank der Betreffenden wird Ihnen gewiß sein, wenn es möglich ist, diese letzte Bitte zu erfüllen.
Heil Hitler[6]

DOK. 193
Thomas Mann benennt in einer Radiosendung vom 14. Januar 1945 die deutschen Verbrechen und fordert zur Reue auf[1]

Handschriftl. Redemanuskript von Thomas Mann, Los Angeles, vom 14.1.1945[2]

Deutsche Hörer – wäre nur dieser Krieg zu Ende! Wäre nur schon geschehen, was geschehen muß und einmal geschehen wird, wie es nun anfangs auch aussehen möge! Wären die grauenhaften Menschen erst beseitigt, die Deutschland hierhin gebracht haben, und könnte man anfangen, an einen Neubeginn des Lebens, an das Forträumen der Trümmer, der inneren und äußeren, an den allmählichen Wiederaufbau, an eine verständige Aussöhnung mit den anderen Völkern und ein würdiges Zusammenleben mit ihnen zu denken! – Ist es das, was ihr wünscht? Spreche ich damit eure Sehnsucht aus? Ich glaube es. Ihr seid des Todes, der Zerstörung, des Chaos übersatt, wie sehr euer Heimlichstes zeitweise danach verlangt haben möge. Ihr wollt Ordnung und Leben, eine neue Lebensordnung, wie düster und schwer sie sich für Jahre auch anlassen wird. Das ist mutig. Es ist sogar viel mutiger als der betörte Fanatismus, mit dem eure Jugend in Waffen heute noch den „heiligen" – ach, den längst von Lüge und Verbrechen so völlig entheiligten und besudelten deutschen Boden verteidigen zu sollen glaubt. Aber eins tut not für den Neubeginn. Es gibt für die Aussöhnung mit der Welt eine Vorbedingung,

4 Dr. Wilhelm Weber, Tierarzt in Hamburg.
5 Beatrix (Beate) Weber (*1914), Goldschmiedin; Dr. Ruppert Weber (*1910), Jurist; 1939–1945 Angehöriger der Kriegsmarine.
6 Eine Antwort ist nicht bekannt.

1 ETH Bibliothek, Thomas-Mann-Archiv, Msv 30. Mit freundlicher Genehmigung der S. Fischer Verlag GmbH, Frankfurt a. M. Abdruck in: Thomas Mann, Deutsche Hörer!, in: ders., Gesammelte Werke in dreizehn Bänden, Band 11: Reden und Aufsätze 3, Frankfurt a. M. 1960/1974, S. 117–119.
2 Überarbeitungen im Original. Thomas Mann richtete zwischen Okt. 1940 und Mai 1945 in regelmäßigen Abständen fünf- bis achtminütige Ansprachen an das deutsche Volk. Die BBC sendete diese – später von Mann persönlich gesprochenen – Texte über Langwelle, so dass sie auf dem europäischen Kontinent empfangen werden konnten.

an deren Erfüllung jede moralische Verständigung mit anderen Völkern geknüpft ist und ohne deren Erfüllung ihr Deutschen nie begreifen werdet, was euch geschieht. Das ist die klare Einsicht in die Unsühnbarkeit dessen, was ein von schändlichen Lehrmeistern zur Bestialität geschultes Deutschland der Menschheit angetan hat; es ist die volle und rückhaltlose Kenntnisnahme entsetzlicher Verbrechen, von denen ihr tatsächlich heute noch das wenigste wißt, teils weil man euch absperrte, euch gewaltsam in Dummheit und Dumpfheit bannte, teils weil ihr aus dem Instinkt der Selbstschonung das Wissen um dieses Grauen von euren Gewissen fernhieltet. Es muß aber in euer Gewissen eindringen, wenn ihr verstehen und leben wollt, und ein gewaltiges Aufklärungswerk, das ihr nicht als Propaganda mißachten dürft, wird nötig sein, um euch zu Wissenden zu machen. Was eine Schandphilosophie vom schmutzigsten Dünkel eure Machthaber instand gesetzt hat zu tun, was sie durch eurer Söhne Hände, durch eure Hände getan haben, ist unglaubwürdig, aber es ist wahr. Weißt du, der mich jetzt hört, von Majdanek bei Lublin in Polen, Hitlers Vernichtungslager? Es war kein Konzentrationslager, sondern eine riesenhafte Mordanlage. Da steht ein großes Gebäude aus Stein mit einem Fabrikschlot, das größte Krematorium der Welt. Eure Leute hätten es gern rasch noch vernichtet, als die Russen kamen, aber größtenteils steht es, ein Denkmal, *das* Denkmal des Dritten Reiches. Mehr als eine halbe Million europäischer Menschen, Männer, Frauen und Kinder, sind dort in Gaskammern mit Chlor vergiftet und dann verbrannt worden, 1400 täglich.[3] Tag und Nacht war die Todesfabrik in Betrieb, ihre Kamine rauchten immer. Schon war ein Erweiterungsbau begonnen … Die Schweizer Flüchtlingshilfe[4] weiß mehr. Ihre Vertrauensmänner sahen die Lager von Auschwitz und Birkenau in Oberschlesien. Sie sahen, was kein fühlender Mensch zu glauben bereit ist, der's nicht eben mit Augen gesehen: die Menschenknochen, Kalkfässer, Chlorgasröhren und die Verbrennungsanlage, dazu die Haufen von Kleidern und Schuhen, die man den Opfern ausgezogen, viele kleine Schuhe, Schuhe von Kindern, wenn du, deutscher Landsmann, du, deutsche Frau, es hören magst. Vom 15. April 1942 bis zum 15. April 1944 sind allein in diesen beiden deutschen Anstalten 1 715 000 Juden ermordet worden.[5] Woher die Zahl? Aber eure Leute haben Buch geführt, mit deutschem Ordnungssinn! Man hat die Registratur des Todes gefunden; dazu Hunderttausende von Pässen und Personalpapieren von nicht weniger als zweiundzwanzig Nationalitäten Europas. Buch geführt haben diese Verblödeten auch über das Knochenmehl, den aus diesem Betrieb gewonnenen Kunstdünger. Denn die Überreste der Verbrannten werden gemahlen und pulverisiert, verpackt und nach Deutschland geschickt zur Fertilisierung des deutschen Bodens – des heiligen Bodens, den deutsche Heere danach noch verteidigen zu müssen, verteidigen zu dürfen glauben gegen Entweihung durch den Feind!

Die Waffen nieder! Entsetzen, Scham und Reue ist das, was nottut. Und nur *ein* Haß tut not: der auf die heillosen Schurken, die den deutschen Namen vor Gott und der ganzen Welt zum Greuel gemacht haben.

3 Im KZ Majdanek starben rund 78 000 Menschen, darunter 59 000 Juden.

4 Richtig: Schweizerische Zentralstelle für Flüchtlingshilfe (SZF), die 1936 als Dachverband der Schweizer Hilfswerke gegründet wurde.

5 Die Zahl ist überhöht. In Auschwitz und Birkenau wurden in diesem Zeitraum weniger als 500 000 Juden ermordet.

DOK. 194

Stephen Wise und Nahum Goldmann vom Jüdischen Weltkongress fordern am 15. Januar 1945 Gerhart Riegner auf, eine Kampagne zur Rettung der überlebenden Juden zu organisieren[1]

Telegramm (tw219 newyork 174/173 15/1 via radiosuisse)[2] vom Jüdischen Weltkongress, gez. Stephen Wise und Nahum Goldmann, an Gerhard[3] M. Riegner, Genf, 37 Quai Wilson, vom 15.1.1945 (Abschrift – Übersetzung)

In unseren verzweifelten Bemühungen, die Reste des europäischen Judentums zu retten, richten wir an Sie den folgenden Appell:
Über 5 Millionen europäischer Juden wurden von den Nazis und ihren Satelliten ermordet. 500 000 befinden sich noch unter ihrer Herrschaft und gehen ihrem Tode entgegen, wenn nicht in dieser zwölften Stunde die Welt wirksam dazwischentritt. Wir verlangen, daß das Rote Kreuz die Juden in den Konzentrationslagern mit Nahrungsmitteln versorgt und ihre Lage eingehend an Ort und Stelle untersucht. Wir verlangen, daß die neutralen Regierungen auf das energischste gegen die deutsche Exterminationspolitik protestieren, den Juden in allen nur denkbaren Formen ihren Schutz gewähren und ihre Bereitschaft zum Ausdruck bringen, Juden aus den Achsenländern für die Dauer des Krieges in ihren Ländern aufzunehmen. Wir verlangen, daß die Forderung des Austausches von Juden in der energischsten Form gestellt wird. Wir ersuchen Sie, öffentliche Versammlungen einzuberufen, um diese Forderungen zu proklamieren, Delegationen zu Ihrer Regierung und den Vertretern anderer Regierungen und Institutionen zu senden und die Aufmerksamkeit der öffentlichen Meinung auf diese wesentlichste und heiligste Aufgabe der Rettung der Reste des europäischen Judentums zu konzentrieren. Wir übersenden Ihnen zusätzliche Instruktionen durch Luftpost. Die Kampagne soll sofort gestartet werden.

DOK. 195

Himmler zeichnet am 18. Januar 1945 seine Verhandlungen mit dem ehemaligen Schweizer Bundespräsidenten Jean-Marie Musy über die Freilassung von Juden auf[1]

Vermerk von Heinrich Himmler (RF/Bm.) vom 18.1.1945[2]

Ich hatte am Montag, den 15.1.1945, mit dem Präsidenten Dr. Jean Marie *Musy*[3] in Wildbad eine Zusammenkunft. Er sprach mich offenkundig im Auftrag der Amerikaner darauf an, ob man nicht in der Judenfrage eine großzügige Lösung finden könne. Er selbst bot sich dafür an.

1 CZA, C3\787-59.
2 Es handelt sich um die übersetzte Abschrift von einem Radiotelegramm, einem durch Funk übertragenen Fernschreiben.
3 Richtig: Gerhart.

1 BArch, NS 19/2776.
2 Grammatik wie im Original.

Über meine Mitteilung, daß im Auftrag der Schweizer […][4] ein Jude Sally *Meier*[5] in der Schweiz einen Beauftragten von mir, SS-Obersturmbannführer *Becher*,[6] mit einem Amerikaner *Mac Clalland*[7] zusammengebracht hatte, war er sehr überrascht. Nach längerem Gespräch verblieben wir bei folgenden Punkten:

1.) Er will einmal feststellen, welchen Auftrag hat Sally Meier, und wer ist derjenige, mit dem die amerikanische Regierung wirklich in Verbindung ist. Ist es ein Rabbiner-Jude oder ist es die Joint?

2.) Ich habe ihm erneut meinen Standpunkt präzisiert. Die Juden sind bei uns in Arbeit eingesetzt, selbstverständlich auch in schweren Arbeiten wie Straßenbau, Kanalbau, Bergwerksbetrieben, und haben dabei eine hohe Sterblichkeit. Seitdem die Besprechungen über eine Verbesserung des Loses der Juden laufen, sind sie in normalen Arbeiten eingesetzt, müssen jedoch selbstverständlich wie jeder Deutsche in der Rüstung arbeiten. Unser Standpunkt in der Judenfrage ist: Es interessiert uns in keiner Weise, was Amerika und England für eine Stellung zu den Juden einnehmen. Klar ist lediglich, daß wir sie in Deutschland und im deutschen Lebensbereich aus den jahrzehntelagen Erfahrungen aus dem Weltkrieg nicht haben wollen und uns hier auf keinerlei Diskussion einlassen. Wenn Amerika sie nehmen will, begrüßen wir das. Ausgeschlossen muß sein und dafür muß Garantie gegeben werden, daß Juden, die wir über die Schweiz herauslassen, niemals nach Palästina abgeschoben werden. Wir wissen, daß die Araber die Juden ebenso ablehnen, wie wir Deutschen es tun, und geben uns zu einer solchen Unanständigkeit, diesem armen, von den Juden gequälten Volke neue Juden hinzuschicken, nicht her.

3.) Wirtschaftlich stellen wir uns auf den Standpunkt, wie Amerika es tut. Genauso wie jeder Einwanderer in die Vereinigten Staaten tausend Dollar erlegen muß, muß jeder Auswanderer aus dem deutschen Machtbereich ebenfalls 1000 Dollar erlegen. Geld auch in Devisen interessiert uns nicht. Wir wünschen, daß für das in der Schweiz zu erlegende Geld eine den Gesetzen der Neutralität entsprechende Warenlieferung erfolgt, da uns das Geld als solches nicht interessiert, und zwar interessieren uns auch die angebotenen Arzneimittel wie Cibasol[8] nicht, da wir das selbst herstellen. Für uns interessant habe ich angegeben Traktoren, Lastautos und Werkzeugmaschinen.

Präsident *Musy* machte sich sofort wieder auf die Reise und wollte baldigst zurückkommen. Er betonte immer wieder, daß diese Judenfrage selbst geradezu eine Nebensache wäre, denn die Hauptsache wäre, daß dadurch eine größere Entwicklung eingeleitet werden könnte.

3 Dr. Jean-Marie Musy (1876–1952), Jurist und Politiker; von 1920 an Leiter des Finanz- und Zolldepartements, 1925 und 1930 Bundespräsident der Schweiz, 1935–1939 Mitglied des Nationalrats; er führte im Winter 1944/45 Verhandlungen mit Himmler, die im Febr. 1945 zur Freilassung von 1200 Juden aus Theresienstadt führten; siehe Dok. 290 vom Febr. 1945.

4 Unleserlicher handschriftl. Eintrag.

5 Richtig: Saly Mayer.

6 Kurt Becher (1909–1995), Kaufmann; 1934 SS-, 1937 NSDAP-Eintritt; 1942 Inspekteur des Reit- und Fahrwesens der SS, 1944 OStubf.; 1944 an den Verhandlungen zum Freikauf von Juden aus Ungarn beteiligt; nach dem Krieg Zeuge bei den Nürnberger Prozessen und dem Eichmann-Prozess, wurde selbst aber nie angeklagt, betrieb mehrere Handelsfirmen in Bremen.

7 Richtig: Roswell D. McClelland.

8 Cibazol ist der Produktname eines lokalen Sulfonamid-Antiseptikums.

DOK. 196

Ernst Kaltenbrunner ordnet am 19. Januar 1945 an, dass jüdische Partner in „Mischehen" zum Arbeitseinsatz nach Theresienstadt gebracht werden sollen[1]

Fernschreiben (Nr. 05 677) des CdS (IV A 4b 3066/40g – 159), gez. SS-O'gruf. Dr. Kaltenbrunner, Berlin, an a.) Stapo(l)stellen außer Prag und Brünn, b.) KdS Breslau, Bromberg, Danzig, Kattowitz, Königsberg, Litzmannstadt, Marburg, Posen, Reichenberg, Karlsruhe, Veldes, Zichenau/Schröttersburg, Neustadt/Weinstr., c.) ZafdRd Judenfrage Prag[2] nachrichtlich, d.) BdS Breslau, Königsberg, Prag, Salzburg, Stuttgart, Wiesbaden, e.) IdS, f.) Stapol. Prag und Brünn, g.) SD (L)A,[3] h.) Höheren SS- und Polizeiführern im Reich und Böhmen/Mähren (Eing. Ministeramt 19.1.1945, 17.25 Uhr), i.) Partei-Kanzlei vom 19.1.1945[4]

Betrifft: Geschlossener Arbeitseinsatz der jüdischen Teile aus Mischehen[5]
Bezug: ohne
Die jüd. Mischlinge I. Gr./jüd. Versippten sind auf Grund meiner Rd. Erl. vom 6.–22.10.1944 IV A 4 b 3066/40 g (159)[6] – bis auf Ausnahmen – zum Arbeitseinsatz gebracht worden. Zum Abschluß der Aktion hat RF-SS befohlen, nunmehr auch die jüd. Teile aus Mischehen zum geschlossenen Arbeitseinsatz zu bringen. Hierzu ordne ich an:
Alle in Mischehen lebenden *arbeitsfähigen* staatsangehörigen und staatenlosen Juden/Jüdinnen – auch Geltungsjuden – sind ungeachtet z. Zt. bestehender Arbeitsverhältnisse möglichst bis 15.2.1945 in Sammeltransporten dem Altersghetto Theresienstadt zum geschlossenen Arbeitseinsatz zu überstellen. Ankunft der Transporte ist dem Zentralamt f. d. Regelung d. Judenfrage i. Böhmen u. Mähren, Prag, rechtzeitig mitzuteilen. (Für Gruppen *über* 1000 Juden ist beim Referat IV A 4 b[7] – RSHA – rechtzeitig die Gestellung von Sonderzügen zu beantragen.) – Gepäck kann im üblichen Umfange mitgenommen werden. Ausgenommen von der Überstellung nach Theresienstadt bleiben: a) alle nicht mehr arbeitsfähigen jüdischen Mischehepartner – b) die auf Grund besonderer Anweisung des RSHA bevorzugt zu behandelnden Juden/Jüdinnen sowie gemäß Rd. Erl. v. 18.12.1943 – IV B 4a 2018/42 g (908)[8] – von der Wohnsitzverlegung nach Theresienstadt freigestellten – c) die jüdischen Ehegatten, Kinder, Eltern, Schwiegereltern der Künstler und Kulturschaffenden, die den einzelnen Stapo(L)St[9] namhaft gemacht wurden – d) Juden/Jüdinnen, deren nicht jüdischer Ehepartner durch Rd. Erl. v. 12.11.44 – IV A 4b 3066/40 g (159) öffentlicher Dienst[10] – oder durch Einzelanweisung zunächst vom OT-Arbeitseinsatz ausgenommen wurde – e) alle Juden ausländischer Staatsangehörigkeit (für sie bleiben die Internierungsbestimmungen maßgebend).

1 NAP, 101-11/34.
2 Zentralamt für die Regelung der Judenfrage.
3 Leitabschnitte des Sicherheitsdienstes.
4 Abgesendet 12.00 Uhr. Im Original handschriftl. Bearbeitungsvermerke.
5 Beispielhaft für die Umsetzung dieser Anordnung siehe Dok. 197 vom 23.1.1945 und Dok. 200 vom 26.1.1945.
6 Siehe Dok. 171 vom 7.10.1944.
7 Siehe Dok. 134 vom 3.5.1944, Anm. 2.
8 Siehe Dok. 103 vom 18.12.1943.
9 Stapoleitstellen.
10 Runderlass vom 12.11.1944 nicht aufgefunden. Allerdings regelte das RMdI am 16.11.1944 die Ausnahme für den Zwangsarbeitseinsatz jüdischer „Mischlinge" und „jüdisch Versippter" im öffentlichen Dienst in einem vertraulichen Erlass an die Reichsstatthalter; siehe BArch, R 1509/23, Bl. 87 f.

Zur Vermeidung unbilliger Härten kann in besonders gelagerten Fällen Zurückstellung bis zu 1 Monat gewährt werden. Weiterreichende Zurückstellungen dagegen nur mit meiner Billigung. Zurückbleibende Mischlinge – *nicht Geltungsjuden* unter 16 Jahren – sind Verwandten oder anderen zurückbleibenden jüdischen Ehepartnern in Pflege zu geben. *Minderjährige Geltungsjuden* dagegen sind dem Altersghetto Theresienstadt zu überstellen. Vermögensfragen werden durch diese – Erlaß vom 15.3.1944 IV B 4a 34/44g[11] – Maßnahmen nicht berührt. Etwa erforderliche Bestimmungen haben die Beteiligten selbst zu treffen.
Zu a) von der Wohnsitzverlegung nach Theresienstadt ausgenommene Juden/Jüdinnen sind zur Freimachung von Wohnraum für bombengeschädigte Deutschblütige entsprechend den örtlichen Verhältnissen auf engerem Raum zusammenzulegen. Zum 25.2.45 ist mir Vollzugsmeldung unter namentlicher Abgabe der im Dienstbereich zu a.) bis d.) verbliebenen Juden vorzulegen.
Zusatz für die westlichen Dienststellen:
Die s. Zt. aus frontnahen Gebieten der OT-Einsatzgruppe IV zum geschlossenen Arbeitseinsatz überstellten Juden/Jüdinnen sind in die Aktion mit einzubeziehen. Das hiernach Erforderliche ist in Zusammenarbeit mit der OT-Einsatzgruppe Weimar und den für den gegenwärtigen Einsatzort der Juden zuständigen Stapo(l)st. unmittelbar zu veranlassen.

DOK. 197

Der Vertrauensmann der Reichsvereinigung der Juden in Regensburg informiert Irma Schuster am 23. Januar 1945 darüber, dass sie zum Arbeitseinsatz nach Theresienstadt deportiert werden soll[1]

Mitteilung des Vertrauensmanns der Reichsvereinigung der Juden in Deutschland in Regensburg, gez. Ernst Herrmann,[2] Schäffnerstr. 2/II,[3] an Irma Schuster,[4] Eggenfelden, vom 23.1.1945[5]

Sie sind von [der] Geheimen Staatspolizei Regensburg zum Arbeits-Einsatz in Theresienstadt bestimmt worden.[6]
Die Abfahrt erfolgt am 6.II.45 früh 5 Uhr 20 von hier.[7]

11 Nicht ermittelt.

1 YVA, M.1.DN/224.
2 Ernst Herrmann (1907–1979), Kaufmann; lebte in „Mischehe"; von Sept. 1942 an Vertrauensmann der Reichsvereinigung der Juden; am 14.2.1945 wurde er nach Theresienstadt deportiert; 1949–1952 Leiter des Regensburger Amts für Wiedergutmachung; dann Handelsvertreter.
3 In der Schäffnerstr. 2 befand sich 1945 eins der beiden „Judenhäuser" Regensburgs.
4 Irma Schuster (1901–1994), Hausfrau und Sprechstundenhilfe; 1928 heiratete sie den Zahnarzt Franz Xaver Schuster; 1939 vergeblicher Emigrationsversuch; nach der Deportationsaufforderung erlitt Irma Schuster im Febr. 1945 einen Herzinfarkt und tauchte unter; 1947 Emigration in die USA.
5 Im Original handschriftl. Bearbeitungsvermerke.
6 Folgender Text wurde gestrichen: „… und müssen sich am 5.II.45, abends 19 Uhr bei der Polizeidirektion Regensburg, Geh. Staatspolizei, Zimmer 140 im 1. Stock mit Gepäck einfinden".
7 Die letzte Deportation aus Regensburg fand am 14.2.1945 statt. Mit diesem Transport wurde auch Ernst Herrmann nach Theresienstadt deportiert, nicht aber Irma Schuster, die zwischenzeitlich untergetaucht war.

Mitbringen sollen Sie:
Marschverpflegung für einige Tage,
warme Bekleidungsstücke,
Eßgeschirr und Besteck,
warme Decken – *jedoch keine Betten*
also Gegenstände, die zum Lagerleben verwendbar sind und soviel Sie selbst tragen können, da eine Gepäckaufgabe unmöglich ist.
Es handelt sich nicht um eine Evakuierung, sondern einen Arbeits-Einsatz. Vermögensfragen werden infolgedessen nicht berührt.
Es steht Ihnen auch frei, über zurückbleibendes Eigentum testamentarisch zu verfügen.
Minderjährige Kinder sind bei Verwandten oder durch die öffentliche Fürsorge unterzubringen.
Arische Ehegatten müssen zurückbleiben.
Leerstehende Wohnungen sind zu verschließen und die Schlüssel einem von Ihnen zu bestimmenden Treuhänder zu übergeben.
Die Lebensmittelkarten der 72. Periode sind in Reisemarken umgetauscht mitzubringen, Bargeld nach Belieben.
Es ist zwecklos, ein Gesuch um Freistellung vom Arbeits-Einsatz einzureichen, persönliche Vorsprache bei der Staatspolizei dieserhalb ist verboten.

DOK. 198

Jewish Telegraphic Agency: Artikel vom 25. Januar 1945 über die Forderung der USA an das Deutsche Reich, jüdischen Häftlingen den Status von Kriegsgefangenen einzuräumen[1]

Berichte der US-Regierung über Hilfsmaßnahmen für überlebende Juden in deutschen Lagern

Der Assistant Secretary of State Archibald MacLeish[2] hat in einer heute veröffentlichten Erklärung gegenüber dem Jewish Labor Committee[3] betont, dass die Regierung der Vereinigten Staaten alles in ihrer Möglichkeit Liegende unternehmen wird, um die Bedrohung für die überlebenden Juden im besetzten Europa zu reduzieren, und sich fortwährend bemüht, die deutsche Regierung zu veranlassen, den internierten Juden

1 NARA, Duker/Dwork Papers, RG 200, Box 10, Fol. 92. Das Dokument wurde aus dem Englischen übersetzt. Die Nachrichtenagentur J. T. A. wurde 1917 von Jacob Landau als Jewish Correspondence Bureau gegründet und führt seit 1919 den Namen Jewish Telegraphic Agency. Sie unterhielt in den 1930er-Jahren Büros u. a. in Berlin, Warschau, Jerusalem und New York.

2 Archibald MacLeish (1892–1982), Politiker und Dichter; 1930–1938 Herausgeber der US-Zeitschrift Fortune, 1939–1944 Leiter der Library of Congress, stellv. Direktor des US Office of War Information, Dez. 1944 bis Aug. 1945 StS für Öffentlichkeitsarbeit im Außenministerium; nach dem Krieg lehrte er u. a. in Harvard; gewann mehrere Pulitzer-Preise.

3 Das Jewish Labor Committee (JLC) wurde 1934 als Dachorganisation jüdischer Gewerkschaften zur Unterstützung der diskriminierten Juden in Europa gegründet. Zunächst trat das JLC als Fundraising-Organisation auf, später verhalf es vielen jüdischen wie nichtjüdischen Sozialisten zur Flucht in die USA.

den Status von Zivilinternierten zu gewähren und sie ähnlich wie Kriegsgefangene zu behandeln.[4]

Die Erklärung erfolgte als Reaktion auf einen Appell, den das Jewish Labor Committee an das Außenministerium gerichtet hatte und in dem die US-Regierung dringend aufgefordert wurde, die verbliebenen Reste des jüdischen Volks, die in deutschen Konzentrationslagern interniert sind, unverzüglich zu retten. Hier der Wortlaut:

„Das War Refugee Board ist in Zusammenarbeit mit dem Außenministerium in jeder erdenklichen Weise bemüht, die deutschen Behörden zu veranlassen, den in den Konzentrationslagern festgehaltenen Gefangenen den Status von Zivilinternierten zuzuerkennen und sie gemäß der Genfer Konvention Kriegsgefangenen gleichzustellen. Zivilinternierte sind bekanntlich Staatsangehörige einer feindlichen Macht, die aufgrund ihrer Nationalität von der Regierung, auf deren Territorium sie sich aufhalten, gefangen genommen werden.

Alle entsprechenden Interventionen seitens der Schutzmacht Schweiz und des Vatikans wurden von den Deutschen bislang mit der Begründung abgelehnt, der Umgang mit diesen Flüchtlingen liege in der Zuständigkeit der inneren Verwaltung. In diesem Zusammenhang ist darauf zu verweisen, dass die deutsche Regierung Staatsangehörige europäischer Mitgliedsländer der Vereinten Nationen,[5] deren Territorium sie bis vor kurzem noch besetzt hielt, grundsätzlich nicht als Zivilinternierte anerkennt.

Humanitär weit mehr erreicht wurde mit dem Versand von Lebensmittelpaketen durch das Internationale Rote Kreuz in die wachsende Anzahl von Konzentrationslagern. Das Internationale Rote Kreuz hat Zugang zu vielen, wenn auch leider nicht zu allen Konzentrationslagern im besetzten Europa. Einige Lager in Polen werden noch immer nicht erreicht. Die Bedingungen für die Zustellung von Lebensmittelpaketen werden ständig geändert, und nur dank des Einfallsreichtums des Roten Kreuzes gelingt es, im Rahmen der Möglichkeiten viele Lager zu erreichen. Unser Ministerium gewährt dem Internationalen Roten Kreuz dabei jede denkbare Unterstützung.

Weitere Warnungen an die Deutschen, Verfolgung, Deportationen und Vernichtungsaktionen einzustellen, müssen zeitlich und in Bezug auf die Gegebenheiten indessen genau abgewogen werden. Bekanntlich hat General Eisenhower[6] kürzlich eine solche Warnung[7] ausgesprochen. Sie können versichert sein, dass entsprechende Mittel im Hinblick auf ihre Erfolgsaussichten ständig erörtert werden. Wie wir alle wissen, wird die Befreiung der Unterdrückten Europas in erster Linie durch unsere Streitkräfte erfolgen müssen, indem sie diejenigen vernichten, die für die Grausamkeiten an den unschuldigen Opfern verantwortlich sind."

4 Zur Behandlung der Juden als Zivilinternierte oder Kriegsgefangene siehe Dok. 24 vom 18./19.5.1943, Anm. 21 und 23.

5 Siehe Dok. 6 vom 14.4.1943, Anm. 6.

6 Dwight D. Eisenhower (1890–1969), General und Politiker; von 1911 an im Militärdienst, 1942 Leiter des Allied Forces Headquarter, 1944 Oberbefehlshaber der Landung in der Normandie; 1945 Militärgouverneur der US-Besatzungszone; 1953–1961 Präsident der USA.

7 Auf Anregung jüdischer Organisationen in den USA und mit Unterstützung des WRB wies Präsident Roosevelt Eisenhower bereits am 18.10.1944 an, die Deutschen davor zu warnen, Häftlingen in KZs unabhängig von ihrer Nationalität und Religion zu schaden. Am 7.11.1944 machte Eisenhower die Warnung öffentlich; siehe New York Times vom 8.11.1944, S. 21: „Eisenhower Warns Reich on Prisoners".

DOK. 199

Die Stuttgarter Gestapo fordert am 26. Januar 1945 „Mischlinge“ und jüdische Partner in „Mischehen“ auf, sich im Durchgangslager Bietigheim einzufinden[1]

Schreiben (Eilt sehr!) der Geheimen Staatspolizei, Staatspolizeileitstelle Stuttgart (Nr. IV 4 b – 30/45), gez. Herold,[2] an den Landrat, den Staatlichen Polizeiverwalter in Saulgau[3] (Eing. 1.2.1945, Tag-B.Nr. 56), nachrichtlich an die Außendienststellen der Staatspolizeileitstelle einschl. Greko Friedrichshafen, vom 26.1.1945

Betr.: Geschlossener Arbeitseinsatz der jüdischen Teile aus Mischehen
Vorg.: Ohne
Anlg.: 0
Der RFSS hat befohlen, daß nunmehr auch die staatsangehörigen und staatenlosen *jüdischen Teile* – auch Geltungsjuden – *aus Mischehen* zum geschlossenen Arbeitseinsatz zu bringen sind.[4]
Aus dem dortigen Bezirk kommen die am Schluß dieses Schreibens angegebenen Juden bezw. Jüdinnen, sofern sie unter Anlegung eines strengen Maßstabes arbeitsfähig sind, ohne Rücksicht auf z. Zt. bestehende Arbeitsverhältnisse, in Betracht.
Diesen Juden bitte ich aufzugeben, sich für den geschlossenen Arbeitseinsatz im Laufe des *Montag, 12. Febr. 1945* im *Durchgangslager Bietigheim,*[5] Krs. Ludwigsburg, einzufinden.
Mitzunehmen sind:
Marschverpflegung für 5 Tage,
1 Koffer oder Rucksack mit folgenden Ausrüstungsgegenständen:
1 Paar Arbeitsschuhe, 2 Paar Strümpfe,
2 Hemden, 2 Schlüpfer bezw. Unterhosen,
1 Arbeitsanzug bezw. 1 Arbeitskleid,
2 Wolldecken, 2 Garnituren Bettzeug (Bettbezüge mit Laken),
1 Eßnapf, 1 Trinkbecher, 1 Löffel.
Lebensmittelkarten – sowie polizeiliche Abmeldung hat auf 18.2.45 zu erfolgen.
Zurückbleibende Mischlinge – *nicht Geltungsjuden* – unter 16 Jahren sind Verwandten oder anderen infolge Arbeitsunfähigkeit zurückbleibenden jüdischen Ehepartnern in Pflege zu geben. *Minderjährige Geltungsjuden* haben sich mit den jüdischen Angehörigen in Bietigheim einzufinden.

1 LABW, Staatsarchiv Sigmaringen, Wü 65/31 T 3-5/3466.

2 Hermann Herold (*1891), Polizist; 1939 als Feldpolizeidirektor beim KdS Poitiers; Sept. 1944 Verwundung; Okt. 1944 bis Mai 1945 Kriminaldirektor bei der Gestapo Stuttgart; Mai 1945 Verhaftung in Stuttgart, Internierung in Dachau und Wuppertal; Herold floh aus brit. Gefangenschaft und tauchte vermutlich in der sowjet. Besatzungszone unter; weiteres Schicksal unbekannt.

3 Alfred Chormann (1882–1957), Jurist; 1933 NSDAP-Eintritt; 1933–1938 Landrat in Rottenburg und Sparkassendirektor, Kreisführer des DRK, 1938–1945 Landrat in Saulgau; 1945–1947 inhaftiert, im Entnazifizierungsverfahren als „Mitläufer“ eingestuft.

4 Siehe Dok. 196 vom 19.1.1945.

5 1942 wurde in Bietigheim bei Stuttgart ein Durchgangslager für Kriegsgefangene und Zwangsarbeiter insbesondere aus der Sowjetunion errichtet. Das Lager diente als Drehscheibe für die Verteilung von Zwangsarbeitern im süddeutschen Raum.

Die wegen Arbeitsunfähigkeit Zurückbleibenden bitte ich mir rechtzeitig mitzuteilen. Bei der Entscheidung, ob Arbeitsfähigkeit vorliegt, ist, wenn auch bei Anlegung eines strenges Maßstabes Zweifel bestehen, amtsärztliche Untersuchung zu veranlassen. Vermögensfragen werden nicht berührt, etwa erforderliche Bestimmungen haben die Beteiligten selbst zu treffen.

Einstein, Sigbert, J. verh., geb. 25.10.89 in Buchau, wohnh. in Buchau, Krs. Saulgau, Wuhrstr. 269[6]

Schmal, Lina, led., geb. 15.1.05 in Buchau, wohnhaft in Buchau, Schussenrieder Str. 77[7]

Auf eine Abschrift wurde gesetzt: Erl[edigt] L.[8]

Nr. 7613

Dem Herrn Bürgermeister *in Buchau* zur Kenntnis und mit dem Auftrag, das Erforderliche zu veranlassen. Die angeschlossenen Verpflichtungsscheine sind gegen Empfangsbescheinigungen auszuhändigen. Die Empfangsbescheinigungen sind mir vorzulegen.

Saulgau, den 1. Februar 1945.

Der Landrat:

2 Beil.[9]

DOK. 200

Der Stuttgarter Stadtpfarrer Rudolf Daur fordert seinen Landesbischof am 2. Februar 1945 auf, öffentlich gegen die Deportierung der in „Mischehe" lebenden Juden zu protestieren[1]

Schreiben von Stadtpfarrer Rudolf Daur,[2] Stuttgart, Römerstr. 41, an den Landesbischof D. Wurm, Großheppach, vom 2.2.1945 (Typoskript)

Hochverehrter, lieber Herr Landesbischof!

Mit einer großen Not komme ich zu Ihnen, und ich weiß, daß ich nicht umsonst Sie bitte, zu tun, was in Ihren Kräften und Möglichkeiten steht, um ein Unheil und Unrecht zu verhindern.[3] Sie haben sicher gehört, daß nun auch die in Mischehe lebenden Juden noch weggebracht werden. Eine nach meinem Eindruck sehr wackere, christlich getaufte

6 Richtig: Siegbert Einstein (1889–1968), Kaufmann; Einstein lebte in „Mischehe"; bis 1938 Inhaber eines Textilgeschäfts in Buchau, dann als Hilfsarbeiter im Butterwerk in Riedlingen; Febr. 1945 Deportation nach Theresienstadt; Rückkehr nach Buchau im Mai 1945, 1946 stellv. Bürgermeister von Buchau; 1959 Bundesverdienstkreuz. Siegbert Einstein war mit Albert Einstein verwandt.

7 Lina Schmal (1905–1968), Strickerin; sog. „Mischling ersten Grades"; 1940 formalrechtlicher Austritt aus dem Judentum, ihr Sohn Werner war Mitglied in der HJ; Febr. 1945 Deportation nach Theresienstadt; Rückkehr nach Buchau im Mai 1945.

8 Nicht ermittelt.

9 Liegen nicht in der Akte.

1 LKA Stuttgart, A126/658, Bl. 123 f.

2 Rudolf Hans Daur (1892–1976), evang. Theologe; von 1921 an Pfarrer in Reutlingen, seit 1932 in Stuttgart; trat für die Gleichberechtigung der Frauen in der Kirche ein; nach dem Krieg Präsident des Internationalen Versöhnungsbundes, 1960–1970 Präsident des Bundes für Freies Christentum.

3 Wurm protestierte wiederholt gegen die antisemitischen Verfolgungsmaßnahmen; siehe Dok. 56 vom 16.7.1943 und Dok. 104 vom 20.12.1943.

und gesinnte Frau meiner Gemeinde hat wie viele andere Rassegenossen die Aufforderung bekommen, sich am Montag, 12.II., in einem Übergangslager einzufinden „zu einem auswärtigen Arbeitseinsatz", mit Proviant für 5 Tage, doppelter Bettwäsche usw. Kinder unter 16 Jahren seien irgendwo unterzubringen.[4] So werden nun Ehen einfach auseinandergerissen, Menschen, die in stiller Treue [in] ihren Familien gelebt haben, in eine ungewisse, ach, nur zu gewisse Zukunft hineingetrieben. In dem mir besonders am Herzen liegenden Fall handelt es sich um eine Frau, die seit 29 Jahren verheiratet ist. Der Mann ist zu 50 % kriegsbeschädigt vom 1. Weltkrieg. Er braucht die Fürsorge seiner Frau, die ihn kennt, versteht und mit der er in großer Liebe verbunden ist, dringend nötig. Die Leute leben, wie auch der Ortsgruppenleiter bestätigt, in aller Stille, im Frieden mit jedermann, sind hilfsbereit, fleißig und geordnet. Die Tochter, die seither in einem Anwaltsbüro tätig war, ist mit anderen „Mischlingen" von heute auf morgen in einen Rüstungsbetrieb gesteckt worden, wo sie nun dauernd nur Nachtarbeit leisten sollen.

Müssen wir schweigend mitansehen, wie unsere Gemeindeglieder ausgerechnet jetzt, wo wir allen Grund hätten, uns auf die Forderung des Gottes zu besinnen, der seiner nicht spotten läßt, ohne Recht und Barmherzigkeit, vor allem ohne jeglichen ernsthaften Grund dem Untergang ausgeliefert, wie christliche Ehen zerrissen und die Menschen zur Verzweiflung getrieben werden? Ich fürchte, nicht wenige von ihnen werden lieber Hand an sich selbst legen, als daß sie sich oder ihre Gatten solch einem Schicksal überlassen. Eine 2. Frau meiner Gemeinde,[5] die das inzwischen bereits tat, habe ich übermorgen zu bestatten. In einem 3. Haus, wo die Mutter einer früheren Konfirmandin von mir denselben Befehl bekam, war ich heute. Es ist ein Jammer! Ist jetzt nicht die Stunde da zu einem lauten gemeinsamen Protest: Das darf nicht sein, um Gottes willen und um unseres Volkes willen nicht! Ich weiß mir keinen andern Rat, als mich mit dieser notvollen Frage und Bitte um Hilfe an Sie zu wenden, den Anwalt der Armen und Bedrängten. Gott segne, was Sie in dieser Sache unternehmen.

Mit herzlichen Grüßen von Haus zu Haus

Ihr dankbar ergebener[6]

4 Siehe Dok. 199 vom 26.1.1945.

5 Vermutlich: Martha Häberle (1890–1945); 1920 Heirat mit dem Stuttgarter Kaufmann Robert Otto Häberle, lebte in „privilegierter Mischehe"; als sie Ende Jan. 1945 den Deportationsbefehl nach Theresienstadt erhielt, nahm sie sich das Leben. Bestattet wurde sie erst am 6.2.1945, zwei Tage später, als von Daur im Schreiben angekündigt.

6 Am 9.2.1945 bat Landesbischof Wurm den Gauleiter von Württemberg-Hohenzollern, Wilhelm Murr, um seine Intervention; LKA Stuttgart, D 1, 111.

DOK. 201

Der Schweizerische Israelitische Gemeindebund diskutiert auf seiner Sitzung am 5. Februar 1945 die Rettung der letzten verbliebenen Juden in den von Deutschland besetzten Gebieten[1]

Protokoll der 10. Sitzung der Geschäftsleitung des Schweizerischen Israelitischen Gemeindebunds (SIG)[2] am 5.2.1945, Zürich, vom 7.2.1945

[...][3]

A. Hilfe und Aufbau

1. Rettung von Juden in deutsch-kontrollierten Gebieten

Bericht Dr. G. Riegner,[4] *Genf:* Vor circa 8 Tagen ist in Genf ein Telegramm des Weltkongresses New York eingetroffen, das die Aufforderung enthielt, in zwölfter Stunde die Reste der europäischen Judenheit in den deutschkontrollierten Ländern zu retten.[5] Obwohl mit dem internat. Roten Kreuz ein ständiger Kontakt besteht, wurden auf Grund offiziöser Besprechungen mit Beamten des Eidg[enössischen] Politischen Departements, mit Genfer Bureaux und dem War Refugee Board folgende Forderungen [formuliert], die der schweizerischen Regierung vorgetragen werden sollten: es soll ein spezieller Bevollmächtigter bei der Schweizer Gesandtschaft in Berlin ernannt werden, der sich ausschliesslich mit der Frage der Rettung von Juden zu befassen hätte. Nachdem ein deutsches Einverständnis vorlag, 14 000 Juden in die Schweiz ausreisen zu lassen, diese Ausreise aber nicht stattfinden konnte, sollte man versuchen, andere 14 000 freizubekommen.[6] Im Telegramm aus USA werden diplomatische und publizistische Aktionen verlangt:

Diplomatische Demarchen bei der schweizerischen Regierung und den internationalen Organisationen und Aufrüttelung der öffentlichen Meinung, damit nicht infolge der Kriegsereignisse die Judenfrage in den Hintergrund trete und nicht noch vor dem Rückzug der Deutschen weiteres Furchtbares mit den Juden geschehe. Diese Demarche sollte bei Dr. Stucki,[7] eventuell nach vorheriger Empfehlung durch eine dritte Stelle, erfolgen,

1 AfZ-ETH, IB SIG-Archiv/175.

2 Der Schweizerische Israelitische Gemeindebund wurde 1904 als Dachorganisation der jüdischen Gemeinden in der Schweiz gegründet. Hauptarbeitsfelder des SIG in den Jahren 1933–1945 waren die Flüchtlingshilfe, die Unterstützung von jüdischen Auslandsschweizern und die Abwehr des Antisemitismus. Präsident des SIG war 1943–1946 der Textilfabrikant Saly Braunschweig (1891–1946). Braunschweig, ehemaliger Präsident der Israelitischen Cultusgemeinde Zürich, war Vorstandsmitglied der Jewish Agency for Palestine und Exekutivmitglied des Jüdischen Weltkongresses.

3 Zu Beginn des Protokolls sind organisatorische Informationen aufgelistet, u. a. Versammlungsort und -datum, Tagesordnung, Vorsitz und Protokollführung.

4 Riegner war nur zur Behandlung des 1. Tagesordnungspunkts als Gast anwesend.

5 Siehe Dok. 194 vom 15.1.1945.

6 Nicht ermittelt. Die JTA veröffentlichte am 15.12.1944 die Nachricht, dass aufgrund von Verhandlungen des IKRK mit Repräsentanten der jüdischen Hilfsorganisationen die Schweizer Regierung ihre Bereitschaft erklärt habe, 14 200 Juden aus Ungarn in der Schweiz aufzunehmen.

7 Dr. h. c. Walter Stucki (1888–1963), Jurist und Diplomat; 1925–1935 Direktor der Handelsabt. des Eidgenössischen Volkswirtschaftsdepartements; 1935–1937 Schweizer Nationalratsabgeordneter; 1938 Gesandter in Paris und 1940–1944 in Vichy; von 1945 an Leiter der Abt. für Auswärtiges des Politischen Departements.

und zwar durch eine Dreierdelegation des SIG, als deren Mitglied sich Prof. Guggenheim, der Dr. Stucki persönlich kennt, zur Verfügung stellt. Es könnten auch von anderer Seite Schritte unternommen werden, aber der SIG als Vertreter der schweizerischen Judenheit sollte zunächst bei der schweizerischen Regierung vorstellig werden. Der Weltkongress z. B. könnte die Forderungen an die Schweiz, die anlässlich der Konferenz von Atlantic City gestellt wurden, zur Kenntnis bringen.[8] Auch sollten nichtjüdische Kreise, und zwar solche, die sich nicht schon oft für die Judenfrage eingesetzt haben, z. B. der Evangelische Kirchenbund und die politischen Parteien, zu ähnlichen Schritten veranlasst werden.

Für *publizistische Aktionen* ist der Zeitpunkt nicht günstig, da die kriegerischen Ereignisse das Interesse in Anspruch nehmen. Man kann eventuell später darauf zurückkommen und in der Zwischenzeit die Möglichkeiten prüfen.

Diskussion: Diplomatische Aktionen: Es wird die Frage gestellt, was für Verhandlungen in diesem Sinne zur Zeit bereits geführt wurden und wer dahintersteht. In der Presse fand sich eine Meldung, dass Alt-Bundesrat Musy mit Wissen des Bundesrates in humanitärer Mission in Deutschland tätig sei.[9] Der Vorschlag, es sei ein Spezialbevollmächtigter in Deutschland einzusetzen, bedarf noch der Abklärung. Wir können der Schweizer Regierung weiterhin vorschlagen, dass die Schweiz ihre Dienste als Transitland anbiete. Mit der Einreisemöglichkeit weiterer Juden sollte der Weltkongress sich befassen. Unsere Demarche müsste womöglich bei der obersten Stelle des EPD eingeleitet werden. Einen formellen Antrag können wir nicht stellen, sondern nur Anregungen machen. Wir müssen unbedingt erfahren, welche Rettungsaktionen zur Zeit bereits von den verschiedenen Organisationen angestrebt werden. Es sollen sich bei solchen Bemühungen auch schon unerwünschte, vielleicht sogar schädliche Einflüsse vor dem letzten Transport aus Bergen-Belsen bemerkbar gemacht haben. – Zur Mission Musy wird erläutert, dass er mit agudistischen[10] Kreisen Verhandlungen geführt habe[11] und mit deutschen Stellen unterhandle, wobei die Gegenleistung für die Befreiung vermutlich finanzieller Natur ist. Alle von anderer Seite unternommenen Schritte können uns von unserer Aufgabe nicht entbinden. Wir müssen dem Appell, dem wir noch vor einem halben Jahr infolge der eingeengten Lage der Schweiz nicht hätten nachleben[12] können, Folge leisten. Die politische Lage ist heute eine andere als vor einigen Jahren, da man es nicht wagen durfte, zu deutlich zu sein. Gegen das Postulat, einen Spezialbeauftragten in Deutschland zu ernennen, werden weitere Bedenken geäussert. Trotzdem wäre es wünschenswert, wenn eine neue, unverbrauchte Kraft mit dieser Aufgabe betraut würde. Wenn der diplomatische Apparat nicht so schwerfällig wäre, hätte man vielleicht auch in Ungarn mehr ausrichten können.

8 Gemeint ist die War Emergency Conference vom 26. bis 30.11.1944 in Atlantic City; siehe Dok. 185 vom 26.11.1944.

9 Siehe Dok. 195 vom 18.1.1945.

10 Von Agudas Jisroel: Bund Israels. Weltorganisation der orthodoxen Juden, gegründet 1912 in Kattowitz.

11 Gemeint ist die Verbindung Jean-Marie Musys zu dem Schweizer Rabbiner Dr. Yitzchak Sternbuch, der durch seine Kontakte zum Komitee für Hilfe und Rettung in Budapest in die Verhandlungen zur Freilassung von Juden eingebunden war.

12 So im Original.

Beschluss: Es soll eine Demarche unternommen werden. Eine Dreierdelegation des SIG mit den Herren Saly Braunschweig, Dr. Georges Brunschvig und Prof. Dr. Paul Guggenheim soll bei Bundesrat Petitpierre vorsprechen.[13]
Diskussion: Intervention beim IRK. Es liegen verschiedene Anträge vor, das IRK im jetzigen Zeitpunkt um intensives Eintreten zugunsten der deutschen Judenlager zu veranlassen. Das IRK wird häufig und von verschiedenen Seiten um solche Interventionen angegangen; die Schwierigkeiten liegen offenbar darin, dass die deutschen Visen nicht erhältlich sind. Auch von der Tagung des Weltkongresses in Atlantic City wurde ein Telegramm an das IRK gerichtet, das inzwischen beantwortet wurde. Eine persönliche Demarche des SIG beim IRK erscheint nicht nötig. Bei der Besprechung mit dem Bundesrat Petitpierre sollte darauf hingewiesen werden, dass mehr hätte geleistet werden können, wenn die Vertreter des IRK mehr Bewegungsfreiheit gehabt hätten. Hingegen könnte durch Stellung von Camions[14] und Benzin zur besseren Versorgung von Nichtkriegsgefangenenlagern in Deutschland eine wesentliche Hilfe geleistet werden. – Zum Vorschlag, es sei die Hilfsbereitschaft durch Meetings, Presse-Campagnen etc. zu fördern, werden Bedenken geäussert. Die vorgeschlagenen Aktionen sind nicht mit denen zu vergleichen, die 1942 für das Asylrecht zur Zeit der Refoulierungen[15] auf fruchtbaren Boden fallen konnten.[16] Damals interessierten sich hierfür auch die politischen Parteien.
Beschluss: Eine Demarche des SIG beim IRK soll durchgeführt werden; die Vorschläge betr. Meetings etc. werden abgelehnt.

2. *Austauschtransporte von Zivilinternierten*
Bericht: Von verschiedenen Stellen waren dem SIG Berichte aus St. Gallen zugekommen über die in dem Zivilinternierten-Austausch in den letzten Tagen des Monats Januar sich befindlichen 80 jüdischen Menschen aus Bergen-Belsen,[17] die sich in einer unvorstellbar schlechten Verfassung befanden. Leider konnte aber die schweizerisch-jüdische Fürsorge und Seelsorge nicht in Kraft treten, da von verschiedenen Seiten rigorose, z. T. sich widersprechende Anordnungen vorlagen, laut welchen grosse Schwierigkeiten gemacht wurden, Zutritt zu erhalten, den Leuten bei Krankheit und Todesfall unhumane Behandlung widerfuhr,[18] Familien getrennt wurden und die Unterkunft zu wünschen

13 Dr. Georges Brunschvig (1908–1973), Anwalt; 1940–1948 Präsident der Jüdischen Gemeinde Bern, 1946–1973 Präsident des SIG; Dr. Max Petitpierre (1899–1994), Anwalt; 1944 Bundesrat, 1.2.1945 Leiter des EPD als Nachfolger von Marcel Pilet-Golaz, 1950–1961 Bundespräsident.

14 Franz.: Lastwagen.

15 Zurückbringen an die Grenze bei illegaler Einreise, also Ausweisung.

16 Der Schweizer Bundesrat beschloss am 4.8.1942, illegal in die Schweiz einreisende Flüchtlinge strikt zurück- bzw. auszuweisen. Das galt auch für Juden, da sie von den Schweizer Behörden nicht als „politische Flüchtlinge" betrachtet wurden. Nach Protesten, insbesondere der Zentralstelle für Flüchtlingshilfe und des SIG, wurden die Maßnahmen gelockert.

17 Am 21.1.1945 verließ ein Austauschtransport mit 301 jüdischen Häftlingen mit süd- bzw. mittelamerikan. Papieren Bergen-Belsen. Unterwegs wurde mehr als die Hälfte von ihnen in verschiedene deutsche Internierungslager eingewiesen, wodurch lediglich 136 Personen aus Bergen-Belsen am 25.1.1945 die Schweiz erreichten. Hinzu kamen US-amerikan. Staatsangehörige aus dem Internierungslager Liebenau, so dass insgesamt 800 Personen an der Schweizer Grenze ausgetauscht werden konnten.

18 Sechs Juden aus Bergen-Belsen starben während des fünftägigen Aufenthalts in St. Gallen an den Folgen der Lagerhaft.

übrig liess. Ein detaillierter Bericht über alle Vorkommnisse ist den Mitgliedern der GL[19] zugegangen. Bisher konnte trotz aller Bemühungen nicht festgestellt werden, ob die Verantwortung bei der amerikanischen Gesandtschaft, der Abteilung für fremde Interessen des EPD, beim Schweizerischen Roten Kreuz oder einer schweizerischen Militärstelle lag.[20] Dem SIG liegt es nun ob, besorgt zu sein, dass bei zukünftigen Transporten die jüdische Fürsorge und rabbinische Betreuung in der Schweiz wirksam eingreifen kann und solche Härten vermieden werden.

Diskussion: Der Transport aus Bergen-Belsen war ein Zeugnis für die Zustände in den deutschen Lagern und an sich Grund genug, bei den Behörden vorstellig zu werden. Wir müssen einen Protest gegen die Behandlung, die die Leute in der Schweiz erfuhren, einlegen und prüfen, was in Zukunft vorzukehren ist, damit nicht eine Instanz die Verantwortung auf die andere abschiebt. Es scheint, dass alle Schwierigkeiten auf diesem Boden zu suchen sind. Für künftige Transporte stellen wir folgende Forderungen auf:

Es sollte den führenden jüdischen Fürsorgeorganisationen und einem Rabbiner gestattet sein, jüdische Transportteilnehmer zu betreuen.

Ehegatten und nahe Angehörige sollten während der Transporte nicht getrennt werden.

Bei Todesfällen sollte es den nächsten Angehörigen gestattet sein, an der Beisetzung teilzunehmen.

Angehörige in der Schweiz sollten, nach Kontrolle auf Grund der Reisendenliste und der Ausweispapiere, Zutritt erhalten.

Schwerkranke sollten auf Grund ärztlicher Atteste zurückbleiben dürfen. Nahe Angehörige sollten dasselbe Recht haben.

Verantwortlich scheint zunächst das Territorialkommando,[21] an das man dieses Gesuch richten müsste. Andererseits wird bekanntgegeben, dass laut telephonischer Besprechung der amerikanischen Gesandtschaft in Bern mit Washington keine Milderungen zu erlangen sei: also liegt die Verantwortlichkeit dort. Die Frage hat einen politischen Aspekt, sie dürfte Bundesrat Petitpierre interessieren und anlässlich der Besprechung mit ihm vorgetragen werden. Aber wir müssen sofort intervenieren, damit beim nächsten Transport nicht wieder die gleichen Schwierigkeiten auftreten. Es wird darauf hingewiesen, dass zu trennen ist zwischen technischen Schwierigkeiten und prinzipiellen Härten, wie Trennung von nahen Angehörigen,[22] welche zu Lasten der amerikanischen Gesandtschaft fallen. Zuerst sollte schriftlich abgeklärt werden, wer für was verantwortlich ist, damit man nicht bei den falschen Instanzen vorstellig wird. Vom juristischen Gesichtswinkel aus hat der amerikanische Standpunkt eine gewisse Berechtigung. Man darf von einer Konvention zwischen kriegsführenden Staaten nicht abweichen. Die Deutschen hätten die Amerikaner des Vertrauensbruches bezichtigt, und das Leben der

19 Geschäftsleitung.

20 Im Rahmen des deutsch-amerikan. Austauschs diente die Schweiz als Transitland. Die Vereinbarung mit der US-Regierung sah vor, dass die Flüchtlinge die Schweiz baldmöglichst wieder verlassen sollten.

21 Die Territorialkommandos der Armee wurden bei illegalen Grenzübertritten von Flüchtlingen dann tätig, wenn sich diese bereits auf Schweizer Territorium befanden – entweder wenn sie an der Grenze nicht zurückgewiesen oder erst auf Schweizer Gebiet aufgegriffen worden waren.

22 Gemeint ist vermutlich der Umstand, dass einige der Flüchtlinge aus gesundheitlichen Gründen vorerst nicht weiterreisen konnten und in der Schweiz medizinisch versorgt wurden. Die Angehörigen mussten das Land allerdings verlassen.

übrigen 8000 Juden wäre gefährdet gewesen.[23] Doch hätte man die Leute ohne weiteres als nicht transportfähig erklären können. Ein Faktum ist, dass die Namen der Leute nicht mit den auf den Listen angeführten übereinstimmten: die Alliierten wollten sie daraufhin untersuchen, ob keine Spione etc. darunter seien.[24] Aber alle diese Gründe können uns nicht von einer Intervention abhalten, und zwar noch vor der Besprechung mit Bundesrat Petitpierre. Es muss allerdings noch darauf hingewiesen werden, dass der Aufenthalt jenes Transportes in St. Gallen unvorhergesehen war; normalerweise hätte der Zug durchfahren sollen.

Beschluss: Es soll an den Territorialdienst der Armee ein Schreiben im Sinne einer Anfrage, was in Zukunft bei solchen Austauschtransporten geschehen und an wen man sich wenden solle, gerichtet werden.

Mittagspause 13.25–14.30 Uhr. Gemeinsames Mittagessen in der Pension Tel-Aviv.

Im weiteren Verlauf der Sitzung wird durch telephonische Rückfrage bei der Abteilung für Territorialdienst des EMD[25] und bei der Abteilung für fremde Interessen des EPD festgestellt, dass als einzige schweizerische Stelle nur das Territorialkommando, und zwar für technische Fragen (Transport, Verpflegung, Unterkunft), zuständig war. Für alle anderen Anordnungen trage weder die Armee noch das EPD, sondern ausschliesslich die amerikanische Gesandtschaft in Bern die Verantwortung. Da es Dr. Riegner im Verlauf des Nachmittags nicht mehr gelingt, mit einem der beiden zuständigen Beamten der Gesandtschaft telephonisch in Kontakt zu kommen, wird Dr. Georges Brunschvig beauftragt, am Dienstag in Bern die notwendigen Rückfragen bei der Gesandtschaft [der] USA direkt vorzunehmen und Präsident Saly Braunschweig Bericht zu erstatten. Da die Vorkommnisse in St. Gallen auch dann von der Öffentlichkeit der Schweiz zur Last gelegt werden, wenn die Verantwortung bei den USA liegen sollte, wird man anlässlich der Besprechung beim EPD auf diese Dinge in geeigneter Weise zurückkommen.

[…][26]

23 Gemeint sind vermutlich die offiziell 8000 Schutzbriefe, die der Schweizer Konsul in Budapest Carl Lutz (1898–1975) auf der Grundlage von Palästina-Zertifikaten für ungar. Juden ausgestellt hatte.

24 Die Teilnehmer des ursprünglich in Bergen-Belsen gestarteten Transports waren über verschiedene Internierungslager an die Schweizer Grenze gebracht worden und unterdessen wiederholt ausgetauscht worden, daher stimmten die Namenslisten nur zum Teil; wie Anm. 17.

25 Eidgenössisches Militärdepartement.

26 Im weiteren Verlauf der Sitzung wurden verschiedene finanzielle Angelegenheiten des SIG diskutiert, Maßnahmen zur Bekämpfung des Antisemitismus in der Schweiz beschlossen sowie kulturelle und religiöse lokale Angelegenheiten vorgetragen. Die Sitzung endete mit Beschlüssen zu internen Organisations- und Verwaltungsfragen.

DOK. 202

Der Hamburger Jurist Erwin Garvens zeigt sich Mitte Februar 1945 bestürzt, dass nun auch die letzten in „Mischehe" lebenden jüdischen Frauen deportiert werden[1]

Handschriftl. Tagebuch von Erwin Garvens, Einträge vom 11. bis 16.2.1945

Sonntag, 11. Februar geriet ich, als ich aus lauter Verzweiflung, wie ich den Sonntag hinbringen sollte – ich leide gegenwärtig einmal wieder ernstlich unter Beschäftigungslosigkeit –, nach dem 2. Frühstück in die Stadt bummelte, ins Passagetheater in der Mönckebergstraße, wo ein von der Presse gelobter Film, „Philharmoniker" gerade begonnen hatte. Um die Wochenschau kam ich also glücklich herum. Leider war auch dieses Machwerk durchaus unbeachtlich: daß man das Berliner Philharmonische Orchester darin in voller Stärke sah und hörte, war schließlich nichts Neues. Den Filmregisseuren scheint wirklich nichts mehr einzufallen. Nachmittags kam Oscar Bosselmann[2] mit der Schreckenskunde, seine Frau müsste am Mittwoch auf Befehl der Gestapo wie die anderen hiesigen jüdischen Frauen arischer Männer – die man bisher noch zufrieden gelassen hatte – antreten, um „für besonderen Einsatz" verschickt zu werden. Der Nazi-Sadismus treibt also immer noch Blüten. Hamburgische Behörden haben mit der Sache nichts zu tun, die Aktion geht einzig von Berlin aus. Ob man es denn immer noch nicht fertigbringen kann, sich von diesen Einflüssen frei zu machen? Was man noch tun kann, um die arme Wiltrud[3] vor dieser scheußlichen Maßnahme zu brechen[4] – es könnten wohl nur noch gesundheitliche Gesichtspunkte nützen –, wissen wir nicht. Mittlerweile haben die Russen die Oder südlich Breslau auf 160 km breiter Front überschritten und strömen unaufhaltsam nach Westen; über kurz oder lang sind sie in Sachsen!

Dienstag, 13. Februar um die Zeit totzuschlagen, wieder in unsere Grindel-Flohkiste[5] – diesmal auf dem billigsten Platz! Der Mob saß in „Loge" oder auf „Polster". Es gab einen schon älteren Film „Marguerite: 3", nach dem reizenden Lustspiel gleichen Titels von Schwiefert, das wir vor langen Jahren mit Anneliese Born in der Titelrolle sahen. Die Erinnerung daran wurde durch den die Geschehnisse natürlich stark vergröbernden Eindruck des Films nicht verwischt, wenngleich lauter prominente Darsteller, Gusti Huber, Lingen, Thimig u. a. mitspielten. – Wie fast überall – und zwar schon lange und ohne Aussicht auf Remedur[6] – waren am

1 Staatsarchiv Hamburg, 622-1/124, Familie Garvens, B 2, Bd. 15.

2 Dr. Oscar Bosselmann (1885–1962?), Jurist; 1913–1920 Assessor in der Hamburger Justizbehörde, von 1920 an als Rechtsanwalt in Hamburg tätig, 1956 Rücknahme der Zulassung aus gesundheitlichen Gründen.

3 Wiltrud Bosselmann, geb. Moral (1894–1985); Ausbildung in einem Mädchenpensionat in Frankreich, Heirat mit Oscar Bosselmann, drei Töchter; am 14.2.1945 nach Theresienstadt deportiert; dort befreit und Rückkehr nach Hamburg.

4 So im Original.

5 Gemeint ist ein Kino, das sich im Grindelviertel in Hamburg-Rotherbaum befindet. Das Stadtviertel war bereits seit dem 19. Jahrhundert Zentrum des jüdischen Lebens in Hamburg.

6 Lat.: Abhilfe.

Mittwoch, 14. Februar auch die Heizungskoks zu Ende, und die Zentralheizung hörte auf. Die Heißwasserversorgung ist, zunächst stark eingeschränkt, schon länger eingestellt. Wir heizten, Gott sei Dank im Besitz einiger Brikett-Vorräte, unseren Ofen und können der weiteren Entwicklung der Dinge mit einiger Ruhe entgegensehen. Zwei Tage später bekamen wir überdies einen Wagen Anthrazitkohlen, und die Zentralheizung konnte wieder für einige Zeit in Betrieb genommen werden. In diesen Tagen begannen auch wieder die Voll-Alarme. Die Angriffe richten sich neuerdings, zur Unterstützung der unaufhaltsam vordringenden russischen Offensive, gegen die nach Osten führenden Verbindungslinien; so wurde kürzlich Dresden, das bisher ziemlich verschont geblieben war, schwer heimgesucht. Bei dieser Sachlage wird man hier, so lange es gut geht, bei Alarm wieder pomadiger.

Donnerstag, 15. Februar wurde bei Schröder trotz Vollalarm ruhig weitergefeiert, nachdem die 12-Minuten-Warnung aufgehoben war. – Begreiflicherweise beschäftigte uns in diesen Tagen Wiltrud Bosselmann's Schicksal vor allem andern, namentlich nachdem wir gehört hatten, daß alle Versuche, sie aus gesundheitlichen Gründen frei zu bekommen, fehlgeschlagen seien. Oscar besuchte uns

Freitag, 16. Februar und erstattete uns einigermaßen beruhigenden Bericht. Es scheint sich tatsächlich um einen Arbeitseinsatz, nicht um eine Verschickung nach Theresienstadt oder sonstwo hin zu handeln, und man scheint bei dem Transport weitgehende Rücksichtnahme walten zu lassen.[7] Auch Oscar's Hausstand wird dank geeigneter Organisation und Hilfe unter dem Fehlen der Hausfrau nicht allzu schwer zu leiden.[8]

DOK. 203

Loden Vogel beschreibt in seinem Tagebuch am 15. Februar 1945 den schlechten Gesundheitszustand der Häftlinge in Bergen-Belsen und seine Hungerphantasien[1]

Handschriftl. Tagebuch von Louis Tas alias Loden Vogel,[2] Bergen-Belsen, Eintrag vom 15.2.1945

Ich bin todmüde, hungrig und ratlos – aber irgendwo ist ein Stück meines Selbst, das allerwichtigste, ruhig und unversehrt. Damit in Übereinstimmung eine weitgehende Parallele zwischen dem früheren erotischen Leben und dem heutigen Essensleben: viel jammern, dadurch Chancen verderben, Mangel an Diskretion und zu wenig unbescheiden, was jeder bekommen kann, bekomme ich nicht. *Etwas an uns bleibt immer gleich.*

7 Ziel des Transports vom 14.2.1945, mit dem Wiltrud Bosselmann deportiert wurde, war Theresienstadt.

8 So im Original.

1 Stiftung niedersächsische Gedenkstätten, Archiv der Gedenkstätte Bergen-Belsen, BO 517. Abdruck in: Loden Vogel, Tagebuch aus einem Lager, Bergen-Belsen Schriften Bd. 4, Göttingen 2002, S. 95 f. Das Dokument wurde aus dem Niederländischen übersetzt.

2 Loden Vogel („Bleierner Vogel"), geb. als Louis Tas (1920–2011), Psychotherapeut; 1943 mit seiner Familie in Amsterdam verhaftet und nach Westerbork deportiert; im April 1944 als „Austauschjude" nach Bergen-Belsen gebracht, dort als Krankenpfleger tätig; in Tröbitz befreit, Rückkehr nach Amsterdam; 1946 Veröffentlichung seines Tagebuchs „Dagboek uit een kamp".

Im Lager kehrt nach dem Umzug langsam Ordnung ein.[3] Die Baracken sind voll mit Kandidaten für das Krematorium: Skelette, die nur das Bett verlassen, um Essen zu holen. Auf dem Dach liegt keine Teerpappe; wenn es regnet, wird alles nass, Betten, Decken, Gepäck. In meiner eigenen Baracke (in der ich nicht schlafe) gibt es auch kein Licht; auf der Straße überall Fäkalien.

Hier im Saal kann ich es nicht mehr lange aushalten. Die Chance auf ein Extra gab mir früher immer Hoffnung, jetzt ist nichts mehr zu erwarten. Pakete werden nicht mehr kommen. Das Hungergefühl ist längst nicht die wichtigste Facette des Hungerns: Es hält kurz an und ist mit einem Minimum an Essen zu vertreiben. Das Wichtigste ist die physische Veränderung, welche die sog. Verfressenheit, Hungerphantasien und Neid hervorbringt. Das Hungergefühl war in der Küche sofort verschwunden, aber der Rest blieb. Daher das Überfressen, das ich mir immer antat, und der Hunger direkt nach der Entlassung. Mams liegt in ihrem Bett und hungert, Papa auch.[4] Letzterer ebenso wie ich mehr über meine Küchenperiode als über früher phantasierend: Knackwurst und Fleisch für ihn, leckeres Essen, Toast mit Zucker, dicker Brotbrei, warmer Butterkuchen, die schwarze Rinde eines Brotes dick mit Butter und Leberwurst für mich. Nun, da der Lagerälteste behauptet, dass der letzte Transport … in ein Konzentrationslager weg ist, weiß man nicht mehr, was man hoffen oder erwarten kann. Der Krieg läuft gut. Ein schwacher Optimismus regt sich. Mir bleibt nur die Hoffnung, alles so zu formulieren, dass es Genuss bereitet, auch wenn ich nicht glaube, dass das Tagebuch aus dieser Pesthölle herauskommt, um den Freunden von unserem Hungertod – das Letzte, was man für uns in petto hielt – zu berichten.

DOK. 204

Der Reichswirtschaftsminister befiehlt in einem Runderlass am 16. Februar 1945, alle wichtigen „Entjudungsakten“ zu vernichten[1]

Runderlass des Reichswirtschaftsministers, II GRO 118/45,[2] gez. i. A. Dr. van Hees,[3] an den Regierungspräsidenten in Wiesbaden[4] vom 16.2.1945[5]

Betrifft: Behandlung von Entjudungsakten

Ergänzend zu meinem Erlaß vom 10. Januar 1945 – II GRO (Jd) 14 343/45 –[6] teile ich mit, daß in erster Linie versucht werden muß, die politisch und historisch wichtigen Entjudungsakten bei Verlegung Ihrer Dienststelle mit dem übrigen Aktenmaterial zu

3 Seit Ende 1944 erreichten zahlreiche Evakuierungstransporte Bergen-Belsen und führten zu einer völligen Überfüllung des Lagers. Im Jan. 1945 wurde das Lager auf dem Areal des ehemaligen Kriegsgefangenenlazaretts erweitert.

4 Frieda Tas-Herzberg (1896–1970), Malerin und Sängerin; 1920 Heirat mit Jacques Tas, drei Kinder; Jacques Tas (1892–1978), Psychiater; zunächst als Assistenzarzt in Amsterdam und Utrecht, von 1931 an niedergelassener Neurologe in Amsterdam.

1 BArch, R 3101/9042, Bl. 1. Abdruck in: Ingo Loose, Das Reichswirtschaftsministerium und die Judenverfolgung 1933–1945, in: Albrecht Ritschl (Hrsg.), Das Reichswirtschaftsministerium in der NS-Zeit. Wirtschaftsordnung und Verbrechenskomplex, Berlin u. a. 2016, S. 357–532, hier S. 527.

2 Generalreferat für Organisationsfragen.

bergen. Falls ein Fortschaffen der Akten infolge überraschenden Feindeinmarsches nicht möglich sein sollte, ersuche ich, sie zu vernichten, da unter allen Umständen vermieden werden muß, daß diese Akten in Feindeshand fallen.

DOK. 205
Die ungarische Jüdin Rózsi Wolf schildert am 17. Februar 1945 ihr Leben zwischen Verzweiflung und Hoffnung im Zwangsarbeitslager Viehofen[1]

Handschriftl. Brieftagebuch von Rózsi Wolf,[2] Lager Viehofen,[3] Eintrag vom 17.2.1945

Mein lieber Lacika,[4]
regelmäßig Tagebuch zu führen, dafür habe ich kaum Zeit, lieber schreibe ich, wenn viele Ereignisse zusammengekommen sind. Diese Woche habe ich schlechte Tage gehabt. Die Menschen um mich herum sind nervös. Und das hat eine schreckliche Auswirkung auf mich, wenn man eigentlich die eigene Ruhe erhalten möchte. Diese Woche waren wir auf der Baustelle arbeiten.[5] Das Wetter war schön, und es gab auch einen Bombenalarm, darüber freuen wir uns dann, weil dann die Arbeitszeit kürzer ist. Ich habe mich ziemlich zurückgezogen. Es sind so viele Menschen mit schlechten Absichten hier …

3 Vermutlich: Dr. Hans van Hees (*1883), Bankkaufmann; von 1931 an bei der Deutschen Reichsbank, dann im RWM.
4 Otto Schwebel (1903–1976), Beamter; 1930 NSDAP-Eintritt; 1933/34 Oberbürgermeister von Worms, dann bis 1937 Landrat im Kreis Worms, von 1937 an NSDAP-Kreisleiter in Frankfurt a. M.; 1939–1945 MdR; Juli 1943 bis März 1945 Regierungspräsident von Wiesbaden; lebte nach dem Krieg in Bayern.
5 Der Runderlass ging auch an die Regierungspräsidenten in Köln, Trier, Münster, Düsseldorf, Koblenz, Frankfurt (Oder), Köslin, Stettin, Troppau und Berlin, den Reichsstatthalter in der Westmark, den Badischen Finanz- und Wirtschaftsminister und den Polizeipräsidenten in Berlin; im Original handschriftl. Vermerk vom 20.2.1945: „Herrn Räetz, Ist Ihnen bekannt, ob den […] entsprechende Anweisungen erteilt worden sind?", und die Antwort „Möchte ich annehmen" vom 22.2.1945.
6 Nicht ermittelt.

1 Original in Privatbesitz, Kopie: IfZArch, F 601. Das Dokument wurde aus dem Ungarischen übersetzt.
2 Rózsi Wolf (1920–2007), Schneiderin; im Mai 1944 im Getto von Szeged, Ende Juni 1944 Deportation in das Durchgangslager Strasshof, bis Okt. 1944 Zwangsarbeit in den Ammoniakwerken Merseburg in Moosbierbaum, dann gemeinsam mit ihren Eltern im Zwangsarbeitslager Viehofen, April 1945 in Mauthausen, dort befreit; Rückkehr nach Ungarn, wo sie László Halmos heiratete.
3 Im Arbeitslager Viehofener Au waren zunächst Zwangsarbeiter und Kriegsgefangene aus der Ukraine untergebracht, von Juli 1944 an ungar.-jüdische Zwangsarbeiter. Das aus drei Baracken bestehende Lager wurde vom Traisen-Wasserverband betrieben. Zuständig für die Regulierungsarbeiten der Traisen war die Abt. Vc – Wasserwirtschaft des Reichsstatthalters Niederdonau. Anfang April 1945 wurde das Lager aufgelöst, die überlebenden Juden Richtung Westen in das KZ Mauthausen getrieben.
4 Laszló Halmos; Freund von Rózsi Wolf.
5 Gemeint ist die Regulierung der Traisen, eines Nebenflusses der Donau bei St. Pölten-Viehofen in Niederösterreich. Dort mussten die Zwangsarbeiter mit bloßen Händen einen Damm bauen, um den Fluss umzuleiten.

So fühle ich mich wohl, wenn ich hin und wieder in mein kleines Heft schreiben kann, was ich grade fühle und denke. Diese Woche ist die Brotration gesunken, das ist ziemlich schrecklich, denn hier geht es um unsere Lebenserhaltung. Es ist schrecklich, dass man aus unseren übrig gebliebenen Sachen kaum etwas noch verwerten kann. Gott sei Dank fühle ich nicht andauernd den Hunger.

Diese Woche waren wir in der Stadt. Es gab Kleiderläuse in den Baracken, und wer wollte, konnte in den Raum, wo man desinfiziert wurde. Ich habe mich auch gemeldet. Ich dachte nicht nur an das Baden, sondern dass ich zur Abwechslung auch mal was anderes erlebe.

Neben einem schönen Krankenhaus war der Desinfektionsraum, und dieser war recht verwahrlost. Die Männer und die Frauen baden zusammen, also habe ich lieber nicht gebadet. Habe Brotmarken bekommen. Es war ein bekanntes Gefühl, zum Bäcker reinzugehen und Brot zu kaufen. Wie schön wäre es, wieder ein normales menschliches Leben zu führen. Dass Menschen mit ehrlich verdientem Geld wieder frei entscheiden könnten.

Und dass sie nicht aus Mitleid den unglücklichen Juden ein Stück Brot geben. Es war ein gutes Gefühl zu merken, dass auch in diesen durch Erdbeben erschütterten Zeiten in den Menschen das Mitleid dem anderen gegenüber nicht ganz ausgestorben ist. Dies bezieht sich aber leider eher auf die Christen und auf unsere Arbeitsführer,[6] die bessere Absichten hegen, als die paar Juden, denen gegenwärtig unser Schicksal anvertraut ist.[7] Es wäre traurig, wenn jeder seine Arbeit so gewissenlos erledigen würde wie diese Menschen.

In unserer Baracke gab es letzte Woche einen Todesfall. Es war ein älterer Herr. Es ist ziemlich traurig, dass sie auch so alte Menschen ohne Rücksicht aus ihren Häusern rausgeschmissen haben. Wer weiß, wie viel Seelenleid und wie viele Kämpfe er durchgemacht hat, um dann an solch einem traurigen Ort zu enden. Aber auch da geht alles bald weiter. Viele sagen, dass immer weniger Juden auf dieser Welt noch leiden. Inzwischen hat das erfreuliche politische Ereignis, das jüngst geschah, hier im ganzen Lager eine große Aufregung ausgelöst.[8]

Viele dachten, dass es nur noch eine Frage von Tagen ist, bis wir befreit werden, aber leider ist nichts passiert. Meinerseits wäre ich damit einverstanden, wenn die Wende am Ende des Frühlings eintreten würde, obwohl dies auch ein später Termin wäre.

Unser Zustand ist immer mehr zum Verzweifeln. Wir werden immer schwächer, und die Todesfälle hintereinander sind erschütternd. Die Herzen der Alten halten diese ganze Aufregung und die nicht gehaltvolle wässrige Nahrung nicht mehr aus. Meistens sind die Männer viel zerstörter. Bis jetzt halten wir, die Jungen, noch besser aus, aber wir halten auch kaum durch. Aber nervlich belastet mich die Situation auch sehr. Soweit ich mich schonen kann, tue ich es und versuche, alles vernünftig zu machen. Bei der Arbeit versuche ich, gleichmäßig und langsam zu arbeiten, so dass ich nicht so schnell erschöpft werde. Ich passe auf, dass ich nicht gegen die Regeln verstoße […].[9] Wir haben ungari-

6 Kommandant des Lagers Viehofen war ein gewisser Kubitschek, die zwei auch als Wachen dienenden Arbeitsführer hießen Losleben und Seif.

7 Nicht ermittelt.

8 Gemeint ist vermutlich die Befreiung Budapests durch die Rote Armee am 11. 2. 1945.

9 Im Original unleserlich.

sche Soldaten getroffen und haben gleich die Arbeitsdienstler[10] ausgefragt. Der eine hat gesagt, dass er euch gesehen hat, der andere hat gesagt, er weiß nicht, wo ihr sein könntet. Es ist schrecklich, dass wir uns voneinander derart getrennt haben, dass wir nicht einmal wissen, wo ihr seid und wie es euch geht.

Ich hätte so gern, wenn du jetzt ein bisschen neben mir sitzen würdest und wir uns zusammen über den Frühling und über unsere Jugend freuen würden. Ich nörgle nicht, man muss immer alles so nehmen, wie unser Schicksal eben verläuft. Gott belohnt und bestraft jeden nach seinem Verdienst. Sicher ist, dass wir nicht unnötig leiden, auch kann es sein, dass dieses Leiden eine Probe für uns ist. Jetzt denke ich gerade, dass ich vielleicht nicht immer so zu dir war, wie ich hätte sein sollen, deswegen sind wir so lang voneinander getrennt. Seitdem ist viel passiert, und ich habe gelernt, was Leben ist, und ich würde dich jetzt auch besser verstehen. Jetzt muss ich aufhören zu schreiben, weil ich zurück in die Baracke muss, weil es dunkel geworden ist. Ich denke mit viel, viel Liebe an dich. An meinen kleinen Schatz. Viele Küsse, und ich wünsche dir alles Gute

DOK. 206
Die Sicherheitspolizei in Mannheim informiert am 20. Februar 1945 über die Flucht einer jüdischen Familie[1]

Schreiben des Kommandeurs der Sicherheitspolizei für Baden und Elsaß,[2] Außenstelle Mannheim – IV –, Tgb. Nr. 270/45, gez. unleserlich (Krim.-Kommissar), an das Städtische Ernährungs- und Wirtschaftsamt Mannheim (Eing. 23.2.1945) vom 20.2.1945[3]

Betrifft: Arbeitseinsatz von Juden und Jüdinnen aus Mischehen und Geltungsjuden

Am 15.2.1945 wurden 49 Juden zum geschlossenen Arbeitseinsatz gebracht. Dieselben wurden am 14.2.1945 nachmittags 18 Uhr auf die hiesige Dienststelle vorgeladen, mit dem ausdrücklichen Bemerken, daß bei Nichterscheinen Festnahme und Einweisung in ein KZ-Lager erfolgt.

Folgende Juden haben der Vorladung keine Folge geleistet:

1. *Herzberg* Karl Israel,[4] geb. am 29.8.1884 in Groß-Tremken,

10 1939 schloss die ungar. Armee Minderheiten wie Rumänen oder Serben und eben auch Juden vom aktiven Militärdienst aus. Im darauffolgenden Jahr wurden jüdische Arbeitsbataillone aufgestellt, die für die ungar. Armee Zwangsarbeit verrichten mussten. Die Mehrzahl dieser Männer, rund 40 000, wurde von den Deutschen ermordet, kam bei Kampfhandlungen ums Leben oder geriet in sowjet. Kriegsgefangenschaft; siehe VEJ 7/161.

1 MARCHIVUM, Ernährungs- und Wirtschaftsamt, Zug. –/1958, Nr. 302. Abdruck in: Fliedner, Judenverfolgung in Mannheim (wie Dok. 64 vom 10.8.1943, Anm. 1), Bd. 2, S. 244, Nr. 154.

2 Dr. Karl Pütz (1911–1945), Jurist; 1933 NSDAP- und SS-Eintritt; von Nov. 1937 an Leiter der Abt. II der Staatspolizeistelle Aachen, von Aug. 1938 an Stellv. des Leiters; 1942/43 KdS Wolhynien-Podolien in Rowno, anschließend in Lublin und kurzfristig in Posen; Ende 1944 BdS Südwest; nahm sich das Leben.

3 Im Original handschriftl. Bearbeitungsvermerke.

4 Karl (auch Carl) Herzberg (1884–1970), Kaufmann; 1903–1921 in verschiedenen Warenhäusern tätig, von 1921 an Inhaber eines Textilgeschäfts in Mannheim, das 1937 „arisiert“ wurde; Zwangsarbeit bei der Bürstenfabrik Bing; Sept. 1945 Tätigkeit beim Ernährungs- und Wirtschaftsamt in Mannheim, 1946–1948 stellv. Geschäftsführer der Emil Köster AG, ab 1954 Horten GmbH.

2. *Herzberg* Ilse Sara,[5] geb. 29.6.1923 in Mannheim,
3. *Herzberg* Doris Sara,[6] geb. 15.4.1928 in Mannheim, sämtliche wohnhaft P 6, Nr. 3/4.[7]
Am 17.2.1945 habe ich die Wohnung der Familie Herzberg durch einen Schlosser öffnen lassen und dabei wurde festgestellt, daß der genannte Jude mit seiner arischen Ehefrau und seinen beiden Kindern flüchtig gegangen ist.[8]
Ich gebe hiervon Kenntnis und bitte, die Lebensmittelkarten der genannten Personen bis auf weiteres sperren zu wollen.
Sollte die Ehefrau Herzberg[9] bei der nächsten Kartenperiode erscheinen, bitte ich, ihr keine Lebensmittelkarten auszuhändigen und sie an die hiesige Dienststelle zu verweisen oder fernmündlich unter Nr. 41 921 oder 43 059 Nachricht geben zu wollen.

DOK. 207

Otto Grünmandl dichtet im Februar/März 1945 über das Schicksal der „Mischlinge", die in Rositz in Thüringen Zwangsarbeit leisten müssen[1]

Handschriftl. Gedicht von Otto Grünmandl,[2] Rositz/Thüringen,[3] Ende Februar/Anfang März 1945[4]

I.
Ich kenne ein Dorf im Thüringer Land,
bei Altenburg liegt's und ist Rositz genannt.
Da stand einst ein Werk
so mächtig und schön,

5 Ilse Selma Herzberg (1923–1984).
6 Doris Ellen Herzberg, später Perlstein (1928–2001).
7 Die Mannheimer Innenstadt ist in Quadrate eingeteilt, wodurch sich die Adressbezeichnung ergibt; P 6 3/4 bedeutet: Quadrat 6, Hausnummer 3/4.
8 Die Familie Herzberg versteckte sich mit Hilfe von Wilhelm Burger, einem ehemaligen Geschäftspartner Karl Herzbergs, zunächst bei Gertrud Hammer und ihrem Vater Georg in Schönau bei Mannheim. Als die jüngste Tochter an einer Lungenentzündung erkrankte, wuchs die Gefahr, entdeckt zu werden. Daraufhin versteckte sich die Familie bis zu ihrer Befreiung am 1.4.1945 bei Mathias und Frieda Müller in Ziegelhausen bei Heidelberg. Für ihre Hilfe wurden Gertrud und Georg Hammer 1979 von der Gedenkstätte Yad Vashem als Gerechte unter den Völkern geehrt. Getrud Hammer erhielt 1976 das Bundesverdienstkreuz.
9 Karoline (genannt Lina) Herzberg, geb. Witt (1889–1990).

1 Sammlung Florian Grünmandl, Wien.
2 Otto Grünmandl (1924–2000), Ingenieur, Schriftsteller und Kabarettist; im Okt. 1944 in Hall in Tirol inhaftiert, Zwangsarbeit in den Braunkohlewerken bei Rositz/Thüringen; dort befreit und Rückkehr nach Tirol, seit den 1970er-Jahren als Schriftsteller und Kabarettist tätig, zwischenzeitlich leitende Funktion beim Österreichischen Rundfunk (ORF) in Tirol.
3 In Rositz bei Altenburg in Thüringen beschäftigte die Deutsche Erdöl AG (DEA) neben deutschen Zivil- auch Zwangsarbeiter und Kriegsgefangene bei der Verarbeitung von Braunkohleteer und Erdöl. Das Werk, das bereits im Aug. 1944 durch alliierte Luftangriffe weitgehend zerstört worden war, wurde am 14.2. und am 2.3.1945 erneut angegriffen. Angegliedert war ein Zwangsarbeitslager mit 450–500 Häftlingen, das der OT unterstand. Von Herbst 1944 an wurden auch „Mischlinge" und Partner aus „Mischehen" nach Rositz deportiert. Am 13.4.1945 befreiten US-Soldaten die Häftlinge während des Evakuierungsmarschs in das KZ Flossenbürg.
4 Interpunktion wie im Original.

heut ist von der Schönheit nicht viel mehr zu sehen.
Die Bauten vernichtet, die Kessel verbeult,
die Schienen verbogen, die Masten verkeilt,
Wohin man nur schaut nur Dreck und Morast,
drum hab das Lied ich verfaßt.

II.
Mein Rositz mein D. E. A. Werk
mit deinem stolzen Trümmerberg
auf deinen Schienen deinen Schwellen
und manch andren Arbeitsstellen
hat mich dein Gasgeruch entzückt.
Beim Ziegelklopfen und Schienen stopfen
hab ich mich oft und gern gedrückt.
Einst wurden dorthin viel Männer gebracht
die der Stadt schon viel Sorgen gemacht.
Aus Mischlingen setzt sich zusammen die Schar
und was sonst noch arisch nicht zimmerrein war.
Doktor, Beamte und Ähnliche mehr,
die nahm man ganz einfach als Hilfswerker her
und wurde dadurch auch die Wirtschaft gestört,
die Ruhe des Staates war es wert.
Man gab uns ein Lager mit Ausgangsverbot[5]
sonst wäre im Reich die Tugend bedroht
und was man an Bosheit uns alles noch tut,
das raubt mir jedoch nicht den Humor und den Mut.
Wir wissen es kommt bald ganz bestimmt noch die Zeit,
da werden auch wir von der Dienstpflicht befreit.
Dann geht es zurück nach dem schönen Tirol,
dann singen wir zum Lebewohl.

III.
Als endlich das Werk zur Not war geflickt,
da hat es der Feind aus den Lüften erblickt.
Die Fertigung lief 14 Tage erst kaum,
zwei Angriffe folgten und aus war der Traum.
Die Tanks wurden alle durch Brände entleert,
die Straßen und Schienen durch Trichter zerstört.
Jetzt stehen vor den Trümmern verdutzt alle Mann
und fangen von vorn wieder an.

5 Anfang 1945 verlegte die OT die deutsch-jüdischen Häftlinge aus den zuvor als Quartier genutzten Gasthäusern in das Barackenlager Scheldlitz, in dem auch die übrigen im Werk tätigen Zwangsarbeiter untergebracht waren. Dort herrschte Ausgangsverbot.

DOK. 208

Erich Alenfeld beschreibt seiner Schwägerin am 4. März 1945 die Untergangsstimmung in Berlin und seine Furcht vor der Roten Armee und vor der Gestapo[1]

Handschriftl. Brief von Erich Alenfeld, Berlin-Zehlendorf, Beerenstr. 25, an Anneliese Völker, Gießen, Tannenweg 27, vom 4.3.1945

Liebe Anneliese!

Ich empfinde das Bedürfnis, Dir persönlich zu Deinem Geburtstage zu gratulieren. Gewinne Deine volle Gesundheit zurück und bewahre Deine mutige, tatkräftige, besonnene Gesinnung und Dein warmfühlendes Herz. Ich habe mich sehr über Deine Zeilen an meine Kinder anläßlich ihrer Geburtstage gefreut. Nicht nur, daß Du im Gegensatz zu Hildegard[2] Zeit gefunden hast, ihnen zu schreiben, sondern auch die Art, wie Du es getan hast, hat mir sehr gefallen. Dein Appell kommt zur rechten Zeit. Uns allen steht Schweres bevor. Wir können nicht fort; wenn wir nicht gezwungen werden, es zu tun, so müssen wir alles überstehen, was eine dunkle Zukunft uns vorbehalten hat: Schlacht um Berlin, Besetzung durch die Russen, Hungersnot und ich persönlich Verhaftung und Abtransport nach Theresienstadt oder sonstwohin. Überall werden Sperren errichtet, nun fangen sie an, auch in Zehlendorf Gräben auszuheben, Gefechtsstände einzurichten. Der Volkssturm übt, baut, die H. J. muß helfen. Kein Zweifel: man will Berlin denselben Schrecken aussetzen wie Budapest oder Breslau. Über den Erfolg kann kein Zweifel sein. Die Russen, die von der Wolga bis zur Oder gelangten, werden auch Spree und Havel und die Kanäle überwinden. Zehntausende werden ihr Leben lassen müssen und schrecklich viel Elend neu verursacht. Was spielt das für eine Rolle in den Augen derer, die um ihr Leben kämpfen und sich bemühen, das Ende um kürzere Frist hinauszuschieben? Wenn Goebbels kürzlich von der Göttin der Gerechtigkeit sprach und meinte, wenn Deutschland unterliege, so wäre die Göttin nur eine Hure des Kapitals und der Überzahl, so irrt er vollkommen.[3] Niemals hat die Göttin der Geschichte oder sagen wir Gott ein gerechteres Urteil gefällt als das, das heute gefällt ist. Das Strafgericht für alle Schandtaten, die in den verflossenen Jahren begangen wurden, mußte kommen. Herrn Danigers Frage: Und Gott schweigt? ist beantwortet. Gott hat nicht geschwiegen. Der von den Nazis verspottete Jehova hat eingegriffen. Leider, leider müssen nun wieder Unzählige büßen, die nicht sich schuldig gemacht haben, es sei denn, daß sie geschwiegen haben, anstatt sich dagegenzuwenden. Was spielt aber das einzelne Menschenschicksal in dieser Katastrophe für eine Rolle? Wir hörten heute von unserem tapferen Pfarrer Dilschneider[4] eine Predigt, die uns wieder sehr befriedigte u. stärkte. Wir müssen für jeden ruhigen Tag dankbar sein. Jeder Tag kann die befürchtete Wende bringen, sei es von den Russen her oder von der Gestapo. Aus Hamburg schrieb uns unsere

1 Original in Privatbesitz, Kopie: IfZArch, F 601.

2 Dr. Hildegard Geppert (1899–1974), Schriftstellerin; Schwägerin von Erich Alenfeld.

3 In einer Rundfunkansprache zur Kriegslage am 28.2.1945 sprach Goebbels von einer erfundenen „Göttin der Geschichte", die bei einer deutschen Niederlage nichts weiter sei als eine „Hure des Geldes und feige Anbeterin der Zahl".

4 Dr. Otto Dilschneider (1904–1991), evang. Theologe; 1941–1960 Pfarrer an der Pauluskirche in Berlin-Zehlendorf; seit 1959 Professor an der Kirchlichen Hochschule in Berlin.

Freundin Anni,[5] daß dort bereits vor 14 Tagen alle Mischehe-Juden abgeholt worden seien. Ähnliches wurde aus Halle und Braunschweig gemeldet. Wir stehen zwischen Skylla und Charybdis und können weiter nichts tun, als auf Gott vertrauen. Bisher sind wir durchgekommen, hoffentlich überstehen wir das Ende. Du warst so freundlich, uns in Gießen eine Notunterkunft anzubieten. Vielen Dank hierfür. Im Augenblick kann Sabine[6] nicht fort, da sie dienstverpflichtet ist. Muß sie mit den Kindern fort, dann ist es fraglich, ob sie bis Gießen kommt, außerdem fürchte ich, daß es kaum lange dauern wird, bis Gießen und das Lahngebiet Etappe wird. Schon stehen die Amerikaner unweit Bonn, Trier ist besetzt. Es wird nicht lange dauern, dann stehen sie am Rhein, und der Westerwald und der Taunus sind Kriegsgebiet. Dann werdet Ihr selber in Bedrängnis geraten und neue Pläne schmieden, zum mindesten Entschlüsse fassen müssen. Für uns alle ist die Zukunft düster und undurchsichtig. Heinz Mathiesen ist schwerverletzt (Bein) in Colberg[7] gelandet, scheint auf dem Wege der Besserung zu sein. Wir haben freiwillig neue Flüchtlinge aufgenommen: Mutter mit 1jährigem Kinde, Rheinländerin, die ausgebombt war und jetzt aus Westpreußen flüchten mußte. Mutter nahebei im Krankenhaus.
Nun lebe wohl. Ich wünsche Dir, Otto und Deinen Kindern alles Gute.
Übersteht die schwere Zeit und bleibt gesund, herzliche Grüße Dein Erich
(Bitte hebe die Marke auf bzw. sende sie zurück)

DOK. 209

The Palestine Post: Ein Artikel vom 15. März 1945 berichtet über den letzten Tag der Trauerwoche für die in Europa ermordeten Juden[1]

Palästinas Juden fasten

In den Synagogen saßen die Gläubigen auf dem Fußboden, zum Zeichen symbolischer Trauer für die Opfer der Nazi-Brutalität, und am Ende des Nachmittagsgottesdienstes ertönte das Widderhorn (Schofar). Der vom Oberrabbinat bestimmte Ablauf des Gottesdienstes umfasste Bußgebete und spezielle Gebete für Juden in den besetzten Ländern, auch wurde das Fünfte Kapitel der Klagelieder Jeremias[2] vorgelesen.
Bis zum späten Nachmittag, als Männer und Frauen in den Straßen auftauchten, um sich auf den Weg zu den Synagogen zu machen, wirkten die jüdischen Wohngebiete von Jerusalem und Haifa wie ausgestorben. Selbst die Kinder hielten sich im Hause auf.

5 Annemarie Liebermann.
6 Sabine Alenfeld, Erich Alenfelds Ehefrau.
7 Vermutlich: Bad Colberg in Thüringen.

1 The Palestine Post, Vol. XX, No. 5742 vom 15.3.1945, S. 1. Die 1932 in Jerusalem gegründete Tageszeitung erschien anfänglich in einer Auflage von 1000 bis 4000 Exemplaren. 1944 betrug die Auflage bereits rund 50 000 Exemplare. Seit 1950 erscheint sie als Jerusalem Post. Das Dokument wurde aus dem Englischen übersetzt.
2 Die fünf Klagelieder Jeremias befassen sich mit dem Leid, das die Zerstörung Jerusalems durch die Babylonier 587 v. Chr. verursachte. Im fünften, dem kürzesten Lied werden die Unterdrückungsmaßnahmen, der gewaltsame Tod von Verwandten und die Lebensmittelknappheit beklagt. Das Lied schließt mit der Bitte um Wiederherstellung der alten Ordnung.

Überall in den Städten blieben Läden, Büros, Cafés und Restaurants geschlossen, und auf den Straßen waren nur arabische Taxis und Militärfahrzeuge zu sehen.
Arbeiter der zentralen Versorgungsbetriebe, Vertreter der jüdischen Gemeinden sowie junge Männer und Frauen waren im Einsatz, um Bummelanten von den Straßen fernzuhalten. Im gemischten Geschäftszentrum gab es natürlich Verkehr, aber selbst hier wirkten die Straßen verhältnismäßig leer. Mitarbeitern der jüdischen Regierung[3] war erlaubt worden, ihrem Dienst fernzubleiben.
Die zionistische Flagge auf dem Gebäude der Jewish Agency war auf Halbmast gesetzt.
Das geschäftige Tel Aviv gedämpft
In den Straßen von Tel Aviv, die normalerweise von Menschen wimmeln, herrschte wenig Betrieb, und am Abend blieben die Schaufenster dunkel. Nur ein paar Taxis mit Sondergenehmigungen für Notdienste und für Armee- und Polizeitransporte waren unterwegs. Die Buslinien des britischen Militärs fuhren den ganzen Tag über nicht, und letzte Nacht war auch der Transportservice vom Entlassungslager Tel Litvinsky[4] eingestellt, so dass die Soldaten den Abend im Lager verbrachten.
Auf polizeiliche Anordnung wurden die von Jaffa aus kommenden arabischen Überlandbusse in den Außenbezirken von Tel Aviv angehalten. Die Regierungsbehörden schlossen, von den elementarsten Diensten abgesehen, um zehn Uhr morgens.
Nur die Clubräume des Tel Aviv Hospitality Committee[5] standen für die Soldaten offen. The Ark *(Club)* und der Womens' Services Club waren geschlossen, und zwischen 1.30 Uhr mittags und 6.30 Uhr abends wurde kein Essen serviert. Unterhaltungsveranstaltungen fanden nicht statt.
Auf dem polnischen Konsulat waren die polnischen Farben mit schwarzen Bändern versehen und die Flagge auf Halbmast gesetzt.

DOK. 210

Edgar Kupfer-Koberwitz erfährt am 19. März 1945 von Juden, die aus Auschwitz nach Dachau deportiert werden, von den Massenmorden im Vernichtungslager[1]

Handschriftl. Tagebuch von Edgar Kupfer-Koberwitz, Eintrag vom 19.3.1945[2]

Habe jetzt mit Juden gesprochen, die von Auschwitz kamen. – Es ist ungeheuerlich, was sie erzählen. – Im Lager waren alle Nationen von Juden vertreten – alle zum Tode verurteilt – Vor allem die, welche schwach wurden. Außerhalb des Lagers brannten 5 riesige

3 Gemeint ist die Jewish Agency for Palestine.
4 Brit. Militärbasis, in der auch italien. Kriegsgefangene untergebracht waren. 1948 wurde das Lager in Tel Hashomer umbenannt.
5 1939 wurde das Tel Aviv Hospitality Committee gegründet, das mit seinen Clubräumen, einem Restaurant und Vergnügungsveranstaltungen dem Wohlergehen der in Palästina stationierten brit. Streitkräfte diente, deren Angehörige dort auch mit der örtlichen Bevölkerung verkehrten.

1 University of Chicago Library, Special Collections Research Center, Kupfer-Koberwitz, Edgar. Dachau Diaries, Box 4, Fol. 9. Abdruck in: Kupfer-Koberwitz, Dachauer Tagebücher (wie Dok. 156 vom 7.8.1944, Anm. 1), S. 420 f.
2 Interpunktion wie im Original.

Krematorien-Öfen[3] – Täglich wurden 6000 Leichen verbrannt – In den 5 Monaten, die der eine jüdische Kamerad dort war, 600 000 – Es klingt unglaublich, aber alle bestätigen es – Die Arbeitsunfähigen wurden immer wieder zu 1000 gesammelt, dann in das Bad geführt, mit Handtuch, versteht sich. – Dort spieen dann die Duschen Gas – später schluckte sie das Feuer. – Wenn zu viele andere für die Gaskammern waren, dann führte man sie an eine große Grube, ein Massengrab, und erschlug sie mit einer Eisenstange – Die Krematorien wurden von Juden bedient,[4] die, nach einem Monat etwa ausgewechselt, auch verbrannt wurden (wie damals in Dachau)[5] – Die jungen, arbeitsfähigen Juden bekamen ihre Nummer am linken Unterarm eintätowiert – Ich habe diese Tätowierungen [...][6] gesehen –

Einem Juden ist es geglückt zu fliehen – Er soll in die Schweiz und dann nach England entkommen sein und dort die Tatsachen gemeldet haben; die dann von England aus verbreitet worden sein sollen–[7]

– Das Lager hatte gewöhnlich 40–60 000 Insassen (sagte man mir). Als es geräumt wurde, wurden 15 000 Mann zu Fuß forttransportiert – Bei Nacht ging der Marsch. – russ. Flieger – Partisanen – Brot und Konserven wegwerfen – nicht erlaubt Wasser trinken[8] – Wer zusammenbrach, wurde erschossen, auch Wachmannschaften, die nicht weiterkonnten –

Später kamen sie, ein Teil, nach Groß-Rosen, von dort in *offenen* Waggonen, bei Schneetreiben und nur mit 1/3 Brot versehen auf die Reise, von Dienstag bis Sonntag – 120 Mann in einem Waggon – In den 2 geschlossenen Waggons, die dabei waren, starben gleich am ersten Tag 20 Personen – Als der Transport in Dachau ankam, 1500 Mann, hatten sie 300 Leichen. – Auf den Bahnhöfen, in den deutschen Städten, schüttelten viele Deutsche den Kopf, wenn sie die Menschen sahen, im offenen Waggon, im Schnee – Es berührt seltsam, wenn diese grausigen Dinge junge Menschen mit zarten, bleichen Kindergesichtern erzählen, Jünglinge, die erlebten, wie ihre Väter verbrannt wurden, und die nicht wissen, wo ihre Mutter und Geschwister sind, deren Häuser zerstört sind

3 Vier Krematorien befanden sich in Birkenau und eines im Stammlager.

4 Schwer leserlich; vielleicht auch: betreut.

5 Gemeint ist das Sonderkommando, das aus jüdischen Häftlingen bestand, die unter Kontrolle der SS gezwungen wurden, die Opfer in die Gaskammern zu führen und ihre Leichen zu verbrennen. Die Sonderkommandos wurden je nach Bedarf verkleinert und vergrößert und ihre Mitglieder in unregelmäßigen Zeitabständen ermordet und durch andere Juden ersetzt.

6 Vermutlich: hier.

7 Gemeint ist vermutlich die Flucht von Rudolf Vrba und Alfréd Wetzler aus Auschwitz im April 1944. Ihr Bericht (Vrba-Wetzler-Bericht) über die Zustände in Auschwitz gelangte im Juni 1944 in die Hände der Alliierten; siehe VEJ 16/108. Von den mehr als 800 versuchten Fluchten aus dem Lagerkomplex Auschwitz, davon mindestens 115 von Juden, endeten mindestens 144 erfolgreich.

8 In der publizierten Fassung des Tagebuchs heißt es: „überflogen die riesige Menschenschlange, warfen Leuchtraketen, Partisanen schossen in den Wäldern, die Richtung anzugeben, wohin etwaige Mutige fliehen könnten. – Die Menschen stampften so durch den Schnee dahin. – Sie hatten genügend Proviant mitbekommen, Brot und Konserven, da man den Proviant doch nur hätte liegenlassen müssen, aber sie warfen das meiste weg, da sie sich selbst kaum vorwärts schleppen konnten. – Aber Durst hatten sie, entsetzlichen Durst.– In den Dörfern, durch die sie kamen, boten ihnen die Menschen Wasser an, schleppten Eimer her, aber die SS jagte sie zurück, sie durften nicht trinken."

und deren Zukunft wie eine Wüste brach vor ihnen liegt – Manchmal möchte man heulen – Aber man schämt sich – So ein alter Dachauer! –
Mainz soll gefallen sein.[9]

DOK. 211

Der Vertrauensmann der in „Mischehe" lebenden Juden in Württemberg und Hohenzollern informiert Lina Bubeck am 22. März 1945 über die geltenden Sondervorschriften[1]

Einschreiben von Konsulent Dr. Benno Ostertag, Stuttgart-S.,[2] Stafflenbergstr. 64, an L. Bubeck,[3] Bisingen/Hohenzollern,[4] vom 22.3.1945

Als Vertrauensmann für die in Mischehe lebenden Juden für Württemberg und Hohenzollern wurde mir von der Geheimen Staatspolizei mitgeteilt, daß Sie neu erfaßt sind. Da Ihnen die Sondervorschriften, die für Juden gelten, wohl nicht alle bekannt sind und mir die früheren Rundschreiben auch nicht mehr vorliegen, in denen die Vorschriften wiederholt sind, bitte ich Sie, sobald es Ihnen möglich ist, bei mir vorbeizukommen. Jetzt schon möchte ich Sie darauf aufmerksam machen, daß
1. der zusätzliche Vorname[5] stets zu führen ist.
Sie haben diesen doch bei der Behörde angenommen?
2. Bei jeder Behörde und bei jedem Ausweis ist die Kennkarte[6] vorzuzeigen.
3. Direkte Eingaben bei Behörden sind verboten. Sie dürfen nur durch mich oder einen Konsulenten erfolgen.
Von abends 8 Uhr bis morgens 6 Uhr besteht Ausgehverbot. Ab 1. April von abends 9 Uhr bis morgens 5 Uhr.
4. Bei jeder polizeilichen Meldung, amtlichem Schreiben usw. ist auf die Judeneigenschaft aufmerksam zu machen und die Kennkarten-Nummer anzugeben.
5. Verkehr mit Ausländern ist verboten.
6. Freundschaftlicher und kameradschaftlicher Verkehr, soweit es sich nicht um Verwandte handelt, desgleichen.

9 Am 17.3.1945 wurden die Mainzer Rheinbrücken durch die Wehrmacht gesprengt, am 21.3. erreichten US-Streitkräfte Mainz und befreiten die Stadt am folgenden Tag.

1 Original nicht aufgefunden, Kopie: USHMM, RG 14 053M: Jüdische Gemeinde Stuttgart collection, 1920–1951, Reel 1.

2 Die Stafflenbergstraße war bis 1957 dem Stuttgarter Finanzbezirk Süd zugeordnet.

3 Lina Bubeck, eigentlich Traude-Laye Bubeck (1893–1969), Hausfrau; 1919 Heirat mit dem Kaufmann Hans Bubeck (1891–1959), bis Juli 1944 lebte sie in Stuttgart, vorübergehender Umzug nach Bisingen; von Juli 1945 an erneut in Stuttgart.

4 Gemeinde im heutigen Zollernalbkreis in Baden-Württemberg.

5 Laut VO vom 17.8.1938 mussten Juden vom 1.1.1939 an die zusätzlichen Vornamen „Sara" und „Israel" annehmen, es sei denn, sie hatten einen anderen von Amts wegen als jüdisch geltenden Vornamen; siehe VEJ 2/84, 86 und 181.

6 Ende Juli 1938 wurden Kennkarten mit einem rot gestempelten „J" für die jüdische Bevölkerung eingeführt; siehe VEJ 2/72 und 300.

Das sind die wichtigsten Vorschriften. Ich bitte, mir den Empfang dieses Briefes zu bestätigen.
Hochachtungsvoll

DOK. 212
Karl Ebner verweist nach seinem Todesurteil in seinem Gnadengesuch an Heinrich Himmler am 24. März 1945 auf seine Verdienste bei der „Lösung der Judenfrage" in Wien[1]

Schreiben von RA Dr. Erich Führer (Dr. F/D),[2] Wien I, Seilerstätte 16, an den Reichsführer SS Heinrich Himmler, Reichsminister und Chef des Ersatzheeres, über das Oberste SS- und Polizeigericht (St. L. 29/45) vom 23.3.1945[3]

SS-Obersturmbannführer Karl Ebner,[4] Oberregierungsrat,
vertreten durch:
Rechtsanwalt Dr. Erich Führer,
Wien I., Seilerstätte 16,

Stellt instehende Gnadenbitte:
Mit Urteil des Obersten SS-und Polizeigerichtes vom 16. März 1945[5] wurde ich wegen Verbrechens nach § 5 Abs. 1 Nr. 1 Kriegssonderstrafrechtsverordnung (Wehrkraftzersetzung) zum Tode verurteilt.
Ich stelle durch meinen bereits ausgewiesenen Rechtsfreund die *Bitte*, das gegen mich ergangene Todesurteil im *Gnadenwege* auszusetzen und mir Gelegenheit zu geben, durch Bewährung an der Front meine Schuld zu büßen.
Zur Begründung dieser meiner Gnadenbitte darf ich folgendes anführen:
Vorerst muß ich wiederholen, daß ich die mir zur Last gelegten Äußerungen über die Vorgänge des 20. Juli nicht getan habe und diesbezüglich die beiden Zeugen einem Irrtume unterlegen sein müssen. Mir zuzutrauen, daß ich, der ich gerade in diesen Tagen von den Verschwörern verhaftet, längere Zeit in Gewahrsam gehalten und hiebei einer

1 ÖStA, AdR, Gauakt Dr. Karl Ebner Nr. 4353, Gruppe 04 Bmin. für Inneres/Justiz.

2 Dr. Erich Führer (1900–1987), Jurist; 1932 NSDAP-, 1934 SS-Eintritt; 1936–1938 Mitglied der Landesleitung der NSDAP in Österreich, 1938–1943 Vizepräsident der Wiener Anwaltskammer; 1947 Verurteilung zu schwerer Kerkerhaft, im folgenden Jahr entlassen.

3 Eingangsstempel vom 26.3.1945; im Original handschriftl. Unterstreichungen. Im Anschreiben von Dr. Erich Führer an den Gauinspekteur Hoberg bittet der Anwalt um die Fürsprache des Reichsstatthalters Baldur von Schirach sowie von Gauleiter Hugo Jury zu dem Gnadengesuch seines Mandanten Ebner. Handschriftl. Bemerkung von Schirachs: „Ich befürworte das Gnadengesuch Ebners."

4 Dr. Karl Ebner (1901–1983), Jurist; von 1929 an bei der österreich. Bundespolizei; 1936 NSDAP-, 1937 SS-Eintritt; von 1938 an bei der Gestapo Wien, seit 1939 Abteilungsleiter des dortigen Judenreferats, von 1942 an stellv. Leiter der Gestapoleitstelle Wien; März 1945 u. a. wegen Wehrkraftzersetzung zum Tode verurteilt; nach 1945 in brit. Internierung, 1948 vom Wiener Volksgericht zu 20 Jahren Kerker verurteilt, 1953 entlassen, 1955–1968 Hausverwalter in Wien.

5 Nicht aufgefunden.

durchaus schmählichen Behandlung unterzogen wurde, mich einige Wochen später zustimmend zu diesen Vorgängen geäußert haben soll, entbehrt der inneren Logik.
Wenn ich bei Erörterung der Kriegslage vielleicht unvorsichtig gewesen bin, mir der Tragweite meiner Äußerungen nicht in jedem Falle bewußt geworden bin, so ist dies auf mein langjähriges Magenleiden und die damit verbundene Schädigung meiner Nerven zurückzuführen. Ich will jedoch nicht diese Begründung für meine Gnadenbitte in den Vordergrund rücken, sondern will in erster Linie auf meine jahrelange ausgezeichnete Dienstleistung für Führer, Volk und Reich hinweisen.
Schon in der Systemzeit Schuschniggs[6] gehörte ich zu jener Anzahl von Polizeibeamten, die im Nachrichtendienst der NSDAP tätig waren und alles getan haben, um die Ziele der NSDAP in Österreich zu fördern. Diese meine Einstellung und Tätigkeit, die selbstverständlich auf die Dauer der österreichischen Regierung nicht verborgen bleiben konnten, führten ja auch im Juli 1934 nach dem Putschversuch zu meiner sofortigen Dienstenthebung.[7] Erst nach mehreren Monaten wurde ich wieder in den Staatsdienst aufgenommen, jedoch aus der bevorzugten Stellung im Bundeskanzleramt entfernt und strafweise versetzt. Auch in dieser Stellung konnte ich bis zum Tage des Zusammenschlusses der Partei wertvolle Dienste leisten, wenngleich ich amtlicherseits mit der Auflage wieder eingestellt worden war, Angelegenheiten, die mit Nationalsozialisten zu tun haben, nicht bearbeiten zu dürfen. Diese meine Tätigkeit war in Polizeikreisen so bekannt, daß hierin die Begründung meiner einige Tage nach dem 13. März[8] ergangenen Einberufung zur Stapoleitstelle zu suchen ist. Dort selbst übernahm ich zuerst als Stellvertreter und später als Leiter eines der wichtigsten Referate im Rahmen dieser Dienststelle. Die Referate Kirche, Freimauerei und Judentum wurden mir als aufrechtem und jahrelang bewährtem Polizeibeamten übertragen. Insbesondere auf dem Gebiete der Judenmaßnahmen ist wohl mein Name mit der Tatsache aufs engste verknüpft, daß ich es gewesen bin, der die Judenfrage in Wien, wohl der verjudetsten Großstadt des Großdeutschen Reiches, in einwandfreier und kompromißloser Weise gelöst hat. Unter meiner Leitung des Judenreferates wurde Wien eine judenfreie Stadt. Rund 1 Milliarde Sachwerte wurde durch die von mir aufgezogene Organisation dem Reiche zugeführt.
Auch in meinen Referaten Kirche und Freimaurertum habe ich durch meine Dienstleistung die ganzen Jahre hindurch erhebliche und für den Staat überaus wichtige Erfolge erzielt.
Meine von allen Vorgesetzten stets anerkannten Dienstleistungen – ich verweise hiebei auf die in meinem Akte erliegenden Dienstzeugnisse des Brigadeführers Huber[9] und insbesondere auch auf die letzte ergangene Beurteilung des Standartenführers Dr. Mildner[10] – ließen mich schließlich zum stellvertretenden Leiter der Stapostelle Wien aufsteigen, die ich auch während der Krankheit des Brigadeführers Huber durch einige Monate

6 Systemzeit war ein von den Nationalsozialisten benutzter abwertender Begriff für die Weimarer Republik bzw. analog dazu für den austrofaschistischen Ständestaat unter Engelbert Dollfuß und seinem Nachfolger Kurt A. J. Edler von Schuschnigg.

7 Ein Putschversuch österreich. Nationalsozialisten scheiterte am 25.7.1934.

8 Am 13.3.1938 wurde das Bundesverfassungsgesetz über die Wiedervereinigung Österreichs mit dem Deutschen Reich, der Anschluss Österreichs, von der österreich. Bundesregierung beschlossen.

9 Franz Josef Huber (1902–1975), Polizist; von 1922 an bei der Polizeidirektion München, 1934 Gestapa Berlin; 1937 NSDAP-Eintritt; 1938–1944 Leiter der Gestapo Wien, dann BdS Nieder- und Oberdonau; 1949 als „minderbelastet“ eingestuft, als Buchhalter in München tätig.

selbständig leitete. Auch in dieser Funktion habe ich nichts anderes als strengste Dienstauffassung und das Wohl und Wehe des deutschen Vaterlandes im Kampfe um sein Dasein gekannt.
Nicht nur durch die Beförderung zum Oberregierungsrat, sondern auch durch die mir verliehenen Auszeichnungen des Kriegsverdientskreuzes I. und II. Klasse wurden von der Staatsführung meine Leistungen gewürdigt.
Wie Standartenführer Dr. Mildner in seiner Beurteilung meiner Person richtig bemerkt, habe ich niemals eine defaitistische Haltung an den Tag gelegt. „Ich habe mich in Bezug auf den Ausgang des Krieges und in Weltanschauungsfragen stets positiv geäußert."
Ich war immer der aufrechte Nationalsozialist, für den mich Standartenführer Mildner gehalten hat.
Und wenn diese politische Beurteilung fortfährt:
„SS-Führer und Parteigenossen in Wien, die Dr. Ebner kennen, sind der gleichen Auffassung, einer Auffassung, der sich ausdrücklich auch der Befehlshaber der Sicherheitspolizei in Wien Brigadeführer Huber angeschlossen hat", so ist dies nicht ein aus Kameradschaftlichkeit geschöpftes Urteil, sondern eine Tatsache, die alle SS-Führer und Parteigenossen, die mit mir seit dem Jahre 1933 zuerst illegal und später legal in Berührung gekommen sind, jederzeit zu bestätigen in der Lage sind.
Es gibt in Wien, das gleich anderen Großstädten sicherlich mancherlei Neider und Intriganten aufweist, keinen Nationalsozialisten von Rang und Namen bezw. von Leistungen für Partei und Staat, der mich nicht als einen solchen Mann kennengelernt hat, als den mich Standartenführer Mildner beurteilt.
Wenn ich daher durch Fahrlässigkeit und nicht beobachtete Vorsicht in kleinstem Kreise mich einer Verfehlung schuldig machte, so darf ich doch auf meine unleugbaren Verdienste um Führer, Volk und Staat hinweisen und als letzte Bitte an meinen höchsten Vorgesetzten, dem ich stets und immer die Treue gehalten habe und halten werde, die Bitte aussprechen, mir die Möglichkeit zu geben, in Bewährung an der Front durch einen ehrlichen Soldatentod sühnen zu dürfen, was ich gefehlt habe.[11]

DOK. 213

Eine britische Jüdin berichtet nach ihrem Austausch im März 1945 über ihre Arbeit im Jüdischen Krankenhaus in Berlin[1]

Anonymer Bericht vom März 1945

Beobachtungen einer englischen Jüdin in Deutschland 1943/1945 (Vertraulicher Bericht)
Die folgenden Beobachtungen stammen von einer jüdischen Engländerin, die, weil sie [die] englische Staatsangehörigkeit besaß, von den Nazis nicht angetastet wurde, sondern

10 Dr. Rudolf Mildner (*1902), Jurist; 1931 NSDAP-, 1935 SS-Eintritt; 1938 stellv. Gestapochef in Linz, 1939–1941 Leiter der Stapoleitstelle Chemnitz, dann in Kattowitz, dort auch Leiter der Gestapo im KZ Auschwitz, von Sept. 1943 an BdS in Kopenhagen, 1944 BdS und Gestapochef Wien; nach dem Krieg wurde er interniert, 1949 entlassen und untergetaucht.

11 Eine Antwort ist nicht bekannt.

1 Wiener Library, Eyewitness account, Doc 1656/3/1/202.

sogar noch am 3.3.45 ausgetauscht wurde.[2] Da sie Jüdin war, unterlag sie nicht der üblichen Internierung feindlicher Zivilgefangener, sondern stand unter Aufsicht der Gestapo, die für sie verantwortlich war.

Sie berichtet: Am 12. April 1943 kam ich in das Berliner Jüdische Krankenhaus, Iranische Str. Das Krankenhaus wurde von dem früheren Ober-Medizinalrat Dr. Lustig geleitet. Lustig hatte gleichzeitig verschiedene Arbeiten zu erledigen, die ihn sozusagen zum Nachfolger des Präsidenten der Reichsvertretung der Juden in Deutschland machten. Er wurde daher im Scherz „König der Juden" genannt. Er war mit einer arischen Ärztin verheiratet, die in München wohnte, aber Erlaubnis erhielt, ihn zu besuchen. Der Verwaltungsdirektor des Krankenhauses hieß Neumann,[3] stand in der Mitte der 40er, stammte aus der Prov. Posen und war früher im Kaufhaus des Westens in Berlin angestellt. Bis 1945, mindestens bis zu dem Termin, wo die Berichterstatterin Deutschland verließ, konnten Neumann und seine Frau, eine polnische Jüdin, im Krankenhaus arbeiten. Allerdings besaß er ein Zertifikat für die Ausreise nach Palästina. Auch ein Inspektor namens Kaskel,[4] ebenfalls Mitte der Vierziger, war dort noch tätig, und seine wie Neumanns Frau arbeiteten in der Küche.

Ferner waren noch März 1945 die folgenden Ärzte im Jüdischen Krankenhaus tätig: Dr. Hellmuth Cohen,[5] Chefarzt, etwa 40 Jahre, wahrscheinlich aus Zossen bei Berlin. Er lahmte etwas. Dr. Wolffsohn,[6] verheiratet, wahrscheinlich aus Berlin, etwa 40 Jahre alt. Dr. Elkan (mit Mutter),[7] etwa 30 Jahre alt. Ferner ein jüdischer Zahntechniker, verheiratet, etwa 50 Jahre alt, namens Schapski.[8] Schließlich ein Sekretär der Verwaltung, Zwilski,[9] Mitte 40, wahrscheinlich aus Königsberg/Pr.

2 Im Rahmen eines brit.-deutschen Austausches wurden 240 Personen brit. Staatsangehörigkeit sowie 105 türk. Juden aus Bergen-Belsen am 15.3.1945 von Göteborg aus mit dem Schiff nach Liverpool gebracht. Die Briten stammten überwiegend aus dem Internierungslager Liebenau/Oberschwaben.

3 Selmar Neumann (*1898), Kaufmann; bis 1923 führte er die elterliche Landwirtschaft in Mixstadt/ Posen, zog dann nach Berlin, 1926–1935 Einkäufer und Abteilungsleiter im KaDeWe; von Nov. 1939 an Lohnbuchhalter der Jüdischen Gemeinde, seit Okt. 1942 Verwaltungsdirektor des Jüdischen Krankenhauses in Berlin; nach dem Krieg Eigentümer einer Handelsgesellschaft für Damen-Oberbekleidung in Berlin.

4 Vermutlich: Bruno Kaskel (1897–1975); 1941–1943 Zwangsarbeit bei Siemens, von März 1943 an im Jüdischen Krankenhaus Berlin als Fahrstuhlführer beschäftigt; dort befreit.

5 Richtig: Dr. Helmut Cohen (1903–1981), Arzt; 1929–1934 Arzt im Krankenhaus der Jüdischen Gemeinde, 1933 Entzug der kassenärztlichen Zulassung, später auch der Approbation; am 9.11.1938 vorübergehende Inhaftierung; von 1939 an Internist im Jüdischen Krankenhaus Berlin; 1949 emigrierte er mit seiner Familie in die USA, dort erneut als Arzt tätig.

6 Richtig: Dr. Berthold Wolfsohn (1899–1947), Arzt; von 1934 an im Jüdischen Krankenhaus Berlin unentgeltlich als Hospitant beschäftigt, 1943–1945 als Hilfsarzt; 1945 Approbation und bis 1947 Oberarzt; starb während einer Operation.

7 Dr. Heinz Elkan (1909–1945); seine Approbation wurde 1934 vom RMI abgelehnt; 1934–1936 Hilfsarzt in der Kinderabt. des Jüdischen Krankenhauses Berlin, dann bis 1938 Vertreter bei einer Versicherung, von 1938 an erneut im Jüdischen Krankenhaus, dort im pathologischen Institut beschäftigt, zunächst als Hilfsarzt, dann als dessen Leiter; starb nach Kriegsende an den Folgen von Unterernährung.

8 Richtig: Georg Czapski (1892–1974), Zahnarzt; 1916–1933 Mitglied der SPD; 1918 heiratete er Hanne Loewenheim; 1937–1943 selbständiger Zahnarzt in Berlin, dann im Jüdischen Krankenhaus Berlin; 1948 Mitglied der „Jüdisch-liberalen Gruppe" der Jüdischen Gemeinde Berlin, emigrierte in die USA.

Die Insassen des Jüd. Krankenhauses bestanden im wesentlichen aus Leuten, die nicht transportfähig waren, um nach Polen abgeschoben zu werden. Der letzte große Transport nach Polen oder Theresienstadt fand im Juni 1943 statt. Durch Umfrage wurde festgestellt, wer arisch versippt war oder wer Ausländer war. Nur diese Kategorien wurden nicht abtransportiert. Vor Juni 1943 fand Ende Februar die Festnahme aller in Berliner Betrieben jeder Art tätigen Juden statt.[10] Die über 70 Jahre alten kamen gewöhnlich nach Theresienstadt. Die anderen wurden nach Polen befördert. Das Sammellager für diese Transporte war das frühere Altersheim der jüd. Gemeinde, Große Hamburger Str. Um sicherzustellen, daß kein Jude dem Abtransport entging, wurden diejenigen, die nicht in den Betrieben verhaftet werden konnten oder nicht in Betrieben tätig waren, durch die Gestapo bei der Erneuerung der Lebensmittelkarten verhaftet und dann wie üblich abtransportiert. Sehr merkwürdig wurde auch mit den ausländischen Juden verfahren, die einem mit Deutschland verbündeten Staate angehörten. Wollten diese nicht bis zum 1.4.43 in den betr. Staat zurückgehen, oder lehnte ihre Regierung ab, sie zurückzunehmen, so wurden sie ab 1.4.43 als deutsche Juden behandelt, d.h. entweder nach Polen oder Theresienstadt verschickt.[11]

Trotzdem gelang es natürlich immer noch Juden, sich dem Zugriff der Gestapo zu entziehen. Die Gestapo beschäftigte daher einige jüdische Helfer und Helferinnen, deren Aufgabe es war, solche verborgenen Juden und Jüdinnen aufzuspüren und sie der Gestapo auszuliefern. Die Berichterstatterin ist nicht in der Lage, eine Liste dieser „Greifer", wie sie die Juden nannten, herzustellen. Sie betont aber, daß Dr. Lustig die meisten, wenn nicht alle, dieser kennen müßte. Sie nennt zwei Namen: einen namens Kahn,[12] etwa Mitte 20, und einen namens Goldstein,[13] der ebenfalls in jungen Jahren war. Sie behauptet ferner, daß auch eine hübsche Jüdin[14] in diesem schmutzigen Dienste tätig war, die sogar über Handschellen verfügte.[15] Sie schätzt die Zahl der „Greifer", die nur in Berlin tätig waren, auf etwa 15–20.

Im Juni 1943 wurden auch Kranke, darunter Schwerkranke, von Berlin abtransportiert, und zwar nach Theresienstadt. Die Zahl dieser Kranken allein betrug etwa 170. Sie wurden in Möbelwagen zum Bahnhof gebracht. Während sich bis zu diesem Termin im Krankenhaus etwa 60–70 jüdische Schwestern befanden, mußten etwa 30–40 davon die Transporte im Juni 1943 sowohl nach Ther. wie nach Polen begleiten.

9 Richtig: Erich Zwilsky (1896–1961), Apotheker; 1931 Hochzeit mit Ruth Herzberg, Schwager von Philipp Kozower; 1939 Mitarbeiter der Jüdischen Gemeinde Berlin, Okt. 1943 Umzug mit seiner Familie in das Jüdische Krankenhaus, dort als Apotheker tätig; nach der Befreiung wurde Zwilsky Direktor des Krankenhauses, 1947 Emigration in die USA.

10 Gemeint ist die sog. Fabrik-Aktion; siehe VEJ 6, S. 75–79.

11 Zur sog. Heimschaffungsaktion siehe Einleitung, S. 48, und Dok. 53 vom 5.7.1943 sowie Dok. 80 vom 23.9.1943.

12 Vermutlich: Eugen Kahn, der möglicherweise aus Köln stammte, Mitarbeiter des „Jüdischen Fahndungsdiensts".

13 Bruno Goldstein (*1894), Fürsorger; 1935 zwangspensioniert, dann zunächst als Fürsorger der Jüdischen Gemeinde Berlin tätig, seit 1939 Leiter einer Kleiderkammer, von Herbst 1942 an als Ordner im Sammellager Große Hamburger Straße, auch beim „Jüdischen Fahndungsdienst" tätig, im Juli 1944 nach Bergen-Belsen deportiert; 1949 vom Landgericht Berlin zu sieben Jahren Zuchthaus verurteilt, 1951 wurde er entlassen.

14 Im Original handschriftl. Anmerkung: „Most probably Stella Goldschlag-Kübler."

15 Vermutlich: Stella Kübler.

Die Bedeutung des jüd. Krankenhauses Berlin stieg dadurch, daß im Juni 1943 die jüdischen Krankenhäuser Köln, Hamburg etc. aufgelöst und alle Insassen nach Berlin überführt wurden. Die Verpflegungs- und Behandlungskosten betrugen damals RM 7,– für die allgemeine Klasse und RM 17,– für die erste Klasse pro Tag.
Nach den großen Transporten im Juni 1943 hatte das Krankenhaus zwei Aufgaben: I) diente es als Krankenhaus für a) jüd. Abkommen aus Mischehen, d. h. für Kinder aus Mischehen, die der jüdischen Religionsgemeinschaft angehörten; b) für Mischlinge, d. h. Abkömmlinge aus einer Mischehe, die aber in der christlichen Religion oder als Religionslose erzogen waren, oder aber für Mischlinge, das sind Kinder mit einem jüdischen Großelternteil und einem jüdischen Glaubens-Elternteil.
II) Als Unterkunftsort für bestimmte Kategorien der soeben aufgeführten sog. „Geltungsjuden".
In der Aktion im Februar 1943, in der die Juden aus den Betrieben heraus nach Ther. oder Polen abtransportiert wurden, wurden die „Geltungsjuden" nicht nach Polen oder Ther. abtransportiert. Sie wurden sämtlich zunächst nach der Rosenstr. in Berlin,[16] dem früheren Gemeindegebäude, gebracht, wohin mittlerweile auch die Geltungsjuden aus dem Reiche, z. B. aus Köln etc., überführt worden waren. Sie wurden dann zu schwerer Arbeit eingeteilt. Sie durften bei ihren Eltern dann wohnen, wenn solche vorhanden waren. Waren die Eltern nicht in Berlin oder verstorben etc., so mußten die Geltungsjuden im jüd. Krankenhaus Iranische Str. wohnen. Sie hatten in der Außenarbeit normale Arbeitszeiten unter Beschränkungen auf vorgeschriebene Übernachtungszeiten in der Iranischen Str.
Die Rassenauffassung der Nazis führte, wie auch anderswo, zu den merkwürdigsten Ergebnissen und Aktionen: Es kam vor, dass die sog. Geltungs-Jüdinnen (d. h. die Töchter aus Mischehen, die aber weiter zur jüd. Religion gehörten), uneheliche Kinder zur Welt brachten. Sie wurden sofort nach Polen abtransportiert, wenn sie bekannten, daß der Vater Nichtarier war. Deshalb gaben sie regelmäßig an, der Vater sei ihnen unbekannt. Daraufhin nahm die Gestapo an, der Vater sei „Arier", und Mutter und Kind wurden nicht deportiert.
Die „Geltungsjuden" versuchten ständig, ohne den vorgeschriebenen Judenstern sich auf der Straße zu zeigen. Wurden sie dabei ertappt, so wurde regelmäßig eine Gefängnisstrafe von 56 Tagen verhängt. Im Wiederholungsfalle wurde die Strafe erheblich verlängert.
Die Mischlinge, also Kinder aus christlichen oder religionslosen Misch-Ehen oder Kinder mit einem jüdischen Großeltern- und einem jüd. Glaubenselternteil konnten völlig frei mit allen Rechten der Arier leben. Im Jahre 1941 aber wurde ihnen verboten, Universitäten, Hochschulen und höhere Schulen zu besuchen. Am Ende 1944 wurden diese Mischlinge aus den Stellen, in denen sie arbeiteten, geholt und zu schwerer Kriegsarbeit (Organisation Todt) verpflichtet.
Die oberste Leitung der Gestapo, die sich mit diesen Juden- und Mischlingsangelegenheiten befaßte, befand sich in der Kurfürstenstraße in dem ehem. Brüdervereinshaus.[17]

16 Siehe VEJ 6/236.
17 In der Kurfürstenstraße 116 befand sich das Ref. IV B 4 des RSHA, das sog. Judenreferat unter der Leitung von Adolf Eichmann.

Dort wirkte auch ein Brunner aus Wien.[18] Ob dieser mit dem berüchtigten Kaltenbrunner aus Wien, der von den alliierten Armeen bereits verhaftet ist,[19] identisch ist, ist zweifelhaft. Eine weitere Stelle der Gestapo befand sich in der Gr. Hamburger Str. im früheren Altersheim der jüd. Gemeinde. Diese unterstand der Kurfürstenstraße. Dort, in der Gr. Hamburger Str., wurden die Transporte zusammengestellt. Die Oberleitung Gr. Hamburger Str. hatte ein Oberscharführer Doberkel,[20] der als verhältnismäßig anständig geschildert wird. Er war etwa 25 Jahre alt. Das Deportationslager wurde Anfang 1944 nach der Iranischen Str.[21] verlegt. Es unterstand dem gen. Doberkel. Ein jüdischer Lagerleiter namens Reschke, Mitte der 40, und ein jüd. Stellvertreter namens Franz Meyer wirkten dort. Beide werden als anständig und mutig beschrieben und haben alles getan, um den Abzutransportierenden das Leben zu erleichtern. Die Transporte nach dem Osten oder nach Ther. fanden durchschnittlich alle zwei Wochen statt. Die Größe der Transporte war verschieden. Für Transporte nach Polen oder nach Ther. waren übrigens auch jüdische Teile aus Mischehen bestimmt, wenn der arische Teil verstarb oder sich scheiden ließ. Solche Tatsachen hatten unmittelbare Deportation zur Folge.

Streng vertraulich!
Die folgenden Angaben über einzelne Persönlichkeiten, die die Berichterstatterin freiwillig machte, können nicht eher öffentlich verwendet werden, wenn sie nicht noch von anderer Seite bestätigt oder wenn die Betreffenden dazu Stellung genommen haben:
1. Sie behauptet, daß Dr. Lustig eine Reihe von Liebesverhältnissen mit den jüdischen Schwestern hatte und daß seine Gunst nur durch körperliche Hingabe zu erkaufen gewesen sei. Sie behauptet ferner, daß Lustig u. a. ein Verhältnis mit der Schwester Elli von der Kinderstation gehabt habe und daß diese Schwester im Febr. 1944 ein Liebesverhältnis zu dem gen. SS-Oberführer Doberkel auch eingegangen sei. Dr. Lustig ist auch in London nicht unbekannt. Er war 1934 an der Lehrer-Bildungsanstalt der jüd. Gemeinde für Biologie etc. tätig. Schon damals sollen Beschwerden über ihn, insbesondere über die zynische Art seiner Vorträge, erhoben worden sein. Jedenfalls verdient der Fall Lustig unbedingt eine Untersuchung. Es muß insbesondere festgestellt werden, ob er von seiner Pflicht, Kranke oder Gesundende als transportfähig für Polen auszuschreiben, einen Gebrauch gemacht hat, den er menschlich rechtfertigen kann.[22]
Es wird ferner von der Berichterstatterin behauptet, daß der genannte Neumann Insassen geschlagen habe.

18 Gemeint ist Alois Brunner.
19 Ernst Kaltenbrunner wurde erst am 12.5.1945 von den Alliierten verhaftet.
20 Richtig: Walter Dobberke.
21 Gemeint ist das Sammellager Schulstraße im Jüdischen Krankenhaus Berlin.
22 Verschiedene Überlebende haben nach dem Krieg ähnliche Vorwürfe gegen Lustig erhoben.

DOK. 214

Loden Vogel notiert am 6. April 1945 in seinem Tagebuch Gerüchte über die bevorstehende Evakuierung aus Bergen-Belsen[1]

Handschriftl. Tagebuch von Loden Vogel, Bergen-Belsen, Eintrag vom 6.4.1945

4.30 Uhr
Die neusten Gerüchte sind, dass Krankenhaus, Beobachtungsbaracken, Büro plus Familie bleiben sollen bzw. später weggehen. Die Ungarn hatten heute Nacht zwischen 11 und 2 einen Transport, der dann doch nicht stattfand.[2] Sie sind noch immer nicht weg. In der Luft die gleiche Aktivität: ein paar Luftgefechte. Ohne die Nervösität meiner immobilen Eltern (Paps[3] hatte heute Nacht einen pathologischen Hunger. Er badete in kaltem Schweiß, fraß Zuckerwürfel, Mams[4] ist total geschwächt) würde ich alles in rosigen Farben sehen. In den Berichten verbarg sich also ein Körnchen Wahrheit. Bleiben wir hier, dann werden wir vermutlich befreit. Gehen wir, sagt jeder, dann nimmt niemand etwas mit; trotzdem wird überall eifrig gepackt.
Heute Morgen schon früh auf, um das Dampfdruckauto[5] beim Altersheim zu bedienen. Wir verdienten damit Käse und eine Portion Suppe. Hatte gestern mit Meyer einen Vertrag geschlossen, kann eine Mahlzeit pro Tag abholen, muss immer verfügbar sein. Dr. Liebermann gibt uns eine gute Chance, wegzugehen. Wohin denn? Bin nicht entzückt über die Möglichkeit, noch in Sichtweite des Hafens unterzugehen.

DOK. 215

Odd Nansen berichtet in seinem Tagebuch am 10. April 1945 von einer Gruppe jüdischer Kinder, die zu medizinischen Experimenten missbraucht werden[1]

Handschriftl. Tagebuch von Odd Nansen, Konzentrationslager Neuengamme, Eintrag vom 10.4.1945

Es gibt dauernd Fliegeralarm – und viele Angriffe, gar nicht weit entfernt. Eine nahegelegene Munitionsfabrik wurde kürzlich getroffen – genauso wie Altona bei einem schweren Angriff. Die Schweden, die sich noch dort befinden, erzählen, dass es in Hamburg nach den Angriffen schrecklich aussieht. Sie kommen übrigens langsam zu der Auffassung, dass der Aufenthalt hier nur von kurzer Dauer sein wird und dass wir kaum Zeit haben werden, vieles von dem Geplanten umzusetzen und auszuführen.

1 Stiftung niedersächsische Gedenkstätten, Archiv der Gedenkstätte Bergen-Belsen, BO 517. Abdruck in: Loden Vogel, Tagebuch (wie Dok. 203 vom 15.2.1945, Anm. 1), S. 121. Das Dokument wurde aus dem Niederländischen übersetzt.

2 Am 7.4.1945 wurden rund 2500 sog. Austauschjuden verschiedener Nationalitäten aus Bergen-Belsen nach Theresienstadt deportiert. Die größte Gruppe bildeten Juden aus Ungarn.

3 Jacques Tas.

4 Frieda Tas-Herzberg.

5 Gemeint ist vermutlich eine mobile Desinfektionsstation.

1 Nasjonalbiblioteket Oslo, Ms.4 4455. Abgedruckt in: Nansen, Von Tag zu Tag (wie Dok. 97 vom 29.11.1943, Anm. 1), S. 346–348. Das Dokument wurde aus dem Norwegischen übersetzt.

Gestern kam die Nachricht, dass die dänischen Baracken hier am Bahnhof angekommen seien, und ich wurde in dieser Angelegenheit zum Lagerführer Thumann[2] gerufen. Dort waren einige Dänen, die mit diesen Lieferungen befasst sind. Sie hatten Bilder von aufgestellten Baracken mitgebracht sowie eine Anleitung zum Aufbau. Auf Grundlage dieser eher dürftigen Unterlagen (es zeigte sich, dass es Beschreibungen waren, die zu Lazarettbaracken des dänischen Heeres gehörten, anno 1891) machte ich mich daran, diese Baracken zusammen mit der Mannschaft, die ich ausgewählt hatte, zu errichten.

Das war gestern – und wir sollten früh am nächsten Tag anfangen. Jetzt ist es bereits Mittag, aber noch gibt es keine Anzeichen, dass wir anfangen könnten. Wir müssen Wachtposten dabeihaben, die Baracken sollen irgendwo außerhalb des Lagers aufgestellt werden. Und an Wachtposten mangelt es scheinbar – und außerdem an deutscher Ordnung! Es ist wahrscheinlich gut, wenn ihr mit dem Aufstellen der Baracken vorankommt, sagte der schwedische Pfarrer, dann glauben zumindest die Deutschen, dass wir vorhaben, noch eine Weile hier zu bleiben! Aber es sieht nicht danach aus, dass wir heute mit dem Aufbau vorankommen. Genauso ist es mit allem anderen. Es ist äußerst zweifelhaft, dass wir all das Material zu Gesicht bekommen, das wir zur Einrichtung des Reviers bestellt haben. Die Tage verbringen wir damit, die notwendigsten Reparaturarbeiten zu verrichten. Material zum Malern kam heute – damit können wir also beginnen –, und einiges an Material zur Rohrverlegung haben wir „organisiert", u. a. einen Badeofen, so dass es möglich wird, Wasser zu erhitzen. Schon wochenlang hat sich niemand mit warmem Wasser waschen können!

Ich war vorhin drüben und habe eine Gruppe jüdischer Kinder besucht, die hier gehalten werden, wie sie auch dort in Sachsenhausen gehalten wurden – als Versuchskaninchen. Im hinteren Teil einer der Revierbaracken und mit einem geheimen Eingang versehen, wohnen sie in einem kleinen Zimmer. Insgesamt 20. 10 Jungen und 10 Mädchen im Alter von 4 bis 12 Jahren. Zuerst gelangt man in einen kleinen Hinterhof, in dem ein großer Käfig mit Meerschweinchen steht – die zum gleichen Zweck da sind wie die jüdischen Kinder. Auf dem Hof befinden sich noch ein Haufen Kohle und ein Abfallhaufen. Übrig bleiben kaum 10 Quadratmeter, um sich zu bewegen. Das war der einzige Ort, an dem die Kinder sich draußen aufhalten konnten, um frische Luft zu schnappen. Ansonsten lebten sie drinnen in einem winzigen Zimmer, das fast nur aus den Doppelstockbetten bestand, in denen sie jeweils zu zweit schliefen. Es waren süße Kinder – einige nahezu bezaubernd –, und es waren wohl diejenigen, die blond waren und am wenigsten oder überhaupt nicht jüdisch aussahen. Sie kamen aus Frankreich, Holland, Belgien und Polen. Alle kamen aus Auschwitz hierher. Einige von ihnen, unter anderem ein 8-jähriger Junge, hatten 4 ½ Jahre im Konzentrationslager gesessen.

Auf die Frage hin, welche Art von Experimenten mit diesen Menschenkindern unternommen worden waren, drohte der „Häftlingsarzt", der mich „zurechtwies", warnend mit dem Finger – darüber dürfe nicht geredet werden, doch die Kinder hatten Spritzen verabreicht bekommen. – Was für Spritzen? – Neue Warnung mit dem Finger – und flüsternd kam: Tuberkulose! – Ob es wirkliche und kundige Wissenschaftler gewesen

2 Anton Thumann (1912–1946), Schreiner; 1932 SS-, 1933 NSDAP-Eintritt; 1933–1940 Wachmann in Dachau, dann u. a. als Schutzhaftlagerführer in den KZs Groß-Rosen, Majdanek und seit April 1944 in Neuengamme; 1946 von einem brit. Militärgericht verurteilt und im Zuchthaus Hameln hingerichtet.

seien, die die Experimente veranlasst hatten? – Ja, ein deutscher Professor, der Wiesmeyer oder Priesmeyer oder so ähnlich hieß.[3] Aber die Kinder scheinen keinen Schaden durch die Experimente erlitten zu haben, und keines von ihnen schien Tuberkulose zu haben. Keines der Kinder, die dort gewesen waren, sei gestorben, und auch seien sie nicht sonderlich krank gewesen. Im Moment hatte eines Lungenentzündung; der Sohn des Leiters vom Rothschild-Institut[4] in Paris. Doch ihm wurde gute Pflege zuteil, und er sei wohl bereits auf dem Weg der Besserung. Die Kinder bekamen offenbar auch genug zu essen und lebten insoweit sorglos – ohne das geringste Verständnis davon, was mit ihnen und um sie herum geschah. Alle waren vermutlich Waisen, d. h., ihre Eltern wurden aus Auschwitz abtransportiert, als dieses Lager geräumt wurde. Diese Transporte kannten wir nur allzu gut – aus Sachsenhausen –, und wer dabei war, hatte kaum eine Chance, mit dem Leben davonzukommen.
Mein Freund der Häftlingsarzt, der die Kinder offenbar ins Herz geschlossen hatte, schüttelte bekümmert den Kopf, als ich nach ihrem Schicksal fragte, falls das Lager evakuiert werden sollte.[5] Er bat mich, die schwedische Kommission zu fragen, ob sie nicht etwas für sie tun könne![6] Ich werde es tun, gehe aber davon aus, dass auch das vergeblich ist. Wie das meiste, das man versucht, für Mithäftlinge zu tun.
Die Kinder haben sowohl Essen als auch Süßigkeiten von uns bekommen – und sie werden mehr erhalten, solange wie wir hier sind.
Ansonsten wird nicht nur mit diesen Kindern experimentiert. Es zeigte sich, dass der ganze Block, an dessen Ende sie untergebracht sind, voll besetzt ist mit stark heruntergekommenen Individuen vom gewöhnlichen Muselmann-Typus[7] – die auch Gegenstand von unterschiedlichsten Versuchen sind. Ob sie an diesen Experimenten oder an etwas anderem sterben, ist eher gleichgültig. Denn das sollen sie ja! Und wenn bei den Versuchen etwas Gutes herauskommt, war ihr Tod ja nicht vergebens. Und das ist wohl mehr, als man von den Millionen und abermals Millionen anderer behaupten kann.

3 Richtig: Dr. Kurt Heißmeyer (1905–1967), Arzt; 1937 NSDAP-Eintritt; 1938–1945 Oberarzt in den Heilanstalten Hohenlychen/Brandenburg; 1944/45 nahm er medizinische Experimente an Häftlingen im KZ Neuengamme vor; von 1946 an Lungenfacharzt in Magdeburg, 1963 wurde er verhaftet und 1966 zu einer lebenslangen Freiheitsstrafe verurteilt, starb im Gefängnis Bautzen.

4 Georges-André Kohn (1932–1945). Gemeint ist die Rothschild-Stiftung, deren Generalsekretär der Vater von Georges-André Kohn, Armand Kohn, war. Die Stiftung betreute das jüdische Krankenhaus in Paris.

5 Seit Ende 1944 führte Kurt Heißmeyer im KZ Neuengamme Menschenversuche an Kindern zur Entwicklung eines Impfstoffs gegen Tuberkulose durch. Um Zeugen der Verbrechen zu beseitigen, wurden sie in der Nacht zum 21.4.1945 im Keller einer ehemaligen Schule am Bullenhuser Damm in Hamburg ermordet.

6 Seit Ende März 1945 wurde dem Schwedischen Roten Kreuz gestattet, das KZ Neuengamme regelmäßig zu besuchen.

7 Bezeichnung im Lagerjargon für extrem geschwächte Häftlinge.

DOK. 216

Ludwig Preiss beantragt am 16. April 1945, Nachforschungen über den Verbleib seiner jüdischen Ehefrau anstellen zu dürfen[1]

Handschriftl. Schreiben von Ludwig Preiss,[2] Block 45 c, Lager Buchenwald, an den Lagerkommandanten von Buchenwald,[3] über das internationale Comité[4] vom 16.4.1945

Ich bitte um die Erlaubnis, in Weimar persönliche Nachforschungen über den Verbleib meiner Ehefrau[5] anstellen zu dürfen.

Meine Frau war im September vorigen Jahres mit anderen jüdischen Frauen aus den frontnahen Wehrgebieten durch die Gestapo des Heimatortes Düsseldorf nach Mitteldeutschland verschickt und dort bei der Organisation Todt in Weimar zur Arbeitsleistung eingesetzt worden.

Ich habe sie Weihnachten in Verbindung mit einer Geschäftsreise besucht und wurde bei dieser Gelegenheit durch die Gestapo wegen angeblichem „Mißbrauch einer Reisegenehmigung zum Besuch der jüdischen Ehefrau" inhaftiert und anschließend in das Konzentrationslager Buchenwald überwiesen.

Während ich in Haft war, ist meine Frau – wie aus ihrem letzten Brief aus Ende Januar hervorgeht – durch die Weimarer Gestapo verschleppt worden. Weder ich noch meine Kinder haben seitdem eine weitere Nachricht über ihren Verbleib erhalten. Es ist anzunehmen, daß auch sie sich in irgendeinem Konzentrationslager befindet.

Ich rechne nun damit, durch Rückfrage bei den Weimarer Bekannten meiner Frau Aufschluß über die damaligen Begebenheiten zu erhalten und vor allem zu erfahren, wohin der Abtransport erfolgt ist. Bei dieser Gelegenheit sind auch ihre in Weimar verbliebenen Effekten zu ermitteln und sicherzustellen, da meine Frau unmöglich ihr ganzes Gepäck, wie auch mein zurückgebliebenes Reisegepäck mit wichtigen Geschäftsakten mitgenommen haben kann.

Ich bitte daher, mich ein- oder zweimal nach Weimar begeben zu dürfen, damit ich mich bei meiner Entlassung ohne weiteren Verzug auf die Suche nach meiner Frau machen kann. Bemerkt sei noch, daß ich ebenfalls ohne Anhalt über den Verbleib meines Sohnes[6]

1 LATh-HStA Weimar, KZ und Haftanstalten Buchenwald, Nr. 45, Bl. 97 f.

2 Ludwig Preiss (1895–1966), Wirtschaftsprüfer und Steuerberater; 1919 Heirat mit Erna Marburger; 1939 Teilnahme am Zweiten Weltkrieg, 1941 Entlassung; dann gelegentlich als Buchhalter tätig, Anfang 1945 Inhaftierung im Polizeigefängnis Erfurt und als politischer Häftling am 22.2.1945 in das KZ Buchenwald eingewiesen; Mai 1945 Rückkehr nach Düsseldorf.

3 Vermutlich: Hans Eiden (1901–1950); seit 1929 KPD-Mitglied; 1933 Inhaftierung und 1936 wegen Hochverrats zu einer Zuchthausstrafe verurteilt, von Sept. 1939 an im KZ Buchenwald inhaftiert, seit Ende 1944 als Lagerältester; am 11.4.1945 mit dem Abzug der SS aus Buchenwald wurde Eiden kommissar. Lagerkommandant.

4 Das internationale Lagerkomitee Buchenwald, das sich im Sommer 1943 aus den einzelnen nationalen Widerstandsgruppen im KZ Buchenwald zusammengeschlossen hatte, wirkte an der Befreiung des Lagers mit und diente in der Folge als Verbindungsglied zwischen Alliierten und Häftlingen.

5 Erna Preiss, geb. Marburger (1896–1955); am 17.9.1944 aus Düsseldorf zum Arbeitseinsatz bei der OT Weimar deportiert, im Febr. 1945 Deportation nach Theresienstadt; im Juni 1945 Rückkehr über Weimar nach Düsseldorf.

6 Jürgen Preiss (*1926); seit 1940 mehrfacher HJ-Gebietsmeister im Florettfechten; vermutlich im Okt. 1944 in das Gestapo-Arbeitslager (Brandenburg) – Flugplatz Alt-Lönnewitz – deportiert, im Dez. weiter in das OT-Mischlingslager in Torgau; dort befreit.

bin, der sich in einem sogenannten Mischlingslager in Sachsen befand,[7] jedoch inzwischen mit unbekanntem Ziel verlegt worden ist, wie auch meiner Tochter,[8] die in Düsseldorf verblieben war, mittlerweile aber evakuiert sein dürfte. Ebenso haben meine Angehörigen keine Kenntnis von meinem Aufenthalt in Buchenwald.

DOK. 217

Mignon Langnas beschreibt am 16. April 1945 die Erschießung von neun Juden durch die SS in der Leopoldstadt unmittelbar vor der Befreiung Wiens[1]

Handschriftl. Tagebuch von Mignon Langnas,[2] Wien, Eintrag vom 16.4.1945[3]

Montag 16.IV., 12 h nachts
Ja – also am nächsten Tag war Freitag, der 13.![4] Warum aber habe ich gewartet mit dem Niederschreiben dieser Zeilen?
Diese Stunden sind so eindrucksvoll, daß ein Erleben das andere nur ablöst + verblassen das frühere verblaßt[5] –
Und doch werde ich diesen Augenblick im Leben nicht vergessen – ich glaubte zu träumen – es war so ergreifend, daß alles Leid dieser schrecklichen 7 Jahre gelohnt haben – um dieses Augenblicks der Befreiung:
Ich holte auch am Freitag ½ 5 h früh Wasser. Die Gassen menschenleer – Schüsse tönen dröhnend nah – dann wieder eine unheimliche Stille. Ich kehre in den Keller zurück: was ist, Mignon? Nichts – alles wie zuvor! Aber um ½ 6 h kommt Herr Lenhom mit Wasser zurück und schwört bei allen Himmeln – daß er zwei Russen gesehen hat, daß er mit ihnen gesprochen hat!!! Und ich bin nicht zu halten + ich stürze vors Tor – und langsam auf Wagen + langsam gegangen kommen Russen! Und schon ist – Orel[6] da! Orel, Orel!! Und bringt mir als Befreiungsgabe russ. Tabak + eine russ. Konserve, und wir drücken unsere Hände – + schon ist er weg. Was soll ich machen?
Was soll ich machen? Ich laufe hinauf – ich sammle mich, sammle mich nach 8 Tagen – nach 8 Tagen ziehe ich die Schuhe aus + die Kleider + die Wäsche + weil ich doch vor Gott hinsinken will + weil ich nicht in den Tempel gehen kann, will ich eine Mutter

7 Vermutlich das SS-Sonderlager Billroda „Schacht Burggraf", Gustloff-Werke III, ein Außenlager Buchenwalds, das von Nov. 1944 bis April 1945 bestand.
8 Maria Luise Preiss (1921–2017), seit Sept. 1944 gemeinsam mit ihrem künftigen Ehemann Walter Josef Neuß (1909–1977) in Düsseldorf, Sachsen und Thüringen untergetaucht.

1 Original in Privatbesitz, Kopie: IfZArch, F 601. Abdruck in: Elisabeth Fraller/George Langnas (Hrsg.), Mignon. Tagebücher und Briefe einer jüdischen Krankenschwester in Wien 1938–1949, Innsbruck 2010, S. 309–312.
2 Mignon Langnas (1903–1949), Krankenschwester; 1928 Heirat mit Leo Langnas, 1939 emigrierten ihr Mann und die Kinder in die USA, sie blieb bei ihren Eltern in Wien; seit 1940 Krankenschwester für die IKG; 1945/46 Aufenthalt im DP-Camp Deggendorf, 1946 Emigration in die USA.
3 Rechtschreibung und Grammatik wie im Original.
4 Am 13.4.1945 endete die Schlacht um Wien.
5 So im Original.
6 Bohuslav Zdaril, Künstlername Orel (1897–1963); kam als Zehnjähriger nach Wien und studierte am Konservatorium Geige, debütierte 1918 im Wiener Konzerthaus. Zwischen 1938 und 1945 unterstützte er jüdische Bekannte in Wien und arbeitete vermutlich im Widerstand.

glücklich machen + packe die zwei Ellenbogen-Buben + laufe mit ihnen in die Malzg[asse] Und Russen sind ringsherum + schenken mir Zigaretten + lachen + sind lieb + schauen harmlos drein wie Kinder. Und die Ellenbogen-Mutter weint vor Glück + daneben steht die Frau Mesia:[7] Sr.[8] Mignon, warum ist Kurterl[9] noch nicht da? – Ich gehe ihn holen – ich springe in die Malzg[asse] 16 um Brod: ein „Kommissar" brüllt mit Dr. T.[10] – ich werde sehr unruhig + und verstörte Gesichter –: in der Försterg. 16 sind 8 Juden von der SS erschossen worden.[11] Wer denn? Wer? Frau Prim[aria] Blum mit ihrer Schwester – Kurterl Mesia – Kurterl? Ach ich glaube es nicht! Ich packe Erwin + laufe in die Försterg[asse] + komme noch, wie man aus einem Bombentrichter einen jungen Burschen herausholt + schon werde ich in ein Haustor geführt + dort liegen sie – + ich agnosziere[12] Kurterl, der die Hände zur Abwehr erhoben hält + und sehe die Prim[aria] Blum+ noch 6 Leichen + die Frau Holzer heult auf den Ruinen um ihren Mann, der auch dabei ist + die zwei Buben stehen verstört da – SS hat den Vati erschossen! Ich nehme beide Kinder mit + gehe durch die verwüsteten Straßen, an Leichen vorbei, die mitten drin liegen mit weit aufgerissenen Augen –, ich gehe an der armen, so schwer geprüften Mutter Mesia wortlos vorbei, die bange auf mich gewartet hat – Orel kommt wieder ins Spital: ich gehe mit ihnen – mich hält es nicht mehr hier, ich will sehen, was mit Mia ist. Dieser Weg! Ein Zivilist erschossen im Kaipark + Frau zertrümmert am Weg – ermordete Pferde – + wir, wir Menschen gehen an dieser zertrümmerten Welt ruhig vorbei. Woher haben wir die Kraft? Woher diesen Mut? Und hinter der Börse blühen die japanischen Bäume in bunter herrlicher Pracht. „Schauen Sie, Orel – zum Trost, Orel, schauen Sie hin." „Ach was –" Wieder ist er weit + fremd.

Eltern, meine geliebten treuen guten Eltern – warum seid Ihr jetzt nicht da? Warum bist Du nicht mehr hier, guter, treuer Herzig? Es wäre wunderbar, jetzt wieder ein Platzerl zu wissen, wo man wieder zum Kind werden kann – geborgen + still.

In der Wipplingerstr. treffen wir Nelly.[13] Sie ist total abgebrannt in der Koling[asse] Abgebrannt? Auch Rilke?

Bei Mia wurde geplündert, die Wohnung eingebrochen – alle drei Frauen sind weg. Wohin? Niemand weiß es. Im Hausflur schenken mir Ausländer Leinentücher, solche,

7 Gemeint ist Margarete Mezei, geb. Neufeld (1899–1993), Sekretärin, Übersetzerin; bis zu ihrer Heirat mit dem Journalisten Moritz (Maurus) Mezei 1923 Leiterin der Speditionsabt. einer Wiener Chemiefirma, arbeitete während des Kriegs für die IKG, u. a. als Sekretärin Murmelsteins; bei einem Bombenangriff am 12.3.1945 schwer verletzt; nach dem Krieg erneut Angestellte der IKG.

8 Schwester.

9 Kurt Mezei (1924–1945), Schüler; besuchte mit seiner Zwillingsschwester Ilse (1924–1945) das Wiener Chajes-Gymnasium bis zu dessen Schließung im Okt. 1938; dann Teilnahme an Umschulungskursen der IKG; 1940/41 als Elektriker und Bote der IKG tätig, seit Okt. 1941 der Abt. Benjamin Murmelsteins unterstellt, die mit Deportationsvorbereitungen befasst war; am 12.4.1945 von einer SS-Einheit in Wien erschossen; siehe VEJ 3/145 und 225 sowie VEJ 6/1.

10 Dr. Emil Tuchmann (1899–1976), Arzt; seit 1928 Arzt der kaufmännischen Gebietskrankenkasse Wien, von 1938 an Leiter des ärztl. Fürsorgediensts der IKG, von 1940 an Leiter des jüdischen Gesundheitswesens; seit 1950 Generaldirektor der Wiener Gebietskrankenkasse; 1965 Großes Ehrenzeichen für Verdienste um die Republik Österreich.

11 Am 11.4.1945, zwei Tage vor der Befreiung Wiens, erschossen Angehörige eines Kommandos der Waffen-SS neun, nicht acht, Juden in der Förstergasse 7 in der Leopoldstadt, nachdem sie diese bei einer Personenkontrolle in einem nahegelegenen Luftschutzkeller als Juden identifiziert hatten.

12 Österreich.: die Identität (eines Toten) feststellen.

13 Nelly Liebmann (1899–1986), Kauffrau; Freundin von Mignon Langnas; unterstützte Juden in Wien.

wie ich sie mir immer gewünscht habe. Bei Frau Kohi. Mia – sie lebt + alles ist so weit gut. Und Orel findet eh seine Brigade nicht mehr + er geht heim. Und ich fühle: auch er ist ernüchtert von dem Gehörten + Erlebten.
Ich gehe allein zurück. Mir ist einsam + weh + ich fühle nichts von dem, was ich empfinden müßte in einer Stunde solcher Befreiung. Aber es ist zu vieles geschehen.
Samstag habe ich Orel bange erwartet. Am Nachm[ittag] hat sich das furchtbare Gerücht verbreitet, daß die Deutschen am Rückweg sind!!! Ich sehe dauernd vor mir die 8 Erschossenen auf der Erde –
Dr. Herisch+ Frau flüchten + alle sind zur Flucht bereit. Seid Ihr verrückt? Wir werden doch die Kinder nicht verlassen – Bange, bange Stunden. Ich denke an die blauen Zettel,[14] die in meinem Kasten in der Krumbaumg[asse] liegen –; sicherer Tod.
Die Nacht vergeht: Sonntag der 15.
Ich arbeite wie toll. Wir holen Geschirr. Ich schleppe + arbeite noch + noch + gehe dann mit Frau Grossberger + Fellegi in die Malzg[asse] Wir räumen mein Zimmerchen auf – ich erfahre, daß Herr Heilpern da war – daß bei mir geplündert wurde (in der Früh hat ein russ. Offizier im Spital meinen Koffer mitgenommen –) Direktor Bienefeld[15] kommt dahergelaufen: Dr. T. ist verhaftet – sein letztes Wort war Orel. Ich schreibe ein paar Zeilen – Sr. Helma läuft zu ihm. --
Um ½ 8 h erst kommt er ins Spital.
Er ist in einer seelischen Verfassung, wie ich sie bei ihm vorausgeahnt habe; enttäuscht – verstört + fühlt sich wieder einmal verfolgt. Und ich fühle: er kann gar nichts machen, er hat keinen Einfluß, er wird bestimmt nie einen haben – er verspricht, morgen zu kommen. Aber er ist heute nicht gekommen. Ich höre, daß Frau Dr. T. arg verzweifelt ist – ich bin es auch. Ich hole mit Frau Friedmann eine Kiste Marillen-Kompott aus der Hofenederg[asse] –
Hofenederg[asse]! Mali Unger+ Ferruchio + die ganze arglose Zeit von damals! Und heute – in der Stunde der Befreiung: die Haustüre darf man nicht öffnen, mit Revolvern kommen die Russen + plündern + schänden. – Mich schützt meine Schwesterntracht – vor dem roten Kreuz machen sie noch halt.– Ich gehe zur Frau Wagner+ suche Hannerl Zirma. Sie ist nach Kaisermühlen gegangen – zur Hannerl! Zur Greterl!!! Mein Gott! Und später kommt sie + berichtet: Sie sind gesund, nur sehr verschreckt - oh - ich will morgen, gleich morgen früh hingehen!!
Orel ist nicht gekommen. Armer Orel.
Nelly+ ihre Freundin Marianne waren heute bei mir im Spital. Brachten Keks + Kondensmilch. Leochen, Nellychen, Gustel – Halka – was geht in Euch vor?
Ich höre, Deutschland hat endlich kapituliert –

14 Vermutlich handelte es sich um Flugblätter.
15 Richtig: Dr. Wilhelm Bienenfeld (1888–1960), Buchsachverständiger; bis Juni 1938 stellv. Direktor im Wiener Giro- und Kassenverein, 1939–1945 Rechnungsdirektor der IKG und Leiter der technischen Abt.; 1945 von sowjet. Behörden verhaftet, wieder entlassen.

DOK. 218

Pfarrer Konrad Hager beschreibt am 17. April 1945 in seinem Tagebuch die Scham, die er angesichts der Zustände im Lager Langenstein-Zwieberge empfindet[1]

Tagebuch von Konrad Hager,[2] Langenstein, Eintrag vom 17.4.1945 (Abschrift)[3]

Inferno
Wir schreiben den 17. April 1945. Es war mir einfach unmöglich, das, was ich in den letzten Tagen erlebt und vor allem gesehen habe, gleich niederzuschreiben. Es ist wohl auch das Entsetzlichste, was Menschenaugen erblicken konnten.
Es stehen in unserer Chronik sehr viele leidvolle Dinge über Pestilenz, Feuersbrünste, öffentliche Verbrennungen und Quälereien aus dem Dreißigjährigen Kriege, aber keiner meiner Vorgänger war gezwungen, über solche Verbrechen von Menschen seines Volkes zu schreiben wie ich.
Am 13. April erschien hier im Pfarramte gegen neun Uhr vormittags die Bäuerin, Frau Elisabeth Abel,[4] eine Witwe, deren Mann kurz vor dem Kriege gestorben war und deren beide Söhne jetzt im Felde standen. Sie ist ausgebildete Rote-Kreuz-Schwester und hat als solche im ersten Weltkriege Dienst getan. Hin und wieder vertritt sie auch unsere betagte Gemeindeschwester. Sie hat auch heute wieder ihre Tracht angelegt, aber ihr Gesicht, sonst gerötet vor Dienstbereitschaft, war bleich vor Schrecken. Im ersten Augenblick glaubte ich an einen schweren Unglücksfall.
„Ein Unglück ist es gewiß, Herr Pfarrer!" stieß sie hervor. „Die Amerikaner[5] haben das KZ-Lager[6] entdeckt und geöffnet. Es muß unbedingt jemand von unserer Gemeinde dorthin gehen. Die amerikanischen Truppen sind wild vor Empörung. Wir müssen versuchen, sie zu beschwichtigen, deswegen wollte ich Sie herzlich bitten mitzukommen." Ich bewunderte diese Frau, bat sie, doch lieber zurückzubleiben, und schlug vor, gemeinsam mit dem Bürgermeister[7] nach dem Lager zu gehen. Sie zögerte mit der Antwort und sagte dann etwas verlegen: „Der Bürgermeister ist nicht zu bewegen mitzukommen. Er ist wohl im Augenblick auch nicht fähig dazu."
„Ist er krank?" fragte ich.

1 Original verschollen, Kopie: Archiv der Gedenkstätte Buchenwald, Stiftung der Gedenkstätten Buchenwald und Mittelbau-Dora, 31–665. Abdruck in: Konrad Hager, Protokoll des Unbegreiflichen. Aus dem Tagebuch eines Landpfarrers, Halberstadt 2008, S. 10–20.

2 Konrad Hager (1889–1978), evang. Theologe; Kunstgeschichts- und Germanistikstudium, Ausbildung zum Bildhauer in Halle und München; von 1939 an Pfarrer in Langenstein.

3 Die vorliegende machinenschriftl. Abschrift hat die Tochter von Ilse Kabierske 1947 angefertigt. Ilse Kabierske war die Vertraute und Sekretärin Konrad Hagers.

4 Elisabeth Abel (1887–1973), Bäuerin und Krankenschwester; 1927 Heirat mit dem Gutsbesitzer Hermann Abel, der 1938 verstarb.

5 Erstmalig betreten wurde das Lager Langenstein-Zwieberge am 11.4.1945 von der 83. US-Infanteriedivision, endgültig befreit dann zwischen dem 12. und 17.4.1945 von der 8. Panzerdivision.

6 Das Lager Langenstein-Zwieberge bei Halberstadt war ein Außenlager des KZ Buchenwald und war im April 1944 als Teil der kriegsbedingten Untertageverlagerung der deutschen Rüstungsproduktion errichtet worden. Nachdem die US-Luftwaffe einen Angriff auf Halberstadt am 8.4.1945 geflogen hatte, wurden die noch gehfähigen Häftlinge auf einem Todesmarsch in nordöstlicher Richtung nach Genthin getrieben.

7 Georg Hinze (1886–1968); 1942–1945 Bürgermeister von Langenstein.

„Wie gelähmt vor Angst und Sorge."
„Und Sie, haben Sie keine, liebe Frau Abel? Ich könnte mir denken, daß auch die Häftlinge, soweit sie noch vorhanden sind, sehr heftige Rachegedanken haben könnten. Der Mensch überlegt da nicht lange, an wem er sich rächt."
„Natürlich", erwiderte sie, „habe ich Angst. Aber sie nützt ja keinem etwas. Da hilft nun alles nichts, wir müssen die Sache schon in die Hand nehmen."
„Sagen Sie bitte zunächst keinem etwas, und warten Sie einen Augenblick. Ich muß mich wohl zu diesem Unternehmen ein wenig umziehen." So holte ich denn meinen alten Gehrock hervor, meine Frau fertigte mir in aller Eile eine weiße Armbinde und nähte ein violettes Kreuz darauf, neben welches ich noch das Kirchensiegel setzte. Dann begaben wir uns schleunigst auf den Weg nach dem Lager in den Zwiebergen.
Wir legten ihn in einer knappen Stunde zurück. Gesprochen haben wir kaum miteinander und waren froh, als wir diesen Pfad des Herzklopfens hinter uns hatten und die weit geöffneten Gittertore des Lagers vor uns sahen. Der breite umwaldete Talkessel war von einem hohen Stacheldrahtzaun umgeben, den alle hundert Meter hölzerne Wachttürme überragten, von denen die langgestreckten Baracken und der sogenannte Appellplatz gut zu übersehen waren. Zwischen diesen Holzbehausungen standen erregte Gruppen amerikanischer Soldaten, eilten Sanitäter mit ihren Tragbahren hin und her, schlichen scheu und verstört ein paar völlig abgemagerte Häftlinge in ihren breitgestreiften groben Kitteln vorüber. Vor einer der Baracken, an deren Giebelseite wir zögernd stehenblieben, hockten einige dieser geplagten Menschen, um ihre Notdurft zu verrichten. Einer lehnte an einer Kiefer und erbrach sich. Wahrscheinlich hatte er sich bei der jetzt einsetzenden besseren Verpflegung übernommen.
„Ob es keine Toiletten gibt?" fragte mich Frau Abel verstört. „Ich habe mehr den Eindruck, die Leute sind einfach zu schwach, um dafür vorgesehene Orte aufzusuchen", antwortete ich.
Wir sahen uns suchend nach einer zentralen Kommandostelle um, als unsere Blicke entsetzt auf zwei kreisrunde Löcher fielen, die etwa einen Durchmesser von je zehn Metern hatten, angefüllt mit kreuz und quer hineingeworfenen Leichen. Ein schreckenerregendes Gehäuf von verrenkten Gliedern, in die Luft starrenden Armen und Beinen, weißen pergamentenen Schädeln mit starren erloschenen Augen bot sich uns beiden Lebenden dar und offenbarte uns das ganze höllische Inferno dessen, was sich hier abgespielt hatte. Ich fühlte die Hände der Schwester Elisabeth auf meinem Arm und mußte schnell zugreifen, um die Schwankende zu halten. Behutsam führte ich sie einige Schritte zur Seite, aber da richtete sich diese tapfere Frau schon wieder energisch auf.
„Entsetzlich", sagte sie. „Ganz entsetzlich. Wir müssen sofort dafür sorgen, daß die Leichen anständig beigesetzt werden. Was soll man sonst von uns denken!" Ich selbst bekam kein Wort heraus. Da trat ein amerikanischer Offizier zu uns und nickte einige Mal in tiefem Ernst. Er stellte sich kurz als Feldgeistlicher der katholischen Kirche vor. „Was ich in diesem Lager gesehen habe, ist das Furchtbarste, was mir je im Leben begegnet ist", sagte er in recht gutem Deutsch. Ich selbst fand immer noch keine Worte. „Sie sind der evangelische Geistliche des Dorfes?" Ich nickte kurz. „Sie wollen die kranken Häftlinge besuchen?" „Ja, wenn das möglich ist?" „Konnten Sie das denn nicht schon früher einmal tun?" Ich verneinte: „Wir durften uns ja nicht einmal dem Lager nähern. Zwar ahnten wir nichts Gutes, aber so fürchterlich haben wir es uns nicht vorgestellt. Die Wachtmannschaften müssen wohl sehr überstürzt abgezogen sein, daß sie die Toten

nicht mehr anständig beerdigt haben." „Haben Sie", fragte er, „die roten rechtsseitigen Wunden an manchen Leichen gesehen? Man hat die Menschen so zu Tieren herabgewürdigt, daß es Fälle von Kannibalismus gegeben haben muß. Wir haben festgestellt, daß einige Häftlinge unter der Hand Leber verkauften. Im Revier liegen einige schwer an Leichengift Erkrankte. Übrigens sind alle Häftlinge, die wir hier vorfanden, erkrankt, wenn auch nicht aus diesen teuflischen Gründen."

Er deutete auf eine der Baracken und ging uns voran. Ein langer Gang tat sich vor uns auf, rechts und links flankiert von regalartigen Holzgestellen mit dreistöckig übereinander gefügten Liegestätten, an denen Holzständer angenagelt waren. In diesen harten, teilweise mit Stroh versehenen sogenannten „Betten" lagen ausgezehrte Menschen, atmeten die übelriechende Luft, zu schwach, um aufzustehen. Der eine fieberte in Typhus-Delirien, der andere litt an der Ruhr, viele wohl auch an Tuberkulose.

Die Eßgeschirre auf den Ständern waren zum Teil mit Exkrementen angefüllt. In einigen der Holzfächer blickte man in die erloschenen Augen und auf die herabgesunkenen Kiefer bereits hinübergeschlummerter Menschen. Andere wieder hatten sich aufgerichtet und wohl staunend bemerkt, daß da eine deutsche Rote-Kreuz-Schwester und ein deutscher Pfarrer standen. Wie Hilferufe erklang es in den verschiedenen Sprachen: „Monsieur le Pasteur!" „Mister Reverend, water, please water!" „Jest mnje chleb!"[8] Wo sollte man da anfangen?! Der Amerikaner schob uns aus der Baracke: „Vorsicht", sagte er, „schwere Ansteckungsgefahr!" Daran hatten wir beide vor Erregung kaum gedacht. Als wir wieder ins Freie traten, kam ein amerikanischer Cäpten[9] auf uns zu. Er sprach nicht so gut Deutsch wie der Feldgeistliche, der aber einen guten Dolmetscher abgab.

Wir boten beide unsere Hilfe an. Die Augen des Cäpten musterten uns eisig. Er ließ uns sagen: „Sie werden wohl einsehen, daß diese Verbrechen hier geahndet werden müssen!" Der Augenblick, den wir beide gefürchtet hatten, war gekommen. „Soll denn das Leid noch größer werden?" fragte die Schwester. Ich warf ein: „Die Einwohner von Langenstein können Sie unmöglich für das verantwortlich machen, was hier geschehen ist!" Der Cäpten wies auf die gegenüberliegende Felskante: „Dort oben haben Frauen aus ihrem Ort gestanden, zugesehen und gelacht, wenn die Häftlinge ausgepeitscht oder dort", er wies auf eine hochragende Kiefer, „aufgehängt wurden!"[10] „Das können unmöglich Langensteiner Frauen gewesen sein, die kenne ich. Wir haben aber zahllose Flüchtlinge, auch aus den Großstädten aufgenommen, darunter natürlich auch allerlei fragwürdige Elemente." „Dann nennen Sie uns diese!" „Verzeihung, Herr Hauptmann, das ist unmöglich! Ich habe viele Orte zu versorgen, deren Einwohnerzahl von Woche zu Woche angewachsen ist. Ich schätze, es werden jetzt über sechzehntausend Menschen sein. Über die in den letzten Wochen und Monaten hinzugezogenen Fremden kann ich keine Auskunft geben!" Da durchbrach endlich ein Lächeln sein starres Gesicht. Er schlug mir leicht mit der Hand auf die Schulter und meinte nebenhin: „Wie es scheint, sind Sie ein anständiger Kerl und wollen etwas für Ihr Volk tun. Wir werden diese Weiber schon selbst finden! Eines können Sie mir glauben, wenn im umgekehrten Falle Ihre SS-Truppen solch ein Lager gefunden hätten, stünde Ihr Dorf schon nicht mehr. In der

8 Fehlerhaftes Russisch, sinngemäß: Ich will Brot!

9 So im Original.

10 An der sog. Todeskiefer, die sich in Sichtweite des Lagers befand, wurden Häftlinge nach einem gescheiterten Fluchtversuch erhängt.

Tschechei wurde wegen des Attentats eines einzelnen eine ganze Gemeinde buchstäblich ausgelöscht.[11] Hier sind Hunderte und Tausende gemordet worden. Das muß und wird geahndet werden. Soviel müssen Sie einsehen!"
Meine Blicke suchten verzweifelt in der Ferne. Da sanken sie auf die rauchenden Trümmer von Halberstadt, die in einer Feldlücke sichtbar waren. Ich weiß nicht mehr, wie es geschah und wer mir in diesem Augenblick die rechten Worte gab, aber ich werde dieser höheren Macht ewig dankbar sein. Zu langen Überlegungen war keine Zeit. Aus meinem Verstande war die Erwiderung bestimmt nicht geboren, als ich mit der Hand nach Halberstadt wies und betonte: „Vor fünf Tagen haben Ihre Geschwader diese Stadt dort bombardiert. Tausende von Frauen und Kindern sind dabei in kurzer Zeit ums Leben gekommen. Ist Ihnen das nicht Ahndung genug?" Die Schwester und ich erwarteten einen Zornesausbruch, aber die beiden Amerikaner schwiegen betreten. Der Cäpten warf einen raschen Blick nach der Rauchfahne, dann wandte er sich kurz entschlossen ab und ließ uns sagen: „Warten Sie hier, ich will mit dem General sprechen!" Der Feldgeistliche erklärte weiter: „Der General ist heute morgen gekommen. Er ist schon ein alter Mann, aber so etwas wie hier hat er noch nie gesehen, wie er mir selbst sagte."
Während wir auf den Cäpten warteten, kamen immer mehr Häftlinge, die uns umdrängten, Fragen und Wünsche vorbrachten, aber bei keinem von ihnen spürte man irgendeinen Rachegedanken. Einer zupfte mich dauernd am Ärmel. Er trug über dem linken Auge eine schwarze Klappe. Über die hagere Wange darunter rann der Eiter. Ich trat mit ihm beiseite. Er verbeugte sich leicht: „Ridder ist mein Name, Doktor Ridder.[12] Ich war zweiter Bürgermeister von Düsseldorf und bin zum Teil jüdischer Abkunft, aber getaufter Christ.[13] Bitte, bitte, telegraphieren Sie doch meiner Frau! Die holt mich hier raus. Sie ist findig." „Aber Sie sind doch frei. Sie können doch, wenn Sie einigermaßen bei Kräften sind, nach Hause reisen!" erwiderte ich. „Ja, ja", sagte er, „jaja, aber …" „scheu sah sein freies Auge zu den Amerikanern, „glauben Sie, daß die uns so ohne weiteres freilassen?" Ohne Zweifel begriffen die ehemaligen Häftlinge ihre neue Freiheit noch nicht, konnten nicht glauben, daß es keinen Appell mehr gab, keine Prügelstrafen, keine über das Maß ihrer Kräfte hinausgehende Steinbrucharbeit im Inneren der Zwieberge, um bombensichere Maschinenhallen zu schaffen. Er konnte auch nicht begreifen, daß Telefon- und Telegraphenleitungen unterbrochen waren. Ich versprach ihm kurzerhand alles und versuchte, ihm klarzumachen, daß die Haft wirklich vorbei sei und sie alle nur gesundgepflegt werden sollten, ehe sie nach ihren Heimatorten geschafft würden.
„Was ist mit Ihrem Auge?" Da begann er heftig zu schluchzen und stieß mühsam hervor: „Ehe die SS-Mannschaften abmarschierten, hat mir noch einer den Gummiknüppel über den Schädel geschlagen und das Auge getroffen. Es ist verloren, hat mir der Arzt gesagt." „Haben Sie einen Arzt?" „Ja, einen Tschechen, auch ein Häftling und der einzigste Arzt im Lager. Bei ihm ist man sicher." „Es sind gewiß jetzt auch amerikanische

11 Gemeint ist das Attentat auf den Chef des RSHA und stellv. Reichsprotektor in Böhmen und Mähren Reinhard Heydrich 1942. Als Vergeltung erschossen und deportierten deutsche Polizeikräfte die Bevölkerung des mittelböhmischen Dorfes Lidice und steckten es in Brand; siehe VEJ 6, S. 61.

12 Dr. Ernst Ridder (1897–1982), Jurist; 1931 NSDAP-Eintritt; 1938–1943 Vorsitzender des Kreisgerichts Bergheim/Erft; von 1939 an Amtsbürgermeister von Morken-Harff/Erftkreis; 29.11.1944 Verhaftung in Köln, Mitte Jan. 1945 Überstellung in das KZ Buchenwald als politischer Häftling, am 9.2.1945 in das Außenlager Langenstein verlegt.

13 Ernst Ridder war ebenso wie seine Eltern katholisch.

Ärzte im Lager, Herr Dr. Ridder." „Ach Gott", sagte er, „wie lange hat mich keiner so angeredet." Wieder der scheue Blick zu den uniformierten Amerikanern hinüber und seine vorsichtige Frage: „Hoffentlich geben sie uns nicht auch Spritzen. Ich kann nämlich schlecht laufen. Man ist doch zu nichts mehr nütze." Ungestüm griff ich nach seiner Hand: „Aber Herr Doktor, das ist doch alles vorbei. Man wird Sie pflegen und Ihre Familie werden Sie bestimmt wiedersehen."

Er nickte versonnen und dann erklärte er: „Ich habe nämlich noch vor vierzehn Tagen die übliche Lagerstrafe bekommen, sechsundzwanzig Hiebe mit dem Gummiknüppel von den Nieren herunter bis zu den Kniekehlen. Dazu wurde man auf einen Bock geschnallt. Es ist alles noch sehr blutunterlaufen. Ich kann es Ihnen zeigen."

„Bitte nicht hier", wehrte ich ab, „nicht vor den Amerikanern!" Plötzlich legte er beide Hände auf meinen rechten Arm und sah mich flehend an: „Sie sind doch ein Geistlicher, bitte, bitte, besorgen Sie mir ein Neues Testament! Ich bin ja ein Christ!" Dann schlug er die Hände an seinen dunkelhaarigen Kopf und schluchzte immer wiederholend: „Liebet eure Feinde! Liebet eure Feinde!" Erschüttert legte ich ihm den Arm um die Schultern: „Morgen bringe ich Ihnen eins! Der Cäpten kommt eben zurück." Ich spürte, wie es selbst in mir zuckte. Ich mußte mich gewaltsam zusammenreißen und trat wieder rasch neben die Schwester. Gespannt blickten wir auf den amerikanischen Offizier, in dessen starrem Gesicht kein Muskel verriet, ob er gute oder schlechte Nachricht für uns bringen würde.

„Ich habe mit dem General gesprochen", erklärte er knapp. „Holen Sie den Bürgermeister, aber schnellstens, wenn ich bitten darf!" Die Schwester und ich grüßten knapp und verließen so schnell wie möglich das Lager. Lange bekamen wir beide kein Wort heraus. Dann stöhnte meine Begleiterin: „Was wird nur daraus werden? Es ist fürchterlich! Diese Schande! Diese unglaubliche Schande! Einer der Häftlinge hat mir erzählt, daß man seinen vierzehnjährigen Jungen, der hier in der Küche Kartoffeln schälte und eine davon in die Tasche verschwinden ließ, durch das Fenster hindurch erschossen hat. Ein SS-Mann hat das getan. Begreifen Sie, wie deutsche Männer, denken Sie doch, unsere Soldaten, so etwas tun können?" Unaufhörlich wischte sich die Schwester ihre Augen. Sie hatte ja so recht. Daß man einen Krieg verlieren kann, ja. Aber diese unehrenhaften verbrecherischen Handlungen, das griff schwer ans Herz. Es sollte nicht unsere einzige Trauer bleiben.

Eine halbe Stunde später stand ich im Gemeindebüro neben dem Bürgermeister, der völlig apathisch vor seinem Schreibtisch saß. „Dieses Lager ist mein Ende", stöhnte er, „da ist nichts dran zu ändern!" „Zunächst kommen Sie einmal mit", forderte ich ihn nicht gerade freundlich auf. „Warum sollte man Sie denn gerade verantwortlich machen?" „Das Lager liegt doch auf Langensteiner Gebiet. Ich habe die Todesurteile mit unterschrieben und dabei sein müssen, wenn die Kerle gehängt wurden. Es ist aus mit mir, das Lager ist mein Ende!" „Herr Bürgermeister, es kommt jetzt nicht auf Sie oder auf irgendeinen einzelnen von uns an. Es geht um den weiteren Bestand unseres ganzen Dorfes! Begreifen Sie doch endlich!" ermahnte ich ihn. Da schrie er unbeherrscht: „Ich bin krank, machen Sie, was Sie wollen! Ich komme nicht mit!" „Dann geben Sie mir eine Vollmacht, und ich werde in Ihrem Namen und Auftrage zu retten versuchen, was zu retten ist!"

Der zweite Weg zum Lager war fast schwerer als der erste. Wieder schritt Schwester Elisabeth Abel an meiner Seite, trotzig und entschlossen, die Gefahr mit allen Kräften ihres tapferen Herzens abwehren zu helfen.

Es ist gut, wenn man auf solchen Wegen von einer starken Seele begleitet wird. Das werde ich dieser Frau nie vergessen. Auf unserem Gang durch das Dorf in Richtung des Lagers folgten uns viele furchtsame Blicke der Einwohner an den Türen und Fenstern. Es begleiteten uns wohl auch viele Gebete.
Als wir diesmal das Lager erreicht hatten, erwartete uns schon der Feldgeistliche. Er begrüßte uns freundlich, so daß wir unwillkürlich den Schimmer einer Hoffnung fühlten. Das konnte aber vielleicht auch Mitleid sein, wenn er uns einen freundlichen Gruß gönnte. Er hieß uns warten, ging quer über den Platz mit unserer Vollmacht in den Händen, zu einer der Baracken. Kurz darauf kam er mit dem Cäpten und einem weiteren Offizier zurück, einem Colonel, wie ich später erfuhr.
„Nicht mit der Wimper zucken, was auch kommen mag", flüsterte ich der Schwester schnell noch zu.
Gleich darauf gab es eine knappe Begrüßung, ohne daß man uns die Hände reichte. Der Oberst sprach mit dem Feldgeistlichen, der daraufhin einen Schreibblock aus der Tasche zog und mir nebst einem Bleistift überreichte.
„Bitte schreiben Sie auf", diktierte er. „Die Gemeinde Langenstein liefert an das Lager, verteilt auf drei Monate, sechshundert Zentner Fleisch, zweihundert Zentner Kartoffeln, diese sofort: dreihundert Brote täglich!, Gemüsekonserven, fünfhundert Gläser Obstkonserven, des weiteren Strümpfe, Unterzeug, möglichst neu und sofort. Mit ähnlichen Forderungen ist noch zu rechnen. Bei Nichtlieferung sind schwerste Vergeltungsmaßnahmen zu erwarten!"
Es war gut, daß ich meine Augen auf den Block gerichtet hatte, so konnte ich meinen freudigen Schreck besser unterdrücken. Neben mir hörte ich den tiefen Atemzug der Schwester und fühlte wohl, daß es ein erlöstes Aufatmen war. Mit knappem Gruß wandten wir uns wieder ab. Wir hatten kaum zehn Schritte hinter uns, da kam der Feldgeistliche hinterhergelaufen und steckte der Schwester eine helle Schachtel in die Schürzentasche. Tröstlich sagte er: „Es wird nicht so schlimm werden, wenn Sie sich tüchtig Mühe geben. Good bye!"
Als wir die Bergkante hinter uns gelassen [hatten] und wieder allein waren, kniff die Schwester fröhlich ein Auge zu, suchte in ihrer Schürzentasche und brachte eine Schachtel „Lucky-Strike" hervor. Dann reichte sie mir die Hand, und wir sprangen geradezu einige Meter dahin, wie zwei übermütige Kinder, die eine gute Nachricht zu überbringen hatten. Gut, daß uns niemand weiter sah. Es müßte ein merkwürdiger Anblick gewesen sein, die Schwester in ihrer Tracht und der tanzende Pastor im Gehrock.
Ich würde sofort einen Hirtenbrief[14] verfassen, vervielfältigen lassen und die ganze Pfarrhausbesatzung herumschicken. Die Schwester beabsichtigte, ein Gespann mit einem Kastenwagen zu organisieren. Als wir im Dorf ankamen, wurden wir fast an jeder Tür aufgehalten, bis die amerikanische Artillerie zur Abwechslung einmal wieder Salven schoß und alles, was an Menschen in den Straßen stand, in die Häuser flüchtete. Wir beide hörten auch jetzt das helle Zwitschern von Gewehrkugeln, die wohl von deutscher Seite kamen. In den Wäldern hielten sich noch deutsche Truppen auf. Jetzt heulten auch Granaten vom Harz her über uns hinweg. In der Nähe des Pfarrhauses explodierte ein Geschoß über den Parkbäumen. Wir warfen uns beide sofort zu Boden, hatten aber das

14 Nicht aufgefunden.

überzeugende Gefühl, daß uns jetzt einfach nichts mehr passieren könnte. Der Hirtenbrief ging allem vor.
Diesen Aufruf zur Liebestat sandte ich in sechs Exemplaren in die Gemeinden, die ich gleichzeitig zu einem Dankgottesdienst einlud. Bitten und Beten sind sehr wesentliche Dinge im kirchlichen Dienst. So wie dieser Ruf wurde wohl in Langenstein noch keiner gehört und aufgenommen. Jedem meiner Helfer und Helferinnen hatte ich einen Ausweis in englischer Sprache mitgegeben, falls sie von amerikanischen Patrouillen aufgehalten werden sollten. Vom Ortskommandanten, der im Schloß residierte, hatte ich mir die Erlaubnis für diese Ausweise geholt.
Binnen zwei Stunden hatte ich säckeweise beste Wäsche zusammen, ganze Bündel von neuen Strümpfen und warmes Unterzeug. Frau Abel rollte mit einem Kastenwagen voller Obst- und Gemüsekonserven an.
Zum drittenmale ging es zum Lager hinaus und diesmal mit recht frohen Schritten neben unserem Liebesfuhrwerk. In den Taschen hatte ich einige Neue Testamente. Der Cäpten nickte zufrieden, als er unser Gespann sah. Viele Häftlinge umdrängten uns, griffen schon nach den Konserven, wurden aber sofort von den amerikanischen Soldaten zurückgewiesen. „Die meisten der Leute sind hier magenkrank", erklärte uns ein Sanitätsfeldwebel, „wir müssen vorsichtig sein." Schwester Elisabeth fragte, ob sie irgendwo helfen könnte, und wurde zu einem Verbandszimmer gewiesen. Ich selbst suchte nach Dr. Ridder, begleitet von einem schmächtigen Franzosen, der mir von seiner Heimat vorschwärmte und von seiner Attaché-Tätigkeit erzählte, Monsieur de Rottrubain.[15] Sobald ich in eine der Baracken trat, blieb er zögernd zurück. Das ganze Elend zu beschreiben, fehlen einfach die Worte. In einem dieser Schlafställe, denn als Wohnräume kann man sie nicht bezeichnen, kam ich dazu, wie einer der Häftlinge auf einen Kranken losschlug. Das Niederträchtige der ganzen Lagereinrichtung bestand ja darin, daß man auch Schwerverbrecher zwischen die politischen Häftlinge steckte und sie häufig als Aufseher, sogenannte Kapos, eingesetzt hatte. Aus einer anderen Baracke hörte ich Choralgesang und wurde von einem der Häftlinge, Herrn Bongardt,[16] brüderlich in die Arme geschlossen. Er stammte aus der bekannten Pianofabrik Bongardt. Meine Testamente wurde ich bald los. Dr. Ridder, den ich am äußersten Drahtzaun fand, wollte wissen, ob seine Frau schon zurücktelegraphiert hätte. Leider konnte ich diese Frage nur sehr ausweichend beantworten.
Bei allem Leid kamen aber auch erfreuliche Dinge zum Vorschein. So erzählten mir die Häftlinge, daß des öfteren eine Frau, deren Mann Verwalter des in der Nähe gelegenen Militärschießstandes sei, mit ihrem Kartoffel- und Gemüsekorb vom Felde heimkehrend, stets hinstürzte, wenn sie auf eine Kolonne des Lagers stieß, die von ihrem Arbeitsplatz heimkehrte. Ihre Früchte kullerten immer sehr geschickt zwischen die Mannschaften. Auch von unserem Hegemeister hörte ich ähnliche Dinge. Er hatte ganze Gruppen

15 Richtig: Schaim Henri Rotrubin (*1901), Schlosser; im Sept. 1942 Deportation aus Frankreich nach Auschwitz, dort im Außenlager Blechhammer, Anfang 1945 über Groß-Rosen nach Buchenwald deportiert, kam am 17.2.1945 in das Außenlager Langenstein; im April 1945 dort befreit.

16 Oswald Bongardt (1885–1975), Kaufmann; 1920–1936 Inhaber einer Fensterreinigungsfirma in Barmen; Aug. 1944 Verhaftung in Ilmenau, am 1.1.1944 Inhaftierung in Buchenwald, am 13.11.1944 Überstellung in das Außenlager Langenstein; 1945 dort befreit, Rückkehr nach Wuppertal, 1959 Ablehnung seines Antrags auf Wiedergutmachung.

von Häftlingen, die zum Holzschlagen in den Wald abkommandiert waren, trotz der Wachen mit Lebensmitteln versorgt. Aber hier soll der alte Hegemeister Stegmann nicht ungenannt bleiben. Auch nicht die mutige Frau Schikarsky vom Schießstand. In einer der Baracken mußte ich mich desinfizieren, wodurch ich endlich begriff, warum der kleine Franzose immer zögernd zurückgeblieben war. Es begann bereits zu dämmern, als ich mit der Schwester todmüde nach diesem schweren Tage daheim anlangte.

DOK. 219

Die Chemnitzer Zeitung veröffentlicht am 18. April 1945 Hitlers Befehl, die vor Berlin stehende Rote Armee zu bekämpfen[1]

Tagesbefehl Adolf Hitlers an die Soldaten der deutschen Ostfront vom 16.4.1945, veröffentlicht am 18.4.1945[2]

Der Führer an die Ostkämpfer
„Der Feind wird und muß vor der Hauptstadt des Deutschen Reiches verbluten."

Führerhauptquartier, 16. April. Der Führer hat an die Soldaten der Ostfront folgenden Tagesbefehl erlassen:
Soldaten der deutschen Ostfront! Zum letzten Male ist der jüdisch-bolschewistische Todfeind mit seinen Massen zum Angriff angetreten. Er versucht, Deutschland zu zertrümmern und unser Volk auszurotten. Ihr Soldaten aus dem Osten wißt zu einem hohen Teil heute bereits selbst, welches Schicksal vor allem den deutschen Frauen, Mädchen und Kindern droht. Während die alten Männer und Kinder ermordet werden, werden Frauen und Mädchen zu Kasernenhuren erniedrigt. Der Rest marschiert nach Sibirien.
Wir haben diesen Stoß vorausgesehen, und es ist seit dem Januar dieses Jahres alles geschehen, um eine starke Front aufzubauen. Eine gewaltige Artillerie empfängt den Feind. Die Ausfälle unserer Infanterie sind durch zahllose neue Einheiten ergänzt. Alarmeinheiten, Neuaufstellungen und Volkssturm verstärken unsere Front. Der Bolschewist wird dieses Mal das alte Schicksal Asiens erleben, d. h., er muß und wird vor der Hauptstadt des Deutschen Reiches verbluten.
Wer in diesem Augenblick seine Pflicht nicht erfüllt, handelt als Verräter an unserem Volk. Das Regiment oder die Division, die ihre Stellungen verlassen, benehmen sich so schimpflich, daß sie sich vor Frauen und Kindern, die in unseren Städten dem Bombenterror standhalten, werden schämen müssen. Achtet vor allem auf die verräterischen wenigen Offiziere und Soldaten, die, um ihr erbärmliches Leben zu sichern, im russi-

1 Chemnitzer Zeitung. Amtliche Zeitung der NSDAP, 48. Jg., Nr. 86 vom 18.4.1945, S. 1. Die Zeitung, die vom sächsischen Gauleiter Martin Mutschmann herausgegeben wurde, erschien vom 1.4.1943 bis zum 6.5.1945. Damit war sie die einzige bis kurz vor Kriegsende erscheinende Zeitung im Deutschen Reich.

2 Am 16.4.1945 begann die viertägige Schlacht um die ca. 70 km östlich von Berlin gelegenen Seelower Höhen, gleichzeitig überquerte die Rote Armee die Lausitzer Neiße. Diese sowjet. Offensive leitete die Schlacht um Berlin und das Ende der deutschen Ostfront ein.

schen Solde, vielleicht sogar in deutscher Uniform gegen uns kämpfen werden. Wer euch Befehl zum Rückzug gibt, ohne daß ihr ihn genau kennt, ist sofort festzunehmen und nötigenfalls augenblicklich umzulegen, ganz gleich, welchen Rang er besitzt.
Wenn in diesen Tagen und Wochen jeder Soldat an der Ostfront seine Pflicht erfüllt, wird der letzte Ansturm Asiens zerbrechen, genau so, wie am Ende auch der Einbruch unserer Gegner im Westen trotz allem scheitern wird. Berlin bleibt deutsch, Wien wird wieder deutsch[3] und Europa wird niemals russisch.
Bildet eine verschworene Gemeinschaft zur Verteidigung nicht des leeren Begriffes eines Vaterlandes, sondern zur Verteidigung eurer Heimat, eurer Frauen, eurer Kinder und damit unserer Zukunft.
In dieser Stunde blickt das ganze deutsche Volk auf euch, meine Ostkämpfer, und hofft nun darauf, daß durch eure Standhaftigkeit, euren Fanatismus, durch eure Waffen und unter eurer Führung der bolschewistische Ansturm in einem Blutbad erstickt. Im Augenblick, in dem das Schicksal den größten Kriegsverbrecher aller Zeiten von dieser Erde genommen hat,[4] wird sich die Wende dieses Krieges entscheiden.

DOK. 220
Charlotte Grunow aus Berlin berichtet am 20. April 1945 in der BBC über ihre Erlebnisse in Auschwitz und Bergen-Belsen[1]

Bericht von Charlotte Grunow,[2] Deutscher Dienst der BBC, vom 20.4.1945

„Hier spricht Charlotte Grunow, eine Berliner Jüdin. Vor zwei Jahren – genau vor zwei Jahren – bin ich verhaftet worden und von der Gestapo mit 750 Leuten nach Auschwitz gebracht worden.[3] Da wir ein arbeitsfähiger Transport war,[4] wurde ein großer Teil von uns gerettet. Gleich am Bahnhof wurde man sortiert in arbeitsfähig und in nicht arbeitsfähig. Frauen mit Kindern und Männer, die Krankheiten oder irgendwelche Gebrechen hatten, wurden auf Autos geladen, von denen wir nicht wußten, wohin sie fuhren. Im Lager selbst hörten wir dann erst, daß diese Leute alle in das Gas gegangen sind. Eine Sache, die man sich kaum vorstellen kann, wenn man nicht diesen schrecklich roten

3 Wien war bereits am 13.4.1945 von der Roten Armee eingenommen worden.
4 Am 12.4.1945 war US-Präsident Roosevelt gestorben.

1 DRA, 73 U 3174/11, Gesamtdauer: 6 Minuten 50 Sekunden. Abdruck in: Judenverfolgung und jüdisches Leben unter den Bedingungen der nationalsozialistischen Gewaltherrschaft, Bd. 1: 1930–1946, hrsg. von Gerhard Hirschfeld, zusammengestellt und bearbeitet von Walter Roller unter Mitwirkung von Susanne Höschel, Potsdam 1996, S. 251–253. Der Bericht ist im Archiv und in der publizierten Fassung irrtümlich auf den 15.4.1945 datiert worden. Aus dem nachfolgend abgedruckten BBC-Bericht (Dok. 222) ergibt sich aber, dass der BBC-Reporter erst am 20.4.1945 in Bergen-Belsen eintraf und dort Interviews machte. Der Wortlaut folgt der Tonbandaufzeichnung.
2 Charlotte Grunow, geb. Schenk (1909–1966), Kinderpflegerin; 1936 Heirat mit Harry Grunow(1910–1943); Herbst 1939 Tätigkeit bei der Reichsvereinigung der Juden – Zweigstelle Hamburg, von Sept. 1941 bis Febr. 1943 Zwangsarbeit in Berlin, kurzfristig untergetaucht, 19.4.1943 Deportation nach Auschwitz; 1945 wurde sie in Bergen-Belsen befreit und emigrierte später nach Schweden.
3 Charlotte Grunow wurde mit dem 37. Osttransport am 19.4.1943 von Berlin nach Auschwitz deportiert. Der Transport umfasste insgesamt 688 Personen.
4 Versprecher in der Original-Tonaufnahme.

Himmel tagtäglich vor sich gesehen hat und gewußt hat, daß dort nicht nur kranke, sondern blühende junge Menschen, die ein kleines, winziges Fleckchen am Körper hatten, hingegangen sind. Jede Woche wurden sogenannte Sortierungen durchgeführt. Das war ein stundenlanger Appell, die Leute mußten stundenlang vor den schrecklichen Blocks stehen, dann kam der Arzt, Hauptsturmführer Mengele,[5] und machte mit einer Handbewegung einem Leben, das ihm nicht gefiel, ein Ende. Er sortierte die Menschen nach Nr. 1 und Nr. 3 und Nr. 5, sie mußten aus der Reihe treten, wurden auf Block 25 gebracht. Block 25 war der Todesblock. Von dort aus gingen die Menschen am Abend, wenn alles dunkel war, nur der Stacheldraht brannte, von[6] auf Autos geladen, in den Kamin. Man hörte sie schrecklich schreien und dann war auf einmal Schluß und man sah hoch am Himmel eine blutrote Flagge aufsteigen. Die Lebensmöglichkeiten für das Gros waren so schwer, dass nach kurzer Zeit die Leute an Abmagerung einfach umfielen und nicht mehr weiterkonnten. Ein Hospital gab es nur für Leute, die irgendeine Protektion hatten, die anderen mußten am Block ihre Krankheiten durchstehen. Wer nach der Krankheit zu schwach war zur Arbeit, wurde bei der nächsten Sortierung aussortiert und ging auch dorthin, wo Tausende und Abertausende von jungen Menschen geblieben sind. Die Wohnmöglichkeiten waren so: Wir schliefen in Steinblocks, zu zehnt auf einer Koje, keinen Strohsack, keine Decke gab man uns. Wir hatten nur das, was wir anhatten: einen Mantel, mit dem mußten wir uns zudecken. Wenn es regnete, mußten wir stundenlang Appell stehen, d. h. jeden Tag mindestens zwei, drei Stunden, zweimal am Tag. Das machte alle Leute bei wenig Essen sehr schnell schwach, und sie fielen fast täglich um. Die Arbeit war so schwer, daß wenige von ihnen sie aushielten. Die Frauen arbeiteten in Steinbrüchen und beim Häuserabriß, immer draußen im Freien, bewacht von Posten und sehr scharfen Hunden. Sowie sie nicht mehr weiter konnten mit ihrer Karre, wurden sie geschlagen, man sagte ihnen: ‚Auf, du mußt weiter', und mit aller Kraft, man wußte, worum es ging, schleppte man den Stein oder diesen Karren noch bis zum Tor. Man kam meistens abends noch gerade durch das Tor zum Einmarsch, und dann fielen die Leute um und waren tot. Nachher besserte sich das etwas, das Verhältnis. Die Leute, die arbeiteten, bekamen Zulage, zweimal wöchentlich, so daß es verschiedene aushalten konnten. Der größte Teil von ihnen starb an Flecktyphus, eine schreckliche Epidemie, die durch Läuse und durch Unsauberkeit hervorgerufen wurde. Man hatte keine Möglichkeit, sich zu reinigen. Jeden Schluck Wasser mußte man sich mit Brot erkaufen. Wasser gab es dort genug, aber das Prinzip der Deutschen war, möglichst viele Menschen zu erledigen, und man nahm ihnen deswegen alles, was zum Leben notwendig war, fort. Wasser und Kleidungsstücke bekam man nicht. Jeder, der ankam, wurde völlig abrasiert, man zog ihm seine privaten Kleider aus und zog ihm eine Uniform an, mit der er, solange er dort in Auschwitz war, eben auskommen mußte. Menschen, die gewöhnt waren, sich täglich zu waschen und ihre Kleidungsstücke zu reinigen, hatten es etwas besser, weil sie das eben auch noch in Auschwitz taten. Aber die meisten befiel eine solche Lethargie, dass sie nach

5 Dr. Dr. Josef Mengele (1911–1979), Arzt und Anthropologe; 1938 Assistent des Rassenhygienikers Otmar von Verschuer; 1938 NSDAP- und SS-Eintritt, seit 1940 Mitglied der Waffen-SS; Mai 1943 bis Jan. 1945 Lagerarzt in Auschwitz, wo er u. a. medizinische Experimente an Häftlingen durchführte; 1945–1949 lebte er untergetaucht in Deutschland, 1949 Flucht nach Südamerika.

6 Versprecher in der Original-Tonaufnahme.

einigen Tagen sich schon gar nicht mehr um die Läuse kümmerten, sondern einfach in ihrem Dreck liegenblieben auf der Koje und verkamen.
Vor acht Monaten, vor acht Monaten[7] wurde das Lager, weil der Feind in Sicht war, geräumt, und wir kamen hier nach Bergen-Belsen. In Auschwitz konnte man noch leben bei dem, was die Deutschen einem gaben, aber hier war es unmöglich. Man bekam am Tag einen Liter Kohlrübensuppe und ein Stückchen Brot. Arbeitsmöglichkeiten waren kaum vorhanden, Schlafbedingungen waren schrecklich und sind jetzt noch furchtbar. Man lag auf der Erde, in Zelten, im November in Zelten, so lange, bis ein Wind die Zelte abriß und wir glücklicherweise damals unter Dach und Fach kamen und ein festes Dach über dem Kopf hatten.[8]
Heute sind wir glücklich, daß wir alles hinter uns haben, und wir wissen nicht, wie wir jemals den Befreiern – unseren Befreiern – danken sollen. Wir wissen nur, wenn wir rauskommen, daß wir alles, was wir hier erlebt haben, in die Welt hinausschreien müssen, denn anders kann man nicht leben. Die Menschen, die das jetzt hören, werden vielleicht glauben, wir sind nicht mehr ganz normal. Aber wenn man anfängt zu erzählen, dann ist es so grausam, man weiß nicht, wo man anfangen soll. Es gibt so schreckliche Sachen, die man erlebt hat, dass man keine Worte findet, sie zu schildern. Und jemand, der nicht dabei gewesen ist, der wird das gar nicht begreifen, wie furchtbar immer wieder diese rote leuchtende Flamme in unserer Erinnerung steht. Wenn wir heute die Sonne untergehen sehen, denken wir an den Kamin in Auschwitz, der Tausende von Menschen hingerafft hat, und man mußte zusehen, man war so verzweifelt, man ballte die Hände in der Tasche und konnte nichts dazu tun, weil man geknechtet und gefoltert war und nur, weil man als Jude nach Auschwitz gekommen ist, weil man das furchtbare Unglück hatte, als Jude geboren zu werden. Kein Verbrechen hat man weiter begangen, sondern nur als Jude ist man eben auf die Welt gekommen, und als Jude ist man dort in den Kamin gegangen."

7 So im Original.
8 Im Aug. 1944 ließ die Kommandantur Zelte auf dem Lagergelände errichten. Bereits Mitte des Monats lebten darin mehrere Tausend Frauen, die angesichts des raschen Vormarschs der Roten Armee aus Auschwitz nach Bergen-Belsen getrieben worden waren. Im Nov. 1944 zerstörte ein starker Sturm das Zeltlager.

DOK. 221

Patrick Gordon Walker interviewt am 21. April 1945 den SS-Unterscharführer Joachim Wolf über seinen Dienst in verschiedenen Konzentrationslagern[1]

Interview von Patrick Gordon Walker,[2] Frontberichterstatter der BBC, mit SS-Unterscharführer Joachim Wolf[3] in Bergen-Belsen am 21.4.1945

Patrick Gordon Walker: „Wie heißen Sie?"
Wolf: „Unterscharführer Wolf."
Walker: „Wie alt sind Sie?"
Wolf: „35 Jahre."
Walker: „Wie lange sind Sie bei der SS gewesen?"
Wolf: „Seit November 1939."
Walker: „In wie vielen Konzentrationslagern sind Sie tätig?"
Wolf: „Bisher in drei."
Walker: „Wie heißen sie?"
Wolf: „Auschwitz, Dachau und Bergen-Belsen."
Walker: „In Auschwitz, wie lange waren Sie dort?"
Wolf: „Da war ich 4 Jahre."
Walker: „Beschreiben Sie nun, was Sie da gesehen haben."
Wolf: „In Auschwitz war ich zuerst als Posten in einem Arbeitslager, wo die Häftlinge ausrückten zu landwirtschaftlichen Arbeiten usw. Später kam dann noch ein zweites Lager dazu, ein Barackenlager, eine halbe Stunde von Auschwitz, das nannte sich Birkenau. Und dort in Birkenau, das war als Durchgangslager gedacht, was aber auch Arbeitslager wurde, kamen in den letzten Jahren sehr viele große Judentransporte aus allen Teilen Europas an. Und ein Teil dieser ankommenden Leute wurde zur Arbeit verwandt, ein anderer Teil, der nicht arbeitsfähig war, soll angeblich vergast worden sein und verbrannt."
Walker: „Was heißt ‚nicht arbeitsfähig'?"
Wolf: „Kranke und alte Leute."
Walker: „Wissen Sie, wie viele Leute in Auschwitz getötet worden sind?"
Wolf: „Das entzieht sich meiner Kenntnis, die genaue Zahl. Es müssen aber sehr viele gewesen sein."
Walker: „Wie lange waren Sie in Dachau?"
Wolf: „In Dachau war ich sechs Wochen."
Walker: „Beschreiben Sie, was Sie dort gesehen haben."

1 DRA, 73 U 3174/13. Gesamtdauer: 4 Minuten, 5 Sekunden. Abdruck in: Judenverfolgung und jüdisches Leben (wie Dok. 220 vom 20.4.1945, Anm. 1), S. 253–255. Zur Datierung siehe Dok. 220 vom 20.4.1945, Anm. 11. Der Wortlaut folgt der Tonbandaufzeichnung.

2 Patrick Chrestien Gordon Walker (1907–1980), Historiker, Politiker; 1940–1944 Mitarbeiter des European Service der BBC, 1945 stellv. Direktor des deutschsprachigen Dienstes, als Frontberichterstatter im April 1945 bei der Befreiung Bergen-Belsens zugegen; 1945–1974 Mitglied des brit. Unterhauses, 1964/65 Außenminister, von 1974 an als life peer (auf Lebenszeit) im Oberhaus.

3 Joachim Wolf, auch Wolff (1919–1945), SS-Unterscharführer; Rapportführer in Auschwitz II-Birkenau Männerlager, seit Dez. 1944 in Bergen-Belsen, dort Dienst in der 1. Abt. der Kommandantur; starb Ende Mai 1945 an Typhus.

Wolf: „Dachau ist ein früheres Musterlager."
Walker: „Was heißt ‚Musterlager'?"
Wolf: „Das war eines der besten Konzentrationslager hinsichtlich Hygiene, Unterkunft usw. Und ich bin dort auch nur in der Verwaltung tätig gewesen."
Walker: „Sie haben nichts gesehen?"
Wolf: „Gesehen habe ich dort nur Häftlinge ausrücken zur Arbeit usw., die sahen aber gesund aus."
Walker: „Sie haben nicht gesehen, wie die Leute geschlagen worden sind?"
Wolf: „Daß Leute dort geschlagen worden sind? Nein, dort in Dachau nicht."
Walker: „Sie haben es nicht gesehen, meinen Sie?"
Wolf: „Gesehen nicht, nein."
Walker: „Wie lange waren Sie hier in diesem Lager, in Belsen?"
Wolf: „In diesem Lager etwas über vierzehn Tage."
Walker: „Beschreiben Sie, was Sie hier gesehen haben."
Wolf: „Als ich dieses Lager das erstemal sah, war ich entsetzt. Ich hatte früher gehört, es sollte ein Erholungslager sein für Lagerinsassen. Dabei war es das Gräßlichste, was man sich nur vorstellen kann. Das Lager umfaßte an Frauen- und Männerhäftlingen ca. 35 000 Menschen.[4] Und von diesen 35 000 Menschen lebt der größte Teil in den widerlichsten und den unmenschlichsten Verhältnissen. Die Blöcke, wo sie wohnten, waren verschmutzt, hatten keine Betten, waren verlaust. Durch die Läuse war die Fleckfieberkrankheit, dann der Hungertyphus [vorhanden], weil sie sehr wenig zu essen bekamen, fast kein Brot, nur Rüben, die sie zum Teil in rohem Zustand [essen mussten], so daß ein großer Teil dieser Menschen schwer erkrankte und dahinstarb wie die Fliegen."
Walker: „Ist Ihnen bekannt, daß die in den Konzentrationslagern verübten Greueltaten selbst für die SS zuviel waren und sich daher viele zur Front gemeldet haben?"
Wolf: „Ja, das stimmt."
Walker: „Warum haben Sie das dann nicht getan?"
Wolf: „Ich habe mich auch mehrmals zur Front gemeldet. Hab' auch bereits schon den Marschbefehl in Händen gehalten. Aber der damalige Kommandant[5] hat diese Marschgruppe zurückgehalten, weil er die Leute angeblich brauchte, bzw. er hat nach Berlin telegraphiert oder gefunkt: Der Marschbefehl wurde aufgehoben."

4 Joachim Wolf gelangte im Dez. 1944 im Gefolge des künftigen Kommandanten Josef Kramer von Auschwitz nach Bergen-Belsen. Am 1.12.1944 waren 15 257 Häftlinge in Bergen-Belsen registriert; die Häftlingszahlen stiegen bis April 1945 durch Ankömmlinge der zahlreichen Todesmärsche sprunghaft an, so dass sich Ende März 1945 über 44 000 Häftlinge im Lager befanden.

5 Josef Kramer (1906–1945), Buchhalter; 1931 NSDAP-, 1932 SS-Eintritt; von Nov. 1934 an bei der Lager-Kommandantur in Esterwegen, Dachau und Sachsenhausen, 1938–1940 Adjutant in Mauthausen, Mai bis Nov. 1940 Adjutant in Auschwitz, von 1941 an in Natzweiler-Struthof, seit Okt. 1942 als Kommandant; Juni 1942 SS-Hauptsturmführer; 1944 Kommandant in Auschwitz-Birkenau, von Dez. 1944 an in Bergen-Belsen; 1945 zum Tode verurteilt, hingerichtet.

DOK. 222

Ein britischer Reporter verfasst am 20. und 21. April 1945 einen Bericht über die Zustände im Lager Bergen-Belsen nach der Befreiung[1]

Aufzeichnungen (privat und vertraulich, nicht zur Veröffentlichung bestimmt) von Patrick Gordon Walker vom 20. und 21.4.1945

Belsen
Freitag, 20. April 1945
Kam nach Belsen, ein riesiges, von Stacheldraht umgrenztes Areal. Das Ganze wurde von bewaffneten ungarischen Posten bewacht.[2] Sie waren in der deutschen Armee gewesen und haben sich jetzt, sofort und ohne Zögern, uns zur Verfügung gestellt. Fürs Erste ersetzen sie uns eine große Zahl von Leuten. Außerhalb des Lagers, das von Büschen, Kiefern und Heidekraut umgeben ist – alles ziemlich frisch gepflanzt –, gab es große Warnschilder, auf denen in roten Lettern stand: „Typhusgefahr". Wir fuhren auf ein Gelände, das sich als großes Ausbildungslager herausstellte – eine Art Aldershot.[3] Hier standen zweistöckige Gebäude aus Backstein an asphaltierten Straßen – Adolf-Hitler-Straße, Rommel-Straße, Fridericus-Rex-Straße[4] usw. Am Ende ein schönes Offiziershaus, auf das wir zufuhren und wo wir Offiziere der Oxfordshire Yeomanry[5] antrafen. Der Kommandeur Colonel Taylor war einst einer meiner Schüler (ein sehr fauler) in Oxford. Sie machten […],[6] hießen mich willkommen und luden uns zu einem Drink ein.
Sie erzählten uns vom Konzentrationslager. Es liegt südlich des Ausbildungsgeländes, hinter einem eigenen Stacheldrahtzaun. Die Wehrmacht durfte sich [dem Lager] nicht nähern. Es war ausschließlich von SS-Männern und -Frauen bewacht.
Über die Befreiung des Lagers – die am 15. [April] erfolgte – habe ich Folgendes herausbekommen. Diese Geschichte haben mir Derek Sington,[7] Offiziere und Mannschaften des Oxfordshire-Regiments erzählt.
Nachdem im Lager Typhus ausgebrochen war, wurde eine Waffenruhe vereinbart, so dass wir das Lager übernehmen konnten. Zunächst schlugen die Deutschen vor, wir sollten das Lager umgehen. Doch in der Zwischenzeit wären Abertausende Menschen

1 BBC Archives, Written Document, Holocaust, 5136. Das Dokument wurde aus dem Englischen übersetzt.

2 Nachdem Himmler am 11.4.1945 den Befehl gegeben hatte, Bergen-Belsen kampflos der brit. Armee zu übergeben, einigten sich eine Abordnung von Wehrmachtsoffizieren und der zuständige Stabschef der brit. Armee auf die Übergabebedingungen. Diese sahen u. a. vor, dass die Bewachung des Lagers auf Soldaten vom Truppenübungsplatz Bergen, dem eine ungar. Kadettenschule angegliedert worden war, überging.

3 In Aldershot in der engl. Grafschaft Hampshire befindet sich seit 1854 das größte Ausbildungslager der brit. Armee.

4 Straßennamen im Original deutsch.

5 Die 249. (Oxfordshire Yeomanry) Batterie des 63. Panzerabwehrregiments der brit. Artillerie war die erste brit. Armeeeinheit, die das Lager Bergen-Belsen am 15.4.1945 betrat.

6 Im Original unleserlich.

7 Derrick Adolphus Sington (1908–1968), Journalist; Leiter der Propagandaeinheit Nr. 14 der brit. Armee; 1947–1950 Kontrolloffizier bei der Zeitung Die Welt, später Chefredakteur des Manchester Guardian, setzte sich nach dem Krieg gegen die Todesstrafe für Kriegsverbrecher ein; Autor von „Belsen uncovered" (1946).

gestorben oder erschossen worden. Wir wiesen diese Bedingungen zurück und forderten den Rückzug der Deutschen und die Entwaffnung der SS-Wachen.

Zurück blieben einige Dutzend SS-Männer und -Frauen unter dem Kommando von Hauptsturmführer Kramer,[8] der in Auschwitz gewesen war. Man hatte ihnen offenbar allerlei Märchen über die Waffenruhe erzählt – dass sie weiter Wachdienst leisten könnten, dass wir sie freilassen würden usw. Tatsächlich hatten wir lediglich vereinbart, dass das Lager ein paar Tage lang eine neutrale Zone sein sollte, damit wir es übernehmen und verhindern konnten, dass die Insassen ausbrechen und den Typhus verbreiten.

Sington (der großartige Arbeit geleistet hat) rückte mit einigen Lastwagen an – und traf mit Kramer zusammen, der ihn im Lager herumführte. Wo immer er hinkam, gab es Beifall und Hochrufe – die Leute brachen aus dem umzäunten Areal aus, um die britische Vorhut zu begrüßen.

Kramer erwartete offenbar, dass wir sein Verhalten als ganz normal hinnehmen. Er rechnete nicht damit, dass wir von dem Gesehenen schockiert waren. Er war derjenige gewesen, der in Auschwitz an den Öfen stand und diejenigen auswählte, die sofort verbrannt werden sollten.[9]

Er beschrieb die Lagerinsassen als asoziale, antisoziale und verdreckte Leute. Er betrachtete sie offenbar als Vieh. Als wir auf das Gelände fuhren, feuerte die SS von ihren Wachtürmen aus auf die Menschen, die aus dem umzäunten Bereich ausbrachen, um auf ein Kartoffelfeld zu gelangen. Das wurde schnell unterbunden. Wir hatten zunächst nur eine Handvoll Männer dabei, und die SS blieb diese Nacht noch da. In der ersten Nacht der Freiheit kamen Hunderte Menschen vor Freude um.

Am nächsten Tag trafen einige Männer der Oxfordshire Yeomanry ein. Die Leute umringten sie und küssten ihre Hände und Füße und starben aus Entkräftung. Leichen in jedem Stadium der Verwesung lagen herum, zu Haufen übereinandergeschichtet. Es gab Leichen im Gelände und in den Lagerbaracken. Überall fielen Menschen tot um – Menschen wie wandelnde Skelette. Eine Frau trat zu dem Soldaten, der den Milchstand bewachte und Milch an Kinder ausgab, und bat um Milch für ihr Baby. Der Mann nahm das Baby und sah, dass es schon seit Tagen tot war – schwarz im Gesicht und eingeschrumpelt. Die Mutter bat weiter um Milch – also goss er etwas zwischen die toten Lippen. Daraufhin brabbelte die Mutter etwas, summte vor Freude – und trug das Baby triumphierend davon. Nach ein paar Metern stolperte sie und fiel tot zu Boden. Ich habe diese und einige andere Geschichten aufgenommen, erzählt von Männern, die sie miterlebt haben. Am 16. [April] wurden Kramer und die SS-Leute festgenommen und von unseren Leuten mit Stiefeln getreten und mit Gewehrkolben gründlich zusammengeschlagen.[10] Kramer zog man aus und steckte ihn in der Offizierswohnung in die Eiskiste (zusammen mit stinkenden Fischen). Inzwischen ist er wieder draußen. Die übrigen Männer und Frauen wurden ständig bewacht (um sie vor den Insassen zu schützen). Die Männer wurden eingesetzt, um die Leichen auf Lastwagen zu hieven. Die Zahl der Leichen wird auf 35 000 geschätzt – das sind mehr als die etwa 30 000 Lebenden.

8 Josef Kramer, letzter Kommandant von Bergen-Belsen.

9 In seiner Funktion als Kommandant von Birkenau ab Mai 1944 war Kramer regelmäßig bei Selektionen anwesend.

10 Kramer wurde am 17.4.1945 festgenommen und am folgenden Tag in das Kriegsgefangenenlager Celle überstellt.

Die SS-Männer wurden [die Lagerstraßen] entlanggetrieben und gestoßen, und man zwang sie, auf der Ladung von Leichen sitzend mitzufahren und diese dann in die großen offenen Massengräber zu schaufeln. Sie waren so müde und kaputt, dass sie inmitten der Leichen erschöpft zusammenbrachen. Johlende Menschenmengen drängten sich um sie herum, und man musste sie streng bewacht halten. Zwei begingen Selbstmord in ihren Zellen. Zwei sprangen von den Lastwagen herunter, versuchten wegzurennen und in der Menge zu verschwinden. Sie wurden niedergeschossen. Einer sprang in ein Wasserbecken aus Beton und wurde von Kugeln durchsiebt. Der andere wurde mit einem Bauchschuss niedergestreckt und anschließend mit einer Maschinenpistole erledigt.

Die SS-Frauen müssen kochen und schwere Lasten schleppen. Eine von ihnen versuchte, Selbstmord zu begehen. Die Lagerinsassen sagen, dass sie grausamer und brutaler waren als die Männer. Sie sind alle jung – zwischen zwanzig und dreißig. Eine SS-Frau versuchte, sich als Gefangene verkleidet zu verstecken. Sie wurde verraten und festgenommen.

Das Lager war so überfüllt, weil man die Menschen aus Osten und Westen hierher gebracht hatte.[11] Einige wurden von Nordhausen[12] hergebracht – eine Reise von 5 Tagen ohne Essen. Viele waren 2 bis 3 Tage lang marschiert. Im Lager gab es keinerlei Lebensmittel. Ein paar Häuflein Mangoldwurzeln inmitten der Leichenberge. Einige der Toten waren so hungrig gewesen, dass sie versucht hatten, sich der Mangoldwurzeln zu bemächtigen, obwohl die von SS-Männern bewacht wurden, und dabei sind sie dann erschossen worden. Es gab kein Wasser. Nichts außer diesen Wurzeln und ein paar stinkenden gekochten Karotten – das musste für einige Hundert Menschen reichen. Männer und Frauen hatten um rohe Mangoldwurzeln gekämpft. Die Körper von Toten – schwarz und blau und aufgedunsen – und Skelette hatten kranken Leuten als Kissen gedient.

Am Tag nachdem wir [das Lager] übernommen hatten, sind sieben Blockleiter[13] – die meisten davon Polen – von den Insassen ermordet worden. Einige schlugen die Leute immer noch. Wir verhafteten eine Frau, die eine andere mit einem Brett geschlagen hatte. Sie gab ihre Tat ganz offen zu. Wir verhaften solche Leute.

Vergraben im Boden wurde ein riesiges Depot entdeckt, mit Koffern voll persönlichem Schmuck und anderen Habseligkeiten.

Als ich im Lager ankam, 5 Tage nach der Befreiung – lagen noch immer überall Leichen herum. Ich habe etwa tausend gesehen. An einer Stelle waren Hunderte mit Bulldozern in ein Massengrab geschoben worden. An einer anderen legten ungarische Soldaten Leichen in ein 60 mal 60 Fuß großes und 30 Fuß tiefes Grab.[14] Es war fast halb gefüllt. Weitere ähnliche Gruben wurden ausgehoben. 5000 Menschen sind gestorben, seitdem wir in das Lager gekommen sind. Menschen starben vor meinen Augen, kaum mehr Menschen ähnelnde Skelette, viele von ihnen wahnsinnig geworden. Die Leichen wurden einfach aufeinandergeworfen – zu wüsten und wirren Haufen. Viele hatten Schussverletzungen und schreckliche offene Wunden. Ein Engländer (der in Ostende gelebt hatte) mit einer großen Schusswunde auf dem Rücken wurde halbtot aufgefunden. Er konnte nur noch mühsam sprechen. Er hatte keine Ahnung, wann man auf ihn geschos-

11 Aufgrund seiner geographischen Lage wurde Bergen-Belsen bereits seit Spätsommer 1944 zum Ziel für die sog. Evakuierungstransporte von Häftlingen aus den weiter östlich gelegenen Lagern.

12 Gemeint ist das KZ Mittelbau-Dora bei Nordhausen.

13 Im Original deutsch; gemeint sind Blockälteste.

14 Ca. 20 Meter in der Länge und Breite und 10 Meter tief.

sen hatte. Er muss halb bewusstlos am Boden herumkrochen sein, als ein SS-Mann auf ihn geschossen hat. Das war nicht unüblich.
Ich schaute mir das ganze Lager an. Überall der Gestank des Todes. Nach ein paar Stunden gewöhnt man sich daran und nimmt ihn gar nicht mehr wahr. Die Menschen haben Typhus und Ruhr. In einem Teil des Lagers sah ich Frauen völlig nackt dastehen und sich waschen; gleich daneben Leichenhaufen; andere Frauen, die an Ruhr litten, erleichterten sich im Freien und stolperten dann in halbtotem Zustand zu ihren Baracken zurück. Einige lagen stöhnend am Boden. Ein Rückfall des Lebens in absolute Primitivität. Es war eine große Leistung, das Lager mit Wasser zu versorgen. Man hat es von außen hineingepumpt und mit Hilfe von Pferden überall im Lager verteilt; es gibt viele Ausgabestellen. Überall kommt jetzt sauberes Wasser aus Hähnen, und Wasserkarren fahren herum. Das RASC[15] hat bei der Lieferung von Lebensmitteln ebenfalls Großartiges geleistet.
Ich ging in die Typhus-Station – vollgestopft mit Menschen, die in dreckigen Lumpen und Decken ächzend und stöhnend auf dem Boden lagen. An der Tür saß ein Tommy,[16] der mit den Menschen sprach, sie aufmunterte – obwohl die nicht verstehen konnten, was er sagte – und Milch aus einem großen Kessel ausschenkte.
Ich suchte mir ein paar Frauen zusammen, die Englisch und Deutsch sprechen konnten, und begann Gespräche aufzunehmen. Erstaunlich ist dabei, wie viele es geschafft haben, sich sauber und gepflegt zu halten. Alle sagten, noch ein oder zwei Tage länger, und sie wären an Hunger und Schwäche zugrunde gegangen. Im Lager gibt es drei Kategorien von Menschen: die Gesunden, die sich einigermaßen halten konnten, wobei fast alle Typhus hatten. Sodann die Kranken, die mehr oder weniger von ihren Freunden betreut wurden. Und dann gibt es noch die riesige Schattenwelt all jener, die jede Selbstachtung verloren haben, die in Lumpen herumkriechen, in entsetzlichem Dreck leben, sich im Freien entleeren, häufig verrückt oder halb verrückt sind. Von den anderen Gefangenen werden sie die Muselmänner genannt. Sie sind es, die immer noch wie die Fliegen sterben. Sie können sich kaum auf den Beinen halten. Von ihnen sind Tausende nicht mehr zu retten – und wenn man es könnte, wären sie für den kurzen Rest ihres mitleiderregenden Lebens nutzlose, im Wahnsinn versunkene Invaliden.
Im Lager gibt es sehr viele Mädchen – meist Jüdinnen aus Auschwitz. Sie müssen, da sie überlebt haben, sehr gesund sein. Immer und immer wieder wurde mir dieselbe Geschichte erzählt – von den Appellschlangen, aus denen man die Leute willkürlich herausholte, für die Gaskammern und für die Krematorien, in denen viele lebendig verbrannt wurden. Nur Personen, die kerngesund waren, konnten überleben. Leben und Tod waren reine Glückssache. Ich unterhielt mich mit zwei schönen Schwestern – Anita und Renate Lasker,[17] Nichten des Schachspielers Lasker.[18] Renate wäre in Auschwitz fast an

15 Royal Army Service Corps, Versorgungskorps der brit. Armee.
16 Umgangssprachliche Bezeichnung für einen brit. Soldaten.
17 Anita Lasker, später Lasker-Wallfisch (*1925), Cellistin; 1943 verhaftet und wegen Urkundenfälschung verurteilt, dann nach Auschwitz deportiert, dort Mitglied des Häftlingsorchesters, im Nov. 1944 nach Bergen-Belsen gebracht; dort befreit, 1946 Emigration nach Großbritannien, Mitbegründerin des English Chamber Orchestra. Renate Lasker, später Lasker-Harpprecht (*1924), Journalistin; 1943 verhaftet und wegen Urkundenfälschung verurteilt, dann nach Auschwitz deportiert, im Nov. 1944 nach Bergen-Belsen gebracht; dort befreit, Dolmetscherin bei der brit. Armee.
18 Emanuel Lasker (1868–1941), Mathematiker, Philosoph und Schachweltmeister.

Typhus gestorben. Als die Aufsicht kam, mussten alle aufstehen – wer das nicht konnte, kam auf die Todesliste. Renate konnte nicht stehen. Ihr Name wurde aufgeschrieben. Da sagte sie: „Ich bin die Schwester von einem der Mädchen, die im Orchester spielen." – „Oh, das ist dann in Ordnung." Und ihr Name wurde durchgestrichen. Andernfalls wäre sie innerhalb einer Stunde tot gewesen. Nur wer im Orchester spielte oder etwas Ähnliches machte, hatte eine gewisse Überlebenschance.
In Auschwitz musste das Orchester auf der Bahnstation spielen, wenn die neuen Häftlingstransporte ankamen, und während des Appells, wenn diejenigen selektiert wurden, die vergast und verbrannt werden sollten. In Auschwitz gab es auch einen grauenerregenden Luxus. Reiche Juden kamen mit ihrer Habe an und konnten einiges davon behalten. Da gab es Seife und Parfüm und Füllfederhalter und Uhren. All dies inmitten eines jederzeit möglichen willkürlichen Todes; inmitten von Arbeitseinsätzen, von denen die Menschen so erschöpft zurückkehrten, dass sie, falls sie überlebten, beim nächsten Appell ganz sicher für die Gaskammer bestimmt wurden. All das inmitten von Tod, Dreck und Elend, wie man es sich schrecklicher nicht vorstellen konnte. Leute in Auschwitz wurden gerettet, indem man sie zu Arbeitseinsätzen aus Städten wie Hamburg anforderte, von wo man sie dann nach Belsen zurückbrachte, als wir vorrückten.
In Auschwitz hatte man jeder Frau den Kopf radikal kahlgeschoren – bei vielen zweimal. Mir sind schöne junge Mädchen begegnet, deren Haar ein Inch[19] lang war. Alle hatten ihre Nummern auf den linken Arm eintätowiert. Ein Ehrenzeichen, das sie ihr ganzes Leben lang tragen werden.
Zu den ungewöhnlichsten Erscheinungen gehörten die Frauen und Männer (von denen es nur wenige gibt), die sich ordentlich und sauber gehalten haben. Am 5. Tag hatten viele Puder und Lippenstift aufgetragen. Die SS-Läden waren geplündert und Stiefel und Kleider gefunden worden.
Hunderte von Leuten brachten mir Briefe, die ich an mich genommen habe und die ich nach London weitersende, damit sie in alle Welt verschickt werden. Viele haben sämtliche Verwandten verloren. „Mein Vater und meine Mutter wurden verbrannt", „Meine Schwester wurde verbrannt" – solche Aussagen hört man ständig. Die britische Armee tut, was sie kann. Einheiten geben freiwillig Decken ab – während meines Aufenthalts dort trafen 50 000 ein, die jetzt gewaschen werden. Es werden Süßigkeiten, Schokolade und Zigarettenrationen gespendet. Während ich dort war, traf von der Militärregierung ein langer Konvoi mit 240 000 Portionen Trockenproviant ein – eine 4-Tage-Reserve an Biskuits, Schokolade, Büchsenfleisch usw.
An diesem ersten Tag nahm ich ein Interview mit den Lasker-Schwestern auf. Beide hatten französischen Soldaten geholfen, über die Grenze zu gehen. Ich interviewte auch Charlotte Grund,[20] eine Frau aus Berlin, und einen Holländer.
Ich traf den Militärrabbiner[21] bei der 2. Armee, und wir zeichneten die erste abendliche Sabbatfeier auf, die im Lager abgehalten wurde.
An jenem Abend ging ich mit Derek Sington, dem politischen Offizier, zum Lager zurück. Er führte mich zu dem Frauenblock am gegenüberliegenden Ende des Lagers. Wir

19 Ca. 2,5 cm.
20 Gemeint ist Charlotte Grunow; siehe Dok. 220 vom 15.4.1945.
21 Leslie Hardman (1913–2008), erster brit. Rabbiner in Bergen-Belsen nach der Befreiung.

unterhielten uns eine Weile mit einer Gruppe polnischer Frauen. Sie wollten etwas über Jalta und das Lubliner Komitee erfahren.[22] Sie wollen alle nach Palästina gehen.
Dann sprachen wir mit einer hübschen Französin von 24 Jahren. Sie ist von der Gestapo geschlagen worden und hat mehrere Jahre in Konzentrationslagern verbracht. Sie war im Widerstand aktiv gewesen. Wir unterhielten uns im Freien [zwischen den Baracken]. In der Mitte befand sich ein Haufen aus Altpapier und Skeletten. Um uns herum lagen Leichen von Leuten, die in den letzten 3 Tagen verstorben waren. Überall lagen stöhnende und delirierende Frauen. Und alle paar Minuten stolperte eine stöhnende typhuskranke Frau heraus und erleichterte sich im Freien.
Wo die französische Frau schlief, gab es 10 gesunde und 50 kranke und sterbende Menschen. Sie erzählte uns, was sie gesehen hatte: wie Leichen auf Befehl der Deutschen von den noch Lebenden mit Seilen über den Boden weggeschleift wurden. Ihre Schädel waren geöffnet, die Leute hatten das Hirn herausgeschnitten, um es zu essen. Im Lager war es zu Kannibalismus gekommen. Man hatte Fleisch, Gehirn und Leber von Leuten gegessen, die an Typhus gestorben waren.
Ich schenkte dieser Frau die gute Fliegeruhr, die man mir in Braunschweig gegeben hatte.

Samstag. 21. April
Ich ging früh ins Lager. Wir zeichneten einen weiteren jüdischen Gottesdienst auf, den Sabbat-Morgen-Gottesdienst. Die Leute hatten dem Padre zum Willkommen einen kleinen glasierten Kuchen gemacht. Und als ich eintrat, sangen sie Shalom Aleichem.[23]
Während der Thora-Lesung und dem traditionellen Totengebet brachen überall Frauen und Männer in Tränen aus und weinten ganz offen. Wir waren in einer Holzhütte zusammengepfercht, die Leute standen an den Wänden.
Dann nahm ich einige Ansprachen in verschiedenen Sprachen auf.
Dann versammelten wir das Orchester. Ihre Instrumente hatten sie sich von der alten Lagerkapelle besorgt. Einige von ihnen spielten sehr gut. Sie liebten alten Jazz und spielten Melodien wie „I can't give you anything but love". „Alexander's Ragtime Band" sangen sie auf Englisch. Eine Frau, die Violine gespielt hatte, brach in Tränen aus, als wir ihr die Aufnahme vorspielten: „Ich konnte immer spielen. Ich habe vor großem Publikum gespielt. Aber ich habe vergessen, wie man spielt."
Als wir durch das Lager gingen, kam eine Frau auf uns zu und bat um eine Zigarette. „Ich gebe Ihnen dafür Brot" – und sie zeigte mir den Brotlaib. Dann gingen wir zu der Kinderbaracke. Davor ein Haufen von Leichen, den wegzuschaffen noch keine Zeit gewesen war. Wir stellten eine Gruppe russischer Mädchen von 12 bis 14 [Jahren] zusammen und eine von holländischen Jungen und Mädchen im Alter von 9 bis 15 Jahren. Sie sangen Lieder. Die russischen Kinder waren sehr eindrucksvoll – saubere, ziemlich

22 Gemeint ist die Konferenz von Jalta, ein diplomatisches Treffen zwischen Roosevelt, Churchill und Stalin vom 4. bis 11.2.1945, bei dem u. a. über die territoriale Aufteilung des besiegten Deutschlands verhandelt wurde. Das Polnische Komitee der Nationalen Befreiung wurde am 22.7.1944 in Lublin gegründet, um nach dem Einmarsch der Roten Armee in dem deutsch besetzten Teil Polens als prosowjetische provisorische Regierung eingesetzt zu werden.

23 Traditionelles liturgisches jüdisches Lied, das normalerweise freitagabends bei der Rückkehr aus der Synagoge gesungen wird. Es symbolisiert den Beginn des Schabbat.

große Kinder. Bei all dem Hunger rundum waren sie phantastisch versorgt worden. Sie sangen die Lieder, die sie aus der Zeit vor ihrer Gefangenschaft in Erinnerung hatten. Sie machten jetzt einen glücklichen Eindruck.
Die holländischen Kinder waren seit langer Zeit im Lager und waren sehr mager und bleich. Wir standen im Freien inmitten von Kiefern und Birken, mit dem Rücken zu den Leichen – direkt neben dem Stacheldrahtzaun, der das Lager umgibt.
Später unterhielt ich mich mit einem holländischen Mädchen, der 15-jährigen Hetty Werkendam,[24] und mit ihrem jüngeren Bruder. Sie sind seit 14 Monaten im Lager. Ihr Vater und ihre Mutter hatten in den Werkstätten gearbeitet (wo die Leute zur Eile angetrieben und geschlagen wurden und scharenweise starben). Ihre Mutter musste um drei Uhr aufstehen, um zu versuchen, für ihren Mann etwas zu essen zu bekommen, während dieser bei der Arbeit war. Eines Tages ist der Vater mit einem Schal um den Hals zur Arbeit gegangen. Der diensthabende SS-Mann hat, einfach so zum Spaß, die Enden des Schals gepackt und ihn halb erdrosselt. Die Erzählungen des kleinen Mädchens nahmen kein Ende.
„Einmal musste mein Vater“, sagte sie, „bitte entschuldigen Sie meine Sprache – in der Scheißhausgrube arbeiten. Bis zu den Armen stand er in der Scheiße und schaufelte sie raus – ich habe ihn gesehen, als er von der Arbeit kam.“
Ihre Mutter und ihr Vater sind etwa einen Monat zuvor weggebracht worden. Wann immer sie einen Offizier sahen, fragten sie: „Wie können wir herausfinden, wo unsere Eltern sind?“ Das kleine Mädchen sagte: „Wenn ich jemals diese SS-Männer wiedersehe, werde ich sie mit meinen eigenen Händen töten. Sie ließen uns zum Appell antreten – Kinder von drei Jahren aufwärts – stundenlang und im Schnee.“
Ich nahm auch ein Interview mit einem russischen Mädchen auf, Olga Schlochberg, 14 Jahre. Man hatte ihre beiden Eltern umgebracht. Sie war ein stämmiges, aufgewecktes Ding und hatte etwas Deutsch gelernt. Inzwischen war es spät geworden – etwa acht –, und es begann zu dunkeln. Ich kam dann zu den Zellen, in denen die SS-Männer und -Frauen untergebracht waren. Sie waren so erschöpft, dass man ihnen eine kleine Ruhepause gegönnt hatte – damit man mehr Arbeit aus ihnen herausholen konnte –, und sie waren jetzt nur zu viert in einer Zelle statt zu zwölft. Als wir die Zellentür aufmachten, mühten sie sich alle strammzustehen. Sie waren jetzt in besserer Gemütsverfassung.
Ich holte einen von ihnen heraus – einen blonden, schmalgesichtigen Mann von 35 Jahren;[25] um uns herum lauter bewaffnete Wachen. Sie beschimpften die Männer und ließen sie springen. Ich herrschte den Mann sehr grob an und ließ ihn dabei strammstehen. Ich erklärte ihm, er habe kaum Chancen, der Hinrichtung als Kriegsverbrecher zu entgehen. Aber er könne uns helfen, und das könnte dann vielleicht ihm helfen. Ich wollte ihn interviewen, und er sollte beschreiben, was er in dem Lager, in dem er gewesen war, gesehen hatte. Ich schickte ihn in die Zelle zurück, damit er über die Sache nachdenken konnte. Ich rief einen anderen heraus, der sich als ein Rumäne herausstellte. Ich fluchte und schickte ihn zurück.

24 Hetty Werkendam, später Hetty Verolme (*1930); Ende 1943 in Amsterdam mit ihrer Familie verhaftet und nach Westerbork gebracht, 1944 Deportation nach Bergen-Belsen; 1945 kehrte sie gemeinsam mit ihren Brüdern in die Niederlande zurück, wo sie ihre Eltern wiedertraf, 1954 Emigration nach Australien; Autorin von „The Children's House of Belsen“ (1999).

25 Vermutlich: Joachim Wolf; siehe Dok. 221 vom 15.4.1945.

Dann rief ich einen Arzt heraus, der in übler Verfassung war.[26] Seine Hand war blutig und sein Hemd zerrissen, und es sah so aus, als sei einer seiner Arme gebrochen. Er war Arzt in Auschwitz gewesen. Er erzählte, er habe die Insassen betreut. Tatsächlich hat er Experimente an Frauen, missgebildeten Menschen und Zwillingen durchgeführt. Er war für mich nicht zu gebrauchen: Also sagte ich ihm, er habe nicht mehr lange zu leben, und schickte ihn zurück. Dann rief ich den ersten Mann wieder heraus. Er war bereit zu sprechen, er bat nur darum, seine Aussage etwas weiter weg machen zu können, damit seine Kameraden ihn nicht hören konnten. Wir brachten ihn nach draußen. Und ich nahm das Interview auf. Dann ging ich in die Frauenzelle und holte rein zufällig die Aufseherin heraus, die alle Wachen unter sich gehabt hatte – eine Frau von 24 Jahren.[27] Sie war verstockt, sah unreif aus, mit einem harten, brutalen Mund. Ich ließ sie strammstehen und sagte ihr zunächst, sie sei eine Kriegsverbrecherin, ihre Uniform sei eine Schande – und stellte ihr dann Fragen. Sie war in Auschwitz gewesen und dort mit der Leitung eines Lagers betraut gewesen. Es war ein Musterlager, sagte sie – Kinos usw. Ich lachte laut auf. „Und wir sollen glauben, die SS habe Geld für Juden ausgegeben?" Sie behauptete weiter, sie sei bei den Gefangenen beliebt gewesen. – „Wenn wir Sie hier draußen allein lassen würden, ohne den Schutz diese Männer, würden sie keine 2 Minuten überleben. Sehen Sie sich um, wir müssen Wachleute dabeihaben, um Sie zu schützen." Sie gab zu, dass sie geholfen hatte, in Auschwitz die Frauen auszuwählen, die vergast werden sollten. – „Sie wissen, dass jeder Gefangene hier sagt, die SS-Frauen seien sogar noch grausamer gewesen als die Männer."
„Das ist nicht wahr."
„Wie viele Frauen haben Sie selbst geschlagen? Hatten Sie eine Peitsche?"
„Ich hatte nie eine Peitsche in der Hand."
„Na gut, abgesehen von Ihnen, der leuchtenden Ausnahme, die so gütig und so beliebt war – wie viele Frauen haben die anderen SS-Frauen geschlagen?"
„Ich will nicht lügen. Wenn Frauen es verdient hatten, habe ich sie geschlagen – aber nur mit der Hand."
Sie meinte, viele Frauen in diesem Lager würden ihr freundliches Verhalten bestätigen.
„Nennen Sie mir einen einzigen Gefangenen in diesem Lager, egal wen, und ich werde ihn holen lassen."
Keine Antwort. Sie sagte, sie habe viele Zeuginnen in einem anderen Lager, in dem sie gewesen war.
Ich gab ihr Stift und Papier und forderte sie auf, alle Namen aufzuschreiben. Sie dachte eine Weile nach und sagte dann: „Das ist nicht gut. Das ganze Lager wird mir recht geben." Also ließ ich sie den Namen des Lagers aufschreiben.
„Sie wissen, dass Sie eine Kriegsverbrecherin sind, und Kriegsverbrecher werden vor Gericht gestellt und erschossen. Sie haben eine sehr kleine Chance, noch lange am Leben zu bleiben."

26 Vermutlich: Dr. Fritz Klein (1888–1945), Arzt; sog. Volksdeutscher; von 1939 an Arzt in der rumän. Armee; 1943 Eintritt in die Waffen-SS und als Truppenarzt in Auschwitz, 1945 in Neuengamme und Bergen-Belsen; von einem brit. Militärgericht zum Tode verurteilt und hingerichtet.

27 Vermutlich: Elisabeth Volkenrath, geb. Mühlau (1919–1945), KZ-Aufseherin; 1941 Eintritt in das SS-Gefolge, Ausbildung im KZ Ravensbrück, von 1942 an im KZ Auschwitz, seit Herbst 1944 als Lagerführerin im Stammlager sowie Oberaufseherin in Birkenau, Jan. 1945 Oberaufseherin in Bergen-Belsen; zum Tode verurteilt, hingerichtet.

„Das ist mir klar. Ich gehe nicht davon aus, dass ich noch ein Jahr zu leben habe."
Langes Schweigen.
„Es gibt etwas, womit Sie uns vielleicht helfen könnten. Und wenn Sie uns helfen, könnte das womöglich Ihnen helfen."
Und dann fügte ich hinzu, dass ich ihre Beschreibung des Lagers aufnehmen will.
Dann begann eine lange Debatte, in der sie versuchte, Fragen auszuweichen, indem sie mir Fragen stellte.
Einmal sagte sie: „Wenn ich nicht tue, was Sie wollen, werdet ihr mich erschießen. Wenn ich es tue, werden mich meine eigenen Leute erschießen."
„Mein Gott, Ihre Seite existiert nicht mehr. Wissen Sie, wie viel von Deutschland wir besetzt haben? Leipzig, Regensburg, Frankfurt an der Oder, Vororte von Berlin."
Ich bat einen der Soldaten um eine Zeitung. Er reichte mir eine 4 Tage alte, und ich zeigte sie ihr. Sie studierte sie lange. Die Wirkung war ersichtlich. Dann begann sie zu flehen, man solle ihr noch etwas Zeit zum Überlegen geben.
„Fünf Minuten."
„Könnte ich morgen früh reden? Meine Stimme ist schwach und heiser. Ich bin so aufgeregt."
„Sie müssen jetzt reden oder gar nicht. Ich kann eine andere Frau finden, die redet, dann werde ich Sie nicht brauchen. Wenn Sie tun, was ich will, können Sie eine Zigarette haben."
Dann schickte ich einen der Soldaten nach einem Glas Wasser. Und ich ließ sie sich hinsetzen. Sie hatte die ganze Zeit gestanden, etwa eine halbe Stunde. Jetzt bettelte sie vor allem, ihr Zeit bis zum Morgen zu geben.
„Ich bin immer noch ein Mensch."
„Möglicherweise."
„Ich bin ein Mensch, und ich spreche zu Ihnen als ein Mensch. Sie sind der Stärkere, und wir sind die Schwächeren. Ich bin eine Frau."
Dann sagte sie, sie habe gehört, wir hätten Konzentrationslager in England. Ich wurde sehr wütend und erzählte ihr, wie wir unsere Deutschen und unsere Faschisten behandelt haben. Dann fragte sie mich, welche Dinge sie zu nennen hätte.
„Ihren Namen. Ihr Alter. Ihren Dienst in der SS. Ihre Beschreibung von Zuständen in diesem Lager."
„Aber das würde alle meine Kollegen hier belasten."
„Die sind bereits vollständig belastet, Sie können meinetwegen alle höheren SS-Leute beschuldigen."
„Ich möchte keine anderen Namen erwähnen. Muss ich meinen eigenen Namen erwähnen?"
„Natürlich."
Dann begann sie hysterisch zu werden. Sie trank von dem Wasser und schaute auf die Zigarette, die ich vor ihr hingelegt hatte. Sie griff sich immer wieder an den Kopf und sagte: Was soll ich nur tun?
„Ich war schon bei vielen Verhören dabei, und ich weiß, dass es nicht gut für mich sein wird, egal was ich tue."
„Es könnte gut für Sie sein, aber ich mache keine Versprechungen. Mir ist es vollkommen egal, ob Sie es sind, die redet, oder irgendeine andere Frau. Ein Mann hat mir schon was erzählt."

„Das kann ich mir gut vorstellen."
Sie war viel mutiger, als es der Mann gewesen war. Sie sah mir ständig in die Augen. Manchmal verzog sie ihren Mund zu einem trotzigen, brutalen Strich. Wahrscheinlich rechnete sie damit, geschlagen zu werden. Dann wurde ich auf einmal sehr entschieden.
„Innerhalb 1 Minute müssen Sie mit Ja oder Nein antworten."
Ich setzte meine Stoppuhr in Gang.
„Setzen Sie mir keine zeitliche Frist."
„Na gut."
(Ich hielt meine Uhr an.)
„Aber ich muss die Antwort schnell haben. Wenn Sie nicht antworten, werde ich das als Nein auffassen. Sie werden in Ihre Zelle zurückgehen, und ich werde jemand anderen holen." Sie griff sich wieder an den Kopf und nippte am Wasserglas.
„Werden Sie mir nur die Fragen stellen, die Sie genannt haben?"
„Ja. Werden Sie reden oder nicht?"
Ein langes Schweigen. Dann:
„Ja, wenn Sie mir nur diese Fragen stellen."
Also holte ich mein Mikro, und sie bestritt ihr Interview, wobei sie die Fragen mit leiser, angespannter Stimme beantwortete. Am Schluss gab ich ihr die Zigarette. Dann sagte sie:
„Jetzt werden Sie mich wohl schlagen."
„Wir tun das nicht."
„Darf ich meine Zigarette rauchen, bevor ich in meine Zelle zurückgehe?"
„Sie dürfen."
Und ich ging hinaus.
In Belsen wurden Menschen vier Stunden lang an ihren hinter dem Rücken zusammengebundenen Armen aufgehängt. In den Werkstätten wurde pausenlos geprügelt, hier gab es viele Tote.
Kurz vor meiner Abreise wurde ein Krematorium entdeckt.
Als ich das Lager verließ, wurde ich entlaust und der Aufnahmewagen auch.
Eine Geschichte, die mir Helen … erzählt hat, eine Tschechoslowakin:
Als man den Frauen die Möglichkeit eröffnete, woanders hinzugehen und in der ersten Gefahrenzone[28] zu arbeiten, etwa in Hamburg, stellte man Mütter mit Kindern gleichsam vor die Wahl zwischen ihrem Leben und ihren Kindern. Kinder konnten nicht mitgenommen werden. Viele zogen es vor, bei ihren kleinen Kindern zu bleiben und dem sicheren Tod entgegenzugehen. Einige entschlossen sich, ihre Kinder zurückzulassen. Doch unter den 6 Jahre alten Kindern sprach sich herum, dass man sie, wenn sie zurückgelassen wurden, sofort vergasen würde.
Zwischen den Kindern und ihren Müttern kam es zu schrecklichen Szenen. Ein Kind war so aufgebracht, dass es, obwohl die Mutter es sich anders überlegte und am Ende blieb, nicht mehr mit ihr sprach.
In jener Nacht, als ich etwa um 11 Uhr total erledigt zurückkam, traf ich noch einmal den jüdischen Padre, und wir unterhielten uns, bevor er zu Bett ging. Plötzlich brach er völlig zusammen und brach in lautes Schluchzen aus.

28 Im Original deutsch.

DOK. 223

Joseph W. Eaton schildert am 21. April 1945 die Situation der Häftlinge nach der Befreiung Buchenwalds und macht sich Gedanken über ihre Zukunft[1]

Bericht von Joseph W. Eaton,[2] Angehöriger der 4. Nachrichteneinheit der US-Streitkräfte, vom 21.4.1945 (Typoskript)

Die Juden, die im Konzentrationslager Buchenwald überlebt haben

Für einige Stunden habe ich das Konzentrationslager von Buchenwald besucht. Ich werde mich nicht über die unvorstellbaren Gräuel auslassen, die nunmehr vorbei sind. Einen noch tieferen Eindruck hat bei mir der Geist dieser Menschen hinterlassen, die jahre- oder gar jahrzehntelang eingekerkert waren. Einige, nein, viele sind physisch und psychisch zerstört, vielleicht für den Rest ihres Lebens. Aber andere haben sich gut gehalten, wollen leben und diejenigen von uns ermuntern, die wir niemals gezwungen waren, das Leben so sehr zu lieben, wie sie es mussten, damit sie überleben konnten. Ich traf mich mit Mitgliedern des „Jüdischen Hilfsausschusses",[3] die ihr Büro im Block 50 haben. Hier hatten die SS-Ärzte ihre Menschenexperimente für ihre Forschungsarbeiten durchgeführt.[4] Man berichtete mir, dass in Buchenwald etwa 4500 Juden überlebt haben, trotz der Tatsache, dass sie, mehr als jede andere Gruppe, zur Vernichtung bestimmt waren. Viele dieser Juden waren Kinder, eines erst vier Jahre alt. Der Junge hat drei Jahre seines Lebens im Konzentrationslager verbracht. Sein Vater hatte ihn in seinem Rucksack ins Lager geschmuggelt. Die Häftlinge versteckten ihn und fütterten ihn von ihren Hungerrationen durch und riskierten damit ihr eigenes Leben.[5] Offenbar hatte man einige solcher jungen Leute im Lager versteckt, ein Zeugnis des starken menschlichen Drangs, sich selbst zu erhalten und die Kameradschaft unter den politischen Gefangenen zu bewahren, die zu ihrem eigenen Schutz zusammenarbeiteten. 1943 und 1944 hatte das Lager so viele Insassen, dass die SS nicht mehr in der Lage war, die Kontrolle über die einzelnen Baracken allein auszuüben, was viele der illegalen Aktivitäten möglich machte.

1 JMB, 2011/202/129, Schenkung von Joseph W. Eaton. Das Dokument wurde aus dem Englischen übersetzt.

2 Dr. Joseph W. Eaton, geb. als Josef Wechsler (1919–2012), Soziologe; Emigration mit einem Kindertransport in die USA; 1943–1945 als Journalist bei der US-Army; 1945 Herausgeber der Regensburger Post im Auftrag des Supreme Headquarter Allied Expeditionary Force, 1948 Promotion an der Columbia University, Professor in Pittsburgh und Haifa.

3 Im Original deutsch. Der Jüdische Hilfsausschuss formierte sich unmittelbar nach der Befreiung Buchenwalds und forderte die zügige Einwanderung der überlebenden Juden nach Palästina. Zunächst als eigenständiges Komitee in Block 50 gegründet, wurde der Hilfsausschuss am 23.4.1945 an das Internationale Lagerkomitee angegliedert. Obmann wurde der jüdische Kommunist Akim Lewit (1893–1965) aus Wien.

4 1943 wurde in Buchenwald die „Abt. für Fleckfieber- und Virusforschung" des Hygieneinstituts der Waffen-SS errichtet. Block 50 beherbergte das „Seruminstitut". Medizinische Versuche an Häftlingen dagegen wurden zwischen 1942 und 1945 im Block 46 durchgeführt.

5 Vermutlich handelt es sich hierbei um Stefan Jerzy Zweig (*1941), der als Kleinkind mit seinem Vater 1944 nach Buchenwald deportiert wurde. Allerdings wurde er nicht ins Lager geschmuggelt, sondern bei seiner Ankunft als Nichtjude registriert.

Nach Verlassen des Lagers wurde mir klar, dass ich kaum Fragen gestellt hatte. So habe ich nur wenig über das erfahren, was diese Juden erlebt haben. Sie hatten unbedingt über ihre Zukunft sprechen wollen. Sie hatten die Fragen gestellt.
Die meiste Zeit verbrachte ich mit drei der führenden jüdischen Insassen, Erich Markowitsch,[6] der in Deutschland bleiben und zusammen mit deutschen Antifaschisten ans Aufräumen gehen will, Max Munk,[7] ein Tscheche, dessen Familie in Palästina lebt, und Heinrich Ch. Tylor aus Frankfurt/Main.[8] Die beiden Letztgenannten sind Zionisten und behaupten, dass es unter ihren Kameraden viele mit ähnlichen Ansichten gebe. Sie wollten da hingehen, wo sie *gebraucht* werden.
Da sie seit Jahren keinen Kontakt mit der Außenwelt und mit jüdischen Angelegenheiten gehabt haben, konnten sie keine konkreten Pläne für ihre Zukunft machen. Fast einhellig ist ihr Wunsch, nicht nach Polen, Ungarn, der Tschechoslowakei, Deutschland oder ihren anderen Herkunftsländern zurückzukehren. Aber sie wissen nicht, wo sie hingehen, wo sie sich hinwenden sollen und wie es um ihre tatsächliche Chance steht, in Palästina aufgenommen zu werden.
Nach langen Gesprächen über ihre Probleme haben sie sich einige klar umrissene Schritte vorgenommen, die sie mit unglaublichem Tempo angehen. In der Anlage[9] befinden sich drei Dokumente, die über ihre Pläne Auskunft geben. Mir gab man zu verstehen, dass sie dabei sind, Listen mit den Namen derer aufzustellen, die gewillt sind, sich der Jüdischen Brigade[10] anzuschließen, als reguläre Einwanderer oder mit der Jugend-Alijah nach Palästina zu gehen. Sie werden diese Listen direkt den alliierten Behörden übergeben und der britischen Regierung zur Kenntnisnahme.
Wie allen Insassen von Buchenwald fehlt es den Juden an Kleidung. Seit ihrer Befreiung bekommen sie ausreichend Nahrung – „zu gute", wie mir ein Mann erklärte: „Ich kann viele Sachen nicht essen, weil sie zu fett sind. Mein Magen, der seit 3 Jahren kein Fett mehr gewohnt ist, verträgt es noch nicht." Sie scheinen auch genügend Geld zu haben, und zwar in deutscher Mark. Eine beträchtliche Summe, die ich bei mir hatte, wiesen sie mit den Worten zurück: „Das ist die einzige Sache, die wir nicht brauchen können."
Dennoch ist klar, dass die Jüdische Gemeinde in den USA ebenfalls Schritte unternehmen muss, um die Bemühungen dieser Menschen zu unterstützen, aber auch derjenigen Juden in anderen Konzentrationslagern, die man befreit hat und noch befreien wird. Folgende Schritte scheinen vordringlich:

6 Erich Markowitsch (1913–1991), Politiker; 1930 Eintritt in die KPD, 1933–1945 in verschiedenen Gefängnissen und Lagern inhaftiert, Mitglied des illegalen Internationalen Lagerkomitees in Buchenwald; seit 1946 Mitglied der SED, 1961–1965 Industrieminister der DDR.

7 Max Munk (*1895), Kaufmann; im Sept. 1939 verhaftet, zunächst in Dachau, seit Okt. 1939 in Buchenwald inhaftiert, Okt. 1942 bis Ende 1944 Zwangsarbeit in Auschwitz, Jan. 1945 Todesmarsch zurück nach Buchenwald; am 13.4.1945 Mitbegründer des Jüdischen Komitees Buchenwald, später Schriftführer des Jüdischen Hilfsausschusses.

8 Richtig: Heinrich Chaskel Tydor (1903–1993), Kaufmann; im Sept. 1939 in Frankfurt a. M. verhaftet und anschließend nach Buchenwald gebracht, Okt. 1942 bis Ende 1944 Zwangsarbeit in Auschwitz-Monowitz, Jan. 1945 Todesmarsch nach Buchenwald; Mitbegründer des Jüdischen Hilfsausschusses und des Kibbuz Buchenwald; lebte nach dem Krieg in Ramat Gan/Israel.

9 Liegt nicht in der Akte.

10 Kämpfende Einheit innerhalb der brit. 8. Armee, die im Sept. 1944 gebildet wurde und sich aus rund 5000 Freiwilligen aus Palästina zusammensetzte.

1. Bei der UNRRA sind Vertreter der Jewish Agency zu akkreditieren, um diese Leute zu beraten und sich um ihre speziellen Bedürfnisse zu kümmern.
2. Eine Vereinbarung mit der zuständigen politischen Behörde über die Ausgabe von Bescheinigungen an alle jugendlichen Insassen von Konzentrationslagern und ähnlichen Stätten des Grauens.
3. Der Eintritt von gesunden jungen Lagerinsassen in die Jüdische Brigade ist zu erleichtern, oder aber man sollte ihnen die Chance geben, sich am Endkampf gegen Hitler und an der Ausrottung des Nazismus nach der deutschen militärischen Niederlage zu beteiligen.
4. Papiere, die zur Einreise nach Palästina berechtigen, an alle diejenigen auszugeben, die dort Verwandte haben oder dort hinzugehen wünschen.
5. Eine Agentur, um die Verwandten der befreiten Personen darüber zu informieren, dass diese am Leben sind. (Ich habe viele Briefe geschrieben, wann immer sich Insassen an die Adressen solcher Verwandten erinnern konnten.)

Ich hoffe, noch mehr von dem Buchenwald-Komitee zu erfahren, da sie versprochen haben, mich über ihre Aktivitäten auf dem Laufenden zu halten. Ich habe ihnen allerdings geraten, sich mit ihren Bemühungen – um rascher Beachtung willen – an die alliierten Stellen im Lager zu wenden, wie auch an die Vertreter der jüdischen Presse und die Repräsentanten des JDC und der Jewish Agency, sobald diese eintreffen. Alle anderen Staaten hatten schon wenige Tage nach der Befreiung des Lagers Vertreter vor Ort, die sich um die zügige Repatriierung und andere spezielle Bedürfnisse ihrer jeweiligen nationalen Gruppen gekümmert haben.

DOK. 224

Norbert Masur vom Jüdischen Weltkongress schildert am 23. April 1945 den Verlauf geheimer Verhandlungen mit Himmler über das weitere Schicksal der europäischen Juden[1]

Bericht (streng vertraulich) von Norbert Masur,[2] schwed. Repräsentant des Jüdischen Weltkongresses, vom 23.4.1945 (Kopie)

Bezug nehmend auf verschiedene Gespräche zwischen Mr. Storch[3] vom World Jewish Congress Relief & Rehabilitation Department[4] in Stockholm und Dr. F. Kersten.[5]

Im vergangenen März übergab Mr. Storch an Dr. F. Kersten eine Liste unserer Wünsche in Bezug auf die in Deutschland internierten Juden. Dr. Kersten sollte nach Deutschland reisen und besagte Liste, zusammen mit einer anderen Liste, die Dr. Kersten vom F. O.[6] erhalten hatte, an die Behörden in Deutschland übergeben, und zwar zuerst an Himmler.

1 AJA, WJC, D 108,6, Sweden, Masur, Norbert, report on meeting with Himmler, Heinrich, 1945. Das Dokument wurde aus dem Englischen übersetzt.

2 Norbert Masur (1901–1971), Kaufmann; 1924–1957 Direktor der Baltiska Skinnkompaniet in Stockholm; 1945 Vertreter der schwed. Sektion des Jüdischen Weltkongresses bei den geheimen Verhandlungen mit Heinrich Himmler zur Rettung skandinav. KZ-Häftlinge; lebte nach 1945 in Tel Aviv und Stockholm.

3 Gilel (Hilel) Storch (1902–1983), Kaufmann; 1940 Flucht aus Lettland nach Schweden, dort in der Exportbranche tätig, Vertreter des Jüdischen Weltkongresses und der Jewish Agency in Schweden.

In seinem Gespräch mit Himmler wurde ein Teil von Dr. Kerstens Forderungen akzeptiert, aber um die vorgeschlagenen umfangreichen Pläne umzusetzen, regte Dr. Kersten an, Himmler solle die Fragen mit einigen jüdischen Vertretern aus Stockholm erörtern. Himmler willigte ein und lud über Dr. Kersten einen Repräsentanten ein, [nach Berlin] zu kommen, sein Schutz sei garantiert. Am Morgen des 19. April, einem Donnerstag, wurde mir mitgeteilt, dass die Gespräche mit Himmler am Freitag, dem 20. April stattfinden sollten. Da mittlerweile die Kriegslage für Deutschland kritisch geworden war, hatte ich Zweifel, ob die Reise sinnvoll sein würde. In einem Telefongespräch mit Staatssekretär Engzell[7] wurde mir mitgeteilt, das F. O. sei der Meinung, dass die Reise einen gewissen Wert habe und dass ich, wenn möglich, zusammen mit Dr. Kersten reisen solle. Das F. O. hatte bei dieser Gelegenheit eine Liste mit verschiedenen Punkten vorgelegt, die sich sowohl auf internierte Juden als auch auf schwedische Staatsbürger sowie einige niederländische, französische und andere internierte Zivilisten bezog. Das F. O. war vorab detailliert über alle Verhandlungen informiert worden, ebenso wie die hiesigen Vertreter der alliierten Mächte. Am Freitagmorgen hatte ich eine lange Unterredung mit General Schellenberg[8] auf Kerstens Landgut in der Nähe von Berlin. Als Erstes sagte ich ihm, mit der Bitte, diese Information an Himmler weiterzugeben, dass ich als Privatmann gekommen sei. Ich würde zwar der schwedischen Sektion des World Jewish Congress angehören, diese sei aber nicht berechtigt, in einem Fall wie dem jetzigen zu entscheiden, denn dies sei das ausschließliche Recht der Leitung in Amerika. Wir hätten allerdings die Leitung nicht von unserem Vorgehen informiert, da diese aufgrund des Krieges nicht in der Lage sei, eine Angelegenheit wie eine Reise nach Deutschland zu beurteilen. Aus diesem Grund sei ich nur als Privatperson gekommen, wie Dr. Kersten bereits erwähnt hatte. Anschließend ging ich mit Schellenberg unsere verschiedenen Forderungen durch. Er meinte, er habe durchaus Verständnis für alle unsere Forderungen, und versprach, sich bei Himmler für diese einzusetzen.

Die Unterredung mit Himmler fand in der Nacht von Freitag auf Samstag, am 20./21. April, statt. Unsere Forderungen waren im Großen und Ganzen folgende:

Alle Juden, die in Deutschland noch am Leben sind, sollten bleiben dürfen, wo sie sind, und es dürften keine neuen Evakuierungen erzwungen werden.

4 Das Relief and Rehabilitation Department des Jüdischen Weltkongresses ging hervor aus dem 1939 gegründeten Relief Committee for Jewish War Victims (RELICO) unter der Leitung von Dr. Abraham Silberschein in Genf und einem kurz darauf in New York geschaffenen weiteren Relief Committee unter Arieh Tartakower. Im Frühjahr 1945 wurden die Gremien gemeinsam mit dem 1944 eingerichteten Rescue Department zusammengefasst und Ende 1948 aufgelöst. Neben der Versorgung der verfolgten Juden diente die Institution auch der Dokumentation von Kriegsverbrechen.

5 Felix Kersten (1898–1960), Masseur; seit 1939 behandelte er Himmler, 1943–1945 praktizierte Kersten in Stockholm; er vermittelte Gespräche zwischen jüdischen Organisationen und Himmler; nach dem Krieg fälschte er verschiedene Dokumente, die ihn als Retter von Juden auswiesen; 1950 Orden von Oranien-Nassau.

6 Gemeint ist hier und im Folgenden vermutlich das schwed. Außenministerium.

7 Gösta Engzell (1897–1997), Diplomat; 1938–1947 StS sowie Leiter der Rechtsabt. des schwed. Außenministeriums; 1948–1963 verschiedene Botschafterposten.

8 Walter Schellenberg (1910–1952), Jurist; 1933 NSDAP- und SS-Eintritt; von 1935 an im SD tätig, 1939–1941 Leiter der Amtsgruppe IV E (Spionageabwehr Inland) und von 1941 an Leiter des Amts VI (Auslandsnachrichtendienst) im RSHA; 1944 SS-Brigadeführer und Generalmajor der Polizei; 1949 in Nürnberg zu sechs Jahren Haft verurteilt, 1950 entlassen.

Sollte es möglich sein, sie mit Hilfe des Roten Kreuzes oder anderer neutraler Instanzen in neutrale Länder zu schaffen, sollten solche freiwilligen Evakuierungen gestattet werden. Die Lagerkommandanten sollten Anweisungen erhalten, die Juden gut zu behandeln und die Lager den Alliierten (den amerikanischen, sowjetischen oder englischen Truppen) zu übergeben, wenn die Front das jeweilige Lager erreichen sollte.
Zudem übergab ich detaillierte Listen des F.O. mit Personen, deren Freilassung erwünscht war. Die Gespräche dauerten 2 ½ Stunden, wobei sich auch herausstellte, dass einige Tage zuvor ein Lager – Flossenbürg, irgendwo in der Nähe von Plauen – evakuiert worden war, als amerikanische Panzereinheiten vorrückten. Die Internierten wurden nach Süden gebracht und werden – nach Auskunft eines Offiziellen am folgenden Tag – zum Teil nach Dachau überstellt werden und zum Teil in andere Lager nahe Innsbruck und der Grenze in Südbayern. Was die Lager in Deutschland betrifft, erklärte Himmler, dass in den letzten Wochen Bergen-Belsen mit 50 000 Juden und Buchenwald mit 6000 Juden an die Alliierten übergeben worden seien. In den noch von den Deutschen kontrollierten Gebieten gebe es noch folgende Lager:
Mauthausen in der Nähe von Linz mit 20 000 bis 30 000 Juden,
Ravensbrück, etwa 100 km nordwestlich von Berlin, mit etwa 20 000 jüdischen Frauen,
Theresienstadt mit etwa 25 000 Juden.
Himmler sagte, er wisse nicht, welche weiteren Lager es noch gebe, aber tags darauf erfuhr ich von Schellenbergs engstem Mitarbeiter Franz Göring,[9] dass es im Süden Deutschlands und in der Nähe von Innsbruck noch diverse kleinere Lager gibt.

Das Ergebnis der Verhandlungen könnte man wie folgt zusammenfassen:
1. 50 norwegische Juden von der F. O.-Liste sollen freigelassen und von den deutschen Behörden in Norwegen zur schwedischen Grenze gebracht werden.
2. Die Freilassung der schwedischen Staatsbürger, die laut F. O.-Liste in Grini[10] und in anderen Orten in Norwegen in Gefangenschaft sitzen, soll wohlwollend erwogen und wenn möglich gestattet werden.
3. 1000 jüdische und einige französische Frauen, die laut F. O.-Liste in Ravensbrück interniert sind, sollen freigelassen und unverzüglich vom Schwedischen Roten Kreuz abgeholt werden.
4. Die Freilassung einer gewissen Anzahl von Personen, die sich laut einer Liste der Niederländischen Gesandtschaft insbesondere in Theresienstadt befinden, soll gestattet werden, aber wahrscheinlich kann dieser Befehl nicht ausgeführt werden.
5. Ein endgültiger Befehl, dass keine Juden mehr erschossen werden.
6. Ein Versprechen, dass möglichst keine weiteren erzwungenen Evakuierungsmaßnahmen stattfinden werden, selbst wenn die Fronten den Lagern nahe kommen.

9 Franz Göring (1908–1965), Polizist; 1931 SA-, 1932 NSDAP- und 1936 SS-Eintritt; seit 1934 Mitarbeiter der Gestapo und Kriminalkommissar in Schneidemühl, 1936 SD-Hauptamt im RSHA, im Febr. 1945 begleitete er einen Transport aus Theresienstadt an die Schweizer Grenze; nach 1945 Mitarbeiter in der Organisation Gehlen und im BND.

10 SS-Polizeihaftlager Grini. Zwischen 1940 und 1945 wurden in Grini politische Gegner inhaftiert. Zudem diente es als Durchgangslager für Gefangene, bevor sie in KZs auf Reichsgebiet deportiert wurden.

7. Nahrungs- und Arzneimittel können über das Rote Kreuz an alle Internierungslager geschickt werden.
8. Nach Personen, die in verschiedenen weiteren Listen erwähnt werden, solle gesucht werden, aber eine solche Suchaktion ist derzeit nahezu unmöglich.
9. Eine Klausel, wonach unser Besuch und unsere Unterredung mit Himmler absolut geheim bleiben müssen und wonach nichts über freigelassene Juden und die Ankunft von Nicht-Juden in den neutralen Ländern verlautbart werden darf.

Zur Vervollständigung von Punkt 9 möchte ich anmerken, dass Hitler – wie ich in einer Unterhaltung mit Personen aus Himmlers Umgebung erfahren habe – noch immer absolut gegen jegliche Ausreise von Juden aus Deutschland ist. Er sei außer sich gewesen, als er vor ein paar Monaten von den ungefähr 2700 Juden hörte, denen man erlaubt hatte, in die Schweiz zu gehen.[11] Selbst wenn Himmler derzeit womöglich mächtiger als Hitler ist, muss man befürchten, dass Himmler weitere Freilassungen stoppen wird, falls Hitler etwas darüber aus der Presse erfährt. Am Samstagvormittag sprachen wir in Berlin mit Franz Göring, Schellenbergs engstem Mitarbeiter, der viel mit der Evakuierung in die Schweiz und nach Schweden zu tun hatte. Er berichtete, die Transporteinheit des Schwedischen Roten Kreuzes befinde sich angeblich in Friedrichsruh[12] und sei im Begriff, nach Schweden zurückzukehren. Er war sich allerdings sicher, dass er berechtigt sei – obwohl es ihm nicht gelungen war, sich mit Graf Bernadotte[13] zu treffen, der sich zu diesem Zeitpunkt im Norden Deutschlands aufhielt –, die Mitglieder der Einheit anzuweisen, sich direkt nach Ravensbrück zu begeben, um die 1000 Frauen abzuholen. Er machte einen sehr durchsetzungsfähigen Eindruck, und nach Informationen von Staatssekretär Engzell vom Sonntagmorgen hatte die Gesandtschaft in Berlin auf Aufforderung von Graf Bernadotte bereits am Samstagabend mitgeteilt, dass sich die Transporteinheit auf dem Weg nach Ravensbrück befinde. Man geht davon aus, dass dieser Transport mit 1000 Frauen am Mittwoch in Schweden eintreffen wird.

Sollte es der Einheit gelingen, die 1000 Frauen aus Ravensbrück herauszuholen, sind wir sicher – falls die Zeit dazu noch ausreicht –, dass noch mehr Frauen freigelassen und abgeholt werden. Wenn die Transporteinheit aus Schweden beziehungsweise Kopenhagen nach Ravensbrück zurückkehrt, ist es von allergrößter Bedeutung, dass sie Nahrungsmittel und Medikamente mitbringt. Dies ist selbst für den Fall wichtig, dass das Lager inzwischen von einer der alliierten Armeen übernommen worden sein sollte. In diesen Lagern wird die Situation, was Nahrungsmittel und Medikamente betrifft, ganz sicher außerordentlich schlecht sein.

Es wäre wichtig, wenn die Schweiz versuchen würde – genau wie es in Schweden geschieht –, so viele Juden wie möglich aus den Lagern herauszuholen, die von der Schweiz

11 Insgesamt gelangten 2886 „Austauschjuden" im letzten Kriegsjahr in die Schweiz: zwei Transporte vom 21.8.1944 und vom 6.12.1944 mit insgesamt 1686 Personen aus Bergen-Belsen, ein weiterer Transport mit 1200 Juden aus Theresienstadt am 5.2.1945; siehe Dok. 175 vom 20.10.1944 und Dok. 290 von Anfang Febr. 1945.

12 Gemeinde westlich von Hamburg.

13 Folke Bernadotte Graf von Wisborg (1895–1948), Offizier; 1943 Vizepräsident und 1946 Präsident des Schwedischen Roten Kreuzes, 1948 Friedensvermittler der Vereinten Nationen in Palästina, im Sept. wurde er von einer jüdischen Untergrundgruppe erschossen.

aus am leichtesten zu erreichen sind, sowohl aus Bieberach[14] in Württemberg und Mauthausen nahe Linz als auch aus den kleineren Lagern in der Nähe von Innsbruck und im S[üden] von Bayern. Wir glauben, dass die Schweiz es schaffen könnte, sich die entsprechende Erlaubnis zum Herausholen der Gefangenen zu besorgen. Aus diesem Grund hat das F. O. versprochen, diesen neuen Vorschlag den Schweizer Behörden via schwedische Gesandtschaf t in Bern zu übermitteln, so dass die nötigen Schritte von dort aus unternommen werden können.

Aus der Unterredung mit Himmler würde ich gern nur auf einen Punkt aufmerksam machen, den dieser besonders wichtig fand: Himmler sagte, die Übergabe der Konzentrationslager (Bergen-Belsen, Buchenwald) an die Alliierten sei übel vergolten worden durch Presseberichte über die Zustände in besagten Lagern, wobei er diese Berichte als „Greuelmärchen"[15] bezeichnete. Das lasse ihn zweifeln, ob es ratsam sei, auf dieselbe Weise weiter zu verfahren. Ich sagte ihm ins Gesicht, niemand könne leugnen, dass fürchterliche Dinge passiert sind, und dass zudem die freie Presse in freien Ländern nicht einmal von den Regierungen besagter Länder zensiert werden könne. Gleichwohl ist es möglich, dass diese Berichte Himmler und Konsorten dazu bringen könnten, alle Spuren zu beseitigen, indem sie ganze Lager abtransportieren oder zerstören, statt sie den Alliierten zu übergeben. Am Samstag sahen wir lange Kolonnen von Häftlingen aus den Konzentrationslagern von Oranienburg in Richtung Norden marschieren.

Zusammenfassend möchte ich Folgendes festhalten: Himmlers Wort ist natürlich absolut nicht zu trauen. Selbst in der Unterredung mit uns hat er viele offenkundige Unwahrheiten gesagt. Offensichtlich wollte er jedoch im letzten Moment noch irgendetwas tun, so dass ich glaube, er wird die versprochenen Befehle geben. Auf der anderen Seite sind seine ganzen Gedanken voll von kruden Zusammenbruchsphantasien. Wenn der Nazismus schon untergehen müsse, dann sollte wenigstens so viele Menschen wie möglich in Europa und in anderen Teilen der Welt dasselbe Schicksal ereilen. Deshalb halte ich es für nicht ausgeschlossen, dass Himmler – oder einige der anderen Nazi-Führer, falls die Macht nicht in den Händen Himmlers verbleibt – im letzten Moment noch den Befehl erteilt, alle Juden zu ermorden. Aus diesem Grund ist es *außerordentlich wichtig*, so viele Juden wie möglich in neutrale Länder oder hinter die Linien der Alliierten zu schaffen, selbst wenn wir in Betracht ziehen müssen, dass ihre militärische Befreiung kurz bevorsteht. Die Gefahr für Nichtjuden ist erheblich geringer, und es ist unwahrscheinlich, dass irgendein Nazi-Führer es wagen würde, den Massenmord an Nichtjuden anzuordnen, die einem der Feindstaaten von Deutschland angehören.

Unsere Verhandlungen mit Schellenberg, Franz Göring und Himmlers Sekretär Dr. Brandt[16] waren von großem Wert. Diese Herren werden für die Ausführung von Himmlers Befehlen zuständig sein. Sie sind junge Menschen, die leben wollen. Sie sagen offen, sie würden sehr wohl verstehen, dass jede Gräueltat – selbst gegen Juden – ein

14 Richtig: Biberach an der Riß. Das dortige Lager Lindele diente bis 1942 zunächst als Kriegsgefangenenlager, dann wurden Zivilisten der brit. Kanalinseln in Lindele interniert. Um die Jahreswende 1944/45 wurden dort knapp 300 Juden aus Bergen-Belsen untergebracht.

15 Im Original deutsch.

16 Dr. Rudolf Brandt (1909–1948), Jurist; 1932 NSDAP-, 1933 SS-Eintritt; seit 1933 im Persönlichen Stab RFSS; von 1936 bis 1945 persönlicher Referent Himmlers, 1938 Min.Rat und Verbindungsoffizier Himmlers im RMdI; 1942 SS-Obersturmbannführer; 1947 im Nürnberger Ärzteprozess zum Tode verurteilt, hingerichtet.

Verbrechen am künftigen Deutschland ist. Wir sind entschieden der Meinung, dass sie mögliche Befehle Himmlers, sollten sie Gewaltaktionen betreffen, nicht ausführen werden. Solche Sabotage von ihrer Seite ist leicht zu bewerkstelligen und kann nicht aufgedeckt werden, weil die Auflösung der Organisationen bereits so weit fortgeschritten ist und die Verbindungen zwischen den verschiedenen Städten und Teilen von Deutschland so schlecht sind, dass jede Meldung ohne weiteres unterwegs verloren gehen kann, ohne dass irgendjemand den Grund dafür ermitteln könnte.
Die oben dargestellten Verhandlungen und die erreichten Ergebnisse wären nicht möglich gewesen ohne die aktive und rückhaltlose Kooperation von Medizinalrat Kersten. Wir sollten ihm wahrhaftig dafür dankbar sein, dass er mich, ohne Rücksicht auf seine eigene Sicherheit, auf dieser gefährlichen Reise im Dienste der Rettung der Menschheit begleitet hat.

DOK. 225

Edgar Kupfer-Koberwitz beschreibt vom 23. bis zum 26. April 1945 die Ungewissheit im Lager Dachau über den Abtransport jüdischer Häftlinge angesichts der sich nähernden Front[1]

Handschriftl. Tagebuch von Edgar Kupfer-Koberwitz, Dachau, Einträge vom 23. bis 26.4.1945[2]

23.4.45
Plötzlich mußten alle transportfähigen Juden antreten – Sie sollten abtransportiert werden – Ich sah hier einen, dessen magere Hände zitterten, jetzt wartet noch der Tod – ich schäme mich nicht, es zu sagen.
Auch unser Arzt hier, ein Spezialist als Kopfoperateur, konnte nicht reklamiert werden, auch vom Chefarzt[3] nicht, trotzdem er auch Operationen an der SS im SS-Lazarett ausführen muß, nicht nur hier bei uns. – Der SS-Chefarzt zuckte die Achseln: „Was kann ich machen?" – Aber er wurde doch gerettet für den Augenblick, er ist als nichttransportfähiger Kranker aufgenommen – Alarm – Tiefflieger, Maschinengewehrfeuer – Man sagt, daß die Alliierten über Donaueschingen, Sigmaringen gekommen sind und sich vor Augsburg befinden. – Das ist ?[4] Klm von hier. –
Der Lagerkommandant Weiß[5] fährt in einem weißen Auto mit großem roten Kreuz darauf und einer weißen Armbinde mit rotem Kreuz – Man sagt, das intern[ationale] rote Kreuz habe ihm das zur Verfügung gestellt. (?!)

1 University of Chicago Library, Special Collections Research Center, Kupfer-Koberwitz, Edgar. Dachau Diaries, Box 4, Fol. 9. Kupfer-Koberwitz, Dachauer Tagebücher (wie Dok. 156 vom 7.8.1944, Anm. 1), S. 432–435.
2 Rechtschreibung und Grammatik wie im Original.
3 Gemeint ist der Standortarzt bzw. Erste Lagerarzt Fritz Hintermayer (1911–1946), Mediziner; Angehöriger der SS-Division Totenkopf, die für den Betrieb und die Bewachung der KZs zuständig war; ab 1938 im KZ Oranienburg, von Febr. 1944 an im KZ Dachau als Arzt tätig, ab Okt. Erster Lagerarzt; 1945 im Dachau-Hauptprozess zum Tode verurteilt und 1946 hingerichtet.
4 Im Original rot hervorgehoben.
5 Martin Gottfried Weiß (1905–1946), Ingenieur; 1926 NSDAP- und SA-Eintritt; von 1933 an im KZ Dachau, von 1940 an Kommandant im KZ Neuengamme, 1942/43 in Dachau, dann in Lublin-Majdanek, 1945 erneut in Dachau; 1945 zum Tode verurteilt, hingerichtet.

Die Juden sind noch nicht fort – Ich bin froh, vielleicht zerschlägt es sich. – Man hat die Parole ausgestreut, sie sollen in die Schweiz gebracht werden und gegen SS ausgetauscht – Ich glaube das gar nicht, ich halte das für ein Beruhigungspulver – stinkend nach SS-Zynik. – Ich glaube, die Juden gehen in den Tod – Es ist so schrecklich, das zu denken – Der Lagerälteste und der Lagerspitzel sollen noch im Bunker leben, man hat sie scheinbar nur ins Krematorium gebracht, um sie mürbe zu machen, und sie dann wieder zurückgeführt – daher entstand die Parole von ihrem Tod – Der Lagerälteste möchte angeblich ins Revier, aber die SS läßt ihn nicht – der Spitzel soll von der SS halb tot geschlagen sein und will nicht ins Revier, weil er sich fürchtet, es könne ihm hier schlechtgehen – Heute abend plötzlich alle Geiseln aus dem Bunker, die Prominenten weggeholt, auch besondere Leute aus dem Lager, wie Prinz Xavier de Bourbon-Parma,[6] der Prinz Luitpold von Preußen,[7] der Bürgermeister von Wien Schmitz[8] und viele andere – Es sollen auch 30 Frauen dabeisein – Über den Tod des Generals de Lestraint[9] habe ich jetzt eine andere Variation gehört, die ich eher glaube: Er soll plötzlich entlassen worden sein – Als er zum Tor hinaus war, hieß es plötzlich: rechts gehen und man führte ihn ins Krematorium und eröffnete ihm, dass er erschossen werde – Er bat um zwei Minuten Zeit, kniete nieder, betete, stand dann auf und sagte: „Tut, was ihr müßt – ihr wißt selbst nicht, was ihr tut." – Erschossen wurde er angeblich, weil man auf der anderen Seite auch irgend jemanden erschossen hat.

24.4.45
Heute ist mein Geburtstag – Fliegeralarm – Schüsse – Man hat die Juden forttransportiert, etwa 1700 transportfähige – 15, etwa, die zu schwach waren, ließ man da –
Was wird weiter werden? –
Entweder hat man vorhin das Krematorium gesprengt oder es waren zwei Artillerie-Einschüsse in der Nähe – Die Juden sind in D-Zugs-Wagen verladen worden, die auf den Gleisen des SS-Lagers stehen – Sie standen heute abend noch da. – Die Geiseln hatte man gestern wieder zurückgeschickt – Heute abend um 7–8 Uhr sind sie mit Lastautos fortgekommen, angeblich auch 30 Frauen, worunter etwa Frau v. Schuschnigg[10] sein soll – Es kam heute auch ein Transport eines Außenkommandos an, das zum Lager Flossenbürg gehörte – 2000 Mann, zu Fuß.[11] Es kamen 250 Tote mit, man brachte sie gleich ins Krematorium. – Ein Teil von ihnen bewegte sich noch – Es ist alles so grausig –

6 Richtig: Prinz Franz Xaver von Bourbon-Parma (1889–1977); Mitglied des franz. Widerstands, in Natzweiler und Dachau interniert, im April 1945 als Sonderhäftling in Südtirol befreit; 1952–1975 span. Thronprätendent.

7 Richtig: Friedrich Leopold Prinz von Preußen (1895–1959), Gutsbesitzer; Neffe von Kaiser Wilhelm II.; im Mai 1944 verhaftet und im Okt. in das KZ Dachau eingeliefert, 1945 in Südtirol befreit.

8 Richard Schmitz (1885–1954), Jurist und Politiker; 1934–1938 Bürgermeister von Wien, seit 1.4.1938 in Reichenau und Dachau inhaftiert, Ende April 1945 als Geisel nach Südtirol verschleppt und dort befreit.

9 Richtig: Charles Delestraint (1879–1945), General; Mitglied der Résistance und Chef der Armée secrète (Geheimarmee der Résistance); im Juni 1943 in Paris verhaftet und in Natzweiler inhaftiert, dann in Dachau; dort hingerichtet.

10 Vera von Schuschnigg, geb. Czernin von Chudenitz (1904–1959); heiratete 1938 Dr. Kurt A. J. Edler von Schuschnigg (1897–1977), Jurist und 1934–1938 österreich. Bundeskanzler.

11 Es handelte sich um einen Evakuierungstransport aus dem Lager Hersbruck.

Stuttgart soll jetzt erst gefallen sein, angeblich kampflos[12] – Oh, wenn ich Hilda und mein Schwesterlein wiedersehen könnte! – Ulm soll auch jetzt erst gefallen sein und Freiburg vor zwei Tagen[13] – die Parolen waren also verfrüht. – Auch soll die Front in […][14] noch 68 Kilometer weit weg sein, nicht 38 Kilometer –
Das Krematorium ist also noch nicht gesprengt –

25.4.45
Viel Nervosität im Lager – Heute nacht Bombardement, daß alle Baracken zitterten, die Fenster klirrten und aufsprangen – Man weiß noch nicht wo, ich denke sehr nahe, vielleicht Dachau – Oder es mußten Luftminen gewesen sein, war es weiter weg – Man faselte, daß Dachau als offene Stadt erklärt sei und die ganze Zone – Man sieht, es ist Geschwätz – Das Bombardement heute nacht war ernst – Die Waggons mit den Juden stehen noch hier im SS-Bereich des Lagers – Es sieht fast aus, als wolle man die Tiefflieger reizen, sie mit Bomben oder Bordwaffen zu beschießen – Dann hat man es selbst nicht getan – Denn ein Personenzug im SS-Lager stehend wird wohl nicht unbeschossen bleiben – es sei denn, man sei glänzend informiert – Angeblich soll heute abend das Lager evakuiert werden – deshalb ist große Nervosität – *Wenn nicht alles schnell geht, wird es für uns immer gefährlicher, mit jeder Stunde* – Man fürchtet, daß die SS doch noch etwas gegen uns unternehmen kann, im letzten Fanatismus – Die Truppen sollen sich zurückziehen, hinter ihnen die SS, die auf die Fliehenden schießt – Die neueste Nachricht, angeblich offiziell: Augsburg genommen[15] – Das heißt also 60 klm von hier[16] – Man hört jetzt bei offenem Fenster auch hier in der Baracke ab und zu die Kanonen der Front – Der Artillerie-Beschuß wird immer stärker, das heißt nicht der Beschuß, nur die Detonationen – Es heißt, unsere Prominenten, Prinzen und so weiter sind wieder zurückgekommen. Es waren nur 2 Autos voll, man hatte sie im Bunker gelassen, nur die Lagerprominenten weggefahren. Die Autos standen stundenlang auf den Landstraßen und kamen nicht durch – Heute abend wurden plötzlich alle Deutschen festgestellt, sie sollen angeblich heute nacht noch das Lager verlassen –
Es heißt, eine Rote-Kreuz-Kommission, eine internationale, sei gekommen – Die Juden aus den Waggons seien ins Lager zurückgebracht worden. – Aber wir haben nichts davon gemerkt. – Der größte Teil der höheren Offiziere der SS würde das Lager verlassen – Man sagt, das Rote Kreuz werde vielleicht alles selbst übernehmen – Nach aller Nervosität viel Hoffnung plötzlich im Lager – Angeblich hat der Chefarzt des Reviers eigenhändig seine Visitenkarte von der Türe genommen, heute am späten Abend –

26.4.45
Man sagt, die Juden seien gar nicht ins Lager gekommen, die Eisenbahnwagen stünden noch im Lagerbereich – Jetzt heißt es plötzlich, alle Reichsdeutschen sollen weg (gestern geschah es nicht) – Und nun soll die Order von Himmler gekommen sein, das gesamte Lager zu evakuieren, und zwar mit Revier, was allein etwa 3000 Kranke hat – Wie das

12 Stuttgart wurde am 22.4.1945 von franz. Truppen befreit.
13 Ulm wurde am 24.4., Freiburg i. Br. am 21.4.1945 befreit.
14 Im Original unleserlich.
15 Augsburg wurde erst am 28.4.1945 von US-Truppen befreit.
16 Im Original gestrichen: „35 oder 38 klm".

geschehen soll, ist ein Rätsel. – Wie alle die Schwachen, Schwerkranken, alle die Unterernährten transportieren? – Vielleicht, wer gehen kann, geht, wer nicht kann – – – Es ist ½ 10 Uhr morgens, als die Order kam, jetzt vor 5 Minuten – Bis um ½ 12 oder 12 Uhr soll alles abmarschbereit sein – Wahnsinn! – Aber – – Frontnähe – Heute nacht wieder Angriff und Bombenwurf […][17] in der Nacht hörte man ab und zu die Artillerie in der Ferne – Ruhig bleiben, Nerven behalten, abwarten – – In Buchenwald sollen die Häftlinge 3 Tage lang auf dem Appellplatz gestanden haben und doch nicht fortgekommen sein auf Abtransport.[18]

DOK. 226

Aufbau: Ein Artikel vom 27. April 1945 macht bekannt, dass von den einst 15 000 jüdischen Einwohnern in Leipzig lediglich 16 in der Stadt überlebt haben[1]

Die Letzten von Leipzig

15 Männer und 1 Frau der Rest einer Gemeinde von 15 000 Juden – In Aschaffenburg nur 1 Jude am Leben geblieben – Frankfurter Juden glauben an Fortdauer des Antisemitismus in Deutschland

Leipzig, Ende April (JTA)

Fünfzehn kranke Männer im Greisenalter und eine betagte kranke Frau sind die einzigen Überlebenden von Leipzigs 15 000 Köpfe zählender jüdischen Bevölkerung, von der etwa 5000 Personen vor 1939 noch auswandern konnten. Diese unglücklichen Sechzehn sind alle in einem einzigen Haus in der Blumelstraße[2] untergebracht.

Ein Korrespondent der Jüdischen Telegraphenagentur besuchte das „Judenhaus" in Leipzig und fand dort auch eine Anzahl nichtjüdischer Frauen und Ehemänner von Jüdinnen, insgesamt etwa 250.[3] Die jüdischen Ehepartner waren vor acht Wochen zusammen mit Kindern im Alter von vier Jahren aufwärts deportiert worden.

Der Älteste der 15 überlebenden männlichen Juden in Leipzig heißt *Richard Frank.*[4] Er ist ein früherer Strickwaren-Fabrikant, dessen Schwiegersohn Ernest Hyman in den Vereinigten Staaten in Red Bank, N. J., 345 Broad Street, lebt. Die einzige aufgefundene jüdische Frau ist *Hildegard Fink.*

In London eingegangene Berichte besagen, daß in der Stadt Aschaffenburg nur ein einziger Jude lebend aufgefunden worden ist. Er heißt Paul Levy.[5] Von den 400 Juden, die

17 Im Original unleserlich.

18 Am Abend des 26.4.1945 verließen die ersten Häftlinge das Hauptlager Dachau – insgesamt 6887 Häftlinge waren es in dieser Nacht.

1 Aufbau, Jg. 11, Nr. 17 vom 27.4.1945, S. 1, 3.

2 Richtig: Walter-Blümel-Straße (heute Löhrstraße). Das Haus Nr. 10 war seit 1939 ein sog. Judenhaus. Anfang 1945 gab es nur noch drei „Judenhäuser" in Leipzig. Während der Deportation aus Leipzig am 14.2.1945 wurden 24 Personen (18 Männer und sechs Kinder) allein aus der Walter-Blümel-Straße 10 nach Theresienstadt deportiert.

3 Gemeint sind vermutlich 25.

4 Richard Frank (1870–1960), Jurist und Fabrikant; 1920–1933 Handelsjurist am Landgericht Leipzig, Mitinhaber der Strickwarenfabrik Gebr. Frank, die 1939 „arisiert" wurde; Frank lebte seit 1940 im „Judenhaus" in der Walter-Blümel-Straße 10; nach 1945 wurde er erster Vorsitzender der Israelitischen Gemeinde Leipzig, 1955 Emigration in die USA zu seinen Töchtern.

vor dem Kriege in Aschaffenburg lebten, sind nach seiner Angabe die Hälfte ausgewandert, die andere Hälfte wurde deportiert.
Ein Berichterstatter der JTA, der in Frankfurt a. M. eingetroffen ist, meldet, daß die körperliche Verfassung der weniger als hundert Juden, die in dieser Stadt geblieben sind, ganz erschreckend sei. Indessen hat der inzwischen von den Alliierten aufgestellte neue Frankfurter Bürgermeister[6] dafür gesorgt, daß diesen Juden zusätzliche Lebensmittel zur Verfügung gestellt werden, damit sie wieder etwas zu Kräften kommen.
Der Korrespondent der JTA verbrachte eine Stunde mit einem 78jährigen jüdischen Schriftsteller, der jetzt die alliierte Militärregierung in Frankfurt in jüdischen Angelegenheiten berät.[7] Wenige Stunden vorher war dieser Mann mit seiner nicht jüdischen Frau wieder vereinigt worden, die Jahre hindurch heroisch um ihren Mann gekämpft hatte und infolge ihrer aristokratischen Abkunft und rein arischen Abstammung damit schließlich auch Erfolg gehabt hatte.
Der erwähnte jüdische Autor erklärte dem JTA-Vertreter, daß Hitler lediglich die Ausrottung der Juden und die Aussaat eines ewigen Rassenhasses gelungen sei. „Ich habe das Empfinden", fügte er hinzu, „daß die Juden niemals wieder als Gleichberechtigte im deutschen Volke aufgenommen werden. Ich habe mit allen meinen Freunden aus der Vorkriegszeit jeden Kontakt verloren. Wir sind uns alle so fremd geworden, daß ich glaube, das Leben für die Juden in Deutschland wird niemals wieder so sein, wie es vor Hitler war."

DOK. 227
Das Gebietsabteilungskommando Wels in Oberösterreich registriert Ende April 1945 die Todesmärsche Tausender Juden aus Mauthausen[1]

Handschriftl. Chronik der Bezirksgendarmerie Wels, Gebietsabteilungskommando Wels,[2] Ende März bis Ende April 1945

Ende März 1945.[3]
Vom Oktober 1944 bis März 1945 wurden in Gunskirchen 2 KZ-Lager u. zw. eines in der Volksschule Gunskirchen und ein zweites im „Hochholz" nächst der Reichsstraße als

5 Vermutlich: Paul Levy (1898–1965), Kaufmann; er war seit 1928 mit einer Nichtjüdin verheiratet.
6 Wilhelm Hollbach (1893–1962), Journalist; 28.3. bis 4.7.1945 Bürgermeister von Frankfurt a. M.
7 August Adelsberger (1879–1952), Schriftsteller; Ende der 1920er-Jahre bis 1939 Inhaber einer Holzgroßhandlung in Wiesbaden, 1943–1945 lebte er getrennt von seiner nichtjüdischen Ehefrau in Frankfurter „Judenhäusern" und leistete Zwangsarbeit; 1945 Beauftragter der US-Militärregierung für jüdische Angelegenheiten in Frankfurt a. M.; Autor von „Völker der Zukunft im Lichte normalistischer Weltanschauung" (1918).

1 Archiv der Landespolizeidirektion Linz, Chronik des Gebietsabteilungskommandos (GAK) Wels, Bd. 1 zum Jahr 1945.
2 Die Bezirksgendarmerie Wels war die für den Landkreis Wels im Reichsgau Oberdonau zuständige Polizeibehörde. Vorgesetzte Behörde war das Polizeipräsidium Linz, das von Dr. Josef Plakholm geleitet wurde. Untergeordnete Behörden waren die jeweiligen Gebietsabteilungskommandos und Gendarmerieposten.
3 Vermutlich wurde der Eintrag nachträglich verfasst, da die ersten Häftlingstransporte aus Mauthausen Gunskirchen erst im April 1945 erreichten.

Barackenlager errichtet.[4] In diese Lager wurden ca. 18 000 Juden, meist aus dem KZ-Lager Mauthausen, untergebracht. Schon auf dem Transport in diese Lager starben viele an Entkräftung und Hunger oder wurden durch die SS-Begleitmannschaften erschossen oder erschlagen.[5] Die in diese Lager eingebrachten Häftlinge wurden zum Teil zu Holzschlagungsarbeiten u. zu Arbeiten im Sägewerk des Bürgermeisters Franz Hochhuber in Baumgarting unter Aufsicht von SS-Leuten verwendet. An Hunger und Flecktyphus starben täglich 200–300 KZler u. wurden in Massengräbern beerdigt. Die Lager waren von SS-Leuten scharf bewacht u. war Zivilpersonen der Zutritt verboten.

17.4.1945
Ein Transport mehrerer 1000 Häftlinge aus dem KZ-Lager Mauthausen, meist Juden, wurde auf der Straße über Weißkirchen, Schleißheim, Thalheim, Wels nach Gunskirchen von SS-Wachmannschaften eskortiert. Eine Anzahl dieser wandelnden Skelette starb auf dem Marsche an Entkräftung oder wurde von den SS-Wachmannschaften erschossen. In Weißkirchen wurden 8 solcher KZler begraben.

24.4.
Am 24.4.1945 fand ein schwerer Luftangriff auf Wels statt. Es entstanden schwere Verluste an Menschenleben und wurde auch großer Sachschaden angerichtet.

14.–26.4.
Fast täglich Tieffliegerangriffe auf Transport- und Personenzüge entlang der Bahnstrekke Wels–Schärding–Passau und auf Wehrmachtskolonnen auf Straßen. Am 24.4 Fliegerangriff auf den Bahnhof Schärding, wobei 3 Gebäude stark beschädigt und die Bahnstrecke durch Bombentrichter unfahrbar wird.

28.4.
Ein neuerlicher Transport von ca. 9000 Häftlingen aus dem KZ Lager Mauthausen wurde auf der Straße über Weißkirchen, Schleißheim, Thalheim, Wels, Gunskirchen eskortiert. Wieder brachen viele davon an Erschöpfung zusammen oder wurden von der SS-Eskortmannschaft erschossen oder erschlagen. In den Traunauen[6] in Bergern[7] wurden 110,[8] in Schleißheim 52 und in Thalheim 15 Opfer dieses Transportes entlang der Straße begraben.

4 Ende 1944 wurde das KZ Gunskirchen in Oberösterreich von rund 400 Häftlingen des KZ Mauthausen als Außenlager errichtet, das unter der Bezeichnung Waldlager Gunskirchen bekannt wurde. Die Mehrheit der insgesamt rund 15 000–20 000 Häftlinge waren jüdische Zwangsarbeiter aus Ungarn. Schätzungen zufolge wurden in Gunskirchen bis zu 5000 Inhaftierte ermordet. Das Lager wurde am 4.5.1945 befreit.

5 Die Todesmärsche aus dem KZ Mauthausen nach Gunskirchen wurden von Angehörigen der Waffen-SS und von Feuerwehrleuten begleitet. Viele der Häftlinge wurden bereits unmittelbar, nachdem sie Mauthausen verlassen hatten, von der SS ermordet. Schätzungen zufolge verloren auf diesen Transporten bis zu 6000 Menschen ihr Leben.

6 Gemeint ist das Auwaldgebiet südöstlich von Linz.

7 Ortsteil der Gemeinde Weißkirchen in Oberösterreich.

8 Bei einer späteren Exhumierung der Opfer wurden 119 Leichen geborgen.

DOK. 228

Hitler gibt am 29. April 1945 den Juden die Schuld an Krieg und Zerstörung[1]

Politisches Testament[2] Adolf Hitlers vom 29.4.1945 (Typoskript)[3]

Mein politisches Testament

Seit ich 1914 als Freiwilliger meine bescheidene Kraft im ersten, dem Reich aufgezwungenen Weltkrieg einsetzte, sind nunmehr über dreißig Jahre vergangen.

In diesen drei Jahrzehnten haben mich bei all meinem Denken, Handeln und Leben nur die Liebe und Treue zu meinem Volk bewegt. Sie gaben mir die Kraft, schwerste Entschlüsse zu fassen, wie sie bisher noch keinem Sterblichen gestellt worden sind. Ich habe meine Zeit, meine Arbeitskraft und meine Gesundheit in diesen drei Jahrzehnten verbraucht.

Es ist unwahr, daß ich oder irgendjemand anderer in Deutschland den Krieg im Jahre 1939 gewollt habe. Er wurde gewollt und angestiftet ausschließlich von jenen internationalen Staatsmännern, die entweder jüdischer Herkunft waren oder für jüdische Interessen arbeiteten. Ich habe zuviele Angebote zur Rüstungsbeschränkung und Rüstungsbegrenzung gemacht, die die Nachwelt nicht auf alle Ewigkeiten wegzuleugnen vermag, als daß die Verantwortung für den Ausbruch dieses Krieges auf mir lasten könnte. Ich habe weiter nie gewollt, daß nach dem ersten unseligen Weltkrieg ein zweiter gegen England oder gar gegen Amerika entsteht. Es werden Jahrhunderte vergehen, aber aus den Ruinen unserer Städte und Kunstdenkmäler wird sich der Haß gegen das letzten Endes verantwortliche Volk immer wieder erneuern, dem wir das alles zu verdanken haben: dem internationalen Judentum und seinen Helfern!

Ich habe noch drei Tage vor Ausbruch des deutsch-polnischen Krieges dem britischen Botschafter in Berlin eine Lösung der deutsch-polnischen Probleme vorgeschlagen – ähnlich der im Falle des Saargebietes unter internationaler Kontrolle.[4] Auch dieses Angebot kann nicht weggeleugnet werden. Es wurde nur verworfen, weil die maßgebenden Kreise der englischen Politik den Krieg wünschten, teils der erhofften Geschäfte wegen, teil getrieben durch eine vom internationalen Judentum veranstaltete Propaganda.

1 NARA, RG 242, Series: Personal Papers of Adolf Hitler, 12/07/1934–01/20/1966. Abdruck in: Paul Bruppacher, Adolf Hitler und die Geschichte der NSDAP. Eine Chronik, Teil 2: 1938–1945, Norderstedt 2008, S. 637–640.

2 Neben dem politischen Testament verfasste Hitler auch ein privates Testament, in dem er der NSDAP sein Vermögen vermachte, Martin Bormann zu seinem Testamentsvollstrecker bestimmte und die gemeinsame Selbsttötung mit Eva Braun ankündigte; wie Anm. 1.

3 Das Original-Testament wurde auf dem persönlichen Briefpapier Adolf Hitlers geschrieben. Oben links auf der ersten Seite befindet sich ein Briefkopf mit dem ein Hakenkreuz tragenden Reichsadler und dem Namen Adolf Hitler.

4 Am 25.8.1939 wurde der brit.-poln. Beistandspakt geschlossen, der Hitler dazu veranlasste, der brit. Regierung am folgenden Tag ein bilaterales Bündnisangebot zu unterbreiten, das u. a. an die Erfüllung deutscher Forderungen gegenüber Polen geknüpft war. Großbritannien forderte Deutschland auf, die Themen Danzig, Polnischer Korridor und deutsche Minderheiten mit der poln. Regierung zu klären. Darauf verlangte Hitler mit einem Ultimatum den Beginn von deutsch-poln. Verhandlungen am 30.8.1939 in Berlin, auf das die poln. Regierung nicht reagierte.

Ich habe aber auch keinen Zweifel darüber gelassen, daß, wenn die Völker Europas wieder nur als Aktienpakete dieser internationalen Geld- und Finanzverschwörer angesehen werden, dann auch jenes Volk mit zur Verantwortung gezogen werden wird, das der eigentliche Schuldige an diesem mörderischen Ringen ist: das Judentum! Ich habe weiter keinen darüber im unklaren gelassen, daß dieses Mal nicht nur Millionen Kinder von Europäern der arischen Völker verhungern werden, nicht nur Millionen erwachsener Männer den Tod erleiden und nicht nur Hunderttausende an Frauen und Kinder in den Städten verbrannt und zu Tode bombardiert werden dürften, ohne daß der eigentlich Schuldige, wenn auch durch humanere Mittel, seine Schuld zu büßen hat.
Nach einem sechsjährigen Kampf, der einst in die Geschichte trotz aller Rückschläge als ruhmvollste und tapferste Bekundung des Lebenswillens eines Volkes eingehen wird, kann ich mich nicht von der Stadt trennen, die die Hauptstadt dieses Reiches ist. Da die Kräfte zu gering sind, um dem feindlichen Ansturm gerade an dieser Stelle noch standzuhalten, der eigene Widerstand aber durch ebenso verblendete wie charakterlose Subjekte allmählich entwertet wird, möchte ich mein Schicksal mit jenem teilen, das Millionen anderer auch auf sich genommen haben, indem ich in dieser Stadt bleibe. Außerdem will ich nicht Feinden in die Hände fallen, die zur Erlustigung ihrer verhetzten Massen ein neues, von Juden arrangiertes Schauspiel benötigen.
Ich hatte mich daher entschlossen, in Berlin zu bleiben und dort aus freien Stücken in dem Augenblick den Tod zu wählen, in dem ich glaube, daß der Sitz des Führers und Kanzlers selbst nicht mehr gehalten werden kann. Ich sterbe mit freudigem Herzen angesichts der mir bewußten unermeßlichen Taten und Leistungen unserer Soldaten an der Front, unserer Frauen zu Hause, der Leistungen unserer Bauern und Arbeiter und des in der Geschichte einmaligen Einsatzes unserer Jugend, die meinen Namen trägt.
Daß ich ihnen allen meinen aus tiefstem Herzen kommenden Dank ausspreche, ist ebenso selbstverständlich wie mein Wunsch, daß sie deshalb den Kampf unter keinen Umständen aufgeben mögen, sondern, ganz gleich wo immer, ihn gegen die Feinde des Vaterlandes weiterführen, getreu den Bekenntnissen eines großen Clausewitz.[5] Aus dem Opfer unserer Soldaten und aus meiner eigenen Verbundenheit mit ihnen bis in den Tod wird in der deutschen Geschichte so oder so einmal wieder der Samen aufgehen zur strahlenden Wiedergeburt der nationalsozialistischen Bewegung und damit zur Verwirklichung einer wahren Volksgemeinschaft.
Viele tapferste Männer und Frauen haben sich entschlossen, ihr Leben bis zuletzt an das meine zu binden. Ich habe sie gebeten und ihnen endlich befohlen, dies nicht zu tun, sondern am weiteren Kampf der Nation teilzunehmen. Die Führer der Armeen, der Marine und der Luftwaffe bitte ich, mit äußersten Mitteln den Widerstandsgeist unserer Soldaten im nationalsozialistischen Sinne zu verstärken unter dem besonderen Hinweis darauf, daß auch ich selbst, als der Gründer und Schöpfer dieser Bewegung, den Tod dem feigen Absetzen oder gar einer Kapitulation vorgezogen habe.
Möge es dereinst zum Ehrbegriff des deutschen Offiziers gehören – so wie dies in unserer Marine schon der Fall ist –, daß die Übergabe einer Landschaft oder einer Stadt unmöglich ist und daß vor allem die Führer hier mit leuchtendem Beispiel voranzugehen haben in treuester Pflichterfüllung bis in den Tod.

5 Carl von Clausewitz (1780–1831), Generalmajor und Militärtheoretiker.

Zweiter Teil des politischen Testaments
Ich stoße vor meinem Tode den früheren Reichsmarschall Hermann *Göring* aus der Partei aus und entziehe ihm alle Rechte, die sich aus dem Erlaß vom 29. Juni 1941 sowie aus meiner Reichstagserklärung vom 1. September 1939[6] ergeben könnten. Ich ernenne an Stelle dessen den Großadmiral *Dönitz* zum Reichspräsidenten und Obersten Befehlshaber der Wehrmacht.
Ich stoße vor meinem Tode den früheren Reichsführer-SS und Reichsminister des Innern, Heinrich *Himmler*, aus der Partei sowie allen Staatsämtern aus. Ich ernenne an seiner Stelle den Gauleiter Karl *Hanke* zum Reichsführer-SS und Chef der deutschen Polizei und den Gauleiter Paul *Giesler* zum Reichsminister des Innern.
Göring und Himmler haben durch geheime Verhandlungen mit dem Feinde, die sie ohne mein Wissen und gegen meinen Willen abhielten, sowie durch den Versuch, entgegen dem Gesetz die Macht im Staate an sich zu reißen, dem Lande und dem gesamten Volk unabsehbaren Schaden zugefügt, gänzlich abgesehen von der Treulosigkeit gegenüber meiner Person.[7]
Um dem deutschen Volk eine aus ehrenhaften Männern zusammengesetzte Regierung zu geben, die die Verpflichtung erfüllt, den Krieg mit allen Mitteln weiter fortzusetzen, ernenne ich als Führer der Nation folgende Mitglieder des neuen Kabinetts:
Reichspräsident: *Dönitz*
Reichskanzler: Dr. *Goebbels*
Parteiminister: *Bormann*
Außenminister: *Seyß-Inquart*
Innenminister: Gauleiter *Giesler*
Kriegsminister: *Dönitz*
Oberbefehlshaber des Heeres: *Schörner*
Oberbefehlshaber der Kriegsmarine: *Dönitz*
Oberbefehlshaber der Luftwaffe: *Greim*
Reichsführer-SS und Chef der Deutschen Polizei: Gauleiter *Hanke*
Wirtschaft: *Funk*
Landwirtschaft: *Backe*
Justiz: *Thierack*
Kultus: Dr. *Scheel*
Propaganda: Dr. *Naumann*

6 In seiner Reichstagsrede zum Kriegsbeginn am 1.9.1939 hatte Hitler Göring und Rudolf Heß mündlich zu seinen Nachfolgern bestimmt. Nach dem England-Flug von Heß am 10.5.1941 – mutmaßlich um Friedensverhandlungen mit Großbritannien in die Wege zu leiten – ergingen am 29.6.1941 zwei neue, nun schriftliche Führer-Erlasse, die Göring zum alleinigen Nachfolger bestimmten: Erlass des Führers über die Stellvertretung des Führers und der Erlass des Führers über die Nachfolge des Führers; BArch, R 43 II/1660, Bl. 41, 53 sowie Bl. 35, 39.

7 Am 23.4.1945 wandte sich Göring mit der Aufforderung an Hitler, ihm als seinem Stellvertreter die Gesamtführung Deutschlands zu übertragen, und bekundete die Absicht, mit den Alliierten Verhandlungen aufzunehmen; BArch, RL 1/5. Am selben Tag enthob Hitler Göring daraufhin von all seinen Ämtern und schloss ihn von seiner Nachfolge aus. Die Bereitschaft zu Verhandlungen versuchte Himmler durch die Freilassung von Juden, wie im Febr. 1945 die Ausreise von rund 1200 Juden aus Theresienstadt in die Schweiz, zu erreichen; siehe Dok. 290 von Anfang Febr. 1945. Ohne Hitlers Einverständnis bot Himmler am 24.4.1945 den Westmächten die deutsche Kapitulation an.

Finanzen: Schwerin-*Crossigk*[8]
Arbeit: Dr. *Hupfauer*
Rüstung: *Saur*
Leiter der Deutschen Arbeitsfront und Mitglied des Reichskabinetts: Reichsminister Dr. *Ley*

Obwohl sich eine Anzahl dieser Männer wie Martin Bormann, Dr. Goebbels usw., einschließlich ihrer Frauen, aus freiem Willen zu mir gefunden haben und unter keinen Umständen die Hauptstadt des Reiches verlassen wollten, sondern bereit waren, mit mir hier unterzugehen, muß ich sie doch bitten, meiner Aufforderung zu gehorchen und in diesem Falle das Interesse der Nation über ihr eigenes Gefühl zu stellen. Sie werden mir durch ihre Arbeit und ihre Treue als Gefährten nach dem Tode ebenso nahestehen, wie ich hoffe, daß mein Geist unter ihnen weilen und sie stets begleiten wird. Mögen sie hart sein, aber niemals ungerecht, mögen sie vor allem nie die Furcht zum Ratgeber ihres Handelns erheben und die Ehre der Nation über alles stellen, was es auf Erden gibt. Mögen sie sich endlich dessen bewußt sein, daß unsere Aufgabe des Ausbaus eines nationalsozialistischen Staates die Arbeit kommender Jahrhunderte darstellt, die jeden einzelnen verpflichtet, immer dem gemeinsamen Interesse zu dienen und seine eigenen Vorteile demgegenüber zurückzustellen. Von allen Deutschen, allen Nationalsozialisten, Männern und Frauen und allen Soldaten der Wehrmacht verlange ich, daß sie der neuen Regierung und ihrem Präsidenten treu und gehorsam sein werden bis in den Tod.
Vor allem verpflichte ich die Führung der Nation und die Gefolgschaft zur peinlichen Einhaltung der Rassegesetze und zum unbarmherzigen Widerstand gegen den Weltvergifter aller Völker, das internationale Judentum.
Gegeben zu Berlin, den 29. April 1945, 4.00 Uhr
Adolf Hitler
Als Zeugen:
Dr. Joseph Goebbels
Martin Bormann
Wilhelm Burgdorf[9]
Hans Krebs[10]

8 Richtig: Schwerin-Krosigk.

9 Wilhelm Burgdorf (1895–1945), Offizier; 1919 vorübergehend in einem Freikorps, dann in der Vorläufigen Reichswehr, von 1921 an Angehöriger des 8. Infanterie-Regiments, 1940–1942 Kommandeur des Infanterie-Regiments 529, 1942 stellv. Leiter des Heerespersonalamts beim OKH, 1944 als Leiter und Chefadjutant des OKW bei Hitler; nahm sich das Leben.

10 Hans Krebs (1898–1945), Offizier; 1919 Eintritt in die Reichswehr, von 1930 an im Reichswehrministerium, 1942 Chef des Generalstabs der 9. Armee, seit 1943 der Heeresgruppe Mitte und Beförderung zum Generalleutnant, 1944 Chef des Generalstabs der Heeresgruppe B, März 1945 Generalstabschef des Heeres; nahm sich das Leben.

DOK. 229

Die alliierte Frankfurter Presse zitiert am 3. Mai 1945 ein Telegramm Hitlers an Mussolini, in dem der Widerstand des deutschen Volks gegen die Juden beschworen wird[1]

Ein Toter an den Toten
Milano –

Hitler erwiderte Mussolini[2] am 22. April auf dessen Glückwunsch zu seinem Geburtstag: „Meinen Dank Ihnen, Duce, für Ihre Glückwünsche zu meinem Geburtstag. Der Kampf, den wir um unsere nackte Existenz führen, hat seinen Höhepunkt erreicht. Mit unbeschränktem Materialeinsatz setzen der Bolschewismus und die Truppen des Judentums alles daran, ihre zerstörerischen Kräfte in Deutschland zu vereinen und so unseren Kontinent in ein Chaos zu stürzen. Im Geiste zäher Todesverachtung werden das deutsche Volk und alle, die gleichen Geistes sind, diesen Ansturm zum Halten bringen, wie schwer auch der Kampf sein mag, und durch ihren einzigartigen Heldenmut den Verlauf des Krieges ändern. In diesem historischen Augenblick, in dem das Schicksal Europas auf Jahrhunderte hinaus entschieden wird, sende ich Ihnen meine herzlichsten Grüße. – Ihr Adolf Hitler."

DOK. 230

Die ungarische Jüdin Ágnes Lukács freut sich in einem Brief an ihre Eltern vom 3. Mai 1945 über ihre Befreiung im Lager Salzwedel[1]

Handschriftl. Brief von Ágnes Lukács,[2] Salzwedel,[3] an ihre Eltern vom 3.5.1945

Liebe Mutti, lieber Vati!
Heute ist es zehn Monate her, daß ich an einem Montag verschwunden bin. Seitdem hat sich die Welt, Gott sei Dank, ein großes Stück gedreht. Wie das beigelegte Bild zeigt, spazieren wir lustig auf der Landstraße in Richtung Lager. Daraus besteht gewöhnlich unsere tägliche Tätigkeit. Und falls wir gerade nicht marschieren, dann essen wir. Leider gehen unsere Reserven schon bald zu Ende.

1 Frankfurter Presse. Alliiertes Nachrichtenblatt der Amerikanischen 12. Heeresgruppe für die deutsche Zivilbevölkerung, Nr. 3/1945 vom 3.5.1945. Die Militärzeitung erschien wöchentlich vom 21.4. bis 26.7.1945 und wurde danach als Frankfurter Rundschau von der US-Militärregierung zugelassen und deutschen Herausgebern übergeben.

2 Benito Mussolini war am 28.4.1945 von Partisanen erschossen worden.

1 Original in Privatbesitz, Kopie: Gedenkstätte Neuengamme, PGS Häftlinge, Ágnes Lukács. Das Dokument wurde 1999 von Ágnes Lukács aus dem Ungarischen übersetzt.

2 Ágnes Lukács (*1920), Kunstlehrerin und Künstlerin; Juli 1944 Deportation nach Auschwitz, von Dez. 1944 an in verschiedenen Außenlagern von Groß-Rosen und Neuengamme, zuletzt in Salzwedel, dort befreit; 1945 Rückkehr nach Budapest, 1955–1977 Kunsterzieherin in Budapest.

3 In Salzwedel befand sich von Juli 1944 bis April 1945 ein Außenlager für Frauen des KZ Neuengamme. Am 14.4.1945 wurden rund 3000 Häftlinge im Lager Salzwedel von der US Army befreit.

Vorgestern war der erste Mai. Den allerersten roten ersten Mai haben wir also in Salzwedel erlebt, in einem befreiten Gefangenenlager. Das Maifest ist ziemlich gut gelungen. Das Orchester spielte die Internationale, die Marseillaise und ähnliche Musik. Es wurde ein Scheiterhaufen gelegt aus verschiedenen Nazi-Druckschriften, aus Hitler-Fotos, der wurde angezündet und man tanzte rundherum. Das war die Hauptnummer. Abends gab es irgendeine Vorstellung, da haben wir aber nicht beigewohnt. Seit dem Ersten tragen fast alle Leute, vor allem aber die Russinnen und Russen, einen roten Stern. Wie konnte wohl in Budapest der erste Mai vor sich gehen? Die Kinder, die da zu sehen sind, die sind russische Kinder, ausgestattet mit roten Sternen, roter Fahne, rotem Kopftuch, rotem Armband.

DOK. 231

Friedrich Kellner verlangt in seinem Tagebuch am 6. Mai 1945, dass alle Parteimitglieder Verantwortung für die an den Juden begangenen Verbrechen übernehmen müssen[1]

Handschriftl. Tagebuch von Friedrich Kellner,[2] Laubach, Eintrag vom 6.5.1945

Familie G. besuchte uns und beklagte sich darüber, daß Herr G. zu Vergeltungsarbeiten[3] befohlen worden sei, weil er „Amtsleiter“ gewesen wäre. Die Amtsleiter müssen den durch Nazis demolierten jüdischen Friedhof wiederherstellen.
Frau G. führte aus, daß gerade sie und ihr Mann mit den Aktionen gegen die Juden nicht einverstanden waren und es als Unrecht empfinden, an der Wiedergutmachung beteiligt zu werden. Es trifft zwar zu, daß Lehrer G. zu den harmlosen Parteigenossen zu zählen ist und innerlich kein Nationalsozialist war. Aber er war Mitglied der NSDAP und hat auch das Amt eines Amtsleiters (Funkwart) verwaltet.
Jeder Parteigenosse trägt für das Tun und Treiben der Partei die Mitverantwortung. Es geht nicht an, die gesamte Schuld dem Führer Adolf Hitler und dem Führerstab aufzubürden. Wer 12 Jahre die Wohltaten als Parteigenosse nicht zurückgewiesen hat, ist Nutznießer des nationalsoz[ialistischen] Systems gewesen und muß die Lasten des Zusammenbruchs in vorderster Linie tragen.
Wer den Geist, der zum Kriege führte, nicht bekämpfte, hat nie ein Recht, sich über die Folgen der Niederlage zu beklagen.

1 Original in Privatbesitz, Kopie: Archiv der Arbeitsstelle Holocaustliteratur an der Universität Gießen. Abdruck in: Friedrich Kellner, „Vernebelt, verdunkelt sind alle Hirne“. Tagebücher 1939–1945, hrsg. von Sascha Feuchert u. a., Göttingen 2011, S. 931 f.

2 Friedrich Kellner (1885–1970), Justizinspektor; seit den 1920er-Jahren SPD-Mitglied; 1933–1948 geschäftsleitender Justizinspektor am Amtsgericht Laubach; nach 1945 zeitweise SPD-Vorsitzender in Laubach, 1945/46 Beigeordneter der Stadt Laubach; 1948–1950 am Bezirksgericht Gießen; 1956–1960 stellv. Bürgermeister in Laubach.

3 Nach Kriegsende wurden ehemalige Nationalsozialisten insbesondere von den sich in Deutschland bildenden antifaschistischen Initiativen zu Aufräumarbeiten verpflichtet. Neben der Trümmerbeseitigung und der Wiederherstellung der Infrastruktur mussten sie die Opfer der Verfolgung exhumieren und bestatten.

Es werden bei der Beurteilung der Taten der einzelnen Nationalsozialisten sich bezüglich der Schwere der begangenen Handlungen Unterschiede ergeben, bei der allgemeinen Buße kann es aber nur heißen: mitgegangen – mitgehangen.
Heute will natürlich keiner ein echter Nazi gewesen sein. Jeder drückt sich vor der Verantwortung. Die Gerechtigkeit wird stets darin bestehen, Vergeltung zu üben und die Sünder zu bestrafen. Das ist auch der Inbegriff der göttlichen Gerechtigkeit, denn es gibt nicht nur einen liebenden, sondern auch einen strafenden Gott.
Im Jahre 1933 war das Verhalten vieler Menschen genau umgekehrt. Da wollten die Betreffenden mit den fadenscheinigsten Angaben den Beweis führen, daß sie schon immer Nationalsozialisten gewesen wären. Es gibt Helden und „Helden". Arme Menschheit!

DOK. 232
Der Sanitäter Harold Porter schildert seinen Eltern in Michigan am 7. Mai 1945 die Zustände im Konzentrationslager Dachau nach der Befreiung[1]

Handschriftl. Brief von Harold Porter,[2] Angehöriger des 116. Feldlazaretts der US-Armee,[3] an seine Eltern, Ypsilanti, Michigan, vom 7.5.1945[4]

Liebe Mutter, lieber Vater,
inzwischen wird Euch ein Brief erreicht haben, aus dem hervorgeht, dass ich im Konzentrationslager Dachau einquartiert worden bin. Es ist noch immer nicht darüber entschieden worden, ob wir die Erlaubnis bekommen, über die Verhältnisse hier zu berichten. Aber ich schreibe dies vorsorglich schon einmal auf, um Euch ein wenig zu berichten, und werde es später abschicken, wenn man uns die Genehmigung dazu erteilt hat.
Ich weiß nicht recht, wie man am besten beginnen soll. Mittlerweile habe ich mich von meinem ersten Schock erholt und bin in der Lage, über die Dinge hier zu schreiben, ohne wie ein hysterischer Idiot zu klingen, der nur Unverständliches von sich gibt. Und doch bin ich mir sicher, dass Ihr zögern und nicht wissen werdet, ob Ihr mir all das glauben sollt, unabhängig von meinem Versuch, konzentriert und objektiv zu sein. Ich ertappe mich dabei, dass ich das, was ich gesehen habe, versuche zu verdrängen. Was ich hier in den letzten Tagen gesehen habe, wird sich ganz sicher für den Rest meines Lebens auf meine Persönlichkeit auswirken.
Wir erfuhren erst kurz vor unserer Abfahrt, dass wir in Dachau eingesetzt würden, einem der berüchtigtsten Konzentrationslager. Und obwohl wir auf Grauenhaftes vorbereitet waren, bin ich mir sicher, dass keiner von uns ahnte, was ihn erwarten würde. Es ist eben etwas anderes, über Gräueltaten nur zu lesen. Um sie wirklich zu begreifen, muss man sie gesehen haben. Wenn ich daran denke, wie ich früher einmal Valtins Buch

1 NARA, DDE 1430, Personal Files, 1991_2006_Porter, Harold Letters May 1945. Das Dokument wurde aus dem Englischen übersetzt.

2 Harold Porter (1923–1969); Psychologiestudium an der Universität Michigan; 1944 Eintritt in die US-Armee, dort Ausbildung zum chirurgisch-technischen Assistenten, danach Angehöriger des 116. Feldlazaretts; nach 1945 Angestellter der Federal Land Bank in Wichita bis zu seinem Unfalltod.

3 Die 116th Evacuation Hospital Unit der US-Streitkräfte traf im Nov. 1944 in Frankreich ein und war im Mai und Juni 1945 im befreiten KZ Dachau stationiert.

4 Der Brief ist auf dem Briefpapier der „SS-Standortkommandantur Dachau" geschrieben.

„Tagebuch der Hölle"[5] als grotesk verhöhnt habe! Ich habe inzwischen weitaus Schlimmeres ansehen müssen als das, was er beschrieben hat.
Die Fahrt von Göttingen in Richtung Süden war recht angenehm. Wir durchquerten Donauwörth und Aichach, und als wir in Dachau ankamen, wirkte die Gegend mit ihren kleinen Häusern, Flüssen, Landgütern und den Alpen in der Ferne fast wie ein Urlaubsort. Als wir aber das Zentrum der Stadt erreichten, stießen wir auf einen Zug mit einer defekten Lokomotive und etwa 50 Waggons.[6] Jeder der Waggons war voller Leichen. Es müssen Tausende gewesen sein – die Menschen waren alle ganz offensichtlich verhungert. Das war ein unglaublicher Schock, man kann sich den Gestank kaum vorstellen. Aber das alles war noch nichts im Vergleich zu dem, was uns später noch begegnen sollte.
Marc Coyle war zwei Tage vor mir im Lager eingetroffen und dort als Wachmann eingesetzt.[7] Sofort nach meiner Ankunft suchte ich ihn auf, und er brachte mich zum Krematorium. Überall lagen tote SS-Soldaten auf dem Boden, aber als wir die Gebäude mit den Brennöfen betraten, stießen wir auf riesige Haufen von Leichen, aufgeschichtet wie Brennholz und alle nackt, weil ihre Kleidung weiterverwendet werden sollte. Es gab Öfen, in denen sechs Leichen auf einmal eingeäschert werden konnten, und auf jeder Seite war ein etwa 20 Fuß großer Raum, der bis zur Decke mit noch mehr Leichen vollgestopft war – eine einzige große stinkende und vor sich hin faulende Sauerei. Die Gesichter waren violett angelaufen, die Augen weit aufgerissen, und viele hatten ein grässliches Grinsen im Gesicht. Sie bestanden nur noch aus Haut und Knochen. Coyle hatte am Tag zuvor bei zehn Autopsien von zufällig ausgewählten Leichen assistiert (er trug dabei eine Gasmaske). Acht von den Toten hatten unter einer fortgeschrittenen Tuberkulose gelitten, alle hatten Typhus gehabt und zeigten Symptome von extremer Unterernährung. Neben den männlichen Leichen lagen auch Frauen und Kinder.
Während wir das Lager inspizierten, sahen wir befreite Häftlinge, die ganze Wagenladungen voller Leichen transportierten, die auf dem Gelände eingesammelt worden waren. Beim Entladen zuzusehen war schrecklich. Die Leichen machten quietschende und gurgelnde Geräusche, als man sie aufeinandertürmte. Der Gestank war fast greifbar.
Hinter den Verbrennungsöfen befand sich die Hinrichtungskammer, eine etwa 20 Fuß große fensterlose Zelle mit Gasdüsen, die alle 30 Zentimeter in die Decke eingelassen waren.[8] Im Freien lagen neben einem großen Haufen verkohlter Knochenreste sorgfältig sortierte und gestapelte Kleidungsstücke der Opfer – offensichtlich mehrere Tausend. Obwohl ich dort stand und alles mit eigenen Augen gesehen habe, konnte ich es nicht

5 Jan Valtin alias Richard Krebs (1905–1951) veröffentlichte 1941 in den USA seine Memoiren „Out of the Night", in denen er über seine Verfolgung unter Hitler und Stalin berichtet.

6 In einem Evakuierungstransport wurden am 7.4.1945 ca. 4500 Häftlinge aus dem KZ Buchenwald Richtung Dachau gebracht. Als der Zug Dachau am 28.4.1945 erreichte, war rund die Hälfte der Häftlinge tot. Die am folgenden Tag eintreffenden amerikan. Truppen reagierten auf die schockierenden Bilder mit der Hinrichtung von Angehörigen des SS-Wachpersonals.

7 Das 157. Infanterieregiment der 45. Division der US-Streitkräfte befreite das KZ Dachau am 25.4.1945. Zwei Tage später traf das 116. Regiment ein.

8 Vermutlich im April 1943 wurde im KZ Dachau die Baracke X fertiggestellt, die neben vier Krematoriumsöfen und Desinfektionsräumen für Häftlingskleidung auch über eine Gaskammer verfügte. Warum dieser Raum nicht für Massentötungen durch Gas genutzt wurde und ob dort einzelne Tötungsaktionen stattgefunden haben, ist bis heute ungeklärt.

fassen. Dass diese ganzen Schweinereien wirklich passiert waren, dämmerte mir erst allmählich, und ich bezweifle, dass Ihr es jemals ganz verstehen werdet.
Es kursiert das Gerücht, der Krieg sei endlich vorbei. Wie die Dinge liegen, trifft das wahrscheinlich zu. Seit mehreren Tagen haben wir mit dem Ende des Kriegs gerechnet, aber unsere Begeisterung hält sich in Grenzen, weil wir wissen, dass sich an unserer unmittelbaren Situation nicht allzu viel ändern wird. Es gab keinerlei Feierlichkeiten – in der morbiden Stimmung, in der wir uns befinden, fällt es schwer, irgendetwas zu feiern.
Die Einheit hier wird wohl noch eine Weile auf ihren Einsatz im Südpazifik warten müssen. Wir haben es hier erst einmal mit rund 36 000 tatsächlichen und zukünftigen Patienten zu tun. Was für alle anderen das Ende ihres Auftrags bedeutet, ist für uns erst der Anfang.
Heute war ein glühend heißer Tag, nachdem es mehrere Tage kalt war und geregnet hat. Es ist unmöglich zu beschreiben, wie sich die Hitze auf die Leichen auswirkt. Und die Situation wird wahrscheinlich noch dramatischer werden, weil sich ihre Beseitigung gewiss noch einige Zeit hinziehen wird.
Mein Arm schmerzt von einer Typhus-Impfung. Deswegen werde ich für heute erst einmal Schluss machen. Später mehr. Es gibt noch viel, worüber ich Euch berichten kann.
In Liebe

DOK. 233

Anneliese Borinski freut sich in ihrem Tagebuch zwischen dem 20. April und dem 8. Mai 1945 über ihre wiedergewonnene Freiheit und schmiedet Pläne für ihre Emigration nach Palästina[1]

Tagebuch von Anneliese Borinski,[2] Oschatz bei Leipzig,[3] Einträge vom 30.4. bis 8.5.1945 (Abschrift)

Am Tage nach der Befreiung
Gleich ist es Mitternacht. Alles ist ganz ruhig, ich bin alleine munter. Ich sitze an einem Tisch unter einer Lampe. Es ist Feder und Tinte da und genug Papier zum Schreiben. Ich brauche nur zum Schrank zu gehen, wenn ich etwas essen möchte, und kann mir nehmen, soviel und was ich will – ohne Angst zu haben, daß morgen nichts mehr da sein wird. Dort steht auch eine Kanne mit Wein. In der Ecke steht ein Ofen – ich könnte

1 BLHG, No. 1791.
2 Anneliese Borinski, später Ora Aloni (1914–1997), Lehrerin; von 1934 an in jüdischen Kinderheimen tätig, 1937/38 in der Jüdischen Lehrerbildungsanstalt in Berlin, von 1939 an im Hachschara-Lager Ahrensdorf, seit 1941 im Landwerk Neuendorf, im April 1943 Deportation nach Auschwitz, Jan. 1945 Todesmarsch; im April 1945 bei Leipzig befreit, 1947 Emigration nach Palästina, arbeitete dort als Erzieherin.
3 Mit dem Abzug der Wehrmacht am 21.4.1945 aus Oschatz wurde die Region zu einer Art Niemandsland. Die US-amerikan. Truppen besetzten den Ort erst am 26.4.1945. Anneliese Borinski gelang mit fünf weiteren Frauen Mitte April 1945 die Flucht während eines Todesmarschs. Mit Hilfe von Alfred Holschke aus Naundorf bei Oschatz, der die Jüdinnen versteckte, überlebten sie den Krieg und wurden in Oschatz befreit.

ein bißchen heizen, aber mir ist nicht kalt. Und wenn ich sehr müde bin, dann lege ich mich in mein Bett.
Und das alles ist kein Traum. Es ist kein Traum, in einer unruhig durchschlafenen Nacht auf dem Strohsack, in einer Scheune, auf zusammengescharrten Biesen im Wald, kein Traum im offenen Kohlenwaggon, zum Trost, zur Betäubung sich selber vorgegaukelt. Auch nicht in den Fiebernächten im Revier zwischen all dem Gestank, Gestöhn und Geschrei, zu dritt im Bett, wenn man diesen Schmutzhaufen so nennen kann – erträumt. Auch kein Traum der kurzen frierenden Rasten im Straßengraben – da war man selbst dazu zu erschöpft. Es ist kein Traum – es ist ein Wunder, aber es ist wahr.
Ich weiß nicht, ob ich morgen noch hier sitzen kann. Wir haben es ja gelernt, daß jede halbe Stunde, ach, jede Minute, Neues, Unverhofftes bringen kann. Aber wir haben immer und immer wieder erfahren, und gerade in den letzten Wochen, daß alles, wie es kam, für uns zum Guten wurde. Und darum weiß ich, daß, auch wenn wir aus diesem Schlaraffenland fortmüßten, wenn wieder ein härteres Leben beginnen sollte, daß doch alles nur ein Schritt näher zum Ziel wäre, ein Schritt mehr auf dem Wege zu unserer Heimat. Denn wenn es nicht so wäre, dann würde ich heute nicht mehr leben. Und dann wäre ich nicht frei geworden. Frei. – Keiner kann das Wort richtig verstehen, der es nicht selbst erlebt hat, was es heißt: Gefangener zu sein. (Bei allem Verständnis für innere Freiheit!) Dabei bin ich weiter in dieser so ganz sicheren beglückenden Ruhe, für die ich dankbar bin, unaussprechlich dankbar.
Und jetzt weiß ich nicht, wo ich anfangen soll zu erzählen. Denn erzählen muß ich, nicht nur um zu berichten, auch – vielleicht hauptsächlich – daß ich fertig werde damit, soweit man es eben verarbeiten kann. Es gibt viele, die mehr gesehen und erlebt haben als ich, ich kann alles vielleicht nur von einem ganz kleinen Gesichtskreis aus sehen, aber es sind für mich unendliche Weiten und Tiefen. Ich weiß noch nicht, wo zu beginnen, aber ich weiß, daß ich hier beginnen muß. Ich darf nicht länger warten, ich muß diese erste Möglichkeit in den ersten Minuten der Ruhe ausnutzen. Vielleicht auch, weil grade hier in dieser beglückenden Atmosphäre des Freiseins und der Kameradschaft dieser Männer, die ähnliches erlebten und wohl mehr als alle anderen mitempfinden können als ehemalige Kriegsgefangene,[4] weil in dieser Atmosphäre sich alles am leichtesten löst.

Den 5.5.45
Ich muß auch das noch sagen: Was es heißt, bei jedem Schritt, den man über die Straße tut, zu spüren: Ich kann gehen, wohin ich will! Gar nichts mehr von dem Sich-ängstlichen-Umgucken nach Posten, Warten auf den Pfiff zum Appell, vom vorsichtigen In-den-Fünfer-Reihen-Bleiben, vom Weitergetriebenwerden. Nur in den Träumen jeder Nacht ist alles noch voll davon.
Aber dieses Leben hier ist auch so außerhalb jedes normal Bürgerlichen, so gerade ins Gegenteil umgeschlagen, daß man es sich eigentlich genau sowenig vorstellen konnte, wie phantastisch wir uns auch immer die ersten Tage der Freiheit vorgestellt haben mochten, wie unser Leben der letzten zwei Jahre: Und das ist das Schönste von allem, daß man so mitten darin ist, in diesem neuen Leben. Der „Zauberberg" der Großen

4 In Oschatz befand sich von Febr. 1941 an das Kriegsgefangenenlager Stalag IV G.

Hamburger Straße[5] ist umgekehrt! Dieses „Wir sind die Herren der Stadt“, diese ritterliche Fürsorge der Männer uns gegenüber und dieser wütende Haß gegen die anderen. Es ist beruhigend zu wissen, daß unsere Sache in guten Händen ist.
Und trotz allem, diese Unruhe, fortzukommen von hier, auch wenn es nur ein paar Schritte mehr zum Bestimmungsort sind. Nichts ist mir in diesen Tagen so klar geworden wie dies: Man braucht ein Heimatland! Jeder dieser Männer, gleich ob er Soldat aus U. S. A. oder Canada, aus Nord- oder Südfrankreich, aus England, aus Holland, aus Serbien, aus Polen, aus Rußland, aus Italien oder aus der C. S. R. ist – jeder von ihnen ist stolz auf sein Vaterland, jeder von ihnen zeigt Photographien von Frau und Kindern. Und dieser Stolz aufs Vaterland ist das, worum ich sie beneide und was mich immer fester und fester in meinem Wege werden läßt.
Und nun weiß ich auch, daß ich alles, was ich zu sagen habe, Euch sagen muß, meine Chawerim. Nicht nur denen, die zu unserer engsten Chewrah gehören und von denen wir nicht einmal wissen, wo sie jetzt sind und an die wir immer denken, nein, allen Chawerim, die zu uns gehören und an die wir denken, wenn die anderen von ihrer Heimat sprechen.
Chawerim, bevor ich anfange, geordnet weiterzuerzählen, muß ich noch einmal hier bestätigen, daß mir immer bewußt sein wird: Es gibt keine andere Antwort für diese wunderbare Rettung, als mit die Verpflichtung für die anderen, die nicht mehr da sind, zu übernehmen.

8. Mai
Seit heute früh um 2.41 Uhr ist Friede! – Friede – Schalom! – So unvorstellbar, wie jedes der anderen Wunder, die sich nun begeben haben. Und wir leben und sitzen hier mit Kriegskameraden und trinken auf den Frieden. Und haben Blumen auf dem Tisch, und vielleicht wird man bald überall hinschreiben können, und dann werden die Freunde draußen erfahren, daß wir noch trotz allem, daß wir noch da sind. – Unvorstellbar, immer noch, unvorstellbar – Frieden! Friede! Was kann ich noch mehr sagen, Ich kann heute nacht nicht mehr schreiben. Bis jetzt saßen wir mit dem Kanadier zusammen, vielleicht wird er bald zu Hause sein. Vielleicht sind wir auch bald zu Hause, zu Hause. Unmöglich, heute etwas Vernünftiges zu schreiben. Ich gebe mir Mühe, mir diesen neuen Zustand begreiflich zu machen. Aber es ist unbegreiflich. Unbegreiflich, wie eben alles, was in der letzten Zeit mir begegnet ist.

5 In der Großen Hamburger Straße in Berlin befand sich bis März 1944 ein Sammel- bzw. Durchgangslager für Juden. Anneliese Borinski gelangte im April 1943 vom Landwerk Neuendorf zunächst in dieses Lager, bevor sie von dort weiter nach Auschwitz deportiert wurde. In einem Nachkriegsbericht (YVA, O.1, 174.2) beschreibt sie das Lager – angelehnt an den Roman Thomas Manns – als „Zauberberg“, dessen Atmosphäre geprägt war von einer Mischung aus Verzweiflung, Sarkasmus und unbedingtem Überlebenswillen.

DOK. 234
Franz Lippmann bedankt sich bei Kriegsende 1945 bei Max Plaut für die Nachricht über das Schicksal seines Bruders und hofft auf schnelle Hilfe für die überlebenden Juden[1]

Brief von Franz Lippmann,[2] Melbourne, Australien, an Max Plaut, Tel Aviv, Palästina, vom 27.4. und 12.5.1945 (Typoskript)

Lieber Dr. Plaut,
Ihr Brief vom 18. Dezember[3] hat mich leider erst recht spät erreicht, da der gewöhnliche Briefverkehr zwischen unseren Ländern im Gegensatz zum Luftverkehr sehr lange dauert. Ich danke Ihnen, auch im Namen meines Bruders in Sydney,[4] dem ich natürlich Ihren Brief eingesandt hatte, für Ihren Bericht. Es hat uns natürlich sehr wohl getan, nun so ausführlich über die letzten Stunden meines Bruders und meiner Schwägerin[5] von Ihnen zu hören und zu wissen, daß Sie, Dr. Wolffsohn[6] und sogar auch Herr Böe[7] noch bis zuletzt mit ihnen zusammen waren. Ich fühle, daß meinem Bruder – der ja gesundheitlich sicher nicht mehr stark genug war, die schweren Jahre zu überstehen, durch seinen Freitod unsagbares und nutzloses Leiden erspart worden ist und der selbstgewählte Tod für ihn wirklich ein Ende der seelischen und körperlichen Leiden und somit das Finden der wohlverdienten Ruhe und des Friedens des Todes bedeutete. Für seine früher so starke und tatkräftige Frau, von der Sie so wenig schrieben, hätte ich mir noch ein Überleben all der Leiden und von Theresienstadt vorstellen können. Jedenfalls danke ich Ihnen, l[ieber] Dr. Plaut, von Herzen für alles, was Sie für die lieben Verstorbenen getan haben. Besonderen Dank auch für Ihre Mitteilungen über Herrn Böe und auch über den Verkauf der Einrichtung etc. an den Sekretär Behn etc.[8] Wer weiß, ob wir noch jemals von diesen etwas hören werden und was überhaupt von den Menschen und den Werten die jetzigen Kämpfe um Hamburg überleben wird, nachdem die Naziverbrecher nicht ruhen, bevor sie nicht ganz Deutschland zerstört und vernichtet haben. Mit dem Retten von in Deutschland geraubten und zurückgelassenen Vermögen, wird es –

1 LBI, AR 7094, Series II, Box 1, Fol. 6.
2 Franz Lippmann (1886–1953), Kaufmann; Inhaber der väterlichen Metall- und Gußwerke; 1938 Emigration nach Australien, 1944 Einbürgerung und Gründung der Loge Bnai Brith in Melbourne.
3 Wie Anm. 1.
4 Dr. Arthur Lippmann (1884–1950), Arzt; 1907–1933 am St.-Georg-Krankenhaus in Hamburg; 1923–1933 Vorstandsmitglied der Ärztekammer Hamburg, 1933 zwangsweise Entlassung; Dez. 1938 Emigration über Großbritannien nach Australien, 1941 ärztliche Zulassung in Sydney und Eröffnung einer eigenen Praxis, 1944 Einbürgerung.
5 Dr. Leo Lippmann und Anna Lippmann; siehe Dok. 40 vom 12.6.1943.
6 Richtig: Dr. Ernst Julius Wolffson (1881–1955), Arzt; 1925–1933 Vorstandsmitglied der Hamburger Ärztekammer, 1933 zwangsweise Entlassung, später als sog. Krankenbehandler zugelassen; 1945 wieder im Vorstand der Ärztekammer, dann deren Ehrenpräsident.
7 Theodor Böe (1892–1955), Kaufmann; Mitinhaber der Firma Böe & Ketelsen, Kohlenhandel; Freund und Testamentsvollstrecker von Leo Lippmann; 1945 Mitglied im „vorläufigen Gemeinde-Ausschuss Trittau", 1945/46 Bürgermeister von Trittau.
8 Auf Anraten Max Plauts hatte der Beamte Behn das Wohnungsinventar des Ehepaars Lippmann übernommen. Damit verfolgte Plaut die Absicht, den Erben später eine Handhabe zur Rückerstattung der Einrichtung zu geben.

befürchte ich – nicht weit her sein. Ich hoffe aber mit Ihnen, daß es Ihnen – wie Sie hoffen – noch gelingen wird, genügend zu retten, um sich dort eine neue Existenz zu gründen. Mir ist das bisher leider auch nicht recht geglückt, denn können wir uns alle ja glücklich schätzen, ein neues Heimatland und ein neues Leben gefunden zu haben, selbst wenn es schwerer als dasjenige ist, was wir mal geführt haben. Wenn Sie mir gelegentlich noch etwas über das Leben und die Tätigkeit meines Bruders in den letzten Jahren berichten könnten, wäre ich Ihnen dankbar, damit ich sein Lebensbild ganz abrunden kann. Wissen Sie, was aus John Hausmann & seiner Frau geworden ist?

12. Mai 1945
Leider ist dieser Brief hier verzögert worden und komme ich erst heute dazu, ihn zu beendigen. Inzwischen ist die Niederlage unserer Feinde besiegelt worden und der Krieg in Europa und damit hoffentlich auch die unsagbaren Leiden unserer armen Glaubensgenossen bald beendigt. Ich hoffe nur, daß es möglich ist, den Überlebenden bald die notwendige Hilfe und Freiheit und Lebensmöglichkeiten zu bringen und daß ihnen die dafür notwendigen und jetzt noch verschlossenen Grenzen schnell und rechtzeitig geöffnet werden. Ihnen selbst wünsche ich von Herzen alles Gute.
Herzlichst Ihr

Teil 2
Protektorat Böhmen und Mähren

DOK. 235
Regine Krampel schildert am 5. April 1943 in einem Gedicht die Alltagsnöte in Theresienstadt[1]

Gedicht von Regine Krampel,[2] Theresienstadt, vom 5.4.1943 (Typoskript)

Theresienstadt!

Still ruht die Nacht und tiefer Frieden
Liegt scheinbar um Theresienstadt.
Da müssen wir im Ghetto leben,
Die Kommandantur verfüget hat.

Was nutzt uns ein Kaffee und Bank schon,
Wenn eine Grenze uns gesetzt.
Unfrei sind wir, Freiwild für jene,
Die uns in diese Stadt gehetzt.

Im Ghetto darf man sich bewegen,
Auf dem Holzplatz sitzen aber nicht.
Man könnt in der Sonne baden;
Die Kommandantur erlaubt es nicht.

Hunger und Durst, der darf uns plagen,
Das macht nichts aus, was liegt daran!
Muß man sich denn als Menschen fühlen?
Das geht in dieser Stadt nicht an

Und immer wieder muß man zittern,
Daß man uns nicht nach Polen schickt.
Den Plan, den sie sich vorgezeichnet,
Halten sie fest und unverrückt.

Es liegt mir fern, es zu vergessen;
Geist und Kultur herrscht hier im Haus.
Doch könnt' man sich noch mehr erfreuen,
Säh' es im Innern anders aus.

Will man zu einem Abend gehen,
Fehlt oft zur Margarin' das Brot.
Und dieses wunderliche Nagen,
Erinnert uns an unsre Not.

1 YVA, O.64/77.
2 Regine Krampel (1876–1944), wurde gemeinsam mit ihrem Ehemann Nathan Krampel (1873–1944) im Sept. 1942 von Wien nach Theresienstadt deportiert, dort starb sie im Febr. 1944.

So kommt es, daß nur ein Gedanke
Uns ganz beherrscht: Wie wird man satt?
Wir wollen frei sein, wieder Menschen
Und nicht mehr in Theresienstadt!

DOK. 236
Die Gestapo Brünn leitet am 21. April 1943 die Forderung einer Tschechin weiter, alle Jüdinnen zur Arbeit heranzuziehen[1]

Anonymes Schreiben, weitergeleitet von der Staatspolizeileitstelle Brünn, B.-Nr. II B 2–85/43, gez. Gahleithner,[2] Brünn, Eichhornerstraße 70, an das Arbeitsamt Brünn (Eing. 24.4.1943), z. Hd. von Herrn Oberinspektor Busch, vom 21.4.1943[3]

Geehrte Polizei!
Es beginnt der totale Einsatz der Männer und Frauen.[4] Jede tschechische Frau hat das als selbstverständlich aufgenommen und jede tschechische Frau wird mit Freuden für das neue Europa arbeiten.
Wir tschechischen Frauen bitten aber, daß in die totale Mobilisierung aller Kräfte auch Jüdinnen mit einbezogen werden. Wir arbeiten gern, aber warum sitzen Jüdinnen zu Hause und lachen uns aus? Jede Jüdin hat zum Arbeiten zwei linke Hände, und wenn sie arbeiten soll, gibt sie dem Arzt irgendeine innere Krankheit an, die man schwer feststellen kann, dann sitzt sie wieder zu Hause und arbeitet nichts, wenn es schönes Wetter ist, liegen sie sogar am Hof. Das macht unter den tschechischen arbeitenden Frauen böses Blut. Wenn die deutsche und die tschechische Frau bis zum 45. Lebensjahr arbeiten muß, sollte eine Jüdin bis zum 55. Lebensjahr arbeiten, denn so eine Jüdin hat ja noch nichts gearbeitet, die hat sich ihre Gesundheit und ihre Kräfte geschont. Ob eine von ihnen krank ist?? Jetzt ist jede Frau kränklich, weil sie alles den Kindern gibt, damit sie gesund sind, selbst muß sie sich einschränken.
Deshalb bitten wir, daß alle Jüdinnen, auch wenn sie ärztliche Zeugnisse haben, zum Arbeitseinsatz herangezogen werden, man müßte sie von einem deutschen Arzt untersuchen lassen. Feldarbeiten könnten ihnen zugewiesen werden. Die sollen doch auch einmal arbeiten.
Beginnen Sie doch mit den Jüdinnen in Retschkowitz.[5] Hier wohnen viele Angestellte der Geheimen Staatspolizei, die sehen doch das alles und können die Jüdinnen beobachten. Ich meine das alles ganz ehrlich und habe schon oft von anderen Frauen gehört, wie sie darüber sprechen, daß eine Jüdin nicht arbeiten muß und ihre Nase hoch trägt.

1 YVA, O.7 Cz/30.
2 Leopold Gahleithner (*1902), Polizeiinspektor; von 1929 an in Wien im Polizeidienst beschäftigt; 1933 NSDAP- und SS-Eintritt; 1939–1945 Mitarbeiter der Gestapo Brünn; 1947 wurde er in Brünn zu einer lebenslangen Freiheitsstrafe verurteilt, 1955 vorzeitig entlassen.
3 Es handelt sich um eine zeitgenössische deutsche Übersetzung der Gestapo Brünn. Zusatz: „Mit der Bitte um Kenntnisnahme und zur evt. weiteren Veranlassung"; im Original handschriftl. Bearbeitungsvermerke.
4 Die Zwangsarbeit der tschech. Bevölkerung wurde Totaleinsatz (totálni nasazení) genannt.

Es sollte auch verboten werden, mit Jüdinnen zu sprechen, auch wenn sie einen arischen Mann haben.
Alle Jüdinnen müssen zu Feldarbeiten herangezogen werden und unter strenger Aufsicht arbeiten, ihre Bequemlichkeit darf nicht geduldet werden.
Heil Hitler

DOK. 237
Die Malerin Else Argutinsky-Dolgorukow befürchtet am 1. Mai 1943, am Gettoleben zugrunde zu gehen[1]

Tagebuch von Else Argutinsky-Dolgorukow,[2] Theresienstadt, Eintrag vom 1.5.1943 (Abschrift)

Nun bin ich wieder aus dem Eldorado der Krankenstube in die scheußlichste aller scheußlichen Unterbringungen zurückgekehrt und bedaure nur, so gedrängt zu haben mit der Entlassung aus dem Krankenzimmer, wie es hier heißt: Marodenzimmer. Aber der beginnende wunderbare Frühling lockte mich so stark an die Arbeit, und kaum kam ich in meinen Dunkelarrest, so muß ich schon meine Bleibe nennen, zurück, da begann noch einmal eine Eiseskälte mit häßlichem Wind, und an Malen war nicht zu denken. Auch fühlte ich erst hier oben in den bedrängten Gräßlichen Verhältnissen wieder, wie sehr die Krankheit mich mitgenommen und daß sie noch nicht vorüber war. Ich lag neben einer 80jährigen Dame aus Aussig, die jünger und wohlgenährter aussah als ich, mich könnte man für Zeichnungen eines anatomischen Atlas verwenden, so stark habe ich hier abgenommen, aber ich wog in der Iranischen Straße im Krankenhaus[3] vor dem Abtransport in Kleidern am Abend nur 48 kg., hatte also bereits fast 20 kg. an Gewicht verloren, und jetzt?! Ich weiß es nicht, fühle nur die Einbuße als große Schwäche, trotzdem ich mich im Krankenzimmer zum Zeichnen aufraffte. Überhaupt, was danke ich nicht alles der Kunst und den so teilnahmsvollen hiesigen jungen tschechischen Kollegen; sie zollen mir einen ungeahnten und unverdienten Beifall und helfen mir auch mit Bilderverkauf für Lebensmittel (etc.). Gestern hat ein 25jähriger Kollege Peter Kien[4] (sehr talentvoll) mich porträtiert, eine Zeichnung, sehr gut getroffen, da habe ich erst gesehen, wie ich aussehe, wie meine eigne Großmutter. Ich habe auch jetzt nicht mehr

5 Tschech.: Řečkovice; 1919 wurde Retschkowitz in die Stadt Brünn eingemeindet.

1 Beit Theresienstadt Archiv, 160,675/59/4054, Kopie: ZfA/A, Lebensgeschichtliche Sammlung, Argutinsky. Teilweise abgedruckt in: Ilka Wonschik, „Es war wohl ein anderer Stern, auf dem wir lebten …“. Künstlerinnen in Theresienstadt, Berlin 2014, S. 64.

2 Else (Elisabeth, Elsbeth) Argutinsky-Dolgorukow, geb. Fleischer (1873–1953), Malerin; 1898 Heirat mit Prinz Peter Michailowitsch Argutinsky-Dolgorukow und Umzug nach Russland; 1911 verwitwet; 1918 floh sie nach Berlin, wo sie als Zeichenlehrerin tätig war; 1942 Deportation nach Theresienstadt, dort im Technischen Zeichenbüro beschäftigt; 1945 kehrte sie nach Berlin zurück; der Großteil ihrer Arbeiten gilt als verschollen.

3 Gemeint ist das Jüdische Krankenhaus.

4 Peter Kien (1919–1944), Dichter und Zeichner; Dez. 1941 Deportation nach Theresienstadt, dort Mitarbeiter der Technischen Kanzlei; während seines Aufenthalts im Getto schuf er zahlreiche Zeichnungen und Gedichte; Okt. 1944 Deportation nach Auschwitz, wo er Ende 1944 an einer Infektion starb.

die Vitalität und die robuste Gesundheit, die ich hatte, und fühle, daß ich lange dieses Leben hier nicht mehr ertragen werde, daß auch der Körper keine Abwehr mehr aufbringt gegen Infektionen etc. Darum bemühe ich mich, doch Euch, wenn irgend möglich durch jemanden, der jünger ist und durchhalten kann, einmal diese Notizen übergeben kann, damit Ihr Euch wenigstens eine Vorstellung von meinem Leben hier machen könnt und von dem vielen Schönen, was ich hier durch die völlige Hingabe an die Kunst habe, doch auch sehr viel glückliche Stunden erlebe. Gern hätte ich es allerdings gehabt, Euch alle noch einmal wiederzusehen und auch meine letzte Ruhestätte in Potsdam zu finden, und hier wird man nur in Gemeinschaft eingeäschert und keinerlei Denkstein erinnert an die Existenzen der Guten und Bösen, der Bedeutenden und der Unbedeutenden. Man wird buchstäblich ausgelöscht, und das wird wohl überhaupt im neuen Europa, oder wie die Welt sich nach diesem unerhörten Ringen gestalten wird, die Collektivform für Sein oder Nichtsein werden. Ich las in den letzten Tagen wieder im Jacob Burckhardt das Kapitel „Glück und Unglück in der Geschichte".[5] Alles ist bedingt in dieser Welt und unser Unglück ist nur ein kleines Stäubchen im Ringen des Weltgeschehens im Ringen;[6] das Glück des einen wird das Unglück des andern! Immer klarer hebt sich doch die Umgruppierung der Menschheit und Kontinente heraus.

DOK. 238
Adolf Eichmann untersagt am 7. Mai 1943 den Bau eines Schießstands der Wehrmacht am Rande von Theresienstadt[1]

Vermerk des Reichssicherheitshauptamts, Referat IV B 4, 4400/43, gez. Eichmann, an SS-Sturmbannführer Dr. Plötz[2] zur Vorlage beim Leiter des RSHA Kaltenbrunner vom 7.5.1943[3]

Betrifft: Bau eines Schießstandes am Randgebiet von Theresienstadt
Bezug: Telefonische Besprechung mit SS-Sturmbannführer Dr. *Plötz*
I. Vermerk
Die Wehrmacht plant den Bau eines Schießstandes am Randgebiet des Altersghettos Theresienstadt. Dieses Vorhaben wurde von hier aus nicht genehmigt, da durch das Schießen der ohnedies auf Hochtouren laufenden Greuelhetze nur noch neue Nahrung zugeführt würde. Es liegt auf der Hand, daß es in ganz kurzer Zeit im Ausland heißen würde, daß man in Theresienstadt täglich Gewehrfeuer hören würde und daß die Juden dort laufend erschossen würden. Da RF-SS aus bekannten Gründen Theresienstadt besonders peinlichst genau, ja gewissermaßen großzügig geführt wissen will,

5 Gemeint ist Jacob Burckhardt, Weltgeschichtliche Betrachtungen, zusammengestellt von Jacob Oeri, Berlin u. a. 1905; darin: Über Glück und Unglück in der Weltgeschichte.
6 So im Original.

1 NAP, 110-7-1.
2 Richtig: Dr. Hans Achim Ploetz (1911–1944), Literaturwissenschaftler; 1933 NSDAP-, 1934 SS-Eintritt; Adjutant Heydrichs; von Aug. 1942 an Leiter der Polizeiattachés des RSHA in den deutschen Botschaften bei den Achsenmächten, Ende 1943 zur Waffen-SS eingezogen, 1944 gefallen.
3 Im Original Eingangsstempel des Büros des Staatssekretärs beim Reichsprotektor in Böhmen und Mähren vom 17.5.1943 und Registraturvermerk St. S. VII A – 21/43.

um dem Ausland jederzeit Gelegenheit geben zu können, sich zu überzeugen, wie Deutschland die Judenfrage löst, hat der BdS in Prag, SS-Standartenführer Dr. Weinmann,[4] den zuständigen Wehrmachtsstellen die Genehmigung zum Bau des Schießstandes nicht erteilt.
Der BdS in Prag teilt am 7.5.1943 mit, daß Ritterkreuzträger Freiherr von Gablonz bei ihm gewesen sei und ihm mitgeteilt habe, daß er sich hiermit nicht zufriedengeben könne und daß der Bau des Schießstandes in Angriff genommen wird. BdS bittet, daß SS-Gruppenführer Dr. Kaltenbrunner die Angelegenheit mit SS-Gruppenführer K. H. Frank[5] am 7.5.1943 besprechen möge, damit der Wehrmachtbevollmächtigte beim Reichsprotektor in Böhmen und Mähren den nachgeordneten Wehrmachtdienststellen entsprechende Weisung erteilt.[6]
II. An SS-Sturmbannführer Dr. *Plötz* vereinbarungsgemäß mit der Bitte übersandt, Chef der Sicherheitspolizei und des SD die Angelegenheit vorzutragen.

DOK. 239

Der SS-Mann Josef Weiszl erwähnt am 10. Mai 1943 in einem Brief an seine Frau eine bevorstehende Dienstreise nach Linden zur Vorbereitung von Deportationen[1]

Brief von Josef Weiszl,[2] Prag, an seine Ehefrau Pauline Weiszl,[3] Wien, vom 10.5.1943 (Typoskript)

Liebstes Goscherl,
ich habe Deinen letzten Brief erhalten und mich darüber gefreut. Doch sage, was ist mit den Zigaretten los? Wann hast Du diese weggeschickt? Heute ist Montag, und sie sind bisher noch nicht eingetroffen.

4 Dr. Erwin Weinmann (*1909), Arzt; 1931 NSDAP- und SA-Eintritt; von 1936 an Mitarbeiter des SD; 1937 SS-Eintritt; seit März 1941 Leiter der Gruppe IV D (Besetzte Gebiete) im RSHA, Jan. bis Juli 1942 als Führer des Sonderkommandos 4a der Einsatzgruppe C für den Massenmord an Juden in der Ukraine mitverantwortlich, von Sept. 1942 an BdS in Prag; 1945 tauchte er unter und wurde 1949 für tot erklärt.

5 Karl Hermann Frank (1898–1946), Buchhändler; 1938 NSDAP- und SS-Eintritt; 1938–1945 MdR; 1938/39 stellv. Gauleiter des Sudetengaus, 1939–1943 StS beim Reichsprotektor Böhmen und Mähren; 1943 SS-Obergruppenführer; 1939–1944 HSSPF in Böhmen und Mähren, 1943–1945 Deutscher Staatsminister für Böhmen und Mähren, 1944 General der Waffen-SS; in Prag hingerichtet.

6 In einem Fernschreiben an den Chef des RSHA Kaltenbrunner vom 25.5.1943 untersagte Himmler den Bau des Schießstands endgültig; siehe BArch, NS 19/3785, Bl. 5.

1 WStLA, LG Wien, VG Vr 871/55, Bl. 259 f., Kopie: DÖW, Vg 871_55, Bl. 259 f.

2 Josef Weiszl (1912–1983), Verkäufer; 1938 SA-Eintritt; von 1938 an bei der Zentralstelle für jüdische Auswanderung in Wien, von 1939 an in Prag tätig; 1940 NSDAP-Eintritt; 1940/41 Leiter des Umschulungslagers Doppl, von 1942 an beteiligt an der Deportation der österreich. und franz. Juden; 1945 in Wien verhaftet, 1949 in Frankreich zu einer lebenslangen Freiheitsstrafe verurteilt, 1954 vorzeitige Entlassung, lebte dann in Österreich von der sog. Heimkehrer-Fürsorge.

3 Pauline Christine Weiszl, geb. Pinter (1912–1978), Hilfsarbeiterin.

Ich war jetzt 2 Tage in Theresienstadt, dienstlich. Heute bin ich zurückgekommen, und morgen fahre ich nach Linden.[4] Das ist ungefähr 100 km von Prag weg. Wir haben dort einen Transport mit Juden zum Abholen. Ich weiß noch nicht, wie lange wir dort bleiben, aber ich glaube 2–3 Tage wird es sich schon ziehen. Dort ist nämlich auch so ein Umschulungslager, wie in Doppl[5] war, nur mit dem Unterschied, daß dort heute noch ungefähr 300 Juden sind. Also, Du wirst jetzt ungefähr 3 Tage keine Post bekommen.
Ich fahre am Samstag nachmittag von hier weg und bin wieder in der Nacht auf Sonntag in Wien. Leider muß ich dann aber wieder schon am Abend wegfahren. Aber da doch Muttertag ist am Sonntag, so muß ich doch nach Hause kommen, oder glaubst Du nicht?
Auch von Zita[6] und Brückler[7] habe ich schon Post bekommen. Es geht ihnen ganz gut, nur sehr viel Arbeit hätten sie, schreiben sie zumindestens. Aber Du weißt ja, wie das ist, in einem Brief kann man nie viel schreiben, wie es wirklich ist. Angeblich sollen sie ja jetzt auch alle nach Prag kommen.
Und wie geht es denn Euch, liebes Goscherl? Ich bin ja schon so neugierig, wie unser kleines Scheißerl jetzt aussieht. Die Bilder hast Du ja schon bekommen. Sie sind ganz gut ausgefallen. Ich muß mir nur wieder einen Film mitnehmen, oder vielleicht bekommst Du bei der Neubauer einen, damit ich wieder ein paar Aufnahmen machen kann, wenn ich jetzt wieder heimkomme.
Wir haben hier jetzt, bis auf den Wind, ein ganz schönes Wetter. Leider können wir es aber nicht so ganz richtig genießen, denn wir müssen ja bis 6 Uhr abends hier im Büro sitzen, dann geht es zum Essen, und bis man heimkommt, ist die Sonne auch schon beim Teufel. Aber nichtsdestoweniger ist es viel schöner zu arbeiten, wenn die Sonne scheint.
Nun, liebstes Goscherl, für heute wieder einmal Schluß. Ich lasse noch Mutter und Resi recht herzlich grüßen, und bereits in einer Woche sehen wir uns ja wieder.
Dich, liebes Goscherl, und das Helgakindchen küsse ich noch recht oft, aber Gott sei Dank auch schon wieder bald in natura.

4 Im Juli 1940 errichtete die Zentralstelle für jüdische Auswanderung Prag in Lípa (Linden) ein Umschulungslager für junge jüdische Männer, die in der Landwirtschaft, dem Eisenbahnbau oder zur Schneeräumung eingesetzt wurden. Bis zur Auflösung des Lagers im Febr. 1945 waren in Linden insgesamt 1353 Menschen inhaftiert, von denen die meisten nach Theresienstadt deportiert wurden.

5 1939 richtete die Zentralstelle für jüdische Auswanderung in Wien das „Umschulungslager Pappefabrik Doppl, Altenfelden, Linz" ein. Tatsächlich handelte es sich um ein Arbeitslager, in dem die inhaftierten Juden in der Land- und Forstwirtschaft und beim Straßenbau eingesetzt wurden.

6 Anton Zita (*1909), Tischler; Mitglied der Vaterländischen Front, 1934 NSDAP- und 1936 SS-Eintritt; 1938 Mitarbeiter der Zentralstelle für jüdische Auswanderung in Wien, 1939 Wachmann im Lager Zarzecze (Nisko); 1941–1944 an der Deportation der österreich., griech. und franz. Juden beteiligt; 1954 in Frankreich in Abwesenheit zum Tode verurteilt.

7 Ernst Brückler (*1912), Tischler; 1932 NSDAP- und SS-Eintritt; von 1938 an Mitarbeiter der Zentralstelle für jüdische Auswanderung in Wien, zeitweise Leiter des Sammellagers Malzgasse; er war beteiligt an der Deportation der österreich., slowak., griech. und franz. Juden; sein Verbleib nach dem Krieg ist unbekannt.

DOK. 240
Die Gestapoleitstelle Prag informiert am 3. Juni 1943 Karl Hermann Frank über staatspolizeiliche Ermittlungen gegen untergetauchte Juden[1]

Lagebericht der Geheimen Staatspolizei für den Monat Mai 1943, Staatspolizeileitstelle Prag, B.-Nr. Leiter II, Prag II, Bredauer Gasse 20, gez. unleserlich, an den Höheren SS- und Polizeiführer, Staatssekretär SS-Gruppenführer K. H. Frank (Eing. 5.6.1943), Prag-Czernin,[2] vom 3.6.1943

[…][3]
Juden
Durch umfangreiche Ermittlungen ist es gelungen, mehrere Juden, die sich der Evakuierung entzogen haben, zu ermitteln und festzunehmen. Die Juden waren in den meisten Fällen im Besitz gefälschter arischer Legitimationspapiere und konnten sich mit Unterstützung von Protektoratsangehörigen in Prag verborgen halten bezw. in die Slowakei flüchten. 29 Juden und Protektoratsangehörige wurden vom deutschen Landgericht in Prag in diesem Zusammenhang wegen Sabotage an den Maßnahmen zur Regelung der Judenfrage in Böhmen und Mähren zum Tode verurteilt.[4] Andere erhielten mehrjährige Freiheitsstrafen.
Bei Wohnungsdurchsuchungen wurde immer wieder die Feststellung gemacht, daß Juden sich im Schleichhandelswege mit Lebensmitteln aller Art und mit Lebensmittelkarten, die sie im Schwarzhandel erwarben, versorgt hatten.
Fortlaufend werden Fälle bekannt, daß Juden bei ihrer Abwanderung bezw. Evakuierung erhebliche Vermögenswerte bei Protektoratsangehörigen unangemeldet hinterlassen haben. So konnten wiederum beträchtliche Vermögenswerte an Gold, Brillanten und anderen Schmucksachen sichergestellt werden. In zwei Fällen wurde bekannt, daß jüdische Vermögen in Firmen investiert und als Firmeninhaber Protektoratsangehörige als arische Strohmänner eingesetzt waren.
Auf hiesigen Vorschlag hat der Reichsprotektor in Böhmen und Mähren – Befehlshaber der Sicherheitspolizei und des SD[5] – in Prag auf Grund des § 1 der Verordnung über die Aberkennung der Staatsangehörigkeit des Protektorats Böhmen und Mähren vom 3.10.1939 (RGBl. I, S. 1997)[6] im Einvernehmen mit dem Reichsminister des Auswärtigen 167 Personen, die zur Ausbürgerung vorgeschlagen worden sind, der Protektoratsangehörigkeit für verlustig erklärt.

1 NAP, 110-5/31, Bl. 103–114, hier Bl. 108 f.
2 Das Palais Czernin beherbergte 1939–1945 den Dienstsitz des Reichsprotektors von Böhmen und Mähren.
3 Der Lagebericht schildert zunächst die Festnahme von Mitgliedern der Kommunistischen Partei der Tschechoslowakei. Es folgt die Feststellung, dass die Katholische Kirche angesichts der deutschen Niederlage in Nordafrika ihre Propagandatätigkeit in der tschech. Bevölkerung verstärkt habe.
4 Siehe Dok. 244 vom Juli 1943.
5 Erwin Weinmann.
6 Laut § 1, Abs. 1 der VO vom 3.10.1939 „konnten Protektoratsangehörige, die sich im Ausland aufhalten, ausgebürgert werden, wenn ihre Handlungen ‚geeignet sind, die Belange des Reichs zu schädigen oder das Ansehen des Reichs herabzuwürdigen' oder einer Rückkehraufforderung nicht Folge leisten."

Ferner sind dem Herrn Reichsprotektor in Böhmen und Mähren – Befehlshaber der Sicherheitspolizei und des SD – in Prag im Monat Mai 1943 160 Feststellungsanträge gemäß Verordnung vom 2.11.1942 (RGBl. I, S. 637)[7] zwecks Vermögensverfall vorgelegt worden.
Das Vermögen in Höhe von RM 562 000,– sowie Hausgrundstücke im Werte von RM 100 000,–, versiegelte Wertpapiere und eine Anzahl Aktien sind dem Reich verfallen.
[…][8]

DOK. 241
Bernhard Kolb beschreibt in seinem Tagebuch am 18. und 19. Juni 1943 seine Ankunft in Theresienstadt[1]

Tagebuchfragment von Bernhard Kolb, Theresienstadt, Einträge vom 18. und 19.6.1943 (Abschrift)

18.6.43.
Evakuierungstag.[2] An den fahrplanmäßigen Personenzug Nürnberg–Eger wurde unser Wagen angehängt, und über Marktredwitz–Karlsbad–Aussig ging es nach der für Theresienstadt zuständigen Bahnstation Bauschowitz. Wenige Tage vorher war die von den Juden erbaute Bahnstecke nach Theresienstadt fertiggestellt worden. In Bauschowitz wurden wir vom Lagerkommandanten Dr. Seidl[3] und tschechischer Gendarmerie übernommen, wir hatten aufgehört, freie Menschen zu sein. Als erster Transport wurden wir auf der neuen Strecke nach Theresienstadt gefahren und kamen dort ungefähr um ½ 22 Uhr an. „Niemand aussteigen." Erster Eindruck: Entlang des Zuges viele junge Männer und Frauen in tadelloser Kleidung und bester Stimmung. „Koffer und Rucksäkke bleiben im Wagen, mit Handgepäck aussteigen." Eintritt in eine der Festungskasematten, Jägerkaserne genannt. „Gold, Schmuck und Rauchwaren sind sofort abzuliefern, bei schwerster Strafandrohung." Leibesuntersuchung durch tschechische Gendarmerie. Hierbei Beschlagnahme meines teuren Taschenmessers und Taschenlampe; den anderen auch nur Kleinigkeiten. Untersuchung auf Läuse. Ablieferung der Kofferschlüssel zur Kontrolle, hier Durchschleusung genannt. Es wird uns warme Kartoffelsuppe angeboten, eine große Anzahl Leute als Transporthilfe begleitet uns von einem in den anderen Raum. Mehrmalige Aufnahme der Personalien. Endlich gegen ½ 24 Uhr Abmarsch ins Quartier, hier Ubikation genannt. Stockfinstere Nacht, einige Straßen, an denen man

7 § 3 der VO vom 2.11.1942 besagte, dass das Vermögen von Juden, die die Protektoratsangehörigkeit verlieren, an das Reich falle.
8 Im Folgenden befasst sich der Lagebericht mit den Aktivitäten der tschech. Widerstandsbewegung und der Festnahme verschiedener Funktionäre.

1 Wiener Library, Doc 1656/3/8/520.
2 Zur Verhaftung in Nürnberg siehe Dok. 43 vom 9.–17.6.1943.
3 Dr. Siegfried Seidl (1911–1947), Historiker; 1930 NSDAP-, 1931 SA-Eintritt, 1932 Wechsel zur SS; von Dez. 1939 an Inspekteur der Sicherheitspolizei Wien, 1940 in der Umwandererzentrale Posen, Nov. 1941 bis Juli 1943 Lagerkommandant von Theresienstadt, von Juli 1943 an in Bergen-Belsen, von März 1944 an beim Sondereinsatzkommando 5 unter Eichmann in Ungarn, seit Juli 1944 Führer des Außenkommandos Wien; 1946 in Wien zum Tode verurteilt und 1947 hingerichtet.

große Häuser unterscheiden kann, stolpern – nur mit dem Handgepäck – durch Höfe und werden in einem kleineren Hause auf den Speicher geführt. Alle Speicher sind in Theresienstadt mit Ziegelsteinen gepflastert.

3. Theresienstadt
Der Speicher ca. 14 x 8 m Bodenfläche, 3 elektrische 25-Watt-Lampen. Dachluken ohne Glas. Auf dem Fußboden Matratzen und holzwollgefüllte Ersatzmatratzen aus Papierstoff. 20 Personen unseres Transportes, die übrigen, ohne die Kranken, die sofort in Siechen- oder Krankenhäuser kommen, in ein Parterrezimmer im gleichen Haus. Jede Familie sucht so schnell wie möglich zur Ruhe zu kommen, denn die Nacht vorher hat fast niemand geschlafen.

19.6.43.
Alles hat annehmbar, wenn auch unbequem geschlafen. Jede Familie holt Kaffee in einer Kasernenküche – Hannover.[4] Kaum daß wir unsere wenigen Sachen etwas geordnet haben, kommen Besuche der bereits hier befindlichen Nürnberger. Leider sind es nur noch ungefähr 160 Personen von den 533. Bereits 14 Tage nach ihrer Ankunft im September 1942 kamen 70 Personen – fast alle ganz alten – nach Polen; die übrigen sind im Laufe der 9 Monate verstorben. Die meisten, glauben wir, haben Pakete für jeden einzelnen mitgebracht, unaufhörliches Fragen, hauptsächlich, ob der Krieg bald aus wäre. Die Organisation hat während der Nacht bereits bei dem Meldeamt – Zentralevidenz – alle Adressen eingetragen,[5] so daß jeder unsere Wohnung erfahren konnte. Im Laufe des Vormittags bekommen wir auch unsere Essenskarten. Holen des Mittagessens. Erbsensuppe, Fleisch in Tunke, Kartoffeln. Abends: Erbsensuppe, Nudeln mit Zucker. Gut gekocht, aber nicht ausreichend. Am Nachmittag Zustellung der Rucksäcke und Koffer, nach einigen Tagen, auf Reklamation, auch unsere Stühle. Medikamente, Cognak und ein Paar Sporthalbschuhe geschleußt.[6] Wir bekommen Bretter zur Unterlage unter die Matratzen, ich mache mir die mitgebrachte Hängematte auf. Ausbauen der Unterkunft durch Einschlagen von mitgebrachten Haken und Nägeln. Werkzeug war sehr wichtig, denn niemand von den anderen hatte welches mit. Aus meinem nicht benötigten Bettbrett wird mit 2 Koffern ein Tisch improvisiert; abends die Koffer unter die Bettbretter. Kleidersäcke sehr von Nutzen. Ernennung zum Zimmerältesten, dessen Aufgaben: Verteilen des Wohnraumes, Ordnung und Reinigungsaufsicht, Verteilen der Brotrationen, Margarine, Zucker, Fleischkonserven (Leberpastete); Verdunklung. Beim Betreten der Straße überrascht von dem allgemeinen ungeheuren Personenverkehr. Der Raum des Ghettos (später Siedlungsgebiet genannt) ca. 500 m^2,[7] 6 Längsstraßen (L), 9 Querstraßen (Q), ca. 45 000 Juden. Die Hälfte Protektoratsangehörige, meist Leute bis 40 Jahre; viele Kinder, meist von den Eltern getrennt in Kinderheimen gut untergebracht. Bis vor einigen Monaten Erwachsene fast nur in

4 In der Hannover'schen Kaserne war eine der Zentralküchen des Gettos untergebracht.

5 Bei der Ankunft von Deportationstransporten in Theresienstadt brachten die Begleitmannschaften „Transportlisten“ mit, in denen die Deportierten namentlich erfasst waren. Diese Listen gelangten an die Zentralevidenz, die für das gesamte Getto täglich Standmeldungen zusammenstellte.

6 In der Lagersprache bedeutete „schleußen“/„schleusen“ sich etwas beschaffen.

7 Im Sommer 1943 wurde Theresienstadt als Teil des Täuschungsmanövers gegenüber der internationalen Öffentlichkeit in „Jüdisches Siedlungsgebiet“ umbenannt. Das Getto umfasste eine Fläche von 35 ha (500 x 700 m).

Kasernen – Geschlechter getrennt – untergebracht, Magdeburger Kaserne – Verwaltungsräume, Prominentenwohnungen; Hannover Kaserne – Männer; Hamburger Kaserne – Frauen; Genie-Kaserne – Frauen; Sudeten-Kaserne – Männer; Bodenbacher Kaserne – Männer; Dresdner Kaserne – Frauen; Hohenelber Kaserne – Krankenhaus; Cavalier-Kaserne Kasematten – Altersheim; später dann noch Jäger-Kaserne Kasematten – Männer. Ferner außerhalb der Ghettogrenzen Aussiger Kaserne – Unterbringung der Kleiderkammer unter ständiger Aufsicht der Kommandantur. Geschäfte mit dekorierten Schaufenstern, meist jedoch nur Ausstellungsstücke: Herrenkleider, Damenkleider, Schuhe und Wäsche je 2 Geschäfte für 2 verschiedene Preislagen (je nach Einkommen besondere Bezugsscheine). Koffer, Geschirr, Parfümerie, Galanterie, Kinderbekleidung, Lebensmittel und 9 Friseurstuben. Die Ghetto-Bewohner setzen sich aus allen Bevölkerungsrassen bis zur Biskaya zusammen. Von einer weißen Negrin,[8] Zigeunerinnen, Ungarinnen, Slavinnen, rumänisch-italienisches Blut, auffallend viele Blonde, auch weißblonde Albinos, bis zur hohen, schlanken Westeuropäerin. Vom mongolisch-slawischem Männertyp bis zum körperlich degenerierten Geistesakrobaten. Unter den jungen Tschechen schöne kräftige Gestalten, die Frauen außerdem stark mit Lippenstift und Haarbleiche. Auffallend hübsche Kinder – ca. 8000 unter 16 Jahren, darunter ca. 2500 Reichsdeutsche, meist Mischlinge.

DOK. 242

Das Auswärtige Amt teilt den diplomatischen Vertretungen am 23. Juni 1943 die Richtlinien mit, wie „Mischlinge ersten und zweiten Grades" aus dem Protektorat ausgebürgert werden können[1]

Mitteilung des Auswärtigen Amts, Ref. Leg.-Rat von Thadden (zu Inl. II A 4404), gez. i. A. unleserlich, an die Missionen, Berufskonsulate, Dienststellen und Vertreter des Auswärtigen Amts in Europa[2] vom 23.6.1943[3]

Im Anschluß an die Verordnung des Reichsministeriums des Innern vom 2. November 1942 über den Verlust der Protektoratsangehörigkeit[4] gelten für die Behandlung von jüdischen Mischlingen mit Protektoratsangehörigkeit sowie nichtjüdischen Angehörigen von Juden mit Protektoratsangehörigkeit grundsätzlich nachstehende Richtlinien:

8 So im Original.

1 PAAA, R 99 636 (Aktenzeichen 83–76, Sonderheft VI: Verlust der Protektoratsangehörigkeit). Abdruck als Anlage zu einem Schreiben des AA vom 3.7.1943, in: Akten der Partei-Kanzlei der NSDAP. Rekonstruktion eines verlorengegangenen Bestandes. Regesten, Bd. 2, hrsg. vom Institut für Zeitgeschichte, bearb. von Helmut Heiber u. a., München 1983, S. 948.

2 Je eine Durchschrift von Ziffer 1) dieser Angabe gingen mit der Bitte um Kenntnisnahme an den Reichsprotektor in Böhmen und Mähren (auf das Schreiben vom 11.2.1943 – Tgb. – Nr. B. d. S. – II A 5–9/43), das Reichsministerium des Innern (auf das Schreiben vom 17.3.1943 – I Sta R 5020 – II/43–5000 – BM), den Reichsführer-SS pp. (auf das Schreiben vom 17.3.1943 – S II A 5 – Nr. 740 VIII/42–212–5) und die Partei-Kanzlei (auf das Schreiben vom 22.5.1943 – III A 4 – Dr. B/Ms – 2430/10/122 –). Je drei Abdrucke des vorstehenden Runderlasses an die Deutschen Auslandsvertretungen waren beigefügt.

3 Im Original handschriftl. Bearbeitungsvermerke.

4 RGBl., 1942 I, S. 637.

1.) *Mischlinge I. Grades* können ohne weiteres zur Aberkennung der Protektoratsangehörigkeit vorgeschlagen werden, da in der Regel die Voraussetzungen des § 1, Absatz 1 der Verordnung über die Aberkennung der Staatsangehörigkeit des Protektorats Böhmen und Mähren vom 3. Oktober 1939 (Reichsgesetzblatt I, Seite 1997)[5] als erfüllt unterstellt werden können. Von der Aberkennung der Protektoratsangehörigkeit ist im Einzelfalle nur dann abzusehen, wenn besondere Gründe vorliegen, die gegen die Aberkennung sprechen, zum Beispiel weil der Mischling I. Grades sich erkennbar für die Interessen des Deutschen Reiches einsetzt oder sonstige Gründe eine Aberkennung ungerechtfertigt erscheinen lassen. Um eine Prüfung in dieser Richtung sicherzustellen, ist in jedem Ausbürgerungsvorschlag festzustellen, daß solche Ausnahmegründe nicht vorliegen. Angaben der Mischlingseigenschaft alleine genügten nicht. Ob „besondere Gründe" vorliegen, welche die Ausbürgerung als nicht erwünscht erscheinen lassen, entscheiden, zwecks Wahrung der einheitlichen Linie, die Missionen. Diese „besonderen Gründe" können sich aus der Person des Mischlings oder aus allgemein politischen Gründen ergeben. Es bleibt den Missionen überlassen, den Konsulaten für die Behandlung der Fälle, in denen wegen Unterlassung der Ausbürgerung aus besonderen in der Person des Mischlings liegenden Gründen zu berichten ist, nähere Weisungen zu geben.
2.) *Mischlinge II. Grades* können auf Grund ihrer Mischlingseigenschaft allein nicht ausgebürgert werden. Es müssen hier noch besondere Tatbestände hinzutreten, welche die Voraussetzungen des § 1 der Verordnung vom 3. Oktober 1939 erfüllen. Hierbei ist jedoch der jüdische Blutseinschlag insofern zu berücksichtigen, als in entsprechenden Fällen bereits ein geringerer Verstoß gegen die Pflichten gegenüber Volk und Reich genügt, um die Ausbürgerung zu begründen.
3.) *Nichtjüdische Angehörige von Juden*
a.)[6] Nichtjüdische Ehepartner solcher Juden, die auf Grund der Verordnung vom 2. November 1942[7] die Protektoratsangehörigkeit verloren haben, können ohne weitere Voraussetzungen zur Ausbürgerung vorgeschlagen werden, wenn eine Trennung oder Ehescheidung von dem jüdischen Ehepartner abgelehnt wird. Dies gilt auch im gleichen Umfange für die aus solcher Ehe stammenden Kinder (Mischlinge I. Grades). Solche Ehepartner von Juden früherer Protektoratsangehörigkeit, die zur jüdischen Religionsgemeinschaft übergetreten sind, sollen ohne Rücksicht auf die sonstigen Voraussetzungen zur Ausbürgerung vorgeschlagen werden.
Von einer Rückkehraufforderung ist in allen Fällen Abstand zu nehmen. Ausweispapiere sind erforderlichenfalls nur kurzfristig auszustellen. Die örtlichen Hoheitsträger sind in allen Fällen zu beteiligen.

5 Siehe Dok. 240 vom 3.6.1943, Anm. 6.
6 Ein Unterpunkt b) ist im Original nicht vorhanden.
7 Falsches Datum im Original, gemeint ist der 3.11.1939.

DOK. 243

André de Pilar vom Internationalen Roten Kreuz protokolliert am 7. Juli 1943 sein Treffen mit den deutschen Delegierten nach ihrer Besichtigung Theresienstadts[1]

Bericht (Streng vertraulich) von André de Pilar,[2] Genf, für das Vereinigte Hilfswerk vom Internationalen Roten Kreuz[3] vom 7.7.1943 (Typoskript)[4]

Bericht über meinen Auftrag in Berlin

Bei meiner Ankunft am Morgen des 28. Juni in Berlin musste ich feststellen, dass sich Herr Hartmann und Herr Niehaus[5] noch in Prag – das heißt in Theresienstadt – aufhielten und erst am Abend zurückkehren würden.

Da ich meinen Besuch im Präsidium des Deutschen Roten Kreuzes, Blücherplatz 2, für den folgenden Morgen angekündigt hatte, musste ich im Laufe des Vormittags alle nötigen Schritte beim Polizeikommissariat, bei der Ausgabestelle für Rationierungskarten und bei anderen Einrichtungen erledigen. Diese Behördengänge sind sehr zeitaufwendig, denn es gibt keine Taxis, und man muss die recht weiten Strecken entweder zu Fuß zurücklegen oder mit der Straßen- oder Untergrundbahn fahren, wodurch man große Umwege auf sich nehmen muss.

Am Nachmittag wollte ich Kontakt mit der Wilhelmstraße[6] aufnehmen. Ich musste bedauerlicherweise jedoch feststellen, dass Staatssekretär Baron von Steengracht verreist war und auch seine Frau für mehrere Wochen nicht in Berlin weilte. Herr von Steengracht wurde zwar Mitte der Woche zurückerwartet, doch sein Sekretär informierte mich, dass er in den folgenden Tagen schon anderweitig verpflichtet und ein Termin erst im Laufe der folgenden Woche möglich sei. Es schien mir sinnvoll, der Baronin und dem Staatssekretär einen kurzen Brief zu schreiben, in dem ich ihnen unsere Begegnungen 1939 in London in Erinnerung rief und mein Bedauern darüber ausdrückte, sie nicht anzutreffen.

Das am Dienstag, den 29. Juni mit Herrn Hartmann im *Präsidium des Deutschen Roten Kreuzes* anberaumte Treffen war auf 10 Uhr festgesetzt, der Empfang war äußerst liebenswürdig. Herr Hartmann schien höchst beeindruckt von seinem Aufenthalt in Theresienstadt und schilderte mir, was er dort gesehen hatte.

1 ACICR, O CMS-D.004. Das Dokument wurde aus dem Französischen übersetzt.

2 André de Pilar (*1891), ursprünglich Ritter Piller von Pillersdorf aus Riga; führender Mitarbeiter des Vereinigten Hilfswerks vom IKRK in Genf.

3 Das Vereinigte Hilfswerk vom Internationalen Roten Kreuz (Commission Mixte de Secours de la Croix-Rouge Internationale) wurde 1940 vom IKRK und den nationalen Rotkreuzgesellschaften mit dem Ziel gegründet, Hilfeleistungen für die notleidende Zivilbevölkerung in den besetzten Ländern zu erbringen.

4 Stempel: „Commission Mixte de Secours Croix-Rouge Internationale, Genève"; handschriftl. Anmerkungen im Original. In einigen Absätzen des Dokuments wechselt der Autor ins Präsens. Aus Gründen der Lesbarkeit wurden die Zeiten angepasst.

5 Vermutlich: Bernhard Heinrich Niehaus (*1880); zunächst DRK-Bereitschaft in seiner Heimatstadt Borken, 1910 Eintritt in den aktiven Dienst, von 1938 an stellv. Leiter des DRK-Auslandsamts, 1943 Mitglied der DRK-Delegation, die Theresienstadt inspizierte; über seinen weiteren Lebenslauf ist nichts bekannt.

6 Sitz des AA in Berlin.

Theresienstadt:
Theresienstadt, eine kleine Festungsstadt auf halbem Weg zwischen Prag und der tschechisch-deutschen Grenze, war ursprünglich eine von Kasematten und Festungsanlagen umgebene Stadt, die Platz für etwa 7000 bis 8000 Soldaten und 7000 Zivilisten bot, die mehr oder weniger vom Handel lebten, den die Garnison mit sich brachte. Derzeit leben in der Stadt, aus der die gesamte deutsche und tschechische Bevölkerung umgesiedelt worden ist, 45 000 Juden, größtenteils Deportierte aus dem Protektorat Böhmen und Mähren, teilweise aus Wien und aus deutschen Großstädten. Es handelt sich vor allem um Alte und Kranke, deren ehemaliger gesellschaftlicher Status eine direkte „Deportation" nach Polen offenbar nicht erlaubte. Es wurde sogar ein Haus für namentlich bekannte Personen eingerichtet, wie beispielsweise einen Baron von Bleichröder[7] und die Witwen bekannter Schriftsteller, doch selbst dort leben die Menschen zu viert oder zu fünft in einem Raum. Ein Drittel der Bevölkerung ist nicht mehr arbeitsfähig, und die übrigen zwei Drittel müssen mit ihrer Arbeit den Rest ernähren. In der Stadt wurden Werkstätten, einige Geschäfte und Gemeinschaftsküchen eingerichtet, es wurden sogar eigene Banknoten für diese jüdische Gemeinschaft ausgestellt, die eine Enklave auf dem Gebiet des Protektorats darstellt.
Herr Niehaus, der Herrn Hartmann begleitet hatte, erklärte uns, dass der sie begleitende Vertreter der Protektoratsregierung[8] versichert habe, die Rationen der internierten Personen entsprächen den üblichen im Protektorat. Allerdings, fügte er hinzu, hätte er sich nicht persönlich davon überzeugen können. In Theresienstadt gewannen die Herren allerdings den Eindruck, dass die Verpflegung nicht ausreichend ist und die Menschen dort dringend Lebensmittel und Medikamente benötigen. Herr Niehaus hob hervor, dass sie während des Besuchs in einem Krankenhaus von einem Arzt, der in Deutschland einst eine Koryphäe war, gebeten wurden weiterzugeben, dass er für seine Operationen einen „Operationstisch mit Öllagern"[9] und eine spezielle Lampe (schattenlose Operationslampe)[10] benötige.
Herr Hartmann machte darauf aufmerksam, dass aus dem Protektorat individuell Pakete nach Theresienstadt versendet würden, zuweilen 3000 pro Tag, und einen Stau auf dem dortigen Postamt verursachten. Das sei ein Problem, auch wenn die Pakete durchaus als Sympathiebekundung für die Internierten gesehen werden könnten.
Auf der Tagesordnung steht derzeit also, die Ausgabe dieser Pakete zu organisieren. Das Deutsche Rote Kreuz zieht in Zusammenarbeit mit den Behörden des Protektorats ein System in Betracht, die Zahl der Pakete durch die Ausgabe von Sondermarken zu

7 Es handelte sich nicht um einen Mann, sondern um Ellie von Bleichröder (1894–1989); Enkelin von Baron Gerson von Bleichröder und Schwester von Kurt von Bleichröder (siehe Dok. 121 vom 22.3.1944, Anm. 18); am 27.7.1942 wurde sie von Berlin nach Theresienstadt deportiert und dort 1945 befreit. Sie gehörte zu der Gruppe sog. Prominenter in Theresienstadt – zumeist Wissenschaftler, Adelige, Bankiers, Industrielle oder ausgezeichnete Militärangehörige –, die von der SS bestimmt wurde und bessere Lebensbedingungen hatte.

8 Die Delegierten des DRK befanden sich in Begleitung von Eberhard von Thadden, Judenreferent im AA, einem Vertreter der Kanzlei des Führers, Werner Blankenburg, und Friedrich Sowa, Chef der Kriminalpolizei im Protektorat. Geleitet wurde die Delegation von Adolf Eichmann.

9 Im Original deutsch.

10 Im Original deutsch.

begrenzen.[11] Sie würden dazu berechtigen, monatlich (oder wöchentlich) eine bestimmte Anzahl von Paketen nach Theresienstadt zu verschicken.
Herr Hartmann brachte eine Idee auf, die ich selbst mit den Herren hatte besprechen wollen, nämlich für alle nach Theresienstadt abgehenden Pakete eine andere Adresse als die des dortigen Ältestenrats der Juden[12] zu finden. Das Deutsche Rote Kreuz erwägt, die *„Landesstelle des Deutschen Roten Kreuzes"*[13] in *Prag* als Zwischenadresse zu nutzen und einen dortigen Mitarbeiter damit zu beauftragen, die in Prag ankommenden Pakete nach Theresienstadt weiterzuleiten. Die Herren des Deutschen Roten Kreuzes teilten mir außerdem mit, dass der Vertreter der Protektoratsregierung sie darauf aufmerksam gemacht habe, dass einer unserer Waggons, der an den „Ältestenrat der Juden"[14] in Theresienstadt adressiert war, während er Wien passierte, unter den Arbeitern (??)[15] für Aufruhr gesorgt und die Behörden unangenehm überrascht habe.
Eintreffen unserer Sendungen: Herr Hartmann bestätigte mir, dass unsere Sendungen mit Medikamenten eingetroffen und an die Krankenhäuser, Altenheime und Geschäfte der Stadt verteilt worden sind. Auch Kondensmilch, getrocknete Pflaumen und Hülsenfruchtmehl seien unbeschadet angekommen. Die Empfangsbestätigungen würden wir auf dem herkömmlichen Weg erhalten.
Zollkosten für Hülsenfruchtmehl: Ich sprach bei dieser Unterredung auch die Zollkosten für das Hülsenfruchtmehl aus der Schweiz an, die sich auf unerschwingliche Summen belaufen. Herr Hartmann erwiderte, dass es sich dabei unglücklicherweise um den offiziellen Zollsatz handele, er aber verstehe, wie schwierig diese Situation für das Vereinigte Hilfswerk sei. Dennoch sehe er keine Möglichkeit, etwas dagegen zu unternehmen. Ich habe mir erlaubt, die Herren darauf aufmerksam zu machen, dass die Wahl eines anderen Zolltarifs die Lage möglicherweise vereinfacht hätte, und bat sie, die gesamte Angelegenheit unter diesem Gesichtspunkt erneut zu prüfen.
Um das Thema Theresienstadt abzuschließen: Die Herren informierten mich darüber, dass sie am Freitag oder Samstag den Besuch eines Regierungsvertreters aus dem Protektorat erwarteten, um gemeinsam ein abschließendes Protokoll ihres Besuchs zu verfassen, in dem ihre Eindrücke und Verbesserungsvorschläge zur aktuellen Situation festgehalten werden sollen.
Herr Hartmann äußerte den Wunsch, mich nach dem Besuch des Regierungsvertreters, Herrn Eichmann,[16] noch einmal zu treffen. Leider sah ich mich genötigt, ihm zu erklären, dass man mich am Montag in Genf zurückerwartete und es mir wahrscheinlich nicht möglich sein würde, am 5. und 6. Juli noch in Berlin zu sein.
Norwegen: Ich erklärte den Herren unsere Schwierigkeiten in Bezug auf die Wahl einer Adresse und die Lage, in der wir uns derzeit befinden, nachdem die deutschen Behörden das „Svenska Donatoren Komitet"[17] als Verteilungsstelle unserer Sendungen abgelehnt

11 Tatsächlich wurde am 10.7.1943 der Postverkehr aus dem Protektorat mit Theresienstadt über sog. Zulassungsmarken geregelt und damit stark eingeschränkt; siehe Dok. 245 vom 22.7.1943. Zum Postverkehr aus dem Deutschen Reich nach Theresienstadt siehe Dok. 3 vom 8.4.1943.
12 Im Original deutsch.
13 Im Original deutsch.
14 Im Original deutsch.
15 So im Original.
16 Adolf Eichmann.
17 Nicht ermittelt.

haben. Herr Hartmann stellte nachdrücklich fest, dass der Vorschlag, das norwegische Rote Kreuz als Vermittlungsstelle zu benutzen, auf eine Intervention des Deutschen Roten Kreuzes zurückgehe und das „Svenska Donatoren Komitet“ tatsächlich nur eine kleine Gruppe von Vertrauensleuten umfasse, die in Norwegen nur die Rolle gespielt hätten, die unser Delegierter in dem vorgeschlagenen Konzept übernehmen sollte. Herr Hartmann zeigte großes Verständnis für die Gründe, die einer Zusammenarbeit mit dem „Nasjonalhjelpen“[18] entgegenstünden. Er wäre jedoch höchst erfreut, wenn die Angelegenheit zu einem positiven Abschluss käme.

Bezüglich der Begleitscheine wurde das Deutsche Rote Kreuz davon in Kenntnis gesetzt, dass die Entscheidungen zwischen der deutschen und der Schweizer Delegation in Bern getroffen würden, die Begleitscheine für die Sendungen des Vereinigten Hilfswerks jedoch wohl bewilligt werden würden.

Polen: Hinsichtlich unserer Sendungen nach Polen erklärte ich, dass eine wichtige Hilfslieferung aus der Schweiz direkt an die Adresse des „DRK-Beauftragten“ in Krakau geschickt worden sei, um von dort aus an den „Polnischen Hauptausschuss“[19] weitergeleitet zu werden. Die Anwesenheit eines Delegierten sei nicht notwendig. Ich nutzte die Gelegenheit, um Herrn Hartmann zu erklären, dass es weder vom Vereinigten Hilfswerk noch von den Spendern abhänge, ob ein solcher Delegierter anwesend sein müsse. Zuständig seien vielmehr die Behörden, die über den Transfer der Einkäufe in der Schweiz entschieden, oder die Behörden, die die Navycerts für die Güter nach Übersee ausstellten. Ich betonte, dass dies keineswegs als Zeichen mangelnden Vertrauens oder allgemeinen Misstrauens zu werten sei, sondern das Vereinigte Hilfswerk gezwungen sei, allgemeine Regeln zu befolgen, um die Hilfstätigkeit überhaupt zu ermöglichen. Meine Erläuterungen schienen bei den Herren auf großes Interesse zu stoßen, da sie sich der Schwierigkeiten bei der Beschaffung der nötigen Mittel und beim Gütertransport nach Übersee offenbar überhaupt nicht bewusst waren. Meine Frage, ob die Herren davon ausgingen, Ende August oder im September einen weiteren Delegierten auf die Reise zu schicken, wurde bejaht. Herr von Heidekamp[20] fügte hinzu, der Eindruck, den Herr Wyss bei seiner letzten Reise im Generalgouvernement hinterlassen habe, sei so zufriedenstellend gewesen, dass er nicht glaube, eine erneute Reise könne auf Schwierigkeiten stoßen.[21]

Holland: Bezüglich der Verteilung [von Hilfsgütern] in Holland nutzte ich die Gelegenheit, um mich für die Unterstützung, die das Rote Kreuz Herrn Friedrich in Holland zuteilwerden ließ, zu bedanken, die ihm seine Aufgabe sehr erleichtert hat. Herr Hartmann erwiderte, das Rote Kreuz und die holländischen Behörden seien sehr zufrieden mit dessen Arbeit und Auftreten, und er hoffe, dass ein Einsatz dieser Art bald wiederholt werden könne.

18 Richtig: Nasjonalhjelpen til de skadelidte distrikter. Die Nationale Hilfsorganisation für die geschädigten Distrikte bestand zwischen 1940 und 1947, sammelte Gelder und vermittelte Hilfsleistungen in die während der deutschen Besatzung Norwegens besonders geschädigten Bezirke im Norden des Landes.

19 Rada Glowna Opiekuncza (RGO) war seit 1940 die zentrale Fürsorgeeinrichtung für die poln. (nichtjüdische) Bevölkerung im Generalgouvernement mit Sitz in Krakau.

20 Richtig: Freiherr von Heydekampf, Delegierter des DRK.

21 Im Frühjahr 1943 erhielt der Zürcher Arzt und Sonderdelegierte des IKRK Dr. Max von Wyss die Genehmigung, die Verteilung von Medikamtenhilfssendungen im Generalgouvernement zu prüfen; zu seinem Bericht siehe ACICR, CMS, Bericht Dr. Wyss, 30.11.1944.

Belgien: Daraufhin ging Herr Hartmann zu Belgien über und betonte, dass die neue Vereinbarung bezüglich der [Hilfs]sendungen zwischen Lissabon und Brüssel höchst zufriedenstellend laufe und die Berichte aus Hendaye[22] und aus Brüssel darauf hinwiesen, dass [für die Abwicklung] eine gute Lösung gefunden worden sei. Über die Schwierigkeiten im Postverkehr zwischen Brüssel, Genf und Lissabon schien Herr Hartmann aber nicht informiert zu sein, und ich erklärte ihm grob die Lage. Er schlug vor, die Angelegenheit von seiner Seite noch einmal zu prüfen und, so gut es geht, zu lösen.
Ungarn und Rumänien: Was den Balkan anbelangt, gab ich den Herren einen Überblick über unsere Hilfslieferungen aus diesen Ländern und betonte, wie dankbar wir für die Unterstützung seien, die wir sowohl von den Dienststellen des Deutschen Roten Kreuzes als auch von der „Frachtenleitstelle Südost"[23] erhalten haben. Bei dieser Gelegenheit erwähnte ich die Opium-Waggons,[24] die in Sofia zurückgehalten wurden und deren Freigabe mir schon zu Beginn des Gesprächs in Aussicht gestellt worden war. Den Herren war über die tatsächlichen Gründe für diese Schwierigkeiten nichts bekannt, und wir vereinbarten, dass Herr von Heidekamp und ich umgehend die „Frachtenleitstelle Südost" aufsuchen sollten, um der Sache auf den Grund zu gehen.
Im Zusammenhang mit den Transportproblemen in *Griechenland* verwies ich darauf, dass auch dies mit der „Frachtenleitstelle Südost" geklärt werden sollte. Herr von Heidekamp wird sich um einen Termin mit Herrn Direktor Jäger bemühen, der in diesen Fragen entscheidet. Die Adresse der „Frachtenleitstelle Südost" ist Lennéstraße 4, Berlin W9.
Lebertran-Einkäufe mit den Geldern, die uns von der Nuntiatur in Bern übergeben wurden:[25]
Herr Hartmann informierte mich darüber, dass dieser Einkauf vorgenommen werden kann und wir 20 000 Kilo erhalten können. Er verwies jedoch darauf, dass die deutschen Behörden ihrerseits schon entschieden hätten, entsprechende Mengen nach *Finnland* zu schicken und, soweit ich mich erinnere, auch nach Griechenland. Aus diesem Grund sei es nicht ratsam, Güter aus Deutschland in die genannten Länder zu schicken. Die Herren informierten mich darüber, dass dem Vereinigten Hilfswerk die Einzelheiten dieser Entscheidung per Brief mitgeteilt würden.
[...][26]
Allgemeine Anmerkungen zum Deutschen Roten Kreuz und dem *Amt Auslandsdienst:*[27]
Mein Eindruck von den Abteilungen im *Präsidium des Deutschen Roten Kreuzes, Amt Auslandsdienst* war generell sehr positiv. Auf jeden Fall haben die Herren, mit denen ich zu tun hatte, großes Verständnis für unsere gesamte Aufgabe gezeigt und waren guten

22 Franz. Stadt an der Grenze zu Spanien im Département Pyrénées-Atlantiques.
23 Die Frachtenleitstelle Südost in Berlin war seit 1940 zuständig für den Frachtverkehr von und nach Südosteuropa.
24 Vermutlich handelte es sich um eine Lieferung von Opium zur Medikamentenherstellung.
25 Handschriftlich ergänzt: „Für Belgien?"
26 Im Folgenden berichtet André de Pilar über seinen Besuch in der Frachtenleitstelle Südost und über Verhandlungen mit deren Leiter Jäger über aufgetretene Transportprobleme.
27 Mit einer Satzungsänderung vom 24.12.1937 wurde die Organisationsstruktur des DRK stark zentralisiert. Das neu geschaffene Amt VII Auslandsdienst stand unter der Leitung von Walther Georg Hartmann und war zuständig für die Kontaktpflege zum IKRK, zur Liga der Rotkreuzgesellschaften und dem AA. Ende 1943 wurde das Amt in das Kloster Ettal verlegt.

Willens, uns darin zu unterstützen und ihr Möglichstes zu tun, unsere Hilfsaktionen zu erleichtern.
Andererseits ist festzuhalten, dass es sich nicht um Fachleute handelt und sie unsere Wünsche deshalb an andere Instanzen weiterleiten müssen. Es erscheint mir aber höchst wünschenswert, den Kontakt mit den Berliner Behörden, das heißt mit der *Frachtenleitstelle Südost*, dem *Auswärtigen Amt* und weiteren Stellen, aufrechtzuerhalten. Unsere Vertreter sollten sich deshalb von Zeit zu Zeit nach Berlin begeben und den Leitern dieser Stellen in Begleitung eines Herrn vom Deutschen Roten Kreuz einen Besuch abstatten.
Der Einfluss, den die Herren vom Deutschen Roten Kreuz haben, scheint mir dagegen nicht sehr bedeutsam. Viel mehr Eindruck macht die Anwesenheit eines Vertreters aus Genf, und die Zusammenarbeit könnte sich höchst positiv auf unsere Tätigkeit auswirken.

DOK. 244

Marianne Golz teilt ihrer Schwester Mitte Juli 1943 in einem Kassiber aus dem Gefängnis Pankratz mit, wer sie wegen Fluchthilfe von Juden verraten hat[1]

Handschriftl. Kassiber von Marianne Golz-Goldlust,[2] Gefängnis Prag-Pankratz, an ihre Schwester Rosa Haala,[3] Wien II., Böcklinstr. 34, vermutlich Mitte Juli 1943

Liebes!
Ich organisiere mein Leben u. meinen Tod. Wenn Du kannst, verständige Saxl, Prag, Kleegasse 50.15, bei Fa. Schnikkert & Schütte, Tel. 23 480, damit Du in Prag nicht alleine bist. Wohne bei meiner Steffi Piacková,[4] Johann-v.-Saaz-Gasse 22, Prag 7. Sie hat Platz. In Buchteln schreibe Nachrichten, die Du nicht sagen kannst. Alles erlaubt, was Du mitbringst. Vor dem Tod ist man großzügig. Steffi soll zusammentragen. Hier gebe ich Dir verschiedenes mit.
Nur bitte, bring ein gutes Mittel[5] von Deinem Schwager. Ich bin ja ohnedies krank, und es kommt niemand drauf. Es ist ja überhaupt eigenartig.
Ungefähr 100 Menschen warten auf den Tod. Wir wissen alles. 5 Frauen sind, seitdem ich hier bin, schon gegangen. Ich kenne genau den Vorgang, und das mußt Du mir ersparen. Todesangst habe ich ja keine, aber die Axt ist meiner unwürdig.[6] Wenn Du mich lieb hast, hilfst Du mir. Nebenan wird eine Frau langsam wahnsinnig! Die Zeit naht – furchtbar!

1 JMB, 2010/52, Schenkung von Ronald Golz. Abdruck in: Marianne Golz-Goldlust. Der große Tag. Die Briefe und Kassiber der „Volksfeindin" Marianne Golz-Goldlust, geschrieben 1943 in einem Prager Gefängnis, Stuttgart 1988, S. 56–58.
2 Marianne (Marie Agnes) Golz-Goldlust, geb. Belokosztolszky (1895–1943), Opernsängerin; 1918–1933 verschiedene Engagements; 1934 Emigration aus Wien nach Prag; 1939 floh ihr Mann nach London; Marianne Golz-Goldlust schloss sich einer Widerstandsgruppe in Prag an, die Juden unterstützte, im Nov. 1942 wurde sie verhaftet, im Mai 1943 zum Tode verurteilt und am 8.10.1943 hingerichtet; von der Gedenkstätte Yad Vashem 1988 als Gerechte unter den Völkern geehrt.
3 Rosina Amalia Haala, geb. Belokosztolszky (1897–1971).
4 Hausangestellte von Marianne Golz-Goldlust.
5 Gemeint ist ein Medikament, um sich das Leben zu nehmen.
6 Das Urteil wurde mit dem Fallbeil vollstreckt.

Schreibe ruhig öfter, ich bekomme die Post. Und jetzt mein Leben.
Eine langjährige Freundin hat mich auf dem Gewissen. Evy Synek, der Mann arbeitet in England für Deutschland.[7] Sie ist Jüdin. Damit sie sich und ihre Familie rettet, rollen 30 Köpfe! Röllich[8] kann alles. Mimi[9] soll ihn sehr bitten und bei Hans anrufen oder Du. Aber er ist sehr gerissen, man muß auf Nummer sicher gehen. Mich hat er in Sicherheit gewiegt, sonst hätte ich Dich vorher gebeten. Er rechnet damit. Geld interessiert nicht, nur das Haus.
Hellmuth[10] muß für mich ein Gnadengesuch machen, muß sagen, daß es für ihn unmöglich ist, daß in seiner Familie so ein Tod vorkommt, daß nur meine Gutmütigkeit ausgenutzt wurde, und er kann mich auch retten, aber an eine vorgesetzte Behörde, Berlin, Führerkanzlei. Hat er keine Beziehung? Die Anwältin ist gut. Schreib doch öfter an sie. Ahne ist Richter, er kann raten. Aber mein Urteil lag schon am 18. V.[11] fest. Richter sind für die Katz. Gnadengesuche nur an die richtige Stelle. Und Mimi als hübsches Mädel muß sich einsetzen. Sie muß hinfahren. Ich könnte alles draußen organisieren, hier ist es schwer. Ich hoffe sehr auf Dich. Besuchszettel verlangen für eine halbe Stunde. Laß Dich nicht abspeisen, geh auch zum Staatsanwalt. Besprich Dich mit Schrammek.[12] Sie muß auch etwas erreichen. In 4 Wochen ist alles zu spät! Rosel, es sind nurmehr 4 Wochen!!! Ich bin auch zum Sterben bereit, aber bring in Haarpulver-Shampoon das Mittel. Ich nehm es ganz zum Schluß.[13] Aber hilf, so oder so!
Kuß

7 Gemeint ist Evženie Synková, die als „Greiferin" für die Prager Gestapo arbeitete. Vermutlich war sie mit Dr. Emil Synek (1903–1993), Jurist und Schriftsteller, verheiratet, der 1939 aus Prag ins Londoner Exil floh.

8 Johannes Röllich (*1902); SS-Sturmscharführer; 1940–1944 Kriminalsekretär bei der Gestapo Prag in Abt. 2 B tätig.

9 Dr. Erika (Mimi) Haala, später Haala-Reimer (*1921), Journalistin und Theaterwissenschaftlerin; Nichte von Marianne Golz-Goldlust.

10 Hellmuth Haala (1890–1964), Ingenieur und Oberstleutnant; Ehemann von Rosina Haala.

11 Am 18.5.1943 verhandelte die 4. Kammer des Sondergerichts Prag unter dem Vorsitz von Landgerichtsrat Hartmann unter dem Aktenzeichen 8 K Ls 90/43–4.989 gegen 18 Angeklagte, unter ihnen Marianne Golz-Goldlust, wegen Verstoßes gegen die Sabotageverordnung. Zehn der Angeklagten wurden zum Tode verurteilt.

12 Richtig: Dr. G. Schramek, die Pflichtverteidigerin von Marianne Golz-Goldlust.

13 Tatsächlich versuchte Marianne Golz-Goldlust, sich vor der Vollstreckung des Urteils mit Gift das Leben zu nehmen. Sie wurde bewusstlos hingerichtet.

DOK. 245
Die Abteilung Fernmeldewesen und Post in Prag informiert das Büro des Staatssekretärs am 22. Juli 1943, wie die Vorschriften über Paketsendungen nach Theresienstadt umgangen werden[1]

Schreiben des Leiters der Abteilung Fernmeldewesen und Post, Prag XIX, gez. Müller,[2] mit der Bitte um Kenntnisnahme, an das Büro des Staatssekretärs beim Reichsprotektor Böhmen und Mähren[3] (St. S. IV J – 75/43) (Eing. 22.7.1943) vom 22.7.1943[4]

V. Am 10. Juli 1943 ist in gegenseitigem Einvernehmen zwischen BdS und Abteilung Fernmeldewesen und Post eine „Zulassungsmarke" für Pakete an Juden in Theresienstadt eingeführt worden.[5] Die Juden versuchen jetzt mit allen Mitteln, die Vorschrift zu umgehen.

In der Zeit vom 10. bis 17.7. sind folgende Sendungen gezählt worden:[6]

Ankommende	Pakete	*mit*	Zulassungsmarke	61
»	»	*ohne*	»	1661
»	Päckchen	*mit*	»	4
»	»	*ohne*	»	10 860[7]
»	Einschr.	*mit*	»	0
»	»	*ohne*	»	1112

Aus dem Reichsgebiet (ohne Zulassungsmarke) sind eingetroffen:

Pakete	247
Päckchen	1202
Einschreiben Päckchen	1043

Aus dem Ausland sind angekommen:

Pakete	36
Päckchen	15
Einschreibe-Päckchen	110

Die Sendungen aus dem Protektorat *ohne* Zulassungsmarke waren statt nach Theresienstadt nach Bauschowitz a. Eger[8] gerichtet. Die Absender hofften, die Post würde die

1 NAP, 110-4/266.
2 Dr. Friedrich Müller (1903–1979), Ingenieur; von 1925 an Postsachbearbeiter beim Oberpostdirektorium München; 1932 NSDAP-, 1933 SS-Eintritt; 1935 Wechsel nach Leipzig zum Reichspostdirektorium, von Mai 1942 an Leiter der Gruppe „Post" beim Reichsprotektor für Böhmen und Mähren, von Okt. 1942 an Generaldirektor der Post im Protektorat; lebte nach dem Krieg vermutlich in Fürth.
3 Karl Hermann Frank.
4 Das Dokument beginnt mit dieser Seite.
5 Die Neuregelung des Postverkehrs mit Theresienstadt am 10.7.1943 führte zu einer drastischen Verschlechterung des Pakete-Empfangs. Fortan mussten für Pakete aus dem Protektorat nach Theresienstadt Zulassungsmarken beantragt werden. Das neue Verfahren verhinderte, dass Päckchen von unbekannten Absendern in das Getto gelangten.
6 Die folgende Auflistung bezieht sich auf Sendungen aus dem Reich, dem Ausland und dem Protektorat Böhmen und Mähren.
7 Die tschechoslowak. Exilregierung schickte seit dem Frühjahr 1943 regelmäßig aus dem neutralen Portugal Päckchen nach Theresienstadt, die aufgrund der vorherrschenden Lebensmittelknappheit vor allem Sardinendosen enthielten – in den Monaten Mai bis August rund 11 000 Päckchen.
8 Bohušovice nad Ohří, Kleinstadt in der Nähe von Theresienstadt.

Sendungen von sich aus an den genau bezeichneten Empfänger in Theresienstadt weiterleiten. Für Sendungen aus dem Reichsgebiet und aus dem Ausland besteht noch kein Zwang zur Verwendung von Zulassungsmarken.
Ich habe angeordnet, daß nur Sendungen nach Theresienstadt und mit Zulassungsmarke (aus dem Protektorat) zugestellt werden dürfen. Alle anderen Sendungen aus dem Prot. sind als unanbringlich zu behandeln, nicht zurückzusenden.

DOK. 246
Otto und Thomas Franke beschweren sich am 16. August 1943 beim Judenältesten über ihre Registrierung für einen Transport aus Theresienstadt[1]

Schreiben von Dr. Otto und Thomas Franke[2] (G-220 und G-221),[3] Theresienstadt, Seestr. 16, an den Judenältesten in Theresienstadt[4] vom 16.8.1943

Betrifft: Beschwerde wegen Registration[5]
Am 13. d. Mittags erhielten wir die Vorladung zur Registrierung für 1 h mittags desselben Tages, der wir sofort Folge leisteten. Wir sind mit dem G-Trspt. am 2.12.41 in Theresienstadt eingetroffen. Ich arbeite seit Beginn in der Hundertschaft und bei dem Ghettogerichte als Verteidiger, mein Sohn, ebenfalls seit Beginn, als Schlosser d. T. A.[6]
Von maßgeblichen Stellen, insbesondere auch vom Judenältesten Jakob Edelstein,[7] wurde wiederholt öffentlich versichert, daß die Reste der alten Transporte, also die Leute, die vom Anfange am Aufbau des Ghettos mitgearbeitet und im Laufe der langen Zeit ihre körperliche Widerstandskraft eingebüßt haben, im Falle von Transporten irgendwelcher Art solange wie irgend möglich geschützt würden.[8]
Dies war bei dieser Registrierung nicht der Fall. Wie ein Einblick in die Evidenzen zeigt, sind Tausende von später und zuletzt angekommenen Insassen, die sich angeblich in der kurzen Zeit ihres hiesigen Aufenthaltes unentbehrlich gemacht haben, nicht registriert worden, während auf die ältesten Transporte zurückgegriffen wurde.

1 YVA, O.64/19, Bl. 152 f.
2 Dr. Otto Franke (1887–1944?), Jurist, und sein Sohn Thomas Franke (1921–1944?) wurden am 2.12.1941 aus Brünn nach Theresienstadt deportiert; sie arbeiteten dort in der Schlichtungsstelle der Sudetenkaserne bzw. der Sohn als Schlosser. Beide wurden am 6.9.1943 in das Theresienstädter Familienlager nach Auschwitz deportiert und dort vermutlich 1944 ermordet.
3 Der Transport hatte die Bezeichnung G, Otto und Thomas Franke hatten die Transportnummern 220 und 221.
4 Dr. Paul Eppstein.
5 Gemeint ist die namentliche Erfassung für die Deportation.
6 Vermutlich: des Theresienstädter Ältestenrats.
7 Dr. Jakob Edelstein (1903–1944), Jurist, zionistischer Verbandsfunktionär; von 1929 an im Hauptbüro des Hechaluz tätig, seit 1933 Leiter des Palästina-Amts in Prag, dort für Fragen der Auswanderung zuständig; am 4.12.1941 nach Theresienstadt deportiert, dort von 1941 bis Jan. 1943 Judenältester; er wurde im Dez. 1943 nach Auschwitz deportiert und dort am 20.6.1944 zusammen mit seiner Frau und seinem Sohn erschossen.
8 Der Schutz der Menschen, die mit den ersten, häufig auch als „Aufbautransporte" bezeichneten Transporten Ende 1941 nach Theresienstadt gekommen waren, entfiel erstmals mit den zwei Deportationen Dl und Dm nach Auschwitz am 6.9.1943.

Es geht aber doch, Herr Judenältester, nicht an, daß die Neuankömmlinge, die bis vor kurzem in ihren Betten zu Hause geschlafen haben, die noch Lebensmittelvorräte besitzen und körperlich noch in verhältnismäßig sehr gutem Zustande sind, uns eingesessenen und bereits stark hergenommenen Insassen, die schon so lange und oft unter den schwierigsten Umständen für das Ghetto gearbeitet haben, aus Theresienstadt verdrängen! Diese Tausende Nichtregistrierter aus mittleren und neuesten Transporten sind gewiß nicht unersetzlich, und ihre Auslassung ist nur auf die hier allgemein herrschende Günstlingswirtschaft zurückzuführen.

Viele der Besten, die stets für die Gemeinschaftsidee eingetreten sind, wenden sich nun mit Scham und Abscheu von dem Getriebe der hemmungslosen Selbstsucht und der Bevorzugung von Vettern, Freunden und Günstlingen der vielen unkontrollierten Ghettogrößen ab.

Als verantwortlicher Leiter der Selbstverwaltung sind Sie, Herr Doktor Epstein,[9] dazu berufen, hier Abhilfe und der Gerechtigkeit und den gegebenen Versprechungen Geltung zu verschaffen. Sagen Sie nicht, man möge konkrete Fälle nennen, lassen Sie sich die Verzeichnisse der Tausende geben, die übersprungen wurden, der Hunderte, die der Vorladung keine Folge geleistet haben!

Wir ersuchen Sie, uns als Angehörige alter Transporte in der Registratur gegen Neuankömmlinge austauschen zu lassen. Sollte dies nicht möglich sein, bitten wir Sie, diese Eingabe als Vorreklamation gegen eine allfällige, auf Grund der Registrierung erfolgende Einreihung in einen abgehenden Transport zu behandeln bzw. eine solche Einreihung zu verhindern.[10]

9 Richtig: Dr. Paul Eppstein.

10 Eine Antwort ist nicht bekannt.

DOK. 247
Erich Munk und Franz Bass informieren am 21. August 1943 die Ärzte in Theresienstadt über die Meldepflicht von Schwangerschaften[1]

Schreiben von Dr. Erich Munk,[2] Leiter des Gesundheitswesens in Theresienstadt, und Dr. Bass[3] an den Chefarzt H V/Hauptstraße 2,[4] E VI[5] – Blocks,[6] B V/Hauptstraße 2,[7] C III/Langegasse 5,[8] E IIIa[9] – Blocks, H. Dr. Heský,[10] VI./Parkstr. 12, vom 21.8.1943

Zur Kenntnisgabe an alle Frauenärzte.
Bei der Gelegenheit der letzten zwei Geburtsanzeigen teilt Herr SS-Obersturmführer *Burger*[11] mit, daß künftig alle Väter hier gezeugter Kinder als auch Mutter und Kind in den Transport eingereiht werden und daß sie abgeschoben werden. Wir ersuchen daher nochmals vorerst, sämtliche Ihnen bekannte Schwangerschaften, soweit sie noch nicht gemeldet sind, zu melden, denn wegen nicht rechtzeitiger Meldepflicht macht sich auch der untersuchende Frauenarzt mitwissend und daher schuldig. Die Mitteilungen, die den schwangeren Frauen gemacht werden, haben ganz eindeutig zu klingen, daß die Schwangerschaftsunterbrechungen über behördlichen Auftrag durchgeführt werden müssen.

1 JMP, T 260.
2 Dr. Erich Munk (1904–1944), Radiologe; Leiter der Abt. Auswanderung von Kindern und Jugendlichen in der JKG Prag; am 4.12.1941 aus Prag nach Theresienstadt deportiert, dort Leiter des Gesundheitswesens und bis Sept. 1942 Mitglied des Ältestenrats, am 28.10.1944 wurde er nach Auschwitz deportiert, dort ermordet.
3 Dr. Franz (František) Bass (1900–1962), Gynäkologe.
4 Dresdner Kaserne, richtig: Hauptstr. 22.
5 Hohenelber Kaserne, Zentralkrankenhaus.
6 Blocks nannte man in Theresienstadt die in Blockrandbebauung errichteten ehemaligen Zivilhäuser.
7 Magdeburger Kaserne, Sitz des Ältestenrats.
8 Hamburger Kaserne, „Zentralschleuse" für die ankommenden und abgehenden Transporte.
9 Geniekaserne, Krankenhaus und Altersheim.
10 Dr. Theodor Heský (1899–1944), Arzt; vor 1938 als Gynäkologe in Znojmo; im Sept. 1938 zur tschechoslowak. Armee einberufen, lebte seit Ende 1938 in Brünn; am 2.12.1941 von Brünn nach Theresienstadt deportiert, am 23.10.1944 weiter nach Auschwitz, dort ermordet.
11 Anton Burger (1911–1991), Kaufmann; 1932 NSDAP-Eintritt; von 1938 an in der Zentralstelle für jüdische Auswanderung in Wien und Prag tätig; 1941 Leiter der Gestapo Brünn, 1943 war er an der Deportation der Juden aus Saloniki beteiligt, 1943/44 Kommandant Theresienstadts, 1944 Leiter des „Judenreferats" beim BdS Athen; nach Kriegsende floh er aus amerikan. Internierung und tauchte unter, wurde in Abwesenheit in der ČSR und in Wien zum Tode verurteilt, lebte als Handelsangestellter in Essen.

DOK. 248

Ein Mitglied des Hechaluz verfasst am 5. September 1943 einen Bericht über die Lage der jüdischen Bevölkerung im Protektorat[1]

Bericht eines unbekannten Verfassers[2] an die Weltzentrale des Hechaluz in Genf[3] vom 5.9.1943 (Abschrift)[4]

Liebe Chawerim (Freunde),[5]
ich übermittle Euch hier einen nicht ausführlichen und auch nur in der Schnelle zusammengestellten Bericht. Bei der nächsten Gelegenheit verspreche ich Euch, ganz ausführlich über alles und Juden zu berichten. Ich bin hier (Bratislava) eben vor 2 Wochen angekommen und bin noch nicht vollständig eingeordnet. Wenn ich mit mir selber in Ordnung komme, will ich dann einerseits mit unseren Chawerim in meiner bisherigen Heimat, andererseits mit Euch in engeren Kontakt treten, um den Dortgebliebenen zu helfen in der möglichen Form. Also zur Sache:
Transporte: Noch bevor wir überhaupt ahnten über die Transporte, war eine Registration der Juden, die die Zentralstelle[6] (deutschen) selbst durchführte. Jeder mußte persönlich erscheinen. Die Vorladung zum Registrieren kam durch die IKG (Jüd. Kultusgemeinde). Angeblich sollten diese Transporte nach dieser Registratur durchgeführt werden. Die Einberufung in die Transporte kam durch die IKG. Es war durch Mitteilungen und Schweigen seitens der jüdischen Stellen eine Atmosphäre geschaffen, die deutete, daß die Transporte die Zentralstelle zusammenstellte und der IKG es übrigbleibt, nur die Vorladungen zu schicken und mit Rat zu helfen. Es war aber doch möglich, in einzelnen Fällen zu intervenieren. Jeder bekam eine Nummer, die er auf das Gepäck (50 kg) aufkleben mußte und auch beim Antreten zum Transport eine solche um den Hals tragen mußte. Aus der Wohnung durfte Niemand etwas wegtragen. Die Wohnung wurde beim Verlassen geschlossen und die Schlüssel mit der Transportnummer an der Stelle des Antretens abgegeben. Die Zeit von der Einberufung bis zum Abgang des Transports war verschieden, von 3–14 Tagen und in einzelnen Fällen auch nur 2 Stunden. Es kam vor, daß in der Zeit der Registration die Familien nicht zusammenwohnten und nach dem Aufenthaltsort registriert wurden. Sie mussten dann so die Transporte antreten, ohne Rücksicht auf ihre Zugehörigkeit. Kinder fuhren ohne Eltern, die wieder ohne Kinder, oder ein Kind fuhr mit seinen Eltern und die anderen wieder allein. Eine Familie wird vorgerufen zum Antreten. Der Mann ist krank und transportunfähig. Die Frau muß fahren, er bleibt allein zurück. Alte kranke Leute müssen mit ihren Familien mit.

1 FDR Library, Records of the War Refugee Board 1944–1945, Series 3, Box 64.
2 Vermutlich: Arnošt Neumann, alias Njumen (*1916), Gynäkologe; Mitglied des Haschomer Hazair; im April 1942 tauchte er in Prag unter, Sommer 1942 Anstellung bei einer Prager Sprachschule, aktive Beteiligung am Widerstand, 1943 Flucht in die Slowakei; nach 1945 Fortsetzung seines Medizinstudiums, dann als Arzt in Prag tätig, 1969 Emigration nach Großbritannien.
3 Die Weltzentrale der zionistischen Jugendorganisation Hechaluz in Genf leitete Nathan Schwalb, der während des Krieges Rettungsaktionen für die verfolgten Juden organisierte. Das Dokument befindet sich in seinem Nachlass.
4 Rechtschreibung und Grammatik wie im Original.
5 In der Abschrift wurden nachträglich einige Begriffe in Klammern entschlüsselt.
6 Gemeint ist die Zentralstelle für jüdische Auswanderung in Prag.

Das Antreten ist rücksichtslos. Ein Transport zählte immer 1000 Leute. Sie mussten an bestimmten Tagen sich an der Sammelstelle Messepalais melden.[7] Dort blieb der Transport ungefähr 3 Tage, bis alle Formalitäten fertig waren. Dann marschierte der Transport mit Gepäck auf den Bahnhof, wurde einwaggoniert und weggeschickt. Am anderen Tag trat ein neuer Transport an. Die Zahl der Transporte aus einem Ort war verschieden. Aus Prag gingen manchmal vier, manchmal 8 oder 10 Transporte nacheinander ab und dann trat eine Pause ein, da solche aus der Provinz gingen. In der IKG wurden besondere Abteilungen geschaffen, geleitet von Kramer,[8] dem Präsidenten der IKG.[9]
Unsere Stellung zu den Transporten: Ein junger Mensch hat das Recht, die alte Generation zu verlassen nur im Namen einer neuen Schaffung. In der Zeit der Judenregistrationen waren die Chawerim (Mitglieder) des Hechaluz in Plugoth (Abteilungen) und dort registrierten sie sich zusammen. Sie hofften, sie werden die Transporte im Kollektiv antreten. Wir haben diese Tendenz unterstützt. Natürlich kämpften die Eltern um ihre Kinder und wollten mit ihnen zusammen gehen. Die allgemeine Stimmung der jüd. Stellen war, die Transporte so zu unterstützen, daß sie reibungslos vor sich gingen. Sie wurden dadurch, den Betroffenen zu helfen, in einen Notzustand geführt. Und sie haben dadurch ungewollt nur geschadet, weil sie den Eindruck bei den Deportierten erweckten, die Deportation wäre nicht lebensgefährlich. Wenn die leitenden Stellen nicht in so großem Ausmaß behilflich gewesen wären, hätten sie durch ihre passive Resistenz auch das Mißtrauen der Deportierten erweckt und dadurch sie indirekt zum letzten Versuch um die Lebensrettung aufgefordert.[10] Die Transporte wurden in einer beispiellosen Ordnung unter jüd. Assistenz abgewickelt. Sogar die Chawerim des Hechaluz wurden so durch ihre gutgemeinten Ordnungsdienste zu Henkersknechten. Dies alles hat aber die Atmosphäre gemacht und deshalb wurde auch kein Widerwille geweckt. Es war nur bei Einzelnen die Bemühung, sich vor den Transporten zu drücken und zwar durch eine Anstellung bei der IKG oder in verschiedenen anderen Funktionen. Erst später, als aus dem Gerusch[11] (Deportationen) grausame Nachrichten kamen, die über Hunger, schlechte Behandlung und Hilflosigkeit berichteten, fing unsre Stellung zu den Transporten zu wackeln an. Es waren unsere Chawerim die Ersten, die die Transporte nicht angetreten haben und verlangten auch von den anderen dort verbliebenen Chawerim dasselbe Handeln.
Was bedeutet es, diese Transporte nicht anzutreten? Erstens sich verstecken. Problem aber, bei wem? Juden oder Nichtjuden? Juden sind willig, aber ihre Existenz ist unsicher. Nichtjuden waren wenige, die bereit waren, in der Sache zu helfen. Man muß bedenken, daß dort ein schrecklicher Terror ist, so z. B. erschießt man seit der Heidrich-Affäre[12] Jeden, den man unangemeldet versteckt und auch den Eigentümer der Wohnung. Zweitens die Legalisierung der Chawerim als Nozrim (Christen). Man muß aber bedenken,

7 Zu den Deportationen aus Prag siehe auch Dok. 266 vom 19.6.1944.

8 Richtig: Salo Krämer (1899–1944), Kaufmann; bis 1941 Vorsitzender der JKG Mährisch-Ostrau, von Okt. 1941 an Leiter der „Treuhandstelle" der JKG Prag, die für die Sammlung und Bewertung der zurückgelassenen Habe der deportierten Juden zuständig war, Febr. bis Juni 1943 Vorsitzender der JKG Prag, dann nach Theresienstadt deportiert und am 4.10.1944 weiter nach Auschwitz.

9 Richtig: JKG.

10 Zur Diskussion um die vermeintliche Kooperation jüdischer Funktionäre bei der Deportation siehe Dok. 261 vom 27.2.1944.

11 Hebr.: Vertreibung, Verbannung, Ausweisung.

wie schwer das unter der dortigen Mischtarah (Polizei) ist. Wie ist es aber doch gelungen? Seit der Zeit, wo die Auswanderung ganz unmöglich gemacht wurde,[13] war es unser ganzes Bestreben, unser Leben in der Gola[14] (Diaspora) vorübergehend einzurichten. Dieses Bestreben hat einen großen Schlag erlitten. Die ganze Welt mit unseren Achim (Brüdern), die außerhalb des Reiches leben, nahmen im Kampf gegen den Soneh (Feind) aktiven Anteil. Wie sollen wir uns, um deren Befreiung es geht, benehmen? Es war natürlich bei uns die Antwort: sich aktiv mit allem gegen den Soneh Meschutav (gemeinsamen Feind) kämpfen und mit Allen. Und wie überall waren auch bei uns die konsequentesten Vorkämpfer die Schatfanim (Sozialisten). Wir haben auch mit ihnen Kontakt angeknüpft, sie haben unsere politische Integrität anerkannt, sie lehnten natürlich alle Debatten über die ideologischen Fragen als akademisch für die heutige Zeit ab, versprachen aber, unsere Anschauungen im Rahmen ihrer Landesorganisation zu unterstützen. Konkrete Form ihrer Sympathie und Solidarität gegenüber unseren Chawerim war ihr Angebot, sie werden unsere wichtigen Chawerim schützen und rieten vom Antreten der Transporte ab. Sie haben uns den Kescher (Verbindung) zur Nejaroth (Papiere) gegeben, der uns dann ermöglicht hat, unseren Aufenthalt zu legalisieren und noch mehr: Sie betrachten unsere bloße juridische Lage für genügende Mitarbeit mit den progressiven Elementen. Der Verbindungsmann zwischen ihnen und uns war unser Chawer Benzion Feuerstein. (Nach Heydrichs Tode wurde auch er verhaftet. Nach zwei Monaten kam aus der Festung Theresienstadt die amtliche Mitteilung, dass er aus „Herzschwäche“ gestorben sei.)

Man kann sagen, daß die Lage der Juden im Protektorat stabilisiert ist. In Theresienstadt sind 50 000 Juden, obzwar von Zeit zu Zeit von dort Transporte gehen. Sonst gibt es im Protektorat nur wenige Juden. In Prag nur Mischehen (ca. 4000), unter ihnen Franta Friedmann.[15] In Brünn gibt es noch zwei Lager: Oslavany[16] bei Brünn mit 90 Arbeitern und im Heidrichsgut 100 Arbeiter.[17] Beide Lager gehören aber zu Theresienstadt. Die erste Gruppe, die aus Theresienstadt wegkonnte, war ein Arbeitslager von erst 100, dann 60 Jugendlichen in Kladno,[18] die in den Kohlegruben arbeiteten. Im Herbst 1942 hat auch eine Gruppe von Mädchen in Krivklad[19] in Wäldern gearbeitet. Ich besuchte

12 Richtig: Heydrich. Gemeint ist das Attentat auf den stellv. Reichsprotektor von Böhmen und Mähren und Chef des RSHA Reinhard Heydrich am 27.5.1942 in Prag. Unmittelbar nach dem Attentat wurde im gesamten Protektorat das Standrecht verhängt. Es folgten Verhaftungswellen und Hinrichtungen; siehe auch VEJ 6, S. 60–62.

13 Im Okt. 1941 hatte Himmler ein Auswanderungsverbot für Juden verfügt; siehe VEJ 5/286.

14 Hebr.: Verbannung, Exil.

15 Gemeint ist vermutlich František Friedmann; Zionist und von 1943 an Leiter des Ältestenrats der Juden in Prag.

16 Zwischen April 1942 und Aug. 1943 war ein Außenkommando des Gettos in Oslawan (tschech. Oslavany) in der Kohlengrube Kukla eingesetzt.

17 Gemeint ist das Schloss Jungfern Breschan (tschech. Panenské Břežany) nördlich von Prag, in dem die Familie Heydrich seit 1942 lebte. Seit Juli 1942 bewirtschaftete ein Außenkommando des Gettos Theresienstadt das Gut, von Febr. 1944 an unterstand das nunmehr aus Zeugen Jehovas bestehende Kommando dem KZ Flossenbürg.

18 Von Febr. 1942 bis Juli 1943 mussten junge jüdische Männer aus dem Getto Theresienstadt in den Steinkohlebergwerken von Kladno Zwangsarbeit leisten; siehe VEJ 6/269 und 272.

19 Richtig: Křivoklát, deutsch: Pürglitz. Dort arbeitete zwischen April und Juni 1942 ein Außenkommando des Gettos Theresienstadt, dem rund 1000 jüdische Frauen angehörten, die zu Forstarbeiten eingeteilt waren; siehe VEJ 6/274.

persönlich die Lager in Kladno und in Oslavany, es geht ihnen verhältnismäßig gut, da sie nicht mehr so streng bewacht sind und immer eine Möglichkeit zur Außenwelt finden, wodurch sie sich etwas Verbesserung der Lebensbedingungen schaffen können. Dadurch konnten diese Chawerim auch den Kontakt mit der Außenwelt auch brieflich aufrechterhalten. So haben wir auch durch diese Lager den ständigen Kontakt mit Theresienstadt gehabt, mit welchem sonst kein brieflicher Verkehr besteht. Die zweite Gruppe in Oslavany zählt 90 Mann, im Alter von 17–80 Jahren. Sie haben es besser als in Kladno, arbeiten auch in einer Kohlengrube, wohnen in Baracken mit ziemlich wenig Platz, haben keine Bewachung und nach der Arbeit sind sie in der Bewegung ganz frei. Die Kost ist schlecht, aber da sie den Lohn einzeln ausgezahlt bekommen, haben sie eine Möglichkeit, in der Umgebung sich alles zu verschaffen. In der Arbeit sind sie einem Aschkenasi (Deutschen) untergeordnet, der sich angeblich so anständig benimmt. Sie wünschen sich nichts anderes, als dort den ganzen Krieg zu verbleiben. Die Gruppe der Mädchen, die im Herbst 1942 in Krivolklad gearbeitet hat, war sehr schlecht dran. Sie hatten einen Weg von 2 Stunden und den ganzen Tag kein Essen, nur abends, wenn sie heimkehrten. Glücklicherweise dauerte diese Zeit nur wenige Monate und dann kehrten sie wieder nach Theresienstadt zurück. Auf Heidrichgut arbeiten 100 Arbeiter. Über diese sind wir sehr wenig unterrichtet, angeblich geht es ihnen sehr gut, sie sind gut behandelt und auch ausreichend beköstigt.

Die Lage in Theresienstadt war sehr verschieden und hängt vom allgemeinen politischen Kurs gegen die Juden überhaupt ab. Am Anfang waren die Verhältnisse sehr wild. Es waren dort sehr viele Leute, sie hatten keinen Platz zu schlafen, die Zimmer waren nicht eingerichtet. Die Lage hat sich aber allmählich gebessert in dieser Hinsicht. Heute ist die ganze Stadt ein Ghetto. Sie haben eigenes Geld, Kino, Theater, Kaffeehäuser und Geschäfte. Das Ghetto verwalten 344 Männer mit Hilfe von 100 tschechischen Gendarmen.[20] Die Kost ist schwach und unzureichlich. Es ist dort eine sehr hohe Sterblichkeit – in einer Zeit erreichte die tägliche Sterblichkeit die Zahl von 30.[21] Fast ein Jeder machte eine epidemische Krankheit durch. Einige Familien wohnen heute schon zusammen, aber nicht alle. Im allgemeinen kann man sagen, dass die Judenfrage im Protektorat liquidiert ist. Nach H[eydrichs]-Affäre wurde auch in Theresienstadt das Standrecht erklärt und man hat einige von den Verhafteten aufgehängt. Sie waren wegen ganz kleiner Delikte verhaftet, z. B. weil sie geraucht hatten, bei den eigenen Frauen waren usw.

Die Transporte von jüdischer Seite leitete eine Transportleitung. Der Vorsteher dieser Leitung war der unangenehmste und gefürchtetste Mann der jüdischen Öffentlichkeit, Mandler,[22] der vorher ein eigenes Transportbüro hatte. Er zeichnete sich als der rücksichtloseste Durchführer der Verordnungen der Aschkenasim (Deutschen) aus und

20 Die tschech. Gendarmen waren zur Bewachung des Gettos eingesetzt.

21 Laut Robert Prochnik, der in Theresienstadt von 1944 an das Zentralsekretariat leitete, starben im Sept. 1942 in Theresienstadt 3931 Menschen, das entspricht einem Durchschnitt von 131 Personen täglich; siehe Robert Prochnik, Juden in Theresienstadt. Ein statistischer Bericht, Theresienstadt 1945, Bl. 15, in: JMP, T 082; Prochnik unterläuft hier ein rechnerischer Fehler, weshalb er einen Durchschnittswert von 127 Personen angibt..

22 Robert Mandler (1896–1944), Kaufmann; 1938 emigrierte er aus Wien nach Prag, leitete dort das Auswanderungsbüro Jüdische Emigrationshilfe, dann Leiter der Transportabt. der JKG Prag; im Jan. 1943 wurde er nach Theresienstadt deportiert, war dort Leiter der Transportabt.; Ende Okt. 1944 wurde er nach Auschwitz deportiert und ermordet.

wurde schon vorher zu dieser traurigen Aufgabe, die er mit voller Lust und Energie leitete, ausgewählt. Er war allgemein verhaßt – nun ist er auch in Theresienstadt. Dort herrscht eine zionistische Ära. Alle Ämter leiten zion. Chawerim. Interessant ist zu bemerken, daß der allgemeine Gruß Schalom (Friede) ist. Die IKG war von größter Zahl von tschechischen Assimilanten repräsentiert, aber in der jüd. Öffentlichkeit war eine allgemeine Anschauung, dort herrsche keine Gerechtigkeit. So wurden z. B. die höchsten Stellen von der breiten Verwandtschaft von Dr. Weidmann[23] besetzt. Ein ganz anderes Bild bot die Beamtenschaft und die Atmosphäre wie auch die Leitung des später aufgelösten Palästina-Amtes. Leider hat es nicht die Möglichkeit und die Mittel gehabt wie die IKG. Edelstein war beliebt und geehrt von allen Juden, auch die deutschen Stellen haben ihn oft zur Beratung zugezogen. Später wurde er zum Stellvertreter des Präsidenten der IKG ernannt und im allgemeinen hat man ihn als den Repräsentanten der IKG anerkannt. Jetzt ist Edelstein in Theresienstadt, wo er lange Zeit an der Spitze des Ghettos stand, bis die Reichsvertretung aus Berlin[24] auch dorthin übersiedeln mußte und die Leitung vollständig in die Hände von Eppstein[25] übergegangen ist. Jankew E.[26] ist wieder der Zweite, man schrieb aber von dort, daß er dennoch der einzig beliebte und anerkannte Mann ist.

Etwas über die allgemeine Lage: Seit der totalen Mobilmachung im Reich sind hier nur wenige Waren frei. Lebensmittel und Kleider gibt es auf Karten. Seit der Übersiedlung der Einwohner aus den bombardierten Reichsgebieten wurden hier die Kleiderkarten eingezogen. Lebensmittel: für einen Monat erhält man: 1 kg Fleisch, 1200 gr. Zucker, 70 dk Marmelade, 20 dk. Weißmehl und 12 kg Kartoffeln. Zigaretten sehr wenig. Juden bekommen keine. Wenn eine Familie nur von der Zuteilung leben soll, dann hungert sie sehr. Die Preise am schwarzen Markt sind ungeheuer hoch und das Handeln wie auch Einkaufen ist mit der Gefahr der Todesstrafe verbunden.

Die Bauern wollen für Geld nichts verkaufen. Ohnedies ist es vom Lande sehr schwer, etwas hereinzubringen, weil in den Zügen ständig Kontrollen sind. Die Ernährungslage ist sehr schlecht und unzureichend, aber ich muß bemerken, sie ist nicht so schrecklich, daß die Bevölkerung sich auflehnen müßte. Unter der Parole des totalen Kriegseinsatzes wurde eine große Konzentration in allen Richtungen durchgeführt. Alle kriegsunwichtigen Unternehmungen, Geschäfte, Betriebe und das ganze Bankwesen wurden aufgelöst und die Beamtenschaft und Angestellten bis auf 70 in die Rüstungsfabriken als Hilfsarbeiter geschickt. Es gibt nur sehr wenige Familien in der tschechischen Bevölkerung, die durch den Krieg nicht in irgendeiner Weise betroffen wäre, in Konzentrationslagern, Tod, in Fabriken im Reich.

Da ich hergekommen bin und hier eine bedeutend bessere Lage gefunden habe, möchte ich alle meine Kräfte einsetzen, um meinen dort gebliebenen Chawerim zu helfen. Alle Funktionäre der IKG, die auch in Theresienstadt eine Funktion übernehmen konnten, blieben dort.

23 František (auch Franz) Weidmann (1910–1944), Jurist; von 1935 an Sekretär, seit 1939 Leiter der JKG Prag; Ende Jan. 1943 wurde er nach Theresienstadt deportiert, wo er Mitglied des Ältestenrats war, am 28.10.1944 nach Auschwitz deportiert und dort ermordet.

24 Gemeint ist die Reichsvereinigung der Juden in Deutschland.

25 Paul Eppstein.

26 Gemeint ist Jakob Edelstein.

Es sind unter ihnen: Dr. Weidemann,[27] Langer, Wollner, Richard Friedmann, Jankew Edelstein, Dr. Franz Kahn und Frau, Ing. Zucker, Dr. Leo Janowitz, Fischl, Dr. Munk, Mottek Kohn und Andere.
Aus dem Hechaluz: Die Chawerim arbeiten größtenteils im Kollektiv, es sind vielleicht einige Hunderte und arbeiten in der Landwirtschaft des Ghettos. Von den Bekannten sind dort: Erich Oestreicher, Heinz Schuster, Heini Klein, Hans Schimmerling, Sepl Lichtenstein, Anti Feuer, Lazar Moldovan, Gert Körbel, Gonda, Rudi Sachsl, Pizi Weiner, Richard Schindler, Leo Hornung, Lea Demmer, Max Friedmann, Jardena Kohn, Ursula Bloch, Eva Fries, Marta und Hanka Feuerstein.
In Prag sind geblieben auch Nejaroth Nozrioth (arische Papiere) aus dem Hechaluz: Hede Türk, Jascha Berger, Jani Lebowitz, Awri Grünberger (jetzt im Reich), Jona Farka (jetzt in Breslau), Enni Kruh, Arnošt Lemberger, Chaja Roth, Narzissenfeld (Wien), Eli Friedmann (Wien), Pali Facher (O/S).
Für heute nur soviel, richtet meinen und den Gruß von allen dort gebliebenen Chawerim an unsere Kibuzim (Siedlungen in Palästina) aus. Ich habe hier Eure Briefe und Nachrichten gelesen und sie haben mir neue Hoffnung auf eine bessere Zukunft gegeben.

DOK. 249
Die Gestapoleitstelle Prag informiert am 15. September 1943 über die Zerschlagung einer jüdischen Widerstandsgruppe[1]

Fernschreiben (Geheim) der Gestapoleitstelle Prag, B. Nr. 220/43 g IV D 1 a, gez. SS-OStubaf. u. ORR Dr. Gerke,[2] an a) das RSHA IV, z. Hd. von Gruppenführer Müller[3] o. V. i. A., Berlin, b) den Staatsminister und HSSPF in Böhmen und Mähren SS-O. Gruf. K. H. Frank, Prag, und c) an den BdS SS-Standartenführer Dr. Weinmann, Prag, vom 15.9.1943[4]

Betr.: Illegale Widerstandsgruppe Jude *Dr. Otokar Weisel*[5] u. a.
- Vorgang: zu a) ohne, zu b) und c) mündliche Berichterstattung
Schon seit längerer Zeit wurde hier ein Kreis von Personen beobachtet, der Verbindung zu illegalen Widerstandsgruppen im Protektorat suchte, mehrere Angehörige dieses Personenkreises waren nach eigenen Angaben bereits schon seit 1939 illegal tätig. Es liegen belastende Angaben vor über Verbindungen zu Fallschirmagenten und zu prot. Polizei-

27 Richtig: František Weidmann.

1 NAP, 110-4/74. Auch: NAP, 110-4/45.
2 Dr. Ernst Gerke (1909–1982), Jurist; 1932 NSDAP-Eintritt; 1936–1938 Leiter verschiedener Gestapostellen, 1939 Angehöriger der Einsatzgruppe IV, 1940 Leiter der Gestapo Breslau, von Sept. 1942 an der Leitstelle in Prag; seit 1948 Tätigkeit als Justitiar u. a. bei den von Bodelschwingschen Anstalten Bethel; mehrere Verfahren gegen Gerke wurden eingestellt.
3 Heinrich Müller.
4 Im Original handschriftl. Unterstreichungen.
5 Richtig: Dr. Otakar Weisel (1912–1944), Jurist; 1935–1939 Anwalt in Mährisch-Ostrau; März 1939 Umzug nach Prag, wo er unter Decknamen lebte, Kontakte zur Widerstandsbewegung; 1940 Angestellter in einem juristischen Verlag; im Sept. 1943 wurde er verhaftet, nach seiner Flucht aus dem Gestapogefängnis Prag wurde er im Polizeigefängnis Theresienstadt inhaftiert, dort ermordet.

beamten, der Sachverhalt konnte durch die ersten Vernehmungen noch nicht geklärt werden. Innerhalb der illegalen Gruppe haben sich führend betätigt die Juden
1.) *Dr. Otokar Weisel*, geb. 21.2.12 in Oderberg, wohn. legal in Prag, als Jude nicht gemeldet
2.) *Dr. Jan Veleminsky*,[6] geb. 22.6.14 in Mähr. Ostrau, Prot. Angeh.
3.) *Dr. Georg Veleminsky*, geb. 19.10.12 in Mähr. Ostrau, Prot. Angeh.
4.) *Zdenek Veleminsky*,[7] geb. 4.3.18 in Mähr. Ostrau, Prot. Angeh.
Die zu 2–4 Genannten haben in Prag illegal unter dem Namen Velemovsky gewohnt. Dr. Jan Veleminsky war bereits nach Polen evakuiert. Seine illegale Rückkehr konnte bisher noch nicht geklärt werden, die Juden Veleminsky waren im Besitze falscher Personaldokumente. Der Jude Dr. Jan Veleminsky hatte bereits Sprengstoff (Pikrin)[8] hergestellt und war im Besitze von 5 Pistolen nebst Munition.
Im Zuge der Vorermittlungen waren auch belastende Angaben gegen einen Kreis ehem. Hochschulprofessoren bekannt geworden, die noch einer eingehenden Überprüfung bedürfen, u. a. wurde festgenommen Univ. Prof. Dr. Frantisek *Weyr*,[9] geb. 25.4.79 in Wien. Bei der Aufrollung der illegalen Gruppe wurde festgestellt, daß die Juden Veleminsky von dem Prot. Polizeibeamten *Kotous*[10] JM 50 000,– Kr[onen] erpresst worden sind. Der Polizeibeamte hatte durch eine dritte Person erfahren, daß die Juden Veleminsky sich illegal in Prag aufhielten. Bisher wurden wegen dringendem Verdacht hochverräterischer Betätigung insgesamt 21 Personen festgenommen.[11] Die Ermittlungen werden mit Nachdruck weiter durchgeführt.

6 Dr. Jan Velemínský (1914–1944), Arzt; im Okt. 1939 wurde er nach Nisko am San deportiert, kehrte vermutlich 1940 nach Prag zurück, dort im Widerstand tätig; 1943 Verhaftung durch die Gestapo und in der Kleinen Festung Theresienstadt inhaftiert; im Juli 1944 nach Auschwitz deportiert, dort im Dez. ermordet.

7 Dr. Egon Jiří (Georg) Velemínský (1912–1991), Arzt; Okt. 1939 Deportation nach Nisko am San; vermutlich 1940 Rückkehr nach Prag, dort im Widerstand tätig; 1943 Verhaftung durch die Gestapo und Inhaftierung u. a. in der Kleinen Festung, Deportation nach Auschwitz; Zdenek Velemínský (*1918), Pfleger; seit 1940 in Prag, dort im Widerstand tätig; 1943 Verhaftung durch die Gestapo, Deportation nach Auschwitz. Die Brüder wurden im Jan. 1945 auf einem Todesmarsch nach Groß-Rosen und weiter nach Buchenwald evakuiert und dort befreit.

8 Jan Velemínský war seit 1941 Angestellter des genossenschaftlichen Betriebs Metalotechna. Dort wurden inoffiziell Experimente mit Pikrinsäure zur Herstellung von Sprengstoff durchgeführt.

9 Dr. Franz (František) Weyr (1879–1951), Jurist; 1919–1939 Professor in Brünn, 1939 wurde er aus dem Staatsdienst entlassen; 1945 Rückkehr an die Universität.

10 Richtig: Kotouč.

11 Unter ihnen befanden sich auch Ida Velemínská, die Mutter der drei Velemínský-Brüder, sowie die Ehefrau von Otakar Weisel.

DOK. 250
Gerhart Riegner informiert am 7. Oktober 1943 in einem Telegramm nach London über die Errichtung des Theresienstädter Familienlagers in Auschwitz[1]

Telegramm von Gerhart Riegner, Jüdischer Weltkongress, Genf, an das Büro in London vom 7.10.1943

Nach kürzlich eingelangten Berichten wurden 1800 Männer und Frauen, die in den Monaten Juli und August aus Prag nach Theresienstadt umgesiedelt wurden, im Monat September nach Birkenau weitergebracht.[2] Heute erhaltene Mitteilung vom 17/9 bestätigt diese Tatsache und berichtet über den Neuaufbau des Arbeitslagers in Birkenau[3] unter Leitung von Leo Janowitz,[4] früherer Leiter des Palästinaamtes in Prag und reger Mitarbeiter Jakob Edelsteins in Prag und Theresienstadt. Mit Leo Janowitz gemeinsam übersiedelte Fredy Hirsch,[5] Leiter des Jugendamtes in Theresienstadt [und] früheres Mitglied der Makkabi-Kreisleitung. Leo Janowitz hofft auf Grund der Zusammenarbeit mit Jakob Edelstein und der daraus gewonnenen Erfahrungen, Birkenau gut organisieren zu können, und bittet mich, mit ihm in Kontakt zu bleiben und soweit als möglich zu helfen. Paketsendungen an Einzelpersonen wie auch Kollektivsendungen werden von ihm dringend erwartet. Nachricht von Janowitz kam über die Reichsvereinigung der Juden in Deutschland, nunmehr Berlin N 65, Iranische Straße. Adressangaben in Birkenau erfolgen nicht unter Blocknummer oder Straßennamen, sondern mit vollem Namen und Geburtsdatum.

1 Original nicht aufgefunden. Abdruck in: Adler, Die verheimlichte Wahrheit (wie Dok. 39 vom 11.6.1943, Anm. 1), Nr. 221, S. 307 f.

2 Im Juli 1943 kamen 1947 Juden aus Prag nach Theresienstadt, aus dem gesamten Protektorat im Aug. 1943 lediglich sieben Personen. Am 6.9.1943 verließen zwei Transporte mit insgesamt rund 5000 Menschen Theresienstadt und trafen zwei Tage später in Auschwitz ein. Dort wurden sie gemeinsam in das sog. Familienlager eingewiesen. Die im Sommer 1943 nach Theresienstadt deportierten Juden wurden nicht im Sept. weiter nach Auschwitz deportiert.

3 Gemeint ist das sog. Theresienstädter Familienlager.

4 Dr. Leo Janowitz (1911–1944), Jurist, Zionist; war durch seine Tätigkeit als Sekretär des Palästina-Amts in Prag eng mit dessen Leiter Dr. Jakob Edelstein verbunden; er wurde am 4.12.1941 von Prag nach Theresienstadt deportiert und arbeitete dort als Zentralsekretär beim Ältestenrat, am 6.9.1943 wurde er nach Auschwitz deportiert und dort im März 1944 ermordet.

5 Fredy, eigentlich Alfred Hirsch (1916–1944); von 1933 an Leiter des Jüdischen Pfadfinderbunds in Düsseldorf, 1935 Emigration in die Tschechoslowakei; im Dez. 1943 wurde er nach Theresienstadt deportiert, dort in der Jugendfürsorge tätig, am 6.9.1943 Deportation nach Auschwitz; Anfang März 1944 tot aufgefunden.

DOK. 251
Die Staatspolizeileitstelle Brünn beauftragt am 9. Oktober 1943 die Außendienststellen, alle Juden mit ausländischer Staatsangehörigkeit festzunehmen[1]

Fernschreiben (geheim, dringend, sofort vorlegen) der Geheimen Staatspolizei – Staatspolizeileitstelle Brünn, Nr. 3485, Brünn 16796, 9/10, 1210, Ri., gez. i. A. Koslowski,[2] an alle Außendienststellen in Mähren[3] und das Greko Zlin,[4] aufgenommen am 9.10.1943, 12.30 Uhr[5]

Betr.: Behandlung von Juden ausländischer Staatsangehörigkeit im deutschen Machtbereich
Vorgang: FS. v. 25.3. und 21.5.1943[6] – II B 2 B,[7] 256/43 g
Es ist erforderlich, unverzüglich bei den für den hiesigen Dienstbereich zuständigen Reichsauftragsverwaltungen[8] – Abt. Ausländeramt – festzustellen, ob dort Juden mit nachfolgenden Staatsangehörigkeiten wohnen, *die nicht mit Ehepartnern deutschen oder artverwandten Blutes verheiratet sind.*
Italien, Schweiz, Spanien, Portugal, Dänemark, Schweden, Finnland, Ungarn, Rumänien, Türkei.
Zutreffendenfalles sind diese Juden festzunehmen und hierher zu überstellen. Notwendiges Handgepäck wie bei den seinerzeitigen Evakuierungen (etwa 50 kg) haben die Juden mitzunehmen, da sie ohne Schutzhaftanträge in das KL Buchenwald bezw. Ravensbrück abgeschoben werden. Für die übrigen zurückgelassenen Vermögenswerte sind geeignete Treuhänder zu erstellen, unter Bekanntgabe der vollständigen Personalien der Juden ist baldmöglichst zu berichten.

1 BArch, R 70/10, Bl. 243.
2 Vermutlich: Otto Koslowski (1900–1947), Kaufmann und Polizist; seit 1926 bei der Kripo, 1933 NSDAP-Eintritt; von 1936 an bei der Gestapo u. a. in Düsseldorf, seit 1939 Gestapo Brünn, Mitglied des Standgerichts Brünn; seit Aug. 1944 Angehöriger der Einsatzgruppe H in der Slowakei; 1946 Verhaftung, in Brünn hingerichtet.
3 Außendienststellen der Gestapoleitstelle Brünn unter der Leitung von Günther Herrmann waren Iglau, Kremsier, Olmütz,Mährisch-Weißkirchen, Proßnitz und Zlin.
4 Grenzpolizeikommissariat Zlin, Mähren.
5 Eingangsstempel vom 9.10.1943, Tagebuchnr. 252/43g; handschriftl. Vermerk: „Eilt!"
6 Nicht aufgefunden.
7 Das Ref. II B im RSHA war zuständig für Grundsatzfragen des Passwesens und der Ausländerpolizei.
8 Im Frühjahr 1942 initiierte Reinhard Heydrich eine Verwaltungsreform, die den deutschen Einfluss auf tschech. Behörden verstärken sollte. In der Folge wurden Verwaltungsaufgaben des Reichsprotektors und der Oberlandräte als Reichsauftragsverwaltung auf die Behörden der Landespräsidenten in Prag und Brünn, die Bezirkshauptmänner, die Leiter der Städte mit eigenem Statut sowie die Polizeidirektionen übertragen.

DOK. 252

Erwin Weinmann benachrichtigt Karl Hermann Frank am 18. Oktober 1943, dass die Sterbefälle in Theresienstadt vorläufig nicht aktenkundig gemacht werden[1]

Schreiben des Befehlshabers der Sicherheitspolizei und des SD (Nr. BdS – IV B – 514/43), Prag XIX, Kastanienallee 19, gez. Dr. Weinmann, an den Deutschen Staatsminister für Böhmen und Mähren, Abt. I/2,[2] Prag (Eing. 20.10.1943), vom 18.10.1943[3]

Betrifft: Führung der jüdischen Matriken[4] in Theresienstadt
Der Ältestenrat der Juden in Theresienstadt führt eine ordnungsgemäße Matrik über alle Personenstandsveränderungen, die im Ghetto Theresienstadt vorkommen. Die Matrikenführung entspricht den Gesetzen, Verordnungen und sonstigen Vorschriften des Protektorats. Ebenso werden die hier üblichen Vordrucke verwendet.
Die Matrikenführung gewährleistet eine spätere Berichtigung der[5] bei den einzelnen Standesämtern und bei den matrikenführenden kirchlichen Behörden. Aus allgemeinen politischen Gründen wird jedoch derzeit davon Abstand genommen, die vorkommenden Sterbefälle oder sonstige Veränderungen an die matrikenführende Stelle im übrigen Reichsgebiet oder im Protektorat mitzuteilen. Wird jedoch eine matrikenführende Stelle, eine Behörde, ein Gericht oder auch eine Einzelperson wegen Ausstellung eines Totenscheines oder wegen Bereinigung der Matrik vorstellig, so erhält sie einen ordnungsgemäß ausgestellten Totenschein oder die gewünschte Auskunft. Die Ausstellung selbst erfolgt durch den Ältestenrat der Juden in Theresienstadt. Diese Regelung dürfte den derzeitigen Erfordernissen genügen. Eine totale Bereinigung der Matriken jüdischer Volkszugehöriger wird auch späterhin kaum möglich sein, da über die nach dem Osten abgegangenen Juden verläßliche Mitteilungen über Veränderungen im Personenstand nicht eingehen werden. Aus diesem Grunde ist auch die vorläufige Aufschiebung der Weitergabe von Personenstandsveränderungen bei den in Theresienstadt verbliebenen Personen an die Matrikelstellen des Geburtsortes in Kauf zu nehmen.[6]

1 Archiv bezpečnostních složek, 325-15-4.
2 Abt. 1 war zuständig für die allgemeine innere Verwaltung, Abt. 2 für die Kommunalverwaltung.
3 Im Original handschriftl. Bearbeitungsvermerke.
4 Österreich.: Personenstandsregister.
5 So im Original.
6 Unter dem Schreiben befindet sich ein maschinenschriftl. Vermerk der Abt. I/2a (2090 I) des Deutschen Staatsministers Böhmen und Mähren vom 16.12.1943: „Die Sachbearbeiter des Ministeriums des Innern wurden mündlich davon unterrichtet, daß der Ältestenrat in Theresienstadt ordnungsgemäß Matriken führt. Von einer weiteren Bekanntgabe an die autonomen Behörden wird Abstand genommen."

DOK. 253

Das Hilfskomitee der tschechoslowakischen Exilregierung ruft emigrierte Tschechen im Oktober 1943 auf, für die Unterstützung der Juden in Theresienstadt zu spenden[1]

Aufruf der Czechoslovak Relief Action,[2] 53 Cadogan Gardens, London, S. W. 3, gez. A. Bobasch,[3] H. O. Fišer, A. Frischer,[4] K. Hanus,[5] G. Janata,[6] G. Kleinberg,[7] R. Springer[8] im Oktober 1943

Verehrte Landsleute,
es ist uns unter beträchtlichen Anstrengungen gelungen, die Grundlagen für eine Hilfsaktion zu schaffen, mit der wir unsere Landsleute unterstützen wollen, die im Feindesland und in den vom Feind besetzten Territorien interniert oder dorthin deportiert worden sind, insbesondere diejenigen in Theresienstadt. Die britische Regierung hat die Genehmigung erteilt, ihnen von Portugal aus regelmäßig Fischkonserven, getrocknete Früchte und andere Lebensmittel zukommen zu lassen.
Die tschechoslowakische Regierung in London hat für die „Czechoslovak Relief Action" die Summe von 6000 Pfund bereitgestellt, was die kompletten Kosten für zwei Monate abdeckt. Das diesen Brief unterzeichnende Komitee wurde gegründet, um Geld unter der tschechoslowakischen Bevölkerung in Großbritannien zu sammeln und weitere monatliche Sendungen von Lebensmittelpaketen zu ermöglichen.
Wir müssen die Dringlichkeit und Wichtigkeit unserer Aktion an dieser Stelle sicherlich nicht näher darlegen. Es ist die erste tatsächliche Hilfsaktion, mit der wir die Menschen in unserer Heimat, die in materieller Not leben und Hunger, Verfolgung, Inhaftierung und Deportationen ausgesetzt sind, erreichen können. Es ist der erste Beweis dafür, dass wir sie nicht vergessen haben. Das Komitee hegt keinen Zweifel daran, dass alle im Rahmen ihrer Möglichkeiten ihren größtmöglichen Beitrag leisten werden.
Alle Zuwendungen (Schecks, Geld oder Zahlungsanweisungen) sollten an die „Czechoslovak Relief Action" ausgestellt sein und direkt an die Anglo-Prague Credit Bank, Büro London, 48 Bishopsgate, London E. C. 2, geschickt werden.

1 NAP, MV-L, Karton 255, sign. 2-63/1–9. Das Dokument wurde aus dem Englischen übersetzt.
2 Die Czechoslovak Relief Action (Československá pomocná akce) war eine 1943 gegründete Organisation der tschechoslowak. Exilregierung. Mit Spenden von Exilanten wurden Hilfsgüter für die Insassen der Lager im Osten finanziert. Mehr als 65 000 Päckchen wurden aus der Schweiz und Portugal nach Theresienstadt geschickt, über 12 000 nach Auschwitz und an andere Orte. Ein Großteil der abgeschickten Päckchen erreichte jedoch nicht die Häftlinge, sondern wurde konfisziert oder ging verloren.
3 Dr. Adolf Bobasch (1893–1977), Jurist.
4 Arnošt Frischer (1887–1954), Ingenieur; Mitglied der Jüdischen Partei in Mährisch-Ostrau, seit 1935 als Vorsitzender; 1939 dreimonatige Gestapohaft; 1940 Emigration nach Palästina; 1941–1945 Mitglied der tschechoslowak. Exilregierung in London; 1945 kehrte er in die Tschechoslowakei zurück, dort Vorsitzender des Rats der jüdischen Kultusgemeinden in den Ländern Böhmen und Mähren-Schlesien; nach dem Putsch 1948 Exil in London.
5 Kapitän Karel Hanuš, arbeitete im Ministerium für Sozialfürsorge der tschechoslowak. Exilregierung, Vorsitzender der Czechoslovak Relief Action.
6 Gustav Janata, Mitarbeiter des Finanzministeriums der tschechoslowak. Exilregierung in London.
7 Vermutlich: Dr. Gustav Kleinberg.
8 Raphael Springer (1909 oder 1910–1989), Rabbiner; Repräsentant der orthodoxen Juden in der Tschechoslowakei, emigrierte vor dem Krieg nach London, führendes Mitglied von Agudath Israel, einer von orthodoxen Juden gegründeten konservativen Organisation; nach dem Krieg Ehrenpräsident des Jewish Rescue and Relief Committee des Agudath Israel.

Glauben Sie nicht, dass Sie mit einer einmaligen Zahlung, sei sie auch noch so hoch, ihre Pflicht erfüllt haben. Wir bitten Sie darum, sich zu regelmäßigen monatlichen Spenden zu verpflichten und uns über den Umfang zu unterrichten.
Das unterzeichnende Komitee möchte zugleich an Ihre Güte appellieren und Sie darum bitten, diesen Aufruf an ihre Verwandten und Freunde weiterzuleiten, damit auch diese unsere Hilfsaktion unterstützen. Diese sollten ihre Spende ebenfalls auf das oben genannte Bankkonto einzahlen. Unter keinen Umständen sollten private Spendensammlungen initiiert werden. Und wir können nicht ausdrücklich genug darauf hinweisen: Es ist streng untersagt, die Czechoslovak Relief Action in Briefen zu erwähnen oder über sie in der Zeitung zu berichten. Ihre Unterstützung sollte unter äußerster Diskretion abgewickelt werden. Eine Missachtung dieser Vorsichtsmaßnahmen könnte unser Vorhaben vereiteln und diejenigen ernsthaft gefährden, denen wir helfen wollen.
Wir als das unterzeichnende Komitee bedanken uns im Voraus für Ihre Spenden und versichern Ihnen hiermit, dass wir sie ausschließlich für den Kauf von Lebensmitteln in Portugal für unsere internierten und deportierten Landsleute und nicht für irgendwelche Verwaltungsaufgaben verwenden werden.

DOK. 254
Der Wiener Erzbischof Theodor Innitzer berichtet dem Erzbischof von Breslau am 6. November 1943 über die Situation der Katholiken in Theresienstadt[1]

Schreiben des Erzbischofs von Wien,[2] (Pr. Z. 238/1943), gez. Innitzer, an Adolf Kardinal Bertram, Erzbischof von Breslau (Eing. 13.11.1943), vom 6.11.1943

Eure Eminenz!
Ihr geschätztes Schreiben vom 17.IX. l.J. Z.C.A. 4673[3] veranlaßt mich, Ew. Eminenz betreff Intervention für jüdische Inhaftierte folgenden Vorschlag zu unterbreiten.
In *Theresienstadt*, im Protektorat Böhmen-Mähren, befindet sich ein Ghetto mit schätzungsweise 50 000 Juden,[4] zum Teil aus dem Protektorat, zum größten Teil aber aus der Ostmark und dem Altreich, darunter eine Gruppe von sehr lebendigen katholischen Menschen. Eine genaue Zahl ist sehr schwer anzugeben. Es dürfte sich um mehrere Hundert, vielleicht alles in allem um ca. 1000 Katholiken handeln. Sie sind ohne jeden priesterlichen Beistand, haben aber eine gute Gemeinschaft untereinander. Sie kommen regelmäßig an Sonn- und Feiertagen zusammen, singen und beten gemeinsam, zwei Laien halten abwechselnd eine Ansprache. Die Kinder und Jugendlichen, ebenso die Alten und Kranken werden von ihnen betreut.

1 Archiv der Kommission für Zeitgeschichte, Bonn, Nachlass Bertram, I A 25z 136. Abdruck in: Volk, Akten deutscher Bischöfe (wie Dok. 2 vom 8.4.1943, Anm. 11), Dok. 896, S. 272 f.

2 Dr. Theodor Innitzer (1875–1955), kath. Theologe; 1928/29 Rektor der Universität Wien, 1929/30 Sozialminister, 1932–1955 Erzbischof von Wien, von 1933 an Kardinal; gründete 1940 die Erzbischöfliche Hilfsstelle für nichtarische Katholiken; ab 1952 Päpstlicher Legat.

3 Schreiben des Erzbischofs von Breslau Bertram an die deutschen Metropoliten vom 17.9.1943 über die seelsorgerische Betreuung von Inhaftierten; Abdruck des Schreibens an Kardinal Faulhaber in München bei Ludwig Volk, Akten Kardinal Michael von Faulhabers. 1917–1945. Bd. II: 1935–1945, Mainz 1978, Nr. 926, S. 1001 f.

4 Ende 1943 hielten sich in Theresienstadt 15 383 Juden aus dem Protektorat, 13 092 aus dem Altreich und 5470 aus Österreich auf; Prochnik, Juden, Bl. 12, wie Dok. 248 vom 5.9.1943, Anm. 21.

Unsere Glaubensbrüder in Theresienstadt haben es besonders schwer unter der großen Zahl von Glaubensjuden. Das größte Opfer für sie ist der völlige Verzicht auf die Tröstungen unserer hl. Religion.[5] Sie würden es nicht verstehen und es uns nie verzeihen, wenn wir nicht alles versuchten, ihnen zu helfen. Das bischöfliche Generalvikariat in Leitmeritz hat auf meine Anregung hin einen Versuch gemacht, in Theresienstadt einen Gottesdienst einzurichten. Leider blieb das diesbezügliche Schreiben vom 16. August 1943 an die Lagerleitung[6] bis heute unbeantwortet. Ich würde es trotzdem für richtig halten, wenn Ew. Eminenz im Namen des deutschen Episkopates einen nochmaligen Versuch beim Reichssicherheitshauptamt unternehmen würden, wenigstens für Weihnachten einen Gottesdienst in Theresienstadt durchzusetzen. Vielleicht würde es sich in diesem Falle empfehlen, wenn Se. Exzellenz der Apostolische Nuntius vorstellig würde. Für alle Bemühungen für die Ärmsten unserer Armen sage ich Eurer Eminenz aufrichtigen Dank.
Mit verehrungsvollen Grüßen
Ew. Eminenz ergebenster[7]

DOK. 255
Margarete Pedde schildert in ihrem Tagebuch am 12. November 1943 die Angst der Gettobewohner, während des Zählappells im Bauschowitzer Kessel erschossen zu werden[1]

Handschriftl. Tagebuch von Margarete Pedde,[2] Theresienstadt, Eintrag vom 12.11.1943

Meine zwei;[3] bald hätte ich auch nie mehr geschrieben, d. h., wenn meine Ahnungen erfüllt wären. Am 10. Abends hieß es: „Morgen wird nicht gekocht." Unsere Menagekommission faßte um 8 Uhr abends pro Kopf: 375 g Brot, ½ [...][4], 100 g Zucker und 40 g Margarine. Um 10 ½ Uhr ging ich zu Bett, um gegen 1 ½ Uhr von Rosenberg wieder geweckt zu werden. Unser Arzt, Dr. Große, Herr Herrmann und ich gingen durch das Haus, schrieben in den Zimmern alle Kranken auf und sagten den Gesunden an, daß sie um 5 ½ Uhr aufstehen sollten, sich warm anzuziehen hätten und sich Brote machen sollten, denn in der Frühe gingen wir zur Zählung ins Bauschowitzer Tal. Ab 6 Uhr früh am

5 In der im Herbst 1942 gegründeten kath. Gemeinde in Theresienstadt gab es keinen Priester.
6 Nicht aufgefunden.
7 Handschriftl. Abschiedsformel. Der Aufforderung Innitzers folgend, wandte sich Bertram an die Reichsregierung und bat darum, kath. Priestern Zugang zu KZs zu ermöglichen. Als Beispiel nannte er Theresienstadt, das von Leitmeritz gut zu erreichen sei. Das RSHA erklärte sich im Frühjahr 1944 zwar grundsätzlich mit geistlichem Beistand im Getto einverstanden, verschleppte die Angelegenheit aber, so dass die kath. Gemeinde Theresienstadts bis zur Befreiung keinen Priester hatte; siehe Schreiben Bertrams an Himmler und das RSHA vom 17.11.1943, wie Anm. 1, Nr. 898, S. 281 f.

1 APT, A 79/95.
2 Margarete Pedde, geb. Herze (1898–1978); 1924 heiratete sie Paul Pedde (gest. 1938), 1925 Geburt der Tochter Inge; 1934 konvertierte sie zum Protestantismus; 1942 wurde sie nach Theresienstadt deportiert, wo sie 1944 Hausälteste im Haus L 415 wurde; 1945 Rückkehr nach Mülheim, 1977 Emigration nach Großbritannien.
3 Margarete Pedde führte ein Brieftagebuch, das an ihre Tochter Inge und ihre neugeborene Enkelin Brigitte gerichtet war. Inge Pedde (*1925), Kontoristin, lebte in Oberhausen; 1942 Geburt der Tochter Brigitte, Okt. 1944 bis Jan. 1945 in Auschwitz inhaftiert; nach dem Krieg Emigration nach Großbritannien, wo sie 1948 heiratete.
4 Im Original unleserlich.

11. d. M. ging das Theater los. Die Kranken wurden abgeholt und in die Hamburger Kaserne gebracht. Wir anderen stellten uns in Fünferreihen auf die Straßen, die mittlerweile angefüllt waren. Langsam ging der Aufmarsch vor sich. Gegen 12 Uhr waren die 40 000 Menschen auf dem ehemaligen Exerzierplatz in Gruppen von 100 aufgezogen. So standen wir um 6 Uhr abends noch. Die S-S zählte uns, und tschechische Gendarmerie hielt an den bergigen Rändern des Platzes Wache. Toiletten waren nicht vorhanden, und man mußte sich seitlich in die Büsche schlagen, Fliegen umkreisten den Platz, und wir waren ängstlich, denn als wir den Platz betraten, wurde in Leitmeritz gesprengt und wir dachten schon, unser letztes Stündlein hätte geschlagen. Es war verflixt kalt und auch fiel etwas Schnee. Um 6 Uhr abends drehte sich die ganze Welt um und drängte zum Ausgang, trotzdem kein Kommando zum Abmarsch gegeben war. Stelle Dir vor, 40 000 Menschen kamen in Reih u. Glied unter Aufsicht an – um ohne jede Leitung nur durch einen Ausgang wieder fortzugehen. Wir drei – Frau Richter, Frau Friedrich und ich – hakten uns unter und ließen uns mit der Masse fortdrängen. Es war entsetzlich. Einmal mußte man über einen Holzberg, dann über einen Graben, dazu regnete es noch. Aber last not least bewahrte jeder Disziplin und um 9 Uhr abends waren wir todmüde und halberfroren in unserem Bau. Die kleine Stadt, die wie ausgestorben war, belebte sich, und um 12 Uhr abends hörten wir Stimmen auf der Straße, die sonst schon um 8 Uhr still sind. Heute dröhnt mir der Kopf, sämtliche Muskeln tun mir weh, und ich befürchte, daß eine Grippe im Anzug ist. Aber – Mutti läßt sich nicht unterkriegen. Betet weiter für mich.

DOK. 256
Walter Lindenbaum schreibt 1943 ein Lied über Theresienstadt[1]

Gedicht von Walter Lindenbaum,[2] „Das Lied von Theresienstadt“, 1943[3]

Wir sind hier 40 000 Juden,
Es warn viel mehr an diesem Ort,
Und die wir nicht nach Polen verluden,
Die trugen wir in Särgen fort.
Und in den Höfen der Kasernen,
Da stehn wir abends sehnsuchtsbang
Und blicken zu den ew'gen Sternen
Hinauf und fühlen erst den Zwang.
Die Freiheit wohnt im Sternenraume
Und nicht in dem Kasernenloch
Und nachts da flüstern wir im Traume:

1 APT, Nr. 5047 (Nachlass Karel Heřman); Abdruck in: Mary Steinhauser (Hrsg.), Totenbuch Theresienstadt. Damit sie nicht vergessen werden, Wien 1987, S. I.54.

2 Walter Lindenbaum (1907–1945), Schriftsteller und Kabarettist; Mitglied der Vereinigung sozialistischer Schriftsteller in Wien, seit 1938 Mitarbeiter der IKG Wien, u. a. als Helfer bei der Abholung zur Deportation); am 1. 4. 1943 Deportation mit seiner Familie nach Theresienstadt, Sept. 1944 nach Auschwitz, starb im Lager Ohrdruf.

3 Interpunktion wie im Original. Das Gedicht entstand zwischen April und Mitte Nov. 1943.

„Wie lange noch, wie lange noch?“
Oh, merk Dir’s Bruder, Kamerad,
Das Liedchen von Theresienstadt.

Wir kämpfen um das nackte Leben
Und jeder Tag bringt neue Not.
Den Stolz, den darf es hier nicht geben,
Man bettelt um ein Stückchen Brot.
Früh’r hätt’ man das nicht machen dürfen,
Die Suppe holen im Blechgeschirr
Und ohne Löffel gierig schlürfen.
Hier heißt es: friss oder krepier.
Und demaskiert zeigt sich das Elend
Im Antlitz jeder Kreatur,
Verfehlend, quälend, manchmal stehlend,
Denn hier regiert die Ich-Natur.
Oh, merk Dir’s Bruder, Kamerad,
Das Liedchen von Theresienstadt.

Und wo wir wohnen, ist’s nicht helle
Nur Hoffnung leuchtet uns voran.
Hier hatten Pferde ihre Ställe
Dort schlafen heute 60 Mann.
Die Wangen eingefallen und mager
Von Sehnsucht wird man hier nicht fett,
So liegt man nachts auf seinem Lager
Und träumt vom Bett im Kavalett.
Den Schmerz, den tapfer man verbissen,
Bei Tag, wenn grell die Sonne scheint,
Der hat uns oft das Herz zerrissen,
In Nächten, wenn man einsam weint.
Oh, merk Dir’s Bruder, Kamerad,
Das Liedchen von Theresienstadt.

Du Stadt der Kinder und der Greise,
Die einen unser Hoffnungskeim,
Die anderen, sie entschlafen leise
Und kehren zu den Vätern heim.
Es holt der Tod, der schwarze Ritter
Ein Kind, es ist ihm einerlei,
Dann geht durch alle anderen Mütter
Ein langgedehnter Schmerzensschrei.
Und Männer, die sonst nichts bedauern,
Die noch so abgehärtet sind,
Sie fühl’n im Herzen ein Erschauern
Beim Schrei der Mutter nach dem Kind.

Oh, merk Dir's Bruder, Kamerad,
Das Liedchen von Theresienstadt.

So leben wir im Ghetto hausend,
Ein Schicksal hält uns alle fest.
Wir Juden hier, wir 40 000
Sind von Millionen noch der Rest.
Wir haben Kummer, haben Sorgen
Und viele Schmerzen haben wir noch,
Wir leben hier von heut' auf morgen
Aber wir leben schließlich doch.
Man konnte hier uns vieles rauben,
Das Schicksal hat uns hergeführt,
Doch eins behielten wir: den Glauben,
daß es doch einmal anders wird.
Oh, merk' dir's Bruder, Kamerad,
Das Liedchen von Theresienstadt.

Und wird es einmal anders werden,
Sind Mühsal und Beschwerden aus,
Wird wieder Frieden sein auf Erden,
Dann singe ich mein Lied zu Haus.
Doch will's das Schicksal anders haben,
Erlebe ich die Freiheit nicht,
Und werde ich auch hier begraben
Wird weiter leben mein Gedicht.
Und wenn die Jahre dann verrinnen,
Für Euch voll sorgenlosen Glücks,
Könnt Ihr Euch einmal dann besinnen
Und denkt an jene Zeit zurück.
Dann sing', oh Bruder, Kamerad,
Dies *mein Liedchen* von Theresienstadt.

DOK. 257
Gerhard Jacoby vom Jüdischen Weltkongress erwartet 1943 für Tschechen und Juden nach dem Krieg Gleichberechtigung[1]

Aufsatz von Gerhard Jacoby,[2] Institute of Jewish Affairs, New York,[3] 1943

Das gemeinsame Schicksal von Tschechen und Juden
Es gibt zwei Orte, die symbolisch für den Angriff der Nazis auf die Freiheit der Bürger der Tschechoslowakei stehen: Lidice und Theresienstadt. Die Nazis haben Lidice[4] zer-

1 Gerhard Jacoby, The Common Fate of Czechs and Jews, in: Czechoslowak Jewry – Past and Future, hrsg. vom Czechoslovak Jewish Representative Committee affiliated with the World Jewish Congress, New York 1943, S. 35–37. Das Dokument wurde aus dem Englischen übersetzt.

stört und seine unschuldigen Bewohner aus Rachsucht ermordet. In Theresienstadt werden hilf- und schutzlose Juden, die man aus ihren Heimatländern deportiert hat, zusammengesperrt. Sie wissen nicht, welches neue Leid der nächste Tag für sie bringen wird. Aber weit von diesen symbolischen Orten entfernt kämpfen Tschechen und Juden zusammen für die Befreiung ihrer Heimatländer: mit Worten und dem Stift in der Hand, aber auch in den Armeen der Vereinten Nationen.
Bis zum 28. Oktober 1943, dem 25. Jahrestag der Tschechoslowakischen Republik, hatten deren Bürger einen mühsamen Weg zurückzulegen. In den glücklichen Jahren, in denen sich die Republik erfolgreich entwickelte, lebten die Juden in Frieden mit ihren Mitbürgern zusammen. Als die Ereignisse vom September 1938 und März 1939 die nationale und politische Einheit zerstörten, bekamen die Juden unmittelbar die volle Wucht und Brutalität der Nazi-Aggressoren zu spüren. Seitdem teilen Tschechen und Juden ihr Martyrium: die Einschränkung ihrer politischen und wirtschaftlichen Rechte, die Unterdrückung des geistigen und kulturellen Lebens und die physische Vernichtung.
Am Beginn der Tschechoslowakischen Republik stand *ein Versprechen*: Die tschechoslowakische Verfassung (Paragraph 128–139) garantiert allen Bürgern der Republik sämtliche demokratischen Freiheitsrechte.[5] Was dies für die Juden bedeutete, erschloss sich aus der Erklärung Masaryks: „Die Haltung gegenüber den Juden ist ein Prüfstein für die kulturelle Reife einer Nation."[6] Die neu entstandene Republik betrachtete die Juden als Bürger mit allen damit verbundenen Rechten.
In dem unrühmlichen von Großbritannien, Frankreich, Deutschland und Italien im September 1938 unterzeichneten Münchner Abkommen wurde der Tschechoslowakei *ein weiteres Versprechen* gegeben. Die Tschechoslowakei war nicht an den Verhandlungstisch gebeten worden, sondern lediglich Gegenstand der Verhandlungen gewesen. In Anhang 1 des Abkommens garantieren die vier Unterzeichnerstaaten die Unantastbarkeit der Grenzen und die Unabhängigkeit der Republik. Doch nach der Unterzeichnung des Abkommens stellte Nazi-Deutschland Bedingungen für diese Garantie. Die Regierung der Republik hat die meisten erfüllt. Sie zögerte jedoch, der Forderung nachzukommen, eine am deutschen Vorbild angelehnte offen antisemitische Politik und Gesetzgebung in der Tschechoslowakei einzuführen. Als Großbritannien und Frankreich

2 Dr. Gerhard Jacoby (1891–1960), Anwalt; 1921–1935 Anwalt in Berlin und Syndikus beim S. Fischer Verlag; 1936 Emigration nach Palästina, 1939 weiter in die USA; seit 1941 Mitarbeiter des Institute of Jewish Affairs des Jüdischen Weltkongresses, 1950–1952 Beauftragter des Jüdischen Weltkongresses zur Reorganisation jüdischen Lebens in Deutschland; Autor von „Racial State. The German nationalities policy in the protectorate of Bohemia-Moravia" (1944).

3 Das Institute of Jewish Affairs wurde im Febr. 1941 in New York vom American und vom World Jewish Congress gegründet. Es sollte die Lebenssituation der Juden erforschen und Rechtsansprüche nach dem Ende des Krieges durchsetzen; 1965 Umzug nach London.

4 Wie Dok. 218 vom 17.4.1945, Anm. 11; siehe auch VEJ 6, S. 61, und VEJ 6/295.

5 Gemeint sind die §§ 128–134, in denen der Schutz der nationalen religiösen und ethnischen Minderheiten festgestellt wurde.

6 Tomáš Garrigue Masaryk (1850–1937), 1918–1935 erster Präsident der Tschechoslowakei. Der Ausspruch geht auf den tschechoslowak. Außenminister Edvard Beneš während eines Treffens mit den Vertretern des Jüdischen Nationalrats in Paris am 5.4.1919 zurück. Die Regierung der neu gegründeten tschechoslowak. Republik nahm eine positive Haltung gegenüber den Juden ein. So versicherte Beneš in Paris, dass die Behandlung der Juden für ihn ein Prüfstein sei, an dem der Staat beweisen müsse, ob er zum westlichen Kulturkreis gehöre.

Deutschland schließlich dazu drängten, sich öffentlich zu der abgegebenen Garantie zu bekennen, verweigerte es sich und erklärte, Mitteleuropa und damit auch die Tschechoslowakei seien kein Thema mehr für die westlichen Demokratien, sondern eine Angelegenheit „Großdeutschlands".
Als Nazi-Deutschland Böhmen und Mähren besetzte und das „Protektorat" errichtete, gab es erneut *ein Versprechen* ab. Es war Teil des Erlasses Hitlers, der am 16. März 1939 „der Bevölkerung des Protektorats alle politischen Rechte" und der „Regierung des Protektorats das Recht auf Autonomie und Selbstverwaltung" zugestand.[7]
So wie das Gerede vom „Protektorat" ein Nazi-Schwindel war, erwiesen sich auch alle Versprechen in Bezug auf Selbstverwaltung als Lug und Trug. Das einzige Recht, das die Nazis der Bevölkerung und der Regierung des „Protektorats" zugestanden, war das Recht, die Befehle Nazi-Deutschlands *zu befolgen.* Damit verfolgte Nazi-Deutschland das Ziel, Böhmen und Mähren zu germanisieren und „Lebensraum" für die Deutschen zu schaffen. Seine Bemühungen, die Tschechische Republik zu zerschlagen, führten zum politischen Chaos, zu einem dreigeteilten Staat, basierend auf Rassenunterscheidungen zwischen Deutschen, Tschechen und Juden.
Alle Rechte für die Deutschen, einige wenige für die Tschechen und völlige Rechtlosigkeit für die Juden, das war das Grundprinzip, das dem zugrunde lag. Die Arisierung von jüdischem Eigentum in den durch das Münchner Abkommen verloren gegangenen Gebieten und im „Protektorat" war der Trick, mit dem sich Nazi-Deutschland einen großen Teil der tschechoslowakischen Zechen und Textilfabriken, bestimmte, mit wichtigen Industriebetrieben verflochtene Banken sowie jüdische Immobilien aneignete, ohne irgendeine Kompensation zahlen zu müssen. Darüber hinaus stand hinter der antijüdischen Gesetzgebung die Absicht, die Tschechen davon zu überzeugen, dass nur die Juden ihre Rechte verlieren würden, während die Tschechen, wenn sie mit dem Nazi-Regime kooperierten, auf der sicheren Seite stünden. Doch die Bevölkerung hat sich nie von der Illusion einer Kollaboration zwischen Tschechen und deutschen Nazis täuschen lassen. Die Tschechen weigerten sich, ihre jüdischen Mitbürger auf dem Altar des Nationalsozialismus zu opfern. Was „Kooperation" für die Tschechen tatsächlich bedeutete, zeigte sich unmittelbar nachdem die Stahlhütte Poldi, die Škoda-Werke und die Tschechoslowakische Waffenfabrik[8] (die berühmten „Bren Guns")[9] in deutschen Besitz übergegangen waren und sich die Hermann Göring-Werke die Kohle-, Eisen- und Maschinenbauindustrie krakengleich einverleibten, ohne Rücksicht darauf, ob es sich um privaten oder staatlichen Besitz handelte, sowie das Gold der Tschechoslowakischen Nationalbank und die umfangreichen Rohstoff- und Lebensmittelvorräte, die die tschechoslowakische Regierung für Notfälle angelegt hatte, konfiszierten. Was „Kooperation" für das intellektuelle Leben des Landes bedeutete, erwies sich, als alle tschechischen Universitäten und wissenschaftlichen Einrichtungen, viele Gymnasien, Mittel- und Grundschulen schließen mussten, als ihre Ausstattung und Bibliotheken beschlag-

7 Die hier zitierten Stellen finden sich nur sinngemäß im Erlass wieder; Erlass des Führers und Reichskanzlers über das Protektorat Böhmen und Mähren vom 16.3.1939, RGBl., 1939 I, S. 485–488.

8 Gemeint sind die Waffenwerke Brünn.

9 Maschinengewehr, das die brit. Armee im Zweiten Weltkrieg einsetzte. Die Bezeichnung „Bren" setzt sich aus den Anfangsbuchstaben der Orte Brno (Brünn) und Enfield zusammen, an denen das ursprüngliche Modell Zb vz. 26 hergestellt wurde.

nahmt und an deutsche Einrichtungen weitergegeben wurden, als die Schulbücher nach den Vorgaben der Nazis umgeschrieben wurden und die Verfassung der Tschechoslowakei aus dem Lehrplan der tschechischen Schulen verschwand. Und was „Kooperation" für das politische Leben in der Tschechoslowakei bedeutete, konnte man am Schicksal der tschechischen Zeitungen ablesen, die entweder gar nicht mehr erscheinen durften oder der deutschen Zensur unterstanden; an den Filmen und Radioprogrammen, die von den Deutschen streng kontrolliert wurden; an den politischen Parteien oder nationalen Gruppierungen, die wie die Nationale Gemeinschaftspartei[10] unter den Einfluss der Deutschen gerieten oder wie die Sokolverbände[11] und die Tschechischen Legionäre[12] aufgelöst wurden, nachdem man ihren Besitz beschlagnahmt hatte.

Nur in der zeitlichen Abfolge unterscheidet sich, was der Nationalsozialismus den Juden und den Tschechen angetan hat. Die Juden waren von Anfang an zur Vernichtung vorgesehen, weil sie nicht in das Konzept eines nationalsozialistischen Rassenstaats passten. Die Tschechen weigerten sich, ihre nationale Unabhängigkeit gegen den „Schutz" der Nazis einzutauschen, in Reih und Glied zu marschieren und sich der neuen Ordnung des Nationalsozialismus anzudienen. Von daher mussten die Henker der Nazis gegen beide, die Juden und die Tschechen, vorgehen.

Die Regierung von General Alois Elias weigerte sich, die antijüdischen Nürnberger Gesetze im Protektorat anzuwenden.[13] General Elias war einer der Ersten, die Reinhard Heydrich verhaften ließ, nachdem dieser Himmlers Ersten Oberstleutnant, von Neurath,[14] als Reichsprotektor von Böhmen und Mähren abgelöst hatte. Der deutsche Volksgerichtshof in Prag, dem Dr. Otto Thierack vorsaß, heute Hitlers Reichsjustizminister, verurteilte am 1. Oktober 1941 General Elias zum Tode. Das Urteil wurde in den Terrortagen im Juni 1942[15] vollstreckt. General Elias wurde für seine Weigerung, mit dem Nationalsozialismus zu paktieren, bestraft. Die Verteidigung der Rechte von Juden war ein Aspekt seiner mutigen Haltung, die ihm die Juden niemals vergessen werden.

Unter dem im September 1941 beginnenden Terrorregime Reinhard Heydrichs verurteilten deutsche Notstandsgerichte zahlreiche Tschechen und Juden zum Tode. Die

10 Gemeint ist die „Nationale Gemeinschaft" (Národní souručenství), die einzige nach der Bildung des Protektorats zugelassene Einheitspartei.

11 Die seit Mitte des 19. Jahrhunderts in Böhmen und Mähren entstandenen Turnbewegungen (tschech. Sokol) bildeten einen wichtigen Teil der tschech. Nationalbewegung. Die Sokolverbände wurden zunächst 1939 im Sudetenland, dann 1941 im Protektorat Böhmen und Mähren verboten.

12 Die Tschechoslowakischen Legionen waren im Ersten Weltkrieg als Auslandsarmee gegründete militärische Verbände, die auf Seiten der Entente vor allem in Russland aufgestellt wurden. Später gingen sie in der Tschechoslowakischen Armee auf und wurden 1939 aufgelöst.

13 Alois Eliáš (1890–1942), Berufssoldat, Politiker; bis 1939 General in der Armee der Tschechoslowakischen Republik; 1939–1941 Ministerpräsident des Protektorats Böhmen und Mähren, aufgrund seiner Kontakte zur tschechoslowak. Exilregierung 1941 wegen Hoch- und Landesverrats zum Tode verurteilt und erschossen. Im Mai 1939 schlug Eliáš dem Reichsprotektor eine rein auf religiösen Kriterien beruhende Definition des Begriffs „Jude" vor, die zwar viele diskriminierende Beschränkungen enthielt, aber von deutscher Seite als zu mild empfunden wurde; zu den Nürnberger Gesetzen siehe VEJ 1, S. 45–47; zum Regierungsentwurf Eliáš' siehe VEJ 3/246.

14 Konstantin Hermann Karl Freiherr von Neurath (1873–1956), Diplomat, Politiker; 1921–1930 Botschafter in Rom, 1930–1932 in London, 1932–1938 RAM; 1937 NSDAP- und SS-Eintritt; 1939–1943 Reichsprotektor für Böhmen und Mähren; 1946 im Nürnberger Prozess zu 15 Jahren Haft verurteilt, 1954 entlassen.

15 Wie Dok. 248 vom 5.9.1943, Anm. 12.

Verurteilten wurden erschossen oder gehängt. Juden starben zusammen mit der tschechischen Intelligenz und mit tschechischen Armeeoffizieren, die ermordet wurden, um die Schaltzentrale des tschechischen Widerstands lahmzulegen. Nach der Erschießung Heydrichs durch tschechische Patrioten und dem Beginn einer neuen Terrorwelle unter dessen Nachfolger Kurt Daluege[16] starben Tschechen und Juden erneut Seite an Seite. Sie wurden zu Opfern der Nazis und ihrer Versuche, die nichtdeutsche Bevölkerung im neuen „Lebensraum" gänzlich auszulöschen.
Die tschechoslowakische Regierung in London hat in mehreren Erklärungen hervorgehoben, dass in der Tschechoslowakei nach Ende des Krieges Juden dieselben Rechte haben werden wie vor 1938.[17] Im Staatsrat in London, der als Kontroll- und Beratungsgremium die tschechoslowakische Regierung unterstützt, ist die jüdische Bevölkerung gebührend repräsentiert.[18] Hier schließt sich ein tragischer Zirkel: von der Verabschiedung der tschechoslowakischen Verfassung am 29. Februar 1920 bis zum Staatsrat in London. Aber immerhin existiert eine Institution, die mehr ist als ein Symbol, *ein neues Versprechen*. Der Tag wird kommen, an dem nach Jahren des gemeinsamen Leids Tschechen und Juden eine neue gemeinsame Bestimmung finden werden: Leben und Freiheit in einem befreiten Land, in einer freien Welt.

DOK. 258

Die Krankenschwester Thea Höchster dichtet im Winter 1943 über die Schrecken der Deportationen[1]

Handschriftl. Gedicht von Thea Höchster,[2] Theresienstadt, Dezember 1943[3]

Transport!

Transport ein schrecklich traurig Wort
Schon Tage klingt es in uns fort.
Kalt weht die Schneeluft, Dezemberstürme jagen,
Alte Menschen, junge werdende Mütter sie klagen

16 Kurt Daluege (1897–1946), Ingenieur; 1922 NSDAP-, 1930 SS-Eintritt; 1933 MdR; 1933–1936 Leiter der Polizeiabt. im Preuß., seit 1945 dem Reichsinnenministerium; 1936 wurde er stellv. Chef der Deutschen Polizei und Chef der Ordnungspolizei; 1942/43 stellv. Reichsprotektor von Böhmen und Mähren, dann krankheitsbedingt beurlaubt; 1946 in Prag hingerichtet.

17 Die tschechoslowak. Exilregierung in London erklärte im März 1945, dass Juden in der befreiten Tschechoslowakei keine Minderheitenrechte garantiert würden. Als assimilierte Einwohner der Republik stünden ihnen jedoch die vollen staatsbürgerlichen Rechte zu; siehe The Jewish Chronicle vom 23.3.1945, S. 9: „Full Equality for Czech Jews. Minister's Important Pronouncement".

18 Einziges jüdisches Mitglied im Staatsrat war Arnošt Frischer, ehemaliger Vorsitzender der Tschechoslowakisch-jüdischen Partei.

1 YVA, O.33/7136, Bl. 28–32.

2 Thea Höchster, geb. Schleicher (1898–1973), vermutlich Dentistin; im Jahr 1922 heiratete sie Nathan Höchster, drei Kinder; 1938 Umzug von Lauterbach nach Frankfurt a. M., dort Krankenschwester im Krankenhaus der Israelititschen Gemeinde; am 18.8.1942 wurde sie nach Theresienstadt deportiert, wo sie als Krankenschwester arbeitete; 1945 emigrierte sie nach Palästina.

3 Interpunktion wie im Original.

Tempo, es gilt, keine Zeit zu verlieren
In Stunden müssen sie schon marschieren
Was stopft man schnell in den Rucksack ein
Wollene Sachen, Wäsche, Schuhe u. Toilettensachen fein
Alles ist zu wenig, alles ist zu viel,
Wenn man eiligst weiter will
Zwei Welten lebten hier im engsten Kreis,
Heut trennt man sie und keiner weiß
Ob besser man fährt auf altem oder neuem Gleis.
Sie tragen es ruhig die jungen Zschechen[4]
Wer übrig bleibt muß zahlen die Zechen.
Die deutschen Juden werden sich mühen u. quälen,
Niemals verstehen die Rosinen aus dem Teig zu wählen.
Der irrsinnige Fleiß u. die betonte Pflicht,
hilft heut u. morgen nicht.
Noch immer hört man verkünden
Reserven müssen sich finden.[5]
Transport ein schrecklich traurig Wort
Klingt in uns fort u. fort.
Allgütiger Herr u. Vater,
Sei unser Beschützer u. unser Berater.
So lernen die Menschen bitten u. beten,
Wie immer wenn Gefahr droht im Leben
Transport rollst Du nun endlich fort,
Noch unbekannt u. unbestimmt an welchen Ort.
Zurück kommen Menschen in Massen,
Leise voll Weh durch altbekannte Gassen.
Erfüllt von Abschiedsschmerz u. Hoffnungsschimmer
kehren die Ausgeschiedenen aufs alte Zimmer.
Durch frisch gefrorene Fenster,
sehen wir tausend Gespenster;
u. grutzeln[6] darauf in einem fort,
Das traurige schreckliche Wort Transport
Einige Tage weiter, plaudert man wieder sehr heiter,
Macht Pläne u. neue Zukunftsmusik
Und wartet auf gut Glück
Das Lebensrad kann sich ganz schnell mal drehn –
Im neuen Jahre wird – will's Gott – die Friedensfahne wehn
Denn Lebenskünstler sind doch all Ghettokinder,
Im heißen Sommer u. im kalten Winter

4 Gemeint sind Tschechen.
5 Wenn Häftlinge den Transport, egal aus welchen Gründen, nicht antreten konnten, wurden an ihrer Stelle andere, auf der Reserveliste angeführte Häftlinge deportiert.
6 Hess.: unsauber, ungeschickt schreiben.

Wir lieben das Leben, den Freund und die Feinde Alle,
Heute, morgen u. in jedem Falle.
Wir passen in ein Zelt,
sind dennoch Menschen von Welt,
mit und auch ohne Geld.
Einmal ist doch der Krieg zu Ende,
dann rühren wir unsere gebundenen Hände
Geben dann nach Möglichkeit, was an Kräften uns noch bleibt.
Werden eine neue Heimat gründen
Alles, alles wird sich wiederfinden.

DOK. 259
Die Jüdische Gemeinde in Schlan vermerkt am 30. Januar 1944 die Versiegelung der Wohnung von Laura Reifová, die in das Sammellager in Prag überstellt wurde[1]

Aktenvermerk der Jüdischen Gemeinde Schlan, gez. unleserlich, an den Ältestenrat der Juden in Prag, Außenstelle Kladno, vom 30.1.1944

Über die durchgeführte Versiegelung der Wohnung nach Frau MUDr. Laura *Reif*,[2] Horeschowitz No. 25.
Frau MuDr. Laura *Reif* wurde am 9.1.1944 in das jüdische Sammellager nach Prag einberufen. Genannte hat eine arische Tochter Irena Reif, die mit ihrer Mutter bisher im gemeinsamen Haushalt lebte und am 12.1.1944 sich für ständig beim Gemeindeamt in Horeschowitz abgemeldet hat und nach Prag-Břesnov,[3] Fastrova NC 321, übersiedelt ist. Ihr arischer Vater Herr Georg Reif hat die Wohnungsschlüssel dem Gemeindeamt in Horeschowitz am 12.1.1944 übergeben.
Am 29 d. M. habe ich im Auftrage des Ältestenrats der Juden in Prag, Außenstelle Kladno, die Wohnung nach Frau MuDr. Laura *Reif*, Horeschowitz 25, um 10 h vormittags mittels Papierstreifen verklebt, versehen mit Stampiglie, Datum und meiner Unterschrift.
2 Wohnungsschlüssel von der Wohnung nach Frau MuDr. Laura Reif, Horeschowitz 25, hat mir der Gemeindevorsteher Herr Wenzel *Kyp*, Horeschowitz am 29. d. M. ausgefolgt, die ich gleichzeitig mit diesem Aktenvermerk an die Außenstelle Kladno mittels eingeschriebenem Brief einsandte.
Schlan, am 30. Jänner 1944
Zweifach
2 Schlüssel
Einschreibebrief

1 JMP, Fond JKG Slany, Sig. 102 834, Kopie: USHMM, RG-68.002M, Reel 29.
2 Dr. Laura Reifová (1900–1944), Ärztin; im Jan. 1944 von Prag nach Theresienstadt deportiert und von dort im Okt. nach Auschwitz, wo sie ermordet wurde.
3 Richtig: Prag-Břevnov.

DOK. 260
Erwin Weinmann informiert das Zentralamt für die Regelung der Judenfrage am 24. Februar 1944 über die Vorschriften zur Verwendung des geraubten jüdischen Vermögens[1]

Schreiben (Tgb. Nr. BdS ZJ 67/44) des Befehlshabers der Sicherheitspolizei und des SD, gez. SS-Standartenführer Weinmann, Prag XIX, Kastanienallee 19, an das Zentralamt für die Regelung der Judenfrage in Prag, nachrichtlich an den SD-Leitabschnitt, z. Hd. SS-Obersturmbannführer Jacobi,[2] den Beauftragten des Reichskommissars für die Festigung deutschen Volkstums, z. Hd. SS-Obersturmbannführer Fischer,[3] den Chef des Ministeramtes (Eing. 26.2.1944), z. Hd. SS-Standartenführer Dr. Gies,[4] alle Prag, vom 24.2.1944

Betr.: Satzungen des Auswanderungsfonds für Böhmen und Mähren – Richtlinien für die Verwendung der Mittel des Auswanderungsfonds

Gemäß § 5, Abs. 5, der Verordnung des Reichsprotektors in Böhmen und Mähren über die Betreuung der Juden und jüdischen Organisationen vom 5.3.1940 – VBl.RProt., S. 77 –[5] wird § 4 der Satzungen des Auswanderungsfonds für Böhmen und Mähren wie folgt geändert:

Die Fondsmittel sind zu verwenden:

1.) zur Bestreitung der Kosten, die mit der Auswanderung, Abwanderung und Unterbringung der Juden in geschlossenen Siedlungen, der Betreuung der noch nicht abgewanderten Juden sowie mit der Überwachung und Lenkung dieser Maßnahme verbunden sind;

2.) zur Gewährung von Entschädigungen nach § 2 der Dritten Verordnung des Reichsprotektors über die Betreuung der Juden und jüdischen Organisationen vom 19.11.1941 – VBl.RProt., S. 642 –[6] Befriedung von Ansprüchen Dritter;

3.) zur Förderung volkspolitischer Aufgaben im böhmisch-mährischen Raum als Ausgleich für die Schäden, die seiner Bevölkerung, insbesondere dem deutschen Volkstum, durch die Juden in politischer, kultureller und wirtschaftlicher Hinsicht entstanden sind.

1 Archiv bezpečnostních složek, 325-15-4.

2 Dr. Walter Jacobi (1909–1947), Jurist; 1929 NSDAP-, 1930 SA-Eintritt, 1935 SS-Eintritt; 1935–1937 Mitarbeiter des Ref. Volkstumsfragen im SD-Hauptamt; von 1939 an beim SD in Prag, 1942–1945 Leiter des SD-Leitabschnitts in Prag; 1945 verhaftet und 1947 in Prag hingerichtet.

3 Ferdinand Fischer (*1907), Ingenieur; Mitbegründer des sudetendeutschen NS-Studentenbunds; 1940–1942 Leiter des Bodenamts in Prag, 1942–1945 Beauftragter des Reichskommissars für die Festigung des deutschen Volkstums; sein Schicksal nach dem Krieg ist unbekannt.

4 Dr. Robert Gies (1902–1974), Verwaltungsbeamter; 1933 NSDAP-, 1935 SS-Eintritt; von 1937 an beim SD u. a. als Abteilungsleiter Abwehr in Trier und im SS-Oberabschnitt Rhein, seit Sept. 1939 Leiter des Ministerialamts beim Reichsprotektor für Böhmen und Mähren und persönlicher Referent Karl Hermann Franks, 1942/43 Beförderung zum Min.Rat; 1945 von US-Behörden inhaftiert, dann als Min.Rat in Münster tätig.

5 § 5, Abs. 5 bestimmte den BdS in Prag zur Fondsaufsichtsbehörde mit der Befugnis, Änderungen in der Satzung des Auswanderungsfonds vornehmen zu können.

6 Nach § 2 dieser VO betraf die Möglichkeit der Entschädigung Personen, die Ansprüche gegen jüdische Institutionen hatten, die aufgelöst, überführt oder eingegliedert worden waren. Ansprüche konnten nicht geltend gemacht werden, wenn das jüdische Vermögen zur Abwicklung übernommen worden war.

DOK. 261

Heda Neumannová berichtet dem Hechaluz am 27. Februar 1944 über Theresienstadt und schildert die Schwierigkeiten, im Untergrund zu leben[1]

Bericht von Heda Neumannová,[2] Budapest, an die Weltzentrale des Hechaluz in Genf vom 27.2.1944 (Typoskript)[3]

Liebe Chawerim!

Anschließend an meinen ersten Brief vom 5. Sept. aus B.[4] will ich Euch heute über einige Dinge ausführlicher berichten, die ich in meinem ersten Schreiben nur streifte.

Zuerst noch zu den Transporten: Als ich Euch das erste Mal schrieb, berichtete ich Euch noch, daß es in Prag selbst einige wenige und auf dem Lande an ein bis zwei Arbeitsstellen Juden gebe. Diese Außenarbeitsgruppen wurden liquidiert, und zwar wissen wir selbst nicht wie, ob die Chawerim nach Theresienstadt oder direkt nach Polen geschickt wurden. Heute gibt es also überhaupt keine Juden mehr dort, nur diejenigen, welche arisch versippt sind und bei welchen sich der arische Teil hundertprozentig als arisch dokumentieren konnte.

Vor ca. einem Monate erhielten wir die Nachricht, daß sich die Lage in Th. außerordentlich verschlechterte, insbesondere berührte uns die Meldung, daß Edelstein[5] sich nicht mehr dort befinde. Wir wissen nicht, ob er – wie die angebliche Meldung lautete – nach Warschau versetzt wurde oder ob diese Meldung bedeuten sollte, daß er gestorben sei, denn in Warschau selbst gibt es ja keine Juden mehr. Jedenfalls ist dies eine sehr schlechte Wendung und spornte diese uns wieder neuerlich an, alles zu unternehmen, um wenigstens einzelnen unserer Leute zu helfen, d. h., sie von dort wegzubringen. Ich weiß nicht, ob Rafi Euch nicht schon davon berichtet hat, auf jeden Fall führe ich noch einmal an, daß morgen ein Schliach[6] nach Th. abgeht, der uns versprochen hat, einige Leute, deren Adressen wir ihm mitgegeben haben, herzubringen. Da aber leider aus Th. immer wieder Transporte nach Polen gingen, wissen wir gar nicht, ob er die ihm genannten Chawerim erreichen wird. Wir werden Euch nach seiner Rückkunft berichten, wie die Sache ausgefallen ist.

Zu Eurem besseren Verständnisse möchte ich noch folgendes erzählen: Theresienstadt ist kein Selbstzweck und diejenigen Juden, die dorthin geschafft wurden, wußten noch lange nicht, was eigentlich mit ihnen geschehen würde. Nach der Ankunft dortselbst wurden sie in der sogenannten Schleuderkaserne[7] einquartiert, aus welcher die einen herauskamen, um in einer Th[eresien]städter Kaserne untergebracht zu werden, die an-

1 BLHG, Z/1063-Th.

2 Hedvika (Heda) Neumannová, geb. Türková, lebte im Untergrund unter dem Namen Marková (*1921); Mitglied des Haschomer Hazair, im Frühjahr 1942 tauchte sie in Prag unter, arbeitete unter falscher Identität als Übersetzerin und beteiligte sich aktiv am Widerstand, Herbst 1943 Flucht in die Slowakei und von dort weiter nach Budapest; 1969 Emigration nach Großbritannien.

3 Grammatik wie im Original.

4 Gemeint ist Bratislava.

5 Jakob Edelstein.

6 Hebr.: Bote.

7 Vermutlich ist hier die sog. Schleuse gemeint, die Sammelstelle für ankommende und abgehende Transporte.

deren, um den Zug wieder zu besteigen und ihrem grauenhaften Schicksal nach Polen entgegenzugehen. Seit dem Bestande von Th. gingen in kleineren und größeren Intervallen ständig Transporte nach Polen ab und wir erhielten immer wieder Nachrichten über den Abgang bekannter und naher Menschen. Die ersten Transporte gingen überhaupt nicht nach Th., sondern direkt nach Polen. Wir erhielten noch ein- zweimal Nachricht von unseren Chawerim, dann blieben diese aus und nun wissen wir nicht mehr, was mit ihnen ist, können kaum mehr annehmen, daß sie noch leben. Nach Heidr.-Affäre[8] ging ein Straftransport von Prag ab, von dem wir hörten, daß die Männer sofort erschossen worden seien, die Frauen wurden neben einem Konzentrationslager untergebracht und einige Zeit darauf kam die Nachricht, daß auch sie nicht mehr leben. Es waren im ganzen 1000 Leute gewesen, darunter auch viel uns nahestehende.
Solange unsere Leute noch in Th. waren und uns Nachrichten zukommen lassen konnten, erfuhren wir von ihnen, daß sie sehr hungerten. Wir bemühten uns, soweit es ging, Pakete an sie zu schicken, leider war auch das schon sehr schwer, da wir auf Karten lebten und die Zuteilungen als mehr als minimal bezeichnet werden müssen. Was wir jedoch entbehren oder sonstwie auftreiben konnten, sandten wir; solange noch Chawerim in Prag waren, gab es eine geregelte Unterstützung durch den Hechaluz, der eine Sendungsaktion organisierte und die Chawerim ständig mit einigen Lebensmitteln versorgte. Diese wurden selbstredend auf schwarzem Wege geschickt. Gegen Sommer des Vorjahres übernahm der gewesene Gestapoleiter der Transporte[9] die Führung von Th. und die erste Tat, mit der er sich auszeichnete, war, daß er sämtliche Paketsendungen verbot. Es wurden Marken eingeführt, die die Bewohner von Th. an Verwandte ins Protektorat schicken sollten, welche diese Empfänger zu Sendungen berechtigen sollten.[10] Solange wir dort waren, erhielt noch nicht ein einziger Mensch eine dieser angekündigten Marken. Außerdem waren die Marken auf je 15 kg. Gewicht bemessen und machten somit eine Sendung fast ganz unmöglich, da man auf gar keinen Fall ein so großes Quantum schicken kann. Legal kann man es nicht beschaffen, da wie gesagt alles auf Karten ist und wenn man es illegal auftreibt, so kommt der Absender sofort vor ein Wirtschaftsgericht – im Protektorat war sogenanntes Wirtschafts-Standrecht eingeführt, d. h., daß wegen wirtschaftlicher Vergehen, also Schwarzkauf von Lebensmitteln und Kleidern u. s. w. erschossen oder erhängt wird. Ganz abgesehen davon sind auf Verkehr oder gar Unterstützung arischerseits an Juden strenge Kerkerstrafen gesetzt, so daß ein arischer Absender nicht in Frage kommt, Juden aber gibt es nur die arisch versippten, also das Verschicken der Marken von Th. aus selbst ist ein Problem. Anders gesagt ist die Markeneinführung eine Finte, die das Paketeschicken vollkommen unterbindet, dieses Verbot aber elegant ausdrückt. – Daß es mit der Kost auch in den Außenarbeitsgruppen sehr schlecht aussah, habet Ihr schon aus dem ersten Schreiben ersehen. Auch die Gesundheitsverhältnisse waren sehr elende, Scharlach und andere Krankheiten waren sehr verbreitet, unsere Chawerah Margit Löwenbein[11] starb kurze Zeit nach ihrer Ankunft in Th. an Scharlach so wie viele andere auch. Und trotz allen Elends, Hungers und Verzweiflung waren diejenigen, die in Th. waren, noch glücklich, dort zu sein, und zitterten

8 Gemeint ist das Attentat auf Reinhard Heydrich; wie Dok. 248 vom 5.9.1943, Anm.12.
9 Anton Burger.
10 Siehe Dok. 245 vom 22.7.1943.
11 Vermutlich: Margita Löwenbeinová (1921–1943).

nur ständig davor, nach Polen verschleppt zu werden, das den sicheren Tod durch Gas oder Erschießung, Hunger, Kälte und Marterei bedeutet. Wer einmal dorthin ging, von dem kam wohl keine Nachricht mehr.
Th. selbst ist nicht nur ein Sammelpunkt unserer Leute, es kamen dort Juden aus aller Herrn Länder hin, Griechen, Deutsche, Jugoslawen, Franzosen u. s. w.[12] Für den beschränkten Platz ist auch dieser Umstand eine Katastrophe, ganz abgesehen davon, daß je mehr Esser kommen, desto weniger auf den einzelnen entfällt. Solltet Ihr vielleicht auch die Bilder gesehen haben, die vom amerikanischen Roten Kreuz dort angeblich gemacht wurden, so wisset, daß das alles Lüge ist, gestellt zur Aufnahme und unwahr wie alles, was die Deutschen vorgeben.[13] Nach Th. von außen zu kommen ist ein Ding der Unmöglichkeit, oder doch fast ausgeschlossen. Es liegt nicht einmal an der Bahn, man muß von der nächsten Station zu Fuß hingehen und da das offenes Land und natürlich bewacht ist, so hat es keinen Zutritt.[14] Auch die in Th. lebenden Verschleppten mußten mit ihrem Gepäck diese Strecke zu Fuß zurücklegen, wer es nicht ertragen konnte, kam eben ohne alles an. Später wurde das dann so praktiziert, daß das jüdische Gepäck überhaupt nicht weiterbefördert und nach Berlin geschickt wurde, wo es als Spende der tschechischen Bevölkerung an die bombengeschädigten Deutschen zur Verteilung gelangte.
Im ganzen und großen ist es so, daß all das, was Ihr über Polen gehört habt, auch das Schicksal unserer Leute ist, nur daß sie noch den beschwerlichen Weg bis zu dieser Richtstätte durchmachen mußten. Wir wissen nach der letzten Nachricht, die eine Liquidierung von Th. ankündigte, leider gar nicht mehr, ob überhaupt noch jemand in Th. lebt oder ob alles nach Polen verschleppt, resp. am Orte selbst vernichtet wurde. Auf jeden Fall versuchen wir weiter alles, um eventuelle Reste doch noch zu uns zu bekommen. Sollte es dem Schliach wirklich gelingen, jemanden zu uns zu bringen, so wären wir überglücklich, wenn auch jeder Gerettete, die vielen, die fehlen, in Erinnerung bringt.
Ich möchte Euch nun gerne ein wenig über unsere persönlichen Erlebnisse und unser Leben dort erzählen. Wie Ihr bereits aus dem ersten Briefe von Njumen[15] wißt, war die Einstellung der jüdischen Gemeinde eine solche, daß sie im Zibbur[16] gar nicht den Gedanken aufkommen ließ, daß es um eine Vernichtungsaktion geht. Man kann das nicht 100%ig als Vorwurf oder Anklage sagen, denn schließlich und endlich sind ja auch diejenigen, die die ganze Auswanderung organisiert haben, diesem Schicksal nicht entgangen, vielmehr muß man sagen, daß es sich um ein völliges Mißverstehen der Situation handelte. Ihr habt dem ersten Briefe bereits entnommen, daß die Gemeinde ihre Leute in den Dienst der Sache stellte, ja daß sogar die Jugendbünde ihren Stolz darein setzten, möglichst aktiv mitzuarbeiten und bei den Transporten zu helfen. Sie gingen

12 Tatsächlich waren in Theresienstadt vor allem tschech., deutsche und österreich. Juden inhaftiert. Hinzu kam je eine Gruppe niederländ. und dän. Juden. Erst gegen Ende des Krieges mit den eintreffenden Evakuierungstransporten aus den KZs waren viele unterschiedliche Nationalitäten in Theresienstadt vertreten.
13 Bis zum Sommer 1944 hatten lediglich Vertreter des Deutschen Roten Kreuzes das Getto inspiziert, erst mit der Delegation des IKRK im Juni 1944 kamen auch ein Schweizer und zwei Dänen nach Theresienstadt.
14 So im Original.
15 Siehe Dok. 248 vom 5.9.1943.
16 Hebr.: Gemeinde.

den Leuten in die Wohnungen packen helfen und führten das Gepäck auf den Sammelort, dortselbst machten sie Dienste und geleiteten die Auswanderer wieder zur Bahn. Ich weiß nicht, ob es Euch bekannt ist, daß ursprünglich der Plan war, unsere Leute direkt nach Polen auszusiedeln, daß Edelstein dann den Gegenvorschlag des Th.-Lagers machte, der von der Gestapo akzeptiert wurde.[17] Er tat dies mit der besten Absicht und in dem Glauben, daß es möglich sein würde, den Krieg in diesem Lager in dieser Konzentrationsform zu überleben, wenn auch nicht unter idealen Bedingungen, aber doch nicht Polen. Ich erwähne Euch dies, damit Ihr versteht, daß selbst die leitenden Menschen nicht ahnten, worum es ging. Nur wenn man das weiß, kann man verstehen, wie es kam, daß Menschen sich nicht nur nicht bemüht haben, den Transport nicht anzutreten, sondern sich sogar freiwillig Eltern oder Frauen, resp. Männern nachzumelden,[18] um mit ihnen gemeinsam zum Transport zu kommen. Und nur wenn man das weiß, kann man eventuell verstehen, daß es unter unseren eigenen Leuten solche gegeben hat, die uns, die wir nicht antraten, verurteilten und unseren Weg für nicht richtig erkannten.[19] Dies ist auch der Angelpunkt für das Verständnis des Umstandes, daß sich so furchtbar wenig Menschen arisiert haben. Soweit wir informiert sind, tauchte der Gedanke des Nichtantretens erst dann auf, als auch die fremden Staatsbürger – Slowaken und Ungarn –, die vorher unbehelligt gelassen worden waren, ihre Einberufungen zum Transport erhielten. Diese hatten einen Rückhalt darin, daß sie damit rechneten, in ihre Heimatländer zurückzugehen. Diesen Weg hat auch eine Menge angetreten, zum Großteil ist es ihnen auch geglückt. Wenn ich Menge sage, dann für Protektoratsverhältnisse, nicht Tausende und nicht Hunderte, aber doch etliche Menschen. Hauptsächlich diejenigen, die aus Karpathorußland stammten, brachten diesen Mut auf und gingen als erste auf und davon.

Von unseren Leuten ging als erster Jaša Berger[20] durch. Er war in Mähren auf Hachscharah gewesen und kam nach Prag, trat aber nicht an, sondern versteckte sich, da er Bekannte hatte, die ihm diese Möglichkeit boten. Durch alte schatfanische[21] Beziehungen verschaffte er sich diese Unterkunft und Beziehungen zu Menschen, die helfen konnten. Sobald der Bann einmal gebrochen war – d. h. einer der unseren nicht angetreten war und die Welt dennoch nicht unterging –, war der Gedanke des Nichtantretens nicht mehr so fremd. Gerade in diese Periode fällt auch der erste Erfolg unserer Bemühungen, mit den Schatfanim in Kontakt zu kommen.[22] Wir wurden auch diesseits in unserer

17 Der Gedanke, Theresienstadt als Sammellager für tschech. Juden zu errichten, ist erstmals in den Notizen der Besprechung am 10.10.1941 über die „Lösung der Judenfrage" beim stellv. Reichsprotektor Reinhard Heydrich dokumentiert; siehe VEJ 6/244. Im Sommer 1941 gründete die JKG Prag eine Abt. G (Getto) mit dem Ziel, durch die Errichtung von Gettos und Arbeitslagern im Protektorat die Deportation der jüdischen Bevölkerung zu verhindern.

18 So im Original.

19 Im Hechaluz herrschte zunächst die Meinung vor, dass der Einzelne sich der Deportation nicht durch den Gang in die Illegalität entziehen dürfe, sondern als Stütze der Gemeinschaft deren Schicksal teilen müsse.

20 Jaša (Jakub) Berger (*1914), Arbeiter; Mitglied der zionistischen Jugendorganisation Haschomer Hazair; 1941 lebte er auf einem Hachschara-Gut in Rouchovany in Mähren, 1942 tauchte er in Prag unter dem Namen František Lamač unter, Sommer 1942 Anstellung bei einer Prager Sprachschule.

21 Hebr.: sozialistische.

22 Insbesondere der kommunistische Widerstand im Protektorat war trotz der sich daraus ergebenden großen Gefahren bereit, mit Juden zusammenzuarbeiten. Heda Türková und Arnošt Neumann wurden von der Gruppe „Übersicht" um Miloš Hájek und Jiří Jakovenko unterstützt.

Absicht gestärkt und uns für den Fall der akuten Not Hilfe angeboten. Es handelte sich da hauptsächlich um Dokumente, da die Deutschen im Protektorat ein äußerst scharfes Regiment führten und führen und ein Mensch ohne Ausweis sich dort nicht bewegen konnte. Es ging nichts glatt und vor allem nichts schnell. Es dauerte reichlich, ehe es Jaša gelang, sich zu legalisieren, aber wir lernten aus diesem Umstand bereits so viel, daß wir schon damals, als wir noch längst nicht im Transport waren, bemüht waren, uns Legitimationen und andere wichtige Unterlagen zu verschaffen. Vielleicht hatten wir es hier und da mit Aufschneidern zu tun, Leuten, die sich gerne groß machten, aber im ganzen und großen müssen wir doch sagen, soweit uns von Schatfahim Hilfe zugesagt wurde, so wurde diese auch immer gewährt, wenn wir diese Verbindung nicht gehabt hätten, so wäre alles unmöglich gewesen. Die Legalisierung wurde dadurch erschwert, daß wir nebst Personaldokumenten und Anmeldung auch Arbeitsbücher haben mußten und wir keine Bestätigung über vorherige Arbeitsplätze hatten. Aber endlich wurde auch diese Frage gelöst. Jaša gelang es, einen guten Platz auf dem Lande zu finden, wo er auch die Möglichkeit hatte, für die Legalisierung anderer zu arbeiten. Inzwischen bekam auch Njumen – obwohl slowakischer Staatsbürger – die Einberufung und trat nicht an. In der Zeit, in der er sich versteckt hielt, ereignete sich die Sache mit Heydrich, er mußte sein Versteck lassen und sich ohne Unterkunft und Helfer durchschlagen, während auf Straßen und in Wohnungen Razzien durchgeführt wurden. Endlich landete er dann bei einem Zofeh,[23] der – so jung er war – alle illegalen Arbeiten mit sehr viel Geschick und persönlichem Mut durchführte und in jeder Weise behilflich war. Gerade ihm selbst gelang es aber später nicht zu bleiben, da er wegen eines kleinen Vergehens – er war ohne Stern gegangen – festgenommen und direkt aus dem Arrest nach Th. geschickt wurde. Mit Hilfe der angeknüpften schatfanischen Beziehungen und durch einen sehr guten tschechischen Jungen gelang es dann allmählich, alle nötigen Papiere für Njumen zu beschaffen und ihn anzumelden. Ich war in dieser Zeit – Vorsommer 1942 – in unserem Plugah.[24] Auch von dort bekamen die Chawerim einer nach dem anderen die Einberufung zum Transport. Die ersten zwei probierten überhaupt nicht anzutreten, versteckten sich und gingen später aus dem Protektorat durch. Eine Chawerah, die sich nach Wien durchgeschlagen hatte, wurde dort durch allzu große Vertrauensseligkeit gefaßt und es gelang, ihre Strafe dahingehend abzuändern, daß sie per Schub nach Th. gebracht wurde. Der zweite ging auch nach Deutschland und es gelang ihm, sich dort einen guten Posten zu finden. Ein Chawer der Plugah ging in den Transport, es kam einmal eine mündliche Nachricht, daß er sich in Riga im Ghetto befinde. Von den sonstigen Chawerim der Plugah trat nur noch eine den Transport an und wurde nach Th. gebracht, alle anderen – vier – legalisierten sich. Zwei gingen nach Deutschland auf Arbeit, ein Chawer und ich blieben in Prag. Mitte Juli war die Reihe an mir, ich fuhr aus der Plugah und konnte mich vorübergehend in einem Dorf anmelden. Es war gerade Ferienzeit und man konnte als Sommergast nicht so sehr auffallen, wiewohl man sagen muß, daß es im Protektorat fast keine solchen Privatmenschen gibt, da alles als Arbeitssklave für das deutsche Kriegs- und Rüstungswerk eingespannt wurde. Einige Zeit dar-

23 Hebr.: Wächter des Volkes; bezeichnete innerhalb der zionistischen Jugendorganisation Haschomer Hazair einen bestimmten Status.

24 Hebr.: Gruppe, Kompanie. Der Ausdruck wird nicht im militärischen Sinne verwendet, sondern bezieht sich auf Arbeitsgruppen im Rahmen der Hachschara zur jüdischen Landsiedlung.

auf übersiedelte ich dann nach Prag, kam dann auch allmählich in Ordnung. Nur mit Arbeit haperte es noch. Jaša und Njumen ordneten sich so ein, daß sie als Deutschlehrer an eine Privatschule gingen.[25] Gottlob war das Niveau der Schule ein solches, daß ihre Deutschkenntnisse entsprachen! Ich zog mich noch einige Zeit ohne Arbeit herum, fand dann aber einen ausgezeichneten Posten als Übersetzerin und Korrespondentin. Ich konnte dort auch genug verdienen und das war sehr gut, da das Leben dort ungeheuer teuer ist, fast alles gaben wir fürs Essen aus und dabei kauften wir persönlich fast nichts unter [der] Hand. Unser Glück war auch, daß wir uns alles, was wir brauchten, auf Grund politischer Sympathien erledigen konnten und nicht, wie wir es später in der Slowakei sahen, für jede Gefälligkeit zahlen mußten. Denn erstens hätten wir dazu nicht die nötigen Mittel gehabt und zweitens ist das zu unsicher, wenn jemand bestechlich ist, dann ist er schon nicht 100%ig. Von seiten der Bewegung[26] hatten wir gar keine Hilfe. Ich habe schon früher erwähnt, welche Stellung das Gros nahm, und muß auch anführen, daß unsere eigenen Chawerim aus dem Hechaluz – und speziell zeichnete sich hierin der MH[27] aus – eine sehr ablehnende Stellung gegen uns hatten, ja daß es solche gab, die unser Handeln ausgesprochen verurteilten. Wir hatten den Kontakt mit der Bewegung doch nicht ganz aufgeben wollen, und da es auf andere Weise nicht ging, beschränkten wir uns darauf, einige der uns gut gesinnten Chawerim ab und zu zu besuchen und von ihnen zu erfahren, was es bei unseren Leuten Neues gäbe. Da es damals noch einen Machsan[28] gab, ersuchten wir einmal um Sachen für einen in Deutschland legalisierten Chawer, der nichts anzuziehen hatte. Unsere Bitte wurde mit der Begründung abgeschlagen, daß die Sachen in erster Linie an jene verteilt werden müßten, die den Mut zum Antreten des Transportes hätten, und daß solche Abtrünnige[n] wie wir nicht das Recht zu solchen Forderungen hätten. Es war dies zwar keine Allgemeinanschauung, aber da es die des leitenden Chawers war, war der Spruch sakrosankt. In dieser Zeit war die Bewegung durch die ständigen Transporte in vollkommener Zersetzung und Auflösung begriffen, es wurden unserer immer weniger und jedesmal, wenn wir kamen, erfuhren wir vom Abgang weiterer Chawerim. Für uns selbst war es äußerst schwer, den Kontakt aufrechtzuerhalten, da wir so achtgeben mußten, wie die Haftelmacher.[29] Die kleinste Unvorsichtigkeit und wir konnten um einen Kopf kürzer sein. Denn dort wird nicht gespaßt und bei allem geht es immer gleich um den Kopf. Selbstredend konnten wir uns von diesem schrecklichen Druck nie ganz frei machen, ja wir durften es gar nicht, da wir ständig aufpassen mußten, aber mit der Zeit gewöhnten wir uns dann doch an dieses Leben und gewöhnten uns darein. Soweit wir Verbindungen hatten und den Chawerim unsere Hilfe anboten, wurde sie leider nicht in Anspruch genommen. Es gab solche, die sich schon fast dafür entschieden hatten und die doch noch im letzten Moment aussprangen. Ich fuhr einmal mit einer fertigen Legitimation zu einem Chawer nach Mähren, der sich entschlossen hatte, seine Eltern allein fahren zu lassen. Ich kam am Vortage des Transportantrittes hin, er erwog hin und her und am Ende ging

25 Es handelte sich um die Antonín-Švehla-Sprachschule in Prag.
26 Gemeint ist der Hechaluz.
27 Makkabi Hazair, radikal-zionistischer Jugendbund.
28 Hebr.: Lagerraum.
29 Österreich. Redewendung. Die manuelle Herstellung von Hafteln (Verschlüsse aus Haken und Öse) erforderte größte Konzentration.

er doch mit den Eltern. Der Transport ging direkt nach Polen, und es kam nie auch nur ein Sterbenswörtchen von den Auswanderern. Auch Liesa K.[30] aus dem Techelet Lawan Karlsbad, die ich zu überreden versuchte, konnte sich letzten Endes doch nicht entschließen, aus dem Allgemeinschicksal auszuspringen und die Chewerah in ihrem Elend zu verlassen – wie sie sich ausdrückte. Denn auch sie rechnete – wie alle anderen auch, daß es sich zwar um eine harte Probe, aber nicht um die totale Vernichtung handle. Nachdem die Bewegung – zusammen mit dem gesamten jüdischen Jischuw – liquidiert worden war, waren insgesamt an zwanzig Leute als Arier zurückgeblieben, die teils in Deutschland auf Arbeit, teils in Prag legalisiert waren. Wenn wir rund annehmen, daß der Hechaluz vor Beginn der Aussiedlung etwa 2000 Menschen zählte, so kommen wir auf einen %-Satz von 2 %,[31] was natürlich entsetzlich wenig ist umso mehr, als wir wahrscheinlich nicht mehr rechnen können, die Ausgesiedelten noch einmal in unseren Reihen sehen zu können, höchstens einzelne, denen es durch einen besonderen Glücksfall gelungen sein wird, all das Grauen zu überdauern. Da uns also gelungen war, dort zu bleiben, so hatten wir das Bedürfnis und empfanden es als unsere Pflicht, mit jenen mitzuarbeiten, die gegen unseren Feind arbeiteten, wir waren daher bemüht, mit der Schatfanbewegung in Kontakt zu kommen und unsere Dienste zur Verfügung zu stellen. Diejenigen Schatfanim, welche uns geholfen haben, lehnten unsere Mitarbeit ab, sie sagten, es wäre zu gefährlich, wenn Existenzen wie wir auch noch illegale Arbeit leisteten, wir könnten der Bewegung noch schaden. Wir konnten uns aber mit diesem Bescheid nicht zufriedengeben und waren weiter bestrebt, andere Beziehungen anzuknüpfen. Wir stießen dann auf eine Organisation, die sich als befreundet erwies, anscheinend Mafia,[32] die aber bereit war, mit uns zusammenzuarbeiten, und deren Vertreter sich auch in jeder Weise erbötig machten, zu helfen. Von uns persönlich wußten sie natürlich nicht, mit wem sie es zu tun hatten, sondern sie wußten nur, welche Einstellung wir hatten. Die Zusammenarbeit bestand vorläufig darin, daß sie uns ihre konkrete Hilfe in Dokumenten- und Anmeldeangelegenheiten zur Verfügung stellten, während wir ein ideologisches Seminar für zwei ihrer Leute veranstalteten und sie mit sozialist. Literatur versorgten. Denn allem zum Trotz hatten wir doch noch ein Exemplar der allerwichtigsten Lehrbücher aufgehoben, es gab Marx, Krupskaja,[33] Engels, Stalin, Ulrich,[34] Lunatscharsky[35] u. a. Gerade in der Zeit, in der sich unsere Zusammenarbeit zu vertiefen begann, begannen neue Sorgen aufzutauchen. Durch einen Zufall waren unsere Anmel-

30 Lisa Kummermann, später Gidron (*1920), Erzieherin und Bibliothekarin; von 1932 an lebte sie in Karlsbad, später in Prag, seit 1934 war sie aktives Mitglied des zionistischen Jugendbundes Techelet Lawan („Blau-Weiß"); 1942 Deportation nach Theresienstadt, im Okt. 1944 nach Auschwitz; 1946 emigrierte sie nach Palästina, seit 1963 im Kibbuz Sde Nehemya.

31 Richtig: 1 %.

32 Als „Mafia" wurde im Protektorat Böhmen und Mähren die Verbindung zwischen der tschechoslowak. Exilregierung in London und den illegalen Widerstandsgruppen im Land bezeichnet. Die drei führenden Gruppen schlossen sich um die Jahreswende 1939/40 zur Zentralleitung des inländischen Widerstands (Ústřední vedení odboje domácího) zusammen.

33 Nadeschda Konstantinowna Krupskaja (1869–1939), Pädagogin und Politikerin; verheiratet mit Lenin; nach der Oktoberrevolution baute sie das sozialistische Erziehungswesen auf; von 1927 an Mitglied des Zentralkomitees der Kommunistischen Partei der Sowjetunion (KPdSU).

34 Vermutlich: Walter Ulbricht (1893–1973), Tischler und Politiker; 1919 Gründungsmitglied der KPD Mitteldeutschland; 1928–1933 MdR; von 1933 an im Exil, seit 1938 in Moskau; 1960–1973 Vorsitzender des Staatsrats der DDR.

dungen von der Ortsgendarmerie kontrolliert worden, und es kam heraus, daß Njumens Taufschein nicht in seiner Heimatgemeinde eingetragen war.[36] Nun begannen die Recherchen von seiten der Prager Polizei, Njumen floh nach Mähren und hielt sich dort bei einer Familie auf, wo er sich neuerlich ummeldete. Einige Zeit darauf ereilte auch mich das gleiche Schicksal, ich mußte weg aus Prag, ich war gerade aus dem Spital gekommen, als ich zu Hause meine Vorladung zur Polizei vorfand. Samstag stellte ich mich noch bei der Polizei ein, um Zeit zu gewinnen, und Montag fuhr ich bereits aus Prag ab. Inzwischen war der Sommer gekommen, und wir konnten in dem besagten Dorf als Sommergäste halbwegs leben. Aber der Weg zurück war – wie sich herausstellte – abgeschnitten, und nun befassten wir uns eingehend mit meinem alten Plan, in die Slowakei zu gehen. Durch eine glückliche Fügung hatten wir bereits einige Zeit vorher eine Verbindung mit der Slowakei gefunden, und nun stellten wir uns völlig auf diese Regelung des Problems ein. Ende August gelang es Njumen, in die S[lowakei] zu kommen, Mitte Oktober folgte auch ich dorthin. Die Veränderung war sehr kraß. Die Verhältnisse vollkommen anders. Vor allem: Es gab dort Juden, es gab noch Chawerim, und dann gab es, was uns so vollkommen fehlte, eine Verbindung mit Erez, mit der Türkei, mit Ungarn, mit der Schweiz, mit der Welt überhaupt. Wir kamen wie aus einem Kerker heraus. Es war dort auch vieles anders, was uns ganz fremd war. Wir hatten, z. B. keine Bestechlichkeit gekannt. […][37] ist alles mit […] zu erledigen. Uns ging die grenzenlose Schlamperei, die dort in allen öffentlichen Dingen herrscht. Nicht, daß ich für sie sprechen wollte, aber ich muß doch gestehen, daß gerade diese Schlamperei ein Glück ist dort nicht wie bei den Deutschen, daß jedes Amt mit jedem in Verbindung steht und jeden einzelnen xmal erfasst. Und sodaß man sich nirgends herauswinden kann. Wenn […] die als Juden-Verbote […], so läßt man noch die, die nach der Verwüstung der Transporte von dort geblieben sind, leben. Dann ist zum Beispiel die ganze Lebensmittelversorgung eine viel, viel bessere. Es war für uns fast ein Wunder, daß man im Gasthaus essen kann, ohne so viel Karten geben zu müssen, daß einem schon nichts mehr zum Nachtmahl blieb. Viele Dinge hatten wir schon jahrelang nicht einmal mehr gesehen, wir staunten Obst an wie kleine Kinder. Ebenso vieles andere. Das war zum Beispiel die ganze Art der Bevölkerung. Jeder traut sich! Frei herauszusagen, was er sich denkt, und das ist nicht gerade im Einklang mit dem, was Deutschland gefallen würde. Alle schimpfen ganz offen, jeder hat schon genug, der ganze Krieg dauert schon zu lange. Wiewohl man dort – oh Wunder! – Kleider und […] ohne Bezugsscheine bekommt, so beklagte die Bevölkerung sich doch so schrecklich über den Mangel an allem und jedem. Für uns […] aber wohl das Entscheidendste, daß es wie […], noch […] gab auch nicht direkt als Bewegung bezeichnen kann. Ein […], daß durch unsere Chawerim dort ebenso besteht, waren, mit den […] zu finden und da kam es uns sehr gelegen, daß einer der Menschen, der die […] Mafiabewegung[38] im Prot[ektorat] repräsentierte, häufig in die S[lowakei] kam, denn wir hofften auch, durch ihn in der S[lowakei] Beziehungen in dieser Richtung

35 Richtig: Anatoli Wassiljewitsch Lunatscharski (1875–1933), Philosoph und Journalist; 1917–1929 Volkskommissar für Bildung der Russischen Sozialistischen Föderativen Sowjetrepublik.

36 Aufgrund einer Denunziation kontrollierte die Polizei den gefälschten Taufschein von Neumann, woraufhin er zum Verhör bestellt wurde und floh.

37 Nun folgende Auslassungen im Text betreffen unleserliche Stellen im Original.

38 Siehe Anm. 32.

anknüpfen zu können. Er stellte uns auch […] einen Burschen vor, der angeblich Beziehungen zum Merkas[39] der dortigen Plugah hatte. Eine konkrete Zusammenarbeit gab es noch nicht, aber wir hofften daß er uns bei der Beschaffung von Nejaroth[40] für Blitim und andere behilflich sein würde. Ich weiß nicht, ob Ihr einen Bericht über die Loezat[41] vom 1.1.44 erhalten habt. Die Beschlüsse, eigentlich der Beschluß, möglichst an die Miflag[42] heranzukommen und mit ihr zu arbeiten, war nicht einmal so wichtig, denn das ist für uns alle eine Selbstverständlichkeit, und es handelt sich da mehr oder minder nur um die Durchführung und den Kontakt selbst, also nicht um eine ideologische Entscheidung. Aber viel wichtiger war es, daß wieder einmal etliche Chawerim der Bewegung, die seit langem jeder an einem anderen Platze gelebt und gearbeitet hatten, zusammenkamen. Ganz besonders für uns, die wir aus Prag gekommen waren, bedeutete das sehr viel und war ganz neuartig. Wir hatten uns inzwischen sehr schnell eingeordnet, alles klappte und ging sehr rasch, nur mit Arbeit war es wieder nicht so leicht, aber schließlich gelang uns vor 1½ Monaten auch das. Ich konnte von meinem Gehalt ein Auskommen finden, aber es kam anders. Auf einmal bekamen wir die Verständigung, daß aus Brünn eine Anzeige vorliege und daß man uns suche. Es waren dortselbst für uns und für andere Leute sehr kompromittierende Angaben gemacht worden, die uns und andere aufs äußerste gefährdeten. Das Schrecklichste daran war die Tatsache, daß die Anzeige von dem Menschen gemacht worden war, der sich als gut gesinnt ausgegeben hatte, den wir für einen Mafisten hielten und der uns in der S.[lowakei] den angeblichen Miflagmenschen vorgestellt hatte. Ich möchte bei dieser Gelegenheit nicht verabsäumen ihn zu beschreiben und hielte es für angezeigt, wenn Ihr durch den Rundfunk vor diesem Menschen warnen würdet. Wir haben große Angst, ob er nicht auch unseren Leuten drüben geschadet oder gar das Genick gebrochen hat, jedenfalls ist sicher, daß er noch sehr vielen guten Tschechen schaden kann, wenn man ihm nicht das Handwerk legen kann. Dieser Mensch ist ungefähr 38 bis 42 Jahre alt, etwa 170 cm groß, mager, dunkelblondes bis braunes Haar, das glatt nach rückwärts gekämmt ist, graublaue Augen. Ein besonderes Merkmal ist eine Verletzung des rechten Auges, die den Eindruck eines starken Schielens erweckt. Er hat sich für einen Fliegeroffizier ausgegeben und uns gesagt, daß seine Augenverletzung von einem Flugzeugabsturz herrühre. Außerdem leidet er an einem Darmleiden und hat dadurch Sitzbeschwerden. Er spricht Tschechisch mit mährisch-Brünner Dialekteinschlag, soweit wir wissen auch etwas Deutsch und Ungarisch. Er hat erzählt, daß er zur Zeit der C. S. R. in Rumänien gewesen war, wo er eine Mission zu erfüllen hatte. Wir konnten und können selbstredend keine seiner Angaben überprüfen. Vielleicht ist es dienlich, wenn ich angebe, daß er einen Kumpanen hat, der ungefähr im gleichen Alter ist, um einen halben Kopf größer, dick, ziemlich stark ergraut, Zähne defekt, trägt Brille, spricht Tschechisch, gut Deutsch er wurde uns unter dem Namen Pepek[43] vorgestellt, während der erst Beschriebene sich als Viktor[44] ausgab. Beide fahren sehr häufig auf der Strecke Prag–

39 Hebr.: Zentrum.
40 Hebr.: falsche Papiere, Ausweisdokumente.
41 Nicht ermittelt.
42 Vermutlich eine kommunistische Widerstandsgruppierung.
43 Vermutlich: Karel Paprskář (*1895); zunächst im kommunistischen Widerstand aktiv, 1940 Verhaftung durch die Gestapo, dann als Spitzel tätig, Mai 1944 Rückkehr in den aktiven Widerstand; 1945 Verhaftung; sein weiteres Schicksal ist unbekannt.

Brünn und sind in Brünn ansässig. Also wie gesagt, es wäre sicher gut, wenn diese Leute in der tschechischen Sendung aus London erwähnt würden oder in der slowakischen, denn das spricht sich dann auch von dort herum.
Nachdem wir diese Mitteilung erhalten hatten, wurde uns angewiesen, sofort aus der S[lowakei] zu verschwinden, d. h. also hier nach Budapest zu gehen. Zum Glück gelang uns auch dieser Weg, und wir langten vor 5 Tagen hier in Bp. an, wo wir uns noch gar nicht reingeordnet haben. Wir kennen uns hier noch in nichts sehr aus, sehr schwierig ist auch alles dadurch, daß ich kein Wort Ungarisch kann und das eine Sprache ist, die man nicht im Handumdrehen erlernen kann. Soviel wissen wir aber schon heute: Das ist hier ein schrecklich schwerer Boden und wiewohl wir doch in Prag – also unter den Deutschen – gelebt haben, so ist das hier auch für uns gar keine Kleinigkeit. Hier gibt es wieder Bewegung mit London, mit zionistischer Bewegung und Arbeit, ja – sogar Alijah. Wir haben hier erfahren, daß in der Sache von Njumans Zertifikat Therese Neumann, % Tibor Rosenberg, wahrscheinlich keines sein soll, wenn ich auch Hedwig Thierse heiße und Therese eigentlich erst mein zweiter Name ist. Ihr könnt Euch vorstellen – oder könnt es Euch vielleicht gar nicht vorstellen – wie glücklich wir wären und was es für uns bedeuten würde, wenn wir wirklich jetzt alieren[45] könnten. Hoffentlich habet Ihr die Möglichkeit, uns dazu zu verhelfen und werdet Ihr dies auch nicht ungenutzt lassen.
Ich will auch gar nicht hier anfügen, daß Ihr hoffentlich alles unternehmen werdet, um Chawerim, die es uns vielleicht gelingen wird, aus Th. herauszubringen, zur Alijah zu verhelfen.
Bitte laßt unsere Nachrichten auch den Chawerim des Kibbuz meuchad, Techelet lawan, zukommen: Reben, Levitus, Boah, Dario, Lini, Franta Pick und all den anderen. Hoffentlich werden wir ihnen bald selbst die Hand drücken können.
Inzwischen grüßen wir Euch alle bestens und verbleiben
Mit pbn[46]
Hede Neumann= alias Ephraim

44 Gemeint ist Vilém (Viktor) Ryšánek (1902–1946), Offizier; bis 1939 Unteroffizier der tschechoslowak. Armee, 1939 Mitglied der militärischen Widerstandsgruppe Obrana národa (Heimatverteidigung), 1939 von der Gestapo verhaftet, 1940 Entlassung nach seiner Verpflichtung als Gestapospitzel; 1945 verhaftet, 1946 hingerichtet.
45 Im Sinne von Alija (hebr.): jüdische Einwanderung nach Palästina.
46 Nicht ermittelt.

DOK. 262
Kitty Herrmannová fragt in einem Brief vom 29. Februar 1944 ihre Tochter Eva in Theresienstadt, ob es ihr wirklich gut gehe und sie keinen Hunger leide[1]

Illegaler Brief[2] von Kitty Herrmannová,[3] Proßnitz,[4] an ihre Tochter Eva Herrmannová[5] in Theresienstadt vom 29.2.1944[6]

29/II Mein Liebling! Senden heute an H. Grabscheit. Der im selben Haus wie du woh[nt]. Von Ilse Wald[7] und Frl. Hirsch[8] dürftest du inzwischen beipackung erhalten haben? Zu jedem P 6 Kilo für Dich, Deine Marke hebe noch auf fals Verschärfungen kommen. Nächste Woche senden wieder ein Hirsch P[aket] Ist Onkel Ludwig,[9] Else und [...][10] nicht dort? Von Tetta kam heute Brief wollte uns mit Post Paket senden geht leider nicht mehr. Natürlich lässt Sie dich innigst küssen. Bist Du auch wirklich gesund mein Engel? Und leidest Du kein[en] Hunger? Auch v. Dr. Becks sind keine Marken e Dr. Czech was ist los. Sage Ilse W. Frau und Herr Parnkl sind am Hagibor in Prag daher senden sie nicht es sind überhaupt wenige hir & die paar Leute senden nicht mehr, es ist ein Jammer. Heute Inhalt 1 Kilo Salami, ¼ Butter, 4 Eier in Mehl Pastete Zucker [...][11] Honig Paradeiser,[12] 1 Kilo Brot u. s. w. backen kann ich[l]eider nichts, weil wenig Gas [zum] Backen bleibe gesund mein alles & bete daß wir uns [bal]d wiedersehen. Innigst umarmt dich Mutti

1 JMP, T 327.
2 Der Postverkehr von und nach Theresienstadt war strikt geregelt und unterlag der Zensur.
3 Kitty (Katařina) Herrmannová, geb. Junkerová, Sängerin; verheiratet mit dem Kaufmann Erwin Herrmann, 1929 Umzug aus Wien ins Sudetenland, 1938 Umzug nach Proßnitz.
4 Tschech.: Prostějov, Stadt in Mittelmähren unweit von Brünn.
5 Eva Herrmannová (1929–2017), Musikwissenschaftlerin; 1929–1938 lebte sie in Troppau; 1938 Flucht aus dem Sudetenland nach Proßnitz; im Juni 1943 wurde sie als „Geltungsjüdin" ohne ihre Eltern nach Theresienstadt deportiert; 1945 Rückkehr nach Troppau zu ihren Eltern; 1991–1995 Generalintendantin der Oper des Nationaltheaters in Prag.
6 Grammatik und Rechtschreibung wie im Original.
7 Ilse Waldová (*1907); deportiert aus Olmütz, dann am 9.6.1942 mit Transport Aac aus Kolín.
8 Vermutlich: Louisa Hirschová (*1921); am 8.7.1942 nach Theresienstadt deportiert.
9 Ludwig Hirsch (1895–1944); wohnte in Proßnitz; am 8.7.1942 Deportation von Olmütz nach Theresienstadt, am 28.9.1944 nach Auschwitz, dort ermordet.
10 Im Original unleserlich.
11 Im Original unleserlich.
12 Österreich. für Tomaten.

DOK. 263
Arnošt Klein erklärt in seinem Tagebuch zwischen dem 18. September 1943 und dem 7. März 1944 wichtige Begriffe aus dem Theresienstädter Alltagsleben[1]

Tagebuch von Arnošt Klein,[2] Theresienstadt, Einträge vom 18.9.1943 bis 7.3.1944 (Abschrift)

18.9.1943
Klodienst[3] – Mensch oder Frau, die darauf achten, dass niemand das Klo vollscheißt. In den Sudeten,[4] gesegneten Andenkens, hatte er zudem die Aufgabe, die Tür abzuriegeln, wenn er aus einer der neun Zellen die entsprechende Nummer aufrufen hörte. Wenn es lange dauerte, rief er verschiedene mehr oder weniger witzige Sprüche wie: Meine Herren, die Schlange wird größer, draußen anziehen! Also Tempo! Tempo! (Diesen sportlichen Zuruf, scheint mir, habe ich eingeführt). „Also macht schon, meine Herren." Es handelte sich häufig um irgendeinen Rat, einen Professor oder Ähnliches. Wenn der Patient oder Klient fertig war, besichtigte er [der Klodienst] rasch den Thron, damit der Nachfolger sauber saß. Ansonsten rief er „Zurück!", es gab viel Geschrei und so weiter, der Klodienst holte eine Schaufel mit Kalk, schüttete ihn auf den Thron, und dieser blieb bis zur Ankunft der nächsten Putzkolonne (Schmuckkolonne) verwaist.

1.11.1943
Ältester (ältester Greis): des Ältesten, dem Ältesten, Vokativ unbekannt: Ältester?, zum Ältesten, mit dem Ältesten, die Ältesten usw. Diese Endung kommt mit beliebig vielen Vorsilben vor: Judenältester, Gebäudeältester, Hausältester, Zimmerältester, Flohältester, Wanzenältester, Kloältester usw. Mein erster Saalältester war Vefler, dann Pick, Lanzberk, bei der Kommandantur Wassermann, jetzt in der Jägerkaserne[5] ist es Ehrlich, sympathisch, der Älteste von allen Schieberheimern.[6] Er ist wohl 36 Jahre alt. Demzufolge ist der Altersdurchschnitt in Schieberheim offenbar sehr niedrig.
[sich] einschiebern: einreihen, einfinden: „Ich habe mich dort eingeschiebert" (Frau Friedová, 20.XI.1943.) – Sie schummelte sich bei der Zählung ein.
Menage:[7] Lebensinhalt in Schieberheim – in wörtlichem wie im übertragenen Sinne, Ergänzung dessen, was sich neben dem zugeteilten Brot unvorhergesehenerweise an Margarine, Zucker und Milch auftreiben lässt. Die Menage lässt viele Menschen genesen. Überfressene und Verwöhnte. Sie loben, wie ihnen alles schmeckt, obwohl sie früher nichts reingekriegt haben. Die Verpflegung ist einfach, bürgerlich (in etwa) und ihrer Qualität nach spartanisch. Sie hat viele weitere Vorteile, nicht nur dass sie Überfressene heilt. Es

1 JMP, T 324a. Das Dokument wurde aus dem Tschechischen übersetzt.
2 Arnošt Klein (1898–1944), Ingenieur; vor dem Krieg Inhaber einer Papierwarenhandlung in Prag; am 15.5.1942 wurde er nach Theresienstadt deportiert, dort in einer Montagebrigade beschäftigt; im Getto zeichnete er Ansichten von Theresienstadt; am 28.9.1944 wurde er nach Auschwitz deportiert und dort ermordet.
3 Im Original „Klodýnst".
4 Gemeint ist die Sudetenkaserne, in der Arnošt Klein bis zum Juli 1943 untergebracht war.
5 Im Original „v jegru" – im Jäger. Im Tschech. ein Wortspiel: v jegru/v lagru – im Jäger/im Lager.
6 Einwohner von Schieberheim, gemeint ist Theresienstadt. Im Original wird der fiktive Ortsname Šmelinov genutzt, eine Ableitung von šmelina, tschech.: Schieberei.
7 Österreich.: militärische Verpflegung.

reicht ein Löffel, so dass man kein [weiteres] Besteck waschen braucht. Die Essschale ist mit kaltem Wasser sofort ausgespült, es bleibt kein überflüssiges Fett daran kleben. Zeitersparnis. Für einen Herrn Doktor ist es auch nicht wichtig zu wissen, welches Essen Frau Doktor ihm heute vorsetzt, oder für den Herrn Ingenieur, was die Köchin heute vorbereitet hat. Für das Volk der 40 000 Schieberheimer ist die Sache klar: Man weiß genau, was dieser oder jener morgen zum Mittag- oder Abendessen haben wird; alle dasselbe, die beliebte Linsensuppe aus irgendeinem Gráfschen Pulver.[8] Jetzt bietet man meistens Bouillons ohne Fleischeinlage an, um der Gicht vorzubeugen.

Zusatz:[9] Schrumpfung der einstigen „doppelten [Portion]", früher sagte man einfach „*Doppelte*". Der Menagedienst[10] rief bei Vorlage der Zusatzkarte manchmal das Zauberwort: „*Doppelte*", und die Schüssel wurde bis an den Rand gefüllt. Jetzt sagt er bloß noch: „Kleine [Portion]", und man sucht auf dem [Teller]Boden, was sich da bescheiden tummelt. Der Zusatz ist für diejenigen, die *Esarbajt*[11] haben, um ihnen die Kalorien zu ersetzen, die bei Schwerarbeit verbraucht werden und die sie tatsächlich auch verbrauchen. Der Zusatz bedeutete ursprünglich eine zusätzliche volle Portion, dann schrumpfte sie auf neunzig Prozent, auf achtzig usw., und jetzt, als er mir endlich zugeteilt wird, handelt es sich um kümmerliche fünfzig Prozent.

Chancen:[12] schieberheimische, eine Art Wall um Schieberheim herum. Es handelt sich wohl um Dünen[13] aus Shakespeares Zeiten, als das Land noch an der Meeresküste lag.[14] Sie werden erhalten, weil sie unter Denkmalschutz stehen. Chancen beinhalten nicht die Chance, sie zu überwinden, denn sie sind ziemlich hoch, doppelt [angelegt], mit Wasser dazwischen.[15] Übrigens handelt es sich um eine sehr gute Einrichtung, weil sie Schieberheim vom Rest der Erdkugel gänzlich trennt und umgekehrt. Daher können keine Streitigkeiten, weder territoriale noch andere, aufkommen und – Gott bewahre – noch weniger Kriege.

Die Chancen riegeln das Gebiet um Schieberheim so vollständig ab, dass keine außerhalb herausgegebenen Zeitungen, Zeitschriften oder Bücher [nach Schieberheim] dringen können, und zwar seit etwa einem Dreivierteljahr (Herbst 1942), als hier täglich noch drei bis fünf Exemplare der Tageszeitung angeklebt wurden.[16]

8 Nicht ermittelt.

9 Gemeint ist Zusatzkost bzw. Schwerstarbeiterkost. Nach der Einführung der „Zusatzkost" am 25.6.1942 erhielten Berechtigte zunächst doppelte Mahlzeiten, später nur noch eine halbe Mahlzeit extra.

10 Der Menagedienst in Theresienstadt kontrollierte die Essensausgabe. Die Mitarbeiter sammelten die entsprechenden Abschnitte der Essenskarten ein und riefen die Anzahl der auszugebenden Portionen laut aus.

11 So im Original. Gemeint ist eine Arbeit, die zum Bezug von „Zusatzkost" berechtigte.

12 Gemeint sind Schanzen. Als Festungsbau war Theresienstadt von Schanzen und Wallanlagen umgeben.

13 Im Original steht das Wort „dyny", gemeint sind wohl duny/Dünen.

14 Vermutlich Anspielung auf den fiktiven Handlungsort „Böhmen am Meer" in Shakespeares Komödie „Ein Wintermärchen".

15 Innerhalb der Festungswälle gab es kein Wasser. Allerdings trennte die Eger das Polizeigefängnis Kleine Festung vom Getto. Die Gräben der Kleinen Festung standen häufig unter Wasser, da es sich um ein Überschwemmungsgebiet handelte.

16 Ende 1942 wurden einige Wochen lang Exemplare der Prager Tageszeitung Der Neue Tag öffentlich in Theresienstadt ausgehängt. Anfang 1943 stellte die Kommandantur diese Informationsvermittlung ein.

Damals war die Schlacht um Stalingrad und auch in Afrika [in vollem Gange], und da die Schieberheimer weder Telefon noch Telegraph noch Radio benutzen, wissen wir nicht, auf welchem Kontinent oder ob überhaupt noch gekämpft wird oder ob der Krieg schon vorbei und der Frieden ausgebrochen ist, ohne dass man uns rechtzeitig Bescheid gegeben hätte.
Ein weiterer Vorteil der Chancen besteht darin, dass man auf ihnen Fußball [spielen] und kostbare Gemüsesorten wie Möhren, Kohlrabi, Tomaten usw. anbauen kann. Sie dienen außerdem auch noch als Dach meines Schlafzimmers in der Jägerkaserne (in Jäger).[17]

20.11.1943
Annalen. 45 Jahre![18] – Das 45. Jahr meines Lebens in Theresienstadt verbracht, 19 Monate, ein Dreivierteljahr in der Lautscharna,[19] der Lautsch-Werkstatt (L) – Ölmalerei[20] und als Stellvertreter des Leiters, des Architekten Wels, als eine Art Dienstknecht für die Kolorierung von Lesezeichen,[21] ein Vierteljahr als Lagermeister (zwei Monate [sic]) und jetzt ein Monat lang als Bautischler in der M. G. R (Montagegruppe Reimann).[22] Beim Kopieren der Aquarelle von Karel Čapek[23] Konrád[24] erworben.
Wissen und Fertigkeiten in der Bautischlerei erworben.
Spira[25] und seine Technik des Tuschezeichnens kennengelernt.
Ungars[26] Zeichnungen kennengelernt und studiert.
Die Zeitschrift „Volné směry"[27] sowie viel über Realismus gelesen.
Cézanne gelesen! Klingsor[28] auf Französisch [und] Prof. Bergl gelesen.
Etwa ein Drittel der Bibel gelesen. (Über Jeremias.) Physik und Mathematik vernachlässigt.

17 Im Original „v Jágru", wie Anm. 5. Die Jägerkaserne lag im Südosten Theresienstadts unmittelbar an den Schanzanlagen.
18 Im Original „Anál" – vermutlich Abkürzung für das Wort anály/Annalen.
19 Im Original „laučárna". Kunstgewerbliche Fabrikationsstätten der Firma Lautsch in Theresienstadt.
20 Im Original deutsch.
21 Im Original deutsch.
22 Innerhalb der sog. Wirtschaftsabteilung-Produktion in Theresienstadt bildete die Montagegruppe Reimann eine Untergruppe der holzverarbeitenden Betriebe. Die Gruppe, die nach ihrem Leiter Ingenieur Reimann benannt war, bestand überwiegend aus Tischlern und Zimmerleuten.
23 Vermutlich: Josef Čapek (1887–1945), Maler und Zeichner. Er illustrierte viele der Bücher seines Bruders Karel Čapek (1890–1938), der als einer der wichtigsten tschech. Schriftsteller des 20. Jahrhunderts gilt.
24 Nicht ermittelt.
25 Vermutlich: Jo (Joseph) Spier (1900–1978), Illustrator; 1924–1939 Illustrator der niederländ. Tageszeitung De Telegraaf; nach seiner Inhaftierung in Westerbork im April 1943 nach Theresienstadt deportiert, dort u. a. Mitarbeit an dem deutschen Propagandafilm „Theresienstadt. Ein Dokumentarfilm aus dem jüdischen Siedlungsgebiet"; 1945 in Theresienstadt befreit, 1951 Emigration in die USA.
26 Otto Ungar (1901–1945), Maler und Zeichner; von 1927 an am jüdischen Realgymnasium in Brünn als Zeichen- und Geometrielehrer beschäftigt; Jan. 1942 Deportation nach Theresienstadt, dort im Zeichensaal der technischen Abteilung tätig. Ungar malte und zeichnete die Realität des Gettos und wurde daher im Juli 1944 in der Kleinen Festung wegen „Greuelpropaganda" inhaftiert, Okt. 1944 Deportation nach Auschwitz, Jan. 1945 Evakuierung nach Buchenwald; im Juli 1945 an den Folgen der Haft gestorben.
27 Volné směry (Freie Richtungen) war eine Monatszeitschrift, die zwischen 1897 und 1949 vom Prager Verein bildender Künstler Mánes herausgegeben wurde.
28 Vermutlich: Tristan Klingsor (1874–1966), Schriftsteller, Komponist und Maler.

Beim Zeichnen etwas zugelegt, nach dem Vorbild von Spier und Ungar, eine *Farbentheorie* entwickelt, eine neue Bezeichnung der Oktave auf der Basis von Oswald![29]
Viele Jahre versäumt!
Ich lerne Russisch bei Kan.
Ich wohnte in der Sudetenkaserne, Saal V. – 230 Leute, bei der alten Kommandantur L 414, Hauptstraße, 14–21 Leute, in der Jägerkaserne Saal 13, 56 Leute, an unserem Ende ohne Fenster. Immer auf der zweiten oder dritten Etage des Kavaletts.
Ich tauschte eines meiner Bilder gegen ein Brot [und] wohl vier Zeichnungen gegen jeweils ein halbes Brot. Die Astern von Wiesnerová[30] durch einen Tausch erworben, ein Aquarell und eine Zeichnung von Ungar und von Spiro[31] gefunden, von ihm auch den Entwurf der Technik! Von Ing. Kan Dratvovás „Philosophie"[32] erworben.
Resümee des 45. Jahres: 10 Worte, 3 Hauptworte: *Theresienstadt*, Sterne, Ölmaler,[33] Aquarellmaler, Lagerist, Montagetischler,[34] *Spier*, Ungar, Cézanne, *Farbenlehre* (1942/1943).

Freitag, den 17.12.1943
„Wo ist der Zimmerkommandant? Zu Platovský! Sofort! Die Reserve ist dort." So [kommt] etwa um halb sieben ein junger Mann [zu uns], der schnell durch unseren Abschnitt des Dachbodens geht. Eine Stimme hinter mir: Immergut: „Es kommt die Reserve." – (Platovský ist Gruppenältester.) Noch ein paar Sätze, und schon ist absolute Ruhe. Mein Gegenüber macht in aller Ruhe auf dem Boden weiter Papiermatratzen und verschiedene Decken, auf denen er nachts lag, zurecht.
Es kommt der Dienstknecht der Hundertschaft[35] und befiehlt mit sonor-suggestiver Stimme: Alina, um halb acht unten gestellt.[36] Der stupide Alina kriecht aus seinen Lumpen heraus und macht sie zurecht. Unser siecher Zimmerkommandant Klebinger kommt, er meldet gleich an der Tür: „Bei der Dreizehn (unser Zimmer in der Jägerkaserne) also nichts." Der Ing[enieur] Arch[itekt] Teller[37] fragt mich sofort, ob ich gehört habe, dass von uns niemand „drin" sei. Er hat es allerdings gut, denn er arbeitet in einer Sonderwerkstatt und ist dadurch automatisch hundertprozentig geschützt. Torn-Taussig erzählt, wie der leitende Ing. des Bauhofs,[38] Bienenfeld-Heller, „da [in den Transport] reingekommen" sei: In die Schleuse kam ein Jude mit einem Koffer auf Rollen. Der Leiter fragte ihn, woher er den habe. Vom Bauhof. Der Leiter vom Bauhof soll also in den Transport.
Eine Stimme vom Kamin her, wo eine Gruppe von jungen Männern mit dem Zubereiten, Kochen und Braten von Kartoffeln beschäftigt ist. Von 150 auf 50 Kronen das Kilo!

29 Nicht ermittelt.
30 Helena Wiesnerová (1877–1975), Malerin; im Juli 1942 gemeinsam mit ihrem Ehemann nach Theresienstadt deportiert, dort in den Werkstätten beschäftigt; im Febr. 1945 Ausreise in die Schweiz; nach dem Krieg Rückkehr nach Prag und später Emigration nach Großbritannien. Helena Wiesnerová war bekannt für ihre Blumenstillleben.
31 Gemeint ist Jo Spier.
32 Gemeint ist die tschech. Philosophin Albína Dratvová und vermutlich ihr Buch „Filozofie a přírodovědecké poznání" [Philosophie und naturwissenschaftliche Erkenntnis] von 1939.
33 Im Original deutsch.
34 Im Original deutsch.
35 Eine Arbeitsgruppe von bis zu 100 Personen, die in zwei Zügen zu je fünf sog. Kameradschaften organisiert war.
36 Im Original deutsch.
37 Vermutlich: Hans Erwin Teller (1913–1944), Ingenieur.
38 In die Festungswerke von Theresienstadt eingebaute Werkstätten.

Es kommt irgendein junger Mann, er soll zum Transport und schimpft, dass sie so viele Kartoffeln „auf den Markt" werfen würden. Er würde 3 kg für 20 Marken verkaufen. Niemand sei interessiert.
„Ich habe meinen Eltern 5 kg gegeben, und sie haben Angst, der Vater ein ehemaliger Beamter! Wenn die Kripo[39] käme und unter die Matratzen schauen würde!" Der junge Mann hat [insgesamt] 50 kg und weiß nicht, was er damit machen soll. Er meldet sich erneut, er packt in einer Ecke für den Transport[:] „Meine Herren, ich verkaufe Krawatten." Niemand regt sich. „Zu halbcén."[40] Links hinter der Blende Epštein,[41] nörgelnd, schnell und pfiffig[42] [beim Kartenspielen]: „Wieso ziehst du, wieso ziehst du? Warum musst du immer gleich drei ziehen[?] Scheiße!"
Es kommt der Gettowachmann Falkenberg, durchgefroren vom Dienst an der Schleuse vor der Jägerkaserne. Ich höre ihn hinter mir, vom Kamin her straff [und] schnell kaudern: „der, der, der, der, der, der, vie hajst er, der hat vajzunk bekommen, hat eine štrafe [von] 14 Tage[n] gehabt."[43]
13 Uhr: Stimme: „Wird noch ausgetragen?" – „Nein, ich weiß nichts." Epštein singt falsch: „Der heutige Tag ist der schönste,[44] was gestern war, wird morgen wieder sein. Ich sehne mich nach nichts mehr. Ta, ta, dá, ta, ta, dá. Lojzík, hast du nicht ein Rasiergerät dabei? Hast du es in der Tasche? Lojzo, du hast die Rasierpinsel, nicht wahr, ich nehme die Seife mit. Sie schütteln das Handtuch aus." Der Holländer Slap kläffend: „Kóle brent direkt, Kox langsam. Zu špét, izes, zu špét. Um cvaj antreten."[45] Epštein zu Miloš: „Das wird fest kochen." Máňa kommt mit dem Mittagessen: Suppe – Wasser, 36 dkg Kartoffeln mit Tunke: „Bei uns hat die Friedová[eine Weisung] bekommen. Sie ist erschrocken. Dann ging sie nach Magdeburg[46] und kehrte ganz ruhig zurück, sie werde hinfahren. Es sei eine Weisung für jemand anderes, der reklamiert wurde."
„Man habe einen Koffer gefunden, sie habe sich etwas davon nehmen dürfen, habe es aber nicht über sich bringen können. Sie habe nur Schnüre und ein Handtuch vom Boden genommen."

Schieberheim, 7.3.1944 – Dienstag – Gruß[47]
Seit dem gestrigen Tag kündigt sich im Leben Schieberheims ein unscheinbarer, aber bedeutsamer Wandel an.

39 Im Original deutsch.
40 So im Original.
41 Vermutlich: Jindřich Epstein (1891–1944), Ingenieur.
42 Im Original steht das Adverb pepicky, abgeleitet von dem häufigen Namen Pepa (Josef), der zugleich ein Prager Original, eine Prager Straßenfigur bezeichnet; hier metaphorisch verwendet.
43 So im Original. Eine Weisung war gleichbedeutend mit einem Befehl und bezeichnete insbesondere die Aufforderung zur Deportation.
44 Vermutlich eine Abwandlung von Joseph Schmidts Schlager aus dem gleichnamigen Film „Heut' ist der schönste Tag in meinem Leben" von 1936.
45 So im Original.
46 Gemeint ist die Magdeburger Kaserne in Theresienstadt, Sitz des Ältestenrats.
47 Der Tagesbefehl Nr. 419 der Jüdischen Selbstverwaltung in Theresienstadt vom 6.3.1944 hob die Grußpflicht auf. Fortan mussten die Gettoinsassen weder deutsches Wachpersonal noch tschech. Gendarmerie grüßen. Die Aufhebung der Grußpflicht stand in engem Zusammenhang mit den Maßnahmen zur sog. Stadtverschönerung, die ausländische Besuchsdelegationen über die wahren Umstände im Getto täuschen sollte; siehe Einleitung, S. 61–65.

Wenn sich bisher zwei Bürger in diesem Staat[48] begegnet sind, gingen sie entweder teilnahmslos aneinander vorbei, oder es spielte sich folgendes Ritual ab: Sie griffen mit der Hand nach ihrer Kopfbedeckung und lüfteten sie, gegebenenfalls winkten sie irgendwie damit und setzten sie wieder auf. Es ist nicht leicht, auf den Zweck dieses Hochhebens (lifting)[49] oder Lüftens (Lüftung)[50] der Mützen und Hüte beziehungsweise das Entblößen der Haare oder Glatzen zu kommen. Es ist kein Ausdruck gegenseitiger Ehrerweisung, denn Frauen, die sich gegenseitig sicher auch achten, nehmen ihre Kopfbedeckungen (Hauben, Hüte und Mützen) nicht ab, und wenn Männer dem höchsten Wesen die Ehre erweisen, halten sie ihre Köpfe bedeckt. Vor ungefähr einer Woche zeichnete sich die erste geringfügige Veränderung ab. Eine kleine Kaste von Bürgern Schieberheims, die außer dem gelben Stern-Orden eine Uniformmütze mit gelbem Band tragen, [ihr] Ehrentitel: *getouši,*[51] berührte beim Aufeinandertreffen lediglich die Mütze und lüftete sie nur, wenn sie den Herren in grüner Uniform ohne Stern[52] begegnete. Dann schlugen sie die Hacken zusammen und führten die Mütze elegant an die rechte Hüfte. Die Herren in Uniform schenkten diesem ziemlich auffälligen Gebaren keinerlei Beachtung, vielleicht hatten sie es gar nicht wahrgenommen. Auf jeden Fall erwiderten sie nichts. Seit ungefähr einer Woche zeichnet sich nun eine [weitere] kleine Veränderung ab: Die Gettowachmänner nehmen ihre Mützen nicht mehr ab, sondern schlagen nur noch die Hacken zusammen und werfen den Kopf nach rechts oder nach links in Richtung des Uniformierten. Dieser registriert diese veränderte Leibes- beziehungsweise Kopfübung wohl gar nicht und geht nicht darauf ein. Nun ließen auch die nichtuniformierten Insassen von ihrem Gebaren, sie hörten auf, vor den Herren in Uniform ihre Kopfbedeckung abzunehmen, und die Nichtbeachtung ist nun gegenseitig. Interessant ist jedoch, dass die unterschiedlich uniformierten Insassen, wenn sie sich begegnen, auch weiterhin ihr Haupt entblößen. Warum, ist nicht nachvollziehbar.

DOK. 264

Karl Hermann Frank teilt dem Rüstungsministerium am 25. April 1944 mit, dass kriegswichtige Produktionsstätten nicht in Theresienstadt eingerichtet werden können[1]

Fernschreiben (Geheim) des Höheren SS- und Polizeiführers für Böhmen und Mähren, gez. SS-Obergruppenführer Frank, St. M. IY M – 88²/44 g., an Hauptdienstleiter Karl-Otto Saur, Berlin-Charlottenburg, Berliner Straße 4–9, vom 25.4.1944[2]

Sehr geehrter Parteigenosse Saur!
Auf Ihr Schreiben vom 18.4. d. Js., in dem Sie die Verlagerung von Fertigungen des Jägerprogramms[3] in die Kasematten der Stadt Theresienstadt vorschlagen, erwidere ich, daß

48 Gemeint ist Schieberheim bzw. Theresienstadt; wie Anm. 6.
49 So im Original.
50 So im Original.
51 Tschech.: Getouš, Geták (umgangssprachlich) – Gettowachmann.
52 Gemeint ist die SS.

1 NAP, 110-4/429, Bl. 1.

dieses Vorhaben leider nicht durchführbar ist. Das Ghetto Theresienstadt wurde seinerzeit auf Befehl des Reichsführers SS als Altersghetto[4] eingerichtet. Bei der Einweisung und dem Abtransport der Juden wurde dieser Gesichtspunkt von vornherein in der Form berücksichtigt, daß die arbeitsfähigen Juden außerhalb des Protektorates in den Arbeitsprozeß eingegliedert wurden. Es blieben nur arbeitsfähige Juden insoweit zurück, als sie zur Betreuung der alten, siechen und nicht arbeitsfähigen Juden und zur Erhaltung und Verwaltung des Ghettos benötigt werden. Die Voraussetzungen zur Heranziehung von jüdischen Arbeitskräften zu der vorgesehenen Fertigung sind daher nicht gegeben.
Die Stadt Theresienstadt ist dicht belegt und bietet für die Aufnahme von Fertigungsstätten keinerlei Raum. Die Räume, die nicht zur unmittelbaren Unterbringung von Juden dienen, werden dringend als Wirtschafts- und Lagerräume benötigt. Im übrigen handelt es sich dabei nicht um Kasematten nach festungsbaulichen Begriffen, sondern um an den Außenwall angebaute über der Erde liegende Räumlichkeiten, die über den ganzen Bereich von Theresienstadt zerstreut liegen und nur über das Ghetto zugänglich sind.
Der Einsatz von nichtjüdischen Arbeitskräften scheidet von vornherein aus, da eine Beschäftigung nichtjüdischer Arbeitskräfte innerhalb des Ghettos unter keinen Umständen tragbar ist. Eine zusätzliche Einweisung arbeitsfähiger Juden in das Ghetto ist im Hinblick auf die dichte Belegung – abgesehen von der mangelnden Unterbringungsmöglichkeit – schon aus seuchenpolizeilichen Gründen nicht vertretbar.
Heil Hitler

DOK. 265

Die tschechoslowakische Exilregierung appelliert am 19. Juni 1944 an die Bevölkerung im Protektorat, den jüdischen Mitbürgern zu helfen[1]

Erklärung des Staatsrats der tschechoslowakischen Exilregierung in London zur Deportation aus Theresienstadt, abgegeben auf der 26. Plenarsitzung, 4. Tagung, vom 19.6.1944

Mit tiefer Bestürzung und Trauer nahm der Staatsrat die Nachricht über das tragische Schicksal von 7000 tschechoslowakischen Juden auf, die den in diesen Tagen in London eingetroffenen Informationen zufolge aus dem Internierungslager Theresienstadt nach Birkenau und Auschwitz (Oświęcim) verschleppt wurden, um dort durch die Hand

2 Ausgangsstempel Fernschreiben Nr. 1802.

3 Das sog. Jägerprogramm unter der Leitung von Karl-Otto Saur war ein Anfang 1944 initiiertes Projekt von Luftfahrt- und Kriegsministerium zur Dezentralisierung der Flugzeugproduktion und der Verlagerung in unterirdische Fertigungsstätten; siehe Dok. 127 vom 9.4.1944.

4 Auf der Wannsee-Konferenz im Jan. 1942 wurde festgelegt, dass deutsche Juden, die die Altersgrenze von 65 Jahren überschritten hatten, nach Theresienstadt deportiert werden sollten. Die Betroffenen mussten sog. Heimeinkaufsverträge abschließen, mit denen sie sich verpflichteten, für den eigenen und den Lebensunterhalt mittelloser Juden aufzukommen. Im Gegenzug wurde ihnen ein Platz im „Reichsaltersheim“ Theresienstadt versprochen.

1 NAP, AMV 177, 1-46-4a. Das Dokument wurde aus dem Tschechischen übersetzt.

barbarischer deutscher Henker massenhaft hingerichtet zu werden.[2] Dieses neuerliche Verbrechen der Nazi-Schurken, das ob seiner Unmenschlichkeit und seines Grauens unfassbar ist, wird zusammen mit allen vorangegangenen bestraft werden. Der Staatsrat schließt sich bei dieser Gelegenheit erneut früheren Erklärungen des Präsidenten und der tschechoslowakischen Regierung an und betont, dass niemand, der sich in irgendeiner Weise an diesen Gräueltaten beteiligt hat oder Mitschuld an ihnen trägt, einer gerechten Strafe entgehen wird. Das tschechoslowakische Volk, für dessen Sprecher im Ausland der Staatsrat zusammen mit dem Präsidenten der Republik und der Regierung auftritt, wird eine erbarmungslose Bestrafung nicht nur all jener fordern, die die barbarischen Verbrechen befohlen, sondern auch all jener, die diese unmenschlichen Befehle ausgeführt haben. Was als Urteil über die bereits begangenen Verbrechen gilt, ist auch als Mahnruf für die Zukunft zu verstehen. In diesem traurigen Augenblick fordert der Staatsrat das gesamte tschechoslowakische Volk daheim auf, sich zu bemühen, seinen jüdischen Mitbürgern mit allen ihnen zur Verfügung stehenden Mitteln zu helfen und sich nach Kräften für ihre Rettung einzusetzen. Masaryks großes moralisches Vermächtnis, dem wir treu geblieben sind, verpflichtet uns dazu.

DOK. 266
Der Ältestenrat der Juden in Prag rekapituliert am 19. Juni 1944 die Auswanderung und die Deportationen von Juden aus dem Protektorat[1]

Bericht des Ältestenrats der Juden in Prag, P 1/Eng. (10148), gez. der Judenälteste,[2] an das Zentralamt für die Regelung der Judenfrage in Böhmen und Mähren, Prag, vom 19.6.1944

Betrifft: Bericht über die Auswanderung und Transporte aus dem Protektorate Böhmen und Mähren
Vorgang: Auftrag des Herrn SS-Obersturmführer Günnel[3]
Auftragsgemäß legen wir einen Bericht über die Auswanderung und die Abwicklung der Transporte aus dem Protektorate Böhmen und Mähren im Nachstehenden vor:

2 Am 9.6.1944 erfuhr die tschechoslowak. Exilregierung durch die poln. Exilpresse erstmals von der Ermordung des Großteils der im Theresienstädter Familienlager Inhaftierten in Auschwitz. Kurz darauf gelangte auch der Vrba-Wetzler-Bericht zweier aus Auschwitz geflohener slowak. Juden nach London; siehe VEJ 16/108. Die Warnung, die im Dez. 1943 nach Auschwitz deportierten Juden würden im Juni 1944 nach Ablauf der sechsmonatigen „Quarantäne" das gleiche Schicksal wie die ermordeten Juden der September-Transporte teilen, veranlasste die tschechoslowak. Exilregierung, die internationale Öffentlichkeit zu informieren.

1 YVA, O.7 Cz/90, Bl. 1–4. Abdruck in: The trial of Adolf Eichmann. Record of proceedings in the District Court of Jerusalem, Bd. 9, Jerusalem 1995.

2 Dr. František (auch Franz) Friedmann (1897–1945), Jurist; in den 1920er-Jahren führendes Mitglied der zionistischen Bewegung in der Tschechoslowakei, 1929 heiratete er die Katholikin Hana Silvanová; von 1931 an Mitglied des Prager Stadtrats, 1933–1939 Vorsitzender des jüdischen Sportvereins Hagibor, 1938 Leiter des Sportvereins Makkabi in der Tschechoslowakei; 1943–1945 Leiter des Ältestenrats der Juden in Prag; starb im Mai 1945 unmittelbar nach seiner Befreiung.

3 Gerhardt Günnel (1909–1970); 1938 Mitarbeiter des SD-Hauptamts in Berlin, 1941 Versetzung zum SD in Prag, 1942 Mitarbeiter der Zentralstelle für jüdische Auswanderung Prag, im Okt. 1943 an der Deportation der italien. Juden beteiligt; 1947 in der Tschechoslowakei zu 20 Jahren Haft verurteilt, 1955 entlassen und danach als kaufmännischer Angestellter in Trier tätig.

Auswanderung vom 15.3.1939–28.7.1939 / Errichtung der Zentralstelle für jüdische Auswanderung, Prag.
In diesem Zeitraum gab es noch keine einheitliche geregelte Auswanderung. Die Juden, die giltige Pässe und Einreisevisen hatten, wandten sich ohne Mitwirkung der Jüdischen Kultusgemeinde, Prag, an die zuständige Durchlaßscheinstelle der Geheimen Staatspolizei, die darüber entschied, ob dem Besitzer der Ausreisedokumente die Auswanderung bewilligt werden soll. Die notwendigen behördlichen Bescheinigungen mußte sich der Auswandernde selbst beschaffen.
Auswanderung nach dem 28.7.1939.
Nach Errichtung der Zentralstelle für jüdische Auswanderung, Prag, wurde die jüdische Auswanderung geregelt und der Jüdischen Kultusgemeinde, Prag, aufgetragen, dafür zu sorgen, daß die auswandernden Juden die nötigen gesetzlichen Voraussetzungen erfüllen. Für die Ausgabe des Durchlaßscheines war von diesem Tage an die Zentralstelle für jüdische Auswanderung, Prag, zuständig.
Der auswandernde Jude mußte die sogenannte Auswanderungsmappe mit den vorgeschriebenen Anlagen ausfüllen, die der Beschaffung der behördlichen Bescheinigungen dienten. Die Richtigkeit der Auswanderungsmappe wurde von der Jüdischen Kultusgemeinde, Prag, überprüft und sodann an die Zentralstelle weitergeleitet, die über die Ausgabe des Durchlaßscheines entschied. Es mußten eine Reihe von Formblättern ausgefüllt werden, die von der Zentralstelle an die hierfür zuständigen Behörden weitergeleitet wurden. Es handelte sich hierbei um:
1. einen Hauptfragebogen, der in zweifacher Ausfertigung ausgefüllt wurde; die Erstschrift kam an die Zentralstelle für jüdische Auswanderung, Prag, die Zweitschrift an die Jüdische Kultusgemeinde, Prag,
2. Gesuch um Ausstellung des Wohnungsnachweises, das an das Zentralmeldeamt der Polizeidirektion (heute Amt des Polizeipräsidenten) in Prag gerichtet war,
3. Gesuch um Ausstellung eines Führungszeugnisses, gerichtet an die Polizeidirektion in Prag,
4. Gesuch um Erteilung des Sichtvermerkes, gerichtet an den Oberlandrat in Prag,
5. Gesuch um Ausstellung eines Reisepasses, gerichtet an die Polizeidirektion in Prag und an den Oberlandrat in Prag,
6. Formblatt für einen Auswanderungspaß, gerichtet an die Polizeidirektion,
7. Gesuch um Bestätigung des Magistrats über Bezahlung der Gemeindeabgaben,
8. Gesuch an die Gruppe VII (Wirtschaft)[4] des Reichsprotektors,
9. Gesuch an die Steueradministration,
10. Fragebogen der Steueradministration für Auswanderer,
11. Fragebogen des Gebührenamtes.
Die Mappe enthielt noch als Anlage
a. einen Antrag auf Mitnahme des Umzugsgutes, der in zweifacher Ausfertigung an die Revisionsabteilung des Finanzministeriums und die Nationalbank weitergeleitet wurde,
b. einen Fragebogen für die Mitnahme des Umzugsgutes, zweifach ausgefüllt, gleichfalls an die Revisionsabteilung des Finanzministeriums und die Nationalbank gerichtet,

4 Richtig: Gruppe V: Wirtschaft und Arbeit.

c. ein Verzeichnis des Umzugsgutes in dreifacher Ausfertigung, an die Devisenabteilung des Finanzministeriums gerichtet.
12. Vermögensbekenntnis, zweifach ausgefertigt; eine Ausfertigung für die Zentralstelle, die zweite für das Devisenschutzkommando (heute Zollfahndungsstelle).
Für Personen, die aus dem Sudetengau gekommen waren, wurde ein Sondersteuerformular ausgefüllt, gerichtet an den Oberfinanzpräsidenten in Karlsbad.
Für Personen, die früher in den an das Deutsche Reich abgetretenen Teilen Nordmährens oder Schlesiens gewohnt haben, war ein Steuerformular auszufüllen, das an das – für den letzten Wohnsitz des Antragstellers zuständige – Finanzamt zu richten war.
Der Durchlaßschein blieb bis zur Erledigung der letzten Formalitäten auf der Zentralstelle für jüdische Auswanderung.
Die in der Mappe enthaltenen Formblätter dienten der Beschaffung der nachstehenden Dokumente bei den hierfür zuständigen Behörden:

Wohnungsnachweis,
Leumundszeugnis,
Reisepaß (sofern es sich nicht um einen Ausländer handelte, der bereits einen Paß besaß),
Durchlaßschein,
Sichtvermerk,
Steuerunbedenklichkeits-Bescheinigung,
Umzugsgut-Bewilligung.

Außer den paßpolizeilichen Voraussetzungen mußten einige vermögensrechtliche Bestimmungen erfüllt werden, die sich auf die Zusammensetzung des Umzugsgutes, auf die hierfür zu entrichtenden Abgaben und auf die Bezahlung der Auswanderungssteuer im Sinne der Regierungsverordnung No. 267/1939[5] bezogen.
Die Auswanderungsmappe konnte an die Zentralstelle für jüdische Auswanderung weitergeleitet werden, wenn alle Formblätter richtig ausgefüllt waren. Die vorgeschriebenen Drucksorten wurden in den Hauptfragebogen eingelegt. Ein Lichtbild wurde der ersten und zwei Lichtbilder der dritten Seite des Fragebogens angeheftet. Ferner wurde eine Vorladungskarte beigegeben, an den Antragsteller adressiert, worin der Zeitpunkt angegeben war, wann er sich bei der Zentralstelle für jüdische Auswanderung einzufinden hat. Der Hauptfragebogen mit allen Anlagen wurde kuvertiert und der Briefumschlag mit einem Datumsstempel der Jüdischen Kultusgemeinde versehen, enthaltend: laufende Nummer, Tag und Stunde des Erscheinens des Antragstellers in der Zentralstelle.
Waren alle behördlichen Bescheinigungen bei der Zentralstelle für jüdische Auswanderung, Prag, eingegangen und die Auswanderungsmappe demnach mit allen Anlagen erledigt, wurde der Auswandernde zur Zentralstelle für jüdische Auswanderung vorgeladen, wo ihm der Durchlaßschein ausgehändigt wurde. Nun konnte er die Ausreise antreten.
Jeder Jude war verpflichtet, über Aufforderung seine Auswanderungsmappe einzubringen. Er wurde hierzu im Wege der Jüdischen Kultusgemeinde, Prag, aufgefordert. Es wurden insgesamt 24 892 komplette Auswanderungsmappen eingereicht.

5 Regierungsverordnung vom 23.11.1939 über die Auswanderungssteuer; Sammlung der Gesetze und Verordnungen des Protektorats Böhmen und Mähren, 1939, S. 853–858, YVA, O.7/2.

1. *Abwanderung und Einweisung ins Ghetto*

Der geregelte Auswanderungsstrom hörte mit der Einleitung der Transportaktionen – bis auf wenige Ausnahmen – auf.[6] Der Einberufung der Transporte ging eine Registrierung aller Juden voraus, die Ende September 1941 in Prag und Brünn eingeleitet wurde. Alle erfassten Juden waren verpflichtet, sich zur Registrierung einzufinden. Sie wurden zunächst zu der Jüdischen Kultusgemeinde vorgeladen, wo ihre Dokumente überprüft und die notwendigen Formblätter mit ihnen ausgefüllt wurden. Gleichzeitig erhielten sie eine Vorladung mit genauer Zeitangabe zu der Zentralstelle für jüdische Auswanderung, Prag. Jeder registrierte Jude erhielt eine Karteinummer. Er mußte seine Registrierkarte persönlich bei der Zentralstelle für jüdische Auswanderung, Prag, übergeben. Die Vorladungen erfolgten in der Hauptsache nach dem Alphabet. Die Registrierungen in der Provinz fanden fortlaufend statt, und zwar

im Oberlandratssprengel Pilsen	vom 5.1.–14.1.1942
im Oberlandratssprengel Kladno	vom 6.2.–11.2.1942
im Oberlandratssprengel Budweis	vom 30.3.–3.4.1942
im Oberlandratssprengel Tabor	vom 7.4.–14.4.1942
im Oberlandratssprengel Kolin	vom 17.4.–25.4.1942
im Oberlandratssprengel Iglau	vom 29.4.–5.5.1942
im Oberlandratssprengel Olmütz	vom 8.5.–15.5.1942
im Oberlandratssprengel Pardubitz	vom 18.5.–23.5.1942
im Oberlandratssprengel Königgrätz	vom 28.5.–2.6.1942
im Oberlandratssprengel Jungbunzlau	vom 4.6.–6.6.1942
im Oberlandratssprengel Klattau	vom 16.6.–19.6.1942
im Oberlandratssprengel M. Ostrau	vom 25.6.–4.7.1942
im Oberlandratssprengel Prag-Land	vom 3.9.–4.9.1942
im Oberlandratssprengel Zlín	vom 11.1.–20.1.1943

Am 27. Oktober 1942 begann die Registrierung der arisch Versippten. Sie wurden aufgefordert, nachzuweisen, daß sie mit einer arischen Person in gültiger Ehe leben (Ariernachweis des Gatten oder der Gattin) bezw. daß die Ehepartner nicht verstorben sind oder daß die Ehe inzwischen nicht getrennt wurde.[7] Personen, die mit einem als Nichtjude geltenden Mischling (Kind) versippt waren, mußten auch die entsprechenden Unterlagen beibringen. Die arisch Versippten erhielten zu der laufenden Kartei-Nummer noch eine sogenannte Überprüfungsnummer. Gleichzeitig wurden auch die strittigen Fälle erfaßt, d. h. die Fälle, in welchen nicht alle Unterlagen rechtzeitig beschafft werden konnten.

Die Zahl der strittigen Fälle beträgt bis heute 1081.

2. *Transporte*

Den stärksten Auftrieb erhielt die jüdische Bevölkerungsabnahme durch die Transporte. Es handelte sich hierbei meistens um die Einberufung von je 1000 Personen. Die Listen der Transportteilnehmer wurden von der Zentralstelle für jüdische Auswanderung, Prag, der Jüdischen Kultusgemeinde übergeben, die zunächst die Zahl der Auszuscheidenden

6 Gleichzeitig ordnete Himmler im Okt. 1941 ein generelles Auswanderungsverbot für Juden an; VEJ 5/286.

7 Nach einer Anordnung des RSHA wurden von Jan. 1944 an auch Juden aus nicht mehr bestehenden „Mischehen" deportiert; siehe Dok. 103 vom 18.12.1943.

(Sieche, Verstorbene, Unentbehrliche usw.) feststellte und die bezüglichen Anträge stellte. Die Vorladungen wurden von der Jüdischen Kultusgemeinde durchgeführt. Die Liste wurde vervielfältigt, nachdem die Adressen in den Karteien überprüft worden waren, und die Vorladungen den Transportteilnehmern in kürzester Zeit zugestellt. Aufgrund dieser Vorladung fand sich der Transportteilnehmer bei der Jüdischen Kultusgemeinde ein, wo ihm ein Exemplar der Vermögenserklärung mit den üblichen Beilagen ausgefolgt wurde. Er erhielt außerdem eine Belehrung und vorgedruckte Zettel sowie Kärtchen, die seine Transportnummer enthielten. Die Transportnummer stimmte mit der betreffenden Person im Verzeichnis überein. Eine Vorladungskarte der Zentralstelle für jüdische Auswanderung in Prag unter Angabe des Tages und der genauen Stunde befand sich gleichfalls unter den ausgefolgten Vordrucken.

Die Transportteilnehmer erschienen in Prag auf dem Messegelände,[8] in der Provinz in einer entsprechenden Ubikation,[9] wo sie untergebracht und verköstigt wurden. Es wurden ihnen nummerierte Plätze bezw. Schlafstätten von 1–1000 zugewiesen, wobei ihre Nummer wieder mit der Transportnummer übereinstimmte. Die von der Jüdischen Kultusgemeind e den Transportteilnehmern übergebenen Formblätter (Vermögenserklärung, Erklärung über besondere Kunstgegenstände, Bestätigung über Abmeldung des Lebensmittelbezuges, Erklärung über eine eigene Kohlenstammkarte usw.) wurden ausgefüllt auf dem Messegelände übergeben. Die Vermögenserklärungen wurden dann in die Kanzleien der Jüdischen Kultusgemeinde zur weiteren Bearbeitung gebracht. Die Abfertigung der Transportteilnehmer auf dem Messegelände vollzog sich folgendermaßen:

Die einzelnen Personen traten den Nummern nach an, aufgrund des mitgeführten Personaldokumentes wurde die Identität nachgeprüft, ferner die richtige Rückerstattung der nicht verwendeten Lebensmittelkarten und Stammkarten. Der Transportteilnehmer hatte die verlassene Wohnung (falls in der Wohnung noch andere Personen verblieben, den bewohnten Raum) zu verschließen und den Schlüssel auf dem Messegelände zu übergeben. Alle Personaldokumente, Auszeichnungen, Versicherungspolizzen,[10] Hinterlegungsscheine, Wertpapiere, Sparbücher, Safes-Schlüssel, ferner Schmuck und Geld, waren von den Transportteilnehmern abzugeben. Zugleich wurden Wohnungs- und Möbelfeststellungen vorgenommen.

Die inzwischen in den Kanzleien der Jüdischen Kultusgemeind e vervielfältigten Vermögenserklärungen kamen zurück auf das Messegelände, um von den Transportteilnehmern unterschrieben zu werden. Von den abgegebenen Dokumenten erhielten die Transportteilnehmer vor der Abreise ihren Personalausweis zurück, mit dem Stempel „ghettoisiert" versehen. Die Erledigung amtlicher Formalitäten nahm ungefähr drei Tage in Anspruch. Nach Abschluß der Abfertigungsarbeiten wurde eine Schlußliste aufgestellt. Dann wurden die Teilnehmer in Gruppen gestellt, deren Zahl der Anzahl der bereitgestellten Wagen entsprach, und zum Bahnhof geführt. Die Transportteilnehmer nahmen insgesamt 50 kg Gepäck mit. Darüber, was mitgenommen werden darf, wurden

8 Das Sammellager für die Prager Juden befand sich in den Ausstellungspavillons des sog. Radiotrh (Radiomarkt). Das Lager, das zwischen Nov. 1941 und 1945 bestand, wurde von tschech. Gendarmerie und SS bewacht. Die Deportationen fanden vom nahegelegenen Bahnhof Bubny statt, zu dem die Betroffenen zu Fuß laufen mussten.

9 In Brünn beispielsweise befand sich das Sammellager in einer ehemaligen Grundschule in der Merhautova 37.

10 So im Original.

genaue Merkblätter herausgegeben. Jedes Gepäckstück mußte beschriftet werden und die Transportnummer des Transportteilnehmers enthalten. Das Gepäck – abgesehen von mitgeführtem Handgepäck – wurde am Vortage der Abfahrt in Güterwagen verladen. Jeder Transport wurde mit einem Buchstaben bezeichnet. Die Nummer des Transportteilnehmers wurde um den Evidenzbuchstaben dieses Transportes ergänzt.
Nach Durchführung der in Frage kommenden großen Transporte wurden die – für eine Einweisung ins Ghetto in Betracht kommenden – Personen in kleinen Gruppen einberufen, die direkt vom Zentralamte für die Regelung der Judenfrage in Böhmen und Mähren, Prag, aus abgefertigt wurden.[11] Außerdem wurden noch Personen als Einzelweisungen und in Sondertransporten in das Ghetto eingewiesen. In allen diesen Fällen ist der administrative Vorgang der gleiche. Bei diesen kleineren Gruppen handelte es sich meistens um Personen, die bisher zurückgestellt waren (Mitarbeiter des Ältestenrates), und um Personen, bei denen die Voraussetzungen für eine arische Versippung nicht mehr gegeben waren (Ehetrennung, Ableben des arischen Partners, Kinder-Geltungsjuden, die die Altersgrenze erreicht haben[12] usw.). Letztere Kategorie von Transporten wird fortgesetzt, und zwar wurden einmal monatlich jene Personen, bei denen die Voraussetzungen für eine arische Versippung inzwischen aufgehört haben, in das Ghetto eingewiesen.

DOK. 267
Der Delegierte des Internationalen Roten Kreuzes Maurice Rossel schildert am 23. Juni 1944 detailliert seinen Besuch in Theresienstadt[1]

Bericht von Maurice Rossel[2] für das IKRK vom 23.6.1944[3]

Ghetto Theresienstadt
Besucht am 23.6.1944

Vorbemerkung:
Der ganze Bericht ist als absolut vertraulich zu betrachten. Alle Dokumente und ganz besonders die Photographien dürfen keinesfalls veröffentlicht werden. Dazu haben wir uns gegenüber den Behörden der SS verpflichtet.
Während unseres Besuchs in Theresienstadt waren ebenfalls anwesend: zwei Dänen, denen wir für ihre Freundlichkeit und aktive Unterstützung danken:

11 Der letzte große Transport mit über 800 Menschen verließ Prag am 13.7.1943. Erst Anfang 1945, als auch Juden aus „Mischehen“ und „Mischlinge“ deportiert wurden, stieg die Zahl der Transportteilnehmer wieder deutlich an.

12 „Geltungsjuden“ bis 14 Jahre wurden zunächst von den Deportationen zurückgestellt.

1 ACICR, A CL 15.12–13. Abdruck in: TSD, 3 (1996), S. 285–297. Das Dokument wurde aus dem Französischen übersetzt. Die Übersetzung wurde freundlicherweise von den TSD zur Verfügung gestellt und bis auf Kleinigkeiten von dort übernommen. Grammatik wie in der Übersetzung.

2 Dr. Maurice Rossel (1917–2008), Arzt; Offizier der Schweizer Armee; von Febr. 1944 an Mitarbeiter des IKRK und seit April 1944 Mitglied der Delegation des IKRK in Berlin; schied nach 1945 aus dem Dienst aus, später humanitäre Missionen in Vietnam (1966/67) und in Ruanda (1967).

3 In einem vertraulichen Schreiben korrigierte der Repräsentant des War Refugee Board in der Schweiz, Roswell McClelland, am 26.10.1944 den Bericht des IKRK; siehe Dok. 280 vom 26.10.1944.

Mr. Frants *Hvass*, Ministerialdirektor[4]
Dr. E. Juel *Henningsen*, Vize-Direktor des Gesundheitsdienstes.[5]
Von deutscher Seite:
Der Chef der SS-Polizei des Protektorats[6]
Der Chef des SS-Amtes (Sicherheits-Reichshauptamts in Berlin)[7]
Ein Mitglied des Auswärtigen Amtes, beauftragt mit der Verbindung zu den SS-Behörden[8]
Ein Vertreter des Deutschen Roten Kreuzes[9]
Der Chef der SS-Polizei des Gettos[10]

Ankunft im Getto. Man erreicht Theresienstadt über die Hauptstraße, die von Prag nach Dresden führt. Die Straße führt sehr nahe an der Stadt-Festung von Theresienstadt vorbei, rechts liegt die „Kleine Festung", eine kleine Bastion, wo derzeit die politischen Gefangenen untergebracht sind, die auf dem Territorium des Protektorats festgenommen wurden.[11] Links von der Straße befindet sich das Ghetto. Es ist von der Straße nur durch einen ungefähr zwei Meter hohen Holzzaun getrennt. Für die gesamte Fläche der Stadt sind keine Zäune notwendig.[12] Theresienstadt ist tatsächlich eine Festungsstadt à la Vauban,[13] breite Gräben befinden sich vor den Mauern. Diese Festung, die niemals belagert wurde, ist noch vollständig erhalten, die Mauern haben keine Risse. Dies erleichtert die Isolierung der Stadt und man sieht nirgends Stacheldraht. (Vgl. auch Photo Nr. 5, das alles besser zeigt.)[14]
Wir werden durch die deutschen Behörden in dem einzigen deutschen Haus in Theresienstadt empfangen, in dem Haus, in dem die Wache untergebracht ist.[15] Um die ganze Stadt zu bewachen, gibt es alles in allem 12 (zwölf) SS-Soldaten.[16]
Wir begeben uns dann zur jüdischen Bürgermeisterei, wo uns der Judenälteste, H. Eppstein, kurz über die Organisation des Ghettos informiert und uns vorschlägt, sofort mit

4 Frants Hvass (1896–1982), Diplomat; von 1922 an im dän. Außenministerium, 1941–1945 Leiter der Abt. für politische und juristische Fragen; 1945–1948 StS, 1949–1966 Botschafter in Bonn.

5 Eigil Juel Henningsen (*1906), Arzt; 1940–1945 stellv. Leiter des dän. Gesundheitsamts.

6 Richtig: BdS; gemeint ist Erwin Weinmann.

7 Gemeint ist das RSHA, dessen Chef von Jan. 1943 an Ernst Kaltenbrunner war. Hier ist der Stellv. Adolf Eichmanns im Ref. IV B 4, Rolf Günther, gemeint, der von dem für Theresienstadt zuständigen Mitarbeiter Ernst Möhs (auch Moes) begleitet wurde.

8 Eberhard von Thadden.

9 Freiherr von Heydekampf.

10 Gemeint ist der Kommandant des Gettos Karl Rahm (1907–1947), Maschinenschlosser; 1925 Eintritt in die Sozialdemokratische Arbeiterpartei Österreichs; 1934 NSDAP- und SS-Eintritt; 1939/40 Mitarbeiter der Zentralstelle für jüdische Auswanderung in Wien, 1940 Versetzung zur Zentralstelle in Prag, seit dem 8.2.1944 Kommandant des Gettos Theresienstadt; nach dem Krieg in Österreich verhaftet, an die Tschechoslowakei ausgeliefert und dort hingerichtet.

11 Die offizielle Bezeichnung der Kleinen Festung lautete Polizeigefängnis Theresienstadt. Der Haftort wurde von 1940 an von der Gestapoleitstelle Prag verwaltet und war trotz der unmittelbaren Nachbarschaft organisatorisch streng vom Getto getrennt.

12 Die Zäune waren zuvor im Rahmen der sog. Stadtverschönerung für den Besuch der Kommission vom IKRK entfernt worden.

13 Marschall Sébastien Le Prestre de Vauban (1633–1707), Festungsbaumeister Ludwigs XIV. von Frankreich. De Vauban baute erstmals Festungsanlagen mit mehreren Verteidigungslinien.

14 Gemeint ist vermutlich eine Aufnahme der Festungswälle. Die Fotos befinden sich heute, allerdings ungeordnet, in APT, A 2693, MV ČK, CICR – HIST 2497/6 A.

unserem Rundgang zu beginnen.[17] Er endet mit den Worten: „Sie werden eine normale Provinzstadt besichtigen."

Bevölkerung. Die Bevölkerung zählt ungefähr 35 000 Seelen[18]
Sie teilt sich folgendermaßen auf:

Territorium des Reichs[19] und der Ostmark	94 %
Holland	5 %
Dänemark	0,1 %[20]

Bemerkungen:
1. Es gibt in Theresienstadt keinen Juden einer anderen Nationalität.[21] Dies wurde uns mehrmals vom Judenältesten bestätigt.
2. Wir gehen davon aus, dank einer Bemerkung eines Mitglieds der SS, daß 240 Angehörige des Reichs im Besitz eines schwedischen Passes sind, Pässe, die durch die SS nicht anerkannt werden.
3. Was die Anzahl der Dänen betrifft, fehlen 100 Juden, die in Dänemark festgenommen wurden. Die dänischen Delegierten beschäftigten sich eingehend mit Fragen, (die) ihre Landsleute betrafen. Diese 100 fehlenden Juden sind in der Mehrzahl Juden mit deutschen Pässen, die in Dänemark festgenommen wurden und jetzt von der SS als aus dem Reich stammend betrachtet werden.
4. Repräsentant der Holländer: der Kunstmaler Spier (?),[22] Maler der Aquarelle, die diesem Bericht beigefügt sind.

Wir haben noch andere interessante Einzelheiten erfahren können. Die Bevölkerung des Ghettos, wie die ganze Stadtbevölkerung, zeigt ein deutliches Überwiegen älterer Personen, das ist die berühmte umgekehrte Pyramide. Dies ist umso deutlicher, als Theresienstadt am Anfang ausschließlich ein Lager für ältere Juden war.[23]

+55	14 600	Personen
55–45	4500	»
45–15	12 800	»
15– 6	2000–2300	»
6–	800	»

15 Die SS-Kommandantur befand sich zwischen Aug. 1942 und 1945 in der Neuen Gasse 14. Allerdings gab es weitere Gebäude im Getto, die von Deutschen benutzt wurden. So beispielsweise die Sudeten- und Bodenbachkaserne sowie das Zeughaus, in denen von Sommer 1943 an das Archiv des RSHA untergebracht war.

16 Für die Bewachung des Gettos war kein SS-Personal eingesetzt, sondern tschech. Gendarmerie. Für die Kommandantur arbeiteten 25 Mitarbeiter, das SS-Wachpersonal der benachbarten Kleinen Festung umfasste 100 bis 150 Personen.

17 Paul Eppstein war auf Befehl der SS als Nachfolger von Jakob Edelstein Ende Jan. 1943 zum Judenältesten von Theresienstadt ernannt worden. Ende Sept. 1944 wurde er von der SS ermordet. Der Ältestenrat mit seiner Verwaltung hatte seinen Sitz in der Magdeburger Kaserne.

18 Ende Juni befanden sich im Getto 27 702 Personen; Prochnik, Juden, Bl. 10, wie Dok. 248 vom 5.9.1943, Anm. 21.

19 Einschließlich des Protektorats Böhmen und Mähren.

20 Der Anteil der dän. Juden in Theresienstadt betrug knapp ein Prozent.

21 Vereinzelt waren auch franz. und ungar. Juden in Theresienstadt inhaftiert.

22 Jo Spier.

23 Ende Juni 1944 war lediglich ein Viertel der Gettobevölkerung über 60 Jahre.

Geburten im Ghetto seit Beginn (Juli 42)[24] ungefähr 400[25]
Durchschnittsalter: 48 Jahre
Durchschnittliches Sterbealter: 72 Jahre.
12 bis 15 Todesfälle am Tag[26]
Arbeitsfähig: 60 % der Bevölkerung (s. Kapitel „Arbeit").
Das Lager Theresienstadt ist ein „Endlager",[27] normalerweise wird niemand, der einmal ins Ghetto gekommen ist, anderswohin geschickt. Kein Arbeits-Kommando ist von Theresienstadt abhängig, die Arbeitseinheiten gehen tagsüber aufs Feld und kommen abends in die Stadt zurück.

Verwaltung. Das Ghetto besteht seit Juli 1942.[28] Die SS-Polizei läßt den Juden die Freiheit, ihre Verwaltung nach eigenem Gutdünken zu organisieren.[29] Diese Verwaltung ist heute gut in Ordnung.
Die SS-Polizei, die die Stadt kontrolliert, zählt nur 12 Männer, die jüdische Polizei hingegen hat einen weitaus höheren Effektivbestand. (Vgl. Photo Nr. 6: ein Mitglied der jüdischen Polizei).
Judenälteste(r): dieser Posten ist in zufriedenstellender Art durch H. Eppstein besetzt, der eine sehr weitreichende Macht innehat. Er kontrolliert praktisch alle Organismen der Stadt. Er entscheidet selbst und wendet sich selten an den Judenältestenrat.
Judenältestenrat: besteht aus den einflußreichsten Mitgliedern der Verwaltung.[30]
Repräsentanten des Distrikts: die Stadt ist in vier Distrikte aufgeteilt, von denen jeder seinen Repräsentanten/Bürgermeister) hat, der im Judenältestenrat sitzt.[31]

24 Die ersten Juden kamen bereits im Nov. 1941 mit einem sog. Aufbautransport nach Theresienstadt. Der Großteil der tschech. Zivilbevölkerung musste die ehemalige Garnisonsstadt im Febr. 1942 verlassen.

25 Es liegen keine gesicherten Angaben über die Zahl der Geburten in Theresienstadt vor. Schätzungen zufolge waren es aber insgesamt nicht mehr als max. 230 Kinder, von denen die überwiegende Mehrheit tschech. Eltern hatte. Im Juli 1943 wurden Schwangerschaftsabbrüche in Theresienstadt angeordnet. Die Nichtbeachtung des Befehls führte zur sofortigen Deportation von Eltern und Kind; siehe Dok. 247 vom 21.8.1943.

26 Zwischen Nov. 1941 und Juni 1944 starben laut Prochnik durchschnittlich rund 33 Menschen täglich. Wenn man wie Rossel die Errichtung des Gettos auf Juli 1942 datiert, so starben bis einschließlich Juni 1944 durchschnittlich ca. 43 Personen täglich.

27 Bereits am 9.1.1942 wurden über 1000 Personen aus Theresienstadt nach Riga deportiert. Für rund 87 000 Menschen war Theresienstadt Durchgangslager. Die Behauptung, Theresienstadt sei ein „Endlager", diente der Täuschung der Weltöffentlichkeit. Nachdem diese geglückt war, wurde das Theresienstädter Familienlager in Auschwitz Anfang Juli 1944 aufgelöst, weil es aus SS-Perspektive seine Daseinsberechtigung verloren hatte; die große Mehrheit seiner Insassen wurde ermordet.

28 Wie Anm. 24.

29 Wie in anderen Gettos auch wurde in Theresienstadt auf Befehl der SS ein Ältestenrat der Juden eingerichtet, dessen Mitglieder gezwungen wurden, die administrative Organisation zu übernehmen. Der Handlungsspielraum der sog. Selbstverwaltung war äußerst begrenzt. Die meisten ihrer Mitglieder waren jedoch zunächst vor den abgehenden Transporten geschützt.

30 Dem Ältestenrat in Theresienstadt gehörten die jeweiligen Leiter der verschiedenen Abteilungen der Selbstverwaltung an, der Leiter des Sekretariats sowie zumeist prominente Vertreter der Häftlingsgemeinschaften unterschiedlicher Nationalität. Der aus 20 bis 23 Mitgliedern bestehende Rat hatte dem Judenältesten beratend zur Seite zu stehen.

31 Gemeint sind die Bezirksältesten, denen die Blockältesten und diesen wiederum die Hausältesten unterstanden.

Unterbringungsbedingungen. Die kleine Stadt Theresienstadt, die ungefähr 12 bis 15 000 Einwohner zählen dürfte,[32] war eine Garnisonsstadt; zwei Drittel der Einwohner waren Soldaten. Daher gibt es sehr große Kasernen in der Stadt. Dies hat ihre totale Evakuation von der Zivilbevölkerung und ihre Requirierung zwecks Umwandlung in ein Ghetto erleichtert.
Es dürfte deshalb sehr unterschiedliche Unterbringungsbedingungen geben, je nach Stadtviertel; einerseits Kasernen, andererseits Einzelhäuser.
Kasernenblöcke: diese immensen Blöcke befinden sich im Zentrum jedes Distrikts, dort befinden sich die kommunalen Einrichtungen, die Krankenstationen, die medizinisch-chirurgischen und zahnärztlichen Ambulanzen usw.
Baracken: wegen der Überbevölkerung Theresienstadts wurde es bald notwendig, Baracken zu bauen.[33] Diese Baracken sehr großer Bautypen sind geräumig, gut beleuchtet, und die Bevölkerung zieht sie häufig den Kasernen vor.
Einzelhäuser: stehen in dem Teil der Stadt, der ursprünglich von der Zivilbevölkerung bewohnt wurde. Diese Wohnungen sind bequem, wenn auch eng, oft sind diese gemeinsam für zwei bis drei Familien.[34]
Mobiliar: überall sind jetzt Möbel in ausreichender Menge vorhanden, Die Schreinerei stellt Möbel eines Standardtyps her, die sehr praktisch sind und über die jede Familie bald verfügen wird.[35]
Es gibt genügend Vorhänge, Teppiche, Tapeten, um die Wohnungen angenehm zu machen.
Bettzeug: ist ausreichend, die Laken können regelmäßig gewechselt werden, die Wolldecken sind ausgezeichnet.
Kinderheime: sind besonders gut in vernünftiger Weise möbliert, mit Wandbemalungen von sehr dekorativer Wirkung und von bemerkenswertem erzieherischen Wert.
Desinfektion: Die Desinfektion aller bewohnten Lokalitäten wird von einer Spezialeinheit vorgenommen. Diese Einheit kommt alle drei Monate, die Desinfektion ist obligatorisch, obwohl es gegenwärtig kein Ungeziefer gibt.[36]
Vgl. Photo Nr. 1: Blick auf den Hof von einem der Kasernenblöcke.
Photo Nr. 2: Öffentlicher Platz mit Orchester.
Photo Nr. 3: Übung des Corps der Feuerwehr.
Photo Nr. 4: Eine Straße

Ernährung. Seit unserem Eintritt ins Ghetto können wir uns davon überzeugen, daß die Bevölkerung nicht unter Unterernährung leidet.[37] Die Theresienstadt zugeteilten Rationen sind die des Protektorats Böhmen und Mähren mit dem Unterschied, daß man

32 Nach der Volkszählung 1930 lebten 7181 Menschen in Theresienstadt, die Hälfte Zivilpersonen.
33 Insgesamt wurden 32 Baracken für Wohn- und Produktionszwecke bis Ende 1944 errichtet.
34 Das Familienzusammenleben war nur zur Täuschung der Delegation inszeniert worden. Tatsächlich waren Männer, Frauen und Kinder in Theresienstadt bis auf wenige Ausnahmen getrennt voneinander untergebracht.
35 Mobiliar, Haustextilien und Bettwäsche waren in Theresienstadt Mangelware.
36 Von 1942 an gab es eine Läuse-Epidemie in Theresienstadt, die nicht zuletzt wegen der völlig unzureichenden Desinfektionsmaßnahmen nie eingedämmt werden konnte.
37 Auch in diesem Punkt erreichte die SS mit ihrer Inszenierung den gewünschten Erfolg. Alten und Kranken war es verboten, während des Delegationsbesuchs die Straße zu betreten.

keine Eier, keinen Käse erhält und daß Butter durch Margarine ersetzt ist. Wir haben übrigens von außerhalb (in Prag) erfahren, daß die Zivilbevölkerung, trotz Karten, diese Waren nicht erhalten kann. Es kommen Dinge im Ghetto an, die nahezu unmöglich in Prag zu finden sind. Wir schreiben dies dem Umstand zu, daß die durch die SS-Kommandantur beglaubigten Bestellungen angesichts des Risikos, die SS-Behörden zu verärgern, ausgeführt werden. Die Hygiene-Mediziner, Spezialisten, die mit der Nahrungskontrolle beauftragt sind, haben Rationen zu 2400 Kalorien berechnet.[38] Mit dem Aufschlag für Schwerarbeiter sind die Rationen ausreichend. Überall kann man sich davon überzeugen, daß die Bevölkerung ausreichend ernährt ist und zu diesem Zwecke genügt es, die photographischen Dokumente, besonders die Kindergruppen, zu begutachten.[39]

Die Verteilung der Rationen geschieht auf verschiedene Arten. Für die Personen, die in Einzelhäusern wohnen und über Küchen verfügen, gibt es die Möglichkeit, sich ihre eigenen Mahlzeiten nach Wunsch zuzubereiten. Die Leute, die in den großen Kasernen oder in den Baracken wohnen, ziehen es im allgemeinen vor, in den kommunalen Kantinen zu essen. Diese sehr geräumigen Kantinen sind angenehm. Die Person, die hier essen geht, wird pünktlich bedient, und zwar von einem jungen Mädchen in Schürze und mit gestärktem Häubchen, wie in jedem Restaurant.[40]

Die Küchen sind modern ausgestattet. Die meisten Heizkessel sind mit Wasserdampf geheizt, sind leicht zu handhaben und zu säubern. Es gibt verschiedene Arten von Küchen. Manche großen kommunalen Küchen liefern bis zu 9000 Portionen am Tag.

Metzgerei: entspricht dem normalen Bedarf einer Stadt.[41]

Bäckerei: sehr gut ausgestattet mit 4 Öfen, der letzte dieser Öfen von sehr modernem Typ, kürzlich installiert, ausschließlich durch die Werkstätten von Theresienstadt.

Die Gärten sind gut unterhalten, vor allem durch Einheiten von Jugendlichen, sie liefern das Maximum an grünem Gemüse. Die zur Zeit ausgeteilten Kartoffeln sind trotz der fortgeschrittenen Jahreszeit von ausgezeichneter Qualität.[42]

Die Stadt Theresienstadt ist offenbar nicht unabhängig, sie erhält von auswärts ein großes Kontingent ihrer Vorräte, Mehl, Kartoffeln.

Kleidung. Der Zustand der Kleidung ist allgemein zufriedenstellend. Die Leute, denen wir in den Straßen begegnen, sind korrekt gekleidet, mit den Unterschieden, die man normalerweise in einer kleinen Stadt unter mehr oder wenigen reichen Leuten antrifft. Die eleganten Frauen tragen Seidenstrümpfe, Hüte, Schals, moderne Handtaschen. Die jungen Leute sind ebenfalls gut gekleidet, man trifft sogar den Typ des „Zaszou".[43]

Zu diesem Zweck vgl. die photographischen Dokumente.[44]

38 Die tägliche Kalorienmenge lag für einen Normalarbeiter im Sommer 1943 bei 1630 kcal; siehe auch Dok. 280 vom 26.10.1944.

39 Tatsächlich erhielten Kinder mehr Kalorien als Normalarbeiter und vor dem Besuch der Delegation eine Sonderzuteilung.

40 Im Zuge der „Stadtverschönerung" war auch ein Esssaal hergerichtet worden, in dem während der Anwesenheit der Delegation Kellnerinnen bedienten. Normalerweise mussten die Gettoinsassen sich das Essen abholen und dabei vor den Essensausgaben oft stundenlang warten.

41 Nur vereinzelt ergänzte Fleisch von absolut mangelhafter Qualität den Speiseplan im Getto.

42 Das am Stadtrand bzw. in den ehemaligen Festungsgräben von den Gettobewohnern angebaute Gemüse musste bis auf die minderwertige Ware an die SS abgegeben werden.

Die Bekleidungsgeschäfte verfügen über hinreichende Lager. Es handelt sich durchwegs um getragene Kleidungsstücke, die in einem Schneideratelier repariert und zu einem Preis von 80 bis 120 Theresienstadt-Kronen gegen Marken verkauft werden. Die Rationierung ist in der Tat eingeführt worden, damit jeder über die gleiche Menge von Kleidung verfügen kann, unabhängig von seinem Gehalt.[45]
Die Leute verfügen alle über ausreichendes Schuhwerk, aber die Reparaturen sind wegen Materialmangels auf diesem Sektor schwieriger. Von Zeit zu Zeit schickt das Ghetto eine größere Sendung an die Schuhwerke Bata, die die Schuhe reparieren.[46]
Wäscherei: eine kommunale Wäscherei wäscht 110 000 kg Wäsche im Monat. Jede Person hat das Recht, ein Bündel von 4 kg Wäsche zum Waschen zu bringen. Dies fakultativ, viele Personen erledigen ihre eigene Wäsche.

Arbeit. Die Arbeitsfähigkeit wird in jedem Fall sorgfältig geprüft. Jede Person des Ghettos hat ihre eigene Karte in der kommunalen Kartei,[47] die Ärzte befinden über die Arbeitsfähigkeit und die Kategorie, zu der die Einzelperson gehört.
Vier Kategorien von Arbeitern[48]
1. völlig arbeitsfähig,
2. fähig zu leichten Arbeiten,
3. Invaliden, Rekonvaleszenten, fähig zu speziellen Arbeiten,
4. arbeitsunfähig.
Die Arbeitskraft in Theresienstadt ist natürlich mehr als ausreichend. Das Wichtige ist hier nicht, aus jedem Individuum möglichst viel Leistung zu gewinnen. Man sucht vielmehr alle zu beschäftigen, auch die Alten, und sei es nur für ein oder zwei Stunden am Tag, um jedem das Gefühl zu geben, nützlich zu sein, und wenn möglich ein Interesse an der Arbeit zu wecken.
Jeder Jude, der ins Ghetto kommt, muß zuerst, ganz gleich, was seine berufliche Situation und seine Titel sind, in einer Hundertschaft anfangen. Diese Arbeits-Hundertschaften sind die Grundformationen für nicht spezialisierte Arbeitskräfte. Jeder muß zuerst, ganz gleich, was seine berufliche Situation und seine Titel sind, in einer Hundertschaft anfangen oder in dem Fach arbeiten, das vor dem Ghetto sein Beruf war. Es ist klar, daß es von dieser Regelung einige Ausnahmen gibt, die Mediziner werden sofort zum Krankenhausdienst herangezogen, die Krankenschwestern ebenfalls.
Man findet in Theresienstadt alle Berufe, die man sich in einer kleinen Stadt denken kann. Wir zitieren: die Mitglieder der kommunalen Verwaltung, das Corps der Polizei, die Detektive,[49] das Corps der Feuerwehr, die Beschäftigten bei der Müllabfuhr, die

43 Eine Art Dandy. Die Bezeichnung stammt von einer Richtung der franz. Jugendkultur (Les Zazous) während des Zweiten Weltkriegs, ein Äquivalent der deutschen Swing-Jugend.
44 Wie Anm. 14.
45 Die zum Verkauf angebotene Kleidung stammte aus dem Gepäck, das die nach Theresienstadt Deportierten mitbrachten und das nicht von der SS gestohlen worden war.
46 Diese Sendungen konnten nicht nachgewiesen werden.
47 Ein Register über sämtliche Arbeitsfähige, die sog. Arbeiterkartei, wurde in der „Arbeitszentrale" der Jüdischen Selbstverwaltung geführt.
48 Von der Einteilung in die verschiedenen Kategorien hing die Zuteilung der Lebensmittelration ab. Nichtarbeitende litten besonders unter Mangelernährung und Hunger.
49 Gemeint sind die Angehörigen der Kriminalwache, die als Teilbereich der Abt. Sicherheitswesen v. a. mit der Aufklärung von Diebstählen befasst war.

Beschäftigten des Transportwesens. Die jungen Leute sind vorzugsweise in der Landwirtschaft beschäftigt, in den Schreinerwerkstätten, den Kunsttischlereien, in der Schmiede. Es gibt eine wichtige Gruppe von Metzgern und Bäckern.[50] Man findet sogar Hausangestellte, die Mitglieder des Judenältestenrats sind berechtigt, eine Hausangestellte zu haben.[51]
Die Frauen sind vor allem in den sanitären Diensten beschäftigt, in Hausarbeiten, Wäschereien, aber auch in der Schreinerwerkstatt und, was sehr geschätzt wird, in der Gärtnerei und in der Landwirtschaft, Eine große Zahl von jungen Mädchen ist in den Kinderheimen und Kindergärten beschäftigt.

Wirtschaft – Bank. Die Bank von Theresienstadt ist keine unabhängige Institution, sie hängt vom Ältestenrat ab, dies ist eine kommunale Organisation, die die gesamte Wirtschaft des Ghettos bestimmt. Es ist tatsächlich eine Notenbank.[52] Die Theresienstadt-Kronen von 100, 50, 20, 10, und 5 und 1 sind im Umlauf und dienen als Währung. Jeder erhält sein Gehalt in diesen Scheinen. Die Deckung ist alles in allem die Arbeitskraft. Jeder Einwohner von Theresienstadt verfügt über ein Sparbuch. Er kann Geld von seinem Gehalt sparen oder Reichsmark, die von außerhalb überwiesen werden, in Theresienstadt-Kronen abheben. Ein Einwohner von Theresienstadt darf keine Reichsmark besitzen, Reichsmark wird auf das Konto des gesamten Ghettos überwiesen, dieses Konto dient dazu, die außerhalb gemachten Einkäufe zu bezahlen: Medikamente, Reparaturen, usw. usw. Wer eine Überweisung von außerhalb bekommt, kommt dennoch in den Genuß des Geldes dank der Tatsache, daß er einen Gegenwert im Geld von Theresienstadt erhält.[53]
Der tägliche Umsatz der Bank ist sehr bedeutend: ungefähr 100 000 Th.Kr. Die Gesamtheit der Banknoten beträgt 14 Millionen.[54] Der Direktor der Bank erklärt uns, daß man alle möglichen Mittel einsetzen mußte, um das Geld in die kommunale Kasse, d. h. in die Bank zurückzubekommen. Am Anfang war die Theresienstadt-Kronen-Währung einer gefährlichen Inflation unterworfen, aber zur Zeit hat das Geld eine sehr befriedigende Stabilität.
Weil im Ghetto die Organisation des gesamten Lebens kollektivistisch ist, sind viele Dinge kostenlos. Die Gehälter dürften daher ausreichend, obgleich sehr gering sein. Sie variieren zwischen 65 bis 300 Th.Kr. Jeder erhält ein Minimum-Gehalt. Dies trifft besonders auf die Alten zu. Bestimmte Kategorien (Invalide, Verletzte) profitieren von speziellen Bedingungen. Die Kriegsbeschädigten (14–18), die eine Pension erhalten, bekommen hier auch noch eine zusätzliche Unterstützung. Der Judenälteste betonte diesen Umstand, vielleicht um darauf hinzuweisen, daß diese Leute nicht aus dem Ghetto geflohen waren.[55]

50 Diese waren privilegiert, da sie weitaus besseren Zugang zu Lebensmitteln hatten.

51 Der letzte Judenälteste von Theresienstadt, Benjamin Murmelstein, beispielsweise hatte seine Hausangestellte Erna Patak (1871–1955) aus Wien mitgebracht. Sie galt der Familie Murmelstein allerdings eher als Freundin denn als Angestellte.

52 Die im April 1943 eröffnete Bank diente lediglich der Vortäuschung einer funktionierenden Geldwirtschaft im Getto. Die ausgegebenen Banknoten waren völlig wertlos.

53 Die für die Gettoinsassen eingesandten Reichsmarkbeträge wurden von der Gestapo beschlagnahmt, die Adressaten erhielten bestenfalls pro forma den vermeintlichen Gegenwert in „Theresienstadt-Kronen".

54 Insgesamt wurden 53 Millionen „Theresienstadt-Kronen" in Umlauf gebracht.

Sammelsendungen. Bezüglich der Fragen 2 und 3 des Schreibens 3661 des IKRK vom 1.6.44[56] können wir versichern, daß sich der Judenältestenrat intensiv mit allen Fragen der Hilfe beschäftigt und daß die Unterschrift des Judenältesten *Eppstein* völlig hinreichend ist, um eine gerechte und vernünftige Verteilung aller kollektiven und individuellen Postsendungen zu garantieren.

Während unseres Besuchs im großen Gebäude der Post haben wir der Verteilung von zahlreichen Paketen beigewohnt. Wir haben viele Sendungen mit Sardinen aus Portugal gefunden. Wir haben dem Judenältesten die Nummern der Sendungen ausgehändigt, für die niemals Quittungen in Genf angekommen sind. Er wird, sobald er dies geprüft hat, so schnell wie möglich antworten.

Wichtige Einzelheit: für jede kollektive oder individuelle Sendung soweit möglich die Kosten des Zolls bezahlen.[57] Diese Maßnahme würde die Ankunft der Päckchen in Theresienstadt erheblich erleichtern.

Es ist unmöglich, über Theresienstadt Sendungen in die Lager in Schlesien zu schicken, dies ist niemals gemacht worden und wird nicht gemacht werden können.[58]

Vgl. in der Anlage Nr. 14 ein Exemplar der Karten, die geschickt werden, um den Empfang eines Paketes zu bestätigen. Bezüglich der Sardinen aus Portugal, bei denen die Sendungen keinen Absender trugen, wurden die Quittungen an den Hersteller adressiert.

Vgl. in der Anlage Nr. 17: ein Block von Theresienstadt-Briefmarken.[59] Diese Briefmarken dienen, genau gesagt, nicht dazu, um die Sendungen Theresienstadt freizumachen. Es sind vielmehr Coupons, die die Zahl der Pakete begrenzen, die ein Einwohner sich von außerhalb ins Ghetto schicken lassen kann. Jeder verfügt über eine Marke im Monat, und eine Marke berechtigt ihn dazu, ein Paket von 20 kg zu empfangen. Dies entspricht dem Prinzip eines etikettierten Frachtstücks.

(Dieser Briefmarkenblock hat gegenwärtig bei den Philatelisten in Deutschland einen Wert von mehreren hundert Reichsmark.)

Dem Ghetto von Theresienstadt fehlt es eigentlich an keiner Ware. Geschätzt werden immer:

Schuhe,
Kindernahrung,
Milch- und Vitaminprodukte,
Sportartikel aller Art,
weitere Sendungen mit portugiesischen Sardinen.

55 Bis Ende 1944 flohen 37 Personen aus Theresienstadt, von denen 12 wieder zurückgebracht wurden. Eine Massenflucht von 547 Menschen ereignete sich unmittelbar vor der Befreiung Theresienstadts vom 5. bis 8.5.1945.

56 Gemeint ist ein Schreiben von Dr. Johannes Schwarzenberg (1903–1978), Leiter der Abt. Sonderhilfe im IKRK, an die Delegation des IKRK in Berlin; siehe APT, A 26/93.

57 Siehe Dok. 243 vom 7.7.1943.

58 Der Postverkehr der Häftlinge in Theresienstadt mit dem KZ Auschwitz wurde über die jüdischen Institutionen in Prag, Wien und Berlin abgewickelt. Paketsendungen waren allerdings ausgeschlossen, und die Karten und Briefe unterlagen einer strengen Zensur.

59 Gemeint sind die am 10.7.1943 eingeführten Zulassungsmarken, die an den potentiellen Absender eines Pakets verschickt werden mussten. Das Paket musste dann mit dieser Marke frankiert werden; siehe Dok. 245 vom 22.7.1943.

Vgl. auch unter dem Kapitel „Medizinische Versorgung“ – die Sendungen mit Medikamenten.

Post. Wir haben das Gebäude der Post besichtigt, wo ein extrem wichtiger Austausch stattfindet. Jedes Paket wird tatsächlich gegen Unterschrift ausgeliefert, und die Verteilung wird gut überwacht. Der Direktor der Post sagt uns, daß es keine Beschränkung für Karten und Briefe gibt.[60] Wir wissen dennoch, daß die Post mit dem Ausland schlecht ist, auch die dänischen Abgesandten sagen uns, daß die postalischen Beziehungen mit Theresienstadt beklagenswert seien. Der Direktor der Post kann uns keine befriedigende Erklärung dieses Zustands geben; es wird vielleicht angemessen sein, das Deutsche Rote Kreuz, das beauftragt ist, all unsere Post nach Theresienstadt zu befördern, nach den Wegen und Lieferfristen zu fragen.
Man kann dem Judenältesten alle möglichen Anfragen schicken, er sagt uns, daß er die Freiheit hat, Auskunft zu geben, wenn die betreffenden Personen im Ghetto sind. Wir haben ihm die Liste der Namen, die uns das IKRK genannt hat, anvertraut, und nach der Versicherung von *H. Eppstein* soll uns die Antwort demnächst erreichen.
Wasser – sanitäre Anlagen:
Wasserzufuhr und -zapfstelle entsprechen den Bedürfnissen einer mittleren Stadt.[61] Das Wasser ist gechlort.
Die Abwässer sind normal, die Desinfektion ausreichend.
Waschbecken, Duschen: sind sehr gut installiert und ausreichend zahlreich. Die Installationen in den Kinderheimen sind besonders bemerkenswert.
Bäder: es gibt eine große, zentrale Badeanstalt mit Duschen und Schwimmbad, wo das Wasser geheizt und gechlort ist. Jeder Distrikt hat außerdem seine eigene Badeeinrichtung, und die Privathäuser haben oft ein Badezimmer.[62] Es gibt in Theresienstadt eine Verpflichtung zu baden, eine strenge Kontrolle wird darüber geführt. Hier, wie für die Desinfektion der Wohnungen alle drei Monate, haben diese Maßnahmen nichts Übertriebenes, es ist eine Vorsichtsmaßnahme, die durch eine Überbevölkerung gerechtfertigt ist.

Medizinische Versorgung. Zahl der Ärzte: 500, davon 400 aktiv (mehrere berühmte Professoren).[63]
Gesundheitszustand: der Gesundheitszustand ist zufriedenstellend. Jeder Einwohner ist einer äußerst strengen Kontrolle unterworfen, jeder ist in der medizinischen Kartei erfaßt. Zur Zeit gibt es keine Seuche in Theresienstadt. Wir finden beim Dienst für Ansteckungskrankheiten:

60 Auch hier täuschte die SS die IKRK-Delegation. Der Postverkehr wurde immer wieder beschränkt oder verboten.

61 Aufgrund der extremen Überbelegung des Gettos war die Wasserversorgung lange Zeit unzureichend. Es wurden neue Wasserleitungen und Kanalisationsrohre gelegt.

62 Tatsächlich wurde 1944 im zentralen Krankenhaus Theresienstadts in der Hohenelbe-Kaserne ein Schwimmbecken zur Verfügung gestellt. Vor dem Besuch der Delegation wurde ein weiteres, jedoch wesentlich kleineres Bad in der Zentralen Desinfektionsanstalt eingerichtet. Angesichts der Überbelegung reichten die Kapazitäten nie aus. Badezimmer in Privathäusern waren eine Ausnahme.

63 Im Febr. 1943 lebten im Getto 549 Ärzte, davon 68 Zahnärzte.

4 Fälle von Typhus in Rekonvaleszenz
2 Meningitis
1 Scharlach
1 Diphterie
3 Hirnhautentzündungen eines leichteren Typs mit Beschwerden der Herzkranzgefäße und allgemein leicht nachlassend, keine Syphilisinfektion, keine Gonorrhoe, keine einzige Infektionsquelle. Was Lues betrifft, einige seltene Fälle von tertiärer Lues.[64]
Krankenhauseinrichtungen:
30 Krankensäle,
40 medizinisch-chirurgische Ambulanzen mit allen Ausstattungen,
8 zahnmedizinische Stationen und 1 zentrales Labor,
1 Krankenhaus (2150 Betten – 1700 Kranke),
1 Altersheim (240 Betten, alle belegt, der älteste der Pensionäre ist 94 Jahre, 15 Ärzte sind diesem Heim zugeteilt).
Chirurgische Instrumente:
Der Zustand der Instrumente und medizinisch-chirurgischen Apparaturen ist allem Anschein nach zufriedenstellend. Es gibt sicher kaum eine Bevölkerung, die so gut versorgt wird wie die von Theresienstadt. Die Ärzte sind häufig mit einem persönlichen Instrumentenkoffer ins Ghetto gekommen, dies erklärt den sehr großen Reichtum an Instrumenten.
Medikamente:
Vgl. Anlage Nr. 15: eine Photokopie eines Briefes aus Theresienstadt vom 30. November 1943.[65]
Die gemischte Kommission hatte uns diese Kopie geschickt, weil sie sehr erstaunt war über die darin enthaltene Bestätigung, daß die Menge der Medikamente mehr als ausreichend ist. Wir haben die Photokopie dem Judenältesten vorgelegt, der sie bereitwillig ein zweites Mal unterschreiben wollte und der uns persönlich erklärt hat, daß die Medikamente, die zu Lasten von Theresienstadt im Protektorat gekauft werden, durchaus ausreichend sind. Wir hatten große Schwierigkeiten, dies zu glauben, aber wir haben uns davon überzeugen können, daß dies durchaus der Fall ist. Theresienstadt verfügt über eine zentrale Apotheke und mehrere Filialen. Die Vorräte sind sehr bedeutend und vielfältig, die Apotheker haben uns versichert, daß sie alle Bedürfnisse der Ärzte befriedigen können. Die Medikamente können nicht von Privatpersonen gekauft werden, sie werden gratis ausgeliefert gegen Vorlage eines ärztlichen Rezepts. Dieses System funktioniert zur Zufriedenheit aller.
Die Note 3659 vom 1.6.44, Pharmazeutische Abteilung,[66] ist sicher aufgeklärt durch diese Fülle an Medikamenten. So unglaublich es ist, wir konnten hier nur mit Genugtuung diese glückliche Ausnahme des Reichtums an Medikamenten feststellen.

64 Tertiäre Syphilis, die erst nach Jahren ohne Symptomatik nach unbehandelter Syphilis auftreten kann.

65 Schreiben der Jüdischen Selbstverwaltung, gez. Paul Eppstein und Benjamin Murmelstein, an das Vereinigte Hilfswerk vom IKRK vom 30.11.1943. In dem Schreiben teilten die jüdischen Funktionäre wahrscheinlich unter Druck der SS mit, dass das IKRK weitere Medikamentensendungen einstellen könne, da die Versorgung vor Ort völlig ausreichend sei; siehe APT, A 2693, MVCK, CICR – HIST 2498/8A.

66 Schreiben des Vereinigten Hilfswerks des IKRK an den Leiter der Berliner Delegation des IKRK Dr. Roland Marti; siehe APT, A 26/93, Annexe 17.

Zusammenfassend: Die 400 im Ghetto arbeitenden Ärzte haben die Möglichkeit, jeden Fall sorgfältig zu kontrollieren. Alle Kranken werden von mehreren Spezialisten untersucht, Beratungen zwischen den Ärzten erlauben es, jedes Symptom zu erörtern. Der Wissenschaftsbetrieb ist maximal entwickelt, Laborarbeiten, mikroskopische Untersuchungen, wissenschaftliche Abbildungen usw.

Gottesdienste – Ausbildung – Freizeit. Der Gottesdienst wird regelmäßig und ohne Behinderung abgehalten.[67]
Die Bibliothek verfügt über 160 000 Bände, ein Teil stellt eine Leihbibliothek dar, ein anderer Teil bleibt in der Bibliothek selbst, die Leser können von einem großen angenehmen Lesesaal Gebrauch machen.[68]
Die Ausbildungsmöglichkeiten sind ziemlich beschränkt, es handelt sich bei der jüdischen Bevölkerung vielmehr darum, sich an die manuellen Arbeiten zu gewöhnen, was nicht immer leicht ist. Jeder behält aber ein großes Interesse bei für den Bereich, der seine Spezialisierung ausmacht, und bildet sich weiter, um auf dem laufenden zu bleiben. Die Medizinstudenten können sich nicht aufs Examen vorbereiten, trotz des qualifizierten Lehrpersonals, da der Judenältestenrat nicht der Meinung ist, daß die notwendigen Bedingungen für eine normale Ausbildung gegeben sind.
Musik: das Ghetto verfügt über mehrere Orchester, ein Orchester spielt am Nachmittag um 17.00 Uhr auf dem öffentlichen Platz (vgl. Photo Nr. 2).[69] Es gibt andere Kammerorchester. Wir haben eine Aufführung von Verdis Requiem gehört (vgl. Photo Nr. 20).[70]
Theater: auf dem Programm sind zur Zeit zwei Stücke von Shakespeare und das „Spiel am Schloß". Dieses Theater ist sehr geräumig, die Bühne ist gut eingerichtet, die Kulissen sind ausreichend.
Oper: auf dem Programm „Carmen", die „Tosca", „Zauberflöte" und eine Kinderoper, die in Tschechisch von den Kindern aus dem Protektorat gesungen wird und von einem Bewohner des Ghettos komponiert wurde.[71]
Sport: Fußball wird weithin betrieben, die Mannschaften rekrutieren sich auf zwei Arten, nach der Arbeit, zum Beispiel: Küche gegen Bäckerei, oder nach der Herkunft der Spieler, zum Beispiel: Berlin gegen eine Auswahl Wien-Prag (vgl. das Photo von diesem letzten Spiel Nr. 18). Der bei tschechischen Juden am meiste verbreitete Sport ist Volleyball.

Die Familie in Theresienstadt. Wegen Überbevölkerung ist das Familienleben in Theresienstadt unglücklicherweise schwierig. Viele Personen, die in den Sammelbaracken le-

67 Gottesdienste waren in Theresienstadt von der SS nicht erwünscht, wurden aber geduldet. Neben einem recht regen jüdischen religiösen Leben gab es im Getto auch eine protestantische und eine röm.-kath. Gemeinde; siehe Dok. 254.

68 Die Bestände der Bibliothek, die im Nov. 1942 eingerichtet worden war, stammten aus den aufgelösten Bibliotheken jüdischer Institutionen und aus privaten Sammlungen aus dem Deutschen Reich und dem Protektorat. Schätzungen zufolge lag der Bestand 1944 bei 160 000 bis 200 000 Bänden.

69 Das öffentliche Konzert war Teil des Täuschungsmanövers der SS.

70 Das Requiem von Giuseppe Verdi wurde 1943/44 unter der Leitung von Rafael Schächter mit wechselnder Besetzung einstudiert, da immer wieder Ensemblemitglieder deportiert wurden und ersetzt werden mussten. Ein Teil des Requiems wurde für die IKRK-Delegation aufgeführt.

71 Gemeint ist die Oper „Brundibár" von Hans Krása und Adolf Hoffmeister, die bereits 1938 entstanden war. Erstmals im jüdischen Waisenhaus in Prag einstudiert, wurde sie in Theresienstadt 1943 und 1944 mehr als 50 Mal aufgeführt.

ben, sind getrennt. Diese Personen haben selbstverständlich alle Freiheit, sich von Morgen an zu treffen, und weil es sich meist um ältere Personen handelt, gibt es keine Beschwerden. Die jüngeren Haushalte verfügen über eine kleine Wohnung, entweder in den Kasernen oder in dem Teil der Stadt, wo früher die Zivilbevölkerung lebte, aber es kann vorkommen, daß zwei oder drei Familien eine einzige Wohnung teilen müssen.[72]
Nicht alle Amtshandlungen im Ghetto werden vom deutschen Reich anerkannt. Dies schafft eine delikate Situation für Eheschließungen im Ghetto.[73] Wenn zwei Leute dies wollen, oder wenn es der Judenälteste, um einen Zustand zu legalisieren, befiehlt, findet eine Eheschließung statt. Der Judenältestenrat hat frei entschieden und die SS-Polizei autorisiert die Abtreibung, falls sie gewünscht wird.[74] Auf einfaches Ersuchen der Frau wird die Abtreibung durch die Gynäkologen vorgenommen. Andererseits stehen Empfängnisverhütungsmittel ohne Schwierigkeiten zur Verfügung.[75] Jeder Frau, die ihr Kind behalten will, steht es natürlich frei, dies zu tun. Die Säuglingsheime, Kinderheime und Kindergärten sind sehr gut ausgestattet. Eine spezielle Küche bereitet die Nahrung für die Kleinen. Der Unterricht wird ebenfalls sehr sorgfältig in Klassen von 4 bis 5 Schülern abgehalten, nach den modernsten pädagogischen Methoden.[76] Vgl. Photos Nr. 7 und 13 und besonders Photo Nr. 8, das komfortable Interieur eines Kinderzimmers.
Wir betonen, daß die Amtshandlungen des Ghettos von den deutschen Gerichten nicht anerkannt werden, eine Ausnahme besteht lediglich für Totenscheine. Ein deutsches Gericht kann bei Vorlage eines Totenscheins aus Theresienstadt Entscheidungen in Erbschaftsangelegenheiten treffen.[77]

Polizei – Gerichte. Wir haben bereits gesagt, daß die Kontroll-Polizei der SS nur aus 12 Männern besteht, es ist die jüdische Polizei, die sich mit der ganzen Überwachung und dem Fahnden nach Straftätern befaßt.
Die verschiedenen Gerichte in Theresienstadt sind unabhängig von der Verwaltung des Judenältesten.[78]
Wir haben für kurze Zeit einer Gerichtsverhandlung, Fall eines Diebstahls, beigewohnt. Die Verhandlung mit Richter, Anklage, Verteidigung, Zeugenanhörung unterscheidet sich in nichts von einer Verhandlung in einer normalen Stadt.
Die durch die jüdischen Gerichte verhängten Strafen gehen von einigen Tagen bis zu sechs Monaten Gefängnis.
Insgesamt sind 12 Fälle verhandelt worden, alles Diebstähle (Lebensmittel, Gegenstände des elementarsten Bedarfs). Kein Fall von Sittenwidrigkeit, kein Verbrechen.

72 Wie Anm. 34.
73 Erst seit Anfang 1944 war es möglich, in Theresienstadt nach jüdischem Ritus zu heiraten. Daneben konnte auch eine zivile Ehe vor dem Judenältesten geschlossen werden. Die Ehen waren rechtlich nicht bindend.
74 Wie Anm. 25.
75 Empfängnisverhütungsmittel waren in Theresienstadt verboten und wurden von der SS bei der Ankunft in der Schleuse beschlagnahmt.
76 Unterricht war im Getto strengstens verboten. Viele der Kinder wurden jedoch illegal unterrichtet. Für den Besuch der Delegation befahl die SS, die ehemalige Bürgerschule herzurichten. Ein Schild wies darauf hin, dass gerade Ferien seien.
77 Siehe Dok. 50 vom 1.7.1943.
78 Das Getto-Gericht verhandelte lediglich kleine Delikte wie Diebstahl und Beleidigung.

Zusammenfassung. Sollte unser Bericht noch Fragen offen lassen, so entschuldigen wir uns dafür, wir haben all die verschiedenen Auskünfte geordnet und zusammengefaßt; die elementarsten und einfachsten Sachverhalte waren oft schwer zu erlangen. Die Photographien wurden trotz des Mißfallens der SS gemacht.

Wir möchten sagen, daß unser Erstaunen ungeheuer groß war, im Ghetto eine Stadt zu finden, die ein fast normales Leben lebt, wir haben es schlimmer erwartet. Wir haben den mit der Begleitung beauftragten Offizieren der SS gesagt, daß die Schwierigkeit, auf die wir stießen, um die Bewilligung zum Besuch Theresienstadts zu erhalten, für uns am überraschendsten war.

Diese jüdische Stadt ist wirklich erstaunlich. Angesichts der Tatsache, daß die Menschen aus verschiedenen Orten gekommen sind, verschiedene Sprachen sprechen, aus unterschiedlichen Bedingungen mit unterschiedlichem Vermögen kommen, war es nötig, unter diesen Juden eine Einheit, einen Gemeinschaftsgeist zu schaffen. Dies war sehr schwierig. Das Ghetto von Theresienstadt ist eine kommunistische Gesellschaft, geleitet von einem Stalinisten von hohem Wert: Eppstein.

Die dortigen Juden, sogar nach der Meinung ihres Judenältesten, gehören zwei Typen an:

1. – die Passiven, Vegetativen. Leute, die leben, um sich zu erinnern und um zu hoffen, daß dieser Krieg ein Ende nimmt. Dies sind natürlich vor allem die betagten Personen.

2. – die Aktiven, die Jungen, die sich, der jüdischen Einheit bewußt, sensibel für den Gemeinschaftsgeist, mutig an die Arbeit machen, ohne allzusehr zurückzublicken und ohne sich allzu viele Illusionen über die nächste Zukunft zu machen.

Unser Bericht wird niemandes Urteil ändern; jedem steht es frei, die vom Reich eingenommene Haltung zur Lösung des Judenproblems zu verurteilen. Wenn dieser Bericht dennoch ein wenig das Geheimnis auflöst, das das Ghetto Theresienstadt umgibt, so ist es ausreichend.

Dr. M. Rossel

Delegierter des C. I. C. R.

Anhang: s. die photographischen Dokumente und andere durchnummeriert von 1 bis 38 und in zwei Heften gebunden.[79]

79 Liegen nicht in der Akte.

DOK. 268

Der Ältestenrat der Juden bedankt sich bei den Bewohnern Theresienstadts am 24. Juni 1944 für die Mithilfe bei der Verschönerung des Gettos[1]

Mitteilungen der Jüdischen Selbstverwaltung Theresienstadt, Nr. 23 vom 24.6.1944[2]

Faksimile

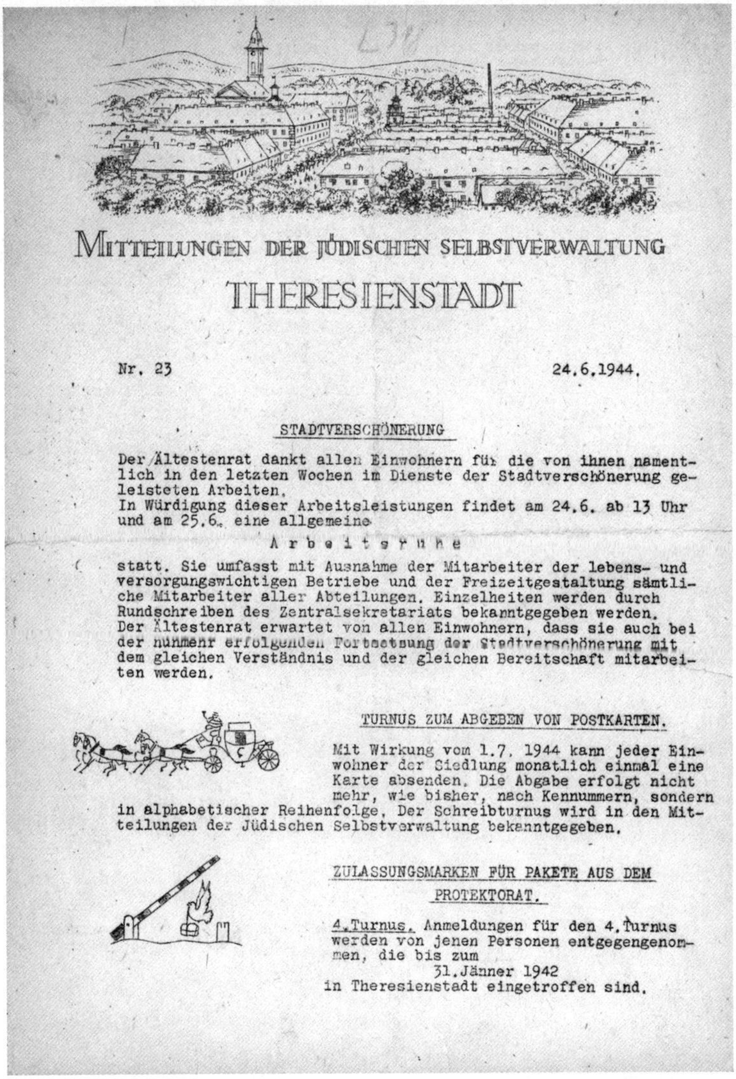

MITTEILUNGEN DER JÜDISCHEN SELBSTVERWALTUNG

THERESIENSTADT

Nr. 23 24.6.1944.

STADTVERSCHÖNERUNG

Der Ältestenrat dankt allen Einwohnern für die von ihnen namentlich in den letzten Wochen im Dienste der Stadtverschönerung geleisteten Arbeiten.
In Würdigung dieser Arbeitsleistungen findet am 24.6. ab 13 Uhr und am 25.6. eine allgemeine

A r b e i t s r u h e

statt. Sie umfasst mit Ausnahme der Mitarbeiter der lebens- und versorgungswichtigen Betriebe und der Freizeitgestaltung sämtliche Mitarbeiter aller Abteilungen. Einzelheiten werden durch Rundschreiben des Zentralsekretariats bekanntgegeben werden.
Der Ältestenrat erwartet von allen Einwohnern, dass sie auch bei der nunmehr erfolgenden Fortsetzung der Stadtverschönerung mit dem gleichen Verständnis und der gleichen Bereitschaft mitarbeiten werden.

TURNUS ZUM ABGEBEN VON POSTKARTEN.

Mit Wirkung vom 1.7. 1944 kann jeder Einwohner der Siedlung monatlich einmal eine Karte absenden. Die Abgabe erfolgt nicht mehr, wie bisher, nach Kennummern, sondern in alphabetischer Reihenfolge. Der Schreibturnus wird in den Mitteilungen der Jüdischen Selbstverwaltung bekanntgegeben.

ZULASSUNGSMARKEN FÜR PAKETE AUS DEM PROTEKTORAT.

4.Turnus. Anmeldungen für den 4.Turnus werden von jenen Personen entgegengenommen, die bis zum
31.Jänner 1942
in Theresienstadt eingetroffen sind.

1 JMP, T 145.

2 Im Zuge der sog. Stadtverschönerung und der inszenierten Täuschung der Kommission vom Internationalen Roten Kreuz im Sommer 1944 wurden die Bekanntmachungen für die Gettobewohner, zuvor als Tagesbefehle ausgegeben, in Mitteilungen der Jüdischen Selbstverwaltung umbenannt; zur sog. Stadtverschönerung siehe Einleitung, S. 62–64.

Ausgefüllte Formblätter werden gegen Vorlage des Personalausweises im Zentralsekretariat-Transportabteilung, Hauptstrasse 2, Zimmer 147, täglich von 8 - 14 Uhr entgegengenommen.
Jede Person darf während eines Turnus nur 1 Formblatt und dies nur für die eigene Person abgeben. Für Zulassungsmarken, die vom Paketabsender aus welchem Grunde immer nicht ausgenützt werden, kann in keinem Falle Ersatz geleistet werden.

SCHONET DIE GRÜNFLÄCHEN.

Die Einwohner werden ersucht, Grünflächen und Beete in den Parkanlagen zu schonen und vor Beschädigung zu schützen.
Beschädigungen der Grünflächen sowie das Abreissen von Zweigen von Bäumen und Sträuchern werden bestraft werden.

GESUCHT WERDEN:

Bürokräfte mit guter Handschrift. Anträge sind an die Personalkanzlei, Hauptstrasse 2, Zimmer 146 zu richten.

DOK. 269
Hans von Watter erklärt am 27. Juni 1944, dass der Botaniker Ivan Klášterský nicht weiter in der Kommunalverwaltung beschäftigt bleiben kann[1]

Internes Schreiben (St. M. IV E – 58 a/44) des Leiters der Abt. 1 des Deutschen Staatsministeriums für Böhmen und Mähren,[2] gez. Hans von Watter,[3] an den Chef des Ministeramts[4] (Eing. 28.6.1944) vom 27.6.1944[5]

Betr.: Oberkommissär Dr. Ivan *Klášterský*[6]
Anlage: 1
Nach § 4 der Reg.VO. Slg. Nr. 137/1942[7] kann die Zentralbehörde eine Ausnahme von der Bestimmung bewilligen, daß Bedienstete, deren Ehefrauen jüdische Mischlinge 1. Grades sind, weiter im Dienst belassen bleiben. Von dieser Möglichkeit wurde nur *in ganz wenigen Fällen für die Kriegsdauer* Gebrauch gemacht. Voraussetzung war stets, daß der betreffende Bedienstete eine besonders tüchtige Kraft war, politisch nichts Nachteiliges gegen ihn vorlag und der Dienstvorgesetzte besonderen Wert auf die Weiterbelassung legte. In der gesamten Kommunalverwaltung sind einschließlich der Fälle, in denen die Bediensteten selbst Mischlinge sind, höchstens 4 oder 5 Ausnahmen bewilligt worden.
Auch bei Fachkräften (insbesondere Ärzten) wurden nur ganz wenige Ausnahmebewilligungen auf Kriegsdauer erteilt.
Nachdem die Landesbehörde keinen Wert auf die Weiterbeschäftigung des Dr. Klášterský legt, ist vorgesehen, von dem Recht der Ausnahmebewilligung keinen Gebrauch zu machen. Sollte es *aus politischen Gründen* erwünscht sein, in diesem Falle eine besondere Ausnahmegenehmigung zu erteilen, so bitte ich um kurze schriftliche oder fernmündliche Mitteilung.
Der Oberkommissär des Landesmuseums RNDr.[8] Ivan *Klášterský* hat die Mitteilung erhalten, daß er in den dauernden Ruhestand versetzt werden soll, weil seine *Gattin* jüdischer Mischling ersten Grades ist. Er strebt an, im Sinne des § 4 der Reg. VO. vom 9. April 1942, Slg. Nr. 137, ausnahmsweise im aktiven Dienste belassen zu werden. Sein diesbezügliches Gesuch, welches vom Ministerium des Innern der Landesbehörde zur Stellungnahme übermittelt wurde, stößt auf Schwierigkeiten, weil die Landesbehörde

1 NAP, 110-4/202.
2 Die Abt. 1 war zuständig für die allgemeine und innere Verwaltung des Protektorats.
3 Dr. Hans Freiherr von Watter (1903–1945), Jurist; 1933 NSDAP-Eintritt; 1929–1933 Mitarbeiter im württemberg. Innenministerium, 1933 wechselte er zum Wirtschaftsministerium, 1935 Landrat in Freudenstadt, seit 1939 Oberlandrat in Prag, von 1941 an Leiter der Abt. 1 beim Reichsprotektor in Böhmen und Mähren, 1944 Min.Rat im Deutschen Staatsministerium in Prag; 1945 gefallen.
4 Robert Gies.
5 Im Original handschriftl. Bearbeitungsvermerke.
6 Dr. Ivan Klášterský (1901–1979), Botaniker; wissenschaftlicher Mitarbeiter am pharmazeutischen und botanischen Institut der Karls-Universität Prag; baute eine umfangreiche Sammlung von Wildrosen auf.
7 Regierungsverordnung vom 9.4.1942 über die jüdischen „Mischlinge“ im öffentlichen Dienst; § 4 betrifft die Ausnahmeregelungen, nach denen öffentliche Bedienstete, die selbst als „Mischling“ galten oder mit einem „Mischling“ verheiratet waren, nicht entlassen werden konnten.
8 Doktor der Naturwissenschaften, lat: rerum naturalium doctor.

den Standpunkt einnimmt, daß besondere Gründe für die Belassung Klášterskýs im Dienste nicht vorliegen; er soll daher am 30. Juni 1944 pensioniert werden.
Der Herr Staatspräsident,[9] welcher mit dem verstorbenen Vater des Genannten, dem Dichter Klášterský,[10] befreundet war, hat sich seinerzeit für diese Angelegenheit interessiert und würde eine günstige Erledigung derselben ohne Zweifel sehr begrüßen.

DOK. 270
Der Sicherheitsdienst in Prag berichtet am 11. Juli 1944 verärgert über das selbstbewusste Auftreten der verbliebenen Juden, das als Schwäche deutscher Politik gewertet werde[1]

Tagesbericht des Sicherheitsdienstes RFSS, SD-Leitabschnitt Prag (geheim, streng vertraulich), nur zum persönlichen Dienstgebrauch des Empfängers, Nr. 60/44 vom 11.7.1944[2]

[...][3]
Von zahlreichen Tschechen, sowohl von deutschfreundlichen als auch zum Teil von deutschfeindlichen, wird seit längerer Zeit mit wachsendem Unmut auf die *Frage der noch im Protektorat lebenden Juden* hingewiesen. Von diesen Tschechen wird vor allem betont, daß den in Mischehen lebenden Juden und Jüdinnen durch Vermittlung ihrer arischen Ehepartner trotz der bestehenden Einschränkungen alle Annehmlichkeiten wie Zeitungen, Rundfunkgeräte, Rauchwaren, Lebensmittel usw. in reichlichem Maße zur Verfügung stünden. Die anfängliche Furcht dieser Juden vor durchgreifenden Maßnahmen sei parallel mit dem Zunehmen der allgemeinen gegnerischen Einstellung der Tschechen einem Gefühl der Sicherheit gewichen, das vielfach in einem arroganten und anmaßenden Auftreten zum Ausdruck komme.
So erschien z. B. vor einigen Tagen in Sasau (pol. Bez. Kuttenberg)[4] die Jüdin Barton bei einem Schuster und verlangte kategorisch, mit einer Reparatur bevorzugt bedient zu werden. Dabei betonte sie, daß sich die Zeiten geändert hätten und die Sache jetzt schon anders aussehe.
Die Frau des Arztes Dr. Vahala aus Sasau, eine Jüdin, trägt erst seit kurzer Zeit den Judenstern, da sie angeblich ihre Abstammung bisher verleugnet hatte. Kürzlich ging eine Tschechin mit ihrem 5jährigen Kind spazieren und begegnete dieser Jüdin. Auf den

9 Dr. Emil Hácha (1872–1945), Jurist, Publizist, Übersetzer; 1938/39 Präsident der Tschechoslowakischen Republik, 1939–1945 Staatspräsident des Protektorats Böhmen und Mähren; am 13.5.1945 verhaftet, er starb wenig später in einem Gefängniskrankenhaus in Prag.
10 Antonín Klášterský (1866–1938), Dichter und Anwalt; 1894–1928 Angestellter des Landesausschusses des Königreichs Böhmen, 1931–1938 Redakteur der Zeitschrift Glocke (Zvon).

1 BArch, NS 6/410, Bl. 110–115.
2 Eingangsstempel des Führerbaus, München, vom 15.7.1944; im Original handschriftl. Bearbeitungsvermerke.
3 Der Bericht beginnt mit einem Überblick über die allgemeine Stimmung und Haltung der tschech. Bevölkerung: Der Vormarsch der Roten Armee biete Anlass zur Spekulation über eine baldige Kapitulation. Zudem werde die Wirksamkeit der deutschen Vergeltungswaffe angezweifelt. Des Weiteren wird über eine Großveranstaltung der tschech. Jugend in Prag berichtet.
4 Richtig: Srutsch an der Sasau, tschech.: Zruč nad Sázavou im Bezirk Kutná Hora.

von dem Kind zum Ausdruck gebrachten Wunsch, auch einen gelben Stern tragen zu dürfen, erwiderte die Mutter: „Kind sei froh, daß Du keinen Stern zu tragen brauchst. Diese Sterne müssen nur die Juden tragen, gottlob, daß Du kein Jude bist." Diese Erklärung hörte zufällig die Jüdin und erklärte: „Ich bin stolz, daß ich diesen Stern tragen darf. Es wird bald anders werden." Die Tschechin erwiderte hierauf der Jüdin: „Sie werden gerade stolz sein auf diese Kennzeichnung, dies ist ja lächerlich, das können Sie jemandem anderen erzählen, ihr Juden bekommt ja nicht einmal alle Lebensmittelkarten und habt nichts zu essen." Entrüstet äußerte sich hierauf die Jüdin: „Was sagen Sie da, wir bekommen nichts zu essen? Uns tragen die Leute alles ins Haus, und dies ist der beste Beweis dafür, daß man uns Juden haben will."
Weite Kreise der tschechischen Bevölkerung fragen sich, was wohl die Deutschen veranlasse, eine endgültige Lösung der Judenfrage im Protektorat hinauszuzögern, zumal doch bekannt sei, daß die jüdischen Mischehen in erheblichem Umfang Träger der Flüsterpropaganda seien. Allgemein gipfeln solche Mutmaßungen in der Feststellung, daß die derzeitige Kompromißlösung ein Zeichen deutscher Schwäche und der Mangel an einer klaren, politischen Linie sei. Vor allem in Arbeiterkreisen weist man verwundert darauf hin, daß die deutschen Stellen sich anscheinend damit begnügten, die restlichen Juden und Halbjuden aus dem Staatsdienst entlassen zu haben.[5] Da man ihnen die Gestaltung ihres weiteren Lebens selbst überlasse, seien die in Mischehen lebenden Juden zumeist in der Lage, ein bequemes Leben zu führen.
In Raudnitz beklagten sich tschechische Arbeiter, daß es beispielsweise der jüdischen Angestellten Dašová-Černiková möglich sei, tagsüber spazieren zu gehen oder erst am späten Vormittag elegant gekleidet im Dienst zu erscheinen, um diesen wieder frühzeitig zu verlassen.
In Budweis erregte das freche Benehmen der jüdischen Frau des deutschen Arztes Dr. Grimm starkes Aufsehen. Obwohl Dr. Grimm keine große Praxis habe, beschäftige er außer seinem 21jährigen Sohn, der als Schreibkraft tätig sei, noch eine Hausgehilfin.
In Prag stellten tschechische Passanten verwundert fest, daß auf dem ehemaligen jüdischen Spielplatz Hagibor[6] Prag XII Juden Tennis spielten, sich in Liegestühlen rauchend sonnten, Obst und Schokolade verzehrten und Vorübergehende frech zum Verlassen des Platzes aufforderten.
Während ein Großteil der tschechischen Bevölkerung über das Verhalten der noch in Böhmens und Mähren verbliebenen Juden empört ist, suchen bestimmte Kreise, vor allem Angehörige der tschechischen Intelligenz, infolge der politischen und militärischen Entwicklung eine Annäherung an die Juden. Obwohl auch diese Tschechen mitunter betonen, daß sie die Juden als „schmierige Subjekte" erkannt hätten, bemühen sie sich dennoch, [sich] den Juden im geheimen oder öffentlich anzubiedern.
In Pilsen fällt der ehemalige tschecho-slowakische Major Menšík durch äußerst devotes Benehmen der Jüdin Tetzeli gegenüber besonders auf. Ferner erregt das gruppenweise

5 Siehe Dok. 269 vom 27.6.1944.
6 In den 1920er-Jahren entstand in Prag-Strašnice eine Sportstätte des jüdischen Sportvereins Hagibor. Nach Beginn des Zweiten Weltkriegs bildete das Areal bis zum Beginn der Deportationen 1941 eine Zuflucht für jüdische Jugendliche, die dort unter zionistischer Leitung Sport trieben. Im Sommer 1944 wurde auf dem Hagibor ein Zwangsarbeitslager für „Mischlinge" und Juden aus „Mischehen" errichtet; siehe Einleitung, S. 56.

Promenieren tschechischer Intelligenzler und Juden in der Reinhard-Heydrich-Straße vielfach Ärgernis.
In der sogenannten guten Gesellschaft Schüttenhofens sind die beiden halbjüdischen Söhne des ehemaligen Bürgermeisters, der sich im Konzentrationslager befindet, tonangebend.
Der in Chlumetz (pol. Bez. Kolin) wohnhaften Arierin Adler, deren jüdischer Ehemann sich in einem Sammellager bei Brünn befindet, wurden zur Geburt ihres halbjüdischen Kindes zahlreiche Geschenke und Glückwünsche überbracht. Selbst von außerhalb erschienen Besucher, die ihre Verbundenheit zum Ausdruck brachten.
In letzter Zeit wurden darüber hinaus in fast allen Gebieten Böhmens und Mährens zahlreiche Gerüchte verbreitet, die sich mit dem Schicksal der in Theresienstadt inhaftierten Juden befassen. Während viele Tschechen diese offensichtlich dem Feindfunk entnommenen Gerüchte, wonach diese Juden von den Deutschen umgebracht worden seien, als unwahr ablehnen, ist man besonders in deutschfeindlichen Kreisen geneigt, diesen Erzählungen Glauben zu schenken.
In Pardubitz ist z. B. verbreitet, daß die deutsche Wehrmacht ein neues Kampfmittel an den in Konzentrationslagern befindlichen Juden ausprobiert habe, wobei 4000 Juden aus Theresienstadt ums Leben gekommen seien.
In Kladno wird behauptet, daß an 5000 aus Theresienstadt ins Reich transportierten Juden ein neues Gas ausprobiert worden sei, woran alle nach ihrer Rückkehr in Theresienstadt gestorben wären.
Gerüchten aus Prag zufolge kämen die nach Polen abgehenden Judentransporte nie ans Ziel, sondern würden bereits vorher liquidiert.
[…][7]

7 Im Folgenden informiert der Bericht über verschiedene Gerüchte, eine Wallfahrt und die veränderten Dienstzeiten des Mährisch-Ostrauer Bahnpersonals. Im Anhang wird die Reaktion der tschech. Bevölkerung auf die Luftangriffe der U.S. Air Force beschrieben.

DOK. 271

Die Abteilung Wirtschaft und Arbeit fordert am 19. Juli 1944 für Baumaßnahmen auf dem Truppenübungsplatz Böhmen 1000 „Mischlinge" und „jüdisch Versippte" an[1]

Schreiben des Leiters der Abt. V des Deutschen Staatsministeriums für Böhmen und Mähren[2] (Nr. V/2 a – 5401),[3] gez. i. A. des abwesenden Abteilungsleiters Unterschrift unleserlich, an den Deutschen Staatsminister für Böhmen und Mähren Karl Hermann Frank vom 19.7.1944

Betr.: Kräftebedarf der Dienststellen der Waffen-SS in Böhmen und Mähren
Anl.: I[4]
Der Befehlshaber der Waffen-SS in Böhmen und Mähren[5] hat für verschiedene Dienststellen insgesamt 236 Arbeitskräfte angefordert. Im einzelnen handelt es sich dabei um
77 weibliche Bürokräfte,
30 Servierfrauen,
62 Putzfrauen,
14 Küchenhilfskräfte,
37 Lagerarbeiter,
16 handwerklich vorgebildete Kräfte, deren Verteilung im einzelnen ich der beigefügten Übersicht zu entnehmen bitte.
Bisher konnten 30 Putzfrauen und 12 Küchenhilfskräfte für die SS-Junkerschule zugewiesen werden, der Rest wird bevorzugt eingedeckt.
Die angeforderten deutschen weiblichen Bürokräfte werden vor allem als Ersatz für an die Front abgehende SS-Männer benötigt. Ihre Bestellung erscheint bei dem bekannten Mangel an deutschen Bürokräften im Protektorat undurchführbar. Es blieb lediglich die Möglichkeit, über den Generalbevollmächtigten für den Arbeitseinsatz einen Austausch deutscher Bürokräfte aus dem übrigen Reichsgebiet gegen tschechische Bürokräfte mit entsprechenden Deutschkenntnissen anzustreben, ein Versuch, von dem ich mir aber nicht viel Erfolg verspreche.
Für die Baumaßnahme auf dem Truppenübungsplatz Böhmen habe ich auf Grund des Schreibens des BdS vom […][6] Juni 1944, ZJ-L-95/436, als Arbeitskräfte angewiesen, aus den mir listenmäßig bekanntgegebenen jüdischen Mischlingen ersten Grades und der jüdisch Versippten zunächst 1000 Arbeitskräfte dem Truppenübungsplatz Böhmen zu überstellen. Diese Aktion ist inzwischen angelaufen und wird voraussichtlich Mitte August 1944 zum Abschluss gelangen.

1 NAP, 110-11/34, Fol. 26, Karton 90.
2 Leiter der Abt. V (Wirtschaft und Arbeit) war Dr. Walter Bertsch (1900–1952), Jurist; 1933 NSDAP-, 1938 SS-Eintritt; 1932/33 Oberamtmann in Welzheim, danach bis 1936 Landrat im Landkreis Göppingen, seit 1936 Min.Rat im RWM, von 1942 an Leiter der Abt. Wirtschaft beim Reichsprotektor; 1948 zu einer lebenslangen Haftstrafe in der Tschechoslowakei verurteilt, in der Haft verstorben.
3 Unterabt. V/2 führte die Reichsaufsicht über die Arbeitsverwaltung des Protektorats.
4 Liegt nicht in der Akte.
5 Carl Friedrich Graf von Pückler-Burghauss (1886–1945), Offizier und Landwirt; 1931 NSDAP- und SA-Eintritt; von 1933 an MdR; 1937–1939 Amtschef in der obersten SA-Führung; 1940 SS-Eintritt; 1941/42 Vertreter des HSSPF Russland-Mitte, Sept. 1942 bis April 1943 und erneut März 1944 bis Mai 1945 Befehlshaber der Waffen-SS in Böhmen und Mähren, 1945 Militärbefehlshaber Böhmen-Mähren; nahm sich das Leben.
6 Unleserlich; vermutlich 16. oder 19.6.1944.

DOK. 272

Rolf Grabower rügt am 24. Juli 1944 eine Ärztin, die sich abfällig über die jüdische Herkunft ihrer Kollegen geäußert hat[1]

Verweis an Dr. K.[2] durch den Disziplinarreferenten der Personalabt. der Jüdischen Selbstverwaltung Theresienstadt Rolf Grabower[3] vom 24.7.1944 (Entwurf)[4]

Vorschlag – Dr. K – strenger Verweis
Sie bekleiden das höchst verantwortliche Amt einer Ärztin in der Amsi.[5] Die Beweisaufnahme hat ergeben, daß Sie bei Untersuchungen auf Läuse in vielen Fällen mehr als oberflächlich vorgingen. Sie haben den Leiter der a. ä.[6] Untersuchungsstelle, als er Sie in einem besonders krassen Fall von Pflichtverletzung zur Rede stellte, geantwortet, er sei auch nur Jude. Sie haben oft betont, daß Sie arisch verheiratet seien und eigentlich nicht hierhergehören. Bei einem Streit mit Frau Rubin haben Sie von Dr. Pollak, Ihrem Vorgesetzten, und von Frau Rubin nicht mit Namen gesprochen, sondern gesagt: „Hören Sie, was der Jude, die Jüdin sagt." Sie haben somit in zweifacher Beziehung gegen § 2 DV[7] verstoßen und waren daher zu bestrafen.
Dort, wohin uns das Schicksal stellt, haben wir unsere Pflicht zu tun. Auch von der Gründlichkeit und Pflichttreue der Amsi-Ärzte hängt unser Schicksal ab. Das wird Ihnen jeder berichtet haben, der das Jahr 1943 hier mitgemacht hat, und das müssen Sie sich als ältere und erfahrene Ärztin selber sagen. Oberflächlichkeit, an sich schon ein Krebsschaden unserer Gemeinschaft, untergräbt die sanitären Grundlagen in Th. – Sie sind Rassejüdin und bleiben das bis an Ihr Lebensende, mögen Sie auch arisch verheiratet sein. Sie haben in wiederholten Äußerungen Ihr eigenes Nest beschmutzt. Die Beweisaufnahme hat nicht ergeben, daß Sie durch verletzende Äußerungen besonders gereizt worden sind. Selbst wenn das aber der Fall gewesen sein sollte, gibt es eine Grenze, und das ist die Achtung vor Ihren Vorfahren und vor sich selbst, die Sie durch Ihre Anmerkungen außer acht gelassen haben.
Die P. K.[8] würde in Ihrem Verhalten eine Charakterlosigkeit größten Umfanges sehen, wenn Sie nicht zu Ihren Gunsten annimmt, daß Sie die Äußerungen in Erregung getan haben und sich ihrer Tragweite nicht bewußt waren. Die P. K. läßt es daher bei einem

1 Bundesfinanzhof München, Nachlass Dr. Rolf Grabower. Abdruck in: Wenn im Amte, arbeite, wenn entlassen, verbirg dich. Prof. Dr. jur. Dr. phil. Rolf Grabower in Zeugnissen aus der Finanzgeschichtlichen Sammlung der Bundesfinanzakademie, Konzept und Zusammenstellung von Werner Nigbur, Brühl-Bonn o. J., S. 151.
2 Name unkenntlich gemacht.
3 Dr. Dr. Rolf Grabower (1883–1963), Jurist; 1922–1934 Min.Rat im RFM, 1934–1936 Oberster Richter am Reichsfinanzhof in München, dann zwangspensioniert; seit 1941 Zwangsarbeit im Lager Milbertshofen, Juni 1942 Deportation nach Theresienstadt, dort in der Arbeitszentrale beschäftigt; Okt. 1945 bis 1952 Oberfinanzpräsident in Nürnberg; Träger des Großen Bundesverdienstkreuzes.
4 Im Original handschriftl. Bearbeitungsvermerke.
5 Amsi: Hygienischer Sichtungsdienst in amtsärztlichem Auftrag.
6 Amtsärztlichen.
7 Dienstvorschrift für Mitarbeiter der Verwaltung gemäß Beschluss des Ältestenrats vom 21.3.1943.
8 Personalkanzlei, Teil des Zentralsekretariats in Theresienstadt.

strengen Verweise bewenden unter Verzicht auf andere ihr zur Verfügung stehende Strafen.

Rechtsmittel[9]

DOK. 273
Der Jüdische Weltkongress übermittelt dem Joint in New York am 1. August 1944 einen Bericht über die Zustände in Theresienstadt[1]

Bericht, übermittelt am 28.7.1944 von Arnošt Frischer, Mitglied der tschechoslowakischen Exilregierung, an den Jüdischen Weltkongress, New York, weitergereicht durch den Vorsitzenden des Rescue Department Leon Kubowitzki, an Joseph Hyman[2] und Moses Leavitt[3] vom American Jewish Joint Distribution Committee, New York, am 1.8.1944

Bericht eines Bewohners des Protektorats über Theresienstadt, aufgezeichnet wahrscheinlich Anfang 1944 auf neutralem Boden

Viele Menschen schrieben und empfingen regelmäßig Briefe und schickten Pakete an Freunde oder Verwandte in Theresienstadt. Der erste deutsche Lagerkommandant dort war Doktor Seidl. Sein Regiment war manchmal streng, dann wieder menschlicher, je nach Stimmungslage. Er wurde später ersetzt durch Burger,[4] „ein Ungeheuer". Nachdem Burger das Kommando übernommen hatte, starben beispielsweise 1943 viele Juden infolge von Unterernährung an verschiedensten Krankheiten. Vor einigen Monaten wurde Burger von Rahm[5] abgelöst, dem man nachsagt, er sei eher menschlich und anständig, insofern man das von einem SS-Offizier überhaupt erwarten kann.

Die Höchstzahl der in Theresienstadt untergebrachten Juden lag bei etwa 70 000. Das war zu Beginn des Jahres 1943.[6] Zu dieser Zeit starben durchschnittlich 100 Personen täglich. Dementsprechend ist die Zahl der Insassen zurückgegangen und betrug Anfang dieses Jahres nur noch zwischen 30 000 und 35 000.[7] Es haben sich eine Reihe von Krankheiten ausgebreitet, darunter sogar Typhus und in großem Umfang Tuberkulose, es heißt aber, dass die Ausbreitung von ansteckenden Krankheiten gestoppt werden

9 Der Entwurf führt das Rechtsmittel auf; laut Dienstvorschrift für Mitarbeiter der Verwaltung vom 21.3.1943 waren Anfechtungen nicht möglich.

1 JDC Archives, NY, AR 1933-44/4/16/3/542. WJC Collection Series C: Institute of Jewish Affairs 1918–1979, Subseries 2: Research Materials, Reports and Publications, 1920–1979, Box C 115, Fol. 7. Das Dokument wurde aus dem Englischen übersetzt.

2 Joseph C. Hyman (1889–1949), Jurist; 1917–1919 Mitglied des Jewish Welfare Board, von 1922 an für den Joint tätig, 1925–1939 als Sekretär, von 1937 an als Executive Director, 1940–1946 Executive Vice Chairman, 1947–1949 Vice Chairman.

3 Moses A. Leavitt (1894–1965), Chemieingenieur; seit 1922 in der jüdischen Fürsorgearbeit tätig, von 1929 an für den Joint, 1933 Geschäftsführer der Palestine Economic Corporation, seit 1940 leitender Angestellter des Joint in New York, koordinierte die Hilfsmaßnahmen für Europa; von 1947 an leitende Tätigkeit beim American Council of Voluntary Agencies.

4 Anton Burger.

5 Karl Rahm.

6 Den höchsten Personenstand erreichte das Getto Ende 1942 mit knapp 50 000 Personen; Prochnik, Juden, Bl. 11, wie Dok. 248 vom 5.9.1943, Anm. 21.

7 Am 1.1.1944 befanden sich 34 655 Personen in Theresienstadt.

konnte. Es gibt in Theresienstadt viele jüdische Ärzte, unter ihnen einige sehr fähige und berühmte Männer, und das Krankenhaus ist gut ausgestattet. Sie verfügen auch über Medikamente, es ist jedoch nicht bekannt, ob sie Zugang zu allen benötigten Arzneimitteln haben.

Theresienstadt ist eine alte Festung, die in der ersten Hälfte des 19. Jahrhunderts aufgegeben wurde.[8] Zusätzlich zu den Gebäuden und Baracken werden die alten Kasematten für die Unterbringung der Menschen genutzt. Manchmal müssen sich 12 bis 14 Menschen einen Raum teilen. Verheiratete Paare und Familien werden zusammengepfercht, nur gelegentlich werden ihnen Einzelunterkünfte zugewiesen. Es gibt nach Geschlecht getrennte Gemeinschaftsschlafsäle, doch manchen Familien oder verheirateten Paaren ist es gelungen, aufgrund guter Beziehungen oder Glück oder durch Bestechungen ein eigenes Zimmer oder eine eigene Wohnung zu erhalten. Dieser Vorteil ist mit dem Nachteil verbunden, dass man das Essen aus der öffentlichen Küche holen muss und es auf dem Weg kalt wird, während die Bewohner von Gemeinschaftsunterkünften mit Essen aus den nahegelegenen Küchen versorgt werden.

Im Jahr 1943 war es am schlimmsten. Die Lagerinsassen erhielten lediglich eine Tasse Kaffeeersatz am Morgen, zum Mittagessen eine miserable Suppe und eine Scheibe Brot und am Abend noch einmal Kaffeeersatz. Die Pakete, die man den Juden zukommen ließ, haben die Situation für viele zwar beträchtlich verbessert, aber das war selbstverständlich keine Lösung für alle. Am Anfang war das maximale Gewicht der Pakete auf zwei Kilogramm beschränkt, aber sie konnten unbegrenzt verschickt werden. Dieser Umstand wurde von vielen Personen „missbraucht", insbesondere von denjenigen, die Angehörige oder Freunde im Protektorat hatten. Einige erhielten wöchentlich bis zu 10 oder gar bis zu 20 Pakete, während andere vollkommen leer ausgingen. Schließlich ordnete der Lagerkommandant an, dass Juden in Theresienstadt nur einmal alle sechs Monate ein Paket mit einem Maximalgewicht von 20 Kilogramm von einem Absender aus dem Protektorat erhalten dürfen.[9] Aus anderen Teilen des Reichs und aus dem Ausland durften weiterhin mehrere Pakete bis maximal zwei Kilogramm geschickt werden. Man geht davon aus, dass die eintreffenden Pakete in der Regel an ihre Empfänger weitergeleitet und nicht gestohlen werden. Mehrere Personen haben in aus dem Lager geschmuggelten unzensierten Briefen ihren Erhalt bestätigt.

Während der vergangenen Monate hat sich die Nahrungsmittelversorgung erheblich verbessert. Die Juden bekommen mehr Brot, Kartoffeln, Bratenfett und ungefähr dreimal die Woche Fleisch.[10] Fast alle gehen einer Arbeit nach. Es gibt verschiedene Werkstätten und Fabriken in Theresienstadt, wo Teile der Wehrmachtsuniformen, Möbelstücke, Spielzeug, Papiertüten und viele andere Produkte hergestellt werden. Die Insassen

8 Theresienstadt verlor seinen Festungsstatus erst 1888.

9 Vom 10.7.1943 an waren Zulassungsmarken für Pakete aus dem Protektorat nach Theresienstadt obligatorisch; siehe Dok. 245 vom 22.7.1943. Fortan konnten Pakete ohne Zulassungsmarken, die vom Ältestenrat der Juden in Prag ausgegeben wurden, nicht mehr zugestellt werden. Aus Deutschland konnte nach wie vor einmal monatlich ein Paket bis zu einem Kilo abgeschickt werden.

10 Tatsächlich kann anhand der durchschnittlichen Kalorienwerte, die den Gettoinsassen zugestanden wurden, für die Jahre 1944 und 1945 eine geringfügig verbesserte Versorgung gegenüber den Vorjahren festgestellt werden. Dennoch war die Lebensmittelversorgung völlig unzureichend, viele Menschen im Getto verhungerten.

des Gettos verfügen über ein Café. Sie haben ein Orchester gegründet, und es werden Konzerte und Theaterstücke aufgeführt. Es fand sogar eine Aufführung von Smetanas „Verkaufter Braut" statt, mit Klavierbegleitung, aber ohne Kulissen. Im Sommer dürfen die Lagerinsassen in der Elbe baden, wo ein Strand hergerichtet worden ist.[11] In Theresienstadt zu leben ist allerdings alles andere als angenehm. Die Menschen haben keinen Zugang zu Tabakwaren, was für Raucher sehr unerfreulich ist. Einmal, es war gegen Ende des Jahres 1942, ist es mehreren Juden gelungen, aus dem Lager zu fliehen. Daraufhin wurden sehr strenge Regeln eingeführt. Nachtruhe war bereits um 7 Uhr, zu diesem Zeitpunkt mussten alle Lichter ausgeschaltet sein. Am schlimmsten ist die ständige Angst, nach Polen deportiert zu werden. Eine Zeitlang diente Theresienstadt nämlich auch als Transitlager für Juden aus Belgien, Holland und Frankreich, die nach Polen transportiert werden sollten.[12] Es gibt keine Beweise, dass in Theresienstadt Gräueltaten stattfinden, wie sie aus Polen bekannt sind. Die meisten Außenwachen sind Tschechen,[13] die sich sehr gesittet verhalten. In der Stadt haben die Juden eine Selbstverwaltung errichtet mit jüdischen Polizisten, die sehr streng sein sollen.[14] Im Herbst 1943 sind mehrere tschechische Gendarmen bei der heimlichen Verteilung von Briefen und Paketen an die Lagerinsassen erwischt und daraufhin erschossen worden.[15] Seitdem ist die Kommunikation schwieriger geworden, aber es ist den Menschen trotzdem gelungen, den Kontakt mit den Häftlingen aufrechtzuerhalten.

Wer Pakete nach Theresienstadt verschicken will, dem wird empfohlen, sie insbesondere mit Fett, Zucker, Fleisch und, falls möglich, Vitaminen, insbesondere Vitamin C, zu bestücken.

In Theresienstadt wird auch geheiratet. Manchmal sind es echte Vermählungen, manchmal findet eine Heirat nur deshalb statt, um einen der Partner vor der Deportation nach Polen zu schützen, etwa wenn einer der Partner eine wichtige Funktion im Lager innehat. Oder man heiratet, wenn er oder sie an einen anderen Ort gebracht werden soll und die Ehefrau oder der Ehemann Theresienstadt dann ebenfalls verlassen kann. Es ist nicht bekannt, ob in Theresienstadt Kinder geboren werden.[16]

11 Die Häftlinge durften das Getto nur zur Arbeit verlassen, und die Elbe befand sich ca. 3 km entfernt. Ein Nebenfluss der Elbe, die Eger, fließt zwischen dem ehemaligen Getto und dem Polizeigefängnis.

12 Theresienstadt war ein Durchgangslager für deutsche, österreich. und tschech. Juden. Außerdem befand sich je eine Gruppe dän. und niederländ. Juden im Getto, wobei sich die letztgenannte Gruppe vor allem aus in die Niederlande emigrierten deutschen Juden zusammensetzte. Einen Höhepunkt erreichten die Deportationen nach Auschwitz im Herbst 1944; siehe Einleitung, S. 64 f., und Dok. 276 vom 24.9.1944.

13 Tschech. Gendarmerie.

14 Die sog. Jüdische Selbstverwaltung in Theresienstadt wurde auf deutschen Befehl eingerichtet, um administrative Aufgaben zu übernehmen.

15 Diese Erschießungen sind nicht belegt.

16 Offiziell gab es in Theresienstadt zwischen Nov. 1941 und April 1945 insgesamt 209 Geburten.

DOK. 274
Egon Redlich schreibt am 6. September 1944 zum letzten Mal in das Tagebuch für seinen Sohn Dan[1]

Handschriftl. Tagebuch[2] von Egon Redlich,[3] Theresienstadt, Eintrag vom 6.9.1944[4]

6/9/44
Eines deiner Spiele: Ich hebe dich hoch, und du zappelst mit den Beinen wie ein Fisch auf dem Trockenen. Dann nähere ich mein Gesicht dem deinen, und du schaust mich mit großer Verwunderung an. Lerne, mein Sohn, in den Gesichtern der Menschen zu lesen. Denn in ihre Gesichtszüge ist alles eingraviert: Klugheit oder Dummheit, Wut oder Gleichmut, Freude oder Trauer, Ehrlichkeit oder Verlogenheit – alles, alles.
Es wird ein Film über das Leben im Getto gedreht, ein schöner Film.[5]
Sie haben angeordnet, die beiden besseren Jugendheime zu räumen. Aber vor ihrer Räumung wurden die Häuser mit den „fröhlichen" Kindern gefilmt. Es [soll] ein Film vom Leben im Getto werden, in dem die Juden freudig und sorglos leben und „feiern und das Tanzbein schwingen".[6] (Tatsächlich wurden Juden dabei gefilmt, als sie im „Salon" tanzten.) Auch dich wollten sie filmen, um eine glückliche Familie vorzuführen. Zum Glück wurde dieses Vorhaben nicht in die Tat umgesetzt. Denn selbst wenn anstelle einer Fotografie ein solcher Film eine schöne Erinnerung von dir als Baby hätte sein können, wäre er trotzdem Schmach und Schande. Die ägyptischen Könige haben auch keine Kinder gefilmt, bevor sie sie töteten.
Wir haben einen neuen Kinderwagen für dich gekauft. Der Verkäufer war einmal mein Mitarbeiter und wollte mir den Kinderwagen kostenlos überlassen, um mich zu bestechen.[7]
Für den Kinderwagen haben wir bezahlt:

1 APT, Inv. Nr. A 1226/1. Abdruck in: The Terezin Diary of Gonda Redlich, hrsg. von Saul Friedman, Lexington 1992, S. 160 f. Das Dokument wurde aus dem Hebräischen übersetzt.

2 Redlich verfasste in Theresienstadt zwei Tagebücher. Das erste Tagebuch umfasst den Zeitraum von Jan. 1942 bis Sept. 1944. Das zweite Tagebuch beginnt mit der Geburt seines Sohnes Dan am 16.3.1944 und ist ihm gewidmet. Es endet ebenfalls im Sept. 1944. Das Tagebuch wurde in den 1960er-Jahren bei Umbauarbeiten auf dem Gelände der Gedenkstätte Terezín gefunden. Egon Redlich notierte seine Gedanken in einen Kalender, die einzelnen Tagebucheinträge können daher nicht immer einem bestimmten Datum zugeordnet werden. Das Tagebuch schrieb er überwiegend auf Hebräisch, an den Samstagen jedoch auf Tschechisch.

3 Egon (Gonda) Redlich (1916–1944), bis 1939 Jurastudent; seit 1939 an einer zionistischen Mittelschule in Prag tätig und Leiter des Makkabi Hatzair; Dez. 1941 Deportation nach Theresienstadt, dort Leiter der Jugendfürsorge, am 23.10.1944 wurde er mit seiner Ehefrau Gertruda, geb. Bäcková (1916–1944), und seinem Sohn Dan nach Auschwitz deportiert und dort ermordet.

4 Die Monatsangabe ist im Original unleserlich. Vermutlich ist aber der Sept. 1944 gemeint. In der publizierten Form des Tagebuchs (wie Anm. 1) wird der Eintrag irrtümlich auf den 6.10.1944 datiert, dies widerspricht den Angaben im Original.

5 Im Aug. und Sept. 1944 wurde der NS-Propagandafilm „Theresienstadt. Ein Dokumentarfilm aus dem jüdischen Siedlungsgebiet" gedreht, um die vermeintlich guten Lebensverhältnisse im Getto zu dokumentieren. Nachdem der Film erst im März 1945 fertiggestellt werden konnte, kam es nicht mehr zu dem geplanten propagandistischen Einsatz. Das gedrehte Material ist nur fragmentarisch erhalten.

6 Im Original aramäisch.

1 kg Zucker,
1 kg Margarine,
2 Büchsen Sardinen.
Was wird nun werden? Morgen werden wir abtransportiert, mein Sohn. Morgen werden wir abtransportiert wie Abertausende vor uns. Für den Transport haben wir uns nicht registriert wie sonst üblich. Aus nicht bekannten Gründen wurde angeordnet, uns in den Transport aufzunehmen. Aber lass es gut sein, mein Sohn! Unsere ganze Familie ist in den vergangenen Wochen bereits fortgegangen. Wir und deine Cousine sind als Einzige zurückgeblieben. Es sind dein Onkel, deine Tante und deine liebe Großmutter fortgegangen. Deine Großmutter, die für dich, für uns alle, von morgens bis abends gearbeitet hat. Der Abschied von ihr ist besonders schwergefallen. Hoffentlich werden wir sie dort wiedersehen.
Anscheinend haben sie vor, das Getto zu liquidieren und nur Alte und Mischlinge zurückzulassen. Wir hatten in jeder Generation grausame Feinde. Aber in unserer Generation ist der Feind nicht nur grausam, sondern auch voller Arglist und Heimtücke. Sie machen Versprechungen und halten sie nicht ein. Sie verschicken kleine Kinder und lassen ihre Kinderwagen hier zurück. Sie reißen die Familien auseinander: Mit einem Transport wird der Vater verschickt, mit dem zweiten der Sohn und mit dem dritten die Mutter.
Morgen werden auch wir abtransportiert werden, mein Sohn.[8] Möge unsere Erlösung bald kommen.

DOK. 275

Rosa Zich wird am 20. September 1944 vom Sondergericht Prag zum Tode verurteilt, weil sie einem Juden geholfen hat[1]

Urteil der III. Kammer des Sondergerichts beim Deutschen Landgericht Prag (5 K Ls 184/44 –III–1208/44), gez. Dr. Bellmann,[2] Dr. Grund, Narath, vom 22.9.1944

Im Namen des Deutschen Volkes!
In der Strafsache gegen
1. die Friseuse *Rosa Zich*[3] aus Prag, geb. am 10.3.1920 in Türmitz, Protektoratsangehörige,
2. die Angestellte *Jana Mimra*[4] aus Prag, geb. am 15.8.1921 in Uyezd, Protektoratsangehörige,

7 Mit den Herbstdeportationen 1944 entfielen die bis dato gültigen Ausnahmeregelungen für bestimmte Gruppen im Getto. Dem zur Deportation bestimmten erweiterten Kreis gehörten nun vor allem Personen an, die innerhalb der Gettoadministration zuvor wichtige Positionen bekleidet hatten. Vermutlich hatte sich der Verkäufer des Kinderwagens eine Fürsprache Redlichs erhofft.
8 Die Familie wurde erst Ende Okt. 1944 deportiert.

1 BArch, R/137/II/69.
2 Dr. Kurt Bellmann (1901–1980), Jurist; 1933 NSDAP-Eintritt; von 1924 an Richter in Kiel und Hannover, dort seit 1940 am Sondergericht, 1941–1945 Richter am Sondergericht Prag; 1947 zu lebenslanger Haft in Prag verurteilt, 1955 als „nichtamnestierter Kriegsverbrecher" in die Bundesrepublik überstellt; von 1956 an Landgerichtsdirektor in Hannover.
3 Růžena Zichová (1920–1944), Friseurin; hingerichtet.
4 Jana Mimrová (*1921), Verkäuferin.

beide z. Zt. in der deutschen Untersuchungshaftanstalt in *Prag*-Pankratz,[5]
wegen Verbrechens nach § 1 der VO. vom 3.7.42,[6]
hat die III. Kammer des Sondergerichts bei dem Deutschen Landgericht Prag in der öffentlichen Sitzung vom 20. September 1944, an der teilgenommen haben:
Landgerichtsdirektor Dr. *Bellmann* als Vorsitzer,
Landgerichtsrat Dr. *Grund*, Landgerichtsrat *Narath* als beisitzende Richter,
Landgerichtsrat *Prebeck*[7] als Beamter der Staatsanwaltschaft,
für Recht erkannt:
I. Die Angeklagte *Mimra* wird freigesprochen.
II. Die Angeklagte *Zich* hat einen Reichsfeind unterstützt und nicht angezeigt und dadurch Sabotage betrieben.
Sie wird deshalb *zum Tode* und zu dauerndem Ehrverlust verurteilt.
Ihr Vermögen wird eingezogen.
III. Die Kosten des Verfahrens fallen, soweit Freispruch erfolgt ist, der Reichskasse, im übrigen der Angeklagten *Zich* zur Last.

Gründe:
I.
Die Angeklagten sind Protektoratsangehörige tschechischer Volkszugehörigkeit und sind beide nicht bestraft.
Die Angeklagte Rosa *Zich* hat in Raudnitz die tschechische Volks- und Bürgerschule besucht. Nach Beendigung der Schulzeit erlernte sie das Friseurgewerbe. Etwa im Jahre 1938 erhielt sie eine Anstellung als Friseurin in Prag, die sie im Jahre 1942 aufgab, um sich nur noch im Haushalt ihrer Mutter zu beschäftigen. Sie ist ledig und hat ein uneheliches Kind im Alter von [...][8] Monaten.
In politischer Hinsicht ist sie bisher nicht nachweislich in Erscheinung getreten.
Die Angeklagte Johanna Mimra hat nach dem Besuch der Volks- und Bürgerschule bis 1941 in verschiedenen Konditoreien als Verkäuferin gearbeitet. Seit 1941 war sie in Prag in dem Speiseautomaten[9] „U Myalíkú“ als Verkäuferin beschäftigt. Seitdem wohnt sie als Untermieterin bei der Angeklagten *Zich*.
Auch sie ist bisher in politischer Hinsicht nicht in Erscheinung getreten. Sie ist ledig.

II.
Etwa seit dem Jahr 1939 unterhielt die Angeklagte Zich mit dem Juden Kiršner aus Raudnitz ein freundschaftliches Verhältnis. Es kam zwischen beiden bald zu intimen Beziehungen. Das Liebesverhältnis dauerte bis etwa Anfang 1942. Als Kiršner im Feber 1942 von der jüdischen Kultusgemeinde Raudnitz die Aufforderung erhielt, sich zwecks Eva-

5 Das Gefängnis im Prager Stadtteil Prankrác diente nach 1939 als Untersuchungsgefängnis der Gestapo. 1943 wurde es zur zentralen Hinrichtungsstätte des Protektorats.
6 Gemeint ist die VO des Reichsprotektors zur Abwehr der Unterstützung reichsfeindlicher Handlungen vom 3.7.1942; siehe VBl.RProt., 1942, Nr. 27, S. 182.
7 Dr. Alois Prebeck (*1904), Jurist; 1933 NSDAP- und SA-Eintritt; seit 1938 1. Beisitzer am Landgericht Regensburg, dann von 1941 an beim Landgericht Prag; nach 1945 war er als Amtsgerichtsrat in Amberg tätig.
8 Im Original unleserlich.
9 Gemeint ist ein Automatenrestaurant.

kuierung nach dem Ghetto Theresienstadt zu melden, fuhr er nach Prag und suchte dort die Angeklagte *Zich* auf, bei der er sich – etwa eine Woche lang – unangemeldet aufhielt. Nach ungefähr 2 Tagen teilte er der Angeklagten Zich mit, daß er vor der Evakuierung geflüchtet sei und sich nunmehr unangemeldet und illegal in Prag aufhalten wolle sowie daß er seine Bürgerlegitimation auf den Namen Benda umgefälscht habe, und bat die Angeklagte *Zich*, ihn zu unterstützen. Sie forderte ihn auf, die Wohnung zu verlassen, da sie Angst vor ihren Eltern hatte. Der Jude Kiršner kam dieser Aufforderung auch nach. Er lebte von Ende Feber 1942 bis Anfang September 1943 in Prag illegal, suchte jedoch in dieser Zeit die Angeklagte *Zich* wiederholt auf, war bei ihr tagsüber in der Wohnung und übernachtete auch hie und da – im ganzen etwa 14mal – bei ihr. Auf seine Bitten erhielt er von ihr eine Unterstützung von 500 K[ronen]. Da er bei der Angeklagten *Zich* unter dem Namen Benda verkehrte, wurde er unter diesem Namen auch der Angeklagten *Mimra* bekannt, die ihn in der Wohnung der *Zich* kennenlernte. Auf sein Betreiben kündigte die Angeklagte *Zich* der Angeklagten *Mimra* das Untermietverhältnis, und es kam zwischen den beiden zu einem Prozess.

III:
Dieser Sachverhalt steht auf Grund des teilweisen Geständnisses der Angeklagten Zich vor dem Vernehmungsrichter sowie auf Grund der Aussage des Kiršner im Verfahren bei der Polizei fest. Durch diese Beweise ist die Angeklagte *Zich*, die bei der Hauptverhandlung leugnete, den Kiršner näher gekannt und gewußt zu haben, daß es sich bei ihm um einen illegal unter einem falschen Namen flüchtigen Juden handelte, im Sinne der vorstehenden Feststellungen überführt. Da der Zeuge Kiršner nach Auskunft der Geheimen Staatspolizei nicht vernommen werden kann, war das Gericht auf seine Bekundungen, wie sie sich aus den Akten seiner polizeilichen Vernehmung ergeben, angewiesen. Das Gericht trägt trotzdem aus folgenden Gründen keine Bedenken, die Angeklagte *Zich* im Sinne der vorstehenden Feststellungen für überführt zu halten.
Auch in der Hauptverhandlung hat die nunmehr fast alles bestreitende Angeklagte *Zich* zugegeben, daß sie etwa im Jahre 1939 mit Kiršner ein freundschaftliches Verhältnis hatte. Sie hat bei der ersten polizeilichen Vernehmung und später nach der Gegenüberstellung mit Kiršner den Sachverhalt so zugestanden, wie er vorstehend festgestellt ist. Sie hat lediglich die erste 8tägige Beherbergung und vollendeten Geschlechtsverkehr bestritten. Der Jude Kiršner hat aber auch bei der Gegenüberstellung mit ihr ausdrücklich zugegeben, daß er bis Feber 1942 mit der Angeklagten *Zich* ein regelrechtes Liebesverhältnis unterhielt, daß er nach seiner Einreihung in den Transport zu ihr flüchtete und sie später über die Gründe seiner Flucht und darüber, daß er unter dem falschen Namen „Benda“ illegal leben wolle, aufgeklärt habe. Es ist nicht glaubhaft und aller Lebenserfahrung widersprechend, daß die Angeklagte, die den Kiršner seit 1939 näher und auch intim kannte und aus dem gleichen kleinen Ort stammte wie er,[10] nicht gewußt haben sollte, daß er Jude war sowie daß Kiršner nach seiner Flucht sie nicht über die Gründe der Flucht aufgeklärt hätte. Es ist vielmehr nach der Erfahrung des täglichen Lebens wahrscheinlich und glaubhaft, daß die Angeklagte Zich, als sie das Liebesverhältnis mit Kiršner unterhielt, genau darüber im Bilde war, wie es mit ihm stand, und daß sich

10 Trmice am Rande des Böhmischen Mittelgebirges, im heutigen Bezirk Ústí nad Labem.

Kiršner an sie gerade im Hinblick auf das Liebesverhältnis um Unterstützung nach seiner Flucht gewandt hat. Dafür spricht auch zwingend die weitere sich aus den Akten ergebende Tatsache, daß die Angeklagte bei der Festnahme des Kiršner den Beamten der Geheimen Staatspolizei einen Betrag von 74 000 K[ronen] und außerdem 4 Brillanten als Bestechung anbot, wenn sie von der Festnahme des Kiršner Abstand nehmen würden. Das nunmehrige völlige Leugnen der Angeklagten, die auch an sich unverfänglichen Tatsachen, wie ihre näheren Beziehungen zu Kiršner vor der Flucht, insbesondere die Intimität ihres Liebesverhältnisses mit ihm, in Abrede stellt, spricht gegen ihre Glaubwürdigkeit und für ihr Schuldbewußtsein.

IV.
Das Gericht hält somit für erwiesen, daß die Angeklagte bewußt den unter falschem Namen illegal lebenden flüchtigen Juden Kiršner auch nach Juli 1942 durch gelegentliche Quartiergewährung, Gewährung eines Darlehens von 500 K[ronen] unterstützt hat, obzwar sie wußte, daß er sich unangemeldet in Prag aufhielt und von der Polizei gesucht wurde. Juden, die sich durch die Flucht der Evakuierung entzogen haben, sind als Reichsfeinde im Sinne des § 1 der VO. vom 3.7.1942 zur Abwehr der Unterstützung reichsfeindlicher Handlungen anzusehen, da sie nur illegal ihren Lebensunterhalt fristen können und deshalb früher oder später den Anschluß an reichsfeindliche Bestrebungen suchen und finden. Sie sind daher eine Gefahr für die öffentliche Ruhe und Sicherheit im Protektorat und gefährden das friedliche Leben der Bevölkerung. Dessen war sich auch die Angeklagte bewußt.
Die Angeklagte hat somit in dem flüchtigen Juden Kiršner einen Reichsfeind unterstützt und nicht angezeigt. Sie hat sich damit eines Verbrechens gemäß § 1 der VO. des Reichsprotektors in Böhmen und Mähren vom 3.7.1942 schuldig gemacht. Gründe für die Annahme eines leichten Falles im Sinne des § 3[11] dieser Verordnung waren nicht festzustellen, denn die Angeklagte hat in voller Kenntnis der Umstände gehandelt und sich damit bewußt mit dem Verhalten des Juden identifiziert und ihn durch ihre Unterstützung bewußt und absichtlich der Festnahme durch eine lange Zeit hindurch entzogen. Sie hat auch selten konsequent gelogen.
Ihre Tat ist außerdem als eine schwere Sabotagehandlung gem. Art. I der Sabotage-VO.[12] zu werten, denn sie hat durch die nachhaltige Unterstützung des Kiršner die Ruhe und öffentliche Sicherheit im Protektorat erheblich gefährdet.
Auch aus der Persönlichkeit der Angeklagten ergeben sich keine Gründe für eine mildere Beurteilung. Sie war judenhörig und sich der Folgen ihres Tuns klar bewußt, da sie wie alle Bewohner des Protektorates Böhmen und Mähren durch wiederholte Anschläge, Aufrufe in der Presse, Veröffentlichungen in den Lichtspielhäusern und im Rundfunk usw. vor den Folgen ihres Tuns eindringlich gewarnt war. Wenn sie trotzdem zu dem Juden hielt, so hat sie sich als Feind der Gemeinschaft erwiesen.
Im Hinblick auf diese Umstände und auf die Gründe, die zum Erlaß der VO. des Reichsprotektors in Böhmen und Mähren vom 3.7.1942 geführt haben und die gerade heute in verstärktem Maße fortdauern, hat das Gericht deshalb bei der Angeklagten *Zich* auf

11 § 3 der VO vom 3.7.1942 sah eine Zuchthausstrafe vor.
12 VO des Reichsprotektors gegen Sabotagehandlungen vom 26.8.1939, VBl.RProt., 1939, S. 83.

die *Todesstrafe* erkannt. Diese ist die gerechte Sühne für den Verrat an Volk und Rasse, dessen die Angeklagte schuldig ist.
Gemäß § 32 StGB wurden ihr wegen des ehrlosen Handelns die Ehrenrechte auf Dauer aberkannt.

Bei der Angeklagten *Mimra*, die beschuldigt ist, gewußt zu haben, daß der bei der Angeklagten *Zich* unter dem Namen Benda verkehrende Mann ein Jude war, der sich illegal, von der Polizei gesucht, in Prag aufhielt, konnte das Gericht auf Grund der zur Verfügung stehenden Beweise nicht zu einer eindeutigen Schuldfeststellung gelangen. Die Angeklagte hat bereits vor dem Vernehmungsrichter und später in der Hauptverhandlung bestritten, daß sie gewußt hätte, daß Benda illegal lebte und ein Jude war. Es steht außerdem fest, daß die Angeklagte *Zich* ihr die Wohnung kündigte und mit ihr deshalb einen Prozeß führte. Deshalb hält das Gericht bezüglich der Angeklagten *Mimra* die Aussage des Juden Kiršner, daß die Angeklagte aus den Gesprächen zwischen ihm und der Angeklagten *Zich* habe entnehmen können, daß er ein flüchtiger Jude sei und sich vor der Polizei verberge, nicht für ausreichend. Die Angeklagte hat auch von allem Anfang an bestritten, daß der Jude von ihr im Speiseautomaten Lebensmittel ohne Karten erhalten habe. Wenn sie auch bei der polizeilichen Vernehmung in den ersten Punkten geständig war, so war doch zu berücksichtigen, daß es allen Regeln der Lebenserfahrung widerspricht, wenn die Zich es gewagt haben sollte, die *Mimra* zu kündigen, obwohl diese wußte, daß die Angeklagte *Zich* einen illegal lebenden Juden unterstützte. Die Angeklagte *Zich* hätte sich wohl gehütet, sich mit ihrer Untermieterin durch eine Kündigung zu verfeinden, wenn diese Kenntnis von dieser Tatsache gehabt hätte, da sie ja mit der Gefahr einer Anzeige in einem solchen Falle rechnen mußte, jedenfalls diese Gefahr nicht beseitigen, sondern gerade heraufbeschwören konnte. Die Einlassung der Angeklagten *Mimra* in der Hauptverhandlung, daß sie, wenn sie gewußt hätte, daß der von der *Zich* unterstützte Mann ein illegal lebender Jude war, diese Tatsache mindestens anläßlich der Kündigung der Wohnung der Polizei angezeigt hätte, um sich so die Untermiete des Zimmers zu erhalten, ist deshalb nicht von der Hand zu weisen. Der Umstand, daß die Angeklagte *Mimra* sich in einen Mietprozeß einließ, ohne dieses Druckmittel geltend zu machen, spricht eher dafür, daß sie von den tatsächlichen Verhältnissen keine Kenntnis hatte.
Die Angeklagte *Mimra* konnte deshalb nicht für im Sinne der Anklage überführt angesehen werden, sie war daher mangels Beweises
freizusprechen.
Die Kostenentscheidung beruht auf §§ 465, 467 RStPO.[13]

13 Reichsstrafprozessordnung.

DOK. 276
Der Ältestenrat in Theresienstadt gibt am 24. September 1944 die bevorstehenden Deportationen bekannt[1]

Mitteilungen der Jüdischen Selbstverwaltung Theresienstadt,[2] Nr. 47 vom 24.9.1944

Arbeitseinsatztransporte
Im Hinblick auf den totalen Arbeitseinsatz ist, wie seitens der Dienststelle[3] eröffnet wurde, erwogen worden, die Arbeitsmöglichkeiten in Theresienstadt den derzeitigen Erfordernissen entsprechend zu erweitern. Infolge des Raummangels und infolge technischer Schwierigkeiten hat sich dies jedoch nicht in dem notwendigen Maße als möglich erwiesen. Die arbeitsfähigen Männer müssen daher außerhalb Theresienstadts zu vordringlichen Arbeiten, ähnlich wie die Außenarbeitsgruppe Barackenbau,[4] eingesetzt werden.

Zu diesem Zwecke werden über Weisung der Dienststelle Dienstag, den 26.9. und Mittwoch, den 27.9.1944 je ein Arbeitseinsatztransport mit je 2500 Männern im Alter von 16 bis 55 Jahren aus der Siedlung in das Reichsgebiet abgefertigt.[5] Von der Leitung der Jüdischen Selbstverwaltung wurde Ing. Otto *Zucker*[6] dazu bestimmt, die Leitung der Transporte zu übernehmen. Den Angehörigen ist, wie beim Barackenbau, Transportschutz zugesichert worden. Postverbindung in kurzfristigen Abständen ist vorgesehen.

Von den Transporten werden alle Männer der Jahrgänge 1889 bis 1928 erfaßt. Alle angeführten Männer müssen sich deshalb ohne Verzug für den Transport vorbereiten und mit ihrer Einberufung rechnen. Transportausschließungsgründe bestehen nicht. Transportunfähige Personen können ausschließlich in der Schleuse auf Grund ärztlichen Gutachtens ausgeschieden werden. Beschwerden und Reklamationen[7] können daher nicht

1 JMP, T 145. Abdruck in: Miroslav Kárný, Die Theresienstädter Herbsttransporte 1944, in: TSD, 2 (1995), S. 7–37, hier S. 8 f.

2 Die zeitweise täglich herausgegebenen Mitteilungen der Jüdischen Selbstverwaltung informierten über Befehle der Kommandantur und brachten alle das Gettoleben betreffenden Nachrichten wie Verdunklungszeiten, Urteile des Gettogerichts oder die Fristen zur Beantragung von Zulassungsmarken für Päckchen. Bis April 1944 firmierten die Mitteilungen unter dem Begriff „Tagesbefehl"; siehe auch Dok. 268 vom 24.6.1944.

3 Gemeint ist die SS-Kommandantur in Theresienstadt.

4 Als „Barackenbau Zossen" wurde eine Gruppe Juden bezeichnet, die im Frühjahr 1944 aus Theresienstadt zur Zwangsarbeit nach Wulkow bei Berlin geschickt wurde, um ein Ausweichquartier für die Dienststellen des RSHA zu errichten. Im Febr. 1945 wurden die überlebenden Häftlinge zurück nach Theresienstadt gebracht.

5 Tatsächlich handelte es sich bei diesen Transporten um den Auftakt der sog. Herbstdeportationen aus Theresienstadt nach Auschwitz; siehe Einleitung, S. 64 f.

6 Otto Zucker (1892–1944), Ingenieur und Architekt; stellv. Vorsitzender der Jüdischen Partei in der Tschechoslowakei; 1940/41 Leiter der JKG Brünn, dann Leiter der Wirtschaftsabt. des Prager Palästina-Amts, von Sommer 1941 an Abteilungsleiter in der JKG Prag, Dez. 1941 Deportation nach Theresienstadt; dort zeitweise Stellv. des Judenältesten und Leiter des Zentralsekretariats, seit 1943 der Freizeitabt., Sept. 1944 Deportation nach Auschwitz, wo er ermordet wurde.

7 Mit Hilfe der sog. Reklamationen konnten bereits zur Deportation ausgewählte Personen zurückgestellt werden. Gründe für erfolgreiche Reklamationen waren beispielsweise attestierte Transportunfähigkeit, eine für das Getto wichtige Tätigkeit oder Position und Bestechlichkeit.

entgegengenommen werden. Arbeitskleidung sowie Handgepäck und Bettrolle sind mitzunehmen; alles andere Gepäck ist bei den Angehörigen in der Siedlung zu belassen. Die Einberufungen zum Transport vom 26. d. M. ergehen in den Nachmittagsstunden des 24.9.1944, der Antritt in die Schleuse erfolgt am 25.9.1944. Die Einberufungen zum Transport vom 27.9.1944 ergehen spätestens im Laufe des 25.9.1944, der Antritt erfolgt am 26.9.1944. Als Schleuse wurde das Gebäude Langestraße 5 bestimmt.
Alle näheren Weisungen ergehen im Wege der Gebäude- und Transportleitung.

DOK. 277
Pavel Weiner beschreibt vom 25. bis 28. September 1944 die Tage vor der Deportation seines Vaters und seines Bruders[1]

Handschriftl. Tagebuch von Pavel Weiner,[2] Theresienstadt, Einträge vom 25. bis 28.9.1944

Montag, den 24.IX.[3]
Am Nachmittag eile ich zu Mama.[4] Der ganze Vormittag, ja der ganze Tag wurde mit dem letzten Einpacken zugebracht. Táta[5] und Handa[6] meinen immer noch, dass ihr Gepäck ziemlich schwer sei, und packen alles wieder um: das wird bei Papa in […][7] gemacht. Sollte ich die Menschen aufzählen, die ebenfalls mitkommen, müsste ich dieses dicke Heft ganz vollschreiben. Mir ist immer noch nicht richtig bewusst, was eigentlich los ist. Auf der Straße sehe ich lauter weinende Menschen, zumindest nehme ich nichts anderes wahr. Mit den Eltern vereinbaren wir irgendeinen Punkt und geraten in Streit, aber das ist nicht von langer Dauer. Papa weist mich darauf hin, dass, wenn er weg sei, die ganze Verantwortung auf mir liegen wird. Ich bin erstaunt, dass er so aufrichtig ist. Ich kann kaum den Augenblick erwarten, wenn sie einsteigen, weil ich den Abschied hinter mir haben will. Sie hätten schon früh [den Zug] besteigen sollen, aber [nun] werden [doch] alle erst am Abend einsteigen. Meine Leute werden bestimmt nicht so spät einsteigen, weil es dann schon zu dunkel wäre. Ich bin das Gegenteil von Papa. Er würde am liebsten ständig Abschied nehmen. Von [unserer] Baracke hat er sich bestimmt schon dreimal verabschiedet,

1 USHMM, Acc. 1989 203.5. Abdruck auf Englisch in: Pavel Weiner, A Boy in Terezin. The Private Diary of Pavel Weiner, April 1944–April 1945, Evanston 2012, S. 161–165. Das Dokument wurde aus dem Tschechischen übersetzt.

2 Pavel, später Paul Weiner (1931–2010), Chemieingenieur; im Mai 1942 mit seiner Familie nach Theresienstadt deportiert, dort wurde er getrennt von seinen Eltern im Kinderheim in L 417 untergebracht; 1945 befreit, 1948 mit seiner Mutter nach Kanada emigriert, 1950 Umzug in die USA, lebte bis zu seinem Tod in New York.

3 Richtig: 25.9.1944.

4 Valerie Weinerová, geb. Steinová (* 1904); am 15.5.1942 Deportation von Prag nach Theresienstadt, dort in der kriegswichtigen Glimmerspalterei eingesetzt; 1945 befreit, 1948 Emigration nach Kanada, lebte seit 1950 in den USA.

5 Tschech.: Papa. Ludvík Weiner (1893–1944), Buchhalter und Steuerberater; in Prag im Ledergroßwarenhandel seines Schwagers Otomar Sušický beschäftigt; am 15.5.1942 Deportation von Prag nach Theresienstadt, 28.9.1944 Deportation nach Auschwitz, starb im KZ Außenlager Kaufering.

6 Hanuš Weiner (1929–1945); Bruder von Pavel; im Mai 1942 wurde er nach Theresienstadt deportiert und am 28.9.1944 weiter nach Auschwitz, er starb im Jan. 1945 im KZ Außenlager Kaufering.

7 Im Original unleserlich.

und er kehrt ständig zurück. Auch auf der Straße wird dauernd Abschied genommen. Alles wirkt so traurig. Es ist interessant, dass mein dummer kleiner Talisman – aufgehoben am Magdeburger Fenster[8] – heute verschwunden ist. – Es ist schwer, den Transport in knappen Worten zu schildern. Die Situation ändert sich ständig und dadurch auch meine Gefühle. Einerseits hätte ich gern alles hinter mir, [dann wiederum] würde ich die Abreise am liebsten aufhalten. Es tut mir leid, dass Papa nicht mit in dem zweiten [Transport] ist. Erstens hat er dort Bekannte, und zweitens gäbe es mehr Möglichkeiten zu Reklamationen.[9] Endlich kommt die Zeit zum Aufmarsch an der Schleuse. Meine Leute haben sehr schweres Gepäck dabei. Ich könnte nicht ein Stück davon tragen. Die Bettrolle[10] ist schrecklich [schwer] zu handhaben. Vor der Schleuse drängt sich eine Menschenmenge. Die Eltern dürfen sich [noch] ein paar Küsse geben, was nicht ohne Tränen abgeht, dann verschwinden alle im Tor, das sie verschluckt, und sie lassen uns alleine zurück. Meine Aufgabe als Samariter beginnt. Ich frage herum, wo sie bleiben werden. Endlich finde ich heraus, dass es sich um Zimmer im ersten Stock der Nummer 801 und 802 handelt. Zufällig kenne ich dort jemanden, der sie holt. Handa macht großes Geschrei, dass das Gepäck zu schwer sei und die Hälfte rausgeschmissen werden müsse. Das macht die Stimmung nicht besser, und wir gehen traurig nach Hause. Ich versuche, die Mutter zu beruhigen, aber es will mir nicht gelingen. Ich bringe ihr Abendbrot, und wir gehen zur L 218,[11] wo wir alles Nötige zusammenpacken und es zu mir bringen. Dann gehen wir noch [einmal] zur Schleuse. Wir lassen sie[12] aufrufen. Sie kommen herunter, wir sprechen ein wenig miteinander, und dann kommt die zweite Phase des Abschiednehmens. Mit dem Papa geht es gut, als jedoch Handa kommt, beginne ich, ich weiß nicht warum, zu weinen, treu begleitet von meiner Mutter. Zum Glück hüllt mich der Mantel der Dunkelheit ein. Dann gehen wir traurig [...].[13] Langsam beruhige ich mich. Der Waggon ist selbstverständlich noch nicht da. Ich verabschiede mich von der Mutter. Franta[14] fährt [auch] mit und kam, um sich zu verabschieden, ich war [aber] nicht da. Jetzt sollen wir [ihm] einen Abschiedsbrief schreiben, was ich auch tun werde. Wir reden noch eine Weile über die kursierenden [...],[15] dann schlafe ich ein.

Dienstag, den 25.IX.[16]
Ich würde zwar am liebsten im Bett bleiben, aber etwas zwingt mich, zur Schleuse zu gehen. [...][17] kam noch nicht, also ist es so gut wie sicher, dass der Transport heute nicht

8 Gemeint ist: am Fenster der Magdeburger Kaserne.
9 Wie Dok. 276 vom 24.9.1944, Anm. 7.
10 „Bettrolle" hier wie im Folgenden deutsch im Original.
11 Das der Jugendfürsorge in Theresienstadt unterstehende Jugend- bzw. Lehrlingsheim L 218 befand sich in der Straße L 2, Hausnummer 18. Am 1.8.1943 wurden in Theresienstadt wieder zivile Straßennamen eingeführt als Teil der umfassenden Strategie, das Getto vorzeigbar zu machen. Die L-Straße wurde zur Bahnhofsstraße, das Heim behielt allerdings seine ursprüngliche Bezeichnung.
12 Gemeint sind Ludvík und Hanuš Weiner, die in der Schleuse auf ihre Deportation warten mussten.
13 Im Original unleserlich.
14 Vermutlich: František (Franta, später Francis) Maier (1922–2013); am 19.3.1942 Deportation von Brünn nach Theresienstadt, dort Betreuer im Jugendheim L 218, 28.9.1944 Deportation nach Auschwitz; 1945 befreit in Gleiwitz, Emigration nach Palästina, 1952 in die USA.
15 Im Original unleserlich, vermutlich: „bonky", tschech.: Gerüchte.
16 Richtig: 26.9.1944.
17 Im Original unleserlich.

abgehen wird. Im Gegenteil, man sagt, dass er verschoben worden sei. Gestern bekam Mama die Aufforderung, wieder in die Bäckerei zu kommen. Draußen regnet es, und es ist nasskalt. Ich gehe zunächst zu den Baracken, wo man mir sagt, dass Mama arbeiten gegangen sei. Ich möchte mir [ein Stück] Brot abschneiden, kann es aber nicht finden. Es ärgert mich, dass die Frauen in der Baracke bereits einen Halbwaisen in mir sehen. Ich bin unentschlossen, ob ich zu Papa gehen soll oder nicht. Ich möchte nicht schon wieder Abschied nehmen. Also gehe ich nach Hause. Ich müsste dringend zum Friseur, aber ich habe keine Lust. Zu Hause kann ich es jedoch nicht aushalten, und etwas drängt mich, zu Papa zu gehen. Um die Hamburg[er Kaserne] herum stehen die Gettowachleute und lassen niemanden ans Fenster heran. Zum Glück finde ich dort Mama, die ganz nervös wartet, bis Papa am Fenster erscheint. Ich lasse ihn aufrufen. Mutter will ihm Essen bringen. An Details kann ich mich überhaupt nicht erinnern. Wir beide bedauern zutiefst, dass wir nicht alle im zweiten [Transport] gelandet sind. Man hört nämlich, dass er gar nicht fahren soll. Auch die Abfahrt des ersten ist unsicher. In ganz Theresienstadt verbreiten sich Gerüchte, wie beispielsweise dass ein Generalstreik der Arbeiter und Eisenbahner ausgerufen worden und die Bahn unterbrochen sei und es keine Waggons mehr gebe. Mit solchen Berichten tröste ich Mama. Jetzt gehen wir ständig zwischen Schleuse und Baracken hin und her, mit Tee oder anderem Essen. Wir beneiden diejenigen, die im zweiten [Transport] sind, und innerlich wünschen wir, dass mit dem ersten auch der zweite [endlich] fahren möge. Auch Mama versucht, zu Rudla[18] zu kommen, erreicht aber nichts. Sie hat die schreckliche Eigenschaft, sich immer nur alles Böse auszumalen, das Gute sieht sie nicht. Handa und Papa packen schon [wieder] ihr Gepäck um, insbesondere die Bettrollen, die sie verkürzen. Weggeworfen haben sie nur die Sandalen. Geistesgegenwärtige Leute haben aus einem Fenster die Gitter herausgenommen, so dass man [zu ihnen] hineinkriechen konnte. Auf diese Weise gelange ich abends zur Schleuse und unterhalte mich mit Papa und Handa, vielleicht zum letzten Mal. Im gesamten Getto herrscht schreckliche Unordnung. In [...][19] beschimpfen mich z. B. kleine Kinder. Die Mutter ist schrecklich nervös. Es ist schwer, sie zu beruhigen. Heute ist der Vorabend von Jom Kippur.[20] Überall brennen Lichter. Alle dürfen die Schleuse verlassen und gehen nach Hause, um zu schlafen, auch mein Bruder. Ich gehe erst später heim. Kurz danach kommt Franta und berichtet, dass der Transport morgen früh wahrscheinlich aufgelöst werde. Mit dieser frohen Botschaft renne ich zur C III,[21] wo sie kühl entgegengenommen wird. Im Vertrauen darauf, dass der Transport nicht fahren wird, gehe ich unter die Dusche und gleich danach ins Bett, wo ich erschöpft einschlafe.

Am Mittwochabend verabschiede ich mich instinktiv vom Vater. Zu Hause erfahre ich dann, dass die Waggons in der Frühe bereitgestellt werden und um 6 [Uhr] bereits aufgeladen wird. Ich schlafe ein.

18 Vermutlich: Rudolf (Rudla) Freudenfeld (1921–1985).

19 Im Original unleserlich.

20 Versöhnungsfest, höchster jüdischer Feiertag. Mit ihm enden die zehn Tage der Reue und Umkehr, die am Neujahrstag, an Rosch Haschana, beginnen.

21 C III war der Standort der Hamburger Kaserne, die zunächst als Unterkunft für Frauen und Kinder genutzt wurde, bis Anfang 1944 dort die niederländ. Juden einzogen. Außerdem diente die Hamburger Kaserne seit der Fertigstellung des Anschlussgleises in Theresienstadt 1943, das direkt vor der Kaserne endete, als Zentralschleuse.

Donnerstag, den 26.IX.[22]
Obwohl ich länger schlafen könnte, stehe ich auf und renne zur Schleuse. Überall stehen die Gendarmen und Gettowachmänner herum. Vergeblich schaue ich zum Fenster hinauf. Von meinen Leuten erscheint niemand. In der Menschenmenge erblicke ich die weinende Mama. Ich tröste sie grob. Mama befürchtet Schlimmes. Die Gendarmen bilden eine Kette, sie sind zwar anständig, schicken jedoch die armen Frauen weg. Mama macht sich Sorgen, weil sie vergaß, Handa zu sagen, wo er seine Mütze hat. Ich verstehe es zwar, zeige es aber nicht und schimpfe mit Mutter schrecklich. Mutter weint ständig, es verletzt mich, und deswegen schimpfe ich mit ihr. Ich sage ihr die ganze Zeit, sie solle klug sein, aber in dem Moment erinnert sie sich an sie und beginnt zu weinen. Ich bin traurig. Ich gehe nach Hause und von dort Sardinen holen, […][23] habe ich bereits gestern bekommen, konnte es aber erst jetzt abholen. Wir gehen zusammen mit Mangl,[24] der ein großes Paket hat. Noch vorher gehe ich bei Mutter vorbei, um den Ausweis zu holen. Mutter macht mir Vorwürfe, weil andere Kinder auf der Bastei gestanden haben und ich nicht dort gewesen sei. Es tut mir leid, aber ich befürchte, es hätte ihm auch nicht geholfen. Herr Popper, der heute fährt, hört es und fragt, was er dem Papa ausrichten soll. Mutter antwortet für mich und sagt, ich sei nicht artig gewesen. Diese unwahren Worte ärgern mich. Ich bin ziemlich wütend. Ich gehe Sardinen holen. Es steht dort keiner Schlange. Zu Hause schreibe ich Tagebuch. Man sagt, Eppstein[25] wird fahren. Sicher ist, dass er in der Kommandantur[26] eingesperrt ist. Schliesser[27] fährt mit [dem Transport]. Im Getto sieht es ohne die Männer traurig aus. Ich kann mir gar nicht vorstellen, monatelang ohne Papa und Handa zu leben. Ich gehe das Mittagessen holen. Ständig muss ich auf die Stühle schauen, auf denen eigentlich Handa und Papa sitzen sollten. Nur Gott weiß, wann ich sie wiedersehen werde. Am Nachmittag geht Mama arbeiten. Innerlich freue ich mich, dass ich einen freien Nachmittag für mich habe, schiebe den Gedanken aber bald von mir. Am nächsten Tag wird mir klar, dass es schwer werden wird, sich an dieses neue Leben zu gewöhnen. Zu Hause lege ich mich aufs Kavalett und fange an zu lesen. Eine Stunde später macht es mir keinen Spaß mehr, und ich frage Mangl, ob er mit mir spazieren gehen möchte. Wir gehen los und schauen in Handas Mansarde in der L 218 vorbei, ob dort irgendwelche Bücher zurückgeblieben sind. Ich hole mir dort […][28] auf Französisch, vier […][29] und einen englischen Krimi sowie „Wie man sich verteidigen soll“. Es sind weder wertvolle noch gute Bücher. […][30] Bald darauf hole ich mir das Abendbrot. Es gibt Getto-Suppe, ich nehme davon. Solange meine Mutter nicht da ist, genieße ich sie sogar. Auch hier nehmen die Männer Abschied. Ich bin in allem selbständig und mache alles so gut wie möglich. Ich freue mich

22 Richtig: 28.9.1944.
23 Im Original unleserlich.
24 Spitzname eines Freundes von Pavel Weiner aus dem Kinderheim L 417 in Theresienstadt. Der richtige Name ist nicht überliefert.
25 Der Judenälteste Paul Eppstein wurde am 27.9.1944 verhaftet und vermutlich noch am selben Tag im Polizeigefängnis Kleine Festung ermordet.
26 Im Original deutsch.
27 Vermutlich: Karel Schliesser (1899–1944); im Getto Leiter der Wirtschaftsabt.; er wurde am 28.9.1944 nach Auschwitz deportiert und dort ermordet.
28 Im Original unleserlich.
29 Im Original unleserlich.
30 Im Original unleserlich.

wie ein Kind auf eine halbe Büchse Sardinen. Die Mutter hat den Inhalt falsch aufgeteilt, und ich bin ihr böse. [...] Ich gehe zu Mama in die Bäckerei. Sie kommt völlig erschöpft heraus. Sie tut mir leid, aber nicht deswegen. Mama ist in Eile. Wir sind wieder gut miteinander. Dann gehe ich nach Hause. Ich möchte den Abend ruhig verbringen, kann zwei Partien Schach aber nicht widerstehen. Diese Saison bin ich nicht in bester Form. Alles kommt wieder ... Nur der Papa nicht!!!
Ich nehme eine heiße Dusche. Der Bademantel passt jetzt gut. Ich verbringe lange Zeit mit der Suche nach einem Buch, dann finde ich es endlich und lese bis halb elf. Ich vergaß zu schreiben, dass Prof. Nobel unser neuer Jugendleiter[...][31] ist.

DOK. 278
Die Brüder Leopold und Hans Werner Mayer verabschieden sich im September 1944 von ihren Eltern[1]

Handschriftl. Brief von Leopold und Hans Werner Mayer,[2] Theresienstadt, an ihre Eltern Johanna und Viktor Mayer,[3] Theresienstadt, in den Bußtagen 5705 (September 1944)[4]

Meine lieben, lieben Eltern!
Es fällt mir sehr schwer, Euch diesen Brief zu schreiben. Wenn er in Euere Hände kommt, bin ich auf dem Wege nach einem unbekannten Ziel. Zwar ist es nicht das erste Mal, daß ich von Euch Abschied nehme, aber die Umstände machen diese Trennung zu einer solchen, die darüber hinaus eine Beendigung einer Etappe meines und unseres Lebens bedeutet. Wenn ich nun versuche, Euch nochmals zu danken für all die Liebe, Güte und Nachsicht, für die Erziehung und für all das Gute und Schöne, das Ihr mich habt erleben lassen, so versuche ich damit etwas in Worte zu fassen, was tief innen in mir lebt und was so selbstverständlich und Euch auch so bekannt ist, daß es bei dem schwachen Versuch bleiben muß. Gebe Gott, daß es nur ein Abschied für kurze Zeit ist und daß wir fünf[5] uns mit unseren anderen Lieben recht bald und in Gesundheit wiedersehen.

31 Im Original deutsch, zwei Buchstaben am Ende unleserlich.

1 YVA, O.75/29.

2 Leopold Mayer (1923–1945) und Hans Werner Mayer (1927–1945); im Nov. 1938 Flucht aus Düren in die Niederlande, 1939 Unterbringung in einem Kinderheim bei Utrecht, im Sept. 1944 von Westerbork nach Theresienstadt deportiert, von dort am 29.9.1944 nach Auschwitz; beide starben nach der Befreiung in Dachau an Unterernährung.

3 Johanna Mayer, geb. Hecht (1900–1988); 1939 Flucht in die Niederlande, Sept. 1944 Deportation von Westerbork nach Theresienstadt, dort in der Glimmerspalterei eingesetzt; 1945 in Theresienstadt befreit, Emigration in die USA, von dort nach Israel; Victor Mayer (1888–1944), Großhändler; Leitung des Familienbetriebs „David Mayer" in Düren; Schließung des Geschäfts nach dem Novemberpogrom und Inhaftierung in Buchenwald, 1939 Flucht in die Niederlande, Sept. 1944 Deportation von Westerbork nach Theresienstadt, Okt. 1944 Deportation nach Auschwitz, dort ermordet.

4 Nach dem jüdischen Kalender begann das Jahr 5705 am 18.9.1944 und endete am 7.9.1945. Die Bußtage des Jahres 5705 lagen zwischen dem 18. und 27.9.1944.

5 Leopold und Hans Werner Mayer hatten noch einen weiteren Bruder, Bernd (Abraham) Mayer, später Tal Meier (*1924).

Ich bin mir darüber klar, daß ich in dem Moment, in dem ich in den Zug steige, den letzten Schritt zu meiner Verproletarisierung tue und damit eine Entwicklung vollende, die mit der Abreise von Westerbork[6] begann. Aber wohlgemerkt, es kann dies nur eine materielle Verproletarisierung sein, geistig werde ich immer der bleiben, der ich bin. Und das kann Euch die Garantie sein, daß ich, Zwangsläufigkeiten ausgenommen, durchkommen werde. Ich habe die Eigenschaft, mich mit meinen Gedanken so vollständig von der Außenwelt abzusperren, daß ich einem Igel zu vergleichen bin, der sich zusammenrollend gegen ihm feindliche Umwelten zu schützen sucht. Ferner bin ich sehr bedürfnislos, und so gerne ich mich auch gut kleide, so gut kann ich auch mit weniger guter Kleidung auskommen, da mein tiefstes Streben doch immer nur darauf gerichtet ist, „Ruhe zu haben", d. h., daß ich immer nur darauf bedacht sein werde, meine geistige Unabhängigkeit zu behalten. Aus allem, was ich bisher erlebt habe, sei's Gutes – sei's Schlechtes, habe ich immer noch lernen können. Und ich hoffe, auch aus diesem neuen Erlebnis, dem ich nun entgegenfahre, Erfahrungen sammeln zu können, die ich dann später, wenn ich von dem passiven in den aktiven Kampf für unser jüdisches Volk übertreten werde, werde gebrauchen können. Denn das ist die Aufgabe und das Ziel, das mir, wie ich glaube, Gott für dieses Leben gestellt hat: auf meine Art mitzuhelfen, daß sich eine solche Tragödie, wie sie das jüdische Volk im besonderen und darüber hinaus alle Völker dieser Erde jetzt durchmachen, nicht wiederholt. Auf welche Art ich das tun kann, liegt noch im Schoße der Zukunft verborgen. Für jetzt kann es nur unsere Aufgabe sein, eisern durchzuhalten und alles Widerwärtige abprallen zu lassen, das Gute jedoch tief einzusaugen und zu warten und zu hoffen, daß sich das Tor in die Freiheit öffnet.
Glaube und Hoffnung – Mut und Wille
Sie werden uns allen helfen, diese Zeit zu durchstehen, um nachher an unsere Arbeit gehen zu können.
Nun möchte ich Euch, liebe Eltern, bitten: nur ja nicht mutlos zu werden und Euch nicht in Weinen und Klagen zu begraben. Ihr könnt es dadurch nicht nur nicht ändern, sondern macht es mir dadurch nur schwerer. Bleibt stark, sagt Euch nicht gegenseitig, wie es hätte sein können, sondern
Glaubt an die Wiedervereinigung
Hofft auf die Zukunft, haltet
Mut durchzusetzen und habt den
Willen zu leben für uns, Euere Söhne
Chisku we imzu lanu.[7] Seid stark und standhaft, uns ist die Zukunft.

Habt Dank!
Leopold

Meine lieben Eltern,
auch ich möchte einige Zeilen des Dankes in diesem Briefe beifügen. Ich danke Euch für all das Gute, was Ihr mir gegeben habt. Ich verspreche Euch hier nochmals, in allen

6 Das Polizeiliche Durchgangslager Westerbork in den Niederlanden diente als Sammellager der Juden vor der Deportation.
7 Hebr.: Stärke und ermutige uns.

Dingen Leopold zu gehorchen. Auch ich hoffe mit Leopold und Euch zusammen, daß wir uns bald wiedersehen werden.
Laßt Euch nochmals von mir danken für all das, was Ihr für mich getan habt.
Seid herzlichst geküßt von Eurem Euch liebenden
Hans Werner

DOK. 279
Die Diakonissin Johanne Aufricht schildert Ende Oktober 1944 in ihrem Tagebuch die Deportation von Freunden und Bekannten aus Theresienstadt[1]

Handschriftl. Tagebuch von Johanne Aufricht,[2] Theresienstadt, Einträge vom 19. bis 28.10.1944

Ein Schreiben erhalten.[3] „Altersgrenze" überschritten. Dennoch habe ich auch m. Sachen gepackt. Ich bin mit ihr[4] in die Kaserne – wo sich wohl schon 1000 versammelt hatten. Wir fanden ein nettes Zimmer mit mehreren Personen u. warteten. Auf alles gefaßt. E[rna] sagte – ich fürcht mich nicht. Gott geht mit. Zusammen beteten wir noch „Jesu, geh voran". Am Abend kam ich noch einmal mit einer Grazer Diakonissin – Erna empfing mich mit den Worten – „ich bin jetzt ruhiger – weil Du in 6 Wochen nachkommst." Wohin?? Am nächsten Morgen wollte ich mich schweren Herzens endgültig verabschieden. Der Zug fuhr in der *Nacht* fort. Wer ermißt m. Schmerz. Das war am *18. Okt. 44*. Nun bin ich allein unter 40 000 Menschen.
19. Schw[ester] Margit[5] ist auch so sehr traurig. Sie kümmert sich um mich. Alle anderen im Haus packen in den Gedanken, daß sie auch fortmüssen.
20.X. Ich gehe wie im Traum einher – Herr Gott, hilf tragen.
23.X. Dr. Sonnenschein mit Frau u. 14jähr. Sohn u. Fränkels fahren morgen. Dr. S. meint, sie treffen Erna an demselben Ort – wo? Ich hab ihr einen langen innigen Brief geschrieben u. wieder um Erlaubnis gebeten mitzufahren. Vergeblich. Habe allen unter bitteren Tränen beim Packen geholfen. Fr. Dr. 34 J. setzte sich oft hin, weinte u. sagte, wenn ich nur wüßte, wo mein 18jähr. Sohn vor 14 Tagen hingekommen ist. Herzleid schwebte über der ganzen Stadt.
25. Verlassen u. traurig gehe ich meine Wege – u. versuche den Fortgehenden zu helfen. Viele gehen aus unserem Haus. Die Männer sind zum Arbeitstransport eingereiht – u.

1 Archiv der Fliedner Kulturstiftung Kaiserswerth (AFKS), Bestand 4–4,1, Nachlass Aufricht, Sign. 1, Tagebuch Johanne Aufricht 1943–1957.
2 Johanne Aufricht (1876–1963), Krankenschwester; 1887 getauft; 1898 trat sie in die Diakonissengemeinschaft Kaiserswerth ein, von 1900 an in Kairo als Krankenschwester tätig, seit 1916 Apothekerschwester im Evang. Krankenhaus Mülheim; 1942 Deportation nach Theresienstadt; im Aug. 1945 Rückkehr nach Kaiserswerth.
3 Der Eintrag stammt vermutlich vom 19.10.1944.
4 Gemeint ist ihre Schwester Ernestine (Erna) Aufricht (1882–1944), Lehrerin; 1887 getauft, 1898 Eintritt in die Diakonissengemeinschaft Kaiserswerth, 1902–1914 Tätigkeit in verschiedenen Diakonieschulen, 1914–1918 Krankenpflegerin, danach wieder als Lehrerin tätig; 1942 Deportation nach Theresienstadt, 1944 weiter nach Auschwitz, dort ermordet.
5 Margit Frankau (1889–1944), Krankenschwester.

ihre Frauen gehen freiwillig mit – vielleicht in den Tod. Auch bei diesem Transport wurde ich nicht zugelassen.
28. X. nach Barmen Menningen[6] geschrieben: daß Erna fort ist, *durft* ich nicht schreiben. Jetzt ist unser Haus fast leer. Auch unser Prof. Taussig[7] mußte fort – seine beiden Töchter sind vor Wochen – fort – etw. später d. 19j[ährige] Sohn. Ich weiß, daß der Herr wird der Elenden Sache u. der Armen Recht ausführen. Ps. 140,13[8]

DOK. 280
Roswell McClelland vom War Refugee Board kommentiert und korrigiert am 26. Oktober 1944 den Bericht des Internationalen Roten Kreuzes zu Theresienstadt[1]

Vertrauliches Schreiben von Roswell McClelland vom War Refugee Board, Bern, an John W. Pehle,[2] Executive Director des War Refugee Board, Washington, D. C., vom 26.10.1944

Betreff: Versand von vier Kopien eines Berichts über einen Besuch im Getto Theresienstadt (im Protektorat Böhmen und Mähren) am 23. Juni 1944, verfasst von Dr. M. Rossel, Delegierter des Internationalen Komitees vom Roten Kreuz.[3]
Sehr geehrter Herr Pehle,
ich erlaube mir, Ihnen beiliegend vier Kopien eines Berichts[4] (in englischer Übersetzung, der Originalbericht ist auf Französisch abgefasst) über einen Besuch des bekannten Gettos Theresienstadt zu schicken, den Dr. M. Rossel, Delegierter des Internationalen Komitees vom Roten Kreuz, am 23. Juni 1944 unternommen hat. Dieses Dokument gelangte über einen Freund aus dem IKRK in meine Hände und unterliegt allerstrengster Geheimhaltung. Ich muss daher darauf bestehen, dass nichts daraus veröffentlicht wird. Andererseits war es mir ein Bedürfnis, es Ihnen und dem War Refugee Board vertraulich zukommen zu lassen. Vielleicht könnten Sie es nach Ihrem Ermessen an ausgewählte Vertreter vertrauenswürdiger jüdischer Organisationen weiterreichen.
Dr. Rossels Bericht ist tatsächlich die erste Schilderung Theresienstadts von einem neutralen Beobachter, bedarf aber meiner Ansicht nach einer Reihe von erklärenden Anmerkungen. Das Bild, das er von dem Getto zeichnet, kann leider nicht für bare Münze genommen werden.
Zunächst einmal ist festzuhalten, dass der Empfang des Vertreters des IKRK sowie zweier weiterer, ihn begleitender Delegierter des Dänischen Roten Kreuzes wie bei fast allen

6 Nicht ermittelt.
7 Vermutlich: Dr. Leo Taussig (1884–1944), Professor für Psychologie; wurde im Dez. 1942 aus Prag nach Theresienstadt und im Okt. 1944 nach Auschwitz deportiert, dort ermordet.
8 Psalm 140,13: Ich weiß es, Herr: Du trittst für die Unterdrückten ein, du wirst den Wehrlosen Recht verschaffen.

1 JDC Archives, NY, AR 1933-44/4/16/3/542. Das Dokument wurde aus dem Englischen übersetzt.
2 John W. Pehle (1910–1999), Jurist; stellv. StS im US-Finanzministerium, von Jan. 1944 an Direktor des War Refugee Board; nach dem Krieg zunächst erneut im Finanzministerium, dann bei einer Steuerrechtskanzlei in Washington DC.
3 Siehe Dok. 267 vom 23.6.1944.
4 Liegen nicht in der Akte.

„offiziellen“ Besuchen von Lagern oder Gefängnissen ganz offensichtlich im Voraus gut geplant worden ist. Die verschiedenen jüdischen „Funktionäre“ zum Beispiel hielten alle interessante, aber eindeutig „einstudierte“ Vorträge. Zeit für Fragen war nicht vorgesehen. Die Besucher verbrachten nur zehn bis zwölf Stunden[5] in Theresienstadt und wurden in dieser Zeit ununterbrochen von einer Reihe von SS-Männern begleitet, darunter der berühmt-berüchtigte Dr. Günther[6] aus dem SS-Hauptquartier in Berlin, der unter anderem unmittelbar den Aufbau von Theresienstadt verantwortet. Dr. Rossel boten sich nur ein, zwei flüchtige Gelegenheiten, um unkontrolliert ein paar Worte mit Dr. Paul Eppstein, dem „Judenältesten“ (Bürgermeister) des Gettos, zu wechseln. Von daher blieben die gesammelten Eindrücke eher oberflächlich. Als beispielsweise die Frage nach dem Befinden einiger Personen aufkam, bei denen man davon ausgeht, dass sie in Theresienstadt leben, und insbesondere nach den Möglichkeiten, an solche Informationen zu gelangen, zeigte sich Dr. Eppstein sofort bereit, den IKRK-Delegierten eine vollständige Liste der im Getto lebenden Personen auszuhändigen. Dies wurde ihm von der SS umgehend untersagt.

Darüber hinaus hielt Dr. Rossel eine Reihe von Gegebenheiten für selbstverständlich, die einer genaueren Betrachtung bedürfen. In seiner Beschreibung der Ankunft in Theresienstadt spricht Dr. Rossel davon, dass sie eine „Kleine Festung“ erblickten, und vermittelt dadurch den Eindruck, als läge diese etwas entfernt vom Rest der Stadt. Tatsächlich ist diese nach Auskunft von Personen, die vor dem Krieg öfters in Theresienstadt waren, jedoch integraler Teil des Gettos, in dem neben bestimmten Juden auch eine beträchtliche Zahl von nichtjüdischen politischen Häftlingen untergebracht ist.[7] Die Gefangenen werden im Wesentlichen wie die Insassen anderer deutscher Konzentrationslager behandelt. Die Festung wird sehr stark bewacht, hauptsächlich von bewaffneten tschechischen Gendarmen.[8] Natürlich hat man der IKRK-Delegation diesen Teil von Theresienstadt nicht gezeigt.

Dr. Rossel hat zudem hervorgehoben, dass es nirgendwo Stacheldraht und generell auch keine SS-Wachen gäbe. Hätte er die Nacht im Getto verbracht, hätte er allerdings mitbekommen, dass der gesamte Umkreis der Stadt massiv ausgeleuchtet ist und in regelmäßigen Abständen Wachposten eingerichtet sind.[9] Dabei handelt es sich um gesichertes Wissen, das auf frühere Berichte über Theresienstadt aus verlässlichen Quellen zurückgeht.

Auf Seite drei wird festgehalten, dass es sich bei Theresienstadt um ein „Endlager“ handelt (also um das endgültige Bestimmungsziel der Insassen, von dem aus keine Weitertransporte mehr stattfinden). Das mag für eine bestimmte Gruppe von Juden zutreffen, insbesondere für solche mit deutscher Herkunft. Im Sommer (Juli) 1943 jedoch lebten

5 Die Delegation erreichte Theresienstadt gegen zwölf Uhr mittags und war vom Deutschen Staatsminister Karl Hermann Frank bereits um 20.30 Uhr zum Abendessen in Prag eingeladen; siehe JMP, T 188, Bl. 22, und SÚA, 110-7-91.

6 Rolf Günther, Stellv. Adolf Eichmanns.

7 Das Gestapogefängnis Malá pevnost (Kleine Festung) lag zwar unmittelbar neben dem Getto, war aber räumlich und vor allem administrativ von diesem getrennt. Die Kleine Festung wurde regelmäßig für Hinrichtungen von Juden aus dem Getto genutzt; siehe Einleitung, S. 57 f.

8 Wie Dok. 267 vom 23.6.1944, Anm. 16.

9 Aufgrund der strengen Verdunkelungsvorschriften wurde Theresienstadt nicht ausgeleuchtet.

in Theresienstadt noch 43 800 Menschen.[10] Zum Zeitpunkt des Besuchs von Dr. Rossel (Juni 1944) lag die Zahl bei etwa 35 000. In dem dazwischenliegenden Jahr sind also ganze 8800 Personen aus dem Getto verschwunden. Aufgrund des hohen Anteils alter Menschen ist die Sterblichkeitsrate sicherlich recht hoch, aber selbst wenn man Dr. Rossels Schätzung von zwölf Toten pro Tag zugrunde legt, würde sich die Zahl der Verstorbenen im entsprechenden Zeitraum auf ungefähr 4300 belaufen. Damit wäre noch immer offen, was mit den restlichen mehr als 4000 passiert ist.

Zweifellos ist eine beträchtliche Zahl von Juden aus Theresienstadt in die in Oberschlesien und Polen gelegenen Lager wie Birkenau, Litzmannstadt, Lublin-Majdanek und Izbica deportiert worden (vgl. hierzu den Bericht aus Auschwitz-Birkenau über Konvois von Deportierten aus Theresienstadt).[11] Im Wesentlichen handelte es sich hierbei um Juden, die nur temporär in Theresienstadt waren, da das Getto nach Auskunft überaus verlässlicher Quellen von den Deutschen in größerem Umfang auch als Transitlager genutzt wurde. Über die Zahl der deportierten Personen, die Theresienstadt durchlaufen haben, liegen keinerlei Informationen vor, es müssen jedoch mehrere Tausend gewesen sein.

Es ist zum Beispiel belegt, dass die Ehefrau und der Sohn des ehemaligen „Judenältesten" von Theresienstadt, Dr. Jakob Edelstein (dessen Unterschrift immer noch auf Banknoten von Theresienstadt auftaucht!), in das Vernichtungslager Birkenau verbracht wurden, weil von ihr dort geschriebene Postkarten in der Schweiz angekommen sind. Was Dr. Edelstein widerfahren ist, der nicht zusammen mit seiner Frau deportiert wurde, konnte nie in Erfahrung gebracht werden.[12]

Hinsichtlich der Informationslage über die sich in Theresienstadt befindlichen Personen muss berücksichtigt werden, dass Informationen ohnehin nur zu *denjenigen zu erhalten sind, die sich tatsächlich im Getto aufhalten*. Anfragen zu Personen, die gerade *nicht* dort sind, werden nicht beantwortet. Dr. Eppstein hat dies gegenüber Dr. Rossel bestätigt.

Auf Seite zwei ist der Abschnitt über die 240 Personen (etwa 60 Familien) schwedischer Staatsbürgerschaft von Bedeutung. Als die Frage nach ihrer Freilassung aufkam, antworteten die Deutschen wie fast immer in solchen Fällen, dies sei nicht möglich, weil deren Personaldokumente kurz vor Ausbruch des Krieges ausgestellt worden seien und es sich tatsächlich um Deutsche handele und diese auch als solche behandelt würden. Es ist zudem vermerkt, dass die Vertreter des Dänischen Roten Kreuzes nach dem Verbleib von 100 offensichtlich vermissten dänischen Juden gefragt haben. Ihnen wurde bedeutet, dass diese Personen eigentlich deutsche Pässe besäßen und in Dänemark lediglich verhaftet worden seien. Dies ist die Standardantwort der Deutschen bezüglich aller Insassen von Theresienstadt, die laut Ausweispapieren einer anderen Nationalität angehören als die von den Deutschen angenommene. Deshalb gibt es nach meiner Kenntnis keinen einzigen Fall und keinen einzigen Bericht über eine Person oder eine Familie,

10 Im Juli 1943 befanden sich 46 132 Personen und im Juni 1944 27 702 Menschen im Getto. Während dieses Zeitraums wurden 17 758 Personen deportiert, und bis einschließlich Mai 1944 starben 5649 Menschen; Prochnik, Juden, Bl. 10, wie Dok. 248 vom 5.9.1943, Anm. 21.

11 Vermutlich handelt es sich um den Vrba-Wetzler-Bericht vom 25.4.1944; siehe VEJ 16/108.

12 Jakob Edelstein wurde am 15.12.1943 gemeinsam mit seiner Frau Mirjam Edelstein, geb. Oliner (1908–1944), und seinem Sohn Arje (1931–1944) aus Theresienstadt nach Auschwitz deportiert und dort ermordet.

die aus Theresienstadt „befreit“ oder von dort aus in ein besseres Lager oder in einen besseren Status überführt worden wäre. Es heißt, es gebe eine Gruppe von Personen dort, die über inzwischen abgelaufene Ausreisevisa für die Vereinigten Staaten verfügten, aber alle Bemühungen, hierfür eine Bestätigung zu erhalten, haben sich als erfolglos erwiesen.

Das Bild, das Dr. Rossel in seinem Bericht von den Lebensbedingungen im Getto vermittelt, ist ebenfalls etwas irreführend. Er behauptet etwa, die Bevölkerung von Theresienstadt erhalte die gleichen Lebensmittelrationen wie die im „Protektorat“. Er versäumt zu erwähnen, dass es sich um die gleichen Rationen handelt wie für die Juden in Böhmen und Mähren, was etwas völlig anderes ist, da alle gehaltvolleren Nahrungsmittel (Fleisch, Eier, Zucker, Butter, Fett, frisches Gemüse etc.) für die im Protektorat lebenden Juden nicht zugänglich sind, so wie in fast allen von den Deutschen okkupierten Teilen Europas.

Die Angabe bezüglich der Tagesration von 2400 Kalorien muss ebenfalls in Zweifel gezogen werden.[13] In dem erwähnten Gespräch der Delegierten mit Dr. Eppstein ging es auch darum, dass einmal versucht worden sei, die tägliche Ration für ältere Menschen (über 60 Jahre) um 300 Kalorien zu senken, wodurch die Sterblichkeitsrate rapide angestiegen sei. Wenn das stimmt, kann es kaum sein, dass diese Menschen zuvor mit 2400 Kalorien am Tag versorgt worden sind. Im besten Fall ist es irreführend, die Versorgungslage von Inhaftierten lediglich anhand der Kalorienzufuhr zu messen.

Im Sommer 1943 (das heißt im Juli) erlaubte man es Vertretern des Deutschen Roten Kreuzes, Theresienstadt zu besuchen, und nach dem Bericht des vertrauenswürdigsten Mannes in der Joint Relief Commission des IKRK in Genf, der mit den Delegierten nach ihrer Rückkehr ein langes Gespräch geführt hat, zeigten sich diese sehr bestürzt und hatten einen negativen Eindruck von ihrem Besuch.[14] Zu betonen ist, dass dies das *erste Mal* war, dass man es Vertretern des Deutschen Roten Kreuze s gestattet hatte, in Kontakt mit deportierten Juden zu treten. Diesem vertraulichen Bericht zufolge *sind die materiellen Lebensbedingungen in Theresienstadt sehr schlecht.* Das Getto war heillos überfüllt (mehr als 43 000 Menschen in einer kleinen Stadt, in der zuvor um die 7000 gewohnt haben), die Insassen waren stark unterernährt, und es herrschte ein grundlegender Mangel an Kleidung und medizinischer Versorgung. Das Deutsche Rote Kreuz beurteilte die interne jüdische Verwaltung des Gettos unter den gegebenen Umständen jedoch als gut.

Angesichts dieses Berichts aus deutschen Quellen, der ungefähr ein Jahr zurückliegt, bestehen doch einige Zweifel daran, dass die Versorgungslage in Bezug auf Nahrung, Arzneimittel und andere medizinische Hilfe sich in der Zwischenzeit so wesentlich verbessert haben soll, wie es die Ausführungen von Dr. Rossel nahelegen. Eine durchaus typische „Aussage zu Theresienstadt“ taucht auf Seite zehn des IKRK-Berichts auf. Dort wird festgestellt, dass trotz der allgemein hinreichenden Versorgung im Getto die Zusendung bestimmter Produkte (speziell Kindernahrung, Milchprodukte und vitaminhaltige Nahrung, Sardinen und Schuhe) *sehr willkommen sei.* Ähnliche Formulierungen finden sich auf Hunderten von Postkarten aus Theresienstadt, die im Laufe der letzten beiden Jahre in der Schweiz angekommen sind. Die fast immer identischen Wendungen lauten:

13 Siehe Dok. 267 vom 23.6.1944, Anm. 38.

14 Gemeint ist André de Pilar; siehe Dok. 243 vom 7.7.1943.

„Wir bekommen reichlich zu essen, *aber* wir sind immer froh über den Erhalt von Paketen mit Kondensmilch, Sardinen etc." Dr. Rossel äußerte in einem vertraulichen Gespräch gegenüber dem IKRK (und dies hätte auch in seinem Bericht deutlicher zum Ausdruck kommen sollen), dass die Lebensmittellieferungen nach Theresienstadt unter keinen Umständen verringert oder unterbrochen werden sollten.

Dr. Rossel beklagt in seinem Bericht jedoch ganz offen den großen Mangel an Schuhen. Das gilt leider inzwischen auch für die „normale" zivile Bevölkerung in fast ganz Europa, ganz zu schweigen von den Flüchtlingen, Gefangenen und Deportierten. In zahllosen Berichten etwa über die Bedingungen für Juden in den Arbeitslagern in Polen und Schlesien ist oftmals davon die Rede, dass die Männer barfuß zur Arbeit gehen.

Abschließend kann über Theresienstadt wohl wahrheitsgemäß gesagt werden, dass es sich hierbei zweifelsohne um ein „Lager" für bestimmte „privilegierte" Gruppen von Juden handelt, wobei die Bezeichnung privilegiert als äußerst relativ zu verstehen ist. Die Art und Weise, wie sie in der Hauptfestung behandelt werden – wenig bis nichts ist diesbezüglich über die „Kleine Festung" bekannt –, ist nicht vergleichbar mit dem, was die Juden in den polnischen Lagern erleiden müssen. Die brennende Frage bleibt freilich: „Was wird am Ende mit diesen Menschen geschehen?" In den wenigen Momenten, in denen Dr. Rossel vertraulich mit Dr. Eppstein sprechen konnte, fragte er ihn, wie er, Eppstein, sich den auffälligen Unterschied zwischen Theresienstadt und den anderen Lagern für Juden erkläre und was er denke, was das Schicksal dieser Getto-Bewohner sei. Dr. Eppstein erwiderte, er habe auf diese Frage keine Antwort, und fügte hinzu, *er sehe keinerlei Ausweg.*

Als Frank,[15] der „Reichsleiter" des Protektorats, kürzlich gefragt wurde, was aus Theresienstadt werden solle, antwortete er einem vertrauenswürdigen Bericht zufolge, dass er persönlich nichts dazu wisse („wir fragen uns das auch"), womit er andeutete, dass er in derartige Angelegenheiten nicht eingeweiht ist.

Hochachtungsvoll

DOK. 281

František Friedmann vom Ältestenrat der Juden in Prag protokolliert am 28. Oktober 1944, wie mit dem Vermögen und den Wohnungen von „Mischehepaaren" zu verfahren ist[1]

Vermerk (Nr. 12 447) von František Friedmann, Leiter des Ältestenrats der Juden in Prag, ungez., über den Auftrag von SS-Sturmbannführer Günther,[2] Leiter des Zentralamts für die Regelung der Judenfrage in Prag, vom 28.10.1944[3]

Betrifft: Mischehen

Vermögens- und Wohnungsfrage der Mischehen

Es wird um Klarstellung dieser Frage gebeten. Herr SS-Sturmbannführer Günther teilt hierzu mit, daß die arischen Männer bezw. Mischlinge nur Evidenzbögen ausgefüllt ha-

15 Karl Hermann Frank.

1 YVA, O.7.cz/87.

ben, in denen auch die Frage enthalten war, wie groß die Wohnung und ob jemand in der Wohnung verblieben ist, dies zu dem Zweck, damit keine Wohnung verlassen und ohne Aufsicht bleibt, denn dort, wo beide Eheteile weg sind und die Kinder sich bei Verwandten befinden, wäre die Wohnung verlassen. In diesem Falle müssen die Betreffenden die Schlüssel bei Verwandten oder Bekannten zurücklassen, die eben für die Wohnung verantwortlich sind. Etwas anderes wurde nicht konskribiert.
Herr SS-Sturmbannführer Günther gibt dem Judenältesten folgende Erklärung ab, die derselbe als verbindlich weiter durchgeben kann:
Das Vermögen der bestehenden Mischehen wird nicht angetastet und wird daher auch nicht liquidiert werden, weder durch bereits bestehende Organe oder durch eventuell neu zu schaffende Organe. Auch die Wohnungen werden nicht abgenommen werden. Beides gilt für die Mischehen, ohne Unterschied, ob der Mann Arier oder Jude ist.
Soweit jedoch durch Abgang der arischen Männer in den Arbeitseinsatz sowie den Arbeitseinsatz der jüdischen Eheteile am Hagiborplatz[4] oder durch den eventuell durchgeführten Arbeitseinsatz der arischen Frauen und Unterbringung der Kinder anderweits die von den Mischehen bewohnten Wohnungen nach den geltenden gesetzlichen Bestimmungen nicht genügend ausgenützt werden, so wird immer ein genügender Raum in der Wohnung für die Unterbringung der Möbel und Fahrnisse zur Verfügung gestellt werden.
Alle diese Fragen sind bereits durch einen Erlaß der höchsten Stelle geregelt[5] und sind auch die nachgeordneten Stellen hievon verständigt.

2 Hans Günther (1910–1945), Buchhalter; 1928–1937 SA-Mitglied, 1929 NSDAP-Eintritt; 1935–1937 Mitarbeiter der Gestapo Erfurt; 1937 SS-Eintritt; 1938/39 in der Zentralstelle für jüdische Auswanderung Wien tätig, von 1939 an Leiter der Zentralstelle für jüdische Auswanderung in Prag (seit 1942 Zentralamt für die Regelung der Judenfrage in Böhmen und Mähren); wurde auf der Flucht aus Prag im Mai 1945 angeschossen und erlag seinen Verletzungen.

3 Zur Erledigung und Kenntnisnahme übergeben an Dr. Kolár, zur Kenntnisnahme an Dr. Kollek (P3), Dr. Schack (P1) und Dr. Groag.

4 Siehe Einleitung, S. 56, und Dok. 271, vom 11.7.1944, Anm. 6.

5 Nicht ermittelt.

DOK. 282
Die tschechoslowakische Exilregierung benachrichtigt am 8. November 1944 die War Crimes Commission über die Zustände in Theresienstadt und benennt die verantwortlichen Täter[1]

Bericht (Vertraulich) des Innenministeriums der tschechoslowak. Exilregierung, Geschäftszeichen 6306, 4.-1944, London, gez. der Minister,[2] an den tschechoslowakischen Vertreter der United Nations War Crimes Commission,[3] Bohumil Ečer,[4] London, vom 8.11.1944 (Abschrift)

Kriegsverbrechen – Übergabe von Unterlagen.
Theresienstadt.
Anlagen: 5[5]

Im Hinblick auf die in Theresienstadt begangenen deutschen Verbrechen und die damit verbundenen Deportationen hat das Innenministerium folgendes Material zusammengestellt:
Die Gemeinde Theresienstadt[6] wurde per Erlass des Reichsprotektors für Böhmen und Mähren vom 15. Februar 1942 (siehe Anlage Nr. 1) aufgelöst.[7] Die Besitzer von Grundstücken wurden enteignet, und auf dem so gewonnenen Gebiet errichteten die Nazis ein jüdisches Getto. Die Juden wurden vor allem in der seit der ersten Hälfte des 19. Jahrhunderts nicht mehr genutzten alten Festung untergebracht. Unter Beteiligung jüdischer Arbeitskommandos räumten die Nazis in Theresienstadt die Häuser, errichteten weitere Baracken, und wo diese nicht ausreichten, nutzen sie die alten Kasematten, um einen Teil der Juden unterzubringen. Familienmitgliedern wies man überwiegend getrennte Unterkünfte zu. Ursprünglich war Theresienstadt als Lager für 40 000 Personen geplant, phasenweise lebten aber weit über 100 000 Personen dort,[8] dabei handelte es sich sowohl um in der Tschechoslowakei lebende tschechoslowakische Staatsangehörige als auch um Menschen, die aus verschiedenen Teilen des besetzten Europa hergebracht worden waren. Im Jahr 1943 waren 70 000 bis 75 000 Juden dauerhaft in Theresienstadt unterge-

1 NAP, 325-26-2. Das Dokument wurde aus dem Tschechischen übersetzt.

2 Dr. Juraj Slávik (1890–1969), Jurist und Diplomat; 1933–1935 Vertreter der Tschechoslowakei beim Völkerbund, 1936–1939 Botschafter in Polen; 1939 floh er nach Frankreich, 1940 weiter nach London, dort bis 1945 Innenminister der tschechoslowak. Exilregierung; 1946–1948 Botschafter in den USA.

3 Die UNWCC wurde am 20.10.1943 in London zur Sammlung von Beweisen und zur strafrechtlichen Ahndung von Kriegsverbrechen gegründet. Aufgrund mangelnder exekutiver Befugnisse war der Einfluss der Kommission begrenzt, so dass von den Alliierten zusätzlich nationale Ausschüsse zur Durchführung von Kriegsverbrecherprozessen eingerichtet wurden. Im März 1948 wurde die UNWCC aufgelöst.

4 Dr. Bohumil (Bohuslav) Ečer (1893–1954), Jurist; 1921–1929 Mitglied der Kommunistischen Partei, 1924 Stadtrat in Brünn; 1939 floh er nach Paris, 1942 weiter nach London, dort Mitarbeiter der tschechoslowak. Exilregierung, 1943–1945 tschech. Repräsentant der UNWCC; nach dem Krieg Richter am Internationalen Gerichtshof in Den Haag, 1948 Rückkehr nach Brünn, wo er zeitweise internationales Recht lehrte.

5 Liegen nicht in der Akte.

6 Hier und im Folgenden Terezín im Original.

7 Richtig: VO des Reichsprotektors in Böhmen und Mähren betreffend Maßnahmen zur Unterbringung der Juden in geschlossenen Siedlungen vom 16.2.1942, VBl.RProt., 1942, Nr. 7, S. 38–40.

8 Den höchsten Bevölkerungsstand erreichte Theresienstadt im Sept. 1942 mit 53 253 Personen.

bracht.[9] Theresienstadt diente auch als Durchgangsstation für die Deportation von Juden nach Polen. Die Transporte aus Theresienstadt gingen vor allem in die Lager Trawniki, Distrikt Lublin, Birkenau und Tomaszów.[10] Bis zum 30. September 1943 wurden 6800 tschechoslowakische Staatsbürger – allesamt Juden – nach Birkenau überführt. Unter den Verschleppten befanden sich junge Menschen, aber auch Personen über 70 Jahre, Frauen wie Männer. (Bericht des Ministeriums für Auswärtige Angelegenheiten, Geschäftszeichen 8133/vertraulich vom 25. November 1943.)
Im Jahr 1943 waren die Verhältnisse in Theresienstadt unerträglich, vor allem im Hinblick auf die gesundheitliche Situation. Typhus und Tuberkulose wüteten, und die durchschnittliche Sterberate wird auf 100 Personen pro Tag geschätzt.[11] Die Verpflegung war unzureichend, die Aushungerung der tschechoslowakischen Staatsangehörigen im Lager wurde ebenso vorsätzlich betrieben wie anderswo und war Teil des deutschen Plans zur Ausrottung der Bevölkerung in den besetzten Gebieten, insbesondere der Juden.
Im Herbst 1943 verschlechterte sich die Ernährungssituation im Lager noch einmal beträchtlich, und viele Menschen starben infolge von Unterernährung.
Die Essensrationen im Lager Theresienstadt umfassten:
Morgens: schwarzer Kaffeeersatz, Brot
Mittags: Kartoffeln oder Kartoffelbrei
Abends: schwarzer Kaffeeersatz und Brot
Als einzige Fleischmahlzeit wurde alle zwei Wochen ein Gulasch zweifelhafter Qualität ausgegeben.
Einen Teil der [sich in Theresienstadt aufhaltenden] Juden verschleppten die Nazis in die Konzentrationslager Dachau und Buchenwald.
Glaubhaften Schätzungen zufolge starben dort mehr als 2000 tschechoslowakische Staatsbürger – allesamt Juden.
48 000 Juden starben während der Transporte und am Zielort der Deportation, 15 000 tschechoslowakische Juden starben an Hunger und Epidemien. (MZV[12] Geschäftszeichen 8340/vertraulich/21.12.1943.)
Nach Schätzungen der Combined Working Party[13] in Zusammenarbeit mit dem Ministerium für wirtschaftliche Erneuerung und dem Ministerium für soziale Fürsorge wurden bis zum Juli 1943 aus dem Gebiet der ČSR 142 000 Juden deportiert,

9 Im Jahr 1943 schwankten die Bevölkerungszahlen zwischen 34 655 und 46 132.
10 Der einzige nachgewiesene Transport nach Trawniki im Distrikt Lublin fand am 12.6.1942 mit rund 1000 Juden aus Theresienstadt statt. Dort wurden vermutlich etwa 200 Häftlinge des unter der Bezeichnung Aak geführten Transports für den Arbeitseinsatz ausgesucht, bevor der Transport am 14.6.1942 in das Vernichtungslager Sobibor weitergeleitet wurde. Direkte Transporte nach Tomaszów Lubelski sind nicht belegt; vermutlich sind die zwei Transporte aus Theresienstadt nach Zamość im April 1942 gemeint. Von Okt. 1942 an gingen alle Deportationen aus Theresienstadt nach Auschwitz.
11 Die Sterblichkeitsrate für Theresienstadt zwischen Dez. 1941 und April 1945 lag durchschnittlich bei rund 27 Personen am Tag. Ihren höchsten Stand erreichte sie im Herbst 1942 mit der Ankunft mehrerer Transporte aus Deutschland mit alten und oftmals kranken Menschen, die den Aufenthalt im Getto nur wenige Tage überlebten. Allein im Sept. 1942 starben rund 130 Menschen täglich.
12 Ministerstvo zahraničních véci (Ministerium für auswärtige Angelegenheiten).
13 Im Original englisch; vermutlich ein kabinettsinterner ressortübergreifender Arbeitsausschuss.

davon
49 000 Personen unter 21 Jahre, beiderlei Geschlechts
42 000 Männer über 21 Jahre
51 000 Frauen über 21 Jahre
davon aus dem Gebiet des sogenannten Protektorats
40 000 Juden
davon
14 000 Personen unter 21 Jahre, beiderlei Geschlechts
11 000 Männer über 21 Jahre
15 000 Frauen über 21 Jahre
aus den an Deutschland angegliederten Gebieten
1000 Männer
1000 Frauen
aus der Slowakei und der Karpato-Ukraine
100 000 Personen
davon
35 000 Personen unter 21 Jahre, beiderlei Geschlechts
30 000 Männer über 21 Jahre
35 000 Frauen über 21 Jahre
Demgegenüber wurden in der ČSR interniert:
30 000 fremdländische Personen – davon Juden
11 000 Personen unter 21 Jahre, beiderlei Geschlechts
9000 Männer über 21 Jahre
10 000 Frauen über 21 Jahre
Die rechtliche Beurteilung gemäß der Liste der Kriegsverbrechen[14]
IV. Vorsätzliches Verhungernlassen von Zivilisten
VII. Deportation von Zivilisten
VIII. Internierung von Zivilisten unter inhumanen Bedingungen[15]
Der Erlass des Reichsprotektors in Böhmen und Mähren über die Maßnahmen zur Unterbringung von Juden in geschlossenen Siedlungen vom 16.2.1942[16] enthält auszugsweise folgende Bestimmungen:
§ 1, Abs. 1: Auflösung der Gemeinde Theresienstadt (Terezín).[17] Deren Rechte und Verbindlichkeiten werden von der Landesbehörde in Prag abgewickelt.
§ 2: Vorschriften über das Heimatrecht [von Heimatberechtigten der aufgelösten Stadtgemeinde Theresienstadt].
§ 3: Auflassung der kirchlichen Matrikenämter [der anerkannten Religionsgemeinschaften in Theresienstadt] zum 1.5.1942
§ 4, Abs. 1: Enteignung von Grundstücken [in Theresienstadt] mit einer angemessenen Entschädigung zum 31.5.1942
§ 4, Abs. 2: Ausnahmen von der Enteignung

14 Am 2.12.1943 einigte sich die UNWCC auf insgesamt 33 Tatbestände, die als Kriegsverbrechen definiert wurden und geahndet werden sollten.
15 Im Original englisch.
16 Wie Anm. 7.
17 So im Original.

§ 5: Erlöschen von Lasten
§ 6: Vereinbarter Eigentumsübergang
§ 7: Sperrung der öffentlichen Bücher[18]
§ 8: Vollzug der Enteignung
§ 9: Entschädigung[19]
§ 10: Auszahlung und Aufteilung der Entschädigungen
§ 11: Übernahme der Entschädigungsleistungen[20]
§ 12: Einrichtung einer Kommission für Entschädigungen
§ 13: Kostenübernahme der Entschädigungsverfahren
§ 14: in Abschnitt 2 wird festgelegt:
„Der Befehlshaber der Sicherheitspolizei beim Reichsprotektor in Böhmen und Mähren trifft die zum Aufbau der Judensiedlungen erforderlichen Maßnahmen im Verwaltungswege. Er kann hierbei von dem Recht des Protektorates Böhmen und Mähren abweichende Verordnungen treffen."[21]
Die Funktion des Befehlshabers der Sicherheitspolizei und des Sicherheitsdienstes[22] übten nacheinander aus:
Stahlecker,[23] SS-Brigadeführer, ernannt am 21.7.1939, gefallen an der Ostfront
Böhme Horst,[24] SS-Standartenführer, Stahleckers Stellvertreter, übte diese Funktion in den Jahren 1941 und 1942 aus
Dr. Weinmann,[25] SS-Oberführer, trat diese Funktion zum 1. September 1942 an.
Im Erlass des Reichsprotektors vom 5. März 1940[26] (Anl. Nr. 5) wird festgelegt, dass die Israelitische Religionsgemeinschaft und anderweitige jüdische Organisationen, Stiftungen und Fonds mit Ausnahme der Einrichtungen, die in Paragraph 7 des Erlasses über das jüdische Eigentum vom 21. Juni 1939 aufgeführt sind, der Aufsicht der Zentralstelle für jüdische Auswanderung in Prag unterliegen, die diese entsprechend den Anweisungen des Reichsprotektors in Böhmen und Mähren ausübt.

18 Zur Enteignung vorgesehene Grundstücke durften nicht mehr veräußert, d. h., es durften keine Änderungen in den Grundbüchern mehr vorgenommen werden.

19 Entschädigt werden sollten die aus Theresienstadt ausgesiedelten Nichtjuden für die enteigneten Immobilien und Geschäfte, die Übersiedlungskosten und den entstehenden Lohnausfall während der Aussiedlung.

20 Die Entschädigungen wurden aus den Mitteln des Auswanderungsfonds für Böhmen und Mähren bestritten, dessen Kapital aus enteignetem jüdischem Vermögen bestand.

21 Im Original deutsch.

22 Im Original deutsch. Auch die nachfolgenden deutschen Rang- bzw. Funktionsbezeichnungen werden auf Deutsch genannt.

23 Dr. Franz Walter Stahlecker (1900–1942), Jurist; 1921 und erneut 1933 NSDAP-Eintritt; 1934–1937 Leiter des Württembergischen Landespolizeiamts, 1937 der Staatspolizeistelle Breslau, 1938/39 SD-Führer des SS-OA Donau und IdS Wien, 1939 BdS Böhmen und Mähren, von 1940 an Min.Rat im AA, 1940 BdS Norwegen, von Juni 1941 an Chef der Einsatzgruppe A, seit Herbst 1941 auch BdS Ostland; von Partisanen erschossen.

24 Horst Böhme (1909–1945?), Kaufmann; 1930 NSDAP- und SS-Eintritt; 1939–1942 BdS Prag, 1942 Polizeiattaché in Bukarest, 1943 Chef der Einsatzgruppe B in Weißrussland; 1944 SS-Obergruppenführer; im April 1945 in Königsberg verschollen.

25 Erwin Weinmann.

26 VO über die Betreuung der Juden und jüdischen Organisationen vom 5.3.1940, VBl.RProt., 1940, Nr. 11, S. 77–79. Die Aufsicht über den Fonds führte der BdS Prag.

In Paragraph 5 des zitierten Erlasses wird die Einrichtung eines öffentlich-rechtlichen Fonds im Besitz der Zentralstelle für jüdische Auswanderung in Prag festgelegt, der den Namen Auswanderungsfonds für Böhmen und Mähren mit Sitz in Prag trägt. Als Aufsichtsbehörde des Fonds firmiert der Befehlshaber der Sicherheitspolizei beim Reichsprotektor in Böhmen und Mähren, der auch die Satzung erlässt. (Die Zentralstelle für jüdische Auswanderung in Prag wurde später in Zentralamt für die Regelung der Judenfrage in Böhmen und Mähren, Kreiser Str. 1061, umbenannt.) Der Sitz des Zentralamts befand sich in Prag XVIII., Schillerstraße 11.[27] Einer Nachricht des Ministeriums für Nationale Verteidigung Nr. 18 686 vom 11. Mai 1943 zufolge standen dieser Behörde vor
Burger Günther,[28] SS-Sturmführer
Fiedler, SS-Funktionär[29]
Die Verantwortung für die Straftaten tragen insbesondere folgende Personen:
1. *Heydrich, Reinhard*, SS-Obergruppenführer und Polizeigeneral, mit der Funktion des Reichsprotektors anstelle von Neurath betraut, dem Genesungsurlaub bewilligt wurde. Für seine Taten wurde er von der tschechischen Untergrundjustiz verurteilt, und das Urteil wurde am 27. Mai 1942 durch tschechische Patrioten vollstreckt. Heydrich unterschrieb den Erlass vom 16. Februar 1942 zu Theresienstadt (Terezín).
2. *Heydrichs Mitarbeiter im Amt des Reichsprotektors*
3. *Stahlecker, Walter, Dr.*, Befehlshaber der Sicherheitspolizei und des Sicherheitsdienstes vom 21.7.1939 bis 1941
4. *Böhme, Horst*, SS-Standartenführer, Stahleckers Nachfolger in der Funktion des Befehlshabers der Sicherheitspolizei und des Sicherheitsdienstes 1941 und 1942
5. *Weinmann, Dr.*, SS-Oberführer, er übernahm die Funktion des Befehlshabers der Sicherheitspolizei und des Sicherheitsdienstes zum 1. September 1942.
6. *Voss, Bernhard*,[30] SS-Standartenführer, laut einem Artikel der „Zeit“[31] vom 28.1.1940 Chef der 6. SS-Totenkopf-Standarte Prag. Ihm unterstand das SS-Bataillon Theresienstadt. 1944 war er Kommandant des Ausbildungslagers Debice in Polen, wo er die Funktion eines SS-Brigadeführers innehatte.
7. *Burger, Günther*,[32] SS-Sturmführer, Beamter des Zentralamts für die Regelung der Judenfrage in Böhmen und Mähren

27 Richtig: Schillstr. 11, vor und nach der deutschen Umbenennung Dělostřelecká 11 in Prag-Střešovice. Dies war der Sitz sowohl der Zentralstelle für jüdische Auswanderung als auch des Zentralamts für die Regelung der Judenfrage.

28 Gemeint ist Hans Günther. Es handelt sich um eine Vermischung des Namens mit dem von Anton Burger.

29 Vermutlich: Hans (Johannes) Fidler (*1913), Metzger; Mitarbeiter der Zentralstelle für jüdische Auswanderung in Prag, später Zentralamt für die Regelung der Judenfrage im Protektorat Böhmen und Mähren. Fidler war zuständig für die Beschlagnahme jüdischen Eigentums im Prager Sammellager vor der Deportation; Mai 1945 Flucht aus Prag; sein Nachkriegsschicksal ist unbekannt.

30 Bernhard Voß, auch Voss (1892–1947), Offizier; 1933 NSDAP-, 1935 SS-Eintritt; 1919–1936 Polizeioffizier in der preuß. Schutzpolizei, dann beim Chef der Landespolizei, Nov. 1941 bis Sept. 1944 Kommandeur des SS-Truppenübungsplatzes Beneschau und Debica (seit März 1943 „Heidelager“), bis Kriegsende Führerreserve im SS-Führungshauptamt Prag, 9.5.1945 Flucht aus Prag; 1947 von einem tschechoslowak. Gericht zum Tode verurteilt und hingerichtet.

31 Nicht aufgefunden.

32 Siehe Anm. 28.

8. *Fiedler*, SS-Funktionär, Beamter des Zentralamts für die Regelung der Judenfrage in Böhmen und Mähren
9. *von Neurath*, Reichsprotektor, trägt in erster Linie die Verantwortung für die Verfolgung der Juden, ihre Deportation usw. In dieser Funktion unterschrieb er den Erlass vom 5.3.1940.
In den Anlagen Nr. 2 bis 4 werden die Texte der wichtigsten, von den verantwortlichen Personen unterzeichneten, die Juden betreffenden Erlasse übermittelt, die Texte aller übrigen [Erlasse] befinden sich in der Sammlung von Helmut Krieser *Das neue Recht in Böhmen und Mähren*, von der der Behörde eine Kopie zur Verfügung steht.
[Das Material] geht an die Behörde des Vertreters in der Kommission für Kriegsverbrechen bei den Vereinten Nationen und in Abschrift an die Kanzlei des Präsidenten der Republik, das Ministerium für Auswärtige Angelegenheiten und das Justizministerium zur Kenntnisnahme.

DOK. 283
Das Deutsche Staatsministerium für Böhmen und Mähren meldet am 28. November 1944, dass Elisabeth Mayer wegen der Unterstützung eines Juden zum Tode verurteilt worden ist[1]

Kurierfernschreiben (5898) von SS-Standartenführer Gies,[2] Leiter des Ministeramts im Deutschen Staatsministerium für Böhmen und Mähren (St. M. IV C – 61/44), an SS-Standartenführer Dr. Brandt,[3] Persönlicher Stab RFSS, vom 28.11.1944[4]

Lieber Kamerad Brandt!
In der Strafsache gegen die Büroangestellte *Elisabeth Mayer*[5] u. a. beantworte ich Ihr Fernschreiben vom 27.11. d.Js. – Nr. 3609 wie folgt:
Durch rechtskräftiges Urteil des Sondergerichts bei dem Deutschen Landgericht in Prag vom 27.10. d.Js. sind wegen Unterstützung von Reichsfeinden Elisabeth Mayer zum Tode und die Bankangestellte Amalie Mayer zu zwei Jahren, sechs Monaten Zuchthaus verurteilt worden. Elisabeth Mayer trat noch im Jahre 1940 zu Juden in enge gesellschaftliche Beziehungen. Auch übte sie Anfang 1941 mit einem Juden den Geschlechtsverkehr aus. Als dieser Jude, der inzwischen aus der über ihn wegen Nichtbefolgung eines Evakuierungsbefehls verhängten Polizeihaft entwichen war, bei ihr im Juni 1944 erschien und um Aufnahme bat, gewährte sie ihm trotz Kenntnis der näheren Umstände für mehrere Tage Unterschlupf. Amalie Mayer wußte von den Beziehungen zwischen dem Juden und ihrer Schwester. Sie duldete gleichwohl seine Besuche und die Beherbergung in ihrer gemeinschaftlichen Wohnung. Über die Gnadenfrage in Falle *Elisabeth Mayer* ist noch

1 NAP, 110-4/74.
2 Robert Gies.
3 Dr. Rudolf Brandt.
4 Im Original handschriftl. Bearbeitungsvermerke; Ausgangsstempel des Deutschen Staatsministeriums vom 28.11.1944, 21.15 Uhr.
5 Elisabeth Mayer (*1897), Sekretärin und Fotografin; gebürtige Ungarin, seit 1926 in Prag; 1941 Mitarbeiterin im Landwirtschaftsministerium, im Juni 1944 verhaftet und im Okt. zum Tode verurteilt, dann zu einer Haftstrafe begnadigt; 1945 in Aichach befreit, lebte danach in Salzburg.

nicht entschieden. Mit Rücksicht auf eine Fürsprache des Berner Professors Dr. Funke[6] beim dortigen Deutschen Gesandten ist dem Auswärtigen Amt in Berlin auf dessen Wunsch Gelegenheit zur Stellungnahme gegeben worden. Eine Ausfertigung des Urteils geht mit der nächsten Kurierpost an Sie ab.
Heil Hitler
Ihr

DOK. 284
Aufbau: Interview mit Arnošt Frischer vom 1. Dezember 1944 zur Haltung des tschechoslowakischen Staatsrats zu gegenwärtigen und zukünftigen jüdischen Problemen[1]

Tschechoslowakische Judenprobleme

Staatsrat Ernst Frischer zur Frage der Repatriierung und Eigentumsrückgabe
Zur Teilnahme an der Emergency Conference[2] des Jüdischen Weltkongresses weilt zur Zeit auch Ernst Frischer, Mitglied des Tschechoslowakischen Staatsrates in London, in unserer Stadt. Wir haben seine Anwesenheit dazu benutzt, die Meinung dieses einzigen jüdischen Angehörigen des tschechoslowakischen Staatsrates zu bestimmten jüdischen Problemen, die die tschechoslowakische Republik besonders angehen, einzuholen. Wir geben hier den Verlauf der Unterredung wieder:
„Welche Haltung nimmt die tschechoslowakische Regierung in der Frage der Rückerstattung jüdischen Eigentums ein?"
„Wir müssen davon ausgehen, daß die tschechoslowakische Regierung grundsätzlich alle Rechtsakte seit München[3] für ungültig ansieht, somit auch alle Akte von Vermögensübertragungen. In diese Linie fällt auch die bekannte Erklärung der tschechoslowakischen Regierung vom 19. Dezember 1941,[4] derzufolge alle Vermögensübertragungen ungültig sind. Nach amtlichen Kommentaren gilt dies auch für die sogenannte ‚Arianisierung'[5] jüdischer Geschäfte und Unternehmen. Zur Zeit sind im tschechoslowakischen Staatsrat gesetzliche Maßnahmen in Beratung, die die praktischen Durchführungsmöglichkeiten der Rückgabe im Auge haben. Soweit tschechoslowakisches Gebiet schon befreit ist, wie in bestimmten Teilen der Slowakei oder Karpatho-Rußlands, ist dort für herrenlos gewordenes Eigentum eine Verwaltung durch staatliche Treuhänder eingeführt worden."

6 Vermutlich: Dr. Otto Funke (1885–1973), Professor für Anglistik und Literatur in Bern.

1 Aufbau, Jg. 10, Nr. 48 vom 1.12.1944, S. 23.
2 Auf der Konferenz in Atlantic City vom 26. bis zum 30.11.1944 trafen sich 269 jüdische Delegierte aus 40 Ländern, um über jüdische Nachkriegsperspektiven zu beraten; siehe Dok. 185 vom 26.11.1944.
3 Gemeint ist das Münchner Abkommen vom 29.9.1938.
4 YVA, M.2/297. Die Erklärung wurde am selben Tag von der BBC gesendet.
5 So im Original.

„Wie steht die Regierung zur Rückkehr der Juden in das Staatsgebiet der Republik? Läßt nicht eine bestimmte Äußerung von Präsident Benesch,[6] *die seinerzeit in der hiesigen Presse stark kommentiert wurde, gewisse Irrtümer nach dieser Richtung hin aufkommen?"*
„Diese Äußerung, auf die Sie anspielen, erfolgte als ganz informelle Antwort Dr. Beneschs auf die Frage eines jüdischen Soldaten bei Gelegenheit eines Besuches des Präsidenten bei der tschechischen Armee. Der Präsident hatte schon ganz allgemein über die Schwierigkeiten der Repatriierung von fast einer Million nach Deutschland verschleppter Tschechoslowaken gesprochen und meinte, die Rückkehr der Juden werde wegen ihrer Zerstreuung über den Erdball noch schwieriger sein. Um die Besorgnisse des Fragestellers zu beschwichtigen, fügte Präsident Benesch noch hinzu, die Repatriierung der Juden werde ja auch Gegenstand internationaler Fürsorge sein. Wenn diese Bemerkung des Präsidenten dahin verstanden worden ist, als ob die tschechoslowakische Regierung der Rückkehr von tschechischen Juden bis zu einer internationalen Regelung gewisse Hemmungen entgegensetzen wolle, so kann gesagt werden, daß dies ganz und gar nicht die Absicht des Präsidenten gewesen ist."[7]

Die Lage in Theresienstadt
„Haben die offiziellen Stellen der Tschechoslowakei in London Berichte über die wahren Verhältnisse in Theresienstadt?"
„Soweit man aus verschiedenen Berichten schließen kann, scheint es im Tereziner Judenlager selbst keine Folterungen und Grausamkeiten gegeben zu haben. Das Leben in Terezin ist von den Juden selbst gut organisiert. Das gilt auch von der Verpflegung, wenn sie auch ungenügend ist. Wir wissen allerdings auch, daß im September 1943 4000 tschechoslowakische Juden aus Theresienstadt nach dem Lager Birkenau in Oberschlesien geschafft worden sind.[8] Diese sind dann nach sechsmonatigem Aufenthalt dort in Oswiecim[9] ‚liquidiert' worden. Über das Schicksal einiger späterer Transporte ist bis jetzt nichts Definitives bekannt. In den letzten Monaten scheint es zu keinen Deportierungen von Theresienstadt nach dem Osten mehr gekommen zuzu sein."[10] R. D.[11]

6 Richtig: Edvard Beneš (1884–1948), Politiker; 1918–1935 Außenminister, 1935–1938 Staatspräsident der Tschechoslowakei; 1938 Flucht nach London; nach Kriegsende bis zu seinem Tod erneut Staatspräsident.

7 Am 24.3.1944 hatte Beneš die tschechische Armee in Großbritannien besucht und hatte sinngemäß zur Frage der Repatriierung von Vertriebenen in die Tschechoslowakei gesagt, dass loyale Staatsbürger unabhängig von ihrer Herkunft oder Religion repatriiert würden. Zur Rückführung jüdischer Staatsbürger fügte er hinzu, dies sei ein internationales Problem und müsse daher international gelöst werden.

8 Im Sept. 1943 wurden in zwei Transporten mehr als 5000 Juden aus Theresienstadt nach Auschwitz deportiert.

9 Auschwitz.

10 Tatsächlich wurden zwischen Ende Sept. und Ende Okt. 1944 rund 18 000 Menschen aus Theresienstadt nach Auschwitz deportiert.

11 Nicht ermittelt.

DOK. 285
Max Plaut berichtet Charlotte Bauchwitz in New York am 18. Dezember 1944 vom Schicksal ihrer Familie in Theresienstadt[1]

Brief von Dr. Max Plaut, Tel Aviv/Palästina, Rambam Str. 15, ungez., an Charlotte Bauchwitz,[2] 250 West 103rd St., New York, N. Y., vom 18.12.1944 (Typoskript)

Liebes Fräulein Bauchwitz,
mit Ihren Zeilen habe ich mich sehr gefreut. Ich erinnere mich gern der schönen Stunden, die wir im Hause Ihres Onkels[3] erlebt haben. Bis Juni ds. J. habe ich direkte Nachrichten von Ihrem Onkel und Ihrer Tante[4] in Händen gehabt. Es geht ihnen in Theresienstadt den Umständen entsprechend gut. Ihr Onkel ist Leiter einer Wohlfahrts-Abteilung (Kleiderkammer)[5] und scheint mit seiner Arbeit zufrieden zu sein. Ebenso mit seiner Unterbringung. Allerdings ist die Verpflegung in Theresienstadt durchaus nicht ausreichend. Die Menschen sind auf Hilfe von auswärts angewiesen. Ihre Angehörigen bekommen von Freunden, die noch in Hamburg leben, regelmäßig Lebensmittel geschickt. Ich habe selbst auch Geld zurückgelassen, um unsere Freunde in Theresienstadt zu versorgen. Trotzdem scheint es richtig zu sein, wenn Sie die Absendung von Lebensmittel-Paketen durch den Joint in New York veranlassen könnten. Ich habe hier veranlaßt, dass für einen noch folgenden Austausch-Transport er und seine Frau auf die Austauschliste gesetzt worden sind. Falls Sie noch weitere Informationen benötigen, schreiben Sie mir bitte an obige Adresse. Da ich hier noch kein reguläres Einkommen habe, muß ich Sie bitten, mir meine Unkosten zu erstatten. Da ich Ihre eigenen wirtschaftlichen Verhältnisse nicht kenne, stelle ich es in Ihr Ermessen.
Mit herzlichen Grüßen und Wünschen,
bin ich Ihr

1 LBI, Max Plaut Collection, AR 7094.

2 Charlotte Elfriede Bauchwitz, später Oliven (1915–2011), Hausfrau; Emigration in die USA, Nov. 1945 Heirat mit John (Hans) Oliven (1914–1975).

3 Dr. Ludwig Freudenthal (1885–1944), Strafverteidiger; 1926–1933 Vorsitzender des Centralvereins deutscher Staatsbürger jüdischen Glaubens in Thüringen, dann Syndikus des Landesverbands Norddeutschland, 1938 Leiter der Auswanderungsabt. der JKG Hamburg; am 20.7.1942 Deportation nach Theresienstadt, dort Leiter der Kleiderkammer in der Magdeburger Kaserne, 16.10.1944 Deportation nach Auschwitz, ermordet.

4 Else Freudenthal, geb. Badt (1893–1944); am 20.7.1942 nach Theresienstadt deportiert und von dort am 16.10.1944 nach Auschwitz, wo sie ermordet wurde.

5 Gemeint ist die Kleiderkammer in der Magdeburger Kaserne.

DOK. 286

Das Ministerium für Wirtschaft und Arbeit im Protektorat informiert die dortigen Arbeitsämter am 20. Dezember 1944 über den Arbeitseinsatz von „Mischlingen"[1]

Schnellbrief des Ministeriums für Wirtschaft und Arbeit,[2] Prag, gez. i. V. des Ministers: Dr. Dennler[3] e. h.[4] (Geschäftszeichen A I – 5431), an die Leiter der Arbeitsämter[5] (Eing. 22.12.1944) vom 20.12.1944

Betrifft:
Arbeitseinsatz von jüdischen Mischlingen I. Grades und jüdisch Versippten
Beilagen[6]
Durch den Befehlshaber der Sicherheitspolizei und des SD bezw. durch den Generalkommandanten der nichtuniformierten Protektoratspolizei[7] sind alle männlichen jüdischen Mischlinge I. Grades und jüdisch Versippten für einen Arbeitseinsatz außerhalb des Protektorats herangezogen worden, soweit sie bisher noch nicht für den Sondereinsatz in Beneschau[8] erfaßt wurden.
Ich bitte die durch diese Maßnahme erfaßten Personen nachträglich auf Grund der Regierungsverordnung 154/42[9] für die O. T. dienstzuverpflichten und die Dienstpflichtbescheide dem *Befehlshaber der Sicherheitspolizei und des SD, Zentralamt für die Regelung der Judenfrage in Böhmen und Mähren, Prag XVIII, Schillstraße,* zu übersenden.
Die Verzeichnisse der erfaßten Personen füge ich bei.

1 Original nicht aufgefunden, Kopie: USHMM, RG-68.002M, Reel 5.
2 Seit 1942 unterstanden alle regionalen Arbeitsämter dem Ministerium für Wirtschaft und Arbeit (Abt. V) beim Deutschen Staatsministerium für Böhmen und Mähren.
3 Dr. Wilhelm Dennler (1902–1960), Beamter; 1929–1933 stellv. Arbeitsamtsdirektor in Weißenburg, 1933–1939 stellv. Präsident des bayer. Landesarbeitsamts, 1939–1945 Leiter für Arbeitseinsatzfragen beim Reichsprotektor in Böhmen und Mähren; Verfasser von „Die böhmische Passion" (1953).
4 Eigenhändig.
5 Seit dem Sommer 1942 existierten in Böhmen 13, in Mähren 5 Arbeitsämter, hinzu kamen etliche Außenstellen. Sie waren für die Arbeitszuweisung und damit auch für die Rekrutierung von Zwangsarbeitern zuständig.
6 Liegen nicht in der Akte.
7 Die Funktion des Generalkommandanten der nichtuniformierten Protektoratspolizei übte der BdS Böhmen und Mähren Erwin Weinmann in Personalunion aus.
8 Gemeint ist der SS-Truppenübungsplatz Böhmen in Bistritz (Bystřice) bei Beneschau. Dort war im Herbst 1943 ein „Sonderlager für jüdisch versippte Arier und Mischlinge" errichtet worden; siehe Einleitung, S. 55.
9 Mit der Regierungsverordnung Nr. 154 vom 4.5.1942 über Maßnahmen zur Lenkung der Arbeitskräfte konnten alle arbeitsfähigen Angehörigen des Protektorats zum Diensteinsatz im Protektorat wie auch auf Reichsgebiet verpflichtet werden.

DOK. 287

Hlas půdy Q 306: In der handgeschriebenen Zeitung aus dem Jahr 1944 erklären Kinder in Theresienstadt wichtige Wörter der Gettosprache[1]

Fremdwörterbuch

A

AK I = namhafte, berühmte Alteingesessene in Theresienstadt mit einer tragischen Vergangenheit[2]
AK II = weniger berühmte Einheimische mit der Bezeichnung „J"[3]
Ältestenrat= Kreis älterer Herren aus den gerade erfolgten Transporten[4]
Ambulanz[5] = Du kommst normal an und kehrst „liegend"[6] zurück
Arbeiterbetreu[u]ng = ein Werk, geschaffen zum Wohle des arbeitenden Volkes
Arbeitsausweis = ein Stück Papier, das Tore öffnet
Arbeitseinsatz = siehe das Gegenteil von Ambulanz[7]
Arier = ein Schmarotzer, der auf der linken Seite seines Mantels durch eine Leerstelle glänzt[8]
arisch fersipt[9] = ein Mensch aus den neuen Transporten, in dessen Adern unreines Blut [fließt]
Aufbaukom[m]ando = die ersten zwanzig Menschen, die durch die Tore des Gettos gingen[10]

B.

Badhausgasse = eine belebte Straße in Theresienstadt, in der viele berühmte Männer und Frauen leben

1 Hlas půdy Q 306 (Stimme des Dachbodens), Nr. 2, 1944, S. 3 f. JMP, T 306. Das Dokument wurde aus dem Tschechischen übersetzt. 1944 verfassten jüdische Kinder, die gemeinsam mit ihren Müttern auf dem überfüllten Dachboden des Gebäudes Q 306, Badhausgasse 6, in Theresienstadt lebten, drei Ausgaben dieser Zeitschrift. Alle beteiligten Kinder wurden während der Herbsttransporte 1944 nach Auschwitz deportiert und dort ermordet.

2 Erstes Aufbaukommando, das am 24.11.1941 in Theresienstadt eintraf und aus 342 jungen Männern bestand. Alle Stichworte sind, falls nicht anders angemerkt, im Original deutsch.

3 Zweites Aufbaukommando in Theresienstadt mit 1000 jungen jüdischen Männern, das am 4.12.1942 Theresienstadt erreichte. Offiziell lautete die Transportbezeichnung „J". Beide Aufbaukommandos bildeten gemeinsam die Kerngruppe, die das Getto errichten sollte. Die Angehörigen der Transporte AK I und AK II galten im Getto als Elite und verfügten lange Zeit über Vorrechte wie den Schutz vor Deportationen.

4 Führende Mitglieder der Jüdischen Selbstverwaltung in Theresienstadt. An der Spitze dieses beratenden Gremiums stand der Judenälteste.

5 Im offiziellen Theresienstädter Sprachgebrauch wurden die Ambulanzen, die sich im Laufe der Zeit zu fachspezifischen medizinischen Behandlungseinrichtungen entwickelten, Ambulatorien genannt.

6 Im Original deutsch.

7 Einsatz zur Zwangsarbeit.

8 Gemeint ist das Fehlen des Kennzeichens und doppeldeutig das Fehlen eines Herzens, sprich Mitgefühls.

9 So im Original.

10 Wie Anm. 2 und 3.

Bäckerei = Wir teilen sie in „schwarz“[11] und „weiß“[12] ein. In der „schwarzen“ wird unser tägliches Brot hergestellt und in der „weißen“ viele verschiedene Buchteln (mit Creme), Abendbrot in der Kinderküche[13] und in der Diätküche[14]
Balíček[15] = einer der fröhlichsten Momente unseres düsteren Lebens
Barackenbau = Arbeit, an der die gesegneten Hände unserer Väter beteiligt sind.[16]
Fortsetzung in der nächsten Nummer.

DOK. 288
Kurt Grossmann fasst in einer Mitteilung am 9. Januar 1945 Vorschläge zusammen, wie Juden durch die Untergrundbewegung gerettet werden könnten[1]

Vertrauliche Mitteilung von Kurt R. Grossmann[2] (No. 831-1/9/44-tl-25) an die Mitglieder des Office Committee des Jüdischen Weltkongresses, New York, vom 9.1.1945

Am 4. Oktober 1944 unterbreiteten wir seiner Exzellenz Jan Papánek,[3] Minister der Tschechoslowakischen Republik, ein Memorandum, das die Einbeziehung der Untergrundbewegung zur Rettung der Juden, insbesondere der Juden in Ungarn, zum Gegenstand hatte. Im Diplomatengepäck gelangten diese Vorschläge nach London. Im Folgenden nun die Antwort, die an uns weitergeleitet wurde:
Unsere Vorschläge
1. Zerstörung sämtlicher Bahnverbindungen, die zu den Vernichtungslagern in Polen führen.
2. Angriffe auf die Deportationszüge, überall wo möglich, und Befreiung der Juden aus den Zügen.
3. Befreiung der Juden aus den Konzentrationslagern.
4. Verhandlungen mit den lokalen deutschen Befehlshabern, um sie zu bewegen, die Juden aus den Lagern zu entlassen. Ob solche Vereinbarungen möglich sind, hängt

11 Im Original deutsch.
12 Im Original deutsch.
13 Im Original deutsch.
14 Im Original deutsch.
15 Tschech.: Päckchen.
16 Seit 1942 wurden inner- und außerhalb des Gettos Baracken aus fertig gelieferten Bauteilen für Wohn- und Produktionszwecke errichtet.

1 AJA, WJC Collections, Series C: Institute of Jewish Affairs, Subseries 3: War Crimes and Retribution, Box C 166, Fol. 8: Czechoslovakia, correspondence and reports, 1942–1945. Das Dokument wurde aus dem Englischen übersetzt.
2 Kurt R. Grossmann, später Grossman (1897–1972), Journalist und Publizist; 1923–1926 Prokurist bei der Internationalen Bank Danzig, 1926–1933 Generalsekretär der Deutschen Liga für Menschenrechte in Berlin; im Febr. 1933 floh er nach Prag, 1938 emigrierte er nach Paris und 1939 in die USA, dort in der Flüchtlingshilfe und als Journalist für zahlreiche Emigrantenzeitschriften tätig; Autor von „Emigration. Geschichte der Hitler-Flüchtlinge 1933–1945“ (1969).
3 Dr. Jan Papánek (1896–1991), Jurist; 1922 Eintritt in den diplomatischen Dienst der Tschechoslowakei, in verschiedenen Botschaften in Europa und den USA tätig; 1939 schloss er sich der tschechoslowak. Exilregierung an, 1942–1946 Leiter des Czechoslovak Government Information Service; nach dem Krieg engagierte er sich in zahlreichen Hilfsorganisationen und arbeitete als Journalist.

sicherlich von der militärischen Lage in den jeweiligen Gebieten ab. Sie sollten auf keinen Fall mit den Strategien der [alliierten] Streitkräfte kollidieren.
5. Befreiung von besonders gefährdeten Juden in verschiedenen Gebieten. Hierfür bedarf es der Kontaktaufnahme mit der jüdischen Widerstandsbewegung, die sicherlich sämtliche ihnen zur Verfügung stehenden Kräfte für den anstehenden Kampf einsetzen wird.
6. Falls die Untergrundbewegung über Sendeanlagen verfügt, sollten diese genutzt werden, um die Deutschen vor einer weiteren Verfolgung der Juden zu warnen. Um den erwünschten psychologischen Druck aufzubauen, wäre es sinnvoll, die Namen der deutschen Henker über Rundfunk bekannt zu machen, damit diese Deutschen wissen, dass sie, wenn sie die Juden nicht freilassen, für ihre Verbrechen persönlich zur Verantwortung gezogen werden.
Die an uns weitergeleiteten Antworten
1. Wird so weit wie möglich durchgeführt.
2. Wird so weit wie möglich durchgeführt.
3. Hat, wenn möglich, oberste Priorität.
4. Dieser Vorschlag kann nicht umgesetzt werden.
5. Wir handeln bereits in dieser Richtung.
6. Mit den vorhandenen Sendegeräten lassen sich nur Morse-Nachrichten übermitteln. Derzeit fehlt es den Untergrundkräften an geheimen Sendestationen.

DOK. 289
Benjamin Murmelstein ermahnt die Bevölkerung in Theresienstadt am 15. Januar 1945, die Disziplin und die geltenden Vorschriften einzuhalten[1]

Bekanntmachung der Jüdischen Selbstverwaltung, Nr. 59, gez. Murmelstein,[2] vom 15.1.1945 (Typoskript)

Einige Einwohner von Theresienstadt haben in Übertretung der geltenden Vorschriften in das Siedlungsgebiet verbotene Waren, insbesondere Tabakerzeugnisse, eingeführt und im Tauschwege verhandelt. Die durchgeführten Untersuchungen haben bis jetzt über den Ursprung der verbotenen Gegenstände keine zureichende Erklärung gebracht. Da überdies auch der gebotene sparsame Gebrauch von Material, Strom und Brennstoffen gleichzeitig zu wiederholten Beanstandungen Anlaß gegeben hat, wird angeordnet:
1.) Bis zur restlosen Aufklärung der im Gange befindlichen Untersuchung wird der gesamte Betrieb der Freizeitgestaltung[3] und des Kaffeehauses eingestellt.

1 YVA, O.64/392.
2 Dr. Benjamin Murmelstein (1905–1989), Rabbiner; von 1931 an Gemeinderabbiner in Wien, seit 1938 leitender Mitarbeiter der IKG Wien; im Jan. 1943 nach Theresienstadt deportiert, dort zuständig für die „Stadtverschönerung" und von Ende Sept. 1944 an Judenältester; 1945–1947 wegen Kollaborationsvorwürfen in Prag inhaftiert; 1948 emigrierte er nach Italien; Autor von „Theresienstadt. Eichmanns Vorzeige-Ghetto" (2014).
3 Die Abt. „Freizeitgestaltung" der sog. Jüdischen Selbstverwaltung in Theresienstadt entstand 1942 und war mit der Organisation und Durchführung von Vorträgen, Konzerten, Theateraufführungen, Sportveranstaltungen und der Zentralbücherei betraut.

2.) Die Gewährung von Zubußen[4] aus unzustellbaren Paketen wird bis zur Aufklärung eingestellt.
3.) Alle elektrischen Kocher und Heizgeräte sind sofort bei strenger Bestrafung abzuliefern. Ausgenommen sind die für Betriebszwecke der Werkstätten und Gesundheitswesen unbedingt notwendigen Geräte.
4.) Das Ausgehverbot gilt mit sofortiger Wirksamkeit ab 20 Uhr. Das ungerechtfertigte Verweilen auf der Straße nach diesem Zeitpunkt wird bestraft.
Diese Verordnungen werden zur Kenntnis gebracht mit dem Bemerken, daß nur das strenge Einhalten aller geltenden Vorschriften, der restlose Einsatz aller Arbeitskräfte und der sparsame Umgang mit Material eine weitere Verschärfung verhüten können.
Alle Einwohner des Siedlungsgebietes werden aufgefordert, das Ihrige dazu beizutragen, um die schwebende Untersuchung zu einem befriedigenden Ergebnis führen zu können, insbesondere in Bezug auf den Ursprung der in das Siedlungsgebiet geschmuggelten Rauchwaren.
Sollte diese Aufklärung bis Mittwoch den 17.1.1945, 16 Uhr nicht möglich sein, sind als weitere Maßnahmen zu gewärtigen:
a) Lichtsperre,
b) Brennmaterialsperre,
c) zeitweiliger Lebensmittelentzug.[5]

DOK. 290
Vilma Cohn-Leven schildert Anfang Februar 1945 ihren Transport aus Theresienstadt in die Schweiz[1]

Handschriftl. Tagebuch von Vilma Cohn-Leven,[2] Einträge von Anfang Februar 1945[3]

3. Februar 1945
Ein trüber, naßkalter Morgen – Sonnabend –, so begann der Tag, der für 1200 seit Jahren geknechteten Juden die Schicksalswende bringen sollte. Wie immer ging ich auch heute meiner täglichen Arbeit im Röntgeninstitut des Krankenhauses Hohenelbe[4] nach – heute mit besonderer Freude, da ich am Nachmittag frei hatte, um mich von den wirklichen Strapazen des Röntgens auszuruhen. Im allgemeinen pflegte ich an diesen Nachmittagen

4 Zusätzliche Lebensmittelration.
5 In seinen Erinnerungen zu Theresienstadt berichtet Benjamin Murmelstein, dass sich der Ältestenrat gemeinsam darauf verständigte, einem der bereits Verhafteten – ein Däne, der aufgrund seiner Staatsbürgerschaft nicht deportiert werden würde – die Schuld zuzuschieben.

1 LBI, ME93. MM12.
2 Vilma (Wilhelmine) Cohn-Leven, geb. Leven (1901–1971), Sekretärin und Krankenschwester; 1927–1938 Angestellte, 1939 Umschulung zur Krankenschwester; am 21.7.1942 Deportation von Düsseldorf nach Theresienstadt, dort als Krankenschwester tätig; im Febr. 1945 konnte sie in die Schweiz ausreisen, wo sie zur Röntgenassistentin ausgebildet wurde.
3 Die Tagebucheinträge wurden nicht am Tag des jeweilig vermerkten Datums, sondern rückblickend verfasst.
4 Die Hohenelber Kaserne im Getto beherbergte bereits seit den 1920er-Jahren das zentrale Krankenhaus Theresienstadts.

mich mit einem Buch ins Bett zu legen und mich auszufaulenzen. Heute aber ließ mich eine innere Stimme nicht zur Ruhe kommen; ich begann, Wäsche zu waschen, zu stopfen etc., holte mir sogar mein Nachtmahl, das ich mir sonst immer von einem Bekannten mitbringen ließ. Auf diesem Wege traf ich einen Pfleger, der mich mit den Worten begrüßte: „Sie können mich zur Bahn bringen, ich fahre in die Schweiz." Er erzählte mir daraufhin, es gehe ein Transport in die Schweiz, zu welchem sich jedoch nur Dänen, Holländer und Prominente melden dürften. Ich zweifelte natürlich sehr an der Echtheit des Transportzieles und erklärte den jungen Mann für verrückt, wenn er auf einen solchen Schwindel hereinfiele. Das Gerücht über den Transport verbreitete sich natürlich in Windeseile in Theresienstadt; überall wurde heftig darüber debattiert, die einen waren begeistert, auf diese Weise frei zu werden, andere wieder begannen zu unken, es sei eine Falle usw. Auch ich traute der Sache nicht und stand ihr sehr skeptisch gegenüber, wurde aber noch durch [...][5], eine l[iebe] Kollegin, mit der ich zusammen das Zimmer teilte, in meiner Ansicht bestärkt. [...][6] kam erst spät am Abend, um 10 ½ h. nach Hause – Paula, meine 3. Zimmergenossin schlief bereits – und erzählte in furchtbarer Erregung, sie komme jetzt aus Magdeburg[7] und habe vom Ältestenrat erfahren, die Richtlinien für den angeblichen Schweizer Transport seien bereits von der Kommandantur dahin geändert worden, daß weder Dänen noch Prominente zugelassen seien, sondern nur Deutsche, Protektoratsangehörige und Holländer. Auch Partner aus Mischehen, Mischlinge seien ausgeschlossen, also ein Beweis dafür, daß an der Echtheit des Bestimmungslandes unbedingt gezweifelt werden müsse. Sicher würde der Zug aus Th. fortgeführt und irgendwo außerhalb auf einem toten Gleise würde man die Transportteilnehmer erfrieren und verhungern lassen. Sicher hätte das Schicksal auch sie dazu auserkoren, während andere davor geschützt seien. Noch bis gegen 12 h währte diese Unterhaltung, die mich derartig erregt hatte, daß ich kaum einschlafen konnte. Schon eine halbe Stunde später wurden wir durch heftiges Klopfen an der Tür aufgeweckt; der Hausälteste Steckler brachte Paula und mir die Aufforderung, uns unverzüglich in die Socolovna[8] zu begeben, wo wir uns zu entscheiden hatten, ob wir uns an dem Transport beteiligen wollten oder nicht. Noch nie hatte man bei Transporten selbst darüber entscheiden dürfen, es war also schon etwas Besonderes. Aber zu was sind die Nazis nicht fähig, wenn es sich um das Verderben ihrer Mitmenschen handelte. Es konnte also trotzdem eine Falle sein. Paula war begeistert und fest davon überzeugt, daß die Sache echt sei. Ich zitterte vor Aufregung am ganzen Körper und war fest entschlossen abzulehnen.

Der große Saal der Socolovna, in dem sonst Konzerte stattfanden, war hell erleuchtet; im Hufeisen waren etwa 50 Tische aufgestellt, an denen je 2 Personen – Juden – amtierten. Eine unübersehbare Menschenmenge vor der Tür, teils strahlende, teils besorgte Gesichter. Sehr viele hatten bereits ihr „Ja" abgegeben, es wurde eine neue Kennkarte ohne das sonst obligatorische „J" ausgestellt, Fingerabdrücke gemacht, genau wie ehemals in der Heimat, und die alte Legitimation wurde eingezogen. Es hatte also wirklich den Anschein einer reellen Angelegenheit, und kurz entschlossen gab ich meine Kenn-

5 Ein Wort unleserlich.
6 Ein Wort unleserlich.
7 Gemeint ist die Magdeburger Kaserne.
8 Ehemaliges Vereinshaus mit Turnhalle der tschech. Turnerschaft in Theresienstadt. Bis 1944 diente die Sokolovna als Krankenhaus, während der „Stadtverschönerung" als Theater- und Vortragssaal.

karte ab, eine neue wurde ausgestellt. Das Schicksal sollte seinen Lauf nehmen. Ging's wirklich in die Schweiz, so winkte die Freiheit; ging's in ein anderes Lager, so hatte ich eben das Schicksal mit all den anderen zu teilen, die ebenso wie ich auf ein baldiges Kriegsende hofften.

4./5. Februar 1945
An Schlaf war natürlich nicht mehr zu denken, als wir um 3 h in unser Zimmer zurückkehrten. Zudem hatten wir um 7 h früh im Hof der Magdeburger Kaserne anzutreten, um vor H[errn] Rahm, dem Lagerkommandanten, zu defilieren, der dann über die tatsächliche Teilnahme an der Fahrt zu entscheiden hatte. Trotz des Tauwetters war es scheußlich kalt, dazu kamen die Aufregung und die durchwachte Nacht, so daß die 3 Stunden, die wir vor der Kommandantur zu warten hatten, kein Ende nehmen wollten. Endlich stand ich vor Rahm, der nur die Frage an mich stellte, ob ich alleinstehend sei. Ich antwortete „ja", was er wiederholte, einen Stempel an Stelle des Fotos auf meine neue Legitimation setzte; ich wußte, ich war dabei. Ich kann nicht sagen, daß ich erfreut darüber war, denn ein beklemmendes Gefühl ließ mich nicht los.
Zunächst suchte ich die Röntgen-Abt. auf, um meine Schürzen und was noch dort von mir lag, zu holen und mich gleichzeitig von den mir in der kurzen Zeit des Zusammenarbeitens lieb gewordenen Kolleginnen zu verabschieden. Meine Chefin, die felsenfest von der Echtheit des Endzieles überzeugt war, hatte als Mischehepartnerin, die ja von der Fahrt ausgeschlossen war, bereits alle möglichen Schritte unternommen, um teilnehmen zu dürfen, da sie ihre arischen Kinder in der Schweiz hatte. Leider glückte es nicht, und sie mußte mit schwerem Herzen zurückbleiben.
Dann nach Hause, es mußte gepackt werden, die Abreise sollte bereits am nächsten Morgen erfolgen, und bereits abends hatte man in die Schleuse einzurücken, obwohl wir die endgültige Einreihung in den Transport noch nicht in Händen hatten. Mitgenommen werden durfte nur ein „guter" Koffer, die besten Sachen – woher sollte man diese nehmen, nachdem man uns bei unserer Ankunft in Th. vor 31 Monaten alles gestohlen hat te – und 2 Stücke Handgepäck. Rucksäcke und Bettsäcke waren verboten. Man wollte der Schweiz zeigen, in welch vortrefflichem Zustand die Juden im Eldorado Theresienstadt, der jüdischen Mustersiedlung, leben! Ein wirkliches Eldorado! Doch davon an anderer Stelle.
Viel hatte ich nicht zu packen, besaß ich doch außer meiner Schwesternkleidung, die ich mir nach und nach gegen Brot wieder angeschafft hatte, nur ein einziges Kleid und etwas minderwertige Wäsche. Zudem waren mein Koffer und Rucksack noch seit Oktober gepackt – ich hatte mich damals zu meinem gel[iebten] Chef freiwillig zum Transport gemeldet, stand aber auf der Stopliste und durfte deshalb nicht mit. – Ich hatte also nur den Rucksack in den Koffer umzupacken, dazu eine alte dünne Wolldecke mit kleinem Polster fertigzumachen, meine Lebensmittel in die große Handtasche, und fertig war ich. – Um 7 h abends kam die Einberufung zum Transport. Nun war es endgültig geworden. Freunde, Bekannte kamen zum Abschiednehmen. Trotz allem war mir Th. eine neue Heimat geworden, war doch das letzte Jahr voll der schönsten Erinnerungen an herrlich verlebte Stunden. Meine Stationsschwester aus dem Röntgen, Zdenka Adler,[9]

9 Zdeňka Adlerová, geb. Kohnová (*1900), Krankenschwester; verheiratet mit dem Ingenieur Ernst (Arnošt) Bienenfeld; 1945 in Theresienstadt befreit.

mit der ich im Anfang meines Th.-Aufenthalts zusammengewohnt und mich angefreundet hatte, besuchte mich ebenfalls noch und brachte mir, da ich nur sehr alte, leichte Schuhe besaß, ihre eigenen dicken Sportschuhe, die mir zwar zu groß waren, aber mit 3 Paar Strümpfen ging's. Es war rührend, wie sie sich um mich sorgte, und wenn sie es mir gegenüber auch nicht erwähnte, so erwähnte sie doch der mir befreundeten Dr. Nelly Stern gegenüber, daß sie es bedaure, daß auch ich in diese Falle gehen würde. Sie selbst hatte zuerst geschwankt, wurde aber dann allem Zweifel enthoben, da ihr Mann, Ing. Bienenfeld, der im Wasserwerk tätig war, für einen Kollegen mit 2 kleinen Kindern zurücktreten mußte. Stehenden Fußes wurde noch schnell ein Stück Brot gegessen, und um 11 ½ h marschierten Paula und ich mit Sack und Pack in die Hamburger Schleuse. Es hatte geheißen, der Transport würde ganz besonders gut abgefertigt, doch war zunächst nichts davon zu bemerken, denn die Schleuse war vollkommen ungeheizt und auf einen Transport absolut nicht eingerichtet. Wir suchten uns alte Strohsäcke, um wenigstens nicht die ganze Nacht herumstehen zu müssen, und es wäre noch reichlich Zeit gewesen, wenn wir erst in der Frühe um 7 h eingerückt wären. Aber auch diese Nacht in der Kälte ging vorüber, und es erschienen plötzlich junge Mädels mit Wasser zum Händewaschen und ein Friseur, der die Herren vor der Abreise rasieren mußte. Rahm und Genossen überzeugten sich dann selbst von der „guten Equipierung“[10] der Teilnehmer. Die Stimmung war gemischt, und ich bin davon überzeugt, daß auch der größte Optimist ganz im geheimen ein wenig Furcht vor dem Kommenden hatte.

5.II.45 10.30 h morgens. Die soeben begonnene Essensausgabe mußte eingestellt werden, die Aufstellung zur Einwaggonierung begann. Den großen Koffer hatten wir bereits am Abend abgegeben, so daß mein Handgepäck nur aus meiner Lebensmitteltasche und der Reisedecke bestand. Vor der Aufstellung wurde der Reiseproviant in großen Papiertüten verteilt. Etwas vorher noch nicht Dagewesenes. Er bestand in einem Stück Wurst, einer Pastete, 20 dkg. Zucker, 10 dkg. Margarine, einem Stück Seife und einem ganzen Paket Klosettpapier. Es hatte geheißen, die Fahrt ginge in D-Zug-Waggons vor sich, leider aber waren es nur 2 solcher Wagen, die übrigen bestanden aus 3.-Klasse-Waggons, die für die in Aussicht gestellte 4–5tägige Bahnfahrt natürlich furchtbar waren. Ich hatte die neue Transport-Nr. 104, gehörte aber zu den ersten, die verladen wurden. Es gab Leute, die 5, 6 oder noch mehr Gepäckstücke bei sich hatten, und mit diesen zusammen wurde ich mit noch 8 Personen in ein Abteil hineingedrängt, in dem normalerweise 6 Personen, aber ohne Gepäck, gerade Platz haben. Die Gepäcknetze waren angefüllt mit den abgegebenen großen Koffern, so daß wir aber Aussicht hatten, diese am Bestimmungsort zu erhalten. Das Handgepäck wurde auf der Erde placiert, und wir saßen so eng aneinander, daß, wenn sich einer bewegen wollte, der Nachbar zuerst nach vorn rücken mußte. Es war schrecklich, zumal einige angenehme Zeitgenossen unter uns waren, die alles für sich beanspruchten ohne Rücksicht auf die übrigen. Der unangenehmste Fahrgast entpuppte sich später als Sally Moses, Onkel von Grete Reis. – Inzwischen wurden jedem Insassen noch 2 große Brote, Orangenjam und Ovomaltine, die sonst nur mit ausdrücklicher Genehmigung des Leiters des Gesundheitswesens in dringenden Fällen verordnet werden konnte, ins Abteil gereicht sowie große Ballons mit frischem Wasser und Limonade. Die Schweizer sollten sehen, wie wir Juden von den Nazis ver-

10 Ausrüstung, Ausstattung.

pflegt wurden und daß alle anderen Gerüchte unwahr seien. – Vor der Abfahrt gegen 13.30 h hielt Rahm dem Transportleiter und den von Murmelstein bestimmten Waggonältesten eine Ansprache, deren Inhalt wir jedoch erst an der Grenze erfuhren. Vor allem wurden wir gewarnt, in der Schweiz Greuelmärchen zu verbreiten, da man sich sonst an den Zurückbleibenden schadlos halten würde.

13.30 h. Langsam setzt sich der Zug in Bewegung, um uns aus der Gefangenschaft in die goldene Freiheit zu führen. Doch zunächst nur bis Bauschowitz[11] – ½ Std. Bahnfahrt –, wo wir bis abends 6 ½ h stehen blieben. Der Grund hierfür war natürlich niemandem bekannt, und schon tauchten bei den Mitfahrenden wieder Vermutungen auf, ob es wohl wirklich in die Schweiz ginge usw. Die SS patrouillierte vor dem Zuge auf und ab, zeitweise wurden die Türen aufgerissen, die Fahrgäste namentlich aufgerufen oder sogar die neuen Kennkarten kontrolliert; wahrscheinlich alles nur, um die sowieso schon aufgepeitschten Nerven nicht zur Ruhe kommen zu lassen. – Endlich, 18.30 h, ein Ruck und wir verlassen Bauschowitz. Der Zug fuhr wegen der Verdunkelung ohne Beleuchtung, was natürlich bei der dichten Besetzung der Abteile unerträglich war. An Schlafen war bei mir nicht zu denken, obwohl das regelmäßige Atmen einzelner verriet, daß sie eingeschlafen waren. Der Zug fuhr im Eilzugtempo durch die Nacht, blieb hin und wieder für kurze oder längere Zeit stehen, die Maschine wurde umgekoppelt, und wieder rückwärts ging's. Man konnte absolut keine Richtung feststellen. Als der Morgen graute, fuhren wir in eine beleuchtete Station ein. Es war Eger. 12 Stunden hatten wir für eine sonst ca. 2 Stunden dauernde Fahrt gebraucht. Nach kurzem Aufenthalt, während dem Wasser gefaßt werden durfte, wurde die Fahrt fortgesetzt. Es ging zunächst nach Nürnberg. Das Bild, das sich hier mir am Bahnhof bot, war erschütternd und übertraf alle Vorstellungen, die wir uns von den geschilderten Bombardierungen gemacht hatten. Nicht ein einziges Gebäude war unversehrt, alle ohne Dächer, ausgebrannt oder eingestürzt, ein Bild des Grauens. Wie mußte es erst im Stadtinnern aussehen. Und dabei erfolgte der totale Vernichtungsangriff auf N[ürnberg] erst einige Tage später, so daß von der einstmals so schönen Stadt nichts mehr übrig geblieben sein durfte. Nicht anders oder wenigstens nicht viel anders sah es in den Städten Augsburg, Ulm und Friedrichshafen, die wir passierten, aus. Die Fahrt verlief ziemlich glatt, mit kurzen Aufenthalten auf der Strecke. Bei einem solchen hinter Ulm erschien plötzlich der Waggonälteste mit der Aufforderung: „Die Sterne herunternehmen: Der Reichsführer hat uns entlassen." Nur derjenige, der es miterlebt hat, kann ermessen, was diese wenigen Worte für uns bedeuteten. Es war die Parole für den Weg in die Freiheit. Tränen der Freude entströmten meinen Augen, und ich konnte es nicht fassen, daß nun die langersehnte Freiheit, an die ich schon nicht mehr geglaubt hatte, vor mir lag. Und weiter ging's von Friedrichshafen nach Petershausen, einem Vorort von Konstanz, wo wir bei Dunkelheit eintrafen. Wir hofften, nun bald das Ziel erreicht zu haben; aber leider mußten wir die Nacht nochmals in den überfüllten Waggons verbringen. Doch auch diese Nacht fand ein Ende, und am Morgen des 7. Februar passierten wir gegen 10 h von Konstanz aus bei Kreuzlingen die Schweizer Grenze. Nicht nur ein Gefühl der Freude, sondern vor allem das des Schmerzes und der Wehmut erfüllte mich, denn ich hatte meinem Heimatland, wo ich eine sonnige Kindheit und Jugend verlebte, auf immer Lebewohl gesagt. Vielleicht, wenn ich

11 Bahnhof von Bohušovice nad Ohří, etwa 2,5 km südlich von Theresienstadt.

einmal alt sein werde, werde ich nochmal zurückkehren, aber solange ich jung bin, wenigstens verhältnismäßig, und arbeiten kann, werde ich deutschen Boden nicht mehr betreten.

Der Zug hält in Kreuzlingen. Die Tür des Abteils wird aufgerissen und mit freundlichem Lächeln begrüßt uns ein Schweizer Offizier. Das erste gute Wort aus arischem Munde nach den langen Jahren der Gefangenschaft. Überall erschienen nun Schweizer Soldaten mit ihrem „Grüß Gott" und halfen, das Gepäck in die für uns bereitstehenden Schweizer Wagen zu befördern. Welch ein Unterschied gegenüber den schmutzigen und engen deutschen Waggons! Es war unbeschreiblich, mit wieviel Liebe und Güte nicht nur das Militär, sondern auch die Damen des Hilfstrupps vom Roten Kreuz Anteil an unserem Schicksal nahmen. Wie oft hatten wir es uns in Theresienstadt ausgemalt, wie es sein würde, wenn wir einmal wieder freie Menschen sein würden. Und nun waren wir am ersten Ziel unserer Wünsche. Ich muß sagen, daß ich in den ersten Tagen meines Schweizer Aufenthalts trotz allen Entgegenkommens der Bevölkerung die Hemmungen nicht loswurde und die Menschen bewunderte, die mit allen von allem redeten und die Zeit in Th. einfach von sich abgeschüttelt hatten. Ich hatte sogar noch lange Zeit, wenn ich einen Offizier oder auch einen Zivilisten sah, die Halluzination, es sei ein Gestapomann.

Nach zirka 1-stündigem Aufenthalt in K. fuhren wir bis Kreuzlingen-Ost,[12] wo eine große Anzahl H. T.[13] uns bereits mit heißer, guter Suppe, einem Stück Schweizer Käse und Äpfeln erwartete. Eine Suppe wie daheim, Käse und Äpfel, die wir seit Jahren nur noch dem Namen nach kannten. Es schmeckte natürlich ausgezeichnet aus den sauberen weißen Töpfen mit dem roten Kreuz von blütenweiß gekleideten Mädels aus blankgescheuerten Kübeln serviert. Wie anders war's in Th., wo man beim Essen sich nicht daran erinnern durfte, aus welchen Gefäßen uns das Essen ausgeteilt wurde. Trotz allem kam kein Gefühl der richtigen Freude in mir auf; immer wieder gedachte ich meines l[ieben] Mütterleins und meiner Schwester und wie schön, wie viel schöner es für mich wäre, könnten sie an all dem Gebotenen, der goldenen Freiheit teilnehmen.

Nach der „Fütterung" ging's weiter nach St. Gallen am schönen Bodensee entlang, eine herrliche Fahrt. Hier wurden wir wieder von Militär empfangen und in das Hadwigsschulhaus[14] gebracht. Ein riesengroßes Gebäude mit allen neuzeitlichen Einrichtungen ausgestattet. Die Schlafräume waren leer und mit Stroh ringsherum ausgelegt, wo es sich nach den Strapazen der Reise sehr gut schlief. Die Verpflegung auch hier ausgezeichnet. Gute Suppe, Käse, Marmelade mit ganzen Früchten, sogar gute Butter, Wurst und Fleisch; alles Genüsse, auf die wir so lange hatten verzichten müssen. Wenn auch bei manchen alten Leuten sich Durchfall einstellte, so ist es doch erstaunlich, wie schnell sich der Körper der meisten Menschen auf die bessere und fettere Nahrung eingestellt hat. Immer wieder muß ich die Liebe und Güte hervorheben, mit der uns die Hilfstrupps und das Militär umgaben, trotzdem das Benehmen so vieler von uns sehr zu wünschen übrig ließ. Natürlich war der Aufenthalt in St. Gallen nur ein vorübergehender. Die 3-wöchige Quarantäne sollte ein Teil von uns, zu dem auch ich zählte, in Les Avants sur

12 Heute Bahnhof Kreuzlingen-Hafen.

13 Vermutlich: Rotkreuzschwestern (Hilfstruppen).

14 Ursprünglich als städtische Mädchenschule 1907 fertiggestellt, diente das Schulhaus Hadwig im Febr. 1945 kurzzeitig als Quarantänelager für die aus Theresienstadt angekommenen Juden.

Montreuse[15] zubringen, nachdem wir uns vorher einer sehr gründlichen Desinfektion und ärztlichen Untersuchung zu unterziehen hatten. Nach dieser Prozedur verbrachten wir die letzte Nacht – Samstag – in einer großen Turnhalle, ca. 200 Personen.[16] Am Abend erschien Rabbiner Dr. Lothar Rothschild,[17] ein Deutscher, der in St. G[allen] amtierte und bereits Schweizer Bürger geworden war. Er begrüßte uns in einer ergreifenden Ansprache und gab der Hoffnung Ausdruck, daß noch recht viele unserer geknechteten Brüder und Schwestern aus deutschen Konzentrationslägern befreit werden würden.

DOK. 291

Der Ältestenrat der Juden in Prag berichtet dem Zentralamt für die Regelung der Judenfrage am 9. Februar 1945 über die ordnungsgemäß abgewickelten Deportationen nach Theresienstadt[1]

Schreiben des Ältestenrats der Juden in Prag, gez. der Judenälteste, PO Dr. Fr.,[2] an das Zentralamt für die Regelung der Judenfrage in Böhmen und Mähren, Prag, vom 9.2.1945

Betrifft: Bericht Arbeitertransport
Vorgang: Auftrag des Herrn SS-Obersturmführers Girczik[3]
Am 29.I.1945 wurde dem Judenältesten der Auftrag erteilt, einen Transport von 1000 Juden für den geschlossenen Arbeitseinsatz in Theresienstadt abzufertigen, der am 31.1.1945, 7 Uhr früh vom Bahnhof Bubna abzugehen hat. Für diesen ersten Transport wurden die Belegschaft der Glimmerspalterei[4] sowie 200 Arbeiter vom Hagiborplatz, insgesamt 1089 Personen, am 30.1. aufgerufen und nach Ausscheiden der Transportunfähigen, Ausländer und strittigen Fälle sind 1048 Erwachsene und 7 Kinder angetreten und am 31.1.1945 früh vom Bahnhof Bubna in bester Ordnung und Disziplin abgefahren.
Die Arbeit wurde tadellos bewältigt, obzwar gleichzeitig auch das Material und die Einrichtung der Glimmerspalterei mitverladen wurde. Die Einberufung erfolgte für 20.00 Uhr abends, und bis 22.00 Uhr waren alle Aufgerufenen erschienen und in der

15 In Les Avants sur Montreux, Kanton Waadt, befand sich ein Internierungslager. Weitere Quarantänelager, auf die die Flüchtlinge aufgeteilt wurden, lagen in Adliswil, Belmont-Montreux und Tour Haldimand.
16 Die letzten Flüchtlinge aus Theresienstadt verließen St. Gallen am 15.2.1945.
17 Dr. Lothar Rothschild (1909–1974), Rabbiner und Publizist.

1 YVA, O.7.cz/90.
2 František Friedmann.
3 Richtig: Ernst Girzick (*1911), Elektrotechniker; 1931 NSDAP-Eintritt; 1936 Angehöriger der Österreichischen Legion; 1938 erst bei der Vermögensverkehrsstelle in Wien, dann bei der Zentralstelle für jüdische Auswanderung tätig, 1943 Mitarbeiter des Zentralamts für die Regelung der Judenfrage in Prag, 1944 beim Sonderkommando Budapest; 1946 verhaftet und 1948 vom österreich. Volksgericht zu 15 Jahren Kerkerhaft verurteilt, 1953 begnadigt.
4 In Prag wurde bis Jan. 1945 der erste Arbeitsschritt in der Glimmerproduktion, die Grobspaltung des Minerals, von jüdischen Zwangsarbeitern verrichtet. Zur Weiterverarbeitung wurde das gewonnene Halbprodukt nach Theresienstadt gebracht.

Nacht – obzwar die Straßenbahn ab ½ 23 Uhr nicht mehr fährt, wurden alle nötigen Recherchen durchgeführt, so daß bereits am nächsten Tage eine Abrechnung über jeden einzelnen Fall vorgelegt werden konnte. Abgängig waren bloß zwei Frauen. Die Disziplin war ausgezeichnet, und die Stimmung war eine würdige.
Am 1. Februar 1945 wurde dem Judenältesten der Auftrag erteilt, die restlichen Arbeitergruppen sowie alle in Frage kommenden Personen – außer den Mitarbeitern des Ältestenrates der Juden – für einen zweiten Transport aufzurufen. Am 2. Februar 1945 wurden alle 1078 Personen, die in der Vorliste waren, einschließlich der im ersten Transport krank Gemeldeten, aufgerufen. Am nächsten Tage, dem 3. Februar 1945, sind ordnungsgemäß 894 Erwachsene und ein Kind angetreten.
Die Abfertigung war eine schwierige, weil sich unter den Teilnehmern sehr viele Kranke befanden und eine große Anzahl der Hagibor-Insassen wegen Arbeitsunfähigkeit, nach ärztlicher Untersuchung, ausgeschieden wurden und begreiflicherweise auch die krankheitshalber bisher Unbeschäftigten eingereiht werden mußten.
Trotz der Fahrtschwierigkeiten ist der Transport ordnungsgemäß angetreten und am 4. Februar um 7 Uhr früh vom Veitsberger Bahnhof abgefahren.
Die Disziplin war gut. Abgängig waren insgesamt 9 Personen.
Auch bei diesem Transport, obzwar – wie bei dem ersten – kaum 24 Stunden den Aufgerufenen zur Verfügung standen, um sich vorzubereiten und um für die Betreuung der zurückgelassenen Kinder Sorge zu tragen, erfolgte die Abwicklung ordnungsgemäß.
Am 7. Februar 1945 wurde der Auftrag erteilt, einen weiteren Transport für den 10.2. aufzurufen, der am 11. Februar früh abzugehen hat.[5] Für diesen Transport wurde der Auftrag erteilt, daß die jüdischen Kinder von den Transportteilnehmern mitgenommen werden müssen.[6] Diese Verfügung hat bei den arischen Frauen, die sich von ihren auch den kleinsten Kindern trennen sollten, eine große seelische Erschütterung hervorgerufen, und die dadurch verursachte Panik wurde noch durch die Nachricht von einer Reihe von Selbstmordversuchen erhöht, was auch nicht ohne Folgen auf die Männer geblieben ist, die sonst – selbst in sehr bedauernswerten Fällen (bei schwerkranken Frauen, die sie zurückließen) – ihre Fassung bewahrten, da sie den Transport als einen wirklichen Arbeitstransport betrachteten.
Die Arbeiten des Ältestenrates der Juden werden noch dadurch erschwert, daß fast der ganze Mitarbeiterstab eingereiht wurde. Die panikartige Stimmung kann begreiflicherweise keine Erleichterung der Arbeit bedeuten. Die Betroffenen haben in ihrer Verzweiflung ständig den Ältestenrat der Juden bestürmt, in der Hoffnung, eine Milderung dieses für sie so schrecklichen Schicksales zu erzielen. Es war schwer möglich, ihnen begreiflich zu machen, daß tatsächlich ein solcher Auftrag vorliegt.
Auch ergeben sich für die Abwicklung des Transportes dadurch große Schwierigkeiten, daß es für einen Mann schwer ist, außer seinem Gepäck noch ein oder mehrere, manchmal kaum über ein Jahr alte Kinder mitzunehmen und zu betreuen, um so mehr als durch den Arbeitseinsatz in den letzten Jahren sich die Männer den Kindern nicht widmen konnten, so daß diese noch mehr an ihren Müttern hängen.

5 Es handelt sich um den Transport AE3, mit dem 761 Personen nach Theresienstadt deportiert wurden.

6 Bis zu diesem Transport wurden die als „Geltungsjuden" bezeichneten Kinder aus „Mischehen" unter 14 Jahren nicht deportiert.

Die Vorliste enthält 913 Namen von Erwachsenen und sind alle Vorbereitungen getroffen, damit der Transport, trotz aller technischer Schwierigkeiten – von denen nicht die geringste ist, daß nach 17.00 Uhr kein elektrisches Licht gebrannt werden darf, was die Nachtarbeit sehr erschwert – ordnungsgemäß abgewickelt wird.

DOK. 292

Erich Kessler beschreibt am 10. Februar 1945 die Schwierigkeiten, seine 18 Monate alte Tochter vor der gemeinsamen Deportation nach Theresienstadt zu bewahren[1]

Tagebuch von Erich Kessler,[2] Prag, Eintrag vom 10.2.1945 (Abschrift)

10.II.1945

Es ist ½ 10 h abends. Mizzi[3] ist soeben von mir fortgegangen. Viele schwere Stunden unseres Lebens sind hinter uns, und das große Fragezeichen *Theresienstadt* ist vor mir. Es begann gestern in der Frühe, als mir mitgeteilt wurde, daß ich in einen „Arbeitseinsatztransport" eingereiht bin und am nächsten Tag, also heute, mit fertigem Gepäck um 20 h in der Sammelstelle Prag V., Kelleygasse 6, zu erscheinen habe. Diese Mitteilung traf mich nicht ganz unvorbereitet, da ja schon 2 Mischehentransporte abgegangen waren. Eine Neuigkeit stellte nur die Bestimmung dar, daß jüdische Kinder mitgenommen werden müssen.[4] Da unsere kleine Elsi „Geltungsjude" war, so bedeutete das, daß ich unser 18 Monate altes Kind mitnehmen sollte. Von vornherein war ich entschlossen, dies nicht zu tun, komme, was kommen mag. Es war uns klar, daß die Gestapo ihre Anordnungen durchsetzen wird, und wir bemühten [uns], irgendeinen Ausweg zu finden. Eine Hoffnung gab es, und zwar hat Elsi in der letzten Woche Masern gehabt und soll, lt. ärztlicher Weisung, 14 Tage nicht auf die Straße gehen. Ich ging daher zur Kultusgemeinde und zeigte eine diesbezügliche ärztliche Bescheinigung vor. Man sagte mir, ich möge froh sein, daß das Kind gerade jetzt krank sei, denn dadurch kann ich sie vielleicht vor dem Transport retten. Wenn das nur der Fall wäre! Ich würde mit Freuden wegfahren, weil ich überzeugt bin, daß es sich nur um wenige Wochen handeln kann. Man verspricht mir, einen Kontrollarzt zu der Kleinen zu schicken, und gab mir zu verstehen, daß ich damit rechnen kann, daß er das Kind vom Transport zurückstellt. Ich fahre nach Hause, um mir alles vorzubereiten. Mizzi ist nicht zu Hause. Sie war gerade telefonieren, um Bekannte von uns, die auch ein 6jähriges Kind haben, das mit dem Transport mitgehen soll, zu veranlassen, das Kind zurückzubehalten. Als sie dann erfährt, daß auch ich wegfahren muß und unser kleines Elserl mitnehmen soll, ist sie natürlich verzweifelt. Unsere Hoffnung sind daher die Masern. Mizzi geht wieder weg, und in ihrer Abwesenheit kommt der Arzt von der Kultusgemeinde. Er untersucht sie, doch

1 DÖW, Akt. 19 475, S. 1–6.

2 Erich Kessler (*1909); lebte in „Mischehe" in Prag, 1943 Geburt der Tochter Elisa; im Febr. 1945 wurde er aus Prag nach Theresienstadt deportiert, dort arbeitete er für den Ordnungsdienst; 1945 in Theresienstadt befreit und Rückkehr nach Prag.

3 Marie (auch Mizzi) Kessler, Ehefrau von Erich Kessler.

4 Siehe Dok. 291 vom 9.2.1945, Anm. 6.

sein Befund macht uns wenig Hoffnung, da der Krankheitsausbruch schon zu lange zurückliegt und keine Anzeichen einer Infektionskrankheit mehr zu finden sind. Aber wir geben den Kampf nicht auf! Nach dem „Essen“ (wir haben rasch etwas heruntergewürgt) fahre ich wieder zur KG, um einige mir zugesagten Sachen für den Transport abzuholen. Ich bekomme 1 Decke, 1 Eßschale, Feldflasche und etwas Wäsche. Meine Hauptsorge gilt aber unserem Kind. Man verspricht mir, alles zu tun, um die Kleine vor dem Transport zu retten. Es sind natürlich andere Familien in derselben Lage, und es gehen daher Gerüchte um, daß eine Deputation von arischen Frauen bei der „Zentralstelle zur Regelung der Judenfrage“ vorspricht, um bei dem Leiter, dem SS-Sturmbannführer Günther,[5] eine Änderung dieser harten Bestimmung zu erreichen.[6] Abends kam dann wieder ein Arzt, und zum Glück faßt er seinen Bericht so ab, daß das Kind nicht transportfähig ist und daher zu Hause bleiben kann. Ich packte dann noch meine Bettrolle und trug am nächsten Tag diese zur Gepäcksammelstelle am jüdischen Friedhof. Bei der Sozialabteilung der KG bekam ich noch 600 Kc,[7] Handtücher, 1 Hemd, Taschentücher und für Elsi einige Kindersachen. Dann gehe ich noch ins Büro meiner früheren Firma und verabschiede mich von meinen tschechischen Freunden. Herrn Mestek, von dem ich annehmen konnte, daß er mir besonders zugetan sei, bat ich, meiner Frau beizustehen und ihr zu helfen, wenn es ihm möglich ist. Er sagte mir dies zu. Als ich nach Hause komme, ist großer Rummel, da Mizzi einige Bekannte zusammengetrommelt hat, um etwas zu backen und verschiedenes herzurichten. Frau Dubsky und Frau Schwarz helfen uns. Alles liegt herum. Wir sind alle ein wenig kopflos und können uns zu keiner planmäßigen Arbeit aufschwingen. Ich gehe zur Hausmeisterin hinunter und sage ihr, daß Mizzi und die Kleine wahrscheinlich zeitweise wegfahren werden, und sie möge daher die Lebensmittelkarten bei sich behalten. Wir hatten nämlich besprochen, falls irgendeine Vorladung zum Transport kommen sollte, möge Mizzi ganz einfach auf einige Zeit wegfahren, bis wieder reine Luft sei. Ich bekomme aber Vorwürfe, daß ich die Hausbesorgerin eigentlich eingeweiht habe und dadurch den Plan illusorisch gemacht habe. Es ist ja kein Wunder, wenn man etwas kopflos wird. Um ½ 8 Uhr sind wir endlich mit allem fertig. Ich esse noch einmal Nachtmahl zu Hause, und Frau Schwarz nimmt die Kleine zu sich hinunter. Kurz darauf nehme ich mein Gepäck und gehe hinunter, mich von meiner lieben kleinen Elsi zu verabschieden. Es war furchtbar schwer. Aber es hat keinen Sinn, und ich drücke allen Bekannten noch die Hand und verlasse das Haus, wo wir seit 1940 wohnen. Lebe recht wohl, kleine Elsi, und hoffentlich kann ich recht bald zu Dir und Mutti zurückkommen. Mizzi fährt mit mir bis zur Sammelstelle, und dort müssen wir uns verabschieden. In einem leeren Haus sind Betten aufgestellt mit Matratzen, und jeder sucht sich ein Nachtlager für die letzte Nacht in Prag.

5 Hans Günther.

6 Dieser Befehl verursachte eine panikartige Stimmung unter den verbliebenen Prager Juden. Der Glaube an die sog. Arbeitstransporte war erschüttert; siehe Dok. 291 vom 9.2.1945.

7 Koruna česká: tschech. Krone.

DOK. 293
Aufbau: In einem Artikel vom 16. Februar 1945 stellt Kurt Grossmann Vermutungen über die Gründe für die Freilassung von Theresienstädter Häftlingen in die Schweiz an[1]

Wege der Rettung, von Kurt R. Grossmann

Keine Nachricht hat mehr Fragen, Hoffnungen und Illusionen ausgelöst, als die „New York Times"-Meldung aus Bern, wonach 1200 Juden aus Theresienstadt (Tschechoslowakei) entlassen worden und in der Schweiz angekommen sind.[2]
So erfreulich diese Nachricht ist, weil wir längst gelernt haben, angesichts der jüdischen Massentragödie von nahezu 5 Millionen ermordeten Juden zufrieden zu sein, wenn nach unsäglichen Mühen ein in Dezimalwerten kaum ausdrückbarer Prozentsatz aus Nazihänden befreit ist, so sehr muß davor gewarnt werden: 1. an eine Verallgemeinerung zu glauben oder mit ihr zu rechnen. Etwa, daß Hitler und seine Bande im Zeichen der nun sicheren militärischen Niederlage bereit seien, die noch in ihrer Macht befindlichen 600 000 europäischen Juden freizugeben, um sich ein Alibi zu verschaffen oder sie als Tauschobjekt zu benutzen; 2. auch nur eine Sekunde zu vergessen, daß 5 Millionen Juden in der grausamsten Weise von diesem Regime hingemordet worden sind. So wundervoll die Rettung dieser 1200 Juden aus Theresienstadt ist, so darf uns dieser Vorgang nicht von der Aufgabe abhalten, an der Rettung der noch in Nazihänden befindlichen Juden zu arbeiten und zu gleicher Zeit kompromißlos für die Sühne der Massenmorde und der Massenverbrechen zu wirken.
Wie war es möglich?
Die Frage, die mir in diesen Tagen von vielen immer wieder gestellt wurde, lautete: „Wie war es möglich?" Die Nachricht über das Eintreffen der genau 1210 Juden aus Theresienstadt ist inzwischen bestätigt worden.[3] 58 von der Gruppe sind Kinder unter 12 Jahren, 600 figurieren als holländische Juden.[4] Als interessantes Symptom muß die Tatsache erwähnt werden, daß Männer im militärpflichtigen Alter offenbar nicht dabei sind; die Gruppe ist auch nicht aus Inhabern von Palästinazertifikaten oder amerikanischen Dokumenten zusammengesetzt. Die in der Schweiz Angekommenen fallen ferner auch nicht unter die Preference-Quota-Regulations der Vereinigten Staaten, für die Verwandte die Formulare 575 oder 633 bei den verschiedenen Organisationen hier im Lande früher ausgefüllt haben.[5] Vielmehr scheint diese Gruppe von den Nazis ausgesucht worden

1 Aufbau, Jg. 11, Nr. 7 vom 16.2.1945, S. 1 f.
2 New York Times vom 8.2.1945, S. 8: „First Jewish Convoy reaches Swiss Haven".
3 Die Namen der aus Theresienstadt befreiten Juden wurden in der Exilzeitschrift Aufbau vom 16. und 23.2.1945 abgedruckt, jeweils S. 28.
4 Tatsächlich wurden 433 niederländ. Juden in die Schweiz gebracht.
5 Das Preference-Quota-System der USA bestimmte die Voraussetzungen, unter denen Personen innerhalb der nationalen Quoten bevorzugt in die USA einwandern durften. Die Regulierung betraf in unterschiedlichen Abstufungen insbesondere die ausländischen Verwandten von US-amerikan. Staatsbürgern. Mit dem Formular 575 konnte ein in den USA ansässiger Ausländer eine bevorzugte Einwanderung seines Ehepartners und der minderjährigen Kinder beantragen. Mit dem Formular 633 konnte die Einwanderung eines zukünftigen Ehepartners und der Eltern beantragt werden.

zu sein, und der entscheidende Gesichtspunkt scheint gewesen zu sein, durch Befreiung der Gruppe nicht dem Kriegspotential der Alliierten zu nützen.
An der Befreiung dieser und ähnlicher Gruppen (wenige Wochen zurück wurden aus Bergen-Belsen zwei Gruppen von 1673 ungarischen Juden nach der Schweiz entlassen) haben die wichtigsten jüdischen Organisationen ihren Anteil, aber die Durchführung solcher Aktionen wäre nicht ohne die Unterstützung alliierter und Schweizer amtlicher Kreise denkbar.
Warum die Nazis zu dieser späten Stunde begonnen haben, Bruchteile der vernichteten europäischen Judenheit herauszulassen, kann nur andeutungsweise beantwortet werden:
a) Deutschland würde bei einer günstigen Entwicklung der Kriegslage selbstverständlich keine solchen Entlassungen vorgenommen haben.
b) Etwaige Kreise in Deutschland geben sich der Illusion hin, daß durch solche Freilassungen ein Alibi geschaffen wird, welches sich zu einen späteren Zeitpunkte als nützlich erweisen kann.
c) Deutschland mag gegen die befreiten Juden Augenblicksvorteile eintauschen, die es angesichts der militärischen und politischen Situation besonders notwendig braucht.
Mit diesen Mitteilungen habe ich einige der wichtigsten und kompliziertesten Methoden angedeutet, Juden aus Naziländern in dieser zwölften Stunde zu befreien. Mehr darüber zu sagen ist zu dieser Zeit nicht möglich.
Die Methode des „Austausches“
Bei den Versuchen, so viel Juden wie möglich aus Nazihänden zu retten, hat naturgemäß die Anwendung der Methode des *Austausches der Juden gegen deutsche Staatsbürger im alliierten Machtbereich* eine große Rolle gespielt. Um dieses komplexe Problem zu verstehen, darf man nicht vergessen, daß die Nazis – in bewußter Verletzung aller internationalen Gesetze – die in den Konzentrationslagern befindlichen Juden lediglich als „detained civilians“[6] betrachten und daß daher diese Internierten nie den Status von Zivilinternierten erlangten, soweit sie Bürger von Deutschland, Österreich, Tschechoslowakei, Holland, Polen, Belgien und Frankreich waren.
Juden dagegen, die die amerikanische Staatsbürgerschaft oder die eines der lateinamerikanischen Staaten besaßen, wurden teilweise als Zivilinternierte behandelt oder wenigstens nicht der generellen Behandlung der Masse der europäischen Juden unterworfen. Wir wissen – und die Deutschen wußten es auch –, daß eine Anzahl der lateinamerikanischen Staatsbürgerschaften irregulär zustande gekommen war. Sie waren Produkte dieser unnormalen Zeit. Die Deutschen begannen im Anfang des Vorjahres solche Juden von Lagern im Camp Vittel[7] teilweise abzutransportieren.
Bis heute ist z. B. nicht klargestellt, was aus einer Gruppe von 212 Juden mit lateinamerikanischen Dokumenten geworden ist, nachdem sie im April und Mai 1944 nach Camp

6 Im Gegensatz zu den Zivilinternierten (engl. civilian internee), die gemäß der 4. Genfer Konvention von einer Kriegspartei aus Sicherheitsgründen inhaftiert werden konnten, wurden die Juden als Zivilgefangene bezeichnet (auch vom IKRK), die deutlich strengeren Haftbedingungen unterlagen.

7 Das Internierungs- und Durchgangslager Vittel im gleichnamigen lothring. Kurort bestand zwischen April 1941 und Mai 1944 und diente der Inhaftierung von Gefangenen, die für einen Austausch in Frage kamen; siehe Dok. 162 vom Sept. 1944.

Drancy (Frankreich) gebracht wurden und ihr Aufenthalt seit dieser Zeit nicht festgestellt werden konnte, was zu den schlimmsten Befürchtungen Anlaß gibt.[8]

Es war daher von größter Bedeutung, daß das „Emergency Advisory Committee for Political Defense“[9] am 31. Mai 1944 eine Resolution[10] annahm, die zur Richtschnur in der Behandlung dieses Komplexes seitens der Regierungen der amerikanischen Republiken geworden ist. Die Resolution spricht die Anerkennung der nahezu 2000 Personen aus, die Dokumente oder Zertifikate amerikanischer Republiken besitzen.

Der Erfolg dieser Stellungnahme (übrigens auf Grund von Vorschlägen des World Jewish Congress) war, daß nach dem 31. Mai 1944 die Inhaber solcher lateinamerikanischen Dokumente unbehelligt blieben und die deutsche Regierung nach Überwindung großer Schwierigkeiten 646 solcher lateinamerikanischer Dokumenteninhaber für einen Austausch anerkannt hat. Etwa 160 von diesen Anerkannten sind von Bergen-Belsen bei Celle in der Provinz Hannover in der Schweiz zum vorübergehenden Aufenthalt eingetroffen.[11] Weitere Austauschaktionen mit einer Gruppe von 600 Juden gegen deutsche Staatsbürger in Paraguay und Kolumbien ist in Vorbereitung.

In Deutschland befinden sich – wie wohl allgemein bekannt – viele tausend Juden mit Palästina-Zertifikaten. Juden mit solchen Zertifikaten sind im Juni 1944 in der Anzahl von 285 gegen 111 Deutsche nach Palästina ausgetauscht worden.[12]

Warum kein Massenaustausch?

Ein Massenaustausch hat sich praktisch als unmöglich erwiesen, und zwar aus folgenden Gründen:

a) Die alliierten Regierungen haben es *bisher* abgelehnt, einen Zwang zur Rückwanderung auf deutsche Bürger in ihrer Gewalt auszuüben.

b) Eine Anzahl der Regierungen, insbesondere der von Lateinamerika (wo etwa 272 000 deutsche Staatsbürger leben), ist nicht interessiert, eine Rückwanderung ihres kolonial wichtigen Menschenmaterials zuzulassen.

c) Angesichts der kommenden Niederlage verspüren die Deutschen immer weniger Lust, heimzukehren.

8 Die Gruppe wurde über das Lager Drancy nach Auschwitz deportiert und dort größtenteils ermordet.

9 Auch: Inter-American Emergency Committee for Political Defense. Das Komitee mit Hauptsitz in Montevideo wurde 1942 als gemeinsame Reaktion aller amerikan. Staaten auf die innere Bedrohung durch die Achsenmächte gegründet. Seine Ziele bestanden neben der Beobachtung nationalsozialistischer Aktivitäten in Lateinamerika insbesondere in der koordinierten Abschiebung feindlicher Ausländer (Deutsche, Italiener und Japaner) aus Nord-, Mittel- und Südamerika. Im Nov. 1948 wurde das Komitee aufgelöst.

10 Mit Resolution XXIV verpflichteten sich die lateinamerikan. Staaten, Juden mit Papieren, die ihre Staatsangehörigkeit ebendieser Länder belegten, aufzunehmen und so den Austausch mit deutschen Staatsangehörigen zu ermöglichen. Den Beteiligten auf beiden Seiten war bewusst, dass ein Großteil der Staatsbürgernachweise käuflich erworben oder gefälscht war, es sich folglich um sog. Gefälligkeitspässe handelte.

11 Die Gruppe der ursprünglich 301 Juden mit lateinamerikan. Papieren, die Bergen-Belsen am 21.1.1945 verließ, wurde auf dem Weg in die Schweiz zunächst auf verschiedene Internierungslager im Reich aufgeteilt. Lediglich 136 Mitglieder der Austauschgruppe erreichten am 25.1.1945 die Schweiz.

12 Die Juden wurden am 6.7.1944 an der türk.-syr. Grenze gegen eine deutsche Gruppe von Templern ausgetauscht.

d) Andere Deutsche, die zurückgehen wollen, weil ihnen wegen ihrer politischen Tätigkeit der Boden unter den Füßen zu heiß geworden ist, können die Alliierten aus Sicherheitsgründen nicht „heimkehren" lassen.
e) Bei den Austauschverhandlungen ergeben sich weitere Schwierigkeiten, selbst bei der kleinen Gruppe von 1500 bis 2000 Deutschen, die als Austauschmaterial zur Verfügung steht. Solche Schwierigkeiten sind: 1. Austauschrate; 2. Personenkreis; 3. Austauschbedingungen; 4. Transportprobleme.
Schutzdokumente und Schutzpässe
In dem Kampf um Leben und Tod ist versucht worden, den ungarischen Juden dadurch zu helfen, daß Schweden, die Schweiz und das Internationale Rote Kreuz Schutzbriefe gegeben haben. Man schätzt die Zahl der Juden, die in Budapest durch diese Maßnahmen plus der Palästina-Zertifikate, die sich ebenfalls als Schutz erwiesen haben, gerettet wurden, auf 15 000.
Schweden hat sich besonders dadurch ausgezeichnet, daß es durch Mietung einiger Häuserblocks die Exterritorialität seiner Gesandtschaftsgebäude künstlich erweiterte. Die Juden mit Palästina-Zertifikaten wurden ebenfalls in bestimmten Distrikten Budapests untergebracht. Die jüngsten Nachrichten, daß trotzdem die Deutschen solche Schutzdokumenteninhaber ermordeten, sollte uns nicht davon abhalten, wo immer es noch möglich ist, die neutralen Regierungen zu bitten, so viel Juden wie möglich mit solchen Schutzdokumenten auszustatten. Darüber hinaus aber sollten die neutralen Regierungen gebeten werden, für solche Gruppen, die mit Schutzdokumenten versehen sind, freien Abzug zu fordern. Auf diese Weise würden Massaker vermieden werden, wie sie augenscheinlich in Budapest stattgefunden haben, als die Deutschen aus den betreffenden Bezirken zum Rückzug gezwungen wurden.

DOK. 294

Erwin Weinmann teilt am 27. März 1945 mit, dass der in „Mischehe" lebende Anton Moravec zum geschlossenen Arbeitseinsatz herangezogen wird[1]

Schreiben (Tgb. Nr. B. d. S. – ZJ – 105/45) des Befehlshabers der Sicherheitspolizei und des SD Prag, Prag XIX, Kastanienallee 19, Unterschrift unleserlich, an das Ministeramt (Eing. 2.4.1945) vom 27.3.1945[2]

Zum Schreiben vom 8.2.1945 – H. Pol. F. IV C – 8/45 –[3] wird berichtet, daß der angefragte Rechtsanwalt *JUDr. Anton Moravec,*[4]
geboren am 6.1.1909 in Brünn, Protektoratsangehöriger, in Brünn, Tivoli 1a wohnhaft, als jüdisch Versippter (Gattin Vera *Moravec*, geb. am 22.4.1914, Protektoratsangehörige,

1 NAP, 110-4/197.
2 Im Original handschriftl. Bearbeitungsvermerke.
3 In dem Schreiben des HSSPF Böhmen und Mähren wird um eine Stellungnahme des BdS zur Angelegenheit des Rechtsanwalts Moravec gebeten; wie Anm. 1.
4 Dr. Anton Moravec (*1909), Anwalt; von 1940 an eingetragener Anwalt in Brünn; von Sept. 1943 an als Rechtswahrer dienstverpflichtet bei der Fa. Klöckner-Deutz-Motoren in Brünn.

jüdischer Mischling I. Grades) für den geschlossenen Arbeitseinsatz bei der OT. für den 15.12.1944 vorgesehen war. Auf Grund eines FS-Ansuchens des Betriebsführers der „Klöckner Deutz Motoren A. G." wurde *Moravec* von hier bis zum 3.1.1945 zurückgestellt.
Moravec soll nunmehr zum Arbeitsdienst bei der OT herangezogen werden, da nach Rücksprache mit dem RSHA die derzeitige Beschäftigung nicht für so wichtig gehalten wird, daß eine weitere Zurückstellung vertretbar wäre.
Ich bitte hiervon Kenntnis zu nehmen.
Im Auftrage

DOK. 295
Alice Ehrmann schildert in ihrem Tagebuch am 17. und 18. April 1945 die Abzugsvorbereitungen der SS und einen nächtlichen Aufruhr in Theresienstadt[1]

Tagebuch von Alice Ehrmann,[2] Eintrag vom 17. und 18.4.1945 (Typoskript)

17.4.1945
Die ganze Nacht Alarme, früh um 7 und den ganzen Vormittag. Nachmittag um halb drei kamen Flieger, Hunderte, einzeln, paarweise und in geschlossenen Gruppen. Sie flogen rundherum um das Ghetto, dann nach Norden und Westen, kreuz und quer, Punkte und Storche[3] und donnernde Riesen. Sie zeichneten am Himmel lange Nebellinien, ließen Nebelzeichen senkrecht hinunter, warfen Papier und Staniol ab. Alle Menschen standen draußen, eine trunkene Menge. Die Stadt war ein einziges Aufjubeln, in dem die ersten Krusten der Verstocktheit krachend brachen. Wir fühlen uns plötzlich so sicher und bewacht und behütet von der Welt, die von uns weiß. Die Deutschen bereiten sich vor. Am Bahnhof wird alles, was Räder hat, repariert. Kisten und Anhänger, eine Feldküche, ein Wagen fürs *Geflügel, Kaninchenkäfige* usw. Alle Schweine bis 60 kg., alles Vieh [ist] geschlachtet worden. Das Geflügel und die Kaninchen werden lebendig mitgenommen. Lastautos mit Bänken versehen, mit Zelten bespannt, Heuwagen werden gerichtet zum Heuwegführen, Schreibmaschinen repariert. In der Sudetenkaserne am Hof brennen zwei große Feuer, schwitzende SS-Männer werfen 10-, 20-kg-Pakete Akten aus den Fenstern heraus. Sie stehen in einer Kette, wie die Juden vor einem Jahr,[4] und plagen sich ab. Oben patrouillieren sie und sammeln die weggeflogenen Blätter auf. Heinl[5] hat heute geohrfeigt, aber das ist nicht mehr in der Linie. Von

1 YVA, O.64/86, Bl. 127 f. Abdruck in: Alisah Shek, Ein Theresienstädter Tagebuch, in: TSD, 1 (1994), S. 185 f. Das Tagebuch wurde in deutscher Sprache im hebräischen Alphabet verfasst.
2 Alice Ehrmann, später Alisah Shek (1927–2007); am 13.7.1943 wurde sie mit ihrer älteren Schwester Ruth nach Theresienstadt deportiert, wo sie Beweisdokumente aus dem Gettoalltag versteckte; 1945 in Theresienstadt befreit; sie emigrierte nach Israel und heiratete Zeev Shek.
3 So im Original.
4 Nicht ermittelt.
5 Richtig: Rudolf Haindl (1922–1948), Elektriker; zunächst bei der Gestapo Wien, 1942–1945 Vertreter des Lagerinspekteurs in Theresienstadt; 1945 Flucht, 1947 in Salzburg verhaftet und 1948 in der Tschechoslowakei hingerichtet.

der Kommission weiß man nichts, Murmelstein ist sehr zufrieden. Es erhält sich die „Bonke"[6] vom Übergeben.[7] Alles steht Kopf, und die Zeit geht doch so langsam.

18.4.1945
Die Psychose ging so weit, daß heute nachts die Nachricht verbreitet wurde, die SS habe die Stadt verlassen. Sofort stürzten die Versippten aus der Baracke heraus, weckten alle anderen und rannten durch die Stadt, trommelten auf die Fensterscheiben und brüllten: Wir sind frei, at' žije Československo[8] usw. In einer halben Stunde war die ganze Stadt auf und Lärm in den Straßen, hell erleuchtete Fenster, Leute rannten hin und her, so wie sie aus den Betten kamen. Als sich alles ein wenig gelegt hat, kam Murmelstein in die Baracke und brüllte die tobenden Chauvinisten, die indessen die Hymnen der Republik angestimmt haben, tüchtig an. Da kamen auch schon Heinl und Rahm mit Maschinengewehren. Rahm ließ alle antreten in sechs Reihen, alle dachten … Er aber hielt eine Ansprache, die mit „meine Herren" anfing, „beruhigen Sie sich, das ist alles vorzeitig, ihr werdet alles rechtzeitig erfahren … usw." Unglaublich, ich glaube, die Armen haben Angst vor diesen Idiotenversippten bekommen. Wüßten sie, wie unschädlich diese Schweinsbratennaturen sind … Früh war Appell. Murmelstein übertrieb. Nachträglich erfuhr man, daß einige Versippte schon mit Koffern bei den Gendarmen angehalten worden sind. Ich denke mir, es wäre in einer gewissen Hinsicht eine Ironie des Schicksals, diese Sheerit[9] Israel zu erhalten, indes Tausende wertvolle Träger des Volkstums zugrunde gehen werden.
Eierlieferung binnen einer halben Stunde ohne Stempeln, auf die Kommandantur. Kursawe:[10] „Ich hab Dich vorgestern im Film gesehen, mit den Enten, es war sehr schön." Schwein. Apropos, von 440 (Enten) bleiben 12 kleine. Nachts Gewitter und Anflug.

DOK. 296

Benjamin Murmelstein appelliert am 24. April 1945 an die Gettobewohner, Opferbereitschaft für Juden aus den evakuierten Konzentrationslagern zu zeigen[1]

Bekanntmachung des Leiters des Ältestenrats der Juden in Theresienstadt Benjamin Murmelstein vom 24.4.1945 (Typoskript)

An die Einwohner des jüdischen Siedlungsgebietes
Durch die Ankunft von rund 10 000 Juden,[2] welche mit Sammeltransporten am 20. und 21. April hier eingetroffen sind, ändert sich nicht nur grundlegend das Bild unserer Stadt, sondern es ergibt sich auch für jeden von uns eine Reihe von Pflichten und Aufgaben.

6 Bonke bezeichnete in Theresienstadt ein Gerücht. Die Herkunft des Begriffs ist nicht geklärt.
7 Gemeint ist die Übergabe des Gettos an die Alliierten.
8 Tschech.: Lang lebe die Tschechoslowakei.
9 Hebr.: der Rest.
10 Vermutlich: Karel Kursawe (*1892); Angehöriger der SS-Wachmannschaft in Theresienstadt und Leiter der Landwirtschaft dort.

1 YVA, O.64/453.

Den angekommenen Juden sind die Folgen einer langen und mühevollen Reise anzusehen. Sie müssen mit Lebensmitteln sowie Kleidungsstücken versehen und unseren Möglichkeiten entsprechend untergebracht werden.
Es ist hervorzuheben, daß der zusätzliche Bedarf an Lebensmitteln durch die Vergrößerung der Verbraucheranzahl keineswegs zu Lasten der bisherigen Einwohner geht, da aus den vorhandenen Vorräten immer nur jene Mengen entnommen werden dürfen, die auf den Kopf der vorhandenen Bevölkerung entfallen.
Es war nicht zu umgehen, daß Gebäude frei gemacht werden, um Unterkünfte für die Neuankömmlinge zu schaffen. Es ist auch nicht zu vermeiden, daß der bisher jedem einzelnen zur Verfügung stehende Wohnraum eine Verengung erfahren wird, es darf jedoch erwartet werden, daß jeder von uns sich der Notwendigkeit bewußt bleibt, Opfer bringen zu müssen, um Juden, die auf uns in jeder Beziehung angewiesen sind, zu helfen.
Die Sammlung von Kleidungsstücken, welche es innerhalb weniger Stunden ermöglicht hat, die zuerst eingetroffenen Transporte auszustatten, bis wir weitere Kleidungsstücke zur Verfügung gestellt bekommen, hat bewiesen, daß die meisten von uns sich ihrer Pflicht vollauf bewußt sind.
Im Interesse der Gesundheitsverhältnisse im Siedlungsgebiet ist es notwendig, daß die Neuankömmlinge bis auf weiteres in ihren Wohnräumen von den anderen Einwohnern gesondert verbleiben. Es ist daher, um die Verbreitung ansteckender Krankheiten zu verhindern, bis auf weiteres unzulässig, daß sie sich in den Straßen frei bewegen und die einzelnen Häuser aufsuchen. Es ist daher gerade jetzt besonders wichtig, auf die Reinheit des Körpers, unserer Kleidungsstücke und unserer Wohnräume zu achten. Vermeidet jeden, wenn auch noch so gut gemeinten Versuch, aus eigenen Mitteln vereinzelte Gaben auszuteilen. Diese sind nicht geeignet, eine merkbare Abhilfe zu schaffen, führen jedoch durch ungleichmäßige Behandlung zu Auseinandersetzungen innerhalb der Transporte selbst und erschweren die Aufrechterhaltung der lebenswichtigen Ordnung. Die Mitarbeit eines jeden von Euch ist erwünscht und notwendig, sie muß jedoch im Rahmen der Gemeinschaftsaktion durchgeführt werden.
Die Aufnahme und Unterbringung der zuletzt angekommenen Juden ist eines der schwierigsten Probleme, die von der Jüdischen Selbstverwaltung in Theresienstadt überwunden werden mußten. Es wird hoffentlich auch diesmal gelingen, wenn keiner von uns untätig zur Seite sieht. Wir stehen vor einer Aufgabe, deren Durchführung genau beobachtet wird. Sorget dafür, daß das Urteil, welches dereinst über die Arbeit in Theresienstadt gesprochen wird, auch die in den letzten Tagen vollbrachten Leistungen als Beweis für die gute Haltung der in Theresienstadt lebenden Juden anführt. Es werden von uns Opfer verlangt, jeder Einzelne möge sie bringen, in dem Bewußtsein, daß auch er an dem hier in Angriff genommenen großen Hilfswerk nach seinen Kräften beteiligt zu sein hat.

2 Am 20. und 21.4.1945 erreichten insgesamt 8590 Personen aus Evakuierungstransporten Theresienstadt. Sie kamen aus Birkenau, Niederdonau, Bergen-Belsen, Teplitz, Zeitz und Hainichen; YVA, O.64/32; siehe auch VEJ 16/256.

DOK. 297
Ein jüdischer Informant berichtet Ende April 1945 der Dienststelle der SS in Theresienstadt über die letzten Tage und Ereignisse im Getto[1]

Bericht eines unbekannten Verfassers für die Dienststelle Theresienstadt des BdS, Zentralamt für die Regelung der Judenfrage in Böhmen und Mähren,[2] von Ende April 1945 (Typoskript)[3]

Mit dem Weggang der *Dänen* begannen die Sensationen für das Ghetto Theresienstadt.[4] Als sich die Nachricht verbreitete, daß durch Vermittlung der Genfer Konvention das schwedische Rote Kreuz den Heim-Transport der Dänen-Juden übernommen habe, war die Stimmung im Ghetto derart, daß man glauben mochte, die Liquidierung des Ghettos sei eine Frage von Stunden.

Die Überoptimisten in allen Lagern packten ihre Koffer und selbst in den Reihen der Protektoratsangehörigen machte sich eine starke Nervosität bemerkbar. *Herr Meissner*[5] war überall und nirgends *zu sehen* und *zu sprechen*, auch *Prof. Meiers*[6] hatte mit *Auskünften* aller Art sehr zu tun.

Für die Insassen des Ghettos war es eben eine Sensation, daß durch Verhandlungen die deutsche Reichsregierung Juden aus dem deutschen Ghetto entläßt.[7] Der Abtransport selbst durch die Autocars am Sonntag war eine Sehenswürdigkeit für sich, und hier ist besonders zu bemerken, daß die Bevölkerung einmütig die Großzügigkeit des Chefs der Dienststelle anerkannte, mit welcher er gestattete, dass die Zurückgebliebenen sich zu den Cars begeben konnten. Er selbst wurde einige Male beobachtet, wie er die Kolonne entlangging und keinerlei Beanstandungen machte, während der Judenälteste[8] sich nicht genug tuen konnte, es als ungehörig zu betrachten, was bei der Bevölkerung allerdings wenig Eindruck machte.

Weiterhin war ein besonderes Tagesgespräch, daß Herr SS-Obersturmführer Rahm den zum Barackenbau einberufenen Juden *Mimich*, der sich dem Antritt zum Dienste entzog, nicht bestrafte, sondern dem Ghettorichter zur Aburteilung freigab. *In Kreisen der Prot.-Angehörigen war man darob sehr überrascht und sind dadurch sehr viele Stimmen gedämpft*

1 JMP, T 079, Investigation of various criminal cases in Terezín. Teilweise abgedruckt in: H. G. Adler, Theresienstadt 1941–1945. Das Antlitz einer Zwangsgemeinschaft, Tübingen 1955, S. 205 f.

2 Diese offizielle Bezeichnung der SS-Lagerkommandantur war im Getto selbst erst seit Juli 1943 gebräuchlich, dann i. d. R. verkürzt als „Dienststelle“. Leiter der Dienststelle war im April 1945 Karl Rahm.

3 Im Original handschriftl. Unterstreichungen.

4 Mitte April 1945 wurden nach Intervention des schwed. Außenministeriums die mehr als 400 überlebenden dän. Juden aus Theresienstadt nach Malmö gebracht.

5 Dr. Alfred Meissner (1871–1950), Jurist; Anwalt in Prag; von 1920 an Mitglied des tschechoslowak. Abgeordnetenhauses; 1920 und 1929–1934 Justizminister und 1934/35 Minister für soziale Fürsorge; 1942 Deportation nach Theresienstadt, dort Mitglied des Ältestenrats und des Gettogerichts; 1945 Rückkehr nach Prag.

6 Richtig: Dr. Eduard Meijers (1880–1954), Jurist; von 1903 an als Anwalt tätig; 1910–1940 Professor in Leiden; Entlassung aufgrund seiner jüdischen Herkunft, 1942 wurde er in das Sammellager Westerbork deportiert, 1944 weiter nach Theresienstadt; 1945 Rückkehr in die Niederlande, 1949 Verleihung des Ordens von Oranje-Nassau und vom Niederländischen Löwen.

7 Am 15.4.1945 durften die 425 noch lebenden dän. Juden im Rahmen der Rettungsaktion der „Weißen Busse“ aus Theresienstadt ausreisen; siehe VEJ 12, S. 23 f.

8 Benjamin Murmelstein.

worden, man hätte dort gerne gesehen, daß die Dienststelle nicht so „generös" gewesen wäre, und es wäre eben Gelegenheit gewesen, sich über die „Deutschen" den Mund zu zerreißen. Hierbei wäre anzuführen, daß in gewissen Tschechenkreisen infolge der Lage sie nicht genug tuen können, einen weiteren Zwiespalt zwischen sich und den Angehörigen aus dem Reich zu schaffen. Man hört immer mehr die Redensart „nach dem Krieg fliegt ihr Deutschen samt und sonders aus der Tschechei im hohen Bogen *hinaus.*"

Ungeheures Aufsehen machte auch im Ghetto der Durchzug der motorisierten Formationen des Deutschen Heeres auf der Umgehungsstraße in der Richtung Prag zu beobachten.[9] Am Kinderspielplatz gab man sich „Rendezvous" und die Wippen und Schaukeln waren tagelang dicht belagert. Zeitweise konnten dort Persönlichkeiten beobachtet werden, die sich sonst nicht so ohne weiteres unter das Volk begaben. Die Verbinder[10] zählten einen Personenwechsel bis zu *200 Juden* in der Stunde.

Die größte Angelegenheit jedoch war die *„nächtliche Fanfare"* , daß das Ghetto in Händen des Roten Kreuzes übergegangen sei.[11]

Im vorneherein sei bemerkt, daß in *allen* Bevölkerungslagern des Ghettos die Stimme vorherrscht, die Sache sei von gewissen *unverantwortlichen* Elementen „provokatorisch" bestellt worden, was allerdings damit bezweckt werden sollte und wollte, ist eine Frage, die sich ein Jude im Ghetto nicht beantworten kann. Letzten Endes hätte die Angelegenheit nach Ansicht aller Ghettoinsassen *ein anderes Ende nehmen können.*

Spezialbericht und Verbindungsbericht:

Am Abend der bewußten Nacht war eine starke Beunruhigung zu bemerken und der Straßenverkehr war stärker als sonst. Gerüchte über Kommissionen, Dienststellenveränderungen usw. eilten von Gruppe zu Gruppe und von einer Unterkunft zur anderen. Es war kaum möglich, allem zu folgen. Gegen 10 Uhr trat plötzlich schlagartig Ruhe ein, als gegen 24–1 Uhr der Ruf erklang: „Das Ghetto ist frei, die Kommission hat es übernommen, wir stehen unter dem Schutz der Genfer Konvention."

Das war natürlich eine Sache, die einem Lauffeuer gleichkam. In der Dresdner Kaserne (wie nachträglich festgestellt wurde) erschienen in einzelnen Zimmern Frauen mit der *angeblichen Abschrift* des R-Protokolles,[12] das man durch eine Indiskretion aus der Kanzlei des Judenältesten erfahren haben *wollte.* In allen Fällen waren es Frauen, die den Einwohnern *unbekannt* waren, und die Fälle waren in der Hannover und Hamburger ebenso gebaut als in der Dresdner.[13] Nun ging es los. Frauen kamen mit der Sensationsnachricht zu ihren Männern und umgekehrt ebenso. Um sich zu vergewissern, was an der Sache wirklich sei, versuchte man an Dr. Murmelstein zu kommen, der auch um diese Zeit bereits unterrichtet war über die Vorgänge. Er stellte es strikte in Abrede, daß irgendwelche Verhandlungen mit dem „Roten Kreuze" wären, geschweige denn Veränderungen oder Erleichterungen zu erwarten wären (?!!!!?). Um diese Zeit war der Chef der Dienststelle SS-Obersturmführer Rahm bereits unterwegs zur Baracke an der Hauptstraße, wo sich die Situation geradezu dramatisch zuspitzen sollte.

9 So im Original.

10 Gemeint sind Verbindungsleute zur SS, also Zuträger.

11 So im Original; siehe Dok. 295 vom 17./18.4.1945.

12 Nicht aufgefunden.

13 Gemeint sind die Hannover'sche (Männer), die Hamburger (Zentralschleuse) und die Dresdner (Frauen) Kaserne (Frauen).

Verbinder, die dort wohnen, erklärten frei, daß niemand im ersten Augenblick für sich und die Juden auch nur noch die *geringste Chance* gab. Erst als der Chef der Dienststelle *zum Kargo*[14] formen ließ und die Ansprache mit „meine Herren" begann, war der Bann gebrochen, und heute wird wie sogleich auch damals gesagt: „Der Chef der Dienststelle war großartig, im Gegensatz zu den Judenvertretern hat er auf uns beruhigend gewirkt, und man *(bitte wörtlich)* ist *dankbar* für die Art der Lösung der Situation gewesen." Zu bemerken ist freilich, daß in den Baracken hauptsächlich Leute aus den jüngsten Reichs- und Pragtransporten wohnen, die meist arisch versippt sind. Als Abschluß der Angelegenheit ist zu bemerken: „Herr SS-Obersturmführer Rahm ist der Mann der Ghettos, und es würde sehr bedauert werden, falls eine Änderung im Kommando wäre."
Diese war *die Frage* der Nacht.
In diesen Tagen konnte man eine emsige Tätigkeit in der Holländer Kol[onie] beobachten, und der Holländer Pastor *„Enkers"*[15] wurde viel beobachtet, wie er Besuche machte, was er sonst wenig tat. Die Nachforschung ergab, daß er für sich eine Kartei nach relig. Richtung usw. des Rubrikanten machte (!!!)
Um nun alles auf den Kopf zu stellen, erscheint zwei Tage nach der *„unruhigen Nacht"* die Mitteilung des Ältestenrates über die persönlichen Verhandlungen mit Herrn *Dunant*[16] vom Roten Kreuz. Es ist einfach nicht zu beschreiben, was sich seit dieser Zeit hier alles tat, „was das Rote Kreuz tun und leisten wird". Es ist bekannt im Ghetto, daß Herr Dunant zur Familie des Gründers des Roten Kreuzes „Dunant 1964[17] Genf" gehört. Er war Legationsrat in Preßburg usw. Er hat unbeschränkte Vollmachten von Seiten des Schweizer Roten Kreuzes, und die Lage für die Bevölkerung des Ghettos würde von ihm mitbestimmt. Theresienstadt sei als „exterritorial" erklärt, und Herr SS-Obersturmführer Rahm sei in einem Einvernehmen der neutralen Mächte und der deutschen Reichsregierung zur Aufrechterhaltung der Ordnung usw. bestimmt und auch *gleichzeitig Vertreter (diplomatischer) im Range eines Generalkonsuls* für die deutsche Reichsregierung. *Daß man nun voll geborgen sei, ist eine feststehende Tatsache*, wenngleich die Pessimisten erklären, daß *die Brotrationsverkürzung keine gute Einführung der Betreuung durch das Schweizer Rote Kreuz wäre (!!).*
Die 600 Ausreisen nach der Schweiz, die stattfinden sollen, interessieren durch die allgemein geschaffene Lage hauptsächlich die Betroffenen, wenngleich eine Gruppe, die gerne dabei sein möchte und nicht zum Zuge kommen kann, darüber große Diskussionen hält. Die einzelnen Personen, die auf der Liste stehen, insbesondere die Prominenten, befleiß[ig]en sich in allen Fällen beruhigend aufzutreten, besonders Herr Meissner mahnt nur immer zur Ruhe und Ordnung.
Allgemeine Unruhe ist durch die [...][18] neuen Transporte als Welle über das Ghetto gekommen. Es erscheint nun [als] ein neuer *„homo spezies"* der *polnische Jude* im Ghetto. Erfreut ist offen gestanden niemand von dem Eintreffen, denn die Einführung war keine gute, und eine große Angst herrscht besonders bei den älteren Leuten, falls die „K. Z. ler"

14 Kommandant Rahm ließ die anwesenden Juden in sechs Reihen antreten.
15 Richtig: Max Enker (1913–1983), niederländ. Pfarrer.
16 Paul Dunant (1901–1973); 30.3. bis 31.5.1945 Leiter der sog. Mission Theresienstadt; lebte nach dem Krieg in der südfranz. Gemeinde Biot.
17 Richtig: 1864.
18 Im Original unleserlich, vermutlich: eintreffenden.

aus der Quarantäne kommen. *Handfeste Gehstöcke sind sehr gefragt*. Auch ist man ängstlich, daß die Verpflegung weiter eingeschränkt wird. Daß die Leute nicht sehr angenehm sind, haben schon Beispiele genug gegeben, und der Ruf nach Sicherheit wird immer lauter, denn schon gelingt es einzelnen Leuten, aus der Quarantäne zu entreißen, die sich bettelnd an den Küchen herumtreiben, *so lange*, bis sie sistiert[19] werden.
Daß das Rauchverbot gefallen sei, darüber freuen sich die Raucher. Die Preise für die Zigaretten sind schnell gefallen dadurch, daß mit dem Ungarntransport doch einzelne Mengen bis zu 50 Stück mitgenommen sind. Der Locopreis[20] ist *10 Stück* 1 S-Brot, d. i. *20 Mark; während bisher 3 Stück* für ein „n"-Brot getauscht wurden.[21]
Als neueste Sensation durcheilt es eben (Freitag) das Ghetto: „Auf Vermittlung und im Auftrage der Genfer Konvention sollen der Dienststellenleiter und die Dienststelle bis zur vollkommenen Liquidierung des Ghettos verbleiben, schon aus Sicherheitsgründen." Die Bevölkerung des Ghettos, insbesondere die Juden aus dem Reich, würde diese Maßnahmen begrüßen. Diese Mitteilung kommt auch *von den* Verbindungsleuten.
Im allgemeinen rechnet man hier mit einer sehr baldigen Beendigung des Krieges und harrt stündlich der kommenden Dinge.

DOK. 298

Benjamin Murmelstein informiert am 5. Mai 1945 das Internationale Rote Kreuz über die Situation in Theresienstadt und bittet um seine Absetzung[1]

Schreiben von Benjamin Murmelstein, Vorsitzender des Ältestenrats der Juden in Theresienstadt, an den Delegierten des Internationalen Roten Kreuzes Paul Dunant vom 5.5.1945

Sehr geehrter Herr Dunant!
Bezugnehmend auf unser heutiges Gespräch erlaube ich mir, wunschgemäß die wichtigsten Probleme, welche mit der Lage in Theresienstadt zusammenhängen, wie folgt zu skizzieren:
a) Arbeits-Situation
Die Notgemeinschaft geht auseinander; jeder denkt an sich. Ein externer Nachdruck ist nicht zu merken: die interne Notwendigkeit genügt nicht. Die Leute streben nach Haus. Die Durchführung von Arbeiten ist mit großen Schwierigkeiten verbunden.
b) Quarantäne[2]
Mehr als 40 % der Bevölkerung befinden sich in Quarantäne, so daß man ca. 13 000 Personen versorgen muß, ohne ihre Arbeitskraft ausnutzen zu können.

19 Lat.: festgenommen.
20 Preis für sofortige Lieferung.
21 Seit Juni 1944 war Brot in Theresienstadt in zwei Kategorien eingeteilt: Das Gewicht eines S-Brots für Schwerarbeiter betrug 470 Gramm, das eines N-Brots für Normalarbeiter 350 Gramm.

1 USHMM, RG-04.014*01. Abdruck in: Adler, Die verheimlichte Wahrheit. (wie Dok. 39 vom 11.6.1943, Anm. 1), S. 142–143.
2 Viele der Häftlinge aus den Todesmärschen, die seit dem 20.4.1945 Theresienstadt erreichten, waren an Flecktyphus erkrankt. Um die Ausbreitung der Krankheit zu verhindern, ordnete der Ältestenrat eine Quarantäne an. Bis Ende Juni starben etwa 500 Menschen an Flecktyphus.

Die Neugekommenen[3] sind ein kompliziertes Menschenmaterial, mit allem unzufrieden und wenig diszipliniert, und können sich an die neue Lebensweise nicht gewöhnen; daher ist es notwendig, ständig einen großen Ordnungsdienst zu mobilisieren, um die Ruhe zu erhalten.
Wegen der Alimentation bestehen überdies zwischen den Neuangekommenen und den früheren Einwohnern von Theresienstadt Spannungen. Man muß immer achtgeben, daß diese Spannungen nicht zu einem Konflikt führen.
c) Sanitäre Lage
Der Flecktyphus und andere Infektionen schaffen eine ernste Lage und machen eine Reihe von Arbeiten notwendig, deren Durchführung aus den sub a) und b) angeführten Gründen schwer ist. Die drohende Infektion und die eventuelle Quarantäne für alle lassen die Nervosität unter der Bevölkerung von Theresienstadt immer größer werden.
d) Reorganisation
Für den Fall einer externen organisatorischen Änderung erscheint es richtig, auch intern an leitender Stelle eine Änderung herbeizuführen. Der Ältestenrat hat sich bereit erklärt, nach der Demission des Judenältesten die volle Verantwortung für die Führung der Geschäfte zu übernehmen. Gegenwärtig hat also der administrative Apparat vor sich
1) den bisherigen Judenältesten,
2) als eventuellen neuen Faktor den Ältestenrat.
Die Existenz von zwei Instanzen schafft eine Desorientierung und bringt weitere Schwierigkeiten.
Um eine Klärung der Situation herbeizuführen und die Einhaltung einer präzisen Linie zu ermöglichen, habe ich den Leiter der Dienststelle Theresienstadt[4] gebeten, bei den vorgesetzten Autoritäten meine sofortige Demission durchzusetzen. Der Fakt, daß das Internationale Rote Kreuz am gestrigen Tage die Mitverantwortung für Theresienstadt übernommen hat, schafft meiner Meinung nach eine organisatorische Änderung, deren Resultat diese Decision sein muß.
Ich bitte Sie, mich richtig verstehen zu wollen und mich nicht für einen Deserteur zu halten. Ich will aus der politischen Lage im richtigen Moment die richtigen Konsequenzen ziehen.[5]
Mit vorzüglicher Hochachtung

3 Gemeint sind die Häftlinge aus den Todesmärschen.

4 Karl Rahm.

5 Murmelstein hatte ein Angebot des IKRK, noch vor Kriegsende in die Schweiz auszureisen, abgelehnt, um dem Vorwurf, er wolle sich der Verantwortung für seine Funktion als Judenältester nicht stellen, zu begegnen. Nach der Übernahme der Entscheidungsgewalt in Theresienstadt durch Dunant trat Murmelstein von seinem Amt zurück. Die Mitglieder des Ältestenrats fungierten als Vertreter der verschiedenen Gruppen im Getto.

DOK. 299
Aufruf der Mitglieder des Ältestenrats der Juden vom 6. Mai 1945 an die Gefangenen nach der Befreiung von Theresienstadt[1]

Mitteilung des Ältestenrats der Juden in Theresienstadt,[2] gez. Dr. Leo Baeck,[3] Dr. Alfred Meissner, Dr. Heinrich Klang,[4] Dr. Eduard Meijer,[5] vom 6.5.1945 (Typoskript)[6]

Männer und Frauen von Theresienstadt!
Das Internationale Komité des Roten Kreuzes hat den Schutz von Theresienstadt übernommen. Dem Vertreter dieses Komités, Herrn Dunant,[7] steht die Führung von Theresienstadt zu. Er hat die unterschriebenen Mitglieder des bisherigen Ältestenrates mit der Leitung der Selbstverwaltung betraut.
In Theresienstadt seid Ihr sicher! Der Krieg ist noch nicht beendet! Wer Theresienstadt verläßt, setzt sich allen Kriegsgefahren aus.
Theresienstadt hat die Betreuung der Märtyrer aus der kleinen Festung übernommen.[8] Das verlangt vermehrte Arbeitsleistung, die auch zur Vorbereitung der Rücktransporte notwendig ist. Es muß weiter gearbeitet werden! Wer die Arbeit verweigert, darf einem Rücktransport nicht eingereiht werden.
Der Postverkehr ist nunmehr ohne Zensur und sonstige Beschränkung in jeder Sprache gestattet. Zur Einleitung dieses Verkehrs wird jeder Einwohner von Theresienstadt, der es wünscht, eine frankierte Postkarte erhalten, sobald solche in genügender Zahl zur Verfügung stehen werden.
Es werden Zeitungen angeschafft und öffentlich angeschlagen werden.
Die schweren Krankheiten, die augenblicklich hier noch herrschen, machen eine strenge Einhaltung der Quarantäne-Vorschriften notwendig. Darum haltet sie genauestens ein!

1 JMP, T 188. Abdruck als Faksimile in: Martha Glass, „Jeder Tag in Theresin ist ein Geschenk". Die Theresienstädter Tagebücher einer Hamburger Jüdin 1943–1945, hrsg. von Barbara Müller-Wesemann, Hamburg 1996, S. 117.

2 Am 5.5.1945 trat der Judenälteste Dr. Benjamin Murmelstein von seinem Amt zurück, woraufhin der bisherige Ältestenrat nun unter der Führung von Leo Baeck die innere Leitung übernahm.

3 Dr. Leo Baeck (1873–1956), Rabbiner; von 1897 an als Reformrabbiner u. a. in Oppeln und Berlin tätig, 1913–1942 Dozent an der Lehranstalt für die Wissenschaft des Judentums, 1933–1943 Präsident der Reichsvertretung der deutschen Juden bzw. der Reichsvereinigung, 1943 wurde er nach Theresienstadt deportiert; emigrierte nach dem Krieg nach London; Autor u. a. von „Wesen des Judentums" (1923).

4 Dr. Heinrich Klang (1875–1954), Jurist; von 1901 an als Richter tätig, u. a. seit 1918 am Landes- und Oberlandesgericht Wien, 1925–1938 Professor in Wien; 1938 wurde er zwangspensioniert, 1942 nach Theresienstadt deportiert, dort bis 1945 Richter am Gettogericht; nach dem Krieg wieder in Wien als Richter tätig.

5 Richtig: Dr. Eduard Meijers.

6 Das Original ist zweisprachig verfasst, deutsch und tschech.; handschriftl. Bemerkung: „Sonntag Mittag 12 Uhr wurden die tschechischen Fahnen gehißt, da angeblich Waffenstillstand. Später wieder entfernt, da Theresienstadt unter Schutz des roten + [Kreuzes] stehe, also quasi ‚international' ist."

7 Paul Dunant.

8 Ab dem 4.5.1945 wurden die Häftlinge aus der „Kleinen Festung", dem Gestapogefängnis, nach Theresienstadt überführt.

Nach Beendigung des Krieges werden die Rücktransporte raschestens beginnen und nach Maßgabe der von der Regierung zu erlassenden Vorschriften durchgeführt werden. Haltet Ruhe und Ordnung! Helft uns bei der Arbeit, die Eure Rückreise ermöglichen soll! Geht jeder der ihm zugewiesenen Arbeit auf seinem Platze nach!

DOK. 300
Erich Kessler beschreibt am 8. Mai 1945 in seinem Tagebuch das Wiedersehen mit seinem Bruder Hans und die Ankunft der Roten Armee in Theresienstadt[1]

Tagebuch von Erich Kessler, Theresienstadt, Eintrag vom 8.5.1945 (Abschrift)

M[ittag]: 0,8 Graupen
A[bend]: 0.4 Kartoffelsuppe, 1 Blutwurstpastete
Heute morgen um ½ 7 wurde ich geweckt mit der Nachricht, daß mein Bruder Hans[2] heute nacht mit einem Transport nach Theresienstadt gekommen ist.[3] Ich war natürlich im Nu aus dem Bett und angekleidet und lief zur Sammelstelle. Das war ein Wiedersehen, nach so vielen Jahren schmerzlicher Trennung! Oft war ich ganz mutlos und wagte nicht, an ein Wiedersehen zu glauben. Dann faßte ich doch wieder Hoffnung, und Gott sei Dank hat sich diese als begründet erwiesen. Aber wie mußten wir uns wiedersehen. Abgemagert mit den typischen KZ-ler Blick, der von unvorstellbarem Grauen spricht. Das Normalgewicht von Hans war 72–73 kg. Heute wiegt er 48. Viel mußten die armen Kerle mitmachen, ehe sie den unter dem Schutze des Roten Kreuzes stehenden Boden Theresienstadts betraten und dadurch dem Leben wiedergegeben wurden. 3 Wochen waren sie unterwegs. Fast ohne Essen u. größtenteils zu Fuß. Die letzten 2 Nächte waren besonders arg. Es regnete in Strömen, und sie standen im offenen Lastwaggon eng zusammengepfercht und bis auf die Haut durchnäßt. Dabei aber todhungrig, so daß einer nach dem anderen vor vollkommener Entkräftung tot zusammenbrach. 70 Todesfälle waren in der letzten und schrecklichsten Nacht. Hans setzte sich auf seine Eßschale und schlief vor Schwäche ein. Als er erwachte, saß er im Wasser, und als Folge davon hat er furchtbaren Durchfall. Nicht weniger als 40 Mal mußte er auf die große Seite gehen. Er bat mich, irgendein Gegenmittel aufzutreiben. Ich lief natürlich ins Spital zu einer bekannten Schwester, doch bekam ich nur Tierkohle. Zum Glück hatte ich noch getrocknetes Brot, das ich ihm auch brachte, damit er nicht in Versuchung kommt, etwas zu essen, was ihm schaden könnte. Im Dezember 1943 gingen von hier 1500 Personen weg, und gestern kehrten 280 zurück.[4] Alle anderen sind vergast, verhungert oder an den Strapazen zugrunde gegangen. Auch unsere liebe gute Mama[5] werden wir nicht mehr sehen. Was diese Menschen erlebt haben

1 DÖW, Akt 19 475, S. 143–149. Abdruck in: Erich Kessler, Ein Theresienstädter Tagebuch, in: TSD, 2 (1995), S. 316 f.

2 Hans Kessler (1912–1984); am 10.10.1942 aus Wien nach Theresienstadt deportiert, von dort im Dez. 1943 weiter nach Auschwitz, von Juli 1944 an leistete er Zwangsarbeit im Außenlager Schwarzheide (Sachsenhausen), im Frühjahr 1945 erreichte er nach einem Todesmarsch Theresienstadt; dort befreit.

3 Der Räumungstransport aus Schwarzheide begann am 19.4.1945 und erreichte Theresienstadt am 8.5.1945.

und sahen, ist so ungeheuerlich, daß es kaum glaubhaft ist. Die Osttransporte, die von Theresienstadt abgefertigt wurden, kamen in Birkenau, einem Nebenlager von Auschwitz[an], unter Stacheldraht. Dort verblieb der ganze Transport 6 Monate unter Quarantäne.[6] Dann wurde von der Lagerleitung in Berlin angefragt, was mit dem Transport zu geschehen habe, und [man] gab gleichzeitig eine allgemeine Übersicht über den gesundheitlichen Stand und die Arbeitsfähigkeit der Leute. Gemäß dieser Einschätzung lautet dann das Urteil aus Berlin: „Vernichten" oder „Arbeitseinsatz". Im ersten Falle wurde der ganze Transport, ob Mann, Frau oder Kind, alt oder jung, krank oder gesund, vergast. Im zweiten Fall wurden die Arbeitsfähigen vom SS-Lagerarzt ausgesucht und der Rest gleichfalls vergast. Für einen Arbeitseinsatz kamen nur Männer unter 50 und Frauen unter 40 in Betracht. Selbstverständlich versuchte jeder, sich jünger zu machen, wenn er an dieser gefährlichen Grenze stand, um sein Leben noch einmal zu retten. Hans erzählte mir, daß sie 3mal an den Gaskammern vorbeigeführt wurden und man sich dann doch noch entschloß, den Transport auszumustern. Die Nacht vor seinem Abtransport zu weiterer Sklavenarbeit nach Deutschland verbrachte Hans noch mit unserer lieben Mama. Es muß furchtbar für sie gewesen sein, Hans hat dann noch viel ausstehen müssen, aber zum Glück ist er heute hier. Gegen Mittag wurde der ganze Transport zur sogenannten Entwesung[7] geführt. Ich ging natürlich öfter hin, um zu sehen, was mit ihnen ist. Nachmittags kamen zurückweichende SS-Truppen am Ghetto vorbei, und obwohl das Rote Kreuz angebracht war, warfen sie Handgranaten hinein und schossen mit Maschinenpistolen. Die Leute mußten in den Häusern bleiben. Am frühen Nachmittag griffen alliierte Flieger Leitmeritz an, und da ich gerade auf dem Dachboden der Geniekaserne[8] war, sah ich ganz deutlich die Bombeneinschläge. Später ging ich, an die Häusermauern gedrückt, wieder zur Entwesungsanstalt, aber Hans war noch immer nicht an der Reihe. Als es finster wurde, ging ich noch einmal hin. Hans war noch immer draußen, und sie saßen um einen Haufen brennender KZ-Anzüge herum. Auf einmal hörten wir das Geräusch von fahrenden Tanks und jubelnde Rufe. Das waren die Russen! Ich lief quer durch den Hof des Spitals Hohenelbe zum Kinderspielplatz, wo ich oft gesessen bin und sehnsüchtig auf die Straße hinausgesehen habe. Nun war die Bretterwand umgerissen, und die Kolonnen der siegreichen Roten Armee zogen an uns vorbei nach Prag. Es war stockdunkel, und nur die Scheinwerfer der Fahrzeuge erhellten immer die Straße. Wir jubelten ihnen zu, und alles sang die „Internationale", jeder, wie er konnte. Deutsch, tschechisch, polnisch, ungarisch, alles durcheinander, aber die gleiche Begeisterung. Ich lief

4 Insgesamt verließen im Dez. 1943 zwei Transporte Theresienstadt Richtung Auschwitz – am 15. und 18.12.1943 mit insgesamt 5007 Menschen. Die Angaben über die Häftlinge, die Theresienstadt erreichten, schwanken zwischen 273 und 228.

5 Erna (Ernestine) Kessler (1880–1944); im Okt. 1942 Deportation aus Wien nach Theresienstadt, im Dez. 1943 weiter nach Auschwitz ins Theresienstädter Familienlager, dort ermordet.

6 Die Häftlinge aus den Transporten in das Theresienstädter Familienlager verblieben sechs Monate in Auschwitz, bevor sie in den Gaskammern ermordet wurden. Während die Menschen aus den September-Transporten nahezu ausnahmslos Anfang März 1944 getötet wurden, nahm die SS vor der Auflösung des Familienlagers im Juli 1944 eine Selektion vor.

7 Desinfektion.

8 Zentral in Theresienstadt gelegene Kaserne, in der ein Altersheim und ein Hilfskrankenhaus untergebracht waren. Auf dem Dachboden befand sich ein Versammlungsraum, der für Gottesdienste oder kulturelle Veranstaltungen genutzt wurde.

zu Hans zurück, der noch immer beim Feuer saß, und gerade hatten sie Nachtmahl gefaßt. Sie bereiteten sich auf eine Übernachtung im Freien vor. Es war herrlich, das Zeichen der deutschen Tyrannei und Schmach in Flammen aufgehen zu sehen, während die Truppen der befreienden Roten Armee die Reste der „unbesiegbaren" deutschen Armee zu Paaren trieb: Es war schon spät, als ich mich von Hans verabschiedete, der mit 2 Kameraden bei einem Bekannten übernachtete.

DOK. 301

Felicitas Wolf notiert am 8. Mai 1945 in das Tagebuch ihres ermordeten Bruders Otto, dass sie gemeinsam mit ihren Eltern nach mehr als drei Jahren das Versteck im Wald verlassen hat[1]

Handschriftl. Tagebuch von Otto Wolf,[2] Eintrag seiner Schwester Felicitas,[3] bei Tršice,[4] vom 8.5.1945

Dienstag, den 8. Mai 1945
Wir haben ein Stückchen Brot mit Schmalz und ein bisschen von einer Buchtel gefrühstückt. Wir schliefen in einem Zelt, aber uns war [trotzdem] kalt. Das Wetter ist zwar [noch] schön, aber es beginnt sich zu bewölken. Von Zeit zu Zeit hören wir Schüsse. Papa[5] sagt, dass es in der Nacht vielleicht losgeht.
Wir gehen davon aus, dass, wenn sie Přerov[6] eingenommen haben, mit Gottes Hilfe auch Otto schon befreit sein müsste.
Bei B.[7] hat man mir gesagt, dass in Teš.[8] 30 Männer als Geiseln genommen wurden, damit die betreffenden Wehrkräfte keinen großen Schaden erleiden.
Ich ging nachschauen, wo die B. ihre Verstecke haben. Ich fand fünf von ihnen. Sie waren jedoch alle schrecklich kalt und voller Lehm.
Zu Mittag haben wir [wieder] ein Stückchen Brot mit Schmalz und etwas Buchtel gegessen.

1 USHMM, Otto Wolf Diary IV, 1995.A.0917. Abdruck in engl. Übersetzung in: Salvaged Pages: Young Writers' Diaries of the Holocaust, hrsg. von Alexandra Zapruder, New Haven u. a. 2002, S. 159. Das Dokument wurde aus dem Tschechischen übersetzt.

2 Otto Wolf (1927–1945); nach der Deportationsaufforderung tauchte er mit seiner Familie im Juni 1942 unter; am 18.4.1945 in der Gemeinde Zákřov verhaftet und zwei Tage später erschossen.

3 Felicitas Wolfová (1920–2006), Schneiderin; tauchte im Juni 1942 gemeinsam mit ihrer Familie unter; am 8.5.1945 bei Tršice befreit, nach dem Krieg arbeitete sie wieder als Schneiderin, 1968 Emigration mit ihrem Ehemann in die USA.

4 Tschech. Kleinstadt südöstlich von Olmütz.

5 Berthold Wolf (1886–1962), Kaufmann; 1910–1920 Buchhalter in Olmütz, dann als Geschäftsmann tätig; von 1942 an lebte er untergetaucht; 1945 Rückkehr nach Olmütz, 1950–1956 geschäftsführender Vorsitzender der Jüdischen Gemeinde Olomouc und Kantor.

6 Kleinstadt südlich von Olmütz.

7 Nicht ermittelt.

8 Vermutlich: Těšín, deutsch: Teschen, poln.: Cieszyn; Grenzstadt zwischen Polen und Tschechien. Nach dem Münchner Abkommen 1938 besetzte Polen das Teschener Land. Mit dem deutschen Angriff auf Polen 1939 wurde Cieszyn zur Kreisstadt Teschen. 1945 wurde die Stadt wieder in einen tschech. und einen poln. Stadtbezirk geteilt.

8. Mai
Im Wald wurde gekämpft, die Kugeln prallten ganz in unserer Nähe gegen die Bäume. Wir bemühten uns, ihnen auszuweichen, aber wir sahen keinen anderen Ausweg, als einen der nassen und [mit Lehm] zugeschütteten Bunker zu benutzen, um zu überleben. Schließlich hörten wir die Ausrufe *Nazdáár*![9] Wir waren nicht imstande zu erfassen, worauf wir drei Jahre lang gewartet hatten, und daher wollten Mama[10] und ich nicht [aus dem Bunker] klettern, wir hatten Angst, uns vorschnell zu zeigen.
Wir haben uns deshalb auch mit Papa gestritten, bis wir uns schließlich, in einem schrecklichen Zustand und bedeckt mit gelbem Lehm, draußen blicken ließen.

9 Tschech.: Hallo.
10 Růžena Wolfová (1893–1952); 1913 Heirat mit Berthold Wolf, mit dem sie drei Kinder hatte; 1942 tauchte sie mit ihrer Familie unter; 1945 befreit und Rückkehr nach Olmütz.

Glossar

Ältestenrat

Von der SS eingesetzte und streng überwachte Institution, die den Alltag im Getto verwaltete. Mitglieder des Ältestenrats waren die Leiter der wichtigsten Abteilungen der sog. Selbstverwaltung – des Amts für innere Verwaltung, der Wirtschafts-, Finanz- und Technischen Abteilung sowie des Gesundheitswesen.

„Aktion Reinhardt"

Tarnname für die Deportation und Ermordung von mehr als zwei Millionen Juden aus dem Generalgouvernement und dem Bezirk Bialystok in den Vernichtungslagern Belzec, Sobibor und Treblinka in der Zeit vom Frühjahr 1942 bis zum Sommer/Herbst 1943. Der Name sollte an Reinhard Heydrich erinnern, der am 4.6.1942 an den Folgen eines Attentats starb und dessen Vorname in den zeitgenössischen Quellen häufig falsch geschrieben wurde.

Alija (hebr.)

Aufstieg. Jüdische Einwanderung nach Palästina. 1933 rief die Jewish Agency unter ihrem Dach außerdem die Jugendalija ins Leben, um gezielt jüdische Kinder und Jugendliche aus Deutschland zu retten. Nach dem Zweiten Weltkrieg betreute die Abteilung Kinder, die überlebt hatten.

Altreich

Die Gebiete Deutschlands in den Grenzen von 1937, also vor dem Anschluss Österreichs.

Chaluz, Plur.: Chaluzim (hebr.)

Pionier. Angehöriger der zionistischen Jugendbewegung.

Chawer/Chawera, Plur.: Chawerim/Chaweroth (hebr.)

Genosse/Genossin; vor allem unter Zionisten gebräuchlich.

Chewrah (hebr.)

Gemeinschaft.

Chug Chaluzi (hebr.)

Kreis der Pioniere; wurde Ende Febr. 1943 in Berlin als jüdisch-zionistische Untergrundgruppe gegründet. Die jugendlichen Mitglieder der Gruppe lebten untergetaucht, trafen sich aber regelmäßig, um sich von ihrem Leiter Jizchak Schwersenz religiös und zionistisch unterrichten zu lassen.

Deutsche Arbeitsfront

Die Deutsche Arbeitsfront (DAF) wurde am 10. Mai 1933 nach der Zerschlagung der freien Gewerkschaften gegründet. Sie war die Einheitsorganisation der Arbeitnehmer und Arbeitgeber im Nationalsozialismus.

Einsatzstab Reichsleiter Rosenberg

Der Einsatzstab Reichsleiter Rosenberg beschlagnahmte von Sept. 1940 an Kunst- und Kulturgegenstände sowie Möbel und Hausrat von Juden. Seine Aktivitäten begannen in Frankreich, weiteten sich aber auf ganz Westeuropa und die besetzten östlichen Gebiete aus.

Erez (hebr.)

Land.

Erez Israel (hebr.)

Das Land Israel, das die Zionisten im Mandatsgebiet Palästina errichten wollten. Dort sollte ein jüdischer Staat als Zielland und Zuflucht für die in der Diaspora lebenden, von Verfolgung und Assimilation bedrohten Juden geschaffen werden.

Evakuierung

Euphemismus bzw. Tarnbezeichnung für Deportation.

Fabrik-Aktion

Aktion Ende Febr. 1943 im gesamten Deutschen Reich, bei der die zurückgestellten Juden, die in Rüstungsbetrieben Zwangsarbeit leisteten, verhaftet und deportiert wurden.

Geltungsjude

Als „Geltungsjude" galten automatisch alle nach 1935 geborenen Kinder aus „Mischehen", auch wenn sie getauft waren. Im Protektorat Böhmen und Mähren erhielten alle „Mischlinge ersten Grades", sobald sie das 14. Lebensjahr erreichten, unabhängig von ihrer religiösen Orientierung den Status eines „Geltungsjuden".

Glimmer/Glimmerproduktion/Glimmerspalterei

Glimmer ist ein Schichtsilikat, das aufgrund seiner Wärmeleitfähigkeit und seiner Isoliereigenschaften in der Elektroindustrie zum Einsatz kam. Die Glimmerproduktion in Theresienstadt begann im September 1944.

Goi/Gojim (hebr.)

Nichtjuden.

GPU

Gossudarstwennoje polititscheskoje uprawlenije (russ.): Staatliche politische Verwaltung; Geheimpolizei in der Sowjetunion; Vorläufer war die WeTscheKa, Nachfolger das NKWD. Bekannt war der Begriff GPU in der deutschen Öffentlichkeit vor allem durch den gleichnamigen antisowjetischen NS-Propagandafilm (1942) von Karl Ritter.

Greifer/Greiferin

Umgangssprachliche Bezeichnung für Mitglieder des sog. Jüdischen Fahndungsdienstes in Berlin, die von der Gestapo zur Kooperation erpresst oder durch Versprechungen gelockt wurden; sie verrieten untergetauchte Juden.

Hachschara (hebr.)

Vorbereitung. Gemeint ist die landwirtschaftliche oder handwerkliche Ausbildung als Vorbereitung zur Emigration, meist in Form befristeter Schulungen.

Hachschara-Lager

Landwirtschaftliche Umschulungslager.

Hagibor

Im Sommer 1944 auf dem ehemaligen Gelände des jüdischen Sportvereins Hagibor in Prag errichtetes Arbeitslager, insbesondere für Juden aus „Mischehen".

Haschomer Hazair (hebr.)

Junge Wächter. Ziele der vor dem Ersten Weltkrieg gegründeten ältesten jüdischen, sozialistisch-zionistischen Jugendorganisation waren die Auswanderung nach Palästina und die Gründung von Kibbuzim. Die Bewegung war von der Pfadfinder- und Wanderbewegung beeinflusst und propagierte einen kollektiven Lebensstil.

Hechaluz
Zionistische Jugendorganisation, gegründet 1917 mit dem Ziel, junge Juden auf die Einwanderung nach Palästina vorzubereiten.

Jewish Agency for Palestine
Die 1929 auf dem 16. Zionistenkongress in Zürich ins Leben gerufene Jewish Agency for Palestine repräsentierte die in Palästina lebenden Juden und diente der britischen Mandatsmacht als Ansprechpartner. Sie bildete im Mai 1948 die provisorische Regierung Israels.

Jischuw (hebr.)
Bezeichnung für die jüdische Bevölkerung Palästinas vor der Staatsgründung Israels.

Joint
American Jewish Joint Distribution Committee (JDC). Jüdische Hilfsorganisation in den USA, die Juden in Europa unterstützte, u. a. durch Finanzierung der Auswanderung. Nach dem Kriegseintritt der USA war solche Hilfe nur noch auf Umwegen möglich.

Jüdische Selbstverwaltung
Siehe Ältestenrat.

Jüdischer Weltkongress
Der Jüdische Weltkongress (World Jewish Congress, WJC) wurde im August 1936 in Genf – dem Sitz des Völkerbunds – von Nahum Goldmann und Vertretern aus 32 Staaten als internationale Vereinigung jüdischer Gemeinschaften und Organisationen gegründet. Der Hauptsitz befand sich zunächst in Paris. Vorbild für den WJC war der American Jewish Congress, der ! & als Organisation mit zionistischer Ausrichtung ins Leben gerufen worden war.

Kavalett (österreich.)
Einfaches Bettgestell.

Konsulent
Nach dem Berufsverlust für jüdische Anwälte mit der 5. VO zum Reichsbürgergesetz vom 27.9.1938 erhielten einige von ihnen eine Zulassung als sog. jüdischer Konsulent zur Beratung und Vertretung jüdischer Mandanten.

Landwerk Neuendorf
Das ehemalige Hachschara-Lager Landwerk Neuendorf wurde im Sommer 1943 aufgelöst, nachdem die letzten Bewohner deportiert worden waren. Die Außenstellen, die Forsteinsatzlager Jacobsdorf und Neumühle, wurden zu Zwangseinsatzlagern für Juden aus „Mischehen" umgewandelt.

Mischehe
Als „Mischehen" wurden Verbindungen zwischen Juden und Nichtjuden bezeichnet. War die Frau jüdisch und das Paar hatte keine oder nichtjüdisch erzogene Kinder oder der Mann war jüdisch und die Kinder waren nichtjüdisch erzogen, lebten sie in einer „privilegierten Mischehe". Der jüdische Partner musste keinen „Judenstern" tragen und wurde erst Anfang 1945 in die Deportationen einbezogen. Bei „nichtprivilegierten Mischehen" war der Mann jüdisch und die Ehe kinderlos, oder einer der Partner war jüdisch und die gemeinsamen Kinder wurden jüdisch erzogen. Der jüdische Partner unterlag der Kennzeichnungspflicht, war aber zunächst ebenfalls von den Deportationen zurückgestellt.

Mischlinge

Aus nationalsozialistischer Perspektive wurden Menschen, die einen jüdischen Großelternteil hatten, als „Mischlinge zweiten Grades“ eingestuft. Als „Mischling ersten Grades“ galten diejenigen, die zwei jüdische Großeltern hatten. Sofern Letztere der jüdischen Religionsgemeinschaft angehörten oder mit einem Juden verheiratet waren, wurden sie allerdings als „Geltungsjuden“ bezeichnet und den „Volljuden“ gleichgestellt; siehe Geltungsjude.

Nansen-Hilfe

Die Nansenhjelp wurde 1936 auf Initiative des Architekten Odd Nansen gegründet. Das Ziel der Organisation war der Schutz staatenloser Flüchtlinge durch den Völkerbund. Sie setzte sich für die Einreise meist jüdischer Flüchtlinge aus dem Deutschen Reich, Österreich und der Tschechoslowakei nach Norwegen ein. Im Herbst 1942 schlossen die norwegischen Behörden die Büros der Nansen-Hilfe.

Navycert

Nach einer Überprüfung ausgestellte Unbedenklichkeitsbescheinigung für ein neutrales Handelsschiff.

Österreichische Legion

Eine militärische Einheit, die seit 1933 aus Österreich geflüchtete Nationalsozialisten rekrutierte. Nach dem Anschluss Österreichs an das Deutsche Reich wurde sie aufgelöst.

Organisation Todt (OT)

Die Organisation wurde 1938 vom Generalbevollmächtigten für die Regelung der Bauwirtschaft, Fritz Todt, zum Bau militärischer Anlagen gegründet und später von Albert Speer geleitet. Sie setzte u. a. Zwangsarbeiter, KZ-Häftlinge und Kriegsgefangene ein.

Palästina-Amt

Das Palästina-Amt der Jewish Agency förderte die Auswanderung nach Palästina, u. a. mittels Verteilung von Einwanderungszertifikaten. 1918 in Wien gegründet, hatte das Amt seinen Hauptsitz in Berlin und unterhielt zahlreiche Zweigstellen; im April 1941 wurde es aufgelöst und in die Reichsvereinigung der Juden in Deutschland eingegliedert.

Protektoratsangehöriger

Im März 1939 annektierte das Deutsche Reich das verbliebene (tschechische) Staatsgebiet der Tschecho-Slowakischen Republik und erklärte es zur autonomen Verwaltungseinheit Protektorat Böhmen und Mähren. Die nichtdeutsche Bevölkerung (Tschechen und auch Juden) wurden damit zu sog. Protektoratsangehörigen mit weniger Rechten.

Reichsvereinigung der Juden in Deutschland

Zwangsorganisation für alle deutschen Juden, die der Gestapo bzw. dem Reichssicherheitshauptamt unterstand und bei der Durchführung antijüdischer Verordnungen kooperieren musste. Im Juni 1943 wurde die Organisation aufgelöst und wenig später, unter demselben Namen, für die verbliebenen Juden in „Mischehen“ und „Mischlinge“ wieder installiert.

Schleuse

Sammelstelle für die ein- und abgehenden Transporte in Theresienstadt.

Theresienstadt-Krone

Im Frühjahr 1943 in Theresienstadt eingeführte Binnenwährung, die die Häftlinge allerdings kaum als Zahlungsmittel nutzten.

Theresienstädter Familienlager

Von Sept. 1943 bis Juli 1944 bestehender Lagerbereich in Auschwitz-Birkenau, in dem mehr als 17 500 jüdische Männer, Frauen und Kinder, die aus Theresienstadt nach Auschwitz deportiert worden waren, untergebracht waren. In zwei Mordaktionen im März und Juli 1944 wurde der Großteil dieser Häftlinge getötet.

Umschichtung

Handwerkliche oder landwirtschaftliche Ausbildung bzw. Umschulung von Juden zur Verbesserung der Erwerbsmöglichkeiten und vor allem der Auswanderungschancen.

Vaterländische Front

1933 in Österreich von Engelbert Dollfuß gegründete patriotische Sammlungsbewegung, die nach dem Verbot aller politischen Parteien eine Monopolstellung innehatte und dem Aufbau des Ständestaats dienen sollte.

Volkssturm

Im Herbst 1944 gegründete militärische Organisation, für die alle bislang nicht kämpfenden Männer zwischen 16 und 60 Jahren zur Landesverteidigung rekrutiert wurden.

War Refugee Board

Im Januar 1944 gründete die Regierung der USA das War Refugee Board als Kriegsflüchtlingsbehörde. Leiter des Amts wurde der Jurist John Pehle. Die finanziell und politisch unzureichend ausgestattete Behörde stellte dennoch ein breites Rettungsprogramm auf, das insbesondere auf die Evakuierung von bedrohten Menschen aus Europa abzielte.

Weißbuch

Im Mai 1939 veröffentlichte die brit. Mandatsmacht ihr Weißbuch, mit dem die Einwanderung nach Palästina streng reglementiert und der Erwerb von Land stark eingeschränkt wurde.

Zertifikat

Amtliche Bescheinigung, die zur Einreise in das ausstellende Land berechtigte. In der Regel mussten die Empfänger über Kapital verfügen oder eine Qualifikation besitzen, die im Land benötigt wurde.

Abkürzungsverzeichnis

Die Archivkürzel finden sich im Archivverzeichnis.

AA/AA.	Auswärtiges Amt
ADAP	Akten zur deutschen auswärtigen Politik
AdR	Archiv der Republik
BdS	Befehlshaber der Sicherheitspolizei und des SD
CdS	Chef der Sicherheitspolizei und des SD
D.	Doktor der Theologie
DAF	Deutsche Arbeitsfront
dkg	Dekagramm (= zehn Gramm)
DNVP	Deutschnationale Volkspartei
DR/DR.	Deutsches Reich
DRK	Deutsches Rotes Kreuz
EK	Eisernes Kreuz
EKD	Evangelische Kirche in Deutschland
EPD	Eidgenössisches Politisches Departement
ERR	Einsatzstab Reichsleiter Rosenberg
Ew.	Ehrwürdig
F. O.	Foreign Office
FS/FS.	Fernschreiben
geh. Kods.	geheime Kommandosache
Ges.	Gesandter
Gestapa/Gestapo	Geheimes Staatspolizeiamt / Geheime Staatspolizei
GPU	Glavnoe Političeskoe Upravlenie (Politische Hauptverwaltung; sowjet. Geheimpolizei)
Greko	Grenzkommissariat
HJ/H.J.	Hitler-Jugend
HOA	Hitachduth Olej Austria
HSSPF	Höherer SS- und Polizeiführer
IdS	Inspekteur der Sicherheitspolizei
IKG	Israelitische Kultusgemeinde
IKRK/IRK	Internationale Kommission vom Roten Kreuz/Internationales Rotes Kreuz
Inl.	Inland
JDC/Joint	(American Jewish) Joint Distribution Committee
JKG	Jüdische Kultusgemeinde
JTA	Jewish Telegraphic Agency
JUDr.	Doktor der Rechtswissenschaft (tschech.)
KdS	Kommandeur der Sicherheitspolizei und des SD
Kenn-Nr.	Kennkarten-Nummer
KG	Kultusgemeinde
KL, KZ	Konzentrationslager
KPD	Kommunistische Partei Deutschlands
KPÖ	Kommunistische Partei Österreichs

Krim.Komm.	Kriminlakommissar
Krim.Sekr.	Kriminal-Sekretär
KWI	Kaiser-Wilhelm-Institut
Leg. Rat/LR	Legationsrat
LS.	Legationssekretär
MdB	Mitglied des Deutschen Bundestags
MdR	Mitglied des Reichstags
Min.Rat	Ministerialrat
mos.	mosaisch
MUDr.	Doktor der Medizin (tschech.)
N.B.	Notabene
NMT	Nuremberg Military Tribunals
NSDAP	Nationalsozialistische Deutsche Arbeiterpartei
NSDAP/AO	Nationalsozialistische Deutsche Arbeiterpartei/Auslandsorganisation
NSKK	Nationalsozialistisches Kraftfahrerkorps
NSV/N.S.V.	Nationalsozialistische Volkswohlfahrt
Obb.	Oberbayern
Ob.Reg.Rat	Oberregierungsrat
OGruf.	Obergruppenführer
OKH	Oberkommando des Heeres
OKW/O.K.W.	Oberkommando der Wehrmacht
ORR	Oberregierungsrat
O/S	Oberschlesien
OStubaf	Obersturmbannführer
OStf./Ostuf./ OStuf.	Obersturmführer
OT	Organisation Todt
o. V. i. A.	oder Vertreter im Amt
Pg.	Parteigenosse
Prot./prot.	Protektorat
Prot. Angeh.	Protektoratsangehöriger
RAF	Royal Air Force
RAM	Reichsaußenminister/-ium
Rd. Erl.	Runderlass
RELICO	Relief Committee for Jewish War Victims
REM	Reichserziehungsminister/-ium
RFM	Reichsfinanzministerium
RFSS/RF SS/RF-SS	Reichsführer SS
RGBl.	Reichsgesetzblatt
RJM	Reichsjustizminister/-ium
rk.	römisch-katholisch
RLM	Reichsluftfahrtministerium
RM	Reichsmark
RMdI	Reichsminister/-ium des Innern
RMEuL	Reichsministerium für Ernährung und Landwirtschaft
RMfbO	Reichsministerium für die besetzten Ostgebiete
RMfRuK	Reichsminister/-ium für Rüstung und Kriegsproduktion

RMfVuP	Reichsministerium für Volksaufklärung und Propaganda
RMinVB	Reichsministerialverordnungsblatt
RSHA	Reichssicherheitshauptamt
RStH	Reichsstatthalter
RuSHA	Rasse- und Siedlungshauptamt
RV/R.V.	Reichsvereinigung der Juden in Deutschland
RWM	Reichswirtschaftsminister/-ium
SA/SA.	Sturmabteilung
SD	Sicherheitsdienst
SED	Sozialistische Einheitspartei Deutschlands
SIG	Schweizerisch Israelitischer Gemeindebund
Sipo	Sicherheitspolizei
Slg.	Sammlung
SS/S-S	Schutzstaffel
SS-OA	SS-Oberabschnitt
SS-O.Gruf./ Ogruf	SS-Obergruppenführer
SS-OStubaf.	SS-Obersturmbannführer
St.A.	Staatsangehörige/r
Stapo	Staatspolizei
StdF	Stellvertreter des Führers
StGB	Strafgesetzbuch
St. M.	Staatsminister/-ium
StS/St.S.	Staatssekretär
Th.	Theresienstadt
Th.Kr.	Theresienstädter Kronen
TSD	Theresienstädter Studien und Dokumente
UdSSR	Union der Sozialistischen Sowjetrepubliken
u. k.	unabkömmlich
UNRRA	United Nations Relief and Rehabilitation Administration
UNWCC	United Nations War Crimes Commission
VBl. RProt.	Verordnungsblatt des Reichsprotektors in Böhmen und Mähren
VEJ	Die Verfolgung und Ermordung der europäischen Juden (Edition)
VfZ	Vierteljahrshefte für Zeitgeschichte
Vg./Vgn.	Volksgenosse, Volksgenossin
vH	von Hundert
VO	Verordnung
WIZO	Women's International Zionist Organisation
WJC	World Jewish Congress
WRB	War Refugee Board
WVHA	Wirtschafts-Verwaltungshauptamt
z. b. V.	zur besonderen Verwendung
z. d. A.	zu den Akten

Verzeichnis der im Dokumententeil genannten Archive

American Jewish Archives (AJA), Cincinnati
Archiv bezpečnostních složek, Prag
Archiv der Arbeitsstelle Holocaustliteratur an der Universität Gießen
Archiv der Fliedner Kulturstiftung Kaiserswerth (AFKS), Düsseldorf
Archiv der Kommission für Zeitgeschichte, Bonn
Archiv der KZ-Gedenkstätte Neuengamme
Archiv der Landespolizeidirektion Linz
Archiv der Universität Wien (UAW)
Archiv des Landeswohlfahrtsverbandes Hessen, Kassel
Archiv für Zeitgeschichte der Eidgenössischen Technischen Hochschule Zürich (AfZ-ETH)
Archiv Hazorea, Israel
Archiv Památníku Terezín (APT, Archiv der Gedenkstätte Theresienstadt), Terezín
Archives du Comité International de la Croix Rouge (ACICR), Genf
Archivio della Congregazione per gli Affari Ecclesiastici Straordinari (A. E. S.), Rom
Archivio Segreto Vaticano (A. S. V.), Rom
Archiwum Archidieczjalne we Wroclawiu (Erzbischöfliches Archiv Breslau)
Archiwum Państwowe w Poznaniu (APP, Staatsarchiv Posen), Poznań
Archiwum Państwowe Wrocław, Urząd Skarbowy Prowincji Dolnośląskiej we Wrocławiu (APWr, USPD, Staatsarchiv Breslau, Oberfinanzpräsident Niederschlesien-Breslau), Wrocław
Arolsen Archives (ehem. International Tracing Service, ITS), Bad Arolsen
BBC Written Archives Center, Caversham Park
Beit Lochamei HaGeta'ot (BLHG, Haus der Gettokämpfer), Lochamei HaGeta'ot
Beit Theresienstadt Archiv, Givat Heim Inud
Bibliothek für Zeitgeschichte (BfZ) in der Württembergischen Landesbibliothek Stuttgart
Bischöfliches Generalvikariat Münster (BAM)
Bundesarchiv (BArch), Berlin/Freiburg i. Br./Koblenz
Bundesfinanzhof München
Central Archives for the History of Jewish People (CAHJP), Jerusalem
Central Zionist Archives (CZA), Jerusalem
Deutsches Rundfunkarchiv (DRA), Potsdam
Deutsches Tagebucharchiv Emmendingen
Diözesanarchiv Berlin (DAB)
Diözesanarchiv Wien (DAW)
Dokumentationsarchiv des Österreichischen Widerstandes (DÖW), Wien
Eidgenössische Technische Hochschule (ETH), Zürich, Thomas-Mann-Archiv
Erzbischöfliches Archiv München
Evangelisches Landeskirchliches Archiv Berlin (ELAB)
Franklin D. Roosevelt Presidential Library and Museum (FDR Library)
Hessisches Hauptstaatsarchiv Wiesbaden (HHStAW)
Hoover Institution Library and Archives, Stanford
Institut für Stadtgeschichte (IfS), Frankfurt a. M.
Institut für Zeitgeschichte, Archiv (IfZArch), München
Joint Distribution Committee Archives (JDC Archives), Jerusalem/New York
Jüdisches Museum Berlin (JMB)
Jüdisches Museum Prag (JMP)
Kreisarchiv Alb-Donau-Kreis
Landesarchiv Baden-Württemberg (LABW), Staatsarchiv Freiburg
Landesarchiv Baden-Württemberg (LABW), Staatsarchiv Sigmaringen
Landesarchiv Nordrhein-Westfalen, Abteilung Ostwestfalen-Lippe (LAV NRW OWL)
Landesarchiv Nordrhein-Westfalen, Abteilung Rheinland (LAV NRW R)
Landesarchiv Thüringen, Hauptstaatsarchiv Weimar (LATh-HStA Weimar)
Landeskirchliches Archiv Stuttgart (LKA)
Lavon Institute for Labour Research, Tel Aviv
Leo Baeck Institute (LBI), New York/Berlin
Magyar Zsidó Levéltár (MZSL, Ungarisches Jüdisches Archiv), Budapest
MARCHIVUM, Mannheim
Národní archiv (NAP, Nationalarchiv), Prag

Nasjonalbiblioteket Oslo
NS-Dokumentationszentrum Köln
Österreichisches Staatsarchiv (ÖStA), Wien
Politisches Archiv des Auswärtigen Amts (PAAA), Berlin
Sammlung Florian Grünmandl, Wien
Schweizerisches Bundesarchiv, Bern (BAR)
Staatsarchiv Hamburg
Staatsarchiv Nürnberg
Staatsarchiv Würzburg
Stadtarchiv Mainz (StadtA Mainz)
Stadtarchiv Rehna
Stadtarchiv Ulm (StadtA Ulm)
Stadtarchiv Witten
Stiftung Gedenkstätten Buchenwald und Mittelbau-Dora, Archiv Buchenwald
Stiftung niedersächsische Gedenkstätten / Gedenkstätte Bergen-Belsen
United States Holocaust Memorial Museum (USHMM), Washington, D. C.
University of British Columbia Archives, Vancouver
University of Chicago Library, Special Collections Research Center, Chicago
US National Archives and Records Administration, College Park, Maryland (NARA)
Weizmann Archives Rehevot
Wiener Library, London
Wiener Stadt- und Landesarchiv (WStLA), Wien
Yad Vashem Archives (YVA), Jerusalem
Zentrum für Antisemitismusforschung (ZfA), Berlin
Żydowski Instytut Historyczny (ZIH, Archiv des Jüdischen Historischen Archivs in Warschau)

Systematischer Dokumentenindex

Die angegebenen Zahlen beziehen sich auf die Nummern der Dokumente.

Register der Institutionen, Firmen und Zeitschriften

Zeitungen und Zeitschriften sind ins Register nur aufgenommen, wenn der Text Informationen über die Zeitung/Zeitschrift als Institution enthält (z. B. Erscheinungszeitraum, Herausgeber), nicht, wenn sie lediglich erwähnt oder als Quelle genannt werden.

Ortsregister

Orte, Regionen und Länder sind i. d. R. nur verzeichnet, wenn sie Schauplätze historischen Geschehens sind, jedoch nicht, wenn sie nur als Wohnorte erwähnt werden.
Die Namen größerer Orte, bei denen auch eine deutsche Form gebräuchlich ist, werden auf Deutsch verzeichnet, bei anderen in den Dokumenten eingedeutschten Namen wird der jeweils 1941 völkerrechtlich gültige Name in Klammern hinzugefügt (dies gilt analog für russische, jiddische etc. Namensvarianten). Taucht ein Ortsname in den Dokumenten in mehreren Varianten auf – einschließlich der völkerrechtlich gültigen –, werden diese im Register durch Schrägstriche getrennt aufgelistet und der völkerrechtlich gültige Name an erster Stelle genannt. Unterscheiden sich die Varianten nur marginal (z. B. durch das Fehlen von Sonderzeichen), werden sie nicht alle aufgeführt; ist die Diskrepanz wesentlich, wird jeweils auf die völkerrechtlich gültige Schreibweise verwiesen. Sonderzeichen werden den betreffenden Buchstaben des Alphabets zugeordnet (also steht ą bei a, č bei c, ł bei l usw.).

Personenregister

In Fällen, in denen der Vorname unbekannt ist, folgt in Klammern eine Angabe zu Beruf bzw. Funktion oder Rang, wenn diese nicht bekannt sind, eine Ortsangabe.

Protektorat Böhmen und Mähren 1943–1945